HEYNE
BÜCHER

W0073355

Das Buch

Nachdem der Hohepriester Asarhaddon im Jahr 680 v. Chr. seinen Bruder vom Thron gestürzt hat, herrscht er mit eisiger Härte über das mächtige Reich am Tigris. Während er in kühnen Feldzügen Vorderasien heimsucht und bis zum Schwarzen Meer vorstößt, vermag er doch seinen furchtbarsten Gegner nicht zu besiegen: seine unnahbare Kälte und unbeherrschbare Grausamkeit, die ihm, dem Hohenpriester eines erbarmungslosen Gottes, zur zweiten Natur geworden sind. Innerlich zerrissen, sucht er Liebe und Freundschaft – und ertränkt jede menschliche Regung in Strömen von Blut, mit denen er sich und die Geliebten für seine Schwäche bestraft. Trotz äußerer glanzvoller Erfolge scheint sein Leben gescheitert zu sein. Doch da begegnet ihm eine Macht, die stärker ist als Härte und Grausamkeit: die verwandelnde Kraft der Liebe ...

Die Autorin

Jutta Ahrens wurde 1943 in Hambrug geboren, wo sie auch heute noch lebt.

JUTTA AHRENS

DER KÖNIG VON ASSUR

Ein historischer Roman

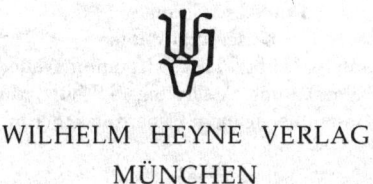

WILHELM HEYNE VERLAG
MÜNCHEN

HEYNE ALLGEMEINE REIHE
Nr. 01/9573

Copyright © by R. Piper GmbH & Co. KG, München, 1993
Wilhelm Heyne Verlag GmbH & Co. KG, München
Printed in Germany 1995
Karte: Jutta Winter
Umschlagillustration: Norbert Lösche/Agentur Walter Holl, Aachen
Umschlaggestaltung: Atelier Ingrid Schütz, München
Gesamtherstellung: Elsnerdruck, Berlin

ISBN 3-453-08889-1

Inhalt

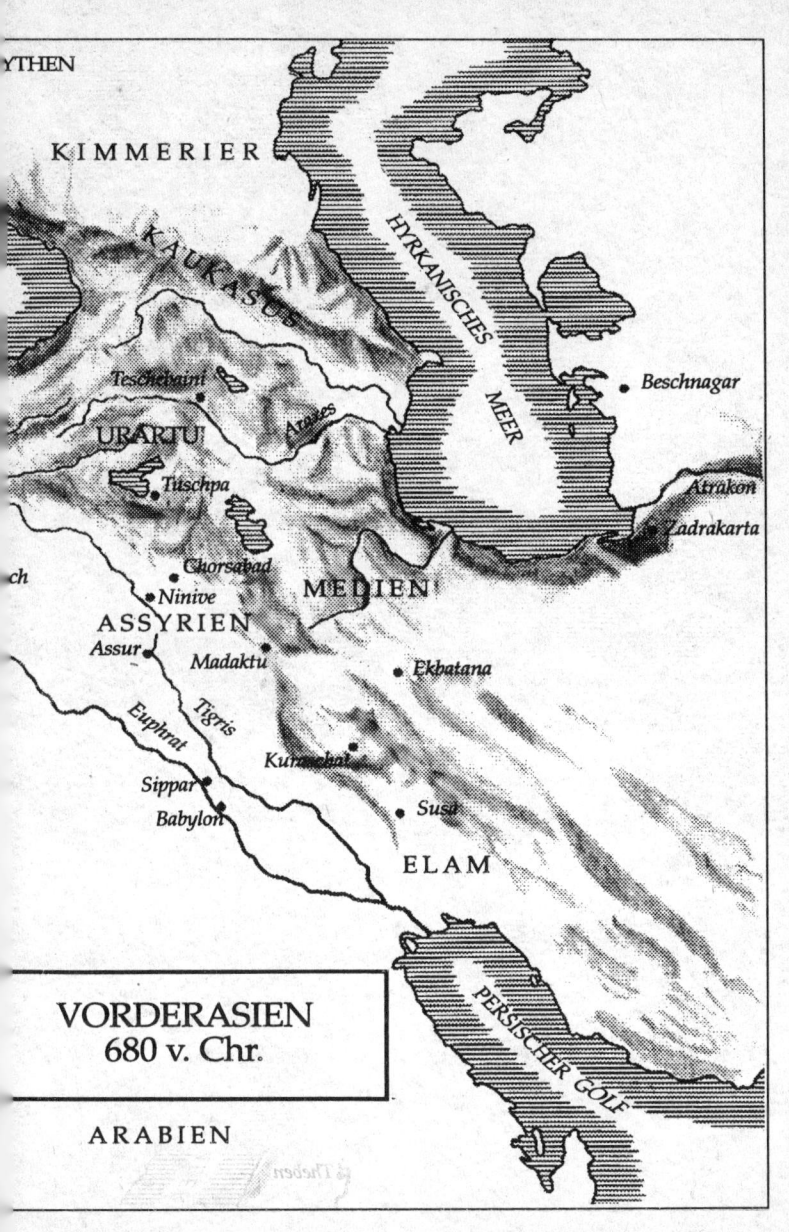

YTHEN

KIMMERIER

KAUKASUS

HYRKANISCHES MEER

Teschebaini

Beschnagar

URARTU

Aras

Tuschpa

Atrakon

Zadrakarta

Chorsabad

ch

Ninive

MEDIEN

ASSYRIEN

Assur

Madaktu

Ekbatana

Tigris

Euphrat

Kurnachni

Sippar

Babylon

Susa

ELAM

VORDERASIEN
680 v. Chr.

PERSISCHER GOLF

ARABIEN

Erstes Buch

ASARHADDON

1

Die Mauern von Assur, der alten assyrischen Hauptstadt am Tigris, krallten sich in das Felsgestein eines Bergmassivs: ein Löwe, der auf Beute lauert. Tief hing die Sonnenscheibe über dem Strom und verzauberte mit ihren purpurnen Strahlen die Stadt, krönte ihre Zinnen mit Flammen und hüllte ihre Häuser in violette Schatten. Ihr rotes Licht spiegelte sich in den polierten Stufen, die von der Terrasse des Zedernholz-Palastes hinunterführten bis an den Tigris; sanft flutete er gegen die Mauern, die jäh und abweisend am Ufer aufragten.

In der Abenddämmerung kehrten die Fischer aus den wild- und fischreichen Flußniederungen zurück; die starke Strömung in der Mitte des Stroms trug ihre schlanken Schilfboote mit den gestreiften Segeln in rascher Fahrt heimwärts. Am Heck eines Bootes hockten zwei junge Burschen. Ihre nackten Füße badeten im schuppigen Silber ihres Fanges. Sie sangen die alten, vertrauten Lieder ihrer Vorfahren, dereinst abgelauscht dem Rascheln des Schilfes und den vielfältigen Stimmen des Stroms.

Kuralzigu verstummte und lauschte. Flöten und Zimbelklänge begleiteten jetzt ihre rasche Fahrt und entferntes leises Lachen. Als ihr Gefährt an den drohenden Mauern vorüberglitt, unterschied er rauhes Gelächter und das Kichern vergnügter Mädchen.

»Sie feiern da oben im Palast«, sagte er zu seinem Gefährten, »Hörst du es?«

»Ja.« Der andere reckte seinen Hals, um vielleicht auf der Brüstung jemanden zu erspähen. »Wer doch dabei sein könnte!« seufzte er.

Sein Freund lachte und zeigte auf ihre Beute im Boot. »Besser als wir essen die auch nicht. Wir sind die Herren des Stroms und so frei wie die Schwalben. Wozu mit denen da oben tauschen?«

»Du hast recht, Kuralzigu. Seit Assurdan unser König ist

und wir Fischer wieder die alten Fangrechte haben, leben wir wie kleine Fürsten. Schamasch schenke ihm so viele Jahre wie –« er grinste verlegen, weil ihm kein passender Vergleich einfiel.

»So viele wie du Läuse auf dem Kopf hast«, ergänzte lachend sein Freund. Dann nahmen sie ihr Lied wieder auf; die brausenden Wasser verschluckten die Geräusche des Festes.

2

Hasmon, ein syrischer Sklave mit goldenen Schnüren in den schwarzen Locken und Smaragden in den Ohren, neigte seinen nackten Oberkörper vor seinem König, um ihm nachzuschenken. Assurdan hielt mit seiner Linken die Schale, zog mit seiner Rechten den Sklaven zu sich auf das Lager und legte ihm ungezwungen den Arm um die Hüften.

»Ischtar, große Göttin, zweifellos sind deine Reize makellos, doch ich verehre die Schönheit deines Geliebten Tammuz«, sprach Assurdan, goß sein Trankopfer aus und streichelte den wohlgebauten, jungen Mann.

Hasmon kicherte und entzog sich spielerisch seinem Herrn. »Ischtar wird dir zürnen.« Wie ein junger Hund rollte er sich zur Seite und streckte sich. Dabei gewährte er dem jungen König kurz den Anblick seiner schimmernden Nacktheit. Er genoß das kurze Aufflammen in den dunklen Augen seines Herrn, der nur wenig älter war als er selbst. Das knöchellange Gewand behinderte diesen; es wickelte sich um seine Beine, und Hasmon entschlüpfte ihm leicht. Assurdan starrte ihn an, und Hasmon bedeckte kokett seine Blöße.

»Komm her!« rief Assurdan heiser, doch Hasmon wies schelmisch nach oben. »Wie könnte ich, wo doch der Gestrenge zusieht.«

Assurdan warf einen mißbilligenden Blick auf das mannshohe Gemälde: Assyrische Würdenträger mit grimmigen Mienen und langen, gelockten Bärten huldigten Sinacherib, dem Zerschmetterer Judäas und Babyloniens. Übermütig rief er: »Das waren andere Zeiten. Bei Ischtar! Frohsinn und Ausgelassenheit sind seltene Gäste bei meinem Vater gewesen.«

Hasmon schlug gemessen die Falten seines wollenen Rokkes übereinander, der seine Knie bedeckte, und naschte eine frische Feige aus einem Körbchen. Dabei schaute er den König schalkhaft von der Seite an. Wie sehr gleicht er seiner Mutter, der sanften und schönen Sammurat, dachte er, und wie wenig seinem Vater Sinacherib, der ihm ein blutiges Erbe hinterlassen hat, das eine rauhe Männerfaust nötig hätte. Nun herrscht ein sanftmütiger Jüngling über das Reich, dessen Hände sich lieber zwischen die Schenkel seines Sklaven verirren als zum Schwert zu greifen, aber ich liebe ihn dafür.

»Meine Kehle ist trocken, Herr. Ich muß noch mehr von dem Palmwein kosten. Er hat auch deine Wangen gerötet.«

»Ja, ja, ich bin wohl betrunken?« Assurdan lachte Hasmon unbekümmert an und schob ihm den ziegenledernen Schlauch hinüber. »Bedien dich! « Er sah Hasmon versonnen beim Trinken zu, dann hielt er sich plötzlich die Ohren. »Bei den lebenspendenden Hüften der großen Göttin, mir brummt der Schädel von dem Gelärme der Hauptleute; ihre Frauen schnattern durcheinander wie Gänse, die zum Markt getrieben werden, und die Männer schmatzen und rülpsen dazu wie eine Herde Wildschweine. Ich glaube, ich werde sie nicht wieder einladen.«

Hasmon blinzelte hinüber zum anderen Ende des Saales, von wo die unflätigen Geräusche herüberdrangen, die bescheidenen Töne der Flöten und Harfen erwürgend. Bestickte Wämser und silberdurchwirkte Schärpen spannten sich über ausladenden Brustkästen, denen ein Kettenhemd besser gestanden hätte. Befehlsgewohnte Blicke verschwammen in Weinseligkeit, muskulöse, kampferprobte Arme umschlangen zerbrechliche Sklavinnen.

Hasmon lächelte. »Deine tapferen Männer, die einst unbezwingbare Festungen eroberten, liegen jetzt zwischen weichen Schenkeln, gefällt von dem süßen Wein aus Jatnan. Aber nicht nur deine Hauptleute sind es, sondern ich sehe unter ihnen die Statthalter von Nippur und Isin und den Fürsten von Kisch. Kuduriussur, den Hauptmann deiner Leibgarde ebenso wie deinen grauhaarigen Tartan Schamasch Eriba, der seine faltige Brust mit Sesamöl eingerieben hat, damit sie im Schein der Öllampen glänzt wie junge Haut und die Mädchen sich gern an sie schmiegen.«

»Ist das wahr?« brummte Assurdan, mochte aber in seiner behaglichen Trägheit nicht den Kopf wenden. »Und wer singt da so falsch und beleidigt mein königliches Ohr, das dem Spiel der Zither lauschen möchte?«

»Es ist der große Dajjanussur aus Chorsabad«, berichtete Hasmon eifrig. »Es ist ein Kampfgesang der Sarmaten, die er am Arras besiegt hat.«

»Bei Aschschurs Stierhörnern! Jetzt wird mir klar, weshalb die Steppenvölker überall Schrecken verbreiten. Wen von der erlauchten Gesellschaft siehst du noch?« Assurdan amüsierte es, Hasmon zuzuhören.

»Sinscharischkun natürlich mit seiner Leibwache«, bemerkte Hasmon spitz. »Den Schrecken Assurs. Seine eiserne Faust tastet gerade gierig nach Beute unter dem Hüfttuch einer Sklavin. Neben ihm rekelt sich Schanabuschu aus Sippar, besoffen wie zehn Eseltreiber. Seinen Sohn sehe ich nicht.«

»Der mußte wohl daheim bleiben«, spottete Assurdan. »Er ist ja noch ein halber Knabe. Sind Harpagos aus Ninive hier und Urukagina, der alte Schlächter?«

»Nein, sie sind nicht gekommen«, bemerkte Hasmon zögernd und vermied es, den König anzusehen. Selten erschienen die beiden Generäle in Assur, denn sie hatten sich damals offen gegen Assurdan als Thronfolger ausgesprochen.

»Die betrinken sich lieber zu Haus«, warf Assurdan spöttisch ein, aber ein Schatten war auf sein jungenhaftes Gesicht gefallen.

Trommeln lärmten, und herein flatterten leichtbekleidete Tänzerinnen mit bunten Tüchern wie Schmetterlingsflügel. Goldringe klirrten an ihren Fesseln, Perlenschnüre schwangen aufreizend um ihre geschmeidigen Hüften. Unter die blütenzarten Körper mischten sich mit weit ausgreifenden, hohen Sprüngen ebenholzfarbene Äthiopier mit Straußenfedern im Haar. Jeder packte eines der anmutig fliehenden Mädchen und wirbelte es mit beängstigender Schnelligkeit herum, bis beide in einem Rausch von Farben und glänzendem Fleisch verschmolzen.

Assurdan leckte sich die Lippen. »Bei Tammuz, wenn ich nicht den Frieden wünschte, so müßte ich meine Truppen in die Südländer schicken, um solche Körper als willige Sklaven auf mein Lager zu holen. Was meinst du, Hasmon?«

Der lächelte nachsichtig. »Ja, man sagt von ihnen, daß die Sonne, die sie schwarz gebrannt hat, in ihrem Innern weiterglimmt wie glühende Asche und sich beim Liebesspiel entlädt wie der Krater eines feuerspeienden Berges. Doch wer verträgt schon so viel Hitze, nicht wahr? Ein syrisches Werkzeug hingegen ist erfrischend wie Schmelzwasser und kühlt dein brennendes Verlangen, statt es auflodern zu lassen wie trockenes Schilf, das schnell zu kalter Asche zerfällt.«

»Kühle ist gut, doch du bist ein syrischer Eiszapfen, der mich mit Worten abspeist, statt mir Erleichterung zu verschaffen.« Assurdan wälzte sich träge auf die Seite und versuchte, das Knie seines Sklaven zu streicheln. Hasmon reckte sich, scheinbar, um eine weitere Feige aus dem Körbchen an der Seite des Königs zu angeln. Er tat, als merke er nicht, daß sein Rock vorn auseinandergeschlagen wurde und sich die Hand seines Herrn offensichtlich zur Quelle vortasten wollte.

Hasmon hatte nichts dagegen. Seine vorgetäuschte Schamhaftigkeit gehörte zum Spiel. Doch plötzlich wurde er blaß, drängte die Hand des Königs zurück und klemmte züchtig die Beine unter seinem knielangen Rock zusammen.

»Was hast du denn?« fuhr Assurdan ihn an. »Übertreibst du jetzt nicht?«

»Es ist der Hohepriester«, murmelte Hasmon. »Er ist mit seinen Henkern erschienen und sieht zu uns herüber. O Herr, sein Blick läßt mich erschauern; es ist, als könne er mich aus der Ferne töten.«

Aber nicht nur Hasmons Unbeschwertheit wurde jäh gedämpft. Es war, als sei durch die großen Flügeltüren ein eisiger Hauch hereingeweht, der sich wie Rauhreif auf eine blühende Wiese senkte. Das Gelächter verstummte, Frauen rafften schamhaft ihre Kleider an sich, selbst die Betrunkensten dämpften ihre Stimmen zu einem Gemurmel. Die schlanken, schwarzen Gazellen kauerten sich zögernd abwartend am Boden nieder, die duftigen Schmetterlinge senkten ihre Flügel.

Assurdan richtete sich auf und sah in das Gesicht des Mannes, dessen Erscheinen genügt hatte, alle Fröhlichkeit zu ersticken. Aus nachtschwarzen Augen traf ihn eisige Verachtung. Dem jungen Syrer wurde nur ein angewidertes Zucken der Mundwinkel zuteil, dann wandte der Hohepriester sich ab und begab sich, begleitet von seinen rotgewandeten Schirkus, auf den Ehrenplatz, der stets für ihn an der Nordwand des Saales freigehalten wurde, in angemessener Entfernung vom betrunkenen Volk. Er streckte sich auf der weichgepolsterten Liege aus Eibenholz aus; die Goldfäden in seinem schwarzen Gewand knisterten.

Schwankend erhob sich Sinscharischkun selbst, um dem hohen Gast Wein einzuschenken. Das Gesicht des gefürchteten Garnisonskommandanten hatte die Farbe von schmutzigem Schnee angenommen.

Assurdan strich Hasmon besänftigend über die schwarzen Locken, doch der kalte Hauch Aschschurs hatte seine Leidenschaft jäh abgekühlt. »Du gehst jetzt besser, Hasmon«, murmelte er und griff verdrossen zur Weinschale.

Erleichtert huschte dieser davon, denn der Hohepriester hatte Macht über die Menschen wie eine Schlange, die ihre Feinde mit ihrem Blick lähmt. Auch die Tänzer waren verschwunden. Ringer und Artisten waren hereingekommen und boten akrobatische Kunststücke statt erregender Sinnlichkeit. Kaum jemand, dem dieser Wechsel der Darbietungen willkommen gewesen wäre, doch der unnahbare Gast schien es zu genießen. Gemessen nippte er am Wein und wechselte nur hin und wieder ein leises Wort mit seinen Priestern.

Assurdan sah den Akrobaten abwesend zu. Weshalb fühle ich mich angeklagt von ihm, dem menschenverachtenden Oberhaupt der Priesterschaft, der selbst keine Leidenschaften empfinden darf, weil er in ewiger Keuschheit leben muß? Verstohlen blinzelte er über den Rand seiner Weinschale. »Wärst du nicht mein Bruder und nicht der Hohepriester, so könntest du mir gefährlicher werden als die ebenholzfarbenen Vulkane«, murmelte er und lachte über seine unpassenden Gedanken in seinen Becher. »Weshalb verschwendeten die blinden Götter an deinen Mund die betörende Sinnlichkeit eines Weibes und gaben deinen schwarzen Augen die heiße Verlockung eines unzüchtigen Dämons, obwohl ich doch weiß, daß du kalt bist wie die Gipfel des Libanon?« Er winkte Artabanos, seinem Mundschenken. »Bringe mehr von den Schläuchen mit dem jungen Palmwein, der der Seele Flügel verleiht. Nur der Wein hat Schwingen, die dich so hoch tragen, daß du selbst Anu auf den Kopf spucken kannst.«

Entsetzt hob Artabanos den Kopf. »Mögen Anus Ohren taub sein«, murmelte er schnell, um das Unheil abzuwenden.

Assurdan lachte. Und nachdem er Schale um Schale geleert hatte, war er in der Stimmung, nicht nur dem Himmelsgott, sondern dem Hohenpriester des Aschschur selbst auf den Kopf zu spucken. Er klatschte in die Hände und rief: »Mehr Flöten, mehr Posaunen! Wo sind die Tänzer geblieben?« Er sah sich nach Hasmon um, doch dieser blieb verschwunden. Assurdan brummte etwas, sein Blick streifte Artabanos, einen im Dienste ergrauten Hofbeamten. Dessen Züge waren selig verklärt, denn er hatte es sich zur Pflicht gemacht, bei jeder Schale Wein, die er seinem Herrn kredenzte, selber zwei zu trinken, und es war nicht auszumachen, auf welcher himmlischen Ebene er sich gerade befand.

»Artabanos, hast du nicht eine Tochter, vor deren Schönheit selbst Ischtar erblaßt?«

Über seine rote Nase hinweg stierte Artabanos den König an. Die Frage störte ihn, aber er wußte nicht, weshalb. Dann grinste er vertraulich, als habe der Wein ihn bereits mit seinem Herrn auf eine Stufe gehoben. »Ich habe eine Tochter, ja, und sie ist schöner als der Mond, der die Nacht erhellt.«

»Weshalb erhellt sie dann nicht mein Fest mit ihrer strahlenden Gegenwart?« unterbrach Assurdan ihn milde lächelnd.

»Dein Fest?« stammelte Artabanos verwirrt. »Aber sie ist –«

»Ich will sie sehen«, unterbrach ihn Assurdan. »Bring sie zu mir, sofort!«

Artabanos erstarrte. Der Wein war eine Sache, seine Tochter eine andere, und die Worte des Königs waren ein Befehl. Schon fast nüchtern stammelte er: »Anaita ist schön, aber sie ist jungfräulich und lebt sehr zurückgezogen. Solche Festlichkeiten –«

Die Handbewegung Assurdans hieß ihn schweigen. »Ist sie nicht auch jung, leidenschaftlich, neugierig und lebenslustig? Bring sie her!«

Als Assurdan sah, wie sein Diener zitternd die Weinschale absetzte, legte er ihm die Hand auf die Schulter und sprach begütigend: »Es geschieht ihr nichts, sei unbesorgt.«

Artabanos war gut beraten, ein so kostbares Juwel verborgen zu halten. Anaita hatte den aufrechten Gang der Frauen von Mitanni, die ihren Männern häufig an Geist und Bildung ebenbürtig sind. Ihre Glieder waren zarter als die der meisten assyrischen Frauen, ihre mandelförmigen Augen sanft und schimmernd. Unbefangen begegnete sie dem König, neugierig ließ sie ihre Blicke schweifen. Assurdan musterte sie aufmerksam. »Hast du dich gefürchtet?« fragte er sanft.

Anaita sah ihn erstaunt an. »Gefürchtet?« Dann begriff sie. »Ach nein!« Sie schüttelte lachend den schmalen Kopf, und die Haare fielen ihr ungebändigt ins Gesicht.

»Man pries mir deine Schönheit, aber die Worte verstummen vor der Wirklichkeit. Komm näher!«

Anaitas überraschter Blick traf den König. Schmeicheleien für eine Frau aus seinem Munde? Die Türsteher und Palastdiener erzählten andere Geschichten.

»Alle Schönheit verblaßt vor der Herrlichkeit deines Throns«, murmelte sie pflichtschuldig und ließ sich in respektvoller Haltung vor ihm nieder.

Assurdan winkte ab. »Keine Schmeicheleien! Heute regieren der Wein und der Frohsinn. Die Götter selbst sind schon betrunken, und ich ebenfalls. Trinkst du Wein?«

»Wenn du es befiehlst.«

»Vor so viel Schönheit werden meine Befehle zu Bitten und deine Wünsche mir Befehl. Was du siehst, gehört dir. Die Sklaven warten auf deinen Wink, die Tänzerinnen tanzen für dich. Sei heute abend meine Königin, die Perle in der Krone Assyriens, sei Herrscherin des Festes.«

Anaita warf einen Blick auf ihren Vater, der inzwischen zusammengesunken, seine Pflichten vergessend, auf dem Boden hockte. Der König war großmütig genug, ihm das nachzusehen, und sie wollte ihrem Vater und sich diese Nachsicht erhalten. Herrscher waren wankelmütig, man mußte ihre Launen hinnehmen und die guten Tage pflücken wie seltene Blumen.

»Du gönnst deiner Dienerin mehr Freude, als sie erwarten darf«, erwiderte Anaita demütig. Sie trank mit dem König, und ihre Wangen röteten sich. Assurdan lief der Schweiß in die Augen. Er wischte ihn mit dem langen Ärmel des Festgewandes ab, nahm seinen Stirnreif und setzte ihn Anaita auf den seidigen Scheitel. »Trag du die Bürde, Anaita, sie drückt mich. Komm, komm näher! Ich will dir ein Geheimnis anvertrauen, Mädchen aus Mitanni, wo die Frauen klüger sind als ihre Männer – so habe ich mir sagen lassen.«

Anaita lächelte, trank und schwieg. Mochte ihr Gebieter trinken, dabei Gescheites und Dummes reden, morgen würde er wieder König sein.

»Du siehst, meine Gäste feiern ausgelassen, das Essen ist gut, der Wein ist süß und berauschend, die Bläser und Flötenspieler geben ihr Bestes. Doch ich habe einen Gast, dessen Anblick mich verdrießt. Er verschmäht die Musik, die Mädchen und den Wein. Er opfert nicht den Göttern des Frohsinns, sondern schleudert seine kalten Blicke wie Pfeile auf meine Gäste, daß ihnen der Wein nicht mehr schmeckt. Wahrhaftig, er ist ein Ärgernis!«

»Wer darf sich so unziemlich in deiner Gegenwart benehmen, mein König?« fragte Anaita. »Weshalb läßt du ihn nicht hinauswerfen?«

»Bei den Göttern, das täte ich gern, doch es ist Asarhaddon, der Hohepriester des Aschschur, Fleisch von meinem

Fleisch, Blut von meinem Blut, und doch von meinem Herzen so weit entfernt wie das Gebirge des Vergessens. – Kennst du meinen Bruder?«

»Kaum kenne ich dich, Herr. Ich lebe, wie es den Frauen hierzulande geziemt, gehe selten aus und betrete die Straßen und die Märkte nur verschleiert in Begleitung meiner Dienerinnen. Dabei tauschen wir unsere kleinen Geheimnisse aus, plaudern über belanglose Dinge oder von unseren Träumen, in denen uns edle Prinzen in ihre Perlen-Paläste auf unzugänglichen Berggipfeln entführen. Freilich gibt es eine Welt jenseits unserer kleinen Freuden, die ist unheimlich, voller Schrecken, und ich hörte von einem Mann, der wohnt in der Zikkurat, die hinter den Mauern deines Palastes aufragt. Sein Herz soll so schwarz sein wie die Basaltziegel, und seine Macht so himmelsstürmend wie ihre sieben Terrassen, deren oberste die Wolken berührt.«

Assurdan lachte laut und anhaltend, dann ging sein Lachanfall in ein unkönigliches Kichern über. »Das ist er, Anaita. Und er sitzt mit seinem schwarzen Herzen mitten unter meinen Gästen und verdirbt mir den Abend. Das erlaube ich niemandem, auch ihm nicht!« Assurdan schenkte sich hastig nach. »Sag Anaita, muß ich mir das gefallen lassen? Ich will mich vergnügen, und mich verlangt nach der weichen, kühlen Haut, die mein schwarzlockiger Syrer hat.« Er sah Anaita zögernd an. »Das ist dir doch bekannt?«

»Ja«, erwiderte sie und senkte verlegen den Blick.

»Aufrichtig bist du, kleine Mitanni, und deine Augen sind wie zwei Mondsicheln. Jeder Mann, den du damit ansiehst, muß den Verstand verlieren, wenn er nicht eben syrische Sklaven vorzieht.« Assurdan lächelte abgründig. »Und mein Bruder tut das nicht, soviel ist sicher.«

Anaita sah den König unsicher an. Unvermittelt fragte er sie: »Glaubst du, daß du ihm ein Lächeln entlocken könntest? Oh, ich wäre auch mit einem Stirnrunzeln zufrieden. Mag er unmutig sein, überrascht oder gar zornig, doch nur nicht gleichgültig. Reiße ihm die Maske seiner Überheblichkeit herunter, du kannst es, Anaita! Ja, ich werde es am Funkeln seiner Augen, an seinen heftigen Atemzügen erkennen, daß auch er nur ein Mensch ist, nicht Aschschurs steinernes Antlitz.«

Entsetzt wich Anaita zurück. »Was sagst du? Ich soll wagen, was mutige Männer scheuen: offen vor ihn hintreten und ihn mit kühnen Worten reizen? Verlange das nicht von mir!«

»Du brauchst dich nicht zu fürchten! Sowenig du meinem Herzen gefährlich werden kannst, so sicher bist du auch vor ihm, der vor Aschschurs Blutaltar ewige Keuschheit gelobt hat. Und vor seinem Grimm schützt dich meine Hand.«

»Ist es so, wie du sagst, wäre es dann nicht vermessen, ihm als Frau gegenüberzutreten nur für ein bedenkliches Spiel?«

»Spiel, Anaita? Ja, ich will ein wenig spielen mit ihm. Denke daran, daß du schön bist und des Festes Königin. Du bist ihm ebenbürtig. Plaudere mit ihm. Sind Mitannis Frauen nicht voller Klugheit? Er ist Priester und Hüter der uralten Überlieferungen vergangener Geschlechter. Schmeichele seinem Wissen und begehre, aus diesem Born zu schöpfen.« Assurdan wandte sich um und erteilte einem Sklaven leise Befehle.

Anaita trank hastig die Weinschale leer. Wäre der große Strom voller Wein und ich würde ihn leeren, meine Knie würden nicht aufhören zu zittern, dachte sie.

3

Der König und Anaita standen an der Brüstung der Terrasse, deren Stufen zum Tigris hinabführten; der Nachtwind spielte mit ihren Gewändern und in ihren Haaren. Asarhaddon trat auf seinen Bruder zu, ohne die Frau zu beachten. Assurdan streckte ihm die Arme entgegen. »Asarhaddon! Bruder! Erster Diener Aschschurs! Möge dieser sein Antlitz nie von Assyrien abwenden. Wie selten verläßt du den Tempel! Ich freue mich, dich heute unter meinen Gästen zu haben. Verzeih mir, daß ich dich erst jetzt begrüße, aber ich wollte nicht mit hohlen Begrüßungsritualen den Ablauf des Festes stören. Die milde Luft, dachte ich mir, wird auch dir wohltun nach so vielen Krügen, die du sicherlich geleert hast, während du dich an den Tänzerinnen erfreutest.«

Asarhaddon verzog keine Miene. Seine Augen funkelten kalt im Glanz des Mondes, das den Goldbrokat seines Mantels aufblitzen ließ. Die Arme trug er verschränkt, und seine Hände verschwanden unter den weiten, langen Ärmeln. »Gurre nicht wie ein Täubchen. Was willst du?« Seine Stimme war dunkel und angenehm, aber der Ton scharf.

»Laß mich dir eine meiner Schutzbefohlenen ans Herz legen, ich empfehle sie deiner Großmut und deinem kühnen Geist.«

Mit eisigem Blick streifte Asarhaddon Anaitas anmutige Gestalt, die Lieblichkeit ihrer Züge. Seine Lippen kräuselten sich. »Der Wein hat dir mehr zugesetzt als ich glaubte, Assurdan. Schamlos genug zögertest du eben nicht, vor aller Augen einen Mann unsittlich zu berühren. Jetzt bringst du ein eben erblühtes Mädchen vor einen Mann, der keine Frau je erkannte noch erkennen wird. Bist du nicht der König, und verlangt dieses Amt nicht etwas mehr Zurückhaltung von dir?«

Assurdan hatte eine ähnliche Antwort erwartet. »Verlange nicht von mir, mit deiner Askese zu wetteifern. Aber fern liegt es mir, dir eine Frau unter unkeuschen Absichten zuzuführen. Anaita ist eine Mitanni und von vorzüglicher Bildung. Sieh nicht die Frau in ihr, sondern eine Wissensdurstige.«

Anaita glaubte versinken zu müssen bei diesen schamlos gelogenen Worten. Wie ein Spielzeug stand sie zwischen den beiden mächtigen Männern, ihren Launen ausgeliefert. Da richtete der Hohepriester überraschend das Wort an sie. Seine Stimme war von unerwarteter Wärme. Sie sah in sein Gesicht; ein überlegenes Lächeln stand darin, aber es zauberte auch einen betörenden Glanz auf seine stolzen Züge. »Weit mehr als glänzender Schmuck und prächtige Gewänder ziert der Verstand die Frau. Ist dieser mit so viel Schönheit gepaart, so schätze ich den Mann als glücklich, dem du dereinst deine Gunst schenken wirst. Mir selbst hat der Gott, dem ich diene, verwehrt, auch nur an den Körper einer Frau zu denken, doch sagt er nichts von ihrem Geist. Ich erwarte dich morgen abend in meinen Gemächern.«

Er schenkte Anaita ein bezauberndes Lächeln, dann wandte er sich ab und verließ die Terrasse. Jetzt verdunkelte ein jäher grausamer Schatten seine Züge. Assurdan, du Narr!, dachte er. Führst du mir auf diese Weise ein willkommenes Opfer zu, wie man den schönsten Widder in der Herde dem Opfermesser weiht?

Assurdan blieb betroffen und ernüchtert zurück. »Es ist dir tatsächlich gelungen«, murmelte er, an Anaita gewandt, doch das Spiel belustigte ihn nicht mehr. Asarhaddon hatte ihm den Sieg zu leicht gemacht, und er pflegte keine Siege zu verschenken. Es war ein Fehler, dachte er, doch dann sah er Anaitas Gesicht. Es war verklärt, als sei ein Magier vorübergeschritten. »Morgen also«, wiederholte sie leise, »morgen will er mich sehen.«

Assurdan schüttelte ärgerlich den Kopf. »Anaita, es war nur ein Spiel, und du weißt es. Du wirst es doch nicht ernst nehmen? Da mein Bruder sich so überraschend schnell darauf einließ, wird es gefährlich für die Mitspieler.«

»Er hat mir zugelächelt«, bemerkte Anaita versonnen. Dann wandte sie sich an den König: »Hast du ihn nicht gehört? Er sprach zu mir mit den Worten eines Mannes, nicht mit der hohlen Zunge priesterlichen Hochmuts. Wolltest du das nicht hören?«

»Er sprach zu dir mit den gleisnerischen Worten der Schlange, die dir ihren Giftzahn ins Fleisch stoßen will«, erwiderte Assurdan bleich. »Laß dich von ihm nicht täuschen. Asarhaddon fühlt nicht wie ein Mann; sein Herz ist verhärtet durch die Ströme von Blut, die von Aschschurs Altar geflossen sind. Wenn du zu ihm in den Tempel gehst, begibst du dich in seine Gewalt, und ich kann dich nicht schützen.«

»Du meinst, er würde mir etwas antun?« fragte sie betroffen.

Assurdan musterte Anaita nachdenklich. Welchen Zauber besitzt mein Bruder, daß er einer Frau wie Anaita mit wenigen Worten den Verstand rauben kann? »Nein«, antwortete er zögernd, »Gewalt hast du von ihm nicht zu befürchten, er wird sich nicht darüber hinwegsetzen, daß du unter meinem Schutz stehst. Aber er kann dich demütigen, erniedrigen – ihr Götter! Er kann einen sich windenden Wurm aus dir machen, wenn es ihm gefällt.«

»Und das würde ihm gefallen?«

»Ja. Es behagt ihm, Menschen zu zertreten.«

»Du magst deinen Bruder nicht?«

Assurdan senkte den Blick. Er begriff, daß er die falschen Worte gewählt hatte. »Wie lange ist das her«, murmelte er, »daß wir in Liebe Brüder waren. Seit er zum Hohenpriester geweiht wurde –« Assurdan schüttelte sich, als wolle er lästige Erinnerungen abwerfen. »Was ich heute für ihn empfinde, ist unwichtig. Du aber denke daran, daß er niemals einer Frau gehören darf.«

»Gewiß, ich werde mich damit bescheiden, daß sein Blick nur kurz auf mir ruht. Ich werde seiner warmen Stimme lauschen, ohne den Sinn seiner Worte zu erfassen, weil seine Anwesenheit allein mich betäuben wird.«

»Närrin, du bist verblendet!« stieß Assurdan ärgerlich hervor. »Vergiß Asarhaddon! Mein Scherz war unbedacht. Vor ihm wandelt sich Seligkeit in Todesröcheln.«

Anaita wurde bleich. »Du bist bitter und voller Mißtrauen, aber mir hat er sein Lächeln geschenkt.«

4

Mächtige Zedern, schattige Sykomoren, hohe Eschen und Tamarisken wuchsen in den Palastgärten. Gartenbaumeister aus Babylon hatten einst liebevoll Wurzel für Wurzel in die schwarze Erde aus dem Schwemmland gesetzt. Der Tigris speiste die verschwenderische Fülle durch ein künstliches Bewässerungssystem und ließ auch blühende Sträucher und Blumen in üppiger Pracht gedeihen. Teilweise wuchs das Unterholz so dicht, daß es den Weg zu versperren schien. Verschlungene Pfade, nur wenigen bekannt, führten vom

Palast zu den rückwärtigen Gebäudeteilen des Tempels. Unvermittelt ragte schwarz und drohend die riesige Stufenpyramide in den Himmel; das Bauwerk beherrschte durch seine Höhe das Stadtbild Assurs wie ein unbezwingbarer Fels. Hier wurde Aschschur verehrt, Assyriens höchster Gott.

Ein Tempelsklave führte Anaita zu den Wohnungen der Priester auf der Südseite des Tempels. Die Vielzahl der Gänge und Treppen verwirrte sie. Schließlich öffnete ihr der Sklave ein Zimmer und ließ sie allein. Anaita sah sich herzklopfend um. Neugierig betrachtete sie die Tierfiguren aus Terrakotta und Elfenbein, die Schalen und Vasen aus geschliffenem Onyx, die goldenen Gefäße, wagte aber nichts zu berühren. Jedes Stück war eine Kostbarkeit von Meisterhand. Öllampen in den Nischen tauchten alles in gedämpftes Licht. Ein schwacher Geruch von Sandelholz hing in der Luft.

Anaita schritt wie im Traum durch das Gemach des Hohenpriesters, berauschte sich an der Vorstellung, daß all dies zu ihm gehörte, von ihm berührt und geliebt wurde. Aber es paßte nicht zu ihm; alles war zu weich, zu verspielt, fast sinnlich. Ein schwerer Vorhang bauschte sich leicht im Wind. Sie zog ihn etwas zur Seite; der schwere, süße Duft von Hyazinthen und blühenden Tamariskensträuchern strömte vom Garten herein. Verwirrt ließ sie den Vorhang wieder zurückgleiten. Was habe ich erwartet? Waffen an den Wänden, rohe Holztische, auf denen sich verstaubte Tafeln und Papyri stapeln?

Ihr Blick fiel auf ein Rosenholztischchen mit eingelegten türkisfarbenen Mosaiksteinchen, die Füße endeten in zierlich geschnitzten Löwenpranken. Auf ihm gleißte goldenes Geschirr. Gold schien innerhalb dieses Raumes so selbstverständlich zu sein wie anderswo tönerne Krüge. Große samtene Kissen luden den Gast zum Verweilen. Aus der Karaffe stieg der würzige Duft von Dattelwein.

Anaita zitterten plötzlich die Knie. So empfängt man eine – sie mochte den Gedanken nicht zu Ende denken. Was hatte der König gesagt? Er ist kein Mann, er ist kalt und liebt es, andere zu demütigen. Welche Demütigungen mag er für

mich ausgewählt haben? Will er mich seinen Dienern ausliefern, um Zeuge meiner Erniedrigung zu werden? Heiß schoß
ihr das Blut in die Wangen. Ihr war plötzlich zumute, als habe sie sich unbedacht in das Netz einer Spinne begeben.

Da teilte sich der Vorhang, und ihre furchtbaren Ahnun-
gen vergingen wie ein Hauch. Der Hohepriester war eingetreten. Mit lässiger Gebärde ließ er den Vorhang zurückfallen. Ein weißes Gewand, im Schnitt ähnlich jenem, das er auf
dem Fest getragen hatte, fiel bis auf seine Füße nieder, nur
gerafft durch einen breiten Gürtel, dessen Schnalle Marduks
geflügelter Drache bildete. Er trug sonst keinen Schmuck,
aber seine Augen flammten wie schwarze Diamanten. Sein
Auftreten zeugte davon, daß er sich seiner Wirkung voll bewußt war.

Eine leichte Handbewegung wies Anaita an, es sich zwischen den Kissen bequem zu machen. »Ich habe dich warten
lassen«, sprach er mit dunkler Stimme, »aber ich wollte dir
Zeit lassen, dich umzusehen und dich auf unser Gespräch
vorzubereiten.«

Anaita starrte ihn sekundenlang an. Seine Stimme lähmte
sie. Zögernd ließ sie sich in die Kissen gleiten. Sie wagte es
nicht, seinem Blick zu begegnen, und deshalb entging ihr
auch, daß sein Lächeln herablassend war, als er neben ihr
Platz nahm. Er schenkte ihr Wein ein und reichte ihr den Becher. Diese Geste zwang sie, ihren Blick zu heben. »Wir sollten etwas trinken, das löst die Zunge«, sprach er und sah ihr
tief in die Augen. »Ich trinke auf die klugen Frauen von Mitanni.«

Anaita trank hastig, setzte zerfahren den Becher ab und
überlegte fieberhaft eine passende Erwiderung. Sie wollte
gelassen erscheinen und konnte doch nur auf ihre Hände
starren, die sie im Schoß verkrampft hielt. »Verzeih, wenn
ich stumm bleibe vor der erlesenen Schönheit dieses Raumes, in dem du mich empfängst.«

»Ja, ich liebe es, mich mit kostbaren Gegenständen zu umgeben, doch wie bedauerlich wäre es, wenn sie dir die Sprache verschlügen. Kamst du doch hierher, um mit mir zu –
sagen wir – zu plaudern – oder?«

»Um zu plaudern?« Anaita lächelte gequält. »Gewiß, ja, aber ich dachte –«

»Was dachtest du?« Seine Stimme hatte jetzt einen harten Unterton. »Sprich! Was haben die mitannischen Frauen unseren voraus?«

»Nichts, denke ich.« Es würgte sie vor Verlegenheit.

»Nichts? Wie enttäuschend! Dann erzähle mir von den Männern. Nehmen sie es mit assyrischen Kriegern auf?«

»Woher soll ich das wissen? Ich verstehe nichts vom Kriegshandwerk.«

»Und wovon verstehst du etwas? Wie man das Land bebaut? Wie man Wein keltert, Brot backt oder Männer verführt? Starre nicht in deinen Becher, rede!«

»Nein, auch davon weiß ich nichts«, antwortete sie kaum hörbar.

»Wozu bist du dann hier? Um mich zu langweilen?«

Erschrocken sah sie ihn an. »Ich bin nur deiner Einladung gefolgt, Herr.«

»Nein, es war dein Wunsch, mich zu sehen, erinnerst du dich nicht? Ich gewährte dir die Audienz, doch nun sehe ich, daß du genauso einfallslos bist wie alle Frauen. Also gib dir Mühe, mich besser zu unterhalten.« Er sah sie von der Seite an und schenkte ihr nochmals ein. Sie leerte den Becher in einem Zug. »Weshalb bist du gekommen, wenn du nichts zu sagen weißt?«

»Was hast du von mir erwartet?« fragte sie tapfer.

Asarhaddon lächelte kalt. »Es ist kühn, dem Hohenpriester mit einer Gegenfrage zu antworten. Weißt du, daß niemand im ganzen Reich das wagt?«

»Nun, ich wage es«, erwiderte sie trotzig. Eine feine Röte war in ihre Wangen gestiegen.

»Der Wein bekommt dir.« Asarhaddon entblößte raubtierhaft seine Zähne. »Muß ich es wirklich aussprechen? Ich will dich im Bett, oder glaubtest du in deiner Einfalt wirklich, wir beide hätten etwas zu bereden?«

Anaita schrie leise auf. Es traf sie wie ein Peitschenhieb, das zu hören, was sie heimlich begehrte. »Und dein Gelübde?« stammelte sie.

»Meine ewige Keuschheit?« Asarhaddon lachte gering-schätzig. »Es ist wahr, ich habe es abgelegt, damals, vor zwölf Jahren, und ich habe mich daran gehalten – bis heute. Doch soll ich nun, da du hier bist, das großmütige Geschenk meines Bruders ablehnen? Jenes Gebot gilt mir nichts, denn ich allein deute den Willen Aschschurs. Sicher ist es einst von knabenliebenden Priestern erfunden worden, die eine Rechtfertigung für ihr schändliches Treiben brauchten.«

»Das klingt, als machtest du Aschschur deinem Begehren gefügig. Nicht du dienst ihm, sondern er muß dir dienen.«

»Trefflich bemerkt. Deine weise Einsicht in meine Macht wird dir deine Bedenken nehmen, so hoffe ich.«

Asarhaddon hatte sich kaum bewegt, aber sie rückte von ihm ab, als müsse sie seinem Bannkreis entfliehen, und doch war alles um sie herum sein Reich. Sie machte einen halbherzigen Versuch, ihre Ehre zu retten: »Bedeutet dir das Gelübde nichts, so bedenke, daß ich unter dem Schutz des Königs stehe. Du würdest es doch nicht wagen, mich mit Gewalt zu nehmen?«

»Mit Gewalt?« Asarhaddon lehnte sich lässig zurück und betrachtete sie mit einem unergründlichen Lächeln, »Wie armselig der Mann, der sich Liebe mit Gewalt ertrotzen muß. Nein, du wirst mir aus freiem Willen gehören, du wirst dich mir hingeben, weil du an nichts anderes denken konntest, seit du hier eingetreten bist.« Er beugte sich etwas vor. Spott, aber auch Verlangen blitzten in seinen schrägen Augen; das milde Licht der Öllampe fiel auf sein Gesicht und verlieh seiner Haut einen bronzenen Schimmer.

Anaita fürchtete sich vor seiner Schönheit, vor seinem Willen, der den ganzen Raum auszufüllen schien. Vor ihm gab es kein Entrinnen. »Ja«, flüsterte sie, »du hast recht. Dennoch bitte ich dich, nutze meine Schwäche nicht aus und erspare mir und meinem Vater die Schande.«

Asarhaddon hob den Becher und ließ den Wein spielerisch darin kreisen. »Erhabene Worte! Überflüssige Worte! Weshalb bist du besorgt um deine Unschuld, wo du doch begierig bist, sie in meinen Armen zu verlieren? Doch sollte ich mich irren, so geh, ich halte dich nicht. Verlasse den Tempel, und du wirst mir nie wieder begegnen.« Er leerte den Becher und beobachtete Anaita. Siegessicher weidete er sich an der Ohnmacht ihrer Gefühle.

»Du bleibst also«, stellte Asarhaddon fest, dann setzte er plötzlich hart den Becher auf und packte ihre Hand. »Genug! Beenden wir diese Art von Gespräch!« Er zog sie unsanft zu sich heran und glitt mit seiner linken Hand unter ihr Gewand – zögernd, denn er hatte noch nie bei einer Frau gelegen. Ihr scheues Zurückweichen machte sie zum gestellten Wild. Seine Nasenflügel bebten, sein Atem flog.

Anaita schloß die Augen; sie badete in seinem Verlangen, atmete seine Hitze. Sie ließ sich zurücksinken und bot sich ihm an. Er riß ihr Gewand auf, seine Hände griffen schmerzhaft nach ihren Brüsten. Sie stöhnte leise und versuchte, sich wegzudrehen, doch sein Körper drängte sich hart an sie und ließ ihr keinen Raum. »Tu mir nicht weh«, flüsterte sie. Ihre Worte verwehten ungehört vor seinen heftigen Atemzügen. Er wollte sie schinden wie eine Kriegsbeute und sie seinem Bruder hohnlachend zurückschicken, jedoch der Anblick ihres nackten Körpers machte sein Vorhaben zunichte. Das Verlangen, diese Frau rasend zu machen vor Begierde, zwang ihn zur Zärtlichkeit. Er wollte kein schreiendes Opfer unter sich, sondern wollüstiges Fleisch, das heiß und feucht schmeckte, und einen Schoß, der sich lustvoll aufbäumte, wenn er ihn durchbohrte.

Anaita, scheu und unerfahren, wagte es nicht, ihn so zu berühren, daß es ihn erregte; sie ließ alles mit sich geschehen. Asarhaddon störte das nicht, und er zwang sie zu nichts. Ihm genügte es, wenn sie sich wie eine läufige Hündin hechelnd seinem Zungenspiel überließ, bis er selbst die Qual nicht mehr ertrug und hungrig zwischen ihre Schenkel stieg.

Er kostete seine erste Nacht mit einer Frau bis zur völligen Erschöpfung aus. Dann schlief er ein. Aber Anaita blieb wach. Jetzt wagte sie es, den nackten Körper neben sich zärtlich zu berühren, und wünschte sich, es würde nie mehr Tag werden.

Am nächsten Morgen glaubte Anaita noch immer, in

einem Traum gefangen zu sein. Sie saß dem Mann gegenüber, dessen Lächeln sie wie einen Schmetterling in die Flamme gelockt hatte. Und doch bereute sie keinen Augenblick der vergangenen Nacht. Sie saßen unter schattigen Sykomoren und aßen süßes Backwerk. Anaita genoß jede Sekunde wie ein kostbares Geschenk. Sie beobachtete Asarhaddon bei seinen Bewegungen, wie er aß, wie er den Becher zum Mund führte. Wie seine Hände hin und wieder das Gewand glattstrichen oder er den Kopf leicht zur Seite wandte, sie mit seinem unergründlichen Blick musterte und sie dann freundlich aufforderte, doch zuzugreifen, wenn sie allzu versunken schien.

»Du bist schweigsam an diesem schönen Morgen«, sagte er, »schön und stumm wie eine Statue aus Alabaster.«

»Ich verstumme vor der Vollendung«, erwiderte sie errötend.

»Und was erscheint dir vollendet? Das Vollendete erfährt keine Steigerung mehr, es ruht in sich selbst, es ist Erstarrung, es ist Langeweile. Nur was zur Vollendung strebt, ist lebendig.«

Anaita lauschte dem Klang seiner Stimme, aber nach tiefgründigen Betrachtungen stand ihr nicht der Sinn. »Habe ich dir gefallen?« fragte sie zaghaft.

Asarhaddon verzog keine Miene. Er nahm sich ein Stück Gebäck. »Ja.«

»Dann darf ich wiederkommen?«

Asarhaddon antwortete nicht sofort. Er spürte, daß er Anaita mit einem einzigen Satz vernichten konnte. Er mußte ihn aussprechen, um den Ausdruck des Schmerzes auf ihrem Gesicht zu beobachten, das Zucken ihrer Mundwinkel, die Blässe, vielleicht auch Tränen, den Sturz in die Hoffnungslosigkeit. Er schnippte ein unsichtbares Stäubchen von seinem Rock und bemerkte zynisch: »Du bist keine Jungfrau mehr. Wie kannst du erwarten, daß der Hohepriester entehrtes Fleisch berührt?«

Anaita wurde aschfahl. Asarhaddon lächelte boshaft. »Die Frau verliert stets bei diesem Spiel, hast du das nicht bedacht?«

Anaita war wie gelähmt.

»Du hast keine Zukunft, du Närrin«, fuhr Asarhaddon erbarmungslos fort. »Allenfalls ein Schuhflicker nimmt dich noch, damit du ihm hübsche Bälger schenkst.«

»Was habe ich dir getan?« wimmerte sie. Sie war fassungslos über seine Bosheit.

»Nichts. Du entsprichst völlig meinen Erwartungen. In der Nacht erfreutest du meine Lenden, jetzt kitzelt deine Beschämung meine Sinne.«

Sie starrte in sein abgründiges Lächeln. »Du weidest dich an meiner Schande?«

Asarhaddon erhob sich. »Du kannst jetzt gehen«, sagte er kalt. »Und richte meinem Bruder aus: der Hohepriester gewinnt jedes Spiel!«

Wie betäubt stand sie auf, ihr Blick war leer. »Er hat mich dazu gezwungen«, murmelte sie.

»Natürlich warst du sein Spielzeug, törichtes Ding! Aber du bist geblieben, als ich dir die Wahl ließ, und so spielte ich ebenfalls mit dir.«

Wie aus dem Nichts stand plötzlich der Tempelsklave vor ihr. Ihre Gestalt straffte sich. Als gebrochene Frau wollte sie Asarhaddon nicht verlassen. Aber Asarhaddon hatte sich an ihrer Verzweiflung schon vollauf gesättigt. Er hielt sie am Arm zurück und schenkte ihr erneut das Lächeln, das sie verzaubert hatte. »Anaita? Vielleicht erinnere ich mich noch einmal deiner Reize; denn eigentlich wäre es schade, sie einem Schuhflicker zu überlassen, solange sie nicht verwelkt sind.«

5

Assurdan saß blaß und abgespannt in seinem Arbeitszimmer. Er hatte eine anstrengende Audienz hinter sich und unerfreuliche Dinge zu regeln. Schweigend umstanden ihn die Hofbeamten, auf seine Befehle wartend. »Bachdi, halte dich mit deinem Schreibzeug bereit. Auch du, Artabanos, bleibst, ich habe mit dir zu reden.« Eine fast unmerkliche Handbewegung wies die anderen an, sich zurückzuziehen. Zerstreut begann er, seinem Schreiber einige Briefe an seine Statthalter zu diktieren. Zwischendurch sah er Artabanos an. »Wie ist das Befinden deiner Tochter?« fragte er unvermittelt.

»Sie ist wohlauf«, erwiderte dieser eifrig.

»So? Seit dem Fest habe ich sie nicht mehr gesehen – Bachdi, wiederhole, was du zuletzt geschrieben hast.«

»Ja Herr. So spricht Assurdan, Dein König, zu Abduna – wir, dem Statthalter Tilmuns: Veranlasse, daß die zwanzig Gespanne mit ihren Lenkern rechtzeitig zum Neujahrsfest eintreffen.«

»Ja«, sprach Assurdan finster, »wir wollen den ersten Diener Aschschurs nicht vergrämen. – Artabanos! Schicke deine Tochter zu mir! – Hast du sie denn noch nicht verlobt?«

»Sie ist versprochen, ja, aber –«

»Nun?«

»Sie hat den Mann noch nicht gesehen.«

»Wer ist es?«

»Jasmachadad, der Sohn des Kaschtarit, Statthalter von Karkemisch.«

»Vortrefflich, Artabanos, eine edle Verbindung, du hast eine gute Wahl getroffen. Weshalb zögerst du, ihm Anaita zuzuführen?«

»Anaita erbat sich eine Frist.«

»Du bist zu nachsichtig mit ihr. Treibe die Sache voran. Deine Tochter ist reizend, sie gefällt nicht nur den Göttern, bedenke das, Artabanos.«

»Aber sie lebt zurückgezogen, bis auf jenen Tag –«

»Bis auf jenen Tag, ja. Ich wollte den Mond in die Wände meines Palastes holen, vielleicht war das ein Fehler. Nun, da seine Helligkeit allen strahlte, weckt sie vielleicht in manchem die Begierde, sich an der verbotenen Frucht zu laben. Geh, hole sie. Und du, Bachdi, trage Sorge, daß die Briefe die Statthalter und meine Verwalter rechtzeitig erreichen. Sie sind gern säumig und müssen an ihre Pflichten erinnert werden.«

Artabanos, der Mundschenk, und Bachdi, der Schreiber, entfernten sich. Unruhig ging Assurdan im Raum umher, bis

Anaita eintrat. Bevor sie sich vor ihm zu Boden werfen konnte, hielt er sie sanft fest. »Nicht hier, Anaita. Ich bin dein Freund. Komm, wir wollen uns setzen.«

Assurdan bemerkte Anaitas Befangenheit und legte ihr seine Hand auf den Arm. Es beruhigte sie sofort. Seine Berührung war nicht besitzergreifend, seine Nähe gab Geborgenheit. Sie sah in sein hübsches, schmales Gesicht. Anteilnahme und Wärme spürte sie in seinem Blick. Ihn muß ich nicht fürchten, er ist wie ein Bruder, während Asarhaddon – Röte stieg ihr ins Gesicht. Auch er hatte Wärme in seinen Blick gelegt, als ihre Körper beieinander waren. Wie brannten seine Zärtlichkeiten noch immer auf ihrer Haut!

Assurdan bemerkte ihre Unsicherheit. »Ich hörte, daß du entgegen meiner Warnung den Hohenpriester in seinen Gemächern aufgesucht hast. Wie hat er sich verhalten? Ich habe dir ein gefährliches Spiel aufgezwungen – ja, ich war betrunken, aber das ist keine Rechtfertigung. Auch ein König sollte für seine Fehler einstehen. Asarhaddon ist grausam und unberechenbar. Wenn er dir also gedroht hat oder dir gar zu nahe getreten ist, dann verschweige mir nichts.«

»Wir liebten uns«, murmelte Anaita und senkte tief den Kopf.

»Er hat dir Gewalt angetan?« rief Assurdan bestürzt.

»Nein, nein!« Ihr langes Haar flog aus dem Gesicht. »Ich selbst habe es gewollt.«

»Du – hast es gewollt? Verblendete! Hast du ihm unbedacht und schamlos deine Reize angeboten?«

»Niemals, Herr! Der Hohepriester selbst – ich fand Gnade vor seinen Augen, und so nahm er mich.«

»Asarhaddon wollte mit dir schlafen? Er wollte eine Frau? Nur eine Frau?« Assurdan lachte schallend. Anaita hörte es fassungslos. »O du Hüter der Keuschheit! Blutbefleckter Schirku! Hat dir deine Männlichkeit diesen Streich gespielt?« Assurdan schlug sich auf die Schenkel. »Besiegte ein Weiberschoß deine Gefühlskälte? Begehrte deine Fleischeslust, die du stets geleugnet, endlich auf gegen das Priestergesetz? Wie köstlich!« Assurdan ballte die Faust. »Das Spiel, Anaita! Ich habe es gewonnen!«

»Nein, Herr.« Tränen lösten sich, rannen über ihre Lippen. »Er ist es, der jedes Spiel gewinnt. Das soll ich dir von ihm ausrichten.«

»Das sagte er?« Assurdan lachte verächtlich. »Diesmal nicht. Ha, du verstehst das nicht. Asarhaddon wurde schwach! Schwach!« Hitzige Röte überzog sein Gesicht.

Schwach? dachte Anaita. Wenn das Schwäche war, wie unüberwindlich muß dann seine Stärke sein.

Assurdan wischte ihr lachend die Tränen vom blassen Gesicht. »Weshalb weinst du, mitannische Taube? Du hast eine für unbezwingbar gehaltene Festung eingenommen, und du selbst hattest auch deinen Spaß dabei.«

Anaita schluchzte noch heftiger.

»Hör auf! Wer mag schon heulende Frauen? Asarhaddon bestimmt nicht«, versuchte Assurdan zu scherzen. »Erzähl doch, ist er ein guter Liebhaber? Hat er dich im Bett geliebt oder auf glühenden Nägeln? Nun schau nicht so verdrießlich, ich will dich doch nur aufheitern.«

»Das alles ist ein Scherz und ein Spiel für euch!« schrie Anaita und sprang auf. »Zwei Brüder benutzen mich, um ihren Haß auszutoben.«

»Schweig! Du vergißt dich. Dafür würde dich Asarhaddon mit der Zunge an einen Pfahl nageln.« Assurdan legte ihr den Arm um die Schultern und drückte sie sanft auf die Bank zurück. »Ich bin nicht Asarhaddon, das ist dein Glück. Aber solche Reden dulde ich nicht. Wir hassen uns nicht. Und im übrigen hast du damit nichts mehr zu tun. Wir hatten wohl alle auf gewisse Weise unser Vergnügen, doch es ist vorbei.«

»Vorbei?«

»Ja, dein Vater erzählte mir von Jasmachadad aus Karkemisch, dem du versprochen bist. Du wirst dieses Versprechen unverzüglich einlösen. Morgen wirst du abreisen.«

»Nein!« schrie Anaita.

Assurdan lächelte kühl. »Das ist ein Befehl. Oh, ich weiß, dein Vater ist nachsichtig mit deinen Launen, aber mich hältst du nicht hin. Jasmachadads Vater ist ein achtbarer Mann.«

»Das ist er, Herr, aber ich kann nicht!«

»Weibergeschwätz! Warum nicht?«

»Jasmachadad wird mich nicht mehr wollen. Ich bin entehrt.«

»Entehrt? Unsinn! Ein Begleitbrief mit dem königlichen Siegel wird ihn von deiner Jungfräulichkeit überzeugen. Asarhaddon bringt den Tod! Dir und jedem, der in seiner Nähe auf Wärme hofft.«

»Ich könnte für ihn sterben.«

»O ja, und ihn damit sehr erheitern. Haben die Windgeister dir deinen Verstand geraubt?«

»Der Hohepriester ist nicht wie andere Männer. Mein Verstand zerrann vor ihm wie geschmolzene Butter.«

»Still! ich sollte dir deine Tollheit mit der Peitsche austreiben, aber ich trage selbst zuviel Schuld daran. Reden wir vernünftig – wie Freunde, nicht wahr? Erkenne den Dämon, der ihm zur Seite steht und dich verwirrt: es ist seine Schönheit, doch sie ist nur Blendwerk. Ebenso könntest du eine goldene Statue lieben. Asarhaddon hat nicht mehr menschliche Gefühle als sie.«

»Du irrst dich, Herr. Als er eintrat – der Raum war erfüllt von ihm. Er zwang mich zu nichts, er sagte: Geh, wenn du willst. Ich konnte nicht. Als er mich berührte, schwanden mir fast die Sinne. Keine goldene Statue vermag das, Herr.«

»Du redest von Begierde, die auch Dämonen empfinden. Glaubst du, ich mißgönnte dir dein Glück? Mir ist es nicht unbekannt, das beseligende Gefühl, die Nähe, den Atem des Geliebten zu spüren. Auch Asarhaddon verbrennt dich mit seiner Glut, doch inwendig ist er aus Eis. Er schenkt dir ein flüchtiges Lächeln, und du meinst, ein kostbares Geschenk zu erhalten. Wenn Asarhaddon aber erst die Macht spürt, die er über dich hat, wird er dich mit Genuß zerstören.«

Anaita glühte vor Scham. »Ich weiß«, flüsterte sie. Asarhaddons zynische Worte an jenem Morgen hatte sie nicht vergessen. »Doch wie soll ich seinem mächtigen Zauber entrinnen?«

»Meide den Tempel und geh nach Karkemisch.«

Anaitas Reisevorbereitungen verliefen merkwürdig

schleppend. Ihre Dienerinnen packten drei Truhen voller Kleider ein und zwei davon wieder aus. Anaita ließ jedes Schmuckstück langsam durch ihre Hände gleiten, legte es spielerisch an und genoß, was der kupferne Spiegel ihr enthüllte: daß sie schön war. Doch außer ihrem Vater, ihren Dienerinnen und einigen Eunuchen durfte diese Schönheit niemand sehen. Kokett scherzte sie mit ihrem Spiegelbild: »Jasmachadad? Vielleicht hat er einen Hängebauch oder den stumpfen Blick eines Schöpfradochsen? Sicher deckt ein dichter Haarfilz ihm Brust und Rücken, während ihm diese Fülle auf dem Haupte fehlt.« Sie lachte leise und probierte eine neue Haarspange. Ihre Dienerinnen hatte sie hinausgeschickt. »Ja, ich bin schön«, hauchte sie ihrem Spiegelbild zu. »So schön, daß ich dich entflammt habe, Asarhaddon. Für eine Nacht ist mir gelungen, was selbst den König überraschte.«

Wenn er doch noch einmal nach mir schickte, nach mir verlangte, dachte sie. Mein Körper ist bereit, und meine Seele ist gewappnet, jede Demütigung zu erleiden. Sie glühte und wollte den Spiegel, der ihre verräterischen Wangen zeigte, rasch fort legen, als sie einen Schatten bemerkte. Ein Sklave war lautlos eingetreten. Sie drehte sich ertappt um.

Es war nur der alte Gärtner. »Bei mir war einer von drüben«, murmelte er. »Er gab mir das hier, Herrin.« Er überreichte ihr ein Lehmtäfelchen. Anaita erkannte die Flügelsonne, das Siegel des Hohenpriesters. »Die Botschaft lautet: Heute nacht.« Der alte Gärtner ging hinaus. Er hörte noch einen kleinen, spitzen Schrei. Das Lehmtäfelchen fiel zu Boden und zerbrach.

Als Assurdan erfuhr, daß Anaita seinen Befehl mißachtet hatte, ließ er sie zu sich rufen. Aber statt sie zornig zu maßregeln, empfing er sie mit liebenswürdigen Worten. »Du hast, wie ich hörte, deine Reise nach Karkemisch aufgeschoben? Nun, das trifft sich gut, so wirst du noch Gelegenheit haben, in Assur das Neujahrsfest zu feiern. Du mußt nichts übereilen.«

»Du bist sehr gütig, Herr, aber das ist kein Tag für sittsame Frauen.« Anaita lächelte verlegen. »An diesem Tag – so hörte ich – gehen die Dirnen ihrem Gewerbe sogar auf dem Mardukplatz und der Prozessionsstraße der Ischtar nach. Da ziehen wir Frauen uns in unsere Gemächer zurück.«

»Aber nicht, wenn der König sich an diesem Festtag mit einer Göttin an seiner Seite schmücken möchte, neben der Ischtar ein Marktweib ist. Warst du nicht schon einmal meine Königin?«

»O ja.« Anaita wurde flammendrot. »Ich erinnere mich.«

»Du brauchst deswegen nicht zu erröten.« Assurdan schenkte ihr ein aufmunterndes Lächeln. »Ich weiß wohl, an wen du jetzt denkst. Das Neujahrsfest ist ein Tag des Hohenpriesters. Ja, es ist Asarhaddons Tag, an dem er sich selbst verherrlicht. Vielleicht möchtest du das nicht versäumen? Der Höhepunkt des Festes ist nur dem Adel und den Offizieren vorbehalten. Er findet im Tempel statt; die Priester zelebrieren dabei die – ehrwürdige Opferhandlung. Dann wirst du auch Asarhaddon selbst in Ausübung seines feierlichen Amtes sehen.«

Überwältigt vor Glück fragte Anaita: »Weshalb hat Asar – hat der Hohepriester mir nichts von diesem Fest gesagt?«

Assurdan verzog sarkastisch den Mund. »Asarhaddon hat seine Geheimnisse, aber er wird deine Anwesenheit zweifellos begrüßen.«

6

Assyrien, im fünften Jahr Assurdans, am ersten Tag des Monats Adar. Auf den bronzenen Löwen, die den Tempel bewachten, glänzte die Morgensonne. Sie tauchte den Mardukplatz in rosiges Licht und ergoß sich über eine wogende Volksmenge, die bis an die Tore des Tempels flutete. Die breite, hohe Freitreppe war schwarz von Menschen an diesem Tag, die sonst die Nähe der drohenden Zikkurat mieden. Die Stadt war über Nacht zu einem Basar geworden. Zwischen Buden und Ständen schoben und drängten sich schmutzige Bauern, vornehme Kaufleute, stolze Krieger zu

Fuß oder zu Pferde, prunkend mit ihren vergoldeten Uniformen. Ehrbare Frauen ließen sich in schwankenden Sänften herantragen. Dirnen boten ihre Dienste jedem an, der ihnen zahlungskräftig erschien. Berittene der Palastwache und Tempeldiener versuchten, Ordnung in die Menge zu bringen.

Jetzt ertönten mächtige Fanfarenstöße; das Stimmengewirr verstummte, und die Tore des Tempels öffneten sich. Unten bildete die Menge eine Gasse, um einer Prozession Platz zu machen. Voran schritten zwölf weißgekleidete Priester; ihr Haar war geflochten und hochgesteckt, an ihren Stirnen leuchtete das Symbol Aschschurs, die Flügelsonne. Sie sangen eine Hymne ihm zu Ehren; ihnen folgten zwölf schwarzgekleidete Priester, die mit dumpfen Paukenschlägen den Gesang ihrer Brüder begleiteten.

Dann hörte der Gesang auf, die Paukenschläge verstummten; die Priester stellten sich zu beiden Seiten der Freitreppe auf, um den Schirkus Platz zu machen, den Vollstreckern unter den Priestern. Ihre Kleider hatten die Farbe des Blutes, und in ihren Gürteln steckten krumme Schwerter. Sie waren es, die töteten. Hinter ihnen gingen, zu Paaren aneinander gefesselt, dreißig Männer, deren Gesichter mit Asche grau gefärbt waren; auf ihren Stirnen leuchtete wie ein blutiges Mal ein roter Kreis als Zeichen, daß ihr Leben Aschschur geweiht war. Die Tore des Tempels schlossen sich hinter ihnen.

Unzählige Fackeln erhellten den Altarraum. Ihn beherrschte die kolossale Statue des stierköpfigen Gottes, dessen menschliches Antlitz unbewegt in die Ewigkeit schaute. Massige Säulen, gekrönt von stierköpfigen Kapitellen, flankierten zu beiden Seiten den Saal und ließen die versammelten Menschen winzig erscheinen. Die Priester nahmen gemessenen Schrittes ihre Plätze rechts und links vom Altar ein. Sieben Stufen und eine steinerne Brüstung trennte den heiligen Bezirk von den Zuschauern.

Seinem Rang gemäß hatte Assurdan mit seinem Gefolge die Plätze in unmittelbarer Nähe des Heiligtums eingenommen. Mit kurzem Kopfnicken begrüßte er die Edlen Assyriens, die aus allen Teilen des Landes und aus weit entfernten Provinzen gekommen waren. Selbst Harpagos aus Ninive und Urukagina waren erschienen und begrüßten den König in gemessener Haltung, bevor sie ihre Plätze einnahmen.

Assurdan wandte sich spöttisch an seine leichenblasse Begleiterin: »Ist das nicht ein erhebender Anblick? Alle Mächtigen siehst du heute hier im Tempel versammelt, um Aschschur zu huldigen. Und bald wirst du auch ihn sehen, nach dem dein Herz verlangt. Denn selbstverständlich gilt die Huldigung in Wahrheit ihm, dem göttlichsten aller Männer.«

Anaita unterdrückte mit Mühe ihre Beklommenheit. »Weshalb hast du mich in dieses schreckliche Haus geführt, Herr? All die schaurigen Gesänge und das Trommeln. Es macht mir Angst. Der finstere Gott, der schwarze Altar, die grimmigen Gesichter der Priester.«

»Das ist die ehrfürchtige Scheu vor der heiligen Zeremonie, das muß dich nicht bedrücken. Was kann dir schon an meiner Seite geschehen? Gewiß, Aschschur schaut recht verdrießlich auf seine Anhänger herab, aber vergiß nicht, daß dein Angebeteter sein erster Diener ist.«

»Ich möchte ihm nicht begegnen, nicht hier.«

»Aber das hier ist sein Reich. Es müßte dein glühendster Wunsch sein, ihn im Glanz seiner Machtfülle zu bewundern.«

»Was waren das für Menschen, die wir vorhin gesehen haben? Ihre Gesichter waren mit Asche geschwärzt.«

»Die Opfer. Sie werden sterben.«

»Sterben?« Sie schrie es fast. Assurdan gebot ihr zornig Stillschweigen. »Gewiß. Dort auf dem Altar wird man sie schlachten wie Vieh. So gefällt es Aschschur.« Er lächelte grimmig. »Und Asarhaddon.«

»Das glaube ich nicht«, stammelte sie. »Bitte, laß mich gehen. Ich kann das nicht mitansehen.«

»Still, du Närrin!« zischte Assurdan. »Bis zum letzten Tropfen wirst du den bitteren Kelch leeren, damit du zur Besinnung kommst und abläßt von deinem Wahn!«

Der Gesang verhallte. Dumpf zitterten die letzten Paukenschläge. Dröhnend setzten jetzt die Fanfaren ein. Zwischen den riesigen Füßen des Gottes öffnete sich eine Tür, und es erschien eine hagere Gestalt, ganz in Gold und Purpur gekleidet. Seine Gesichtszüge erinnerten an einen Raubvogel, die Augen an ausgebrannte Kohlen. Er trug den Stab mit der Flügelsonne, mit dem er dreimal auf den Boden stieß. Ein Raunen ging durch die Menge, denn der Mann war Zargo, der zweithöchste Priester und engster Vertrauter des Hohenpriesters. Mit seinem Stab kündigte er dessen Kommen an.

Und endlich erschien er selbst: Auf einem überreich verzierten Thron, der von sechs Sklaven getragen wurde, saß Asarhaddon, der die Machtfülle des Kriegsgottes verkörperte: Schwarz wie die Nacht des Todes war sein Gewand, aus Gold der breite Gürtel und die schwere Kette, die Schultern und Brust bedeckte und den reichen Tribut versinnbildlichte, den die unterworfenen Völker Assyrien schuldeten. Unheilverkündend strahlte ein Rubin an seiner Stirn, dessen rotes Feuer an die Farbe des Blutes gemahnte, das Aschschur zu Ehren vergossen wurde. Der funkelnde Helm schließlich, der das zum Priesterknoten aufgesteckte Haar bedeckte, trug die Flügelsonne, deren Glanz die Völker des Zweistromlandes blendete.

Asarhaddons Züge waren zu einer Maske erstarrt, so als sei nichts Menschliches mehr an ihm, als sei er herausgetreten aus dem Leib Aschschurs.

Anaita grub ihre Fingernägel in den Arm des Königs. In ihren weit aufgerissenen Augen standen Unglauben und Bewunderung. Hatte sie bei einem Gott gelegen? Assurdan entzog ihr grob den Arm.

Jetzt gab der Hohepriester mit der Hand ein Zeichen. Zargo hob den Stab und sprach: »O Aschschur, sieh gnädig auf unser Opfer und nimm es an. So wie das Blut aus den Wunden rinnt, möge es als Kraft zurückfließen in die Adern deiner Diener, damit sie dein Reich groß machen und deine Macht in die vier Enden der Welt tragen mögen.«

Ein Mann wurde jetzt von den Schirkus ergriffen und rücklings auf den Altar geworfen. Er blieb stumm vor Angst. Vier Priester hielten seine Arme und Beine, der fünfte zog langsam das Krummschwert aus dem Gürtel, wandte sich an die Anwesenden und hob es mit großer Gebärde. Es wurde totenstill. Plötzlich wirbelte er herum und schlug dem Opfer mit einem kurzen, kräftigen Hieb den linken Arm ab. Schaurig hallte das Gebrüll des Verstümmelten durch den Saal; wie ein Springbrunnen schoß das Blut aus der Wunde. Wieder fiel das Schwert blitzend nieder, und der rechte Arm fiel dumpf zu Boden. Den Mann erlöste eine Ohnmacht, der Schirku aber machte sich jetzt an die Beine, und es war nicht leicht, sie ebenso glatt vom Körper zu trennen. Als nur noch der blutige Rumpf übrig war, ließ der Priester erschöpft und schweißüberströmt das Schwert sinken.

Der noch zuckende Körper wurde hinter den Altar geworfen, wo er – für die Zuschauer unsichtbar – in einen tiefen Schacht fiel. Die Priester zerrten das nächste Opfer herbei. Ein anderer Schirku trat hervor, das Schwert triumphierend zu neuem Schlachten erhoben. Da durchzitterte ein furchtbarer Schrei die gespannte Stille. Anaita, bleich wie der Tod, taumelte, ruderte hilflos mit den Armen, als wolle sie etwas abwehren; sie warf wild den Kopf hin und her und stieß unzusammenhängende Laute aus. Dann brach sie ohnmächtig zusammen. Alle Augen waren auf sie gerichtet.

»Rasch, bringt sie hinaus!« wies Assurdan seine Leute an. Schweiß stand auf seiner Stirn, aber er war durchaus zufrieden mit dem Verlauf.

Die Menge summte wie ein Bienenschwarm. Eine Frau hatte das Opfer entweiht; ihre Wehklagen waren Gottesfrevel. Was tat der Hohepriester?

Asarhaddon hatte sich meisterlich in der Gewalt. Nur unmerklich war er zusammengezuckt. Ruhig gab er das Zeichen, die Opferzeremonie fortzusetzen. Aber Zargo, der hinter ihm stand, zischte ihm zu: »Man erwartet von dir, daß du die Frau bestrafst, die Aschschur in unerhörter Weise beleidigt hat.«

»Eine Frau kann Aschschur nicht beleidigen«, gab Asarhaddon kühl zur Antwort, »denn sie ist Kehricht vor seinen Augen. Beachten also auch wir nicht das Jammern eines Weibes und fahren fort, ihn zu ehren.«

Der Altarraum war leer. Nur wenige Fackeln belebten das steinerne Antlitz Aschschurs, irrlichterten über den noch blutverkrusteten Altar. Asarhaddon durchmaß mit energischen Schritten den Säulensaal, ihm folgte wie ein Schatten Zargo. Vor dem Altar blieb er stehen, seine Blicke sogen sich fest an dem vergessenen Blut, das den Opferstein über und über bespritzt hatte und den Boden ringsherum in eingetrockneten Lachen bedeckte. Er sah in Aschschurs ewiges Antlitz, und eine entsetzliche Zufriedenheit glomm in seinen Augen, als habe er soeben die wohlwollende Zustimmung des Gottes zu dem Gemetzel vernommen. Zargo las die Zeichen auf der Stirn seines Herrn wie eine Offenbarung: Wie er mit flackerndem Blick den Ort des grausigen Geschehens noch einmal musterte, als müsse er sich wieder und wieder die Schreie, das Aufblitzen der Krummschwerter, das hellrot aus den zertrennten Adern spritzende Blut vergegenwärtigen. Seine Finger zuckten leicht, als wollten sie selbst zum Schwert greifen, um das Werk fortzusetzen und sich in wilden Hieben von einer schrecklichen Leidenschaft zu befreien.

»Es war vollkommen«, stimmte Zargo seinem Herrn zu, ohne daß dieser ihn angesprochen hatte, »den Meistern des Krummschwerts gelang eine vorzügliche Huldigung an Aschschur. Man hat noch die Schreie im Ohr, nicht wahr?«

Asarhaddon sah Zargo an, seine Lippen zuckten. In seinen Augen stand offen das Verlangen nach weiteren Opfern, doch verschwand dieser Ausdruck rasch wieder. »Ja, Aschschur kann zufrieden sein«, erwiderte er leichthin, »aber der abgestandene Blutgeruch ist unerträglich. Laß uns hinausgehen.« Er strebte einer Tür an der Seite zu, die in den Garten führte.

»Wie, Herr, du erträgst den Geruch des Blutes nicht?« fragte Zargo, der eilig hinterherlief. »Ich bin sicher, daß er Aschschur angenehm ist wie Myrrhe.«

Asarhaddon lachte. »Seine göttliche Nase kann das wohl kaum unterscheiden, denn sie ist aus Stein. Ich jedoch ziehe den Duft der Tamarisken vor, die jetzt in voller Blüte stehen.«

Als sie die wenigen Stufen hinabgingen, die in festgefügten Wegplatten endeten, bemerkte Zargo: »Dies ist nicht der Weg, Herr.«

Asarhaddon blieb stehen. »Ich weiß. Rufe mir Kurschan!«

Zargo wurde blaß, doch nicht aus Furcht, sondern aus Ärger. »Kurschan?« wiederholte er unwillig. »Ich weiß schon, was du von ihm willst.«

Nur Zargo durfte es wagen, einen Befehl des Hohenpriesters nicht sofort auszuführen und gar mit einer Bemerkung zu beantworten. Dennoch wurde Asarhaddon bleich vor Zorn. »Was weißt du, Zargo? Du Abkömmling einer Sippe von menschlichen Ungeheuern! Du schwacher Abglanz deines blutsaufenden Onkels, was weißt du? Und was führst du erst eine Gegenrede im Munde und beeilst dich nicht, meinem Befehl nachzukommen?«

Zargo war der Neffe Belschar-Ussurs, Hoherpriester unter dem großen Sinacherib und Lehrer und Vorbild Asarhaddons. Von Belschar-Ussurs beispielloser Grausamkeit wußte man auch jenseits der assyrischen Grenzen, und selbst der nicht gerade zimperliche Adel und die hohen Offiziere hatten sich lieber von ihm ferngehalten. Schon immer waren Kriegsgefangene auf Siegesfeiern getötet worden, doch Belschar-Ussur hatte diesen Brauch zu einer feierlichen Kulthandlung erhoben und durch Hinzufügen raffinierter Martern ein grausiges Schauspiel daraus gemacht. Er hatte seine Priester in Henker, den Tempel in ein Schlachthaus verwandelt.

Nicht alle Priester hatten ihm auf diesem Weg des Folterns und Mordens zum angeblichen Wohle des Reiches folgen können; der junge Prinz Asarhaddon aber hatte die blutigen Opfer geliebt und war sein bester Schüler gewesen. Früh hatte er erkannt, daß einem Sterblichen nur dann unbeschränkte Macht zuteil wurde, wenn er sich durch seine Taten in unerhörter Weise von der Masse abhob, sie durch Furcht und Grauen einschüchterte und seine eigene Göttlichkeit dadurch festigte. Wer wagte es, aufzublicken zum

Auge des Hohenpriesters, wenn es jederzeit todbringend sein konnte?

Zargo war eine Kreatur seines Onkels und ein eifriger Anhänger der Blutopfer, aber es gab für ihn nur einen Gott: Asarhaddon. Wie ein dämonischer Bluthund wachte er darüber, daß sich Asarhaddon nie dem Verdacht aussetzte, ein gewöhnlicher Mensch zu sein. Deshalb gefiel ihm auch nicht, was sein Herr beabsichtigte. »Verzeih mir meinen Eifer, Herr, aber meine Gedanken beschäftigen sich unaufhörlich mit deinem Wohlergehen – wie kann ich dich da in tückische Fallstricke stolpern lassen? In die Fallstricke eines Weibes! Ja, du schickst Kurschan nach der Frau, die du – Aschschur möge erblinden – nachts umarmst, als gäbe es nicht den Schwur!«

Unbeherrscht fuhr Asarhaddons Hand zum Dolch. Zwar zog er ihn nicht, aber seine Stimme hatte er nicht mehr in der Gewalt, als er Zargo anschrie: »Elender! Schleichst du etwa nachts durch die Gänge, gehst du meinen Dienern nach, horchst du an den Türen? Woher weißt du von ihr?«

Ruhig entgegnete Zargo: »Es ist meine Pflicht, davon zu wissen. Bin ich dein Vertrauter oder ein gewöhnlicher Tempelsklave? Und es ist meine Aufgabe, dich auf die Verletzung –«

»Schweig!« unterbrach Asarhaddon ihn mürrisch. Er hatte wenig Lust, sich Zargos wortreiche Ermahnungen anzuhören. »Du wirst es für dich behalten. Ich gedenke nicht, mir vorschreiben zu lassen, auf welche Weise ich mich vergnüge. Ja, ich habe manchmal diese Frau bei mir, weil es mir Lust bereitet, bei ihr zu liegen. Das ist das Verlangen eines jeden gesunden Mannes. Doch wie solltest du das verstehen? Dich gelüstet es nach deinem eigenen Geschlecht wie ein Weib, was alle Welt verachtet.«

Zargo schoß das Blut zu Kopf, doch mit fester Stimme antwortete er: »Es liegt mir fern, dich zu tadeln, Herr. Gewiß, du tust, was dir beliebt, doch höre auf meinen Rat: Weder leichtfertig noch boshaft ist jener Schwur, der jedem Priester verbietet, eine Frau anzurühren. Wer wüßte nicht, daß schöne Frauen selbst die stärksten Männer in ihren Armen zu bereitwilligen und nachgiebigen Geschöpfen werden lassen? Wie dürfte das geschehen, daß der Hohepriester sich den Wünschen eines Weibes beugt?«

»Deine Belehrungen sind wie das Geplapper der Krähen. Würdest du etwas von Frauen verstehen, so wüßtest du, daß ich es bin, der sie beherrscht. Anaita ist ein willenloses Geschöpf in meinen Händen.«

Doch Zargo schüttelte sorgenvoll den Kopf. »Noch wähnst du, Herr deiner Gefühle zu sein, doch schon beginnt sie, dir den Kopf zu verwirren. Es ist dieselbe Frau, die schreiend im Tempel zusammengebrochen ist. Ich bat dich eindringlich, diesen ungeheuren Frevel zu bestrafen, doch du hattest Ausflüchte, und sie kam ungeschoren davon.«

»Glaubst du, weil ich mich ihrer erbarmte, Zargo?« fragte Asarhaddon höhnisch. »Diese Frau wird leiden, mein Freund, unsäglicher, als du es dir vorstellen kannst. Verstoßen, gedemütigt, der Schande preisgegeben wird sie dahinsiechen, wenn erst ihr Schoß mich zu langweilen beginnt. Aber weshalb sollte ich die frische Frucht nicht genießen, solange sie im Saft steht? Dabei schenkt mir der Gedanke an ihre bevorstehende Verzweiflung die gleiche Wollust, wie ich sie in den tiefen Gewölben des Tempels genieße, verstehst du? Also hole jetzt Kurschan, und kein Wort mehr von der Frau!«

Zargo war nicht überzeugt, aber doch weitaus zufriedener als zuvor. Er verließ Asarhaddon, um Kurschan zu holen, einen Tempelsklaven, der schon Belschar-Ussur als verschwiegener Bote gedient hatte.

Kurschan begab sich unverzüglich zum Palast, doch diesmal kehrte er unverrichteter Dinge zurück. Kaum wagte er es, Asarhaddon unter die Augen zu treten. Er warf sich vor ihm der Länge nach in den Staub und zitterte am ganzen Leibe.

»Du bringst die Frau nicht mit?« fragte Asarhaddon scheinbar ruhig, während sich seine Hand wie von selbst zum Gürtel bewegte.

»Man läßt mich nicht zu ihr, nicht einmal den Hof darf ich betreten«, jammerte Kurschan. »Es heißt, sie sei krank und wolle niemand sehen. Erbarmen, Herr, ich –«

»Du bist ein unbrauchbares Werkzeug, das man zerbricht und auf den Kehricht wirft!« schrie Asarhaddon und zog den langen, schmalen Dolch, mit dem er gern tötete. »Du wagst es, ohne die Frau zurückzukommen? Du läßt dich wie einen Bittsteller abweisen? Nutzlos wie ein Haufen Unrat bist du mir!«

Selten hatte Kurschan seinen Herrn so aufgebracht erlebt. Asarhaddon pflegte seine Worte kaum an Sklaven zu verschwenden. Er tötete ohne Zögern. Daher war Kurschan fast erleichtert über diesen Zornausbruch, der Asarhaddon davon abhielt, zuzustoßen. Er fühlte sich an der Brust gepackt und geschüttelt. »Augenblicklich gehst du zurück und kommst mir nicht ohne die Frau unter die Augen!« Asarhaddon stieß Kurschan gegen die Wand, der überglücklich auf die Knie fiel. Er sah, daß der gefährliche Dolch im Gürtel verschwand. Asarhaddon hatte sich wieder in der Gewalt. Es reute ihn, daß er sich vor seinem Sklaven zu Gefühlen hatte hinreißen lassen. Kurschan ist ein guter, verschwiegener Diener, dachte er. Hat er nichts ausrichten können, so hat es keinen Sinn, ihn trotzig wieder hinzuschicken. »Verschwinde!« herrschte er Kurschan an. »Du Schwachkopf wirst nichts ausrichten! Fort mit dir! Ich werde selbst gehen.«

Assurdan saß mit Freunden beim Brettspiel, als die Wache hereinstürzte. Doch bevor der verstörte Mann etwas sagen konnte, wurde er brutal zur Seite gestoßen, an ihm vorbei stürmte Asarhaddon, der mit schneidender Stimme rief: »Aus dem Weg, Armseliger! Versperrst du mir die Tür zu meinem Bruder?«

Die Anwesenden starrten ihn an wie ein Gespenst. Noch nie, soweit sie zurückdenken konnten, hatte der Hohepriester den Palast anders betreten als in standesgemäßer Kleidung und in Begleitung seiner Schirkus. Asarhaddon musterte sie verächtlich. Dann wandte er sich an seinen Bruder, der aufgesprungen war. »Jene da –« er machte eine wegwischende Handbewegung, »entferne sie!«

Assurdan hatte sich schnell gefaßt und bedeutete seinen Freunden, zu gehen. Dann wandte er sich kühl an Asarhaddon: »Deinen großen Auftritt hattest du im Tempel, hier ist er überflüssig. Ich sehe, du bist aufgebracht. Wo bleibt deine Beherrschung, deine priesterliche Gelassenheit? Weshalb trägst du nicht dein brokatdurchwirktes Prachtgewand, und weshalb begleiten dich heute nicht deine humorlosen Schlächter?«

»Spare dir deinen Sarkasmus, Assurdan!« entgegnete Asarhaddon finster. »Ich komme nicht als Hoherpriester, ich komme als dein Bruder.«

Assurdan lächelte spöttisch. »Das überrascht mich. Es ist lange her, daß wir wie Brüder miteinander sprachen. Aber wenn es so ist, dann setz dich, Bruder, und trinke einen Becher Wein mit mir.«

Asarhaddon blieb stehen und verschränkte die Arme über der Brust. »Ich kam nicht, um zu plaudern, und du weißt es. Wo ist sie?«

»Sie?« fragte Assurdan gedehnt. Er leerte mit genüßlicher Langsamkeit einen Becher Wein, ohne Asarhaddon anzusehen. »Von wem sprichst du?«

Seinem Bruder stieg das Blut zu Kopf. Aber seine Fähigkeit, sich stets zu beherrschen, half ihm auch hier. »Ich spreche von Anaita«, erwiderte er kühl. »Ich hatte ihr einen Boten geschickt, deine Wachen jedoch haben ihn nicht vorgelassen.«

»Du meinst Kurschan? O ja, das ist richtig. Sagte er dir nicht, weshalb? Anaita ist krank, sie empfängt niemanden.«

»Krank? Was fehlt ihr?«

»Sie ist zusammengebrochen, erinnerst du dich nicht? Unglücklicherweise konnte sie nicht mit der gleichen Hingabe wie du das Gemetzel im Tempel würdigen.«

Asarhaddon winkte ab. »Die vorübergehende Schwäche einer Frau; sie wird sich inzwischen erholt haben. Die Schuld daran trägst du allein. Mußtest du sie mit in den Tempel nehmen? Mit ihrem Geschrei hat sie Aschschur gedemütigt und den Tod verdient. Großmütig überging ich den Vorfall, weil sie unter deinem Schutz steht, doch jetzt verlange ich, sie zu sehen.«

Assurdan lachte höhnisch auf. »Du bist großmütig? Begierde hegst du nach ihrem Fleisch wie ein brünstiger Kater!

Anaita soll dir noch ein paar Nächte das Bett wärmen, bis du ihrer überdrüssig bist! Du Heuchler! Mir predigst du Enthaltsamkeit! Jahrelang bist du einherstolziert wie ein kastrierter Hahn, der seine Hennen verschmäht. Ist heute das Hühnchen nicht sofort herbeigeflattert, als du gewunken, und mußtest du dich in höchsteigener Person herbegeben? Doch das Nest ist leer, verstehst du? Anaitas Liebe ist im Tempel erfroren!«

Asarhaddons Miene schien zu Eis erstarrt, seine Blicke sprühten Tod. »Erbärmlicher Narr! Nur, weil du mein Bruder bist, wagst du solche Unverschämtheiten und glaubst, ich werde dir mit Nachsicht begegnen, weil wir zusammen aufgewachsen sind. Ich habe mich auf dein lächerliches Spiel eingelassen, weil es mich amüsiert hat, und ich beende es, wenn es mir paßt. Also laß mich zu ihr, sofort!«

Über Assurdans Gesicht lief ein flüchtiges wehmütiges Zucken, aber sofort hatte er sich wieder in der Gewalt. »Ich wollte dir an jenem Abend nur eine menschliche Regung entlocken«, bemerkte er bitter. »Ein verhängnisvoller Fehler, wie ich inzwischen weiß, aber Anaita ist schuldlos daran, und ich werde sie dir nicht in deinen unersättlichen Rachen werfen. Du hast sie mit deiner Schönheit geblendet, aber im Tempel hat sie deine unmenschliche Fratze erblickt. Du hast sie verloren, Asarhaddon.«

»Was kümmert es mich, was sie für mich empfindet!« bemerkte Asarhaddon verächtlich. »Sie gehört mir. Die Zeit, als sie noch die Wahl hatte, ist vorbei.«

»Und ich werde es nicht zulassen! Wenn du eine Spur von Zuneigung für sie hättest, so könnte ich den Dingen ihren Lauf lassen. Doch du hast nur einen abgründigen Wunsch: sie langsam zu zerstören.«

»So ist es.« Asarhaddon verzog höhnisch den Mund. »Du kennst mich. Weshalb muß ich dich immer wieder daran erinnern, daß ich durch Belschar-Ussurs Schule gegangen bin? Betrinke dich zukünftig nicht so unmäßig, dann wirst du nichts tun, was dich hinterher reut.«

»Ich konnte nicht wissen, daß dir das Keuschheitsgebot so wenig gilt, das du doch immer so hoch gehalten hast!«

Asarhaddon lächelte. »Ja, du glaubtest, meine Männlichkeit sei mir in der spröden Luft des Tempels vergangen wie einem Greis. Oder vielleicht dachtest du auch, ich zöge inzwischen Knaben vor, so wie du. Du stelltest mit verlogenen Worten eine Frau vor mich hin, die eine einzige Versuchung ist, und meintest, ich würde hechelnd wie ein Hund die ganze Nacht vor ihr sitzen, ohne nach dem Bissen zu schnappen. O du Einfältiger! Hätte ich so gehandelt, man hätte mich auf der Stelle entmannen müssen.«

Assurdan zuckte die Schultern. »Ich habe mich geirrt. Aber nun mußt du deine zum Leben erwachten Triebe wieder unterdrücken. Anaita will dich nicht mehr sehen. Sie ist die Tochter eines achtbaren Mannes und keine Sklavin, die du mit Gewalt in dein Bett zerren kannst. Doch wenn dich die Hitze quält, so gibt es ja in Assur genug Hurenhäuser, in denen du dich bedienen kannst.«

»Deine Beleidigungen treffen mich nicht. Und die Tochter deines Mundschenken ist gerade gut genug, den Staub von meinen Stiefeln zu lecken. Also Schluß mit dieser Posse! In welchem Zimmer deines Palastes hält sie sich auf? Rede!«

Assurdan reckte sich zornig empor. »Befiehlst du mir in meinem eigenen Hause? Dein Reich ist die schwarze Zikkurat, dort magst du den Herrscher spielen. Ich befehle dir, auf der Stelle den Palast zu verlassen!«

»So? Ich warne dich, Assurdan! Laß dich nicht mit mir auf einen Machtkampf ein. Du wirst elend daran zugrunde gehen!«

»Besser, ich gehe an dir zugrunde, als meine Selbstachtung zu verlieren! Ich bin nicht Zargo, dein Hündchen, sondern der König von Assyrien!«

»Hm, gut gesprochen.« Asarhaddon lächelte und schenkte sich Wein ein. »Wenn du befiehlst, so werde ich gehen, denn ich habe Achtung vor der Würde deines Thrones. Nur eine Kleinigkeit wirst du mir nicht verwehren können: Anaita hat das heilige Opfer entweiht, das verlangt Sühne. Da du sie selbst nicht herausgeben willst, muß ich mich anderweitig schadlos halten.« Er machte eine unheilvolle Pause. »Alle zehnjährigen Knaben Assurs werden morgen geopfert. Und damit die Kleinen sich nicht fürchten, will ich die Eltern ersuchen, sie auf dem Gang zum Tempel zu begleiten, wo sie dann die Geschicklichkeit meiner Schirkus bewundern können.«

Assurdan wurde bleich. »Das würdest du nicht tun! Dieses Recht hast du nicht!«

»Glaubst du? Nun, nicht ich fordere das Leben der Unglücklichen, sondern Aschschur selbst ist es, der zürnt. Willst du vielleicht, daß er Unheil über die ganze Stadt bringt, nur um ein paar Kinder zu retten? Neue Kinder sind so leicht zu zeugen, oder nicht?«

Assurdan schwindelte vor so viel Menschenverachtung. »Du würdest unschuldiges Blut des eigenen Volkes opfern, um wegen Anaita deinen Willen durchzusetzen?«

»Stets ist es das unschuldige Blut, das die Götter lieben«, erwiderte Asarhaddon kalt lächelnd. »Aber du, mein Bruder, liebst es nicht. Du erträgst Kindertränen nicht, und auch nicht, wenn sich die Mütter vor Schmerz die Brüste zerfleischen und die Väter vor Gram selbst entleiben. Und weil es so ist, wirst du mir jetzt sagen, wo ich Anaita finden kann. Das wirst du doch, oder?«

Assurdan schloß die Augen. »Ja«, sagte er tonlos.

8

Anaita lag wach auf ihrem Lager; sie war todmüde und konnte doch nicht schlafen. Ständig quälten sie dieselben Gedanken, unaufhörlich kreisten sie um den Mann, den sie geliebt hatte, um die eigene Schande, das Gemetzel. Manchmal verdrängte eine Erinnerung die andere, doch dann wieder vermischten sich die Ereignisse, und am Ende sah sie überall nur Blut, sah sich selbst nackt in ihrer Schande auf dem Altar liegen, über sich ein riesiges Schwert, um sie herum höhnisches Gelächter. Stöhnend warf sie sich herum, erwog Selbstmord, Flucht, Geständnis und verwarf alles wieder.

Da war es ihr, als sei jemand eingetreten. Sie meinte, es müsse die Sklavin sein. Halb richtete sie sich auf. Da sah sie, daß Asarhaddon im Raum stand. Das träume ich nur, dachte sie. Mein Verstand verwirrt sich bereits. Sie erhob sich ganz und blinzelte, damit der Spuk verschwinde.

Asarhaddon war in ein schmuckloses Gewand gekleidet mit knielangem Rock, ledernem Gürtel und über den Knöcheln geschnürten Sandalen. Keine Flügelsonne krönte das lose im Nacken gebundene Haar, kein Priestergewand verhüllte den Menschen. »Hast du schon geschlafen, Anaita? Du solltest nicht schlafen in solchen Nächten, in denen ich wach liege und mich nach dir verlangt, Blume von Mitanni.«

So sanfte, so süße Worte! Und so widerwärtige Taten! Anaitas Augen flammten vor Empörung. »Was willst du noch von mir? Geh! Ich wünschte, ich wäre dir nie begegnet.«

»Weshalb sagst du das?« Asarhaddon näherte sich mit gewinnendem Lächeln. »Sonst ging dein Atem schneller, und deine Augen waren groß und feucht vor Verlangen, wenn ich versprach, mich deiner wieder zu erinnern.«

»Weil Ich blind war«, entgegnete sie tonlos.

»Ach! Ist der Schleier jetzt von deinen Augen gefallen? Was hat sich geändert seit unserer letzten Nacht?«

Anaita zitterte. Abscheu und Hilflosigkeit verschlugen ihr die Stimme. »Muß ich dir darauf wirklich antworten?« stöhnte sie. »Du bist ein Mörder. Du schlachtest Unschuldige für einen wahnsinnigen Gott!«

Ein gefährliches Glühen trat in seine Augen. Er tat einige Schritte auf sie zu. »Sprich nicht von Dingen, die du nicht verstehst. Vergiß, was im Tempel geschah und sieh mich an! Habe ich dir je etwas getan, was du nicht wolltest?«

Asarhaddon kam noch näher und versuchte Anaitas Blick festzuhalten, doch sie vermied es, ihn anzusehen. Sie fühlte sich so erniedrigt und beschmutzt, weil sie es vorgezogen hatte, die Geliebte eines unmenschlichen Priesters zu werden, statt eine tugendhafte Frau an der Seite des hochgeachteten Jasmachadad. Sie fühlte sich elend, weil Asarhaddon auch nach den Geschehnissen im Tempel die gleiche unheilvolle Macht über sie besaß. Seine Stimme war dunkel und weich, und Anaita hätte sich die Ohren verstopfen müssen, um ihrem schmeichelnden Klang zu entgehen.

Ich muß ihn gegen mich aufbringen, seinen Zorn herausfordern, damit er mich nicht weiter mit sanften Worten umgarnen kann, dachte sie. »Ich bin erstaunt«, sagte sie spitz, »daß der stolze Hohepriester sich herabläßt, einer Frau zu schmeicheln, wo er befehlen könnte. Du bist selbst zu mir gekommen, obwohl du genug Diener hast. Erträgst du es so wenig, abgewiesen zu werden?«

Das war eine vermessene Antwort, die jeder andere mit dem Leben bezahlt hätte. Asarhaddons Augen wurden schwarz vor Zorn, doch er verbarg seinen Unmut hinter sanften Worten, die ihn seinem Ziel näher brachten als unnötige Erregung.

»Kleine Närrin! Siehst du nicht, daß ich den Hohenpriester verleugne, wenn ich bei dir bin? Zu dir kommt ein Mann, der dich in Liebe umarmen möchte, und wenn du klug bist, nutzt du deinen Liebreiz, um mich ebenso an dich zu fesseln, wie du mir verfallen bist. Wohl stehen mir genug Mittel zu Gebote, dich gefügig zu machen, doch ich nutze sie nicht, denn du mußt aus freiem Willen zu mir kommen. Und du wirst es tun, weil du dir einen anderen Mann in deinem Leben nicht mehr vorstellen kannst.«

»Einst war das so. Jetzt aber werde ich in deinen Augen nur noch das Verlangen nach Blut und Schmerzen sehen und unter deinen Händen die Begierde zu töten fühlen.«

Da setzte sich Asarhaddon zu ihr und berührte sacht ihr Haar. Sie wich zurück, aber nur halbherzig. Sein Blick verkündete bereits Sieg, in seine Stimme aber legte er eine tiefe Zärtlichkeit, die Anaita die letzten Bedenken rauben sollte. »Sieh mich an und sag mir, ob du in meinen Augen etwas anderes erblickst als die Leidenschaft, dich zu besitzen? Laß mich dein Gewand öffnen, deinen samtenen Körper überall berühren. Und dann behaupte weiterhin, daß du Hände fühlst, die lieber töten. Nein, Anaita, sie werden dich brennen lassen wie eine nie verlöschende Flamme, und du weißt es. Was zögerst du, dich mir hinzugeben?«

Anaita war wie betäubt. Asarhaddon beugte sich über sie, sein Haar streifte ihre Wange, sein Mund ihr Ohr, dann ihren Hals. Die grauenvollen Bilder lösten sich auf, die Schreie in ihr verstummten. Sie duldete den festen Griff um ihre Mitte und daß er sie auf die Kissen legte. Ich bin verloren, dachte sie, meines Vaters nicht wert, nicht wert der Zuneigung und Fürsorge meines Königs. Ich werde mich töten müssen, wenn es vorbei ist, wenn er wieder gegangen ist, doch bis dahin – wie soll ich darüber nachdenken, solange seine Lippen meine Brüste und seine Hände meinen Schoß liebkosen?

Asarhaddon war trunken vor Siegestaumel, als er sie nahm. Er hätte nicht sagen können, ob ihr Körper oder ihre ohnmächtige Unterwerfung ihm die reineren Wonnen schenkte – oder der Sieg über seinen Bruder. Schließlich hielt er es für vernünftig, alle drei Freuden gleichermaßen zu genießen.

9

Daß sich zwischen Asarhaddon und Anaita auch nach dem Neujahrsfest nichts geändert hatte, blieb Assurdan nicht verborgen. Er empfand jetzt nur noch Verachtung für sie und einen nagenden Groll über seinen sieghaften Bruder, der aus Wunden Blüten werden ließ, wenn es ihm paßte.

Doch nicht allein dem König bereitete Asarhaddon Verdruß; Zargo gefiel die Luft des Tempels nicht mehr, seit ein Weib sie verpestete. Allzu oft hatte er ihre schmalen Füße mit den Goldkettchen an den Fesseln den Pfad zu ihm hinaufhuschen oder den Zipfel ihres weißen Gewandes durch die Büsche schimmern sehen. Ihr helles, glückliches Lachen anzuhören, blieb ihm erspart, denn vor Asarhaddons Tür zu lauschen wagte er nicht. Aber er wußte es jedesmal, wenn sie bei ihm war, und sein Haß füllte ihm den Magen wie heißes Pech.

In seinen Träumen starb dieses Weib, das den göttlichen

Leib seines Herrn besudelte, unter tausend Qualen. Er wünschte sich, sie in den geheimen Gewölben des Tempels gefangenzuhalten, um sie Nacht für Nacht mit höllischer Lust zu peinigen. Aber wenn er Anaita auch nur ein Haar krümmte, würde Asarhaddon ihn selbst in die Keller verdammen.

Zargos Erkundigungen hatten ergeben, daß Anaita einem Jasmachadad aus Karkemisch versprochen war, und Karkemisch war weit. Aber das Weib dachte nicht daran, seinem zukünftigen Gatten gehorsam entgegenzueilen, sondern hurte im Bett des Hohenpriesters wie eine Schankdirne. Sie liebt ihn, natürlich liebt sie ihn! Zargo biß sich auf die Lippen, bis sie bluteten. Liebt sie ihn mit dem gleichen heißen Wahnsinn wie ich? Ich bin sein Schatten, sein Mahner, sein Vollstrecker und doch bin ich nichts als eine nützliche Sklavenseele in seinen Augen. Aschschur weiß es, daß ich bereit bin, durch Kot zu kriechen, wenn er es befiehlt, doch diese Frau braucht nur ihre Brüste zu entblößen, um einen Narren aus ihm zu machen. Mag er sie auch am Ende vernichten, so durchlebt sie bis dahin doch Wochen, Monate unbeschreiblicher Glückseligkeit, wo mir eine Stunde genügte.

Aschschur, du säufst Blut wie aus einer Viehtränke, weshalb läßt du nicht die Erde bersten vor ihrem Schritt und schickst deinen schrecklichsten Dämon, um sie zu zerquetschen wie einen faulen Apfel? Zu flüssigem Blei möge Asarhaddons Samen werden in ihrem Schoß, und ihre Liebe verdorren wie ein Flug ohne Quelle!

Ich muß sie auseinander haben, sonst sterbe ich, dachte er. Haß muß ich säen zwischen sie, doch Asarhaddon haßt nur schwer. Andere unergründliche Quellen speisen sein Verlangen. Frauen hassen besser und gründlicher. Doch was sollte sie veranlassen, den Mann zu hassen, den sie anbetet? Unten am Fluß kenne ich die Frau eines Totengräbers. Aus Leichenteilen und hundert Flüchen braut sie eine Flüssigkeit, die bringt schwangere Frauen dazu, sich haßerfüllt den eigenen Leib aufzuschlitzen, um das ungeborene Kind zu töten – so wird erzählt, doch Asarhaddon hält es für ausgemachten Schwindel, auf den nur die Schafsgläubigen hereinfallen.

Sie soll krank gewesen sein nach dem Besuch im Tempel. Zargo lachte in sich hinein. Empfindliche Henne! Wüßtest du, welcher Art von Vergnügungen sich der Hohepriester tief unter der Erde hingibt, wo kein sterbliches Ohr und kein Gott die Schreie vernimmt! Du würdest –

Die Gewölbe! In seinem Leib schien eine Giftkapsel zu bersten und ihn mit herrlich niederträchtiger Erleuchtung zu überschwemmen. Er ballte beide Fäuste und lachte krächzend. »O ja, Elende, du wirst ihn hassen!«

Anaita war überrascht, daß bereits nach wenigen Tagen wieder ein Tempelsklave bei ihr erschien, denn die zärtlichen Anwandlungen Asarhaddons waren selten, als habe er eine Kostbarkeit zu vergeben, die durch häufigen Gebrauch an Wert verlor. Seit er sie jedoch selbst aufgesucht hatte, war er weniger überheblich, verzichtete auf zynische Reden. Offensichtlich lag ihm daran, bei ihr jede Erinnerung an den Tempelbesuch zu tilgen.

Es schien ihm gelungen zu sein. Anaita verschwendete beim Anblick des Sklaven keinen Gedanken an düstere Augenblicke, sondern überließ sich dem klingenden Harfenspiel ihrer Seele. Der Sklave führte sie nicht in das ihr bekannte Gemach. Anaita sah sich mehr erstaunt als erschrocken um; Asarhaddon mochte seine Gründe haben. Dann merkte sie, daß sie allein war, der Sklave hatte sich lautlos zurückgezogen. Sie war nicht beunruhigt, nur voller Erwartung. Und als die Tür ging, flog sie herum. Doch sie erstarrte, denn auf der Schwelle stand nicht Asarhaddon, sondern sein böser Geist Zargo.

»Wo ist Asarhaddon?« schrie sie, erfüllt von panischer Angst beim Blick in die Raubvogelaugen, die sie haßerfüllt anstarrten.

Langsam verzogen sich Zargos Lippen zu einem grausamen Lächeln. »Du wirst ihn sehen, bezähme noch ein wenig deine Leidenschaft. Sie wird hoch auflodern, wenn du ihm begegnest, das verspreche ich dir.«

Zargo also hatte den Boten geschickt! Asarhaddon wußte überhaupt nichts davon, daß sie hier war. Zargo aber wollte sie vernichten. Der Schrecken ließ sie vorübergehend wie gelähmt verharren, doch dann straffte sich ihre Gestalt; selbstbewußt richtete sie sich vor Zargo auf, der Tatsache gedenkend, daß sie von seinem Herrn begehrt wurde. »Du hast zuviel gewagt, Zargo!« rief sie mit erhobener Stimme. »Bedenkst du nicht, daß der König selbst seine Hand schützend über mich hält? Und weißt du nicht, daß der Herr dieses Tempels in sehr enger Verbindung zu mir steht? Was lockst du mich in diese Mauern, ohne daß dein Gebieter es dir befahl?«

Zargo trat näher, sein langes, golddurchwirktes Gewand raschelte. »Das alles ist mir bekannt«, bemerkte er verächtlich, »und du brauchst dich vor mir nicht zu fürchten, obwohl ich gestehe, daß ich dir deinen zarten Hals gern abschneiden würde. Aber ich handelte unklug, gäbe ich meiner Neigung nach. Du bist hier, weil der Hohepriester vor deinem verderblichen Einfluß geschützt werden muß.«

Der Haß dieses Mannes füllte den Raum aus und nahm ihr den Atem. Aber sie entgegnete beherzt: »Ich bin untröstlich, daß ich dir mißfalle, doch der Hohepriester weiß sich selbst zu schützen. Er wäre zweifellos überrascht zu erfahren, daß er hier deiner Hilfe bedarf. Ich kann dir nur raten, nicht sein Mißfallen zu erregen, indem du mir in irgendeiner Weise zu nahe trittst.«

»Schweig! In diesen Mauern hat noch nie ein Weib seine Stimme erhoben und wird es auch künftig nicht tun, dafür werde ich sorgen.« Zargos Finger schoß vor und stach ihr fast ins Gesicht.

Anaita wandte sich angewidert ab. »Asarhaddon wird mich nicht fortschicken. Ich liebe ihn, und er liebt mich auf seine Weise, daran wirst du nichts ändern, kaltherziger Schlächter.«

Zargos Augen begannen zu glühen. Mit überschnappender Stimme schrie er: »Schluß mit dem Liebesgefasel! Du bist schuld daran, wenn aus ihm ein Weib wird. Wer bist du, daß du es warst, ihn zu berühren, der geboren wurde, Aschschur zu dienen? Er ist kein Mann, sondern Priester, und nicht die Liebe darf ihn beherrschen, sondern allein der Gedanke, Aschschur zu befriedigen, hörst du?«

Anaita reckte sich. »Daß Asarhaddon ein Mann ist, das weiß ich besser als du, Zargo. Und wenn ihn die Liebe zugänglicher und weicher macht, ist es ein Gewinn für ihn und andere. Du aber möchtest auf seiner Brust hocken wie eine giftige Kröte, damit er menschliche Luft nicht atmen kann. Du gibst dich nicht eher zufrieden, bis du eine Bestie aus ihm gemacht hast.«

Zargo lächelte dünn. »Das ist er bereits.« Dann stieß er ein abstoßendes Gelächter aus, das Anaita Entsetzen einflößte. »Ich weiß«, flüsterte sie, »ich habe es gesehen. Es war grauenhaft. Aber ich glaube nicht, daß Asarhaddon diese Bestie ist. Ihn zwingt eine lange Überlieferung –«

»Du Närrin!« unterbrach Zargo sie kreischend, dabei hüpfte er in grotesken Sprüngen um sie herum. »Nichts weißt du, gar nichts! Blind bist du wie eine neugeborene Katze. Soll ich dir die Augen öffnen?« Er grinste und verneigte sich höhnisch. »Laß mich deine Eskorte sein, edle Frau, ich weise dir den Weg zu paradiesischen Freuden, folge mir!«

»Wohin gehen wir? Ich tue keinen Schritt, wenn du es mir nicht sagst.«

»Wohin? Oh, wohin führen die Wege des Tempels und deines Herzens, wenn nicht zu ihm?«

»Zu Asarhaddon? Ich glaube dir nicht.«

»Hast du Angst, ich würde dich in den Altarraum führen, vor den Stein der Schreie?« fragte Zargo hämisch. »Nein, du kleines Hürchen, du brauchst für dein Leben nicht zu fürchten. Ich ließ dich kommen, um dich mit deinem Geliebten zu vereinen, weil ich ein Herz für Liebende habe.«

»Was für eine Schurkerei hast du im Sinn? Wo ist Asarhaddon?«

»Im Tempel, wo sonst?« Zargo lachte hinterhältig. »Natürlich kennst du noch nicht alle Gemächer, betratest du noch nicht alle Stockwerke. In der Spitze des Turms steht ein Diwan, der ist bespannt mit blauem Samt, und seine Füße sind aus Gold. Auf ihm vereinigten sich dereinst der Hohepriester und die Hohepriesterin, um ein göttliches Kind zu zeugen. Die göttlichen Kinder wurden gehätschelt wie fette Hunde und waren zu träge, Assyriens Feinde abzuwehren.

Man kam ab von diesem Brauch.« Zargo ging zur Tür. »Die heilige Hochzeit findet heute in den unterirdischen Gewölben statt.« Er lachte häßlich. »Man liegt dort härter, das wirst du schon sehen.« Er nahm eine Fackel von der Wand und ging voran. »Komm nur! Du bist auserwählt, zu sehen was nicht einmal der König weiß.« Und als Anaita zögerte, fügte er hinzu: »Du bist hier ganz allein; niemand kommt dir zur Hilfe. Also gehorche!«

Kichernd, mit fliegendem Gewand und hocherhobener Fackel, eilte er vor ihr her; Anaita bemühte sich, ihm zu folgen. Furcht hatte sie gepackt. Tiefer und tiefer stiegen sie hinab, es wurde kälter und feuchter. Sie durchschritten ein Gewirr von Gängen, Treppen, Türen und Hallen, die nur spärlich beleuchtet waren. Anaitas Augen mußten sich langsam an die Dunkelheit gewöhnen.

»Wie unheimlich ist es hier«, flüsterte sie. »Wo sind wir?«

»Hier befinden sich Lagerräume, Räume für die Gefangenen und die Wohnräume der Sklaven, die hier unten Dienst tun.«

Sie hielten vor einer hohen schweren Tür, die Zargo umständlich öffnete. Er wies auf eine Treppe, deren Stufen sich in der schwarzen Tiefe verloren. »Er ist hier unten.«

Anaita wich zurück. Ein Geruch wie von Tierkadavern und verbrannten Knochen schlug ihr entgegen. »Nein, ich gehe keinen Schritt weiter hinab in diesen Schacht, der aussieht wie das Tor zur Unterwelt. Du willst mich dort unten einsperren und vermodern lassen!«

»Bei Aschschurs Ehre, das will ich nicht.« Zargo leuchtete hinunter. »Siehst du, die Stufen enden bald. Es ist hier so finster, weil nur wenige diesen Teil des Tempels kennen und betreten dürfen. Hier beginnen die Gewölbe. Die wenigsten wissen, daß sie überhaupt existieren.«

»Und ihr Zweck?« fragte Anaita erstickt.

»Freude zu bereiten«, erwiderte Zargo sanft.

»Das glaube ich nicht – ich –« Doch Zargo stieg bereits hinunter, und sie mußte seiner Fackel hinterherstolpern, wollte sie nicht im Dunkeln zurückbleiben.

Sie zählte zweiundfünfzig Stufen. Am Fuße der Treppe

verzweigten sich mehrere niedrige Gänge, die ins Felsgestein gehauen waren. In unregelmäßigen Abständen gab es mannshohe Vertiefungen in den Wänden, aus denen absonderliche Gebilde ragten: Haken, Dornen, verbogene Nägel, auch Ketten und Seile, die durch geschmiedete Ringe liefen. Anaita betrachtete sie verwundert im vorüberhuschenden Fackelschein. »Wozu dient das alles?« wagte sie zu fragen.

»Oh, das mußt du nicht beachten. Hier entlang.« Zargo wies auf eine Tür in einer Nische.

»Was geschieht hier unten? Was?« Anaita lehnte sich zitternd an die feuchte Wand.

»Sei ruhig, wir sind am Ziel.« Zargo stieß leicht gegen die Tür, sie schwang lautlos auf. Schwärze schlug Anaita entgegen und ein beißender Geruch. Sie meinte, von fern Stimmen zu vernehmen und ein leises Wimmern. Zargo stieß sie vorwärts. Sie taumelte auf eine Galerie, ihre Hände ertasteten eine steinerne Brüstung; Zargo blieb mit der Fackel zurück. Vorsichtig setzte sie ihre Füße in die Dunkelheit und sah sich zaghaft nach Zargo um. »Geh nur weiter!« zischte dieser. »Ich selbst werde hier warten, denn es ziemt sich nicht, zwei Turteltauben bei ihrem Stelldichein zu beobachten.«

Die Galerie machte eine scharfe Linksbiegung, und Anaita blendete jäh eine ungewohnte Helligkeit. Fast wäre sie über mehrere Treppenstufen hinabgestürzt in den von rotem Feuerschein erleuchteten Raum. Sie klammerte sich am Geländer fest; heiße Luft und beißender Rauch trieben ihr Tränen in die Augen. Mühsam öffnete sie sie zu einem Spalt. Sie unterschied Gegenstände und Personen: Der Rauch stieg auf aus der Glut zweier Kohlenbecken. Mitten im Raum hockten aneinandergekauert zwei nackte Männer auf dem Boden und starrten angsterfüllt hinauf zu einem halbnackten, untersetzten Mann, der breitbeinig vor ihnen stand, in der Rechten ein schmales Messer. Was Anaita auf den ersten Blick für den roten Widerschein des Feuers gehalten hatte, war Blut. Über und über war der Mann damit bespritzt.

»Das war gute Arbeit«, sagte er mit tiefer Stimme. »Seine Haut löste sich mühelos wie die eines gebratenen Ochsen.«

»Ist er denn tot?« fragte eine Stimme aus dem Hintergrund. Ein Mann trat aus dem Schatten heraus ins rote Licht. Flammend schön war er; sein schweißnasser Oberkörper glänzte wie poliertes Kupfer. Anaita erkannte ihn. Sie wollte schreien, aber sie brachte keinen Ton heraus. Unfähig, auch nur ein Glied zu rühren, vermochte sie nicht, den Blick von ihm zu wenden.

»Du tötest zu rasch, Schapija.« Asarhaddon wandte den Kopf nach rechts, und Anaitas Blick folgte seiner Bewegung. Erst jetzt machte sie einen dunklen Körper aus, der ausgestreckt auf einem Gestell lag.

»Er wäre ohnehin sehr schnell gestorben. Seine Haut war durch das heiße Öl schon blasig und schwarz. Ich glaube, er starb unter meinem Messer, bevor ich das Werk vollenden konnte.«

»Bedauerlich.« Asarhaddon sah hinab auf die beiden zitternden Gestalten. »Willst du sie ebenso häuten wie den Amoriter?«

Schapija grinste breit. »Das Schälmesser zuckt in meiner Hand, mit dem Gesicht dieses struppigen Ziegenhirten anzufangen.«

»Nein!« rief Asarhaddon heiser. »Nicht mit dem Messer. Nimm das Eisen dazu.«

Schapija steckte sich das Messer in den Gurt und nahm einen Haken aus der Glut. Der Gefangene gurgelte entsetzt, krabbelte wie ein Insekt über den Boden und floh in seiner Todesangst in eine Ecke. Asarhaddon griff sich den anderen und lachte über die grotesken Sprünge des Unglücklichen, der dem Haken vergebens auszuweichen suchte. Er gab seinem Opfer einen Stoß vor die Brust. »Und du? Willst du mich nicht ebenso erheitern wie dein Freund?«

»Sonnengeborener Sohn des Lichts, Herr des Feuers, töte mich nicht!« wimmerte der Mann. Sein Gefährte schrie vor Schmerzen. Immer wieder traf ihn das Eisen. Er brach in die Knie.

»Beim Gehörnten! Der hüpft ja wie ein Frosch!« spottete Asarhaddon und verfolgte mit hungrigen Blicken die aussichtslose Hatz.

Jetzt stellte sich Schapija breitbeinig über den Gejagten

und schmorte ihm mit Muße das Fleisch zwischen den Schulterblättern.

»Dein Freund hat sich allzu schnell ergeben, wie enttäuschend. Zeige mir, daß du besser springen kannst, dann werde ich Mitleid haben«, versprach Asarhaddon sanft. Der Mann setzte zur Flucht an. Asarhaddon packte ihn am Arm. »Halt! Die Sache muß auch ihren Reiz haben.« Er stieß ihm eine lange Klinge in den Unterleib, drehte sie mehrmals und schlitzte ihm den Leib auf. Der Unglückliche brach zusammen und krümmte sich laut schreiend am Boden, sein Gedärm in den Händen haltend. »Jetzt tanze!« keuchte Asarhaddon und betrachtete schwer atmend den zuckenden Körper, dabei blähten sich seine Nasenflügel. Er sah hinüber zu dem anderen Opfer, das röchelnd am Boden lag.

»Laß ihn nicht sterben«, stöhnte Asarhaddon. Seine Lippen zuckten, Irrsinn flackerte in seinen Augen.

»Hast du noch nicht genug?« lachte Schapija und rollte den Körper mit dem Fuß herum, um auch die andere Seite zu behandeln.

»Genug?« Asarhaddon warf den Kopf nach hinten, und sein Haar umwehte ihn wie Rabenschwingen. »Ich bin niemals satt, niemals!« Er beugte sich über sein schwerverletztes Opfer und zerfleischte es wie ein Rasender. Erst als das blutige Fleisch sich nicht mehr bewegte, hielt er inne – er zitterte am ganzen Leib und konnte seinen Blick nicht abwenden von dem Sterbenden.

Als er sich erhob, taumelte er wie ein Betrunkener. »Wie rasch ist die Freude vorüber«, murmelte er und sah zu Schapija hinüber, der noch mit seinem Mann beschäftigt war. Er lächelte verzerrt und wischte mechanisch das Messer an seinem Rock ab. Dabei fiel sein Blick zufällig auf den Treppenabsatz. Er erstarrte mitten in der Bewegung, klirrend entfiel ihm das Messer. »Anaita!« flüsterte er.

Wie in einem schlimmen Traum befangen war sie langsam die Treppe hinuntergestiegen und stand nun vor ihm, fassungslos und vor Grauen wie betäubt. Ihre Lippen formten stumme Laute, ihr weißes Gesicht zuckte hemmungslos. Doch in ihr lähmendes Entsetzen mischte sich ein abwegiger

Wunsch: Ich will, daß er mich mit der gleichen wilden Lust niederwirft; ich will seinen vom Blut erhitzten Körper auf meinem spüren!

Diese Erkenntnis würgte sie so, daß sie fast ohnmächtig wurde. Mit äußerster Willensanstrengung bewegte sie sich einige Schritte auf ihn zu. Asarhaddon wollte eine beschwichtigende Geste machen, doch seine Hand glitt nur fahrig durch die Luft. Wie ein verwirrter Knabe wanderte sein hilfloser Blick zu Schapija, als könne er von diesem Beistand erwarten. Asarhaddon war zum erstenmal in seinem Leben ratlos. Aber auch Schapija starrte entgeistert auf die Frau, als sei sie eine unwirkliche Erscheinung.

»Was tust du hier?« Asarhaddons Stimme war brüchig.

»Ich bin gekommen, damit wir uns lieben. Nimm mich!« Ihre Stimme klang hohl, ihr Blick war starr.

»Du bist wahnsinnig«, gab Asarhaddon heiser zurück. »Wer hat dich heruntergelassen?«

»Nimm mich mit deinen blutbefleckten Händen, Asarhaddon!« Anaita streckte beide Arme nach ihm aus, ein furchtbares Lächeln entstellte ihr Gesicht.

Asarhaddon wandte sich verstört an Schapija: »Bring sie weg, ich will sie nicht anfassen.«

Schapija machte mit den Fingern rasch ein Unheil abwehrendes Zeichen. »Ich auch nicht. Sie ist eine von Lamaschtums Gefährtinnen, die gekommen ist, um Blut zu saugen.«

Dieser Unsinn brachte Asarhaddon wieder zur Besinnung und gab ihm seine Kaltblütigkeit zurück. »Meine Schirkus glauben an Geister!« zischte er. »Ich bin mit Dummköpfen gestraft.« Dann trat er auf Anaita zu; kein Zweifel, sie hatte den Verstand verloren. Aber ihr Körper war makellos. Kurz durchzuckte ihn die Begierde, doch verwarf er den Gedanken sofort wieder. Sein Kopf war jetzt klar. »Wie hast du den Weg hier herunter gefunden? Sprich!«

Anaita wich nicht vor ihm zurück. »Ich suchte dich, und jetzt habe ich dich gefunden«, gab sie mit merkwürdig schleppender Stimme zur Antwort.

Sie ist wertlos und sie ist gefährlich für mich, überlegte er kalt. Er warf einen Blick auf das Messer, das ihm entfallen war. »Ja, und ich bin froh, darüber, Anaita«, erwiderte er sanft und bückte sich vorsichtig. Für einen Augenblick ließ er sie aus den Augen, das war sein Verhängnis. Anaita hatte den Stab gepackt, mit dem die Glut des Beckens geschürt wurde. Weißglühend war sein spitzes Ende. Wild stieß sie zu; es drang Asarhaddon zischend durch die rechte Hüfte und kam am Rücken wieder heraus. Gellend vor Schmerzen schrie er auf, taumelte und versuchte, sich das Eisen aus der Wunde zu ziehen. Vergeblich! Er brach auf die Knie und knirschte in seiner Qual mit den Zähnen. Dann wurde ihm schwarz vor Augen. Schapija sprang entsetzt hinzu; der Hohepriester glitt ihm bewußtlos in die Arme. Anaita stand unbeteiligt und mit einem abwesenden Lächeln daneben.

Da erscholl von der Galerie her ein markerschütternder Schrei, der in ein unerträgliches Winseln überging. Eine Gestalt mit flatterndem Gewand kam die Treppen heruntergestürzt. Zargo brach neben Asarhaddon zusammen. Er zerkratzte sich laut heulend das Gesicht und raufte sich die Haare. »Wehe, wehe! Ich bin vernichtet! Diese Frau lebt, und der Hohepriester mußte sterben!«

10

Assurdan sah vom Dach seines Palastes hinüber zu der schwarzen Zikkurat, wo sein Bruder ohne Bewußtsein lag, niedergestochen von einem Weib, bejammert von seinen Priestern. Und wo Anaita jetzt zweifellos einem entsetzlichen Ende entgegensah. Wenn Asarhaddon stirbt, dachte er, wird die Geißel der Menschenopfer von Assyrien genommen werden. Wenn er stirbt –

Assurdan fröstelte plötzlich unter der warmen Nachmittagssonne. Weshalb bedrängen mich Erinnerungen, die für immer der Vergangenheit gehören? Ist der Mann, der jetzt im Sterben liegt, wirklich noch mein Bruder? Oder nicht längst ein entmenschtes Werkzeug seines Gottes, seiner eigenen unheilvollen Begierden?

Assurdan lehnte sich über die steinerne Brüstung; gegen seinen Willen stürmten fast vergessene Bilder auf ihn ein: Ein achtzehnjähriger Jüngling hob lachend einen Becher Wein und trank ihm zu. Asarhaddon verließ für immer den Palast, um künftig mit seiner ganzen Kraft Aschschur zu dienen; als Priesterschüler zuerst, dann als Schirku, als blutiger Vollstrecker und schließlich als Nachfolger Belschar-Ussurs, als Hoherpriester.

Sein Lachen war weich gewesen; er hatte Assurdan umarmt. »Deine verschlossene Miene auf diesem Fest kränkt mich. Trinkst du nicht mit mir an diesem bedeutenden Tag?«

»Mir ist, als gingest du zu deiner Hinrichtung«, erwiderte Assurdan dumpf.

»Weshalb redest du solchen Unsinn? Belschar-Ussurs Macht ist größer als die unseres Vaters, des großen Sinacherib, das weißt du.«

»Und jeder fürchtet ihn, niemand liebt ihn!« fiel Assurdan heftig ein. »Das ist der Preis, den er zahlt, den du zahlen wirst, Asarhaddon!«

»Die Macht rechtfertigte den Preis«, erwiderte Asarhaddon kühl.

»Also hatte ich recht. Ich werde dich verlieren, als legtest du deinen Kopf unter das Schwert des Henkers.«

»Das ist doch lächerlich. Der Hohepriester und der König sind wie ein Zwillingsgestirn am Himmel Assyriens.«

»Ich spreche von den Menschenopfern.«

Asarhaddon zuckte gereizt mit den Schultern. »Kriegsgefangene! Was liegt an ihrem Tod?«

»Du gehst gern in den Tempel, nicht wahr?«

»Gern?« Asarhaddon lachte bitter. »Wer geht schon gern in diesen schwarzen Turm, wo jedes Lachen zum Eishauch erstirbt?«

»Und wo du endlich töten darfst, ohne getadelt oder bestraft zu werden«, setzte Assurdan erbittert hinzu.

»Was willst du?« fragte Asarhaddon kalt. »Dir fällt der Thron zu. Vielleicht töte ich gern, aber glaubst du, ich würde das nicht lieber in ruhmreichen Schlachten tun, voranschreitend als König an der Spitze eines tapferen Heeres? Mögen die Götter wissen, weshalb unser Vater dir als dem jüngeren die Königswürde zugedacht hat.«

Assurdan wurde blaß. »Du weißt, weshalb. Ich hätte lieber das Leben eines Einsiedlers in der Wüste geführt, als Beischar-Ussurs Nachfolger zu werden.«

»Ja, ja«, gab Asarhaddon zerstreut zurück, »aber das ist nicht der wahre Grund.«

»Du gibst mir doch nicht die Schuld?«

Asarhaddon lachte verächtlich. »Nein, Assurdan, du bist ein Lamm, und Intrigen sind dir fremd. Vaters Entschluß bleibt sein Geheimnis, du hast damit nichts zu tun.«

Assurdan atmete auf. »Du sollst wissen, daß ich dir gern den Thron überließe, wenn es meine Entscheidung wäre.«

Asarhaddon sah ihn befremdet an. »So wenig liegt dir an der Macht?«

»So viel liegt mir an dir«, versicherte Assurdan bewegt. »Ich liebe dich sehr.«

»Und ich liebe dich«, gab Asarhaddon unwirsch zurück. »Was sollen diese tränenfeuchten Geständnisse?«

»Mitgefühl ist dir fremd, und der blutige Altar schreckt dich nicht, sondern er wird dich in seinen Bann ziehen, wie es mit Belschar-Ussur geschehen ist. Bald wirst du den Tempel mehr lieben als mich.«

»Den Tempel lieben? Belschar-Ussur ist eine Hyäne, ein blutsaugender Dämon. Bemitleide mich und nicht die Gefangenen, denen ein schlimmeres Los in den Schwefelminen erspart bleibt. Als Priesterschüler wirst du wöchentlich gegeißelt, um zu lernen, Schmerzen zu ertragen. Und wenn du dabei erwischt wirst, daß sich zwischen deinen Schenkeln etwas regt, reiben sie ihn dir mit Salz ein, so daß du tagelang beim Pinkeln nur noch schreist.«

Assurdan mußte lachen, und Asarhaddon lachte ebenfalls. Dann fügte er ernst hinzu: »Ich habe keine andere Wahl, verstehst du?«

»Dann schwöre mir, daß sich niemals zwischen uns etwas ändern wird.«

Asarhaddon war ungehalten. »Schwören! Nur Weiber und

Narren tun das. Wenn du willst, gebe ich dir mein Wort als Mann, dem du hoffentlich vertraust. Was also willst du hören?«

»Daß du nie vergißt, daß wir Brüder sind.«

»Ich vergesse es niemals. Zufrieden?«

Aber dann war Asarhaddon hinter den schwarzen Mauern verschwunden, und Belschar-Ussur, der Gefürchtete, hatte begonnen, ihm seine Lebensweisheit zu vermitteln. Er war von hinreißender Schönheit gewesen, aber sein Herz war kalt wie Marmor. Und in seinen Eingeweiden wüteten Kreaturen, ausgespien aus den dunkelsten Abgründen der menschlichen Seele. Seine unumschränkte Macht und die Abgeschlossenheit der Tempelmauern versetzten ihn in die Lage, seinen ungeheuerlichen Phantasien zu leben. Er trieb es wahllos mit seinen Priesterschülern und Gefangenen, und weil ihm die Menschenopfer nicht genügten, richtete er die uralten, fast vergessenen Gewölbe zu Folterkammern her. Natürlich hatte er auch den blendend aussehenden Prinzen begehrt, doch Asarhaddon hatte dieses Ansinnen voller Abscheu von sich gewiesen. Belschar-Ussur hatte sich überraschend schnell gefügt. Erschreckend leicht war es ihm hingegen gelungen, Asarhaddons geschlechtliche Bedürfnisse in andere Bahnen zu lenken. Als man ihn zum Hohenpriester weihte und Assurdan den Thron bestieg, schien das brüderliche Band auf immer zerrissen.

Assurdan starrte hinüber. Die Erinnerungen schmerzten. Er wollte einfach durch den Garten laufen, um am Bett seines Bruders Tränen zu vergießen, die er nicht wert war. Doch er konnte sich nicht überwinden, das schwarze Gebäude zu betreten, in die steinernen Gesichter der Priester zu blicken. Er wandte sich ab und beschloß, einen Diener hinüberzuschicken, der ihm ständig vom Befinden Asarhaddons berichten sollte.

Der Raum, in dem Asarhaddon lag, wurde nur schwach von zwei Öllampen erleuchtet. An den Wänden kauerten Priester, manchmal Gebete murmelnd. Das Haar zerrauft, die tiefliegenden Augen beschwörend auf die atmende Brust seines Herrn gerichtet, hockte am Fußende des Krankenlagers Zargo. Im Hintergrund saßen zwei Männer mit langen Bärten und kegelförmigen Hüten. Sie wagten nicht, die Augen zu heben. Unruhig spielten ihre Finger mit den Falten ihrer Gewänder. Wenn der Hohepriester starb, mußten auch sie sterben. Ärzte lebten gefährlich in Assyrien. Vielleicht waren die harten Strafen, die sie bei Versagen ihrer ärztlichen Kunst zu erwarten hatten, eine Notwehr der Patienten, denn mit ihren Fähigkeiten war es nicht besonders gut bestellt. Die Assyrer taten auch wenig, um diese Wissenschaft zu fördern; sie pflegten zu sagen, ihre Feinde hätten Ärzte nötiger als sie selbst.

Asarhaddon schlug die Augen auf. Zargo stürzte an seine Seite. »Du lebst, Herr, du lebst! Aschschur sei gepriesen!«

Asarhaddon streifte ihn mit einem abwesenden Blick, als kenne er ihn nicht. Mühsam wandte er den Kopf, musterte verwundert die kauernden Priester, die dunklen Gestalten der Ärzte.

»Hinaus mit euch!« zischte Zargo ihnen zu. »Laßt mich mit dem Hohenpriester allein. Er ist erwacht.«

Als sich die Anwesenden zögernd entfernten, fiel Zargo neben Asarhaddons Krankenlager zu Boden und stammelte um Vergebung. Doch Asarhaddon hörte ihm nicht zu. Er begriff nicht, weshalb Zargo dort wimmernd im Staub lag. Er wunderte sich über das gedämpfte Licht, die sich schattengleich entfernenden Menschen. Er wollte sich aufrichten, doch da zerriß ihn der Schmerz, und mit ihm kam die Erinnerung: Da waren Schreie, der Geruch nach verbranntem Fleisch und sehr viel Blut; da war das wilde, heiße Gefühl, das ihn überschwemmte und ihm unvergleichliche Wollust verschaffte. Dann sah er die Frau – was tat sie in den verbotenen Gewölben? Sie mußte eine Erscheinung sein; in ihrem Gesicht war kaum Leben, nur ein unbeschreibliches Entsetzen. Es war Anaita, die ihm in sklavischer Liebe ergeben war. Etwas stieß auf ihn zu, durchbohrte ihn, durchraste ihn mit brennendem Schmerz, danach war Dunkelheit.

Sie wollte mich töten! Bei Aschschur, wie beschämend! Er hörte Zargo jammern. Dieser eifersuchtskranke Narr! Natürlich steckte er dahinter. Asarhaddon schloß die Augen, um ihn nicht ansehen zu müssen, um sich selbst nicht sehen zu müssen, um zu vergessen. Er hatte Schmerzen und konnte sich nicht bewegen. Wann habe ich je so elend dagelegen? Bei meiner Seele, ich fühle mich wie ein verendendes Tier. – Anaita war in den Gewölben! Dafür werde ich Zargo die Haut abziehen! Kann dieser Mensch denn kein Geheimnis hüten? Nun wird es bald ganz Assur wissen, was einige Priester – er preßte unwillkürlich die Lippen aufeinander. Na, wenn schon! Soll es die ganze Welt wissen und sich schütteln vor Grauen! Wer wird es wagen, mich dafür zu tadeln? Assurdan! Ja natürlich, er wird mich wieder anklagen und dabei vergangenen Zeiten nachweinen, dieser Dummkopf! Was weiß er davon, daß ich ab und zu in die Abgründe meiner Seele hinabsteigen muß, um atmen zu können? Er meint zu wissen, was Sinnestaumel ist, wenn er seinem Syrer den Schwanz streichelt, doch wahre Wonnen hat er nie gekostet!

Das Jammern Zargos drängte sich unerträglich in seine Gedanken. »Schweig endlich!« unterbrach er ihn heiser. »Töte mich nicht mit deinem Gewinsel, sondern berichte, was geschehen ist. Wie steht es um mich? Was sagen die Ärzte?«

Erleichtert, Asarhaddon endlich sprechen zu hören, erwiderte Zargo: »Die Ärzte sagen, daß deine Wunde schwer ist, aber heilen wird.«

»So, sagen sie das? Wie lange wird das dauern?«

»Drei Monate oder auch vier.«

»Oder auch fünf oder vielleicht nie? Laß Ärzte aus Babylon kommen, unsere taugen nichts, wie du weißt! Und die Frau – du lieferst sie auf keinen Fall meinem Bruder aus, sollte er das verlangen!«

Das hätte er Zargo nicht befehlen müssen. Doch noch zitterte dieser vor Aufregung und Angst. Ihn kümmerte nicht mehr die Frau, nur sein eigenes Schicksal. Mit Schaudern dachte er daran, wer sein Herr und Henker war.

Asarhaddon stöhnte leise. Das Sprechen strengte ihn an. »Laß mich jetzt allein, Zargo, ich fühle mich noch sehr schwach. Die Wunde ist wohl ärger, als wir alle annehmen. Mit deiner Person beschäftige ich mich später.«

Zargo wagte keine Widerrede, und Asarhaddon blieb allein. Er schloß die Augen und dachte wieder an Assurdan: Am Ende hast du den Sieg davongetragen. Wie fühlst du dich jetzt? Ich hoffe, du genießt deinen Triumph über den Hohenpriester, wie es sich gebührt. Die Frau, die ich zerstören wollte, hat nun mich zerstört. Anaita! Es war schön, dich zu umarmen. Zargo, die Krähe, hatte recht. Eine gefährliche Schwäche begann sich meiner zu bemächtigen. War es Liebe? Lächerlich! Nur Sklavenseelen erniedrigen sich zu diesem Gefühl. Aber ich hatte kein Verlangen mehr, dich zu quälen, in die Verzweiflung zu treiben. Und jetzt mußt du sterben. Selbst mein Bruder kann dich nicht mehr retten. Ich werde dir mit eigener Hand ein rotglühendes Eisen – nein! Ich werde dir einen sanften Tod gönnen. Als du mich töten wolltest, warst du von Sinnen. Ein sanfter Tod – ein hochherziges Abschiedsgeschenk des Hohepriesters für angenehme Nächte.

Asarhaddon lächelte bei der Erinnerung und schlief wieder ein.

11

Wochen waren vergangen seit jenem unheilvollen Tag. Der schwarze Turm stand unvermindert drohend gegen den Himmel wie ein Zeichen der Verdammnis. Aber Aschschurs steinerner Blick sah hinab auf einen leeren Altarraum, denn sein erster Diener lag im Bett, durchbohrt vom eigenen Foltereisen durch die Hände einer Frau. Die Ärzte hatten ihn aufgegeben. Sie behandelten die Wunde mit Kräutern; im übrigen hofften sie auf die Gnade des Himmels. Und die Gnade des Himmels kam; es war die außergewöhnliche Widerstandskraft Asarhaddons. Die Entzündung ging zurück, die Fieberanfälle wurden seltener, die Wunden begannen sich zu schließen.

Zu Asarhaddon trat ein Sklave, warf sich zu Boden und meldete den Besuch Assurdans, des Königs. Verzweifelt versuchte Asarhaddon sich aufzurichten, sein Gesicht verzerrte sich vor Anstrengung, doch es gelang ihm nicht. »Er soll kommen – geht alle hinaus!« stieß er heiser hervor.

Assurdan trat ein, schlicht gekleidet, mit ernster Miene. Asarhaddon starrte ihn mit fiebernden Augen an; scharf traten die Backenknochen aus dem hager gewordenen Gesicht; seine Lippen zitterten leicht. »Kommst du, Assurdan?« begrüßte er ihn spöttisch. »Verzeih mir, wenn ich mich nicht erhebe vor dem Herrscher, wie es sich geziemt.« Assurdan überging das sarkastische Willkommen. »Mein Diener berichtete mir, daß es dir besser geht«, antwortete er ruhig.

»Ja«, erwiderte Asarhaddon boshaft. »Du siehst, ich lebe noch, obwohl du zweifellos meinen Tod begrüßt hättest. Doch ich bin noch hinfällig genug, daß du über meine Schwäche frohlocken kannst. Also weide dich an dem Anblick des Mannes, den nicht ein feindliches Schwert, sondern ein Weib niedergestochen hat. Und wenn du dich genug ergötzt hast, dann geh wieder!«

Assurdan zog einen Schemel heran und setzte sich zu seinem Bruder. »Können wir uns nicht unterhalten, ohne bösartig zu werden?« fragte er bitter.

»Ich habe augenblicklich keine andere Waffe gegen dich. Aber wie du willst – reden wir wie Männer. Was willst du?«

»Reden wir wie Brüder«, verbesserte Assurdan ihn milde. »Ja, ich will es nicht verhehlen, du hast den Tod verdient, aber jetzt sehe ich nur einen kranken Bruder, und ich erinnere mich an andere Zeiten.«

Asarhaddon lachte geringschätzig. »O ja, ich vergaß, du hast eine empfindsame Seele. Jemand wie du hat sogar für mich Mitgefühl – oder irre ich mich? Verschwende es nicht, Assurdan! Und vor allem – rühre nicht an unsere Vergangenheit. Ich erinnere mich an nichts, verstehst du?«

»Weil du Angst hast, dich zu erinnern?« fragte Assurdan sanft.

»Soll ich mich an jede Torheit erinnern, die ich als Knabe begangen habe?«

»Es waren nicht nur Torheiten. Damals war dein Herz noch nicht vergiftet von Aschschurs Atem, und ich glaube heute einen Hauch von dem Mann aus jenen Zeiten zu spüren.«

»So?« schrie Asarhaddon aufgebracht. »Du meinst, weil ich in meiner Hilflosigkeit dem Kind gleiche, das damals den Palast verließ? Gib dich keiner Täuschung hin, Assurdan! Zwar schütteln noch Fieberanfälle meinen geschwächten Körper, doch in meinen Träumen verbindet sich mein Geist bereits mit Aschschurs Verlangen nach Vergeltung, und ich sehe, wie er seine riesige Hand auf diese Stadt und Assyrien legt, um den Frevel mit Strömen von unschuldigem Blut zu rächen. Das Jammern und Wehklagen, das dann den Himmel erfüllen wird, läßt mich jedesmal gestärkt erwachen.«

»Es ist nicht notwendig«, entgegnete Assurdan bitter, »daß du mir mit Eifer deine ungebrochene Lust am Blutvergießen beweist. Die Gewölbe im Tempel, über die schreckliche Gerüchte umgehen – es gibt sie also wirklich?«

»Ja.«

Assurdan schwieg und Asarhaddon schwieg.

Endlich fragte Assurdan zögernd: »Was sind das für grauenvolle Begierden, die dich beherrschen? Mundet das Böse dir wie eine wohlschmeckende Speise? Oder ist es bereits Wahnsinn, der dich geschlagen hat?«

Asarhaddon zuckte zusammen. Er zögerte mit der Antwort, bis die Stille unerträglich wurde. »Meine Antwort wird dir nicht gefallen«, erwiderte er rauh. »Kein Sterblicher darf Rechenschaft fordern vom Hohenpriester. Ich stehe über menschlichem und göttlichem Gesetz und verschaffe meiner Seele, wonach sie verlangt. Für das gemeine Volk, das mich fürchtet, fände ich wohl besänftigende Worte, aber dir, Assurdan, muß ich nicht von meiner Göttlichkeit schwafeln, nicht wahr? Vor dem Grausamen beugt der Starke sein Knie, den Sanften verspottet er. Was frage ich danach, ob es Wahnsinn ist, wenn es mich nach den Leiden anderer verlangt! Wenn der Wahnsinn mir hilft, als Hoherpriester zu bestehen, so ist er willkommen.«

»Viele Worte, ich kenne alle«, bemerkte Assurdan verbittert. »Das lange Krankenlager bewirkt also keine Umkehr bei dir. Und Anaita? Ihr Vater ist untröstlich, wie du dir denken kannst. Natürlich habe ich ihm keine Hoffnungen machen können; ihre Verzweiflungstat verurteilt sie zum Tod. Aber darf ich ihm sagen, daß sie nicht leiden wird?«

»Ist Artabanos etwa mein Busenfreund?« fragte Asarhaddon kalt. »Verdient sie nicht unermeßliche Qualen für einen Anschlag auf das Leben des Hohenpriesters?«

»Nein. Selbst du mußt das zugeben, wenn du aufrichtig bist.«

Asarhaddon verzog den Mund. »Weil sie für einige Nächte meine Lenden wärmte? Nun, selbst wenn ich hier Nachsicht üben wollte – Zargo und die Priester haben da eine andere Auffassung.«

»Entscheiden sie jetzt, was im Tempel geschieht?«

»Hier muß ich als Priester entscheiden, nicht als Mann. Und der kann sich nur dem Tempelgesetz unterwerfen.«

»Das Tempelgesetz sieht einen solchen Fall aber gar nicht vor, nehme ich an?« fragte Assurdan listig.

Asarhaddon lächelte bitter. »Nein, das nicht, aber wenn ich Anaita von Martern verschone, weil sie mein Lager geteilt hat, verliere ich mein Gesicht vor Aschschur und den Priestern.« Absichtlich erwähnte er nicht, daß er Assurdans Bitte längst vorgegriffen hatte. Mochten er und Artabanos doch zittern, bis es soweit war.

»Dann wird der Priester also befehlen, was der Mann nicht will?« Asarhaddon wurde das Gespräch unbequem.

»Mir scheint, du bist nicht hier, weil du dich um mich, sondern weil du dich um diese Frau sorgst. Wenn ich genesen bin, werde ich das Urteil über sie sprechen, und wenn es Aschschur gefällt, mir meine volle Stärke wiederzugeben, so werde ich vielleicht gnädiger sein, als er es mir erlaubt.«

Assurdan betrachtete ihn aufmerksam. Asarhaddon ein solches Zugeständnis zu entlocken, war so selten wie ein Goldstück in der Faust eines Bettlers. Asarhaddon aber drehte den Kopf zur Seite, damit nicht ein Schimmern in seinen Augen Gefühle verriet, die er nicht empfinden durfte.

Die Priester brachten Aschschur dankbar ein Opfer für die fortschreitende Genesung des Hohenpriesters. Doch obwohl die Wunde sich inzwischen geschlossen hatte und Asarhaddon weder Schmerzen noch Fieberanfälle plagten, konnte er das Lager nicht verlassen. Seine Beine gehorchten nicht mehr seinem Willen.

Asarhaddon meinte, die Kraft werde schon zurückkehren, wenn er gleichzeitig auch seinen Geist wieder in die rechten Bahnen lenkte. Ein von den wirren Überlegungen der letzten Wochen belasteter Verstand konnte einem starken Körper kaum befehlen. Doch es entging ihm auch nicht, daß die Ärzte bleich um ihn herumschlichen; sie verheimlichten ihm etwas. Deshalb ließ er sie alle vor sich versammeln.

»Der Tag ist nah«, sprach er, »daß Aschschur mich wieder sehen will in der Herrlichkeit seines Thrones, seine Macht verkündend. Doch ihr wollt mich hier verfaulen lassen, ihr zitternden Schandflecke eures Standes. Mit welchen Beschwörungsformeln entzieht ihr mir die Säfte meines Körpers, daß ich mich hilfloser fühle als ein Greis? Ich rate euch, braut rasch einen starken Trank und laßt euch den wirksamsten Dämonenzauber einfallen; rührt eure Salben und schärft euren Geist, denn noch bevor der neue Mond sich rundet, wünsche ich, mein Lager zu verlassen. Gelingt euch das nicht, lasse ich meinen Sessel mit euren Häuten bespannen.«

Entsetztes Schweigen folgte diesen Worten. Dann trat ein älterer Mann beherzt hervor und wagte es, Asarhaddon anzuschauen. »Wahrlich, Herr, was unsere Kunst vermochte, haben wir getan. Doch wir sind nur schwache Werkzeuge in den Händen der Götter, die den menschlichen Körper mit unzähligen Plagen heimsuchen. Die Furcht vor deinem Grimm ließ uns zögern, doch erfahre nun die Wahrheit, mag auch dein Zorn über uns kommen wie der Blitz, der selbst das Strohdach im Hof des ärmsten Bauern nicht verschont. Wisse, daß weder Dämonen noch Salben noch andere Künste dir helfen können. Unsere Macht endet hier, es gibt nur noch den Willen der Götter, denen es gefiel, dich von der Wunde genesen zu lassen, dir dafür jedoch die Kraft deiner Lenden zu rauben. Aus eigener Kraft wirst du dich nie wieder erheben.«

Asarhaddon erwiderte aufgebracht: »Was stehst du da

und faselst mir von Göttern? Dein Haar ist weiß von der Last der Jahre, und wie ich hoffe, wohnen darunter Einsicht und Erfahrung. Schwatze mir nicht vom Willen der Götter, wo Menschen gefehlt haben. Sprich zu mir mit Worten, wie klarer Verstand sie lehrt, und fürchte dich nicht, ich werde dich nicht bestrafen.«

Da hob der Arzt seine Stimme und sprach: »Es ist dein Wunsch und Wille, so höre: Wo das Eisen in deinen Körper eindrang, ist jetzt eine Narbe. Das Fleisch ist geheilt, doch die Kräfte, die dich aufrecht halten, deinen Gliedern Standfestigkeit und Geschmeidigkeit verleihen, strömen auf geheimnisvollen Bahnen durch deinen Körper, wie die Säfte eines Baumes von der Wurzel aufsteigen bis in die höchsten Zweige. Die stärksten Linien aber verlaufen an den Wirbeln, die deinem Rücken Biegsamkeit verleihen. Die Glut des Eisens ließ dort die Säfte verdampfen wie Wasser, das auf heiße Steine tropft. Deshalb werden dir deine Beine nie wieder gehorchen. Du bist gelähmt, Herr.«

Diesen Worten folgte eine drückende Stille, die sich wie ein Leichentuch auf alle zu senken schien. Am Boden lagen zitternd die Ärzte, eines schrecklichen Befehls gewärtig. Doch Asarhaddon schwieg. Nur die Knöchel seiner Hände, mit denen er angesichts dieser niederschmetternden Nachricht die Bettkanten umklammerte, traten weiß hervor. In einem tauben Körper schlug sein Herz wilde Trommelwirbel, als kämpfe es einen letzten Kampf gegen völliges Erlöschen.

»Hinaus, geht alle hinaus«, sagte er tonlos. Als er allein war, sank er aufstöhnend in sich zusammen. Die Furcht sprang ihn an, schüttelte ihn; diese furchtbare Enthüllung war schlimmer als der Tod. In seinen Schläfen pochte das Blut, in seinen Ohren hämmerte es: Du bist ein hilfloser Krüppel, ein Leben lang angewiesen auf die Hilfe anderer. Sie werden dich tragen wie ein kleines Kind. Vorbei, vorbei alles. Nicht länger bist du Assyriens Feinden ein Schrecken, dem Volk das lebendige Bild Aschschurs. Gefesselt an dieses Lager werden deine Glieder verfallen, dein Fleisch wird schrumpfen. Erlöschen wird die Kraft deines Körpers, verwelken deine Schönheit, verblassen deine Ausstrahlung.

Hinfällig, elend, gebrechlich, wird dir nur eins bleiben: dein unmenschlicher Haß; bleiben wird dir der Genuß an den Qualen anderer. So wirst du der Welt den Anblick eines abstoßenden Ungeheuers bieten.

Ein wahnsinniges Lachen schüttelte ihn, von krampfhaften Zuckungen begleitet, das in schluchzenden Tönen leiser wurde. Zargo stürzte herein, sah in das blasse, schweißnasse Gesicht seines Herrn, doch Asarhaddon hatte sich schnell gefaßt. Nun, da Zargo eingetreten war, besann er sich sofort auf sein Amt, das jederzeit kühle Beherrschung von ihm verlangte. So unterdrückte er gewaltsam die heftigen Atemzüge, seine Miene wurde steinern.

Doch Zargo hätte ohnehin auf diese Äußerlichkeiten nicht geachtet. Jammernd fiel er am Bett Asarhaddons zu Boden und rief: »Herr, meine Glieder wurden zu Eis, als ich dich so entsetzlich lachen hörte, und die Ärzte schleichen umher wie lebende Tote. Ich höre sie murmeln, und ihre Lippen zittern in Todesangst, doch sie wollen mir nichts sagen. Sprich Herr! Verlange mein Leben, aber sag mir, was geschehen ist.«

»Dein Leben, Zargo?« erwiderte Asarhaddon abwesend. Dann heftete er seine schwarzen Augen voller Haß auf ihn: »Du armselige Mißgeburt mit der Seele einer verfaulten Ratte. Aus den Schlünden deiner Fäulnis quoll der Pesthauch deiner Eifersucht, die mich zum Krüppel, zum Gespött Assyriens gemacht hat. Wie ein Verbrecher, den man mit zerschnittenen Kniekehlen und gebrochenem Rückgrat in der Wüste den Raubvögeln überläßt, werde ich den Rest meines Lebens zubringen, und du fragst, ob ich dein Leben verlange? Der Tod, Zargo, ist nichts, gar nichts. Er ist Belohnung, denn er schenkt Vergessen. Deine Strafe wird furchtbarer sein.«

»Ja Herr, ich verdiene sie«, winselte Zargo. »Lähme mich an Händen und Füßen, laß mich langsam vor deinem Angesicht zugrunde gehen. Spare nicht an Martern!«

»Martern!« stieß Asarhaddon verächtlich hervor. »Du teilst sie aus, aber du erträgst sie nicht. Soll ich deine bewußtlose Hülle foltern?«

»Du wirst die rechte Strafe für mich finden, obwohl ich bereits Höllenqualen erdulde durch meine Schuld«, beeilte sich Zargo zu versichern. »Und die Frau?« setzte er hinzu.

»Was hältst du für angemessen?« fragte Asarhaddon berechnend.

»Sie sollte einen entsetzlichen Tod erleiden, doch wage ich nicht, dir bei den Einzelheiten vorzugreifen.«

»Du möchtest wohl gern ihr Folterknecht sein, wie? Nein, Zargo, diese Genugtuung gönne ich dir nicht. Hier gibt es nur einen Schuldigen, und der bist du. Anaita wird Leben und Freiheit erhalten. Ersticken sollst du daran, daß sie ihr Leben genießen wird!«

Zargos Hautfarbe wechselte in der Tat ins Grünliche vor lauter Galle. Doch er hütete sich, Asarhaddon zu widersprechen. »Wenn deine großmütige Entscheidung mich straft, sei selbst deine Güte gepriesen«, bemerkte Zargo unterwürfig. »Hast du sonst Befehle für mich?«

»Du widerst mich an! Ich würde dich in die Schwefelminen schicken, wenn ich hier nicht noch eine Aufgabe für dich hätte. Geh und laß dich nicht wieder blicken, bis ich dich rufe!«

Eine schlimme Zeit brach für Zargo an. Er sah, wie Anaita als freier Mensch den Tempel verlassen durfte, und er verging vor Angst angesichts der ungewissen Strafe, er verkümmerte ohne die beständige Nähe seines Herrn, und was man seiner finsteren Seele auch anlasten mochte: er verzehrte sich in aufrichtigem Schmerz um Asarhaddon.

Ein Menschenalter schien vergangen, als Asarhaddon ihn endlich wieder rufen ließ. Zargo flog zu ihm, allerdings nicht, ohne sich vor Aufregung hinter einer Buschgruppe übergeben zu haben. Käsig weiß, aber mit entschlossenem Schritt trat er in Asarhaddons Schlafgemach. Er erschrak, als er ihm in die Augen sah: da glühte eine wilde Entschlossenheit und die Grausamkeit eines Tigers.

»Komm näher, Zargo.« Das klang sanft und machte Zargo mißtrauischer als einen Geldwechsler. »Komm, setz dich zu mir. Du bist es, der mir unter den Priestern am nächsten steht.«

»Ich – soll mich zu dir setzen?« fragte Zargo verstört.

»Gewiß. Soll ich schreien, entkräftet wie ich bin, wenn du an der Tür stehen bleibst?«

»Laß mich an deinem Fußende kauern«, bat Zargo demütig.

Asarhaddon streckte freundlich den Arm aus. »Ich habe dir etwas Wichtiges mitzuteilen, da habe ich dich gern an meiner Seite. Was zögerst du? Du bist doch sonst nicht so befangen.«

»Ich nehme an, du hast die Zeit benutzt, um über meine Bestrafung nachzudenken«, flüsterte Zargo und trat an das Fußende, die ausgestreckte Hand verlegen übersehend.

»So ist es in der Tat. Du bist doch nach wie vor der Meinung, eine harte Strafe verdient zu haben?«

»Ja, Herr«, murmelte Zargo.

»Nun, ich werde dich grausamer strafen als du ermessen kannst, aber vorerst tu, was ich dir gesagt habe. Setz dich her zu mir! Du wirst doch nicht meine Nähe scheuen?«

»Das wage ich nicht. Ich achte dich zu sehr, Herr.«

»Achtest du mich, oder sind es andere Gründe?« spottete Asarhaddon. »Nutze die Gelegenheit!«

Zargo wußte, daß Asarhaddon nun das unbarmherzige Spiel eröffnet hatte. Zitternd ließ er sich bei ihm nieder.

»Sieh mich an!«

»O Herr deine Augen sind wie verzehrendes Feuer. Ich würde blind werden.«

»Und ich werde taub von deinem unsäglichen Geschwätz. Reiß dich zusammen, Neffe Belschar-Ussurs!«

»Es ist keine Schande, vor dir schwach zu sein.« Aber Zargo hob gehorsam den Kopf. Asarhaddons Blick traf ihn mit solcher Eindringlichkeit, daß ihm der Schweiß ausbrach.

»Nun leg deine Hand in meine Hand, Zargo.«

»Dich berühren? Das kann ich nicht!«

»Habe ich Aussatz?«

»O Herr, du weißt recht gut, daß –«

»Du schweigst! Ich will dir einen Schwur abverlangen; da ich aber deinen Schwüren nicht traue, sollst du dabei meine Hand halten. Du wirst dann nicht wagen, ihn zu brechen.«

Zargo streckte sie aus und fühlte zum erstenmal den warmen, festen Händedruck Asarhaddons. »So ist es recht. Zittere nicht. Du wirst ausführen, was ich jetzt von dir verlange?«

»Bei meinem Leben, bei Aschschur, bei –«

»Es genügt ein einfaches Ja, Zargo.« Asarhaddons Stimme war fast zärtlich.

»Ja«, hauchte Zargo.

»Dann hör genau zu und vergiß nichts: du wirst den Altar für ein Opfer vorbereiten.« Zargo atmete auf. »Du erinnerst dich an jenen Tag, als ich zum Hohenpriester geweiht wurde?«

»Gewiß. Wie könnte ich jenen ehrenvollen Tag vergessen?«

»Auch an das Opfer?«

»Ja. Es war ein Sonnenopfer.«

»Ganz recht. Weshalb nennen wir es Sonnenopfer, Zargo?«

Dieser sah befremdet auf. »Du weißt es, und ich weiß es.«

»Ich möchte es von dir hören.« Zargo wurde dunkelrot, weil Asarhaddon aufmunternd seine schweißfeuchte Hand drückte. Seine Lippen zuckten. »Ich – ich soll das Opfer sein, nicht wahr?«

»Nein, du wirst es nicht sein. Was zeichnet das Sonnenopfer aus?«

»Von Sonnenaufgang bis Sonnenuntergang darf es nicht sterben.«

»So ist es. Eine auserwählte Art zu sterben, das Sonnenopfer, und du liebst es doch, Zargo – oder?«

»Ja«, krächzte dieser.

»Nun, Aschschur soll erneut mit einem Sonnenopfer geehrt werden, denn wieder ist es ein Ehrentag.«

»Ein Ehrentag? Ich weiß nichts davon.«

»Der Tag, an dem der Hohepriester den Tempel für immer verläßt, ist wohl ein solcher Tag, Zargo.«

»Du scherzt, Herr.«

»O ja, es ist alles sehr spaßig. Bist du bereit, das Opfer zu vollziehen?«

»Gewiß, aber komme doch zu meiner Strafe, Herr.«

»Gemach. Alles zu seiner Zeit. Du wirst an meinem Ehrentag der Vollstrecker sein, weil ich mich dankbar deiner vergangenen Dienste erinnere.«

Zargos Gesicht wechselte die Farbe. War das Ironie oder ein aufrichtiges Lob? Er atmete etwas leichter. »Ich wurde nur geboren, um dir zu dienen«, setzte er gehorsam hinzu.

»Willst du denn nicht wissen, wen du töten sollst?«

»Ist das von Belang?«, fragte Zargo, dann zuckte er zusammen. Wenn Asarhaddon so fragte, war es von Belang, es war von ungeheurem Belang! In Gedanken streifte er rasch alle möglichen Anwärter, doch ihm fiel niemand ein, dessen Leben ihm etwas bedeutete. »Wen?« fragte er belegt.

»Mich selbst.«

Zargos Mund öffnete sich und schloß sich wieder wie ein japsendes Fischmaul. Nein! wollte er schreien. Du treibst nur ein bösartiges Spiel mit mir. Doch er blieb stumm, als befinde er sich in einem stählernen Würgegriff. Dann fing er an zu schlottern; er wand sich wie ein Wurm, denn Asarhaddon ließ seine Hand nicht los. Er musterte ihn kalt. »Welch ein Schirku! Wahrlich, du bist der Stolz meines Tempels!«

»Du hast den Verstand verloren!« kreischte Zargo plötzlich. »Wirre Träume, ja, wirre Träume sind es, und die Frau, und das lange Krankenlager! Erd- und Nachtgeister konnten sich deines geschwächten Körpers bemächtigen und –«

»Schweig, du elender Narr! Auf dein Gewinsel war ich vorbereitet. Daß du mir in meiner Entscheidung nicht folgen kannst, beweist, wie armselig du bist. Wahre Größe ist dir fremd.«

»Größe?« gurgelte Zargo. »Was ist daran groß, zu Tode gemartert zu werden?«

»Du meinst, die wahre Größe besitze nur der Henker?« fragte Asarhaddon verächtlich.

»Ich weiß es nicht!« Zargos Jammergestalt rutschte von der Bettkante. »Bitte, Herr, laß mich an deiner Stelle das Sonnenopfer sein. Ich habe schreckliche Furcht vor den Schmerzen, aber unvorstellbar ist der Gedanke, dein Henker sein zu müssen!«

»Ich weiß. Du hast dich einer harten Strafe willig unterworfen. Ich wählte die grausamste.«

»Ja!« Zargo starrte seinen Herrn fast bewundernd an. »Aber du wirst dich doch nicht einem solchen Tod unterwerfen, nur um mich damit zu treffen?«

»Gewiß nicht. Ich habe diesen Schritt wohl bedacht und bin keineswegs mit irgendwelchen Nacht- und Erdgeistern im Bunde! Aschschurs Herrschaft verlangt eine starke Hand; es geht nicht an, daß ein Krüppel das Regiment des Schreckens führt. Ich gebe daher an Aschschur zurück, was er mir verliehen hat. Wählte ich jedoch Gift, um abzutreten, so würde man sagen, der Hohepriester schlich sich wie ein Weib aus dem Leben, weil er es nicht mehr ertragen hat. Wenn ich gehe, dann wie ein Mann. Wenn ich den Tempel verlasse, dann wie ein Gott, denn sich solchen Schmerzen wissentlich auszuliefern, verlangt göttliche Kraft. Mich auf diese Art Aschschur anzubieten, verlangt meine hohe Stellung.« Asarhaddon faßte Zargo scharf ins Auge. »Kannst du mir jetzt folgen, erbärmlicher Wicht?«

Zargo konnte es nicht, aber er nickte. Kaum hörte er noch auf Asarhaddons Worte. Fieberhaft suchten seine Gedanken nach einem Ausweg.

Asarhaddon ließ seine Hand los. »Setze den Zeitpunkt fest in acht Tagen, wenn Neumond ist.« Und weil Zargo nicht antwortete, herrschte Asarhaddon: »Hast du mich verstanden?«

In Zargos Finsternis fiel jäh ein helles Licht. Jetzt wußte er, was er tun mußte. Zu Asarhaddons Verwunderung konnte er mit klarer Stimme antworten: »In acht Tagen, Herr. Ja, es wird alles bereit sein.«

Dann stürzte er aus dem Zimmer. Draußen lehnte er sich heftig atmend gegen die Tür. Noch nie war er derart verwirrt und entsetzt gewesen. Er fühlte noch seine Hand in der Hand Asarhaddons, und ein kalter Schauer überfiel ihn. Diese Berührung war ein Geschenk. Er hatte am Puls den Herzschlag Asarhaddons fühlen können. Mitten im Taumel solchen Glücks kam der schauerliche Befehl. Zargo stöhnte auf. Dann hetzte er weiter. Er lief durch den rückwärtigen Teil des Gartens und schlug den Weg zum Palast ein.

12

Asarhaddon gelähmt! Assurdan empfand ein ehrfürchtiges Grauen vor des Himmels Gerechtigkeit. Für Asarhaddon mußte das unvorstellbar sein. Wie unrühmlich mußte der mächtigste Mann Assyriens zukünftig sein Leben fristen. Vorbei waren nun die herrischen Auftritte im Palast und sein anmaßendes Verhalten. Vorbei aber auch der Hauch von Göttlichkeit, der ihn bei aller Grausamkeit stets umgeben hatte. Assurdan beschloß, nicht weiter daran zu denken und Asarhaddon einfach im Tempel zu vergessen wie einen Sack Korn, den der Bauer in der Scheune übersehen hat. – Da wurde ihm Zargo gemeldet.

»Zargo?« fragte er verblüfft. »Dieser Scherge der Bosheit wagt es, meinen Palast zu betreten? Wahrscheinlich sucht dieser Feigling nun Schutz bei mir, weil ihn Asarhaddons Zorn getroffen hat. Jagt ihn mit Hunden fort!«

Doch die Wache berichtete ihm, daß Zargo winselnd am Boden läge. Es sei ihm gleich, von Hunden zerrissen zu werden, wenn der König ihn nur kurz anhören wolle.

Zargo winselnd am Boden? Assurdan gefiel die Vorstellung. Hatte er Zargo doch bisher nur als hochmütigen, kaltherzigen Priester erlebt. Welch eine günstige Gelegenheit, Asarhaddons engsten Vertrauten zu demütigen! »Liegt er schon am Boden, will ich ihm nicht zumuten, wieder aufstehen zu müssen. Er mag zu mir hereinkriechen!«

Die Wache warf Assurdan einen fragenden Blick zu. So gehässige Worte hatte er noch nie aus seinem Mund gehört. Aber er eilte sich, Zargo davon zu unterrichten.

Assurdan war höchst erstaunt, als Zargo tatsächlich auf allen vieren über die Schwelle kroch. Seine Verachtung wich dem Ekel. Wie oft hatte dieser Mann kalt lächelnd dabeigestanden, wenn andere unmenschlich leiden mußten! Wie ein Wurm schleimte er über den Boden, und es gelüstete Assurdan, ihn wie einen Wurm zu zertreten. Eine Weile ließ er ihn dort liegen, wandte ihm den Rücken zu. Zargos Atem ging rasselnd; er mußte panische Angst haben!

»Die Wachen meldeten mir Zargo, den Mann, der mit dem Flügelstab das Zeichen gibt, wenn die Opfer verbluten. Ich kenne diesen Mann. Doch wer bist du? Dich kenne ich nicht. Bist du aus einem Abfallhaufen hervorgekrochen?«

»Ich Elender bin Zargo«, begann dieser mit stockender Stimme, »doch ich wünschte, ich wäre der Sklave, der die Latrinen reinigt. Darf ich reden, Herr? Danach magst du mich deinen Hunden vorwerfen lassen wie einen alten Knochen, denn so ein Los scheint mir begehrenswerter als das, was mich erwartet.«

Assurdan lachte höhnisch. »Dachte ich es doch! Jetzt will Asarhaddon seinen eigenen Schlächter foltern lassen. Nun, diesmal billige ich ausnahmsweise seine Entscheidung.«

Zargo rutschte etwas näher, damit Assurdan seine krächzende Stimme verstand: »O Herr, dessen Glanz die Sonne verdunkelt. Dein Herz darf Milde zeigen, wo wir Diener Aschschurs es verschließen müssen. Nie wäre ich dir unter die Augen gekommen, wenn es um mein unwertes Leben ginge, denn ich bin geringer als Aschenstaub. Ich bin hier wegen des Hohenpriesters, deines Bruders, dem du in Liebe zugetan bist, so wie er dir.«

»Du Nachkomme von Skorpionen! Was nimmst du das Wort Liebe in den Mund? Zwischen meinem Bruder und mir ist ein Graben, so groß wie das Hyrkanische Meer! Deine Lügen stimmen mich nicht milde, also sag schnell, was du willst, denn mich ekelt vor dir.«

»Brenne mir die Zunge mit glühendem Eisen aus, wenn ich lüge, Herr! Der Hohepriester liebt dich, doch er zeigt es nicht, weil er es nicht darf.«

»Er verbirgt es sehr geschickt«, bemerkte Assurdan bitter. »Doch selbst wenn es so wäre, was kann ich für ihn tun? Obwohl er völlig entmenscht war, habe ich ihm das Schicksal, das ihn getroffen hat, nicht gewünscht. Ich kann ihm die Last nicht abnehmen, ich kann ihn nicht heilen. Und Tränen um ihn vergieße ich auch nicht. Letztendlich hat er alles selbst herausgefordert.«

»Gewiß. Das Verhängnis betrat den Tempel seinerzeit in Gestalt diese Frau aus Mitanni, von der dein Bruder nicht

82

lassen wollte. Aber sind wir nicht alle schuldhaft in das Netz verstrickt, das ihn zu Fall gebracht hat?«

Obwohl Assurdan Zargo recht geben mußte, erboste es ihn, daß dieser so zu ihm sprach. »Schon wirst du unverschämt, lausiger Folterknecht! Nun, für deine Strafe wird Asarhaddon sicherlich sorgen. Also, was kann ich für ihn noch tun?«

»Er will sterben! Er will sich opfern lassen!« Schrie Zargo und berichtete stockend von Asarhaddons unbegreiflichem Entschluß, und daß er selbst der Henker sein sollte. »Du wirst sagen, er habe einen solchen Tod durchaus verdient«, schloß Zargo. »Aber du bist sein Bruder. Meinen Herrn hat der Verstand verlassen. Und ich? Ich liebe ihn mehr als Assyrien, als Aschschur, als mein Leben. Ich, der ich es nicht wagen würde, ohne seine Erlaubnis auch nur sein Gewand zu berühren, soll ihn langsam zu Tode martern? Herr, laß das nicht zu!«

Assurdan war verwundert, zu welchen Gefühlsausbrüchen Zargo fähig war. »Du hast recht«, erwiderte er erschüttert, »Asarhaddon muß wahnsinnig geworden sein.« Er schlug sich an die Stirn. »Kehrt sich deine schreckliche Leidenschaft nun gegen dich selbst? Welch eine fürchterliche Umnachtung des Geistes! Nun habe ich dich ganz verloren.«

»Du solltest nicht klagen, sondern handeln«, unterbrach Zargo ihn mutig, da er sah, wie betroffen der König war.

Assurdan war zu verstört, um darüber in Zorn zu geraten. »Handeln?« wiederholte er abwesend. »Gegen Wahnsinnige kann man nicht kämpfen. Hier versagt selbst die Macht des Königs. Auch wenn Aschschur herniederstiege, könnte er den Lauf der Dinge nicht mehr aufhalten.«

»Weshalb sollte er nicht herniedersteigen, wenn sein erster Diener in Not ist?« fragte Zargo listig. »Wenn ich auf deine Hilfe zählen kann, mein König, dann weiß ich schon einen Weg. Wäre ich sonst hier?«

»Du willst die Götter bemühen?« spottete Assurdan. »Das gelang nicht einmal Asarhaddon.«

»Darf ich dir meinen Vorschlag unterbreiten?«

Assurdan entging es nicht, daß Zargo sich aus seiner geduckten Stellung halb erhoben hatte und einen keckeren Ton anschlug. »Es ist noch nie etwas Gutes gekommen aus Priestermund«, entgegnete Assurdan finster. »Was für eine Niedertracht brütest du da aus?«

»Eine List, Herr, nur eine List, nichts Arges. Und es bewahrt deinen Bruder vor seinem eigenen Zerstörungsdrang.«

»Nun, was deine Zuneigung zu Asarhaddon angeht, glaube ich dir. Also rede!«

»Ich vertraue dir jetzt ein Geheimnis an, das nur der Hohepriester kennt. Niemand, auch nicht die Priester, dürfen davon erfahren. Ich selbst kam durch Zufall dahinter und mußte deinem Bruder einen heiligen Eid schwören, es niemals zu verraten. Heute breche ich ihn, und ich tue es gern.«

»Was schweifst du unnötig ab?« rief Assurdan ärgerlich. »Die Geheimnisse des Tempels kümmern mich wenig. Kennt Asarhaddon es selbst, wie können wir es dann gegen ihn verwenden?«

»Mag er es kennen, wichtig ist, daß die Priester ahnungslos sind. Asarhaddon erkennt keinen Herrn über sich, aber dem Willen Aschschurs muß selbst er sich beugen, darin wirst du mir beipflichten, mein König. Wie nun, wenn Aschschur seinen Unwillen über dieses Opfer bekundete?«

»Was er zweifellos tun wird«, spottete Assurdan.

»Gewiß, wenn Aschschur sprechen sollte, Herr. In seinem Standbild –«

Zargo legte seinen Plan ausführlich dar, und Assurdan hörte gespannt zu. Schließlich lächelte er und sagte: »Das ist einfach und doch genial. Ich werde Asarhaddon durch seinen eigenen Gott übertölpeln; es wird ihm nicht gefallen, aber mir gefällt es sehr.«

13

Dumpf hallten die Trommeln, wehklagend erhob sich der Gesang der Priester, die vollzählig versammelt unter den mächtigen Säulenreihen saßen. Niemand von ihnen trug heute das rote Gewand der Schirkus, außer Zargo, dem einzigen Vollstrecker an diesem Tag. Der schwarze Stein des Todes schien im flackernden Licht ein Eigenleben zu haben.

Zargo kniete auf den Stufen, die zum Altar führten, und starrte auf die Marterinstrumente, die aufgereiht neben dem Stein lagen. Der Henker: das Opfer. Zargo warf einen vorsichtigen Blick auf Aschschurs Standbild. Was, wenn der Plan fehlschlägt? Wenn der König nicht die richtigen Worte findet? Wenn die Priester alles durchschauen? Bei dieser Vorstellung begann er so heftig zu schlottern, daß er beinah von den Stufen rutschte. Seine Lippen waren rissig, sein Mund trocken; der Schweiß lief ihm in die Augen, der auf und abschwellende Klagegesang der Priester machte ihn verrückt.

Da verstummten die Trommeln; keine Fanfarenstöße leiteten triumphierend das Opfer ein; das jähe Schweigen in der großen Säulenhalle legte sich wie ein Leichentuch über alle. Hohl klangen die Schritte der Sklaven, die die verhangene Sänfte hereintrugen. Sie setzten sie vor dem Altar ab, der Vorhang wurde zur Seite geschoben. Asarhaddon saß darin, geschmückt mit allen Insignien seiner Würde. Er musterte die Reihen der ehrfurchtsvoll zusammengesunkenen Priester, die geräumige Halle, seinen stierköpfigen Gott, dessen Standbild ihm nie etwas bedeutet, dessen Wesen er jedoch aufgesogen hatte, um eins mit der Gottesidee Aschschurs zu werden, der er sich jetzt zum Opfer brachte. Dann fiel sein Blick auf Zargo, der mit gesenktem Blick unten auf den Stufen kniete. »Komm herauf zu mir, Zargo.«

Die ruhige Stimme durchzuckte den Priester wie ein Todesurteil. Aber er bemühte sich, es Asarhaddons Würde wenigstens nach außen hin gleichzutun. Er war der zweite Mann im Tempel, von dem ebenso viel Beherrschung erwartet wurde. Mit niedergeschlagenem Blick blieb er vor der Sänfte stehen. Asarhaddon setzte seinen Flügelhelm ab und reichte ihn Zargo. »Es blieb keine Zeit, meinen Nachfolger zu benennen. Befragt deswegen, so wie es der Brauch will, die Götter und gib den Helm dem, der für würdig befunden wird. Möge sein Glanz Assyriens Feinde blenden.« Ebenso verfuhr er mit dem Stirnreif, der den leuchtenden Rubin trug, und mit der schweren, breiten Kette. Zargo empfing die Kleinodien mit zitternden Händen.

»Nun streife mir das schwarze Gewand des Todes ab. Es obliegt dir, es mir zu nehmen, denn deine Hand muß den töten, der den Tod brachte.«

Zargos Lippen formten ein Nein, doch er brachte keinen Laut heraus. Nur seine Augen flehten stumm, doch Asarhaddon zischte ihm zu: »Muß ich mich von meinen Sklaven entkleiden lassen, du pflichtvergessenster aller Priester?«

Zargo schwankte, als er dicht an die Sänfte herantrat. Einen verzweifelten Blick schickte er hinauf zu Aschschur. Weshalb sprichst du nicht? Worauf wartest du, Sohn eines Fisches? Doch Assurdan dachte nicht daran, Zargo so schnell von seinen Qualen zu erlösen; außerdem war er gespannt zu erfahren, wie weit Asarhaddon gehen würde.

Als Zargo seinen Herrn berühren mußte, um ihm das Gewand von den Schultern zu streifen, schwanden ihm fast die Sinne, »Herr«, flüsterte er eindringlich, »verkürze doch diese Zeremonie. Ich bin meiner Sinne nicht mehr mächtig.«

»Du bist undankbar«, spottete Asarhaddon leise. »Hast du mich in deinen Träumen nicht schon mehrfach entkleidet? Deine Wünsche waren stets die eines Weibes.«

»Ich bin ein Weib, wenn du es sagst«, wimmerte Zargo. »Wasser bin ich in deinen Händen, Staub an deinen Füßen, aber dein Henker kann ich nicht sein.«

Asarhaddon löste nun selbst die Schnalle mit dem geflügelten Drachen und reichte Zargo zynisch lächelnd den Gürtel. »Ertrage wenigstens deine Strafe wie ein Mann!«

Wie durch einen Schleier sah Zargo, wie die Sklaven Asarhaddon aus der Sänfte hoben und ihn auf dem Altar festbanden. Sie zurrten die Riemen so fest, daß er sich nicht bewegen konnte, denn das Opfer mußte den Schmerzen ausgeliefert sein und durfte nicht durch unmäßige Zuckungen den festgelegten und schwierigen Ablauf stören. Asarhaddon hielt die Augen geschlossen, nur das heftige Heben und Senken seines Brustkorbs verriet seine Erregung. »Auch er hat Furcht«, murmelte einer der Schirkus, und sein

Nebenmann antwortete: »Nur ein fühlloser Stein kennt sie nicht. Um so ruhmvoller sein schreckliches Ende, das er sich erwählte.«

Ein Priester kam durch das Tor und verkündete, daß die Sonne soeben aufgegangen sei. Ein schwacher Trommelwirbel setzte ein. Zargo bewegte sich nicht; schweißgebadet wartete er auf die Stimme, doch sie blieb aus. Der Trommelwirbel verstummte. Alle starrten auf ihn, der wie gelähmt in dem Schweigen verharrte. Die Sonne schien, und er tat nichts. Aber noch erhob sich kein Gemurmel; die Priester wußten, daß Zargo jetzt tausend Tode durchlebte. Sekunden dehnten sich zu Ewigkeiten. Plötzlich überkam ihn namenloses Entsetzen. Hatte der König vielleicht nur zum Schein eingewilligt? Wünschte er gar, die Folter vollzogen zu sehen und genoß dort oben mit teuflischer Schadenfreude seine Rache?

Asarhaddon wandte den Kopf und musterte verächtlich die Jammergestalt. Er wußte, daß Zargo es nicht durchstehen würde, deshalb standen weitere Schirkus bereit. Doch daß Zargo auch nicht durch eine kleine Geste zu erkennen gab, seiner Pflicht als Schirku vor Aschschur nachzukommen, durfte er ihm nicht durchgehen lassen. »Hast du vergessen, wie man mit den Werkzeugen umgeht, Zargo? Willst du mein Opfer durch deine unwürdige Schwäche wertlos machen?«

Zargo griff blind zu einem der Marterinstrumente, zögerte, legte es fort, nahm ein anderes. »Nicht die Zange«, murmelte er, »das ist zu früh, zu früh, nicht wahr? Es beginnt mit –« Er stöhnte laut auf. »Herr, ich kann es nicht! Lieber reiße ich mir selbst das Fleisch heraus.«

Asarhaddon erwiderte nichts; ein Zittern durchlief plötzlich seinen Körper. Was hatte ihn diesen unbegreiflichen Schritt tun lassen? Seine Gründe, die er Zargo mitgeteilt hatte, entsprachen nur der halben Wahrheit. Die vollständige Wahrheit war ein Mysterium, in das selbst Asarhaddon nicht einzudringen wagte. Fremd und doch vertraut, wuchs ihm daraus eine Größe zu, die ihn auf geheimnisvolle Weise über alles Menschliche erhob. Aber jetzt drohte es zu ent-

schwinden und schieres Grauen zurückzulassen. »Gehorche
mir!« zischte er Zargo zu. »Gehorche meinem Befehl, solange ich noch sprechen kann! Gehorche, hörst du? Gehorche!« Und bevor mich die Angst würgt und ich meinen Befehl widerrufe, dachte er.

»Ja Herr«, stammelte Zargo und faßte mit der Zange eine
Nadel, die harmlose, aber äußerst schmerzhafte Einstiche
hinterließ, wenn man sie an den richtigen Körperstellen ein-
setzte.

Da klang es wie Donnergrollen durch den Saal, die Luft
zitterte davon. Alle Priester richteten ihre Blicke entsetzt auf
das Stierhaupt Aschschurs, aus dessen Mund die fürchterliche Stimme kam: »Ihr Sterblichen, haltet ein! Ich bin Aschschur! Aschschur bin ich! Meinen Namen soll man in Furcht
aussprechen, denn ich bin schrecklich in meinem Zorn und
unersättlich in meinem Blutdurst. Asarhaddon! Dich habe
ich eingesetzt in meiner Wohnstatt zu Assur, um meinen
Namen zu verherrlichen in allen vier Weltgegenden. Vor
deinem Angesicht sollen die Feinde im Staub liegen, und ich
will mich sättigen an ihrem Wehklagen und am Wohlgeruch
ihrer Wunden. An deinem Opfer aber habe ich keine Freude.
Ich verhülle mein Haupt in den Wolken und nehme es nicht
an. Zerstreue deine Gehilfen, entferne sie aus dem heiligen
Altarraum, kehre zurück in deine Gemächer! Aschschur gebietet dir das!«

Kalkweiß im Gesicht und vor Angst schlotternd hatten
sich die Priester zu Boden geworfen. Wimmernd baten sie
ihren furchtbaren Gott um Vergebung, der für seinen ersten
Diener das ewige Schweigen gebrochen hatte. Zargo war
klirrend die Zange aus der Hand gefallen, so beklemmend
echt hatte alles gewirkt. Auch Asarhaddon war bleich geworden, denn das Geheimnis des Hohlraumes und des
Schalltrichters konnte niemandem bekannt sein, und die
dröhnende Stimme, die den totenstillen Saal plötzlich ausfüllte, ließ selbst ihn erschauern. Freilich dauerte seine Verblüffung nur Sekunden, dann gewahrte Asarhaddon die Erleichterung auf Zargos Gesicht und wußte, wer Aschschur
zu einer Stimme verholfen hatte. Er stöhnte laut, weil man

ihn hintergangen hatte, aber niemand bemerkte es in dem allgemeinen Aufruhr.

Die Sklaven hatten, ohne einen Befehl abzuwarten, sofort begonnen, Asarhaddons Fesseln zu lösen. Zargo gab ihnen einen Wink, und Asarhaddon mußte es sich gefallen lassen, daß man ihn wieder mit dem schwarzen Gewand bekleidete. Die Priester aber zerrissen ihre Gewänder, schwärzten ihre Gesichter mit Asche, rutschten wie beinlose Bettler über den Boden und zollten dem Manne göttliche Verehrung, um dessentwillen Aschschur seine Stimme erhoben hatte. Asarhaddon ließ alles mit steinerner Miene über sich ergehen; seine Augen suchten Zargo, doch dieser verbarg sich geschickt im Gewühl, um seinem Herrn nicht ins Gesicht sehen zu müssen.

Asarhaddon saß nun wieder, angetan mit den Zeichen seiner Würde, in der Sänfte und war klug genug, das Spiel Zargos mitzuspielen. Zargo, der ihm eine arge Niederlage bereitet hatte. Der aus seinem freiwilligen Opfergang eine Posse gemacht und ihn zum Leben verurteilt hatte; zu einem Leben, das Asarhaddon wie ein Gang durch Ereschkigals Hölle dünkte. Gewiß, seine Machtstellung an der Spitze des Reiches war durch diesen Vorfall gefestigter als je zuvor, er selbst war zum Gott geworden. Ein verkrüppelter Gott!, dachte Asarhaddon bitter. Kein Wasserträger, der noch seine gesunden Glieder hat, möchte mit einem solchen Gott tauschen. Wie konnte ich nur Zargo vertrauen! In meinem heißen Wunsch nach vollkommener Rache beging ich den größten Fehler meines Lebens. Oder war das Anaita? Gleichgültig! Ich habe Zargo unterschätzt und trage nun die Folgen.

Mit der Miene eines Racheengels empfing Asarhaddon Zargo in seinem Gemach. Unterwürfig näherte er sich seinem Herrn, jedoch sein gesenktes Haupt verbarg ein selbstzufriedenes Lächeln. Was konnte ihm jetzt noch etwas anhaben? Alle Angst der Welt hatte er bereits ausgestanden. »Gieße deinen Zorn aus über mich, Herr«, murmelte er.

»Schweig!« Asarhaddons Stimme war eisig. »Ergreife nicht das Wort, bevor ich es dir erlaube, Sohn einer Natter. Wem hast du das Geheimnis verraten?«

»Wem anders als deinem Bruder, dem König«, erwiderte Zargo demütig.

»Assurdan?« Asarhaddon war sichtlich betroffen. Er hatte geglaubt, es sei einer der Priester gewesen, und selbstverständlich hätte er diesen töten lassen. »Dann warst du im Palast? Du hast dich mit dem König verbündet gegen mich?«

»Ich hätte mich in diesem Fall mit jedermann verbündet«, gab Zargo freimütig zu.

Asarhaddon antwortete nicht sofort. Zargos neu erworbene Furchtlosigkeit war wie ein Schild, an dem seine zornigen Pfeile abprallen mußten. Assurdan also! Weshalb hat er sich dazu hergegeben? Bei Aschschur, wie hätte ich an seiner Stelle frohlockt, wenn der verhaßte Bruder – aber nein! Er haßt mich nicht, er trauert unserer gemeinsam verbrachten Jugendzeit nach. Er ist sentimental, er ist schwach. Sein Mitgefühl hindert ihn daran, meine Stärke zu erkennen, die darin liegt, ohne Erbarmen Schmerzen zuzufügen und selbst zu ertragen.

Und Zargo? Nie hätte ich diesem jämmerlichen Feigling solche Entschlossenheit zugetraut. Woher erwuchs ihm diese Größe? Aus der Furcht oder aus der Zuneigung? Doch weshalb beschäftigen sich meine Gedanken mit Assurdans oder Zargos Gefühlen? Sie sind eine Last für den, dessen Wille ungehindert ausschreiten muß. »Ich habe dich unterschätzt«, sagte Asarhaddon schließlich. »Du bist tapfer und klug, wenn es gilt, deine Ziele zu erreichen. Ich achte deine Haltung, obwohl du mich hintergangen hast. Du hast dich dazu einer geheimen Vorrichtung bedient, die dereinst ersonnen wurde, das gewöhnliche Volk zu beeindrucken. Doch du gebrauchtest sie so geschickt, daß selbst der Hohepriester sich beugen mußte. Wäre ich nicht der Betroffene, es wäre ein vortrefflicher Scherz. So aber mag ich nicht darüber lachen.«

Zargo vernahm aufatmend die gemäßigten Worte Asarhaddons. »Ach, wärst du geheilt, Herr, und ich ein elender Krüppel, der bettelnd am Straßenrand sitzt, so wäre doch jeder Tag ein Geschenk für mich.«

»Worte sind wohlfeil«, entgegnete Asarhaddon kalt. »Wie leicht könnte ich dir deinen Wunsch erfüllen, aber mir bleiben andere für dieses Vergnügen. Geh mir aus den Augen. Ich will dich in diesem Teil des Tempels nicht sehen, und auch den Altarraum wirst du nicht betreten, bis ich es dir erlaube.«

14

Asarhaddon ließ einige Tage verstreichen, um sich zu sammeln und dem aufgezwungenen Leben mit Fassung zu begegnen. Dann wollte er seinen Bruder sehen. Assurdan war von Asarhaddons Haltung beeindruckt. Äußerlich war ihm von seiner Krankheit nichts anzumerken. Aufrecht sitzend empfing er ihn in seinem Gemach, als habe er sich nur vorübergehend für diese Audienz in seinen Sessel begeben. Das war kein gebrochener Mann; Asarhaddon schien unbeugsamer denn je. Assurdan beeilte sich, den Platz neben seinem Bruder einzunehmen, damit dieser nicht zu ihm aufsehen mußte.

»Du siehst gut aus, Göttlicher«, begann Assurdan liebenswürdig lächelnd, »der kurze Aufenthalt auf dem Opfertisch hat dir offensichtlich gut getan.«

»Und dir hat es gefallen, Schicksal zu spielen, wie?« zischte Asarhaddon. »Deshalb wirst du unvorsichtig und glaubst, mich ungestraft verspotten zu können. Ich bin gelähmt, aber meine Hand reicht weit, vergiß das nicht.«

»Die alten Drohungen! Wolltest du mich deshalb sehen?«

»Ich wollte dich fragen, mit welchem Recht du dich in mein Leben eingemischt hast? Soll der Herr über Leben und Tod nicht mehr über seinen eigenen Körper bestimmen dürfen? Oder erwartest du gar Dankbarkeit von mir für diesen Frevel?«

»Frevel? Bei Aschschur, verschone mich mit der Heiligkeit deines Amtes und der Unantastbarkeit deines Gottes. Wir sind unter uns und wissen beide, daß du keine Götter kennst. Ich habe dich vor einer grenzenlosen Dummheit bewahrt, und das war meine Pflicht als Herrscher und als Bruder.«

»Dummheit? Was weiß der Frosch im Brunnen vom Meere? Weshalb konntest du meinen Wunsch zu sterben nicht achten? Oder erfüllt es dich mit heimlicher Genugtuung, den verhaßten Bruder gelähmt zu wissen?«

Assurdan wurde blaß. »Du weißt, daß das nicht stimmt. Ich konnte nicht ertragen, daß sich deine Sucht nach Qualen sogar gegen dich selbst wandte.«

»Geschwätz! Du bist Zargos Gewinsel erlegen.«

»Seinem Gewinsel? Ja, er kam wie ein Wurm zu mir gekrochen. Aber log er auch? Er sagte, daß du mich immer noch liebst, aber es nicht zeigen darfst.«

Asarhaddon wechselte die Farbe. »Dieser Schwätzer! Leihst du jetzt Schwachsinnigen dein Ohr?«

»Zargo ist deine Kreatur, aber schwachsinnig ist er nicht. Ich habe ihm geglaubt – oder hat er gelogen?«

»Allerdings!« Asarhaddon senkte den Blick. »Nein«, setzte er leise hinzu.

Dieses seltene Eingeständnis bewegte Assurdan zutiefst, doch Asarhaddon zerstörte rasch die flüchtige Vertrautheit. »Vielleicht gab es da etwas, das niemals starb, aber das ist vorbei. Du und Zargo, ihr habt mich zum Leben verurteilt, also lebe ich. Doch hinfort komme alles, was geschehen wird, über dein Haupt. Du Narr! Man erschlägt den Drachen, der Feuer speit. Man birgt die giftige Viper nicht im Ärmel seines Gewandes.«

»Du wirst tun, was du immer getan hast«, erwiderte Assurdan kühl.

»Ja, und vielleicht noch mehr, mein König. Vergiß nicht, daß ich jetzt viel Zeit zum Nachdenken habe und einen Hang zu außergewöhnlichen Vergnügen. Vergiß Zargos Gerede von brüderlicher Liebe. War mir auch ein Rest von Gefühl geblieben – nach allem, was geschehen ist, bin ich inwendig tot, erfroren. Menschliche Zuneigung kann mich nicht wärmen, weil fortan Hoffnungslosigkeit mich begleiten wird. Daher werde ich mich daran weiden, anderen ebenfalls jede Hoffnung zu rauben, sie in Verzweiflung und Trostlosigkeit zurückzulassen. Du meinst, ich sei ein Ungeheuer, und blickst mit Abscheu auf mich. Ich mag ein Ungeheuer sein, doch vergiß nicht, daß Zargo und du es am Leben hielten, ich jedoch wollte es vernichten.«

15

»Bringen deine Gewährsmänner aus Ekbatana endlich die ersehnte Nachricht, Harpagos?«

»Nein. Targaitis, der Skythenfürst, hält sich mit seinen Scharen noch jenseits des Amardos auf. Es gibt keine Verbindung zwischen ihm und Astyages.«

»Dann wird diese Verbindung mit assyrischer Hilfe zustande kommen.« Asarhaddon sah kalt auf die beiden Generäle, die sich ohne Wissen des Königs bei ihm befanden. »Fünf Jahre Frieden sind genug.«

Harpagos und Urukagina, die beiden stämmigen, in den Diensten Sinacheribs ergrauten Männer brummten zustimmend in ihre Bärte.

»Harpagos«, fuhr Asarhaddon fort, »schicke deinen fähigsten Mann als Überläufer zu Targaitis. Er soll ihn hungrig machen auf die Reichtümer Assyriens und ihn veranlassen, Astyages um Waffenhilfe zu bitten. Sobald Assurdan von der Verschwörung erfährt, muß er sie zerschlagen, er muß! Und sein Traum vom ewigen Frieden wird zerplatzen wie eine Wasserblase.«

»Weil wir das wollen, sind wir hier«, bemerkte Harpagos. »Der Plan ist gut, aber gefährlich. Targaitis ist grausam und schlau.«

»Hast du keinen Mann, dem du das Vorhaben zutraust?«

»Unter meinen Männern wirst du genug Tapfere finden, die sich diesen Ruhm erwerben möchten«, fiel Urukagina ein.

Aber Asarhaddon sah Harpagos an. »Für dieses Vorhaben brauche ich den Besten, nicht irgendeinen Heißsporn. Ich hörte, daß man deinen Sohn Anaxares lobt.«

»Anaxares?« Harpagos zuckte unmerklich zusammen. »Ja, er ist tüchtig, aber oft von jugendlichem Leichtsinn. Seine

Ausbilder sind mit ihm zufrieden, aber er macht mir Kummer mit seinen –«

Asarhaddon wischte Harpagos Einwände mit einer Handbewegung fort. »Er schlug den Aufstand der Kuschiten mit härter Hand nieder, er bezwang den wilden Tschengetenfürsten und hielt ihn in seiner Burg wie einen zahmen Raben. Was tut er jetzt auf deinem Gut in Ninive? Hütet er das Vieh und schwingt die Sichel statt des Schwertes?«

»Anaxares wäre stolz und glücklich, diesen Auftrag zu übernehmen«, gab Harpagos zu, »aber er ist mein einziger Sohn.«

»Ein Mann wie du hätte viele Söhne zeugen müssen. Wie auch immer! Man rühmt nicht nur seine Schwerthand, sondern auch seinen Verstand und seine Liebenswürdigkeit. Wenn das so ist, wird er Targaitis' Vertrauen gewinnen und lebend zurückkehren.«

»Natürlich wird er das«, bekräftigte Urukagina und hieb seinem alten Waffengefährten lachend auf die Schulter. »Ganz Ninive ist von ihm hingerissen, das weiß doch jeder.«

Harpagos schüttelte die Hand unwillig ab. »Urukagina spricht von den Weibern«, sagte er unwillig, »ja, kaum ein Rock ist vor ihm sicher, darüber versäumte er schon manche Waffenstunde.«

Asarhaddon lächelte dünn. »Den Skythenweibern eilt nicht der Ruf übermäßiger Schönheit voraus; bei Targaitis dürfte ihn also nichts ablenken.«

»Dafür sollte er ihm den Mund wässern auf unsere Weiber«, lachte Urukagina, »besonders auf die babylonischen Tempelmädchen. Und ihm weismachen, daß Assyrien so schwach ist wie ein zahnloser Löwe, der nur noch Fleischbrühe schlürfen kann. Auch für Astyages wird sich das anhören wie himmlische Posaunen, und er wird glauben, den gefürchteten Nachbarn mit Hilfe der Skythen endlich vernichten zu können.«

»Ja«, bestätigte Asarhaddon grausam lächelnd, »für uns aber bedeutet es: die assyrische Standarte auf den Zinnen Ekbatanas, Mediens Schätze, die Erträge seiner Felder seiner Gruben und Bergwerke in unseren Truhen. Die königliche

Familie und ihr Anhang aber gepfählt unter den Platanen meines Gartens, die Blüte der medischen Jugend verzuckend auf Aschschurs Altar. Und mein Bruder?« Er verzog höhnisch den Mund. »Aus ihm mache ich einen ruhmreichen König wider Willen.«

Die beiden Generäle nickten beifällig. Als sie schon im Gehen begriffen waren, hielt Asarhaddon Harpagos' Blick fest. »Ich beneide deinen Sohn, General, bei Aschschur, ich beneide ihn. Und sollte ihn auch bei Targaitis ein früher Tod ereilen.«

Harpagos senkte verlegen den Blick. »Ich weiß. – Asarhaddon, wir –«

»Genug! Er wird siegen. Mir bleibt –« Asarhaddon zögerte. »Mir bleibt die Genugtuung.«

16

Vor einem Gasthaus nahe den Stadttoren saß ein Fremder und beobachtete die Menschen, die an ihm vorüberkamen. Bauern trieben ihre mit Säcken und Körben hochbeladenen Esel durch die staubigen Straßen, die Luft war erfüllt von ihren Flüchen und dem Keuchen dunkelbraun gebrannter Sklaven, die schwere Lasten auf ihren Schultern schleppten oder die Sänfte manch einer vornehmen Frau rasch durch die schwitzende Menge trugen. Soldaten auf Urlaub schlenderten müßig herum oder verschwanden in der Tür einer Schenke.

Ein Fremder fiel gewöhnlich nicht auf in der assyrischen Hauptstadt, wo die Angehörigen unzähliger Stämme und Völker des Zweistromlandes zusammenkamen. Doch der Mann, der vor dem Gasthaus saß, zog manchen Blick auf sich. Er war von ehrfurchtgebietender Gestalt und königlicher Würde. Vereinzelt fanden sich schon silbrige Fäden in seinem langen, schwarzen Haar und dem gepflegten Bart, der ihm bis auf die Brust reichte. Die Farbe seiner Haut war ein warmes Braun, er hatte volle Lippen und eine stark geflügelte Nase, die seinen ebenmäßig geschnittenen Zügen Ausdrucksstärke verlieh. Doch vor allem fielen seine Augen auf, deren Blick sich kaum jemand entziehen konnte: sie strahlten von innen heraus voller Kraft und Güte.

Bekleidet war er mit einem langen weißen Gewand aus Wolle und staubigen Sandalen. Ein fester Stock lehnte an der Bank, auf der auch sein Bündel mit den wenigen Habseligkeiten lag. Er hatte Brot, Milch und Früchte verlangt. Der Wirt brachte selbst das Gewünschte und musterte ihn neugierig. Der Fremde bemerkte es und lächelte. »Setz dich zu mir, mein Freund.«

Der Wirt nahm zögernd und in gebührendem Abstand Platz. Er war ein einfacher Mann, beleibt und geschwätzig, geschäftstüchtig und habgierig wie alle Wirte. Doch diesen Gast betrachtete er mit ehrfürchtiger Scheu.

»Hast du ein Bett für mich? Ich gedenke, einige Tage in Assur zu bleiben.«

»Für dich, Herr?« Nervös wischte der Wirt seine fettigen Finger an den Fransen seines Rockes ab. »Mein Haus ist armselig und schäbig, du wirst etwas Besseres finden.«

»Ich habe eine lange Reise hinter mir und bin müde. Dein Haus erscheint mir sauber. Und die teuren Gasthöfe kann ich nicht bezahlen.«

»Gewiß, Ungeziefer wirst du bei mir nicht finden«, versicherte eifrig der Wirt und sah dann etwas zurückhaltend auf den Beutel des Fremden. »Wieviel kannst du denn bezahlen?« fragte er, mißtrauisch geworden.

Der Fremde lächelte nur, und der Wirt hörte sich im selben Augenblick sagen: »Was ich da schwatze! Behalte nur das Wenige, du wirst es noch brauchen. Die Ehre, die du mir durch deinen Besuch erweist, ist mir Bezahlung genug.« Er kniff sich in den Oberschenkel dabei, doch er träumte nicht. Er hatte soeben diesem Fremden angeboten, umsonst bei ihm zu wohnen.

Doch dieser antwortete milde: »Ich werde Assurs gastfreundliche Wirte in meiner Heimat loben, aber ich bin kein Bettler. Ich zahle dir den, wie ich annehme üblichen Preis von drei Kupferstücken für die Nacht.«

Der Wirt war froh, daß der Fremde so einsichtig war, sein großzügiges Angebot nicht anzunehmen. »Wie du wünschst, Herr. Bist du zum erstenmal in Assur? Sicher sind es Geschäfte, die dich in unsere Stadt führen? Vielleicht kann ich dir nützlich sein mit meinen Kenntnissen.«

»Du bist sehr freundlich, aber ich kann mein Ziel nicht aus den Augen verlieren. Der schwarze Turm zeigt mir ja deutlich den Weg.«

»Der Turm? Du willst in den schwarzen Tempel?«

»Ja, denn dort hoffe ich den Mann zu sehen, um dessentwillen ich die lange Reise auf mich genommen habe.«

Betroffen sah der Wirt ihn an. »Dort leben nur die Priester, die Aschschur dienen. Aus deinem erhabenen Antlitz aber spricht die Güte selbst.«

Der Fremde lächelte. »Ich habe eine gute Botschaft für den Hohenpriester Asarhaddon, und ich bin vor Wochen aufgebrochen aus meiner Heimat, um sie ihm zu bringen.«

»Diesem Ungeheuer?« stieß der Wirt unbedacht hervor, dann schlug er sich auf den Mund. »Du hast nichts gehört, nicht wahr? Aber glaube mir, der Mann verdient keine Guttaten.«

»Sein Herz ist hart, das weiß ich. Doch Sanftmut und Güte werden seine Härte schließlich besiegen.«

»O Herr, vertraue doch nicht solchen Hirngespinsten. Kehr um und schüttle den Staub Assurs von deinen Füßen, solange es noch Zeit ist. Wenn du ihm von solchen Dingen redest, spielst du mit deinem Leben, ja, du bist bereits ein toter Mann, wenn du nicht von deinem Vorhaben abläßt.«

»Sei ruhig, Wirt, er wird mir nichts tun. Ich komme als Freund.«

»Als Freund?« Der Wirt lachte krächzend. »Dieser Mann hat keine Freunde, nirgendwo auf der Welt. Welches Vögelchen dir in deiner fernen Heimat etwas anderes zugetragen hat, weiß ich nicht. Und seit ihn gar dieses Unglück getroffen hat –«, er blickte sich vorsichtig um und fuhr dann leiser fort: »Diese entsetzliche Schmach. Es wird geflüstert, daß eine Frau ihn für immer gelähmt hat. Ha! Noch gibt es die alten gerechten Götter. Doch seitdem wütet er noch ärger, wenn das überhaupt möglich ist, und niemand wagt sich auch nur in die Nähe des Tempels. Jedem kann es geschehen, daß man ihn packt und auf dem Blutaltar schlachtet. Hast du noch nichts von unseren Bräuchen gehört?«

»Ich hörte von ihnen«, entgegnete der Fremde ernst. »Aber richte nur ruhig mein Nachtlager, denn Aschschurs Zorn vermag nichts gegen mich.«

»Dann hast du wohl einen mächtigen Zauber bei dir?«

»Ja, mein Freund, den habe ich wohl. Einen Zauber, der Haß, Bosheit und Grausamkeit besiegt.«

»In deinen Augen liegt ein solcher Zauber, Herr, aber du kennst nicht die Macht Asarhaddons, dem selbst die Dämonen der Unterwelt gehorchen und dessen steinernes Herz kein Zauber zu erweichen vermag.«

»Dämonen?« wiederholte der Fremde kopfschüttelnd. »Stets sind es irre geleitete Menschen, die sich solcher Herrschaft unterwerfen.«

»Ach, ich bin nur ein einfacher Mann«, seufzte der Wirt, »was vermag der Schwache gegen den Starken? Assur ist fett vom Schweiß der Unterjochten, und die Häute jener, die aufbegehren, trocknen an der Stadtmauer.«

»Ja, du hast recht, das Böse triumphiert oft für lange Zeit, doch es ist nicht von Dauer.«

Verlassen lagen die Stufen des Tempels im grellen Sonnenlicht. Der Fremde erklomm langsam die breite Treppe, deren Seiten mit Reliefs geschmückt waren, auf denen urzeitliche Helden mit geflügelten Stieren kämpften. Kein Mensch war zu sehen. Er gelangte an das Tor, auf dem die Flügelsonne blitzte, stieß es ungehindert auf und stand im Altarraum, der vom Standbild Aschschurs, des Stierhäuptigen, beherrscht wurde. Auch der Saal war leer; der schwarze Stein zu den Füßen des Gottes wartete. Dieser Ort benötigte keinen Wächter.

Der Fremde verweilte nicht lange an diesem düsteren Platz; er sah sich kurz um und erblickte im Hintergrund eine kleine Tür; sie führte in den Garten. Überrascht blieb der Fremde stehen. So voll schattiger Bäume, silbriger Brunnen und süß duftender Blumen waren auch die Gärten seiner Heimat am Indus. Er setzte sich auf eine steinerne Bank und genoß den Frieden des Ortes. Nach einer Weile entdeckte ihn einer der Priester und starrte ihn an wie einen Geist. »Wer bist du?«

Der Fremde wandte ruhig den Kopf und lächelte den Mann an. »Ah, endlich eine menschliche Seele, Erschrick nicht, ich komme in Frieden. Die Tore waren offen, als erwarte man Gäste, und ich bin dieser stummen Einladung gefolgt.«

Der Priester war sichtlich verstört von dem gelassenen Auftreten und stotterte: »Weißt du denn nicht, wo du dich befindest?«

»Ich weiß es, mein Freund. Und ich hoffe, hier den Hohenpriester Asarhaddon zu finden. Wenn er dein Herr ist, so sage ihm bitte, daß ein Fremder gekommen ist, der seine Gastfreundschaft begehrt.«

So selbstverständlich redete der Fremde, daß der Priester nur noch fragte: »Wer bist du, der den Hohenpriester zu sprechen wünscht?«

»Mein Name ist Kautilya, und meine Heimat liegt an den fruchtbaren Ufern des Indus.«

Asarhaddon empfing ihn auf der Terrasse, die zu seinen Gemächern führte. Er ruhte auf bequemen Kissen und war wegen der Hitze nur mit einem leichten, kurzärmeligen Rock bekleidet. Ein schlichter Reif hielt das lange, im Nakken gebundene Haar aus dem Gesicht; die Nachmittagssonne lag darauf und verlieh seiner Haut einen goldenen Schimmer. Er war schön wie Tammuz, um dessentwillen einst die große Göttin Ischtar hinabgestiegen war zu ihrer Schwester Ereschkigal, der Beherrscherin der Unterwelt, um für ihren Geliebten zu bitten. Aber die schwarzen Augen waren ohne Menschlichkeit, sie zeigten unverhohlenen Haß.

Kautilya musterte seinen schönen Gastgeber ohne Scheu und neigte leicht das Haupt zur Begrüßung. Welch ein Frevel! Wer durfte sich dem Hohenpriester aufrecht nahen und ihm zunicken wie einem vertrauten Freund? Doch in Asarhaddons Augen blitzte das Erkennen auf, einen Ebenbürtigen vor sich zu haben, und er verzog keine Miene. Schweigend musterte er Kautilya; durch keine Geste erlaubte er ihm, sich zu setzen oder zu sprechen. Der ungeladene Fremde mit dem sanften Feuer in den Augen mochte sich gedulden.

Kautilya war von Asarhaddons Erscheinung beeindruckt, doch machte ihn das keineswegs befangen. »Endlich stehe ich dir gegenüber, Asarhaddon«, begann er freimütig, »Gestattest du, daß ich mich setze und meine müden Füße ausstrecke? Der Weg war weit und beschwerlich.«

Mit keiner Regung verriet Asarhaddon seinen Unmut über die vertrauliche Anrede. »Ich erlaube dir, dich zu setzen, Kautilya – so war doch dein Name? Bevor ich dich aber als meinen Gast behandele, möchte ich mehr über dich wissen. Ich bin überrascht, daß ich selbst der Grund deiner weiten Reise bin; die Länder jenseits des Indus sind mir unbekannt. Und deine müden Füße hast du dir selbst zuzuschreiben, denn ich habe dich meines Wissens nicht zu diesem Fußmarsch aufgefordert. Da du aber einmal hier bist, weckst du meine Neugier.«

»Du hast ein Recht, alles zu erfahren, mein Bruder, und ich will dir ohne zu säumen den Grund meiner Reise mitteilen. Aber die Straßen waren staubig, für eine Erfrischung wäre ich dankbar.«

Asarhaddon lächelte abgründig. »Nun, obwohl du mich bereits Bruder nennst, zögere ich noch, dir das Gastrecht anzubieten, das ich dir nicht verweigern kann nach dem ersten Schluck Wasser.«

»Dennoch bitte ich dich darum. Und verzeih mir, daß ich dich Bruder nannte. Das geschah keineswegs aus mangelndem Respekt, doch wisse, daß auch ich ein Priester bin in meinem Lande. Ich diene den Göttern und den Menschen so wie du und meine, daß wir uns über Wüsten und Gebirge hinweg Brüder nennen dürfen.«

»Ein Priester bist du? Du scheinst mächtigen Göttern zu dienen, die dich den gefahrvollen Weg unbeschadet überstehen ließen. Denn offensichtlich kamst du ohne Gefolge. Ziemt sich das in deinem Lande für einen so mächtigen Mann?«

»Ich selbst bin nicht mächtig. Ich bin vor Gott wie ein dürrer Stengel, den der Wind knickt und hierhin und dorthin weht.«

Asarhaddon sah Kautilya prüfend an. Schließlich erwiderte er: »Jeder Priester ist so mächtig wie seine Götter, und seine Götter sind so mächtig wie er.«

»Meine Götter sind stark«, bekräftigte Kautilya, »aber es ist eine Art von Stärke, die dir fremd ist.«

Asarhaddons Mundwinkel zuckten leicht. »Über wieviel Land gebietet dein König? Verliehen deine Götter ihm Siege über seine Feinde?«

»Nein. Meine Heimat ist ein schmales, grünes Flußtal am Fuße der Berge, die ewiger Schnee bedeckt. Mein König erhebt gegen niemanden die Waffen, aber das Tal ist fruchtbar, und die Menschen, die darin leben, sind zufrieden, denn sie bringen zweimal im Jahr reiche Ernte ein.«

Spöttisch erwiderte Asarhaddon: »Fruchtbare Täler locken den Feind an wie Honig den Bären. Aus zufriedenen Bauern macht man schnell Sklaven. Das Glück deiner Heimat ist trügerisch und wird von kurzer Dauer sein. Aber vielleicht kamst du zu mir um den Schutz eines so mächtigen Gottes wie Aschschur zu erbitten?«

»Ich fürchte, meine Opfer würde er verschmähen, edler Asarhaddon, denn was ich geben kann, sind nicht Blut und Schmerzen, sondern Güte und Barmherzigkeit.«

Jetzt lachte Asarhaddon höhnisch auf. »Dachte ich es doch! Du bist ein Träumer wenn auch aus deinem Gesicht Vernunft und Einsicht sprechen.« Er winkte einem Sklaven. »Bringe meinem Gast Wein, Früchte und Gebäck, damit er seine staubige Kehle anfeuchte und mir unter dem Schutz des heiligen Gastrechts noch mehr von jenen Weisheiten verkünde, denen in Assyrien nur Sklaven lauschen. Früher hätte mich solches Geschwätz vielleicht belustigt, doch es hat sich gefügt, daß unbeschwertes Lachen mir im Munde gefriert, und ich könnte im Verlauf unseres Gesprächs die Geduld mit dir verlieren, Bruder.«

»Danke für die Erfrischungen. Deine Worte sind hochmütig, Asarhaddon. Zu hochmütig, will mir scheinen, für einen

Mann, der selber der Barmherzigkeit bedarf und sie deshalb nicht als Geschwätz abtun sollte.«

»Höre mich an, Mann aus dem Industal«, entgegnete Asarhaddon kalt, »ich habe dich nicht gebeten, dein Land zu verlassen. Ich habe dich nicht in mein Haus gebeten, ungeladen bist du erschienen, und dennoch gewährte ich dir das Gastrecht. Aber Kränkungen muß ich mir nicht von dir anhören. Du bist ein Priester? Dann ehre deine Götter, ich ehre die meinen. Sprich nie wieder in Worten zu mir, für die andere ihre Zunge verlieren.«

»Ihre Zunge und ihr Leben, nehme ich an«, ergänzte Kautilya ruhig. »Hier wird zu oft vom Tod gesprochen. Wäre es nicht an der Zeit, daß sich das ändert?«

Asarhaddon wurde bleich. »Wer bist du, und was willst du von mir? Sag es schnell, denn meine Geduld mit dir ist erschöpft.«

»Ich bin hier, um dir die Macht meiner Götter zu beweisen; sie heißen Demut und Vergebung. Sie haben noch viele andere Namen, ihr schönster Name aber lautet: Liebe.«

Kautilya hatte das mit solcher Eindringlichkeit gesagt, daß es Asarhaddon kalt überlief. Er fühlte dumpf einen starken, unsichtbaren Gegner, der ihm das Mark aus den Knochen saugen wollte. Jetzt galt es, einen Kampf auszufechten mit der unerwarteten Kraft eines sanften Herzens. »Das dem Ei entschlüpfte Küken kriecht unter die Fittiche seiner Mutter«, entgegnete Asarhaddon verächtlich, »der Adler aber breitet seine Schwingen aus und stößt hinab auf die Beute. Assyrien ist ein Adler, deine Götter aber sind gut für greinende Kinder.«

»Das Kind befreit sich rasch in seinem Ungestüm von der Hand der Mutter und läuft hin, wo es will. Du aber, Asarhaddon, bist weit geringer, denn du vermagst nirgendwohin zu laufen.«

Diese Unverfrorenheit nahm Asarhaddon fast den Atem. »Wie? Mißbrauchst du so meine Nachsicht? Du magst mein Gast sein, aber ich werde dich pfählen lassen für deinen unverschämten Spott!«

»Ich will dich keineswegs verspotten«, beruhigte Kautilya Asarhaddon. »Ich bin gekommen, dir zu helfen.«

»Mir zu helfen? Niemand kann das!« Doch so rasch er abwehrte, ein Fünkchen Hoffnung glomm doch in seinen Augen auf. »Oder bist du am Ende nicht Priester, sondern Arzt?«

»Mit Gottes Hilfe bin ich auch Arzt.«

»Und du meinst, du könntest mich heilen?« Mißtrauen und Hoffnung schwangen gleichermaßen in seinen Worten.

»Das wäre möglich, ja.«

Asarhaddon fühlte sein Herz heftig pochen, doch beherrscht fragte er: »Weswegen willst du das tun? Hast du deswegen die beschwerliche Reise auf dich genommen? Gibt es nicht genug Kranke in deiner Heimat?«

»Ich bin zu dir gekommen, weil du meiner Speise am dringendsten bedarfst.«

»Deiner Speise?« Asarhaddons Augen funkelten zornig. »Glaubtest du, es sei an der Zeit, mir jetzt, da ich hilflos bin, deine Götter aufzuschwatzen? Deine Götter, die einen schmalen, unbekannten Landstrich bewohnen? Barmherzigkeit! Welch verächtliche Tugend! Der Besiegte erfleht sie, aber der Sieger verwüstet sein Land, versklavt seine Kinder, und das Wehgeschrei der Schwachen ist Musik in seinen Ohren.«

»Bedenkst du nicht, daß du selbst zu den Besiegten gehörst, mein Bruder und Freund? Ich will dir nichts aufschwatzen, sondern dich überzeugen. Ich kam, um an dir Barmherzigkeit zu üben, und wenn du deine gesunden Glieder wieder hast, sollst du darüber nachdenken, ob nicht Liebe stärker ist als Haß.«

»Höre Kautilya, der du mich übereifrig Freund und Bruder nennst, du hast die Gabe der überzeugenden Rede, aber Worte haben noch niemanden geheilt. Wohlan! Bist du ein Arzt, so erprobe deine Kunst an mir. Und wenn dir gelingt, was du leichtfertig versprichst, so werde ich dich reich belohnen. Ich bin grausam, aber nicht undankbar. Doch sollte sich herausstellen, daß du nur ein hergelaufener Scharlatan bist, der es wagt, mir von Liebe zu faseln, wo Haß meine Brust sprengt, so wird es nicht nur dein Ende sein, sondern auch das deines heimatlichen grünen Tals.«

»Ja Asarhaddon, ich bin mir der Folgen meiner Aufgabe bewußt. Aber ich bin zuversichtlich. Sprechen wir nun von den Bedingungen.«

»Den Bedingungen?«

»Ja. Ich will mein Samenkorn nicht auf einem Gletscher aussäen, sondern es soll Früchte tragen. Dich zu heilen und dafür Reichtümer aus deiner Hand zu empfangen, hieße, den Samen vergeuden. Knüpfe ich aber Buße und Umkehr an die Heilung, ist es möglich, daß er grünt und eines Tages ein starker Baum mit breiter Krone daraus wird, unter dessen Schatten die Völker in Frieden leben können.«

Asarhaddon verzog geringschätzig den Mund. »Deiner Fabel mit dem Baum entnehme ich, daß du mehr willst als alle Reichtümer Assyriens, du willst meine Seele. Du willst, daß ich Aschschur verrate, Assyrien seinen Feinden ausliefere. Und wenn ihre Stiefel den Schutt meines Tempels zur Seite stoßen, werden sie sagen, hier lebte ein Mann, der sein Volk verriet, weil er zu schwach war, sein Schicksal zu ertragen. Nein, Kautilya, diesen Preis zahle ich nicht.«

»Diesen Preis erwarte ich nicht. Du bist stark genug, die Geschicke deines Landes auch unter milderen Vorzeichen günstig zu beeinflussen. Du und dein Bruder –«

»Schweig! Seine und meine Pläne decken sich durchaus nicht. Kannst du dem Löwen befehlen, Gras zu fressen? Ziehst du ihm auch den Dorn aus der Pranke, so wird er doch weiterhin dem Wild nachstellen.«

»Bist du ein wildes Tier? Höre, was ich von dir verlange, wenn ich deinen Gliedern wieder die alte Kraft schenken soll, und dann entscheide dich. Nicht durch Zwang, sondern durch Einsicht soll dein Herz sich wandeln. Du sollst ein Jahr lang das Gewand des Hohenpriesters mit dem eines Bettlers tauschen und das Land durchwandern. Leben sollst du von dem, was dir barmherzige Menschen geben, doch Verdruß soll dich nicht ankommen. Hunger, Kälte und Hitze, all das wird dich nicht anfechten. Das böse Handeln schlechter Menschen, die dich fortjagen, verspotten oder dir gar Ärgeres zufügen, wirst du mit heiterer Gelassenheit ertragen. Was gute Menschen dir geben oder was du durch deiner Hände Arbeit erwirbst, darfst du annehmen, doch behalte nur das Nötigste, gib Überfluß den Armen. Sei demütig und verbanne schlechte Gedanken aus deinem Herzen. Vergeltung und Haß werden dir fremd sein; anderen beizustehen in ihrer Not wird dir oberste Pflicht sein. Ein Jahr, Asarhaddon, ein Jahr wirst du dich verleugnen, das sind meine Bedingungen.«

Asarhaddon schwieg lange zu diesem ungeheuerlichen Ansinnen. Er kniff die Augen zu Schlitzen zusammen und betrachtete sein Gegenüber durchdringend, der seinem Blick jedoch nicht auswich. »Ich habe meine Entscheidung über dich getroffen«, sagte Asarhaddon schließlich kühl, »du bist wahnsinnig. Deine Geistesverwirrung rettet dir das Leben. Geh!«

Kautilya erhob sich und sah Asarhaddon ernst an. »Ich gehe, mein Freund. Du findest mich noch drei Tage im Gasthaus am Stadttor. Doch wenn du deinen Sinn geändert hast, mußt du zu mir kommen. Sei klug, Bruder, überwinde deinen Stolz. Ich gebe dir ein ganzes Leben für ein Jahr.«

Ein Zittern überlief den stolzen Hohenpriester, er streckte seine Hand nach Kautilya aus. »Bleib, setz dich wieder.«

Kautilya blieb stehen. »Du bist also bereit zur Umkehr?«

»Bei Aschschur, deine Bedingungen sind unerfüllbar, aber der Preis ist des Nachdenkens wert. Bitte sei mein Gast in dieser Nacht.«

17

Zargo, dem das glanzvolle Gestirn Aschschurs nicht mehr leuchtete, war nur noch ein Schatten seiner selbst. Auch die übrigen Priester mieden ihn, seit er beim Hohenpriester in Ungnade gefallen war. In seiner Verzweiflung hatte er begonnen, sich in alte Schriften der Akkader und Sumerer zu vertiefen. Das lenkte ihn vom ständigen Grübeln ab, und er hatte einen Grund, sich mit den Schriftrollen und Täfelchen in einen stillen Winkel zurückzuziehen. Doch das Studium verschaffte ihm keine Befriedigung, denn nicht Weisheit begehrten Aschschurs Priester zu gewinnen, sondern Macht. Und Zargo, der Vertraute des Hohenpriesters, hatte an dessen Macht teilgehabt und sie geschlürft wie ein Rind gierig das Salz aufleckt, das der Hirte aus den Händen rieseln läßt.

Wie Asarhaddon erkannte er, daß die überwiegende Mehrheit des Volkes empfänglich war für Zauberei und erfüllt von abergläubischer Angst. Die Weisheit der Schriften blieb ihnen verborgen, sie fürchteten Dämonen und tausend andere Schreckensgestalten, die in ihrer ständigen Begehrlichkeit nach Menschenblut fortwährend auf neue übel sannen und durch die Menschenopfer besänftigt werden mußten. Auch die Krieger waren – wie überall auf der Welt – überwiegend mit einem dumpfen Verstand begabt, und ihrem langsamen Denken entsprang die Furchtlosigkeit. Zargo mit seinem beweglichen Verstand hingegen war den Angriffen seiner eigenen Gedanken ausgeliefert, und ihn trösteten keine Götter.

Auch an diesem Tag erhob er sich betrübt von seinem Lager. Gewohnheitsmäßig verbrannte er in allen vier Ecken des Zimmers für die niederen Götter wohlriechende Hölzer und begab sich in den Raum, in dem er zu speisen pflegte. Er nahm ein karges Frühstück zu sich, denn Appetit hatte er schon lange nicht mehr. Danach griff er seufzend zu einem Stapel Tontafeln, die er sortierte und vor sich auf dem Tisch ausbreitete.

Da kam von der Tür her eine Stimme: »Vortrefflich, Zargo, daß du die Überlieferungen Sumers und Akkads so eifrig studierst. Deinen verfinsterten Geist freilich werden sie nicht zu erhellen vermögen, aber vielleicht bleibt von den Geschichten doch so viel in deinem Schädel haften, daß du mir an den Abenden mit Gilgameschs hehren Worten die Zeit vertreibst. Oder hat Aschschurs Geist dich gänzlich verlassen, und du bist ein Gelehrter geworden, der den Staub Assurs von seinen Füßen schütteln will, um feisten babylonischen Händlern das Gold mit klugen Sprüchen aus dem Beutel zu zaubern?«

Zargo erstarrte, denn was er hörte, war die Stimme seines

Herrn. Dann wirbelte er herum, sodaß er einige Täfelchen vom Tisch riß und sie zerbrachen. Ungläubiges Entsetzen spiegelte sich in seinem Gesicht, denn er sah Asarhaddon aufrecht in der Tür stehen, von keinem Sklaven gestützt. Jetzt tat dieser sogar einige Schritte auf ihn zu. Zargo fiel zu Boden. »Gnade, allmächtiger Aschschur, schlage mich mit Blindheit, verwirre meinen schwachen Verstand, hebe mich hinfort von dieser Erde, aber lasse mich nicht dieses Trugbild schauen, das mir trügerisch Wonneschauer durch meinen Körper rieseln läßt und das du fraglos wie einen Spuk verschwinden lassen wirst, wenn ich wieder die Augen erhebe.«

Asarhaddon lachte laut und beugte sich hinab, um Zargo aufzuhelfen.

Zargo schwankte und schlotterte wie eine Gliederpuppe, so daß Asarhaddon ihn heftig schütteln mußte. »Zargo, fürwahr, deine Mutter war ein Schilfrohr, das im Winde stöhnte, und dein Vater war der Hase, der sich darin verbarg. Ich werde dich mit der Spitze meines Dolches kitzeln müssen, damit du erkennst, daß ich kein Trugbild bin.«

Da begann Zargo zu weinen wie ein kleines Kind, und Asarhaddon meinte spöttisch: »Ich wollte dich in meiner unendlichen Güte wieder als Stütze an meine Seite treten lassen, doch wie ich sehe, hast du dem Dienst Aschschurs abgeschworen und übst schon teigig als Klageweib für die Leichenfeiern der Reichen, die dich für deine vielen Tränen reichlich belohnen werden.«

Zargo faßte sich langsam. »Welches Wunder hat Aschschur an dir vollzogen, Herr?«

»Aschschur vermag nichts; den bringt nur ein Ränkeschmied wie du zum Reden, und nur die Einfältigen sprechen gleich von Wundern, wenn etwas geschieht, das ihr begrenzter Verstand nicht zu fassen vermag.«

»Gewiß Herr«, stammelte Zargo, der sich überglücklich bewußt wurde, daß Asarhaddon ihn noch immer hielt. »Aber was ist es, wenn es kein Wunder ist? Alle Ärzte hatten dich aufgegeben.«

»Alle Ärzte? Unsere Knochenbrecher und Sprüchebeter,

107

gewiß. Aber die Welt ist größer als du denkst.« Asarhaddon ließ Zargo los, und der taumelte verwirrt auf eine Bank.

Asarhaddon berichtete Zargo in knappen Worten von der Übereinkunft. Zargo vernahm sie in höchstem Zorn. »Als Bettler? Was macht diesen Mann so kühn, so überheblich, derartiges von dir zu fordern? Steht hinter ihm ein Heer von hunderttausend Mann? Er hat dich geheilt, Aschschur sei gelobt, aber wer zwingt dich jetzt, seine unverschämten Forderungen zu erfüllen?«

»Ich gab mein Wort.«

»Gilt das einem Mann gegenüber, der dich in deinem eigenen Hause beleidigte?«

»Es gilt, weil ich seine Dienste angenommen habe. Ich schwor bei meiner Ehre. Soll die Ehre des Hohenpriesters wohlfeil sein wie die einer Hure?«

»Nein.« Zargo senkte den Kopf. »Es ist nur so unerträglich demütigend.«

»Für dich, Zargo? Ich wollte Aschschur mein Leben opfern, jetzt opfere ich ihm nur ein Jahr. Ein guter Tausch, will ich meinen.« Er lächelte, als er Zargos verdrießliche Miene sah. »Noch eins, Zargo. Du sollst ein Opfer vorbereiten, wie es sich für die mächtigen Götter Kautilyas geziemt.«

»Ein Opfer?« Zargo sprang auf. »Ich stehe also wieder in deiner Gnade? Ja Herr, ich eile.«

»Halt Zargo! Bedenke, daß nicht Aschschur, sondern Kautilyas Göttern geopfert werden soll. Ich glaube, er nannte sie Liebe, Güte und Verständnis. Lasse die Gefangenen frei – alle! Ich denke, das ist ein Opfer, das seine Götter schätzen.«

Bevor sich Zargo von seiner Bestürzung erholt hatte, war Asarhaddon gegangen.

Kautilya hatte Asarhaddon einen heiligen Schwur abverlangt, aber Asarhaddons Gedanken eilten diesem entehrenden Jahr der Buße weit voraus. Die Gefangenen freizulassen, war ihm nicht schwergefallen, mußte er doch ein Jahr fern von Assur verbringen, und danach gedachte er, sich reichlich für den Verlust zu entschädigen. Er lächelte, wenn er daran dachte, daß er, vorausschauend genug, den Grundstein bereits gelegt hatte.

Er zog ein festliches Gewand an und begab sich in den Palast. Sein Bruder gab für ihn und Kautilya ein Fest, Asarhaddon erschien zum erstenmal ohne seine Schirkus, und Assurdan eilte ihm mit offenen Armen entgegen. Asarhaddon erwiderte die Umarmung lange und innig. Er stahl sich ein paar Sekunden von dem Traum brüderlicher Liebe, den Assurdan vergebens träumte. Dann reichte ihm Assurdan wie einst den gefüllten Becher, und Asarhaddon gab ihm mit leuchtenden Augen Bescheid.

Auch zu fortgeschrittener Stunde, als die Griffe der Männer um die Hüften der Mädchen fester und gewagter wurden und Assurdan feuchte Augen bekam, wenn er den geschmeidigen Körper seines syrischen Lieblingssklaven Hasmon verstohlen betrachtete, lächelte Asarhaddon nachsichtig. Und als sich ihre Blicke zufällig kreuzten und Hasmons Augenlider vor Furcht zu flattern begannen, sagte Asarhaddon zu ihm: »Wirklich, Hasmon, du bist ebenso schön wie herzlos, daß du deinen kupferglänzenden Leib wie eine Schlange vor dem Angesicht deines Herrn hin und her windest und seine Augen tropfend machst wie eine Wabe, aus der der Honig rinnt, ohne ihm zu gönnen, dich aus der Nähe zu betasten und deine mädchenhaften Wangen zu tätscheln.«

Hasmon wurde dunkelrot und sah Assurdan betreten an. Diesem war ebenfalls die Röte in die Stirn gestiegen, doch Asarhaddon lachte so herzlich über die beiden Verblüfften, daß Assurdan Hasmon kurz entschlossen zu sich auf das Lager zog und, während er Asarhaddon zutrank, ebenso freimütig erwiderte: »Ich wußte, daß du dir für die Schönheit einen Sinn bewahrt hast und dir die Leidenschaften eines Verdurstenden neben der kühlen Quelle nicht unbekannt sind. Ich zögerte, mich an der Frucht zu laben, weil ich deinen Tisch ungedeckt sah.«

»Nicht jedem mundet die gleiche Speise«, gab Asarhaddon ungerührt zurück. »Solche feurigen Granatäpfel würden mir nicht bekommen.«

Assurdan warf einen Blick auf Kautilya, der lächelnd den beiden Brüdern zuhörte. Dann wandte er sich wieder an Asarhaddon und sprach: »Der heilige Mann vom Indus hat zwar deine Beine geheilt, aber das größere Wunder ist doch, daß du, statt unnahbar zu sein, jetzt scherzen kannst.«

Asarhaddon warf einen schrägen Blick auf Kautilya. »Ich bereite mich vor«, sagte er gelassen.

»Ja, du mußt stark sein, damit du dich selbst gewinnst für dein Volk und für die, die dich lieben.«

Asarhaddon lag eine boshafte Antwort auf der Zunge, doch er besann sich und entgegnete liebenswürdig: »Ich gewinne sehr gern, Kautilya.«

Zweites Buch

DER BETTLER

1

Hanno, der scharfäugige Phönizier, beobachtete vom Deck seines Schiffes aus die Lastträger, die sein Boot entluden; Fracht aus den Webereien Babylons und den tyrischen Purpurwerkstätten. Sein Aufseher zählte die Ballen, und die Hafenbeamten trieben die Träger mit lautem Geschrei zur Eile an, weil das zur Würde ihres Amtes gehörte.

Hanno lächelte zufrieden, als die letzten Lastträger sein Schiff verließen. Er dachte an seine wohlgefüllten Truhen und hatte gute Lust, einiges vom neuen Gewinn gleich in Assur zu lassen, in den Taschen der Schankwirte genauso wie in den Häusern der käuflichen Liebe. Seine Ruderer hatten schon sehnsüchtig auf sein Zeichen gewartet. Doch bevor Hanno die Wachen einteilte und der übrigen Besatzung gestattete, das Schiff zu verlassen, löste sich eine hochgewachsene Gestalt vom Kai. Sie hatte einige Zeit dem Entladen zugeschaut und betrat nun die Planken des phönizischen Schiffes.

Hanno faßte den Fremden scharf ins Auge, denn er schien kein Assyrer zu sein; eher ein Sohn jener Völker, die die unermeßlichen Sandwüsten jenseits der großen Ströme bewohnten und die zahlreich waren wie Heuschreckenschwärme. Er trug ein wollenes Gewand, das bis zu seinen Knöcheln reichte. Ein Tuch, so wie es die Wüstenbewohner als Schutz gegen den ewig wehenden Sand zu tragen pflegten, war mehrfach um Haupt und Hals geschlungen und verdeckte fast gänzlich sein Gesicht.

Der Fremde entbot dem Phönizier seinen Gruß und bat ihn um die Erlaubnis, auf seinem Schiff bis zu den südlichen Städten mitfahren zu dürfen.

»Ich nehme oft Reisende mit auf meinem Schiffe« entgegnete Hanno freundlich, »und ich sehe, daß du von weit her kommst. Fremde sind eine willkommene Abwechslung an Bord, denn ich und meine Leute lauschen gern den Erzählungen weit gereister Männer. Sage mir deinen Namen und woher du kommst.«

»Man nennt mich Arkas«, antwortete der Fremde mit dunkler Stimme. »Meine Heimat ist im hohen Norden, wo die Churriter mit eiserner Faust das Land beherrschen. Ich selbst bin der fünfte von acht Söhnen, die der Ertrag unseres Bodens nicht mehr ernährte. Wir verließen unser Dorf und suchten unser Brot in der Fremde. Seitdem wandere ich ziellos umher, denn die Götter vergönnten mir nicht, irgendwo zu verweilen.«

Hanno stemmte die Arme in die Hüften. »So, so, du bist also ein Dagon-Anbeter. Deine Aufmachung ist aber eher die eines Kamelnomaden.«

»Die Kleidung trage ich, seit ich die glühende Wüste durchqueren mußte, und weil sie aus gutem Tuch ist, denke ich, sie wird mir auf meinen weiteren Reisen noch gute Dienste leisten.«

»Bergbauer, hm«, brummte Hanno, dann lächelte er plötzlich und machte eine einladende Handbewegung zum Innern des Schiffes. »Also komm, du wirst an Deck schlafen, was dich aber nicht verdrießen muß. In dieser Jahreszeit sind die Nächte mild. Händige meinem Steuermann nur die bescheidene Summe von zehn Kupferschekeln aus, so bringe ich dich bis Babylon.«

»Ich habe nichts, womit ich dich bezahlen kann, edler Herr eines so stolzen Schiffes. Aber wenn es dir recht ist, will ich mir die Fahrt durch Arbeit verdienen.«

Eine steile Falte erschien zwischen den Augen Hannos, die Freundlichkeit schwand aus seinem Gesicht. »Höre, Arkas, ich bin Kaufmann und kein Statthalter, der von der Arbeit seiner Sklaven fett wird. Und für einen wie dich sollte ich statt Kupfer Gold verlangen. Die tölpelhaften Assyrer, deren Verstand allenfalls ausreicht, anderen die Köpfe zu spalten, magst du wohl hinters Licht führen, doch nicht Hanno, den Phönizier. Du stammst sowenig aus einer vielköpfigen Bauernfamilie wie ein edler Hengst aus einer Herde Wildesel. Dein Akkadisch ist fließend, und deine Worte sind die von gebildeten Söhnen reicher Assyrer, wenn es in diesem Volk auch wenig Gebildete gibt, denn der Assyerer verschwendet seine Zeit sinnlos mit dem Totschlagen von Menschen, denen man doch besser das Gold aus der Tasche ziehen als das Hirn aus dem Schädel hauen sollte. Auch zweifle ich, daß du mir deinen wahren Namen genannt hast, und dein kunstreich gewundenes Tuch soll doch nur dein Gesicht verbergen. Mögen die Götter wissen, welcher gerechten Verurteilung deiner Missetaten du dich entziehen willst. Bist du vielleicht auf der Flucht vor dem erzürnten Vater eines armen Mädchens, das du mit schmeichlerischen Versprechungen bewogen hast, seine Schenkel zu öffnen?«

Der Fremde, der sich Arkas nannte, lüpfte ein wenig sein Tuch und lächelte. »Ich hörte schon von den klugen Kaufleuten aus Tyrus und Ugarit und gebe zu, daß die Assyrer nicht mit ihnen wetteifern können, was Scharfblick und kluges Handeln angeht. Du hast den Blick eines Falken, und ich gestehe, daß ich nicht der bin, für den ich mich ausgab. Aber ich kann dich beruhigen, ich muß mich vor niemandem verbergen, sondern erfülle einen Schwur, den ich aus Dankbarkeit den Göttern geleistet habe. Willst du mir dabei nicht helfen? Du dientest den Göttern damit ebenso wie mir.«

Hanno lachte, denn der Fremde gefiel ihm mehr, als er zugeben mochte. »Fürwahr, trefflich vermagst du eine durchsichtige Lüge sofort in eine bessere zu verwandeln, daß sie wie Wahrheit aussieht. Ich glaubte, diese Gabe sei unserem Volk vorbehalten. Siehst du den Hafenbeamten dort? Ich brauche ihn nur zu rufen, und wer du bist, würde sich schnell herausstellen. Aber schließlich, was kümmert es Hanno? Hanno ist ein freier Mann und lenkt sein Schiff, wohin er will. Und er läßt mitfahren, wen er will. Kannst du rudern? Es ist eine anstrengende Arbeit und wird von meinen Männern am wenigsten geliebt, aber du bist ja kräftig.«

Arkas neigte zustimmend sein Haupt. »Du bist sehr freundlich, Kapitän. Ich werde deinen Namen vor meinen Göttern preisen und sie bitten, wohlgefällig auf deine Geschäfte zu schauen.«

Hanno zuckte lachend die Schultern. »Möge mir nur

Astarte gewogen bleiben, die anderen Götter weiß ich schon zu betrügen, und deine assyrischen Götter allemal.«

So fuhr Asarhaddon vier Tage als Ruderknecht auf einem phönizischen Handelsschiff den Euphrat flußabwärts, bis sie die Stadt Sippar erreichten. Dort verabschiedete er sich von Hanno, denn sein Rücken schmerzte und seine Hände hatten Blasen.

Hanno ließ ihn ungern gehen. »Schade, daß du uns schon hier verläßt, aber du magst dich an einen gekrümmten Rükken nicht gewöhnen wie? Gern habe ich deinen Erzählungen gelauscht, wenn ich auch weiß, daß es lauter Lügen waren, doch ein Mann, der aus Lügen so gefällige Geschichten zu zaubern weiß, ist überall wohlgelitten. Selten habe ich einen Assyrer so angenehm plaudern hören, daß die Stunden wie im Flug verstrichen.«

»Ein Mann, der den Göttern gefallen will, muß vor allem den Menschen gefallen«, entgegnete Asarhaddon liebenswürdig und reckte seine steifen Glieder, bevor er das phönizische Schiff verließ.

Asarhaddon hätte Assyrien aus guten Gründen gern so schnell wie möglich den Rücken gekehrt, doch die hautnahe Gemeinschaft mit den schwitzenden Ruderknechten, deren Atem ständig nach Bier roch und deren unflätige Reden ausschließlich von ihren Abenteuern mit billigen Hafenhuren handelten, hatten ihm Übelkeit verursacht.

Jetzt stand er auf dem Markt von Sippar. Er hoffte, hier etwas Eßbares zu erhalten und eine Beschäftigung zu finden, die ihn der Schmach des Bettelns enthob. Aber vorerst genoß er das Sichtreibenlassen inmitten der vorwärtshastenden Menge, ergötzte er sich an den bunten Auslagen der Händler, lauschte er dem Stimmengewirr der Ausrufer, dem Zetern unzufriedener Kunden, dem Feilschen der Kaufleute. Hinzu kam der Kitzel, sich als Hoherpriester unerkannt unter das Volk zu mischen. Doch als sich der Hunger immer stärker meldete, begann es ihn zu verdrießen.

Er blieb vor einer Garküche stehen, wo eine flinke, beleibte kleine Frau allerlei gewürztes Fleisch an kleinen Holzspießen briet, dessen Duft ihm verführerisch in die Nase stieg.

Fast andächtig betrachtete er die rundlichen, fettigen Hände, die geschwind die Spieße drehten, die garen Stücke herausnahmen und auf Binsengeflecht legten. Das Fett tropfte zischend in die Glut, und der Geruch von Thymian legte sich betäubend auf seine Sinne. Asarhaddon räusperte sich, um die Aufmerksamkeit der Frau auf sich zu lenken. Er lüftete etwas das Tuch, so daß seine blitzenden Zähne sich zeigten, wenn er lachte. »Du Meisterin der Fleischspieße, nicht einmal die königliche Tafel kann sich solcher Köstlichkeiten rühmen, wie du sie zubereitest. Gib mir doch eine Kostprobe deiner unvergleichlichen Kochkunst, denn mein Beutel ist so leer wie mein Magen, und du tust vor den Göttern ein wohlgefälliges Werk, wenn du die Armen speist.«

Die Frau sah unwillig auf, denn lästige Tagediebe und Bettler gab es genug in Sippar. Der Fremde mit dem unnachahmlichen Lächeln und dem sanften Feuer in den dunklen Augen sah nicht aus wie ein Bettler. Dennoch erlag sie nicht gleich seinem Charme, sondern entgegnete grob, wie es die Art der Marktweiber ist: »Für klingende Worte und Schmeicheleien ist mir nichts feil, du Perle unter den Tagedieben Sippars. Da könnte ich gleich alles verschenken, wenn ich auf Strolche wie dich hereinfallen würde. Ist es nicht eine Schande für einen starken Kerl wie dich, eine arme Frau um Almosen zu bitten, die selbst nur das Nötigste für ihren Unterhalt verdient? Also pack dich!«

»Oh, wie können nur so herzlose Worte einem so schönen Mund entfliehen? Denn ich sehe, daß du trotz deines harten Gewerbes Anmut und Liebreiz bewahrt hast. Du hast die Wangen eines jungen Mädchens. Zu beneiden ist der Mann, dem du nachts das Lager wärmst, während du ihn tagsüber mit deinen Leckereien fütterst. Ich bin erst heute in Sippar angekommen, und bevor ich mich nach einer Arbeit umsehe, gedachte ich, mich zu stärken. Dein Anblick, junge Frau, hat mich ermutigt, es bei dir zu versuchen. Zwar sind deine Worte scharf wie Pfefferschoten, aber dein Herz scheint mild wie der Abendregen.«

Die Frau lachte und erwiderte: »Du verstehst es, mich mit deinen Worten zu erheitern, wie die Märchenerzähler an den

Straßenecken, nimm dir also und iß. Aber morgen mußt du einer anderen deine Geschichten erzählen.«

Asarhaddon bedankte sich und ließ es sich schmecken. Und da er einen guten Appetit hatte und die Frau bei guter Laune halten wollte, sparte er nicht mit Schmeicheleien für seine Spenderin.

Das scharf gewürzte Fleisch hatte ihn durstig gemacht, und er betrat nach kurzem Zögern eine Schenke. Asarhaddon sah sich in dem gut besetzten Schankraum um und warf dann einen Blick auf den Wirt, dessen kahler Schädel wie der Vollmond leuchtete. Er wuchtete seinen schweren Leib hinter dem Tresen hervor und eilte trotz seines beträchtlichen Leibesumfangs erstaunlich schnell herbei. Seine kleinen Augen musterten Asarhaddon durchdringend. »Nur herein! Bei Arwan, dem Elamiter, trinkst du den besten Wein in ganz Sippan. Geruhe dort bei den wackeren Helden Platz zu nehmen.« Dabei wies er auf einen Tisch, an dem vier nachlässig gekleidete, schon recht betrunkene Krieger saßen.

Asarhaddon musterte sie abschätzend. Er schüttelte den Kopf und wollte den Wirt fragen, ob er einen Gehilfen brauchen könne, doch die Krieger kamen ihm zuvor. Sie hatten seine ablehnende Haltung bemerkt und forderten Asarhaddon lautstark auf, sich zu ihnen zu setzen. »Wein für den Fremden!« schrien sie, »Wein für den Wüstensohn!«

Der Wirt lief, um das Verlangte zu bringen. Asarhaddon setzte sich zu ihnen. Er sah ihre verschwitzten, lachenden Gesichter, in denen sich grausame Freude spiegelte, und ahnte, daß er als Fremder dazu auserkoren war, ihnen an diesem Abend Kurzweil zu verschaffen. Alle vier trugen Schwerter, ihre Kegelhelme hatten sie auf den Tisch gelegt. Wenn sie sich beim Trinken nach hinten bogen, klirrten ihre Kettenhemden über den wollenen Gewändern.

Der Wirt brachte einen großen Krug Wein und verschwand wieder hinter dem Tresen. Asarhaddon griff gelassen zum Krug. »Ich danke euch, ihr tapferen Söhne Assyriens, daß ihr einem Fremden einen kühlen Trunk nicht verweigert. Ich nehme die Einladung gern an und trinke auf eure Großzügigkeit.«

»Ja, du Wüstenratte«, grölte ihm sein Nachbar zu, ein noch junger Mann mit hellem struppigem Haar, »aber ich rate dir, leere den Krug in einem Zug, denn wir trinken nur mit richtigen Männern.«

Nun war jener Krug nicht etwa von normaler Größe, sondern hatte den Umfang eines kleinen Fäßchens. Asarhaddon, der selten Wein trank, zögerte etwas. Dann lächelte er milde. »Daß mutige Krieger vor mir sitzen, habe ich sofort bemerkt. Eure Feinde zittern sicher bereits, wenn ihr nur mit den Augen rollt. Wie sicher darf ich mich unter eurem Schutz fühlen!« Dann setzte er den Krug an und leerte ihn gemächlich bis auf den letzten Tropfen.

Die Männer beobachteten ihn hämisch dabei, doch als Asarhaddon, ohne die Miene zu verziehen, den leeren Krug wieder absetzte, waren sie enttäuscht, und einer rief abfällig: »Ja, saufen können die Treiber von Kamelen freilich mehr als ihre Reittiere, doch erblicken sie von weitem das Glitzern eines Kieselsteins, so raffen sie ihre langen Röcke und rennen wie die schnellfüßige Antilope, weil sie fürchten, es könnte ein feindliches Schwert sein, das in der Sonne funkelt.«

»Ja«, warf der nächste ein, »genauso ist es.« Er stand auf und stellte sich breitbeinig vor Asarhaddon auf. »Sag, daß es so ist, und daß ihr eure erbärmlichen Zelte mit Kamelmist verteidigt.«

Sein dunstiger Atem schlug Asarhaddon ins Gesicht, er wandte angeekelt den Kopf ab und rückte seinen Stuhl etwas zur Seite. Dennoch entgegnete er beherrscht: »Mein Freund, du kennst dich in diesen Sitten wirklich sehr gut aus; ich meine, du wirst wohl selbst von Leuten abstammen, wie auch deine Gefährten, die eingewickelt in ein Tuch, unter dem schaukelnden Bauch eines Esels ihre ersten Schreie getan haben.«

Stille folgte diesen Worten. Dann standen auch die drei anderen langsam auf. Einer von ihnen legte die Hand auf den Schwertknauf. Der Wirt gab kein Kupferstück mehr für den Fremden. Asarhaddon sah, wie die Freude in ihren Augen jetzt hell aufloderte, weil er ihnen einen Grund gegeben hatte, über ihn herzufallen. Er verschränkte ruhig die Arme und sagte kühl: »Welch ein Mut sprüht aus euren Blicken! Wahrlich, einen Hasen und eine Feldmaus würdet ihr mit vereinten Kräften gewiß in die Flucht schlagen. Preisen kann sich euer Garnisonskommandant Schanabuschu, daß ihm solche kühnen Männer dienen. Er wird nicht zögern, eure Heldentaten Sinscharischkun, seinem Vorgesetzten in Assur zu melden, und vielleicht beruft euch dann der König in seine Leibgarde.«

Entsetzt starrten ihn die vier an. Der Mann, der rechts von ihm stand, ein hagerer Mensch mit geröteter Stirn unter schwarzen Stirnfransen, wurde so weiß wie sein wollenes Untergewand. »Woher kennst du diese Männer?« stammelte er.

»Wer sollte diese tapferen Männer nicht kennen?« Asarhaddon wickelte sich das Tuch vom Kopf und wischte sich den Schweiß von der Stirn, denn der viele Wein hatte ihn erhitzt. Und wie er gelassen nach und nach sein Haupt entblößte, erschien er den Gästen wie ein Schwan, der inmitten einer Schar von Graugänsen sein glänzendes Gefieder schüttelt.

Als er sich aber gerade angewidert erheben wollte, um die Schenke zu verlassen, tat der Wein jäh seine Wirkung; in seinem Kopf begann sich alles zu drehen. Die Stimmen in der Gaststube umsummten ihn wie ein Hornissenschwarm. Verwundert riß er die Augen auf, als erstaune er über seine eigene Verwandlung, doch er sah nichts mehr. Er schwankte, fiel auf den Stuhl zurück und mit dem Kopf auf die Tischplatte. Die Soldaten trugen ihn die Stiege hinauf und legten ihn auf ein Strohlager. »Der braucht kein Mädchen mehr«, sagten sie.

Sie rätselten an diesem Abend noch lange, wer dieser Fremde wohl sein mochte, doch der Wirt hieß sie endlich schweigen. »Ihr Holzköpfe! Eure Augen sind wohl von Fliegendreck verklebt, daß ihr nicht seht, daß er ein verkleideter Spitzel Assurs ist. Wir tun alle gut daran, ihn mit Respekt zu behandeln.«

2

Asarhaddon erwachte mit fürchterlichen Kopfschmerzen. Er verfluchte den Wein, der seinen Körper unterworfen hatte wie ein Feldherr den zitternden Feind.

Er erhob sich und schritt die enge Stiege hinab in die Gaststube, die jetzt leer war. Durch die Hintertür kam er auf den Hof, wo er zu seiner Freude einen Brunnen fand. Aus der hohlen Hand überschüttete er sich mit dem kalten Wasser, als müsse er mehr als nur Straßenstaub und Schweiß fortspülen.

Er lächelte in Erinnerung daran, daß den Gästen der schmierigen Schankstube fast die Augen aus dem Kopf gefallen waren, als er sein Tuch abgenommen hatte, und er ging in dem Bewußtsein, daß die Worte und Taten solchen Gesindels von ihm abglitten wie Wasserperlen von einer geölten Haut.

Er war recht zuversichtlich, an diesem Morgen Arbeit zu finden. Schließlich konnte er nicht jeden Tag darauf hoffen, eine Marktfrau in den Netzen seines Charmes zu fangen.

Die Arbeiten aber, die man ihm anbot, waren alle schmutzig oder demütigend in seinen Augen. Die Mißachtung, die ihm, dem armseligen Ziegenhirten, entgegenschlug, ertrug er nur schwer, aber Hunger und Durst sind harte Herren. Und so lenkte er gegen Abend seine Schritte mißmutig wieder in eine Schenke, obwohl er eine solche Stätte nie wieder hatte betreten wollen.

Karmir, der Wirt zur Goldenen Traube, war ein schmächtiger Mann mit schütterem Haar und habgierigen Augen. Er musterte wohlgefällig den jungen, kräftigen Mann, der um Arbeit bat, und er hörte gern, daß er dafür nichts verlangte als zwei warme Mahlzeiten und ein Bett. Karmir setzte sich mit dem Fremden an einen Tisch im Hintergrund und schob ihm eine Schale mit Gerstenbier zu.

»Ich brauche einen kräftigen Mann, so wie du es bist«, meinte er. »Du sollst die Leute an die Luft setzen, wenn sie zuviel Bier oder Wein gesoffen haben und ihre Kräfte an der Einrichtung meiner Gaststube auslassen wollen. Die unter den Tisch fallen, wirfst du vor die Tür, die Zechpreller beutelst du, bis das Kupfer ihnen aus der Tasche fällt, und wenn sie keins haben, verprügelst du sie so, daß sie sich daran erinnern, wo sie welches versteckt haben, verstehst du?«

Asarhaddon sah den Wirt nachdenklich an, dann schüttelte er den Kopf. »Was du verlangst, kann ich nicht tun, denn ich müßte dabei Gewalt anwenden oder gar einen deiner Gäste verletzen.«

Der Wirt lachte verächtlich. »Wie? Bist du so zartfühlend, wenn es um Betrüger und Randalierer geht, die wahrlich Schlimmeres verdient hätten, als von dir am Kragen gepackt zu werden? Außerdem sind die meisten meiner Gäste wackere Trinker, die wegen einiger Becher nicht gleich vom Stuhl rutschen. Liegen sie aber erst am Boden, so merken sie es gar nicht, wenn sie mit dem Gesicht voran im Straßenkot landen. Am nächsten Tag verlangen sie schon wieder lautstark nach Bier und Wein. Aber du bist wohl zu feige, um dich mit Betrunkenen anzulegen.«

Asarhaddon stieg die Zornesröte ins Gesicht. »Nenne nur Feigheit, was ich Rücksichtnahme nenne. Für grobe Arbeit brauchst du grobschlächtige Menschen, und den Goldschmied kannst du nicht zum Fleischhauer machen.«

Karmir zuckte die Schultern. »Ich habe eine Hafenschenke und suche niemanden, der Blumenkränze flicht oder die Laute schlägt. Wenn dir die Arbeit bei mir nicht behagt, so versuche es woanders.« Bevor Asarhaddon antworten konnte, stand ein junges Mädchen vor ihm, das ihn mit verlangenden Augen ansah. Asarhaddon hielt sie für eine Sklavin, doch sie wandte sich an den Wirt und sagte mit Entschiedenheit: »Du wirst doch den Fremden nicht fortschicken, Vater? Du kannst ihn in der Küche beschäftigen, ihn die schweren Bottiche aus dem Keller holen und die großen Einkäufe auf dem Basar machen lassen. Sind deine Augen schon trüb vom Alter? Noch nie hat ein so hübscher Mann unser Haus betreten, und du wirst mir wohl gönnen, daß meine Hüften und Schenkel von seinen schlanken Händen gestreichelt werden, während ich sonst meine Reize an ungewaschene, ungehobelte Raufbolde verschenken muß.«

Da grinste der Wirt und nickte Asarhaddon zu, doch abermals gelang es ihm nicht, seine Herkunft und Erziehung zu verleugnen. Gegen käufliche Mädchen empfand er Widerwillen und wollte sein Brot weder ihrer Gunst verdanken noch ihren Zudringlichkeiten ausgeliefert sein. Trotzdem durfte er seinem Schwur gemäß nicht grob oder beleidigend werden. Mit beschwichtigenden Worten versuchte er, den Rückzug anzutreten, doch seine behutsamen Worte ließen das Feuer der Leidenschaft in der Wirtstochter erst recht aufflammen. Ungeniert, wie es Art der Schankmädchen ist, um die männlichen Gäste zu erregen und ihnen auf diese Art noch mehr Kupfer aus dem Beutel zu locken, griff sie nach den Bändern, die kreuzweise gebunden sein Gewand über der Brust zusammenhielten, löste sie und glitt mit den Fingerspitzen sanft über seine Haut. »Ich heiße Jinnah. Wie schön du reden kannst, wie gern lausche ich dem dunklen Klang deiner Stimme. Geh nicht fort! In den Nächten will ich dich wärmen; den besten Wein will ich dir vorsetzen, und jeden Tag sollst du gebratene Hammelkeule oder gesottene Rinderlenden essen.«

»Den Wein und die Hammelkeule nehme ich gern«, rutschte es Asarhaddon heraus.

Jinnah lachte glockenhell und ließ ihr langes, schwarzes Haar mit leichtem Schwung in den Nacken fallen. Dabei verrutschte der Träger ihres Gewandes, so daß ihr Busen fast entblößt war. Der Anblick erinnerte Asarhaddon gegen seinen Willen an Anaita und an die Lust, die es ihm bereitet hatte, eine Frau zu besitzen. Vor kurzem noch hatte er geglaubt, diese Freuden nie wieder kosten zu können, doch jetzt fiel ihm jäh ein, daß er durch Kautilyas wundersame Heilung nicht nur seine Beine wieder gebrauchen konnte, und er spürte ein heftiges Verlangen, den natürlichen Regungen eines Mannes nachzugeben.

Jinnahs Hände strichen langsam über seine Brust, zogen sich dann zurück, aber nur, um geschickt den zweifach geschlungenen Knoten am Gürtel seines Gewandes zu lösen. Über dem lose herabfallenden Stoff glitten ihre Hände langsam nach unten, und Asarhaddon verstand selbst nicht, weshalb er es duldete. Recht spät faßte er ihre Handgelenke und sagte rauh: »Nein!«

Jinnah entwand sie ihm nicht. »Du läßt mich das Tor öffnen und den Garten betreten, aber die Frucht soll ich nicht pflücken?« seufzte sie. »Ist das nicht grausam gehandelt?«

Asarhaddon begriff, daß er sich schon mehr auf das Spiel eingelassen hatte, als es seiner Abkunft ziemte. Mag ich auch ein Jahr lang als schmutziger Bettler am Straßenrand hocken, dachte er, im Herzen bleibe ich doch Aschschurs erster Diener, und was ich hier dulden wollte, ist nicht Teil meines Schwures, sondern mein eigener verworfener Wunsch. Er stieß Jinnah heftiger als beabsichtigt zurück. »Geh, ich will dich nicht, du bist eine Dirne!«

»Oh, dein Vater hat zweifellos versäumt, dich rechtzeitig bei einer Dirne einzuführen, die dich ihre Liebeskünste gelehrt hätte, mein schöner, scheuer Fremdling«, erwiderte sie lachend und durchaus nicht beleidigt.

»Ich möchte dir nicht zu nahe treten, Jinnah, aber da du dich jedem Gast hingibst, mag er verlaust, grindig oder blöde sein, wie kannst du erwarten, daß ich mich von dir berühren lasse?«

Jinnah stampfte trotzig wie ein kleines Kind auf. »Ist das meine Schuld? Mich selbst packt dabei oft der Ekel. Glaubst du, ich wünschte mir nicht, daß so ansehnliche Männer wie du scharenweise herumliefen? Für dich könnte ich alles tun. Wenn du es verlangst, werde ich sogar keusch wie eine Ischtar-Priesterin.«

Asarhaddon lächelte. Jinnah sah es und fuhr fort: »Verachtung liegt in deinem Lächeln, aber auch Verlockung. Bist du nicht fremd in dieser Stadt? Und ist nicht ein Mann, den es wie dich in die Fremde verschlagen hat, mehr darauf angewiesen, Erfüllung in den Armen einer Dirne zu suchen als der Daheimgebliebene? Oder hast du irgendwo ein Eheweib, dem du die Treue hältst?«

»Ich spreche nicht über solche Dinge«, erklärte Asarhaddon abweisend. »Im übrigen gibt es genug Männer, die sich auch in der Fremde aus guten Gründen von den Dirnen fernhalten. Treffliche Männer, denn nur die Söhne von Huren gehen selbst zu Huren.«

Karmir, der in der Gaststube zu tun gehabt hatte, trat wieder dazu und fragte: »Nun, wie ist es? Bleibst du?«

»Dein Bier kann er nicht bezahlen«, rief Jinnah schnippisch, »aber wenn Hochmut eine Zeche begleichen kann, so schaffe getrost noch einige Fässer herbei, Vater.«

Asarhaddon lächelte und sagte zu dem Wirt: »Ich will es mir überlegen. Im Augenblick erscheint es mir ratsamer, deiner scharfzüngigen Tochter aus dem Weg zu gehen. Das wäre auch in deinem Sinne, Wirt, denn eben noch schwor sie, meinetwegen dem Laster zu entsagen und künftig im Tempel der Ischtar als keusche Priesterin zu dienen.«

Geschickt wich Asarhaddon einem Bierkrug aus, der durch die Luft geflogen kam. Er schenkte Jinnah ein freundliches Lächeln, bevor er rasch die Tür hinter sich schloß.

Sein Stolz hatte ihn erneut um Brot und Nachtlager gebracht, und er mußte die Nacht unter freiem Himmel verbringen. Als er sich einen geeigneten Platz hinter einer Mauer ausgesucht und sich niedergelegt hatte, bedachte er mißmutig, daß er, wenn er gewollt hätte, jetzt weicher liegen konnte, von Jinnahs Körper gewärmt. Doch gleichzeitig verwarf er solche Gedanken wieder. Vor sieben Tagen erst bin ich von Assur aufgebrochen, dachte er. Sollte ich nach so kurzer Zeit schon so tief gesunken sein, daß ein billiges Freudenmädchen mich locken kann? Habe ich mich den Frauen nicht stets voller Verachtung verweigert, nicht nur des Gelübdes wegen, sondern vielmehr, weil ich meine Gelüste nicht einem schwachen Weib unterwerfen wollte? Einmal habe ich nachgegeben, einmal. Doch Anaita war jungfräulich, sittsam und tugendhaft. Und ein Spielzeug, das ich nach Laune zerbrechen und wegwerfen konnte.

Er stöhnte auf und verfluchte sie und alle Frauen. Wie leicht du davongekommen bist! Ich hätte dich foltern sollen, dann könnte ich mir jetzt deinen entstellten Leib vorstellen. Was tue ich hier in Sippar nachts unter einer halb zerfallenen Mauer? Ist das nicht deine Schuld? Und daß die befleckten Hände einer Dirne ungestraft meinen Körper berühren durften, das verdanke ich dir, Anaita! Und doch, ich wünschte, du wärest jetzt bei mir. Liebt man doch oft das, was man verloren hat, um so inniger, weil es dahin ist.

Über solchen Betrachtungen schlief Asarhaddon endlich

ein. Mit hungrigem Magen erwachte er am nächsten Morgen. Verdrießlich erhob er sich, mied aber den Basar und die Tavernen. Da seine Bemühungen, Arbeit zu finden, bisher fehlgeschlagen waren, gedachte er, es nun ganz nach Kautilyas Wunsch mit dem Betteln zu versuchen.

Asarhaddon gelangte in eine belebte Straße und setzte sich unauffällig in den Schatten eines Hausvorsprungs. Zwei Häuser weiter sah er einen alten Mann, der seine mageren Hände den Passanten entgegenstreckte, dabei heftig zeterte und schrie, manchmal auch zudringlich an den Rocksäumen zerrte. Nach langem Zögern streckte auch Asarhaddon den Arm aus, ließ aber seinen Kopf hängen und verbarg sein Gesicht tief beschämt in den Falten seines Tuches. Er dachte daran, daß er der mächtigste Mann Assyriens war, Herr über Leben und Tod im Namen Aschschurs. Er sah sich mit den Insignien der Macht geschmückt in seinem Heiligtum, wo die Schreie der Gequälten zu ihm drangen und ihre sich windenden Leiber mit jedem Zucken seine Machtfülle bestätigten.

Er wollte tief eintauchen in diese Erinnerungen, doch vor seine blutigen Träume schob sich immer wieder das Bild eines ohnmächtigen, gelähmten Mannes, dem das Leben eine strahlende Zukunft für immer versagte. Bis Kautilya gekommen war und ihm diese Zukunft wieder gegeben hatte. Und den Preis dafür zahlte er nun. War er zu hoch?

Die Mittagssonne brannte heiß. Asarhaddons dürrer Nachbar hatte seinen Platz verlassen und saß wohl schon bei einem Krug Bier und mit Fleisch gefülltem Brotteig irgendwo im Schatten. Asarhaddon aber klebte die Zunge am Gaumen, sein Magen schmerzte vor Hunger, doch nicht ein kupferner Schekel war ihm zugeworfen worden. Die am Morgen belebte Straße war jetzt leer, zwischen den Häusern brütete die Hitze.

Asarhaddon erhob sich schlecht gelaunt und machte sich auf die Suche nach einem Brunnen. Als er sich dort vom Straßenstaub gereinigt und mit einem kühlen Trunk erfrischt hatte, tat er das, was fast alle Einwohner Sippars um diese Tageszeit taten: er legte sich an einem schattigen Plätzchen zur

Ruhe. Aber vor Hunger konnte er nicht einschlafen. Da stand plötzlich ein Mann vor ihm. Er hatte nur noch eine Hand, und sein linkes Auge wurde von einer Binde verdeckt. Seine Kleider waren zerlumpt, und er trug eine Bettelschale. Sein gesundes Auge aber schaute lebhaft, sein kräftiges, langes Haar hatte er im Nacken zusammengebunden. Er betrachtete Asarhaddon lächelnd, der sein Tuch zu einem Bündel zusammengerollt und in den Nacken geschoben hatte.

Asarhaddon blinzelte ihn an, denn die Sonne schien ihm in die Augen. »Was willst du von mir?«

»Ich habe dich beobachtet«, sagte der Einarmige und ließ sich zwanglos neben Asarhaddon nieder. »Ich habe dich gesehen in der Straße der Färber, du hast gebettelt.«

Asarhaddon warf ihm einen mürrischen Blick zu. »Diesem Gewerbe scheinst du ja ebenfalls nachzugehen.«

Der andere lachte und hielt Asarhaddon seine Bettelschale hin. Darin lagen fünf Kupferstücke. »Ja, aber wie du siehst, war ich erfolgreicher als du.«

Asarhaddon zuckte die Achseln. »Heute du, morgen ich.«

Der Bettler schüttelte den Kopf. »In diesem Gewerbe wirst du es niemals zu etwas bringen. Wie heißt du? Woher kommst du?«

»Ich heiße Arkas. Weshalb folgst du mir?«

»Du bettelst zum erstenmal in deinem Leben, habe ich recht?«

Asarhaddon verzog unwillig den Mund. »Ja.«

»Ich heiße Eljakir. Bist du Assyrer?«

»Ja.«

»Du bist kein gewöhnlicher Bettler. Ich sehe das sofort. Schließlich habe auch ich einmal bessere Tage gesehen. Aber du siehst ja selbst, weswegen ich heute auf die Barmherzigkeit anderer angewiesen bin.«

»Ja. Und wer hat dich so zugerichtet?«

»Die skythischen Teufel. Ich kämpfte damals unter Dajjanussur, der noch dem großen Sinacherib diente und die Skythen das Fürchten lehrte und sie reihenweise auf Pfähle spießte.«

Jetzt musterte Asarhaddon ihn mit größerer Anteilnahme.

»Du hast unter Dajjanussur gedient und wurdest im Krieg gegen die Skythen verwundet? Weshalb bist du dann gezwungen zu betteln? Soviel ich weiß, hat der König jedem verwundeten Krieger eine lebenslängliche Unterstützung gewährt.«

»Ja«, erwiderte Eljakir bitter, »doch Dajjanussur und ich liebten dasselbe Mädchen. Da hat er mich mit Stockschlägen davonjagen lassen, weil ich angeblich gestohlen hatte. Aber das sind alte Geschichten. Sag mir lieber, was dich auf die Straße treibt. Du hast doch kräftige und gesunde Glieder.«

»Ich habe mich um Arbeit bemüht«, gab Asarhaddon zur Antwort, »aber leider vergeblich.«

»So vergeblich wie dein Versuch zu betteln«, lächelte Eljakir. »Du erweckst kein Mitgefühl bei den Leuten.«

Asarhaddon seufzte entsagungsvoll. »Und wozu rätst du mir?«

»Laß uns erst einmal zum Hafen gehen und uns stärken. Mit vollem Bauch redet es sich leichter.«

»Ich kann das Essen nicht bezahlen.«

»Ich habe Kupfer für uns beide, komm schon!«

»Nein!« Asarhaddon fühlte eine unbekannte Gefahr von diesem Mann ausgehen.

»Dich sättigt wohl der Straßenstaub«, spottete Eljakir, »oder ist dir meine Gesellschaft unangenehm?«

»Ich kann das nicht annehmen. Du selbst hast nichts, und ich kann kein Mitleid ertragen.«

»Das ist wahr, aber du reizt meine Neugier. Komm, ich esse und trinke gern in Gesellschaft.« Er schüttelte die Faust, daß das Kupfer klingelte. »Hörst du diese liebliche Musik? Stell dir einen Krug kühles Bier vor und dazu geschmorten Hammelrücken mit Thymian.« Er stieß Asarhaddon an. »Steh auf! Bis zum Hafen sind es nur wenige Schritte.«

Asarhaddon sah das unbeschwerte Lächeln auf dem Gesicht des Mannes, und er wußte, von welcher Art die Gefahr war, die er gespürt hatte. Die Herzlichkeit dieses Fremden, dem so übel mitgespielt worden war, begann ihn zu bewegen. Gegen solche Regungen war er empfindlich und auf der Hut. Er hatte gelernt, sie wie Feinde zu behandeln, die ihn schwächten und hilflos machten. Kautilya ist ein Fuchs, dachte er. Er will mich durch die Einfalt törichter Herzen dazu bringen, meine Überzeugungen aufzugeben und mich seinen Göttern zuzuwenden.

Aber Asarhaddon hatte die Erziehung eines Prinzen genossen, die Großzügigkeit nicht mit Undank vergelten ließ. Er erhob sich also und sagte: »Du beschämst mich, Eljakir, daß du deinen kümmerlichen Verdienst mit mir teilen willst. Ich kann es dir nicht zurückzahlen.« Eljakir musterte Asarhaddon überrascht. »Solche Bedenken sind meinen Gefährten der Straße gemeinhin fremd. Wer bist du, daß du gelernt hast, so zu empfinden?«

Asarhaddon lächelte. »Ich bin ein Bettler wie du, das weißt du ja. Und wenn auch der Augenschein dagegen spricht, so bedenke, daß auch ich einmal bessere Tage gesehen habe. Aber frage mich nicht nach meiner Vergangenheit.«

Eljakir nickte. »Ich bedränge dich nicht. Ich sehe auch so, daß du von edler Herkunft bist. Daß du daneben auch edel denkst, spricht für dich. Gewöhnlich sehen die Herrschenden mit überheblicher Verachtung auf die hinab, die ihnen ihr Wohlleben ermöglichen.«

»Ja, ich verstehe dich«, erwiderte Asarhaddon, »man hat dich ungerecht behandelt, aber nur das Herz des großen Schamasch ist von Ungerechtigkeit frei, die Seelen der Menschen aber sind selbstsüchtig und bedürfen seiner großen Gnade. Weshalb hast du dich nicht für das gerächt, was dir Dajjanussur angetan hat?«

»Ich war nur ein elender Krüppel, wie hätte ich das vermocht?«

»Hattest du keine Freunde, die das Werk der Rache für dich vollziehen konnten?«

»Meine Freunde waren zerstoben wie ein Wildentenschwarm, in den der Fuchs eingefallen ist, seit ich mir den Zorn Dajjanussurs zugezogen hatte.«

»Nun, da siehst du, daß Selbstsucht und Treulosigkeit nicht nur hochgeborene Übel sind.«

»Das ist wohl wahr, aber die Herrschenden haben die Macht, alle ihre Laster auszuleben. Bist nicht auch du in Un-

gnade gefallen, so daß du jetzt dein Brot auf der Straße er-
betteln mußt?«

»Nein. Was ich jetzt bin, habe ich selbst verschuldet. Aber
laß uns nicht länger hier stehen und schwatzen, während
dem Wirt das Bier sauer wird und der Braten kalt. Ich will
mich heute von dir einladen lassen, dafür werde ich die
Freundespflicht übernehmen und dich rächen, wenn es an
der Zeit ist.«

»Du?« fragte Eljakir ungläubig. Dann seufzte er. »Es ist
schade, daß du mir nichts erzählen willst, aber du hast recht.
Die Kupferstücke in meiner Schale wollen einen neuen
Herrn.«

Nachdem sie sich gestärkt hatten, fragte Eljakir Asarhaddon, was er nun zu tun gedenke. »Von der Barmherzigkeit
der Leute kannst du nicht leben, es sei denn, du ließest dir
Hände und Füße abhauen. Weshalb läßt du dich nicht bei
Schanabuschu anwerben? Er bildet Männer wie dich in seiner Kriegerschule aus.«

»Ich greife nicht zur Waffe und wende keine Gewalt an,
Eljakir.«

»Wie? Sagtest du vorhin nicht, daß du mich rächen
willst?«

»Ich sagte, wenn es an der Zeit ist.«

»Aber das Schwert gegen die Feinde Assyriens zu führen,
ist doch keine Schande, Arkas. Du siehst es selbst, was mir die
Skythen angetan haben. Sie haben Frauen hinter ihre Pferde
gebunden und Kinder unter ihren Hufen zerstampft. Das
sind wahre Bestien! Wer den Feuerbrand des Krieges in ihre
Zelte trägt, erwirbt sich großen Verdienst, wer aber zurück-
weicht vor ihren Scharen, öffnet der Gewalt erst die Tore.«

Asarhaddon schlug das Herz freudig, als er den alten Krieger so sprechen hörte, und es fiel ihm schwer, sich zu verleugnen. Aber er sprach: »Ich darf dennoch nicht mit Haß an
sie denken, sondern muß ihnen ihre blutigen Taten vergeben
und versuchen, mit Liebe ihre Herzen zu gewinnen.«

Eljakir starrte ihn an wie einen, dem die Windgeister den
Verstand geraubt hatten. »Bist du sicher, Arkas, daß dein
Hirn heute in der Mittagssonne nicht gelitten hat?«

Asarhaddon senkte den Blick und schwieg. Er, sonst um kluge Antworten nie verlegen, vermochte seinen widerwillig vorgebrachten Worten nichts hinzuzufügen.

Und Eljakir dachte: Es ist schade um einen so schönen, starken Mann, daß die Götter seinen Geist verwirrt haben. Nun ist mir freilich klar, weswegen man ihn unter seinesgleichen nicht länger dulden konnte. Man wird ihn fortgejagt haben, um die Schande nicht länger in der Familie zu lassen.

Seine Einschätzung sollte sich kurze Zeit später noch festigen. Sie kamen an einem Haus vorbei, vor dem ein halbnackter, gefesselter Sklave hockte, dessen Rücken von blutigen Striemen übersät war. Fliegen umschwärmten seine Wunden, krochen über seine vom Durst rissigen Lippen. Doch niemand beachtete ihn, denn es war üblich, aufsässige Sklaven einige Stunden in die Sonne zu setzen, bis sie vor Durst ohnmächtig wurden.

Nur Asarhaddon warf einen schrägen Blick auf den Gefesselten. Der Sklave merkte es und schrie: »Wasser! Hab Mitleid! Ich sterbe vor Durst!«

Eljakir ging gleichgültig weiter, Asarhaddon aber fühlte sich jäh und unangenehm an seine Pflicht erinnert. »Warte auf mich, Eljakir«, murmelte er, »ich will nur rasch zum Brunnen gehen und Wasser schöpfen für den Unglücklichen dort an der Tür.«

Eljakir erschrak. »Bei Aschschur, tu das nicht!« rief er. »Der Sklave geht uns nichts an, wir werden Ärger mit seinem Besitzer bekommen.«

Asarhaddon sah ihn überrascht an. »Weshalb rufst du Aschschur an, Eljakir?«

»Tat ich das? Nun, aus keinem besonderen Grund. Früher, als ich mit meinen Gefährten noch siegreich war, galten ihm unsere Gebete.«

»Ein grausamer Gott, der sich nur dem Starken huldvoll zeigt. Von dem Krieger, den das feindliche Schwert verstümmelt, wendet er sich ab, denn er kennt kein Mitleid.«

»Ich weiß, und ich verehre ihn auch nicht mehr, aber einem Unglücklichen wie mir ist ohnehin keiner der Götter mehr gewogen.«

»Zu Recht nennst du dein Los beklagenswert, Eljakir. Um so mehr erstaunt es mich, daß du an anderen Unglücklichen so hartherzig vorübergehst.«

»O Arkas! Zwar bin ich vom Schicksal geschlagen, aber doch nicht gänzlich verblödet. Hartherzig bin ich nicht, aber dieser Sklave erleidet nur seine gerechte Strafe, da dürfen wir uns nicht einmischen.«

»Ich gebe dir recht, aber wer barmherzig sein will, muß auch hochherzig sein, und wer Gutes tun will, darf nicht nach der Schuld des anderen fragen.«

Eljakir schüttelte verständnislos den Kopf. »Ich begreife dich nicht. Mich selbst lehrte man ganz andere Dinge. Ich lernte, gerechte Strafen mannhaft zu ertragen, den Missetäter aber unnachgiebig zu verfolgen. Mitleid mit dem Feind oder dem Verurteilten ist sträfliche Schwäche; Barmherzigkeit und Liebe aber, so lehrte man mich, sind Blumen, die nur zwischen Freunden blühen.«

»Dann mache den Feind zu deinem Freund und lade die Last des Schuldigen auf deinen Rücken. So kannst du einen ganzen Acker erblühen lassen.«

»Höre Arkas«, sagte Eljakir eindringlich, »ich kenne dich nicht näher, aber als ich dich in der Straße der Färber zum erstenmal sah, habe ich dich in mein Herz geschlossen, und ich möchte nicht, daß dir etwas zustößt. Natürlich kannst du deine eigenen Ansichten haben, aber sei nicht gar so närrisch und hole dir eben solche Striemen, wie sie der Sklave dort hat, denn das könnte dir passieren, wenn du ihn unbedingt mit einem Schluck Wasser beglücken willst.«

Asarhaddon sah die Sinnlosigkeit ein, Eljakir von Dingen überzeugen zu wollen, die er selbst lächerlich fand, deshalb ging er wortlos den Weg zurück und suchte am Brunnen nach einer Tonscherbe, mit der man Wasser schöpfen konnte. Behutsam, um nichts zu verschütten, barg er sie in den Händen.

Eljakir verfolgte besorgt, wie Asarhaddon den Sklaven trinken ließ. Dieser trank so hastig, daß er husten mußte. Das aber rief den Aufseher heraus, einen riesigen nubischen Sklaven. Er verschwendete an Asarhaddon kein Wort, sondern trat ihm kräftig in den Leib, daß er quer über die Straße flog und mit dem Kopf an die gegenüberliegende Mauer stieß. Der Sklave erhielt zwei Maulschellen, daß ihm das Blut aus der Nase spritzte. Dann verschwand der Nubier wortlos wieder im Haus.

Eljakir eilte auf Asarhaddon zu, der sich vor Schmerzen auf dem Boden krümmte, und schimpfte ihn einen Trottel, einen Blinden, ein Kamel und was ihm sonst noch an Schmeicheleien einfiel. Zwischendurch aber fragte er ihn, ob er aufstehen könne. Er tupfte ihm das Blut mit seinem Ärmel von der Platzwunde an der Stirn und schob ihm das Tuch in den Rücken. Dann rannte er die Straße auf und ab, zeterte so herzerweichend und klapperte so lautstark mit seiner Bettelschale, daß er bald mit einigen Kupferstücken zurückkam.

Asarhaddon hatte sich inzwischen erholt. Als er Eljakir herankommen sah, das Kupfer triumphierend in der Faust haltend, lächelte er. Er empfand keinen Groll gegen den Nubier, eher eine Befriedigung. Wie rasch hatte er ihm das Handeln wider seine eigene Natur auf passende Weise vergolten. »Du hattest recht«, sagte Asarhaddon leise zu Eljakir, »in dieser Stadt ist es gefährlich, ein gutes Herz zu haben.« Und für sich selbst fügte er hinzu: »Wenn meine Gutherzigkeit mir allerdings ständig derart entlohnt wird, so werde ich das Jahr nicht überleben, fürchte ich.«

»Was redest du da?« fragte Eljakir.

»Nichts, mein Freund. Gib mir deinen Arm, damit ich aufstehen kann. Bei den Göttern, der schwarze Sklave hatte einen Tritt, als schlüge ein Kamel aus. Aber es geht mir schon besser.«

»Dem Narren gewähren die Götter gern ihren Schutz, weil er sie erheitert«, gab Eljakir mürrisch zur Antwort. »In diesem Fall haben sie mich an deine Seite gestellt. Die Kehle habe ich mir heiser geschrien, um bei den Geizhälsen etwas Kupfer locker zu machen und dich heute abend wie einen Menschen auf einem weichen Strohlager schlafen zu lassen, obwohl du verdient hättest, daß man so viel Dummheit im Tigris ertränkt. Aber das alles tue ich, weil du versprochen hast, mich an Dajjanassur zu rächen. Ha, ich leichtgläubiger

Tropf! Diese Art von Rache möchte ich gern erleben. Du wirst ihn wohl in deinen Acker blühender Blumen aufnehmen, obwohl er verdient hätte, daß man seiner Frau seine ausgestopfte Haut ins Bett legt.«

Asarhaddon mußte trotz seiner Schmerzen lachen. »Du hast die Strafe ausgesprochen, die ihn treffen wird.«

Eljakir gab nichts darauf. »Du wirst kaum eine so köstliche Blüte aus deinem Acker reißen. Doch nun wollen wir sehen, daß wir ein menschenwürdiges Nachtlager für dich finden.«

»Gehen wir zur Goldenen Traube«, meinte Asarhaddon ergeben. »Man wird mich dort gut aufnehmen.«

»Ausgerechnet zu Karmir? Der ist doch der größte Geizhals in Sippar!«

Als sie durch die Tür traten, hörten sie einen schrillen Schrei, etwas wirbelte heran, flog Asarhaddon um den Hals und rief: »Ich wußte es ja, daß du wiederkommst!«

Dieser machte sich nachsichtig lächelnd los, seinen Widerwillen gegen Jinnahs Berührungen unterdrückend.

»Oho, ich wußte gar nicht, daß du hier solch eine Wildkatze kennst«, lachte Eljakir.

»Ja, sieh dich vor, sie wirft auch mit Bierkrügen.«

Eljakir blinzelte Jinnah forsch mit seinem einen Auge an. »Hübsches Kind, auf einen so sanften Mann wirft man nicht mit Gegenständen; wirf dich lieber mir an die Brust, ich will dich schon auffangen, wenn ich auch nur noch einen Arm habe.«

Jinnah musterte Eljakir abschätzend, da sagte Asarhaddon: »Er ist mein Freund. Ich habe ihm erzählt, daß Hammelkeulen und Rinderlenden hier wohlfeil sind.«

Jinnah zog die Stirn kraus und sah Asarhaddon drohend an. »Aber nicht für jeden! Du bist doch gekommen, um zu arbeiten, oder willst du unser Haus zum Treffpunkt von Bettlern und Habenichtsen machen?«

»Aber Jinnah, wie kannst du das annehmen? Mich trieb allein der verzehrende Wunsch, dich wiederzusehen.«

»Du erinnerst dich an meinen Namen?« hauchte sie. »Wenn du ihn aussprichst, klingt das wie Harfenspiel. Soll das heißen, du willst mir nun doch deine Umarmungen und deine Küsse schenken?«

»Langsam Jinnah, willst du deinen Vater arm machen? Wie ich sehe, ist die Gaststube voll von zahlenden Gästen, die dich alle nicht nur von weitem erblicken möchten.«

Eljakir fügte lächelnd hinzu: »Mein Freund Arkas hat gerade eine etwas herbe Erfahrung gemacht und möchte sich ein wenig ausruhen. Aber ich bin noch munter wie ein junges Fohlen, mein Täubchen.«

»Wie ein lahmer Ziegenbock, meinst du wohl«, spottete Jinnah. »Du bist ja nur noch ein halber Mann.«

»Bin ich ein halber Mann, zahle ich den halben Preis, doch im Bett will ich dich schon lehren, daß ein gesundes Glied an der richtigen Stelle wichtiger ist als zwei Arme.«

»Einen sauberen Freund hast du dir da ausgesucht«, bemerkte Jinnah schnippisch. »Da hat sich die Keuschheit mit der Wollust vermählt.«

»Eljakir, wahrlich, sie hat recht. Halte deine Zunge etwas im Zaum, damit Jinnah nicht glauben muß, ungehobelte Lastträger bei sich zu Gast zu haben. – Wir möchten Bier, etwas zu essen und ein Nachtlager. Wir können bezahlen. Außerdem habe ich mir das Angebot deines Vaters überlegt, ich werde es annehmen.«

Jinnah stieß einen Freudenschrei aus und verschwand in der Küche.

»Du kannst hier arbeiten?« wunderte sich Eljakir. »Weshalb hast du dann gebettelt?«

Asarhaddon zuckte mit den Schultern. »Ich wußte nicht, welche Schande ich vorziehen sollte; beim Betteln bin ich gescheitert, jetzt bleibt mir nur noch, unter Dirnen und Raufbolden mein Brot zu verdienen.«

»Du übertreibst, Arkas. So schrecklich ist es hier doch nicht, und Jinnah –«

»Jinnah hat sich mir in aufdringlicher Weise angeboten.«

»Sie bot sich dir an? Umsonst? Und du hast abgelehnt? Bei Ischtars fünfundachtzig Brüsten, bist du jetzt nicht nur im Kopf verrückt? Hat es dich auch schon weiter unten erwischt? Verlange wenigstens nicht von mir, daß ich meine Männlichkeit ebenfalls verleugne.«

»Sie ist eine Dirne, die es für Geld mit jedem treibt, Eljakir.«

»Na und? Soll ich vielleicht warten, bis eine Prinzessin um meine Hand anhält? Hätte ich nur jeden Tag genug Kupfer, um sie zu bezahlen! Für mich öffnet sie die Schenkel nicht umsonst.«

»Eljakir, mäßige dich! Deine schmutzigen Sprüche solltest du unterlassen, denn du sitzt hier nicht im Kreise deiner Zechkumpanen aus früheren Zeiten.«

»Nein, freilich, wir sitzen hier an des Königs Tafel! Aber blase du nur Trübsal und tue fromme Werke. Ich will dir die lästige Pflicht schon abnehmen.«

Jinnah stellte Essen und Bier vor sie hin, dabei beugte sie sich absichtlich so weit nach vorn, daß ihre Brüste schier aus dem Hemd sprangen. Eljakirs Auge wurde groß, doch Asarhaddon tat, als bemerke er nichts. Gleichmütig begann er zu essen. Eljakir versuchte einen dreisten Griff, erhielt aber einen Schlag auf die Finger. »Hände weg!« rief Jinnah.

»Hände?« wiederholte Eljakir spöttisch. »Träumst du, schönes Kind? Was du da spürtest, war nur eine Hand, denn die andere hat mir ein verfluchter Skythe abgehauen – möge seine Seele auf deinem Blumenacker Frieden finden«, setzte er mit einem Seitenblick auf Asarhaddon hinzu, der keine Miene verzog. »Freilich«, fuhr Eljakir fort, »du spürtest lieber die Hände meines hübschen Freundes, aber der hat keinen Sinn für Schönheit und Liebreiz; er macht lieber mit den starken Füßen eines nubischen Aufsehers Bekanntschaft. Ein etwas ausgefallener Geschmack, will ich meinen.«

»Läßt du dir das lose Mundwerk deines Freundes gefallen?« fragte Jinnah Asarhaddon mit gespielter Empörung.

»Nun, Jinnah«, entgegnete dieser lächelnd, »Eljakir gleicht seine Behinderung durch eine geschwätzige Zunge wieder aus. Du tätest ein den Göttern wohlgefälliges Werk, wenn du auch seine anderen Körperteile auf Tauglichkeit untersuchen wolltest.«

»Deinen verkrüppelten Freund soll ich nehmen, du selbst bist dir zu schade!« schrie Jinnah wütend. »Du hast das Herz einer Schildkröte!«

»Trefflich bemerkt, Jinnah«, rief Eljakir, »ich hingegen gleiche dem stampfenden Stier, den das starke Seil kaum zu bändigen vermag, wenn er die sanftäugige Kuh erblickt. Überzeuge dich selbst davon! An meine Männlichkeit habe ich keinen Skythen herangelassen.«

Jinnah lächelte etwas säuerlich, doch dann ließ sie sich plötzlich neben Eljakir nieder und strich ihm über das Haar. »Sei vorsichtig, vielleicht nehme ich dich beim Wort, da ist dann schon mancher wilde Stier zum Ochsen geworden.«

3

Asarhaddon blieb bei Karmir und tat bereitwillig, was dieser ihm auftrug. Er feilschte mit den Kaufleuten auf dem Basar und putzte in der Küche das Gemüse.

Eljakir besuchte ihn fast täglich. Er ließ seine erbettelten Kupferstücke nun alle in der Goldenen Traube, und Jinnah verschwand manchmal unentgeltlich mit ihm für eine halbe Stunde in ihrer Kammer, denn von dem Glanz Asarhaddons war auch etwas auf ihn gefallen. Er vergaß nie, Jinnah etwas mitzubringen; manchmal eine Blume, manchmal ein Stück Stoff oder billige, aber schön glänzende Perlen, und Jinnah begannen diese kleinen Aufmerksamkeiten zu rühren.

Einmal brachte Eljakir auch Asarhaddon etwas vom Basar mit, ein Amulett an einer Schnur. Es war eine zwei Finger breite Statuette der Göttin Ischtar, und die eingeritzten Zeichen bedeuteten »Freudenspenderin«. Unter dem Gelächter seines Freundes und Jinnahs mußte Asarhaddon es umhängen und schwören, es nie wieder abzulegen. »Drei Nächte mußt du es auf der bloßen Haut tragen«, sprach Eljakir feierlich, »dann hat Ischtar Gewalt über dich, und du wirst selbst die häßlichste Frau umschwärmen.«

»Und ich will auch gern helfen, Ischtars Befehlen nachzukommen«, setzte Jinnah hinzu.

Asarhaddon schloß sich ihrem Gelächter an, doch dann wandte er sich tadelnd an Eljakir: »Du solltest lieber an deinen eigenen dürren Leib denken und ihn mit Brot und Fleisch füllen, statt dein Kupfer für Talismane auszugeben, die ich leicht entbehren kann. Glaubst du, meinen Lenden fehlt die Kraft, eine Frau zu unterwerfen, du Sohn eines Esels? Ich bin nur nicht brünstig wie ein wilder Eber, der sich in der Schweineherde austobt, was du dir offensichtlich erträumst. Ich übe die Tugend der Selbstbeherrschung, die dir fremd ist. Außerdem kann es nicht wahre Freundschaft sein, wenn du mir mit Ischtars Zauber zu den unansehnlichen Mädchen verhelfen willst, während sich die hübschen scharenweise an deine Fersen heften sollen.«

Eljakir seufzte. »Die Speise des Wohlmeinenden ist Undank, doch damit könnte ich leben, aber daß du meinen wohlgestalteten Leib dürr nennst, ist deinem Neid zuzuschreiben, denn ich stählte ihn in zahlreichen Kämpfen, während du dir nur Blasen an den Füßen geholt hast. Jinnahs Hammelkeulen sind oft viel zu fett, ich sagte bereits, daß ich danach gern einmal faste. Und du besitzt keinen Schekel, weil du ein Narr bist, der dem geizigen Karmir die schmutzige Arbeit macht, ohne Lohn zu verlangen. Deshalb muß ich auf dich achtgeben, sonst finde ich dich wegen deiner Gutmütigkeit eines Tages mit eingeschlagenem Schädel hinter einer Mauer. Und weil du das trotz deiner Verstocktheit nicht verdienst, werde ich auch weiterhin ein Auge auf dich haben, denn mein anderes hat mir ein verfluchter Skythe – aber die Geschichte kennst du ja.«

Eines Abends kam Eljakir gut gelaunt in die Schenke, und Jinnah wollte ihm zu Essen bringen, aber Eljakir wehrte ab. »Ich habe heute nichts, Jinnah, ich komme mit leeren Taschen.«

Sie blickte verdrießlich. »Deine ganze Arbeit besteht darin, die Hand auszustrecken, doch sogar dazu warst du wohl zu faul und hast lieber im Schatten eines Baumes gelegen, weil du hofftest, hier eine warme Mahlzeit vorzufinden.«

»Sei nicht so hartherzig«, bat Asarhaddon, »gib ihm etwas, die Götter werden es dir lohnen.«

»Die Götter, Arkas? Was habe ich mit denen zu schaffen? Wann wirst *du* es endlich sein, der mich belohnt?« Aber dann zwinkerte sie Eljakir zu. »Ich glaube, ich habe noch etwas im Topf für dich.«

Als Jinnah gegangen war, sagte Eljakir: »Jinnah hat ein gutes Herz, und hübsch ist sie auch, das kannst du nicht leugnen. Weshalb gibst du deinem Herzen keinen Stoß, Arkas?«

Kühl entgegnete Asarhaddon: »Jinnah ist keine schlechte Frau, aber sie bleibt eine Hure. Ich trage das Gewand eines Bettlers und tue die Arbeit eines Tagelöhners, ich schlafe auf Strohmatten und ertrage die Gegenwart von Betrunkenen, aber ich lege mich nicht zu solchen Frauen. Auch aus Mitleid, das ich nicht aus meinem Herzen verbannen darf, werde ich mich nicht beschmutzen.«

Eljakir starrte Asarhaddon so verbittert an, daß er beschwichtigend hinzufügte: »Ich will niemand damit verletzen, aber ich habe eine Erziehung genossen, die es mir verbietet, zu einer Dirne zu gehen. Sag mir lieber, weshalb du heute so fröhlich hereinkamst und dazu mit leeren Händen.«

»Ich – ich hatte keine Zeit zum Betteln«, erwiderte Eljakir zögernd. »Ich habe etwas getan, das dir Freude machen wird.«

»Du machst mich neugierig.«

»Natürlich war es verrückt, aber ich habe es auch für dich getan, Arkas, denn seit du mich mit deinen unbegreiflichen Worten verwirrt hast, grübele ich oft darüber nach, wie ich eine neue Blume auf das Feld der Freundschaft pflanzen kann.«

Asarhaddon glaubte, Eljakir wolle ihn verspotten, und entgegnete abweisend: »Vergiß, was ich dir damals sagte! Du bleibst ein Krieger, also können dir meine Worte nichts bedeuten.«

»Ach!« rief Eljakir hitzig, »du meinst also, daß nur du einen solchen Acker bestellen kannst? Ich bin zwar kein Holzkopf, der sich mit Tritten beschenken läßt, aber auch in meiner Brust pocht ein Herz.«

»Was du nicht sagst, Eljakir. Nun, so berichte mir von den Wohltaten, die du begangen hast.«

»Ich habe unseren geprügelten Sklaven wiedergesehen, allerdings gehörte er nicht mehr seinem Herrn.«

»Hat man ihn verkauft?«

»Nein, man hat ihm die Freiheit geschenkt«, erwiderte Eljakir bitter, »wenn du weißt, welche Freiheit ich meine. Man hat ihn wie einen Abfallhaufen in einer Ecke vergessen; er lag im Sterben. Er war schrecklich zugerichtet und hatte hohes Fieber. Ich dachte noch, was geht er mich an? Um diese Zeit ist jedermann geschäftig unterwegs und trägt das Kupfer locker in der Tasche. Doch sein Jammern ließ mich nicht los, und das ist deine Schuld, Arkas. Als Krieger habe ich die Gepfählten stundenlang zappeln gesehen, und ich wußte nicht, was Mitleid ist. Aber diesmal – ich mußte immer an deine Worte denken. So habe ich denn meinen guten Platz verlassen und bin zum Brunnen gelaufen, fünfmal hin und her. Der Sklave soff wie ein Wasserbüffel, bis sein Bauch fast platzte. Als er endlich satt war, wollte ich mich verdrücken, denn die Sonne wurde immer heißer und die Straße menschenleer. Ich konnte ihm ja ohnehin nicht mehr helfen. Aber als ich gehen wollte, da bat er mich flehentlich zu bleiben. Nun, so blieb ich also, obwohl es doch völlig sinnlos war, einfach neben ihm zu sitzen. Er sagte auch nichts mehr, und ich schalt mich einen Narren. Aber wenn ich mich rührte, sah er mich an, so hilflos, so traurig. Als die Sonne hochstand, legte ich ihn in den Schatten und holte neues Wasser. Ich goß es ihm über den Kopf, weil ich glaubte, das würde ihm guttun. Später begann ich ihm Geschichten zu erzählen, ich weiß selbst nicht mehr, was ich da schwatzte; ich redete, bis mein Hals bis zum Magen austrocknete. Er sagte nichts, aber manchmal lächelte er. Als es dunkel wurde, wollte ich ihm noch einmal Wasser holen, da sah ich, daß er gestorben war. Er war tot, und ich saß da mit leerer Schale und leerem Magen. Da dachte ich an dich, Arkas, denn in ganz Sippar würdest nur du begreifen, weshalb ich mich wie ein blinder Esel benahm, der nicht weiß, wo sein Futter wächst. Bist du zufrieden mit mir?«

Asarhaddon sah Eljakir lange an. »Ich will, daß der Same aufgeht und ein Baum mit breiter Krone daraus wird, der Schatten spendet«, murmelte er.

»Was sagst du? Habe ich recht gehandelt, oder hätte ich vorübergehen sollen?«

»Weshalb fragst du mich?« entgegnete Asarhaddon unwillig. »Was dein Herz befiehlt, das tue!«

»Bevor ich dich kennenlernte, hat es niemals so zu mir gesprochen. Ich wollte dir eine Freude machen.«

»Das ist dir gelungen.«

»Aber du bist wenig begeistert. Ich hätte freudige Zustimmung von dir erwartet. Bin ich zu weich gewesen?«

»Du bist niemandem Rechenschaft schuldig, außer deinem Gewissen.«

»Und du, Arkas? Du hättest selbst dem sterbenden Feind beigestanden?«

Eljakirs Fragen waren bohrend und hartnäckig. Sie kamen aus einem verwirrten Herzen, das den richtigen Weg suchte. Aber Asarhaddon dachte unmutig: Eljakir, du Tor, läßt sich das verirrte Schaf vom Wolf den Weg zum Hirten weisen? Laut aber sagte er: »Ich bin dein Freund, Eljakir. Und was du heute getan hast, wärmt mir das Herz, doch nicht jenes Sklaven wegen, sondern weil du es für mich getan hast.«

Fünf Tage lang ließ Eljakir sich nicht blicken. Asarhaddon sah ihn am Straßenrand sitzen, als er Wein für Karmir einkaufen sollte. Er ging auf ihn zu und sagte: »Hier also finde ich dich, Eljakir. Du warst lange nicht bei uns. Jinnah vermißt dich.«

Eljakir sah auf, und eine freudige Bewegung ging über sein Gesicht. »Arkas, welche Freude, dich zu sehen.«

»Nun, du weißt doch, wo ich zu finden bin.«

»Ja.« Eljakir zögerte. »Ich hätte aber nicht bezahlen können.«

»Wie? Du hast all die Tage nichts bekommen? Das glaube ich nicht.«

»Vielleicht ist es besser, wenn wir uns nicht mehr sehen.« Asarhaddon stieß ihn an. »Sag schon, was dich bedrückt. Es paßt nicht zu dir, tiefsinnig zu sein. Jinnah vermißt ihren feurigsten Liebhaber.«

»Verspotte mich nur, Arkas, aber ich habe nachgedacht und glaube, daß es besser ist, wenn ich auf der Straße bleibe.«

»So, du hast nachgedacht? Das ist lobenswert, aber hältst du es für richtig, deine Freunde einfach zu verlassen?«

»Ich habe keine Freunde.«

»Ach! Nun, wenn das so ist, dann gehe ich jetzt, um den

Wein für Karmir zu besorgen. Bleib du nur im Schatten sitzen, während ich die schweren Krüge tragen muß. Natürlich könnte ich jemanden brauchen, der mir dabei hilft, aber das könnte ich nur von einem sehr guten Freund verlangen.«

»Schon gut, Arkas, du hast mich überredet«, Eljakir erhob sich, und sie gingen zum Basar hinüber. »Ja, ich will dir sagen, was mit mir los ist. Ich habe mich in Jinnah verliebt, verstehst du? Ein armseliger Krüppel, der nicht einmal jeden Tag genug Kupfer für ein warmes Essen hat. Du hingegen verachtest die Frau, die für mich unerreichbar ist. Du bist wie ein schillernder Paradiesvogel neben einer einäugigen Krähe. Ich liebe dich wie einen Bruder, aber meine Freundschaft bedeutet dir nichts. Im Herzen verachtest du mich wie Jinnah, und nur deine gute Erziehung verbietet dir, es mir zu zeigen.«

Asarhaddon schwieg, und Eljakir meinte, die Wahrheit getroffen zu haben. »Es ehrt dich«, bemerkte er bitter, »daß du wenigstens nicht versuchst, mich zu beschwichtigen. Laß mich also meiner Wege gehen, denn sonst wird alles noch schlimmer.«

Asarhaddon blieb stehen und sah Eljakir ernst an. »Meine Erziehung, Eljakir, verbietet es mir vor allem, meine Freunde zu belügen. Aber vielleicht ist nun der Zeitpunkt gekommen, daß ich dir meine Freundschaft mit Taten beweisen muß. Komm, laß uns hinuntergehen zum Fluß, dort können wir ungestört reden.«

Sie ließen sich an einem stillen Platz nahe am Wasser nieder, und Asarhaddon schaute über den Fluß, der sich inmitten endloser Schilfsümpfe in der Ferne verlor. »Sechs Wochen bin ich nun in Sippar«, begann er. »Ich werde bald fortgehen, denn mein Schicksal ist nicht allein Karmir. Ich muß mich noch anderen Menschen und Prüfungen stellen. Ich schwor, gegen andere barmherzig zu sein, und ich habe mich aufrichtig darum bemüht. Es ist mir schwergefallen. Nun stehst du vor mir, Eljakir, und plötzlich wird mir mein Schwur leicht.«

»Arkas, was sagst du? Wohin willst du gehen? Und was hast du geschworen?«

»Eljakir, willst du ein Haus haben in Sippar, Jinnah an deiner Seite, und ein paar Sklaven besitzen, die euch Haus und Hof bestellen?«

Eljakir lachte. »Freilich, das möchte ich wohl, doch wer wird von Träumen und Wünschen satt?«

»Das alles kann sich erfüllen, wenn du nach Assur gehst.«

»In die Hauptstadt? Bei allen Göttern, was soll ein Krüppel wie ich in dieser Stadt? Das ist kein Ort, wo Bettler satt werden.«

»Du kennst Assur?«

»Unsere Truppe war dort zeitweise stationiert. Eine herrliche Stadt. Welche Paläste! Welche Tempel! Aber damals war ich jung, und sie lag mir zu Füßen. Und du? Welche Erinnerungen hast du an die Stadt?«

»Ich bin dort aufgewachsen. Aber jetzt paß auf: Wenn du in Assur bist, mußt du zum König gehen.«

»Zum König? Jetzt beginnst du wieder, närrisches Zeug zu schwatzen. Soll ich darauf warten, daß unser Herrscher die Lahmen und Blinden zum Festmahl lädt? Oder wird er mir bei meiner Ankunft am Stadttor seine Leibgarde entgegenschicken und sagen: Laßt uns Eljakir würdig empfangen, den tapferen Helden der Skythenkriege, dessen Taten man abends an den Feuern besingt?«

»Spotte nur. Ja, es wird nicht leicht sein für dich, zu ihm vorzudringen. Du wirst dich daher von seinen Wachen ergreifen lassen. Wenn sie dich davon jagen wollen, sagst du ihnen, du brächtest Nachricht vom Bruder des Königs, dann werden sie es nicht wagen, dich nicht vorzulassen.«

»O freilich nicht, mit einer so dreisten Lüge gelange ich leicht vor seinen Thron und ebenso leicht unter das Schwert des Henkers. Willst du mich auf diese Weise loswerden?«

»Du wirst dem König ja keine Lüge, sondern die Wahrheit sagen. Der Lohn für deine Nachricht wird so reichlich ausfallen, daß du dir alle deine Wünsche erfüllen kannst.«

»Mein Lohn werden Stockhiebe sein. Wie kann ich dem König Nachricht von seinem Bruder bringen, da ich diesem doch gar nicht begegnet bin?«

»Nun, du sprichst doch gerade mit ihm!«

Eljakir war nur für Sekunden verblüfft, dann lachte er laut

und anhaltend. »Beinah wäre ich auf einen deiner Scherze hereingefallen, Arkas, aber nur beinah, denn wie du siehst, habe ich meinen Verstand noch beisammen. Ein lustiger Einfall von dir, um mich zu besänftigen, bevor du dich aus dem Staub machst.«

Eljakir stand auf, ahmte spöttisch Asarhaddons Bewegungen nach und fügte salbungsvoll hinzu: »Eljakir, teurer Freund! Wenn du einmal wieder nach Assur kommst, so schaue doch auf ein Plauderstündchen zu meinem Bruder, dem König, herein, entbiete ihm meine herzlichsten Grüße, denn ich kann leider nicht selber kommen, weil ich das Gemüse putzen muß.« Eljakir erstickte fast an einem Lachanfall.

Asarhaddon verzog keine Miene. »Hast du dich jetzt beruhigt?« fragte er kühl.

»Beruhigt?« Eljakir japste nach Luft. »Das geht nicht so schnell, Arkas – aber du hast recht. Weshalb solltest du dir eine schlechtere Verwandtschaft aussuchen? Erfahre nun auch mein Geheimnis: Nicht Eljakir der Bettler bin ich, sondern Marduk, der den geflügelten Himmelsdrachen ritt. Leider hat er mich abgeworfen, und seitdem sehe ich so mitgenommen aus.«

Asarhaddon lachte. »Du bist blind wie ein Ochse, der das Schöpfrad dreht, und kindisch obendrein. Wollte ich dich belügen, würde ich es kaum so dreist tun, sondern dich glaubwürdiger täuschen.«

»Schon möglich, aber eins hast du nicht bedacht: Ich kenne den Bruder des Königs.«

»Ach! Du bist ihm schon begegnet?«

»Das nicht, aber ich weiß, was uns allen damals erzählt wurde: Sinacherib hatte zwei Söhne, von denen der Jüngere, Assurdan, den Thron bestiegen hat und derzeit Herrscher Assyriens ist. Sein anderer Sohn aber, Asarhaddon, wurde Priester und folgte dem Hohenpriester Belschar-Ussur in seinem Amt, das er heute noch versieht. Andere Kinder hatte der große Sinacherib nicht. Jedem Schuljungen ist das bekannt, und du willst mich zum Narren halten.«

»Glaubst du? Kann es denn nicht möglich sein, daß der Hohepriester aus einem dir verborgenen Grunde sein kostbares Gewand mit dem eines Bettlers vertauscht? Wie wolltest du ihn dann noch erkennen?«

»Nun, Arkas, den Hohepriester wird es danach kaum gelüsten, aber angenommen, er hätte es getan – wohlgemerkt, ich unterstelle das, so kannst du es doch nie und nimmer sein.«

»Und weshalb nicht?«

»Weil der Hohepriester auch im Bettlergewand keinem geprügelten Sklaven zu trinken gibt und keinem lausigen Skythen einen Platz auf seiner Blumenwiese einräumt, denn unter Aschschurs ehernen Tritten blühen keine Blumen. Liebe ist ein Wort, das er nicht kennt, und Barmherzigkeit eine Tugend, die er verachtet. Einen verkrüppelten Bettler wie mich aber würde er mit einem Fußtritt zu den Fischen befördern und niemals seinen Freund nennen.«

Asarhaddons Augen flammten kurz auf. »Ja«, sagte er schließlich gedehnt, »du scheinst den Bruder des Königs wirklich sehr gut zu kennen. Doch nehmen wir an, ich sei es dennoch, was würdest du dann tun?«

Asarhaddons Stimme klang plötzlich hart, seine Miene war steinern und sein Blick kalt. Eljakir sah ihn erschrocken an.

»Ich wünschte mir sehr, du wärst es nicht«, stammelte er, »denn wenn du es wärest –«

»Ja? Sprich weiter, Eljakir!«

»Dann würde ich jetzt mit meinem Leben abschließen.«

»Daran tust du gut«, antwortete Asarhaddon, nun wieder mit der gewohnten Herzlichkeit, »denn wie ich sehe, bist du nicht nur auf einem Auge, sondern auf beiden blind. Wahrlich, du verdientest, daß ich dich statt zu meinem Bruder nach Assur zu den Fischen im Tigris schickte.«

Eljakir wechselte die Farbe. »Arkas, treibe keinen Spott mit mir. Das kann doch nicht wahr sein!«

»Aber es ist wahr. Wirst du nach Assur gehen und tun, was ich sage?«

»Nicht so schnell! Du behauptest, du seist Asarhaddon, der Bruder des Königs und Hohepriester?«

»Ja, und außerdem dein Freund.«

»Ich glaube es nicht, nein, ich kann es nicht glauben. Aber ich werde nach Assur gehen, ja Arkas, wohin du mich schickst, werde ich gehen. Ich werde dem König sagen, ich hätte mit seinem Bruder in Sippar Wein getrunken und ihn oft einen Narren gescholten.«

»Ganz recht, Eljakir, das wirst du ihm sagen. Du brauchst nichts zu verschweigen, und er wird dich reich beschenken.«

»Aber – aber wird er es mir auch glauben? Da komme ich daher und behaupte, ich hätte mit dem Hohenpriester zusammen im Straßenkot gesessen. Am Ende finde ich mich mit ausgerissener Zunge wieder.«

»Keine Sorge, Eljakir. Assurdan läßt niemandem die Zunge herausreißen. Doch damit er dir glaubt, sollst du so zu ihm sprechen: Dein Bruder läßt dir ausrichten, du bist es, der Aschschur seine Stimme geliehen hat, und das, mein König, weiß außer dir nur Zargo, der Neffe Belschar-Ussurs.«

Zitternd fiel Eljakir vor Asarhaddon nieder, doch dieser hob ihn sanft auf. »Hab keine Furcht, und vor allen Dingen, wirf dich nicht mir zu Füßen, denn wenn ich gewollt hätte, daß die Einwohner Sippars vor mir im Staube kriechen, wäre ich mit Gefolge und meinen Schirkus erschienen, ich habe mich dir offenbart, weil ich dir nur so helfen kann, daher durfte ich es tun. Doch du wirst zu jedermann schweigen über das, was ich dir heute gesagt habe, hörst du, Eljakir? Tust du es nicht, wird es dein Tod sein, obwohl du mein Freund bist.«

Eljakir zitterte noch ein wenig, doch als er sah, daß Asarhaddon unverändert freundlich zu ihm war, beruhigte er sich schnell. »Nun kenne ich dich also«, murmelte er, »doch besser wäre es gewesen, du hättest dein Geheimnis für dich behalten.«

»Komm Eljakir, du furchtloser Skythenschlächter, laß uns jetzt aufbrechen, denn ich fürchte, Karmir wird mich schelten, wenn ich mich mit dem Wein verspäte.«

Das Geheimnis Asarhaddons kannte nun ein Bettler aus den Straßen Sippars. Er sah, was niemand, nicht einmal Assurdan oder Zargo sehen durften: daß der mächtigste Mann Assyriens in Karmirs Schenke Arbeiten verrichtete, zu denen sich mancher Sklave zu schade fühlte.

Doch so großherzig sich Asarhaddon offenbart hatte, Eljakir

begriff nicht so schnell, daß Arkas, der Sanftmütige, Arkas, der Einfältige, Asarhaddon, der Gefürchtete war, der als Hoherpriester des ehernen Aschschur selbst Königen seinen Willen aufzwingen konnte. Scheu und ehrfürchtig ging er hinter Asarhaddon her zum Basar, wo sie den Wein besorgten.

Erst auf dem Heimweg wagte Eljakir wieder, ihn anzusprechen. »Nur eins sag mir bitte noch, Arkas, weshalb läßt du dich nicht nur zum gewöhnlichen Volk herab, sondern verleugnest gänzlich deinen furchtbaren Herrn, den grausamen Aschschur? Weshalb erbarmtest du dich jenes Sklaven? Weshalb weigerst du dich, zur Waffe zu greifen und liebst sogar die Feinde des Reiches?«

»Das alles ist mir auferlegt durch meinen Schwur.«

Eljakir riß sein Auge auf. »Dann – dann ist diese Geschichte mit dem blühenden Feld nur eine Posse?«

»Eine Posse? Nun Eljakir, es gibt Menschen, für die ist selbst Feindesliebe erstrebenswert, doch muß ich dir gestehen, daß dies nicht meinem Empfinden entspricht. Der Hohepriester kennt nur eine Bestimmung, denn er lebt in Aschschurs Geist. Da ich jetzt aber Arkas bin, spricht aus mir jener Mann, dem ich für ein Jahr Gehorsam geschworen habe. Seine Worte sind es, die Wurzeln geschlagen haben in deinem Herzen. Du warst ein harter Mann und hast dich voller Mitgefühl einem sterbenden Sklaven zugewandt. Zwar ist es den fremden Göttern nicht gelungen, mich zu einem Abtrünnigen zu machen, aber dich haben sie aufhorchen lassen. Ihre Macht ist groß, Eljakir, und wenn ich mich auch ihrem Einfluß entziehen muß, so darfst du ihnen doch getrost huldigen.«

»Wie dichter Nebel sind deine Worte, Arkas. Ich bin nur ein ungehobelter Krieger, der keine Bildung genossen hat und dir nicht zu folgen vermag. Aber eins entnehme ich doch deiner Rede: nämlich daß nicht du, sondern ich der Trottel bin, und daß deine Freundschaft zu mir nur ein Teil deines Schwurs ist. Da du im Geiste Aschschurs lebst, kann ich wohl nur eine Tonscherbe vor dir sein, die Arkas jetzt eifrig einen schönbauchigen Weinkrug nennt, aus dem man gern trinkt.«

Asarhaddon lachte. »Du bist zwar kein schönbauchiger Weinkrug mehr, einige Sprünge hast du schon abbekommen, aber um so liebevoller stellt ihn der Besitzer auf einen Ehrenplatz. Bei Aschschur, dessen Namen ich eigentlich nicht anrufen darf, du hast mein Herz für dich eingenommen, ganz entgegen meinen Absichten. Der Sklave bedeutete mir nichts, und die Skythen hasse ich genauso wie du, aber meinen Freund werde ich dich auch noch nennen, wenn ich die Flügelsonne wieder trage.«

In der Schenke empfing Karmir seinen säumigen Knecht mit tadelnden Worten, die Asarhaddon gelassen über sich ergehen ließ, während Eljakir vor Zorn rot anlief und sich aus Ärger sehr geräuschvoll am Tisch niederließ. Jinnah fing daraufhin an, Eljakir einen groben Klotz zu schimpfen, der ihre Güte mit schlechten Manieren vergalt. Eljakir aber griff mutig nach ihrem Rock und zog sie zu sich auf den Schoß.

»Wenn du deine scharfe Zunge nicht zügelst, werde ich es mir noch überlegen, ob ich dich zur Frau nehmen soll. In mein schmuckes Haus mit einigen fleißigen Sklaven wird wohl manche einziehen wollen, die zärtlichere Worte für mich findet.«

»Hat dich ein Skorpion gebissen, Eljakir?« lachte Jinnah spöttisch und versuchte, sich ihm wieder zu entwinden. »Ich soll deine Frau werden? Du suchst wohl jemand, der dir die Bettelschale putzt?«

»Ha, du wirst Mund und Nase aufsperren, Jinnah, denn ich werde nach Assur gehen, und wenn ich zurückkomme, werde ich reich sein.«

»Du Armer! Welchen Tagträumen hängst du da nach? Ja freilich, in Assur werfen die Leute mit Goldstücken um sich, du brauchst sie nur aufzusammeln.«

»Du wirst schon sehen, In ein paar Wochen werde ich wieder zurück sein, und du wirst mir folgen wie ein Hündchen.«

»Deine Haut wird von der Stadtmauer hängen, du Narr, denn in Assur kannst du deinen Mund nicht so weit aufreißen wie hier.«

»Ich reiße meinen Mund nicht auf, aber wenn ich vor den König trete –« Eljakir verstummte entsetzt, denn ihn traf ein warnender Blick Asarhaddons, und er schloß unbekümmert: »Was gibt es zu essen, mein Täubchen?«

»Hast du Kupfer?« fragte Jinnah kühl.

»Genug.« Er streckte die Hand aus. »Das langt für Fleisch und Bier.«

Sie nickte, und in einem unbeobachteten Augenblick beugte sie sich zu ihm hinab und flüsterte: »Ich wünschte wirklich, du hättest einen reichen Verwandten in Assur, denn deinen Freund habe ich mir schon aus dem Kopf geschlagen, der ist nicht aus Fleisch und Blut, sondern aus Holz.«

»Aus Holz ist er nicht«, meinte Eljakir geheimnisvoll, »er ist ein Edelstein im Halsgeschmeide Ischtars, ein Juwel in Schamaschs königlichem Stirnband.«

4

Am nächsten Morgen gab Asarhaddon Karmir zu verstehen, daß er nicht mehr für ihn arbeiten würde. Der versuchte vergebens, Asarhaddon zurückzuhalten, denn er hatte inzwischen seine kostenlose Dienste wohl schätzen gelernt, aber Asarhaddon sagte: »Du hast mir Speise und Obdach gewährt, und deine Tochter hat mich oft bei meinem eintönigen Tagwerk erheitert, dafür danke ich euch. Und wenn ich jetzt gehe, dann nicht wie ein Bettler rückwärts und mit gebeugtem Rücken, sondern aufrecht und frei, denn ich habe alle Arbeiten willig getan, die du mir auftrugst. Mein Herz aber ist unruhig wie ein Vogel, der sein Nest auf einer dahintreibenden Schilfinsel baute. Ich will das Brot der Fremde noch an vielen Orten kosten.«

Asarhaddon ging hinunter zum Fluß, dabei achtete er darauf, Eljakir nicht zu begegnen, denn er wollte sich nicht schmerzlich von ihm verabschieden müssen. Freundschaften wie diese konnten ihn allzu leicht vom Weg seiner Bestimmung abbringen.

Wie ein Schaf, das sorglos seine Herde verläßt, um auf saftigeren Höhen zu grasen und dabei den Abgrund hinter dem nächsten Hügel nicht sieht, bin ich in die erste Falle gestolpert, die Kautilya mir gelegt hat, dachte er ergrimmt.

Und er schwor sich, zukünftig den Menschen mit mehr Umsicht und kühlerem Kopf zu begegnen.

Am Hafen hielt Asarhaddon nach einem Handelsschiff Ausschau, das ihn einige Tagesreisen flußabwärts mitnehmen konnte, doch an diesem Tage hatten keine Schiffe festgemacht. Vom Hafenkommandanten erfuhr er, daß man gegen Abend noch zwei Schiffe erwartete.

Asarhaddon ging zurück in die Stadt; vorsichtig schlug er einen Bogen um das belebte Geschäftsviertel und gelangte so in einen vornehmeren Stadtteil, wo die Straßen breiter, die Häuser flacher und von schönen Gärten umgeben waren. Asarhaddon schlenderte an den Mauern entlang und hing seinen Gedanken nach. Und die bewegten sich nicht immer in der von Kautilya gewünschten Richtung. Unsäglich lang schien ihm die Zeit, die noch vor ihm lag, dabei schreckten ihn keineswegs Mühsal oder Gefahren, die er freudig auf sich genommen hätte, sondern er fürchtete, eines Tages seine Gelassenheit zu verlieren, die ihm bisher geholfen hatte, sein unwürdiges Schicksal zu ertragen. Verlor er sie, ließ er sich womöglich zu Taten hinreißen, die Kautilya mißbilligt und die die Einhaltung seines Schwurs gefährdet hätten.

Aber nicht nur Kautilya war er verpflichtet, sondern auch seiner Erziehung. Durfte er schon seine Grausamkeit nicht ausleben, so mußte er doch versuchen, stets das oberste Gebot zu befolgen, das ihm von Jugend an auferlegt war, das der Selbstbeherrschung. Und das bedeutete, den eigenen Herzschlag zu verleugnen beim Anblick einer Dirne, die wilden Phantasien zu unterdrücken, die ihm einflüsterten, das Gesindel um sich herum einfach abzuschlachten; die Wollust zu vergessen, die eine Nacht mit einer Frau oder ein Tag in den Gewölben des Tempels ihm schenken könnte.

In den letzten Tagen hatte ihn sogar in Jinnahs Nähe ein Zittern überfallen, und Gelüste waren in ihm aufgestiegen, die er verachtete. Manchmal glaubte er, schreien zu müssen, dann verlangte ihn danach, sein körperliches Verlangen in Blut zu ersticken, und am Ende erstickte ihn doch nur die Ohnmacht, sich weder dem einen noch dem anderen hingeben zu dürfen.

Ein paar halbwüchsige Knaben begegneten ihm; sie achteten nicht auf ihn, sondern stritten heftig miteinander. Sie wurden immer lauter, und schließlich gingen sie zu Handgreiflichkeiten über. Innerhalb kürzester Zeit lagen sie alle sich balgend im Straßenstaub.

Asarhaddon blieb stehen und ertappte sich bei dem kindischen Wunsch, es möge dabei Blut fließen. Da vernahm er ein Geräusch wie fernes Donnergrollen, es kam schnell näher, und er sah, daß ein mit zwei Rossen bespannter Wagen in tollkühner Fahrt die Straße herunterkam. Er hörte die lauten Schreie des Wagenlenkers, der seine Pferde anfeuerte, das Gefährt und er selbst waren in eine dichte Staubwolke gehüllt.

Die sich balgenden Knaben bemerkten in ihrem Eifer nicht die herannahende Gefahr, und Asarhaddons Mund verzog sich grausam, denn schon sah er das Gefährt über die Körper der Ahnungslosen rasen, einen Haufen zerfetzten Fleisches zurücklassend. Doch er fand jäh in die Wirklichkeit und zu seinem Schwur zurück. Er warf sich dem Gespann entgegen, griff in die Zügel und bremste die rasende Fahrt. Asarhaddon gelang es einigermaßen schnell, die Pferde zum Stehen zu bringen und zu beruhigen, das hatte zu seiner Ausbildung gehört. Aufschreiend brachten sich die Knaben vor den sich aufbäumenden Rossen in Sicherheit.

Der Wagenlenker jedoch, dem durch das Manöver die Zügel entglitten waren, sprang zornig ab und stieß Asarhaddon von den Pferden fort. Er riß eine Peitsche aus der Halterung am Wagen, um Asarhaddon damit zu schlagen, doch der entwand dem jungen Mann leicht den Griff und sagte tadelnd: »Dein Vater hat deiner ungestümen Jugend allzu leichtfertig zwei feurige Rosse anvertraut. Solche halsbrecherischen Fahrten magst du im freien Gelände wagen, doch nicht in den Straßen Sippars, wo du beinah ein paar spielende Kinder getötet hättest. Statt mir zu danken, daß ich das verhindern konnte, überwältigt dich nun der Jähzorn, doch ich will es der Unreife deiner Jahre zurechnen und dich ungeratenen Sohn eines beklagenswerten Vaters nicht länger ermahnen.«

Mit diesen Worten gab er ihm ruhig die Peitsche zurück.

Der junge Mann aber rief mit überschnappender Stimme: »Du Hund! Das kostet dich das Leben! Du wagst es, mir in die Zügel zu fallen wegen einiger Gassenjungen, deren Tod ihren Eltern nur ein paar unnütze Esser erspart hätte? Weißt du, wessen Vater du beklagenswert nennst? Vernimm es und zittere: vor dir steht Schamschilu, der Sohn Schanabuschus, des Kommandanten der Garnison Sippar.«

Asarhaddon zuckte zusammen, denn Schanabuschu durfte er keinesfalls begegnen, da dieser ihn unschwer erkennen würde. Er lenkte daher ein und sprach besänftigend: »Edler Schamschilu, Sohn eines verdienstvollen Vaters, verzeih mir, daß ich zu harte Worte für dich fand, aber nun, da ich mit Freuden deine hohe Abkunft erkenne, wirst du dieser sicherlich gerecht werden und auch wie ein Edelmann handeln, um deinem Vater Ehre zu machen. Laß mich also meines Weges gehen, und besteige du dein Gefährt, doch fahre etwas gemäßigter, denn es handelt sich bei deinen Opfern nicht um tollwütige Hunde, sondern um assyrische Untertanen.«

Schamschilu schäumte vor Wut, bestieg aber seinen Wagen, denn er war allein und Asarhaddon nicht gewachsen. Von oben rief er ihm zu: »Du entkommst mir nicht, armselige Wüstenratte! Die Krieger meines Vaters werden dich in einen Käfig sperren, wo du langsam in der Sonne vertrocknen kannst.«

Asarhaddon lächelte. »Dankbarkeit und Freundlichkeit sind wohl unbekannte Gäste in deinem Haus? Fürwahr, ich glaube fast nicht, Schanabuschus Sohn, sondern seinen ungehobelten Sklavenaufseher vor mir zu haben.«

Da näherte sich eine Abteilung Krieger zu Pferd, an ihrer Spitze ritt ein hochgewachsener Mann mit schwarzem Bart und kriegerischen Zügen. Er trug einen mit Metallplättchen besetzten Lederkoller, dazu die üblichen kniehohen Soldatenstiefel; bewaffnet war er mit einem Schwert. Sein Pferd war prächtig aufgezäumt, es trug Glöckchen am Hals und hatte einen aufgebundenen Schweif. Seine Begleiter waren ebenso gekleidet, sie trugen Kegelhelme mit ledernem Nackenschutz.

Als Asarhaddon den Mann erkannte, erschrak er, denn es

war niemand anders als Schanabuschu selbst mit seiner Leibgarde. Schamschilu jedoch fuhr ihm triumphierend entgegen und berichtete ihm erregt von der Dreistigkeit des Fremden.

Schanabuschu sagte kein Wort, sondern ritt langsam zu Asarhaddon hin. Der zog das Tuch tiefer ins Gesicht und hielt den Kopf gesenkt, als wolle er seine Ehrfurcht vor dem Kommandanten bezeigen. Schanabuschu aber sprach zu ihm: »Sieh mich an, Fremdling! Dir geziemt es, aufrecht vor mir zu stehen. Wahrlich, was mein Sohn mir berichtete, kann ich kaum glauben. Zwei Pferde im rasenden Lauf zu bändigen, erfordert Kraft, Geschicklichkeit und lange Übung. Nenne mir deinen Namen und das Haus deines Vaters.«

Asarhaddon schlug das Herz, nach so langen Wochen unter keifenden Marktfrauen, Huren und Betrunkenen einem hohen Offizier gegenüberzustehen. Es drängte ihn mit Macht, sein Gewand abzuwerfen und zu rufen: »Asarhaddon bin ich, Sohn des Sinacherib und dein Herr!« Statt dessen erwiderte er demütig: »Man nennt mich Arkas, edler Herr, und die armseligen Zelte meines Vaters standen am Rande der südlichen Sandwüste. Ein Flecken, so unbedeutend, daß sein Name noch nie an das Ohr des großen Kriegers gedrungen ist. Doch ich lernte von Jugend auf das Zähmen wilder Esel und bin auch mit Pferden einigermaßen vertraut, so daß ich zum Glück einen Unfall verhindern konnte, bei dem auch dein Sohn hätte zu Schaden kommen können.«

»Mein Sohn ist ein Milchbart, und die Flausen will ich ihm schon austreiben. Du aber kannst mich nicht täuschen. Kein Eselstreiber aus der Wüste hätte vollbracht, was du getan hast. Assyrien braucht solche Männer, die stark und unerschrocken der Gefahr nicht aus dem Wege gehen, sondern sie erkennen und abwenden. Weshalb kommst du im schäbigen Gewand daher wie ein Bettler und lungerst auf der Straße herum? Das ist wahrlich eine Schande. Steig auf den Wagen meines Sohnes und folge mir, ich mache einen tüchtigen Krieger aus dir.«

Asarhaddon stand der Schweiß auf der Stirn. Weshalb habe ich Assurs Machtbereich nicht so schnell wie möglich verlassen!, schalt er sich selbst. Er schüttelte den Kopf. »Ich danke dir für dein großzügiges Anerbieten, aber ich möchte das Kriegshandwerk nicht erlernen.«

»Weshalb nicht? Feige bist du nicht, und es ist doch eines Mannes edelste Beschäftigung.«

»Wie kann der edel sein, dessen Handwerk das Töten ist?« erwiderte Asarhaddon leise. Die Worte kamen ihm kaum über die Lippen.

Schanabuschu stieg die Röte des Zorns ins Gesicht. »Du unverschämter Narr! Läßt dich deine Kraft zu übermütig werden? Das Leben ist kein Ziegenhüten, und du würdest nicht so sorglos durch diese Stadt schlendern können, wenn meine Männer das Schwert nicht scharf hielten.«

»Verzeih mir, du bist ein großer Kriegsherr, ich aber darf weder Gewalt anwenden noch Blut vergießen, mag es sich auch um Feinde des Reiches handeln. Jedes Menschen Leben ist kostbar, und ich bin nicht berufen, den göttlichen Atem, der jedem Menschen innewohnt, zum Erlöschen zu bringen.«

Schanabuschu kniff die Augen zu einem Spalt zusammen. »Du redest wie der Weise vom Berge, aber deine Taten sind die eines Mannes, der in der Kriegerschule nicht nur Fliegen gefangen hat. Bist du ein Heuchler oder ist dein Verstand verwirrt? Nun, das will ich ans Licht bringen.« Er befahl einem der Männer aus seiner Leibgarde: »Töte diesen Mann!« Dann riß er sein Schwert von der Hüfte und warf es Asarhaddon zu. »Nimm es und wehr dich!«

Asarhaddon hob langsam das Schwert auf und musterte den Krieger abschätzend, der auf ihn zutrat und höhnte: »Mach es mir leicht und breite deine Arme recht weit aus, du Menschenfreund, damit ich dir bequem mein Schwert ins Herz stoßen kann.«

Doch Asarhaddon ließ das nicht zu. Behend wie eine Raubkatze sprang er den verdutzten Mann an und entwaffnete ihn mit wenigen Schlägen. Entsetzt starrte dieser auf seine leere Schwerthand, von der etwas Blut tropfte. »Verzeih, daß ich dich verletzte«, konnte Asarhaddon seinen Spott nicht unterdrücken, »ich will dir, wenn du es wünschst, die Wunde verbinden, und ich opfere dafür gern einen Streifen meines Gewandes.«

Betreten und ohne seinen Kommandanten anzusehen, hob der Krieger seine Waffe auf. Schanabuschu aber sah sich durch die Fechtkunst des Fremden nochmals verhöhnt. Sich mühsam beherrschend zischte er: »Vortrefflich, Fremder! Du hast soeben meinen besten Fechter entwaffnet. Wagst du es jetzt, mir noch mehr Lügen aufzutischen? Du greifst nie zur Waffe, wie?«

»Dereinst lehrte mich mein Vater ihren Gebrauch«, erwiderte Asarhaddon bescheiden, »doch ich lehne die Gewalt ab.«

»Weshalb hast du dich dann verteidigt? Der Mann blutet.«

»Bedauerlicherweise, ja. Aber grundlos lasse ich mich nicht niederstechen, denn nicht nur für fremdes, auch für mein eigenes Leben trage ich Verantwortung. Du hattest deinem Mann einen ungerechten Befehl gegeben, aber ich ließ ihn sein Schwert aufheben und vergalt nicht Gleiches mit Gleichem.«

Schanabuschu biß sich wütend auf die Lippen. »Auch mit Worten weißt du umzugehen, seltsamer Fremder. Nur an einem mangelt es dir: an Gehorsam gegenüber Höhergestellten. Wenn du dein Geschick nicht in meinen Dienst stellen willst, betrachte ich dich als einen gefährlichen Feind.« Er gab seinen Männern einen Wink und befahl: »Nehmt ihn in eure Mitte und geleitet ihn zur Stadt hinaus, einen halben Tagesritt weit in die Wüste.«

Dann wandte er sich wieder an Asarhaddon: »Du bist es nicht wert, den Schutz dieser Mauern zu genießen, die du nicht zu verteidigen bereit bist. Du würdest dem anstürmenden Feind die Tore öffnen, um ihn zum Festschmaus zu laden. Wohlan! Mit Männern willst du nicht kämpfen, so kämpfe mit Sandstürmen, Skorpionen, Hunger und Durst. In der Wüste magst du die Geier an ihr Zartgefühl erinnern, wenn sie sich auf deinem entkräfteten Körper niederlassen.«

Asarhaddon erwiderte nichts und ließ sich willig abführen, denn er war froh, Schanabuschu aus den Augen zu kommen. Das entwürdigende Geplänkel war fast über seine Kraft gegangen. Hätte der Kommandant ihn erkannt, so hätte sich rasch die unglaubliche Kunde verbreitet, daß der Hohepriester als Bettler das Reich durchstreifte. Wie hätte er das begründen können? Mit einem Schwur, den er fremden Göttern geleistet hatte? Undenkbar!

Schanabuschu sah Asarhaddon nach und murmelte: »Welch ein Mann! Nur wenige sah ich fechten wie ihn, und das war in Assur bei dem schwertgewaltigen Schamasch-Eriba, dem Ausbilder der Prinzen. Er muß einst der Stolz seines Vaters gewesen sein. Welch ein Jammer, daß sein Verstand ihn verlassen hat.«

5

Über eine steinige Ebene fegte heißer Wind. Der Ort, an dem Schanabuschus Männer Asarhaddon zurückgelassen hatten, war trostlos. Keine noch so kümmerliche Pflanze unterbrach das eintönige Gelbbraun der wasserlosen Einöde, keine Erhebung, die das Auge ausruhen ließ, kein Fels, der Schatten spendete. Von Horizont zu Horizont das gleiche einförmige Bild.

Asarhaddon glaubte, daß Schanabuschu ihn auf diese Weise zum Tode verurteilt hatte, und bitter stellte er fest, daß er genug Zeit haben würde, darüber nachzudenken, ob er weise oder unverzeihlich töricht gehandelt hatte, als er sich widerstandslos hierherführen ließ. Dem Wüstenwind mochte er nun getrost gestehen, daß er Asarhaddon war, der Hohepriester des Aschschur. Würde dieser deswegen aufhören zu wehen, die Sonne nicht mehr herabbrennen und eine frische Quelle aus dem Boden hervorsprudeln? Auch die Geier würde das nicht bekümmern, und respektlos würde der Sand seine Knochen bedecken.

Ohne große Hoffnung ging Asarhaddon dem Horizont entgegen und bezwang seine Haß- und Rachegefühle. All seine Kraft richtete er darauf, lebendig dieser heißen Hölle zu entkommen. Er wollte überleben, der Wüstensand sollte ihn nicht als Namenlosen verschlingen.

Er behielt die westliche Richtung bei und lief zügig, aber

ohne zu hasten, wie Krieger auf langen Märschen. Er marschierte bei Tag und in der Nacht, er schlief, wenn er vor Müdigkeit hinfiel, und er ging weiter, wenn er wieder erwachte. Zuerst gingen ihm die Schuhe, dann die Haut in Fetzen von den Füßen. Am spitzen Geröll riß er sich die Fußsohlen auf, im glutheißen Sand verbrannte er sich das rohe Fleisch. Er riß Stoffetzen aus seinem Gewand und umwickelte seine Füße damit. Bald wurden die Schmerzen so unerträglich, daß er nur noch auf der Stelle niederfallen wollte, um nie mehr aufzustehen.

Dann ging das Wasser zu Ende, das er mit äußerster Sparsamkeit verwendet hatte. Und als er an diesem Morgen – er hatte die Tage nicht gezählt – den Glutball der Sonne unbarmherzig am Horizont aufsteigen sah, verbarg er das Gesicht verzweifelt in den Händen und wollte sterben. Doch dann raffte er sich doch auf, stolperte vorwärts, taumelte unter der Hitze und den Schmerzen, ging so lange, bis er nichts mehr spürte, bis ihn seine Beine mechanisch trugen.

Als die Sonne am höchsten stand, brach er zusammen. Fast dankbar schmiegte er sich an den Boden, der bereit war, seine erschöpften, schmerzenden Glieder aufzunehmen und ihm ewige Ruhe zu schenken. Er dachte nicht mehr an sein ruhmloses Ende, nur noch an Wasser. Seine Zunge lag ihm aufgequollen im Mund, seine aufgeplatzten Lippen bluteten. Rote Schleier tanzten vor seinen Augen, und er hätte am liebsten laut zu seinem Gott geschrieen, aber selbst dazu war er nicht mehr imstande. Er hoffte, daß eine Ohnmacht ihn bald erlösen und ihn langsam in den Tod hinübergeleiten würde.

Da erschien plötzlich ein Bild vor seinen Augen, so entsetzlich, daß es wieder Lebenskräfte in ihm weckte: in einiger Entfernung hatten sich mit sanftem Flügelschlag drei große Vögel mit nackten Hälsen niedergelassen und äugten zu ihm herüber.

Asarhaddon richtete sich halb auf, ein kraftloser Steinwurf veranlaßte die Geier nicht einmal, sich zu bewegen. Ihn packte namenloses Entsetzen, bei lebendigem Leib zerfleischt und gefressen zu werden. »Kautilya!« stöhnte er, »wo sind jetzt deine Götter? Verflucht mögen sie sein, wenn sie mir ebensowenig helfen können wie Aschschur mir hilft. Ich habe getan, was du wolltest, und die Geier werden mir die Augen dafür aushacken. Nur ein Wort von mir vor Schanabuschu, und ich säße jetzt geehrt und geachtet in seinem Hause. Der Schwur! Habe ich ihn nicht meiner Schwäche zu verdanken? Niemals, solange ich unbeugsam blieb, hat mich das Schicksal verfolgt, sondern ich sonnte mich auf den Gipfeln unumschränkter Macht.«

Er fiel erschöpft mit dem Gesicht auf den Boden und hörte gleich darauf ein Flügelrauschen. Als er matt den Kopf hob, saßen die schrecklichen Vögel nur einige Fußbreit von ihm entfernt. »Fort mit euch!« rief er heiser, »ich lebe noch, und ich will nicht sterben. Nicht so, nicht hier! Das darf doch nicht das Ende sein!«

Aber wie Aschschurs steinernes Herz niemals von Mitleid bewegt wurde und auch vor Asarhaddon, seinem Diener, alle Schreie nach Barmherzigkeit ungehört verhallten, so unbewegt standen die Todesboten der Wüste vor dem Erschöpften und warteten darauf, daß dieser kein Lebenszeichen mehr von sich gab.

Aber im ewigen Ratschlag der Götter war nicht beschlossen, daß das Leben des Hohenpriesters hier enden sollte. Oder war es vielmehr Schanabuschus weise Voraussicht gewesen? Denn dieser hatte seinen Männern befohlen, Asarhaddon in der Nähe der Karawanenstraße allein zu lassen, was dem Fremden immerhin eine Überlebenschance bot. Und Asarhaddon hatte, ohne es zu wissen, die Straße zunächst verlassen, war dann aber in einem großen Bogen zu ihr zurückgekehrt. So kam es, daß er, als ihn endlich eine gnädige Ohnmacht umfangen hatte, von einem vorüberziehenden Kaufmann gefunden wurde, der durch die kreisenden Geier auf ihn aufmerksam geworden war.

Jamanit war ein phönizischer Händler aus Ugarit, und Asarhaddon war nicht der erste Halbverdurstete, den er auf seinen Wegen durch die Wüste gefunden hatte. Nachdem Jamanit ihm vorsichtig etwas Wasser eingeflößt und das sandverkrustete Gesicht abgewaschen hatte, kam Asarhaddon schnell wieder zu sich.

Der Händler erkundigte sich teilnahmsvoll nach seinem Geschick, und Asarhaddon erfand rasch eine Geschichte von Räubern, die seine Karawane überfallen und alle als Sklaven davongeführt hätten. Ihn selbst hätten sie für tot gehalten und daher zurückgelassen.

Jamanit bezeugte sein aufrichtiges Bedauern und sagte besorgt: »Sag mir doch, mein Freund, wo deine Familie lebt, damit ich deinen Angehörigen so schnell wie möglich die glückliche Nachricht bringen kann, daß du noch lebst und wohlbehalten in Ugarit angekommen bist.«

Als aber Asarhaddon ihm mitteilte, daß alle seine Angehörigen verschleppt oder tot seien, gab Jamanit kalt zur Antwort: »Nun, das ist übel, dann ist wohl kein Lösegeld für dich zu erwarten. Aber du bist von kräftiger Statur, und wenn du dich erholt, ein Bad genommen und gut gekleidet hast, so bist du durchaus nicht unansehnlich. Ich werde einen guten Preis auf dem Sklavenmarkt von Ugarit für dich erzielen.«

»Wie?« fuhr Asarhaddon auf, »du scheust dich nicht, einen Mann, den du hilflos in der Wüste findest, als Sklaven zu verkaufen? Ich bin ein freier Mann.«

»Du warst es, mein Freund«, bemerkte Jamanit gelassen. »Ich bin Phönizier und lebe vom Handel. Glaubst du etwa, ich bücke mich, um dich aufzulesen, ohne an meinen Gewinn daraus zu denken?«

»Wahrlich, Phönizier, du scheinst anstelle des Herzens einen Goldbarren in der Brust zu tragen.«

Jamanit entgegnete spöttisch: »Meinst du, daß ich dir deine Räubergeschichte abnehme? Du bist Assyrer und absichtlich von deinen Landsleuten hier ausgesetzt worden, ist es nicht so? Mir sind eure grausamen Bestrafungen wohl bekannt, und ich wundere mich nur, daß sie dir nicht die Kniekehlen durchgeschnitten haben, aber vielleicht hast du deine Henker bestochen.«

»Ja, ich bin Assyrer«, entgegnete Asarhaddon nicht ohne Stolz, »aber ich habe mich keiner Verfehlung schuldig gemacht. Die assyrischen Schergen sind keine bestechlichen Lumpen, und ihre Pflicht zu erfüllen, ist ihnen heiliges Gebot. Du hast im übrigen vergessen, daß sie dem Verurteilten zusätzlich das Rückgrat brechen, damit er den Aasfressern ausgeliefert ist, ohne sich bewegen zu können. Da du mich nun zwar mit zerschundenen Füßen, sonst aber unversehrt aufgefunden hast, wirst du mir wohl glauben, daß ich kein Verbrecher bin.«

Jamanit lächelte. »Fürwahr, ein echter Sohn Assurs. Selten versklavt man einen Assyrer. Sind sie es doch meist selbst, die andere Völker unterjochen und deren Männer und Frauen als Sklaven wegführen. Um so eifriger wird man in Ugarit versuchen, einen so stolzen und hübschen Sklaven zu erwerben. Wenn du dich unter meiner Fürsorge erst erholt hast und in prächtige Gewänder gekleidet gehst, werde ich sicher tausend Schekel Silber für dich erzielen.«

»Willst du mich beleidigen?« spottete Asarhaddon. »Wenn es dir schon gefällt, mich zu verkaufen, so darfst du mich unter einem Talent Goldes nicht hergeben.«

»Ah, rechtgesprochen! Du beginnst, einen Phönizier zu begreifen. Ein Sklave, der seinen wahren Wert kennt, ist die Zierde seines Herrn. Wie ist dein Name, du Glück und Stolz deines zukünftigen Besitzers?«

»Arkas.«

»Gut, ich werde dich Arkas nennen, obwohl du mir sicher nicht deinen wahren Namen genannt hast. Welche Schätze die Wüste doch zu bergen pflegt! Ach Arkas, beklage dich nicht. Zwar sind wir Phönizier nicht zartfühlender als andere Leute, aber unsere Sklaven behandeln wir bestimmt besser als die Assyrer. Es gibt Herren, die ihre Sklaven wie eigene Kinder halten, und ein Luxussklave hat in Ugarit ein fürstliches Leben.«

»Gern würde ich einmal leben wie ein Fürst«, spottete Asarhaddon, »kostet es mich doch nur die Freiheit. Wie wohlfeil!«

Jamanit winkte ab. »Wer ist schon frei? Uns alle knebelt die Vorsehung. Diene deinem Herrn nur zu seiner Zufriedenheit, so wird er dir auch viel Freiheit lassen. Wenn du allerdings versuchst, sie zur Flucht zu nutzen, wirst du grausam bestraft werden. Ein Phönizier kann dich wie seinen Sohn behandeln, doch wenn du ihn enttäuschst, wird er nur

einen aufsässigen Hund in dir sehen, der auf das Rad geflochten gehört.«

»Ich danke dir für deine Warnung, Jamanit«, erwiderte
Asarhaddon, »und ich will mich auch nicht weiter beklagen,
daß du mich als Sklaven verkaufen willst. So muß ich dir
wenigstens nicht die Füße küssen aus Dankbarkeit für meine
Rettung.«

6

Mit einiger Neugier erwartete Asarhaddon die Ankunft in
Ugarit, der alten Handelsniederlassung am westlichen Meer.
Hier sah er zum erstenmal die hochbordigen Schiffe des See-
fahrervolkes, das schon so weite Reisen unternommen hatte,
kühn die sicheren Küsten verlassend und sich auf das offene, unbekannte Gewässer wagend. Wie ein riesiger schimmernder Kristall dehnte sich die dunkelgrüne Fläche des
Meeres bis zum Horizont, und statt des heißen Wüstenwin-
des wehte ständig eine frische, salzige Brise.

Frauen und Kinder, bunte Farben, Geschrei und Gelächter
beherrschten das Straßenbild von Ugarit; eine emsige Betriebsamkeit wie in einem Ameisenhaufen. Asarhaddon bemerkte ungewöhnlich viele Tempel und Tempelchen, die
der großen Zahl der phönizischen Gottheiten geweiht waren. Krieger sah man dagegen kaum. Selbst die Wächter lun-
gerten herum, gelangweilt auf ihre Lanzen gestützt oder in
einen Schwatz vertieft.

Jamanit ließ Asarhaddon auf einem prächtig aufgezäum-
ten Maultier reiten. Er trug jetzt einen roten Rock, dessen
Halsausschnitt und Säume mit goldenen Stickereien verziert
waren. Jamanit blickte wohlgefällig auf seinen schönen Sklaven, den er sandverkrustet und halbtot in der Wüste gefunden hatte.

»Wie gefällt dir meine Stadt?« fragte er Asarhaddon, denn
er sah, wie dieser mit großer Anteilnahme die neue Umgebung musterte.

»Du läßt mich wie einen Herrn einreiten«, gab dieser lächelnd zur Antwort, »Obwohl du mich wie ein Stück Vieh verkaufen willst.«

»Wie ein Stück Vieh? Schleife ich dich etwa an einem Strick hinter mir her, der dir durch die Nase gezogen wurde? Du bist wie ein goldener Vogel, Arkas. Auch diesem zupft man nicht die glänzenden Federn aus, um seinen gerupften Leib zu braten und zu verspeisen, sondern man setzt ihn auf eine goldene Stange, daß sein Gefieder weithin leuchtet und er zum Ruhme und zur Freude seines Herrn beiträgt.«

»In einen goldenen Käfig, willst du sagen.«

»Gewiß. Was nutzt dem Herrn der goldene Vogel, wenn er in den Wald fliegt? Sicher hast auch du früher Sklavinnen besessen, deren Schönheit dich erfreute. Und du wirst darauf geachtet haben, daß sie dir nicht davonliefen.«

Asarhaddon nickte. »Die Menschen hier scheinen keine Not zu kennen«, lenkte er ab. »Ebenso bemerke ich, daß ihr ein frommes Volk seid, das die Götter ehrt.«

Jamanit lachte. »Wir verachten sie, und wir fürchten sie, wir verspotten und wir verehren sie, denn eigentlich beten wir nur den Mammon an. In guten Zeiten behängen wir die Tempel mit Girlanden, in harten Zeiten aber schlachten wir für Baal-Moloch unsere eigenen Kinder. Wir sind strebsam und fleißig, aber auch faul, wollüstig und grausam, denn allzu viel Reichtum verdirbt den Charakter.«

»Ja, dich hat er bereits verdorben.«

»Mich? Oh, da irrst du dich, ich bin ein fleißiger Mann und mehre das Gut meines Vaters, denn ich bin Jahr für Jahr mit unserer Karawane unterwegs. Doch eines Tages werde ich mich zur Ruhe setzen und nichtswürdige Dinge tun, wie sie greise Männer in ihrer Langeweile ersinnen.«

»Aus diesem übermäßigen Wohlergehen und der trägen Völlerei könnte eine Schar assyrischer Krieger euch leicht befreien«, spottete Asarhaddon.

»Assyrien ist weit«, meinte Jamanit wegwerfend, »und unsere Städte sind nicht leicht zu nehmen. Steht der Feind aber vor den Toren, so kauft unser Gold die besten Krieger oder gleich den feindlichen Feldherrn selbst.«

»Die Assyrer könnten euch zertreten wie einen Wurm, wenn sie nur wollten, denn die Heere anderer Völker sind vor unseren Streitwagen wie Spreu, die der Wind davonträgt. Weshalb also sollte euch ein Assyrer verschonen für Gold, das er sich hernach sowieso nehmen kann?«

»Stolze Worte, aber du weißt doch selbst, daß Assyriens König den Frieden liebt und seine Streitwagen rosten läßt.«

Asarhaddon senkte den Blick. »Assyrien ist mächtig genug«, gab er ausweichend zur Antwort, »daß es sich jetzt den Frieden leisten kann. Prasserei und Völlerei aber, das möge Aschschur – wollte sagen, die Götter – verhindern, dürfen niemals Herr über Assyrien werden.«

»Von eurem Gott hörte ich, daß er den Sinnesfreuden sehr abgeneigt ist; außer Krieg erfreut ihn nichts. Ein derart düsterer Gott würde zu Ugarit nicht passen.«

»Und Baal-Moloch, in dessen feurigen Schlund ihr eure Kinder werft? Ist er nicht noch grausamer als Aschschur?«

»Wir verehren ihn nicht, wir fürchten ihn, und nur wenn die Zeiten hart sind, opfern wir ihm das Liebste, was wir haben, um ihn und damit das Schicksal zu besänftigen. Doch niemand liebt ihn, und seine Priester sind verhaßt.«

»Ja, es ist manchmal besser, gehaßt und gefürchtet als geliebt zu werden.« Asarhaddon verstummte erschrocken und fuhr einlenkend fort: »So denken viele Assyrer, doch ich selbst ziehe die guten Götter vor und verabscheue das Blutvergießen.«

»Ist das wahr? Vor kurzem hast du noch lobende Worte über den assyrischen Kampfeseifer gefunden.«

»Ich – stellte nur Tatsachen fest. Im übrigen halte ich es mit unserem König, der dem Land den Frieden erhalten will.«

Asarhaddon glaubte, auf einem Sklavenmarkt zur Schau gestellt zu werden, und war sehr verwundert, als Jamanit ihn zu sich nach Hause nahm und ihn fast wie einen alten Freund behandelte. Am dritten Tag aber lud Jamanit einen beleibten, mit Gold und Edelsteinen behängten Mann zu Gast, der Asarhaddon als Himilko vorgestellt wurde, einer der reichsten und mächtigsten Sklavenhändler Ugarits. Als

Himilko Asarhaddon erblickte, leuchteten seine Augen gierig auf.

Himilko betrachtete Asarhaddon mit jener wohlgefälligen Kennermiene, mit der ein Landwirt den Zuchtstier oder ein Pferdehändler den feurigen Hengst mustert. Asarhaddon stieg die Schamröte ins Gesicht, doch die Miene des feisten Sklavenhändlers veränderte sich nicht. Dafür kniff er Asarhaddon ungeniert in die Oberarme und Oberschenkel und nickte zufrieden.

»Wieviel soll er bringen?« fragte er Jamanit, und dieser sagte heiser: »Glaubst du, du kannst ihn für ein Talent losschlagen?«

»Ein Talent?« Himilko griff Asarhaddon unter das Kinn und sah ihn prüfend an. Ein Grinsen ging über sein Gesicht. »Ein stolzer Preis für einen Sklaven, aber ich kenne zwei, drei Kunden, die ihn sofort zahlen würden. Woher hast du ihn?«

»Ich habe ihn in der Wüste aufgelesen.«

»Welch ein glücklicher Fund! Opfere den Göttern, sie könnten sonst neidisch werden. Was weißt du von ihm?«

Asarhaddon hatte unwillig den Kopf zur Seite gewandt. Das Handeln um seine Person, als sei er ein Stoffballen oder ein Weinkrug, war ihm unerträglich.

»Er ist Assyrer, sonst weiß ich nichts über ihn. Aber du siehst ja, Himilko, daß seine Erscheinung für sich selbst spricht.«

»Ich bin nicht blind, aber es ist immer gut, einiges über einen Sklaven zu wissen, für den man ein Talent verlangt. Spricht er nicht über sich? Weshalb löst du ihm nicht die Zunge?«

»Das würde seinen Wert nur vermindern.«

»Es gibt Verfahren, die hinterlassen keine Spuren.«

Jamanit wurde blaß. »Nein, ich will nicht, daß er gefoltert wird. Wenn du Bedenken wegen seiner Herkunft hast, verkaufe ich ihn nicht.«

»Meine Bedenken schwinden, je länger ich deinen Assyrer betrachte. Dennoch halte ich deine Zurückhaltung für falsch. Ich rate dir, ihn auf jeden Fall einer schmerzhaften Behandlung zu unterziehen, bevor du ihn verkaufst, damit sich seine Schönheit mit der notwendigen Unterwürfigkeit verbindet. In seinen Augen steht Aufbegehren, und du weißt, daß meine Kunden derlei nicht schätzen. Willst du, daß meine Kunden mich hinterher verklagen, weil ich ihnen einen aufsässigen Sklaven verkauft habe? Vertraue also meiner Erfahrung und lasse seinen Stolz unter der Folter brechen.«

Verlegen sah Jamanit an Asarhaddon vorbei und wußte nicht, was er darauf sagen sollte, doch der sagte nur kalt: »Du brauchst dich nicht zu winden wie ein Fisch auf dem Trockenen. Lasse deinem Krämerherzen den Gewinn nicht entgehen und sorge dich nicht um mich, denn wir sind weder Brüder noch Freunde. Die Folter schreckt mich nicht; ich bin kein verweichlichter Phönizier, der sich schon wegen einer Schramme eine Woche ins Bett legen würde.«

»Nein, nein!« rief Jamanit beschämt, »lieber bringe ich dich noch heute in deine Heimat zurück, als Himilkos Rat zu befolgen.«

Himilko schüttelte den Kopf. »Jamanit, das sind schlimme Anzeichen. Ein weiches Herz mehrt nicht dein Vermögen, sondern läßt dich mit Magenschmerzen und zitternden Knien zurück. Aber wie du willst. Ich verkaufe ihn so, wie er ist. Seine anmaßenden Worte hast du ja gehört, das Risiko trägst du.«

Asarhaddon hatte gemeint, jetzt ginge es mit Himilko zum Sklavenmarkt, den er fürchtete, doch dieser verließ nach einem reichlichen Mahl und ausgiebigen Gesprächen das Haus, und Jamanit schlug Asarhaddon lächelnd auf die Schulter. »Er wird einen guten Herrn für dich finden, der dich auf Händen trägt, wenn du ihm gehorchst. Natürlich, Himilko hat recht, dein anmaßendes Wesen mußt du ablegen, denn niemand wird dafür Verständnis haben, wenn du dich nicht gefügig zeigst.« Dann seufzte er und setzte hinzu: »Ach, ich habe dich in mein Herz geschlossen, und fast bereue ich, daß ich dich mit nach Ugarit genommen habe, wo sie deinen Stolz brechen und deine Schönheit mißbrauchen werden. Aber ein Talent ist ein Talent, das verschmäht man nicht, und mein Vater hätte gesagt –«

Jamanit verstummte, doch Asarhaddon sah ihn finster an.

»Nichts ist unerträglicher als dein falsches Mitleid, du Sohn einer Hyäne!«

Die nächsten Tage verbrachte Asarhaddon in Müßiggang und Wohlleben, doch er hatte ein unbehagliches Gefühl. Die Schande der Sklaverei für einige Monate zu ertragen, erschien ihm gering, denn in Demut und Gehorsam sollte er sich üben. Etwas anderes, Bedrohliches schien in dieser unbegreiflichen Stadt auf ihn zu warten. Es lauerte nicht im Feuerschlund Molochs, sondern hinter dem feisten Grinsen eines Himilko. Es drohte ihn weit mehr zu besudeln als die schmutzige Küchenarbeit bei Karmir, mehr noch als die Zudringlichkeiten Jinnahs. Solche Befleckungen konnten nur mit Blut abgewaschen werden, doch diese Art der Reinigung war Asarhaddon verwehrt.

Und dann kam der Mann, der ihn kaufen wollte. Himilko hatte ihn geschickt. Jamanits Gesicht strahlte Heiterkeit und Zuversicht aus, denn der Käufer war Ithobaal, Mitglied des Hohen Rates und einer der einflußreichsten Männer der Stadt.

Ithobaal war ein Mann, der ein halbes Menschenalter hinter sich haben mochte; er war mittelgroß und kräftig, sein noch volles Haar von grauen Strähnen durchzogen. Seine hellen Augen blickten kühl, und er strahlte die Würde eines vornehmen, gebildeten Mannes aus. Er musterte Asarhaddon zurückhaltend, fast flüchtig, wie es schien. Dennoch nickte er sofort und war bereit, ohne das übliche Feilschen den geforderten Preis von einem Talent zu zahlen.

Es ging alles sehr schnell, und Jamanit konnte Asarhaddon nur noch zuflüstern: »Welch ein Glück für dich, daß der edle Ithobaal dich gekauft hat. Er ist ein Ehrenmann und einer der wenigen, die ihre Pflichten über das Geld stellen.«

Ithobaal ließ Asarhaddon in seiner Sänfte ihm gegenüber Platz nehmen und lächelte ihm dünn zu. »Jamanit wollte dich schonen, vielleicht war das ein Fehler. Ich habe mich über dich erkundigt, aber nichts in Erfahrung bringen können. Zwar, auf Himilko habe ich mich immer verlassen können, denn seine Geldgier verbietet es ihm, mich mit mangelhafter Ware zu beliefern, aber du bist Assyrier und könntest uns Ärger machen.«

»Ich verstehe dich nicht«, erwiderte Asarhaddon kühl. »Jamanit weiß alles über mich, was es zu wissen gibt.«

»Vieles spricht dafür, daß du gelogen hast, Arkas, und das stimmt mich bedenklich. Du hattest einen leeren Wasserschlauch bei dir, als er dich fand. Haben die Räuber dich gnädig mit Wasser versorgt, als sie dich tot geglaubt zurückließen?«

»Muß ich meine Lebensgeschichte jedem offenbaren, der vorüberkommt? Jamanit war skrupellos genug, meine Hilflosigkeit auszunutzen. Ein Mann, der zum Sklaven gemacht wird, hat keine Vergangenheit, und du entscheidest jetzt über mein Schicksal.«

»Wir treiben regen Handel mit den Städten an Euphrat und Tigris. Sollte dein Vater ein einflußreicher Mann sein und die Spur seines verlorenen Sohnes bis Ugarit verfolgen können, so würde mich das in erhebliche Schwierigkeiten bringen. Also sprich! Ich bin gern bereit, dich in deine Heimat zu entlassen, wenn du von edler Herkunft bist und dein Vater bereit ist, sich für deine Rettung erkenntlich zu zeigen.«

»Auch du willst Lösegeld, Ithobaal?« gab Asarhaddon verächtlich zur Antwort. »Ich muß dich enttäuschen. Mein Vaterhaus ist bescheiden und gebietet weder über Macht noch Reichtümer.«

Ithobaal lächelte dünn. »Ich glaube dir kein Wort, aber wenn du deine Angehörigen nicht benachrichtigen willst, damit sie dich freikaufen, dann hast du sicher ein Verbrechen begangen, das dich daran hindert, nach Assyrien zurückzukehren. Ich könnte durch meine Karawanen Nachforschungen über dich anstellen lassen, aber ich werde mir die Mühe nicht machen, denn ich habe dich für meinen Sohn gekauft. Du wirst ihm gefallen. Und ich stelle es in sein Belieben, dir die Zunge zu lösen oder nicht.«

»Weshalb kam er nicht selbst, um so ein wertvolles Stück zu begutachten?« spottete Asarhaddon.

Ithobaal lachte bitter und antwortete zynisch: »Du sollst eine Überraschung für ihn sein. Mein Sohn hat es immerhin geschafft, trotz übermäßigen Weingenusses, unmäßiger Völlerei und schamlosester Hurerei das dreißigste Lebensjahr zu vollenden.«

»Und ein Mann des Hohen Rates, dessen Wort etwas gilt im Kreise der Edlen, läßt zu, daß sein Sohn ihm Unehre macht?« fragte Asarhaddon.

Ithobaals Gesicht verfinsterte sich. »Ich habe meine Gründe«, sagte er knapp. Dann schwieg er für den Rest des Weges.

Im Hause des Sohnes Ithobaals wurde gefeiert. Ithobaal wechselte ein paar Worte mit den Dienern und zog sich dann zurück.

Asarhaddon wurde sofort von einigen Männern und Frauen eingeladen, bei ihnen Platz zu nehmen, mit ihnen zu essen und zu trinken. Er spürte ihre bewundernden und neugierigen Blicke, aber ihre ausgelassene Fröhlichkeit berührte ihn unangenehm. Außerdem glaubte er, sie seien in einem Irrtum befangen, und versuchte ihnen zu erklären, daß er kein Gast, sondern nur ein Sklave, ein Geschenk für den Hausherrn sei. Doch die anderen lachten nur. »Die Götter haben dir Blumen auf deinen Weg gestreut und dich in ein Haus unablässiger Freuden geführt. Genieße auch du die Großzügigkeit hier. Trink, iß, und lausche dem Sänger, der die Liebe besingt.« Jemand schob ihm Wein hinüber, ein Mädchen bekränzte ihn mit Blumen; ein junger Mann mit einer Hibiskusblüte hinter dem Ohr bot ihm kniend eine Platte mit verschiedenen Leckereien an, und als Asarhaddon zögerte, schob er ihm die Stücke in den Mund.

Asarhaddon, dem jede vertrauliche Annäherung zuwider war, stieß den Jüngling ärgerlich zurück, »Wo ist der Hausherr?« fragte er gereizt. »Er soll mich in meine Pflichten einweisen.«

Allgemeines Gelächter war die Antwort. Ein Sänger mit einer Laute ließ sich bei ihm nieder und begann eine frivole Weise, die in eindeutigen Worten von einer verbotenen Liebe zwischen einem Mann und einer verheirateten Frau berichtete. Sie klang aus mit dem Sieg der Liebenden und dem Spott für den gehörnten Ehemann. Und während der Sänger seine schlüpfrigen Strophen vortrug, bettete ein Mädchen sein Haupt auf Asarhaddons Schenkel, und der junge Mann legte ihm seinen Arm um den Nacken und flüsterte ihm zu: »Hörst du, was der Sänger sagt? Das sind deine Pflichten.«

Asarhaddon bat den jungen Mann mit erzwungener Ruhe, seinen Arm fortzunehmen.

»Gefällt dir das nicht? Bin ich denn so abstoßend?« fragte der verwundert.

»Durchaus nicht«, antwortete Asarhaddon so charmant wie möglich, »aber ich bin mit den Gepflogenheiten hierzulande nicht vertraut. In meiner Heimat zieht man Frauen in der Liebe vor.«

»Weshalb suchst du so einseitige Freuden? Hier stehen dir alle Wünsche offen.«

Auch das Mädchen blieb nicht untätig und streichelte Asarhaddon in einer Weise, die er nicht dulden konnte. Gleichzeitig wurde ihm neuer Wein eingeschenkt. Er wollte beides abwehren, wußte aber nicht, wie er sich, ohne grob zu werden, dem Getändel entziehen sollte.

Der Wein war angenehm gewürzt, er war süß, machte aber den Kopf nicht schwer. Bald fühlte sich Asarhaddon so leicht, als schwebe er über dem Erdboden. Die Stimmen erschienen ihm weniger grell, die Musik gedämpfter, die Berührungen angenehm. Bald konnte er nicht mehr unterscheiden, wessen Hand da auf seinem Körper nach geheimen Freuden suchte. Zwar versuchte er halbherzig, sich den Griffen zu entziehen, aber nachdem man ihm drei weitere Becher gereicht hatte, überkam ihn eine ihm bisher unbekannte Heiterkeit. Jetzt drängten sich junge Körper beiderlei Geschlechts um ihn und kosteten begierig von der Schönheit des Mannes, der vergessen hatte, daß er der Hohepriester war.

Im Wein war ein Rauschmittel gewesen. Als Asarhaddon am nächsten Tag erwachte, konnte er sich zum Glück kaum noch an die Geschehnisse des Abends erinnern. Doch dunkel ahnte er, daß nicht zu seinem Ruhm beigetragen hatte, was das Gedächtnis ihm verbarg. Er fand sich angekleidet auf einer Liege in einem schön möblierten Zimmer, dessen Wände mit Blumenornamenten bemalt und dessen Fliesen mit Teppichen belegt waren. Auf dem Tisch stand frisches Obst, und ein leichtes Gewand aus golddurchwirktem ägyptischem Byssus lag für ihn bereit. Alles Anzeichen dafür, daß er das Leben eines Luxussklaven führen würde.

Wenn er an sich herunterschaute, mußte er feststellen, daß er einem Bettler nicht mehr glich, doch das golddurchwirkte Gewand war ein Sklavengewand, und daß es ihm göttliche Schönheit verlieh, änderte daran nichts. Sein Herr konnte das herrliche Bild jederzeit grausam zerstören, wenn es ihm beliebte.

Das ist Sklavenlos, dachte Asarhaddon halb amüsiert, halb bedrückt. Nun mußt du wohl endlich zufrieden sein, Kautilya, denn tiefer kann ich nicht fallen. Die völlige Unterwerfung des unbeugsamen Hohepriesters unter den Willen eines Gecken, ist es das, was du wolltest? Gedenkst du, so meinen Stolz zu brechen?

Er verließ sein Zimmer und streifte unbehindert durch den Garten, in dem alle Spuren des Festes beseitigt waren. Eine große Terrasse bot einen herrlichen Ausblick auf das Meer, den Hafen und die Stadt. Asarhaddon verweilte hier einige Minuten.

Da traten zwei Männer auf ihn zu. Sie waren beide noch jung, der eine von kräftiger, aber schlanker Gestalt, der andere zarter gebaut. Der Kräftige trug blitzenden Schmuck an den Armen und im dunkel gelockten Haar, das ihm auf die Schultern fiel. Saphire funkelten an seinen Händen und der kostbar gearbeiteten Gürtelschnalle. Ein nachtblaues, silberbesticktes Gewand unterstrich vorteilhaft die männliche Schönheit seines Trägers. Am Gürtel trug er einen Dolch mit edelsteinbesetztem Griff, seine Hände spielten lässig mit einer Pferdepeitsche.

Asarhaddon erkannte unschwer, daß er den Herrn des Hauses vor sich hatte. Dessen Begleiter trug ebenfalls ein silberdurchwirktes Gewand, aber keine Waffen; ein schmaler Silberreif hielt sein langes Haar über dem schmalen, gebräunten Gesicht, dessen Haut matt wie Perlen schimmerte.

Der Hausherr lächelte Asarhaddon zu. Seine Lippen waren schön geschwungen und verrieten einen starken Hang zu Sinnlichkeit und Ausschweifungen. »Ich bin Baal-Zakar-Menachim«, sagte er auf aramäisch, wechselte dann aber ins Babylonische, das er mit starkem Akzent, aber fließend sprach. »Meine Untergebenen und Knechte nennen mich

Baal-Zakar, großer Herr Zakar, für meine Freunde aber bin ich Menachim. Du darfst mich Menachim nennen, Arkas.«

Asarhaddon lächelte herablassend über diesen Gunstbeweis. Er betrachtete seinen zukünftigen Herrn und Gebieter ohne Scheu. »Menachim«, sagte er schließlich, »du hast lange gezögert, dir das Geschenk deines Vaters anzusehen.«

Dieser ging langsam um Asarhaddon herum. »Fürwahr! Und was für ein prachtvolles Geschenk! Mein Vater hat endlich einmal Geschmack bewiesen. Oh, ich habe dich bereits bewundert, wenn auch nur aus der Ferne. Gestern – auf dem Fest.«

Asarhaddon konnte nicht verhindern, daß ihm die Schamröte ins Gesicht stieg. »Es war etwas im Wein«, sagte er unwillig.

Menachim lächelte. »Sagst du das, um dich zu rechtfertigen? Ja, wir fügen dem Wein gern zerstoßene Hanfkörner zu. Wir alle trinken den Wein gern so, und auch dir ist er gut bekommen.«

»Immerhin trübte er meine Erinnerung. Sollte ich mich also schamlos benommen haben, so bitte ich um Nachsicht.«

Menachim sah ihn verwundert an. »Schamlos? Um Nachsicht? Ich fürchte, ich verstehe dich nicht.« Dann trat ein verständnisvolles Leuchten in seinen Blick. »Du meinst, ob du die guten Sitten verletzt hast? Nein, nein, ich kann dich beruhigen, du hast nichts getan, was einen Phönizier erröten ließe. Leider, muß ich hinzufügen.« Menachims Augen glänzten, als er Asarhaddon dabei sorgfältig musterte. Seine Stimme war sanft und leise, und während er sprach, spielte er mit seiner Peitsche.

Unwillig entgegnete Asarhaddon: »Man behandelt hier die Sklaven sehr ungewöhnlich. Doch selbst dein Vater bezahlt nicht ein Talent für einen Sklaven, nur um ihn Feste feiern zu lassen und ihn in Byssus zu kleiden. Weise mich also in meine Pflichten ein, damit ich dir meine Ergebenheit beweisen kann.«

Menachim zuckte die Schultern. »Pflichten? Welch ein lästiges Wort! Mein Vater führt es ständig im Munde. Nein, es sind Freuden, die dich hier erwarten, denn ich will, daß

mein Haus einem Festsaal gleicht und meine Diener wohlge-
littenen Gästen.« Er wies auf seinen hübschen Begleiter.
»Das ist Symon, ein Syrer vom Orontes. Er ist mein Leibsklave. Aber halte ich ihn wie einen Sklaven? Doch mehr wie einen Freund, nicht wahr, Symon?« Ohne eine Antwort abzuwarten, fuhr Menachim fort: »Er teilt meine Genüsse, wie es
unter Freunden üblich ist. Ich möchte, daß auch du mein
Leibsklave wirst, Arkas. Mein Sklave und – mein Freund.«

Menachim machte eine Pause nach diesen Worten und beobachtete Asarhaddon genau, doch dieser verzog keine Miene. »Die Pflichten eines Leibsklaven sind mir bekannt«, antwortete er gleichmütig. »Ich werde dir ein gehorsamer
Diener sein.«

Menachim verzog leicht den Mund und sagte etwas schärfer: »Das hoffe ich, Arkas!« Dann bemerkte er leichthin: »Himilko wollte dich foltern – so sagte man mir. Bei Baal-Hammon! Das käme ja fast einer Tempelschändung gleich, wenn
du mir erlaubst, deinen unvergleichlichen Körper als Tempel
der Freuden zu bezeichnen. Glaube nur nicht, daß wir Phönizier alle so grausam sind wie dieser feiste Sklavenhändler.
Solche Bräuche verabscheue ich – meistens.« Er wandte sich
höhnisch lächelnd an Symon: »Nicht wahr, mein Freund?«

In dessen dunklen Halbmonden flammte etwas wie Abscheu auf. »Deine Sanftmut und deine Güte sind sprichwört-
lich in Ugarit«, gab er kühl zur Antwort.

Menachims Lippen zuckten. Jäh wandte er sich an Asarhaddon. »Du bist heute wortkarg und zurückhaltend, Arkas.
Ich sollte dir wieder von jenem Wein zu trinken geben, der
dich zu Dingen verleitet, die ich weitaus mehr schätze als
spröde Unnahbarkeit. Ich habe meine Zweifel, ob dir als Assyrer bekannt ist, worauf in einem vornehmen Haus in Ugarit Wert gelegt wird. Symon wird dich darüber belehren.«
Dann wechselte er sprunghaft das Thema. »Du willst deine
Herkunft verheimlichen, hörte ich. Was hast du zu verbergen? Bist du ein König oder ein Dieb?«

»Weshalb soll ich dich langweilen? Ich bin der Sohn einfacher Eltern.«

»So? Dann bin ich der Sohn eines Wildesels.« Menachim

zeigte mit der Peitsche auf Asarhaddon. »Ich werde es schon erfahren, Arkas. Natürlich heißt du nicht so, nicht wahr? Der Name paßt zu einem Viehhirten, du aber hast schon immer goldene Gewänder getragen, stimmt das?«

Menachim wartete Asarhaddons Antwort nicht ab und fuhr fort: »Sieh dich nur weiter um, mein Freund, genieße alles. Es ist dir nichts verboten, tu, was dir beliebt. Dein Zimmer hast du schon gesehen, du schläfst dort allein, niemand hat dort Zutritt außer mir. Befiehl meinen Dienern, sie werden dir gehorchen. Willst du Geld? Fordere, soviel du willst. Willst du Frauen? Meine Sklavinnen sind auch für außergewöhnliche Liebesdienste zu haben.«

Menachim machte eine lässige Handbewegung, als entließe er Asarhaddon, doch dann fügte er mit kalter Stimme hinzu: »Nur eine einzige Beschränkung gibt es für dich in diesem Hause, merke sie dir gut: Ich verlange unbedingten Gehorsam und völlige Unterwerfung unter meinen Willen!«

Dann verließ er zusammen mit Symon die Terrasse. Asarhaddon sah ihm finster nach. Wunsch und Wille seines sinnesfrohen Herrn waren offensichtlich, und die ihm eingeräumten Freiheiten waren nur der Köder, um das Wild zu stellen. Seine Gesichtszüge wurden hart, in seine Augen trat ein gefährliches Glitzern. »Menachim, Sohn des Ithobaal«, murmelte er. »Begnüge dich mit dem, was du hast, denn solltest du deine Hand ausstrecken nach dem, was Aschschur geweiht ist, dann wird der Hohepriester vergessen, was er geschworen hat. Und wenn aus Arkas wieder Asarhaddon wird, dann ertränkt er deine lebensfrohe Stadt in Blut, mögen ihn Kautilyas Götter hernach auch mit Taubheit und Blindheit schlagen!«

7

Menachim ahnte nichts von diesen finsteren Entschlüssen. Der schöne, stolze Assyrer hatte ihn aus der Fassung gebracht. Da ihm sein Opfer nicht entgehen konnte, ließ er ihn

vorerst unbehelligt, um den erwarteten Genuß durch die süße Qual des Wartens noch zu steigern. Zugleich ließ er ihn
auf allen Wegen beobachten, um sich über Asarhaddons
Neigungen Klarheit zu verschaffen. Zunächst erbat sich der
ein Pferd und nutzte die ihm eingeräumte Freiheit, um sich
in der Stadt umzusehen.

In Ugarit gab es genauso viele Bordelle wie Tempel, wobei
mancher Tempel gleichzeitig ein Freudenhaus war. Darüber
hinaus gab es unzählige Tavernen, drei große Märkte wurden abgehalten, darunter der große Sklavenmarkt, denn fast
der gesamte Sklavenhandel in den Osten wurde über die
phönizischen Städte abgewickelt.

Auf seinen Streifzügen geriet Asarhaddon auch in die ver-
rufenen Viertel, wo er erstmalig die erschreckende Armut
der Stadt erblickte. Solches Elend war ihm nirgendwo in Assyrien begegnet. Die in stinkende Lumpen gehüllten Gestalten nährten sich von Abfällen, die sie mit streunenden Hunden teilen mußten. Asarhaddon sah zwei von ihnen, die ein
menschliches Bündel in eine Nische zerrten; niemand verscheuchte sie von der Leiche.

Nackte, hohlwangige Kinder starrten den schönen, reichgekleideten Reiter an, wagten es aber nicht, ihn anzubetteln.
Asarhaddon wendete angeekelt sein Reittier, um diesen Ort
zu verlassen, wo Wolken von Fliegenschwärmen über den
auf die Straße geschütteten Exkrementen hingen und die
Luft von dem beizenden Geruch brennenden Dungs geschwängert war.

Sein Pferd stolperte in ein tiefes Loch mitten auf dem Weg;
Asarhaddon stieß einen Fluch aus und beruhigte es durch
sanften Schenkeldruck. Eine Bewegung am Straßenrand ließ
ihn zur Seite blicken. Dort stand ein Junge und streckte
stumm seinen mageren, schmutzigen Arm aus. Sein teil-
nahmsloser Blick kannte längst keine Furcht mehr.

»Verschwinde!« zischte Asarhaddon ihm angewidert zu,
doch dann zuckte er zusammen. Fast hatte er vergessen, daß
er selbst das Los eines Bettlers hatte ertragen müssen. Der
Beutel in seinem Gürtel war prall gefüllt mit dem Golde Menachims, und hier verreckten die Menschen vor Hunger im

Schmutz. Nicht einen Augenblick bewegte das Elend sein Herz; war er doch ohnehin davon überzeugt, daß diese Menschen ihr Los selbst verschuldet hatten. Aber der Schwur befahl ihm etwas anderes. Er knirschte mit den Zähnen, dann versuchte er, dem Knaben zuzulächeln; es geriet ihm zur Grimasse. Seine Finger glitten in den Gürtel, spürten ein Goldstück.

Ein Goldstück für diese kleine Ratte? Bei meinem heiligen Eid, das wäre Verschwendung! Asarhaddon schob es wieder in den Gürtel. Er ritt zurück in die Stadt, erstand beim Bäcker Kringel und Zuckerwerk und wechselte das Gold in Kupferstücke. Widerwillig kehrte er in das Armenviertel zurück und warf das Gebäck und das Kupfer unter die Menschen.

Auch diese angewiderte Geste war es nicht, die Kautilya im Sinn gehabt hatte, als er davon sprach, Not zu lindern, aber Asarhaddon verstand es nicht besser. Bald belustigte es ihn sogar, wie sich der menschliche Abschaum darum balgte und blutig schlug. Seine Augen flammten auf, wenn er sah, wie die Schwachen die noch Schwächeren fortstießen, in den Staub traten, um selbst zu überleben.

Nachdem alles aufgesammelt war, heftete sich der übrige Mob schreiend an seine Fersen, versperrte ihm den Weg, zerrte an seinen Beinen, an den Zügeln, und Asarhaddon hatte nicht wenig Lust, alle niederzureiten. Ekelhaftes Gesindel! dachte er, während er sich hinunterbeugte und mit honigsüßer Stimme sagte: »Geht doch zur Seite, ihr lieben Leute, ich bitte euch! Ich werde bald wiederkommen, denn euer Elend dauert mich.«

Noch etliche Male verschaffte er sich den Anblick der Hungernden, die sich wie tolle Hunde um die Knochen balgten, doch dann schlossen sich die Schatztruhen Menachims vor ihm. »Was verteilst du mein Vermögen an Hungerleider und Habenichtse? Du solltest mit meinem Gold dich selbst zur Geltung bringen und dich vergnügen, nicht aber das Gesindel durchfüttern, das sich ohnehin vermehrt wie die Ratten.« Sanft erwiderte Asarhaddon: »Verzeih mir, aber vor soviel Jammer und Not konnte ich mein Herz nicht verschließen. Du hast im Überfluß, Menachim, jene leben ohne

Hoffnung, verkommen und verhungern. Viele von ihnen sind Frauen und unmündige Kinder.«

Menachim verzog den Mund, als müsse er aufkommenden Ekel unterdrücken. »Frauen und Kinder! Es gibt nichts Dümmeres als Frauen und nichts, was lästiger wäre als Kinder. Weshalb tun uns diese Elenden nicht den Gefallen und lassen sich von Moloch verschlingen? Damit würden sie der Stadt einen nützlichen Dienst erweisen. Und du, Arkas, was machst du dich mit ihnen gemein? Weshalb findest du rührende Worte für sie?«

Asarhaddon blieb ihm eine rasche Antwort schuldig. Menachim betrachtete ihn mißtrauisch. »Ich will dir etwas verraten, mein Freund. Manchmal feiere ich Feste ganz besonderer Art. Ich lade dann die Ärmsten dieser Stadt in mein Haus ein, wo sie sich bis zur Besinnungslosigkeit vollstopfen dürfen. Auf dem Höhepunkt des Festes werden sie mit Blumen bekränzt und von meinen betrunkenen Gästen durch den Garten gepeitscht, bis sie tot zusammenbrechen. Und du, Arkas, scheinst mir in Wahrheit jemand zu sein, der daran seine helle Freude hätte.«

Asarhaddon wurde bleich. Und in seinem hastigen Versuch, dies entrüstet von sich zu weisen, stolperten seine Worte, und seine Rechtfertigungen blieben ihm im Halse stecken.

Menachim lächelte dünn. »Diesmal hast du deine Beherrschung fast und deine Worte ganz verloren. Bin ich deinen geheimen Wünschen etwa so nahe gekommen?«

Asarhaddon hatte sich schnell wieder in der Gewalt. »Daß du, Menachim, diese Art Vergnügungen schätzt, wundert mich nicht, doch mich erfüllen sie mit Ekel. Nichts ist schändlicher, als Wehrlose zu quälen, und ich trachte danach, Leiden von den Menschen abzuwenden. Weshalb auch hätte ich mich sonst um die Unglücklichen bemüht?«

Menachim machte eine wegwerfende Handbewegung. »Um mir deine Verachtung zu zeigen, Assyrer. Du verachtest mich doch, oder? Ich weiß es, ich fühle es. Aber dein Stolz und deine Verachtung lassen mich erglühen, wenn ich daran denke, mit welcher Lust ich deinen Stolz brechen und deine Verachtung in Ergebenheit verwandeln werde.«

In Asarhaddon brannte der Zorn, aber er blieb äußerlich gelassen und erwiderte: »Worauf sollte ich stolz sein, wenn nicht auf das Wohlwollen meines Herrn und Gebieters, und wem sollte ich ergeben sein, wenn nicht dir, der du mich deinen Freund nennst?«

»Dein Spott wird dir schon vergehen!« Menachims Augen flammten zornig auf, und seine Hände, die ständig mit der Reitgerte spielten, zuckten, als wolle er Asarhaddon züchtigen. Doch dann lachte er plötzlich und sagte: »Nein, du wirst mich nicht dazu bringen, dich zu schlagen. Auch ich, Baal-Zakar-Menachim, kenne die Kunst der Beherrschung. Geh nur, Arkas, ich gebe dir noch einige Tage, bis ich dich an meine Seite rufen werde.«

Asarhaddon starrte ihm aus zusammengekniffenen Augen hinterher. Menachim war es gelungen, ihn für wenige Augenblicke zu verunsichern, und er haßte ihn dafür. Es war so demütigend, ausgerechnet vor ihm in die lächerliche Rolle eines Menschenfreundes schlüpfen zu müssen und sich obendrein durchschaut zu sehen.

Habe ich mich irgendwann einmal nicht beherrscht, mich verraten? Oder spürt er etwas Verborgenes, eine tiefe Gewißheit der Verwandtschaft unserer Seelen? Fühlt er, daß uns beide die gleiche grausame Lust zu eigen ist? Habe ich mehr mit diesem sittenlosen, verdorbenen Phönizier gemeinsam, als ich zugeben will? Hält er mir einen Spiegel vor, der mich höhnisch auffordert, Menachim als Bruder in der Verworfenheit anzunehmen? Gewaltsam versuchte Asarhaddon, sich solchen Einsichten zu verschließen. Nein, da gibt es keine Brücke! Menachim ist zuchtlos und verweichlicht, ich jedoch stelle meine Leidenschaften in den Dienst Assyriens. Hat der Löwe Gemeinschaft mit der Hyäne, obwohl beide sich von Blut nähren?

Aber wenn ich der Löwe bin, weshalb bin ich dann so schwach, daß ein Mensch wie Menachim mir meine Sicherheit rauben konnte, wenn auch nur für Augenblicke? Weil ich sein Sklave bin, seinen Gelüsten ausgeliefert? Ja, ich würde wohl lieber bei Karmir in der Küche arbeiten, als von Menachim gehätschelt zu werden wie ein Mastochse, den man alsbald zu schlachten gedenkt.

Symon, der mandeläugige Syrer, stand vor Asarhaddon, als er zu seinem morgendlichen Ausritt das Zimmer verließ. Asarhaddon lächelte ihm flüchtig zu und wollte vorübergehen, doch Symon hielt ihn auf. »Darf ich dich heute begleiten?«

Asarhaddons aufgesetzte Freundlichkeit schwand. »Ich reite lieber allein«, gab er brüsk zur Antwort.

»Ich möchte gern mit dir reden, und hier haben die Wände Ohren.«

Asarhaddon musterte den Leibsklaven Menachims abschätzend von oben bis unten, bis diesem das Blut zu Kopf stieg. »Bedauerlicherweise muß ich Menachim zuhören und ihm antworten, nicht aber seinem Bettgefährten!«

Symon verzog keine Miene. »Du mußt mich nicht anhören, aber ich bitte dich darum.«

»Schickt dich Menachim, um mich in meine Pflichten einzuweisen?« fragte Asarhaddon spöttisch.

»Nein. Ich selbst habe ein Anliegen an dich.«

»Wie? Nannte dich Menachim nicht seinen Freund? Welches Anliegen könnte es sein, das er dir nicht besser erfüllte als ich?«

»Weshalb sprichst du so mit mir? Du wirst Menachim bald auf die gleiche Weise dienen müssen, wie ich es tue.«

Verächtlich schnaubte Asarhaddon: »Sag deinem Herrn, daß er bei seinesgleichen bleiben soll. Er wird den Tag nie erleben, an dem ich auch nur eine seiner schmutzigen Berührungen dulden werde!«

»Wenn du dich ihm verweigerst, ist das dein Tod.«

»Was kümmert dich das, he?« Dann erinnerte Asarhaddon sich daran, daß ihm Unfreundlichkeit nicht gestattet war. »Also hol dir ein Reittier, Symon«, lenkte er ein.

Als sie aufbrachen, sagte Symon: »Laß uns zum Hafen reiten, wo man die Verbrecher auf das Rad flicht.«

Mißtrauisch fragte Asarhaddon: »Weshalb gerade dorthin? Gibt es keinen erfreulicheren Ort in Ugarit?«

»Ich möchte dir dort etwas zeigen.«

Der Platz am Hafen, der, wenn nötig, auch als Hinrichtungsstätte benutzt wurde, war leer. Die schmutzigbraunen, hölzernen Räder waren an die Mauer eines niedrigen Gebäudes gelehnt, das den Verurteilten vorübergehend als Gefängnis diente, bis der Urteilsspruch gültig und besiegelt war. Auf den Steinplatten, mit denen der Platz gepflastert war, bezeugten weißlich-graue Flecken von Vogelkot, wo die Räder gewöhnlich aufgestellt waren und die Vögel ihre Mahlzeit halten durften.

Schulterzuckend wandte sich Asarhaddon an den Syrer: »Was wolltest du mir zeigen?«

»Es ist noch früh, und der Henker schläft gern lange. Laß uns etwas warten, es kann nicht mehr lange dauern.«

»Worauf warten wir denn? Auf eine Hinrichtung? Vertreibst du dir die müßige Zeit etwa mit solchen Dingen? Das wäre ja abscheulich!«

Asarhaddon wollte Hinrichtungen meiden. Er war sich nicht sicher, ob er sich nach so langer Zeit der Entbehrung in der Gewalt haben würde, und er durfte sich vor dem Syrer keine Blöße geben.

Symon aber wies das entrüstet von sich. »Von allen Orten auf der Welt sind Richtstätten die übelsten, und sie als Schaulustiger aufzusuchen, ist schändlich. Natürlich wollen wir uns nicht an den Qualen des Verurteilten ergötzen, sondern du sollst die Hinrichtung verhindern.«

»Ich?« fragte Asarhaddon überrascht. »Ich bin ein Sklave, hast du das vergessen?«

»Durchaus nicht. Auch der Verurteilte ist ein Sklave, und sein Herr heißt Menachim. Verstehst du mich jetzt?«

»Nein. Läßt Menachim ihn hinrichten, wird er seine Gründe haben. Außerdem glaube ich nicht, daß er Gnade gewährt.«

»Wenn du ihn darum bittest, wird er es tun.«

»Was willst du damit sagen? Du bist doch sein Geliebter! Weshalb versuchst du nicht, ein Wort für den Sklaven einzulegen?«

»Es wäre sinnlos. Ja, er nennt mich und alle anderen Sklaven seine Freunde, doch in Wahrheit schindet er uns alle. Er haßt es, wenn man ihn um Milde bittet, und er liebt es, Menschen zu quälen.«

Asarhaddon senkte den Blick. Wieder wurde ihm der verhaßte Spiegel Menachim vorgehalten. Gereizt entgegnete er: »Nun, dann brauche ich meine Worte nicht an ihn zu verschwenden.«

»Auf dich wird er hören, Arkas, nur auf dich, glaube mir! Seit du im Hause bist, hat er sich verändert. Er spielt den überlegenen, doch im Herzen ist er dein Sklave. Er ist krank vor Begierde und zögert wollüstig den Tag hinaus, an dem er dich unterwerfen will. Aber er hat auch eine gewisse Scheu vor dir. Ja, auf seine Weise liebt er dich vielleicht, obwohl Menachim eigentlich nur sich selbst liebt. Ich bin davon überzeugt: ein Wort von dir, und der Sklave wird begnadigt. Menachim hungert danach, dir einen Wunsch erfüllen zu dürfen.«

Asarhaddon verzog die Lippen. »Ja, aber um welchen Preis? Was Menachim für das Leben des Sklaven verlangt, will ich nicht zahlen.«

»Ohnehin wirst du bald bezahlen müssen. Menachim wird es nicht mehr lange ertragen und dich ganz besitzen wollen.«

»Um mich zu entehren, muß er mich erst töten.«

»Weshalb willst du dein Leben wegwerfen? Menachim zu willen zu sein, ist keine Schande, denn es liegt in deiner Macht, ihn dir gefügig zu machen. Du könntest ihn dir unterwerfen wie einen Sklaven, der dir jeden Wunsch erfüllt. Und wenn Menachim auf dich hört, wird er vielleicht auch die anderen menschlicher behandeln.«

»So? Was kümmern mich die Diener und Sklaven Menachims?«

»Weshalb sagst du das? Willst du härter erscheinen als du bist? Du hast das Gold, das dir Menachim überlassen hat, an die Hungernden verteilt und nichts für dich behalten. Dein Herz ist nicht aus Stein, und der Bittende hofft bei dir nicht vergebens.«

Asarhaddon unterdrückte eine höhnische Antwort. »Ja«, bestätigte er gelassen, »ich fühle mich verpflichtet, denen zu helfen, die in Not geraten sind, aber meine Mannesehre ist mir darum nicht feil. Du kannst das nicht verstehen, weil du ebenso wie Menachim fühlst, und auch mein Bruder schalt mich gefühllos, weil ich mich dem gleichen Geschlecht nie zuwenden konnte. Mich aber erfüllt allein die Vorstellung mit Abscheu, und wenn ich mich von Menachim berühren ließe, verdiente ich es nicht, in den Tempel des –« er unterbrach sich schnell und fuhr hastig fort: »nicht in mein Vaterhaus nach Assur zurückzukehren.«

»Du als Assyrer hast vielleicht einen strengeren Ehrbegriff als ein Phönizier«, räumte Symon ein, »und ich gestehe, daß mir die Zärtlichkeiten eines Mannes nicht unangenehm sind. Aber ist nicht das Wohlergehen vieler wichtiger als das eines einzelnen? Ein Sklave, der Menachim langweilt, dient nur noch seiner grausamen Lust.«

Asarhaddon zuckte mit den Schultern. »Ich kann nicht das Leid der ganzen Welt lindern. Ich kann nicht allen Menschenschindern der Beischläfer sein.«

»Du kannst auch nicht die Hungernden in aller Welt speisen, und doch hast du denen gegeben, deren Not du mit eigenen Augen sahst. Verstehst du, was ich meine?«

»Ja«, gab Asarhaddon kurz zurück. Die sanfte Hartnäckigkeit des Syrers erinnerte ihn unliebsam an Kautilya. Ich weiß, daß die Welt schlecht ist, dachte er, warum muß ich ständig an Leute geraten, die mir mit ihrer Güte die Luft zum Atmen stehlen? »Du hast ein gutes Herz, Symon. Ist es unter Menachims Einfluß noch nicht zerbrochen?«

»Glücklicherweise hatte mein Vater mehr Einfluß auf mich als Menachim«, gab Symon lächelnd zurück. »Er sagte, wenn man glücklich sein will im Leben, muß man versuchen, die Menschen zu lieben, denn dann wird man wiedergeliebt, und das ist das Beste von allem.«

»Aber Menachim kann man nicht lieben. Was nützen dir nun die schönen Worte deines Vaters? Du bist sein Sklave, und er ist dein Herr. Er befiehlt, du mußt dich fügen. Du mußt dich ducken, er trägt den Kopf hoch.«

»Glaube nicht, ich sei einfältig. Ich weiß, daß es auf der Welt keine Gerechtigkeit gibt, die man sich nicht erstritten hat, und Güte wird nicht durch das Schicksal belohnt. Aber hat es dich nicht für Augenblicke glücklich gemacht, den Armen helfen zu können?«

Asarhaddon dachte an die schmächtigen Kinder, die von den Raffenden mit Füßen getreten worden waren, an kreischende Weiber, deren Kopf gegen eine Wand flog, während sich eine Männerfaust gierig um das Kupfer schloß. »Gewiß«, gab er lächelnd zu, »das hat seine Freuden.«

Symon wollte etwas erwidern, da öffnete sich die Tür des Gefängnisses, und die Schergen führten einen jungen Mann heraus. Sie banden ihn vor dem Haus an einen Pfahl und bereiteten die Hinrichtung vor. Der Platz füllte sich langsam mit Menschen, die sich das Schauspiel nicht entgehen lassen wollten.

Asarhaddon folgte den Vorbereitungen mit glänzenden Augen wie ein Hungernder dem Brotkorb; den der Bäcker zum Markt trägt. Wie lange habe ich das entbehren müssen! Das Brechen der einzelnen Gliedmaßen wird gut zu verfolgen sein, und wenn ich Glück habe, lebt das Opfer noch, wenn die Raben mit der Mahlzeit beginnen. Der Schwur? Bei allen Göttern, ich bin unschuldig am Tod dieses Unglücklichen. Nur einmal will ich mich wieder dieser Lust hingeben, die Hitze spüren, das Zittern der Glieder.

»Wirst du es tun?« Symons Schrei riß ihn aus seinen Überlegungen.

»Was?« Er fuhr sich über die trocken gewordenen Lippen. »Was soll ich tun?«

»Bei meiner Seele, was ist mit dir, Arkas? Du hast die Augen Menachims, wenn er seine Schergen bei ihrer blutigen Arbeit beobachtet.«

Asarhaddon erschrak. Er wurde blaß und murmelte: »Was kann ich denn noch tun? Sieh doch, schon richten sie alles her. Es ist zu spät.«

»Nein, noch ist nichts verloren. Ich spreche mit dem Büttel, und er verschiebt die Hinrichtung; Menachim ist für seine Launen bekannt. Dann haben wir Zeit gewonnen, und du kannst für den Sklaven sprechen.«

Um Gnade betteln zu müssen, war Asarhaddon so zuwider, als müsse er einen Skorpion schlucken. Dennoch wollte ihm kein Einwand mehr einfallen. Ungehalten erwiderte er daher: »Also geh hinüber, ich rede mit Menachim.«

Aber Menachim ließ sich den ganzen Tag über verleugnen. Erst gegen Abend befahl er Asarhaddon zu sich. Er lag auf einem Diwan, seine ringgeschmückten Finger trommelten nervös. Aus schmalen Augen betrachtete er den Assyrer, der in lässiger Haltung im Türrahmen stand, sich seiner Wirkung wohl bewußt. So stand kein Sklave vor seinem Herrn.

»Du bist heute mit Symon ausgeritten?« begann Menachim harmlos das Gespräch. »Hat der hübsche Syrer dir den Verstand verwirrt?« Asarhaddon verzog keine Miene. Er betrachtete den gutaussehenden Phönizier in seinen weibischen Gewändern, und dachte an Symons Worte. »Meinen Verstand zu verwirren bedarf es etwas mehr als des Lächelns eines hübschen Gesichtes. Zweifelst du an meinem Verstand?«

»Ha!« Menachim setzte sich temperamentvoll auf und zeigte mit dem Finger auf Asarhaddon. »Du weißt recht gut, wovon ich spreche! Symon hat die Hinrichtung dieses Bastards eigenmächtig aufschieben lassen, und du hast ihm versprochen, dich für ihn zu verwenden.«

Asarhaddon zuckte die Achseln. »Wenn du es ohnehin weißt – ja, Symon bat mich, ein Wort für den Unglücklichen einzulegen. Weshalb sollte ich zögern, wo es um ein Menschenleben geht?«

Menachim erhob sich, verschränkte die Arme hinter dem Rücken und ging gereizt auf und ab, dabei warf er Asarhaddon abschätzende Blicke zu. »Das Leben eines Sklaven! Du bist zu hochmütig, als daß dir in Wahrheit ein Sklave etwas bedeuten könnte.«

»Ich bin selbst ein Sklave.«

»So ist es! Was also läßt dich oder Symon hoffen, daß ich mich von dir erweichen ließe?«

»Du hast dich schon einmal mir gegenüber großmütig erwiesen, als ich dein Gold an die Armen verteilte. Auch sonst scheint es, als besäße ich deine besondere Gunst – vielleicht in höherem Maße als Symon –« Asarhaddon lächelte vielsagend. »Oder irre ich mich?«

Menachims Augen blitzten verlangend auf. »Nein, mein Wohlwollen dir gegenüber ist sogar fast uneingeschränkt, jedoch –«, er verzog etwas den Mund, »ich lasse mich nicht hintergehen. Es gefällt mir nicht, wenn sich meine Sklaven hinter meinem Rücken zusammentun. Hattest du wirklich Mitleid mit dem Verurteilten? Symon, ja, der stirbt jedesmal tausend Tode, wenn ich einen Sklaven auch nur auspeitschen lasse, aber du? Du hast nicht einmal nach seiner Schuld gefragt.«

»Was zählt die Schuld, wenn man Barmherzigkeit will?«

»Die hat er nicht verdient. Er hat eine meiner Sklavinnen geschwängert.«

»Wie unverzeihlich! Hätte er mit einem jungen Mann gespielt, wärst du sicher nachsichtiger gewesen.«

Menachim lächelte kalt. »Ein guter Scherz, aber manchmal sind Scherze nicht angebracht. Ich halte seine Strafe für angemessen.«

»Mag sein, doch bedenke, daß Gnade zu gewähren größer ist als zu strafen. Sei nicht grausam, wo ein Mann nichts tat, als seinen Gefühlen nachzugeben. Vielleicht hat er das Mädchen geliebt?«

»Ach! Sprich doch nicht von Dingen, die du nicht verstehst!« rief Menachim höhnisch. »Du schenkst weder Männern noch Frauen deine Gunst! Du lebst in dieser Stadt, die dir alles in Fülle anbietet, wie jene Verrückten, die in Berghöhlen leben und sich von Würmern ernähren. Aber das sind abgeklärte Greise, du bist ein Mann in der Blüte deiner Jahre. Ersetzt es dir den Liebesgenuß, wenn du ein Sklavenleben retten kannst oder den Abschaum der Stadt durchfütterst? Hast du vertrocknete Lenden, aber ein weiches Herz? Ich glaube es nicht!«

Menachim sah Asarhaddon lauernd an, doch der entgegnete kühl: »Ja, ich verabscheue Grausamkeiten, und aus keinem anderen Grunde habe ich Symon meine Hilfe zugesagt. Hast du denn nicht auch Gefühle, Menachim? Du gibst dich zwar schrankenlos deinen Gelüsten hin, bist dabei aber zartfühlend wie ein reißender Wolf.«

Menachim stellte sich dicht vor Asarhaddon und sah ihm in die Augen. »Ja, ich bin ein Wolf, Arkas, und ich hielt dich für einen Artgenossen, aber offensichtlich stellst du dich auf die Seite der blökenden Schafe. Du willst also, daß ich den Sklaven begnadige?« Menachims Stimme wurde plötzlich schneidend. »Dann bitte mich darum!«

»Ich habe es bereits getan.«

»Was? Du hast es hochmütig gefordert, mit deinem herablassenden Lächeln. In der stolzen Haltung eines Herrschers stehst du vor mir, der du doch mein Sklave bist. Beuge deinen Nacken, der noch nie das Joch spürte, stolzer Assyrer. Wirf dich in den Staub, küsse mir die Füße und flehe um Erbarmen. So kennt man es in Ugarit und überall auf der Welt. Vielleicht, daß ich dann meine Meinung ändere und den Sklaven verschone.«

Asarhaddons Lächeln erstarrte; heiß schoß ihm das Blut in die Wangen. Unwillkürlich ballte er die Hände zu Fäusten und preßte die Lippen zusammen, damit sie nicht vor Wut zitterten.

Menachim lächelte überlegen. »Fasse dich, Arkas. Zorn kommt einem Sklaven nicht zu. Du willst dich also nicht vor mir demütigen? Wie du willst. Dann vergiß die armselige Sklavenseele, an der dir angeblich so viel liegt. Wirf deinen Kopf weiterhin anmaßend in den Nacken, aber seine Knochen werden morgen splittern wie morsches Holz.« Menachim machte eine verächtliche Handbewegung. »Wußte ich es doch! Viel kann er dir nicht bedeuten, wenn du einen läppischen Kniefall scheust. – Solltest du allerdings deine Meinung ändern, so vergiß nicht, auch für deinen Freund Symon zu sprechen, während du um Gnade winselst. Er hat sich mein Wohlwollen verscherzt. Sklaven, die sich gegen mich stellen, gebe ich Salz zu essen; das zerfrißt ihre Innereien und läßt sie rasen vor Durst und Schmerzen. Es wäre schade um Symon, aber wenn du mir wahre Demut bezeugst, soll meine Gnade für die beiden Unglücklichen nicht ausbleiben.«

Asarhaddon bebte am ganzen Leib. Seine Finger zuckten, und er hätte sie Menachim gern um den Hals gelegt. Aber er mußte sich unterwerfen; der Schwur befahl es ihm unerbittlich. Langsam ließ er sich auf die Knie sinken, in seinen Schläfen hämmerte das Blut, und er meinte, ersticken zu müssen.

»Sicherlich hast du früher selbst Sklaven besessen«, hörte

er Menachims höhnische Stimme. »Durften sich diese so zögernd vor dir beugen? Das Gesicht in den Staub, sonst kenne ich keine Gnade!«

Ich töte ihn! Mit meinen Zähnen reiße ich ihm die Kehle auf! dachte Asarhaddon. Zur Hölle mit meinem Schwur und mit Kautilya, der ihn mir abverlangte! Zum erstenmal erwog er ernsthaft, seinen Schwur zu brechen. Ich bin ein Sklave, ein Sklave! raste es Asarhaddon durch den Schädel. Nicht der Hohepriester, nicht einmal ein barfüßiger Fischer im Schlamm der Schilfsümpfe, ich bin Menachims Sklave! Er berührte mit der Stirn den Boden, doch seine Lippen zitterten. Mit erstickter Stimme würgte er hervor: »Ich bitte dich – ich bitte dich um Gnade.« Ihm war zumute, als versetze er seiner ganzen Vergangenheit den Todesstoß.

Menachim aber lachte grausam. »Lauter! Ich habe nichts gehört. Und vor allen Dingen unterwürfiger. Du sollst winseln! Bei Baal-Sebub, deine Bitten klingen wie Befehle, und noch in deinem gekrümmten Rücken erkenne ich Aufbegehren.«

Da begriff Asarhaddon, daß es keinen Ausweg gab. Er mußte sich jetzt entscheiden. Arkas ist ein Bettler, dachte er, Arkas ist ein Niemand, und was er tut, kann Asarhaddon nicht erniedrigen. Vielmehr ehrt es ihn, denn sein Verhalten bezeugt die Standhaftigkeit eines Mannes, der unter keinen Umständen seinen Eid bricht. Und Asarhaddon antwortete mit dumpfer Stimme: »Ich küsse in Demut und Ehrfurcht den Erdboden, den deine Füße berühren, mein Herr, und erflehe Barmherzigkeit für deine beiden Sklaven. Mögen die Götter dich belohnen, wenn du mir elendem Sklaven die Sonne deiner Gnade schenken wolltest.«

So sprach Asarhaddon, denn so hatte er es früher von den eigenen Sklaven häufig gehört. Worte, die es niemals vermocht hatten, ihn umzustimmen. Aber Menachim war zufrieden. Gnädig erlaubte er Asarhaddon, sich wieder zu erheben.

Blutübergossen stand er vor Menachim, den Blick schamhaft gesenkt, aber heißen Haß im Herzen. Menachim sagte kühl: »Ja, ich habe mich geirrt. Du fühlst dich bei den Schafen wohler als bei den Wölfen. Ich konnte dir die Demütigung nicht ersparen, denn bevor ich dich als Leibsklave zu mir nehme, mußtest du daran erinnert werden, daß ich dein Herr bin. Ich habe viel Geduld mit dir, Arkas, unangemessen viel Geduld, und du weißt es. Aber die Rollen wollen wir doch nicht vertauschen. Als Zeichen meines Wohlwollens darfst du hinfort Symons Stelle einnehmen, während dieser den Garten fegen mag und uns bei den Gelagen bedienen darf.« Er lächelte abgründig. »Ein bißchen Strafe muß sein, nicht wahr?«

9

Mit diesem Tag begann für Asarhaddon der Dienst an seinem Herrn. Asarhaddon mußte Menachim von nun an fast ständig begleiten. Wenn Menachim es wünschte, mußte er ihm beim An- und Auskleiden behilflich sein, bereit stehen, wenn er ein Bad nahm, seinen Herrn mit wohlriechenden Essenzen einreiben, ihm die Badetücher reichen, dabei auch den anderen Sklaven ihre Arbeit zuweisen. Alle diese Tätigkeiten erforderten häufigen Körperkontakt, der Asarhaddon zuwider war, aber es waren keine unsittlichen Handlungen, und Asarhaddon fand keinen Grund, sich dagegen zu sträuben, obwohl er wußte, daß Menachim jede seiner Berührungen genoß.

Menachim war klug genug, Asarhaddon langsam an seine Nähe zu gewöhnen. Er war freundlich und behandelte auch die übrige Dienerschaft gut. So wollte er Asarhaddon weich und nachgiebig stimmen, doch dieser blieb kalt und verschlossen. Nicht einmal ein Lächeln konnte Menachim ihm entlocken. Unnahbar, ohne eine Miene zu verziehen, gehorchte Asarhaddon den Befehlen. Er überhörte Scherzworte genauso wie anzügliche Bemerkungen. Wenn er sprach, dann in knappen Worten; nicht einmal Ironie ließ er in ihnen aufblitzen, was er sich sonst gern erlaubte.

Menachim aber berauschte sich vorerst an Asarhaddons bloßer Anwesenheit. Dessen Unnahbarkeit steigerte nur seine Spannung, denn eines Tages mußte er ihm unweigerlich zum Opfer fallen. An dem Tag, den er allein bestimmen konnte. Wie reizvoll würde es dann sein, den kühlen Assyrer vor Lust schreien zu hören! Er zweifelte nicht daran, daß es so kommen würde, denn er war erfahren darin, spröde Herzen zu brechen.

Nach einem ereignislosen Tag hatte sich Asarhaddon zur Ruhe begeben. Er hatte schon geschlafen, doch jäh erwachte er; er spürte, daß jemand in sein Zimmer getreten war.

»Wer ist da?« rief er in die Dunkelheit.

»Menachim.«

Der Name durchfuhr Asarhaddon wie der Stoß einer Lanze. Heute also ist der Tag! dachte er. Doch nach außen blieb er beherrscht. »Du kommst selbst? Weshalb läßt du mich nicht rufen?«

Menachim ging nicht auf diese Frage ein. »Hier schläfst du, hier lebst du«, murmelte er. »Ich hörte dich atmen. Da war es mir, als streichele mich sanft dein Hauch.«

Asarhaddon hörte Menachim näher kommen. »Zünde eine Lampe an«, bemerkte er gelassen, »du könntest stolpern und dich verletzen.«

»Würde dich das denn betrüben?«

»Kaum, aber man würde mich belangen, weil es in meinem Zimmer geschah. Was willst du?« Asarhaddons Stimme war kalt; er bemühte sich nicht um einen unterwürfigen Ton.

Licht flammte auf. Menachim hatte eine Öllampe entzündet. »Du weißt, was ich will«, entgegnete er ohne Umschweife. Er stellte die Lampe auf einen Tisch und betrachtete begehrlich die kräftigen nackten Schultern seines schönen Sklaven.

Asarhaddon setzte sich auf die Bettkante und verschränkte die Arme über der Brust. »Ja, Menachim, ich weiß es, aber du hast dich im Zimmer geirrt. Deine Lustknaben wohnen im anderen Flügel.«

Menachim trat lächelnd näher. »Ich weiß wohl, daß du dich sträuben wirst, Arkas, aber auch widerspenstige Frauen sollen, wie ich hörte, den Lustgewinn des Mannes noch erhöhen.«

»Man hat auch schon von Männern gehört, die dabei getötet wurden«, antwortete Asarhaddon drohend.

»Das würdest du tun? Mich töten? Mein sanftmütiger Arkas, welche süße Qual wäre das! Wirst du es mit deinen Händen tun?« Menachims Stimme war sanft. »Laß mich an deiner Seite sitzen. Das wirst du doch wohl dulden?« Dann stieß er einen halblauten Ruf aus. »Was glänzt denn da auf deiner Brust? Zeig es her!«

Unwillkürlich griff Asarhaddon sich an den Hals. »Es ist wertlos für dich; das Geschenk eines Freundes.«

Menachim nahm es zwischen die Finger. »Was muß ich sehen? Die Göttin Astarte. Das überrascht mich, Arkas. Sie soll ihrem Träger Unwiderstehlichkeit und seinen Lenden Kraft verleihen, so sagt man. Hat Astarte ihre Zauberkraft bei dir entfalten können? Du hast es bis jetzt geschickt verborgen.«

Asarhaddon nahm ihm das Amulett unwillig aus der Hand. »Ich denke, Menachim, du hast die Gunst der Astarte nötiger als ich. Vielleicht macht dich ihr Zauber zum Mann, ich bin es bereits.«

Menachim lachte leise. »Ich bin durchaus ein Mann, aber du gibst mir keine Gelegenheit, es zu beweisen. Was dich angeht, so zweifle ich noch daran. Gib meinen Händen Gelegenheit, sich davon zu überzeugen.« Er legte Asarhaddon seine Hand auf den Oberschenkel und glitt langsam hinauf, dabei ging sein Atem schwerer, und als Asarhaddon seine Hand fortstoßen wollte, zog Menachim einen Dolch und hielt ihn Asarhaddon an die Kehle. »Brauchst du es wirklich auf diese Weise, Arkas?«

»Stoß zu!« erwiderte Asarhaddon verächtlich, während er Menachims Hand festhielt.

Dieser senkte die Klinge. »Ein Jammer, du fürchtest den Tod nicht, das dachte ich mir. Und deine Leiche zu schänden, wird mir kaum Vergnügen bereiten.« Er lächelte verzerrt. »Aber vielleicht sollte ich deinen unvergleichlichen Körper draußen im Hof von vier starken Sklaven ausstrecken lassen, die zusehen, wie ich meine Männlichkeit an dir erprobe!«

Asarhaddon wurde bleich. »Menachim«, sagte er heiser, »wir sollten vernünftig miteinander reden.«

Dieser seufzte. »Vernünftig? Du hast recht, aber deine Nähe hat längst alle Vernunft in mir ausgelöscht, das weißt du doch.« Dann fügte er kalt hinzu: »Laß mich nicht wirklich unvernünftig werden und dich mit Gewalt zu etwas zwingen, das dich weitaus mehr erniedrigen würde, als dich mir hinzugeben. Die Sache mit den vier Sklaven ist nur ein Vorschlag. Ich könnte dir auch von jenem Wein einflößen lassen, der willenlos macht. Ich könnte das Rauschmittel so wählen, daß du dich selbst entblößt und um Befriedigung bettelst. Bedenke das, bevor du dich weiterhin sträubst.«

Asarhaddon wurde bei dieser Vorstellung schlecht, und er ließ Menachims Hand los. »Wenn du das tust, wird es das Ende deiner Stadt sein«, gab er tonlos zurück. »Nicht einmal Staub wird bleiben von Ugarit.«

Menachim lachte nervös. »Was redest du da? Du bist mein Sklave und drohst mir und meiner Stadt?«

»Ich tue es, und wenn du klug bist, dann verläßt du mich auf der Stelle und bedrängst mich nie wieder mit deinen schmutzigen Wünschen. Geh, sonst zwingst du mich zu Dingen, die ich nicht tun will.«

Der eisige Tonfall ließ Menachim aufhorchen. Mit schmalen Augen musterte er Asarhaddon. Er hatte ihn zwar nie für einen gewöhnlichen Mann gehalten, aber diese Drohungen hielt er für leeres Gerede. Nur ein Gott, der über Donner und Blitz, Sturmflut und Erdbeben verfügte, konnte Ugarit vertilgen, und seines Wissens gab es einen solchen Gott nicht; nicht in Ugarit. Er räusperte sich und erwiderte besänftigend: »Du erwartest doch nicht, daß ich dir Glauben schenke? Aber laß uns vernünftig reden. Du schweigst dich aus über deine Vergangenheit – bedränge ich dich mit Fragen? Nein. Du warst einmal ein mächtiger Mann, nicht wahr? Und nun bist du in die Sklaverei geraten. Das ist ein Schicksal, das viele gute Männer erleiden müssen. Aber es muß nicht unerträglich sein. Wer klug ist und schön wie du, kann auch weiterhin ein gutes Leben haben. Und zur Klugheit gehört auch Einsicht. Ein weiser Mann schickt sich in das Unabänderliche.«

»Oder er stirbt für seine Überzeugung«, ergänzte Asarhaddon.

»Du bist noch jung und hast sicher ehrgeizige Pläne. Ein Mann wie du wirft sein Leben nicht weg, weil ein anderer

Mann ihn umarmen möchte. Wozu glaubst du, hat mein Vater ein Talent für dich bezahlt? Schöne Knaben kauft man für drei Goldstücke, ein Talent zahlt man für einen Mann, der einen verrückt macht, für dessen Lächeln man auf den Knien von hier bis Tyrus rutschen würde. Du schwebst wie eine Verheißung durch mein Haus, meinen Garten, und mir, deinem Herrn, soll sie sich nicht erfüllen?«

»Dein Vater hat dir den falschen Mann gekauft, Menachim. Gewiß hast du Rechte an mir, aber es wäre nicht weise von dir, sie einzufordern. Du zwingst mich, dir mehr zu sagen, als mir erlaubt ist. Ich habe einen Schwur getan, und mit meiner Drohung habe ich ihn bereits verletzt. Wenn du mich aber dazu bringst, ihn zu brechen, wird meine Rache furchtbar sein.«

Menachim horchte auf. »Einen Schwur? Du machst mich neugierig. Werde ich jetzt endlich dem Geheimnis deiner Herkunft auf die Spur kommen? Du weißt, ich möchte alles von dir wissen.«

»Ich darf dir nicht alles erzählen, sonst breche ich den Eid. Demütig muß ich mich in mein Los schicken, sei es auch Sklaverei oder Tod. Doch es überstiege meine Kräfte, deinem Verlangen nachzugeben, und niemand darf frevelhaft seine Hand auf das legen, was Aschschur geweiht ist.«

»Du bist eurem Gott geweiht? Das verblüfft mich. Ist nicht Aschschur auch ein Gott, der Menschenopfer verlangt? Wie paßt das zusammen mit deinem Schwur?«

»Ich schwor nicht bei seinem Namen.«

»Bei wessen Namen dann? Und weshalb?«

»Das kann ich dir nicht sagen, aber eins sollst du wissen: Meine Macht ist größer als du ermessen kannst, also sei klug und beherrsche deine Begierden.«

Menachim zuckte die Achseln. »Einst mag das so gewesen sein, doch jetzt bist du hier in Ugarit, wo Assyriens Wort nichts gilt. Assurdan, dein König, ist ein friedliebender Mensch und wird deinetwegen keinen Krieg entfesseln.«

»Du Narr! Wenn ich meinen Schwur vergesse, bin ich auch nicht mehr dein Sklave. Dann genügt ein Wort von mir, und die assyrischen Truppen stehen vor dieser Stadt. Sie würden eure Söldner wegfegen wie einen Haufen Kehricht. Die Leichen würden sich zu Bergen türmen, kein Säugling bliebe verschont.«

Asarhaddon verstummte erschrocken, aber Menachim stellte genüßlich fest: »Also bist du doch ein Wolf. Ich irre mich selten.«

Asarhaddon sah ein, daß es zwecklos war, sich weiter zu verstellen. »Nein, du hast dich nicht geirrt«, sagte er kühl, »aber wenn du ein Wolf bist, bin ich ein Tiger, denn deine Grausamkeit ist armselig. Du hast nicht die Macht, sie in ihrer ganzen Fülle zu leben, überall Schrecken durch sie zu verbreiten. Nur, wen kein Gesetz bindet, kann die Macht in ihrem vollen Ausmaß ausschöpfen, daß sie auch ihren Namen verdient. Du kannst doch nur deine Sklaven schinden!«

Menachim war bestürzt, aber er zeigte es nicht. Spöttisch erwiderte er: »Für deine angebliche Macht habe ich bis jetzt keinen Beweis. Ich will dir glauben, daß du in Assyrien ein mächtiger Mann warst, aber offensichtlich hat man dich deines Amtes entkleidet und dann in der Wüste ausgesetzt, oder gehörte es zu deinem Schwur, dort zu verdursten? Und was sollte einen Mann, der über Assyriens Heerscharen gebietet, veranlassen, einen derart entehrenden Schwur zu leisten?«

Asarhaddon wurde aschfahl. »Eine gute Frage!« stieß er heiser hervor. »Aber ich darf sie dir nicht beantworten. Wenn du meinen Worten nicht traust, so betäube mich und befriedige deine Lust. Dann aber stirb zusammen mit deiner Stadt in einem Flammenmeer, das von hier bis Askalon reichen wird.«

Darauf sagte Menachim nur: »Ich werde gehen, Arkas. Doch nicht aus Furcht, sondern weil ich dich nicht gegen deinen Willen besitzen will. Ich breche sonst jeden Widerstand, aber du bist nicht wie andere Männer. Baal-Zakar-Menachim wird warten, aber nicht verzichten.«

10

Nach diesem Abend belästigte Menachim Asarhaddon nicht mehr. Er holte Symon wieder an seine Seite und ließ Asarhaddon allerlei niedrige Arbeiten tun, wie ein gewöhnlicher Arbeitssklave.

Auf einem seiner zahlreichen Gelage war Menachim wieder einmal betrunken. »Dein tugendsamer Freund hat eine schwarze Seele, glaube es mir«, wandte sich Menachim mit schwerer Zunge an Symon. »Er ist zwar keusch, aber eine Natter.«

Symon hörte nicht hin, aber er wurde rot, wenn Menachim ihm Schulter und Nacken küßte und er danach Asarhaddons Blick begegnete, der heute das Amt des Mundschenken versehen mußte. Es wurde auch mit Hanf versetzter Wein ausgeschenkt, von dem Asarhaddon seit jenem ersten Tag in diesem Hause allerdings keinen Tropfen mehr zu sich nahm. Schweigend, mit undurchdringlicher Miene, saß er neben Menachim und erwartete seine Anweisungen.

»Schenk uns nach, Arkas! Trinkst du schon nicht selbst, so habe doch ein Auge darauf, daß unsere Becher nicht leer werden.«

Asarhaddon kam diesem Wunsch augenblicklich nach; lauernd beobachtete ihn Menachim dabei. Asarhaddon spürte hinter seiner Trunkenheit das grausame Verlangen, ihn zu demütigen. Haß loderte in ihm auf. Er vermied es, Menachim anzusehen, denn seine Augen waren schwarz vor Abscheu. Aber seine Hände verrieten ihn, die zitterten, als er den Wein einschenkte.

Menachim fühlte, daß Asarhaddon nur noch mit Mühe seine Gelassenheit bewahrte. Er winkte einem jungen Sklaven, der blumenbekränzt und betrunken war. »Gislan!« rief Menachim. »Ich sehe, du bist vergnügt, deine Augen glänzen, und deine Wangen sind gerötet. Ja, lache nur und singe, junger Freund, denn es ist stets ein Freudentag, wenn Baal-Zakar-Menachim Feste feiert.« Er wies auf Asarhaddon: »Sieh dir Arkas an, meinen geschätzten Diener und Freund. Seine Augen sind schwarz vor Kummer, denn er ist einsam, seine Hände zittern vor Sehnsucht nach einem zärtlichen Freund. Wie aber könnte ich Symon betrüben und ihm untreu werden? Schenke du ihm, wonach er sich sehnt. Teile deinen Körper mit ihm, denn er schmachtet nach deinen Küssen, obwohl er zu zurückhaltend ist, es dir zu zeigen.«

Der Wein machte den jungen Sklaven blind für die tödlichen Blicke Asarhaddons. Er wollte ihn gleich umfassen und schaute verdutzt drein, als er grob zurückgestoßen wurde.

»Nur Mut, Gislan!« feuerte ihn Menachim an. »So braucht er es! Er will den Kampf beim Liebesspiel. Du mußt ihn überraschen mit deinem Angriff.«

Asarhaddon wich einige Schritte zurück und warf Menachim einen warnenden Blick zu, doch dieser schenkte ihm keine Beachtung. Seine Augen glitzerten voller Spannung, wie sich die Sache entwickeln würde. Asarhaddon wandte dem betrunkenen Sklaven verächtlich den Rücken zu und schenkte einem anderen Gast ein; da sprang Gislan ihn unversehens an und riß ihn zu Boden. Der Krug zerbrach, und Wein spritzte auf ihre Gewänder. Gelächter erhob sich. Asarhaddon gelang es rasch, sich aus dem Griff des jungen Mannes zu befreien, doch da warf ihm Menachim einen Dolch zu. Jäh brachte er den Tod in das harmlose Spiel.

»Ha! Dieser Unverschämte! Er hat es gewagt, dich vor meinen Gästen niederzuwerfen, um seine Lust an dir zu befriedigen. Schneide ihm die Kehle durch, Arkas!«

Asarhaddon hatte unwillkürlich den Dolch gepackt, und als er den Griff in seiner Hand fühlte, durchströmte ihn eine Flut von Empfindungen, die alle Bedenken wegen seines Schwurs hinwegzuspülen drohte. Vor sich sah er die weit aufgerissenen Augen des Sklaven. Menachims höhnische Stimme und das Lachen der Umstehenden peitschten sein Blut. Weil er zögerte, fuhr Menachim heiser fort: »Was bedenkst du dich, Arkas! Wie? Du willst ihn nicht so rasch töten, nicht wahr? Laß uns sehen, wie du es auf assyrische Weise tust. Töte ihn langsam! Verstümmele ihn!«

Symon schrie auf. »Nein, Arkas!«

Asarhaddon wandte den Kopf, aber sein abwesender Blick sah durch Symon hindurch. Mit der Linken hielt er den Sklaven am Boden, in der Rechten den Dolch. Von seinem bleichen Gesicht lief der Schweiß, seine Zähne waren halb entblößt, als wolle er damit sein Opfer zerreißen. Alle erwarteten mit Ungeduld ein blutiges Schauspiel. Der unglückliche Sklave, wieder nüchtern geworden, keuchte vor Angst.

Das kitzelte Asarhaddons überreizte Gefühle; er stieß erregt die Luft aus, daß seine Nasenflügel bebten.

»Stich ihm die Augen aus!« krächzte Menachim.

Symon sprang auf und lief auf die beiden zu. Er packte Asarhaddons Arm und schrie: »Du darfst es nicht tun!«

Verwirrt starrte Asarhaddon ihn an, dann begriff er. Aufstöhnend ließ er den Dolch fallen. Der Sklave entschlüpfte seinen Händen und lief fort. Asarhaddon zitterte und war wie betäubt. Da berührte ihn Symon am Arm. »Danke, Arkas.« Er taumelte zurück, als er in haßverzerrte Züge sah.

»Flüchte dich in die Arme deines spaßigen Gebieters!« zischte Asarhaddon. »Bei Aschschur, ich hätte den Sklaven zerfleischen sollen.«

Menachim war enttäuscht, aber er ließ es sich nicht anmerken. »Komm her zu mir, Arkas. Dein großes Erbarmen mit diesem Unwürdigen muß belohnt werden. Du darfst zu meiner Rechten sitzen.«

Asarhaddon tat einige tiefe Atemzüge, um wieder Gewalt über sich zu erlangen, und nahm neben Menachim Platz. Dieser schob ihm einen Becher zu. »Du bebst ja am ganzen Leib. Ja, ja, so geht es einem, wenn man sich auf absonderliche Schwüre einläßt.«

»Was willst du damit erreichen?« fragte Asarhaddon schon etwas ruhiger. »Willst du nicht meine Zuneigung? So erwirbst du sie dir schwerlich.«

»Werde ich sie denn je besitzen?«

»Nein, so hast du nur meinen Haß.«

»Das ist ein Fortschritt. Bis jetzt hast du mich verachtet, jetzt bin ich dir Haß wert. Vom Haß zur Liebe, so sagt man, sind es nur wenige Schritte.«

»Wenige Schritte sind es auch zum Abgrund. Du solltest die Richtung nicht verfehlen.«

»Habe ich sie verfehlt? Ich wollte dir Befriedigung verschaffen, weil ich sah, wie du unter dem Verzicht leidest. Vergiß doch diesen lächerlichen Schwur, dann lebst du bei mir wie ein Fürst.«

»Wie Symon?«

»Was ist er neben dir? Ich vergehe, wenn ich dich ansehe.«

»Hoffentlich für immer.«

Menachim lachte gezwungen. »Du verhöhnst mich, Arkas, aber auch du bist nur ein Mensch. Zwar verschmähst du Männer wie Frauen, doch jetzt weiß ich, wo deine wahren Neigungen liegen. Wie lange wirst du dich noch beherrschen können, so wie heute abend? Mag sein, ein schöner Körper, ein betörendes Lächeln, all das reizt dich nicht, aber ein Körper, der sich in Schmerzen windet, läßt dich nicht kalt. Ich werde dir diesen Genuß verschaffen, bis ich endlich auch in deinen Augen Begierde brennen sehe.«

»Asarhaddon umklammerte hart den Becher. »Was auch immer du tust, ich werde nicht ablassen, dich um Gnade zu bitten.«

»Und ich werde deine Bitten abschlagen. Damit bereite ich dir doch das größere Vergnügen, nicht wahr?«

»In Assur ja, hier nicht.«

»Aber du wirst Assur nicht wiedersehen. Willst du dein ganzes Leben auf das verzichten, was dir die größten Wonnen schenkt?«

»Ich bin nicht ein Leben lang an meinen Schwur gebunden.«

»Wie lange gilt er denn?« fragte Menachim neugierig und klopfte an Asarhaddons Becher. »Du trinkst nicht.«

Asarhaddon nahm einen kleinen Schluck. »Wenn die Zeit gekommen ist, wirst du der erste sein, der es erfährt«, erwiderte er sanft.

»Daran zweifele ich nicht, aber trinke doch etwas mehr. Ja, trink alles aus. Du wirst dich dann besser fühlen.«

Asarhaddon lächelte verzerrt. »Nein, der Rest gebührt dir, Baal-Zakar-Menachim!« Mit diesen Worten schüttete er ihm den Wein ins Gesicht. »Fühlst du dich jetzt besser?« fragte er, dann erhob er sich und verließ gelassen und erhobenen Hauptes die Gesellschaft.

Menachim wischte sich mit träger Geste den Wein aus dem Gesicht, sein Mund verzerrte sich zu einem schiefen Grinsen. »Das wirst du mir bezahlen, Assyrer! Münze für Münze!«

Symon versuchte tapfer, Asarhaddon zu verteidigen. »Du hast diese Beleidigung herausgefordert, Menachim. Seit Tagen demütigst und verspottest du ihn, und daß er es dir nur mit einem Spritzer Wein vergalt, ist mehr als großmütig.«

»Du Schwätzer! Arkas ist mein Sklave und hat meine Behandlung zu ertragen. Seit wann käme einem Sklaven Großmut gegenüber seinem Herrn zu?«

»Du liebst Arkas, weil er nicht wie deine anderen Sklaven ist. Gefiele es dir, wenn er wie ein Hund vor dir kröche und winselnd deine Hände leckte?«

In Menachims Augen trat ein Schimmer. »Bei den Göttern, nein, das gefiele mir nicht.« Dann aber wurde seine Stimme hart: »Weshalb verwendest du dich für ihn? Liebst du ihn etwa auch?«

Symon wurde dunkelrot. »Nein«, stotterte er, »ich mag ihn, weil er sich auch für andere einsetzt. Weil er ein gutes Herz hat.«

Menachim schlug ihm die flache Hand vor die Stirn. »Du Einfaltspinsel! Arkas möchte ganz Ugarit in Flammen aufgehen lassen und auf den Leibern der Erschlagenen tanzen. Und du solltest dich mehr zurückhalten. Zwar bist du mein Leibsklave, und ich schätze dich sehr, doch nicht deines Zartgefühls oder deiner Geschwätzigkeit wegen, sondern weil du ein schöner Knabe bist. Ein Geliebter aber, der seinem Gönner mit Bitten und Beschwichtigungen lästig fällt, verliert rasch dessen Gunst. Es wäre schade um deine Mandelaugen.«

Symon zuckte merklich zusammen. »Komm her«, sagte Menachim sanft, »du bist blaß geworden, und das steht dir nicht.« Er strich ihm übers Haar. »Mit Arkas habe ich viel Geduld gehabt«, sagte er leise. »Aber weder mit Güte noch mit Gewalt werde ich ihn umstimmen. Ich weiß jedoch auch, daß ich sterben werde, wenn ich seine Umarmung niemals erfahren darf, also werde ich ihn nicht mehr schonen, denn es ist besser, daß er seinen Schwur bricht, als daß ich sterbe.«

»Welchen Schwur?«

»Wie ein räudiger Hund durch die Welt zu schleichen, seine Gaben und Talente vor die Säue zu werfen und den Abschaum mit seinen Wohltaten zu überhäufen«, entgegnete Menachim verächtlich.

»Weshalb hat er einen solchen Schwur getan?«

Menachim zuckte mit den Schultern. »Ich gäbe viel darum, wenn ich es wüßte, aber Arkas sagt es mir nicht. Eins aber hat er mir verraten: wenn ich ihn anrühre, bricht er seinen Schwur. Bei Baal-Hammon, weshalb brach er ihn nicht heute abend, als ich ihn bis an die Grenzen seiner Langmut herausforderte? Weshalb blieb er beherrscht? Was bedroht ihn, wenn er den Eid bricht? Er ist ein Mann, der nichts zu fürchten scheint außer der Schande. Wer hat Macht über ihn, der sicher dereinst gewohnt war zu herrschen und der sich nun willig versklaven läßt? Vielleicht erfahre ich alles, wenn ich ihn dazu bringe, seinem Schwur untreu zu werden.«

»Und wenn es dir gelingt, was bedeutet das?«

Menachim lachte gereizt. »Angeblich den Untergang von Ugarit, doch bei aller Achtung vor Arkas, das halte ich für eine leere Drohung, damit ich seine Keuschheit nicht beflecke.«

»Womöglich gehört die Keuschheit zu seinem Schwur. Er geht auch nicht zu Frauen.«

»Ja, Symon«, sagte Menachim nachdenklich, »er lebt wie die heiligen Männer in den Bergen. Er wird von starken Gefühlen beherrscht, die er meisterhaft zu verbergen weiß. Wenn er vor mir steht, gibt er sich kalt und abweisend, dabei hat er die grausame Sinnlichkeit einer Raubkatze. Er spielt mit der Beute, bevor er sie schlägt und ihr Blut trinkt. Deshalb werde ich das Raubtier füttern müssen, bis es mir aus der Hand frißt.«

11

Menachim schlief lange am nächsten Morgen nach der durchzechten Nacht. Asarhaddon hatte bis zum Mittag keine Befehle zu erwarten. Er war aufgewacht mit dem Blutdurst einer hungrigen Hyäne. Er wollte töten, und er meinte, er müsse seinen Verstand verlieren, wenn er diesem Verlangen heute nicht nachgab.

Alle, die mit Menachim gefeiert hatten, schliefen noch. Asarhaddon trat hinaus auf den Gang. Der bärtige Türhüter aus Kaphta begrüßte ihn lächelnd. Asarhaddon war beliebt bei den Sklaven. Er erwiderte flüchtig den Gruß und überquerte den verlassenen Hof, um zu den Ställen zu gehen. Müde kroch der Stallbursche aus dem Stroh. Asarhaddon winkte ab. »Ich brauche dich nicht, ich sattle das Tier selbst.«

Der Junge rollte sich zufrieden wieder zusammen. Asarhaddon legte dem Maultier die Decke auf, breitete ein Fell darüber und legte das reichverzierte Zaumzeug an. Er saß auf und ritt langsam hinaus. Tief atmete er die kühle Morgenluft ein, um frei zu werden von seinen blutigen Träumen. Ist Menachim stärker als ich? Stärker als Kautilya? Ich kann ihn töten, ich kann Ugarit vernichten, aber ich werde dennoch verlieren. Bei Aschschur, ich wäre nur ein Schlächter, der seinen Eid gebrochen hat, den ich freiwillig abgelegt habe, um geheilt zu werden.

»Arkas!« Asarhaddon zuckte zusammen. Jemand packte sein Tier am Halfter. »Arkas, ich muß mit dir reden.«

Asarhaddon kniff die Augen zusammen. »Du schon wieder, Symon? Weshalb schläfst du nicht deinen Rausch aus? Du hast einen schlechten Tag gewählt, ich bin nicht in der Stimmung, zu reden.«

»Ich bitte dich nur um wenige Minuten. Es geht um dich und deinen Schwur.«

Asarhaddon fuhr auf. »Was weißt du davon?«

»Nur das, was du Menachim selbst erzählt hast. Sei unbesorgt, es wird dein Geheimnis bleiben. Aber mich beunruhigt, daß du ihn vielleicht nicht halten könntest.«

Asarhaddon starrte Symon finster an. »Was kümmert es dich, ob ich ihn breche!«

»Weil du selbst daran zerbrechen würdest, ist es nicht so?«

»Du liest wohl in meiner Seele?« höhnte Asarhaddon. »Ich mag es nicht, wenn sich andere um meinen Gemütszustand kümmern.«

»Manchmal braucht man Freunde«, widersprach Symon, »besonders, wenn man Menachim dienen muß.«

»Einen Freund wie dich, der Menachim den Hintern leckt?« gab Asarhaddon grob zurück. »Und ich fürchte, das ist wörtlich zu nehmen.«

Obwohl Symons olivfarbene Haut sich purpurn färbte,

entgegnete er fest: »Meine Freundschaft sitzt nicht auf meiner Zunge, sondern in meinem Herzen. Was kann dich beschmutzen, wenn du innerlich rein bleibst?«

»Weisheiten eines Lustknaben! Wie kann einer wie du wissen, was in mir vorgeht?«

»Nicht wissen, aber fühlen«, sagte Symon weich. »Ich kann nicht glauben, daß du so blind bist, wahre Freunde nicht zu erkennen.«

»Ich erkenne sie, aber du bist blind, Symon. Weißt du nicht, daß mein Verstand verdunkelt ist von Haß und dem Verlangen nach Blut?«

»Ich weiß es, und ich kann dich verstehen. Aber wer sich von Leidenschaften beherrschen läßt, braucht einen Stab wie der Blinde. Laß mich dein Stab sein.«

Asarhaddon verstummte vor dieser Unverschämtheit. Unschlüssig musterte er Symon. Wenn ich meinen Schwur ohnehin brechen muß, sollte ich mit dieser syrischen Hure anfangen. Ich schlage ihm den Schädel ein, dann verspritzt zusammen mit seinem Hirn auch sein lästiges Gefasel von Freundschaft.

Wenn ich den Schwur aber halten will, dann darf ich ihn nicht beschimpfen. Ich muß einlenken und mir anhören, was er zu sagen hat.

Asarhaddon stieg ab. »Tut mir leid, ich war sehr unhöflich zu dir. Der Vorfall gestern abend hat mich zu sehr erregt. Es wird nicht wieder vorkommen. Komm mit in mein Zimmer.«

Als Symon Asarhaddon so nah gegenübersaß, hatte er kurz das Gefühl, nicht mehr atmen zu können. Aber er schüttelte es ab und sagte eindringlich: »Was auch immer Menachim von dir verlangt, brich deinen Schwur nicht!«

Asarhaddon lächelte bitter. »Spring ruhig ins Wasser, du ertrinkst nicht, sagte der Fisch. Mag sein, aus dir spricht echte Besorgnis. Was soll ich dir sagen? Vielleicht das, was Menachim noch nicht weiß, daß ich an meinen Schwur nicht ewig gebunden bin, sondern nur ein Jahr. Sieben Monate sind schon verstrichen. Wie sollte ich danach leben mit dieser Schande?«

»Was wirst du tun, wenn dein Schwur nicht mehr gilt?«

»Dann werden meine Entscheidungen wieder mir gehören, und den Sklaven Arkas wird es nicht mehr geben. Aber die Zeit bis dahin ist noch lang, Menachim wird sich nicht ewig gedulden.«

»Wirst du Menachim dann töten? Oder gar Ugarit vernichten, wie Menachim meinte?«

»Vielleicht. Ich weiß es nicht.«

»Hast du denn wirklich die Macht, Ugarit zu zerstören?«

Unmutig zog Asarhaddon die Stirn kraus. »Frag mich nicht danach. Noch halte ich mich an meinen Eid.«

»Du bist nicht so mitfühlend, wie ich glaubte.«

»Wäre ich sanftmütig, hätte es des Schwurs nicht bedurft.«

»Ich verstehe. Was wirst du tun?«

Asarhaddon zögerte mit der Antwort. »Geh zu Menachim«, sagte Asarhaddon schließlich, »sag ihm, daß ich ihn erwarte.«

Am späten Nachmittag erwachte Menachim und ließ sich in einer Prozedur, die sich über Stunden hinziehen konnte, von seinen Sklaven waschen, massieren, einölen, ankleiden und frisieren. Danach pflegte er ausgiebig zu speisen. Symon beaufsichtigte den reibungslosen Ablauf. Als sein Leibsklave durfte er mit Menachim zu Tisch sitzen und wurde von den anderen Sklaven bedient.

Heute blickte Menachim finster. »Wo ist Arkas? Weshalb ist er nicht hier, wenn seine Pflicht ihn ruft? Fürchtet er sich vor meinem berechtigten Zorn?«

Symon lächelte harmlos und begann, ohne Menachim den Vortritt zu lassen, mit dem Essen. »Arkas? Erwähnte ich es nicht? Er erwartet dich in seinem Zimmer.«

Menachim sprang unbeherrscht hoch, daß die silbernen Schüsseln klirrten und der Wein aus den Bechern spritzte. »Sohn einer syrischen Hure, muß ich das erst jetzt erfahren?«

Die Sklaven erstarrten, doch Symon zwinkerte ihnen lächelnd zu. Menachim stürzte hastig aus dem Raum, vorbei an den Sklaven, die ihm verblüfft nachsahen. Als er fort war, rieb sich ein junger Bursche die Augen und murmelte: »Noch nie habe ich einen Herrn gesehen, der springt, wenn sein Sklave ihn rufen läßt.« Die anderen wagten ein leises Gelächter, und Symon grinste. »Ich habe nichts anderes erwartet.«

Asarhaddon lag entspannt auf dem Bett, die Hände hinter dem Kopf verschränkt. Menachim fegte wie ein Sturmwind zu ihm herein, aber Asarhaddon wandte nicht einmal den Kopf. »Bei Baal-Hammon, du trittst ja fast die Tür ein! Was ist denn geschehen? Gibt es einen Aufruhr in der Stadt?«

»Du wolltest mich sprechen?« Menachims Stimme war heiser, seine Augen glänzten. »Symon hat es mir erst jetzt gesagt, sonst wäre ich schon eher –« er geriet ins Stottern und räusperte sich. »Nun, hier bin ich also.«

»O ja, ich erinnere mich.« Langsam erhob sich Asarhaddon und legte die Arme um seine Knie. »Es freut mich, daß du meiner Bitte so rasch gefolgt bist.«

»Wenn es das ist, was ich erhoffe, dann befiehl! Ich mache einen Kniefall, wenn du es wünschst.«

Asarhaddon lachte leise und wies mit anmutiger Bewegung auf einen Stuhl. »Setz dich doch, Menachim.«

Er wandte kein Auge von seinem schönen Sklaven. »Sag schon, was es ist, quäl mich nicht länger!«

»Quäle ich dich? Das würde mir mein Schwur verbieten.« Asarhaddon stand auf, nahm von seinem Hals die Schnur mit dem Amulett und legte sie auf den Tisch. Unter den Kissen verborgen hatte er einen Dolch. Er holte ihn hervor und legte ihn neben das Amulett.

Menachim verfolgte gespannt Asarhaddons Handlungen. Dieser wies auf die beiden Gegenstände. »Du wirst unschwer erkennen, wofür diese Dinge stehen. Ischtar – oder wie ihr sie nennt, Astarte – steht für die Liebe, der Dolch für den Tod.«

»Ja, ja, und was willst du mir damit sagen?«

»Wähle, Menachim! Du darfst Astarte wählen, doch es gibt sie nur zusammen mit dem Dolch.«

»Du meinst, mit dem Tod?« rief Menachim heiser.

»Ja. Du kannst aber auch auf Astarte verzichten, dann bleibt dir das Leben.«

»Die alten Drohungen?« fragte Menachim spöttisch.

»Die alten Drohungen, gewiß. Ich will dir heute aber mehr verraten. Bereits in fünf Monaten ist mein Schwur hinfällig. Dann werde ich wieder der sein, der ich war.«

»Wer warst du denn?«

»Noch ist der Zeitpunkt nicht gekommen, dies zu enthüllen. Aber du darfst mir glauben, daß meine Macht weiter als bis Ugarit reicht. In fünf Monaten bin ich nicht mehr dein Sklave, Menachim. Doch wenn du auf deine lüsternen Wünsche verzichtest, will ich gnädig vergessen, was ich in deinem Haus erdulden mußte.«

Menachim scherte sich nicht um die Drohungen. »Ich darf aber auch Astarte wählen, nicht wahr?« rief er heiser.

»So ist es.« Asarhaddon Überlegenheit war diesmal nur vorgetäuscht. Er war gefangen zwischen dem Schwur und der Schande. Wie immer er sich auch entschied, er verlor ein Stück Selbstachtung.

Menachim leckte sich die Lippen, und seine Blicke nahmen bereits gierig in Besitz, was er vor sich sah. »Habe ich dich richtig verstanden, Arkas? Ich wähle Astarte, und du gewährst mir eine Liebesnacht?«

»So habe ich es gemeint.«

»Und die Schande, die du so gefürchtet hast? Wirst du dich wirklich ganz hingeben?«

»Die Schande werde ich mir durch deinen Tod versüßen. Ich werde sie ertränken im Blut deiner Landsleute.«

»Und du wirst dich nicht sträuben, was auch immer ich von dir fordere? Was auch immer ich mit dir tun werde?«

»Ich werde den Wein des Vergessens trinken. Ich hoffe, daß ich mich danach an deine abscheulichen Handlungen nicht mehr erinnern kann.«

Menachim ließ seine Hand hastig auf das Amulett fallen. »Ich wähle Astarte!« stieß er heiser hervor. »Jetzt die Liebe, danach den Tod – vielleicht. Die Zeit ist noch lang, und bis dahin kann viel geschehen.«

Asarhaddons Gesicht überzog eine leichte Blässe. »Du bist ein elender Narr! Und ein selbstsüchtiger Schurke obendrein. Für ein paar Umarmungen opferst du eine ganze Stadt.«

Menachim umklammerte das Amulett und hielt es Asarhaddon triumphierend entgegen. »Schmähe mich, soviel du willst, göttlicher Arkas! Ich habe deine Küsse gewählt, das Aufbäumen deiner Lenden. Fünf Monate in diesem Rausch! Was frage ich nach Ugarit, wenn du mir in dieser Zeit gehörst?«

Er wollte Asarhaddon gleich umarmen, doch dieser wich angewidert zurück. »Gemach, noch habe ich keinen Wein getrunken. Nüchtern ertrage ich dich nicht, wie du weißt.«

»Wann wirst du ihn trinken?«

»Wann immer du es wünschst.«

»Dann also – heute abend in meinen Gemächern?«

»So sei es.«

»Du bist sehr gelassen. Ich bewundere dich dafür.«

»Es wäre unziemlich, darüber zu jammern, was ich selbst bestimmt habe.«

Menachim lächelte. »Ja natürlich. Du wärst nicht Arkas, wenn du anders sprechen würdest.«

»Ich bin nicht Arkas«, erwiderte Asarhaddon kalt, »von heute an solltest du stets daran denken.«

Menachim strich sanft über das Amulett. »Astarte für mich, der Wein für dich, der Dolch für den Rest der Menschheit. – Aber wir sollten in der nächsten Zeit beide nicht ans Töten denken, nicht wahr?«

»Du wirst mit mir zufrieden sein.«

Da erschollen von draußen laute Rufe. »Die Karawane ist zurück!«

»Die Karawane«, murmelte Menachim und warf Asarhaddon einen merkwürdigen Blick zu. »Sie ist zurück, ich muß gehen. Am Abend sehen wir uns wieder.«

Asarhaddon sah ihm finster nach, während seine Finger an der Schneide des Dolches entlangfuhren. Er legte sich auf das Bett, um sich zu entspannen. Hatte ich eine Wahl? überlegte er. Nein, ich hatte sie wohl nicht mehr, seit ich geschworen habe.

Als er wieder erwachte, war es schon dunkel. Er tastete sich zur Tür und ging hinaus. Mattes Sternenlicht fiel in den Innenhof. Asarhaddon überquerte ihn mit schnellen Schritten und betrat das gegenüberliegende Gebäude. Symon war sehr erstaunt, als Asarhaddon bei ihm eintrat.

»Wo ist Menachim? Hat er nicht nach mir geschickt?«

»Nein. Sollte er das?«

Asarhaddon war irritiert. »Hat er nicht mit dir gesprochen?«

»Nicht mehr, seit er bei dir war.«

»Wo ist Menachim jetzt?«

»In seinen Gemächern, nehme ich an. Die Karawane ist zurück, und es gibt viel zu berichten. Das wird eine lange Nacht werden.«

Asarhaddon nickte. »Gewiß, das verstehe ich. Also – ich wünsche eine gute Nacht, Symon.«

Asarhaddon aber bekam Menachim auch in den nächsten Tagen nicht zu Gesicht. Er ließ sich ständig unter einem anderen Vorwand verleugnen und ihm ausrichten, er brauche vorläufig seine Dienste nicht. Asarhaddon war Menachims Verhalten ein Rätsel, doch er beschloß, sich nicht weiter den Kopf darüber zu zerbrechen.

So vergingen fünf ereignislose Tage. Asarhaddon glaubte fast, Menachim sei vor der eigenen Leidenschaft zurückgeschreckt, aber er tat nichts, um dieser wundersamen Zurückhaltung auf die Spur zu kommen.

Eines Nachmittags kehrte er unbeschwert in das Haus Menachims zurück. Er wechselte ein paar freundliche Worte mit den Sklaven, die ihm begegneten, und ging auf sein Zimmer, um die Kleider zu wechseln. Danach wollte er hinübergehen, um mit den anderen Sklaven zu essen und zu plaudern.

Als er eintrat, sah er auf dem Tisch etwas funkeln. Er trat näher, und als er es erkannte, erstarrte er, als habe ihn jäh ein vergifteter Pfeil getroffen und gelähmt. Auf dem Tisch lag ein goldener Helm, auf dessen Stirnseite die Flügelsonne blitzte. Fassungslos betrachtete Asarhaddon den kostbaren Kopfschmuck, der in Assyrien die höchste Macht verkörperte. Nur dem Hohenpriester war es gestattet, ihn zu tragen. Magisch zog sein Glanz Asarhaddon an, er streckte zögernd die Hand danach aus.

Da ertönte hinter ihm eine Stimme. »Ja, nimm ihn nur und kröne dich damit, Arkas. Ein seltenes Schmuckstück, nicht wahr? Es wird deine göttliche Schönheit noch wirkungsvoller unterstreichen.«

Asarhaddon fuhr herum. Vor ihm stand Menachim. Er trug ein golddurchwirktes Gewand von dunkelgrüner Farbe, dazu einen schwarzen Gürtel und schwarze Stiefel aus

Ziegenleder. Da er außer einem Ring an der linken Hand und Perlgehängen in den Ohren heute keinen Schmuck trug, wirkte er männlicher als sonst. Er lächelte freundlich und machte eine ermunternde Geste. »Die Karawane brachte ihn von den Ufern des Tigris mit. Er gehört dir, Arkas, ich mache ihn dir zum Geschenk.«

Asarhaddon machte schmale Augen. »Deine Händler brachten ihn mit? Unmöglich! Dieser Helm wird in Assyrien nicht gehandelt oder verkauft. Er gehört dem Tempel und darf nur von *einem* Mann getragen werden.«

In Menachims Augenwinkeln saß der Spott, »So? Nun, es wird einen der pflichtvergessenen Priester die Geldgier übermannt haben, und so hat er ihn heimlich bei meinen Kaufleuten gegen klingende Münze eingetauscht. Denn wie du zweifellos feststellen kannst, liegt der Flügelhelm vor dir. Da er assyrische Arbeit ist, dachte ich sofort an dich. Ich bitte dich, setze ihn auf, damit seine Einzigartigkeit durch die Schönheit seines Trägers die volle Geltung erlange.«

Asarhaddon nahm den Helm zögernd an sich und betrachtete ihn eingehend von allen Seiten. Dann legte er ihn wieder auf den Tisch und sagte kalt zu Menachim: »Eine gute Arbeit, aber sie stammt nicht von einem assyrischen Goldschmied. Es fehlt die Prägung auf der Innenseite der Flügelsonne.« Dann trat er hart an Menachim heran und fragte mit schneidender Stimme: »Baal-Zakar-Menachim! Was ist das für ein unwürdiges Spiel? Was sucht diese Fälschung eines priesterlichen Machtsymbols in meinem Zimmer?«

Menachim hob beschwichtigend die Hunde. »Bitte, du mußt dich nicht aufregen! Ich wollte nicht deinen Zorn wecken, ich wollte nur deine Überraschung auskosten, denn meine eigene war gewiß größer, Arkas – oder sollte ich besser sagen: Asarhaddon?«

Danach war Stille. Asarhaddon sah Menachim entgeistert an. Dann schossen seine schwarzen Augen Blicke wie scharfe Pfeile. »Seit wann weißt du es?« zischte er.

»Seit die Karawane zurück ist.« Menachim sank auf die Knie. »Ich nehme an, dir steht eine solche Ehrenbezeugung zu?«

»Steh auf!« schrie Asarhaddon. »Habe ich deine Unterwerfung verlangt? Steh auf, Phönizier, du Stolz deines Vaters, du leuchtendes Vorbild deiner Landsleute!«

Menachim erhob sich. »Nicht jeder kann sein wie der große Asarhaddon«, antwortete er ironisch. »Darf ich mich setzen?«

»Du bist in deinem Haus.«

»Es gehört dir.«

»Noch bin ich dein Sklave.«

»Wie absurd. Natürlich bist du frei.«

»Frei?« Asarhaddon faßte sich langsam und fand zu einem Lächeln zurück. »Setz dich, Menachim. Freiheit, das erste angenehme Wort, das ich von dir höre. Dir ist es also gelungen, meine Herkunft zu entschleiern. Ich habe dich unterschätzt. Deswegen also hörte ich an jenem Abend nichts mehr von dir.«

»Ja. Kurz nachdem ich dich verlassen hatte, erfuhr ich, wer du bist. Da wußte ich, daß ich in dieser Stunde meinen besten Sklaven verloren hatte.«

»Wie ist es deinen Leuten gelungen, hinter mein Geheimnis zu kommen?«

»Laß mich auch meine Geheimnisse haben. Immerhin hast du selbst einige Andeutungen gemacht; ganz so schwer war es nicht.«

»Du bist ein Fuchs, Menachim. Jetzt muß ich Ugarit auf der Stelle verlassen, denn wo man meine Herkunft kennt, kann ich meinem Schwur nicht folgen.«

»Natürlich mußt du gehen«, murmelte Menachim und biß sich auf die Lippen. »Bei der unergründlichen Tiefe deiner Augen, dem himmlischen Schwung deiner Lippen! Alles war schon so nah, so nah! Aber du mußt doch nicht heute schon gehen? Ich habe noch so viele Fragen an dich.«

»Fragen? Was willst du wissen?«

»Gibt es etwas auf der Welt, womit ich mir deine Freundschaft erwerben kann?«

»Nein.«

»Das war deutlich. Weshalb hast du einen so unglaublichen Schwur geleistet? Und wem?«

»Ich bin einem Mann zu großem Dank verpflichtet, mehr brauchst du nicht zu wissen.«

Menachim sah ihn bewundernd an. »Aus reiner Dankbarkeit begibt sich der Hohepriester Asarhaddon in die Sklaverei?«

»Das verlangt die Ehre. Ich bin nicht bloß ein Schlächter wie du.«

»Hm, darf ich weiterfragen? Haßt du mich?«

»Ich brauche nicht zu hassen, wo Verachtung genügt.«

»Und Ugarit?«

»Wird ein Schutthaufen und Leichenhügel. Du selbst hast dieses Schicksal für deine Stadt gewählt.«

Menachim erbleichte. »Ja, aber ich wählte auch Astarte. Ich wählte dich. Ich habe verzichtet, nun ziemt es auch dir, deinen Teil nicht einzufordern.«

»Zu spät«, erwiderte Asarhaddon brutal, »die Stadt gehört bereits Aschschur. Wie kann ich ihm das versprochene Opfer verweigern?« In Menachims Augen loderte Zorn auf. Er sprang auf und stieß Asarhaddon den Finger vor die Brust. »Ha! Was habe ich mit deinem Gott zu schaffen? Aber wie du willst. Dann fordere ich auch meine Rechte an Astarte, die du mir, wie du gestehen wirst, eingeräumt hast, und du bist ein Mann, der sein Wort hält. Hoherpriester oder nicht, unter der Flügelsonne verbirgt sich derselbe begehrenswerte Mann, wie es Arkas war.«

Asarhaddon lächelte. »Für das Niedermetzeln deiner Mitbürger ist das ein geringes Opfer. Lasse den Wein bringen.«

Menachim stutzte. »Du – du willst ihn wirklich trinken?«

»O ja, ich bin durstig.«

Wenig später saßen sie vor gefüllten Bechern. Asarhaddon nahm einen Schluck und sah Menachim lächelnd an. »Oh, ich bemerke, er ist gut gewürzt. Habe ich meinen Teil erfüllt?«

»Ein Schluck allein tut es nicht, Asarhaddon.«

Dieser lachte. »Ich wollte dich nur foppen, Menachim. Mach dir keine falsche Hoffnungen, ich werde es nicht dulden, daß du mich berührst. Aber vielleicht vergesse ich, wenn ich den Wein trinke, für eine Weile meinen Haß, meine Verachtung, und das möchtest du doch auch, oder?«

»Ja, aber ich will mehr! Wäre es nicht bejammernswert, wenn dein makelloser Körper in Keuschheit dahinwelken müßte?«

»Ich trinke und höre dir zu. Aber du beginnst, dummes Zeug zu schwatzen.«

»Müssen wir denn stets ernsthaft sein? Ist dein Haß schon etwas kleiner geworden?«

»Mein Haß ertränkt sich nicht so leicht.«

»Dann will ich dir noch einmal einschenken.«

Asarhaddon hielt bereitwillig den Becher hin. »Um zu vergessen, was ich mit dir erlebte, bedarf es eines ganzen Fasses, und um Ugarit zu verschonen, einer Schiffsladung dieses Weines«, lachte Asarhaddon. Er war deutlich angeheitert, das Rauschmittel tat seine Wirkung. »Trinken wir auf meine Freiheit, Menachim!«

»Und auf Ugarit. Möge es leben!«

Asarhaddons Blick flackerte. »Es gehört Aschschur! Er soll sich an seinem Blut berauschen.«

»So wie du, Asarhaddon? Jetzt trinkst du Wein, aber Blut berauscht dich stärker als Hanfsamen, nicht wahr?«

»Ja!« Asarhaddons Augen glänzten feucht, seine Lippen zuckten. »Es ist süßer als Wein und schenkt mehr Wollust als das Beilager. Wenn mich nach einer Frau verlangt, gehe ich hinunter und töte, so bewahre ich mir meine Keuschheit. Ist das nicht lustig, Menachim? Und wenn ich Ugarit erobert habe, werde ich sie alle sterben sehen, und wer überlebt hat, den werde ich –«, er brach ab und fuhr sich verstört über die gerötete Stirn. »Bei allen Göttern«, murmelte er, »wie konnte ich nur so geschwätzig werden? Ich habe wirklich zuviel getrunken.«

»Nein, nein, trink weiter!« rief Menachim, während er Asarhaddon in das erhitzte Gesicht starrte. Endlich zeigte dieser seine Begierden. »Du brauchst also eine ganze Stadt für deine Wollust?« Menachim legte seine Hand auf die Asarhaddons. Als der sie fortziehen wollte, hielt Menachim sie fest. »Nein, das darfst du nicht. Ein wenig Zärtlichkeit mußt du mir gönnen.« Er streichelte die Finger in eindeutiger Weise. »Ich begnüge mich mit einem einzigen Mann. Ich will dich immer noch. Wenn du mich ließest, jetzt gleich, ein einziges Mal, Asarhaddon! Dann tu, was dich freut. Ertränke die Stadt in Blut, aber gib mir, was du mir schuldest.«

Asarhaddon zog seine Hand nicht zurück, aber spöttisch sagte er: »Nun nimmst du dir schon fünffach, was ein Mann eigentlich nur einmal zu bieten hat. Ich denke, damit bist du reichlich bedient. Sonst schulde ich dir nichts. Ach so, Ugarit: Ich habe nur gescherzt, natürlich habe ich kein Recht mehr auf die Stadt. Sie wird weiterhin blühen und gedeihen.«

Menachim atmete auf. »Ach, daß die Karawane nicht einen Tag später kommen konnte! Nun werde ich nie erfahren, was es heißt, eine Nacht mit dir zu verbringen!«

»Und ich werde die Ugariter niemals abschlachten können.«

Sie lachten beide. Dann wurde Menachim ernst. »Asarhaddon, darf ich meine erste Frage jetzt wiederholen?«

Asarhaddon sah ihn mit leicht glasigem Blick an. »Ich habe sie vergessen.«

»Werde ich mir je deine Freundschaft erwerben können?«

»Der Hohepriester hat keine Freunde, auch nicht, wenn er drei Becher Wein getrunken hat«, gab Asarhaddon mit schwerer Zunge zurück.

»Bis auf einen. Bis auf den Mann, dem du geschworen hast.«

»Kautilya? Ich achte ihn, aber wäre er mein Freund, könnte ich nicht länger Asarhaddon sein. Laß es gut sein, Menachim. Der Wein macht Männer zu Knaben und stürzt Könige, vielleicht auch Götter. Erwirb dir die Achtung deines Vaters und die Zuneigung deiner Mitmenschen, dann brauchst du meine Freundschaft nicht mehr.«

»Rät mir das Arkas oder Asarhaddon?«

»So spricht Asarhaddon zu dir. Es ist ein guter Rat, Menachim. Er ist mein Abschiedsgeschenk an dich.«

»Ein merkwürdiges Geschenk von einem Mann, der ganz anderen Regeln folgt.«

»Glaubst du, was für den Hohenpriester bestimmt ist, gilt auch für jeden anderen?«

»Ich will darüber nachdenken. Ich war ein trockener Ast, bevor ich dir begegnet bin. Vielleicht treibt er eines Tages Knospen und blüht.«

12

Blau war der Himmel über Ugarit und leicht das Herz Asarhaddons, der die Stadt verlassen durfte. Menachim war das Herz schwer, als er den Mann ziehen lassen mußte, der seinen Vater ein Talent in Gold und ihn selbst soviel Selbstüberwindung gekostet hatte.

Asarhaddon erbat sich von Menachim nicht mehr und nicht weniger, als er bei sich gehabt hatte, als er von Assur aufgebrochen war: ein weites, bequemes Gewand, feste Schuhe und Verpflegung für einen Tag. Zum Abschied sagte er zu Menachim: »Es wäre eine Lüge, wollte ich behaupten, daß mir die Trennung schwerfällt. Den Staub Ugarits schüttele ich nur zu gern von den Füßen. Das Talent werde ich bei meiner Rückkehr nach Assur deinem Vater erstatten, denn er ist ein rechtschaffener Mann. So verlierst du nichts, vielmehr hast du neue Erfahrungen und Einsichten gewonnen.«

Menachim bemühte sich um eine gefaßte Haltung. Über sein Gesicht ging nur ein unmerkliches Zucken, dann machte er eine weitausholende, großzügige Geste. »Mögen die Götter dir die Kraft verleihen, deinen Schwur ganz zu erfüllen, und mögen sie dir Vergessen schenken, wenn du die Flügelsonne wieder trägst.«

Asarhaddons Blick fiel auf den hübschen, jungen Syrer, der mit versteinerter Miene hinter Menachim stand. Sein hoffnungsloser Blick glitt an Asarhaddon vorbei. Der musterte ihn flüchtig und sagte, einer plötzlichen Eingebung folgend, zu Menachim: »Schenk mir deinen Syrer, schenk mir Symon.«

Menachim riß die Augen auf. »Ha! Du beliebst zu scherzen. Symon? Weshalb ausgerechnet ihn? Ich kann ihn nicht entbehren, das weißt du. Ich schenke dir gern einen anderen Sklaven.«

»Ich will Symon. Gib ihn mir, bitte.«

Mißtrauisch wanderten Menachims Blicke zwischen Asarhaddon und Symon hin und her. »Was soll er bei dir? Wozu er taugt, das begehrst du nicht.«

»Vielleicht habe ich andere Werte bei ihm entdeckt. Gib

ihn mir, bevor du seiner überdrüssig wirst und er dich auf andere Weise befriedigen muß.«

»Weshalb sollte ich das tun? Mit dir verliere ich bereits alles.«

»Weil du mich liebst. Jetzt kannst du es beweisen.«

»Während du mich weiterhin haßt?«

»Nimm dich nicht so wichtig. Wenn ich durch das Stadttor gehe, werde ich dich bereits vergessen haben.« Aber Asarhaddon sagte dies mit lächelnden Augen, und Menachim wandte sich brüsk ab, während er zu Symon eine ungeduldige Handbewegung machte. »Geh mit ihm! Geh mir aus den Augen, du gehörst nun ihm. Bei Baal-Hammon! Baal-Zakar-Menachim ist nicht geweissagt worden, daß er einmal den Wunsch verspüren würde, mit einem seiner Sklaven zu tauschen.«

Symon, noch wie im Traum befangen, begleitete Asarhaddon durch die Stadt. Er brachte kein Wort heraus. Asarhaddon bemerkte spöttisch: »Die Trennung von Menachim scheint dir schwerzufallen.« Da schluchzte Symon auf, fiel zu Boden und umklammerte die Knie Asarhaddons. »Mein Herr, mein Beschützer, du hast mich aus –«

Aber Asarhaddon unterbrach ihn und riß ihn ärgerlich hoch. »Du Narr! Soll die ganze Stadt zusammenlaufen? Reiß dich zusammen! Ich bin Arkas, ein Bettler, sonst nichts. Und du bist frei. Geh zurück zu deinem Vater, geh nach Kadesch, geh!«

»Ich – frei?« Er lief verwirrt eine Strecke voraus, dann wieder zu Asarhaddon zurück. »Weshalb hast du das getan? Ich dachte, du verachtest mich ebenso wie Menachim?«

»Dein Liebesleben, ja, aber du bist kein Sohn, der seinem Vater Schande macht, so wie er.«

»Ich bin frei, frei!« Er tanzte ausgelassen auf der Straße herum, so daß die Vorübergehenden sich nach ihm umdrehten und über ihn lachten. Er breitete seine Arme aus und rief übermütig: »Sonnengott, wie bist du kraftlos! Du kannst nicht das Leuchten meiner Augen überstrahlen.« Er hob das rechte Bein hoch. »Du, mein Fuß, du gehst hinfort dorthin, wohin ich dich lenke.« Er schlug sich an die Brust. »Du,

mein Herz, folgst von nun an nur dem, den du selbst er-
wählst.« Dann fragte er Asarhaddon, der kopfschüttelnd
sein Treiben beobachtete: »Wohin werden wir jetzt gehen?«

»Wir? Ich gehe an der Küste entlang, du nach Kadesch.«

»Nein, nein, ich will dich begleiten.«

Asarhaddon schüttelte den Kopf. »Ich muß meinen Weg
allein gehen.«

»Du darfst mit keinem Freund zusammen gehen?«

»Einem Freund?« Asarhaddon musterte Symon herablassend. »Das Wort Freund geht vielen rasch über die Lippen.
Es ist mir nicht verboten, in Begleitung zu reisen, aber du
bist befangen, weil du weißt, wer ich bin. Ich sage dir auch
ganz offen, daß ich Männern wie dir lieber fernbleibe.«

Symon wurde blaß. »Du glaubst doch nicht, daß ich – Arkas, ich schwöre dir –«

Asarhaddon wehrte ab. »Über solche Schwüre lachen die
Götter. Du kannst dich nicht verleugnen, genausowenig wie
Menachim. Und nachdem ich seinen Nachstellungen ent-
gangen bin, möchte ich nicht in die nächste Falle laufen.«

Symon rang die Hände. »Bitte! Versuche es dennoch mit
mir. Schlage mich tot, wenn ich mich dir zu nähern versuche.«

»Weshalb willst du mich denn sonst begleiten?«

»Weil es hart ist, allein zu gehen. Ich bin dir so viel schuldig. Die Monate, die noch vor dir liegen, möchte ich dir etwas leichter machen.«

»Ich habe diese Reise nicht angetreten, um es leicht zu haben. Außerdem schuldest du mir nichts. Ich dachte nur an
meinen Eid. Ich hätte ebensogut einen anderen Sklaven wählen können. Du hast ein gutes Herz und Mut bewiesen, deshalb verdienst du, zu deinem Vater zurückzukehren. Aber
du selbst bedeutest mir nichts, gar nichts, verstehst du? Kein
Mensch hat je meine Zuneigung besessen; nur die Herrschaft
über Assyrien, die mit Aschschurs Gnade lange währen möge, liegt mir am Herzen.«

Doch Symon ließ sich nicht abschrecken. »Nachdem ich
von Menachim erfahren habe, wer du in Wahrheit bist, wußte
ich, daß weder ich noch die anderen Sklaven Menachims einen Wert in deinen Augen besaßen. Aber was hat das mit

meinen Gefühlen für dich zu tun? Ich bewundere dich, und ich möchte von dir lernen. Wenn du mich zurückweist, so werde ich dir eben gegen deinen Willen folgen, denn ich bin jetzt ein freier Mann, und mir gehören alle Straßen der Welt.«

Asarhaddon lächelte, denn er liebte es, wenn ein Mann Entschlossenheit zeigte. »Daran kann ich dich freilich nicht hindern. Doch weshalb gehst du nicht geradewegs zu deinem Vater nach Kadesch? Hast du so wenig Sehnsucht nach dem väterlichen Gehöft?«

»Fünf Monate vergehen schnell. Bei Menachim hätte ich ein Leben lang bleiben müssen.«

Asarhaddon duldete also den jungen Syrer an seiner Seite. Am Abend fanden sie Unterkunft bei einem Fischer. Sie blieben einige Tage und halfen ihm und seiner Familie beim Fischen und Netze flicken. Dann verkauften sie den Fang auf dem Markt. Symon wunderte sich darüber, mit welcher Selbstverständlichkeit und heiteren Ruhe Asarhaddon auch die groben Arbeiten anpackte, dabei niemals Unmut äußerte, sondern zu allen stets zuvorkommend war, gern seine Hilfe anbot und ein freundliches, gelassenes Wesen zeigte. Von dem schmalen Gewinn, der ihnen durch den Verkauf ihres Fanganteils zufiel, duldete er nicht, daß sie auch nur einen Schekel behielten, sondern er gab alles den Armen. Er begnügte sich mit den kargen Mahlzeiten im Hause des Fischers, und Symon mußte es ihm wohl oder übel gleichtun. Er sagte nichts, aber er dachte bei sich, man könne die Selbstverleugnung auch übertreiben. Doch es sollte noch ärger kommen.

Die Familie des Fischers, bei der sie Aufnahme gefunden hatten, war so arm, daß sie nicht einmal einen Esel besaß. Die Körbe mußten an Stangen in einem dreistündigen Fußmarsch zum Markt getragen werden. Symon wollte Asarhaddon daher überreden, die Unterkunft zu wechseln, wo diese Lasten wenigstens einem Esel oder Maultier aufgebürdet werden konnten.

»Du hast recht«, sagte Asarhaddon. »Dieser Fußweg muß eine rechte Plage sein für unseren Gastgeber. Wir müssen ihm einen Esel beschaffen.«

»Und ich glaubte schon, wir könnten uns ein Grautier für

unsere Habe beschaffen und auch hin und wieder selbst aufsteigen«, murmelte Symon.

Asarhaddon schalt ihn bequem und eigensüchtig und eröffnete ihm dann schadenfroh, daß er sich von nun an bereit machen müsse, auch nachts zu fischen. »Bei Mondlicht gehen die meisten Fische ins Netz, und ein Esel kostet einiges an Kupfer.«

»Nachts?« rief Symon entsetzt. »Weshalb, glaubst du denn, fischt niemand um diese Zeit, obwohl es doppelten Fang bringt? Bei Mondlicht steigen die Wassergeister aus den Tiefen und ziehen das Boot auf den Grund.«

»Ist das wahr? Ich hörte, man muß ihnen nur auf den Kopf spucken, das mögen sie nicht.«

»Du machst deine Scherze, aber willst du leugnen, was Tausende von Fischern wissen?«

»Fällt mir nicht ein. Wenn das Spucken nicht hilft, streue ich etwas getrockneten Hühnerdreck auf das Wasser. Dann verschwinden sie bestimmt.«

Symon verzichtete auf weitere Einwände.

Asarhaddon lachte leise. »Ich dachte, du würdest eine mondbeschienene Nacht da draußen ganz allein mit mir genießen?«

»Jetzt fängst du an, von Dingen zu reden, an die ich nicht einmal im Traum denke!« giftete Symon.

Aber als er mit Asarhaddon von nächtlichem Fischfang zurückkehrte, blieb ihm eine nie heilende Wunde. Nichts war geschehen; sie hatten nur schweigend dagesessen und dem Wellenschlag gelauscht. Auf ihrer meerfeuchten Haut lag silbriger Glanz, die Konturen ihrer Körper waren eins mit den schwarzen Schatten der Bootswand. Gegen Morgen standen sie Seite an Seite und holten das Netz ein. Dabei berührten sich ihre nackten Füße, streifte einer des anderen Arm. Ein flüchtiges Lächeln. »Ein guter Fang, nicht wahr?« Nur ein Nicken. Stumm bleiben, wenn man schreien möchte.

»Wir sind gar keinen Wassergeistern begegnet«, neckte Asarhaddon, »doch du bist so bleich, als sei dir der alte Meergott mit seinen Drachenfischen erschienen.«

»Ich glaube nicht mehr an Wassergeister«, würgte Symon

hervor und zerrte so heftig am Netz, als müsse er einen Baum mitsamt den Wurzeln aus dem Grund ziehen.

»Das beruhigt mich, dann können wir ja noch einige Nächte hinausfahren.«

Symon antwortete nicht, es wäre nur ein Krächzen aus seinem Hals gekommen. Aber er dachte: ja, tausend Nächte, wenn du willst, und wenn die Wassergeister uns holen würden, dann lägen wir beide umschlungen auf dem Grund, und du dürftest dich in Ewigkeit nicht dagegen wehren.

Nach etlichen Nachtfahrten, einigen beschwerlichen Marktgängen und vielen heimlichen Seufzern ritt ein sehr blasser Syrer auf einem stämmigen, jungen Esel vom Markt nach Hause; Asarhaddon schritt nebenher. Manchmal wandte er den Kopf und lachte Symon an.

Verzerrt lächelte dieser zurück. Ihm wird nichts zuviel, dachte er. Stets ist er gut aufgelegt; selbst zu den mageren Fischerkindern ist er freundlich und vergißt nie, ihnen Naschereien vom Markt mitzubringen. Und draußen auf dem Meer, da war er durchaus empfänglich für die verzauberten Stunden unter einem unendlichen Himmel, auf den silbernen Wellen, wo die Schwärze uns einhüllte wie ein weiches Tuch. Oder hat er da draußen nur an Assyrien gedacht, an kalte Götter und seine asketische Priesterschar? Betrübt stellte Symon fest: Er lebt nach seinem Schwur, aber sein wahres Gesicht kenne ich nicht.

»Arkas! Würdest du dem Fischer auch ohne deinen Schwur einen Esel schenken?«

»Nein.«

»Ist es Aschschur, vor dem du deinen Eid abgelegt hast?«

»Nein, vor anderen Göttern.«

»Sind sie mächtiger als Aschschur?«

»Mächtiger?« Asarhaddons Gesichtsmuskeln spannten sich. »Nein!« erwiderte er schroff.

Symon verstummte erschrocken, da fügte Asarhaddon erklärend hinzu: »Manchmal verdunkelt eine nur kleine Wolke die Sonne, aber der Schatten, den sie wirft, ist riesig. Aschschur ist mächtig und strahlend wie die Sonne, aber eine Wolke hat sich für ein Jahr vor sein Antlitz geschoben. Der Frühlingswind des Monats Nisan jedoch wird sie hinwegblasen, und sie wird verwehen, als hätte es sie nie gegeben.«

Nach seinem großherzigen Geschenk wollte Asarhaddon nicht länger bei dem Fischer bleiben. Dieser war sehr betrübt.

Asarhaddon aber dachte kalten Herzens daran, daß er noch vor wenigen Wochen entschlossen gewesen war, die sengende Fackel des Krieges in dieses Land zu tragen, die auch die Hütte dieses Fischers nicht verschont hätte. Rauh entgegnete er daher: »Kennst du die verschlungenen Pfade, die den Fremden in dein Haus führten? Die Sonne schenkt Licht und Leben, aber preise nicht ihre sanfte Morgenröte, bevor du ihre sengende Mittagshitze nicht gespürt hast.«

13

Auf ihrer weiteren Wanderung begegneten sie einer Karawane aus Tyrus, die auf dem Weg ins Landesinnere war. Bei einem flüchtigen Gespräch erfuhren sie, daß sie dabei auch nach Kadesch kam. Symon war den Tränen nahe, und Asarhaddon sagte zu ihm: »Geh nur mit ihnen; du hast mir gegenüber keine Verpflichtungen.«

Doch Symon schüttelte hastig den Kopf. »Es ist wahr, ich sehe die Gipfel des Libanon und weiß, daß meines Vaters Haus nur wenige Tagesreisen von hier liegt, aber ich verlasse dich nicht.« Dann sprudelte er plötzlich heraus: »Weshalb kommst du nicht mit mir, Arkas? Kadesch ist eine gastfreundliche Stadt, und dein Brot wirst du dir in meines Vaters Herberge allemal verdienen können.«

Asarhaddon überlegte. Diese Möglichkeit hatte er noch nicht erwogen. Kadesch hatte zweifellos seine Vorteile; er mußte dort nicht betteln, und es lag auf halbem Weg nach Assyrien. »Ich finde keine Gründe, die dagegen sprechen«, erwiderte er lächelnd, »aber du mußt mir schwören, mein Geheimnis unter allen Umständen zu wahren.«

Das versprach Symon gern. Da sie keine Waren und kein Geld besaßen, konnten sie nicht unter dem Schutz der Kara-

wane weiterreisen. Sie mußten das Libanongebirge überque-
ren, um dann auf den Orontes zu treffen. Zwei Tagesreisen
südlich an seinen Ufern lag Kadesch.

Symon legte einen schnellen Schritt vor und war ständig zu
Scherzen aufgelegt. Asarhaddon aber zählte die Tage. Auch
ihn plagte das Heimweh nach den hochaufragenden Mauern
am gischtumwehten Nordkap des Tigris. Neid beschlich ihn,
wenn er Symons freudig gerötete Wangen sah, der schon in
wenigen Tagen seine Heimat wiedersehen würde.

Als sie die Ausläufer des Gebirges erreichten, wehte ein
schneidender Wind von den Höhen. Es wurde empfindlich
kalt, besonders in der Nacht. Ihre Gewänder, die sie vor der
Hitze geschützt hatten, hielten tagsüber einigermaßen
warm, aber wenn sie sich nachts hinter Felsbrocken zusam-
menkauerten, ging die Kälte durch alle Knochen. Symon litt
sehr darunter, während Asarhaddon schon früh gelernt hatte, der Witterung in der Wildnis zu trotzen.

Blaugefroren und zitternd schlich Symon neben Asarhaddon her; seine lustigen Reden waren verstummt. Asarhaddon wies nach vorn. »Oben auf dem Paß wird es wohl
schneien. Dann aber haben wir das Schlimmste überstanden.
– ja freilich, Menachims breite Betten mit den weichen Fellen
waren angenehmer als eine Felshöhle, durch die der Nord-
wind pfeift.«

»Wie erträgst du diese Kälte?« fragte Symon mißmutig.

»Sie ist unangenehm, das ist wahr, aber ich ertrage sie, indem ich sie verachte, nicht an sie denke und vor allen Dingen nicht über sie jammere.«

Als sie den Paß erreicht hatten, ließ sich Symon todmüde
in eine Senke fallen. »Ich bleibe hier!« stöhnte er, »meine Beine tragen mich keinen Schritt weiter, meine Hände und Füße
sind abgestorben und vor Hunger bin ich ganz schwach.«

Es war später Nachmittag. Am Himmel türmten sich
schwarze Wolken auf. Asarhaddon nickte. »Wir werden hier
bleiben, der Platz ist einigermaßen geschützt. Allerdings zieht
ein Wetter auf, es wird keine angenehme Nacht werden.«

Sie kauerten sich unter einen Felsüberhang und schwiegen
vor Erschöpfung. Obwohl beide übermüdet waren, wollte

der Schlaf nicht kommen, denn der schneidende Wind schenkte ihnen keine Ruhe.

Dann frischte der Sturm jäh auf, weiße Flocken wirbelten heran. Innerhalb weniger Minuten hatte sich der Himmel verfinstert, und ein Schneesturm heulte über den Paß. Asarhaddon sah zu Symon hinüber. Arme und Beine dicht an den Körper gezogen, das Gesicht auf den Knien, ließ er das Schneetreiben ergeben über sich ergehen. Asarhaddon wußte, daß sie nur eine Möglichkeit hatten, den Schneesturm unversehrt zu überstehen. Er schüttelte Symon und schrie ihm durch das Heulen des Windes zu: »Steh auf, oder sollen dich die Schneedämonen fressen? Hilf mir, aus dem Schnee einen Windschutz aufzuhäufen.«

»Was soll der helfen?« fragte Symon verzagt, stand aber doch auf. Mit ihren bloßen Händen schichteten sich den Schnee gegen den Wind auf. Die Kälte biß in die blauroten, steifen Finger. Tränen liefen ihnen über die erstarrten Gesichter.

»Presse dich an die Schneewand!« keuchte Asarhaddon, »dann zieh dein Gewand aus, rasch!« Er selbst tat das gleiche und ließ sich neben Symon fallen.

»Ich soll es ausziehen?« fragte dieser entsetzt.

Asarhaddon riß es ihm ärgerlich herunter. »Frag nicht soviel, wenn du diese Nacht überleben willst.«

Die beiden weiten Mäntel knüpfte er geschickt so zusammen, daß sie wie ein Zelt ihre Körper bedeckten. Sekunden zögerte er, sah Symons erbarmungswürdig zitternden Körper, seine einst olivbraunen Wangen bläulich verfärbt, die mandelförmigen Augen mit dem schwermütigen Glanz weit aufgerissen. Doch die erbarmungslose Kälte ließ ihm keine Wahl. Er zog Symon zu sich heran, hüllte ihn und sich in das Dunkel ihrer Mäntel, und dann lagen ihre kalten Glieder, eingerollt in die Decke, aneinandergeschmiegt und zitterten.

»So machen es die Krieger in der Schlacht, wenn sie dem Feind nahe sind und kein Feuer anzünden dürfen«, flüsterte Asarhaddon.

Symon antwortete nicht. Noch spendeten ihre Körper sich keine Wärme, aber doch Geborgenheit. Sie hörten den

Schneesturm heulen, Steine lösten sich irgendwo, polterten den Abhang hinunter.

Langsam stieg ihre Körperwärme wieder an, ihre Glieder verloren ihre Starre, das Blut pulsierte stärker durch die Adern, und die Wärme des anderen durchflutete sie wie ein lebendiger Strom. Symon aber wurde nicht nur warm, sondern heiß in Asarhaddons fester Umarmung. Sein Herz pochte so laut, daß er meinte, es müsse den heulenden Sturm übertönen. Er wagte nicht einmal ein Räuspern, nicht die geringste Bewegung. Aber er war machtlos dagegen, daß sein Glied steif wurde. Angst und Scham erstickten ihn fast.

»Arkas!« flüsterte er nach einer Weile.

Asarhaddon, der den Syrer in sanfter Umarmung festhielt, hatte sich damit abgefunden, daß er die Wärme Symons brauchte und deshalb auch die enge Berührung ertragen mußte. »Ich glaubte dich schlafend, was gibt es?«

Symon antwortete nicht sofort. Er bebte, aber nicht vor Kälte.

»Nun, kannst du nicht schlafen? Du bist warm, was zitterst du noch?« fragte Asarhaddon spöttisch, da er längst gespürt hatte, was Symon bedrängte.

»Arkas, ich –«

»Schweig! Du wirst doch keine lüsternen Gedanken haben?«

»Ich habe sie«, antwortete Symon aufrichtig.

»Dann vergiß sie auf der Stelle. Wir liegen hier beieinander, weil wir nur so die Nacht überleben können, das weißt du.«

»Ich weiß es«, flüsterte Symon, »dennoch muß ich dir sagen, daß noch keine Nacht so wundervoll war wie heute auf diesem einsamen Paß, wo der Schneesturm heult.«

Asarhaddon lachte, und sein Lachen war weich und gedämpft unter der Wärme ihrer Mäntel. Es war so arg nicht, Symons samthäutigen Körper im Arm zu halten, wie er geglaubt hatte. Außerdem war er klug genug, in dieser heiklen Lage Symons Gefühle mit Neckereien zu dämpfen. »Gewiß, Menachim würde dich um diese Sturmnacht beneiden.«

»Du zürnst mir also nicht?«

»Keineswegs. Ich bedaure nur, daß ich die günstige Gelegenheit nicht nutzen kann. Weshalb mußt du auch ein Mann sein, Symon? Deine Augen sind von dem träumerischen Schimmer schwarzer Perlen. Bei Aschschur, deine Jungfräulichkeit wäre nichts wert in dieser Nacht, wenn du eine Frau wärst.«

Symon stöhnte. »Deine Schmeicheleien sind süß wie Honig, aber kosten willst du nichts.«

»Kosten? Was meinst du damit? Erwartest du etwa, daß meine Hände dir Erleichterung verschaffen?«

»Ich erwarte nichts«, murmelte Symon tonlos. »Aber ich kann doch nichts dafür.«

»Das brauchst du mir nicht zu sagen; das weiß ich auch als Priester, daß sich das männliche Geschlecht oftmals dem Willen entzieht und ein aufrechtes Eigenleben führt.«

Symon lachte. »So ist es wirklich. Hast du es denn schon selbst erlebt? Ich meine natürlich bei Frauen?«

»Über mein Liebesleben wollte ich nicht plaudern, aber wenn du eine Frau wärst, ginge es wohl über meine Kräfte, mich zurückzuhalten. Du erträgst die Lage sehr tapfer.«

Symon seufzte. »Danke, daß du das sagst. Ich will jetzt versuchen zu schlafen.«

»Tu das. Und wenn du es nicht mehr aushalten kannst – eine Handvoll Schnee tut Wunder.«

Symon räusperte sich verlegen und schmiegte sich in die Arme Asarhaddons. Eine Nacht lang gab er sich der Illusion hin, sein Geliebter zu sein.

14

Der Schneesturm verging mit der Nacht, tief atmeten sie die frostklare Luft des Morgens. Sie kleideten sich rasch an und begannen den Abstieg in wärmere Regionen. Symon hielt sich im Schatten des Mannes, der ihn gewärmt hatte, aus dessen Umarmung er sich ein Stück Zärtlichkeit gestohlen hatte wie ein Dieb.

Sie schritten kräftig aus, und am Nachmittag lag das

schimmernde Band des Orontes vor ihnen. Symon benetzte dankbar sein Gesicht mit dem Wasser, das auch die Ufer seiner Vaterstadt umspülte. Asarhaddon blickte zum Horizont, wo Wüste und Himmel sich begegneten; wo viele Tagesmärsche entfernt der Tigris seine Heimat zerteilte, an dessen Ufer Aschschurs Turm aus schwarzen Basaltziegeln die Mauern Assurs überragte: ein düsteres Monument des Todes, Asarhaddons Bestimmung und Erfüllung. Er glaubte, das Zittern der Erde unter stampfenden Rossen und dröhnenden Streitwagen zu vernehmen, Aschschurs Heere, die den Erdkreis unterwarfen und den Boden mit dem Blut ihrer Feinde tränkten.

Asarhaddon reckte sich, sein Blick ging nach Osten, und er stöhnte vor Qual, weil er das Ende seiner Reise noch nicht erreicht hatte. Dann wandte er sich spöttisch an Symon: »Laß uns also das letzte Stück Weges gehen, damit du deines Vaters Haus wiedersehen kannst und ich ihm in aller Demut meine Dienste anbiete, bis das Jahr sich gerundet hat und der Frühlingsmonat Nisan mich aus der Schmach meines Eides entläßt.«

Es war um die Mittagszeit, als Symon und Asarhaddon das Haus erreichten. Ein von Sykomoren und Feigenbäumen beschatteter Gang führte in den Innenhof, bewegt durchschritt Symon das Tor. Asarhaddon betrachtete zufrieden das Anwesen. Hier konnte er, getreu seinem Schwur, mit Gelassenheit die fehlenden Monate verbringen. Auf einer Bank unter den Zweigen eines wilden Ginsters ließ er sich nieder, verschränkte die Arme und betrachtete Symon milde lächelnd. »Schau her, welch ein großes, schönes Haus dein Vater besitzt! Du hast mir verschwiegen, daß er ein reicher Mann ist. Aber was zögerst du und schaust dich nach mir um? Geh nur hinein, ich will gern hier warten, denn ein herzzerreißendes Wiedersehen ist nicht für fremde Blicke bestimmt, und es könnte mich verlegen machen.«

»Ja, ja!« jubelte Symon. »Ach, ich fürchte, die Freude wird meinen Vater töten!« Er stürmte durch den Hof und verschwand im Haus.

Asarhaddon sah ihm nach, aber seine Gedanken flogen

voraus nach Assur. Es betäubte ihn, wenn er an die Möglichkeiten dachte, die sich ihm jetzt dort boten. Wie ein Blinder, der es nicht wagt, vom bekannten Weg abzuweichen, habe ich mich im Tempel verborgen gehalten. Die Geschicke des Reiches zu führen, habe ich Assurdans schwachen Händen überlassen. Aschschurs Zorn haben nur die Gefangenen gespürt, während Assyriens Nachbarn es sich unter der Friedensliebe meines Bruders wohlergehen ließen. Ich habe fünfzig geschlachtet, wo ich hätte fünftausend schlachten können. Mir war das Zepter eines Riesen verliehen, doch ich habe mich damit begnügt, über Zwerge zu herrschen.

Aus diesen Überlegungen, die so wenig im Einklang mit Kautilyas Lehren standen, riß Asarhaddon eine Erscheinung, die aus den Bäumen heraustrat und auf ihn zuging. Zuerst glaubte er, es sei Symon, doch es war eine Frau. Sie hatte seine Züge, doch sie wurden noch veredelt durch weiblichen Liebreiz. Das lange, dunkelbraune Haar fiel in zwei dicken Flechten herab; sie trug ein schmuckloses, gegürtetes Gewand, das ihre Formen fast verhüllte. »Ich bin Mirjam, Symons Schwester. Mein Vater bat mich, dich in das Haus zu geleiten. Dein Name sei Arkas, sagte mir Symon. Sei willkommen unter diesem Dach, Arkas.«

Asarhaddon erhob sich und ging ihr entgegen, und sein Herz klopfte ihm bis zum Hals, denn diese junge Frau war die Erfüllung seiner heimlichen Sehnsucht nach der Schönheit des jungen Syrers, der er sich verschlossen hatte. Doch ihr, wußte er, konnte er nicht widerstehen, und der süße Duft der Verführung betäubte seine Sinne. Gleichzeitig warnte ihn dieses jähe Aufbrechen seiner Leidenschaft. Die Frucht war verlockend, aber verboten.

Er fühlte, daß er Mirjam unziemlich lange anstarrte, aber er konnte sich nicht von ihrem Anblick lösen, »Mein Name ist nicht Arkas, ich heiße Asarhaddon«, bemerkte er, um seine Unsicherheit zu verbergen.

»Asarhaddon?« wiederholte Mirjam. Und aus ihrem Mund berührte ihn sein Name fremdartig in seiner Sanftheit.

Mirjam, der der schöne Besucher ebenfalls gefiel, hatte es nicht eilig, voranzugehen. Sie genoß es, einige Minuten mit ihm allein zu sein. »Sicher wirst du eine Weile unser Gast sein«, fuhr sie unbefangen fort. »Symon sagte mir, daß du –«

Als müsse er sich gegen einen plötzlichen Hagel von Pfeilen zur Wehr setzen, unterbrach Asarhaddon hastig: »Nein, ich kann nicht bleiben! Gewährt mir Aufnahme für eine Nacht, doch schon morgen muß ich euch verlassen.«

»Schon morgen? Aber Symon –«

»Ja, Symon hat mir angeboten, Gast im Hause seines Vaters zu sein, das ist wahr«, erwiderte Asarhaddon schnell. »Aber er weiß, daß ich nicht bleiben kann. Nur um ihn den Gefahren der Reise nicht allein auszusetzen, habe ich ihn begleitet.«

Mirjam senkte den Blick. »Das ist schade. Mein Vater wird es nicht gestatten, daß du weiterziehst, ohne dich ausgeruht zu haben. Dulden deine Geschäfte wirklich so wenig Aufschub? Eine Woche wirst du doch bleiben können?«

Kurz trafen sich ihre Blicke, und Asarhaddon sah in ihre Augen wie in einen ruhigen Teich. »Nein«, hörte er sich murmeln, »eine Woche schon könnte mein Verderben sein.«

Mirjam, die nicht wußte, was er damit meinte, sah ihn erschrocken an. »Oh, ich konnte nicht wissen –«

»Laß uns jetzt hineingehen«, überwand Asarhaddon mit einer kurzen Handbewegung die Spannung.

Hiram war ein stattlicher Mann mit grauen Locken und grauem Kinnbart. Er hatte eine leicht gebogene Nase und gütige Augen. Unter seinem einfachen Rock machte sich der Ansatz eines kleinen Bauches bemerkbar. Mit ausgebreiteten Armen ging er auf Asarhaddon zu, um ihn an sein erfreutes Vaterherz zu drücken. Asarhaddon ließ die stürmische Begrüßung mit einem verkniffenen Lächeln über sich ergehen. »Du Licht und Freude meiner alten Tage, du gabst einem Hoffnungslosen den Glauben an barmherzige und gerechte Götter zurück und schenktest diesem Haus wieder Wärme und Leben. Mit Wohlgefallen muß der Himmel auf dich schauen, schöner Fremdling, denn hinter deinen edlen Zügen und der Erhabenheit deiner Gestalt verbirgt sich eine ebensolche Seele.«

Asarhaddon deutete eine leichte Verneigung an. »Du beschämst mich, Hiram. Vor einem so vortrefflichen Mann wie dir werden meine Verdienste gering. Im Überschwang deiner Wiedersehensfreude ist dein Lob von verzeihlichem Übermaß, das ich aber keinesfalls verdiene.«

Hiram winkte ab. »Deine Bescheidenheit läßt dich so sprechen. Freilich, allzu reichliches Lob verwirrt den Beschenkten und läßt ihn betreten zu Boden schauen. Doch du darfst – nein, du mußt meine Dankbarkeit annehmen, denn unendlich reich hast du mich beschenkt.«

Asarhaddon warf Mirjam einen schnellen Blick zu. Du ahnst nicht, welche Kostbarkeiten du zu verschenken hast, dachte er.

Hiram ergriff Asarhaddon bei der Hand. »Komm, wir stehen hier und schwatzen, und ich vergesse darüber die Pflichten des Gastgebers. Ihr beide habt eine beschwerliche Reise hinter euch. Erfrischt euch, dann wollen wir bei einem gutem Essen unser Gespräch fortsetzen.«

Symon führte Asarhaddon zum Brunnen auf dem Hof, wo sie sich vom Straßenstaub reinigen konnten. »Mein Vater wird viele Fragen an dich haben. Sei geduldig mit ihm.«

»Er mag fragen, und ich werde antworten, wenn ich kann«, erwiderte Asarhaddon. »Aber du wirst schweigen, wie du es versprochen hast, es sei denn, ich erlaube dir zu reden.«

»Mein Mund wird verschlossen sein. Doch was meinte Mirjam damit, daß du uns schon morgen verlassen willst? Wolltest du hier nicht deine Frist ablaufen lassen, bis du wieder nach Assyrien zurückkehren darfst?«

»Ja, aber es ist ein Umstand eingetreten, von dem ich vorher nichts gewußt habe.«

Symon betrachtete Asarhaddon von der Seite, wie er seinen nackten Oberkörper über den Brunnenrand beugte. Seine Augen wurden dunkel. »Mirjam?« fragte er belegt.

Asarhaddon konnte nicht sofort antworten. Er tauchte aus einem Schwall eiskalten Wassers im Kübel auf, schüttelte sich und strich sich das nasse Haar aus dem Gesicht. »Ja, Mirjam.«

»Ihretwegen mußt du fort? Weshalb?«

Asarhaddon zuckte mit den Schultern und rieb sich mit einem Tuch trocken. »Sie ist schön, deine Schwester.« Er lächelte Symon vielsagend an. »Sie ist noch hübscher als du und zudem eine Frau. Soll ich vier Monate lang, eingesperrt in den Käfig meiner Begierden, um sie herumschleichen?«

Bei dieser Vorstellung mußte Symon lachen. »So wie Menachim?« spottete er.

»Ja, aber ich mache mich nicht wie er zum Narren. Ich werde gehen.«

»Aber weshalb sie? Gab es in Ugarit nicht viele schöne Frauen? Du hast keine eines Blickes gewürdigt.«

»Du verstehst nichts von Frauen, Symon. Die Schönheit allein tut es nicht. Es muß dich jäh verwunden wie die Axt des Holzfällers die schlanke Zeder. Und wie jene schließlich fallen muß unter den Axthieben, so unterliegt auch der Stärkste dem Zauber einer Frau, die es vermag, ihn zu fesseln.«

»Einmal sagtest du mir, daß Priester und Frauen nicht zusammengehören. Hast du deine Meinung geändert?«

»Im Gegenteil. Ein weiterer Grund, nicht zu bleiben. Dabei denke ich nicht nur an deine schöne Schwester, vielmehr an mich, denn ich darf mich mit keiner Frau einlassen. Einmal habe ich mich leichtfertig und mit höhnischen Worten über das Gebot der Enthaltsamkeit hinweggesetzt. Erst später habe ich erkannt, daß es seine Berechtigung hatte, denn unter der Strafe leide ich heute noch.«

»Also fliehst du vor der Liebe, wo immer du ihr begegnest? Was für ein Leben! Welch einem harten Gott mußt du dienen!«

»Die Liebe ist nicht die einzige Erfüllung, die ein Mensch erfahren kann. Der Gott, dem ich diene, schenkt Macht, und wer von ihr gekostet hat, der tauscht ihre berauschende Süße mit keinem Weiberschoß.«

»Und doch fällt die Axt die stolzeste Zeder.«

»Ja, deshalb muß sie sich vor der Axt hüten«, lächelte Asarhaddon. »Bei den Göttern, ich wünschte, ich wäre an der Stelle meiner Schwester!« rutschte es Symon heraus.

»Du bist ein Narr, Symon! War nicht auch Menachim von schöner Gestalt? Und ein guter Liebhaber, wie du nicht versäumtest lobend zu erwähnen. Dennoch hast du ihn verabscheut, weil er grausam war. Weshalb bedrängst du dann mich mit deinem Seufzen? Ich bin weitaus abscheulicher als er.«

Symon wurde bleich. »Was willst du damit sagen?«

»Hat Menachim es dir nicht gesagt? Was Arkas tat und was dein Herz hoffen ließ, das alles ist nichts wert vor Asarhaddon, der die Menschen in seinen Klauen hält wie der Adler den furchtsamen Hasen. Meine Aufgabe ist es nicht, armseligen Sklaven das Leben zu retten, ihr Los zu erleichtern, die Bettler zu füttern oder armen Fischern barmherzige Geschenke zu machen. Ebensowenig, wie es mir in den Sinn käme, einen hübschen Beischläfer vor den abartigen Launen seines Herrn zu retten. Ich wurde geboren, den Tod zu bringen. Ich bin Aschschurs Werkzeug. Ich bin die Zange, die Wunden reißt, ich bin das versengende Feuer. Kannst du den Sturm umarmen? Die Feuersäule, die Verwüstung bringt? Du wirst hinweggefegt, du wirst verbrannt. Erwache Symon, und erkenne, was das Los derer ist, die ich begehre, und wünsche nie wieder, an der Stelle deiner Schwester zu sein!«

Entsetzt wich Symon vor Asarhaddon zurück. »Das ist nicht möglich«, stammelte er. »Nur Dämonen können doppelgesichtig sein. Du aber bist ein Mensch. Ich weiß es seit jener Nacht, als du behutsam meinen Körper wärmtest und selbst zittertest.«

Asarhaddon schenkte Symon ein sanftes Lächeln. »Die Dämonen schreckt nur ein tapferes Herz. Wenn du willst, bezwingst du sie alle. Natürlich bin ich ein Mensch, doch mit anderer Bestimmung, als du geglaubt hast.«

»Weswegen hast du mir das nicht schon in Ugarit gesagt?«

Asarhaddon streifte sich das Gewand über. »Ich wollte, ich hätte es dir ganz verschwiegen«, entgegnete er rauh.

Symon war außer sich. »Du bist schlimmer als ein Dämon! Du weckst falsche Hoffnungen in den Herzen und läßt die Menschen, die deine Wärme suchen, unbarmherzig erfrieren.«

Asarhaddon legte ihm beruhigend die Hand auf die Schulter. »Der Kranke bedarf der Medizin. Deine Narrheiten auszutreiben, bedurfte es der bittersten: der Wahrheit. Doch sie ist es, die am schnellsten heilt. Ich darf nicht lieben, aber manchmal möchte ich es. Wäre ich nicht der Hohepriester, so würde ich um Mirjam werben, um sie zu meiner Frau zu machen. Doch jetzt komm, ich bin hungrig. Aber vergiß nicht: kein Wort von dem, was du weißt, darf über deine Lippen kommen.«

»Es würde mir ohnehin niemand glauben«, murmelte Symon.

Als sie in die kühle Halle eintraten, wo ein reichhaltiges Mahl auf sie wartete, fühlte Asarhaddon sofort Mirjams Blick, und er machte ihn unruhig. Nachdem er Hiram freundlich zugenickt hatte, wollte er am äußersten Ende der Tafel Platz nehmen, aber Hiram wies ihm den Platz neben seiner Tochter zu.

Zu Tisch waren einige Leute aus der Nachbarschaft geladen, und auch etliche Diener Hirams speisten mit. Hiram selbst saß am oberen Ende der Tafel und blickte zufrieden auf die versammelte Schar. Als er das Mahl mit einem frommen Segenswunsch an die Götter eröffnet hatte, begannen alle stumm zu essen.

Asarhaddon musterte aus den Augenwinkeln seine Tischnachbarn und fühlte sich wie der Fuchs, den die Hühner zu Gast geladen hatten. Da Hiram aus Höflichkeit Asarhaddon nicht drängen wollte zu erzählen, brach Mirjam das angespannte Schweigen und wandte sich unvermittelt an Asarhaddon: »Du bist so schweigsam und in dich gekehrt. Womit können wir dich aufheitern?«

Asarhaddon zuckte zusammen. Beherrscht erwiderte er: »Verzeih mir, ich war unaufmerksam und habe dich gekränkt. Ich bin kein unterhaltsamer Tischnachbar.«

»Ich fühle mich nicht gelangweilt, aber wir alle erwarten voller Spannung, daß du uns deine Geschichte erzählst. Auch ich bin neugierig, zu erfahren, wo du Symon begegnet bist und wie du seine Freiheit erwirken konntest.«

Ihre Stimme ließ sein Herz schwingen wie eine Harfensaite. Sein Verstand glich einem Federflaum, den Mirjams Lächeln mit einem Windhauch fortblies; das Blut rauschte ihm durch die Adern. Er schob den Kopf leicht in den Nacken; seine Eitelkeit war erwacht. Er spürte, daß er Mirjam gefallen wollte – mehr noch: er wollte ihr Gott sein, der Gegenstand ihrer Anbetung. So nickte er zustimmend und schenkte ihr sein hinreißendstes Lächeln.

Dann begann er zu erzählen, und Mirjams Gegenwart verlieh seiner Phantasie Schwingen und seiner Zunge farbige Beredsamkeit. An seinen Erzählungen war kaum ein wahres Wort, doch er entzückte seine Zuhörer mit einer bunten Fülle abenteuerlichster Geschichten, die er alle erlebt haben wollte. Mirjam hing an seinen Lippen, zitterte und lachte mit ihm.

Lediglich Symons Miene blieb unbewegt. Verstört erlebte er, wie Asarhaddon sich augenblicklich mit seiner Fabulierkunst und seinem Charisma zum umschwärmten Mittelpunkt von Menschen machte, die er an unsichtbaren Zügeln lenkte wie ein Wagenlenker sein Gespann. In seinen Augen blitzte Triumph, als habe er einen Feind mit dem Schwert unterworfen. Auch Mirjam galten diese versteckten Fanale des Siegers. Und als Asarhaddon, erhitzt von den eigenen Worten und berauscht von Mirjams Gegenwart, darum bat, für diesen Tag vom Erzählen ausruhen zu dürfen, da wußte er, daß er Hirams Haus nicht verlassen würde, bis sein Jahr herum war, und Mirjam würde er sich nehmen, wann immer er es wollte.

Hiram hob die Tafel auf, nicht ohne erwähnt zu haben, daß er anläßlich Symons Rückkehr aus der Sklaverei ein großes Fest mit vielen Gästen geben wollte, die ebenfalls Asarhaddons Erzählungen lauschen sollten.

Asarhaddon erhob sich lachend. »Aber nicht allzu bald, ich muß dich vorerst um Schonung bitten.« Seine Gedanken jedoch kreisten nur darum, mit Mirjam allein zu sein. Da traf ihn der Blick Symons, er trat auf ihn zu. »Du wirst bleiben«, stellte er fest.

Asarhaddon verzog leicht den Mund. »Ja, ich habe es mir überlegt. Ich gedenke, die Gastfreundschaft deines Vaters anzunehmen.«

»Du verstehst es, kurzweilig zu plaudern und deine Zuhörer weinen und lachen zu lassen.«

»O ja, meine Mutter war Babylonierin, und die babylonischen Märchenerzähler sind weithin berühmt. Sicher hat sie mir diese Gabe vererbt.«

»Dann sag mir, wer dein Vater war? Der schwarze Höllenfürst?«

Asarhaddons Blick verdunkelte sich gefährlich. »Schweig!« Er wollte noch etwas hinzufügen, aber Mirjam kam auf sie zu. Symon sah den glücklichen Schimmer in ihren Augen und die freudige Röte auf ihren Wangen.

»Tu ihr bitte niemals weh«, murmelte er und wandte sich ab.

Asarhaddon packte Mirjam am Arm und flüsterte ihr eindringlich zu: »Ich muß mit dir allein sein.«

»Unmöglich!« gab sie flüsternd zurück und sah sich erschrocken um. Aber niemand achtete auf sie; die übrigen Gäste hatten sich zerstreut.

»Komm heute nacht in den Garten.«

»Nein, ich darf nicht.«

»Ich werde auf dich warten, und du wirst kommen.«

Sie machte sich schnell los und lief leichtfüßig hinaus. Asarhaddon sah ihr siegessicher lächelnd nach.

15

Hätte Symon in diesem Augenblick in das Herz des ihm so unbegreiflichen Mannes schauen können, da dieser zu nächtlicher Stunde, halb verborgen hinter einem Feigenbaum, klopfenden Herzens auf Mirjam wartete, so hätte er erstaunt feststellen müssen, daß aus dem alles hinwegfegenden Sturmwind ein Hauch und aus der versengenden Feuersäule ein Flämmchen geworden war. Asarhaddon spürte zum erstenmal nicht das Verlangen, nach Assur zurückzukehren, um dort blutige Zeichen seiner Macht zu setzen. Der düstere Gott des Krieges mußte sich grollend zurückziehen vor der Kraft des Lächelns auf den Lippen einer schwachen Frau.

Und dann stand Mirjam vor ihm. Er hatte sie erwartet, dennoch schnellte er hoch. Er war sich auch jetzt seiner bezwingenden Ausstrahlung durchaus bewußt, doch er hatte seine Überheblichkeit abgelegt. »Du bist gekommen, und ich muß nicht fragen. Du bist hier bei mir und gibst mir die Antwort, die ich ersehne«, begann er mit dunkler Stimme. Und im Schutze der Nacht wagte er es gleich, nach ihrer Hüfte zu fassen, doch Mirjam schlug ihm auf die Finger und antwortete: »Wohl bin ich zu dir gekommen, doch nicht, weil ich ein leichtfertiges Mädchen bin, wofür du mich unschwer halten wirst, wenn ich dir solche Freiheiten erlaube. Vielmehr wollte ich allein mit dir sein, um die Wahrheit von dir zu hören, denn deine Geschichten bei Tisch waren allesamt erfunden.«

Asarhaddon zog gehorsam die Hand zurück, »Das gebe ich zu. Gleichviel – waren sie nicht dennoch amüsant?«

»Ja, aber von einem Fremden, der mich nachts im Garten treffen und gleich umarmen möchte, erwarte ich mehr Offenheit. Wer bist du? Woher kommst du, und wohin gehst du?«

Asarhaddon zog unwillig die Brauen zusammen. »Zu viele Fragen für eine Stunde, die ich eigentlich nicht verplaudern wollte.«

»Du mußt nichts von dir preisgeben, wenn du nicht willst, Asarhaddon, aber wenn du möchtest, daß wir uns näherkommen, solltest du mir nichts verschweigen. – Du willst nun doch bleiben? Es gibt keine dringenden Geschäfte mehr, kein Verderben, das auf dich lauert?«

Wer sich zum Trottel macht, muß Spott ertragen, dachte Asarhaddon großmutig, aber diese Frau –

»Ich müßte gehen«, erwiderte er rauh, »aber du fesselst mich an diesen Ort. Wenn du bereit bist, mir vier Monate deines Lebens zu schenken, um mich dann zu vergessen, kann ich bleiben.«

»Das klingt geheimnisvoll, oder nicht?« bemerkte sie spöttisch. »Gibst du wieder einen deiner Schwänke zum besten?«

»Nein Mirjam. – Willst du dich nicht zu mir setzen?«

»Zu gefährlich«, lachte sie. »Was ist nach den vier Monaten? Löst du dich dann in Luft auf wie ein Gespenst?«

Asarhaddon starrte auf die Gestalt, die sich dunkel gegen den blassen Nachthimmel abhob. Eine Frau, die ihm nicht seufzend in die Arme taumelte! Die ihn mit lästigen Fragen bedrängte, statt bedenkenlos vier Monate im Rausch zu wählen – wie Menachim es getan hätte. Die Fallen sind überall gleich, dachte er, nur diesmal bin ich das Opfer. »Frag Symon, er kann dir alles sagen, was du wissen möchtest«, erwiderte Asarhaddon ungeduldig. »Aber bald wird es hell, und wir werden am Ende dastehen wie zwei Teppichhändler, die gegenseitig ihre Ware preisen.«

»Symon redet nicht über dich.«

»Nun denn! In Assyrien bin ich Priester, und das Amt verbietet mir, eine Frau anzurühren. In vier Monaten muß ich die Flügelsonne wieder tragen, hier aber belasten mich solche Verbote nicht.«

Da lachte Mirjam glockenhell und rief: »Oh, du bist listig wie ein Fuchs! Hier bist du ein Mann, dem die Keuschheit nichts gilt, daheim aber hältst du sie hoch. Offensichtlich hast du Weib und Kind in Assyrien und möchtest jetzt ungestraft in der Fremde naschen.«

»Ich werde nie Frau und Kinder haben; meine Bestimmung ist der Tempel in Assur. Du siehst, ich bin aufrichtig zu dir. Aber wenn uns beiden vier Monate Glückseligkeit geschenkt werden, weshalb sollten wir sie verschmähen? Du wärst nicht gekommen, wenn du darüber anders denken würdest.«

»Eine Frau denkt stets anders über diese Dinge«, erwiderte Mirjam. »Auch wenn sie das Abenteuer reizt, sie hat ihre Ehre zu verlieren.«

»Es würde mir schmeicheln, wenn du zu diesem Opfer bereit wärst.«

»Das glaube ich!« antwortete sie spitz, »doch welches Opfer bringst du mir?«

»Ich vergehe mich gegen das Gebot der priesterlichen Enthaltsamkeit.«

»Hier in Kadesch?«

»Gewiß, auch hier. Nur, daß es hier unbemerkt bleibt.«

Mirjam lachte spöttisch. »Nun, das ist wahr. Welch ein selbstloses Opfer! Du wirst vielleicht wissen, daß eine Frau nicht unbemerkt ihre Unschuld verlieren kann.«

»Eine Frau wie du läßt alle Männer in ihrem Umkreis erblinden.«

»So blind soll wohl auch ich in die Falle deines honigsüßen Lächelns tappen?«

»Eine Falle für dich und für mich, Mirjam. Grausam für uns beide, wenn wir uns wieder trennen müssen, aber erfüllt von unendlichen Wonnen, während wir zusammen sind.«

»Glatte Worte, um eine Frau ins Bett zu locken«, bemerkte Mirjam schulterzuckend. »Wenn dir wahrhaft etwas an mir läge, würdest du dem Tempel in Assur den Rücken kehren, der offensichtlich doch sehr gut ohne dich auskommt.«

»Du bist eine Frau und verstehst wenig von diesen Dingen«, entgegnete Asarhaddon leicht verärgert. »Meist ist es ein einzelner Mann, der über das Gedeihen eines Reiches entscheidet, und ein Schwacher an der Spitze genügte schon oft, um es in den Untergang zu treiben. Ich darf Assyrien nicht allein lassen.«

»So? Ohne dich ist es also hilflos?«

»Es ist – Mirjam! Wollen wir über Staatsgeschäfte reden, zu dieser Stunde? Wir haben schon zuviel kostbare Zeit vergeudet, die wir hätten besser nutzen können.«

»Du weichst mir aus! Assyrien gegen meine Unschuld, wie wäre das, hm?« In der Dunkelheit konnte er die Grübchen nicht sehen, die ihr lustiges Lachen auf ihren Wangen erzeugte.

Asarhaddon kam auf sie zu, doch sie wich zurück in den Schatten der Bäume. »Nicht näher, sonst laß ich die Diener rufen! Als Priester weißt du dich sicherlich zu benehmen.«

»Du hältst mich hin, Mirjam!« rief Asarhaddon heiser, »du verspottest mich! Das erlaube ich keiner Frau!«

»Ich halte dich hin, ja!« hörte er ihre Stimme zwischen den Zweigen. »Weil du es verdienst! Du bist ein Mann, der einer Frau den Atem raubt, das ist wahr, aber du bist mir allzu sicher. Lerne vorerst, deine Anmaßung zu zügeln und mir das Gefühl zu geben, in deinem Leben der Mittelpunkt zu sein.«

»Du wagst es, mich zu belehren?« schrie Asarhaddon wütend.

Er hörte das Brechen von dünnen Zweigen. Von entfernt kam es: »Du hast, so will es mir scheinen, noch niemals unter der Liebe gelitten, Asarhaddon. Lerne es, dann werde ich

dir vielleicht eines Tages gehören, aber nur, weil ich es will.«
Zurück blieben ihr leises Lachen, die leere Bank und das
Rauschen des Nachtwindes in den Bäumen.

Asarhaddon knirschte mit den Zähnen, ballte ohnmächtig
die Fäuste und begann, ganz entgegen seiner Würde, zu fluchen wie ein Söldner, dem saures Bier eingeschenkt wurde.
Er verwünschte alle weiblichen Wesen, insbesondere jene,
die von so berückender Schönheit waren wie Mirjam, Er ließ
sich auf die Bank fallen und barg das Gesicht in den Händen. »Daß doch Männer gleich den Weibern Kinder gebären
könnten und das schwache Geschlecht als unnützer Tand
von der Erde verschwände!« stieß er gallig hervor.

Da hörte er ein spöttisches Lachen hinter sich. Er wirbelte
herum. Da stand Symon, an den Stamm des Feigenbaumes
gelehnt. »Deine Wünsche würden Menachim entzücken.
Zum Gebären gehört auch das Zeugen. Was für kräftige
Knaben hätte er dir schenken können!« Symon lachte laut.

Asarhaddon packte Symon mit dem Zorn des Löwen, dem
die sichere Beute gerade entwischt ist. »Was tust du hier?
Hast du gelauscht? Unglückseliger! Weißt du nichts Besseres, als meiner beschämenden Niederlage noch Spott hinzuzufügen? Wahrlich! Soviel Mut besitzt nicht der König, mich
in dieser Stimmung zu reizen, oder ist es bei dir die Dummheit eines Esels?«

»Ich sah keine Niederlage«, gab Symon ruhig zur Antwort,
»ich sah einen Sieg. Freilich, so zu siegen magst du nicht gewohnt sein, aber gönne Mirjam ihren Stolz, denn sie ist dir
längst verfallen.«

Asarhaddon ließ Symon los. »Gleichviel«, entgegnete er
zornig und keinesfalls versöhnt, »du hast uns belauscht und
bist Zeuge gewesen, daß ich die Beherrschung verlor. Ich
darf es nicht dulden, daß jemand lebt, der den Hohenpriester so gesehen hat.«

»Bist du denn hier Priester? Bist du nicht Arkas, der Bettler, Gast meines Vaters?«

»Mirjam wies nicht Arkas ab, sondern Asarhaddon!«

»Soll sie sich bedenkenlos auf ein kurzes Abenteuer einlassen?«

»Jede andere Frau würde sich mir für eine einzige Stunde hingeben! Und sie hat sich über mich lustig gemacht!«

»Sie hat deinen Hochmut etwas gedämpft, das war auch dringend nötig.«

»Du Narr! Wenn sich der Hohepriester herabläßt zu Zärtlichkeiten, zu süßem Getändel, begibt er sich seiner Würde. Ich tat es und erntete Hohn. Aber keine Frau spielt mit mir. Mirjam mag sich vorsehen!«

»Du drohst ihr?« fragte Symon betroffen. »So mag der Hohepriester sprechen. Arkas aber, der geschworen hat, sollte anders reden.«

»Was schwatzt du da, Knabe! Was mir ziemt, willst du mir sagen? Kennst du meinen Eid so genau? Er verbietet mir nicht, das anzunehmen, was man mir freiwillig gibt. Und Mirjam wird mir freiwillig geben, was ich begehre.«

»Sicher wird sie das«, besänftigte ihn Symon. »Und du solltest dich jetzt beruhigen. So aufgebracht habe ich dich selbst bei Menachim selten erlebt.«

»Habe ich keinen Grund dazu?«

»Ich war nur um Mirjam besorgt. Dann allerdings hat es mich erleichtert«, fügte Symon lachend hinzu, »daß du fluchen kannst wie ein gewöhnlicher Steinhauer.«

»Erleichtert? Weißt du nicht, daß der Hohepriester keine Gefühle zeigen darf wie andere Menschen? Und wenn er sich leichtfertig von ihnen überwältigen läßt, so muß er doch der Welt stets ein unbewegtes Gesicht zeigen. Kein gewöhnlicher Sterblicher darf erfahren, daß auch er verletzlich ist. Worin unterschiede sich sonst noch der Herr der Welt vom Korbflechter?«

Symon lächelte. »Sicher wird man dich auch unbeherrscht nie mit einem Korbflechter verwechseln. – Was wirst du jetzt tun, um deine Gelassenheit wiederzuerlangen?«

Einige Minuten noch grollte Asarhaddon mit Symon und dem Schicksal eines abgewiesenen Liebhabers, doch dann faßte er sich und legte Symon die Hand auf die Schulter. »Was werde ich tun, um diese Zeit? Zu Bett gehen. Allein. Und du magst derweil frohlocken, daß es mir heute nacht nicht besser als Menachim ergehen wird.«

16

Hiram hatte Asarhaddon seine Gastfreundschaft bis zum Tag seiner Abreise angeboten, doch Asarhaddon hatte erwidert: »Müßiggang macht müßige Gedanken, und müßige Gedanken verführen zu schlechtem Lebenswandel. Gib mir eine Aufgabe, die deinem geringsten Diener zu lästig ist.«

»Was du da redest!« schalt ihn Hiram. »Soll auf mein altes Haupt die Schmach gehäuft werden, Großherzigkeit mit Undank vergolten zu haben? Freilich, daß du kein Freund von Müßiggang bist, spricht für deine edle Gesinnung, die du erneut beweist, aber einem Mann wie dir gebühren herrschaftliche Aufgaben. In meinem gesamten Anwesen findet sich keine Arbeit für dich, die ich dir ruhigen Gewissens anbieten könnte.«

»Du hast einen Stall mit acht prachtvollen Pferden. Ich verstehe etwas von Pferden. Wenn es dir recht ist, gehe ich dem Stallburschen zur Hand.«

»Dem Stallburschen? Ihr Götter straft mich, wenn ich das zulasse! Bewege die Tiere, reite sie, und dann sag mir, welches das beste ist. Es gehört dir, denn ich lasse dich die weite Heimreise nicht zu Fuß antreten.«

Asarhaddon wollte etwas einwenden, doch Hiram schnitt ihm das Wort ab. »Ich will nichts hören von deinem Schwur! Zwingt er dich etwa, dir Blasen an den Füßen zu holen? Wer gibt, muß sich auch beschenken lassen, das ist mein letztes Wort!«

Asarhaddon lächelte über Hirams Eifer und entgegnete freundlich: »Es ist mir untersagt, mich zu bereichern. Mittellos muß ich das Land durchstreifen. Aber ich nehme dein Geschenk an. Reiten werde ich es aber erst, wenn das Jahr verstrichen ist.«

Und so kümmerte sich Asarhaddon um die Pferde Hirams. Wie von selbst ergab es sich, daß die Stallknechte ihm gehorchten, und wie schon oft erfuhr Asarhaddon, daß es einem Mann wie ihm nicht gegeben war, eine unscheinbare Rolle glaubhaft auszufüllen.

Symon suchte Asarhaddon häufig bei den Ställen auf, um

mit ihm zu plaudern, und begleitete ihn gern auf seinen Ausritten. Asarhaddon hätte eine andere Gesellschaft wohl vorgezogen, aber Mirjam ließ sich nicht blicken. Manchmal sah er sie von fern im Garten, auf dem Hof oder auf der Terrasse; doch wenn er sich ihr näherte, verschwand sie.

Als eine geraume Zeit verstrichen war, sagte Asarhaddon während eines Ausritts zu Symon: »Deine Schwester ist ein Muster an Tugend und Standhaftigkeit, sag ihr das! Sag ihr aber auch, daß solche Früchte bitter schmecken, wenn sie allzu lange nicht gepflückt werden. Sie kann nicht erwarten, daß ich unendlich Geduld besitze.«

»Weshalb nicht? Du hast keine Rechte an Mirjam.«

»Meinst du? Der Hungernde, dem man Tag für Tag grausam die köstlichste Speise hinhält, hat alle Rechte. Bevor ihn seine Kräfte verlassen, darf er sich mit Gewalt nehmen, was ihm verweigert wird.«

»Verlassen sie dich bereits?« spottete Symon nicht ohne Schadenfreude. »Wer den Hirsch nicht erlegen kann, begnügt sich auch mit dem Hasen.«

Asarhaddon sah Symon spöttisch von der Seite an. »Der Hase möchtest wohl du sein?«

»Weit geringer«, seufzte dieser. »Ich begnüge mich schon mit dem Sperling, der sich an deiner Brust unter dem Gewand verbirgt, wenn der Habicht auf ihn niederstößt.«

Asarhaddon lachte. »Ich sehe aber keinen Habicht, so wird es mir erspart bleiben, dir dort Unterschlupf zu gewähren. Deiner Schwester, der scheuen Taube, kannst du hingegen sagen, daß sie kein Versteck finden wird, wenn der Habicht auf sie hinabstößt.«

»Mit dem Habicht meinst du zweifellos dich selbst. Wolltest du nicht warten, bis die scheue Taube freiwillig aus deiner Hand ihr Futter pickt?«

»Wird sie es je tun, Symon?«

»Ganz gewiß. Sie ist doch von ebensolcher Sehnsucht erfüllt wie du.«

»Weshalb zögert sie dann? Wie schwierig doch Frauen sind! Männer wissen die Gelegenheit zu nutzen. Menachim hätte mir für eine Nacht Ugarit geopfert, und nicht einmal

Kautilya hat mir derart schwere Bedingungen auferlegt wie deine Schwester.«

»Frauen wollen geliebt werden, Männern genügt die Wollust«, grinste Symon. »Da du nicht lieben kannst, solltest du dich an Männer halten.«

»Danke für deinen Ratschlag. Er scheint mir mehr von Selbstsucht als von Anteilnahme getragen.«

»Hast du diese Art von Liebe wirklich noch niemals erwogen?«

»Niemals!« entgegnete Asarhaddon schroff. »Wofür hältst du den Hohenpriester? Für einen Knabenschänder?«

Symon zuckte die Achseln. »Die assyrischen Bräuche sind mir unbekannt, aber in Syrien und Phönizien sind gerade die Tempel die Brutstätten aller Laster. Leben die Diener Aschschurs wirklich enthaltsamer als andere Priester? Das kann ich kaum glauben.«

Asarhaddon wurde bleich. »Solange ich das Regiment führe, werden weder syrische noch phönizische Hurereien im Tempel des Aschschur Einzug halten, und jeden Sodomiten unter meinen Priestern lasse ich entmannen und pfählen!«

Symon schlug sich die Hand vor den Mund. »Bei Baal-Hammon! Wie gräßlich!«

»Nun ja«, murmelte Asarhaddon verlegen, der wieder einmal unbedacht aus Arkas Haut geschlüpft war, »ich habe meine Gründe für diese harten Maßnahmen, aber du mußt nicht alles wissen.«

17

Nachdem ein Monat ohne ein Zeichen Mirjams verstrichen war, nahm sich Asarhaddon vor, ihr mit Nichtachtung zu begegnen. Doch dann stand sie eines Morgens vor ihm im Dämmerlicht des Stalls, wo Asarhaddon den schwarzen Hengst striegelte, den er sich als Geschenk von Hiram erwählt hatte.

»Mirjam!« Seine Stimme bebte.

Sie kam näher. »Ich habe dich lange warten lassen, nicht wahr?«

»Ja«, sagte Asarhaddon nur.

»Ich mußte nachdenken, über dich und über mich.«

Asarhaddons Augen blitzten auf. Rasch trat er hinter sie und schloß die Stalltür. »Aber nun bist du hier«, schloß er heiser, »und ich gestatte dir nicht mehr zu denken. Nein, auch keine Worte mehr.« Er drückte sie gegen die Wand.

Mirjams Blick irrte zum Türspalt, durch den etwas Tageslicht fiel. »Nicht hier«, murmelte sie. Aber sie spürte das Drängen seines Körpers und wußte, daß sie Asarhaddon nicht länger hinhalten konnte.

»Wo?« fragte er, während er ihre abwehrenden Arme nach hinten bog.

»Heute nacht – ich komme zu dir.«

»Nein. Jetzt!«

»Dann werde ich schreien.«

»Sicher, aber nur vor Lust.«

Er zwang ihre Arme auf den Rücken, so daß sie seinen Küssen hilflos ausgeliefert war. Wie von selbst glitten beide zu Boden, der mit hartem Stroh bedeckt war. Verlegen versuchte Mirjam, sich Asarhaddons Umarmung zu entwinden; dabei verzog sie das Gesicht, als zwicke es sie überall. Asarhaddon aber lachte und schob sacht mit dem linken Fuß einen schweren Schemel vor die Tür.

»Ich wollte dich lieben im weichen Gras unter den wilden Feigen«, flüsterte er ihr zu, »doch du zogst es vor, von borstigen Halmen zerstochen zu werden. Das ist die Strafe für dein allzu langes Zögern.«

Behutsam streifte er ihr das Kleid von den Schultern, löste ihre langen Flechten und ließ sie über ihre matt schimmernden Brüste fliegen. Entzückt betrachtete er ihre Schönheit und vergrub sein Gesicht in ihrem weichen Haar. Es duftete nach Mandelöl und Zimt. Ganz still hielt er und wagte kaum zu atmen, um ihrem Herzschlag zu lauschen. Mirjams Hände streichelten seinen Nacken, strichen durch sein Haar. Sekunden seligen Schweigens verstrichen. Dann schlüpften ihre Hände unter sein Gewand, glitten an seinen Schenkeln hinauf, strichen über seine Hüften, und Asarhaddon fieberte dem Augenblick der innigsten Berührung entgegen. Spielerisch zogen ihre Finger Kreise an der Innenseite seiner Schenkel, als hätten sie sich verirrt und wüßten nicht den rechten Weg. Sein Mund streifte ihr Haar zur Seite und fand ihre aufgerichteten Brustwarzen. Sie stöhnte auf, und sie umschloß seinen harten Schaft, um ihm mit sanfter Gewalt den Weg zu weisen.

»Noch nicht«, flüsterte Asarhaddon. »Süß ist das Verharren, köstlich das Zaudern, aber kurz die Erfüllung.« Und er kühlte das Verlangen ihres Schoßes mit dem sanften Druck seiner Finger. Ihre Zungen küßten sich. Nicht lange, und sie zerfloß in überströmender Lust, bäumte sich auf im Verlangen und verebbte in ekstatischen Zuckungen.

Mirjams Lippen waren halb geöffnet, ihre Augen geschlossen. Schwer fühlte sie den erschöpften Körper Asarhaddons auf sich; sein Haupt lag auf ihrer Brust, er atmete tief und ruhig. Unruhig stampfte der schwarze Hengst in seinem Verschlag; er schnaubte und gab ein ungeduldiges Wiehern von sich.

»Hörst du ihn?« flüsterte Asarhaddon. »Auch ihn verlangt es nach dem festen Schenkeldruck seines Reiters.«

»Ja, und bald wird er dich weit von mir forttragen, Asarhaddon.«

»Bei unserem ersten Zusammensein denkst du schon an das Ende?« tadelte Asarhaddon sie sanft. »Noch drei unvergleichliche Monate gehören uns.«

»Ach, sie werden vergehen wie eine einzige Nacht«, seufzte sie. »Ich war unverzeihlich leichtsinnig, mich mit dir einzulassen, aber ich habe den Verzicht nicht länger ertragen. Die Götter mögen mir verzeihen.«

»Und ich glaubte verrückt zu werden ohne dich.« Er küßte ihre Lippen, ihren Hals. »Was du mir jetzt gibst, muß für ein ganzes Leben reichen, denn dort, wo ich hingehe, kennt man keine Liebe. Wenige Tage sind mir mit dir vergönnt, während du unter den adligsten Jünglingen dieser Stadt bald einen anderen Liebhaber wählen wirst. Den Mann, der dich als Gattin heimführt und nicht nur flüchtig von deinem

Liebreiz kosten darf. Wahrlich, jener Mann darf sich glücklicher preisen als der Hohepriester mit all seiner Macht und dem Glanz der Flügelsonne.«

»Das sind nur schöne Worte«, meinte Mirjam bitter, »aber den Männern gelten Pflicht und Ehre mehr als die geliebteste Frau.«

»Früher«, erwiderte Asarhaddon, »glaubte ich, selbst zwischen Pflicht und Glück wählen zu können, aber meine Geburt verdammte mich dazu, Aschschur zu dienen. Mit ihm wandelte ich in eisiger Höhe und in finsterer Nacht. Nur wessen Herz erfroren ist und wer blind ist für menschliche Schwächen, kann seine Nähe ertragen.«

»Ich weiß nicht, was deine schrecklichen Worte bedeuten. Aber weshalb kehrst du an diesen düsteren Ort zurück?«

»Weil ich der Hohepriester bin. Ich bin es, Mirjam, verstehst du? Ich bin Aschschur, ich bin Assyrien!«

»Nein, mich hat kein kalter, finsterer Gott geliebt«, widersprach Mirjam heftig. »Ich liege nicht in den Armen Assyriens. Du bist warm und zärtlich, du bist schweißnaß, erschöpft und glücklich.«

»Ja, in deinen Armen kann ich meine Bestimmung vergessen, aber sie holt mich unbarmherzig ein. Das Leben ist kein ewiges Getändel. Aber laß uns nicht schwermütig werden, das verdirbt uns die Freude aneinander. Sieh, schon wünscht sich mein Speer, erneut jenen Ort zu erobern, der seiner Wildheit und Stärke schmeichelt.«

Die Wochen verstrichen. Schon bald schien Asarhaddon vollends vergessen zu haben, daß seine Bestimmung eine andere war als turtelnd und tändelnd den Tag zu verbringen.

»Kaum kann ich in dir noch jenen Mann erkennen, der du in Ugarit warst«, wandte sich Symon einmal an ihn. »Natürlich weiß ich, daß deine Unbeschwertheit nur vorgetäuscht ist und deine heitere Liebenswürdigkeit der Pflicht entspringt, die dir dein Schwur auferlegt, dennoch versetzt du mich mit deiner Verstellungskunst immer wieder in Erstaunen.«

Doch Asarhaddon hatte erwidert: »Du irrst dich, Symon, ich verstelle mich nicht. Mein Herz bebt wie ein Tautropfen, der auf einer Blüte zittert; es ist leicht wie eine Feder, die vom Sommerwind getragen wird. Die Erinnerung an Assur und den Tempel verblaßt mehr und mehr.«

Aber dann war der schicksalhafte Tag angebrochen, der erste Tag des Frühlingsmonats Nisan. Als sich alle zur gemeinsamen morgendlichen Tafel versammelten, fehlte Asarhaddon. Hiram schickte nach dem Stallburschen. Von diesem erfuhren sie, daß Asarhaddon den schwarzen Hengst gesattelt hatte.

»Noch bevor es tagte, legte er dem Schwarzen das Geschirr an, den er doch noch nie geritten hat. Ich fragte ihn verwundert, wohin er denn so zeitig aufbreche, doch er schwang sich auflachend auf den Rücken des Pferdes, das sich erschrocken aufbäumte, und rief mir zu: Es ist Frühling, mein junger Freund, Frühling! Dann trieb er den Hengst an, und der trug ihn in gestrecktem Galopp die Straße hinunter zum Nordtor.«

Als der Stallbursche geendet hatte, sah Symon erstarrt auf Mirjam. Sie war mit einem Klagelaut zusammengebrochen.

Drittes Buch

ANAXARES

1

Die Nachmittagssonne tauchte Assur in ein gedämpftes, rötliches Licht. Die Straßen und Märkte belebten sich nach der Tageshitze. Durch das breite Illat-Tor flutete der Strom der Händler und Kaufleute. In das frische Grün seiner Gärten gebettet lag das Palast- und Tempelviertel. Das Prozessionstor Aschschurs war geschlossen. Von niemandem beachtet näherte sich ein Fremder in syrischer Kleidung dem verbotenen Tempelbezirk. Er betrat ihn nicht durch den Haupteingang, sondern wählte die Pforte des günstigen Nordwestwindes, die dem Heimkehrenden gewidmet war.

Alle Eingänge führten in den Altarraum mit dem Standbild des stierhäuptigen Gottes. Zu seinen Füßen wartete der leere Altar aus schwarzem Basalt. Seine glatte Oberfläche glänzte matt im Schein weniger Fackeln. Durch das geöffnete Tor strich der Wind; er stöhnte in den dunklen Nischen der riesigen Säulenhalle, als ahmte er die Schreie der unzähligen Opfer nach.

Der Fremde legte zitternd seine Hand auf den Altar, um dessen Botschaft zu erfahren. Fast zärtlich berührte er das im Stein eingefangene Sterben, das Stöhnen gefolterter Menschen. Dann atmete er tief durch. Der Altar hatte sich ihm mitgeteilt, hatte ihn erkannt. Er war zu Hause!

Asarhaddon kniete nieder und lehnte seine Stirn an den kalten Stein. »Dein Diener ist zurück, der so vielen Anfechtungen ausgesetzt war und der dich verleugnen mußte. Die Götter jenes Priesters aus dem fernen Indus-Tal haben mit Macht versucht, dich mir zu entfremden. Fast wäre ich ihnen erlegen. Für kurze Zeit gelang es einer Frau, meinen Verstand zu verwirren und dich zu verdrängen. Offenbare jetzt, daß du stärker bist als alle anderen Götter und daß ihre Werke vor deinem Gluthauch zu Asche werden müssen. Ich will die Völker zwingen, ihren Nacken auf diesen Stein zu legen. Schenke Assyrien den Sieg, wie du ihn den Vätern schenktest. Zum Zeichen meiner Unbeugsamkeit will ich dir denjenigen opfern, der zuerst die Tempelhalle betreten wird.«

Asarhaddon erhob sich und legte ein Schwert auf den Altar, das er im Gürtel getragen hatte. Dann zog er sich in das Halbdunkel der Säulen zurück.

Nach geraumer Zeit betraten zwei Priester den Altarraum, um die heruntergebrannten Fackeln zu erneuern. Der Jüngere begann, harzgetränkte Stäbe zu entzünden und sie gegen die abgebrannten auszutauschen. Der Ältere überwachte diese Tätigkeit flüchtig und sah sich dabei prüfend im Heiligtum um. Es war Zargo.

Da entdeckte er das Schwert auf dem Altar. Er stutzte, dann nahm er es zögernd an sich und betrachtete es von allen Seiten. »Iluchadda, komm her zu mir! Leuchte mir mit deiner Fackel, damit ich dieses Schwert besser betrachten kann.«

Dieser eilte gehorsam herbei. »Weißt du, wer das Schwert auf den Altar gelegt hat?« fragte Zargo den jungen Priester.

Dieser schüttelte den Kopf. »Nein. Von den Priestern kann es niemand gewesen sein, denn wer würde es wagen, seine Waffe auf den Altar zu legen, solange der Hohepriester fern ist?«

»Und doch scheint es hier auf seine Bestimmung zu warten«, murmelte Zargo.

»Du sagst es, Zargo«, kam es kalt und schneidend aus dem Hintergrund. »Das Schwert gehört deinem Gebieter.«

Zargo erkannte sofort Asarhaddons Stimme. Er wirbelte herum. Asarhaddon trat aus dem Schatten der Säulen. Iluchadda, der rangniedere Priester, fiel ehrfürchtig zu Boden. Zargo aber stand aufrecht, und er schien versteinert vor der wunderbaren Erscheinung. Dann stieß er einen lauten Freudenschrei aus.

Asarhaddon streckte die Hand aus. »Mäßige dich, Zargo!«

Dieser besann sich, fiel Asarhaddon zu Füßen, küßte den Boden, auf dem er schritt, denn ihn zu berühren wagte er nicht, und hob dann seine leuchtenden Augen. »Wie ein Gott trittst du heraus aus dem Dunkel. Endlich bist du heimgekehrt. Aschschur hat dich beschützt.«

»Ja, Zargo«, erwiderte Asarhaddon kalt, »und wir wollen

ihm danken. Danken auf die Weise, die Aschschur zutiefst befriedigt.«

»Ja«, rief Zargo heiser, »er hat lange genug gehungert. Füttern wir ihn mit frischem Fleisch.«

Asarhaddon machte eine fragende Handbewegung. »Wohin gehst du, Zargo? Der Tempel hat keine Gefangenen mehr, oder irre ich mich?«

»Ja«, seufzte Zargo, »die Gewölbe sind leer, weil du damals voreilig – ich meine, ich will schon für die rechte Speise sorgen.«

»Daran zweifele ich nicht, aber du mußt dich nicht bemühen«, meinte Asarhaddon spöttisch. »Ich habe dafür bereits selbst Sorge getragen. Vor Aschschur gelobte ich, den zu töten, der diesen Raum als erster betreten wird, und er, großzügig wie er ist, schickte mir gleich zwei seiner Diener. Also trefft selbst die Wahl. Wer von euch bettelt jetzt um den Vorzug, sterben zu dürfen, um mich und Aschschur zu ergötzen?«

Iluchadda wagte es, den Kopf zu heben. Er starrte entsetzt auf Zargo, der bleich und zitternd die verhängnisvollen Worte vernommen hatte, denn zweifellos erwartete Asarhaddon von ihm, daß er den Opfertod willig auf sich nahm. Doch wie sehr wünschte er sich, gerade jetzt zu leben, da Asarhaddon zurückgekehrt war.

Er warf einen verzweifelten Blick auf Iluchadda, ob dieser nicht soviel Seelenstärke besaß, ihn der schrecklichen Pflicht zu entheben, aber auch in seinem Gesicht stand die Todesangst.

Asarhaddon verschränkte die Arme und sagte höhnisch: »Wahrlich, eure Opferbereitschaft überwältigt mich. Beide seid ihr bestrebt, dem anderen den Vortritt zu lassen und die Ehre, für mich zu verbluten. Euer Edelmut rührt mich, und obwohl ich Aschschur nur ein Opfer gelobt habe, werde ich wohl euch beide schlachten müssen, um keinen zu betrüben.«

Zargo versuchte, seiner Stimme Festigkeit zu verleihen. Mühsam würgte er hervor: »Ich bin bereit zu sterben, Herr – verfüge über mich.« Seine Stimme brach, er senkte den Blick und reichte Asarhaddon das Schwert. »Wann?« flüsterte er erstickt.

Asarhaddon nahm die Waffe entgegen. »Jetzt.«

»Ja«, hauchte Zargo, »und – und auf welche Weise wirst du es tun?«

Asarhaddons verengte seine Augen zu Schlitzen. »Du weißt, daß Schmerzensschreie Aschschur erfreuen wie Harfenklänge. Sicherlich wirst du Aschschur und mich nicht mit einem kurzen, schmerzlosen Tod langweilen wollen, sondern die ausgesuchtesten Qualen begrüßen.«

»Gewiß, Herr«, gurgelte Zargo, kaum noch seiner Sinne mächtig. Doch dann schrie er in höchster Verzweiflung. Obwohl er wußte, daß Asarhaddon erbarmungslos war, rief er in seiner Todesangst: »Herr, denke doch daran, daß ich dich einst foltern sollte. Ich vermochte es nicht. Schone du heute auch deinen Diener!«

»Ich erinnere mich«, erwiderte Asarhaddon kalt, »doch für dein Zaudern hast du bereits mein Wohlwollen in überreichem Maß genossen. Komm her, du wirst sehen, wie süß es ist, von meiner Hand zu sterben.«

Iluchadda ließ ein erleichtertes Seufzen hören. Asarhaddons funkelnder Blick richtete sich sofort auf ihn. »Wie? Du seufzt? War das ein Aufatmen? Wie beschämend. Schau auf Zargo, wie freimütig er mir sein Leben anbietet. – Wie alt bist du?«

»Achtzehn, Herr.«

»Ein herrliches Alter. Ich erinnere mich. Mit achtzehn kam auch ich in den Tempel. Man ist jung, man ist begeistert, man will das Leben packen, nicht wahr? Jung zu sterben muß furchtbar sein.« Asarhaddon machte eine Pause und sah hinauf zum Standbild Aschschurs. »Der Stierhäuptige allerdings liebt das Furchtbare. Es entzückt ihn, wenn die Jugend früh den schwarzen Tod schmecken muß. Er knickt lieber die reife Frucht als die halberblühte Knospe, die sich nach Licht und Sonne sehnt.«

Iluchadda hörte mit Grauen die zynischen Worte, an denen sich Asarhaddon berauschte wie an Mohnsaft. Er streckte gebieterisch die Hand aus. »Aschschur selbst hat die Wahl getroffen, denn dein Schmerz bereitet ihm das größere Vergnügen. Begib dich auf den Stein, Iluchadda, damit ich vollstrecken kann, was ich gelobte.«

Iluchadda taumelte gegen den Altar. Er flehte nicht um Erbarmen, aber er keuchte vor Angst, und seine Hände suchten vergebens Halt an dem glatten Gestein. Seine Knie gaben nach, er rutschte kraftlos auf den Boden.

»Du Jammergestalt!« herrschte Asarhaddon ihn an. »Du bist Priester! Wenn andere hier verbluten, weichst du dann auch zagend zurück?«

»Ich versuche ja, tapfer zu sein«, wimmerte Iluchadda, »aber dein Urteil traf mich wie ein Schlag. Gib mir etwas Zeit, mich zu sammeln.«

»Zargo! Hilf ihm, den Altar zu besteigen!«

Dieser eilte beflissen herbei. Doch als er an Iluchadda herantrat, senkte er betreten den Blick. »Sei tapfer«, murmelte er. »Ich hoffe, er tötet dich schnell.«

Iluchadda lag auf dem Rücken und hielt die Augen geschlossen. Seine Zähne schlugen aufeinander wie im Frost. Asarhaddon durchströmte bei seinem Anblick wieder das lang entbehrte Gefühl, unumschränkter Herr über Leben und Tod zu sein. Daß kein Schwur ihn mehr behinderte, machte ihn trunken vor Erregung. Er hörte Iluchadda um einen gnädigen Tod betteln, und er überlegte, auf welche Weise er den Körper am wirkungsvollsten zerstückeln konnte. Doch da waren auch Schatten, die flüchtig an ihm vorüberglitten, Schatten der Erinnerung, die seine Lust dämpften.

Das vergangene Jahr drängte sich ihm auf mit Bildern, Gesichtern und Stimmen, die er vergessen wollte. Er hörte Eljakirs unbekümmertes Lachen, Jinnahs schnippische Bemerkungen; in seinen Armen lag der schlanke Körper Symons, der ihn im Schneetreiben gewärmt hatte, und er fühlte Mirjams heißen Körper und sah ihr dunkles Haar ausgebreitet über ihren elfenbeinfarbenen Brüsten.

Er fürchtete sich plötzlich, daß ihn diese Bilder womöglich nie mehr loslassen würden. Zargo beobachtete ihn. Asarhaddon sah keine Zustimmung in seinen Raubvogelaugen, nur ängstliche Erwartung. Hat er am Ende Mitleid mit Iluchadda? dachte er ärgerlich. Wahrscheinlich hat er ihn gehabt und trauert einem jungen Hintern nach.

Er dachte an Menachim und seinen unglücklichen Sklaven, den er auf dem Fest beinah geblendet hätte. Heute hindert mich nichts mehr, überlegte er; der Gedanke verscheuchte die sanfteren Bilder, und sein Blick wanderte zu Zargo. »Komm herauf! Gib mir deinen Dolch!«

Als sich Asarhaddons Hand um den Griff schloß, schwindelte ihn, als benebelten ihn die Düfte von Wein und Haschisch. Tu es nicht, Arkas! hörte er jemand rufen. Wer war das? Asarhaddon ließ den Dolch fallen und packte das Schwert mit beiden Händen. »Geister der Vergangenheit, hebt euch hinweg von mir!« brüllte er und ließ das Schwert mit solcher Wucht niedersausen, daß es den unglücklichen Priester in zwei Hälften teilte. Es war ein schrecklicher Anblick, aber Iluchadda war sofort tot.

Asarhaddon warf das blutige Schwert mißmutig neben den Altar und wandte sich an Zargo, der zurückgewichen war: »Was ist denn? Hast du noch nie gesehen, wenn Gedärm spritzt?«

»Du warst sehr großmütig mit Iluchadda«, murmelte Zargo, immer noch totenbleich.

»Ja, weil ich sah, wie deine Leber zitterte, oder glaubst du, ich sei als Schwächling von meiner Reise zurückgekehrt?«

»Nicht einen Augenblick, Herr.«

»Und glaubst du, ich habe Iluchadda gewählt, weil du mich gedauert hast? Du bist nur nützlicher als er, das ist alles.«

»Natürlich. Ich bin schwach gewesen. Ich wollte gern leben und auch Iluchadda – nun, hier geschieht dein Wille, das soll niemals anders sein.«

Asarhaddon wollte noch etwas hinzufügen, aber er schwieg. Zargo würde nicht verstehen, daß er niemals mehr ganz der alte sein würde.

2

Assurdans Gesicht war schmal und ernst; ein bitterer Zug lag um seine Mundwinkel. Das vergangene Jahr hatte ihm nicht nur Erfreuliches gebracht. Nun hatte ihn nach langer

Zeit sein unnahbarer Bruder wieder aufgesucht. Stolz und schön, wie am Tage seiner Abreise, stand Asarhaddon in der Tür, aber heute schlicht gekleidet, denn er kam als Bruder und nicht als Hoherpriester und wollte das deutlich machen.

Assurdan erhob sich und kam ihm entgegen. Sie sahen einander lange an, sich vorsichtig mit den Blicken abtastend, bestrebt, keine voreiligen Gefühle zu zeigen. Asarhaddon öffnete sich seinem Bruder zuerst. Ein freundliches Lächeln machte seine Züge weich. Er streckte seine Arme aus. »Es ist schön, dich wiederzusehen«, begrüßte er Assurdan herzlich, und die ungewohnte Wärme ließ Assurdan aufhorchen. Er ergriff die ihm dargebotenen Hände und forschte in Asarhaddons Zügen, und er las aufrichtige Zuneigung. Er drückte die Hände seines Bruders fest und erwiderte freudig: »Asarhaddon, ist das wahr?«

»Ja, ich habe oft an dich gedacht, Assurdan, und nun will ich nicht verhehlen, daß mir das Herz klopft.«

»Dir? Sollte denn Kautilya gelungen sein, was ich für unmöglich hielt?«

»Ich weiß nicht, was du damit sagen willst, aber du weißt ja, daß ich dich schon immer – geschätzt habe.«

»Das Wort geliebt kommt dir wohl immer noch schwer über die Lippen?«

»Ich habe dich immer geliebt, Assurdan«, verbesserte Asarhaddon und lächelte entwaffnend.

Assurdan musterte ihn mißtrauisch. »Hat der Umgang mit dem einfachen Volk dich zugänglicher gemacht? Hat das Jahr deiner Buße etwas in dir bewegt?«

»Das mag sein.«

»Und – hast du ihn halten können, deinen Schwur?«

»Ja, Assurdan, aber willst du mich nicht erst zur Begrüßung umarmen, bevor du mir weitere Fragen stellst?«

»Umarmen?« fragte Assurdan verblüfft. »Zum Abschied wolltest du nicht einmal meine Hand fassen.«

Doch dann lagen sich die beiden ungleichen Brüder in den Armen, und Assurdan mußte gewaltsam seine Freudentränen unterdrücken. Wie gern vergißt man in seinen Armen seine finstere Seele, dachte er.

»Hast du auch wohl bedacht«, fragte er verschmitzt, »ob Aschschur dir nicht auch mehr Zurückhaltung in der brüderlichen Liebe auferlegt? Ziemt sich solcher Überschwang vor seinem finsteren Angesicht?«

Sie faßten sich bei den Schultern und sahen sich an. »Nein«, antwortete Asarhaddon gutgelaunt, »selbstverständlich geziemt es sich nicht, aber heute frage ich nicht danach. Ich war so lange fort.« Seine Stimme wurde weich. »Vielen Menschen mußte ich auf dieser Reise ein falsches Lachen schenken, vielen gegenüber mußte ich Freundlichkeit heucheln. Die meisten habe ich verachtet, doch einige unter ihnen gewannen auch meine Zuneigung. Wie sollte ich also meinem Bruder versagen, was ich fremden Menschen freiwillig gab?«

»Ich höre dich«, gab Assurdan leise zur Antwort, »und was ich höre, will ich kaum glauben. Je länger ich dir zuhöre und dich ansehe, desto mehr Zweifel bedrängen mich. Deine neue Freundlichkeit macht mir Angst, und ich frage mich, ob sie nicht eine grausame Falle ist, wie der Honig für die Fliegen. Wie oft habe ich zu den Göttern gebetet, sie möchten uns einmal wieder wie Brüder zueinander finden lassen. Ist heute wirklich dieser Tag, Asarhaddon?«

Der senkte den Blick. »Wir sollten uns setzen.«

Assurdan wiederholte eindringlich die Frage: »Ist heute der Tag?«

»Ich bin als Bruder zu dir gekommen in Liebe, ja.«

»Du bewegst mein Herz, Asarhaddon, aber spiele nicht mit meinen Gefühlen. Es wäre grausam, dich heute zu gewinnen, um dich morgen wieder zu verlieren.«

»Ja, Liebe schmerzt, wenn sie enttäuscht wird. Ich biete dir meine Freundschaft an, Assurdan. Keinesfalls aber kann ich dir einen Bruder bieten, der der Menschheit Blumen auf ihren Weg streut. Ich diene Aschschur und werde es immer tun.«

»Ja«, nickte Assurdan, »aufrichtig bist du immer gewesen.«

»Vielleicht sollten wir zukünftig weniger von unserer brüderlichen Liebe sprechen, die uns doch zuviel abverlangt«, bemerkte Asarhaddon sachlich, »sondern vielmehr daran denken, daß der König und der Hohepriester Liebe oder Haß dem großen Ziel unterordnen müssen, daß Assyriens Zepter weiter über die Völker regiert. Steht nicht der Feind bereits an den Grenzen?«

Assurdan fuhr auf. »Du weißt schon davon?«

»Von Zargo«, entgegnete Asarhaddon kühl. »Es ist Targaitis, der Skythenfürst, nicht wahr?«

»Ja«, entgegnete Assurdan finster, »seine Reiterscharen kommen aus dem Norden und bedrängen Nairi. Doch was viel bedrohlicher ist, Astyages, der Meder, nutzt diese Situation, um uns im Osten anzugreifen. Meine Männer in Ekbatana berichteten mir, daß er ein großes Heer in der Nähe von Kuraschat zusammenzieht. Eine Verbindung zu Targaitis scheint es auch zu geben. Es ist, als hätten sich beide Fürsten verbündet, um über Assyrien herzufallen.«

Das kurze Aufleuchten in Asarhaddons Augen entging Assurdan. Seine Saat war aufgegangen! Scheinbar überrascht rief er: »Wenn es so ist, dürfen wir nicht länger zögern. Das bedeutet Krieg, Assurdan! Krieg gegen Medien.«

»Glaubst du«, entgegnete Assurdan unwillig, »daß ich untätig geblieben bin? Wenn ich auch den Frieden wünsche, für die Feinde Assyriens halte ich mein Schwert scharf. Ja, Asarhaddon, das bedeutet Krieg gegen Medien. So zwingen mich meine übermütigen Nachbarn, den Schrecken des Krieges in ihre friedlichen Dörfer und Städte zu tragen. Stets sind es diese einfachen Menschen, die das Leid zu tragen haben, den Krieg machen die Herrscher.«

Asarhaddon versagte sich ein spöttisches Lächeln und antwortete: »Gewiß, Assurdan, und doch bestellt der Bauer sein Feld sorglos nur unter dem Schutze des Schwertes. Wer gibt diesen einfachen Menschen denn die Gesetze, nach denen sie leben? Wer legt die Grenzsteine ihrer Felder fest und teilt ihnen das Land zu? Wo es keinen Herrn gibt, würde jeder dem anderen seinen Besitz neiden. Es gibt keinen ewigen Frieden. Und der Sieger allein bringt die Ernte ein. So fließt der Reichtum dem Stärkeren zu, und das muß Assyrien bleiben.«

Assurdan nickte. »Das alles ist mir wohlbekannt, Asarhaddon, lehrte man mich doch früh die Geschäfte eines Landesherrn zu führen. Aber ich wollte heute eigentlich nicht davon sprechen, sondern lieber mit dir einige unbeschwerte Stunden verbringen, bevor wir uns dem blutigen Handwerk zuwenden müssen. Du bist zurückgekehrt von einer ganz ungewöhnlichen Reise. Willst du darüber nichts berichten?«

Asarhaddon räusperte sich. »Ich merke wohl, daß du darauf brennst, mich zu verspotten, denn diese Reise gereichte dem Hohenpriester wahrlich nicht zum Ruhme. Die Erinnerungen sind zu frisch, ich möchte noch nicht darüber sprechen.«

Assurdan lächelte. »Nun, weniger Ruhm, sondern Einsicht und Umkehr hatte Kautilya im Sinn, als er dich auf die Reise schickte. Nicht Grausamkeit, sondern Liebe sollte dich leiten.«

Asarhaddon machte eine unwillige Handbewegung. »Das ist vorbei. Soll ich das Jahr meiner Erniedrigung noch einmal durchleben, indem ich es vor dir ausbreite?«

»Ich habe ganz unglaubliche Dinge erfahren«, schmunzelte Assurdan, den Einwand überhörend. Wie seinerzeit auf dem Fest reizte es ihn, Asarhaddon aus der Reserve zu locken. »Ein invalider Krieger, der sich durch Betteln ernährte, hat es gewagt, zu mir vorzudringen. Er tischte mir scheinbar dreiste Lügen auf, doch dann stellte sich das Unfaßbare als Wahrheit heraus, und ich gab ihm statt der Peitsche zehntausend Silberschekel.«

»Zehntausend?« wunderte sich Asarhaddon. »Du solltest ihn belohnen, aber keinen Fürsten aus ihm machen.«

»Er war mehr als ein Fürst, denke ich, denn er nannte dich seinen Freund. So wagt es keiner der echten Fürsten in diesem Lande dich zu nennen.«

»Fürwahr«, entgegnete Asarhaddon lächelnd, »Kautilyas Fallen waren geschickt gelegt, und ich bin blind in die erste hineingestolpert.«

»Weshalb sagst du das? Ist dir ein jeder Anflug von Menschlichkeit so lästig?«

»Wenn der Adler sich zum Hund gesellt, weil dieser ihn mit Fleischbrocken füttert, dann verkümmern seine Schwingen«, gab Asarhaddon kühl zurück.

»Der Gott, der sich zu den Menschen herabließ«, spottete Assurdan. »Wer die menschlichen Schwächen so fürchtet wie du, der weiß um ihre Stärken. Aber sag mir, ist denn alles wahr, was Eljakir mir berichtete? Du habest in einer Schenke Rüben und Kohl geputzt und dich von der Wirtstochter, die eine Dirne war, in eindeutiger Weise berühren lassen?«

»Davon hat Eljakir wohl am eifrigsten berichtet«, entgegnete Asarhaddon ärgerlich, »obwohl es sich keineswegs so zugetragen hat. Derartiges habe ich niemals geduldet.«

»Und eines angeketteten Sklaven erbarmtest du dich und brachtest ihm Wasser«, fuhr Assurdan ungerührt fort, »oder ist auch das erlogen?«

»Sicher wird er den Tritt nicht verschwiegen haben, der mich dafür belohnte«, meinte Asarhaddon mürrisch.

»Des Nubiers?« Assurdan lachte. »Er verschwieg mir nichts, dein einarmiger Freund. Und war er zuerst auch befangen mir gegenüber, so kannst du glauben, daß wir am Ende beide dasaßen und uns auf die Schenkel klopften, denn dein Freund wußte alles sehr anschaulich zu schildern und deine Erlebnisse mit derben Scherzen zu würzen, wie es unter den einfachen Kriegern üblich ist. Seine Schwänke haben mich sehr ergötzt, und ich gab ihm die zehntausend Silberlinge gern.«

Da lächelte auch Asarhaddon, denn er dachte dankbar an den allezeit fröhlichen Gefährten. »Du solltest aber getrost nur die Hälfte glauben«, sagte er, »denn allzu arg haben wir es nicht getrieben.«

»Leider konnte ich deine Reise nur bis Sippar verfolgen, wohin hat es dich dann verschlagen?«

Asarhaddon seufzte und sah verstohlen zur Tür, doch dort erschien jetzt eine Schar Sklaven mit dampfenden Schüsseln und Platten; keine Aussicht, Assurdan unter einem fadenscheinigen Vorwand zu verlassen. Das waren die Früchte ihrer neuen Brüderlichkeit. Er machte eine wegwerfende Handbewegung. »Das ist rasch erzählt. Ich geriet in die Sklaverei nach Ugarit und diente meinem Herrn fünf Monate, bis er mich freiließ und –«

»Gemach, Asarhaddon! Sagtest du Sklaverei? Bei Aschschurs nachtschwarzer Seele, man hat dich verkauft wie ein Stück Vieh? Wie hast du das ertragen?«

»Wie ein Mann, Assurdan, wie sonst?« Er warf einen Blick auf den Sklaven, dem der Schweiß herunterlief, weil er den Hohenpriester bedienen mußte. Es ging das Gerücht um, daß dieser beim geringsten Versehen seinen Sklaven die Hände abhacken ließ, woran allerdings kein wahres Wort war. Asarhaddon wies auf die Platte. »Stell den Braten dorthin und auch die Weinkrüge. Wir bedienen uns selbst.« Erleichtert stellte der Sklave alles ab und entfernte sich. Assurdan verfolgte erstaunt, wie Asarhaddon gelassen die Krüge öffnete, ihm Wein einschenkte und dann das Fleisch anschnitt. »Du hast dir während deiner Sklavenzeit beachtenswerte Fertigkeiten erworben«, grinste er. »Und seit wann richtest du das Wort an die Tischsklaven?«

Asarhaddon legte Assurdan ein besonders zartes Stück vor. »Ich wollte meinem phönizischen Vorbild nacheifern und mich bessern«, grinste Asarhaddon zurück. »Du mußt wissen, ich hatte einen sehr verständnisvollen Herrn.«

»Wahrlich, gerade du hättest es verdient, einige Zeit bei einem Sklavenschinder zu verbringen, aber Aschschur scheint dich auch in der Fremde beschützt zu haben. Oder hast du deinen phönizischen Herrn mit deinem bezwingenden Charme bezaubert?«

»Das kann man uneingeschränkt so sagen.«

»Bei den Göttern! Du mußt ihn ganz gewaltig übertölpelt haben.«

»Ich habe ihn niemals über meine Ansichten getäuscht, noch habe ich mich schmeichlerisch seiner Gunst versichert, Assurdan.«

»Also warst du zynisch, unnahbar und hochfahrend wie stets? Und das hat er geduldet? Was waren denn deine Aufgaben?«

»Ich war sein Leibsklave.«

»Bemerkenswert. Hasmon ist auch mein Leibsklave.« Assurdan lächelte abgründig. »Dein Herr wird dich doch hoffentlich nicht auf dieselbe Art und Weise geschätzt haben wie ich – abscheulicherweise – meinen hübschen Knaben?«

»Assurdan! Baal-Zakar-Menachim schätzte mich auf diese Art und Weise, vielleicht noch etwas umfassender. Dir kann ich seine Gastfreundschaft nur empfehlen. Er ist ein schöner Mann und würde dir zweifellos gefallen.«

Assurdan lachte laut. »Und hat er von seinem Recht Gebrauch gemacht? Oder konntest du deine Keuschheit bewahren?«

Asarhaddon lüftete wie zerstreut den Deckel einer weiteren Schüssel. »Fisch? Sieht gut aus, der Bursche. Läßt du eigentlich vorkosten?«

»Du lenkst ab, Bruderherz.«

»Mich in den Armen eines Mannes zu wissen, das wäre dir eine Genugtuung, wie? Leider muß ich dich enttäuschen.«

»Wie? Er hat deine Weigerung geduldet?«

»Nein, ich drohte, ihn zu töten.«

»Vertrug sich das mit deinem Schwur?«

»Nein. Aber besser eidbrüchig sein als geschändet.«

»Das sehe ich anders.«

»Ich weiß, aber im Gegensatz zu dir erblicke ich in einer solchen Beziehung die größte Schande, die einem Mann widerfahren kann, außer Feigheit vor dem Feind.«

Assurdan machte eine geringschätzige Handbewegung. »Ich habe nie verstanden, weshalb ausgerechnet du dieser Art von Liebe so ablehnend gegenüberstehst. Wo doch alle Welt weiß, daß sie gerade unter den Priestern sehr geschätzt wird. Selbst Belschar-Ussur –«

»Schweig!« Asarhaddons Augen verdunkelten sich vor Zorn. »Ich will nicht, daß du seinen Namen erwähnst.«

Assurdan hob beschwichtigend die Hand. »O ja, ich weiß, er hat dich als Priesterschüler verführen wollen. Weshalb auch nicht? Es war so Brauch im Tempel, und du warst ein hübscher Knabe. Bedrückt dich das heute noch? Hast du ihn nicht abgewiesen – mit einem Messer an seiner Kehle?«

Asarhaddon atmete erregt, seine Adern an den Schläfen schwollen an. »Du weißt gar nichts, nichts weißt du! Wie kannst du diesen Mann noch verteidigen?« Er faßte sich etwas. Ruhiger fuhr er fort: »Du kannst die Schwere jenes Vorfalls nicht ermessen, weil du nicht die ganze Wahrheit kennst.«

»Was ist denn damals geschehen?« fragte Assurdan betroffen.

»Nichts, was du wissen müßtest!« entgegnete Asarhaddon schroff. Assurdan legte ihm die Hand auf den Arm. »Schon gut. Von euren blutigen Geheimnissen will ich nichts wissen.«

Asarhaddon war blaß geworden. »Nein, es ist nicht so, wie du denkst. Es ist viel weiter reichend. Aber unser beider Schicksal wird bald enger verknüpft sein als bisher.«

»Hast du Pläne, die ich noch nicht kenne?«

»Im Krieg gegen die Meder verlange ich, daß du mir zwei Kommandos anvertraust, denn ich will mich am Kampf beteiligen. Ich erwarte, daß du mir die Heeresaufgebote Assurs und Ninives geben wirst, die von Urukagina und Harpagos befehligt werden. Sinscharischkun ist alt geworden; er mag dafür zu Hause bleiben.«

»Du als Priester willst den Waffenrock tragen?«

»Ich bin im Kriegshandwerk erfahren.«

»Gewiß, aber was bewegt dich, in die Schlacht zu ziehen? Diese Pflicht obliegt mir und den Offizieren.«

»Eine Pflicht, um die ich dich beneide. Endlich ein Waffengang, Assurdan! Ich brenne darauf den Streitwagen zu besteigen. Du darfst mir das nicht verweigern.«

»Du wärst ein großartiger Feldherr, daran zweifle ich nicht, aber dein Eifer macht mich mißtrauisch. Du suchst den Kampf doch nur, um töten zu können.«

»Ein unnützer Krieger, der das Töten verabscheut. Ja, ich will das Gemetzel, und ich will auch die Kerker des Tempels wieder füllen, aber vor allem begehre ich eine Entschädigung für das, was mir gestohlen wurde.«

»Was wurde dir gestohlen?«

»Alles!« schrie Asarhaddon unbeherrscht. »Ich durfte nie sein wie andere Menschen. Die Kindheit stahl man mir genauso wie meine Jugend. Kindliche Spiele, jugendlichen Überschwang kannte ich nie. Mein Leben war Beherrschung, Verzicht, Erziehung zur Härte und Vollkommenheit. Heute bin ich ein Mann, doch nachts liege ich allein. Jetzt fordere ich wenigstens das ein, wovon jeder rechte Mann träumt: die Bewährung auf dem Schlachtfeld, den Ruhm als Eroberer, den Rausch des Siegers.«

Assurdan lehnte sich mit verschränkten Armen zurück, zuerst überrascht von dem Gefühlsausbruch, dann bedächtig dazu nickend. »Ja, du hast einen hohen Preis bezahlt, aber du hast immer gesagt, daß die Macht jeden Preis rechtfertigt. Was du heute bist, hast du freiwillig und freudig angestrebt.«

»Freiwillig? Du täuschst dich. Ich hatte nie eine Wahl.«

»Die hat jeder Mensch!« widersprach Assurdan heftig. »Mußtest du in den Tempel gehen?«

»Was hätte ich deiner Meinung nach tun sollen? Als Statthalter in die Provinz gehen?«

»Du hättest mein Tartan werden können.«

»Der dritte Mann im Reich unter deiner unseligen Friedensherrschaft? Eine Aufgabe für Greise, geliebter Bruder!«

»Aber alles, was du heute angeblich vermißt, hättest du dann gehabt! Man kann nicht alles haben wollen!«

»Der Thron, Assurdan, der Thron ist alles!« rief Asarhaddon heiser. »Für dich ist er eine lästige Pflicht. Du träumst nicht von der Macht, von der Herrschaft über die Erde, du bist zufrieden, wenn du bei deinem syrischen Sklaven liegst. Doch für mich birgt der Thron alles, was erstrebenswert ist. Da gäbe es keinen Verzicht, nur Erfüllung!«

»Ich weiß«, murmelte Assurdan, »aber das war nicht meine Entscheidung. Unser Vater wird seine Gründe dafür gehabt haben.«

»Die hatte er«, erwiderte Asarhaddon finster. »Und hätte es diese Gründe nicht gegeben, dann hätte ich es nie und nimmer geduldet, daß man mir die Herrschaft streitig macht.«

»Du kennst sie?«

»Ja.«

»Und sie waren so überzeugend, daß du sie eingesehen hast?«

»Bedauerlicherweise, ja.«

»Ist das dein Geheimnis?«

»Es hängt mit dem anderen zusammen.«

»Aber dann betrifft es auch mich. Sollte ich als dein Bruder nicht wissen, weshalb unser Vater gerade mich, den jüngeren, zu seinem Nachfolger ernannt hat?«

»Wenn es sein Wille gewesen wäre, hätte er es dir gesagt.«

»Er sagte nur, du würdest das Amt des Hohenpriesters besser ausfüllen als ich, und ich glaubte das auch. Was steckt dahinter, Asarhaddon? Bitte, du mußt es mir sagen! Jetzt!«

»Ahnst du es denn nicht?«

»Nein. Gib mir keine Rätsel auf.«

Asarhaddon verzog den Mund und ließ seinen Blick nachdenklich über die offene Terrasse in die Ferne wandern.

Assurdan folgte seinem Blick. Der Strom glänzte in der Abendsonne. »Sieh doch, wie verschwenderisch der Tag jetzt mit seinen Farben umgeht. Sogar der braune Tang am Ufer schimmert wie pures Gold.«

»Ich kenne den Tigris«, bemerkte Asarhaddon mürrisch.

»Vielleicht siehst du ihn zu selten um diese Stunde, wenn der rote Schein alles in blitzendes Geschmeide verwandelt, was tagsüber grell und stumpf unter der heißen Sonne lag.«

»Nun, ich besitze nicht den Vorzug, mehrere Paläste an den schönsten Stellen des Stromes zu besitzen«, antwortete Asarhaddon spitz.

Assurdan ging nicht darauf ein. »Welch ein Frieden liegt jetzt über dem Land, spürst du ihn nicht auch?«

»Ja. Um diesen Frieden zu erhalten, werden wir die Skythen und Meder zur Hölle jagen.«

»Du bist unverbesserlich. Wie steht es nun um deine Geheimnisse? Ihre Preisgabe gegen das Kommando über die Aufgebote Assurs und Ninives, was hältst du davon?«

Asarhaddon lächelte. »Das ist Erpressung, ebenso wie dein goldener Strom, der mich weich stimmen soll. Vielleicht tut er das sogar – oder ist es das zarte Haselhuhn, das dein Koch so vorzüglich zubereitet hat? – Wo soll ich anfangen?«

»Was hat dir Belschar-Ussur damals angetan, so daß du es bis heute nicht überwunden hast?«

Asarhaddon erinnerte sich, und sein Blick verschwamm.

»Meine erste Nacht im Tempel«, murmelte er. »Belschar-Us-sur ist zu mir gekommen und hat mich geschändet. Diese Schmach haftet an mir wie ein schmutziges Gewand, das ich zeitlebens tragen muß.«

»Er – er hat es getan?« stieß Assurdan hervor. »Bei Asch-schur, du konntest ihn nicht daran hindern?«

»Nein, er war stark und beherrschte die Griffe eines geüb-ten Ringers. Ich war ihm hoffnungslos unterlegen. In dieser Nacht. Am nächsten Abend allerdings gelang es mir, ihn zu überwältigen, weil ich ihn erwartete. Als er durch die Tür kam, sprang ich ihn von hinten an und legte ihm mein Messer an die Kehle. Danach betrat er meine Kammer nie wieder.«

»Schrecklich«, murmelte Assurdan, »schrecklich für dein Ehrgefühl, deinen Stolz. Aber dennoch – das ist lange her. Niemand mag gegen seinen Willen genommen werden, auch keine Frau, denke ich. Aber zwischen zwei Männern gibt es auch Zärtlichkeit, Hingabe und aufrichtige Liebe. Ei-ne schlechte Erfahrung berechtigt dich noch nicht, etwas ab-zulehnen, was du in seiner schönen Form nicht kennst.«

»Nun, so unerfreulich diese erste Nacht für mich war, ich hätte sie vergessen können«, räumte Asarhaddon ein. »Ich war jung und unerfahren damals, noch nicht auf ein be-stimmtes Geschlecht festgelegt. Und da ich wußte, daß Frau-en mir nichts bedeuten durften, hatte ich mich längst damit abgefunden, unter den anderen Priesterschülern meine Ge-spielen zu finden.«

»Und Belschar-Ussur lehntest du ab? Den zu seiner Zeit schönsten Mann Assyriens, wie es hieß?«

»Ich hätte ihn nicht abgewiesen, aber er war mein Vater.«

»Was?« schrie Assurdan und sprang auf. »Du machst ei-nen schlechten Scherz!«

»Dafür hielt ich es auch, als es mir Sinacherib erzählte.«

»Seit wann weißt du es?« murmelte Assurdan verstört.

»Seit meinem fünfzehnten Lebensjahr. Als ich es erfuhr, brach eine Welt für mich zusammen. Assyriens Thron war für mich verloren, meine Zukunft ein blutiger Altar, und der abscheulichste Mensch Assyriens mein Vater und Lehrer.«

»Du hast nie darüber gesprochen«, stammelte Assurdan.

»Wie muß dir dieses Geheimnis die Seele abgedrückt haben!«

»Beherrschung und Verzicht, Assurdan. Zwei Worte, die ich unablässig hörte und befolgte.«

»Und Sammurat?«

»War meine Mutter, wie deine auch.«

»Willst du damit sagen, daß sie mit Belschar-Ussur die Ehe gebrochen hat?«

»Ja. Unsere Mutter hat Sinacherib betrogen mit einem Mann, der sein bester Freund war. Belschar-Ussur war nur der Neffe Sargons, während Sinacherib dessen leiblicher Sohn war, und dennoch machte er sich Hoffnungen auf den Thron, denn sein Ruhm erstrahlte weitaus heller als der Sinacheribs, den er an Klugheit, Gewandtheit und Schönheit weit übertraf. Er wußte die einflußreichen Männer im Land auf seine Seite zu ziehen. Selbst Sinacherib, der als Kronprinz in seinem Schatten stand, liebte diesen Jüngling, dem alle Gaben und die Herzen zuflogen. Auch Sammurat war nicht unempfänglich dafür. Als Sinacherib seine junge Frau wegen eines Feldzugs gegen die Kimmerier allein lassen mußte, nutzte Belschar-Ussur die Gelegenheit. Es machte ihm kein Gewissen, die Frau seines Freundes zu verführen, hatte er doch ohnehin schon beschlossen, auch nach der Königswürde zu greifen. Er war davon überzeugt, daß sie ihm als dem Besseren zustand, genau wie die Königin. Allerdings vertraute er nicht allein seinem Charme, sondern versuchte, dem Schicksal nachzuhelfen. Er hatte zwei Mörder gedungen, Sinacherib auf dem Feldzug zu ermorden. Der Plan mißlang, die Mörder wurden gefaßt und waren geständig. Als Sinacherib heimkehrte, fand er seine junge Frau schwanger vor und einen Freund, der zum Feind geworden war.«

»Und er tötete sie nicht?« unterbrach Assurdan atemlos vor Erregung. »Weshalb verschonte er den Mörder und Ehebrecher?«

»Er liebte unsere Mutter zu sehr – und Belschar-Ussur? Nun, sie waren zusammen aufgewachsen und unzertrennlich gewesen. Sträfliche Schwäche überwältigte ihn; er verzieh beiden und versprach Sammurat, das Kind wie sein eigenes aufzuziehen. Belschar-Ussur aber strafte er halbherzig mit der Verbannung in den Tempel. Er wollte ihn nicht aus Assur vertreiben oder ihm einen unwürdigen Dienst zuweisen, doch Belschar-Ussur hat ihm diesen Großmut nie gedankt. Die Verbannung in den Tempel machte ihn zum Ungeheuer.«

»Du meinst, erst das ließ ihn zu dem werden, was er war?«

»Ich weiß es nicht. Kaltblütig und gewissenlos war er schon immer, doch vor allen Dingen war er von der Macht über andere Menschen besessen. Sein Leben hatte ihm Sinacherib gelassen und die Herrschaft über eine kleine Schar von Priestern, die beflissen die Sprüche der Götter so auslegten, wie der König es zu hören wünschte. Im ersten Jahr fühlte er sich wie ein lebendig Begrabener. Doch dann gelang es ihm, die Priesterschaft in ein Machtinstrument umzuformen, indem er den Kult Aschschurs unverbrüchlich mit der Macht oder Ohnmacht Assyriens zu verbinden wußte. Die nötige Furcht vor dem Gott und seinen Priestern flößte er allen durch die Menschenopfer ein, und so überflügelte er Sinacherib zuletzt doch noch.«

»Und du setzt sein Werk fort«, bemerkte Assurdan bitter.

»Gewiß. Bin ich denn geringer als mein Vater und sollte mich unter dein Joch beugen? Es war Sinacheribs späte Rache, daß er mir meinen Herzenswunsch nicht erfüllte, sondern mich ebenso verbannte wie meinen Vater.«

»Verbannung ist wohl nicht das richtige Wort für das Leben, das du führst«, höhnte Assurdan.

»In gewisser Hinsicht schon, Assurdan.«

»Du hättest gegen die Scheußlichkeiten aufbegehren und den Tempel wieder zu einem Ort machen können, den man in Ehrfurcht betritt und nicht mit Schaudern. Dann hättest du dich den Menschen auch nicht so entfremden müssen. Aber bereitwillig folgtest du den grausigen Riten, begierig schlürftest du den Becher der Macht und hast dich noch bemüht, Belschar-Ussur an Grausamkeit zu übertreffen.«

»Das war nicht möglich«, bemerkte Asarhaddon zynisch. »Und was das andere betrifft: Hätte ich den Tempel wieder zu dem gemacht, was er vorher war: zu einem Tummelplatz von Aberglauben, Götterfurcht und ekelhaftem Kriechertum, schlicht zu unnützem Unrat, was wäre ich dann gewesen? Der Hüter eines Misthaufens?«

Assurdan lachte über den Vergleich. »Heute bist du der Hüter des Schlachthauses, das gefällt dir wohl besser?«

»Allerdings. Blut hat von jeher die deutlichste Sprache gesprochen.«

Assurdan winkte ab. »Dieses Thema ist unerquicklich. Erzähle lieber weiter, wie es dir nach jener Nacht ergangen ist? Wie konntest du all die Jahre damit leben, daß dein eigener Vater dich geschändet hat? Wie hast du das Leben mit ihm ertragen? Hast nicht selbst du anfänglich Abscheu vor seinen Greueln empfunden?«

»Gewiß, aber Belschar-Ussur war der außergewöhnlichste Mann, den ich je kennengelernt habe. Mit einem unfehlbaren Gespür für das, was in mir vorging, lenkte er mich so, daß ich sein Ebenbild wurde. ›Du mußt hassen!‹ hat er mir wiederholt befohlen. ›Im Haß werden deine Urkräfte frei und du vermagst Dinge zu tun, die über das menschliche Maß hinausgehen.‹«

»Hat er sich nie dafür gerechtfertigt, daß er seinen eigenen Sohn vergewaltigt hat?«

»Er gab sich nicht als mein Vater zu erkennen, und ich verschwieg lange, daß ich es wußte. Erst als ich an seinem Sterbelager stand, sprachen wir darüber.«

»Und wie starb er?«

Asarhaddon lachte. »Ganz gewöhnlich im Bett, an einem Fieber. Ich werde unsere letzten Worte an seinem Sterbelager nicht vergessen.« Asarhaddon schob die Reste seiner Mahlzeit von sich und machte sich daran, die riesige Flußäsche zu zerlegen. »Mein Vater hatte mich zu sich rufen lassen, sein Gesicht war bereits vom Tode gezeichnet. Meine Gedanken weilten schon bei meiner bevorstehenden Weihe zum Hohenpriester, und ich fühlte nur Befriedigung über seine Hinfälligkeit.«

»Hatte er denn nicht einen liebenswerten Zug?«

»Belschar-Ussur? Nein. Er blieb eiskalt, auch im Sterben. Ich höre noch, wie er zu mir sagte: Komm nur näher, Asarhaddon, und sieh mir beim Sterben zu. Mein Tod macht dir den Weg frei zur alleinigen Herrschaft. Sonne dich in diesem Gefühl, denn sonst kann ich dir nichts bieten; keinen langsamen Todeskampf, keine amüsanten Zuckungen oder wilde Schmerzensschreie. Er lachte höhnisch. Aschschur schenkt mir ein friedvolles Ende, ist das nicht köstlich? Ein Schlag ins Gesicht derer, die gern von Gerechtigkeit faseln. Ha! Wie habe ich in Abscheulichkeiten geschwelgt, und nun belohnt mich ein sanfter Tod.«

»Möge die Gerechtigkeit ihn im Jenseits einholen«, murmelte Assurdan erschüttert.

Asarhaddon lächelte geringschätzig. »Fromme Wünsche der im Leben Benachteiligten. Ja, Bejschar-Ussur war maßlos zynisch, aber er hatte recht. Beweise mir jetzt, daß ich dich rechtes Hassen gelehrt habe, fuhr er fort. Weide dich an meinem Untergang, denke daran, daß niemand sterben will, auch ich nicht. Laß mich die unsägliche Begierde aufblitzen sehen in deinen Augen, so wie ich es liebe.«

»Bei Aschschur, er muß wahnsinnig geworden sein in seinen letzten Stunden«, flüsterte Assurdan.

»Nein, so war er immer.«

»Und was hast du ihm geantwortet?«

»Ich war betroffen, weil ich sein Sohn war, und ich Narr hatte gehofft, daß er sich im Sterben offenbaren würde. Mitleid hatte ich nicht mit ihm, aber Freude wollte auch nicht in mir aufkommen. Dennoch bemühte ich mich, ihm genauso kalt zu antworten: Ja, ich frohlocke über dein Sterben, und während dein Leichnam noch warm ist, werde ich mich im Triumph mit der Flügelsonne krönen lassen. Aber du hättest mich nicht rufen lassen sollen, denn wahrlich, es ist ermüdend, dein kraftloses Gekrächze mit anhören zu müssen und zu sehen, wie dein kranker Leib verfällt. Er lachte mühsam, und seine Stimme klang verändert, als er sagte: Ich habe dich zu einem wahrhaft würdigen Nachfolger erzogen. Weshalb haßt du mich so?«

Assurdan stieß verblüfft einen kleinen Schrei aus. »Er wollte doch, daß du ihn haßt!«

»Nein, Vater und Sohn spielten ein schauriges Spiel am

Sterbelager. Jeder wollte den anderen an Zynismus übertreffen, keiner seine Gefühle preisgeben, und doch hoffte jeder, im anderen einen Schimmer davon zu entdecken. Natürlich war ich sprachlos über so viel Unverfrorenheit. Hast du die erste Nacht vergessen? schrie ich ihn an, doch er fragte spöttisch: Wie? Sieben lange Jahr hast du mir das nachgetragen? Du machst dich lächerlich. Ich war außer mir. Er wollte sich tatsächlich davonmachen, ohne mir die Wahrheit zu sagen. Elender! rief ich, bist du nicht mein Vater? Ich erwartete ein letztes betroffenes Aufbäumen, aber er zuckte nur zusammen und murmelte: Du weißt es also. Sinacherib, der Schwätzer, hat seinen Mund nicht halten können. – Ja, ich habe es immer gewußt. Und auf deinem Totenbett klage ich dich an und frage dich: Weshalb hast du mir das angetan? Er lächelte verzerrt, als genieße er die Erinnerung: Du warst mein schönster Schüler. – Aber ich bin dein Sohn! Er machte eine schwache Handbewegung: Ich hatte keine väterlichen Gefühle für dich. Achtzehn Jahre hatte ich dich kaum gesehen, und außerdem habe ich geglaubt, du wüßtest es nicht. – Und heute? Hast du in all den Jahren nichts für mich empfunden? Nicht einen Anflug von Zärtlichkeit für den Sohn von der Frau, die du liebtest?«

Assurdan vergaß das Essen. »Du hast das unwürdige Spiel beendet, du offenbartest deine Gefühle! Ist er darauf eingegangen?«

»Ich denke, daß da ein Aufblitzen in seinen Augen gewesen ist. Vielleicht war unsere Mutter der einzige Mensch, den er jemals geliebt hat. Sammurat, murmelte er, man hat sie mir genommen. Wie in einen Käfig sperrte mich Sinacherib in die Mauern dieses Tempels. Und wenige Schritte von hier entfernt lebte er mit ihr, und ich aß die bittere Speise der Entsagung. Nur wenn ich meine Wut an den Gefangenen ausließ, wurde ich ruhig, und wenn mir im Traum Sammurats Gesicht erschien, ging ich hinunter und ersann immer schrecklichere Foltern, bis ihr Bild verschwand. – Du ergehst dich in Selbstmitleid, erwiderte ich kalt. Bist du der einzige Mann, der eine Liebe aufgeben mußte? Sinacherib hätte dich häuten lassen können, doch er ließ dir das Leben, und so blieb dir noch der Triumph, ihn an Macht überflügelt zu haben. – Du bist ein Bastard, Asarhaddon, und lebst auch nur von Sinacheribs Gnaden, so wie ich. Deshalb habe ich ihn gehaßt. – Du sprichst von deinem Haß auf Sinacherib, aber weshalb mußtest du auch mich hassen? Ich habe dich nie gehaßt, ich habe dich stets geliebt – auf meine Weise –. In dir liebte ich meine Jugend, meine Schönheit, und oft war es mir, als sähe ich in einen Spiegel. Doch vollendet war mein Sieg erst, als du mir auch innerlich folgen konntest. Heute bist du vollkommen, Asarhaddon, die Flügelsonne, die dich krönen wird, ist mein schauriges Vermächtnis an Assyrien, an sein verlogenes Herrscherhaus. – Nein, du irrst dich. Mit deiner Bosheit werde ich es niemals aufnehmen können. Er betrachtete mich fast mitleidig. Nein? Willst du dir Gefühle leisten? Wenn du ein Verlierer sein möchtest, dann verhätschele nur dein Herz wie eine fette Wachtel. Er machte eine Pause, weil ihn das Sprechen anstrengte, dann fuhr er leise fort: Asarhaddon, mein Sohn. Ich zuckte zusammen, als ich das Wort zum erstenmal von ihm hörte. Mein Sohn, laß mich von dir gehen mit einem väterlichen Rat, so wie es Brauch ist. Man verurteilte dich, ein Gott zu werden, dann lebe auch so! Lasse Menschliches niemals an dein Herz dringen, sondern ersticke das Mitleid in Strömen von Blut. Und wenn du die Welt einmal verläßt, dann stirb in dem Bewußtsein, von göttlicher Unbarmherzigkeit gewesen zu sein wie der Sturm, der Blitz und die große Flut, die alle kein Mitleid kennen.«

Hier verstummte Asarhaddon, und auch Assurdan schwieg lange Zeit. »Welch ein furchtbares Vermächtnis!« stieß er schließlich hervor.

»Ja, ich bin sein Sohn, vergiß das nie.«

»Nein«, erwiderte Assurdan blaß, »aber du bist auch Sammurats Sohn.«

»Das ist mein Verhängnis und dein Glück. Belschar-Ussur hätte mein Verhalten dir gegenüber nie gebilligt.«

»Du meinst, du zeigst zuviel Schwäche? Nein! Folge nicht in allem deinem haßzerfressenen Vater, sondern bewahre dir deine Empfindungen. Auch Barmherzigkeit ist göttlich.«

Asarhaddon lächelte spöttisch. »Ich denke, daß ich heute

vor allem dem Gott der Schwatzhaftigkeit gehuldigt habe.«
Er hob den Becher. »Trinken wir auf unseren Feldzug! Trinken wir auf Assyriens Sieg!«

3

Asarhaddon hatte sich der beiden tüchtigsten und berühmtesten Generäle versichert: des brutalen, aber schlauen Urukagina aus Assur und des im Frieden eher bedächtigen, aber in der Schlacht stets blitzschnell und hart zupackenden Harpagos aus Ninive. Sein Plan war es, mit diesen vom Süden her in Medien einzufallen, die Festung Kuraschat zu nehmen und sich mit Assurdans Truppen, die sich mit den Skythen schlugen, vor Ekbatana, der Hauptstadt Mediens tief im Innern des Landes, zur Entscheidungsschlacht zu vereinen.

»Nachdem ich ein Jahr fort war, sehe ich nun zu meiner Zufriedenheit die Früchte unseres Wirkens gereift«, begann Asarhaddon, der die beiden Männer jetzt ganz offen empfangen durfte. Er wandte sich an Harpagos: »Dein Sohn hat gute Arbeit geleistet. Ich möchte ihm gern selbst meine Anerkennung dafür aussprechen, denn wie ich hörte, konnte er Targaitis lebend entkommen.«

Harpagos nickte und errötete leicht vor Stolz. »Anaxares bettelt ohnehin schon dauernd, ich möchte ihn mit nach Assur nehmen. Er verehrt dich sehr. Aber ich habe es bisher unterlassen, denn er soll sich nicht unnötig hervortun, wo er nur seine Pflicht getan hat.«

»Nun, ich denke, wir werden uns auf dem Feldzug begegnen.«

»Ja. Denkst du noch daran, wie du ihn um das Vorrecht beneidet hast, kämpfen zu dürfen? Heute bist du durch Aschschurs Gnade wieder genesen, und beide werdet ihr ruhmreich das vollenden, was eines Mannes edelste Bestimmung ist.«

Da ging ein Schatten über Asarhaddons Gesicht, und beschämt erinnerte er sich daran, daß er seine gesunden Glieder nicht Aschschur, sondern Kautilyas Barmherzigkeit verdankte. Und er war im Begriff, seine ihm neu geschenkte Stärke für ein hemmungsloses Morden einzusetzen. Er schüttelte sich, als könne er sein Gewissen abschütteln wie ein nasser Hund das Wasser aus seinem Fell.

»Was fehlt dir?« fragte Urukagina besorgt.

Asarhaddon schob mit trotziger Gebärde den Kopf in den Nacken und rief herausfordernd laut, als könne er so seine innere Stimme übertönen: »Meine Freunde! Die Freude ließ mich erbeben, denn ich blickte in die Zukunft und sah einen überwältigenden Sieg und unermeßliche Beute. Beben läßt mich auch das Wissen, daß wir Aschschur nach so vielen Jahren des Friedens endlich den blutigen Tribut entrichten können, der einem so mächtigen Führer der Heerscharen wohl zukommt. Tausende schärfen in dieser Stunde ihre Schwerter; der eine erwartet Ruhm, der nächste erhofft sich Reichtümer, der dritte will Frauen, und so nimmt jedermann seine Wünsche und Hoffnungen mit ins Feld. Mich selbst aber bewegen andere Leidenschaften. Der Feldzug soll eine blutige Furche durch Medien ziehen; ich stehe vor dem Pflug, und der Zorn Aschschurs wird mich lenken. Und so werde ich den Krieg führen: ohne Erbarmen, ohne Schonung. Erst, wenn alle ihre Felder verwüstet sind, ihre Häuser zu Asche verbrannt sind und ihre Leiber zerhackt den wilden Tieren zum Fraße dienen, werde ich erkennen, ob ich mich gesättigt habe am Blut oder ob mein Verlangen danach noch größer geworden ist.«

4

Neben den Kriegsvorbereitungen fand Asarhaddon allerdings auch Zeit, sich anderen Dingen zu widmen, die er noch vor dem Aufbruch erledigt wissen wollte. So veranlaßte er, daß dem Mitglied des Hohen Rates zu Ugarit, Ithobaal, ein Talent in Gold ausgezahlt wurde. Dann kümmerte er sich um seine andere Verpflichtung. Er ließ sich den General Dajjanussur vorführen.

Drei Tagesreisen legte dieser ohne Rast im schnellen Wagen zurück, denn er war bestrebt, dem Befehl des Hohenpriesters so rasch wie möglich nachzukommen. Da es bekannt war, daß dieser selbst am Feldzug teilnehmen wollte, meinte Dajjanussur nichts anderes, als daß eine militärische Angelegenheit von höchster Wichtigkeit besprochen werden müsse, und er glühte vor Eifer, dem Hohenpriester behilflich zu sein.

Doch dieser empfing ihn durchaus nicht soldatisch, sondern schlicht gekleidet in seinem Arbeitsraum. Er musterte den eingetretenen Offizier flüchtig, dann wandte er sich den Plänen auf seinem Tisch zu. Dajjanussurs eilfertige Verbeugung beachtete er nicht. Er bot ihm auch keinen Platz an, und Dajjanussur trat ungeduldig von einem Fuß auf den anderen.

Asarhaddon ließ ihn noch etwas schwitzen, dann bemerkte er wie nebenbei, ohne Dajjanussur anzusehen: »Dajjanussur, du stehst vor mir, weil ich Anklage gegen dich erhebe.«

»Anklage gegen mich?« fragte er erschreckt.

Jetzt richtete Asarhaddon seine kalten Augen auf den Unglücklichen. »Du bist überrascht? Du hast dir also nichts vorzuwerfen?«

Dajjanussur hörte zwar den gefährlichen Unterton, aber es wäre seiner Würde abträglich gewesen, Unsicherheit oder gar Furcht zu zeigen. Er reckte sich also und antwortete: »Ich habe stets meine Pflicht getan und bin mir keiner Schuld bewußt. Ein Mann wie ich hat viele Neider und Feinde. Könnte es sein, daß man mich bei dir verleumdet hat?«

»Entscheide selbst, Dajjanussur, ob das, was ich dir vorwerfe, Lügen sind: Du hast einem Krieger, der dir unterstellt war, heimtückisch die Frau geraubt und ihn selbst mit Schimpf und Schande aus dem Truppenverband ausgestoßen wegen eines Vergehens, das er niemals begangen hat. Das hast du getan, obwohl er tapfer gegen die Skythen gekämpft und schwere Verwundungen davongetragen hat. Jetzt fristet er den Rest seines Lebens als Bettler.«

»Eljakir!« stammelte Dajjanussur.

»Du erinnerst dich also?«

»Ja«, murmelte Dajjanussur.

»Und du gibst alles zu?«

»Bei Aschschur, wie lange ist das her!« stöhnte Dajjanussur. »Eljakir – er liebte die Frau, die ich –«, er unterbrach sich. »Du klagst mich deswegen an? Wie ist das möglich? Was kann dir jener Krieger denn bedeuten?«

»Er ist mein Freund«, entgegnete Asarhaddon knapp, »und ich versprach, ihm zu seinem Recht zu verhelfen, da er selbst dazu nicht in der Lage ist. Du bist geständig, also verurteile ich dich.« Er winkte den Wachen an der Tür. »Bringt ihn hinaus!«

»Welche Strafe erwartet mich?« fragte Dajjanussur gefaßt.

Asarhaddon musterte ihn langsam von oben bis unten. »Erwähnte ich es nicht? Ich lasse dir die Haut abziehen.«

Dajjanussur schrie auf. Angesichts dieses grausamen Todes brach seine Beherrschung zusammen. Er zitterte, doch die Krieger packten ihn fest an den Armen. Beschwörend sah er sie an: »Wartet! Nur noch einen Augenblick! Laßt mich nur ein Wort noch mit ihm reden.«

Asarhaddon hatte sich schon wieder seinen Unterlagen zugewandt, und die Krieger wollten Dajjanussur gewaltsam hinauszerren, da hob der Hohepriester überraschend die Hand. »Laßt ihn reden!«

»Ich danke dir«, flüsterte Dajjanussur, dann räusperte er sich, um wieder Gewalt über seine Stimme zu bekommen. »Ich habe gefehlt und will dafür büßen. Obwohl die Angelegenheit nun neun Jahre zurückliegt, ist sie unentschuldbar. Aber ich habe sonst ein untadeliges Leben geführt. Ich wage das unbescheiden zu erwähnen, um dein Herz milde zu stimmen. Wenn ich sterben muß, so bitte ich um einen raschen Tod.«

Asarhaddon lächelte. »Den Tod allein betrachte ich nicht als Strafe. Erst, wenn man das Sterben lange spürt, verdient es diesen Namen.«

Dajjanussur senkte mutlos das Haupt. Leise sagte er: »Damals, als es uns endlich gelungen war, die furchtbaren Skythenhorden zu besiegen, ließ ich viele von ihnen lebendig häuten, weil von mir ein grausames Strafgericht erwartet wurde. Aber die Durchführung meines Befehls verfolgte ich mit heimlichem Grauen und betete darum, niemals selbst einen ähnlichen Tod erleiden zu müssen.«

»Du hast wohl zu den falschen Göttern gebetet«, spottete Asarhaddon, »denn deine Gebete sind nicht erhört worden.«

»Ja«, erwiderte Dajjanussur, »ich habe zu falschen Göttern gebetet, so wie ich heute den falschen Mann um Gnade bitte. Vergib mir meine Schwäche. Ich will jetzt ruhig den Henker erwarten.«

Asarhaddon erhob sich und blieb mit verschränkten Armen vor Dajjanussur stehen. »Recht so, ein Assyrer geht aufrecht in den Tod, so grausam er sein mag. Doch das bringt mich auf einen Gedanken, der gerechter für alle Beteiligten sein dürfte. Wer anders als Eljakir ist berufen, dich zu richten? Ja, ja, er soll es selbst tun. Suche ihn auf in Sippar und wirf dich ihm zu Füßen. Bitte deinen verstoßenen Krieger um Gnade. Wer weiß, vielleicht vergißt er die jahrelangen Demütigungen und Entbehrungen und schenkt dir das Leben. Vielleicht läßt er dir aber auch Hände und Füße abhacken und dich an seine Haustür ketten, wo du wie ein Hund die Speisen auflecken darfst, die er dir hinwirft.«

Dajjanussur atmete erleichtert auf. »Ich unterwerfe mich demütig Eljakirs Spruch und danke dir für deine Großherzigkeit.«

Nachdem Dajjanussur gegangen war, begab sich Asarhaddon zufrieden lächelnd wieder an seinen Platz. Einen fähigen Feldherrn wegen eines einfachen Kriegers grausam zu bestrafen, war trotz aller Freundschaft zu Eljakir nicht nach seinem Sinn. Aber er hatte ihm Rache versprochen, und so hatte er Dajjanussur das Grauen spüren lassen und alles weitere Eljakir überlassen. Ein weiser Entschluß, wie er selber fand.

Der Tag des Abmarsches war noch nicht festgelegt. Unter Assurdan hatte man sich wenig um die Armee gekümmert; es brauchte Zeit, bis zwei kampfstarke Heere aufgestellt werden konnten. Inzwischen hielten die Götter für Asarhaddon noch zwei Überraschungen bereit. Die erste bahnte sich

an, als Asarhaddon bei der täglichen Musterung der Kampf-
einheiten ein alter Bekannter über den Weg lief.

»Schanabuschu, ich heiße dich willkommen in Assur!« begrüßte Asarhaddon den Garnisonskommandanten. Der Hohepriester ritt den Hengst, den Hiram ihm geschenkt hatte.

Schanabuschu erwiderte ehrerbietig den Gruß und kam
herangeritten. »Tod den Medern!« fügte er hinzu. »Tod den
skythischen Aasgeiern! Meine Männer sind unruhig, als ni-
steten Hornissenschwärme in ihren Kettenhemden, seit sie
wissen, daß du in unserer Mitte kämpfen wirst, denn mit dir
ist Aschschur.«

»Freilich, freilich«, erwiderte Asarhaddon und dachte an
die vier Männer in der Schenke des Elamiters, »ich kenne die
tapferen Krieger Sippars. Aber sag mir doch, ist auch dein
Sohn dabei, der edle Schamschilu?«

»Ja. Es ist seine erste Schlacht; er läuft herum wie ein brünstiger Eber und verlangt brüllend nach dem Feind.«

»Sicher wird er die Feinde unter seinem Streitwagen zermalmen«, fügte Asarhaddon spöttisch hinzu, »denn wie ich
hörte, ist er ein recht ungestümer Lenker?«

Schanabuschu bemerkte den Spott nicht, er errötete vor
Vaterstolz.

Da stutzte Asarhaddon. Er wies mit dem ausgestreckten
Arm nach vorn. »Wer ist jener Offizier dort mit dem roten
Busch am schwarzen Helm?«

Schanabuschu wandte sich um. »Oh, es ist Dajjanussur,
der Befehlshaber von Chorsabad. Ein hervorragender Offizier. Wir sind befreundet.«

Asarhaddon riß ärgerlich sein Pferd herum. »Er soll zu mir
kommen, sofort!«

Dajjanussur zügelte sein Pferd vor Asarhaddon und sah
ihm furchtlos ins Gesicht. »Mein Feldherr«, begrüßte er
Asarhaddon respektvoll, aber ohne Scheu.

Asarhaddon bemerkte diese Kühnheit mit Unwillen.
»Wie? Du stehst unversehrt vor mir, in all deinen Würden?
Glaubte ich doch, Sippars Raben hätten dir längst das
Fleisch von den Knochen genagt, weil Eljakir deinen Leich-
nam dort am Stadttor hat aufhängen lassen.« Dajjanussur

neigte das Haupt. »Deiner Weisheit und Eljakirs Güte habe ich es zu verdanken, daß ich noch lebe.«

»Ja, das sehe ich«, bemerkte Asarhaddon ärgerlich, »aber selbst deinen Rang hat man dir gelassen?«

»Eljakir hat es so verfügt. Wenn du erlaubst, erzähle ich dir, was sich in Sippar zugetragen hat.«

Asarhaddon machte eine knappe Handbewegung. »Rede!«

»Erlaube mir, daß ich mich kurz fasse, denn du wirst Wichtigeres zu tun haben. Ich erwartete einen unversöhnlichen Mann voller Haß, aber ich hoffte doch, daß er mir einen demütigenden Tod ersparen möge. Unter den Bettlern fand ich ihn nicht. Eljakir hat einen schönen Besitz, doch darüber wunderte ich mich nicht, da du ihn als deinen Freund bezeichnet hast. Er war überrascht, mich zu sehen, und ich wollte mich ihm gerade zu Füßen werfen, da rief er aufgeregt nach seiner Frau und seinen Sklaven. Bevor ich auch nur ein Wort sagen konnte, lud er mich und meine Krieger ein, einzutreten und mit ihm zu speisen. Ich fragte mich, ob er mich mit einem guten Freund verwechselte oder gar sein Erinnerungsvermögen durch einen skythischen Streitkolben gelitten haben mochte, aber während des Gesprächs bei Tisch stellte sich heraus, daß er genau wußte, wer ich war. Ich fragte ihn, ob er mich denn nicht hasse, doch er rief: Alles ist längst verziehen! Sprechen wir nicht mehr davon! Und als er erfuhr, daß er ein Urteil über mich fällen sollte und ich nach meiner Strafe fragte, erwiderte er: Daß du noch lange in Frieden mit den Göttern und Menschen leben mögest als Kommandant deiner Garnison in Chorsabad. Meine Krieger werden es dir bestätigen, so unglaublich es ist. Ich war von Herzen froh über seinen Spruch, dennoch forschte ich nach dem Grund seiner großen Güte. Aber er winkte ab und meinte, das alles sei ganz selbstverständlich. Dann fragte er mich nach deinem Wohlergehen. Nachdem ich ihm versichern konnte, daß alles zum besten stehe, fügte er hinzu: Du siehst selbst, wie glücklich ich hier mit meiner Frau und meinem Kind lebe. Das alles verdanke ich Asarhaddon, dem Hohenpriester. Und noch weitaus mehr verdanke ich ihm. Dann begann er, von unverständlichen Dingen zu sprechen, von Blumen, die auf einem

Acker blühen und daß man auch seine Feinde lieben muß. Nun, diese Weisheiten wird er kaum von dir erworben haben, Asarhaddon, daher meine ich, daß sein Verstand am Ende doch etwas verwirrt war. Er sagte mir noch, daß es unwürdig sei, so viele Wohltaten zu empfangen, selbst aber Rachegedanken zu hegen. Und er bat mich, dir für die Saat zu danken, die du in sein Herz gepflanzt hast. So seltsam diese Worte auch sind, Asarhaddon, du wirst sie verstehen.«

Asarhaddon schwieg betroffen lange Zeit. »Dieser Narr«, murmelte er dann, aber es klang mitfühlend. Schließlich erwiderte er: »Ich habe Eljakirs Worte verstanden und auch seine Botschaft. Geh also zurück zu deinen Männern, Dajjanussur und – sei bedankt für deinen Bericht.«

Nachdenklich sah Asarhaddon ihm nach.

Die zweite Überraschung ließ nicht lange auf sich warten. Als Asarhaddon am Abend in den Tempel zurückkehrte, meldete man ihm, daß ein Geschenk für ihn abgegeben worden sei: zwanzig junge Sklaven. Der edle Geber aber sei unbekannt.

Asarhaddon besah sich sofort die Männer. Erfreut stellte er fest, daß sie in guter körperlicher Verfassung waren. Er fragte Zargo, ob er etwas über ihre Herkunft wisse, doch der verneinte.

»Ein hochherziges Geschenk; jeder von ihnen ist mindestens drei Ochsen wert und macht einen guten Eindruck. Ein würdiges Opfer für den Tag unseres Aufbruchs.«

Am nächsten Tag jedoch wurde Asarhaddons Freude jäh gedämpft. Zurückgekehrt von einer Besprechung mit Assurdan, die zufriedenstellend verlaufen war, fragte man ihn, ob er einen Besuch empfangen wolle.

»Der Besuch wird einen Namen haben«, entgegnete Asarhaddon unwirsch, denn es war eine ganz und gar unübliche Zeit, den Hohenpriester aufzusuchen.

»Ja, Herr. Sein Name ist Baal-Zakar-Menachim.«

»Wer?« Asarhaddon glaubte seinen Ohren nicht zu trauen. Dann schlug er mit der Faust auf den Tisch. »Ha! Das ist zuviel! Werden mich die Schatten meiner Reise denn nie verlassen?«

»Darf er eintreten, Herr?«

»Nein!« schrie Asarhaddon. »Ertränkt ihn im Fluß, spießt ihn auf einen Pfahl, werft ihn von der höchsten Klippe! Jagt ihn davon, ich will ihn nicht sehen!«

Bestürzt sahen seine Diener, wie er die Beherrschung verlor. »Wir werden ihn wieder fortschicken«, murmelten sie.

»Ja, tut das! Dieser Sohn einer Hyäne mit der Seele eines verfaulten Fisches! Wie kann dieser Mann es wagen, die Grenze Assyriens zu überschreiten und gar vor mein Angesicht treten zu wollen? Bei Aschschur, sein eigener Wein scheint ihn benebelt zu haben.«

Während Asarhaddon noch tobte, hatten die Diener den Raum verlassen, aber Menachim, der im Vorzimmer alles mitangehört hatte, schob die unbewaffneten Männer furchtlos zur Seite und trat ein. »Wie unbeherrscht du sein kannst«, bemerkte er spöttisch. »In Ugarit warst du immer sehr kühl.«

Menachims kühnes Eindringen machte selbst Asarhaddon für einige Augenblicke sprachlos. »Wahrlich!« stieß er dann hervor, »der Narr kennt keine Furcht, und der Esel liebt den, der ihn am meisten schlägt.«

»Verzeih mir, daß ich bei dir eingedrungen bin, aber die weite Reise wollte ich nicht umsonst gemacht haben. Sind unsere Länder denn verfeindet? Ich komme als Gast zu dir, so wie viele meiner Landsleute, die mit den Assyrern Handel treiben.«

»Ja, ehrbaren Kaufleuten stehen unsere Grenzen offen, aber was sind deine Geschäfte in Assur, Baal-Zakar-Menachim?«

»Du nennst mich absichtlich mit meinem vollen Namen, um mich zu kränken. Was ich dir damals anbot, gilt auch heute noch. Für meine Freunde heiße ich Menachim.«

Asarhaddon ging aufgebracht hin und her. Dabei warf er tödliche Blicke auf den Phönizier. Dann blieb er vor ihm stehen und stieß ihm den ausgestreckten Finger vor die Brust. »Deine glatte Zunge wird dir hier nicht viel helfen, Menachim. Du hast dich in meine Gewalt begeben, das war sehr unklug von dir. Hör mir zu: Von der Art der Werkzeuge, die du in deinem Hinterteil schätzt, haben wir in Assyrien etliche, allerdings sind sie acht Spannen lang und aus Holz.

Und wenn man sie geschickt einfädelt, kommen sie an der Schulter wieder heraus. Da tanzte so mancher schon einen zehnstündigen Tanz mit seinem hölzernen Geliebten!«

Menachim lächelte unsicher. »Das würdest du doch nicht tun?«

»Ha!« rief Asarhaddon höhnisch. »Natürlich nicht, solche abscheulichen Hinrichtungen rühren mich stets zu Tränen, und wenn du es wärst, der da zappelt, würde es mir schier das Herz brechen.«

»Du bist grausam, aber gerecht. Du hast versprochen, die Stadt und mich zu schonen.«

»Was ich in Ugarit gesagt habe, weiß ich nicht. Und wenn ich etwas gesagt habe, so gilt es nicht mehr. Aber ich gedenke deines Vaters, der kein schlechter Mann ist. Um seinetwillen will ich darauf verzichten, dich vor Schmerzen winseln zu hören, sofern du dich sofort davonmachst und Assyriens Grenzen hinter dir läßt.«

»Fragst du gar nicht, was mich zu dir führt?«

Asarhaddon zuckte die Achseln. »Ich habe andere Sorgen, als mir dein Liebesgesäusel anzuhören. Warst du schon so unverschämt, mich damit in Ugarit zu belästigen, so muß ich es hier in meinem Tempel wohl nicht mehr dulden!«

»Asarhaddon, hältst du mich für einen ungebildeten Tölpel? Daß sich dir gegenüber Ehrfurcht geziemt, darüber brauchst du mich nicht zu belehren. Ich würde es nicht wagen, über meine Gefühle auch nur ein Wort zu verlieren, obwohl ich zugebe, daß du im Waffenrock hinreißend aussiehst.«

Die letzte Bemerkung überhörend, erwiderte Asarhaddon unwirsch: »Kommt mir Ehrfurcht zu, so bezeuge sie auch. Weshalb dringst du gegen meinen Befehl bei mir ein? Kam es dir nicht in den Sinn, bescheiden wieder und wieder anzufragen, bis ich gnädig gewillt war, dich anzuhören?«

»Auf diese Gnade hätte ich vielleicht zu lange warten müssen«, bemerkte Menachim säuerlich. »Aber meine Ehrfurcht bezeugte ich dir bereits durch mein Geschenk, denn mit leeren Händen erscheint kein Phönizier bei seinem Gastgeber.«

»Ich habe dich nicht zu Gast geladen. Was für ein Geschenk?«

»Hast du die Sklaven nicht erhalten?«

»Wie? Du also warst der Unbekannte?« Zornig fuhr Asarhaddon Menachim an: »Du meintest wohl, mich mit dieser Gabe versöhnlich zu stimmen? Hältst du mich für einen Mann, der sich bestechen läßt?«

»Davor seien die Götter! Ich wollte dich und deinen Gott ehren. Fehlt es dem Tempel jetzt vor der großen Schlacht nicht an Menschenopfern?«

»Woher weißt du das?«

»Das ist nicht schwer zu erfahren, und wir Händler haben unsere Ohren überall.«

»Ja, so scheint es«, erwiderte Asarhaddon grimmig. »Wahrscheinlich habt ihr Phönizier Assyrien bereits verschachert, und ich weiß nichts davon. Höre! Bevor ich das Blut deiner Sklaven vergieße, blase ich lieber einem Knochengerüst das Lebenslicht aus, das die Steinmühlen gedreht hat. Nimm deine Sklaven und verschwinde mit ihnen aus Assur!«

»Sei doch nicht voreilig. Hast du sie dir auch genau angesehen? Ich habe dir nur die Besten gebracht. Willst du wirklich auf sie verzichten?«

Asarhaddon sah Menachim finster an. Freilich, er gab die Sklaven ungern wieder fort, deren Blut er schon auf der Zunge gespürt hatte. »Du nutzt meine mißliche Lage aus. Also sag, was du von mir willst, aber sag es schnell!«

Menachim atmete auf. »Ich will mir deine Anerkennung erwerben.«

Asarhaddon schnippte mit den Fingern. »Dachte ich es doch, daß du anmaßend wirst. Träumst du immer noch davon, daß der Löwe und die Ratte Freunde werden?«

»Nein, Asarhaddon, ich möchte nur deinen Rat befolgen, den du mir zum Abschied gegeben hast. Ich möchte, daß ein trockener Ast Knospen treibt.«

»So! Da hast du ja einen vortrefflichen Anfang gemacht. Hatte ich dir nicht zu mehr Menschlichkeit geraten? Für die zwanzig Männer, die du mir geschenkt hast, hattest du wohl kein Mitgefühl?«

»Das mußt gerade du mir vorwerfen!«

»Miß dich nicht mit dem Hohenpriester von Assur, Baal-Zakar-Menachim!«

»Nicht einmal im Traum, edler Asarhaddon. Gerade deshalb wählte ich das Geschenk nicht nach meinen, sondern nach deinen Bedürfnissen. So gutgebaute Männer würde ich nicht schlachten lassen wie Schafe.«

Asarhaddon mußte gegen seinen Willen lachen. »Also, womit willst du dir meine Achtung erwerben?«

»Ich möchte mir in deinen Truppen einen Namen machen. Wenn ich mit den Assyrern gegen Medien kämpfe und mich im Kampf auszeichne, wirst du mir dann deine Anerkennung aussprechen? Ich könnte mit dieser Auszeichnung vor meinen Vater treten und einiges gutmachen.«

Asarhaddon musterte Menachim abschätzend. »Zum erstenmal sind deine Worte nicht so töricht wie sonst – was deinen Vater angeht. Was allerdings dein Vorhaben betrifft, ist es an Torheit nicht zu überbieten. Du willst kämpfen wie ein assyrischer Offizier? Lerne vorerst zu kämpfen wie das einfache Fußvolk. Wenn du dann dein Kriegsgepäck tagelang durch Hitze und Kälte geschleppt hast, sprechen wir uns wieder.«

»Auch ich hatte eine Ausbildung im Waffenhandwerk, wenn du das auch nicht glauben magst. Gib mir eine Chance, ist das zuviel verlangt?«

»Jede deiner Bitten ist eine zuviel. Weshalb sollte ich ausgerechnet dir helfen, einem Mann, den ich tödlich gehaßt habe? Vor dem ich auf dem Bauche rutschen mußte! Ich gehorche keinem Schwur mehr, Menachim, ich diene Aschschur. Allenfalls ein Freund könnte auf meine Hilfe rechnen.«

»Es ist nicht gerecht, mich für jene Zeiten heute noch zu tadeln. Als dein Herr war ich im Recht.«

»Im Recht! Tilgt das meine Schmach? Küßt der verurteilte Verbrecher die Hände seines Henkers um der Gerechtigkeit willen, die ihm widerfährt?«

»Nun, auch ich demütige mich heute vor dir mit meiner Bitte. Was riskierst du? Bin ich unfähig, spießt mich der erste Feind auf, und du kannst zufrieden sein.«

»Nein, ich will dich nicht in meiner Nähe haben. Aber

wenn du den Heldentod suchst, geh zu meinem Bruder. Er kämpft gegen die skythischen Teufel, da kannst du dir manchen Ruhmeskranz holen, wenn du nicht beim Anblick des ersten zähnefletschenden Skythen gleich dein Schwert wegwirfst.«

Menachim war erleichtert. »Ja, ich will gern dem König mein Schwert anbieten. Du erlaubst doch, daß ich mich auf dich berufe?«

»Ja. Sprich vor bei Schamasch-Eriba, dem Tartan, aber lasse dich keineswegs bei meinem Bruder persönlich blicken.«

»Oh, ist er von so abstoßender Gestalt?« grinste Menachim.

»Ganz im Gegenteil. Er könnte Gefallen an dir finden und dich hierbehalten wollen; eine schreckliche Vorstellung!«

»Wie? Sollte der König von Assyrien einen derart ausgezeichneten Geschmack besitzen? Er hält wohl nichts von Askese?«

»Hinaus!«

Menachim verbeugte sich ironisch. »Ich gehe, großer Asarhaddon, nicht ohne dir für deine Güte gedankt zu haben.« An der Tür drehte er sich noch einmal um und umfing Asarhaddon mit einem letzten verzehrenden Blick. »Ich liebe dich«, flüsterte er, dann schlug er schnell die Tür zu.

Asarhaddons Dolch blieb zitternd im Türrahmen stecken.

5

Assur war geschmückt wie eine Braut zum Hochzeitsfest. Helme, Schilde, Schwerter und Lanzen funkelten in der Morgensonne wie Diamanten; das Wiehern der Pferde und das Rasseln der Streitwagen hallten in den Straßen. Unzählige Hände schien sie nach Osten auszustrecken, aus tausend Mündern rief sie Kampf und jubelte aus tausend Kehlen Sieg.

Das Heer von Assur versammelte sich in der Ebene vor der östlichen Stadtmauer. Obwohl das Gewimmel der Menschen, Tiere und Wagen den Horizont ausfüllte, war das nur die halbe Streitmacht. Ein fast ebenso starkes Heer würde bei Ninive dazustoßen.

Allein der Anblick der in breiter Front heranrollenden Streitwagen hätte manchen Feind in die Flucht geschlagen. Die hochrädrigen, geräumigen Gefährte dröhnten und rasselten wie ein Orkan. Jeder Wagen war mit Köchern für die Pfeile und kurzen Wurfspießen ausgerüstet und bot Platz für drei Männer. Alle Wagen führten das königliche Feldzeichen mit sich: eine goldene Scheibe, auf der Aschschur als Bogenschütze auf zwei Stieren stehend abgebildet war.

Nur Asarhaddons Wagen trug als Standarte die Flügelsonne. Er lenkte seinen Wagen selbst, solange kein Gefecht ihn dazu zwang, die Zügel einem Lenker anzuvertrauen, um selbst den Bogen und den Wurfspieß ungehindert führen zu können.

Bevor die Reihen sich formiert hatten, kam ein Reiter auf einem prachtvoll geschmückten Rappen und in goldbeschlagenem Lederkoller auf ihn zu. Das schwarzgelockte Haar trug er im Nacken zusammengebunden, der assyrische kegelförmige Helm baumelte vom Hals seines Pferdes. Er hob sein Schwert und rief: »Ich grüße dich, edler Asarhaddon! Dein Antlitz strahlt heller als die Sonne vor Freude über diesen Tag. Möge es deine Feinde blenden.«

Etwas befremdet sah Asarhaddon auf den Offizier, doch dann erkannte er ihn, und seine Stirn verfinsterte sich. »Menachim? Fast hätte ich dich nicht erkannt. Vortrefflich schmückt sich da der Rabe mit den Federn des Pfaus. Du bist also in die Reiterei aufgenommen? Ich beglückwünsche dich. Haben deine Fähigkeiten oder dein Gold dir dazu verholfen?«

Menachim lächelte. »Sind denn die Assyrer käuflich?«

»Deine flinke Zunge wird dich nicht retten vor den skythischen Pfeilen, und auch deinem männlichen Charme werden sie kaum erliegen«, entgegnete Asarhaddon höhnisch. »Targaitis wird begehrlich auf dein prächtiges Roß und den funkelnden Waffenrock schauen, in dem du, wie ich zugebe, großartig aussiehst.«

»Ich merke, du zahlst mit gleicher Münze zurück, und in einer Währung, die ich schätze.«

»Vielleicht wird deine Schönheit vergehen, wenn Targaitis aus deiner Haut Bogensehnen für seine Schützen anfertigen läßt«, gab Asarhaddon boshaft zurück.

»Schmähe den Toten, Asarhaddon. Noch lebe ich und gedenke, viele Skythen in die Hölle zu schicken.«

Asarhaddon lachte. »Bringe mir Targaitis Kopf, du furchtloser Krieger, dann darfst du auf meinem Wagen fahren und mein Schildträger sein.«

»Ist das ein Versprechen?« jubelte Menachim.

Asarhaddon musterte Menachim von oben bis unten. Grausam lächelnd erwiderte er dann: »Ja, wenn du Targaitis bezwingst und ihn mir lebend auslieferst, wirst du mein Schildträger.«

Asarhaddon glaubte, Menachim so in den sicheren Tod schicken zu können. Dieser aber lachte hell auf und sprengte davon.

Asarhaddon schnalzte übermütig mit der Zunge und trieb seine Rosse an. »Stirb denn für mich, Menachim«, murmelte er. »Diese letzte Gnade will ich dir nicht versagen.«

6

Zwei Tage blieb das Heer in Ninive. Dort befand sich das größte Zeughaus des Reiches. Waffen, Rüstungen, Wagen, all das harrte hier, von umsichtigen Herrschern gelagert, seiner Bestimmung. Das Kriegsgerät der Truppen wurde vervollständigt, der Troß vergrößert.

Harpagos besaß ein Stadthaus in Ninive und vor der Stadt ein ausgedehntes Gut. Er hatte Asarhaddon gebeten, die beiden Nächte in seinem Stadthaus zu verbringen. Freundschaftlich und ohne Förmlichkeit begrüßte er ihn in der Eingangshalle und betrat mit ihm einen Raum, in dem eine gedeckte Tafel sie erwartete, an der schon andere Offiziere saßen. Sie erhoben sich und grüßten.

Da trat ein junger Mann vor und kam auf Asarhaddon zu. Er hatte den kühnen Blick des Falken und das stolze Auftreten einer edlen Abstammung. Das herrische Kinn und der grausame Zug um seinen Mund kennzeichneten den assyrischen Adligen, doch der Schimmer der Jugend milderte die Härte seiner Züge.

Harpagos warf ihm einen mißbilligenden Blick zu. »Das ist Anaxares, mein Sohn«, sagte er zu Asarhaddon. Dann wandte er sich an Anaxares: »Weshalb beschämst du mich durch deine Unbescheidenheit und trittst ungeduldig vor wie ein Sklavenhändler, der seine Ware anpreist? Es befinden sich noch andere edle Männer im Raum, die Asarhaddon vielleicht vor dir begrüßen möchte.«

Anaxares sah Asarhaddon unverwandt lächelnd an. Mit keinem Wimpernschlag gab er zu erkennen, daß ihn der Tadel seines Vaters berührte. »Ich bin sicher, du wirst nicht so hart über mich urteilen, Asarhaddon«, sagte er ruhig und selbstbewußt. »Die Ungeduld der Jugend entschuldigt mich. Dein Name war mir immer ein Vorbild, und nun stehst du vor mir. Dir zu begegnen, war mein größter Wunsch, und so konnte ich meinen Eifer nicht zügeln, dir gegenüberzutreten.«

Asarhaddon durchzuckte jäh ein warnendes Gefühl. Diesem jungen Assyrer war es nicht nur gegeben, feindliche Festungen im Sturm zu nehmen, sondern auch Herzen, und das war durchaus nicht in seinem Sinne. Assurdan hatte er sich schon zu weit geöffnet, und jede neue Freundschaft barg neue Gefahren. Kühl entgegnete er daher: »Auch ich hörte schon von dir, von deinem Mut, den Skythenfürsten in seinem Lager aufzusuchen, und von deiner Klugheit, ihm wieder zu entkommen. Assyrien verdankt dir viel und wird dir auch zukünftig wohl vieles danken müssen, denn du bist noch jung und wirst deinem Land und deinem Vater noch oft Ehre machen.«

Unmerklich zuckten Anaxares Mundwinkel, sein Kopf ging leicht in den Nacken. »Du erwähnst Nebensächlichkeiten, als seien sie Heldentaten gewesen. Ich –«

»Anaxares!« Die Stimme seines Vaters hieß ihn schweigen. Er machte eine trotzige Kopfbewegung, dann forschte er in Asarhaddons Gesicht, ob dieser ebenfalls zürnte. Aber der überging die hochfahrende Bemerkung scherzhaft: »Held oder nicht, der Magen des Tapferen knurrt nicht minder laut als der des Feiglings, und die Tafel ist reich gedeckt. Laßt uns also keine Reden halten, sondern zugreifen.«

Asarhaddon entging es nicht, daß Anaxares während des Essens ständig bemüht war, seinen Blick festzuhalten, aber er übersah es und plauderte angeregt mit Harpagos und den übrigen Offizieren.

Nach dem Essen wollte er Harpagos Truppen besichtigen, da eilte Anaxares ihm nach. »Auf ein Wort, Asarhaddon!«

Er wandte sich um. Absichtlich schroff fragte er: »Was gibt es? Fasse dich kurz, ich bin in Eile.«

»Ich war unhöflich zu dir.«

»Entschuldigte das nicht deine Jugend?« bemerkte Asarhaddon herablassend. »Ich habe es längst vergessen. War das alles?«

»Ich war absichtlich unhöflich.«

»So? Das entschuldigt deine Jugend freilich nicht. Habe ich dich denn gekränkt mit meinen Worten?«

»Deine Worte waren voll des Lobes, aber ich habe mehr erwartet. Du warst kühl und zurückhaltend. So lobt der Offizier seinen Troßknecht.«

»Ach! Und was erwartet der Sohn des Harpagos? Daß ich zu meinen Worten die Laute schlage?«

»Du verstehst mich nicht.«

»Das mag schon sein. Dann erkläre dich näher.«

»War ich nicht schon ganz offen zu dir, als ich auf dich zutrat? Ich bin ein guter Offizier, aber ich will mehr sein. Ich will mehr sein als dein Feldherr, der die Krieger in die Schlacht führt, das ist ohnehin meine Bestimmung. Ich will mehr sein als mein Vater für dich ist, ja, vielleicht mehr als der König selbst. Ich möchte dein Freund sein.«

Asarhaddon verschränkte abwehrend die Arme, als könne er sein Herz so vor der Gefahr bewahren. »Du magst ein ausgezeichneter Offizier und Krieger sein«, entgegnete er kalt, »aber du bist hochfahrend und etwas zu ehrgeizig. Freundschaft kannst du nicht befehlen und auch nicht durch Schmeicheleien erwerben. Du vergißt, daß ich der Hohepriester bin. Nur für die Dauer des Feldzugs bin ich dein Vorgesetzter. Wie kannst du in mir ein Vorbild sehen? Bin ich denn zum Krieger geboren so wie du? Nimmt sich der Mond an der Sonne ein Beispiel? Geh! Was du dir wünschst, kann ich dir nicht geben. Ich habe mich zu weit entfernt von den Menschen, als daß du mein Freund sein könntest. Freundschaft bedeutet, den anderen zu lieben, doch wo soll in meinem Herzen Platz sein für diesen Funken? Bedenke das, Anaxares, und belästige mich nicht wieder mit den unreifen Wünschen eines Knaben!«

Er ließ Anaxares stehen und ging davon. Der starrte Asarhaddon bleich und trotzig hinterher. Dann drehte er sich um und verließ mit zornigen Schritten das Haus.

7

In Ninive hatten die Heere sich getrennt. Assurdan war mit seiner Streitmacht nach Norden gezogen, Asarhaddon hatte sich gegen Osten gewandt.

Sie hatten gerade eine leichte Anhöhe überwunden und nun lag eine grasbewachsene Ebene vor ihnen. Anaxares hielt sich mit seinem Wagen auf gleicher Höhe wie Asarhaddon, obwohl es ihm geziemt hätte, hinter den älteren Offizieren zurückzubleiben. Er warf ihm herausfordernde Blicke zu, aber Asarhaddon beachtete sie nicht. Da gab Anaxares plötzlich seinen Rossen die Peitsche, und sein Wagen flog über das weite Feld dahin. »Hoho!« schrie er, »zeigt den lahmen Gäulen unseres Feldherrn, was aus Harpagos' Stall kommt!«

Asarhaddon hörte noch das helle Auflachen Anaxares', dann verschwand sein Gefährt in einer Staubwolke. Asarhaddon zögerte nur kurz, dann packte auch ihn der Ehrgeiz. Er rief seinen Rossen einige anfeuernde Worte zu, denn die Peitsche gebrauchte er bei Pferden nie, und stob Anaxares hinterher. Da dieser einen Vorsprung hatte, gelang es Asarhaddon nicht, ihn einzuholen, aber Anaxares zügelte absichtlich seine Rosse, und so fuhren sie letztendlich nebeneinander her.

Anaxares' Augen blitzten. »Du hast meine Herausforderung angenommen!«

»Ja. Ich hörte von der berühmten Zucht deines Vaters und wollte sehen, was seine Pferde können.«

»Und ihr Lenker.«

»Du hattest einen Vorsprung.«

»Und du bist der Hohepriester. Weshalb verlieh dir Aschschur keine Flügel?«

»Weshalb hat dich dein Vater nicht ordentlich verprügelt, als es noch an der Zeit war?«

»Ich habe genug Prügel bezogen, aber sag doch, war ich gut? Du hättest mich nicht eingeholt, nicht wahr?«

»Auf dem Rücken des Adlers fliegt auch der Sperling hoch.«

»Auf den Schwingen des Hochmuts noch höher. Einmal wird der Tag kommen, da wirst du dem Feind in die Hände fallen. Dann wirst du dich von mir retten lassen müssen.«

»Einmal wird der Tag kommen, da wirst du dem Feind in die Hände fallen, dann werde ich ihm Dankschreiben schicken.«

Anaxares lachte. »Der Feind! Wann werden wir ihm begegnen?«

»Früh genug. Astyages wird seine Hände nicht in den Schoß gelegt haben. Aber kein Meder würde es wagen, uns auf offenem Feld anzugreifen. Sie werden uns in die Berge oder Sümpfe locken wollen, immerhin kennen sie das Land besser als wir. Morgen erreichen wir den Dyala. Dort liegen ungeschützte Siedlungen. Vielleicht erwartet uns der Feind dort.«

Am nächsten Morgen erblickten sie von der Anhöhe die Dörfer am Fluß verstreut unter sich liegen. Wie ein urweltlicher Drache wälzten sich langsam die Massen des assyrischen Heeres von den sanften Anhöhen hinab in das grüne Flußtal. Ihre Waffen funkelten in der Sonne, die für die friedlichen Dorfbewohner zum letztenmal aufging. Die Streitwagen sprengten todbringend durch die verschlafenen Gassen; die Krieger schossen brennende Pfeile auf die schilfgedeckten Dächer oder schleuderten Brandfackeln in die Häuser. Mit klirrendem Geräusch flogen die Schwerter in die Hände der Männer, Fäuste umklammerten die Speerschäfte. Tausende von blitzenden Augen spähten nach Opfern aus. Das

Fußvolk drang in die Häuser ein und trieb die völlig überraschten und verschreckten Dorfbewohner aus den brennenden Hütten, um sie wie Hasen zu jagen. Jauchzend beteiligten sich alle an dem Spiel und gaben sich nach so vielen Tagen eintönigen Marsches ganz dem Genuß hin, den es bereitete, das Wehgeschrei der Frauen und Kinder und das Röcheln der Sterbenden zu hören.

Niemand überlebte diesen Tag des Grauens, denn Aschschur hatte seine Hand über Medien ausgestreckt. Am Nachmittag lag eine unheimliche Stille über den rauchenden, verkohlten Trümmern. Asarhaddon befahl einigen Kriegern, noch einmal die Stätte der Verwüstung und die nähere Umgebung nach Überlebenden abzusuchen. »Kein Leben will ich zurücklassen, wo unsere Truppen vorüberzogen. Niemand soll sich rühmen, Aschschurs eherner Faust entkommen zu sein.«

Als sich Asarhaddon abends mit den Offizieren besprach, meinte er: »Das war blutige Kurzweil und hat als Vorspeise gut gemundet, doch ich fürchte, daß uns die Meder das Hauptgericht nicht so schmackhaft anrichten werden. Auf dem Weg nach Kuraschat liegt die Bergfeste Madaktu. In den zerklüfteten Schluchten und Felsen können wir weder die Wagen noch die Reiterei einsetzen, da sind deine Schützen und Schleuderer gefragt, Urukagina.«

Dieser nickte. »Ja, ich werde mit meinen Männern die Festung stürmen und mit Aschschurs Hilfe auch einnehmen. Ihr müßt das Gebirge umgehen und von Norden auf Kuraschat vorstoßen. Ein langer, gefährlicher Weg.«

»Ja, ich denke, daß die Hauptstreitmacht der Meder uns vor den Toren Kuraschats empfangen wird, um die Stadt zu schützen. Es wäre vorteilhaft, wenn es uns gelänge, ihre Truppen zu zersplittern. Vielleicht kannst du sie nach Madaktu locken. Sollte der Kommandant der Feste um Hilfe nach Kuraschat schicken, so lasse die Boten durch. Hat das Mederheer sich erst geteilt, haben wir leichteres Spiel. Hast du die Festung genommen, beeile dich, zu uns zu stoßen, denn wir brauchen deine Belagerungsmaschinen für den Angriff auf Kuraschat.«

»Und wenn ihre Hauptstreitmacht am Fluß über euch herfällt?«

»Das wäre sehr unklug von den Medern, denn dort ist offenes Gelände.«

»Was ist mit den Gefangenen?« fragte Harpagos. »Werden sie uns nicht behindern auf unserem Marsch?«

»Es wird keine Gefangenen geben«, erwiderte Asarhaddon kalt.

»Auch keine Frauen?«

»Nein. Wir vernichten alles Leben zwischen hier und Ekbatana.«

»Du willst den Kriegern ihre Beute vorenthalten?« mischte sich Anaxares ein.

»Auf meinem Feldzug wird niemand verschont. In Ekbatana wird es für jeden genug Frauen und Sklaven geben. Dort werde ich mir auch die geeigneten Gefangenen für den Tempel aussuchen. Doch bis dahin sei Mitleid uns fremd.«

»Freilich«, bemerkte Anaxares spöttisch, »dir sind ja auch die Sinnesfreuden fremd. Mache einen enthaltsamen Priester zum Feldherrn, und die Truppen werden nicht nur siegreich, sondern auch züchtig und gesittet einmarschieren.«

Harpagos sprang auf, dunkelrot vor Zorn, doch Asarhaddon legte ihm beschwichtigend die Hand auf die Schulter. »Laß ihn reden! Offensichtlich ist Anaxares auf Frauenraub ausgezogen, und nicht die Unterwerfung Mediens, sondern die seiner Weiberschöße liegt ihm am Herzen.«

Obwohl sein Vater ihm mit strengem Blick zu verstehen gab, daß ihm die vorwitzige Zunge seines Sohnes mißfiel, konnte Anaxares es sich nicht versagen, spöttisch zu antworten: »Ein rechter Krieger weiß beide niederzustrecken, den Gegner in der Schlacht und die Frau auf dem Lager, und wer mit gleichem Erfolg sowohl hier als auch dort seine Lanze zu gebrauchen weiß, den nennt man einen vortrefflichen Mann. Freilich, der Ungeübte tut besser daran, ihre Verwendung zu schmähen, bevor er sich für seine Ungeschicklichkeit verspotten läßt.«

»Zweifellos gehörst du zu den Männern, die es vornehmlich auf dem letzten Gebiet zur Meisterschaft gebracht haben«, erwiderte Asarhaddon kaltlächelnd, »während du mich dagegen zu den minder Begabten zählst. Ich trage das mit Gelassenheit. Aber vom Beilager einer Frau wankte schon mancher tapfere Krieger erschöpfter als vom Schlachtfeld und hätte es vorgezogen, im Zelt in den weichen Armen einer Dirne zu bleiben, statt dem Feind entgegenzueilen. Derlei vortreffliche Männern finden sich nicht nur im Fußvolk. Weiber im Heer dulde ich nicht! Ich denke, du wirst dem nichts hinzuzufügen haben!«

Den letzten Satz hatte Asarhaddon scharf ausgesprochen, und Anaxares wagte keine Gegenrede mehr. Später nahm Harpagos seinen Sohn zur Seite und tadelte ihn heftig wegen seines ungebührlichen Benehmens. »Die Langmut Asarhaddons dir gegenüber verwundert mich, ein anderer wäre schon längst dem Schwert verfallen oder würde am Pfahl zappeln. Wenn er noch zögert und dich lediglich mit spöttischen Worten bedenkt, so deswegen, weil du deine Tapferkeit schon bewiesen hast, aber auch die hellste Lampe erlischt, wenn man kein Öl nachfüllt und meint, sie mit Schmähworten am Brennen erhalten zu können.«

Ruhig antwortete Anaxares: »Scherze sind üblich unter Freunden und dürfen unter Kriegsleuten auch ruhig ein wenig scharf sein. Ich denke nicht, daß ich deswegen mit meinem Leben spiele.«

»So!« entgegnete Harpagos spöttisch, »ihr seid Freunde. Das ist freilich etwas anderes. Aber vielleicht solltest du Asarhaddon davon erzählen, damit auch er von dieser Freundschaft erfährt.«

»Ich gebe zu, noch ist sie etwas einseitig, aber Asarhaddon wird sich mir nicht für immer verschließen können.«

»Nein, freilich, denn deine Art, um seine Freundschaft zu werben, ist von ausgesprochener Herzlichkeit.«

Anaxares lachte. »Asarhaddon liebt es, wenn man ihm mit gezogener Waffe begegnet, weil er dann parieren kann.«

»Mag sein, aber sieh dich dennoch vor. Asarhaddon war nicht mit dir zusammen auf der Kriegerschule, sondern er kommt aus dem Hause Belschar-Ussurs, was etwa soviel bedeutet, als stamme er geradewegs aus Ereschkigals Reich.

Und seine Liebenswürdigkeit darf dich nie darüber hinweg-
täuschen, daß sein Herz längst erfroren ist in der kalten Luft,
die man im Tempel von Assur atmet.«

8

Das assyrische Heer marschierte langsam den Dyala entlang
ins Landesinnere. Die Vorhut meldete weitere unbefestigte
Dörfer. Die Krieger stürmten jubelnd voran, abermals auf
Frauen und leichte Beute hoffend und bereit, alles Leben auf
ihrem Marsch nach Kuraschat auszulöschen. Als sich die
Hauptmacht mit Streitwagen und Reiterei den ersten Hütten
näherte, wunderten sich die Männer, daß nicht der gewohn-
te Brandschein den Himmel rötete. Das Dorf war verlassen,
die Leichen erschlagener Assyrer lagen vor den Hütten.

Asarhaddon schäumte vor Zorn und befahl, die Leichen
dieser Unglückseligen unbestattet den Raubvögeln zum
Fraß zu überlassen. Der Leichnam des Offiziers, unter dessen Befehl die Truppe gestanden hatte, wurde gepfählt.

In drei weiteren Dörfern bot sich das gleiche Bild. Überlebende wankten ihnen entgegen und berichteten von einem
Hinterhalt der Meder. Asarhaddon tobte. »Habe ich denn
Knaben oder erfahrene Männer vorausgeschickt? Wahrlich,
wie ein blinder Fuchs, angelockt vom aufgeregten Gackern,
sorglos in den Hühnerstall tappt, während der Bauer ihn
schon mit dem Knüppel hinter der Tür erwartet, seid ihr in
die Falle gestolpert. Das allzu leichte Beute machen hat zwar
eure Gier, nicht aber eure Kampfkraft und Umsicht gesteigert. Das Hohngeschrei der Meder wird bis nach Ekbatana
dringen, und sie werden sagen, die tölpelhaften Assyrer machen ein großes Kriegsgeschrei, aber ihr Verstand ist der eines Kindes. Wehe Assyrien, wenn sich das wiederholen sollte! Oder glaubt ihr, daß Aschschur blinden Toren seine
Gunst gewähren wird? Was helfen die blutigen Opfer, wenn
Unverstand und Leichtsinn das Zepter schwingen?«

Betreten und mit zerknirschten Mienen ließen die Offiziere

und Krieger den Tadel über sich ergehen, und sie gelobten, die Hand nicht eher nach Beute auszustrecken, bis sie die Schmach gerächt hätten. Asarhaddon aber traute solchen Schwüren wenig. Er ließ die verantwortlichen Hauptleute hinrichten und stellte eine neue Vorhut unter dem Befehl von Anaxares auf. Kalt und ohne freundliche Vertrautheit sprach er zu diesem: »Ich erwarte von dir, daß du den Feind aufspürst. Erschlage alle, aber bringe mir die Anführer lebend. Wage es nicht, unverrichteter Dinge zurückzukehren, sonst lege ich Harpagos deinen Kopf vor die Füße.«

Anaxares' Züge wurden hart. Als Offizier wußte er, daß Asarhaddon eine zweite Niederlage nicht hinnehmen durfte und Versagen unnachsichtig bestrafen mußte. »Ich werde die Ehre unserer Truppen wiederherstellen und dir die medischen Hauptleute ausliefern, oder ich will sterben durch das Schwert des Henkers«, erwiderte er knapp.

Langsam zog das Heer weiter. Alle Dörfer, an denen sie vorüberkamen, waren von ihren Einwohnern verlassen. Die Hütten wurden niedergebrannt, die nahen Gehölze nach Flüchtigen durchsucht, aber ohne Erfolg. Lediglich in einer der Hütten fanden sie eine alte, wahnsinnige Frau, und sie bedachte die Krieger mit schrecklichen Verwünschungen. Die abergläubischen Assyrer wichen vor ihr zurück, niemand wollte das Blut der Alten vergießen, in der offensichtlich ein Dämon wohnte, der bei ihrem Tod augenblicklich in Freiheit gesetzt und über die Männer herfallen würde. Selbst die Offiziere zögerten.

Als Asarhaddon davon erfuhr, sagte er zornig: »Weswegen bin ich gestraft mit Kriegern, die vor dem Gezeter eines alten Weibes die Flucht ergreifen?«

Harpagos selbst sollte schließlich die alte Frau töten; man brachte sie vor ihn. Widerwillig zog er sein Schwert. Da streckte die Alte plötzlich die Hand gegen Asarhaddon aus und schrie: »Der assyrische Löwe schüttelt seine Mähne, und Ströme von Blut fließen heraus, aber er wird sie verlieren und wie ein räudiger Hund davonschleichen müssen, denn das vergossene Blut schreit zum Himmel. Der assyrische Adler breitet seine Schwingen aus und wird die junge Brut des Falken zerstören, doch dieser wird ihm dafür die Flügel ausreißen.«

Harpagos wurde bleich bei diesen Worten und starrte Asarhaddon an, doch dieser rief erbost: »Allzu lange lauschen wir nun schon deinem Gekrächz, alte Krähe! Du wirst mir meine Männer nicht länger erschrecken!« Und er schlug ihr seine Faust ins Gesicht, daß sie tot zu Boden fiel. Zu Harpagos sprach er: »Siehst du nicht, daß Irrsinn aus ihren Worten sprach? Keinem Sterblichen ist es vergönnt, in die Zukunft zu schauen, aber ich werde dir dennoch sagen, was sie birgt, denn der Starke gestaltet sie nach seinem Willen. Medien wird assyrische Provinz, doch vorher zahlt es uns den blutigen Tribut des Besiegten.«

»Dennoch war es gut, daß du sie getötet hast und nicht einer von uns«, erwiderte Harpagos. »Nur dir trauen die Krieger zu, den Dämon in dieser Frau zu überwinden.«

Zwanzig Tage später stieß Anaxares mit seinen Männern wieder zum Heer. Er führte achtzehn Gefangene mit sich. Bei seiner Rückkehr leuchteten nicht nur die Augen seines Vaters vor Stolz. Auch Asarhaddon schlug freudig das Herz, dennoch begegnete er Anaxares vorerst zurückhaltend. Er trat vor sein Zelt und sah mit verschränkten Armen auf die gefangenen Meder, dann auf Anaxares, der stolz vor ihm stand und auf ein Zeichen Asarhaddons wartete, denn er wollte mehr als nur ein Lob.

»Ich sehe, wo es deinen Kopf zu retten gilt, gibst du dein Bestes«, begann Asarhaddon spöttisch, denn er wollte Anaxares nicht übermütig werden lassen. »Sind das die medischen Hauptleute?«

»Ja.«

»Und die übrigen?«

»Zwischen hier und Kuraschat ist der Weg frei, mein Feldherr!« meldete Anaxares mit blitzenden Augen. Er gab seinen Männern einen Wink, und ein Wagen rollte heran. Er entlud eine grausige Fracht: blutgetränkte Säcke, die voller abgehauener Köpfe waren. »Willst du sie zählen?« fragte Anaxares.

Da huschte ein Lächeln über Asarhaddons Züge, und auch Anaxares lächelte, weil es das Zeichen war, auf das er gewartet hatte. Zweifellos würde Asarhaddon nicht zögern, mit einem seiner tapfersten Offiziere eines Tages auch Freundschaft zu schließen.

Auch Asarhaddon kam dieser Erfolg sehr gelegen, hoffte er doch, daß die Truppen ihre törichte Furcht vor den Weissagungen alter Frauen verlieren würden, wenn sie sahen, daß Aschschur wieder mit ihnen zog. »Du meinst also, daß wir bis Kuraschat keine Überraschungen mehr zu befürchten haben?«

»Nein. Alles Leben ist vernichtet, so wie du es gewünscht und befohlen hast.«

»Alles Leben? Nein. Die Dörfer waren verlassen, ihre Einwohner sind geflohen. Jene dort –«, er wies auf die Gefangenen, »sie werden wissen, wo sie sich versteckt halten. Bringe sie zum Sprechen, Anaxares.«

Dann legte Asarhaddon dem tapferen Sohn des Harpagos vor allen Kriegern beide Hände auf die Schultern und sagte mit Wärme: »Wieder einmal hast du dich deines Vaters und deines Landes würdig erwiesen, ich danke dir.«

»Lob gebührt auch den Männern, die mit mir zogen«, erwiderte Anaxares bescheiden.

»Gewiß«, Asarhaddon nickte. »Ihr Beuteanteil wird verdoppelt.«

»Und ich?« fragte Anaxares herausfordernd. »Wann wird mir die höchste Ehre, die ich anstrebe, zuteil?«

»Übereile nichts, Anaxares. Jene Ehre kann auch eine schwere Bürde sein, und vielleicht strebst du sie nicht mehr an, wenn wir wieder in Assyrien sind. Aber komm in mein Zelt, nachdem du die Männer zum Reden gebracht hast.«

Die Furcht vor assyrischer Grausamkeit ließ die Meder geschwätzig werden. Zufrieden suchte Anaxares Asarhaddon anschließend in seinem Zelt auf. Dieser bot ihm freundlich einen Platz an. »Das ging rasch. Hast du erfahren, was du wolltest?«

Anaxares legte sein Schwertgehänge ab und setzte sich. »Ja, sie waren sehr entgegenkommend, ohne daß ich ihnen ein Haar krümmen mußte. Wahrscheinlich wirkt mein Gesicht so abschreckend.«

»Du hast sie nicht gefoltert? Nun, das kann man ja nachholen«, bemerkte Asarhaddon gelassen.

»Du hast mir nicht zugehört, sie haben bereits geredet.«

»Ich hörte es. Sie sollen nicht reden, sie sollen brüllen, daß man es bis Kuraschat hört. Wozu, glaubst du, wollte ich sie lebend?«

Anaxares zögerte nur kurz. »Willst du, daß ich es tue?«

»Nein, du sollst mir Siege erkämpfen, nicht mein Folterknecht sein.« Asarhaddon lächelte ihm zu. »Wohin sind die Dorfbewohner geflohen?«

»In den Bergen gibt es viele Höhlen. Aber sie dort aufzuspüren und zu töten würde uns einen erheblichen und unnötigen Zeitverlust bringen.«

»Du hast den Weg vom Feind gesäubert. Wir haben genug Zeit.«

»Erwartet uns nicht Urukagina vor Kuraschat?«

»So schnell bezwingt er die Festung nicht.«

»Dennoch! Je schneller wir Kuraschat erreichen, desto besser. Es wäre unklug, wegen einer Handvoll unbewaffneter Bauern einen Vorteil aufzugeben.«

»Es handelt sich nicht um eine Handvoll Menschen, sondern um einige Hundert. Und ich will sie töten, weil ich in dieses Land gekommen bin, um den Tod zu bringen.«

»Aber das sind doch Menschen, die nicht zählen. Welchen Ruhm erwirbst du dir damit, in irgendwelchen Höhlen nach verängstigten Frauen und Kindern suchen?«

»Man schlägt den Feind mit mancherlei Waffen, und Schrecken zu verbreiten ist eine davon. Die Furcht vor unserer Grausamkeit wird den Feind lähmen, und wir tragen sie vor uns her wie einen Schild. Sollen die Bauern später verbreiten, sie seien den Assyrern entkommen? Nein, Anaxares, wir müssen deutlich machen, daß von assyrischen Schwertern nichts und niemand verschont wird.« Asarhaddon machte eine einladende Handbewegung zum Zeltausgang. »Stimmen wir uns jetzt bei den medischen Hauptleuten darauf ein.«

Asarhaddon befahl, den Gefangenen Arme und Beine unter großen Steinen zu zermalmen, und ließ alle Krieger Zeuge dieses Schauspiels sein. Dabei konnte Anaxares zum erstenmal beobachten, wie Asarhaddon den entsetzlichen Anblick gleichsam in sich aufzusaugen schien und ihn hemmungslos genoß. Die unverhüllt gezeigte Lust an der Grausamkeit stieß ihn ab und zog ihn zugleich an. Er wünschte sich, ebenso empfinden, sich berauschen zu können an der Qual, doch statt dessen wurde sie ihm immer unerträglicher. Sogar das Hohngeschrei der rauhen Krieger wurde leiser, bis es schließlich ganz verstummte und nur noch das dumpfe Stöhnen der Gefolterten zu vernehmen war.

Asarhaddon aber begann zu zittern und tastete nach seinem Schwert. Seine Augen flackerten, und er schien zu vergessen, wo er sich befand. Langsam erhob er sich. Anaxares sah ihn verstört an. »Asarhaddon?«

Er zuckte zusammen und wandte den Kopf. Er war wieder zur Besinnung gekommen und stieß heiser hervor: »Macht ein Ende! Tötet sie!« Er wandte sich abrupt ab und ging mit schnellen Schritten in sein Zelt; Anaxares folgte ihm. Sie legten ihre Lederkoller ab. Asarhaddon atmete schwer. »Danke.«

»Wofür?« wunderte sich Anaxares.

Asarhaddon legte sich auf den Rücken und starrte nach oben. »Bei Aschschur«, murmelte er, »die Folter war mir nicht genug, noch die Verstümmelten wollte ich zerfleischen wie ein wildes Tier. Es darf nicht wieder geschehen, daß ich mich so wenig in der Gewalt habe.«

»Ja«, erwiderte Anaxares zögernd und setzte sich neben ihn, »in deinen Augen stand etwas Fremdes, Unheimliches. Ich wußte nicht, daß es dich so überkommen kann.«

»Ich war stets beherrscht«, murmelte Asarhaddon. »Solche Zügellosigkeit habe ich mir sonst nur in den Gewölben erlaubt.« Dann verschränkte er die Hände hinter dem Kopf und sah Anaxares lächelnd an. »Sei's drum! Es war ein Aschschur wohlgefälliges Opfer und wird den Kriegern gezeigt haben, daß er es ist, der regiert, und nicht alte Weiber.«

Anaxares sah ihn spöttisch an. »Aschschur ist ein Gespenst für die Furchtsamen, erzähle das Kindern und Greisen.«

»Aschschur ist nur ein Name für den unbeugsamen Willen, Assyrien die Weltherrschaft zu sichern, und ich verkörpere ihn, ich ganz allein, denn mein Bruder ist schwach. Meine Aufgabe ist es, die Welt von der Allmacht dieses Gespenstes zu überzeugen, von einem Gott, der sich ernährt vom Grauen, der sich mästet am Leid, dem die Leber schwillt beim Anblick Gefolterter.«

»Und du meinst«, fragte Anaxares blaß, »daß Assyrien eines solchen Ungeheuers bedarf?«

»Schau dich bei unseren Nachbarn um, auf deren Nacken unser Fuß bereits steht oder bald stehen wird. Wer von ihnen kann sich mit Assyrien messen? Dann sieh auf ihre Götter und höre auf ihre Priester. Angeblich sind alle mächtig und weise und sind doch nur Spreu auf Aschschurs Dreschplatz. Wie der Gott, so das Reich!«

»Und wie Asarhaddon, so Assyrien«, ergänzte Anaxares spöttisch. »Und doch verließ der Hohepriester für ein Jahr seinen Tempel, so habe ich mir sagen lassen.«

»Nicht aus Übermut. Und bin ich nicht zurückgekehrt und habe diesen schwächlichen Frieden beendet, der Aschschurs Willen Hohn sprach?«

»Es gingen viele Gerüchte im Land um. Wo bist du gewesen? Man erzählt sich auch von einer wundersamen Heilung. Ist es wahr, daß du gelähmt warst?«

»Ja, ich habe schwere Prüfungen hinter mir, die geeignet waren, mich von Aschschurs Wegen abzubringen. Ich war ein Krüppel, und man heilte mich. Ein Jahr sollte ich mich in Barmherzigkeit üben. Heute ziehe ich erneut zum Kampf aus. Vielleicht ist das undankbar, aber sollte ich Assyrien verraten?«

Anaxares schüttelte heftig den Kopf. »Nein, das wäre deiner unwürdig. Wer auch immer dich geheilt hat, wie kann er dem Felsen befehlen, der Brandung zu weichen? Ich meine, er ist reichlich damit belohnt, dich dazu gebracht zu haben, ein Jahr lang Barmherzigkeit zu heucheln.«

»Zu heucheln, Anaxares? Der Mann war kein Dummkopf. Er schickte mich in die Welt wie einen nackten Krieger in die Schlacht. Dem schlägt man leicht Wunden, und die Pfeile sitzen tief.«

»Du bist verwundet worden? Erzähl mir davon.«

»Ich habe Freundschaften geschlossen, ich habe mich in eine Frau verliebt. Kann es noch ärger kommen?«

»Es gibt eine Frau in deinem Leben?« Anaxares strahlte. »Dann bist du ein Mann, der so fühlt wie ich. Dann mußt du dich mir nicht verschließen.«

»Das habe ich doch nie getan.«

»Doch! Du behandelst mich wie einen Bittsteller!«

»Nein«, entgegnete Asarhaddon ruhig, »ich begegne dir mit Vorsicht. Sei doch nicht töricht und warte darauf, daß ich dich meinen Freund nenne. Sitzen wir hier nicht bereits zusammen wie Freunde und reden wie Freunde? Muß ich es denn aussprechen, so wie eine Frau auch erst zufrieden ist, wenn der Mann ihr seine Liebe in Worten gesteht?«

»Bei meiner Seele, was bin ich für ein Narr! Du hast recht. Zu wem sonst würdest du von deiner Liebe sprechen, die du vor allen verborgen hast.«

»Vergiß, daß ich es tat«, erwiderte Asarhaddon scharf. »Mir wird niemals wieder eine Frau etwas bedeuten.«

»Aber du hast bewiesen, daß du lieben kannst«, erwiderte Anaxares sanft.

»Wozu säuselst du jetzt so herzbewegend?« fragte Asarhaddon ärgerlich. »Ich brauche niemand, der mich darin bestärkt, sondern jemand, der mich diese Schwäche vergessen läßt. Bist du dieser Mann, Anaxares?«

Dieser wurde bleich. »Liebe ist ein Geschenk der Götter, und armselig ist, wer sie nicht kennt.«

»Sie ist nur ein Rausch«, entgegnete Asarhaddon wegwerfend. »Am Abend betrinkst du dich und erwachst am nächsten Morgen mit Kopfschmerzen.«

»Und doch trinkt man den Wein immer wieder gern«, ergänzte Anaxares. »Wer nur das Töten liebt, schluckt sein Leben lang Galle.«

»Du Narr! Soll ich Frauen lieben, deren Schoß mir verboten ist, und wie ein Wolf den Mond anheulen? Soll ich Kinder lieben? Ich werde nie welche zeugen. Oder soll ich gar meine Feinde lieben? Ich diene dem Kriegsgott!«

Anaxares lächelte. »Es genügt, wenn du deine Freunde liebst.«

Asarhaddon musterte ihn spöttisch. »Ich will mir Mühe geben. Aber sieh zu, daß du meine Liebe erträgst.«

9

Kuraschat lag wohlbefestigt mit hohen Mauern und starken Türmen an den Ufern des Dyala. Es mochte an die dreißigtausend Einwohner zählen. Kuraschat war eine reiche Stadt, denn sie lag an einem der Karawanenwege nach Osten und war von fruchtbaren Feldern umgeben. Die allerdings lagen jetzt brach, verlassen von den Menschen, die sie sonst bestellten. Die Assyrer richteten sich vor den Stadtmauern ein und schlugen ihr Lager auf. Nichts deutete darauf hin, daß Urukagina im Anmarsch war. Asarhaddon schickte Unterhändler nach Kuraschat und gleichzeitig Späher nach Madaktu.

Die Unterhändler forderten Argistis, den Statthalter Kuraschats, auf, seine Stadt kampflos zu übergeben. Auch Asarhaddon mußte sich an diesen Brauch halten. Der Gegner, der sich sofort unterwarf, mußte geschont werden, das hatten selbst die grausamen Assyrer stets so gehalten. Asarhaddon hoffte allerdings, daß sich Argistis angesichts seiner Truppenstärke nicht unterwerfen werde. Und so geschah es. Argistis schickte die Unterhändler mit höhnischen Worten zurück:

»Sagt eurem Schlächter, bisher hat er es mit wehrlosen Bauern zu tun gehabt, doch jetzt steht er vor Kuraschat, das ihm mit seinen Mauern wohl widerstehen wird. Und unsere besten Truppen liegen in der Stadt. Eure Bogenschützen und Schleuderer aber sowie die Belagerungsmaschinen, die ihr zur Eroberung benötigt, werden vor Madaktu festgehalten. Die Festung ist noch unbezwungen. Ich rate euch, bevor ihr prahlerisch das Maul aufreißt, selbst die Flucht zu ergreifen.«

Asarhaddon begegnete dieser Botschaft mit Schulterzucken. »Auch ohne Urukagina und seine Belagerungsmaschinen können wir Kuraschat bezwingen. Zwar liegt es da, waffenstarrend, mit hoch aufragenden Mauern, aber auch

Hunger und Verzweiflung sind starke Verbündete. Was braucht es, um eine starke Streitmacht am Leben zu erhalten? Wie lange werden die Vorräte Kuraschats reichen? Argistis wird die nutzlosen Esser bald in den Kampf schicken. Haben wir aber sein Heer geschlagen, wie lange wird sich Kuraschat dann noch halten? Ich sage euch, ihre Tore werden sich uns von allein öffnen, damit sie ihren Kindern Brot geben können. Wir aber leben hier innerhalb der fruchtbaren Felder im Überfluß.«

»Du magst recht haben«, gab Harpagos zu, »aber welch ein unrühmlicher Sieg, der durch den Hunger von Kindern errungen wurde. Außerdem brauchten wir die Langmut einer Katze, doch unsere Krieger haben die Ungeduld von Wölfen.«

»Auch ich bin ungeduldig, Harpagos, aber vor allem mit Männern, welche die Mittel scheuen, die zum Sieg führen. Ich will diese Stadt, und es ist mir gleich, ob ich sie auf Sturmleitern oder über die Leichname verhungerter Kinder ersteige.«

»Lasse nur nicht alle verhungern«, spottete Anaxares, »sonst bleiben dir keine für dein Schwert.«

Harpagos sprang auf. »Schweig! Willst du denn ständig bei den Spöttern sitzen?«

Asarhaddon aber erwiderte grimmig: »Sorge dich nicht, Anaxares, unser Tisch wird reichlich gedeckt sein. Hoffentlich wirst du dir nicht den Magen daran verderben.«

10

Der Festungskommandant von Madaktu schickte um Hilfe nach Kuraschat, aber hinter den Mauern rührte sich nichts. Offensichtlich verweigerte Argistis die Hilfe; er teilte sein Heer nicht, so wie Asarhaddon es gehofft hatte. Dennoch war er zuversichtlich. »Argistis weiß jetzt, daß es schlecht um Madaktu steht. Er muß uns angreifen, bevor Urukagina uns zur Hilfe eilen kann.«

Die Assyrer waren täglich auf einen Ausfall vorbereitet, und die Aussicht auf die baldige Schlacht versetzte sie in übermütige Stimmung. Da kam eines Morgens ein einsamer Reiter in das Lager, der zwei Pferde mit sich führte. Das eine war ein Packpferd, auf dem anderen lag ein zusammengeschnürter Mensch. Der Reiter trug den assyrischen Waffenrock und behauptete, unter Assurdan gegen die Skythen gekämpft zu haben. Er bat darum, daß man ihn zu Asarhaddon führe.

Dieser saß mit Anaxares vor seinem Zelt, als die Krieger den Reiter zu ihm brachten. Der nahm seinen Helm ab, und trotz der erschöpften Züge und den vom Schweiß verklebten Haaren im staubigen Gesicht konnte Asarhaddon unschwer Menachim erkennen. Er sprang auf, und seine dunklen Augen funkelten vor Unwillen. »Ha! Das nenne ich Feldherrnglück! Statt Urukagina endlich in unserem Lager begrüßen zu können, schicken die Götter dich, Unseliger! Was führt dich her? Wie konnte Assurdan einen so tapferen Krieger entbehren?«

Menachim wollte lächeln, aber es mißlang, er konnte nur den Mund verziehen. Er wies auf den verschnürten Mann. »Ich bringe dir Targaitis«, sagte er leise.

Da horchte Asarhaddon auf. »Targaitis? Ist das wahr? Lebt er noch?«

»Ja, Asarhaddon, er lebt.« Menachim konnte nur mühsam sprechen. »Ich habe ihn dir gebracht, so wie du es verlangtest. Jetzt wirst du doch dein Wort einlösen, nicht wahr? Du wirst mich zu deinem Schildträger machen?«

Asarhaddon bemerkte nicht, daß Anaxares sich entfernte. Er lächelte erfreut. Er hatte Menachim längst vergessen, ihn für tot gehalten, doch nun hatte ihm dieser den Skythenfürsten gebracht. Welch ein günstiges Vorzeichen! Er trat auf ihn zu und faßte das Pferd am Zügel. »Das war eine vortreffliche Tat, Menachim. Offensichtlich gelang es dir, sogar die Götter zu bestechen, daß sie dir den Sieg über diesen Mann schenkten. Oder habe ich dich wirklich unterschätzt? Freilich gilt mein Wort noch. Solange du nicht mein Beischläfer sein willst, darfst du mein Schildträger sein. Einem kühnen

Mann wie dir, dem es gelungen ist, mit einem Gefangenen unbeschadet durch feindliches Land bis zu mir vorzudringen, vertraue ich gern mein Leben an.«

Ein freudiger Schimmer trat in Menachims Blick; er wollte etwas erwidern, aber dann faßte er sich aufstöhnend an den Leib und sank vom Pferd. Asarhaddon fing ihn auf und legte ihn auf den Boden. Da sah er, daß Menachims Rock unter dem Gürtel voller Blut war. Als er die Gürtelschnalle öffnete, quoll ihm schwärzliches Gedärm entgegen, das aus einer Wunde am Bauch ausgetreten war. Die Wunde hatte sich offensichtlich beim Reiten immer weiter geöffnet. Sie war entzündet und vereitert.

Asarhaddon trat zurück. Flüchtig betrachtete er den Bewußtlosen, dann gab er seinen Männern einen Wink. »Er stirbt. Bringt ihn in mein Zelt.« Gleichzeitig befahl er, daß man sich um Targaitis kümmere.

Als Asarhaddon in das Zelt trat, hatte Menachim das Bewußtsein wiedererlangt. Die Krieger hatten ihm Wein eingeflößt, und Menachim konnte wieder lächeln. »Wie schön ist dieser Tag, Asarhaddon«, sprach er. »Du kommst zu mir herein und stehst an meinem Lager. Für diesen Augenblick habe ich gekämpft und gelebt. Für diesen Tag bin ich mit dem skythischen Teufel über unwegsame Bergpfade Tag und Nacht geritten.«

»Weil du ein Narr bist«, unterbrach ihn Asarhaddon schroff. »Wer hieß dich auch, mit einer solchen Verwundung den weiten, gefährlichen Weg zu wagen? Sicher war die Wunde eigentlich nicht tödlich und wäre unter der Pflege guter Ärzte geheilt.«

»Gewiß«, sagte Menachim leise, »aber hätte ich dann noch dein Schildträger werden können? Bringe mir Targaitis lebend, das war deine Bedingung. Hätte ich im Bett liegen sollen, bis der Krieg vorbei ist?«

»Nun«, erwiderte Asarhaddon kalt, »auch so wirst du niemals mein Schildträger sein, denn du wirst sterben, Baal-Zakar-Menachim.«

»Ich weiß«, gab Menachim gefaßt zur Antwort. »Es war umsonst. Weder werde ich dein Schildträger sein noch Ugarit wiedersehen. Mein Vater aber wird mich vergessen, wie man einen Hund vergißt, den man vom Hof gejagt hat.«

Asarhaddon verzog grausam den Mund. Er wollte etwas Zynisches sagen, um den Sterbenden in seiner Hoffnungslosigkeit zu bestärken, doch ihm blieb die boshafte Bemerkung im Halse stecken. Er hörte sich sagen: »Nein, Menachim, dein Vater wird von mir erfahren, wie tapfer sich sein Sohn für Assyrien geschlagen hat, das verspreche ich dir.«

»Das willst du tun für mich? Asarhaddon – ich –«, Menachim stöhnte auf vor Schmerzen und rang eine Weile nach Atem. Dann fuhr er fort: »Kann ich nicht dein Schildträger werden, so erfülle mir eine andere Bitte.«

»Du hast mir Targaitis gebracht und liegst im Sterben. Also sprich, ich werde es dir erfüllen.«

»Sag mir, daß du mich nicht mehr haßt, nicht mehr verachtest.«

Asarhaddon lächelte sanft und zauberte Wärme und Zuwendung auf sein Gesicht, als letztes Geschenk für den Mann, der ihn liebte, und Menachims Lippen zitterten, als er ihn ansah. »Ich hasse dich schon lange nicht mehr, Menachim, und seit heute achte ich dich. Du hast dein Leben gewagt und hingegeben, um die Wertschätzung deines Vaters und meine Zuneigung zu gewinnen. Einen solchen Mann kann ich nicht verachten, und so kann ich dir deine letzte Bitte erfüllen, ohne lügen zu müssen.«

Menachim schloß die Augen, sein Atem ging keuchend. Nach einer Weile schlug er sie wieder auf und lächelte dankbar, weil Asarhaddon noch bei ihm stand und ihn betrachtete. »Du wolltest mich in den Tod schicken, nicht wahr?« fragte er heiser.

Asarhaddon zuckte zusammen. »Ja«, erwiderte er rauh, »aber ich habe dich unterschätzt.«

Anaxares, der im Zelteingang stand, hatte es gehört. »Wer ist dieser Mann? Ist er dein Freund?«

»Nein.« Asarhaddon musterte Anaxares unwillig. »Wie kommst du darauf?«

»Ich finde dich betroffen vom Sterben dieses Mannes.«

»Er gab sein Leben, um uns Targaitis auszuliefern«, entgegnete Asarhaddon kurz.

Anaxares Blick flackerte unmerklich, dann bemerkte er kühl: »Hat er ihn im Kampf überwunden, ist er sicher ein vorzüglicher Mann, aber weshalb schleppte er ihn durch ganz Medien? Sein Verstand scheint seiner Kriegskunst etwas hinterherzuhinken.«

»Er hatte seine Gründe. Laß uns allein.«

»Wie du willst. Hoffentlich wirst du an meinem Sterbelager wenigstens Tränen vergießen, denn auch ich habe Assyrien schon manchen guten Dienst erwiesen, will ich meinen.« Er lachte spöttisch und entfernte sich.

»Einen recht vertrauten Ton erlaubt sich dieser junge Mann mit dir, Asarhaddon«, sagte Menachim lächelnd. »Ist das üblich in deinem Heer?«

»Anaxares ist mein fähigster Offizier und mein Freund. Er braucht seine Worte nicht abzuwägen.«

»Dein Freund ist er? Es ist bejammernswert, daß ich einen von den Göttern so ausgezeichneten Mann nicht näher kennenlernen werde. Ich wüßte gern, wie ein solcher Mann beschaffen sein muß.«

»Er ist nicht mein Liebhaber, Menachim. Offensichtlich muß ich das hinzufügen, denn du kannst wohl an nichts anderes denken.«

»Verzeih mir. Den Göttern hat es nun einmal gefallen, mich so zu erschaffen. Daß du es bist, der in meiner letzten Stunde bei mir ist, entschädigt mich für alle Qualen. In deiner Gegenwart fühle ich keine Schmerzen mehr.« Menachim zögerte kurz, dann lächelte er schelmisch. »Oh, das kränkt dich doch hoffentlich nicht? Ich weiß ja, daß du Schmerzen liebst.«

»Werde doch nicht kindisch, Menachim! Und rede nicht soviel. Willst du noch etwas Wein? Gewürzt ist er nicht, und bekommen wird er dir auch nicht mit deiner Bauchwunde, aber er kühlt das Brennen der Kehle.«

Er richtete Menachims Kopf behutsam auf und hielt ihm den Becher an die Lippen. Diesem rann der letzte Schluck Wein durch die Adern wie flüssiges Gold. Die Hitze flutete durch seinen Körper, in seine Lenden, ließ sein Fleisch anschwellen, es zuckte, pulsierte und ergoß sich ein letztes Mal. Menachim stöhnte wie ein verwundetes Tier, dann fiel sein Kopf kraftlos zurück.

Asarhaddon war unangenehm berührt über die unbeabsichtigte Wirkung, aber er ließ sich nichts anmerken. Er stellte den Becher zurück und wartete darauf, daß Menachim starb. Doch dieser schlug noch einmal die Augen auf und flüsterte: »Ich habe es erlebt. Zürne mir nicht, daß ich dich so sehr liebe, obwohl ich doch ein Mann bin. Ach, schon legen sich schwarze Schatten über meine Augen, und ich sehe dich nur noch undeutlich.«

Asarhaddon streifte ein Hauch von dieser Liebe, und er konnte sich eines sanften Gefühls nicht erwehren. Er dachte an Kautilya, an Mirjam, Eljakir und Symon, an die Menschen, die ihm gezeigt hatten, daß Liebe oft mehr Macht hatte als sein finsterer Gott. Voller Mitgefühl nahm Asarhaddon Menachims Hände und hielt sie fest, und Aschschur zog sich grollend für wenige Augenblicke aus dem Zelt zurück. Menachim lächelte; dann entspannten sich seine Züge, und er glitt sanft hinüber ins Totenreich.

Asarhaddon löste sich von ihm und trat vor das Zelt. »Der Phönizier, der uns den Skythenfürsten brachte, ist tot«, sagte er zu den Kriegern. »Bereitet ihm ein Begräbnis, wie es einem assyrischen Offizier zukommt.«

Dann ging er hinüber in das Zelt, wo die Krieger Targaitis gefangenhielten. Der Skythe, der aus zwei leichten Wunden an den Beinen blutete, war mit ausgebreiteten Armen an einen Balken gefesselt, aber seine Beine waren frei, und mit diesen trat er nach seinen Wachen, spuckte sie an und beschimpfte sie in seiner fremdartigen Sprache. Manchmal fletschte er die Zähne wie ein Wolf und knurrte, und seine Bewacher wichen verstört vor ihm zurück, denn sie waren noch nie einem so wilden Mann begegnet. Dann lachte Targaitis laut und dröhnend. Sein schwarzes Haar hing ihm wirr ins Gesicht, sein Blick war unerschrocken und kühn.

Asarhaddon betrachtete Targaitis eine Weile, dann fragte er seine Krieger: »Spricht er unsere Sprache nicht?«

»Ich spreche sie, aber ich verachte es, sie in den Mund zu nehmen«, zischte Targaitis ihm zu.

Asarhaddon stellte sich breitbeinig vor ihn hin und stemmte die Arme in die Hüften. »Targaitis, großer Fürst! Weißt du, daß du einem phönizischen Trunkenbold erlegen bist? Aber vielleicht ist das gar kein Wunder, denn die Skythen sind feige Hyänen, die nur dem schwachen Wild nachstellen, um es in Rudeln zu hetzen und ihm hinterhältig an die Flanken zu springen.«

Als Antwort kam eine Asarhaddon unverständliche Flut von Schimpfworten, dann wechselte Targaitis wieder ins Assyrische und rief: »Auch Hyänen wollen nur ihren Hunger stillen, aber ihr Assyrer seid feige Verräter. Ich spucke vor euch in den Sand, denn ihr seid es nicht wert, auch nur den Speichel eines Skythen zu kosten!«

Targaitis hätte seine Schmähungen noch fortgesetzt, aber jäh verstummte er und wurde totenbleich. Asarhaddon sah sich um; im Zelteingang stand Anaxares. Asarhaddon rief ihm übermütig zu: »Komm nur näher, er ist es wirklich, Targaitis, dem du entkommen bist. Sieh ihn dir an. Er rast wie ein gefangenes Tier in der Fallgrube.« Dann wandte er sich wieder an Targaitis und fuhr höhnisch fort: »Du solltest deine Kräfte nicht sinnlos verschwenden, Targaitis, denn ich gedenke, einem so hochstehenden Fürsten wie dir einen ausgesucht qualvollen Tod zu bereiten. Ich bitte dich herzlich, spare deine Kräfte und deine Stimme, denn wir wollen um unseren Genuß nicht dadurch gebracht werden, daß dich beides verläßt.«

Asarhaddon erwartete von Targaitis wieder eine Flut von Schmähungen, doch dieser starrte finster vor sich auf den Boden und sagte kein Wort mehr. Asarhaddon aber hätte ihn gern zu weiteren Wutausbrüchen gereizt und fügte verächtlich hinzu: »Verläßt dich schon dein Mut, großer Targaitis? Wie betrüblich! An dir werden wir nicht viel Freude haben, denn schon jetzt hängst du halb bewußtlos vor Angst in den Fesseln. Frauen sind standhafter als du.« Doch Asarhaddon bemühte sich vergebens. Targaitis schwieg.

Asarhaddon wandte sich an Anaxares. »Weshalb bleibst du stumm? Da steht einer unserer ärgsten Feinde. Reizt es dich nicht, ihn zu schmähen?« Er sah sich um. An einer Querstange hing eine zusammengerollte Peitsche. Er reichte sie Anaxares. »Hier. Zieh sie ihm über das Gesicht. Ich will sehen, ob du geschickt genug bist, ihm dabei ein Auge auszuschlagen.«

Anaxares warf die Peitsche fort. »Das ist Arbeit für Folterknechte!«

Asarhaddon sah ihn erstaunt an. »Ich wollte dir Genugtuung verschaffen. Schließlich warst du wochenlang unter Lebensgefahr in seinem stinkenden Lager gefangen.«

»Ja.« Im Gegenlicht des Zelteingangs fiel Asarhaddon seine Blässe nicht auf. Es entging ihm auch, daß Anaxares es vermied, den Gefangenen anzusehen. »Aber ich lege nicht gern Hand an Wehrlose. Targaitis ist ein furchtloser Kämpfer, und es ist –«

»Ha!« unterbrach ihn Asarhaddon, »jetzt weiß ich es! Du bist eifersüchtig, daß nicht du, sondern der Phönizier ihn zur Strecke gebracht hat.«

»Vielleicht hast du recht«, erwiderte Anaxares belegt. »Den Ruhm erwarb sich ein anderer.«

»Nun, Menachim ist tot, er kann es nicht mehr selbst tun. Also bleibt uns das Vergnügen.« Er schlug Anaxares lachend auf die Schulter, und sie verließen das Zelt. »An deine Ehrbegriffe muß ich mich erst gewöhnen. Aber heute abend wirst du doch dabeisein? Was uns schon bei den Medern soviel Kurzweil verschafft hat, wird auch bei Targaitis seine Wirkung nicht verfehlen. Stelle dir vor, wie der wilde Skythe schreien wird, wenn ihm die Beine zerquetscht werden. Natürlich darf er daran nicht sterben, es gibt noch andere Genüsse, ich denke da an –«

»Verzeih, wenn ich dich unterbreche«, fiel Anaxares ein, »du kannst die Vorbereitungen treffen, aber mein Vater hat mich zu sich bestellt, und ich habe ihn schon zu lange warten lassen, weil ich zuvor Targaitis sehen wollte. Ich sehe dich am Abend.«

»Verspäte dich nicht. Wir beginnen in der Dämmerung, wenn die Feuer angezündet werden. Harpagos soll auch kommen.«

Aber als die Krieger am Abend Targaitis holen wollten, fand

man ihn mit durchschnittener Kehle vor. Jemand hatte seine Fesseln gelöst und ihm einen Dolch zugespielt. Asarhaddons Gesicht verfinsterte sich. Er stürmte selbst in das Zelt, wo Targaitis tot am Boden lag, den Dolch noch in der blutigen Faust. »Unter uns ist ein Verräter!« zischte er. Dann trat er hinaus und rief: »Es ist jemand unter uns, der es Targaitis ermöglicht hat, sich selbst zu richten und sich so der Strafe zu entziehen, die ich ihm zugedacht hatte. Wer auch immer es ist, er melde sich, daß ihm ein Pfahl zwischen die Beine gerammt werde, bis er daran stirbt, so wie es der Brauch ist für einen Verräter.«

Entsetzt hörten die Krieger die Worte ihres Feldherrn und sahen sich gegenseitig an, ob der Verräter vielleicht neben ihnen stand. Aber niemand trat vor.

Asarhaddon streckte die Hand aus. »Nun, da der Feigling sich nicht meldet, ist es die Pflicht der Offiziere, ihn zu finden. Sollte der Schuldige bis morgen abend nicht ermittelt werden können, so lasse ich einen durch das Los bestimmen, der an seiner Stelle gepfählt wird.« Danach begab sich Asarhaddon zornig zur Ruhe.

Spät in der Nacht weckte ihn jemand. Argwöhnisch fuhr er hoch, denn die Wachen ließen niemanden in das Zelt. Es war Anaxares.

»Du? Was willst du mitten in der Nacht? Hat nicht der Tag genug Stunden?«

»Stunden genug, Asarhaddon, aber auch viele Ohren.«

»Was heißt das?«

»Du solltest keinen Unschuldigen töten, weil du den Schuldigen nicht finden kannst.«

»Gerechter Himmel! Ist es das, was du mir mitten in der Nacht sagen mußt? Laß mich schlafen!«

»Es wäre ungerecht, einen Unschuldigen büßen zu lassen«, beharrte Anaxares.

»Belästige mich nicht mit deinem Gerechtigkeitsgefasel! Auch der Hohepriester hat ein Anrecht auf Schlaf. Wir reden morgen darüber.« Ärgerlich drehte er sich auf die andere Seite und fügte schlaftrunken hinzu: »Es ist eine List. Auf diese Weise schlägt dem Schuldigen vielleicht das Gewissen.«

»Es wundert mich, daß ein Mann, dem Gewissensbisse

fremd sind, darauf hofft«, spottete Anaxares. »Ja, weil ich ein Gewissen habe, bin ich hier. Ich habe Targaitis den Dolch gegeben.«

Sofort fiel von Asarhaddon jede Müdigkeit ab. Er sprang auf und schüttelte Anaxares. »Nein!« schrie er.

»Ja, Asarhaddon, ich habe es getan, aber nicht, weil ich ein Verräter bin, sondern weil ich es Targaitis schuldig war.«

Asarhaddon stieß Anaxares heftig zurück. »Was? Du bist Targaitis etwas schuldig? Habe ich recht gehört? Einem lausigen, stinkenden Skythen, die seit Urzeiten die Feinde Assyriens sind, sollte ein Assyrer etwas schuldig sein? Hat dich dein Verstand verlassen?«

»Und doch ist es so«, erwiderte Anaxares ruhig. »Ich war in seinem Lager, und ich bin ihm entkommen, das ist wahr, aber nicht, weil ich meine Wachen überwältigte und tötete, sondern weil er mir vertraute.«

»Tat er das?« rief Asarhaddon höhnisch. »Nun, aus eben diesem Grund warst du bei ihm, um sein Vertrauen zu erringen, sonst wäre dein Vorhaben schwerlich gelungen, und er hätte dich gleich gepfählt. Und nun meinst du, sein Vertrauen mit Großmut vergelten zu müssen? Du Narr! Einem Feind ist man nichts schuldig. Du hast eine List angewandt, und nun tust du so, als sei dieser skythische Hund dein guter Freund gewesen.«

»Targaitis war nicht mein Freund, aber mich hat er wie einen Freund behandelt. Heute im Zelt traf mich sein Blick, und er durchbohrte mich wie ein Speer. Da wußte ich, daß ich ihn nicht so furchtbar sterben lassen durfte, wie du es wolltest.«

»Ich verstehe! Du hattest Mitleid mit einem unserer schlimmsten Feinde. Wenn es so ist, dann hast du schmählich versagt. Ein assyrischer Offizier muß zwischen Freund und Feind unterscheiden können.«

»Es ist nun einmal geschehen. Was wirst du nun tun?«

Für einen Augenblick war Asarhaddon sprachlos, denn darauf konnte er so schnell nichts erwidern. Er ging aufgebracht hin und her. »Vor allen habe ich es verkündet, daß ich den Verräter auf einen Pfahl spießen lassen werde, und nun bist du es!« rief er ergrimmt. »Was soll ich – was kann ich tun? Soll ich zum Verräter am eigenen Wort werden?«

Anaxares sah ihn finster an. »Nein, du mußt dein Gesicht wahren. Tu deine Pflicht! Habe ich gefehlt, so büße ich auch dafür. Klaglos, wie es einem assyrischen Offizier geziemt.«

Asarhaddon setzte seine Wanderung im Zelt fort. »Du magst großartig von Pflicht reden in dieser Lage«, stieß er zornig hervor. »Ha! Das ist der Fluch der Freundschaft!«

»Der Fluch, Asarhaddon? Was meinst du damit? Kann der Hohepriester mit dem steinernen Herzen keinen Verräter hinrichten lassen? Einem Skythen ist man nichts schuldig, nicht wahr? Einem Verräter auch nicht!«

»Du hast recht!« schrie Asarhaddon. »Ich lasse dich pfählen, ich –«, seine Stimme brach. »Ich kann es nur Harpagos nicht antun.«

»So? Da beschwere nur nicht unnötig dein Herz. Mein Vater wird der erste sein, der auf meiner Bestrafung besteht.«

Da blieb Asarhaddon vor Anaxares stehen und packte ihn an den Armen. »Wie soll ich es ertragen, dich am Pfahl sterben zu sehen? Wie soll ich den Feldzug fortführen ohne meinen besten Offizier? Wenn es soweit kommt, hat der Skythe gesiegt.«

Anaxares lächelte. »Ja, und Aschschur hat verloren. Jetzt erst weiß ich, daß wir wirklich Freunde sind.«

»Elender Narr! Was hilft dir das jetzt? Ich kann meinen Befehl nicht zurücknehmen.«

»Wir alle sehen dem Tod auf diesem Feldzug täglich ins Auge«, erwiderte Anaxares gefaßt.

Asarhaddon zog ihn zu sich heran und umarmte ihn heftig. »Am Pfahl zu sterben, ist grausam. Es muß einen Ausweg geben!«

Anaxares konnte nicht antworten; niemals hätte er geglaubt, daß Asarhaddon so weichherzig werden konnte. Der Hohepriester schob ihn auf Armeslänge von sich. »Geh jetzt in dein Zelt.«

Anaxares starrte ihn an. »Ja«, murmelte er.

Asarhaddon sah ihm finster nach, seine Backenmuskeln mahlten. Dann ließ er Harpagos zu sich rufen. Verschlafen erschien dieser mit zerzaustem Barthaar und flüchtig übergeworfenem Mantel; darunter wölbte sich seine breite, behaarte Brust. Das Schwert hielt er kampfbereit in der Faust.

»Was gibt es, Asarhaddon? Greift Argistis an?«

»Nein, leg dein Schwert fort. Du mußt mir helfen.«

»Mitten in der Nacht?« Harpagos ließ sich schnaufend in die Kissen fallen. »Gestern abend ist es spät geworden, und der Weinkrug kreiste viele Male. Mein Kopf ist noch nicht ganz klar. Was gibt es Wichtiges?«

»Es geht um Anaxares.«

»Ha! Dieser Leichtfuß! Was hat er diesmal angestellt?«

Asarhaddon berichtete Harpagos in dürren Worten von dem Vorfall. Harpagos war schlagartig nüchtern. »Anaxares war es?« stammelte er. »Bei allen Göttern, dann wird er –« Harpagos sprang auf. Er starrte Asarhaddon an. »Du läßt ihn pfählen?«

»Ich versprach vor dem Heere, den Verräter zu richten«, erwiderte Asarhaddon kalt, »aber ich wollte dich zuvor anhören.«

Harpagos lief der kalte Schweiß herunter. »Mich anhören?« wiederholte er dumpf. »Was erwartest du von mir?«

»Hältst du die Strafe für angemessen?«

Harpagos sah Asarhaddon hilflos an. »Das fragst du seinen Vater? Was soll ich dir antworten? Nein, sie ist nicht angemessen. So stirbt ein Verräter, Anaxares aber ist kein Verräter.«

»Nein? Was ist einer, der dem Feind einen Dolch zuspielt?«

»Bei Aschschur!« stöhnte Harpagos, »du wolltest meine Meinung hören. Wozu quälst du mich? Anaxares hat richtig gehandelt. Er wollte Targaitis nicht zur Flucht verhelfen, sondern ihn mannhaft sterben lassen. Einen tapferen Gegner so zu ehren, ist kein Verrat.«

»Dann muß ich ihn nicht pfählen lassen?« fragte Asarhaddon schnell.

Harpagos wußte nicht, was er von dieser Frage halten sollte. »Du warst sehr voreilig mit diesem harten Urteil«, sagte er leise und totenblaß, »aber du hast es ausgesprochen. Dein Wort kann niemand zurücknehmen, nicht einmal du selbst.«

»Wozu bist du hier, Harpagos? Um mir das zu sagen?« herrschte Asarhaddon ihn an. »Bedeutet dir dein Sohn so wenig? Überlege, was wir tun können, um diesen Befehl nicht ausführen zu müssen!«

»Du willst Anaxares verschonen?« rief Harpagos verblüfft.

»Kann ich auf einen so hervorragenden Offizier verzichten?« schnaubte Asarhaddon.

In das harte Gesicht des Generals stahl sich ein verständnisvolles Lächeln. »Gewiß nicht. Aber was soll ich dir raten? Ich selbst würde statt seiner am Pfahl sterben, aber Anaxares wird es nicht zulassen.«

Asarhaddon musterte ihn verwundert. »Das würdest du tun, Harpagos? Anaxares meinte immer, daß du –«

»Daß ich meinen Sohn nicht liebe, weil ich streng mit ihm bin? Er ist mein einziger Sohn, Asarhaddon, und er ist ein prächtiger Sohn.«

»Und ein prächtiger Freund«, fügte Asarhaddon warm hinzu. »So haben wir uns gegenseitig falsch eingeschätzt, nicht wahr?«

»In der Tat«, murmelte Harpagos bedrückt. »Aber was soll geschehen? Wenn du den Befehl zurücknimmst, weil es deinen Freund traf, verlierst du dein Gesicht vor dem Heer als Feldherr und Hohenpriester.«

Asarhaddon sah Harpagos scharf an. »Wenn ich keine Wahl habe, wenn ich es wirklich tun muß, dann lege ich den Oberbefehl in deine Hände und gehe zurück nach Assur.«

»Das wäre Wahnsinn!« rief Harpagos entsetzt. »Wenn du die Truppen verläßt, werden sie glauben, Aschschur habe sich von ihnen abgewandt, um Medien den Sieg zu schenken. Du mußt jetzt so stark sein wie dein grausamer Gott!«

»Du würdest deinen Sohn dem Sieg opfern!« schrie Asarhaddon. »Anaxares wurde geboren, um für Assyrien zu sterben«, stammelte Harpagos. »Er selbst würde nicht anders denken.«

»Dann geh jetzt! Geh und befiehl dem Henker, den Pfahl aufzurichten! Im Morgengrauen wird er Anaxares durch den Leib gerammt, und von dir erwarte ich, daß du seinem Sterben zusiehst und dabei an Assyriens Sieg denkst!«

»Nein«, flüsterte Harpagos, »du wirst dort stehen und es ertragen, denn du hast den Befehl gegeben. Das erwarten die Krieger nicht, daß der eigene Vater das mit ansieht.« Doch plötzlich erhellte sich Harpagos' Miene. »Die Krieger!« rief er. »Seine Männer! Vielleicht gibt es doch einen Weg, Anaxares zu retten!«

Asarhaddon packte ihn erregt bei den Schultern. »Was für einen Weg? Sprich!«

»Gnade! Du kannst ihn begnadigen. Natürlich nicht, wenn ich um sein Leben bitte. Seine Männer müssen es tun, seine Gefährten, das wäre glaubwürdig.«

»Und werden sie tun?« fragte Asarhaddon atemlos.

»Anaxares ist sehr beliebt bei ihnen. Man muß sie nur davon überzeugen, daß sie bei dir nicht vergebens flehen, das dürfte das schwierigste sein.«

Asarhaddon lachte und schlug Harpagos auf die Schulter. »Das wird dir gelingen, alter Freund. Rasch, überzeuge sie! Gnade – welch verächtliches Wort! Welch göttliches Wort!«

Auch Harpagos lachte, und Asarhaddon meinte, einen verdächtigen Schimmer in seinen Augen zu erblicken.

»Harpagos!« rief Asarhaddon den General, als dieser schon die Zeltbahn zur Seite schob. »Es geschieht nur, um dem Heer den besten Offizier zu erhalten!«

»Weshalb sonst?« gab dieser lächelnd zurück und ließ Asarhaddon allein.

Er stützte den Kopf in die Hände und murmelte: »Belschar-Ussur würde jetzt verächtlich vor mir ausspucken. Bei seiner schwarzen Seele! Nie wieder will ich es einem Menschen erlauben, mir so nahe zu kommen.« Er ballte die Faust. »Zwei Männer sind es nun schon, aber alle anderen mögen vor mir sein, wie Wolken, die vorüberziehen.«

Wie Harpagos es vorausgesehen hatte, so geschah es. Aber als Anaxares Asarhaddon danken wollte, sah dieser ihn finster an. »Deinen Dank will ich nicht. Zwinge mich nie wieder, mich selbst derart zu vergewaltigen. Mißachte nie wieder einen meiner Befehle, nie wieder, hörst du? Du wirst mich nicht noch einmal schwach finden.«

11

Am nächsten Morgen weckten Posaunenstöße das schlafende Heer der Assyrer, und der lang ersehnte Ruf »Die Meder kommen!« pflanzte sich von Mund zu Mund fort. Wie rasch vertrieb er die Müdigkeit aus den Augen der Schläfer! Die Waffengürtel wurden umgeschnallt, die Kegelhelme unter dem Kinn festgezurrt. Die assyrische Reiterei saß auf. Von den nahegelegenen Weiden wurden die Pferde geholt und vor die Streitwagen gespannt. Jeder kannte seinen Platz und war wild entschlossen, den Gegner niederzuwerfen.

Da Menachim Asarhaddon nicht mehr als Schildträger dienen konnte, wählte er einen erfahrenen älteren Mann, der sich schon unter Anaxares' Führung als umsichtig erwiesen hatte. Als Wagenlenker aber erkor er sich den jungen Schamschilu, der ihm seine Fahrkünste einst in Sippar bewiesen hatte. Schamschilu, der nicht ahnte, daß Asarhaddon jener Mann war, der ihm seinerzeit in die Zügel gefallen war, überraschte diese Ehre derart, daß ihm Tränen in die Augen schossen.

»Du führst deinen Feldherrn, also lenke das Gefährt gut«, sagte Asarhaddon zu ihm. »Jetzt ist es angebracht, den Wagen mitten hinein in das dichteste Gewühl des Feindes zu lenken, während es in den Straßen Sippars böser Leichtsinn war.«

Schamschilu schoß beschämt das Blut zu Kopf. »Mein Vater hat dir davon erzählt?«

»Wüßte ich sonst davon?«

»Er hat mich heftig gescholten und mich für einen Monat in das Arbeitshaus geschickt«, murmelte Schamschilu verlegen.

»Womit verdiene ich es, daß du mich dennoch erwählt hast?«

»Dein Vater ist ein tüchtiger Offizier und verdient es, daß sein Sohn Gelegenheit erhält zu beweisen, daß aus dem Knaben ein Mann geworden ist. Ein Mann wie jener, der dir damals in Sippar in die Zügel griff, Schamschilu. Was ist eigentlich aus ihm geworden?«

»Das mußt du meinen Vater fragen«, erwiderte Schamschilu betreten, »ich weiß nur soviel, daß er ihn aus der Stadt gewiesen hat.«

»Wie? Einen so besonnenen Mann?«

»Nun, er war wohl wenig zugänglich und etwas geistes-
verwirrt, jedenfalls hat mein Vater das behauptet.«

»So? Nun, dein Vater wird sicher die richtige Entscheidung getroffen haben«, bemerkte Asarhaddon gelassen.

Das medische Heer bedeckte wie ein gefräßiger Heu-
schreckenschwarm das Gelände vor den Stadtmauern. Den
Assyrern stockte der Atem vor der gewaltigen Übermacht
des Feindes. Jede Abteilung war in ihre eigene Farbe gekleidet, und so konnte man meinen, einem riesigen wandelnden
Teppich gegenüberzustehen.

Obwohl Asarhaddon und Anaxares nebeneinander in die
Schlacht gestürmt waren, hatten sie sich innerhalb kürzester
Zeit in einem Gewimmel von Feinden aus den Augen verloren. Schamschilu zögerte nicht, den Wagen dort hinzulen-
ken, wo die Schlacht am erbittertsten tobte. Daß Asarhaddon ihn auserkoren hatte, verlieh ihm die Kühnheit eines
Löwen.

Asarhaddon selbst war wie alle Wagenkämpfer nahezu
unverwundbar hinter dem mächtigen Schild seines Schild-
trägers und unerreichbar für die Hieb- und Stichwaffen seiner Gegner. Seine Waffen waren die Lanze und der Bogen.
Pfeil um Pfeil versandte er, der jedesmal mit tödlicher Sicherheit sein Ziel fand, und mit der Gewalt seines Speerwur-
fes durchbohrte er manche gepanzerte Brust.

Die Meder aber waren zahlreich und versuchten, die Wagen zu erklimmen. Viele wurden abgeschüttelt und starben
unter den Rädern, doch es gelang auch einigen, den Pferden
in die Zügel zu fallen und die Schildträger oder die Wagenlenker zu verwunden oder zu töten. Für einen gefallenen
Meder stand gleich der nächste bereit, um todesmutig den
Gefallenen zu rächen.

Auch Schamschilu wurde an der Schulter von einem Pfeil
getroffen, aber er ließ die Zügel nicht los. Asarhaddon hätte
mit einem verwundeten Lenker sofort umkehren müssen,
doch daran war in dem Gewühl nicht zu denken. Weil
Schamschilu sah, daß Asarhaddon ihm besorgte Blicke zuwarf, rief er lachend: »Eine Mücke hat mich gestochen, zieh

mir bitte den Stachel heraus.« Aber er verzerrte das Gesicht vor Schmerz, während ihm das Blut über den Arm lief.

»Halte noch fest, Schamschilu!« schrie Asarhaddon und zog sein Schwert. Zwei Meder, die den Wagen von hinten erklettern wollten, tötete er mit wenigen Hieben, einem dritten, der den Schildträger von der Seite angriff, zerschmetterte er den Helm und spaltete ihm den Schädel. Dann wies er nach vorn, wo zwei medische Fußsoldaten einen Assyrer zu Pferd bedrängten. »Auf sie! Zerquetsche die Hunde unter deinen Rädern!«

Schamschilu biß die Zähne aufeinander und lenkte in halsbrecherischer Fahrt den Wagen knapp an dem Assyrer vorbei, dessen Pferd sich erschrocken wiehernd aufbäumte. Die Meder aber wurden von dem tobenden Gefährt erfaßt und zermalmt.

Asarhaddon packte jetzt wieder die Lanze und sah sich wild um, aber niemand bedrohte sie unmittelbar. Da ließ er sie in die Halterung gleiten und rief Schamschilu zu: »Ich habe uns für einen Augenblick Luft geschaffen, und wir werden den Stachel jener vorwitzigen Mücke schnell gezogen haben.« Mit einem kräftigen Ruck riß er den Pfeil aus der Schulter. Schamschilu trieb der Schmerz Tränen in die Augen, und er stöhnte laut. Das Blut strömte jetzt heftig aus der Wunde.

»Schrei, Schamschilu! Schrei vor Schmerz, aber halte die Zügel! Das Blut fließt gut ab, es wird den Schmutz hinausschwemmen, und deine Schulter wird sich nicht entzünden.«

Schon umschwärmten die Meder sie wieder wie ein Bienenschwarm und Asarhaddon hatte alle Mühe, sie abzuwehren. Als er gerade zu einem mächtigen Wurf mit seiner Lanze ausholte, vergaß sein Schildträger in dem Bemühen, ihn zu schützen, für einen Augenblick die eigene Deckung. Ein Speer fuhr ihm in die Hüfte und tief in das Gedärm, so daß er sterbend aus dem Wagen fiel. Geistesgegenwärtig packte Asarhaddon nun selbst den Schild.

Da sah er Anaxares mit seinem Wagen durch die Reihen der Meder stürmen. Sein Schildträger und sein Wagenlenker waren bereits getötet. Mit der Linken hielt er die Zügel und wehrte mit dem Schwert die zahlreichen Feinde ab, die versuchten, ihn aufzuhalten. Seinen Helm hatte er verloren, und sein Haar, um das ein blutgetränktes Tuch gewunden war, flatterte im Wind. Offensichtlich war Anaxares in arger Bedrängnis, aber das schien ihn keineswegs zu bekümmern. Geschickt ging er hinter den hohen Wänden seines Wagens vor den Pfeilen und Lanzen in Deckung, und schickte dabei doch noch manchen Meder in den Tod. Seine prächtigen Rosse schienen von allein zu spüren, wohin ihr Herr den Wagen lenken wollte. Als er Asarhaddon erblickte, rief er ihm übermütig zu: »Ich sehe, du brauchst einen Schildträger! Warte, ich steige bei dir auf.«

»Ich sehe, du brauchst einen guten Wagenlenker!« schrie Asarhaddon zurück. »Komm her, damit ich bei dir aufsteigen kann. Schamschilu ist verletzt, er muß zurück.«

Anaxares hielt seinen Wagen mit Schamschilu auf einer Höhe, so daß Asarhaddon hinüberspringen konnte. Er packte die Zügel und hielt mitten hinein ins dichteste Gewühl, während Anaxares Tod und Verderben unter die Meder sandte. Sie lachten sich mit blutverschmierten Gesichtern an. Über Verwundete und Sterbende trieb Asarhaddon die wilden Pferde. Dann tauschte er mit Anaxares die Plätze, um nun selbst die Feinde niederzumähen wie reifes Getreide. Das Sterben rings um ihn her entzückte ihn; noch nie hatte er ein solches Gemetzel erlebt.

Als Asarhaddon alle Pfeile und Lanzen verschossen hatte, rief er Anaxares zu: »Laß den Wagen, wir kämpfen zu Pferd weiter.«

Anaxares deutete auf die zurückgewichenen Flanken der Assyrer, in die die Meder tief eingedrungen waren. »Der Feind ist zahlreich wie der Sand am Ufer des Meeres. Wir können die Schlacht heute nicht entscheiden. Laß uns umkehren.«

Haßerfüllt starrte Asarhaddon auf den vordringenden Feind, er atmete keuchend. »Jetzt umkehren?« rief er heiser. »Ich kann jetzt nicht aufhören, ich will töten und müßte ich selbst dabei sterben. Bei Aschschur, es ist herrlich, es ist unvergleichlich! Ich kann nicht zurückkehren zu den Zelten, bis ich gesättigt vom Morden das Schwert fallenlasse.«

»Ja, du wirst sterben, wenn du darauf beharrst!« rief Anaxares zornig, »dir mag dein Leben nichts bedeuten, doch mit dir stirbt auch der Gott, der uns führt. Willst du den Sieg, oder willst du deinen Blutrausch auskosten?«

Asarhaddon riß Anaxares ärgerlich die Zügel aus der Hand. »Ja, ich will den Sieg, und er wäre heute unser, läge Urukagina nicht immer noch vor Madaktu! Halte dich fest, es geht zurück!«

Harpagos sah, daß Asarhaddon und sein Sohn sich aus der Schlacht zurückzogen, und ließ zum allgemeinen Rückzug blasen. Die Meder verfolgten die Assyrer zwar mit ihrem Hohngeschrei, aber nicht zu ihren Zelten, denn es war ein unerbittlicher Kampf gewesen, und sie hatten selbst allzu viele Tote und Verwundete. Die assyrische Reiterei hatte die größten Verluste hinnehmen müssen. Die Hälfte war gefallen. Das bedeutete, daß sie einen zweiten offenen Kampf mit den Medern nicht wagen durften, sondern ausharren und auf Urukagina warten mußten.

Die Assyrer wuschen ihre Wunden und blutigen Waffen in den Fluten des Dyala und gedachten am Abend ihrer gefallenen Gefährten. Asarhaddon aber umarmte Anaxares voller Wärme und sagte zu ihm: »Kühn und unerschrocken warst du dabei umsichtig und von klarem Verstand. Ich habe dir heute alles verziehen, und es erfüllt mich mit Stolz und großer Freude, daß wir Freunde sind.«

Anaxares wurde rot und gab Asarhaddon einen verlegenen Rippenstoß. »Laß mich doch, schon würgt es mich im Hals, und es fehlt nicht viel, daß mich die Rührung übermannt.«

12

Um die Verwundeten und Toten zu bergen, schlossen die Gegner einen zweitägigen Waffenstillstand. Die Angehörigen der gefallenen Meder wagten sich auf das Schlachtfeld, und es war erfüllt von Jammern und Wehklagen. Aber auch auf assyrischer Seite waren Freunde, Brüder, Söhne und Väter zu beweinen.

Die geringsten Verluste waren unter den Wagenkämpfern zu beklagen. So saßen die Offiziere wohlgemut an den Feuern und prahlten mit ihren Heldentaten, dabei die Meder verspottend und schmähend. Asarhaddon beteiligte sich nicht an ihren großtuerischen Reden. Nicht etwa, weil er das verachtet hätte; wußte er doch, daß solche Gespräche die Furcht vertrieben und den Kampfesmut schürten. Aber seine Mordlust war klarem Denken gewichen. Er war sich der Stärke der Meder bewußt, und ohne Urukaginas Bogenschützen und Schleuderer, ohne seine Belagerungsmaschinen hatten sie einen schweren Stand.

Am dritten Tag bedeckten die unübersehbaren Scharen des Feindes wieder die Ebene, und es schienen ihrer so viele, daß sich die Assyrer entsetzt fragten, ob die toten Meder den lebenden zur Hilfe geeilt waren. Nach kurzer Beratung hatten sie beschlossen, dem Feind wieder in offener Feldschlacht entgegenzutreten und sich nicht darauf zu beschränken, das Lager zu verteidigen.

Anaxares trat mit glänzenden Augen und waffenklirrend vor Asarhaddon. »Die Scharen des Feindes branden wie Meereswogen heran. Das ist ein Anblick, der eines Assyrers Herz erfreut. Aschschur scheint heute sehr hungrig zu sein, daß er unseren Lanzen und Schwertern so viele Opfer entgegenschickt.«

»Ja«, erwiderte Asarhaddon grimmig, »er erdrückt uns schier mit seinen Wohltaten. Ich hoffe nur, er weiß zwischen assyrischem und medischem Blut zu unterscheiden.«

»Sättigen wir ihn mit dem Blut unserer Feinde, so daß es ihn nach unserem nicht mehr gelüstet«, rief Anaxares übermütig.

»Dich schreckt die Übermacht nicht? Mögen die anderen denken wie du. Aber wo ist dein Wagen?«

»Ich überließ ihm einem anderen, denn ich will neben dir stehen, wenn es die große Schlacht gilt. Schamschilus Wunde ist noch nicht verheilt. Laß mich dein Wagenlenker sein. Ich fahre dich furchtlos in das dichteste Gewühl der Feinde, wo ich zuschauen will, wie du mordend unter sie fährst. Töte, Asarhaddon, und begleite ihr Todesröcheln mit Jauchzen.«

Asarhaddon lächelte über Anaxares' Eifer. »Wo ist deine Besonnenheit, mein Freund? Aus dir spricht die Begeisterung eines Mannes, der die Schlacht schon verloren glaubt und der vor seinem letzten Atemzug noch einmal Blut und Tod schmecken will. Ich aber will auch aus dieser Schlacht wohlbehalten zu den Zelten zurückzukehren. Wie rasch wandelt sich Jubel in Entsetzen, wenn man selbst die feindliche Lanze in den Därmen spürt. Mein Leben beschützt der Schildträger, aber der Wagenlenker ist fast ungeschützt den Geschossen ausgesetzt, und ihn trifft der Tod in der Schlacht häufiger als andere. Willst du dein Leben leichtfertig weggeben?«

Anaxares stieg die Röte in Stirn und Wangen. Hitzig erwiderte er: »Sind wir hier in der Kriegerschule von Ninive, daß du mich über die Gefahren der Schlacht belehrst? Aber vielleicht ziehst du einen Wagenlenker vor, der das Gewühl der Feinde ängstlich meidet und dich vor dem Pfeilhagel eilig zu den Zelten zurückführt. Vielleicht bist du selbst es, der furchtsam lieber mit Argistis verhandeln möchte, statt seinen Kriegern entgegenzueilen.«

Anaxares wählte absichtlich diese kränkenden Worte, weil ihn die Sorge Asarhaddons um sein Leben bewegte und er sich dies nicht anmerken lassen wollte. Asarhaddon aber durchschaute ihn und legte ihm besänftigend beide Hände auf die Schultern. Mild spottend erwiderte er: »Still, mein Freund, und verrate den Kriegern nicht, daß ich lieber unter den Kissen in meinem Zelt den Ausgang der Schlacht abwarten möchte. Also sei mein Wagenlenker, damit ich wenigstens mit dem Anschein von Unerschrockenheit dem Feind entgegenstürmen kann.«

Da lachte Anaxares und schwang sich rasch auf den Wagen.

13

Es wurde eine mörderische Schlacht, aber es gelang den zahlenmäßig überlegenen Medern bis zum Abend nicht, die Assyrer zu schlagen, denn diese kämpften mit dem Mut der Verzweiflung. Und als sie bei beginnender Dunkelheit zu den Zelten zurückkehrten, gab es zwar wenige unter ihnen, die nicht verwundet waren, aber keinen, den dieser Kampf nicht mit Stolz erfüllt hätte. Dennoch wußte Asarhaddon, daß sie eine offene Feldschlacht nun wirklich nicht mehr wagen konnten. Er befahl noch am gleichen Abend, das Lager mit Zäunen und Erdwällen zu befestigen.

Der erwartete Ansturm am nächsten Morgen aber blieb aus, die Tore Kuraschats blieben verschlossen. Die Assyrer sollten zu ihrer Freude bald erfahren, was die Meder hinter ihren Mauern verweilen ließ. Es war das Herannahen Urukaginas. Nachdem er und seine Männer stürmisch begrüßt worden waren, erstattete er Bericht. »Madaktu ist ein Felsennest, in dem der Teufel seine Brut versteckt hat«, begann er grimmig. »Vielleicht haben wir den Fehler gemacht, den Feind zu unterschätzen, jedenfalls hat die Festung mich ein Drittel meiner Männer gekostet. Als wir dann endlich die Festung erobert hatten, fanden wir nur noch ihre Leichname, sie haben sich selbst den Tod gegeben.«

Die Assyrer richteten sich auf eine längere Belagerung ein und begannen mit dem Zusammenbau der Rammen und Sturmleitern. Die Stimmung im Lager war wieder gedämpft, denn nichts gefiel den Männern weniger als eine langwierige Belagerung.

Da schickte Argistis einen Unterhändler ins Lager der Assyrer. Er überbrachte die Botschaft, daß Argistis, Statthalter von Kuraschat, kein Freund des Blutvergießens sei und es an der Zeit finde, das Gemetzel zu beenden, da offensichtlich beide Gegner ebenbürtig seien. Die Assyrer sollten sich daher zurückziehen für eine stattliche Summe Goldes, die die Stadt bereit sei zu zahlen.

Die Offiziere lachten dröhnend, und Asarhaddon erwiderte kalt: »Wer verhandelt, tut dies stets aus Schwäche und nicht, weil er sich ebenbürtig glaubt. Will er uns mit Gold kaufen, das wir uns ohnehin nehmen werden? Als ich ihn zu Beginn der Schlacht aufforderte, die Stadt kampflos zu übergeben, hatte Argistis höhnische Worte für uns. Nun fallen sie auf ihn zurück. Ihm bleibt nur eine Möglichkeit, die Stadt zu retten: die offene Feldschlacht. Er muß uns vernichten, sonst wird er selbst vernichtet werden.«

Die Freude der Assyrer war groß, als sie am nächsten Tag sahen, daß Argistis verstanden hatte. Die Meder stellten sich zum Kampf.

»Das letzte Aufbäumen eines Sterbenden«, bemerkte Asarhaddon geringschätzig, um jede etwa aufkommende Hochachtung vor dem Mut des Feindes im Keim zu ersticken.

Er selbst und die Generäle beteiligten sich nicht an dieser Schlacht, sondern verfolgten das Geschehen aus der Ferne. Lange wogte das Gemetzel unentschieden hin und her, und erst gegen Abend neigte sich das Kriegsglück den Assyrern zu.

Asarhaddon wandte sich an Anaxares: »Die Dunkelheit wird sie wieder trennen, bevor wir unseren Vorteil nutzen können, das darf nicht geschehen. Rasch! Schneide den Medern mit deinen Männern den Rückzug in die Stadt ab, denn falls sich das Heer wieder hinter den Mauern verkriechen kann, haben wir noch viel Arbeit vor uns.«

Als die Meder sich zwischen den Assyrern eingekeilt sahen und den Weg hinter die rettenden Mauern versperrt, überfiel sie Verzweiflung, denn sie wußten, daß sie verloren waren.

»Nun brauchen wir sie nur noch abzuschlachten«, bemerkte Urukagina verächtlich.

Asarhaddon warf ihm einen scharfen Blick zu, dann sprengte er mit seinem Wagen in das Schlachtgetümmel. Anaxares bemerkte ihn und hielt auf ihn zu. »Die Meder sind verloren!« rief er triumphierend.

Asarhaddon nickte. »Ja, aber tötet sie nicht, nehmt sie gefangen, ich will sie lebend.«

In Anaxares Gesicht zuckte es, denn er wußte, was dieser Befehl bedeutete. »Ja, Asarhaddon«, gab er kurz zur Ant-

wort und wendete den Wagen. Asarhaddon blieb und beobachtete, ob seinem Befehl Folge geleistet wurde. Dann lachte
er kurz auf und lenkte auf das Lager zu.

14

Über der blutigen Stätte kreisten die Aasvögel. Asarhaddon
duldete nicht, daß man die Meder bestattete. Von den Mauern mußten die Bewohner Kuraschats mitansehen, wie ihre
Krieger von den Geiern zerfleischt wurden.

»Das ist nicht recht gehandelt«, bemerkten Urukagina und
Harpagos, »sie haben sich tapfer geschlagen.«

»Bemitleidet die Lebenden, nicht die Toten«, sagte Asarhaddon.

Harpagos sah Asarhaddon zögernd an. »Du wolltest keine
Gefangenen machen.«

Gleichmütig erwiderte Asarhaddon: »Ich hole nur nach,
was Urukagina vor Madaktu versäumt hat. Ich lasse sie
blenden und dann vor den Stadtmauern pfählen.«

»Eine unnötige Grausamkeit!« platzte Anaxares unbedacht
heraus, doch diesmal stimmten ihm die anderen Offiziere
zu, selbst sein Vater nickte. »Ein schrecklicher Tod, den die
medischen Krieger nicht verdient haben. Weshalb willst du
das tun, Asarhaddon? Willst du grausamer sein als dein
Gott?«

Asarhaddon wurde bleich vor Zorn, aber er bezwang seinen Unmut und entgegnete gelassen: »Ich weiß, Urukagina
und Harpagos, es ist lange her, daß ihr gegen den Feind gezogen seid. War es nicht unter Sinacherib, meinem Vater?
Und hat dieser die Skythen nicht auf Pfähle spießen lassen,
Männer, Frauen und Kinder?«

»Das ist wahr«, sagte Harpagos, »aber gegen Skythen wäre
jede Menschlichkeit verfehlt und jedes Ehrgefühl sinnlos,
denn es sind blutgierige Barbaren, die heimtückisch kämpfen. Sie stellen sich nie in einer offenen Schlacht, sondern ziehen sich bei Gefahr stets in die Steppe zurück. Die Meder

aber verteidigten ihre Stadt todesmutig. Liebt Aschschur nicht den Mut des Kriegers?«

Obwohl es Asarhaddon mißfiel, seine Entscheidung begründen zu müssen, antwortete er kalt: »Aschschur beschützt Assyrien und kann nur am Mut eines assyrischen Kriegers Gefallen finden. Der Mut des Feindes darf nur unsere eigene Tapferkeit aufwerten, niemals aber ein Grund sein, Milde walten zu lassen.« Dann warf er Anaxares einen scharfen Blick zu. »Unnötig nennst du die Grausamkeiten? Hat nicht Argistis zweimal mit frecher Stirn einen Unterhändler zu uns gesandt, der uns einmal mit anmaßenden Worten, das andere mal mit etwas Gold abspeisen wollte? Pfählt die Meder vor den Toren der Stadt! Du wirst sehen, diesmal wird Argistis selbst zu uns kommen, kriechend, den Mund voller Staub und um Gnade winselnd.«

»Asarhaddon hat recht«, nahm jetzt Urukagina das Wort, »weshalb stehen wir hier und machen uns zum Fürsprecher des Feindes? Wenn wir schon hadern, sollten wir es um sinnvollere Dinge tun.«

Anaxares warf Urukagina einen vernichtenden Blick zu und verließ das Zelt. Das war natürlich eine Kränkung. Niemand durfte das Zelt verlassen, bevor Asarhaddon ihn entließ. Harpagos wurde rot vor Zorn. »Der Knabe hat auf diesem Feldzug seine Erziehung vergessen!«

Asarhaddon schwieg, aber Urukagina bemerkte lächelnd: »Du bist hart zu deinen Feinden, Asarhaddon, aber vielleicht zu weich gegen deine Freunde.«

Asarhaddon zuckte hoch, als wolle er Urukagina an die Kehle fahren, doch dann besann er sich auf die Tugend der Selbstbeherrschung. »Du hast recht, Urukagina«, erwiderte er kühl, »doch meine Freunde sind nicht so zahlreich, daß sie eine Gefahr werden könnten.« Dann machte er eine Handbewegung, die die Männer entließ. Kaum waren sie gegangen, befahl er Anaxares wieder zu sich. Scharf fuhr er ihn an: »Weshalb zwingst du mich durch dein Benehmen, mich vor Urukagina zu rechtfertigen?«

Anaxares sah Asarhaddon herausfordernd an. »Hätte ich dir nach dem Munde reden sollen wie er?«

Asarhaddon machte eine wegwerfende Handbewegung. »Es ist noch ein weiter Weg von dir zu mir. Lerne erst, deine Gefühle zu beherrschen. Du willst mir nacheifern und stellst dich gegen mich. Heute entlohnst du Folterknechte und morgen Klageweiber.«

»Ha!« brauste Anaxares auf, »jede menschliche Regung verwirfst du als Schwäche! Aber ein Offizier fühlt sich auch mit dem Feind verbunden, wenn dessen Tapferkeit und Todesmut ihn bewegen.«

»Wenn sie ihn bewegen«, wiederholte Asarhaddon höhnisch. »Ein Gefühl, das dir fremd sein sollte, wie mir auch.«

»Du bist kein Krieger«, entgegnete Anaxares heftig, »aber du solltest auch als Hoherpriester Achtung vor einem Offizier haben, der nicht mit gleicher Wollust Säuglinge aufspießt, wie er einen ebenbürtigen Gegner in der Schlacht niederstreckt. Solche niedrigen Gerüste findest du beim ungebildeten Fußvolk, das sich johlend im Blute wälzt wie Schweine im Schlamm.«

Asarhaddon hob beide Handflächen. »Genug! Mäßige dich und ziehe keine unziemlichen Vergleiche heran, die ich mir auch von dir nicht bieten lassen darf. Du wirst sehen, daß ihr qualvoller Tod uns Argistis desto rascher in die Arme treiben wird. Das erspart uns eine lange Belagerung, die niemand im Heer begrüßen würde.«

»Du hast recht wie immer«, entgegnete Anaxares unwirsch. »Kann ich jetzt gehen?«

»Nein.« Asarhaddon legte ihm die Hand auf die Schulter. »Geh noch nicht, denn du gingest im Zorn. Ich will, daß du mich verstehst. Du wirst nie werden wie Asarhaddon, und Aschschur möge verhüten, daß Asarhaddon wie Anaxares werde.«

»Ihr Priester seid wortgewandt«, meinte Anaxares unwillig, »du willst reden, und ich werde keine Gründe gegen dich finden.«

»Mein armer, stummer Freund. Wahrlich, deine Zunge ist schwerfälliger als ein Maulesel. Traf sie mich deshalb so oft mit ihren Hieben? Ihr hofft doch nur, daß der Feind euch genauso ehrenvoll behandeln möge, weil es euch Gelegenheit gibt, dem Henker kühn ins Auge zu blicken, denn auf dem Pfahl bietet jeder Held einen lächerlichen Anblick.«

»Auch unter Schmerzen kann man wie ein Mann sterben«, widersprach Anaxares heftig.

»So? Wenn ich es will, mache ich aus jedem einen winselnden Wurm. Es gibt Arten zu sterben, bei denen du deinen Namen vergißt, und nur ein Gedanke beherrscht dich: schnell zu sterben. Kein Mensch ist davon ausgenommen.«

»Auch du nicht?« fragte Anaxares grimmig.

Asarhaddons Gesichtszüge zuckten. »Nein«, erwiderte er kurz.

»Hast du mich deshalb verschont, als ich Targaitis den Dolch gab? Selbst du hast dir Milde erlaubt, also urteile nicht so streng über andere.«

»Weil ich einen Fehler begangen habe, muß ich ihn nicht bei anderen loben!«

15

Asarhaddon behielt recht. Nach dem grausamen Strafgericht bestürmten die Bürger Argistis, dem Feind die Tore zu öffnen, weil nur noch demütige Unterwerfung ihn zur Milde bewegen könne. Argistis erwiderte bleich: »Die Assyrer sind Wölfe, mitleidlos und nach Blut lechzend. In Madaktu haben sie sich alle mit eigener Hand den Tod gegeben, um ihnen nicht in die Hände zu fallen. Seid ihr so einfältig zu glauben, sie würden uns verschonen? Nein! Ich werde zu ihrem Feldherrn gehen, aber nur mit seiner Zusicherung, daß er unser Leben schont, lasse ich die Tore öffnen. Sehe ich aber, daß die Assyrer keine Gnade walten lassen wollen, so mögen sie sich noch blutige Köpfe an unseren Mauern holen, und ich ziehe es dann ebenfalls vor, mich selbst zu entleiben.«

Barhäuptig, mit einfachem, wollenem Gewand und allein trat Argistis den schweren Gang zu den Assyrern an. Er wurde in das große Versammlungszelt geführt, wo die Offiziere um einen Tisch saßen, Wein tranken und sich unterhielten. Argistis war Statthalter, kein Krieger, und so flößten ihm die breitschultrigen Gestalten in den schweren Kettenhemden und mit den finsteren Gesichtern Furcht ein. Kein Blick verhieß Entgegenkommen; kalt und grausam waren die Gesichter.

Argistis war im Zelteingang stehengeblieben. Das Herz klopfte ihm bis zum Hals, und der Angstschweiß lief ihm von der Stirn, denn er fühlte alle Blicke auf sich gerichtet. Sie sahen ihn an, niemand lächelte, nicht einmal ein Wort des Spottes fiel. Da erhob sich am Ende des Tisches ein junger Offizier; seine Züge waren fast ebenmäßig schön, und in seinen dunklen Augen lag Sanftmut. Er lächelte, und es schien Argistis, als bräche die Sonne durch nach einem schwerem Gewittersturm. Offensichtlich ein Mensch unter diesen Wölfen, dachte er und wagte näherzutreten. Er fühlte sich unsanft zu Boden gestoßen. »Auf die Knie, Meder!«

Aber Asarhaddon wehrte ab und hob Argistis aus dem Staub. »Seht ihr nicht, daß ihr ihn erschreckt?« sprach er tadelnd. »Wir Assyrer behandeln Unterhändler mit Würde, zumal es sich um Argistis, den Statthalter selber handelt.«

Asarhaddon sah, wie Argistis zitterte, und lächelte ihm aufmunternd zu. »Hier, nimm Platz bei meinen Männern, Argistis, und trage vor, was du uns diesmal zu sagen hast.«

»Ich spreche nur mit eurem Feldherrn«, stammelte er furchtsam und sah sich scheu um.

»Verzeih, Argistis, ich habe versäumt, mich vorzustellen. Ich bin es selbst, Asarhaddon, Sohn des Sinacherib, der diesen Feldzug befehligt. Nun sprich!«

Da begann Argistis wortgewaltig und überschwenglich die tapferen Assyrer zu loben und zu preisen, daß Asarhaddon ihm bald die Rede abschneiden mußte. »Gewiß, Argistis, wir sind untadelige Krieger, aber du bist kein Sänger oder Erzähler, der unseren Ruhm in den Straßen Kuraschats verbreiten soll, sondern ihr Statthalter. Also komme auf dein eigentliches Anliegen zu sprechen.«

»Sofort, o Löwe Assurs. Die Götter haben mich mit Blindheit geschlagen, als euer Heer vor unseren Mauern erschien, und mit Torheit erfüllten sie mein Herz, als ich euch bittere

Worte sagen ließ, statt euch Siegreichen die Stadt zu übergeben. Aber ich bin ein alter Mann, und im Alter wird man
leicht töricht. Laßt deshalb meine unbedachten Worte nicht
die Stadt entgelten. Ich liege vor euch im Staub, ihr Edlen
Assyriens, und flehe um Gnade. Nicht für mich Armseligen
– nein! Für die Unschuldigen, die schon so viel gelitten haben, denn kaum ein Haus ist noch, das nicht Tote zu beklagen hat.«

»Wir hören dich, Argistis«, erwiderte Asarhaddon, »aber
auch von uns haben viele ihre Leben lassen müssen vor dieser Stadt.«

»Wie wahr«, jammerte Argistis, »wer wollte dies nicht ungeschehen machen? Aber habt ihr eure Toten nicht bereits
furchtbar gerächt? Niemand in Kuraschat wird den schrecklichen Anblick der Gepfählten je vergessen können. Auch
habt ihr die blühenden Dörfer am Dyala verwüstet und
Hunderte von Unschuldigen geschlachtet. Wer so siegreich
ist und stark wie ihr, dem geziemt es wohl, nach so viel
Grauen Milde walten zu lassen.«

Argistis versuchte, im Gesicht des jungen Feldherrn zu lesen, was er empfand, doch Asarhaddon konnte sich meisterlich verstellen. Vielmehr lockte er Argistis mit seiner dunklen, weichen Stimme: »Du hast recht. Der Schmuck des
Starken ist Großmut, und Güte ist das Geschmeide des Siegers. Aber du mußt auch verstehen, daß ich dir keine voreiligen Zugeständnisse machen kann. Wenn ihr uns kampflos
die Tore öffnet, verspreche ich, daß ich euch gnädig sein
werde.«

»Dein Wohlwollen, großer Feldherr, ist alles, was wir wünschen. Eine starke Hand und ein sanftes Gemüt, dir ist es zu
eigen, das sehe ich wohl. Ich darf dich doch so verstehen, daß
du die Einwohner von Kuraschat verschonen wirst?«

»Du kannst mir vertrauen, Argistis. Ich werde das tun,
wozu mein Herz mir rät.«

Der grausame Feldherr Asarhaddon, wer hätte gedacht,
daß er so gütig und einsichtig ist, dachte Argistis verwirrt.
Und wären da nicht seine Worte, so genügt doch ein Blick in
seine Augen, die voller Wärme sind. Er betrachtete die ande-

ren, die eher seiner Vorstellung von dem unerbittlichen Feind entsprachen. »Und deine Krieger? Werden sie ebenfalls ihren Herzen folgen, mein gütiger Feldherr?«

»Für sie sind meine Entscheidungen Gesetz«, entgegnete Asarhaddon mild lächelnd und warf einen Blick auf Anaxares, der merkwürdige Grimassen schnitt, um nicht laut loszuprusten.

Glücklich verließ Argistis das Lager der Assyrer; glaubte er doch, daß es ihm gelungen sei, milde Bedingungen auszuhandeln.

Spät in der Nacht kehrten die Offiziere noch immer lachend in ihre Zelte zurück. Argistis hatte sie sehr erheitert. Einige Krieger leuchteten ihnen mit Fackeln. Asarhaddon hielt Anaxares am Arm zurück. Der sah in Asarhaddons Augen den Schein der Fackeln, und er loderte dort wie eine alles verzehrende Feuersbrunst. »Das ist der Tag, Anaxares!« stieß Asarhaddon heiser hervor.

»Ja, du hast Argistis eingewickelt wie die Spinne ihre Beute.« Dann fügte er ernst hinzu: »Du wirst alle töten, nicht wahr?«

»Ja.« Asarhaddon blieb stehen und sah hinüber zu den schwarzen Mauern der Stadt, die sich gegen den blassen Sternenhimmel abhoben. »Ich habe den Boden bereitet, die Saat gesät, und nun werde ich die Frucht pflücken.« Er wandte sich wieder an Anaxares, und jetzt bebte seine Stimme: »Heute fiel sie mir in den Schoß, denn sie war reif, und sie wird voller Süße sein. Die Menschen Kuraschats werden mir das Jahr der Demütigung bezahlen. So habe ich es Aschschur gelobt und es mir selbst geschworen – damals –«, jäh unterbrach er sich und griff sich aufstöhnend an den Leib, als habe ihn ein Pfeil durchbohrt. Anaxares glaubte wirklich, daß ein Feind aus dem Hinterhalt auf den Feldherrn geschossen habe, und sprang hinzu, um Asarhaddon zu stützen; andere Krieger eilten herbei, aber es schien schon vorüber. Asarhaddon verscheuchte die Soldaten mit ungewöhnlich harten Worten. Zu Anaxares sagte er: »Es ist nichts, sei unbesorgt. Es ist vorbei.«

»Bist du verwundet? Bist du krank?«

»Nein, ich fühle mich gut. Ich sagte ja, es ist vorbei.«

»Ein Schmerz kommt nicht ohne Grund«, beharrte Anaxares. »Du solltest einen Arzt zu Rate ziehen.«

Asarhaddon lachte verächtlich. »Einen Arzt? Diesen Schmerz kann kein Arzt heilen.«

»Was ist das für ein Schmerz gewesen? Du hast dich gekrümmt, als habest du Leibschmerzen.«

»Soll ich es dir erklären? Dann begleite mich in mein Zelt und bleib bei mir in dieser Nacht, die für Kuraschat die letzte sein wird, weil es mein Wille ist.«

Als sie in das Zelt traten, zündete ein Sklave die Öllampe an und entfernte sich leise. Asarhaddon legte sein Schwert und den schweren Waffenrock ab; Anaxares folgte seinem Beispiel. Erwartungsvoll sah er Asarhaddon an, der sorgfältig seine Rüstung ordnete und kein Wort dabei sprach. Dann wies er auf die breite Lagerstatt und sprach: »Strecke dich, Anaxares. Ich will dir von Kuraschat und meinem Schmerz erzählen.« Asarhaddon legte sich neben ihn und betrachtete ihn. »Du bist mein Freund und mir teuer wie mein Bruder Assurdan. Wozu hat man Brüder und Freunde? Man darf ihnen das Herz ausschütten, ohne fürchten zu müssen, daß sie einem die Seele rauben wollen.«

Anaxares klopfte stürmisch das Herz, denn das war ein Vertrauensbeweis, den Asarhaddon sonst keinem schenkte.

»Mit Kuraschat verhält es sich wie mit einer kühlen Quelle, die der durstige Wanderer nach langem Marsch durch die Wüste erreicht hat«, begann Asarhaddon mit sanfter Stimme zu sprechen. »Hastig will er trinken, da merkt er, daß sie vergiftet ist.«

Obwohl Anaxares nicht verstand, wovon Asarhaddon eigentlich sprach, hörte er doch atemlos zu und wagte nicht, ihn zu unterbrechen.

»Mit Kuraschat verhält es sich wie mit einem Maisfeld«, fuhr Asarhaddon fort. »Der Bauer sieht die Pflanzen keimen und grünen, doch als die Zeit der Ernte kommt, haben Würmer die Kolben verdorben.«

Anaxares schüttelte den Kopf. »Deine Gleichnisse verstehe ich nicht. Du wirst aus klarer Quelle trinken, du wirst guten

Mais ernten, denn Kuraschat öffnet uns die Tore, und du wirst es vernichten.«

Asarhaddon lächelte. »Wahrscheinlich. Aber für einen Augenblick war mir die Vernichtung Kuraschats vergiftetes Wasser, verdorbener Mais.«

»Warum?«

»Die Gesichter, die Bilder, sie kommen wieder. Ich will sie auslöschen, ersticken in Blut, doch die Erinnerung überfällt mich wie ein Blitz und verursacht mir Schmerzen. Nachdem Argistis gegangen war, erfüllte mich ein heißes, unbändiges Verlangen nach dem Sterben dieser Stadt; so kurz vor dem Ziel zu sein, machte mich zittern. Doch dann hatte ich eine Vision: ich schritt nicht als Eroberer, sondern als Bettler durch die Tore, wie seinerzeit in Sippar. Und ich fragte mich, wie viele Menschen wie Eljakir mag es in ihr geben? Diese Bilder waren plötzlich da, und sie zerstörten meine Begierde, mein Verlangen, und da durchzuckte mich eine Qual, die hieß Erbarmen. Und als das Erbarmen meine Lust tötete, war das wie Feuer in meinen Eingeweiden.«

»Das Jahr deiner Prüfung war also mehr als eine beschwerliche Wanderschaft«, erwiderte Anaxares. »Bist du wirklich noch der unerbittliche Diener Aschschurs, so wie es Belschar-Ussur einst war?«

Asarhaddon sah Anaxares lange an. »Nein, aber ich muß es wieder werden. Ich suche Mitstreiter.« Er lächelte verzerrt. »Freunde wie dich, die mir helfen, die Last zu tragen.«

»Oh, willst du mich zum Schirku machen?« scherzte Anaxares.

»Nein.« Asarhaddons Stimme wurde kalt. »Ich frage dich hier und jetzt: Soll Kuraschat sterben?«

»Das fragst du mich?« rief Anaxares betroffen. »Welche Antwort erwartest du? Hast du nicht längst entschieden? Hast du die Stadt nicht Aschschur gelobt?«

»Gewiß, doch heute lege ich die Entscheidung in deine Hände. Du bist jetzt Herr über Leben und Tod. Also sprich!«

»O nein, Asarhaddon, auf deine Scherze lasse ich mich nicht ein. Die Entscheidung liegt allein bei dir.«

»Meine Entscheidung heißt Tod. Und deine?«

Anaxares fühlte, wie sein Mund trocken wurde. Mit zuckenden Lippen stieß er hervor: »Sie sollen sterben, alle! Zu Asche soll mein Herz werden, wenn es Mitleid kennt. An deiner Seite werde ich stehen, wenn wir sie niedermetzeln. Ich werde dich nicht enttäuschen.«

Asarhaddon sah ihn merkwürdig an. »Ich sehe mit Genugtuung, daß du dich unnachsichtig zeigst. Ich hoffe, daß du mich in Kuraschat niemals um Schonung bitten wirst.«

Als die Fanfaren am nächsten Morgen die Schläfer weckten, fuhr Anaxares schweißgebadet wie aus einem schweren Traum hoch. Vor ihm stand Asarhaddon, umgürtet mit dem Schwert, angetan mit einem Lederkoller, den silberne Metallplättchen zierten. Darunter trug er ein wollenes, kurzärmeliges Gewand von der Farbe wilden Mohns; der leuchtend rote Stoff war an den Borten mit Silberstickereien versehen. Die Handgelenke umschlossen breite Armbänder, und der blau funkelnde Helm vervollkommnete das Bild kriegerischer Schönheit. Asarhaddon stand vor Anaxares wie der junge Ninurta und lächelte ihm zu. »Nun, bereust du schon deine Entscheidung?«

Anaxares strich sich verwirrt das Haar aus der Stirn. Dann entspannten sich seine Züge, und er antwortete: »Nein, nein! Gestern hast du mich verwirrt mit deinen Gleichnissen und deinen Gefühlen, aber heute stehe ich klarer denn je zu meinem Wort.«

»Wenn es so ist, dann ist es gut. Ja, ich sprach von Gefühlen, aber wenn die Stadt zerstört ist, werden ihre Toten zwischen mir und der Vergangenheit stehen; sie wird ausgelöscht sein durch ihr Blut.«

»Ist dein prächtiger Aufzug nicht etwas unpassend für das blutige Massaker?«

»Ganz im Gegenteil, Anaxares, ich trage das Festgewand zu Aschschurs Totentanz. Für Musik ist gesorgt, wenn unsere Schwerter ihnen aufspielen werden.«

16

Stolz zog Asarhaddon an der Spitze des Heeres in die Stadt ein, die ihrem Henker in gutem Glauben die Tore geöffnet hatte. Eine schnurgerade, breite Straße führte zum Palast des Statthalters; sie wurde auf beiden Seiten von einer bunten Menschenmenge gesäumt, die mit staunender Bewunderung und heimlicher Furcht auf die fremden Eroberer blickte. Die Streitwagen dröhnten und rasselten über das Pflaster.

Der Gestalt des jungen Feldherrn galten die meisten Blicke. Asarhaddon war sich dessen wohl bewußt und er genoß die Bewunderung. Seine Hände bebten leicht, die die Zügel hielten. Er durchfuhr die Gasse der Todgeweihten wie im Rausch; ihre Ahnungslosigkeit ließ ihn in süßer Vorfreude fiebern.

Argistis und sein Gefolge kamen den Assyrern auf der großen Freitreppe entgegen und begrüßten sie unter endlosen Verbeugungen. Asarhaddon und die Offiziere stiegen mit ihnen hinauf zur Terrasse. Asarhaddon überflog mit einem kurzen Blick die Stadt. Er sah sie ausgebreitet unter sich liegen, die Türme und Tempel und die zusammengeströmten Menschen, in deren Mitte das Heer seiner Krieger unaufhaltsam durch die Tore zog, und es sah aus, als schlängele sich ein blauzuckendes Reptil durch die Straßen.

Die Offiziere warteten auf Asarhaddon, und Anaxares trat auf ihn zu, um ihn zu fragen, worauf er warte, doch dann sah er Asarhaddons Gesichtsausdruck und das unheimliche Glühen in den schwarzen Augen. Selbst Anaxares erschrak vor der abgrundtiefen Mordgier, die er dort las.

Anaxares' Stimme ließ Asarhaddon zusammenzucken. »Man erwartet uns.«

Asarhaddon nickte. Er zeigte sich beherrscht und lächelte Argistis zu, als er Platz nahm. »Ich genoß den Anblick dieser schönen Stadt. Sie scheint wohlhabend zu sein, offensichtlich ist sie von den Göttern gesegnet.«

»Sie war es«, bemerkte Argistis unterwürfig, »bis die assyrischen Götter ihre Überlegenheit bewiesen.«

»So ist es.« Asarhaddon verzog den Mund. Gespannt

blickten die Generäle auf ihn, wie und wann er handeln würde. Aber Asarhaddon begann, sich vor dem eigenen Dämon zu fürchten. Ihm war, als sei etwas in seinem Innern zum Überlaufen gekommen wie ein Fluß, der über die Ufer tritt und die Deiche zerbricht. Er wandte sich wieder an Argistis: »Ich und meine Offiziere werden im Palast wohnen. Sorge dafür, daß auch meine Krieger angemessene Unterkünfte erhalten. Mich aber geleite in euren Tempel, damit ich den fremden Göttern meine Ehrfurcht bezeugen kann.«

Argistis lächelte zustimmend und beglückwünschte sich heimlich zu seinem Erfolg. Bei seinen Männern begegnete Asarhaddon dagegen ratlosen Blicken. »Worauf wartest du eigentlich?« zischte ihm Anaxares zu.

»Gedulde dich, mein Freund«, entgegnete Asarhaddon sanft, »ich werde bald zurück sein.«

»Was hat das zu bedeuten? Die medischen Götter –«

»Still! Kein Wort mehr! Achtet den Wunsch des Hohenpriesters!«

Asarhaddon wurde in das Heiligtum Dagons geführt, vorbei an den Reihen der Priester, die ihn finster ansahen. Die hohe Halle ähnelte der in Assur, das riesige Standbild des Gottes hatte die Gestalt eines gehörnten bärtigen Kriegers. Asarhaddon musterte es flüchtig, es beeindruckte ihn ebensowenig wie Aschschurs steinerner Koloß. Er trat an den Altar. »Das ist also Dagon, euer höchster Gott. Was muß man ihm opfern, um ihn versöhnlich zu stimmen?«

»Sein heiligstes Opfer ist das Stieropfer. Wenn du es wünschst, werden die Priester es sofort vorbereiten.«

Asarhaddon winkte ab und sah sich um. »Wohin führt dieser Seitengang?« fragte er Argistis; dabei wies er auf eine kleine Türöffnung zur linken Seite.

Argistis zuckte mit den Schultern. Da trat einer der Priester aus den Reihen auf Asarhaddon zu und betrachtete ihn furchtlos. »Weshalb bist du hier eingetreten, Mann aus Assyrien? Du hast keine Ehrfurcht vor unseren Göttern.«

Asarhaddon sah den Priester verwundert an, der so kühn zu ihm sprach. Er hatte lange Bart- und Haupthaare, die ihm in Flechten auf Brust und Schulter fielen. Ein schlichter Stirnreif umspannte sein Haupt. Er war bedeutend älter als Asarhaddon, schon durchzogen viele weiße Fäden sein schwarzes Haar. »Wer bist du, daß du es wagst, ohne Erlaubnis vor den Mann zu treten, der den Fuß auf euren Nacken gesetzt hat?« fragte ihn Asarhaddon.

»Ich bin Marbhatta, der Hüter dieses Heiligtums.«

»Und du meinst, dein Priesteramt wird dich schützen, daß du derart selbstherrlich vor mir auftrittst?«

Marbhatta aber erwiderte: »Dein Antlitz ist geschaffen aus der Süße des Honigs, deine Stirn gleicht dem Kelch der Lotosblüte, dein Blick ist sanft wie der der Tauben, und aus deinem Mund fallen die Worte wie Perlen und Edelsteine. Aus deinem finsteren Herzen aber kriechen Vipern und Nattern, denn hinter deinen Worten lauert der Tod. Du kennst keinen Gott, und du kamst in diese Stadt, um sie zu vernichten.«

Asarhaddon wurde neugierig auf den fremden Priester, der ihn durchschaut hatte. Daher befahl er: »Laß mich mit Marbhatta allein!« Dann fragte er diesen: »Nun sage mir, du Krone der Weisheit, wie ist es dir möglich, in meine Seele zu schauen?«

Marbhatta lächelte. »Ein bißchen Verstand ist das ganze Geheimnis. Du bist Asarhaddon, der Hohepriester des Aschschur, der ausgezogen ist, um seinem unersättlichen Gott Schlachtopfer zu bringen. Ich hörte von dir und kenne eure Bräuche. Ein Mann wie du kommt nicht in eine Stadt, um sie zu bekränzen.«

»Bei meiner Ehre, du bist aufrichtig!« stieß Asarhaddon hervor. »Ja, du hast recht, aber ich kam in der ehrlichen Absicht hierher, mit eurem Gott zu sprechen.«

»Mit Dagon?«

»Das ist doch euer Gott?«

Marbhatta wies verächtlich auf die Statue. »Dagon ist ein Stein. Willst du mit Steinen sprechen, weshalb bemühtest du dich in den Tempel? Die Pflastersteine auf deinem Weg, die Kieselsteine am Fluß, sie werden dir die gleiche Antwort geben wie er.«

»Ich bin kein Narr und du auch nicht. Du hast recht, die Götter sind für das Volk, wir Priester erfinden sie und spielen Schicksal. In diesem Fall«, fügte Asarhaddon zynisch hinzu, »spielte ich mit Kuraschat.«

»Was erwartet uns?« fragte Marbhatta bleich. »Sei aufrichtig.«

»Der Tod. Niemand wird überleben.«

»Ich nehme an«, erwiderte Marbhatta mühsam beherrscht, »es hat keinen Zweck, dich umstimmen zu wollen?«

»Nein«, erwiderte Asarhaddon gedehnt und warf wieder einen Blick auf die kleine Tür. »Ich gelobte die Stadt Aschschur als Opfer, und du wirst verstehen, daß ich vor ihm nicht wortbrüchig werden darf.«

»Vor deinem erfundenen Gott?« fragte Marbhatta höhnisch.

»Das Spiel muß gespielt werden«, erwiderte Asarhaddon kühl. »Opferst nicht auch du Stiere und vergießt ihr Blut vor der Arbeit eines Steinmetzen?« Asarhaddon musterte Dagon verächtlich. »Roh behauen, nicht einmal gut ausgeführt.«

»Ich muß dem Brauch genügen«, antwortete Marbhatta. »Wie könnte ich die Überlieferung mißachten und weiterhin Priester bleiben?«

»So ist es. Ich folge assyrischem Brauch. So vergießen wir beide Blut für nichts, betrügen alle und leben gut dabei, nicht wahr?«

»Nein!« rief Marbhatta aufgebracht, »du bist ein zynischer Machtmensch, ich versuche, mit dem Götterglauben das Edle in den Menschen zu wecken.«

»Mit Stierblut?«

»Der Stier verkörpert die Vegetationsgottheit; sie stirbt im Winter, doch im Frühling sprießt aus dem vergossenen Blut die neue Saat. Dann feiern wir mit der erwachenden Natur die Auferstehung des Gottes.«

»Der Stier wird das alles sicher sehr spaßig finden«, höhnte Asarhaddon. »Weiß er, daß er eine unsterbliche Seele hat? Daß er ein Gott ist, ja? Ich denke, er wird ängstlich mit den Hufen scharren und sich nur unwillig zum Altar führen lassen wie jeder gewöhnliche Ochse, der geschlachtet wird.«

»Der Stier ist ein Tier, ein einfältiges Geschöpf. Er verkörpert doch nur in den Augen des Volkes den Gott«, erwiderte

Marbhatta ärgerlich. »Weshalb erwähnst du das überhaupt?«

»Er mag einfältig sein«, erwiderte Asarhaddon kalt, »aber sterben möchte er deshalb nicht. Genauso wenig wie die Menschen Kuraschats. Und doch muß ihr Blut fließen wie das eines heiligen Stiers, denn wo wir Priester Gott spielen müssen, zählt das Leid der Kreatur nichts.«

»Du willst ein Stieropfer vergleichen mit deinem Massaker an Menschen?« rief Marbhatta empört.

»Keineswegs. Menschen zu töten, ist wirkungsvoller, dafür gibt der Stier den besseren Braten ab – glaube ich.« Asarhaddon lächelte. »Zumindest habe ich noch kein Menschenfleisch gekostet.«

»Du kamst hierher, um Gott zu ehren, und du weißt doch nur Bösartigkeiten von dir zu geben.«

»Das liegt daran, daß ich hier keinen Gott vorfand«, sagte Asarhaddon. »Nur einen Priester, der mit Blut panschen muß, um das Volk zu beeindrucken. Das habe ich auch in Assur.«

»Ich kann nicht glauben, daß du in Wahrheit Gott suchst«, erwiderte Marbhatta, »aber wenn du es ehrlich meinst, dann komm mit!«

Marbhatta öffnete die kleine Tür, die schon vorher Asarhaddons Aufmerksamkeit erregt hatte. Er sah einen schlichten Raum, der von einer Öllampe erhellt wurde, die auf einem kleinen Altar stand. Frische Blumen standen dort, aber es gab kein Bildnis, kein Standbild. »Hier verehren wir den unbekannten Gott«, sprach Marbhatta. »Er hat keinen Namen und keine Gestalt, deshalb ist dieser Raum leer.«

Asarhaddon war enttäuscht. Er sah sich flüchtig um. »Den unbekannten Gott, sagst du? Aber wenn er weder Namen noch Gestalt hat, wie könnt ihr wissen, daß es ihn gibt?«

»Wir wissen es nicht.«

»Weshalb verehrt ihr ihn dann?«

»Weil die Bereitschaft, an ihn zu glauben, mehr bedeutet, als wissentlich falsche Standbilder anzubeten.«

»Was muß man ihm opfern?«

»Nichts, aber wir schmücken den Altar stets mit Blumen.«

»Dieser unbekannte Gott ist nichts, will nichts, bewirkt nichts«, entgegnete Asarhaddon verächtlich. Dann erinnerte er sich an Kautilya. »Nennt ihr ihn vielleicht Liebe?« fragte er mißtrauisch.

»Da er keinen Namen hat, kannst du ihn auch Liebe nennen.«

Asarhaddon zögerte. Nach einigem Nachdenken sagte er: »Dann laß mich allein mit dem unbekannten Gott.«

Als Marbhatta die Tür hinter sich geschlossen hatte, verharrte Asarhaddon eine Weile regungslos und horchte in sich hinein. Dann ging er zum Altar und berührte ihn sacht. Er fühlte nichts. Vielleicht bin ich zu anmaßend, dachte er, ich muß niederknien. In stiller Versenkung verharrte er geraume Zeit. Nachdem sich keine Stimme vernehmen ließ, begann Asarhaddon zu sprechen: »Höre, unbekannter Gott, es ist nun der Tag gekommen, an dem du dich beweisen kannst. Wenn es dich gibt, so höre mich, und wenn du mich verstehst, so sprich zu mir! Hast du aber keine menschliche Stimme, so offenbare dich mir. Ist dein Name Liebe oder Tod? Ist er Tod, so war ich von jeher dein Diener. Ist er Liebe, so vertreibe Aschschur heute aus meinem Herzen. Zerstöre das Gefühl, das meine Sinne verdunkelt, und beruhige mein Herz, das vor Freude am Töten zittert, denn ich fürchte, daß ich mir selbst entgleite. Besänftige mich! Ich warte auf deine Antwort. Hast du mich verstanden, oder verhallen meine Worte ungehört im Nichts? Habe ich zu Schatten meiner Einbildung gesprochen, oder bist du da?«

Ein krampfhaftes Zittern durchlief seinen Körper. »Warst du es, der mir gestern den Schmerz sandte? Dann schicke ihn mir noch einmal und verbrenne mit seinem Feuer meine schreckliche Lust!«

Das Zittern schüttelte jetzt seinen ganzen Körper, und der Schweiß lief ihm in die Augen. Nach einer Weile öffnete sich die Tür, und Marbhatta stand im Eingang. Asarhaddon sah ihn abwesend an, als sähe er durch ihn hindurch, und mit schwerer Stimme sagte er: »Er blieb stumm. Es gibt ihn nicht, euren unbekannten Gott.« Dann fegte er bitter auflachend die Blumen vom Altar, und als Marbhatta sie aufsammeln wollte, zog Asarhaddon sein Schwert und stieß es ihm tief ins Gedärm. Wie ein Opferlamm brach der Priester sterbend über dem kleinen Altar zusammen, und Asarhaddon schrie: »Tod ist sein Name! Tod! Der unbekannte Gott heißt Finsternis, Leere, Hoffnungslosigkeit!« Dann stürmte er hinaus aus dem Tempel.

Als Argistis ihn mit dem blutigen Schwert herausstürzen sah, schrie er entsetzt auf. Es war sein letzter Schrei, er sank mit gespaltenem Schädel auf die Fliesen. Seine Begleiter warfen sich zu Boden und flehten um Gnade.

»Bringt mich in den Palast zurück!« befahl Asarhaddon. Assyrische Krieger hielten an der Treppe Wache. Asarhaddon wies auf Argistis' Männer, die im Staub lagen. »Nagelt sie an die Pforten dieses Hauses!« Dann betrat er den Palast, und die Krieger führten ihn in die Gemächer, wo die Offiziere auf seine Befehle warteten.

Anaxares bemerkte sofort das blutbespritzte Gewand Asarhaddons. Er sprang auf. »Was ist geschehen? Wollten die Priester dich erschlagen?«

»Diese waffenlose Milchbärte?« schnaubte Asarhaddon verächtlich. Er warf sein blutiges Schwert vor sie hin. »Argistis ist tot. Ich gebe Kuraschat frei zur Plünderung und Brandschatzung. Alle Einwohner sind zu töten. Ich lasse jeden hinrichten, der Erbarmen zeigt. Auf den Grausamen aber wird Aschschur mit Wohlgefallen blicken.« Dann ließ sich Asarhaddon in einen Sessel fallen und sah von einem zum anderen. »Ihr könnt gehen!«

Die Offiziere erhoben sich stumm und verließen zögernd den Raum. »Das ist eine Arbeit für Schlächter«, murmelte Harpagos im Hinausgehen, aber er wußte, daß Asarhaddon nicht umzustimmen war.

»Weswegen gehst du nicht mit ihnen, Anaxares?« fragte Asarhaddon.

»Das Abstechen von Wehrlosen überlasse ich dem Fußvolk.«

»Dann geh wenigstens hinaus und sieh dir an, wie sie sterben – weil du es so wolltest.«

Anaxares versuchte kalt zu bleiben. Er zuckte mit den

338

Schultern. »Wolltest du etwas anderes? Weshalb bleibst du hier im Sessel sitzen wie ein müder Krieger, der andere seine Arbeit für sich tun läßt?«

Asarhaddon lachte leise und fuhr sich mit der Zunge über die Lippen. Dann breitete er die Arme aus und sagte: »Ich habe euch die Stadt geschenkt, der Palast gehört mir.«

»Dir? Wolltest du Kuraschat nicht völlig zerstören?«

»Mir gehört, was in ihm lebt, du Dummkopf!« Asarhaddon lachte heiser. »Und nun geh! Ich brauche keine Zeugen.«

Anaxares starrte ihn an. »Bei allen gerechten Göttern, was hast du vor?«

Asarhaddon stand auf und sah Anaxares kalt an. »Dinge, die sich mit deiner Kriegerehre nicht vertragen würden, Anaxares.«

Anaxares überlief es kalt. Doch um nichts in der Welt hätte er Asarhaddon jetzt allein gelassen. »Ich bleibe«, murmelte er. »Heute ist ein Tag des Grauens, soll ich da vor ihm zurückschrecken?«

»Ich habe dich gewarnt«, zischte Asarhaddon und nahm sich einen Wurfspieß von der Wand. Anaxares bemerkte, daß er drei Zacken hatte, zwei waren nach vorn gerichtet, der dritte nach hinten als Widerhaken gekrümmt. Asarhaddon tätschelte das Eisen. »Zum Töten schlecht geeignet, aber es reißt beachtliche Wunden.«

Anaxares erbleichte, aber er schwieg. Asarhaddon maß ihn mit funkelndem Blick. »Sage mir, Anaxares, gibt es Götter ohne Namen, ohne Gestalt und ohne Stimme?«

»Soviel ich weiß, gibt es überhaupt keine Götter«, erwiderte Anaxares ärgerlich, »was soll die Frage?«

»Du hast recht. Ich habe auch noch keinen gesehen«, murmelte Asarhaddon und spähte auf den Gang. Ein Diener ging vorbei. »Wem gehört er?« flüsterte Asarhaddon.

Anaxares schüttelte sich. »Das ist feiger Mord«, murmelte er.

»Den du befohlen hast«, ergänzte Asarhaddon. »Erinnerst du dich nicht mehr?«

Anaxares biß sich auf die Lippen. »Er gehört mir!« stieß er

trotzig hervor. Dann eilte er dem ahnungslosen Mann hinterher und stieß ihm das Schwert zwischen die Schultern.

Asarhaddon wog höhnisch seinen Wurfspieß. »Du tötest zu rasch, mein Spielzeug hätte ihm –«

Doch Anaxares hörte ihn nicht mehr. Er war den Gang weiter hinunter gelaufen. Asarhaddon vernahm ein Gurgeln und wußte, daß Anaxares ein weiteres Opfer gefunden hatte. Achselzuckend wandte er sich ab und begann die Türen aufzureißen. Und er fand sie: die Sklaven, die Diener, junge, schöne Mädchen, versprengte Krieger, vornehme Hofbeamte, deren Frauen und Kinder.

Unter Betten zog er sie hervor, hinter Vorhängen. Er fand sie in Truhen und unter Tischen, und niemand entkam ihm. Eine Schar von Eunuchen hatte sich in die Frauengemächer geflüchtet und Frauengewänder angelegt, weil sie hofften, daß Frauen verschont würden. Es war ein Irrtum. Asarhaddon riß ihnen die Schleier von den Gesichtern und stach ihnen die Augen aus. Dann ergötzte er sich daran, wie sie blind auf dem Boden herumkrochen. Den echten Frauen aber stieß er brennende Fackeln ins Gesicht und zerstörte so ihre Schönheit. Rasend vor Schmerzen liefen sie durch die Gemächer, stießen mit den geblendeten Eunuchen zusammen, und Asarhaddon hatte dabei sein Vergnügen.

Palastwachen und vereinzelte Krieger machten mit seinem dreizackigen Spieß Bekanntschaft und schleppten sich mit heraushängendem Gedärm vorwärts. Asarhaddon tötete selten. Er ließ unzählige verstümmelte Opfer hinter sich, deren grausiges Geschrei durch den Palast hallte.

Niemand konnte entfliehen. Die Wachen an den Ausgängen hatten Befehl, jeden wieder hineinzutreiben. »Bei meinem Schutzgott Nabu«, murmelte einer der Krieger. »Noch nie habe ich so etwas Furchtbares gehört. Was geschieht da drin?«

»Der Hohepriester wütet dort«, erwiderte sein Gefährte blaß, »der Geist Aschschurs ist über ihn gekommen.«

Anaxares hatte sich auf einen Diwan geworfen, vor ihm lagen zwei erschlagene Männer und eine Frau. »Alle müssen sterben«, murmelte er, »alle. Wie viele habe ich schon getötet? Und wer fragt danach? Aber was treibt er? Hat er die

Pforten der Unterwelt geöffnet, um die heulenden Dämonen heraufzulassen? Bei Aschschur, das ist unerträglich!«

Taumelnd erhob er sich, stieg abwesend über die Leichname und folgte der höllischen Musik. Asarhaddon war inzwischen in die Wohnräume der Hofbeamten im ersten Stockwerk gelangt. Anaxares hörte sein schreckliches Lachen. Er öffnete die Tür. Asarhaddon stand vor ihm und hielt ein Kleinkind an den Beinen. Sein prächtiges Gewand war über und über mit Blut bespritzt, wirr fiel ihm das Haar ins verschwitzte Gesicht, das verzerrt war wie die Fratze eines Wahnsinnigen. Als er Anaxares erblickte, zerteilte er das Kind in zwei Hälften und warf sie Anaxares vor die Füße.

Er wich angeekelt zurück. Asarhaddon zog die Oberlippe hoch. »Wenn tote Kinder dich erweichen, solltest du in Ninive bleiben und das Vieh hüten!«

Anaxares wandte sich wortlos ab und verließ den Raum; ihm folgte das dröhnende Lachen Asarhaddons. Er wird wahnsinnig dabei, dachte Anaxares. Deshalb wollte er keine Zeugen. Er lehnte sich an die Wand, um sich zu beruhigen. »Diese Schreie! Hören sie denn nie auf?« Er stolperte wieder zurück, doch Asarhaddon war schon in das oberste Stockwerk gestürmt und sah sich wild nach weiteren Opfern um. Zuerst traf er niemand, dann traten ihm am Endes des Ganges zwei bewaffnete Männer entgegen. Obwohl sie vor Angst zitterten, hielten sie ihre Schwerter bereit. »Nicht weiter!« riefen sie. »Dagon wird dich verfluchen, wenn du hier eindringst.«

»Dagon?« wiederholte Asarhaddon höhnisch. »Wahrlich, sein Name läßt meine Glieder zu Eis erstarren. Bei seinem steinernen Gemächte! Mich lähmt die Angst, und ich vermag das Schwert nicht mehr zu heben.«

»Vergreife dich nicht an den Kindern des Königs!« riefen die Krieger.

Asarhaddons Augen blitzten auf. »Wer befindet sich in dem Raum?«

»Prinzessin Lydia und Prinz Phraortes, die Kinder unseres Königs Astyages.«

»Welch kostbare Beute!« Asarhaddon schnalzte mit der Zunge und hob seinen Wurfspieß. »Öffnet die Tür!«

»Erst mußt du uns töten.«

»Das wird mir schwerfallen«, zischte Asarhaddon. Er ließ die beiden herankommen und mit ihren Schwertern spielen, bis er der Sache überdrüssig wurde. Plötzlich wirbelte dem einen ein Messer in die Kehle, dem anderen drangen die beiden Spitzen der dreizackigen Lanze in die Augen.

»Das hat dich nicht schöner gemacht«, bemerkte Asarhaddon grinsend und trat die Tür ein. Ein weiterer Krieger erwartete ihn dort. Er warf sich schützend vor die Prinzessin; Asarhaddon spaltete ihm den Schädel, daß sein Gehirn seiner Herrin auf das Gewand spritzte. Sie wich schreiend zurück. Ihr Bruder, ein Jüngling von kaum zwanzig Jahren, stürzte sich mit seinem Schwert auf Asarhaddon. »Stirb, assyrischer Hund!« schrie er.

Asarhaddon fing den Angriff mühelos ab und schleuderte den Prinzen gegen die Wand. Sein Blick fiel auf die Prinzessin. Sie war noch sehr jung und sehr blaß. Ihr langes, braunes Haar, das ihr unfrisiert über den Rücken fiel, erinnerte Asarhaddon an Mirjam, doch ihre großen Augen, in denen sich das Entsetzen spiegelte, waren dunkelblau wie Saphire. Asarhaddon hatte noch nie Augen von solcher Farbe gesehen. Dann wanderte sein Blick zu ihren kleinen Brüsten, die durch den dünnen Stoff ihres tiefgegürteten Gewandes schimmerten. Er ging auf die Prinzessin zu, dabei wischte er sich mit seinem Unterarm Blut und Schweiß vom Gesicht. Sie floh in die hinterste Ecke. Prinz Phraortes war aufgestanden, aber Asarhaddon beachtete ihn nicht. Er legte den Wurfspieß zur Seite und ließ sein Schwert klirrend zu Boden fallen. Dann kam er näher. »Wie begehrenswert du bist in deiner Angst!« stieß er hervor. »Zieh dich aus!«

Phraortes tastete nach seinem Schwert. »Wage es nicht, sie anzurühren! Sie ist noch ein Kind!«

Lydia weinte. »Ich tue alles, wenn du meinen Bruder leben läßt.«

»Er lebt, also tu, was ich sage!«

Lydia gehorchte, und Asarhaddon starrte sie an, wie sie das Kleid von den Schultern streifte. Dann löste sie den Gürtel um ihre Hüften, das Kleid fiel zur Erde. Die streng behütete Prinzessin hatte sich noch nie einem Manne nackt gezeigt und zitterte vor Scham. Asarhaddon öffnete seinen Gürtel. Phraortes warf sich mit dem Mut der Verzweiflung zwischen sie, doch Asarhaddon fegte ihn mit einer Armbewegung zur Seite. »Dein Bruder wird lästig«, stellte er fest. Er bückte sich, nahm das Gewand der Prinzessin, riß es in Streifen und fesselte damit den Prinzen an einen hölzernen Pfeiler. »Sieh zu, wie ich deine Schwester schände. Du wirst sehen, es wird ihr Freude machen.«

Lydia war wimmernd zusammengesunken, doch Asarhaddon riß sie hoch und schleuderte sie auf den Diwan, der mitten im Zimmer stand. »Auf den Knien solltest du mir dafür danken, daß sich der Hohepriester zu deinem Fleisch herabläßt. Wärst du nicht von königlichem Geblüt, würde ich dich mit meinen Dreizack statt mit meiner Männlichkeit beglücken!«

Er wollte sich auf sie werfen, da durchzuckte ihn ein neuer Gedanke. Er ließ von ihr ab und nahm eine gefüllte Öllampe von der Wand. Mit ihrem Öl tränkte er die Beinkleider des Prinzen. Dieser, wohl ahnend, was ihm widerfahren sollte, stieß einen wahnsinnigen Schrei aus und bäumte sich unter den Fesseln auf. Lydia kroch auf Asarhaddon zu und umklammerte seine Knie. »Tu mit mir, was du willst, aber habe Mitleid mit ihm. Er ist noch jung und unerfahren. Sollte er deinen Zorn herausgefordert haben, so strafe mich!«

Asarhaddon stieß sie zurück auf den Diwan. »Jammere dort weiter! Je lauter du heulst, desto mehr wird er sich regen.« Dann entzündete er mit der brennenden Lampe die Sandalen des Prinzen; hell loderte das Feuer auf und fraß sich in dem ölgetränkten Stoff rasch nach oben. Der Prinz brüllte vor Schmerzen.

Asarhaddon lachte grausam. »Zur Liebe mit einer schönen Frau gehört auch Musik, also singe, mein Prinz, denn du hast eine schöne Stimme.«

Die Flammen züngelten jetzt am Gewand des Prinzen hoch, es roch nach verbranntem Fleisch. Er litt entsetzlich, und Asarhaddons schräge Augen flammten lüstern auf. Er warf sich auf den zusammengekrümmten Körper, der wimmernd auf dem Diwan lag. »So liebt ein Assyrer!« rief er hohnlachend und packte ihre Brüste. Fiebernd glitten seine Hände über ihre weiche Haut bis zu ihren Schenkeln. Er zwang sie auseinander und drang rücksichtslos in sie ein. Ihr Schrei war klein und hilflos und ging unter im heulenden Winseln ihres Bruders, der entsetzlich qualvoll starb. Über Asarhaddon aber schlugen die Wogen der Erregung zusammen. Er biß ihr den Hals und die Brust blutig, bis unter seinen brutalen Stößen schließlich seine Erregung verströmte.

Schweißgebadet und zitternd kam er wieder zu sich. Er ließ von ihr ab und betrachtete sie verstört, als hätte ein anderer dieses Werk getan. Sie war bewußtlos. Asarhaddon tastete nach seinem Dolch und schnitt ihr die Kehle durch. Dann erhob er sich taumelnd. Verwirrt sah er sich um; Lydias Bruder hing verkohlt bis zur Unkenntlichkeit in seinen Fesseln. Die Flammen hatten an dem hölzernen Pfeiler Nahrung gefunden, sprangen auf die Vorhänge über und drohten sich rasch auszubreiten. Asarhaddon begriff, daß es höchste Zeit war, das Zimmer zu verlassen. Er raffte seine Waffen an sich und hastete aus dem Raum. Draußen lehnte er sich gegen die Wand. Er war noch wie benommen. Die maßlose Erregung hatte ihn in einen betäubenden Rausch getrieben und ernüchtert zurückgelassen.

Als er den Kopf hob, stand Anaxares vor ihm. »Wie lange bist du schon hier?« stieß Asarhaddon hervor. Das Blut schoß ihm ins Gesicht.

»Lange genug.« Anaxares warf einen prüfenden Blick in die Flammen. »Wir müssen hier weg, rasch!«

Doch Asarhaddon packte ihn am Ärmel. »Was hast du gesehen?«

»Nichts, was ich nicht schon kannte«, erwiderte Anaxares kühl.

»Die Frau, ich habe sie –«

»Komm schon! Bald brennt der ganze Gang!«

»Ich habe die Frau mißbraucht!«

»Und ihren Bruder verbrannt!«

Asarhaddon machte eine geringschätzige Handbewegung. »Das ist unwichtig.«

»Im Krieg werden Hunderte von Frauen geschändet«, erwiderte Anaxares ungeduldig. »Das gehört dazu, was machst du dir darum Gedanken?«

»Warum habe ich das getan?«

Anaxares gab ihm einen Stoß, um ihn zum Ausgang zu drängen. »Warum? Wahrscheinlich, weil du ein Mann bist!«

Sie flohen aus dem brennenden Palast; draußen stolperten sie erneut über Leichen. Asarhaddon befahl den wachhabenden Kriegern, ihnen Pferde zu beschaffen.

In den Straßen stießen sie kaum noch auf Überlebende; um die Erschlagenen balgten sich die Hunde. Viele, die genug gemordet hatten, sah man nun mit den Armen voll schöner Stoffe, Geschmeide, Gold und kostbarem Geschirr durch die Straßen hasten. Manche schafften die Beute auf Wagen fort.

Asarhaddon beobachtete alles mit undurchdringlicher Miene; er war äußerst wortkarg, und Anaxares war froh, nicht mit ihm reden zu müssen. Jetzt hörten sie laute Stimmen, Lachen, Fluchen und gellende Schmerzensschreie. Sie erreichten einen von Bäumen umstandenen Platz. Anaxares erkannte unter den vielen Kriegern auch einige befreundete Offiziere, die sich zusammen mit dem Fußvolk daran ergötzten, wie Menschen die Haut abgezogen wurde.

Ein angetrunkener, angegrauter Hüne stolperte auf sie zu und grinste. »Da seid ihr ja! Ihr kommt gerade rechtzeitig; wir machen Pferdedecken aus medischen Häuten.«

Asarhaddon ließ seinen Blick kurz auf den blutigen Leibern ruhen. Er blieb unbewegt; seine Stimme war eisig, als er erwiderte: »Ich sehe wohl, daß mein Befehl befolgt wird, Urukagina. Das begrüße ich sehr. Seid auch weiterhin unbarmherzig.«

»Ist mein Vater auch hier?« warf Anaxares ein.

Urukagina maß ihn fast verächtlich. »Nein, er ritt zurück zu den Zelten.«

Anaxares atmete auf. Er sah Asarhaddon fragend an. Der gab seinem Pferd einen leichten Schenkeldruck und ritt näher an den Ort des Geschehens heran; die einfachen Krieger machten bereitwillig Platz. Anaxares hielt sich ärgerlich an seiner Seite. »Bist du immer noch nicht satt?« zischte er ihm zu.

Bevor Asarhaddon antworten konnte, schleppten Krieger

weitere Opfer herbei, darunter auch Kinder, um sie auf die gleiche Weise zu schinden. Anaxares riß mit einer Gebärde des Abscheus sein Pferd herum und ritt davon.

Über Asarhaddons Gesicht lief ein Zucken. Er streckte die Hand aus. »Die Kinder nicht!« rief er rauh.

Die Männer sahen ihn verwundert an. Ein Wort des Mitleids aus seinem Mund hatten sie nicht erwartet, aber viele nickten zustimmend. Einige Offiziere entfernten sich verlegen. Asarhaddon bemerkte es mit Unmut, doch der Befehl war ausgesprochen, rasch und leichtfertig, er konnte nicht zurückgenommen werden. »Er tat es für seinen Freund«, hörte er sie murmeln, das verdroß ihn noch mehr.

»Ist Aschschur schon des Leidens überdrüssig?« hörte er da neben sich eine spöttische Stimme, »oder ist es sein höchster Diener selbst, den Kindertränen erweichen?«

Asarhaddon fuhr herum, neben ihm stand Schanabuschu, seine Zähne blitzten selbstgefällig in dem schwarzen Bart.

Schanabuschu! Sein Anblick weckte jäh Erinnerungen. Asarhaddon sah ihn vor sich: hoch zu Roß, prächtig gewandet, begleitet von seiner Leibgarde; den dunklen, herrischen Blick auf Arkas gerichtet, den unscheinbaren Bettler, der in Demut das Anerbieten Schanabuschus von sich wies, zur Waffe zu greifen und zu töten.

»Dein Auge muß trüb sein, Schanabuschu«, gab Asarhaddon kühl zur Antwort, »wenn du mir unterstellst, ich sei weich geworden. Sieh dich um! Wann hat Aschschur sich je so sättigen dürfen? Wenn ich ihm hier die Kinder vorenthielt, so geschah das aus Rücksichtnahme auf das Zartgefühl der anwesenden Offiziere, denen ihre Mannesehre verbietet, was Aschschur und seinen Diener ergötzen würde.«

»Gewiß.« Schanabuschu räusperte sich. »Wollen wir nicht zu den Zelten zurückkehren? Ich glaube, dein Freund ist dir schon vorausgeritten.«

Asarhaddon zögerte kurz, dann nickte er. Er erteilte Urukagina leise Befehle und verließ dann mit Schanabuschu Kuraschat. Als sie durch das Tor ritten, das ihnen so bereitwillig geöffnet worden war, schob Asarhaddon den Kopf in den Nacken und atmete tief durch. Hier war er als Triumphator eingezogen, und jetzt war das Opfer vollbracht. Es gibt nichts, was ich bereuen müßte, nichts, was ich hier zurücklasse, dachte er. Nichts. Er schüttelte sich und lächelte Schanabuschu zu: »Es ist an der Zeit, dein Amt an deinen Sohn abzutreten, mein Kommandant, denn für einen Greis ist es eine zu schwere Bürde.«

»Was meinst du?« fuhr Schanabuschu zornig auf.

»Nun, wenn Augen und Verstand getrübt sind, so ist das sicher auf dein Alter zurückzuführen. Oder wie ist es sonst zu erklären, daß du mich nicht erkannt hast, sondern mich vielmehr greifen und in die Wüste schleppen ließest, wo ich beinah ein Opfer der Geier geworden wäre?«

Schanabuschus Mundwinkel zuckten. »Du, Asarhaddon? Du machst doch einen Scherz!«

»Ich habe die Pferde zum Stehen gebracht und deinen Mann mühelos im Schwertkampf besiegt. Glaubst du, solche Männer liefen scharenweise in Sippar herum?«

»Nein!« Schanabuschu schlug sich an die Stirn. »Du warst es selbst? Aber das ist doch nicht möglich! Wolltest du in deiner Verkleidung meine Treue zu dir prüfen? Weshalb hast du dann nichts gesagt, als ich dich in die Wüste führen ließ?«

»Es war Zufall, daß ich dir begegnete, und es war schlecht für mich. Niemand durfte wissen, daß der Hohepriester als Bettler das Land durchstreift.«

»Ein Jahr«, murmelte Schanabuschu, »ein Jahr warst du fort. Niemand wußte etwas. Das war es also! Aber warum?«

»Das muß mein Geheimnis bleiben.«

»Du bist ein Geheimnis, Asarhaddon, aber das muß wohl bei einem Priester so sein«, gab Schanabuschu nachdenklich zurück.

17

Kuraschat lag in Trümmern und Asche; die Assyrer hatten ihre Zelte abgebrochen und waren nach Osten weitergezogen. Auf dem Weg nach Ekbatana kamen ihnen Meldereiter des Königs entgegen. Sie brachten die Botschaft von einem überraschenden Sieg Assurdans über König Astyages. Er sitze bereits in Ekbatana, Medien sei assyrische Provinz. Ein ohrenbetäubendes Freudengeheul erhob sich, nur über Asarhaddons Gesicht flog ein Schatten. Aber angesichts des allgemeinen Jubels zeigte auch er eine fröhliche Miene.

»Dein Bruder hat einen schnellen Sieg errungen«, bemerkte Anaxares anerkennend. »Während wir wochenlang mit Kuraschat zu tun hatten, sitzt er längst auf Astyages Thronsessel.«

»Ja«, gab Asarhaddon zu, »Assurdan hat die Skythen rascher besiegt, als ich erwartet hatte. Vielleicht sind sie auch kopflos geflohen, als ihr tapferer Anführer Targaitis entführt wurde.«

»Nun«, wich Anaxares aus, »du weißt besser, weshalb das Kriegsglück auf unserer Seite war. Kuraschat war ein gewaltiges Blutopfer für Aschschur.«

»Ja, er kann zufrieden sein«, murmelte Asarhaddon.

»Und du? Bist du es endlich auch, nachdem dein rasender Traum sich erfüllt hat?«

Asarhaddon warf Anaxares einen durchdringenden Blick zu. Es gab Dinge, an die wollte Asarhaddon vor Anaxares nicht mehr rühren. Doch der blickte ganz treuherzig drein. Da zog Asarhaddon zynisch die Oberlippe hoch und entgegnete: »Medien ist nicht das einzige Land, und Aschschurs Altar ist breit. Viele Völker sind ihm noch nicht untertan, und ein assyrisches Schwert darf nicht Rost ansetzen.«

»Worin ich dir beipflichte. Aber Morden kann auch sinnlos werden, und hemmungsloses Töten vernichtet wertvolle Arbeiter.«

Asarhaddons Blick wurde eisig. »Die Schöße der Frauen jener Länder, von denen ich spreche, sind fruchtbar wie die fetten Äcker Babyloniens, und sie werfen wie die Hasen. Von ihnen bleiben auch nach wochenlangen Metzeleien noch genug, um uns als Sklaven zu dienen.«

»Und Assurdan?«

»Was ist mit ihm?«

»Deine Freude über seinen Sieg war gedämpft. Neidest du ihm den Ruhm?«

»Unsinn! Wir sind Brüder, und des einen Ruhm strahlt auch für den andern. Aber jetzt herrscht Assurdan über Medien, und mir sind die Hände gebunden. Die Meder sind jetzt unsere Untertanen, nicht mehr unsere Feinde. Ach, ich wünschte, ich könnte in Ekbatana einreiten wie in Kuraschat, um auch dort alles Leben zu ersticken!«

»Ich bin sicher, du wirst auch ohne Ekbatana nie Mangel an Blutopfern haben«, gab Anaxares bissig zurück. »Erst wenn du den letzten Menschen von der Erde getilgt hast, wirst du Ruhe geben.«

»Werde nicht unsachlich. Du hast die Entscheidung über Kuraschat getroffen.«

»Das wirst du mir noch an meinem Sterbelager vorhalten!« gab Anaxares wütend zurück. »Dabei weißt du recht gut, daß ich keine Wahl hatte.«

»Nein? Das habe ich anders in Erinnerung.«

»Was streiten wir um Worte? Ich nehme die Toten auf mein Gewissen, aber die Abscheulichkeiten, die du dir im Palast erlaubt hast, habe ich nicht befohlen!«

»Du machst dich lächerlich. Wenn du die Meute der Krieger auf eine eroberte Stadt losläßt, sind Greueltaten die Regel. Niemand hat dich gezwungen, auch nur einen Meder zu töten. Was meinen Teil betrifft – ich hatte dich gebeten zu gehen. Du bist geblieben. Jetzt kennst du mich besser – besser, als du mich je kennenlernen wolltest, nehme ich an. Ich muß mich dafür nicht rechtfertigen.«

»Ja, ich habe erkannt, daß du dich deiner natürlichen Lust schämst!«

»Du irrst dich. Du wirst nie begreifen, daß ein Mann seine Würde verliert, wenn er sich sklavisch seiner Fleischeslust unterwirft, statt jederzeit Herr über sie zu sein.«

Anaxares starrte ihn fassungslos an. »Und wie nennst du es, wenn er sich bedingungslos von seinem Blutrausch unterjochen läßt?«

Asarhaddon verzog geringschätzig den Mund. »Du vergleichst die Geißel mit der Geiß! Das Joch des Blutes ist Macht, das Joch des Weibes Schmach!«

Anaxares senkte betroffen den Blick. »Und was sagt

Aschschurs Diener über das Joch der Freundschaft?« fragte er leise.

»Aschschurs Diener hat keine Freunde«, entgegnete Asarhaddon lächelnd, »aber dein Waffengefährte hofft, daß du es ihm erträglich machst.«

18

Im Herzen des medischen Hochlands erhoben sich die Mauern Ekbatanas, umgeben von Wäldern und Bergwiesen, auf denen das Vieh weidete.

»Welch ein friedlicher Anblick nach dem Massaker!« rief Anaxares, als der Wald, durch den sie gekommen waren, zurücktrat und das weite Tal sich vor ihnen öffnete.

Urukagina zog die Brauen zusammen. »Nach meinem Geschmack zu friedlich. Es herrscht eine trügerische Ruhe ringsum, das gefällt mir nicht.«

Asarhaddon aber wies nach vorn und rief: »Mir gefällt, was ich dort blitzen sehe: die assyrische Standarte auf den Zinnen Ekbatanas. Siehst du schon Gespenster?«

Jetzt bemerkten es auch die anderen, und sie grüßten das vertraute Symbol fröhlich mit erhobenen, gespreizten Händen. Urukagina aber erwiderte mißtrauisch: »Ein Kampf hat hier niemals stattgefunden. Vielleicht wollen uns die Meder täuschen. Weshalb schickt uns der König keine Abordnung entgegen?«

»Du hast recht«, sagte Asarhaddon. »Das gibt zu denken. Wir werden das Heer in der Deckung des Waldes lassen und nur eine kleine Gruppe vorausschicken.«

Die Assyrer konnten verfolgen, wie die Tore Ekbatanas sich öffneten, daß ein kurzes Gespräch stattfand und die Tore wieder geschlossen wurden. Den ungeduldig Wartenden berichteten die Männer: »Ja, es ist wahr, Assurdan hält die Stadt mit seinen Kriegern in der Hand. Aber er will uns die Tore nicht öffnen. Niemand, der unter dem Befehl Asarhaddons steht, darf die Stadt betreten.«

Entrüstetes Murmeln erhob sich. Ratlos sahen die Offiziere einander an, und Asarhaddon schrie: »Das ist unglaublich! Sitzt ein Wahnsinniger auf Assyriens Thron? Geht mir aus dem Weg! Ich werde selbst vor die Tore Ekbatanas fahren, dann will ich sehen, ob man es wagt, dem Hohenpriester und Sieger von Madaktu und Kuraschat die Tür zu weisen!«

Aufgebracht gab er seinen Pferden die Peitsche. Harpagos und Anaxares stürmten hinterher. Urukagina blieb beim Heer zurück. Asarhaddon sah angestrengt hinauf zu den mächtigen Zinnen, auf denen sich kein Krieger blicken ließ. Jetzt müssen sie die Flügelsonne erkennen! dachte er. Doch er mußte seine Pferde vor den geschlossenen Toren zügeln. Aufgebracht sprang er vom Wagen und stieß mit der Lanze gegen die Eichenbalken. »Öffnet das Tor!« schrie er.

Es wurde geöffnet. Ein junger Hauptmann trat heraus. Er wurde bleich, als er Asarhaddon erblickte, aber gefaßt sagte er: »Die Stadt darf niemand betreten. So lautet der Befehl des Königs.«

Asarhaddon hob drohend die Lanze. »Du Sohn eines Maulwurfs! Siehst du nicht, wen du vor dir hast?«

Der junge Hauptmann warf einen scheuen Blick hinter sich, ob seine Männer die Lanzen bereithielten. »Du bist Asarhaddon, der Bruder des Königs«, erwiderte er tapfer, »doch auch für dich gilt der Befehl, und ich muß dem König gehorchen.«

Asarhaddon war in seinem ohnmächtigen Zorn nahe daran, den Hauptmann zu durchbohren, aber Anaxares konnte ihn gerade noch abhalten. So zischte Asarhaddon dem Hauptmann nur zu: »Es gelüstet mich, dich und deine Männer an meinen Streitwagen zu binden und um diese elende Stadt zu schleifen, und ich werde es tun, wenn ihr den Weg nicht freigebt. Was ist das für ein irrsinniger Befehl? Ist deinem Herrn der Sieg zu Kopf gestiegen?«

Der Hauptmann bemühte sich verzweifelt um eine furchtlose Haltung. »Die Gründe meines Gebieters kenne ich nicht, Herr. Ich muß meine Pflicht tun. Lasse mich nicht die Lanzen gegen dich erheben, denn das möchte Unglück über Assyrien bringen.«

Asarhaddon schnaubte verächtlich. »Du drohst mir mit einer Handvoll Männer? Nun, Knabe, du weißt es nicht besser. Diese Stadt, die sich mir so trotzig abweisend zeigt, soll brennen wie Kuraschat, das schwöre ich bei –«

»Halt ein! Besinne dich!« unterbrach Harpagos erschrocken den Schwur. »Du kannst jetzt nichts ausrichten, also laß uns zurückkehren und beraten, was zu tun ist, aber nicht in Hitze, sondern mit kühlem Kopf.«

Asarhaddon, fast erstickend an seiner Wut, schrie Harpagos an: »Ich kam als Sieger zu meinem Bruder, um unsere Heeresmacht zu vereinen und mit ihm gemeinsam unseren Sieg zu feiern, soll ich mich jetzt wie ein Bittsteller abweisen lassen? Diese Schmach kann nur mit Blut vergolten werden.«

»Gewiß. Aber um Blut zu vergießen, muß man der Überlegene sein, und das sind wir vor Ekbatana nicht. Betrachte die wohlbefestigten Mauern, und ihr Heer hat dreimal soviel Krieger wie unseres. Unsere Männer sind verwundet, übermüdet, Assurdans Krieger hingegen frisch, denn offensichtlich hat er Ekbatana kampflos besetzen können. Uns allen ist das Verhalten deines Bruders unverständlich, aber beuge dich vorerst seinem Befehl, so schwer es dich auch ankommen mag. Komm!«

Widerwillig wendete Asarhaddon sein Gefährt, schwarzen Haß im Herzen. So gedemütigt hatte er sich nur einmal im Leben gefühlt: als er vor Menachim im Staub liegen mußte, um das Leben eines Sklaven zu erbitten. Aber damals war er selbst ein Sklave, und ihn band ein Schwur. Heute versagte ihm der eigene Bruder die Ehre auf der Höhe seines Triumphes. Viel hätte nicht gefehlt, dachte Asarhaddon grimmig, und er hätte die Hunde auf mich gehetzt. Er war kaum zu einem klaren Gedanken fähig.

Verständnislosigkeit und Empörung herrschten auch bei den Kriegern, als sie von dem beschämenden Befehl des Königs erfuhren. »Sind wir nicht alle Assyrer?« schrien sie. »Ist Assurdan nicht auch unser König? Wie kann er uns, die wir ihm treu ergeben waren und unermeßliche Beute für Assyrien erkämpft haben, so schmählich im Stich lassen?«

Urukagina und Harpagos rieten zur Besonnenheit. Es gab

bereits Stimmen, die Assurdan einen Verräter nannten, der mit Astyages gegen seinen Bruder gemeinsame Sache machte, doch davon wollte Urukagina nichts hören. »Schweigt, ihr Tropfe! Noch redet ihr von eurem König! Solche Worte sind Hochverrat und werden entsprechend bestraft.«

Asarhaddon hüllte sich in finsteres Schweigen. Die Offiziere ließen das Lager aufschlagen und Wachen aufstellen. In Ekbatana rührte sich nichts. Mürrisch und still verzehrten alle das Abendessen.

»Wir müssen einen Unterhändler zu ihm schicken«, unterbrach Urukagina das Schweigen. Harpagos nickte beifällig, warf aber einen besorgten Blick auf Asarhaddon, dessen Augen aufflammten. »Ich soll verhandeln? Das hieße, die Schmach verdoppeln. Soll ich darum betteln, vorgelassen zu werden? Muß ich mich demütigen vor meinem Bruder? Ich, dem niemand das Schwert aus der Hand geschlagen hat?«

»Assurdans Weigerung zwingt dich dazu, es sei denn, du möchtest noch Wochen untätig vor diesen Mauern ausharren«, entgegnete Urukagina kühl. »Du hast deinem Bruder zuviel Macht in die Hände gegeben und bist nun selbst der Unterlegene. Dieser Wahrheit mußt du ins Auge sehen.«

Erst nach langem Zögern erklärte sich Asarhaddon mit dem Vorschlag einverstanden. Er wählte Schamschilu für diesen Auftrag, denn er hatte als Sohn des Statthalters Schanabuschu das erforderliche Auftreten, war unerschrocken und Asarhaddon treu ergeben.

Schamschilu übernahm die Aufgabe mit Stolz und Freude. Als er von seiner Mission zurückkehrte, berichtete er, daß der König gewillt sei, seinen Bruder zu empfangen, aber es dürften nur zwei Männer in seiner Begleitung sein.

Asarhaddon wählte Anaxares und Harpagos als Begleiter.

Assurdan, der König von Assyrien, saß, angetan mit dem Königsmantel und dem Stirnreif, auf dem Thronsessel des unterworfenen Mederkönigs Astyages. Seine Haltung war die des stolzen Eroberers, und aus seinem schmalen, hübschen Gesicht war alles Knabenhafte geschwunden. Der Zug um seine Mundwinkel war hart und entschlossen. Zu seiner Rechten standen zwei bärtige Meder, aber ihre Haltung war nicht die von Unterworfenen, sondern zeugte von ungebrochenem Selbstbewußtsein. In ihren Augen stand unversöhnlicher Haß.

Asarhaddon aber sah nur seinen Bruder: einen Mann, den er geliebt, einen König, dessen Schwäche er verachtet hatte. Selbstsicher trat er vor ihn hin mit der Überzeugung, seinen schmollenden Bruder mit einigen passenden Worten zur Vernunft zu bringen. »Assurdan! Bist du dem Größenwahn verfallen, weil du auf dem medischen Thron sitzt? Welcher Übermut plagt dich, mir einen derart demütigenden Empfang zu bereiten?«

In Assurdans Gesicht regte sich nichts. »Willkommen in Ekbatana«, sagte er eisig.

Asarhaddon spürte zum erstenmal erbarmungslose Kälte bei seinem Bruder. Betroffen wich er einen Schritt zurück, dann fragte er beherrscht: »Mehr hast du mir nicht zu sagen? Willst du dich nicht rechtfertigen für die unglaubliche Nichtachtung meiner Person?«

Assurdans Lippen verzerrten sich. »Wie soll ich dich empfangen, Asarhaddon? Welche Ehrenbezeugungen erwartet der Schlächter von Kuraschat?«

Asarhaddon reckte sich verächtlich, seine Augen wurden schmal. »Ich verstehe«, antwortete er kalt, »die Art meiner Kriegsführung sagt dir nicht zu. Bei allen Göttern, wie ungeheuer müßig ist es doch, daß wir beide darüber Worte verlieren. Mache dich nicht lächerlich mit deinem unangebrachten Zartgefühl. Du kennst mich und meine Bestimmung, also erspare mir deine Vorhaltungen, denn wahrlich, sie ermüden mich.«

Assurdan blieb gefährlich ruhig. »Ermüden sie dich? Du wirst bald nicht mehr gähnen. Vorhaltungen? Du hast recht, sie sind müßig, denn ich kenne dich, Asarhaddon. In deinen Augen war es ein angenehmer Zeitvertreib, dreißigtausend Menschenleben zu vernichten, nicht wahr? Aber du hast es in meinem Namen getan, und die Nachwelt wird sagen, Kuraschat wurde grausam und mutwillig zerstört, als Assurdan König von Assyrien war. Dafür verfluche ich dich, Asarhaddon! Für diese Untat wirst du von mir zur Rechenschaft gezogen werden.«

Asarhaddon wurde bleich vor Zorn. Sein Blick fiel auf die beiden Männer, die Assurdan zur Seite standen. »So wagst du zu mir zu sprechen?« Er wies empört auf die beiden. »Das sind Meder! Weshalb erlaubst du ihnen, unserem Streit beizuwohnen? Vor dem Angesicht des Feindes wagst du es, von mir Rechenschaft zu fordern? Wenn dir mißfällt, was ich getan habe, sprich zu mir unter vier Augen. Weshalb klagst du mich vor ihnen an und erwartest, daß ich mich in ihrer Gegenwart rechtfertige?«

»Du kannst dich nicht rechtfertigen für deine Taten!« schrie Assurdan ihn an. »Befahl sie dir Aschschur, großer Hoherpriester? Dieses Ammenmärchen gibt nichts mehr her! Es ist deine krankhafte Unersättlichkeit nach Blut, ihr bringst du jedes Opfer. Diese Männer hier haben ein Recht, die Anklagen gegen dich zu hören, unter deren Last sich der Boden unter dir öffnen müßte. Es sind König Astyages und sein ältester Sohn Deiokes. Ihre Rocksäume könntest du küssen, und sie würden dir nicht verzeihen, genauso, wie ich dir nicht verzeihen werde!«

Asarhaddon begegnete dem Blick des medischen Königs und zuckte leicht zusammen, dennoch bewahrte er seine Kaltblütigkeit. Höhnisch erwiderte er: »Wahrlich, das ist ein Tag des Ruhmes, an dem der assyrische König den eigenen Bruder zwingt, den Feind tränenreich um Verzeihung zu bitten, weil er ihn unterworfen hat. Hier soll wohl der Sieger dem Besiegten die Füße küssen? Freilich, wäre ich Astyages, so würde ich jetzt frohlocken. Noch angemessener wäre es, du würdest dem rechtmäßigen Herrscher von Medien auch seinen alten Sitzplatz wieder einräumen.«

Assurdan ging nicht auf den Spott ein, sondern fragte mit schneidender Stimme: »Was hast du mit seinen Kindern gemacht?«

Asarhaddon sah seinen Bruder bestürzt an. »Mit seinen Kindern? Wovon sprichst du?«

»Ich spreche von der Prinzessin Lydia und ihrem Bruder Phraortes. Läßt dich dein Gedächtnis im Stich?«

Asarhaddon brach der Schweiß aus; diese Anklage traf ihn unerwartet. Sein Blick wurde unsicher. Er drehte sich zu

Anaxares um, der in der Tür stehengeblieben war, doch er zuckte ratlos mit den Schultern. Asarhaddons Gedanken überschlugen sich. Woher wußte Assurdan, was niemand wissen konnte? Ihn befiel Hilflosigkeit, wie seinerzeit in den Gewölben, als Anaita ihn bei seinem schändlichen Tun überrascht hatte. »Ich kenne sie nicht!« stieß er mühsam hervor, vermied es aber, Astyages anzusehen.

Dem zitterten die Lippen vor Wut; er vermochte sich kaum zu zügeln, und auch sein Sohn machte Anstalten, Asarhaddon an die Kehle zu springen. Assurdan aber fragte höhnisch: »Du kennst sie nicht? Wie sonderbar. Ist es denn des Hohenpriesters alltägliches Vergnügen, Frauen zu schänden? Dabei hat es sich doch um eine ganz besondere Abart des beliebten Spiels gehandelt, bei der du deiner Manneskraft durch die Schmerzensschreie des brennenden Prinzen nachhelfen mußtest.«

Astyages ertrug das nicht länger; er stürzte sich mit einem Wutschrei auf Asarhaddon. »Die Erde mag dich verschlingen, du Unmensch! Wie selbstherrlich stehst du nach dieser Verworfenheit vor einem gebrochenen Vater!«

Asarhaddon befreite sich ärgerlich und stieß Astyages von sich. Mit bebender Stimme fragte er Assurdan: »Du läßt geschehen, daß der Meder mich angreift? Seine Kinder mögen in Kuraschat umgekommen sein, aber weshalb bezichtigst du mich der Tat?«

»Weil es einen Zeugen gegeben hat.«

»Einen Zeugen?« stammelte Asarhaddon.

»Ja. Ein Diener hatte sich im Zimmer versteckt, das du in deiner Geilheit vergessen hattest zu durchsuchen. Er konnte fliehen und Kuraschat auf geheimen Wegen verlassen.« Dann erhob sich Assurdan und trat dicht an Asarhaddon heran, dessen Blick unbarmherzig festhaltend. »Deine beschämende Lüge paßt zu deinem unrühmlichen Verhalten. Einst wolltest du qualvoll sterben für deinen Gott. Wahrlich! Damit hättest du der Menschheit den einzigen guten Dienst erwiesen, dessen du fähig bist, doch ich Narr bewahrte dich davor, weil ich dich wie einen Bruder liebte. Du aber hast die Bande zerrissen. Geh! Ich habe keinen Bruder mehr. Verlasse Medien auf dem schnellsten Wege und überschreite nie mehr Assyriens Grenzen, denn sonst werde ich dich töten.«

Er wandte sich ab und ließ Asarhaddon stehen, der auf seinem Platz verharrte, unfähig, sich zu rühren. War das Assurdan? Was das sein Bruder? Er hörte seine Worte, aber er konnte sie nicht fassen. Sie waren von ungeheuerlicher Anmaßung und erschreckend endgültig.

Anaxares berührte ihn leicht an der Schulter. »Gehen wir«, flüsterte er.

Asarhaddon starrte ihn an. »Ja«, murmelte er, »laß uns gehen.«

Als Urukagina von dem Auftritt erfuhr, schäumte er vor Wut. »Dein Bruder muß wahnsinnig geworden sein! Wahrlich, es ist gut, König zu sein mit dem Herzen eines Weibes. Aber sei unbesorgt Asarhaddon, wir alle stehen zu dir. Wir werden nicht zulassen, daß er dich wie einen räudigen Hund aus dem Land jagt.«

Die übrigen pflichteten ihm bei, aber Asarhaddon schwieg.

»Befiehl!« fuhr Urukagina fort, »und wir legen dir seinen Kopf vor die Füße.«

Asarhaddon streifte ihn mit einem abwesenden Blick. »So? Wachsen dir etwa Flügel, um die Mauern Ekbatanas zu überwinden?«

»Dann werden wir deinen Bruder zwingen, uns in offener Schlacht entgegenzutreten. Mag er die Übermacht haben, lieber fallen wir vor, Ekbatana, als diese Schmach hinzunehmen.«

Asarhaddon sah Anaxares an, doch dieser war bleich und stumm. »Weswegen sagst du nichts dazu, mein Freund?« fragte Asarhaddon bitter.

Anaxares würgte es. Er hätte heulen mögen, schreien, töten! Aber Assyrer? Er senkte den Blick. »Ich sterbe für dich ohne zu zögern das weißt du, aber das Blut meiner Brüder vergieße ich nicht.«

Asarhaddon nickte. »Anaxares hat recht. Einen Bruderkrieg darf es nicht geben. Er ist nicht nur schändlich, sondern tödlich. Assyrien würde alsbald ein Raub der umliegenden Völker.«

»Was aber bleibt zu tun?« fragte Urukagina. »Willst du tun, was dir dein Bruder befahl? Willst du dich kleinlaut in die Verbannung zurückziehen, du, der mächtigste Mann Assyriens?«

»Der mächtigste Mann Assyriens ist heute zweifellos Assurdan«, erwiderte Asarhaddon bitter.

»Und deine Macht als Hoherpriester? Rufe Aschschurs Zorn auf die Verräter herab!«

Asarhaddon lächelte mitleidig. »Schüttest du Wasser in das Gesicht eines Frosches? Solche Drohungen verhallen ungehört vor dem Sieger, der unangefochten in der Burg des besiegten Feindes sitzt.«

»Was gedenkst du dann zu tun?«

»Ich weiß es noch nicht, aber ich werde darüber nachdenken. Wenn ich zu einem Entschluß gekommen bin, werde ich es euch wissen lassen.« Er sah Anaxares an. »Das gilt auch für dich.«

Bedrückt schweigend verließen ihn die Männer, und Asarhaddon blieb im Zelt zurück.

Gegen Abend meldete ihm ein Krieger den Besuch eines Fremden aus Ekbatana. »Schickt ihn mein Bruder?« fragte Asarhaddon.

»Nein, er ist weder Meder noch Assyrer.«

»Dann nenne mir den Namen des Tollkühnen, der sich erdreistet, mich in meinem Zorn zu stören.«

»Kautilya.«

Alles hätte Asarhaddon zu dieser Stunde erwartet, nur nicht, diesen Namen zu hören. Mit heftiger Gebärde erhob er sich. »Kautilya?«

Da hörte er die weiche, dunkle Stimme, die ihm noch so vertraut im Ohr klang, als hätte er sie gestern gehört. »Darf ich eintreten, Asarhaddon?«

Seine Gestalt straffte sich. »Komm herein und sei willkommen«, erwiderte er beherrscht. Asarhaddon wies auf die Kissen und sagte ironisch: »Setz dich, Kautilya, und strecke deine müden Füße aus.«

Kautilya war sehr ernst, er setzte sich aber und sagte: »Ich danke dir.«

Asarhaddon verbarg geschickt seine Unruhe und nahm scheinbar gelassen neben ihm Platz. »Wie ist es möglich, daß ich dir hier begegne? Bist du vom Himmel gefallen?«

»Keineswegs. Der Himmel ist den Göttern vorbehalten, ich aber wandere noch auf Erden. Ich bin Gast von König Astyages.«

»Astyages?« wiederholte Asarhaddon heiser. Sein Blick irrte ab, seine Finger zuckten. »Welch ein merkwürdiger Zufall«, sagte er gepreßt, »dann weißt du es also auch?«

Kautilya schwieg.

»Du hast die Gabe, immer dann zu erscheinen, wenn ich getroffen bin«, bemerkte Asarhaddon bitter.

»Das ist die einzige Lage, in der du dich besinnst, in dich hineinhorchst und deine Taten überdenkst.«

Asarhaddon lachte schmerzlich auf. »Ich habe dich enttäuscht, nicht wahr? Aber den Schwur habe ich gehalten, bei meiner Ehre!«

»Das glaube ich dir. Ich hatte jedoch gehofft, daß das Jahr in dir fortdauern würde. Ich habe mich geirrt, es hat nichts bewirkt.«

»Weshalb bist du dennoch zu mir gekommen?«

»Ich habe die Hoffnung noch nicht aufgegeben.«

»Welche Hoffnung? Daß ich deine Götter annehme? Wahrlich, du bist hartnäckig. Weshalb bedrängst du gerade mich mit deinen Worten von Liebe und Barmherzigkeit? Weißt du nicht, was am Dyala und in Kuraschat geschehen ist?«

Asarhaddon sah Kautilya zum erstenmal erbleichen, und in seinen gütigen Augen stand tiefer Schmerz. »Ich weiß es«, sagte er leise.

Asarhaddon senkte vor dem Kummer, der aus diesem Gesicht sprach, fast schuldbewußt den Blick. »Du siehst, du kannst mich nicht besiegen«, murmelte er, »denn mein Gott ist übermächtig. Es gibt andere Menschen, deren Herz ist in Härte verstockt; geh zu ihnen, wenn du willst, daß deine Worte Früchte tragen. Denn der Hohepriester ist ein Fels, der weder grünt noch Frucht trägt.«

»Du stehst vor einer schweren Entscheidung«, sagte Kautilya. »Du mußt gegen deinen Bruder kämpfen oder in die Verbannung gehen. Wirst du kämpfen?«

»Nein, das hätte nur einen sinnlosen Bruderkrieg zur Folge.«

»Dann liegt klar vor dir, was bleibt, Asarhaddon. Gehst du den Weg in die Verbannung, dann kann es der Anfang sein für ein neues Leben. Du bist Aschschur dann nicht mehr verpflichtet. Wirf deine Vergangenheit von dir. Für die blutigen Vergnügen wirst du Ersatz finden in Dingen, die dir bisher verwehrt waren. Eine Frau vielleicht – und Kinder.«

Asarhaddon musterte Kautilya nachdenklich. »Deine Reden sind mir vertraut und versetzen mich nicht mehr in Zorn wie einst, als du mir die Bedingungen meines Schwurs nanntest. Aber wenn ich gehe, dann nicht, weil ich ein anderer Mensch werden will, sondern weil mich die Umstände dazu zwingen. In meinem Gepäck sind keine Almosen für Bedürftige und kein Trost für Hoffnungslose, sondern dreißigtausend Erschlagene. Wahrlich, eine prächtige Morgengabe für eine Frau! Weißt du, was ich in Kuraschat mit Frauen und Kindern gemacht habe?«

»Ich möchte die Einzelheiten nicht hören. Was empfindest du jetzt? Ist da nicht auch eine Spur von Reue? Sei aufrichtig.«

»Soll ich bereuen, was mir Vergnügen bereitet hat?« gab Asarhaddon brutal zurück. Nach einer Weile setzte er leise hinzu: »Es wäre vielleicht besser nicht geschehen, aber wer hätte die Lawine bei ihrem Sturz ins Tal aufhalten können?« Asarhaddon streckte Kautilya die geöffneten Handflächen hin. »Zweimal, Kautilya, zweimal habe ich gezögert, Kuraschat zu vernichten, zweimal habe ich meine Hände ausgestreckt. Ich legte die Entscheidung in die Hände meines Freundes und die eines unbekannten Gottes. Aber es war vergebens, das Verhängnis über Kuraschat war längst bei den Göttern beschlossen. Weshalb kommst du jetzt zu mir, wo es zu spät ist? Du hättest mich vielleicht aufgehalten, du allein, aber du warst nicht da, als mich der Dämon der Vernichtung schüttelte wie im Fieber.«

»O ja, ich war bei dir. Ich ließ dich die Hände ja erst ausstrecken. Dich schlug dein Gewissen, und das ist ein kleiner

Sieg. Noch war dein Dämon stärker, aber wird er es ewig sein?«

»Nun«, wich Asarhaddon aus, »was verlieren wir viele Worte um die Vergangenheit? Wieder findest du mich gelähmt wie damals, aber diesmal sind es nicht meine Beine, sondern mein freier Wille.«

»Freilich, die Zeit, dir Bedingungen zu stellen, ist vorbei, doch um wie vieles wertvoller wird jede noch so geringe Wohltat sein, die du anderen erweist, wenn du sie mit dem Herzen vollbringst. Hier vor Ekbatana liegt dein freier Wille in Ketten, doch in der Fremde gehört er wieder dir. Nutze das, Asarhaddon!«

Im Morgengrauen des nächsten Tages sattelte Asarhaddon seinen schwarzen Hengst und belud ihn für die Reise. Als Anaxares den Hohenpriester nicht in seinem Zelt fand, suchte er ihn bei den Pferden. »Asarhaddon, was bedeutet das? Willst du fort?«

Dieser wandte sich um. »Ja, Anaxares, ich habe mich entschieden. Du weißt, daß mir keine Wahl bleibt.«

»Ich gehe mit dir!« rief Anaxares heftig.

»Nein. Dein Platz ist in Assyrien. Vergiß nicht, du dienst dem Land mit deinem Schwert.«

»Ich verachte es. Laß mich bei dir bleiben, Asarhaddon! Oder soll es das Ende unserer Freundschaft sein?«

»Keineswegs. In Assyrien hätten wir uns ohnehin kaum gesehen, es sei denn, du hättest als Priester in den Tempel eintreten wollen.«

»Werden wir uns jemals wiedersehen?«

»Warum nicht? Ich habe nicht vor, vom Erdkreis zu verschwinden.«

»Aber wohin willst du dich wenden, allein, ohne Freund? Ich werde keinen glücklichen Tag erleben, wenn ich dich so in eine ungewisse Fremde gehen lasse.«

Asarhaddon lachte. »Anaxares! Ich bin kein Küchlein, das dem Federkleid der Glucke vorwitzig entschlüpft. Um mein Fortkommen sorge dich nicht, mein Brot finde ich leicht, denn ich bin es gewohnt, allerlei Arbeiten zu verrichten. Ich habe eine gute Hand beim Gemüseputzen. Ich versichere dir, Karmir, der Schankwirt, war außerordentlich zufrieden mit mir.«

»Wie kannst du Scherze machen, wo mir das Herz schwer ist?« klagte Anaxares und schaute mißmutig auf die prallen Satteltaschen. »Glaubst du denn, meines sei leicht?« fragte Asarhaddon. »Ich lasse alles zurück, was mein Leben ausmacht. Dennoch – eines Mannes Stärke erweist sich in harten Zeiten.«

»Harte Zeiten brauchen einen Freund nötiger als die frohen. Soll ich dich in der Not allein lassen? Das wäre schmählich gehandelt.«

»Du darfst dich nicht an mich binden, ich will es nicht, hörst du? Du und dein Vater und auch Urukagina, ihr werdet loyal zu meinem Bruder stehen und euch wieder unter seinen Befehl stellen, das ist mein Wille. Assyrien darf nicht durch Feindschaft in den eigenen Reihen gespalten werden. Ich vertraue dir, Anaxares, daß es so geschieht, denn sonst wäre mein Opfer sinnlos.«

»Dann sage mir, wohin du gehst, damit ich dir in Gedanken folgen kann.«

Asarhaddon zögerte. »Schwöre mir, daß du es niemandem sagen wirst.«

»Bei meiner Ehre und meinem Leben.«

»Ich gehe nach Kadesch in Syrien.«

»Nach Kadesch?« wunderte sich Anaxares. Dann blitzte Verständnis in seinen Augen auf. »Lebt dort die Frau, von der du mir erzählt hast?«

»Ja. Und wenn es auf der Welt einen Ort gibt, wo ich vergessen kann, daß ich Aschschur diente, dann dort.«

»Und wenn sie nicht mehr frei ist?«

Über Asarhaddons Gesicht flog ein Schatten. »Daran darf ich nicht denken, denn ist sie es nicht, so werden Kautilyas Hoffnungen im Wind verwehen.«

19

In Kadesch hatte sich nichts verändert, seit Asarhaddon es verlassen hatte. Es herrschte die gleiche Betriebsamkeit auf den Straßen und Märkten und die gleiche Beschaulichkeit in den Mittagsstunden, wenn die Arbeit ruhte und die Männer vor den Gasthäusern auf der Straße saßen und bei einem Glas verdünnten Weins in lebhafter Unterhaltung über die Geschicke der Welt bestimmten.

Ein Fremder war den gastfreundlichen Syrern stets willkommen, als aber der hochgewachsene, stolze Assyrer mit dem breiten Schwert an der Seite sich zu ihnen setzte, machten sie ihm scheu Platz, und ihr Gespräch verstummte. Dem eilig herbeigelaufenen Wirt sagte Asarhaddon: »Versorge zuerst mein Pferd. Dann bringe mir Wein und etwas zu essen.«

Der Wirt verbeugte sich etwas zu tief, doch als er sich erhob, starrte er Asarhaddon verdutzt an.

»Was ist dir, mein Freund?« fragte dieser.

Der Wirt murmelte eine Entschuldigung und verschwand. Nachdem der Wirt das Essen gebracht hatte, trat ein weiterer Gast ein, der aber vorerst in einiger Entfernung stehenblieb und Asarhaddon betrachtete.

Schließlich lief er auf ihn zu und jubelte: »Ich habe es nicht geglaubt. Du bist es wirklich!«

Asarhaddon sah auf. Vor ihm stand Symon, dessen olivfarbene Wangen freudig gerötet waren. Asarhaddon berührte das vertraute Gesicht angenehm. Freundlich erwiderte er: »Ja, ich bin es, aber woher wußtest du, daß ich hier bin?«

»Der Wirt hat dich erkannt und es mir sofort berichtet.«

Asarhaddon zuckte zusammen. »Weiß es auch Mirjam?«

Symon wurde ernst. »Bist du denn ihretwegen gekommen?«

»Ja.« Asarhaddon fühlte, daß seine Hände feucht wurden. »Ist sie – noch frei?«

Da lachte Symon froh auf. »Frei wie ein Vogel!«

Asarhaddon lächelte. »Wie ist das möglich? Ich glaubte, alle Männer Syriens müßten um sie werben.«

Symon machte eine abwehrende Handbewegung. »So ist

es, sprich mir nicht von ihren Freiern! Sie bestürmen meinen Vater täglich, und Mirjams Ablehnung treibt ihn zur Verzweiflung.«

»Weswegen lehnt sie alle ab?«

»Das fragst du? Wie kann ihr je ein anderer Mann etwas bedeuten? Seit jenem Tag, an dem du uns heimlich verlassen hast, sind ihre Gedanken nur bei dir. Und da sie nicht hoffen konnte, daß du wiederkommst, wollte sie unvermählt bleiben.«

Asarhaddon stand auf, faßte Symon bei den Schultern und sah ihn mit glänzenden Augen an. »Für diese freudige Botschaft sollte ich dich umarmen, Symon. Aber ich werde es nicht tun, schließlich will ich dich nicht wieder in Bedrängnis bringen wie seinerzeit auf dem Paß. Fühle dich jedoch in Gedanken umarmt.«

Symon wurde dunkelrot. »In meinen Gedanken geschieht das längst, und noch mehr, aber Gedanken sind ein trauriger Ersatz.« Dann lachte er mühsam. »Aber was rede ich von mir? Du bist wegen Mirjam gekommen. Wie lange kannst du bleiben?«

»Sehr lange, fürchte ich«, murmelte Asarhaddon. »Vielleicht für immer.«

»Für immer?« schrie Symon. Die anderen Gäste drehten sich nach ihm um.

»Gehen wir lieber«, meinte Asarhaddon und warf etwas Kupfer auf den Tisch. Sie gingen hinter die Schenke, wo das Pferd wartete. »Du reitest ihn immer noch? Den Hengst, den mein Vater dir geschenkt hat?« rief Symon überrascht.

»Ja, und ich habe ihn Symon genannt.«

»Oh, ist das wahr?« Symon wurde abermals rot. »Bist du denn nicht mehr Priester?«

»Nein.« Asarhaddon saß auf, und Symon lief nebenher, die Zügel haltend. »Es ist viel geschehen, aber frage nicht danach, hörst du?«

»Nein, nein, aber ob du Mirjam nun zu deiner Frau machen kannst, wirst du mir doch sagen?«

»Deswegen bin ich hier.«

»Dann werde ich dich täglich sehen«, jubelte Symon.

»Und ich werde dich häufig übersehen müssen«, lächelte Asarhaddon.

Vor Hirams Haus bat Symon, Asarhaddon möge im Garten bleiben, er wolle Mirjam auf seine Weise vorbereiten. Asarhaddon war das recht, denn die vertraute Umgebung weckte Erinnerungen, die er gern allein genießen wollte.

Singend und pfeifend trat Symon vor Mirjam, daß diese ihn nach dem Grund seiner guten Laune fragte. »Ich komme aus dem Gasthaus Zum Lamm, dort habe ich einen sehr netten jungen Mann kennengelernt.«

»Das freut mich für dich.«

»O nein, nicht für mich, Mirjam, für dich. Er hat einen ausgezeichneten Eindruck auf mich gemacht, und natürlich wollte er dich sehen, als er hörte, daß du noch frei seist.«

»Du bist garstig, Symon!« schalt ihn Mirjam. »Ist es nicht genug, daß Vater mich fast täglich bestürmt? Mußt nun auch du auf Freierssuche für mich gehen? Jetzt liest du sie schon in Gasthäusern auf, es genügt dir nicht, daß sie unser Haus belagern.«

Symon lächelte listig. »Würde ich dich belästigen, wenn es sich um einen Mann wie alle anderen handelte? Du weißt, ich habe einen guten Geschmack. Du solltest ihn dir wenigstens ansehen.«

»Hinaus! Es ist beschämend, daß gerade du mir einen Mann aufschwatzen willst. Du solltest am besten wissen, daß mir keiner je wieder etwas bedeuten kann. Richte ihm das aus!«

Symon machte ein zerknirschtes Gesicht. »Wie unangenehm! Ich habe ihn nämlich bereits in unser Haus gebeten. Sage doch wenigstens ein paar nette Worte zu ihm, bevor du ihn wieder fortschickst, das gebietet die Höflichkeit.«

»Wie? Du hast ihn –«, Mirjam blieb vor Empörung die Luft weg. »Das ist abscheulich von dir. Aber du hast ihn eingeladen, so sieh auch zu, wie du ihn wieder loswirst.«

»Nein«, maulte Symon, »nein, das kann ich nicht. Er war doch so freundlich und voller Zuversicht und so –«

»Hast du ihm etwa Hoffnungen gemacht?« fauchte Mirjam ihn an. »Nun denn, dann werde ich selbst ihm Bescheid geben. Und der wird nicht freundlich ausfallen, denn ungebetenen Gästen schulde ich keine Höflichkeit. Wo ist er?«

Symon senkte wie schuldbewußt den Blick. »Im Garten. Er wartet auf der Bank unter dem wilden Feigenbaum.«

Mirjam warf ihm einen vernichtenden Blick zu. »Geschmacklos bist du auch noch!« Dann stürmte sie wutentbrannt an ihm vorbei, hinaus in den Garten. Symon lief ihr hinterher.

Asarhaddon sah Mirjam mit stürmischen Schritten auf sich zukommen, und sein Herz schlug wilde Trommelwirbel.

Langsam erhob er sich, lächelte ihr zu, da blieb Mirjam jäh stehen und starrte ihn an wie einen Geist, den Mund halbgeöffnet wie zu einem Schrei.

Symon trat neben sie und spottete: »Nun, was zögerst du, den Fremden hinauszuwerfen? Du hast recht, wenn ich ihn mir näher ansehe, habe ich wohl doch nicht die rechte Wahl getroffen.«

Ohne ein Wort lief Mirjam auf Asarhaddon zu, stumm fielen sie sich in die Arme. »Oh, Symon hat mich so zum Narren gehalten«, schluchzte Mirjam verlegen, um überhaupt etwas zu sagen.

»Hat er das?« fragte Asarhaddon sanft. »Wir denken uns auch für ihn etwas aus. Freust du dich denn, meine schimmernde Perle, oder hast du mich überhaupt nicht vermißt?«

»Gar nicht«, hauchte sie schelmisch. »Ich tanze jeden Tag mit meinen Liebhabern.«

»Das erfüllt mich mit Kummer. Was kann ich tun, damit du sie alle fortschickst und nur noch mich ansiehst?«

»Du verlangst viel. Dafür müßtest du ein großes Opfer bringen. Du müßtest mich diese Nacht unter dem Feigenbaum lieben.«

»Du bist nicht streng genug mit mir; du mußt dieses Opfer jede Nacht von mir verlangen.«

»Und ein ganzes Leben«, ergänzte sie. Dann weiteten sich ihre Augen plötzlich erschrocken. »Oder wirst du mich wieder so plötzlich verlassen wie damals?«

»Du mußt mir befehlen, daß ich dich nie verlassen darf.«

»Ich befehle es dir mit aller Strenge.«

»Dann muß ich bleiben.«

Symon verfolgte mit bittersüßen Gefühlen die Szene, und plötzlich war es ihm, als umschatte sich die Sonne und ein kalter Windstoß schüttele den Feigenbaum. Doch es war nichts. Heiter schien die Sonne, und er hörte Mirjam sagen: »Asarhaddon, komm, ich muß dir etwas zeigen.«

Sie zog ihn mit sich in das Haus und zu sich auf ihr Zimmer. Sie legte die Fingerspitzen auf den Mund und schlich geheimnisvoll auf einen Vorhang im Hintergrund zu. Asarhaddon lächelte über ihr Gebaren, doch dann wurde er blaß und wich betroffen einen Schritt zurück. Mirjam hatte sacht den Vorhang beiseite gezogen, und Asarhaddon erblickte ein schlafendes Kind.

»Das ist dein Sohn«, flüsterte Mirjam.

Es war ein hübsches Kind mit vom Schlaf rosig angehauchten Wangen. Lähmend legte sich die Vergangenheit auf Asarhaddon und ließ das schlafende Kind zu einem grotesken Ankläger werden. Eine Frau, ein Kind, ein Heim, war dies wirklich seine Zukunft?

Mirjam sah statt Freude Erschrecken auf seinem Gesicht. Betroffen fragte sie: »Du weichst zurück? Freust du dich denn nicht?«

Asarhaddon faßte sich. »Gewiß, Mirjam, du findest mich nur überrascht und seltsam berührt. Als Priester habe ich den Gedanken an eigene Kinder nie erwogen. Laß mir Zeit, mich an mein neues Leben zu gewöhnen.«

20

Asarhaddon gewöhnte sich daran. Seinem Wunsch, niemals nach seiner Vergangenheit zu forschen, folgten alle, er war für die Bürger von Kadesch einfach ein wohlhabender Assyrer. Auch Mirjam fragte nicht. Für sie war Asarhaddon ein vom Himmel gefallenes Geschenk der Götter. Nur eins befremdete sie: daß Asarhaddon seinem Sohn so zurückhaltend und kühl begegnete. Er hatte nie eine Zärtlichkeit für ihn und entfernte sich meist, wenn Mirjam oder eine Dienerin ihn brachten.

Ihr Vater tröstete sie. »Ein Mann bringt oftmals kleinen Kindern nicht die Zuwendung entgegen wie eine Frau, die jedes Lächeln, jede Bewegung der Händchen und Füßchen glückselig verfolgt. Das alles kann einem Manne manchmal eher unverständlich und lästig sein, und so überläßt er das Kind in den ersten Jahren gern der Obhut von Frauen, obwohl er selbst es durchaus liebt. Väter bekennen sich zu ihren Söhnen, wenn diese beginnen, mannbar zu werden.«

Asarhaddon selbst dachte mit Unwillen an diesen Zeitpunkt, wenn sein Sohn, ein Sargonide, sich anschicken würde, eine Herberge für vorüberziehende Kaufleute zu bewirtschaften. Aber sonst trübte nichts sein Glück. Er begegnete mit Nachsicht und Freundlichkeit Mirjams Bruder und ertrug die geschwätzigen Syrer. Gern plauderte er mit den Gästen, die oft auch aus Assyrien Neuigkeiten mitbrachten. Der Dienerschaft gegenüber war er anfangs leutselig, später herablassend.

Vier Jahre gingen ins Land. Asarhaddon hatte sich an seinen Sohn gewöhnt. Er konnte ihm zulächeln und einige Worte an ihn richten. Aber er berührte ihn nicht, als könne er ihn mit seinen Händen verbrennen. Wenn er dennoch zögernd die Hand ausstreckte, als wolle er ihm übers Haar streichen, überfiel ihn jedesmal dieselbe Erinnerung: er sah den Palast von Kuraschat und ein Kind, das er Anaxares vor die Füße geworfen hatte. Dann zog er die Hand zurück und wandte sich ab, dann zerrissen ihn die Zweifel, ob er hierher gehörte und ob er sich von seiner Vergangenheit je lösen konnte oder wollte.

An einem heiteren Morgen ritt Asarhaddon zu Hilkias, dem Pferdehändler, der ihm zwei schöne Stuten aus dem Hochland von Zamua versprochen hatte. Asarhaddon wollte sehen, ob sie eingetroffen waren. Um nicht vollends dem Müßiggang zu verfallen, hatte er es sich zur Aufgabe gemacht, Hirams Gestüt zu verbessern und zu vergrößern, und es hatte sich bald herumgesprochen, daß man bei Hiram nicht nur gastfreundlich aufgenommen wurde, sondern auch die besten Streitrösser weit und breit kaufte, denn Asarhaddon hatte als Assyrer Pferdeverstand und eine ausgezeichnete Hand für die Tiere. Als er bei Hilkias eintraf, nahm ihn dieser sofort beiseite. »Ich habe die Pferde«, sagte er, »aber drüben im Gasthof wartet schon seit heute früh ein Mann auf dich. Er war nicht sehr gesprächig und wollte mir seinen Namen nicht nennen, aber ich glaube, er ist Assyrer.«

Asarhaddon zog unwillig die Augenbrauen zusammen. »Und er kommt meinetwegen? Woher wußte er, daß ich hierherkommen würde?«

»Sein Freund, so sagte er, sei ein rechter Pferdenarr, und ein Roßhändler allemal der Ort, an dem er zu finden sei. Bei Armas, er ritt den prächtigsten Hengst, den ich je sah.«

Asarhaddon durchzuckte ein Verdacht. »Die Stuten sehe ich mir später an«, sagte er und lenkte sein Pferd dem gegenüberliegenden Gasthof zu. Als er in den Innenhof ritt, bemerkte er sofort den herrlichen Rappen, der ihm wohlbekannt war und aus der berühmten Zucht des Harpagos in Ninive stammte. Neben ihm erhob sich ein hochgewachsener, schlanker Mann, dessen herrische Züge jetzt ein Lächeln milderte, das auch in seinen Augen stand. Er ging auf Asarhaddon zu und begrüßte ihn mit den Worten: »Ich wollte es nicht glauben, daß du dich hier verborgen hältst. Bei Aschschur und seinen achtundachtzig Dämonen, außer Hitze und Staub hat diese Stadt nichts zu bieten, und das Gezeter der Händler tut den Ohren weh.«

Asarhaddon saß ab und erwiderte lächelnd: »Trostlosigkeit ist das Wahrzeichen der Verbannung. Von Assurs hochaufragenden Mauern und schattigen Gärten darf ich nur träumen.«

Dann gingen sie aufeinander zu und umarmten sich herzlich. »Anaxares, was bewegt den besten Krieger Assyriens, Einöden und Wüsten zu durchqueren? Bringst du gute oder schlechte Kunde?«

»Wie man es nimmt.« Anaxares wies auf eine schattige Bank unter dichtem Laubdach. »Setz dich. Was ich zu sagen habe, ist nicht für fremde Ohren bestimmt.«

»Du bist doch nicht etwa mit einer geheimen Botschaft unterwegs? Ich meinte, die Sehnsucht nach einem alten Freund habe dich hergetrieben. Ach, Anaxares, du wärst besser nicht gekommen. Auch ohne dich zu sehen zerreißt mir die Sehnsucht nach Assyrien das Herz.«

Anaxares musterte Asarhaddon lächelnd. »Deine Züge sind weicher geworden, und deine Worte überraschen mich. Hat eine Frau es vermocht, dich so zu verändern?«

»Habe ich mich verändert? Nun, in Kadesch werden keine Schlachten geschlagen, und der Fuchs, der keine Hühner findet, frißt Beeren. Aber sprich, was hat dich hergeführt?«

»Ich bin gekommen, um dich nach Assyrien zurückzuholen.«

Asarhaddon lachte bitter auf. »Hat mir Assurdan etwa verziehen?«

»Nein, aber es gärt im Lande. Es sieht nach einem Umsturz aus. Dein Bruder, der noch vor drei Jahren in Ekbatana alle Macht in den Händen hielt, bringt zunehmend den Adel und das Militär gegen sich auf. König Astyages behandelt er nicht wie einen Besiegten, sondern wie einen Freund. Er hat fast alle Truppenverbände, die in Medien unter Waffen standen, aufgelöst. Bei Karkemisch verüben die Churriter dreiste Grenzüberfälle, er aber will von einem Krieg gegen Urartu nichts wissen und hat ihnen nur eine Abteilung von zweihundert Mann entgegengeschickt, als handele es sich um eine Räuberbande. Menschenopfer hat er verboten. Aschschur darf fortan nur noch durch das Verbrennen wohlriechender Hölzer verehrt werden, und es ist sicher nur noch eine Frage der Zeit, bis er sein Standbild ganz aus dem Tempel entfernen wird, um dort andere Götter aufzustellen.«

Asarhaddon hatte finster zugehört. Scharf fragte er Anaxares: »Und du? Auf welcher Seite stehst du?«

»Wo ich stehe, fragst du? Natürlich auf deiner Seite. Ich habe mich in Absprache mit allen Generälen entschlossen, dich zu unterrichten.«

»Wovon?« fragte Asarhaddon drohend. »Von eurer Unzufriedenheit mit eurem König oder bereits von einem Anschlag auf sein Leben?«

»So ist es«, erwiderte Anaxares bleich, »einige wollen deinen Bruder stürzen und töten.«

»Einige? Nenne die Namen!«

»Nein«, erwiderte Anaxares ruhig, »du würdest Männer hinrichten lassen, die mir vertrauen.«

Asarhaddon schwollen die Adern an den Schläfen. Zornig rief er: »Soweit ist es also! Bin ich deshalb fortgegangen, damit die Verräter in Assyrien herrschen? Gab ich euch nicht den Befehl, loyal zu meinem Bruder zu stehen? Mißachtet man so meinen Willen? Und nun scheut man sich nicht, meine Hilfe zu erbitten, wozu du dir als mein Freund nicht zu schlecht bist. Man erwartet, daß ich zu diesem schändlichen Vorhaben meine Hand reiche! Wie kannst du das erwarten, Anaxares? Freilich, Assurdan hatte schon immer eine andere Vorstellung von dem, was einen assyrischen Herrscher auszeichnen sollte, aber noch ist es der Wille des Königs, der in Assyrien gilt, und nicht der seiner Feldherren. Was Aschschur angeht, so mag Assurdan sein Standbild in Stücke hauen, denn er entscheidet fortan, welche Götter Assyrien regieren. Und wenn mir seine Handlungsweise auch mißfallen würde und ich Aschschurs Namen wieder aufrichten und die Macht wieder ergreifen wollte, so ist mir der Weg zurück doch für alle Zeiten versperrt. Niemals mehr kann ich die Flügelsonne tragen, denn dann müßte ich meine Frau verstoßen. Nein, Anaxares, geh zurück und verkünde den Unbotmäßigen, daß der Hohepriester tot ist, tot, verstehst du? Für Assyrien sind andere Zeiten angebrochen, Zeiten der Besinnung und des Friedens. Sag ihnen, einer nur ist der rechtmäßige Thronerbe: Assurdan, der Sohn Sinacheribs und Enkel Sargons. Sollten die Generäle das vergessen haben?«

»Sie haben es nicht vergessen.« Anaxares legte Asarhaddon beschwichtigend die Hand auf den Arm. »Errege dich nicht. Ich bin nicht hier, um einem Verrat Vorschub zu leisten, sondern um deinen Bruder zu retten, weil ich weiß, wieviel er dir bedeutet. Die Entwicklung in Assyrien mag dir gefallen oder nicht, sie ist nicht mehr aufzuhalten, auch nicht durch mich. Nur einer aber kann den Königsmord verhindern, nur einer einen blutigen Aufstand im Keim ersticken, nur einer Assyrien zusammenhalten und im alten Glanz erstrahlen lassen. Einer, der das Recht hat, nach der Macht zu greifen, und die

Kraft, sie auszuüben, ein Sargonide wie Assurdan: Du, Asarhaddon! Oder spreche ich nicht zum Sohne Sinacheribs und Enkel Sargons? Du bist der rechtmäßige Nachfolger deines Bruders auf dem Thron. Nimm ihm die Krone und rette so sein Leben! Deine Frau aber brauchst du nicht zu verstoßen, sondern du wirst sie zu deiner Königin machen.«

Asarhaddon starrte Anaxares an. Schließlich murmelte er: »Wahnsinn, es ist Wahnsinn, was du da sagst.« Aber seine Augen sprachen bereits eine andere Sprache. In ihnen glühte schon das Verlangen, Kadesch mit Assurs Thron zu vertauschen und Müßiggang mit Macht.

Anaxares sah, daß sein Freund Feuer gefangen hatte, und atmete auf. »Du wirst also mit mir zurückkommen?«

»Ich muß mich bedenken«, erwiderte Asarhaddon heiser, »Mirjam – es wird ihr nicht gefallen in Assur.«

So sprach er, aber in Wahrheit sah er sich schon auf dem mächtigsten Thron der Erde, die Völker zu seinen Füßen, die königliche und priesterliche Macht vereint in seinen Händen. Seinem Sohn würde er ein Weltreich hinterlassen, keine syrische Herberge.

»Die Frau folgt ihrem Mann«, entgegnete Anaxares schulterzuckend, »das wird hier in Syrien doch nicht anders sein?«

»Nein.« Asarhaddon erhob sich plötzlich. »Komm, Anaxares! Die beiden Stuten lasse ich später abholen.«

Als die beiden Männer in Hirams Herberge angekommen waren, bat Asarhaddon Mirjam in sein Zimmer. »Ich habe einen Gast mitgebracht, Mirjam. Anaxares aus Ninive, Sohn des Feldherrn Harpagos und mein bester Freund.«

Mirjam schenkte ihm ein strahlendes Lächeln. »Sei willkommen, Anaxares. Ich hoffe, du bist recht lange unser Gast. Wie freut es mich, daß du den Weg hierhergefunden hast, denn ich weiß wohl, daß Asarhaddon sich heimlich nach seiner Heimat sehnt.«

Der furchtlose Krieger lief rot an wie ein schüchterner Knabe und stammelte mühsam ein paar Begrüßungsworte.

Asarhaddon meinte spöttisch: »Mirjam, bevor du meinen Freund vollends verwirrst, sorge bitte für eine angemessene Bewirtung. Setze dich dann bitte zu uns, denn wir haben etwas zu bereden. Aber schenke Anaxares nicht zuviel von deinem Lächeln, es könnte ihn am Ende derart in Bedrängnis bringen, daß er krank und stumm wird.«

Mirjam lachte. »Mein Lächeln zu verbergen, wird mir schwerfallen, fürchte ich, denn einem so hübschen und stattlichen Mann zeige ich gern ein freundliches Gesicht.«

Sie ließ Anaxares tatsächlich stumm zurück. Er starrte ihr hinterher, dann sah er Asarhaddon unsicher an. »Das war sehr freizügig von deiner Frau«, murmelte er. »Duldest du solche Reden?«

»Mirjam sagt, was sie denkt, und ich liebe ihre Offenheit. Frauen, die unbemerkt im Schatten ihres Mannes ein kümmerliches Dasein fristen, kann ich nicht ertragen.«

»Gewiß.« Und Anaxares fügte verlegen hinzu: »Sie sagte, ich sei hübsch, das hat mir noch keine Frau gesagt.«

»Die Höflichkeit ist eine aufgeputzte Lüge«, spottete Asarhaddon.

»Du meinst, sie wollte mir nur schmeicheln? Aber ich bin doch nicht häßlich, oder?«

»Das, mein Freund, steht mir nicht an zu beurteilen, doch nicht die Schönheit ziert den Mann.« Dann wurde Asarhaddon plötzlich ernst. »Höre Anaxares, kein Wort von der Vergangenheit vor Mirjam!«

Dieser nickte. »Bei Aschschur! Diese Frau ist den Verlust der Flügelsonne wert.«

»Das ist übertrieben, aber sie versüßt ihn mir schon sehr. Und du, Anaxares, wann wirst du eine Frau auf deine Güter bei Ninive heimführen?«

»Ich bin noch nicht zur Ruhe gekommen und mein Schwert auch nicht. Ich denke, es wird bald wieder wichtiger sein denn je.«

»Du möchtest wohl als Greis in den Stand der Ehe treten? Dann aber wirst du dir eine junge, hübsche Frau kaufen müssen, denn freiwillig wird wohl kaum eine deine spärlichen grauen Haare kraulen.«

Da kam Mirjam wieder herein, und Anaxares senkte rasch den Blick, um vor ihrem unbefangenen Lächeln nicht wieder erröten zu müssen.

Asarhaddon kam sofort zur Sache. »Anaxares ist, wie du dir denken kannst, nicht ohne Grund hier, Mirjam.«

Sie sah Anaxares fragend an. »Ist es ein ernster Grund?«

Anaxares gab ihren Blick an Asarhaddon weiter. »Er ist ernst, ja. Anaxares brachte beunruhigende Nachrichten aus Assyrien. Ich muß zurück.«

»Du mußt – zurück?«

»Natürlich nehme ich dich und unseren Sohn Sargon mit.«

Mirjam atmete befreit auf. »Natürlich werden wir dich begleiten. Hat denn dein Bruder den alten Streit vergessen?«

»Nein, ich will versuchen, es dir zu erklären. Die militärische Führung ist unzufrieden mit der Herrschaft meines Bruders, und die Generäle haben viel Macht. Sie wollen ihn stürzen, ihn ermorden.«

»Den König? Und du willst das verhindern?«

»Das muß ich, aber anders, als du vielleicht meinst. Ich gehe zurück, um nach der Krone zu greifen, und die Generäle werden mich zum König ausrufen.«

»Du willst deinen Bruder stürzen? Also gehst du nur zurück, um selbst an die Macht zu gelangen?«

»Ich rette so sein Leben. Gehe ich nicht, wird man ihn ermorden, die Macht aber würde in die Hände eines Mannes fallen, der nicht aus königlichem Geblüt ist und keine Rechte an der Herrschaft besitzt.«

Mirjam überlegte eine Weile. Dann wandte sie sich plötzlich an Anaxares: »Asarhaddon wird ein guter Herrscher sein, nicht wahr?«

Dieser zuckte zusammen. »Ja«, erwiderte er belegt. Er warf Asarhaddon einen unsicheren Blick zu.

»Mirjam«, lenkte der vorsichtig ab, »es wird dir in Assur vielleicht nicht gefallen, alles wird dir fremd sein, und du wirst –«

Mirjam verschloß ihm mit den Fingern den Mund. »Mein Leben ist an deiner Seite, in Hütten oder im Palast, was frage ich danach? Und Menschen leben überall.«

»Alle Herrscherhäuser der Welt werden Assyrien um die schönste Königin beneiden«, ergänzte Anaxares rasch, doch

Mirjam antwortete: »Auch als Königin kann ich nicht beneidenswerter sein, als ich es heute schon bin.«

Asarhaddon sah Mirjam an: »Der Palast zu Assur ist keine syrische Herberge und der Thron kein Ruhesessel. Assyrien ist nicht vom Handel groß geworden, sondern vom Krieg. Weil Assurdan das vergessen hat, kann er nicht König sein.«

»Willst du damit sagen, daß du Gewalt gutheißt?«

»Ohne Gewalt kann man nicht herrschen.«

»Dann sollst du ein solches Erbe nicht begehren. Man pflückt doch auch nur die Beeren hoch am Strauch und nicht jene, die schmutzig vom Straßenstaub sind.«

»Und doch bückst du dich nach einem Goldstück, mag es auch halb im Staub begraben sein. Assyrien ist vor den Völkern wie ein Goldstück, vor dessen Glanz man geblendet die Augen schließt.«

Die Diener trugen das Essen auf. So blieben Mirjam weitere Lobeshymnen über Assyrien erspart, zumal Anaxares sich im weiteren Verlauf des Gesprächs bemühte, es in eine andere Richtung zu lenken. Bestürzt wurde ihm klar, daß Mirjam, dieses liebreizende Geschöpf, offenen Auges in die Fänge des Tigers lief. Noch bewegte dieser sich auf samtenen Pfoten, doch seine furchtbaren Krallen würde er bald wieder zeigen. Anaxares begriff mit Schrecken, daß er begann, sich in Mirjam zu verlieben.

21

Zargo hatte sich schon zur Ruhe begeben, als jemand bei ihm eintrat. Fluchend über die Nachlässigkeit der Wachen griff er zum Schwert, das griffbereit neben seinem Bett lag. Zwar führte er nur noch ein Schattendasein, seit ihn Assurdan zur Bedeutungslosigkeit verbannt hatte und sein Herr in unbekannter Ferne weilte, aber auch dieses wollte er ungern verlieren. Da hörte er die ihm so vertraute Stimme: »Leg das Schwert beiseite, Zargo, oder willst du deinen Herrn und Gebieter umbringen?«

Mit einem Aufschrei fuhr Zargo in die Höhe. Asarhaddon bedeutete ihm zu schweigen. »Ich bin ein heimlicher Gast, Zargo, niemand darf wissen, daß ich hier bin.«

Mit zitternden Händen entzündete Zargo eine Öllampe und starrte Asarhaddon an. »Du lebst, Herr? Bei den Göttern, dann wird doch noch alles gut.«

»Bei welchen Göttern, Zargo? Rufst du seinen Namen nicht mehr an?«

»Seinen Namen? Herr, strafe mich für meine nachlässige Zunge. Aber für uns Priester war es nicht ratsam, Aschschur zu preisen, und so gewöhnten wir uns an, ihn im Herzen, aber nicht auf der Zunge zu tragen. Doch ich sehe dich und weiß nun, daß Aschschur wieder leben wird. Und er wird seine Herrschaft wieder aufrichten, grausamer und blutiger denn je.«

»Langsam, Zargo. Heute bin ich gekommen wie ein Dieb in der Nacht, um die Luft Assurs zu atmen und das Mondlicht in den stillen Teichen der Tempelgärten zu beobachten.«

»Tu es, Herr, denn die Gärten, die du immer so liebtest, sind dieselben geblieben, aber der Geist Aschschurs ist aus den Mauern gewichen. Doch nun stehst du vor mir wie damals, als du von deiner schmachvollen Reise heimgekommen bist. Liegt es wieder bereit auf dem Altar, das Schwert?«

»Nein, Zargo. Ich trage nur einen Dolch, und auch diesen werde ich nicht zücken. Damals kam ich nach Assur, eines lästigen Schwurs ledig, begierig zu töten und die Flügelsonne wieder zu tragen. Heute binden mich andere Pflichten, und am Töten finde ich keinen Gefallen mehr.«

Zargo wurde bleich. »Deine Worte, Herr, soll der Wind verwehen, und besser, ich hätte sie nie gehört. Soll denn Aschschurs Name gänzlich getilgt werden, oder, was noch demütigender wäre, soll er sich am Opferduft von Räucherstäbchen erfreuen und von Müttern angerufen werden, um ihre greinenden Kinder nachts in den Schlaf zu wiegen?«

Asarhaddon lachte. »Dein Geschwätz ist das alte geblieben, es klingt heimatlich in meinen Ohren. Ja, nun weiß ich, daß ich heimgekehrt bin. Ich bin auf dem Weg nach Ninive, um dort im Hause des Harpagos die Feldherren Assyriens zu einem heimlichen Gespräch zu treffen. Anaxares, sein Sohn, ist es gewesen, der mich zu meiner neuen Pflicht gerufen hat: König von Assyrien zu sein.«

Zargos Augen leuchteten. »O Herr, weshalb zögertest du mit dieser wunderbaren Botschaft?«

»Hast du mich denn recht zu Wort kommen lassen? Freilich bin ich hier, um die Macht wieder zu ergreifen, und da mein Bruder sich mir entgegengestellt hat, kann ich das nicht mehr als Hohepriester im Tempel tun.«

»Du sagtest, du fändest am Töten keinen Gefallen mehr.«

»So ist es. Vier Jahre war ich fort und dort, wo ich lebte, herrschten Ruhe und Frieden. Nun bin ich heimgekehrt, aber ich habe Frau und Kind.«

»Aschschur schlage mich mit Taubheit!« rief Zargo entsetzt.

»Ich liebe meine Frau, und sie verstand, meine dunklen Leidenschaften zu zügeln. Freilich, als Hoherpriester waren sie nützlich, doch als König ziemt es mir nicht, wie ein Hund hechelnd dem Fleischhauer hinterherzulaufen.«

Asarhaddons Worte erschienen Zargo wie eine Gotteslästerung. Zaghaft fragte er: »Du willst also dein Königtum aufrichten, ohne Aschschurs blutige Herrschaft anzuerkennen? Du willst ohne Schrecken regieren? Du willst die Menschenopfer verbieten wie Assurdan sie verboten hat?«

»Davon habe ich kein Wort gesagt. Die Folterkammern in den Gewölben jedoch werde ich zumauern und versiegeln lassen.«

Obwohl Zargo letzteres mißfiel, atmete er auf. Er wagte es nicht, Asarhaddon die Liebe zu dieser Frau vorzuwerfen, aber er sagte sich, daß dieser, atmete er nur lange genug wieder die Luft Assurs, auch bald wieder mit Freuden Belschar-Ussurs Lehren beherzigen würde.

»Ich nehme an, daß es im Tempel keine Gefangenen mehr gibt«, nahm Asarhaddon das Gespräch wieder auf.

»Nein, nicht einmal Arbeitssklaven hat Assurdan dem Tempel bewilligt. Offensichtlich fürchtete er, wir könnten seinen Befehl mißachten und Aschschur heimlich opfern.«

»Hat Assurdan Beobachter hier?«

»Nicht mehr. Anfangs durchsuchten seine Wächter alle Räume, auch die Keller. Sie hielten Wache im Altarraum, und die Schirkus mußten ihre Krummschwerter, die Wahrzeichen ihres Amtes, abgeben. Er hat sie zur Bedeutungslosigkeit verdammt. Jetzt verbringen sie den Tag mit Gelagen und setzen Fett an.«

Diese Vorstellung machte Asarhaddon zornig. Schmerzhaft durchfuhr ihn die Erkenntnis, daß er große Fehler begangen hatte. Vielleicht noch nicht vor Ekbatana, als ich freiwillig das Feld geräumt habe, überlegte er. Damals habe ich wohl keine andere Wahl gehabt, aber ich hätte mich nicht vier lange Jahre in Kadesch verbergen dürfen. Nun stehe ich hier in meines Vaters Haus, das nur noch durch seine Höhe über der Stadt steht. Die Schergen Aschschurs sind zu müßigen Schlemmern herabgesunken, die Kerker leer. Der Duft wohlriechender Hölzer beleidigt den Gott, der den Geruch des Blutes gewohnt war. Und das alles konnte nur geschehen, weil mich jene Schwäche überfallen hat, vor der mich Belschar-Ussur noch am Sterbebett warnte: Man erwartet von dir, ein Gott zu sein, Asarhaddon! Doch vier Jahre haben mich zum syrischen Krämer werden lassen!

Zargo las Asarhaddons Gedanken in seinen Augen. »Du findest unwürdige Zustände vor, Herr«, sagte er berechnend. »Hast du den Altarraum schon betreten und den Stein berührt? Er lebt nicht mehr, er ist tot. Aschschur selbst ist tot. Nichts dort erinnert mehr an seine lebendige Gegenwart.«

Asarhaddons Augen wurden zu Schlitzen. »Tot? Nein, Zargo, er schläft nur. Tote kann man nicht wieder zum Leben erwecken, aber Aschschur werde ich aus seinem langen Schlaf reißen. Nach Medien werde ich nun den Krieg nach Urartu tragen; Tuschpa, ihre Hauptstadt, soll brennen wie Kuraschat. Und diesmal wird sich Aschschur an den Kriegsgefangenen sättigen dürfen.«

Zweifellos war es die Ausstrahlung des Tempels, die ihn plötzlich wieder solche Pläne fassen ließ. Auch Zargo traute ihm nicht ganz. So erwiderte er behutsam: »Eines Tages wirst du uns diese Tage der Fülle bescheren, jedoch bis dahin dauert es noch lange. Du aber stehst in dieser Stunde vor mir, bereit zu neuen großen Taten. Es sollte auch die Stunde seiner Wiedererweckung sein. Hat Aschschur nicht die längste Zeit geschlafen?«

»Was willst du damit sagen?«

»Wir sollten ihm opfern.«

»Heute?«

»Jetzt.«

Asarhaddon zögerte mit der Antwort; Zargo bemerkte es mit Unmut. »Fürchtest du das Verbot deines Bruders?« fragte er herausfordernd.

»Sei kein Narr!« entgegnete Asarhaddon ärgerlich. Er sah Zargo nachdenklich an. »Wen?«

»Wir haben noch einige Tempelsklaven.«

Asarhaddon nickte. »Wähle einen jungen Mann und führe ihn vor Aschschurs Altar. Heute nacht wird es noch ein heimliches Opfer sein, doch bald soll die Furcht vor seinem Grimm wieder über alle herrschen.«

Freudig eilte Zargo davon, den Befehl seines Herrn auszuführen. Asarhaddon begab sich in den Altarraum. Hier sprach jeder Stein zu ihm, jede Nische hatte ihre Geschichte; der Altar erzählte von einer grauenvollen und mächtigen Vergangenheit. Von hier war der Ruf Aschschurs in die Ohren der Völker gedrungen. Würde der Altar sich ihm mitteilen wie einst oder stumm bleiben?

Er war kalt und glatt und bebte nicht unter seinen Händen. Langsam zog Asarhaddon den Dolch aus dem Gürtel und wendete ihn so, daß der Feuerschein in seiner Klinge rot aufblitzte. Als er ein Geräusch hörte, zuckte er zusammen. Er sah sich um, aber die Halle war leer. Er atmete auf, denn er hatte Zargo mit dem Sklaven erwartet. Beschämt stellte er fest, daß das bevorstehende Opfer eher Beklemmung als Befriedigung in ihm auslöste. Er fiel vor dem Götterbild auf die Knie.

»Meine Stärke ist von mir gewichen, der Stein ist stumm, und du schläfst einen tiefen Schlaf. Der Löwe will das Wild von der Tränke vertreiben, doch seine Zähne sind ausgefallen, seine Krallen stumpf. Durfte ich zurückkommen und vor dein Angesicht treten mit zitterndem Herzen? Oder wäre es besser gewesen, Assurdans Häscher hätten mich gefangen und getötet? Du bist kein Gott, dem man sich mit Zweifeln im Herzen nähern darf, und doch liege ich vor dir im Staub und frage dich: Was soll ich tun? Bin ich noch würdig, dein Diener zu heißen? Bin ich berufen, in deinem Namen zu herrschen? Nicht nur der Gedanke an Mirjam läßt mein Herz zittern wie einen Vogel, der aus dem Nest gefallen ist. Habe ich dich nicht schon öfter verleugnet, als es dem Hohenpriester ziemt? Bin ich nicht aus Ekbatana geflohen und habe mich fast erleichtert in der syrischen Herberge versteckt? Meine Seele ist gespalten, seit sie den sanften Verlockungen von Liebe und Freundschaft begegnet ist, aber möchte ich sie missen? Ich wünsche mir die Sanftmut der Taube und das Herz des Tigers. Lasse meine Rechte todbringend sein und meine Linke liebkosend.«

Zargo erschien mit dem jungen Sklaven, der als Opfer ausersehen war. Er erblickte Asarhaddon versunken vor dem Altar und war zufrieden. Denn er war sicher, daß er sich eben wieder mit seiner blutigen Vergangenheit versöhnt hatte. Er stieß den gefesselten Mann heftig gegen den Altar und rief heiser vor Aufregung: »Hier bringe ich dir ein atmendes, junges Leben. Nun wecke Aschschur mit den Schreien dieser Kreatur!«

Asarhaddon fuhr fast erschrocken aus seinen Gedanken hoch. Er sah Zargo an, von dessen bleichem Gesicht die Schweißtropfen rannen. Seine eigenen vergangenen Begierden starrten ihn an. Oder waren sie gar nicht vergangen? Bedurfte es nur eines Hauchs, um den zarten Schleier von Menschlichkeit fortzublasen?

»Ich habe lange kein Blut mehr vergossen«, hörte er sich zu seinem eigenen Entsetzen murmeln, und Zargo warf einen vorsichtigen Blick auf den Sklaven, ob dieser womöglich die entehrende Bemerkung gehört hatte. Doch der war vor Angst kaum bei sich und kauerte zitternd am Boden.

»Nimm deinen Dolch, Herr«, flüsterte Zargo, »und ziehe ihm seine Haut vom Fleisch, wie man einen gefällten Baum entrindet.«

Asarhaddon trank Zargos Worte wie den süßen Wein der Versuchung. Schon begann allein die Vorstellung ihn zu erregen, aber gleichzeitig fürchtete er sich, wieder einzutauchen in den Rausch, denn das bedeutete, sich wieder ganz Aschschur zu unterwerfen, aber da wäre kein Platz mehr für eine Frau und ein Kind. Aber er hatte sich hier vor seinem Altar nicht zum Sinnieren eingefunden, und die Pflicht zur Grausamkeit verband sich verführerisch mit ihrem Reiz. Doch er zögerte, sich ihm hinzugeben. Sollte er Mirjam mit blutbefleckten Händen gegenübertreten? Würde seine Hand nicht zurückschrecken, wenn er ihr über das Haar streichen wollte, wie er es damals bei seinem Sohn erfahren hatte?

Er sah nachdenklich auf den zu seinen Füßen liegenden Sklaven und wünschte sich inbrünstig, daß ihn die schreckgeweiteten Augen des Todgeweihten zu Mitleid rühren möchten. Aber Mitleid für ein Aschschur geweihtes Opfer zu empfinden wäre eine Lästerung des Gottes, und die angstverzerrten Züge weckten nur die alten Gelüste in ihm. Er spürte, daß er die Todesangst wie eine Vorspeise genoß. Mit jäher Gebärde streckte er Zargo seinen Dolch hin. »Sei du der Vollstrecker! Bin ich erst König, wirst du der Erste im Tempel sein, also übernimm auch meine Pflichten!«

Doch Zargo durchschaute Asarhaddon und erwiderte ärgerlich: »Nicht ich bin es, der fortgegangen ist und dem Tempel entfremdet wurde. Nicht ich habe mein Herz abgewandt von Aschschur und es einer Frau geschenkt. Nicht Zargos ungebrochenen Eifer wünscht Aschschur zu sehen, sondern den seines ersten Dieners, dessen Hand nun zittert, das Opfer zu vollziehen.«

Da warf Asarhaddon den Kopf in den Nacken, und er riß sich sein syrisches Gewand vom Leib. Mit nackt glänzendem Oberkörper stand er vor dem Altar, die flammenden Augen emporgerichtet. »So werfe ich die Last meiner syrischen Jahre von mir!« rief er. »Ich lag gebunden, doch jetzt bin ich frei, und du, Kautilya, wirst niemals über mich siegen!« Dann begann er sein schauerliches Werk und ließ nicht ab, bevor er es vollendet hatte. Auf Aschschurs steinernem Antlitz aber schien ein zufriedenes Lächeln zu liegen.

22

Assurdan, der König von Assyrien, hatte versucht, nach dem furchtbaren Gemetzel in Medien dem Land Frieden zu schenken. Doch in seinem Bestreben, dies zu verwirklichen, war er zu rasch und manchmal unklug vorgegangen. Unklug vor allem deshalb, weil er die mächtigen Feldherren und ihren Einfluß unterschätzt und sich leichtfertig ihrem Rat entzogen hatte. Jene, die seinerzeit mit ihm in Ekbatana gesiegt hatten, waren von seiner plötzlichen Hinwendung zum Frieden genauso betroffen wie Urukagina und Harpagos. Das hatte sie veranlaßt, sich mehr und mehr von ihm abzuwenden und sich heimlich den beiden dem Hohenpriester treuen Generälen anzuschließen. Assurdan aber sonnte sich in der Zuneigung seines Volkes, das den gütigen Herrscher liebte. Vielleicht übersah er auch ganz absichtlich, was sich hinter seinem Rücken zusammenbraute.

Eines Tages verlangte Harpagos von Ninive mit seinem Sohn Anaxares bei ihm eine Audienz, die Assurdan den angesehenen Männern kaum verweigern konnte. Aber er empfing sie nicht freundlich und gab ihnen deutlich zu verstehen, wie sehr er die Männer des Schwertes verachtete. »Kommt ihr zu mir, Kampfgefährten des Schlächters von Kuraschat und Erfüllungsgehilfen seiner Schandtaten? Ich bin euer König, also will ich euch anhören, aber eure Anwesenheit in meinem Palast kann nichts Gutes bedeuten. Also sprecht und faßt euch kurz!«

»Du empfängst uns mit bitteren Worten, mein König«, entgegnete Harpagos kühl, »das scheint mir unserem hohen Rang nicht angemessen. Wir haben für unser Land das Schwert geführt und unser Leben eingesetzt. Weshalb schmähst du uns mit herben Worten?«

»Meine Worte gelten nicht eurer Tapferkeit, die jedermann bekannt ist, sondern wenden sich gegen eure Taten, nachdem der Gegner schon am Boden lag. War es rühmlich, Frauen die Bäuche aufzuschlitzen und Säuglinge aufzuspießen? Doch lassen wir das ruhen! Wir wissen, was wir voneinander halten. Was ist euer Anliegen?«

»Du erwähntest deinen Bruder. Seinetwegen sind wir hier.«

Assurdan wurde bleich vor Zorn. »Ich habe keinen Bruder mehr! Es sei denn, ihr sprecht von jenem Tollwütigen, der einst Hoherpriester war. Ich wünsche nicht, über ihn zu reden, und sein Name soll nicht in meiner Gegenwart ausgesprochen werden.«

In Anaxares Gesicht zuckte es. Unbeherrscht trat er vor und rief herausfordernd: »Der Name Asarhaddons wird fortan wieder in diesen Mauern gehört werden, und weit hinaus über die Grenzen Assyriens. Was würdest du sagen, mein König, wenn er sich in Assur befände?«

Assurdan war sehr beherrscht, aber seine Stimme war leise, als er feststellte: »Er ist also hier.«

Harpagos schob Anaxares unwillig zur Seite, denn sein vorlautes Benehmen wollte er auch vor Assurdan nicht dulden. »Ja«, erwiderte er ernst, denn ihm fiel es nicht leicht, vor Assurdan von dem zu sprechen, was die Generäle beschlossen hatten. »Asarhaddon ist in Assur. Was ich dir nun zu sagen habe, mein König, ist hart, aber bedenke, daß wir zu dir gekommen sind, um wie Männer aufrichtig zu dir zu sprechen, von einer Sache, die nicht mehr aufzuhalten ist. Alle Generäle Assyriens haben es so gewollt, und wir sind hier, es dir zu verkünden: Asarhaddon soll den Thron Assyriens besteigen, und wir bitten dich, in Würde zurückzutreten, um das Land nicht in blutige Wirren zu verstricken.«

Assurdan wich alles Blut aus dem Gesicht, und seine Lippen zitterten. Doch nicht der Verlust der Macht schmerzte ihn, sondern daß die blutige Herrschaft Asarhaddons triumphieren sollte. »Das Heer – alle gegen mich?« fragte er erstickt.

»Die Krieger hören auf ihre Offiziere, diese aber nehmen sich Aschschur zum Vorbild«, entgegnete Harpagos hart.

»Und – wer ist noch für mich?«

»Das Volk. Ja, mein König, von ihm wirst du geliebt, aber vom Volk kann keine Macht ausgehen.«

»Noch einer ist es, der dich liebt, mein König!« rief Anaxares heftig. »Das ist der, dessen Namen du dich weigerst auszusprechen, den du verbannt hast, dessen Tod du wünschst. Doch wenn du bei diesem Thronwechsel dein Leben nicht verlierst, hast du es ihm zu verdanken!«

Assurdan aber achtete nicht auf Anaxares; sein Blick fiel auf den soeben Eingetretenen. Asarhaddon stand vor ihm, der gehaßte und geliebte Bruder, der Diener Aschschurs, der Feind aller Menschlichkeit, sein Nachfolger! Er stand vor ihm im Waffenrock, wie damals in Ekbatana, und schien den Geruch des Blutes und das Geschrei der Sterbenden mit sich zu bringen. Wie hinterhältig hatten die Götter soviel Grausamkeit in einer so verführerischen Hülle versteckt, und den Augen, die sich nicht sattsehen konnten an Blut, den träumerischen Glanz von Sanftmut verliehen. Die beiden ungleichen Brüder sahen sich an, und beiden lag eine heftige Anklage in ihrem Blick. Doch in Asarhaddons Augen stand daneben noch eine Traurigkeit, die Assurdan verwünschte, weil der Schimmer brüderlicher Liebe ihn immer wieder verblendet hatte.

»So hast du es also gewagt, vor mir zu erscheinen«, murmelte Assurdan. »In Ekbatana habe ich dir dafür den Tod angedroht, doch nun bist du unter dem Schutz der Generäle zurückgekehrt, um dich des Thrones zu bemächtigen, und meine Befehle werden zu Wasser vor ihren Schwertern.« Er lächelte bitter und entsagungsvoll. Dann erhob er sich und verbeugte sich spöttisch. »Da die Götter die Lose nun so verteilt haben, nimm Platz auf dem Throne Sinacheribs, der unser beider Vater war.«

Asarhaddon zuckte zusammen, aber nur er vermochte die besondere Bedeutung dieser Worte zu verstehen. Assurdan sah die kurze Betroffenheit in Asarhaddons Zügen und fuhr höhnisch fort: »Nimm Platz und herrsche über Assyrien, sei Hoherpriester und König. Bei Aschschur, welch eine segensreiche Machtfülle in deiner Hand! Deine Heere schlachten die Völker, und der Rest verblutet auf Aschschurs Altar. Ich beglückwünsche Assyrien zu diesem Herrscher!«

»Ich verstehe deine Verbitterung«, erwiderte Asarhaddon, »doch erinnere dich, daß ich es gewesen bin, der fortgegangen ist, nachdem du mich vor dem Feind schwer gedemütigt hattest. Du wirst anerkennen müssen, daß ich dadurch dem

Land den inneren Frieden erhalten habe. Und obwohl du mich töten wolltest, habe ich deinen Tod niemals herbeigesehnt.«

»Weshalb bist du dann zurückgekommen? Assyrien war auf dem Weg, eine Blüte der Kultur, der Kunst und des Friedens zu erleben, die du wieder zunichte machen wirst.«

»Ich hätte niemals nach der weltlichen Macht gegriffen, wenn nicht alle Generäle geschlossen gegen dich gewesen wären. Ich habe deine Königswürde stets geachtet, doch du hast die Zeichen des Sturms im eigenen Land nicht bemerkt. Die Hinwendung zu den schönen Dingen mag besiegten Völkern gut zu Gesicht stehen, deren Früchte Assur zwar ernten, aber niemals im Übermaß genießen sollte.«

»Ich habe verstanden«, erwiderte Assurdan unbewegt, »mögen die Götter den Menschen gnädig sein, auf die dein Schatten fallen wird. Nun bleibt mir nur noch, dich zu fragen, welches Los du mir in deiner Allmacht zugedacht hast, Asarhaddon. Was gedenkst du zu tun mit einem lästigen Bruder, der so vermessen war, in Assyrien mit Güte herrschen zu wollen? Darf ich meine Todesart selbst wählen? Oder erlaubst du mir, mich in die Einöde der Berge zurückzuziehen, um über meine verwerfliche Schwäche nachzudenken?«

»Assurdan, es schmerzt mich, gegen dich Gewalt anwenden zu müssen. Aber es wäre ein Schimpf für das assyrische Herrscherhaus, würde ich den Sohn Sinacheribs entehren wollen oder gar töten.«

»Bemühe dich nicht um tröstende Worte in dieser Lage!« unterbrach Assurdan ihn heftig. »Du träufelst Honig auf meine Wunden, aber der Stachel bleibt im Fleisch. Ich hatte geschworen, dich zu töten, und ich werde mich dieses Schwurs erinnern, sobald sich die Gelegenheit dazu ergibt.«

Betroffen sah Asarhaddon ihn an. »Bist du so unversöhnlich? Ich hatte geglaubt, die Zeit würde dich besänftigen. Sei unbesorgt, Assurdan, der Tag meines Todes wird kommen, doch die Götter mögen verhüten, daß du es sein wirst, der mich tötet.«

»Mich täuschst du nicht mehr mit deinen herzbewegenden Worten, denn deine Taten sprechen eine andere Sprache. Du bist kein Mensch, sondern ein Raubtier. Wehe den Opfern, die sich leichtfertig dir nähern.«

»Assurdan!« Asarhaddon streckte ihm bittend die Hand entgegen. Und es lag so viel Schmerz und Wille nach Versöhnung in diesem Wort, daß seine Generäle ihn erstaunt ansahen. »Ich täusche dich nicht, nicht in dieser Stunde. Mein Herz wird keine Ruhe finden, wenn zwischen uns so viel Haß steht.«

So aufrichtig bekümmert hatte Assurdan seinen Bruder noch nie erlebt, und es bewegte ihn tiefer, als er wahr haben wollte. Aber Assurdan wollte Asarhaddon nie mehr in die Falle gehen. »Du mußt mit meinem Schwur leben«, sagte er schroff. »Das Blut von dreißigtausend Menschen wird nicht durch schöne Worte abgewaschen.«

Derart zurückgewiesen, wandte sich Asarhaddon heftig von seinem Bruder ab und sagte zu Harpagos: »Lasse dir den Stirnreif und den Königsmantel geben, denn von nun an stehen sie mir zu.«

Assurdan händigte beides aus, und Harpagos überreichte die Insignien kniend Asarhaddon. Er legte sie an, nahm auf dem Thron der Sargoniden Platz und befahl die Hofbeamten und Schreiber zu sich. Als sich alle unterwürfig und ängstlich versammelt hatten, sprach er: »Hört meine Worte und verkündet sie dem Volk! Grabt sie in Felsen, schneidet sie in Stein, auf daß sie unvergänglich seien. Ich, Asarhaddon, habe heute die Macht ergriffen. Ich, Asarhaddon, bin König von Assyrien. Ich herrsche über das Reich, das sich von den Gebirgen des Taurus im Norden bis zum südlichen Salzmeer Elams erstreckt, das im Westen begrenzt wird vom großen Salzmeer und im Osten vom Zagros-Gebirge. Ich fordere die Großen des Landes auf, nach Assur zu kommen und mir zu huldigen. Von den Mächtigen erwarte ich Tapferkeit und Treue, von den übrigen Unterwerfung und Gehorsam. So verkünde man es in allen Städten und Dörfern und stelle an den Plätzen Bildsäulen auf, die mein Wort tragen und den Herrscher zeigen unter dem mächtigen Schirm und Schutz Aschschurs, dem zu dienen wir alle bereit sind.«

Dann fiel sein Blick auf Assurdan. »Medien ist eine reiche

Provinz, und dein Name ist mir ihr verbunden. Dir ergab sich König Astyages, und du hieltest Hof in Ekbatana. Es ist daher mein Wunsch und Wille, daß du jene Provinz in meinem Namen verwaltest. Medien ist zu wertvoll, als daß es weiterhin von jenem Meder regiert wird, der mich als seinen Todfeind haßt. Du, Assurdan, wirst dort souverän herrschen, solange du Assyriens Wohl im Auge behältst. Das bedeutet, du darfst dem geschundenen Land ein milder Herrscher sein. Ich lasse dir freie Hand, und so kann es dir vielleicht gelingen, die Wunden wieder zu heilen, die ich dem Land geschlagen habe.«

»Dein Edelmut ist noch weniger zu ertragen als deine Grausamkeit«, zischte Assurdan ihm zu. »Mit mir machst du einen Todfeind zum Statthalter.«

»Meinen versöhnlichen Worten traust du nicht, Assurdan, nun, so traue meinen Taten! Ich könnte Astyages gegenüber unerbittlicher sein und Medien von der eisernen Faust Urukaginas regieren lassen. Aber ich bin der Meinung, daß du der bessere Mann bist für ein Land, das Balsam für seine Wunden braucht und dennoch assyrisch bleiben muß.«

Harpagos nickte zustimmend, und es verwunderte ihn, wie Asarhaddon sich immer wieder nachgiebiger zeigen konnte, als es seine Veranlagung vermuten ließ. Assurdan aber schwieg.

Viertes Buch

DER KÖNIG

1

Asarhaddon hatte sich zum mächtigsten Mann zwischen den Strömen aufgeschwungen, er herrschte im Tempel und im Palast. Der Erdkreis war ihm untertan, und Asarhaddon wollte ihn zittern lassen bis an die entferntesten Grenzen. Er änderte das Zeremoniell in seiner nächsten Umgebung. Er verlangte für seine Person göttliche Verehrung, um für alle sichtbar den Abstand zu den gewöhnlichen Sterblichen zu betonen. Das äußerte sich in strengen Vorschriften, die besagten, daß bei Todesstrafe niemand unaufgefordert den Blick zu ihm erheben oder gar das Wort an ihn richten durfte. Vielmehr hatte sich jeder bei seinem Anblick in den Staub zu werfen, als sei er geblendet vom göttlichen Glanz.

Asarhaddon, der sich einmal so weit zum Volk herabgelassen hatte, daß er mit einem Bettler aus einer Schüssel gespeist hatte, der als Gleicher unter Gleichen vier Jahre lang in der Verbannung gelebt hatte, wollte nun offensichtlich jeden Schatten dieser Erinnerung tilgen. Unantastbar, unerreichbar, unnahbar, so wollte er herrschen, so gefiel es ihm. Er ließ das Volk zittern, schweigen und gehorchen.

Als selbst Anaxares sich befremdet über die ihm übertrieben erscheinenden Maßnahmen äußerte, entgegnete Asarhaddon zynisch: »Der Geringe muß es sich gefallen lassen, daß der Mächtige ihn beherrscht, und der Sturmwind knickt den Halm, der sich nicht beugen will. Doch wenn der Sturm vorüber ist, richten sich die Ähren wieder auf und sprechen untereinander: Wie wild ist doch dieser Orkan über uns hinweggebraust und hat uns mit starker Faust zu Boden gedrückt, doch selbst die starke Eiche neigt vor ihm ihr Haupt. Schätzen wir uns also glücklich, daß wir einem so gewaltigen Herrn dienen dürfen.«

Mit dieser Ausübung von Herrschaft und Macht verwirklichte Asarhaddon rücksichtslos seine Erziehung im Tempel, und doch war es die Art Herrschaft, nach der Assyrien verlangte, nach der Zeit der milden Regierung Assurdans.

Für Mirjam galt es, in den weitläufigen Palastanlagen eine neue Welt zu entdecken, in der ihr vorerst verborgen blieb, daß sie nunmehr die Frau eines gottgleichen Herrschers war. Die Diener aber, die Sklaven und Palastangehörigen, die Beamten und Palastfrauen waren sich einig: Assyrien hatte wieder eine Königin, die so sanft und schön war wie die unvergessene Sammurat.

Jene babylonische Prinzessin hatte am assyrischen Hof wie ein bunter Schmetterling gewirkt und sogar die Liebe des kalten Belschar-Ussur gewonnen. Sammurat war eine kluge Frau gewesen, die es verstanden hatte, die Augen vor Dingen zu verschließen, die unabänderlich waren, denn sie entstammte selbst einem Herrscherhaus. So war ihre Verbindung mit dem Kronprinzen Sinacherib auch keine Liebesheirat gewesen; ihr Herz hatte sie an seinen blendend aussehenden Freund und Brudersohn verloren. Demütig ertrug sie später die Verzeihung Sinacheribs, und auf ihr lastete schwer die entsetzliche Wahrheit, daß der Mann, den sie geliebt hatte, zu einer Bestie geworden war.

Sie lernte den König lieben, und aus ihrer Stärke und Güte heraus spendete sie ihrer Umgebung Licht und Wärme. Doch eines Tages war das Licht jäh erlöschen, wie eine in den Brunnen gefallene Fackel, und die Wärme ihres Lächelns erfror, als hätte ein eisiger Wind es erstarren lassen. Nach dieser erschreckenden Verwandlung begann sie dahin zu siechen und verstarb innerhalb weniger Monate. Niemand konnte ihren Tod aufhalten, und nur wenige wußten um die Gründe, die dazu geführt hatten. Einer von ihnen war der alte Sklave Nuradad, der seit über vierzig Sommern das Amt eines Haushofmeisters versah. Damals hatte er in den Gemächern der Königin Dienst getan und sie wie eine Göttin verehrt.

Seine Knochen waren nun alt, und in seinen Gliedern wohnte die Gicht. Die von Asarhaddon erlassenen Vorschriften zu befolgen war für ihn schmerzhaft und mühsam. Dennoch fiel es niemandem ein, dem alten Mann den Fußfall zu ersparen. Als Mirjam einmal Zeugin wurde, wie Nuradad sich ächzend vor einem gedankenlosen Beamten auf die Knie ließ, wies sie ihn mit scharfen Worten zurecht: »Ist das Herumrutschen auf dem Boden schon lächerlich genug, so ist es geradezu herzlos, es von einem alten Mann zu verlangen. Die Vorschriften verlieren dort ihren Sinn, wo weißes Haar und die Fülle der Jahre Ehrfurcht gebieten und den Unterschied zwischen Herr und Sklave aufheben.«

Der Beamte verneigte sich. Er war klug genug zu schweigen und sich nicht in die offensichtlichen Meinungsunterschiede beim Herrscherpaar einzumischen.

Nuradad dankte Mirjam, und seine Hände, die von der jungen Königin gehalten wurden, zitterten. Sie führte ihn in ihre eigenen Gemächer und bat ihn, sich niederzusetzen. Er umfing sie mit einem strahlenden Blick. »Meinen alten Augen ist vergönnt, ein Bild aus meiner Jugend zu schauen. Du, meine Königin, gleichst meiner früheren Herrin nicht nur an Anmut und Schönheit, sondern auch an Güte.«

»Ruh dich aus und beschäme mich nicht, weil ich tat, was sich gehört. Ehrt man in Assyrien nicht das Alter?«

»Nicht das eines Sklaven. Ich bin dankbar, daß ich das Brot meiner Herren noch essen darf, obwohl ich nicht mehr zur Arbeit tauge.«

»Du vermagst noch viel zu leisten, alter Mann, denn du kannst den Jungen aus der Fülle deiner langen Lebenserfahrung Weisheit spenden.«

»Hier hört niemand auf eines alten Sklaven Geschwätz«, bemerkte Nuradad bitter.

»Dann will ich auf dich hören. Du wirst mich täglich besuchen und mir aus deinem Leben erzählen, dann gewinne auch ich mehr Einsicht in diese mir fremde Welt. Das sei deine einzige Arbeit.«

Nuradads Augen füllten sich mit Tränen. »Du machst einen alten, törichten Mann sehr glücklich, aber mein Leben ist bedeutungslos. Aschschurs eisiger Atem weht nun im Palast, und sein Frosthauch wird bald alles erstarren lassen in diesen Mauern, in denen Frohsinn, Tanz und Spiel gern Gäste waren. Auch auf dich wird er fallen, der Reif des Todes, der mit dem Geruch des Blutes und dem Stöhnen der

Sterbenden kam. Er wird dich ersticken, wie er sie erstickt hat.«

»Von wem sprichst du, alter Mann? Und was sagst du für entsetzliche Dinge? Mach mir das Herz nicht schwer. Weißt du keine erfreulichen Dinge zu berichten?«

Nuradad senkte den Blick. »Verzeih mir. Dich zu betrüben war nicht meine Absicht. Ich wünschte, ich hätte Worte, die wie bunte Vögel zu deinem Herzen fliegen, aber die heiteren Augenblicke sind jetzt seltene Gäste in diesem Haus.«

Mirjam fröstelte leicht, aber sie wollte keinen Schatten auf ihrem Glück dulden. »Alter Griesgram! Erzähle mir von dieser Frau, der ich gleiche, wie du sagst.«

»Sammurat?« Die Augen des alten Sklaven glänzten. »Sie war das lebendige Licht. Als sie starb, trauerte nicht nur die Dienerschaft um sie, sondern ich sah auch Tränen in den Augen des großen Sinacherib. Auch die beiden Prinzen weinten.« Nuradad sah auf und schaute Mirjam traurig lächelnd an. »Ja, damals weinte selbst Prinz Asarhaddon, doch das ist lange her, sehr lange. Später hat er andere weinen lassen.«

»Nuradad, deine Worte sind so dunkel. Woran starb Sammurat?«

»Die Ärzte sprachen von einer rätselhaften Krankheit, von neidischen Göttern, finsteren Dämonen, aber ich weiß es besser. Aschschur hat sie getötet durch ihren eigenen Sohn. Nun herrscht er in seinem Tempel, und auch dich wird er zertreten, denn er erträgt auf die Dauer keine Blumen in seiner Nähe. O meine Herrin! Wie ein Verhängnis sehe ich die Vergangenheit sich an dir wiederholen.«

»Asarhaddon sollte mir schaden wollen? Nein, Nuradad! Das ist völlig unmöglich. Wenn mir im Palast Gefahr droht, dann vielleicht von Neidern, die mir mein Glück nicht gönnen. Es ist ein unbeschreibliches Glück, an seiner Seite zu leben.«

»Meine Königin, hier kann auf Dauer nur glücklich sein, wer taub und blind ist. Ja, der König selbst ist es, der deine Seele in diesen Mauern verdorren lassen wird. Vielleicht wird er dich dann beweinen wie einst seine Mutter – man sagt, sein Herz sei nicht ganz so kalt wie das seines Meisters – aber dann wird es zu spät sein.«

Mirjam durchfuhr ein kalter Schauer. Sie wollte Nuradad kein Wort glauben, aber sie wußte auch, daß er nicht log. »Du machst mir schreckliche Angst, Nuradad! Was bedeuten deine geheimnisvollen Andeutungen? Ich kenne den König seit über vier Jahren, und ich weiß –«

»Du weißt nichts, Herrin. Verzeih mir, daß ich dir widerspreche, aber ich bin alt und fürchte mich nicht mehr. Du glaubst, er liebt dich. Er hat auch seine Mutter geliebt und war dennoch schuld an ihrem Tod. Als sie auf dem Sterbebett lag, hätte er gern sein junges Leben für sie gegeben. Aber er hatte nie die Macht, Leben zu schenken, nur zu zerstören.«

Mirjam war wachsbleich. »Er – er hat ihren Tod verschuldet? Aber sagtest du nicht, Sammurat sei an einer rätselhaften Krankheit gestorben? Hat er sie vergiftet?«

»Nein, Sammurat starb an gebrochenem Herzen, an der Verzweiflung, das Verhängnis, das über Prinz Asarhaddon lag, nicht abwenden zu können.«

»Ein Verhängnis?« wiederholte Mirjam leise. »Sprich weiter!«

»Der Prinz war schon in seiner Jugend grausam. Nichts bereitete ihm soviel Freude, wie Blut zu vergießen. Aus purem Mutwillen quälte und tötete er seine rechtlosen Sklaven, und niemand schritt dagegen ein. Nur seine Mutter. Vor ihr schämte sich der Prinz und nahm nur heimlich an Folterungen und Hinrichtungen teil. Doch Sammurat erfuhr davon. Sie war zutiefst erschüttert und bat Sinacherib flehentlich, die Erziehung des Kronprinzen so zu beeinflussen, daß er keinen Gefallen mehr an der Grausamkeit finden möge, und dem Volk ein guter Herrscher sein könne. Doch Sinacherib hatte finster erwidert: Dein eigener Schoß gebar den Menschen Geißel und Tod. Asarhaddon wird den Thron nach meinem Willen nicht besteigen, sondern zu Belschar-Ussur in den Tempel gehen. Dort ist Zartgefühl unangebracht, deshalb ermutigte ich ihn bei seinen grausamen Spielen. Sammurat fiel ihm zu Füßen und rief: Erbarmen! Du kannst nicht wollen, daß mein Kind den Weg jenes Unholdes beschreitet, den die Götter verfluchen mögen! Aber Sinacherib blieb hart. Danach begann Sammurat langsames, unaufhaltsames Sterben, wie Sand aus der hohlen Hand rinnt.«

Mirjam war plötzlich entsetzlich kalt. Sie wollte nichts mehr hören von Sammurat, von Asarhaddon – und doch, sie mußte alles wissen! »Asarhaddons Verhängnis – war das der Tempel?« fragte sie bebend. »Und was hat es mit diesem Belschar-Ussur, mit diesem Unhold, wie du sagtest, auf sich?«

Nuradad sah sie verzweifelt an. »Sind dir denn unsere Bräuche unbekannt? Hat dir der König nie davon erzählt? Weißt du am Ende nichts von Aschschurs Macht, dem Altar im Tempel, kennst du deinen eigenen –«, er unterbrach sich hastig. »Nein, du bist ahnungslos wie ein neugeborenes Kind. Bei den Göttern, mehr darf ich dir nicht sagen. Hat er geschwiegen, wie dürfte ich darüber reden?«

Aber Mirjam schüttelte den Alten. »Doch! Du mußt es mir sagen, du mußt!«

»Frage den König selbst danach«, sagte er müde. Dann hüllte er sich in Schweigen.

Tagelang trug Mirjam Nuradads Enthüllungen und Andeutungen mit sich herum. Sie wußte nicht, was sie tun sollte. Es gab im Palast niemanden, dem sie sich rückhaltlos anvertrauen konnte. Also blieb ihr nur, das Gespräch mit Asarhaddon selbst zu suchen. Aber sie fürchtete sich vor der Wahrheit.

2

Als Asarhaddon am Abend seine Gemächer aufsuchte, stand Mirjam überraschend vor ihm. »Zürne den Wachen nicht, daß sie mich einließen«, begrüßte sie ihn unbefangen und ging lächelnd auf ihn zu.

»Wie könnte ich jemand zürnen, der mir deinen Anblick vergönnt«, erwiderte er sanft und umarmte sie. Sein Waffenrock und Wehrgehänge klirrten, und Mirjam bemerkte: »Dein Gewand verrät mir, wo du deine Zeit verbringst, ich liebe es nicht.«

»Wenn du mich schelten willst, tust du es zu Recht. Wie lange haben wir uns nicht gesehen?«

»Vier Tage. Aber ich bin nicht gekommen, um dir Vorwürfe zu machen.«

»Und doch habe ich sie verdient.« Asarhaddon zog sie zu sich herunter auf den Diwan. »Komm, ersticke mich mit deinen Küssen und laß mich für kurze Zeit vergessen, welche Pflichten mich gefangennehmen.«

Mirjam wich seinen verlangenden Händen aus. »Deswegen bin ich nicht hier.«

»Nein?« Asarhaddon, der meinte, Mirjam wolle ihn necken, lächelte nachsichtig und begann langsam, seinen Gürtel zu lockern. »Laß mich erst das Schwert abgürten und den schweren Waffenrock ablegen. Weswegen bist du denn gekommen?«

»Ich möchte mit dir reden.«

Er warf ihr einen forschenden Blick zu. »Reden? Sehr gern, aber doch sicherlich später, sehr viel später.«

»Nein, sofort.«

»Ist etwas vorgefallen?«

Mirjam zögerte. »Ich habe das Bedürfnis, mit dir über dich und deine Vergangenheit zu sprechen. Ich weiß so wenig von dir, und ich bin der Meinung, daß ich als Königin dieses Landes mehr wissen sollte.«

Asarhaddon zuckte zusammen. »Jetzt? Um diese Zeit?«

»Wann sonst? Nie bist du da. Uns bleiben doch nur die Nächte.«

Asarhaddon legte achtlos seinen Gürtel beiseite und sagte etwas widerwillig: »Ja, du hast recht. Was möchtest du wissen?«

»Erzähle mir von deiner Mutter.«

Asarhaddon sah betroffen auf. »Von meiner Mutter? Weshalb von ihr?«

»Weil ihr Schatten noch gegenwärtig ist in diesem Haus. Sie muß eine wundervolle Frau gewesen sein.«

»Das war sie«, erwiderte er knapp und gereizt, als wolle er das Thema damit beenden.

»Man sagt auch«, fuhr Mirjam fort, »daß ich ihr gliche, ist das wahr?«

Asarhaddon stand auf und ging im Raum auf und ab, ohne Mirjam anzusehen. »Ja, sie war sanft und schön wie du, und ich habe sie geliebt, so wie ich dich liebe. Aber ich kann dir nicht viel sagen; sie starb, als ich noch ein Knabe war.«

»Du hast ihr schweren Kummer bereitet, so hörte ich.«

»Wer behauptet das? Ich war ihr ein gehorsamer Sohn.«

»Sie war betrübt darüber, daß du Freude an Grausamkeiten hattest.«

Asarhaddon blieb abrupt stehen. »Wer hat dir das gesagt?«

»Ich – ich weiß es nicht mehr. Ich hörte es.«

»Der alte Nuradad?«

»Nein!« rief Mirjam, »er nicht.«

»Also er«, stellte Asarhaddon grimmig fest. »Was hat er dir noch erzählt, der alte Schwätzer?«

»Hast du manchmal aus Mutwillen einen Sklaven erschlagen?« Mirjam war sehr ruhig.

Asarhaddon zuckte die Achseln. »Ja. In Assur bedeutet es nicht viel mehr, einen Sklaven zu erschlagen, als ein Huhn zu schlachten.«

»Es stimmt also«, murmelte Mirjam entsetzt. Dann fügte sie leise hinzu: »Kann es sein, daß deine Mutter darüber anderer Ansicht war?«

»Sie war eine mitfühlende Frau. Ihr hätte auch ein Huhn leid getan. Ich verstehe nicht, weshalb du mich mitten in der Nacht nach meinen kindlichen Unarten befragst.«

»Weshalb starb deine Mutter so früh?«

»Eine unbekannte Krankheit raffte sie dahin. Die Ärzte waren ratlos.«

»Mir sagte man, du seist schuld an ihrem Tod gewesen«, sagte Mirjam scharf.

»Ich?« schrie Asarhaddon. Fast schien er die Beherrschung zu verlieren. »Wer behauptet das? Der alte Nuradad? Ich lasse ihm seine verleumderische Zunge –«, er unterbrach sich und fuhr sich nervös mit der Hand durchs Haar. »Du wirst das doch nicht glauben? Das ist Palastgeschwätz.«

Asarhaddons Erregung bewies Mirjam, daß Nuradad die Wahrheit gesagt hatte. Ein ehernes Band legte sich um ihre

Brust. »Sie starb aus übergroßem Kummer, Asarhaddon. Aber nicht wegen der Sklaven. Sie starb, weil sie erfuhr, daß du den Weg Belschar-Ussurs gehen mußtest, was immer das bedeutet.«

»Es bedeutet, daß ich zum Hohenpriester erzogen werden sollte, das ist dir bekannt.«

»Und das brach deiner Mutter das Herz?«

»Geschwätz!« rief Asarhaddon aufgebracht. »Meine Mutter starb nicht meinetwegen, das ist absurd, das ist lächerlich, es ist –« Er blieb vor Mirjam stehen und riß sie hoch. »Hat das auch Nuradad behauptet? Und du? Was leihst du diesem altersschwachen Narren dein Ohr? Und was kümmert es dich, woran sie starb? Du hast sie nicht einmal gekannt. Du kommst in der Nacht zu mir, und ich hoffte auf einige zärtliche Stunden, doch dir fällt nichts Besseres ein, als längst Vergangenes aufzurühren und mein Herz schwer zu machen.«

»Bitte laß mich los, du tust mir weh. Ist wirklich alles nur Vergangenheit? Weshalb wollte deine Mutter unter keinen Umständen, daß du Hoherpriester wirst? Was hat sie gefürchtet?«

Asarhaddon antwortete nicht. Er legte seine Hände aneinander und begann, leicht mit den Fingern zu spielen. Mirjam war ruhig geblieben, er hingegen hatte sich hinreißen lassen, Betroffenheit und Zorn zu zeigen. Diese Auseinandersetzung war unausweichlich, das hatte er gewußt, nur hätte er sie gern bis in nebelweite Ferne aufgeschoben. »Der Weg des Hohenpriesters ist ein blutiger Weg«, begann Asarhaddon vorsichtig, »meine Mutter wollte ihn mir ersparen.«

»Was bedeutet das, ein blutiger Weg?«

»Aschschur verlangt Menschenopfer.«

Mirjam schrie leise auf. »Nein!« Dann fügte sie erschüttert hinzu: »Man schlachtet dort Menschen wie Schafe und Ochsen?«

»Ja. Aschschur wird nicht satt von gewöhnlicher Opferspeise. Er verlangt nach menschlichem Leben. Er schenkt uns dafür die Herrschaft über alle Völker.«

Auf diese Begründung einzugehen, erschien Mirjam grotesk. »Wie viele Jahre bist du auf diesem Weg des Mordens gegangen? Wie viele Menschen hast du umgebracht in seinem Namen?« schrie sie.

Asarhaddon starrte weiterhin auf seine Hände. »Zwölf Jahre. Ich habe die Opfer nicht gezählt.«

Mirjam schwieg betroffen und mußte sich erst sammeln, bevor sie weitersprechen konnte. »Und du bist diesen Weg gegangen, ohne daß dir je Zweifel kamen? Du hast all die Jahre hindurch hundertfaches Morden Unschuldiger hingenommen? Du hast mitleidlos ihr Sterben betrachtet und konntest das alles tun, ohne Schaden an deiner Seele zu nehmen?«

»Ja.«

Mirjam schüttelte ihn verzweifelt. »Ja? Ist das alles, was du darauf antworten kannst?«

»Was soll ich dir sagen, Mirjam? Du würdest es nicht verstehen. Ich bin damit aufgewachsen, ich bin so erzogen worden. Wir opfern ihm Kriegsgefangene und Sklaven, das sind Menschen, deren Leben nichts gilt in Assyrien. Wir sind nicht in Kadesch, wo die Dienerschaft mit an des Herrn Tische speist.«

»Weshalb erfuhr ich dort nichts von deinem abscheulichen Handwerk? Weshalb hast du mir all die Jahre verschwiegen, daß du Menschen geschlachtet hast, wenn auch im Namen deines Gottes? Du hast mich hintergangen!«

»Das sehe ich anders. Es war nicht notwendig, dich unnötig zu betrüben, und auch jetzt solltest du diesen Dingen nicht mehr Bedeutung zumessen, als sie verdienen. Machst du mir heute einen Vorwurf daraus, daß ich alles Häßliche von dir fernhalten wollte? Was kann denn wichtiger für uns sein als unsere Liebe? Du wirst sie zerstören, wenn du nicht aufhörst, mich mit Fragen zu bedrängen.«

Da richtete sich Mirjam auf und sprach: »Selbst um diesen Preis muß ich alles erfahren, Asarhaddon. Soll unser Glück auf Täuschung aufgebaut sein?«

»Nun, du hast es soeben erfahren«, bemerkte Asarhaddon gereizt, »was willst du noch hören?«

»Du rüstest zu einem Feldzug?«

»Ja, gegen die Churriter. Sie haben mehrmals unsere Grenzen verletzt, das darf ich nicht hinnehmen.«

»Es wird also Krieg geben. Nun, zweifellos wirst du siegen.«

»Das hoffe ich zuversichtlich.«

»In diesem Fall gibt es auch Kriegsgefangene. Du wirst ihren Tod im Tempel befehlen?«

»Das ist unumgänglich. Ich kann mich dieser Pflicht als Priester nicht entziehen. Doch du wirst nichts davon bemerken. Denke nicht daran, denn es sterben auch in dieser Stunde Menschen einen gewaltsamen Tod, denen du nicht helfen kannst.«

»Das ist doch nicht dasselbe! Mein eigener Mann ist es, der den Mordbefehl gibt. Und muß ich auf das schwarze Gemäuer nicht täglich blicken?«

»Ich bin der Herrscher dieses Landes und muß seinen Gesetzen folgen. Zu diesem Zweck rief man mich nach Assyrien zurück.«

»Ja, den Frieden in meines Vaters Haus hast du eingetauscht gegen Gewalt und Blutvergießen. Vielleicht sollte ich nicht danach fragen, was du früher warst, aber du hast auch heute nicht gezögert, dem Ruf zu folgen und dich an die Spitze eines kriegsbesessenen Landes zu stellen, das sich einem blutrünstigen Gott unterworfen hat. Du schämst dich nicht, ihm weiterhin zu dienen.«

Asarhaddon zuckte die Achseln. »Meine Geburt stand nicht im Zeichen des Friedens. Der Löwe geht nicht vor dem Pflug und läßt sich nicht mit dem sanftmütigen Ochsen zur Tränke führen. Begreifst du nicht, daß dies meine Bestimmung ist?«

»Wenn das deine Bestimmung ist, weshalb bist du zu mir zurückgekommen? Den finsteren Weg deines Gottes hättest du allein gehen müssen.«

»Ja, ich weiß. Aber ich liebte dich und konnte mich nicht von dir trennen. Diese Liebe wird fortdauern, Mirjam, wenn du es nur willst. Zwischen uns wird sich nichts ändern. Wenn ich bei dir war, stand Aschschur nie zwischen uns. Überwinde deine Betroffenheit.«

»Sprich nicht zu mir wie zu einem Kind, das man mit besänftigenden Worten zu beschwichtigen sucht. Betroffen? Ich bin weit mehr als das.« Ihre Stimme war jetzt kühl und sehr fremd. »Glaubst du, die Freuden, die der Palast mir bietet, bedeuten mir etwas? Glaubst du, ich kann in den Armen eines Menschenschlächters glücklich sein?«

»Ich schlachte keine Menschen mehr. Ich töte nicht mehr im Tempel.«

»Weiche mir nicht aus, Asarhaddon. Seit wir in Assyrien sind, verlebte ich nur glückliche Tage hier im Palast, doch seit heute weiß ich, daß du mich von der Wirklichkeit nur fernhalten wolltest. Wie sieht sie heute aus, deine Wirklichkeit, die du bisher so geschickt vor mir verborgen hast? Verschweige mir nichts!«

»Worauf willst du hinaus?«

»Du hast den grauenvollen Tempel nicht mehr betreten? Nicht mehr, seit du wieder in Assyrien bist? Es gab keine Menschenopfer, als du den Thron bestiegen hast, ist das wahr? Schwörst du es bei deinem Gott und bei deiner Ehre?«

»Ja, ich habe entgegen dem Brauch weder Menschenopfer angeordnet noch selbst eins vollzogen, das schwöre ich dir. Das heißt – bis auf einen Tag –«

»Welchen Tag?«

»Als wir nach Assur kamen, hatte ich dich mit Anaxares nach Ninive geschickt. Ich selbst suchte einen Priester auf, damit wir Aschschur um gutes Gelingen baten, denn es ist nicht ratsam, ohne die Gunst der Götter ein Werk zu beginnen.«

Blaß, aber beherrscht fragte Mirjam: »Da hast du also wieder einen Menschen getötet, um deinem Gott zu gefallen. Wen?«

»Einen Tempelsklaven.«

»Wie alt war er?«

»Ich habe ihn nicht gefragt«, gab Asarhaddon gereizt zurück, »vielleicht zwanzig.«

Mirjams Ruhe wurde jetzt fast unheimlich. Sie hielt Asarhaddons Blick unbarmherzig fest. »Einen jungen Menschen also. War er gefesselt, als man ihn brachte? Was sagte er? Weinte er, schrie er oder blieb er stumm?«

»Soweit ich mich erinnere, sagte er nichts.«

»Und du? Was tatest du? Hast du ihm in die Augen gesehen, als du ihn getötet hast?«

»Ich gab dem Priester das Messer, denn ich wollte es nicht

tun, das schwöre ich. Ich selbst wollte kein Blut vergießen nach all den Jahren bei dir. Doch dann –«

»Dann hast du es doch getan.«

»Ja. Der Priester meinte, ich müsse es selbst tun, wenn Aschschur –«

»Hast du ihm die Kehle durchgeschnitten?«

»Nein, ich –«, Asarhaddon sah Mirjam zornig an. »Unterziehst du mich einem Verhör?«

»Ja«, erwiderte sie eisig. »Sag mir, wie du es getan hast.«

»Nein. Ich habe dir schon zuviel erzählt.«

»Ich bestehe darauf!«

Da trat Asarhaddon vor sie hin, packte sie bei den Armen und sah ihr in die Augen. »Du willst, daß ich nichts auslasse, du willst den Becher bis zur Neige leeren, nicht wahr? Ich bin es leid, dir auszuweichen, also fasse dich: ich habe ihm die Haut bei lebendigem Leib abgezogen, wie man einen geschlachteten Ochsen häutet. Und Aschschur sättigte sich an dem Anblick. Ich aber vollendete es, bis sein blutiger Leib in Todeszuckungen lag.«

Asarhaddon hatte sich während des Sprechens in einen wilden Zorn gesteigert, und er schrie Mirjam an: »Bist du jetzt zufrieden? Oder verlangt es dich, noch mehr zu hören? Wir können die ganze Nacht so nett verplaudern, es soll dir nicht an Unterhaltung mangeln.«

Mirjam hing wie erstarrt in seinen Händen, unfähig, sich von ihm zu lösen, aber Asarhaddon stieß sie auf den Diwan. »Bist du jetzt glücklich? Wie auch immer, du weißt nun, mit wem du es zu tun hast, und vielleicht ist das besser so. Auf die Dauer hätte mich das Versteckspiel ohnehin ermüdet.«

»Du bist ja wahnsinnig«, keuchte sie. »Du hast den Verstand verloren.«

»Keineswegs«, bemerkte Asarhaddon kühl, »ich sehe klarer denn je. Du wirst deine Pflicht tun wie ich die meine – als meine Frau und als Königin. In Assyrien unterwirft sich die Frau bedingungslos dem Manne, und es ist an der Zeit, daß auch dir das klar wird.« Kalt musterte er Mirjam, die gebrochen auf dem Diwan saß und ins Leere blickte. »Ich habe mich heute abend redlich um dich bemüht, aber nun bin ich es leid, du kannst gehen. Wenn mich wieder nach dir verlangt, werde ich es dich wissen lassen.«

Mirjam taumelte aus dem Zimmer. Als sie fort war, stieß Asarhaddon einen Fluch aus und rief nach der Wache. »Nehmt euch den alten Nuradad! Brennt ihm die Zunge aus und zermalmt seinen Körper zwischen zwei Steinen.«

»Den alten Nuradad?« stammelte einer von ihnen.

»Ja.« Asarhaddon warf ihm einen tödlichen Blick zu, der jeden Einwand verstummen ließ.

Kurze Zeit später stürmte Mirjam in heller Aufregung zu Asarhaddon hinein. Sie hatte rotgeweinte Augen und zitterte am ganzen Körper. Ihre Stimme bebte vor Zorn. »Wage es nicht, den alten Nuradad anzurühren!«

Asarhaddon verschränkte die Arme über der Brust. Es war nicht mehr der Zeitpunkt, Mirjam zu schonen. »Weißt du, zu wem du so ungebührlich sprichst?«

»Ja, zu meinem Mann! Und ich wiederhole es: wage es nicht, ihm ein Leid anzutun!«

Asarhaddon betrachtete die Frau, die er liebte, und fühlte schmerzlich, daß die süßen Jahre ihrer unschuldigen Liebe unwiederbringlich dahin waren. »Ich bestrafe meinen Sklaven«, entgegnete er kühl, »dazu habe ich ein Recht.«

»Sklaven? Nuradad hat dem Herrscherhaus ein Menschenalter gedient.«

»Ja, mithin kennt er die Strafe für Schwatzhaftigkeit.«

»Er ist alt und gebrechlich. Wie verabscheuungswürdig, ihn so grausam zu verstümmeln und zu töten!«

»Er hat ein langes Leben gehabt, das können nicht alle Sklaven von sich sagen. Er stirbt grausam, weil er mich erzürnt hat. Ferner muß ich es ablehnen, mich mit dir wegen eines alten Sklaven auseinanderzusetzen, dessen hinfällige Knochen längst auf den Kehricht gehörten.«

»Bei meiner Seele, bist du das wirklich, Asarhaddon? Bist du derselbe Mann, dem ich in Kadesch entgegenflog, als er mir im Garten begegnete? Bist du es, der gütig, freundlich und liebenswürdig war, den nicht nur ich, den alle liebten, die ihn kannten?«

»Ich war niemals gütig, Mirjam. Das hätte dem Diener

Aschschurs wenig angestanden. Freundlich und liebenswürdig bin ich auch heute noch – wenn es angebracht ist. Was Nuradad betrifft, seine Strafe ist angemessen.«

»Und ich sage dir, Asarhaddon, wenn du dem armen, alten Mann etwas antust, wirst du mich nie wieder anrühren, nie wieder, hörst du?«

Asarhaddon zuckte die Achseln. »Diese Bemerkung ist so vermessen wie lächerlich. Du als meine Frau hast dich mir jederzeit hinzugeben. Merke es dir hier und jetzt: meine Anordnungen und Befehle werde ich nicht davon abhängig machen, ob du mir deine Schlafzimmertür öffnest oder nicht. Geh jetzt, bevor du mich zornig machst und ich noch Ärgeres befehle.«

3

Es war von Anfang an Asarhaddons vordringlichstes Ziel gewesen, den Auftrag Aschschurs zu erfüllen: ihm alle Völker der Erde untertan zu machen. Asarhaddon rüstete zu einem Feldzug gegen die nördlichen Nachbarn, die Churriter, die unter Assurdan dreist die Grenzen bei Karkemisch überschritten hatten. Ein Sieg über das ebenbürtige Urartu erschien Asarhaddon der geeignete Auftakt zu seinem neuen Herrscheramt zu sein. Urartu, der mächtige Nachbar im Norden, war nicht nur eine verlockende Beute, sondern auch ein würdiger Gegner, den niederzuringen ein verdienstvolles Werk war.

Anaxares war nicht zu seinem Vater nach Ninive zurückgekehrt; er wohnte im Palast, denn Asarhaddon wollte ihn in seiner Nähe haben. Es schien, als könne er trotz seiner Machtfülle auf die Wärme der Freundschaft nicht mehr verzichten. An diesem Abend bat er ihn, noch zu verweilen. »Laß uns noch einmal die letzten Tage durchsprechen«, sagte Asarhaddon und wies mit einer leichten Handbewegung auf einen fellbespannten Sitz. Er schob Anaxares einen Becher mit Wein hinüber, er selbst trank nichts.

»Sollten deine Abende nicht deiner Frau gehören?« begann Anaxares scherzhaft.

»Mirjam beklagt sich nicht«, entgegnete Asarhaddon kurz. Obwohl er sich den Anschein von Gleichmut gab, entging Anaxares nicht der Schatten, der über Asarhaddons Gesicht lief. Aber Anaxares war klug genug, ihn nicht sofort darauf anzusprechen, denn er würde sich verschließen wie eine Festung.

»Reden wir von Urartu und von dem, was unsere Späher uns berichteten«, nahm Asarhaddon das Wort wieder auf. »Sollte zutreffen, daß die Kimmerier sich erneut vorgewagt haben und König Rusa im Norden Urartus bedrohen, werden wir leichtes Spiel mit ihm haben.«

Anaxares nickte. »Sinacherib schlug sie seinerzeit am Paß von Kelischin vernichtend, nicht wahr?«

»Ja, aber die Brut ist herangewachsen. Nun, solange sie unseren Gegner bedrängen, mögen sich ihre Scharen zahlreich tummeln. Ist Urartu erst ganz in unserer Gewalt, werde ich gegen diese raubenden und brandschatzenden Horden aus den Steppen des nördlichen Salzmeeres erbarmungslos vorgehen. Jahr für Jahr fallen sie wie gefräßige Heuschrecken über befriedetes Land her.«

»Das ist eine gewaltige Aufgabe und bedeutet jahrelange Feldzüge.«

»Jeder Tag, der auf dem Schlachtfeld verbracht wird, ist Dienst an Aschschur, und jeder erschlagene Feind stärkt seine Macht. Assyrien schwächt der Krieg nicht, er stärkt das Reich.«

Anaxares lachte. »Du wirst Aschschur noch betrunken machen. Aber ganz beiläufig – glaubst du, daß er sich an Medern etwa den Magen verderben könnte?«

»Weshalb?«

»Du scheinst ihm die Speisen aus Ekbatana vorzuenthalten. Ist für Aschschur unbekömmlich, was aus Astyages Küche kommt?«

»Du vergißt, daß der Koch gewechselt hat. Assurdan herrscht in Ekbatana – in meinem Namen.«

»Und Astyages hält seine Rechte so wie sein Sohn Deiokes die Linke hält. Weshalb hast du die Schlangenbrut nicht vollends ausgerottet? Und weshalb finden sich unter den Blutopfern keine Meder?«

»Wirfst du mir das vor?«

»Der Hohepriester bist du, aber bereits die Verschonung eines feindlichen Herrscherhauses ist gefährlich und töricht. Mich erstaunt deine Nachsicht um so mehr, als du auch sonst das Wort Gnade nicht kennst. Um Aschschurs Altar mit Blut zu röten, war dir noch jedes Menschen Leben recht.«

»Gewiß«, stimmte Asarhaddon zu, »ich verhehle nicht, daß ich mich hier von Gefühlen leiten lasse. Aber ich möchte Assurdan spüren lassen, daß mein Wille zur Versöhnung aufrichtig ist. Die Worte, die er damals zu mir in Ekbatana sagte, fielen wie ein Dolch in mein Herz. Ich trage schwer an dieser Feindschaft – eine Schwäche, gewiß. Eine Schwäche, die in all den Jahren nicht einmal Belschar-Ussur zu tilgen vermochte. Er ist mein Bruder, Anaxares, und ich vermeide alles, was ihn betrüben könnte. Was aber Astyages angeht, nun, er ist ein alter Mann, zerfressen von Kummer und Gram und sicher nicht mehr fähig, seine Hand nach dem Thron auszustrecken.«

»Sein Sohn Deiokes ist nicht so hinfällig«, warf Anaxares grimmig ein.

»Ich behalte ihn im Auge«, erwiderte Asarhaddon ausweichend. »Wie ich hörte, sind er und mein Bruder befreundet, ich will ihm das Herz nicht schwermachen. Außerdem stehen überall im Land assyrische Garnisonen, und die Abgaben und Tribute werden pünktlich und in voller Höhe entrichtet. Ich bin mit Medien zufrieden.«

Anaxares hatte verwundert zugehört. »Du findest sehr versöhnliche Worte für ein Land, das du, wäre dir niemand in den Arm gefallen, in einen Leichenhügel verwandelt hättest.«

»Nein, du irrst dich, das hatte ich nie im Sinn. Ich gedachte nie, die Kuh zu schlachten. Mit Kuraschat entrichtete Medien den angemessenen Blutzoll. Nun verlangt Aschschur nach frischem Fleisch.«

»Dann gedenkst du wohl bald, ihn mit Churritern zu verwöhnen? Also – ein neues Massaker? Ein Kuraschat in Tuschpa?«

Asarhaddon lachte grausam, und seine Augen funkelten. »Vielleicht. Wenn dein Herz heiß ist vom Blute der Erschlagenen, ist es schwer, besonnen zu handeln. Ein so volkreiches Land verträgt manchen Aderlaß, und ich gedenke nicht, bei meiner Pflicht das Vergnügen zu vergessen.«

»Also – du hast dich nicht geändert?«

»Nein. Weshalb hätte ich mich auch ändern sollen?« fragte Asarhaddon schulterzuckend.

»Immerhin ist einiges geschehen«, bemerkte Anaxares vorsichtig. »Du warst vier Jahre in der Verbannung und bist nicht allein aus Kadesch zurückgekehrt.«

»Soll ich meine Überzeugungen und Leidenschaften um einer Frau willen aufgeben? Das stünde mir schlecht zu Gesicht.«

»Und dein Sohn?«

»Er wird einmal über Assyrien herrschen wie sein Vater, und er wird eine Erziehung erhalten, die ihn nicht verzärtelt.«

»Und Mirjam wird dem zustimmen?«

»Sei nicht einfältig! Seit wann fragt man Frauen um Rat, wenn es um die Zukunft der Söhne geht?«

»Gewiß.« Anaxares senkte den Blick und ließ nachdenklich den Wein im Becher kreisen. »Ich begegne Mirjam kaum, sie lebt wohl sehr zurückgezogen?«

»Wie es Assyrerinnen geziemt, die ihrem Manne keine Unehre machen wollen.«

Anaxares entnahm Asarhaddons knappen Antworten unschwer, daß seine Vermutungen richtig waren. Zwischen ihm und Mirjam schien es Unstimmigkeiten zu geben. »Nun«, versuchte Anaxares zu scherzen, »Mirjam wird wohl auch nicht vor den Toren der schwarzen Zikkurat lustwandeln wollen. – Sind ihr unsere blutigen Sitten bekannt?«

»Ja.«

Anaxares schwieg.

»Reden wir jetzt über Mirjam oder über Urartu?« fragte Asarhaddon scharf.

»Weshalb nicht über Mirjam?« fragte Anaxares eigensinnig. »Mir scheint, daß du ihr nicht mehr in der gleichen Liebe zugetan bist wie früher.«

»Und wenn es so wäre?« fragte Asarhaddon herausfordernd und funkelte Anaxares zornig an.

»Das wäre hart für Mirjam. Sie ist eine Frau, die –«

»Ja?« fragte Asarhaddon lauernd.

»– die nicht verdient hätte, unter deiner Kälte und Grausamkeit zu leiden«, schloß Anaxares mutig.

Asarhaddon sprang auf. »Gehst du jetzt nicht zu weit, Anaxares? Recht anmaßend sorgst du dich um anderer Männer Ehefrauen!«

»Vergiß nicht, daß sie keine Fremde für mich ist. Und in Kadesch erlaubtest du ihr, in meiner Gegenwart recht ungezwungen zu reden.«

»Genug! Assur hat andere Gesetze! Mirjam hat keinen Grund zu klagen, und du hast keinen, sie zu bedauern.«

Anaxares wandte sich verdrossen ab und griff zum Becher. Eine Weile lag Schweigen zwischen ihnen. Schließlich bemerkte Asarhaddon rauh: »Mirjam und ich hatten eine Auseinandersetzung; sie war unschön, aber wahrscheinlich unvermeidlich. Ich liebe meine Frau, aber wollte ich dieser Liebe meine Überzeugung opfern, müßte ich dem Thron entsagen und als Pferdezüchter in Kadesch leben. Es gab eine Zeit, da wollte ich mein Leben dort verbringen. Heute weiß ich, daß es nur ein Zwischenspiel sein konnte. Mirjam wird sich damit abfinden.«

Doch Asarhaddon war keineswegs so gelassen, wie er schien. Die Unterredung mit Anaxares hatte ihn so erregt, daß er noch in derselben Nacht zu Mirjam ging. Wenn sich eine assyrische Frau ihrem Mann verweigerte, konnte er sie kurzerhand auf die Straße werfen. War ihr Verhalten bereits den Nachbarn zu Ohren gekommen, hatte er das Recht, sie zu töten, um seine Mannesehre wiederherzustellen. Ein Mann aber, der sich gehorsam von seiner Frau fernhielt und auf seine Rechte an ihr verzichtete, wurde zum Gespött seiner Umgebung. Doch weitaus schmachvoller als Spott empfand Asarhaddon Anaxares' freundschaftliche Besorgnis. Bei Aschschur! Er würde sich seine Rechte noch heute nacht nehmen.

Die Wachen ließen ihn wortlos ein. Mirjam schlief. Hinter einem Vorhang stand das Bett ihres Sohnes, der von einer Dienerin bewacht wurde. Als Asarhaddon eintrat, zündete diese eine Lampe an und kam hervor, um nachzuschauen, wer der nächtliche Störer war. Als sie den König erblickte, stieß sie einen kleinen Schrei aus und fiel zu Boden. Asarhaddon befahl ihr leise, sich zu entfernen.

Er trat an Mirjams Lager und sah sie an. Während er sie betrachtete, glätteten sich die Wogen seines Unmuts, und er wünschte sich nichts mehr, als daß Mirjam erwachen und ihn so schelmisch anlächeln möge, wie sie es in Kadesch getan hatte, wenn er sie nachts geweckt hatte. Nun stand er bei ihr wie ein Eindringling. Er war gekommen, sie zu nehmen, aber scheute sich sogar, Mirjam mit einer leichten Berührung aufzuwecken, denn er fürchtete den Haß, die Verachtung in ihren sanften Augen.

Nachdem er sie eine Weile angeschaut und ihr Anblick alle häßlichen Gedanken in ihm verjagt hatte, gab er sich der Täuschung hin, Mirjam könne vergessen haben, was geschehen war. Er beugte sich über sie, strich ihr das Haar aus dem Gesicht und küßte sie auf die Stirn. Und weil sie nicht erwachte, wurde er kühner, glitten seine Lippen über ihre Wangen, den Hals, die Schultern. Und wie er sie mit seinem Mund streichelte, wurde sein Begehren, sie ganz zu besitzen, übermächtig. Er legte sich zu ihr und umarmte sie.

Mirjam erwachte. Sie wehrte sich nicht, sie sagte nur mit kalter Stimme: »Kommst du zu mir wie ein Dieb in der Nacht, der sich scheut, mir im Tageslicht zu begegnen? Ja, zögere nicht, tu mir Gewalt an, das ist es doch, was dich auszeichnet. Befriedige dich an einem Körper, der dich empfangen wird wie kalter Stein, und wenn du mich gehabt hast, dann geh!«

Jäh verging die Flamme seiner Leidenschaft vor ihren eisigen Worten. Betroffen wich er zurück, und Mirjam hatte Gelegenheit, sich aufzurichten. Wohl bemerkte sie Asarhaddons Bestürzung, doch sie war zu grausam von ihm getäuscht worden; rücksichtslos und zynisch hatte er ihr sein wahres Gesicht offenbart.

»Weshalb verletzt dich meine Antwort?« fragte sie kühl. »Ich denke, meine Aussage war deutlich genug.«

Asarhaddon senkte den Blick. Erneut wurde er von einem

Menschen zurückgestoßen, den er liebte. Das machte ihn für einen Augenblick hilflos und unsicher, so wie ihn dereinst die heftigen Anklagen seines Bruders stumm gemacht hatten. Doch dann besann er sich darauf, daß nicht Assurdan, sondern er selbst König von Assyrien war. So entgegnete er mit sanfter Stimme: »Ja, du findest mich betroffen, Mirjam, denn es liegt mir fern, dir Gewalt anzutun. Ich kam zu dir, um dich zu besänftigen. Gewiß, deine Worte habe ich nicht vergessen, und auch ich habe mich im Zorn hinreißen lassen, dir häßliche Dinge zu sagen. Ich bedaure unseren Streit sehr, und ich hoffe, du wirst mir vergeben und nicht ewig zürnen.«

Aber sie antwortete hart: »Wären es nur Worte gewesen, im Zorn gesprochen, wie schnell hätte ich sie vergeben und vergessen in den Armen des Mannes, dessen Lächeln mir kostbarer war als das Licht der Sonne. Doch die schändliche Tat, die den Worten folgte, macht kein Lächeln, keine Zärtlichkeit ungeschehen. Die Schmerzensschreie eines alten Mannes sind nicht die passende Begleitung zum Liebesspiel.«

Asarhaddon machte eine unwillige Kopfbewegung. »Ein Sklave steht also zwischen uns. Das ist absurd!«

»Ein Sklave, Asarhaddon? Nein, deine Menschenverachtung steht zwischen uns.«

»Mirjam, ich bin zu dir in Liebe gekommen, nicht im Zorn. Du hattest Mitleid mit Nuradad, und in deinem Schmerz wandtest du dich von mir ab. Ich verstehe das und will das vergessen. Aber willst du dich deshalb für immer von mir lossagen? Denke auch daran, daß wir einen Sohn haben.«

»Den du nie geliebt hast!«

»Du irrst dich. Sargon bedeutet mir mehr, als dir vielleicht lieb ist. Er ist der Thronfolger und es liegt in meiner Hand, ob du ihn täglich sehen wirst oder nie mehr.«

Mirjam war wie gelähmt von der Aussicht, man könne ihr den Sohn vorenthalten. »Ich bin dir ausgeliefert«, murmelte sie. »Tu also, was du tun wolltest, aber laß Sargon bei mir.«

Ihr Kummer machte Asarhaddon weich. »Mirjam! Nur ungern drohe ich dir mit Dingen, die dich betrüben, doch du selbst tust alles, um mich zu verärgern. Hast du einen Wunsch? Du brauchst ihn nur zu äußern, ich erfülle ihn dir.«

»So wie du meine Bitte erfüllt hast, Nuradad zu schonen?«

»Ah! Deine Wiederholungen machen ihn nicht lebendig!«

»Dann laß mich zurückkehren nach Kadesch.«

»Das kann ich dir nicht erlauben. Du bist nicht mehr Hirams Tochter, sondern Assyriens Königin. Vergiß dein bisheriges Leben, es wird sich hier in Assur und an meiner Seite erfüllen. Also wünsche vernünftiger!«

»Dann gib mir Zeit.«

»Zeit – wozu?«

»Ich muß alles überdenken. Ich brauche Kraft, meine Gelassenheit wiederzufinden.«

»Und während dieser Zeit soll ich vergessen, daß wir Mann und Frau sind? Wie lange?«

»Ich – ich weiß es nicht. Drei, vier Monate vielleicht.«

»Vier Monate? Ich soll vier Monate auf meine Rechte verzichten? Das ist unglaublich! Darf ich dann nach Ablauf dieser Frist vorsichtig an deine Tür klopfen und Einlaß begehren? Und wenn es dir noch nicht genehm ist, weitere vier Monate ausharren? Du verlangst Unmögliches, außerdem ist dein Wunsch eine Kränkung, die ich nicht hinnehmen kann. Aber damit du meinen guten Willen erkennst, will ich dir vier Wochen geben. Dann aber werde ich nicht länger warten und auch keine Nachsicht mehr mit dir haben.«

»Vier Wochen ändern gar nichts zwischen uns!« rief Mirjam heftig. »Du hast mich zu tief enttäuscht und verletzt.«

Asarhaddons Augen wurden dunkel vor Zorn. Er stand abrupt auf und rief mit schneidender Stimme: »Ich lasse mich von dir nicht länger zum Narren halten. Glaubst du, ich bettle um deine Liebe und feilsche um Tage und Wochen mit dir wie ein Krämer? Eine Woche gebe ich dir zum Nachdenken, Mirjam, nutze diese Zeit gut, denn danach werde ich mir rücksichtslos nehmen, was du mir verweigerst, und auch ohne deine Hingabe werde ich mein Vergnügen haben!« Mit diesen Worten wandte er sich ab und verließ ihr Schlafgemach.

4

Anaxares machte sich Sorgen um Asarhaddon. Sorgen, die er sich nicht machen durfte. Und er machte sich noch mehr Sorgen um Mirjam, aber das gestand er sich nicht ein. Obwohl er im Palast lebte, sah er sie nie. Jetzt fühlte er sich berechtigt, sie aufzusuchen.

Als Vermittler, das bin ich Asarhaddon schuldig, dachte er. Sicher hat er statt mit Fingerspitzengefühl mit der Faust hingelangt. Sein Feingefühl bei Frauen ist das eines Grobschmieds. Mirjam muß behutsam aufgeklärt werden, und ist sie jetzt nicht auch meine Königin? Ich schulde dem Herrscherpaar mehr als nur meinen Schwertarm.

Es wäre falsch gewesen, ganz offen mit Mirjam zu sprechen, denn Asarhaddon hatte unmißverständlich zu verstehen gegeben, daß er Anaxares bereits verdächtigte, an seiner Statt die zürnende Gattin besänftigen zu wollen. Anaxares sah in diesem Verhalten deutlich einen Verlust an Selbstsicherheit. Wenn Asarhaddon andeutete, daß er andere Männer als mögliche Rivalen ansah, mußte er in Mirjams Gunst tief gesunken sein. Anaxares konnte ermessen, was das für seinen stolzen Freund bedeutete. Er wandte sich an eine von Mirjams Dienerinnen und bat sie, für eine ungestörte Zusammenkunft zu sorgen. Er erhielt noch am selben Tag eine Audienz bei der Königin.

Ihm schlug das Herz bis zum Hals, als er ihr gegenübertrat. Er fühlte sich, als hintergehe er Asarhaddon, und er mußte sich gewaltsam von dieser Vorstellung befreien, denn schließlich war er mit den lautersten Absichten hergekommen. Und wenn er sein Ziel erreichen wollte, mußte er ohne Scheu und selbstbewußt auftreten und nicht etwa errötend vor Mirjam erstarren, einige verlegene Worte stammelnd. Er verneigte sich vor ihr, vielleicht etwas länger als angebracht.

Mirjam bemerkte seine Verlegenheit wohl, doch unbefangen ging sie auf ihn zu, nahm seine Hände und lächelte ihn an. Anaxares war kein Fremder für sie. »Ich freue mich, dich zu sehen«, begrüßte sie ihn ohne Förmlichkeiten. »Setz dich doch her zu mir. Wie gern denke ich zurück an die Zeit, die ich im Hause deines Vaters verbringen durfte. Es ist lange her, daß wir uns gesehen haben.«

Anaxares räusperte sich. »Meine Königin –«

Mirjam unterbrach ihn unwillig. »Königin? Was soll dieser förmliche Ton? Sag frei heraus, was du auf der Seele hast.«

Anaxares nahm Mirjam gegenüber Platz und errötete leicht. »Ich danke dir, Mirjam. Freilich, einige Zeit ist vergangen, seit du in Ninive weiltest, und ich wollte heute nicht unehrerbietig erscheinen. Ich will auch nicht mit weitschweifigen Vorreden mein Anliegen verschleiern. Verzeih mir vorerst, daß ich heimlich zu dir komme. Asarhaddon weiß nichts davon.«

»Fragst du ihn für jeden deiner Schritte um Erlaubnis? Ich empfange in meinen Gemächern, wen ich will.«

»Und doch ist gerade meine Anwesenheit bei dir etwas heikel. Vielleicht sollte ich vorausschicken, daß ich um euer Zerwürfnis weiß. Glaube aber nicht, Asarhaddon habe leichtfertig geplaudert. Ich habe es seinem schroffen Verhalten selbst entnehmen können.«

»Wenn du es weißt«, entgegnete Mirjam kühl, »so wirst du auch wissen, weshalb es dazu gekommen ist.«

»Die Einzelheiten sind mir nicht bekannt, aber ich kenne Asarhaddon gut genug, um meine Schlüsse ziehen zu können.«

»Du kennst ihn gut«, wiederholte sie bitter. »Ja, auch du hast mich über ihn im dunkeln gelassen. Es war ja so reizend bei deinem Vater. Nur fröhliche Menschen, keine Schatten am Horizont. Assyrien ist ein Paradies, nicht wahr? Einem alten Sklaven erst verdanke ich die Wahrheit, und der mußte furchtbar dafür bezahlen. Aber weshalb hadere ich mit dir? Du bist Assyrer wie er. Von dir erwarte ich kein Verständnis.«

Anaxares hatte beschämt zugehört; daß er selbst angeklagt werden könnte, hatte er nicht bedacht. Blaß erwiderte er: »Wenn ich es dir schon in Kadesch gesagt hätte, hättest du es geglaubt?«

Mirjam dachte zurück. Hatte sie es Nuradad geglaubt? Erst Asarhaddon selbst hatte sie überzeugen können. »Nein, wahrscheinlich nicht«, gab sie leise zurück.

»Asarhaddon hatte mir verboten, darüber zu sprechen«, fuhr Anaxares fort. »Ich durfte dir nie etwas sagen. Doch schon in Kadesch war ich tief bekümmert, denn ich sah euer Zerwürfnis voraus.«

»Das ehrt dich«, entgegnete Mirjam sachlich. »Noch betroffener wirst du sein, wenn ich dir sage, daß Asarhaddons Verhalten derart schändlich war, daß an eine Versöhnung nicht mehr zu denken ist. Denn das ist es doch, was du herbeiführen möchtest, nicht wahr?«

»Ja, deswegen bin ich hier, Mirjam. Du bist also entschlossen, Asarhaddon keine Zugeständnisse zu machen?«

»So ist es. Das mag für dich verstockt klingen, aber das ist es nicht. Glaube mir, meine Liebe zu Asarhaddon schien mir unendlich, und daß sie starb, geschah nicht wegen eines belanglosen Streits. Sein Herz ist nicht menschlicher als das der steinernen Dämonen, die die Palasttore bewachen. Wollte ich ihm gegenübertreten wie bisher, so müßte ich der zweifelhaften Ehre, in diesem Land Königin zu sein, meine Menschlichkeit opfern.«

»Gewiß, Mirjam, deine Verbitterung ist nicht unbegründet«, erwiderte Anaxares so behutsam wie möglich. »Aber du bist Königin von Assyrien, ob es dir gefällt oder nicht. Der Reichtum, das hohe Ansehen, das diese Stellung mit sich bringt, das alles mag dir nichts bedeuten, aber ist dir das Wohl deiner Untertanen gleichgültig? Dieses Land regiert man nicht mit leichter Hand, es erfordert Härte und manchmal sogar Grausamkeit. Assurdan mangelten diese Eigenschaften, deshalb mußte er den Thron aufgeben. Asarhaddon aber hat auf Aschschurs Altar nicht nur Kriegsgefangene geopfert, sondern auch deine Liebe, und das wird ihm das Herz brechen.«

»Erwartest du etwa von mir Nachsicht und Verständnis oder gar Mitleid für einen Mann, dem diese Worte nichts gelten? Von Assyriens König mag man eine gewisse Erbarmungslosigkeit verlangen, aber was Asarhaddon mir offenbart hat, ist ein Abgrund. Zu quälen und zu töten verschafft ihm Lust. Aber das wirst du ja wissen.«

»Ja«, erwiderte Anaxares dumpf, »das ist mir bekannt. Er

nährte diese Lust in den langen Jahren im Tempel, und ich kann sie nicht vor dir rechtfertigen. Dennoch! Es gibt einen Menschen, dem ist es gegeben, seine Gelüste in andere Bahnen zu lenken, sie zu dämpfen, ja, sie erlöschen zu lassen. Nicht ich bin dieser Mensch, sondern du, Mirjam. Glaube mir, niemals habe ich Asarhaddon so gekannt wie er mir in Kadesch begegnete, als er unter deinem wunderbaren Einfluß stand. Hier in Assur ist Asarhaddon gezwungen, sich ihm zu entziehen, aber er vermag es nicht völlig. Jeder, der ihn früher als Hohenpriester kannte, ist nun überrascht, wie maßvoll und gerecht er über Assyrien herrscht. Die Völker leben in Sicherheit und Wohlstand. Das ist dir zu verdanken, Mirjam.«

Mirjam seufzte. »Teilweise mag das zutreffen, doch du überschätzt meinen Einfluß maßlos. Hätte er mich sonst durch die völlig unnötige Hinrichtung des alten Nuradad betrübt, die von unbeschreiblicher Grausamkeit war?«

»Asarhaddon ist kein Lamm geworden«, gab Anaxares zu. »Er konnte seine Entscheidung nicht auf deine Bitte hin rückgängig machen, das hätte sein Stolz niemals zugelassen. Wer ihn in seinem Stolz verletzt, spielt mit seinem Leben. Solltest du, Mirjam, ihm nicht mehr geben, was er von dir als Frau erwartet, dann wird Asarhaddon unberechenbar. Sein heute noch maßvolles Handeln kann schon morgen umschlagen in hemmungsloses Wüten. Wenn du ihn zurückweist, was sollte ihn dann noch davon abhalten, wie ein abscheulicher Tyrann zu hausen? Für viele Menschen wäre das verhängnisvoll, für mehr als nur für einen alten Sklaven. Erkenne also die Verantwortung, die dir als seine Frau und Königin über Assyrien auferlegt worden ist, und werde ihr gerecht. Überwinde dich und komme ihm entgegen. Besänftige ihn durch deine Liebe, und du wirst den Unglücklichen, die unter seinem verdüsterten Gemüt zu leiden hätten, eine Zuflucht sein.«

Mirjam sah Anaxares lange an. Schließlich lächelte sie bitter. »Ach Anaxares, gib es doch zu! Dich würde keines seiner Opfer wirklich betrüben.«

Anaxares zuckte zusammen. »Du hast recht«, erwiderte er, »man lehrte mich andere Dinge in der Kriegerschule, und das Schicksal fremder Menschen bewegt mich kaum. Vom Sohn des Harpagos erwartet man, daß er seine Pflicht tut.«

»Aber ist es nicht schlimm, Pflicht stets mit Unmenschlichkeit gleichzusetzen?«

»Unmenschlich ist ein Verhalten stets nur für den Betroffenen. Der Handelnde sieht seine Taten zwangsläufig aus einem anderen Blickwinkel.«

»Mitgefühl mit dem Opfer wäre also nichts als verachtenswerte Schwäche?«

Anaxares fühlte sich vor Mirjams Blick wie ein Angeklagter. Er starrte auf seine Hände. »Es ist Schwäche, ja, so habe ich es gelernt.«

»Und das Wort Liebe kommt nicht bei euch vor?«

»O doch. Ich liebe Asarhaddon, und ich liebe –«, Anaxares unterbrach sich rasch, »und er liebt dich.«

»Er kann sich glücklich schätzen, einen Freund wie dich zu besitzen«, erwiderte Mirjam sanft.

»Aber jetzt ist es deine Liebe, die er braucht, Mirjam. Gib ihm das, was er nur bei einer Frau finden kann, denn nur das mildert seine Härte. Hab Geduld mit ihm, denn er ist zu stolz, dir ganz offen nachzugeben.«

»Ich habe dich verstanden, Anaxares. Ich verspreche dir, daß ich darüber noch einmal nachdenken werde. Du warst sehr aufrichtig, und ich danke dir dafür.«

»Dann war mein Besuch bei dir nicht vergebens«, erwiderte er erleichtert. »Trotzdem wäre es gut, wenn unser Zusammentreffen unentdeckt bliebe. Asarhaddon ist schon so gereizt, daß er in mir einen Rivalen erblickt.« Er lächelte etwas verlegen. »Es würde mich glücklich machen, wenn er da nicht ganz unrecht hätte. Für eine Frau wie dich würde ich gern vergessen, was man mich auf der Kriegerschule lehrte.«

»Du hast in meinem Herzen als Freund stets einen Platz«, sagte Mirjam sanft.

»Und als Mann?«

Mirjam errötete leicht. »Neben Asarhaddon gibt es keinen Mann für mich.«

Anaxares trank ihr sanftes Lächeln. Er stand in Flammen, seine heftigen Atemzüge verrieten ihn, und an Asarhaddons

Glück dachte er plötzlich überhaupt nicht mehr. Wenn ich sie jetzt in die Arme reiße – manchmal stirbt man für weniger, dachte er.

»Du mußt jetzt gehen, Anaxares«, sagte Mirjam ruhig, »wir wollen beide Asarhaddon keinen Anlaß geben, seinem Zorn freien Lauf zu lassen.«

Freilich war es in jenen Tagen mehr denn je geraten, Asarhaddons Zorn nicht herauszufordern, aber was konnte ihm verborgen bleiben in seinem Reich? Augen und Ohren gab es überall, und Diener, die sich der Gunst des Königs versichern wollten. So hinterbrachte man ihm schon am nächsten Morgen, daß Anaxares die Königin aufgesucht habe.

Asarhaddon befahl die beiden Männer zu sich, die zur fraglichen Zeit Wachdienst bei der Königin gehabt hatten. Er fragte sie scheinbar ruhig, weshalb sie ihn nicht von diesem Besuch unterrichtet hätten.

»Wir glaubten, der Sohn des Harpagos habe überall freien Zugang im Palast«, gaben sie zitternd zur Antwort. »Wir waren davon überzeugt, daß er sich mit deinem Einverständnis bei der Königin aufhielt.«

Asarhaddon verschränkte die Arme vor der Brust und musterte die beiden kalt. »So, ihr meint also, den Vorfall selbstherrlich beurteilen zu können? Habe ich euch als Rechtspfleger eingesetzt? In einem Käfig wird man euch beide an der Stadtmauer emporziehen, wo ihr bis zu eurem Tode hängen werdet. So gebe ich euch genügend Zeit zu bedenken, daß nicht der Sohn des Harpagos, sondern ich Herr in diesem Palast bin.«

Der Ältere fiel zu Boden. »Demütig nehme ich meine Strafe an, Herr. Aber ich habe daheim eine kranke Frau und vier Kinder. Was soll aus ihnen werden?«

Um Asarhaddons Lippen spielte ein unheilvolles Lächeln. »So, du hinterläßt eine Familie? Gewiß, das wäre unbarmherzig, die unmündigen Waisen der Sklaverei zu überantworten.« Er machte eine kleine Pause und bemerkte den Hoffnungsschimmer in den Augen des Mannes.

Sanft fuhr er fort: »Selbstverständlich werde ich ihnen dieses Los ersparen. Noch heute darfst du dich von meiner

Großmut mit eigenen Augen überzeugen, wenn du mitansehen wirst, wie sie unter dem Schwert des Henkers sterben, rasch und schmerzlos. Und nun geh, du brauchst dich nicht zu bedanken.«

Der Unglückliche stieß einen erschütternden Schrei aus, sein Gefährte mußte ihn stützen. Unbewegt richteten sich die Lanzen der königlichen Leibwache auf sie. Noch draußen hörten sie Asarhaddons höhnisches Gelächter.

»Verzage nicht«, murmelte sein Freund, »beim König ist alles Flehen umsonst, aber es gibt vielleicht einen Ausweg.« Und zu den Wachen sagte er: »Da unser Schicksal der Tod sein wird, benachrichtigt doch die Königin, daß wir fortan den Dienst nicht mehr bei ihr versehen können.«

Das versprachen die Männer. Mirjam ließ sich sofort in allen Einzelheiten von dem Vorfall unterrichten. Den Tod der Männer konnte sie nicht aufhalten, aber sie gab Befehl, die todgeweihte Familie so schnell wie möglich in den Palast und in ihre Gemächer zu bringen, bevor die Schergen Asarhaddons sie holten.

Asarhaddon ließ sich Anaxares gegenüber nicht anmerken, daß er verstimmt war. Er erwähnte den Besuch nicht und verhielt sich wie immer. Anaxares hingegen war heiterer als sonst, was Asarhaddon mit Verdruß zur Kenntnis nahm. Allerdings wollte er der Woche Bedenkzeit, die er Mirjam gewährt hatte, nicht vorgreifen. Da erfuhr er am Abend, daß die Familie des Wachpostens in den Gemächern der Königin Schutz gesucht hatte.

Asarhaddon war sprachlos vor Zorn. Jetzt also wandte sich Mirjam offen gegen ihn und untergrub seine Befehlsgewalt. Dieser unglaubliche Vorfall würde sich bald im ganzen Palast herumgesprochen haben. Die Beschämung erstickte ihn fast. Er suchte Mirjam selbst auf. Plötzlich stand er in der Tür, drohend wie ein Fels, der über dem Abhang schwebt und dem Ahnungslosen zum Verhängnis wird. Die Augen schwarz vor Zorn, mit unheilvollem Ton in der Stimme, fragte er: »Wo sind die Kinder?«

Mirjam schickte alle Sklavinnen hinaus. Dann öffnete sie eine Tür im Hintergrund. »Sie sind hier bei mir und Sargon«, antwortete sie mit fester Stimme. »Komm herein und schlachte sie vor den Augen deines Sohnes, sofern du verworfen genug dazu bist.« Und als Asarhaddon verächtlich schnaubend nähertrat, fügte sie hinzu: »Natürlich müßtest du vorher auch mich töten.«

Seine Leibgarde, die auf seine Befehle wartete, wurde entsetzt Zeuge dieser Auseinandersetzung. Wie würde der König sein Gesicht wahren? Asarhaddon stand jetzt dicht vor Mirjam, und sein Gesicht war so haßverzerrt, wie sie es noch nie zuvor gesehen hatte. Er wollte sie anschreien, aber er brachte keinen Ton heraus. Seine Hand fuhr wie von selbst zur Hüfte und umschloß hart den Schwertknauf, doch er zog die Waffe nicht. Ihm wurde heiß, inwendig schienen ihm Kopf und Brust zu lodern, und er fühlte die Blicke der Männer in seinem Rücken wie giftige Pfeile. Aber er durfte seinem Zorn nicht nachgeben, wollte er nicht ganz zerstören, was ihm allein teuer war. Er stieß einen Schrei aus, und es klang wie das Geheul eines Wolfes.

Als er aus dem Zimmer stürmte, war der Gang leer. Niemand wagte es, ihm in diesem Zustand zu begegnen. Asarhaddon stieg auf das Dach des Palastes und lehnte sich schwer atmend über die Brüstung. Die frische Luft tat ihm gut. Sein Blick aber blieb haften an dem schwarzen Gemäuer des Tempels, saugte sich daran fest. Er stieß die Luft in kurzen Abständen zischend durch die weitgeöffneten Nasenflügel und zog dabei die Oberlippe hoch, die Zähne entblößend. Dieses Bauwerk barg in seinen Tiefen Gewölbe, aus deren dicken Mauern kein Laut an die Oberwelt drang. Das war der Ort, der ihm in dieser Stunde Befreiung verhieß von einer Ohnmacht, die ihm die Luft zum Atmen nahm.

5

Zargo zuckte zusammen, als Asarhaddon durch eine geheime Tür plötzlich in sein Zimmer trat. Er las furchtbare Zeichen auf dem Gesicht seines Herrn, die seine Freude etwas dämpften. Auch Zargo wußte schließlich nicht immer, auf wen die Ungnade Asarhaddons fallen würde. Er machte eine rasche Verbeugung, die selbst für ihn als Neffe Belschar-Ussurs recht oberflächlich ausfiel, und rief: »Herr! Für Überraschungen bist du wahrlich gut. Doch fürchte ich, du bringst nichts Angenehmes. Ich sehe unheilvolle Schatten, die mit dir zusammen den Raum betraten.«

Asarhaddon machte eine kurze Handbewegung, um einem noch ausführlicheren Wortschwall vorzubeugen, und lachte heiser. »Ja, Zargo, ein Heer von Schatten begleitet mich; wir sind hungrig, und du besitzt den Schlüssel zur Vorratskammer. Decke uns den Tisch in den Tiefen des Tempels, tu es rasch und sorge für kräftige Zutaten!«

In Zargos Miene spiegelten sich Bestürzung und Freude gleichzeitig. »Verstehe ich dich richtig, Herr?« stieß er erregt hervor. »Ich soll die Folterkammern öffnen?«

»Das meinte ich damit!« rief Asarhaddon schneidend. Das Flackern in seinen Augen wurde begleitet von einem unruhigen Zucken seiner Lippen und Hände, als stehe er bereits vor dem unglücklichen Opfer.

Zargo war dieser Zustand Asarhaddons nicht unbekannt, doch heute befremdete er ihn. Was mochte Asarhaddon bewegen, die Gewölbe wieder öffnen zu lassen? Zargo senkte den Blick, um seine Neugier zu verbergen. »Ich gehorche natürlich«, sagte er demütig, »doch erinnere ich dich, daß du selbst den Befehl gabst, sie zu versiegeln.«

»Dann reiß die Siegel herunter, du Narr! Verliere keine Worte, sondern geh endlich!«

Zargo nickte und ging schnell voraus. Er führte Asarhaddon in den Teil, der die Gefangenen beherbergte. Zwei Männer saßen beim Würfeln. Als Zargo und Asarhaddon eintraten, sprang einer von ihnen entsetzt auf und floh an die hintere Wand. Alle hier unten wußten, welches Schicksal eines Tages unausweichlich auf sie wartete. Der andere, ein krausköpfiger, stämmiger Bursche mit einem gutmütigen Gesicht, wandte nur träge den Kopf, und seine lustigen Augen wurden hart wie Kieselsteine, als er Zargo erblickte. Er streifte Asarhaddon, den er nicht kannte, mit einem flüchtigen

Blick, dann wandte er sich verachtungsvoll wieder seinen Würfeln zu, dabei machte er eine unwillige Geste hinüber zu seinem Mitgefangenen, daß dieser sich wieder setzen solle.

Asarhaddon wies auf den Krausköpfigen. »Diesen!« sagte er knapp.

Als Zargo auf ihn zutreten wollte, um ihn zu fesseln, machte der Kraushaarige eine abwehrende Bewegung, die Abscheu ausdrückte. Er stand auf und fragte kühl: »Muß ich sterben? Ist heute der Tag?«

Asarhaddon nickte und lächelte grausam. »Wie ist dein Name, und woher kommst du, mein furchtloser Freund?«

»Ich bin Abachar, der Elamiter, des Chaburiaschs Sohn, und ich komme aus Susa.«

»Wohlan, Abachar, laß sehen, ob du deine Kaltblütigkeit bewahren wirst unter der Folter.«

Abachar musterte Asarhaddon langsam von oben bis unten und schien seine Worte nicht in Einklang mit seiner Erscheinung bringen zu können. »Unter der Folter?« fragte er mehr erstaunt als verängstigt. »Weshalb? Ist euer Gott schon so übersättigt, daß ihm mein Leben nicht genügt?«

»Nicht Aschschur verlangt nach dir, sondern ich selbst, Abachar. Und ich werde deine Qualen weitaus begieriger verfolgen, als es sein steinernes Standbild vermag.«

»Wer bist du?« fragte Abachar bleich.

»Asarhaddon, Hoherpriester und König von Assyrien.«

»Du bist es selbst? Ich hörte von dir, auch von deiner Grausamkeit. Doch weshalb läßt du dich herab, einen Wehrlosen zu foltern? Was kann dir das für einen Gewinn bringen? Genügt es deiner Eitelkeit nicht, daß ein Mensch sein Leben für dich geben muß wie für einen Gott?«

»Du bewertest dein armseliges Leben recht hoch, Elamiter, wenn du meinst, dies allein erhöbe mich in die Nähe der Götter. Deine Qualen, Abachar, werden meine gefesselte Seele befreien, daß sie sich bei deinen Zuckungen wie ein Vogel erhebt und der Sonne entgegenfliegt.« Asarhaddon machte eine Handbewegung zur Tür und sah Zargo an. »Gehen wir!«

Asarhaddon verfolgte mit verschränkten Armen Zargos Tätigkeit. »Lockere seine Fesseln, damit er sich besser in ihnen aufbäumen und winden kann.« Dann fügte er scharf hinzu: »Und nun geh und wage es nicht, zurückzukommen!«

Die Foltergeräte lagen noch dort, wo sie vor Jahren liegengelassen worden waren. Das Kohlenbecken hatte Zargo entzündet. Hier, in dem unterirdischen Verlies, wo ihn kein Mensch und kein Gott sah, streifte Asarhaddon jegliche Zurückhaltung ab. In dieser weltabgeschiedenen Gruft gab es nur ihn und das Opfer, eine beseligende Vorstellung. Asarhaddon fühlte sich wie ein Stier, der verächtlich den Pflug zerbricht, vor den man ihn statt des Ochsen spannen wollte. Er legte sein Schwert in die Glut und lächelte sein Opfer verzerrt an. Abachar erkannte mit schauriger Gewißheit, daß er einem blutrünstigen Dämon ausgeliefert war, und mit jäher Wucht sprang ihn die Furcht an.

Asarhaddon bemerkte es mit tiefer Zufriedenheit. »Nun, Abachar, fürchtest du dich jetzt?«

»Ja«, keuchte dieser, »und du weißt es. Aber worauf wartest du? Plauderst du stets mit deinen Opfern wie mit alten Bekannten?«

»Ich genieße das Vorspiel. Wie erregend, das Opfer vor Angst in den Wahnsinn zu treiben, noch bevor der körperliche Schmerz beginnt.«

»Du bist ein Ungeheuer und auch noch stolz darauf!«

Asarhaddon lachte leise; er nahm das Schwert heraus und betrachtete es prüfend, aber der Stahl glomm nur dunkelrot an der Spitze. »Es ist noch zu früh«, bemerkte Asarhaddon sanft. Dann fragte er: »Weshalb bittest du mich nicht um Gnade?«

»Dich? Eine Schlange hat mehr Erbarmen als du.«

»Ich würde es aber gern hören. Nun, du wirst mich noch darum bitten. Sagte ich bitten? Schreien wirst du, um Erlösung winseln, bis deine Stimme bricht, weil dein Mund keine Worte mehr formen kann. Dann wirst du brüllen, solange deine Lungen die Kraft dazu haben. Schließlich wird der Atem dich verlassen, und nur noch ein ersticktes Röcheln wird aus deiner Brust dringen. Dann wirst du dir wünschen, daß deine Lippen das Wort Gnade noch stammeln könnten.«

Abachar starrte Asarhaddon entgeistert an. »Du bist

krank, du bist ein kranker Mensch!« stieß er hervor. »Dein Geist ist umnachtet. Wehe mir und diesem stolzen Land, das von einem Wahnsinnigen regiert wird.«

Asarhaddon spielte unterdessen mit einigen Werkzeugen und prüfte ihre Spitze und Schärfe fast andächtig mit den Fingern. Seine Augen flammten auf. »Ja, ich bin krank vor Begierde, das ist wahr. Manchmal frißt sie an mir und scheint mir das Mark auszusaugen. Aber sie belohnt mich auch immer wieder mit unvorstellbaren Rauschzuständen, gegen die eine Nacht mit einer Frau wie ein lauwarmes Bad ist.«

»Und mit dieser furchtbaren Einsicht kannst du leben?« fragte Abachar erschüttert.

»Mit dieser Einsicht lebt es sich in diesem Lande sogar ausgezeichnet«, erwiderte Asarhaddon höhnisch, »denn je abscheulicher ich wüte, desto mehr Macht legt man mir zu Füßen. Ja, Abachar, so sind die Herzen der Menschen eben. Und ich vereine so auf das angenehmste Pflicht und Vergnügen.«

»Du magst ungeheure Macht besitzen, aber jeder muß sich mit Grauen von dir abwenden. Wie einsam mußt du im Innersten deiner Seele sein, weil dir alles Schöne dieser Welt auf ewig verschlossen ist. Ich kann dich nur bedauern, dich und deinen zerrütteten Geist.«

»So? Ich suche nicht die Heilung von dieser Leidenschaft, selbst wenn es dagegen ein Mittel gäbe, denn wenn der Wolf in der Fallgrube liegt, kann ihn nur der Jäger daraus befreien. Dessen Hilfe aber ersehnt er nicht. Bedauere dich lieber selbst.« Asarhaddon nahm die Klinge und zeigte sie seinem Opfer. »Jetzt ist sie trefflich durchgeglüht und wird zu ihrer Arbeit taugen«, bemerkte er zynisch, dabei hob und senkte sich seine Brust unter heftigen Atemzügen.

Abachar ertrug den Anblick nicht. Er stieß einen gurgelnden Schrei aus, und Asarhaddon trank die Angst seines Opfers wie süßen Wein. Er brachte die Klinge so nah an den Körper des Elamiters, daß dieser die Hitze spürte. Seine Augen verfolgten schreckgeweitet das glühende Eisen.

»Wo möchtest du es zuerst spüren?« fragte Asarhaddon. Seine Stimme war sanft, aber in seinen Augen stand der Irrsinn, und er fuhr sich dauernd mit der Zunge über die trocken gewordenen Lippen. Er ließ sich Zeit, denn er hatte alle Zeit der Welt.

»Du Bestie!« kreischte Abachar, »ich will dir sagen, wo ich die Glut haben will. In deinen verfluchten Leib soll sich das Schwert bohren, in deinem Fleisch will ich sie brennen sehen.«

Das Schwert leuchtete in der halbdunklen Gruft wie das höllische Feuer. Asarhaddon lachte laut und anhaltend, daß es von den Wänden widerhallte. Doch jäh brach sein Gelächter ab, als habe ein Gott den Faden durchgeschnitten. Asarhaddon riß die Augen weit auf und starrte auf den Gefesselten. Das Schwert in seiner Hand schien sich in eine feurige Schlange zu verwandeln, die sich seiner Hand entwand und sich wie eine Lavazunge über die Wand schlängelte.

Jetzt öffneten sich die Mauern, und eine weibliche Gestalt trat heraus, sie trug das glühende Schwert in der Hand, und es zielte auf seine Brust. »Anaita?« murmelte Asarhaddon. Doch beim Näherkommen erkannte er Mirjams Züge. Ihr unbewegtes Gesicht war von der fahlen Farbe eines gebleichten Totenschädels, und aus den starren Augen rann Blut.

Die lautlose Erscheinung hob das Schwert und stieß zu. Asarhaddon vermeinte, alle Dämonen der Unterwelt lachen zu hören. Seiner Hand entfiel das Schwert, er taumelte gegen das Kohlenbecken und faßte sich an die Brust, als habe ihn dort wahrhaftig das Eisen getroffen. Er meinte auch den Schmerz zu spüren. »Mirjam!« stammelte er, »du nicht, du nicht!«

Da war der Spuk vorüber. Er sah sich verwirrt um und erkannte, daß sich nichts verändert hatte. Dort an der Wand hing der Elamiter in seinen Fesseln, am Boden lag das Schwert, das langsam erkaltend nur noch schwach glühte. Asarhaddon wußte, daß ihn eine Vision heimgesucht hatte. Er warf einen schrägen Blick auf den Gefangenen, der Asarhaddons seltsames Gebaren mit Schaudern verfolgt hatte, denn er hatte Todesangst in seinen Augen gesehen, und weil für Abachar Geister und Dämonen durchaus Wirklichkeit waren, glaubte er, ein Wesen der Unterwelt müsse Asarhaddon erschienen sein.

Der aber beruhigte sich schnell, nachdem ihm klar wurde,

daß alles nur eine Täuschung seiner überreizten Sinne gewesen war. Er hob sein Schwert auf und musterte den Elamiter. Schulterzuckend legte er es dann beiseite. Der Vorfall hatte seine Lust getötet, an dem Opfer lag ihm nichts mehr. Er trat auf den überraschten Elamiter zu und löste ihm die Fesseln. Und weil dieser, noch befangen im Grauen, zu stürzen drohte, fing Asarhaddon ihn auf und sagte beruhigend: »Hab keine Furcht mehr, es ist vorbei.«

Abachar starrte Asarhaddon an. »Was ist vorbei?« keuchte er verwirrt. »Hast du nur mit meiner Angst spielen wollen?«

»Nein, ich wollte dich foltern, doch jetzt bedarf ich deiner Schmerzen nicht mehr.«

»Was ist geschehen?« fragte Abachar noch immer zitternd. »Ist dir ein Dämon erschienen?«

»Ein Dämon?« meinte Asarhaddon sinnend. »Wer weiß? Mich überfielen an diesem Ort die Gespenster der Vergangenheit, und obwohl ich glaube, daß es nur eine Sinnestäuschung war, ist es wohl ratsam, sie als Warnung zu verstehen.« Er schenkte Abachar ein freundliches Lächeln. »Abachar, Mann aus Elam, Sohn des Chaburiasch, freue dich, denn du wirst deinen Vater wiedersehen.«

Diese jähe Umkehr der Dinge machte Abachar schwindeln. »Du schenkst mir das Leben?« stotterte er. »Ich soll frei sein?«

Asarhaddon nickte. »Obwohl ich gemeinhin nicht viel von Göttern halte, tut man doch gut daran, ihre Winke nicht zu mißachten. Offensichtlich war es dir nicht bestimmt, im Tempel des Aschschur zu sterben.«

»Was bist du für ein unbegreiflicher Mensch?« stammelte Abachar.

»Der Mensch ist unberechenbar geschaffen und häufig sich selbst ein Rätsel. Ich hatte diese Gewölbe hier versiegeln lassen, weil ich es für gut hielt, und ich habe die Siegel im Zorn entfernen lassen. Aber niemand wagte es, mich in meiner Unbeherrschtheit zu zügeln. Da hat mir jemand diese Vision geschickt.«

»Wir in Elam haben dafür eine einfache Bezeichnung«, erwiderte Abachar erleichtert. »Wir nennen das ein schlechtes Gewissen.«

Asarhaddon lächelte, und er sah dem Elamiter ins Gesicht. Und weil er ihn nicht mehr mit den Augen eines hungrigen Löwen betrachtete, bemerkte der Hohepriester, daß es ein offenes Gesicht mit lustigen Augen war. Rasch wandte er sich ab, bevor ihn noch freundschaftliche Gefühle für diesen Mann überkamen. Reichte Kautilyas Einfluß jetzt schon bis in die Gewölbe des Tempels?

Zargos Kommentar zu diesem unglaublichen Ereignis schnitt ihm Asarhaddon mit einer ärgerlichen Handbewegung ab. »Spare dir deine Unmutsäußerungen und achte meine Entschlüsse!«

»Ich schweige ja, Herr, aber weshalb ist dein Zorn so schnell verraucht? Weshalb schenkst du ihm so großmütig Leben und Freiheit?«

Da antwortete Asarhaddon mild lächelnd: »Weil er so geweint hat, Zargo.«

6

Die Woche, die Asarhaddon Mirjam als Bedenkzeit eingeräumt hatte, war vergangen. Aber er war nicht zu ihr gegangen. Der Vorfall in ihren Gemächern hatte sie zu Feinden gemacht, und Asarhaddon fürchtete, sich nicht in der Gewalt zu haben, wenn sie ihn erneut zurückweisen sollte.

Mirjam aber hatte sich heimlich mit Anaxares im Garten getroffen. Sie wußte, daß es gefährlich war, aber sie war ihm eine Erklärung schuldig. Anaxares machte die Aussicht auf die nächtliche Begegnung mit Mirjam wieder zu einem Knaben, der sich vorgenommen hat, heute die Nachbarstochter zu küssen. Diese Frau hatte Asarhaddon um den Verstand gebracht, sollte er da ruhig bleiben? In der Dunkelheit gewahrte er zuerst nur ihre Umrisse, dann trat ihr Gesicht im blassen Sternenlicht deutlicher hervor. Er erblickte tiefe Trauer darin.

»Denke nicht schlecht von mir, daß ich diesen ungewöhnlichen Ort und die nächtliche Stunde gewählt habe«, flüsterte sie, »aber unser letztes Zusammentreffen hat ein schlimmes Ende gefunden.« Hastig berichtete sie Anaxares. Dann schloß sie: »Du hast dich bemüht wie ein guter Freund und mich fast überzeugt. Ja, ich wollte Asarhaddon wieder umarmen und war fest entschlossen, alles zu vergessen, aber ich vermag es nicht. Ich bin zu schwach, um für Assyrien dieses Opfer zu bringen. Verzeih mir, Anaxares.«

Er hätte sie daraufhin sofort in die Arme reißen mögen. Bewegt antwortete er: »Ich hätte nie ein solches Ansinnen an dich stellen dürfen.«

»Dich trifft keine Schuld. Asarhaddon hat alles selbst zerstört. Er raste im Zorn, du hättest ihn sehen sollen. Dabei gab es keinen Grund, diese Kinder zu töten. Er vernichtet Menschenleben, als beseitige er Unrat. Nur mich will er nicht töten, davor schreckt er noch zurück. Aber wie lange?«

Anaxares stellte beschämt fest, daß ihm dieser Zwischenfall ganz gelegen kam. »Ich würde dir so gern etwas Tröstendes sagen, Mirjam. Dein Kummer drückt mir den Atem ab.«

»Ich muß jetzt gehen«, sagte Mirjam schnell. »Hier hat auch die Nacht Augen.«

»Geh noch nicht!« entfuhr es Anaxares. Erschrocken über seine Kühnheit fügte er hinzu: »Das ist kein Leben für dich.«

»Die Götter verteilen gute und schlechte Lose. Ich habe wunderbare Jahre gehabt.«

»Eine Frau wie du verdient es, ein Leben lang glücklich zu sein. Wolltest du mir ein Zeichen geben –«

»Was für ein Zeichen, Anaxares?«

Dieser faßte sich ein Herz. »Ich liebe dich, Mirjam, und du weißt es. Niemals hätte ich davon gesprochen, solange es noch eine winzige Hoffnung gab, daß du dich wieder mit Asarhaddon versöhnst. Doch da es sich anders gefügt hat, weshalb solltest du an seiner Seite verkümmern wie eine Blume ohne Wasser? Auf dem Gut meines Vaters atmest du freiere Luft als hier in Assur, wo dich der Blutgeruch ersticken muß.«

Mirjam lächelte traurig. »Schon lange habe ich gespürt, was in dir vorgeht. Aber erwarte nicht, daß ich deine Gefühle erwidere. Ich schätze dich, aber du bist Assyrer wie Asarhaddon. Ihn zu verlassen, um mit dir zu leben, hieße, sich vor der Feuersbrunst auf den Scheiterhaufen zu retten.«

Anaxares atmete schneller. Daß Mirjam über seine Kühnheit nicht verärgert war, gab ihm Zuversicht. »Nein, Mirjam, du darfst nicht glauben, ich sei so gefühllos wie Asarhaddon. Gewiß, in der Schlacht und am Feind bin ich unbarmherzig, aber niemals würde ich so mutwillig töten wie er. Nie würde ich aus einer Laune heraus meine Sklaven mißhandeln. Und dann – ich bin kein Priester des Aschschur. Ich darf mitfühlend sein, wo Asarhaddon hart sein muß. Wie könnte ich je grausam sein, wo du weinen mußt? Asarhaddon ist zu stolz, um einer Frau nachzugeben, doch ich lege dir meinen Stolz zu Füßen. Könntest du dich entscheiden, meine Frau zu werden, dann erbäte ich mir nichts mehr vom Leben.«

»Schöne Worte waren auch Asarhaddon wohlfeil«, bemerkte Mirjam bitter. »Das Ziel des Mannes heißt nicht Liebe, sondern Besitz, und wenn er besessen hat, wird er nüchterner. Dann kommt das, was ihr Männer so sehr mit Pflicht und Mannesehre umschreibt.«

Anaxares wollte sie unterbrechen, doch Mirjam hob die Hand. »Sag nichts, Anaxares, ich brauche dich gar nicht abzuweisen, denn es ist müßig, eine Zukunft mit dir auch nur in Erwägung zu ziehen, selbst wenn ich sie wollte. Ich bin längst nicht mehr Herrin meiner Entscheidungen, sondern Asarhaddon bestimmt über mich. Und er läßt mich niemals gehen.«

»Weiche nicht aus, Mirjam. Sprich nur ein Wort, das mich von meinen Zweifeln erlöst, und die Seligkeit wird mich so beflügeln, daß ich es auf den Schwingen meiner Empfindungen mit dem assyrischen Adler aufnehmen werde. Ja, Mirjam, ich fürchte nicht einmal Asarhaddon, wenn du mir gehören willst.«

»Still, Anaxares! Willst du mich mit zusätzlichem Kummer belasten und gegen Asarhaddon antreten, was nur deinen Tod zur Folge haben kann?«

»Du hast mich falsch verstanden. Ich will dich nicht mit Waffengewalt erringen. Das mögen die Götter verhüten, daß ich gegen meinen Freund das Schwert ziehe, das ihn schützen soll. Nein, ich werde frei vor ihn hintreten und dich von ihm erbitten. Er wird aufgebracht sein, doch gegen einen Freund wird er sich edelmütig zeigen – nicht zuletzt wegen der Frau, die er nicht aufgehört hat zu lieben.«

»Unseliger! Vertraust du darauf? Wer sich nicht scheut, Kinder zu morden, der hat kein edles Herz. Geh jetzt, Anaxares, sonst kommt deinem Eifer ein Lauscher zuvor.«

»Sehe ich dich wieder?« fragte Anaxares. »Ich gehe nicht, ohne dessen gewiß zu sein.«

»Das ist zu gefährlich, wir müssen vernünftig sein«, wich Mirjam aus.

»Vernünftig? Verlange nichts Unmögliches! Die Vernunft flieht mich, wenn du mich ansiehst, mit mir sprichst. Wann, Mirjam?«

»Ich – ich werde es dich wissen lassen – bald.«

Wochen gingen ins Land. Asarhaddons Tagesablauf wurde bestimmt von den großen und kleinen Pflichten eines Herrschers, die er gewissenhaft erfüllte, wobei er sich auch der scheinbar unbedeutenden Vorfälle ernsthaft und mit Nachdruck annahm. Obgleich er stets mit unnachgiebiger Strenge sein Amt versah, vermied er mutwillige Grausamkeiten. Da er die beiden Wachposten im Zorn ungerechtfertigt hart verurteilt hatte, machte er sogar seinen Befehl rückgängig, ließ die beiden Unglücklichen am nächsten Tag wieder aus den Käfigen holen und schenkte ihnen das Leben.

Er war um Gerechtigkeit bemüht, die, wie er meinte, völlig ausreichte, um das Volk zufriedenzustellen, da bedürfe es nicht der Gnade und Barmherzigkeit, die doch nur wieder neue Ungerechtigkeiten schaffe. Seine Beamten hatten Anweisung, ein Gnadengesuch ohne Prüfung der näheren Umstände abzulehnen. Aber die Assyrer waren so selten mit milden Herrschern verwöhnt worden, daß Asarhaddons starke Hand bereitwillig angenommen wurde. Selbst die Provinzen behandelte er nicht schlechter als das Mutterland und beließ den unterschiedlichen Völkerschaften und Regionen ihre Götter, solange sie nur Aschschur als Oberhaupt anerkannten. Asarhaddon hatte, obwohl selber Priester, zu sakralen Dingen nie eine fanatische Einstellung gehabt. Mochten die Menschen in ihren Tempeln anbeten, wen sie wollten, wenn sie sich dabei nur seiner Herrschaft bedingungslos unterwarfen.

Asarhaddon zog im Umgang mit anderen einen unpersönlichen Ton vor und gab sich gern unnahbar. Nur Anaxares' Gegenwart wollte er selten missen. Ihre Freundschaft schien sich hier in Assur noch vertieft zu haben, und Asarhaddon machte aus seiner Zuneigung schon lange kein Hehl mehr.

In den letzten Wochen schien er sich Anaxares noch stärker zuzuwenden, mit einer geradezu jungenhaften Unbekümmertheit. Anaxares konnte sich über Asarhaddons Herzlichkeit aus begreiflichen Gründen nicht in dem Maße freuen, wie er es sonst getan hätte. Er konnte nicht ahnen, daß Asarhaddon ihn berechnend in Sicherheit wiegte, um ihn zum rechten Zeitpunkt um so erbarmungsloser unter seiner Kälte erstarren zu lassen.

Auch an diesem Tage forderte er Anaxares auf, ihn abends auf einem Ausritt zu begleiten. Auf den Wiesen, die den Strom auf der östlichen Seite weithin säumten, kam es unvermeidlich zu einem Wettreiten. Die Pferde aus dem Gestüt des Harpagos brauchten den Vergleich mit Asarhaddons herrlichem Hengst nicht zu scheuen, und Siege und Niederlagen pflegten sich recht gleichmäßig auf beide zu verteilen. Heute aber überließ Asarhaddon seinen Freund absichtlich den Sieg. Den übermütigen Blick stolz auf Asarhaddon gerichtet, sein Lob erheischend, ritt Anaxares neben ihm her. Asarhaddon sah in das vor Freude gerötete Gesicht seines Freundes. Er lächelte. »Du warst Erster, Anaxares. Offensichtlich scheinst du eine Gewohnheit daraus machen zu wollen, deinen König ständig zu überflügeln, und das nicht nur auf dem Rücken der Pferde.«

Arglos fragte Anaxares: »Was meinst du damit, nicht nur auf dem Rücken der Pferde?«

»Nun, du gefällst dir doch in letzter Zeit darin, mich auch als Liebhaber zu übertreffen. Ich gestehe, darin warst du mir schon immer überlegen.«

»Als Liebhaber?« fragte Anaxares beklommen. »Ich verstehe dich nicht.«

»Nein?« Asarhaddons Stimme war plötzlich von schneidender Schärfe. »Ich spreche von Mirjam, von meiner Frau. Drücke ich mich jetzt verständlicher aus?«

Anaxares hatte plötzlich das Gefühl, in einen Brunnenschacht zu stürzen, und seinem Fall folgte Asarhaddons Stimme wie ein fortwährendes Echo. Als er nicht sofort antwortete, zischte ihm Asarhaddon, nunmehr ohne jede Herzlichkeit zu: »Dein Schweigen klagt dich an. Aber was kann der Hund erwidern, der seinen Herrn beißt? So wie der feige Skorpion sich nicht rechtfertigt, wenn er dem ahnungslosen Opfer unversehens den giftigen Stachel ins Fleisch bohrt, so bleibst du stumm. Wie ein Standbild auf tönernen Füßen brach deine unverbrüchliche Treue zusammen vor dem Lächeln einer schönen Frau.«

»Halt ein!« schrie Anaxares verzweifelt, »es ist nicht so wie du glaubst. Wie kannst du annehmen –«

»Schweig! Leugnest du, dich mit Mirjam zu nächtlicher Stunde mehrmals im Garten getroffen zu haben?«

Anaxares wurde bleich. »Du weißt es also. Nein, das leugne ich nicht, aber –«

»Aber?« unterbrach ihn Asarhaddon aufgebracht. »Du wagst es, ein Aber hinzuzufügen? Welche Schändlichkeit soll dieses Aber zudecken? Deinen Verrat?«

Anaxares zwang sich zur Ruhe. Im Grunde war es gut, daß er mit Asarhaddon endlich darüber sprechen konnte. »Ich habe dich nicht verraten«, erwiderte Anaxares, um Fassung bemüht. »Ja, ich bin Mirjam begegnet, doch unser einziges Vergehen ist, daß es heimlich geschah. Zwischen uns ist nicht vorgefallen, was du vermutest. Sowohl Mirjams als auch deine Ehre blieben unangetastet.«

Asarhaddons Augen funkelten. »Meine Ehre? Für wie gering achtest du sie eigentlich, bevor du glaubst, sie beschmutzt zu haben? Hast du nicht schamlos mein Zerwürfnis mit Mirjam ausgenutzt und sie in den milden Nächten eifrig von deinen Vorzügen überzeugt? Sei es mit Worten oder mit Taten, das gilt mir gleich. Und wenn dir tatsächlich noch nicht gelungen ist, was du dir zweifellos erträumst, dann nur, weil Mirjam keinen leichtfertigen Charakter hat. Dennoch, daß sie zu euren Zusammenkünften kam, beweist mir, daß du dich aufgeplustert hast wie ein balzender Auerhahn und ihr wie eine Grille Liebesworte ins Ohr gezirpt, was ja alle Frauen gern hören. Dennoch scheutest du dich tagsüber nicht, mit mir Scherzworte zu wechseln und innerlich wohl mitleidig über den ahnungslosen Narren zu lächeln.«

»Du bist zu Recht aufgebracht«, versuchte Anaxares zu beschwichtigen, »aber dein Unmut verdunkelt dein Urteil. Du glaubst doch selbst nicht, was du sagst, sondern der Zorn diktiert dir deine bitteren Worte. Aber gib auch mir Gelegenheit, mein Verhalten zu erklären.«

»O gewiß, Anaxares, ich lausche deinen Ausführungen mit Hingabe; sicherlich werden sie meinen kleinen Unmut schnell vergehen lassen.«

»Weißt du überhaupt«, fuhr Anaxares fort, ohne auf Asarhaddons Hohn einzugehen, »in welchem Zustand du deine Frau, die du vorgibst zu lieben, zurückgelassen hast? Offensichtlich hast du sie mit dem gleichen Zartgefühl behandelt, als wäre sie einer deiner blutrünstigen Offiziere. Ich verhehle nicht, daß ich Mirjam liebe, aber solange sie deine Frau war, war sie unantastbar für mich. Was ist sie jetzt? Willst du nicht einsehen, daß du sie verloren hast? Nicht durch mich, Asarhaddon, denn wenn es so wäre, hätte ich verdient, der Treulosigkeit und des Verrats bezichtigt zu werden. Nein, du selbst hast Mirjams Liebe bewußt gefährdet und verspielt, weil du die Macht höher schätztest. Die Macht hast du gewonnen, Mirjam aber ging nicht nur dir verloren, sondern auch sich selbst, denn du hast ihre Hoffnungen zerstört. Wenn ich versuchte, ihr beizustehen, so geschah das nicht in unkeuscher Absicht.«

»Wahrlich!« stieß Asarhaddon ergrimmt hervor und riß unwillkürlich grob am Zügel, »allzu weich und bequem habe ich dir die ganze Zeit das Lager gepolstert, daß du mir am Ende solche Unverschämtheiten zu sagen wagst. Du fühlst wohl wie ein Bruder für Mirjam? Wer gab dir das Recht, meine Frau zu trösten und mich zu tadeln? Wenn es mir gefällt, töte ich sie, und du darfst nicht einmal einen Unmutslaut von dir geben. Ausgerechnet du bezichtigst mich, Mirjams Liebe verspielt zu haben, du wirfst mir vor, roh gewesen zu sein. Du, der mir stets nacheifern wollte im Rausch des Tötens. Hast du Kuraschat vergessen? Wer hat denn die Entscheidung über dreißigtausend Menschenleben gefällt? Hast du neben deinen tröstenden Worten Mirjam auch das im Mondschein gestanden? Hast du ihr mit süßen Worten ins Ohr geflüstert, wie du mir Gesellschaft im Palast zu Kuraschat geleistet hast, um Wehrlose zu töten? Ich bin sicher, du hast zu nächtlicher Stunde andere Worte für Mirjam gefunden, während du eifrig meine Verderbtheit schmähtest. Wahrlich, du bist der rechte Mann, an dessen Brust eine Frau wie Mirjam sich ausweinen kann.«

Diese Anschuldigungen trafen Anaxares wie Keulenschläge, denn er konnte sie nicht entkräften. Er schwieg beschämt, und als Asarhaddon ihn höhnisch fragte, ob er denn von nun an gedenke, sein Schwert mit dem Pflug zu vertauschen, entgegnete er tonlos: »Verlange es von mir, und ich tue es, wenn du meinst, mein Schwert tauge fortan nicht mehr zu deinem Schutz. Ich kann zu meiner Verteidigung nur meine Liebe zu Mirjam anführen.«

»Du hast gar nichts zu deiner Verteidigung«, erwiderte Asarhaddon mit tödlicher Kälte. »Dein Verhalten ist eindeutig, man nennt es Ehebruch. Daß du deine Liebe zu Mirjam mir gegenüber als Entschuldigung vorbringst, krönt deine Tat mit Schändlichkeit und unendlicher Dummheit. Was du mir dafür schuldest, ist dein Leben!«

»Asarhaddon!« rief Anaxares betroffen, »bist du so unversöhnlich? Das kann ich nicht glauben. Du wirst doch nicht ernsthaft erwägen, mich zu töten, weil ich eine Frau liebe, die dir nur noch Haß und Verachtung entgegenbringt. Ich habe verhindern wollen, daß es soweit kommt, aber du selbst hast dich wie ein Rasender gebärdet. Nicht einmal du kannst noch von Mirjam erwarten, daß sie dir verzeiht. Ich aber bin im Gegensatz zu dir bereit, mich von meinen vergangenen Begierden zu lösen, um Mirjam nicht zu bekümmern, deshalb habe ich an der Vergangenheit keinen Anteil mehr.«

»Weder an der Vergangenheit noch an der Zukunft!« erwiderte Asarhaddon brutal. »Wie oft hast du mir dein Leben im Überschwang deiner Gefühle angeboten! Heute erkenne ich, daß es hohle Versprechungen waren. Fürchtest du dich jetzt vor dem Sterben, weil du dir schon deine Zukunft an der Seite Mirjams in den glühendsten Farben ausgemalt hast? Ja, ich fordere dein Leben, Anaxares, denn nur mit Blut kann die doppelte Schmach abgewaschen werden, die du mir angetan hast.«

»Wenn du darauf bestehst, werde ich nicht zittern«, erwiderte Anaxares gefaßt. »Wohlan! Dann vollende es gleich. Nimm dein Schwert und töte mich, ich werde mich nicht wehren.«

Asarhaddon lachte verächtlich. »Soll ein Ehrloser wie du durch Freundeshand sterben? Das Schwert des Henkers ist angemessener. Vielleicht sollte ich noch hinzufügen, daß das Gesetz für Ehebrecher einen grausameren Tod vorsieht: das Schinden bei lebendigem Leib und das Trocknen ihrer Haut an der Stadtmauern.«

Anaxares Backenzähne mahlten, und er starrte finster vor sich hin. »Du würdest mich also dem Schinder ausliefern!« stieß er schließlich hervor.

»Nein, aber ich wünschte, ich könnte es«, erwiderte Asarhaddon grimmig. »Bei Aschschur! Wochenlang habe ich meinen Haß genährt bis zu diesem Tage, und nun vermag ich es nicht, dich der verdienten Strafe auszuliefern.«

Anaxares sah auf, ein flüchtiges Lächeln glitt über seine Züge. »Das habe ich gehofft«, erwiderte er sanft.

Asarhaddons Gesicht verzerrte sich. »Täusche dich nicht«, sagte er kalt, »ich empfinde nichts mehr für dich, unsere Freundschaft ist erloschen. Doch wollte ich nach dem Gesetz handeln, müßte auch Mirjam sterben. Da ich sie niemals töten könnte, so magst auch du leben, aber wenn du schon nicht mit deinem Blut bezahlst, so soll dir doch dein Leben bitter werden. Vom heutigen Tag an wird es nur noch meine Befehle und deinen Gehorsam zwischen uns geben. Du bist ein guter Offizier, und wenn ich es recht bedenke, weshalb sollte ich dich um einer Frau willen opfern, wo ich für Urartu jeden Mann brauche? Aber in Assur will ich dich nicht mehr sehen. Geh nach Ninive und harre dort meiner weiteren Befehle, während ich im Tempel täglich darum beten werde, daß Aschschur diese letzte Schwäche von mir nehmen möge, die mich zögern läßt, euch zu töten.«

Anaxares biß sich auf die Lippen, um seine Bestürzung nicht zu zeigen. Die kalte Absage an ihre Freundschaft ließ Tränen in ihm aufsteigen, doch lieber hätte er sich die Zunge abgebissen, als Asarhaddon die Genugtuung zu verschaffen, ihn weinen zu sehen. »Ich muß dir wohl für deine Großmut dankbar sein«, stieß er gepreßt hervor. »Und was wird aus Mirjam?«

»Aus Mirjam? Bei Aschschur, auch diesen letzten Rest von Liebe will ich ertränken in Blut, um dann frei von jeder Bindung wieder ganz mir selbst zu gehören. Nach dem, was vorgefallen ist, kann ich sie nicht mehr als Frau an meiner Seite dulden, aber ich will mich ihr gegenüber nachsichtig zeigen und ihr freie Hand bei ihren Entscheidungen lassen. Sie mag gehen, wohin sie will.«

»Wohin sie will?« wiederholte Anaxares atemlos. »Also – auch nach Ninive?«

»Brichst du gleich in ein Freudengeschrei aus? Den Preis unserer Freundschaft entrichtest du leichten Herzens, wie ich sehe. Du hast Mirjam für mich eingetauscht, es wird sich zeigen, ob es ein guter Tausch war. Und noch etwas: Es versteht sich wohl von selbst, daß vor dem Turteln die Eroberung von Urartu kommt. Das wird ein langer und harter Feldzug für dich werden, Anaxares, und schon so mancher ist nicht aus der Schlacht zurückgekehrt.«

»Dir wäre es also recht, wenn ich fiele?«

»Ich würde unter den gegebenen Umständen nicht um dich weinen.«

»Wenn ich falle, geschieht es in Ausübung meiner Pflicht. Ob du darüber lachen oder weinen wirst, ob du nur noch mein Befehlshaber oder gar mein Feind sein willst, das alles wird meine Freundschaft zu dir nicht berühren«, erwiderte

Anaxares bewegt. »Nein, ich wollte diesen hohen Preis nicht zahlen, doch du forderst ihn von mir. Ich liebe Mirjam, aber ich habe daneben niemals aufgehört, dich zu lieben.«

»Es war leicht für dich, mich zu lieben«, bemerkte Asarhaddon ungerührt, »denn ich war dir stets ein untadeliger Freund. Von nun an wirst du lernen müssen, mich zu hassen.«

7

Mirjam trat ein in das Arbeitszimmer Asarhaddons. Er hatte sie zu sich befohlen. Er musterte sie flüchtig und wies nebenbei auf eine Bank. An den Wänden und auf mehreren Tischen stapelten sich Kästen mit Rollsiegeln und Papyri. Das schlichte Gewand Asarhaddons unterstrich die Nüchternheit des Raumes.

Mirjam sah gefaßt aus. Auch sie hatte sich betont einfach gekleidet, aber selbst das unscheinbare Gewand konnte nichts von ihrer Schönheit verbergen, und Asarhaddon bemerkte das wohl. Hinter seiner gleichgültigen Miene verbarg er den Schmerz, daß die schöne Zeit mit Mirjam unwiederbringlich dahin war.

»Du darfst mir ein freundliches Gesicht zeigen«, begann Asarhaddon das Gespräch. Er hob spöttisch die Handflächen auf. »Ich habe kein Blut an den Händen, sondern Staub. Man begrüßt seinen Mann, den man lange nicht gesehen hat, mit dem Segensspruch, daß die Götter ihm allezeit wohlgesonnen sein mögen.«

»Was willst du?« fragte Mirjam kühl und beherrscht. Sein Spott war ihr inzwischen zu gut bekannt.

»Ich gab dir eine Woche Bedenkzeit, doch in meiner Langmut ließ ich dir zwei Monate. Wie hast du die Zeit genutzt?«

»Ich habe viel nachgedacht und dabei nicht nur deine Fehler sehen wollen. Ich habe mich um Verständnis bemüht, aber du selbst hast alles wieder zunichte gemacht durch deinen Auftritt in meinen Gemächern. Wahrhaftig, du bist mir wie ein wildes Tier erschienen.«

»Ich habe die Kinder nicht getötet, und auch deine pflichtvergessenen Wachen leben.«

»Ja, aber du hast die Kinder nur verschont, weil ich sie mit
meinem Leben schützte. Dennoch – für das Leben der Männer danke ich dir. Aber das kann nichts zwischen uns ändern,
nachdem ich erfahren habe, wozu du fähig bist, und daß dir
deine blutigen Taten sogar Lustgefühle verschaffen.«

»Ich stimme dir zu, ich bin nicht sanftmütig, und eine zarte Pflanze wie du gedeiht nicht zwischen Nesseln und Di-
steln. Da beruhigt es mich sehr, daß du inzwischen anderweitig Trost bei einem Mann wie Anaxares gefunden hast,
dessen sonniges Gemüt dein Herz wärmen wird. Wahrlich,
du konntest keine bessere Wahl treffen. Beabsichtigte er
nicht, aus dem Gut seines Vaters eine Heimstätte für Witwen
und Waisen zu machen? Oder waren es mißhandelte Sklaven, die dort eine Zuflucht finden sollten?«

»Anaxares?« fuhr Mirjam auf. »Du hast es also erfahren!
Nun, viel liegt mir nicht daran, mich vor dir zu rechtfertigen,
aber du sollst doch wissen, daß wir uns nichts vorzuwerfen
haben. Wir haben dich nicht betrogen.«

Asarhaddon winkte ab. »Nichts von eurer hehren Unbe-
flecktheit! Ich kenne Anaxares besser als du. Er hat dir doch
seine Liebe gestanden – oder?«

»Ja, aber ich habe ihm keine Hoffnungen gemacht.«

»Aber er, denn er sieht dich bereits als Herrin auf Harpagos' Gut einziehen.«

»Er hat also mit dir gesprochen?«

Asarhaddon lachte auf. »Ich habe ihn zur Rede gestellt, nach
einigen Wochen, in denen ich euch beobachtet habe, abwartend, wie lange ihr euer Treiben vor mir geheimhalten wolltet.«

Mirjam sprang auf. »Anaxares hat sich stets vorbildlich
verhalten, das beschwöre ich, und daß er unverbrüchlich zu
dir steht, das weiß ich. Du solltest den Göttern danken für einen Freund wie ihn, den zuerst die Sorge um dich und nicht
seine Leidenschaft zu mir getrieben hat.«

»Zuerst vielleicht – und später? Hältst du mich für einen
Trottel? Wie ein ehrloser Krieger, der dem gefallenen Gefährten die Stiefel rauben will, so näherte sich Anaxares dem

438

herrenlosen Wild. Da die Ernte nicht eingebracht wurde, meinte er, die Garben auf dem Feld gehörten nun jedem, der sie sich nimmt.«

»Ja, Asarhaddon der handelt nicht verwerflich, der die Garben einsammelt, bevor die Würmer sie fressen. Nachdem ich einen Mann hatte, der sich für einen Gott hält, habe ich einen Menschen gebraucht.«

»Und du wähltest Anaxares. Da machte die Hirtin den Wolf zum Hütehund! – Würdest du denn Anaxares nach Ninive folgen, wenn ich dich freigäbe?«

Erstaunt sah Mirjam ihn an. »Darüber habe ich nie nachgedacht.«

»Weshalb nicht? Möchtest du Assur nicht verlassen? Und wenn du es schon tust, weshalb solltest du nicht nach Ninive gehen – zu einem Mann, dessen schwertgewohnte Hand dir dort Blumen ins Haar flechten wird?«

»Glaubst du, nach dem, was ich hier erlebte, bin ich bestrebt, deinem Freund in die nicht weniger blutbesudelten Arme zu fallen? Gewiß, das Gut seines Vaters ist nicht der Palast zu Assur, aber ob ich dort für immer leben möchte, weiß ich noch nicht.«

»Denke darüber nach. Der Krieg mit dem mächtigen Urartu steht bevor, und der Feldzug kann sich über Monate, vielleicht über Jahre hinziehen. Kehrt Anaxares lebend zurück, so magst du zu ihm gehen, wenn du willst. Nach Kadesch jedenfalls wirst du wohl kaum zurückkehren wollen, ohne deinen Sohn und mit Schande bedeckt.«

»Ohne meinen Sohn?« wiederholte sie bestürzt. »Was willst du damit sagen?«

»Sargon bleibt bei mir im Palast, auf ihn warten andere Pflichten.«

»Die Pflichten, zu morden, Asarhaddon? Soll er deinen blutigen Weg gehen?«

»Er wird zum Herrscher erzogen, dazu wurde er geboren. Er wird kein Hoherpriester sein, aber ich kann auch nicht dulden, daß du ihn verzärtelst.«

»Ich würde ihn im Sinne meines Vaters erziehen«, murmelte sie, »seiner brauchte er sich nicht zu schämen.«

»Sargon wird einmal ein Weltreich beherrschen und keine Herberge. Ich will keine Einwände mehr hören. Sei froh, daß ich nicht vergessen habe, daß du seine Mutter bist, denn nach assyrischem Gesetz haben du und Anaxares den Tod verdient. Aber vor allen Menschen habe ich euch beide geliebt, und ich vermag das Gesetz nicht zu erfüllen.«

8

Auf dem Altar Aschschurs tanzte das Licht der Fackeln gespenstisch über einen blutüberströmten Körper, in dem kein Leben mehr war. Ein Schirku stand vor ihm, das Krummschwert gesenkt, den teilnahmslosen Blick auf Asarhaddon gerichtet. Dieser gab ihm ein Zeichen, und der Priester entfernte sich. Asarhaddon sah ihm nach, bis er im Dunkel der Säulen verschwunden war. Er hatte Aschschur opfern lassen, denn er war gekommen, sich dem Gott wieder vorbehaltlos zu unterwerfen. Seit der Erscheinung in den Gewölben aber zögerte er noch, es mit eigener Hand zu tun.

Jetzt, da Asarhaddon allein war mit dem Toten und Aschschur, sprach er zu ihm: »Im Angesicht dieses Opfers, dessen Blut noch warm ist, gelobe ich dir meine Seele. Schon einmal kniete ich vor dir, doch ich näherte mich dir wie ein schwankendes Rohr, wie ein Verirrter in der Wüste, der seinen Weg nicht kennt. Meine Stärke war zu Wasser geworden, und meine Grausamkeit wandte sich gegen mich selbst. Statt mir Quelle der Lust zu sein, wurde sie mir zur bitteren Speise. Tilge alle Schwäche aus meinem Herzen und laß mich wieder der sein, der ich all die Jahre als dein Hoherpriester war. Gib mir die Härte der Felsen, wenn sanfte Gefühle mich bedrängen, und die ungebärdige Lust des lodernden Feuers an der Vernichtung. Schenke mir den Sieg über Urartu, und grausamer als die schwarze Pest, die die Völker dahinrafft, will ich unter meinen Feinden wüten. Die Edelsten unter ihnen, die Schönsten und Stärksten will ich dem Opfermesser weihen und deinen Tempel zum Schlachthaus machen. Deine wilde Freude will ich dann mit dir teilen, denn alle anderen Freuden sind mir zu Asche geworden.«

Seit Anaxares Assur verlassen hatte, waren fünf Wochen vergangen. Es näherte sich der Tag des Aufbruchs. Einige Tage vorher ließ Asarhaddon die ranghöchsten Offiziere nach Assur kommen. Es war sein Wunsch und Wille, daß sie alle mit eigener Hand ein Blutopfer brachten.

Am Tag, an dem er die Boten ausgesandt hatte, erhielt er von seinem Kämmerer die Nachricht, daß ein syrischer Kaufmann um Audienz bitte. Ein gewisser Symon, Sohn des Hiram, aus Kadesch.

Asarhaddon zuckte bei Nennung dieses Namens zusammen. Der Beamte bemerkte es und fragte eilig, ob er ihn wieder fortschicken solle.

Asarhaddon schüttelte nachdenklich den Kopf, dann machte er eine ungeduldige Handbewegung. »Laß ihn vor, sofort! Und behandle ihn mit Respekt, es handelt sich um den Bruder der Königin.«

Der Beamte erschrak sichtlich und murmelte etwas, sich rasch entfernend. Asarhaddon preßte die Lippen zusammen und ballte kurz die Fäuste, als wolle er einen unsichtbaren Feind erschlagen. Er liebte sie nicht, die Schatten der Vergangenheit. »Heute Symon und morgen vielleicht Eljakir«, murmelte er verdrossen.

Aber als Symon eintrat, zeigte er diesem nichts von seinem Unmut, sondern empfing ihn mit der Herzlichkeit, die einem Schwager zukam. Unsicher lächelnd blieb Symon in einiger Entfernung stehen und bemerkte zur Begrüßung: »Vor dir wirft man sich in den Staub, hörte ich. Ich gestehe, daß ich jetzt nicht weiß, wie ich mich verhalten soll. In Kadesch warst du einer der Unseren, doch heute stehe ich vor dem mächtigsten Mann der Welt.«

Asarhaddon aber ging auf ihn zu, legte ihm den Arm um die Schultern und führte ihn in die Mitte des Zimmers, wo er ihn bat, sich zu setzen. Offensichtlich hatte er Symons Veranlagung ganz vergessen, denn er lächelte ihn entwaffnend an, so daß diesem das Blut ins Gesicht schoß und er nicht wußte, wohin er den verwirrten Blick richten sollte. Aber

Asarhaddon hatte es nicht vergessen. Er wollte Symon absichtlich etwas aus dem Gleichgewicht bringen, um ihn zu foppen. »Symon, wie freue ich mich, dich zu sehen. Das ist eine gelungene Überraschung. Wie du vor mir auftreten sollst? Welch eine Frage! Du bist der Schwager des Königs. Aufrecht selbstverständlich. – Soll ich dir Erfrischungen kommen lassen?«

»Du bist sehr liebenswürdig«, stammelte Symon befangen und vergaß ganz, daß Asarhaddon ein Mann mit zwei Gesichtern war.

»Sicher bist du wegen deiner Schwester gekommen. Hast du sie schon gesehen?« fuhr Asarhaddon harmlos fort.

Symon schüttelte den Kopf. »Nein, ich dachte, die Höflichkeit gebietet es, zuerst dich aufzusuchen.«

»Nur die Höflichkeit? Das ist hart. Und ich glaubte, du seist meinetwegen gekommen.«

Symon senkte verlegen den Blick. »Wie geht es ihr?«

»Sie wird sich freuen, dich zu sehen«, lenkte Asarhaddon ab. »Du bist reifer geworden, Symon, seit ich euch verließ. Aus dir ist ein Mann geworden.«

Symon stieg die Röte ins Gesicht. »Ich war auch in Ugarit schon ein Mann«, erwiderte er unwillig, »aber du hast es nicht bemerkt.«

»Ich habe nur gescherzt. Und Hiram? Wie geht es ihm? Wann wirst du ihm eine neue Tochter für die verlorene zuführen?«

Symon warf Asarhaddon einen bittenden Blick zu, doch dieser sah ihn treuherzig an. »Ich fürchte, niemals«, murmelte Symon.

Asarhaddon lehnte sich zurück, und der Spott blitzte aus seinen Augen. »Wie wahr, du fühlst dich ja zu Männern hingezogen. Hat sich das bis heute nicht geändert?«

Symon schüttelte den Kopf.

»Das wird Hiram nicht recht sein«, fuhr Asarhaddon im Plauderton fort, »wie soll er da zu einem Enkel kommen?«

»Er hat ja schon einen Enkel.«

»Sicher, doch dieser wird ihm im Alter keine Stütze sein, weil andere Aufgaben auf ihn warten.«

Symon zuckte die Achseln. »Das weiß er. Aber soll ich meinen Gefühlen Gewalt antun?«

Asarhaddon lächelte. »Davor seien die Götter. Aber wie denkst du dir dein zukünftiges Leben? Du wirst keine Familie haben.«

»Dafür habe ich Freunde.«

»Und alle sind deine Liebhaber?«

»Müssen wir darüber sprechen? Reden wir doch lieber von deiner Liebe, von Mirjam. Wie bekommt es ihr, als Königin zu herrschen? Ist sie glücklich?«

»Wohl kaum«, erwiderte Asarhaddon rauh. Seine Miene wurde finster und seine Stimme kalt. »Du solltest Mirjam selbst danach fragen, ich möchte nicht über sie sprechen, denn wir haben uns getrennt.«

»Getrennt?« fuhr Symon erschrocken auf. »Das ist doch nicht möglich! In ganz Kadesch gab es kein Paar, das sich inniger zugetan gewesen wäre als ihr.«

»Hier ist eben nicht Kadesch!« fuhr Asarhaddon ihn an. Dann besann er sich. »Hier ist Assur. Mirjam konnte sich an meine Auffassung über notwendige Dinge nicht gewöhnen.«

»Deine Worte am Brunnen!« stammelte Symon.

Asarhaddon wurde blaß. »Die hatte ich fast vergessen«, erwiderte er dumpf. »Ja, jetzt erinnere ich mich wieder. Bei Aschschur, wie töricht bin ich in die Falle gegangen. Wie blind bin ich Mirjams Liebreiz erlegen und bezahle heute dafür.«

»Du bezahlst?« wiederholte Symon verärgert. »Ist es nicht Mirjam, die bezahlt?«

»Mirjam? Deine Schwester hat sich bereits anderweitig getröstet, mit meinem besten Freund.«

»Das glaube ich nicht.«

»Nein? Er hat es mir bereits gestanden.«

»Ist es der Offizier, der dich damals bei uns besucht hat?«

»Ja.«

»Und sie haben dich betrogen? Das will ich von Mirjam selber hören.«

»Betrogen vielleicht nicht körperlich«, räumte Asarhaddon ein, »aber sie trafen sich oft nachts im Garten. Anaxares hat –«, er unterbrach sich wütend. »Genug! Wie ein Falke hat Anaxares auf der Lauer gelegen, bis der Adler die Beute fahren läßt, und ich habe sie ihm überlassen, als sei ich flügellahm geworden. Habe ich nicht genug bezahlt?«

»Das habe ich nicht gewußt«, erwiderte Symon.

Seine Betroffenheit berührte Asarhaddon unangenehm, denn er fühlte sich bedauert, und er entgegnete grob: »Nimm es nicht so wichtig! Mein Leben hält noch andere Höhepunkte für mich bereit. Ich brauche niemand.«

»Niemand? Welch stolzes Wort! Das kann kein Mensch von sich behaupten. Willst du dir denn nie wieder eine Frau nehmen?«

»Eine andere Frau als Mirjam?« Asarhaddon war fassungslos über Symons Frage. »Was sollte das? Ein Weiser begeht im Leben eine Torheit, ein Narr begeht die gleiche Torheit noch einmal, aber nur ein Esel stolpert dreimal in denselben Graben.«

»Du bist verbittert, aber ohne Liebe erträgt man das Leben nicht, nicht einmal du.«

»Geschwätz! Hast du vergessen, daß ich mein Leben lang enthaltsam gelebt habe?«

»Das war vor Mirjam. Aber den Pfeil, der von der Sehne geschnellt ist, kannst du nicht mehr zurückholen.«

Asarhaddon hob die Augenbrauen und musterte Symon geringschätzig. »Vielleicht möchtest du gern Mirjams Stelle einnehmen?«

Symon erwiderte überraschend ruhig: »Ja, aber ich weiß, daß es niemals geschehen wird. Weshalb sollte ich leugnen, dich zu lieben? Du hast mich aus der Sklaverei geführt, du warst stets freundlich und aufrichtig, und du hast mich umarmt –« Symon verstummte und wurde dunkelrot. »Das wollte ich nicht erwähnen«, schloß er mit belegter Stimme.

Asarhaddon entgegnete weicher als beabsichtigt: »Du Tor! Willst du die Wahrheit nicht sehen, so wie Mirjam? Vergiß diese unselige Nacht auf dem Paß, und erröte nicht wie ein schüchterner Jüngling vor seiner Braut, wenn du darauf zu sprechen kommst. Mir bedeutete sie nichts, das weißt du. Wenn ich dir freundlich begegnet bin, so war das ganz natürlich, oder hätte ich Mirjams Bruder mit Nichtachtung strafen sollen? Und bedenke noch eins: Selbst wenn ich durch die Geschehnisse geneigt wäre, Liebe und Freundschaft bei dir zu suchen, so würde es dir doch nicht anders als Mirjam ergehen, oder ist dein Herz gerüstet, mich zu ertragen?«

Symon lächelte. »Ich bin im Gegensatz zu Mirjam an grausame Herren gewöhnt, das hast du übersehen.«

Asarhaddon verzog leicht die Lippen. »Menachim?«

»Ja, ich mußte ihm Gefährte, Freund und Liebhaber sein, und dennoch hätte er nicht gezögert, mich zu foltern – das würdest du niemals tun.«

Asarhaddon winkte ab. »Auch Menachim hätte dich nicht gefoltert, er gefiel sich nur darin, dir zu drohen.«

»Das glaubst du«, entgegnete Symon heftig. »Ich habe Menachim kennengelernt, wie du ihn nie kanntest. Zu deiner Zeit verhielt er sich sanft wie ein Lamm.«

»Mag sein, doch auch du kennst mich nur als Lamm. Dir würde ich nichts antun, das ist wahr, doch ich liebe es, andere zu töten. Männer, Frauen und Kinder. Würde dir das gefallen?«

»Nein«, gab Symon zu.

»Es würde dir nicht gefallen, du würdest mich verabscheuen, nicht wahr?«

»Ich weiß, daß du deinem grausamen Gott dienen mußt«, erwiderte Symon zögernd, »vielleicht würde ich –«

»Was würdest du?« unterbrach ihn Asarhaddon zynisch. »Was würdest du aufgeben von deiner Menschlichkeit für eine Nacht, Symon? Wozu wärst du bereit? Sag es mir, Symon, wieviel Blut wäre dir meine Zärtlichkeit wert?«

»Wie kann ich dir darauf antworten?« stammelte Symon verstört. »Mirjam konnte es«, erwiderte Asarhaddon kalt. »Aber auch Menachims Antwort kennen wir beide. Er hätte bedenkenlos sogar seine eigene Stadt geopfert. Aber du, Symon, bist unschlüssig. Du meinst noch immer, unbeschadet zwischen den feindlichen Linien hindurchzukommen.«

»Und du, Asarhaddon, was willst du?« fragte Symon heftig. »Hättest du Mirjam noch geliebt, wenn sie an deiner Seite Aschschur geopfert hätte? Hast du nicht auch Menachim verachtet?«

Asarhaddon nickte. »Meine Liebe zu Mirjam war von vornherein zum Scheitern verurteilt. Menachim glich mir in manchen Dingen, doch ihn konnte ich nicht lieben, denn er war ein Mann. – Wußtest du, daß Menachim tot ist?«

»Menachim ist tot?« wiederholte Symon betroffen.

»Ja. Trauerst du um ihn?«

Symon zögerte. »Nein, ich denke nicht, obwohl ich ihm vergeben habe. Woher weißt du es?«

»Menachim hat mich in Assur aufgesucht.«

»Das hat er gewagt? Dann hast du ihn töten lassen!« entfuhr es Symon.

»Aber nein, dazu hatte ich keine Veranlassung. Menachim starb vor Kuraschat in Medien. Er starb als Krieger und wie ein Mann. Es ist ihm gelungen, meine Wertschätzung zu erringen, und ich meine, er ist glücklich gestorben, denn in seinen letzten Minuten hielt ich seine Hände.«

In Symons Augen flammte etwas wie Eifersucht auf. »Freilich, wenn es sich so verhalten hat! Einen solchen Tod hat er keinesfalls verdient. Männern wie Menachim machst du das Sterben leicht, doch andere läßt du grundlos zu Tode foltern.«

»Soll das ein Tadel sein? Ich suche mir sowohl meine Opfer als auch meine Freunde nach eigenem Gutdünken aus.«

Symon errötete. »Gewiß. Ich habe nicht das Recht, mich einzumischen, zumal mir die näheren Umstände seines Todes unbekannt sind. Doch ist dir schon Menachim eine solche Geste wert, so hoffe ich, daß du auch mir meine Bitte nicht abschlägst.«

»Du hast eine Bitte?« Asarhaddon zog unwillig die Augenbrauen zusammen. »Ich erfülle in letzter Zeit nur ungern Bitten, erst recht nicht, wenn Freunde sie äußern. Sie kommen mich oft teuer zu stehen.«

»Mein Wunsch ist bescheiden und leicht zu erfüllen. Ich möchte hier in Assur bleiben.«

»Ach! Und im Palast wohnen?«

»Geräumig genug erscheint er mir.«

»Das ist keine Frage des Raumes«, entgegnete Asarhaddon unwirsch. »Du bist mir ein willkommener Gast, aber auf die

Dauer möchte ich dich nicht um mich haben, und du weißt, weshalb.«

Symon wurde bleich, und Asarhaddon fügte beschwichtigend hinzu: »Es gibt noch andere Gründe. Geht es dir um Mirjam, so magst du eine Weile bleiben. Aber sie wird bald nach Ninive gehen, was hält dich dann hier?«

»Ich bin deinetwegen hier, das weißt du.«

»Ich habe es befürchtet. Aber ich brauche keinen Liebhaber, haben wir uns verstanden?«

»Ich will nur dein Freund sein, nichts weiter, und ich werde bleiben. Wenn du mich im Palast nicht haben willst, suche ich mir eine Herberge in Assur, es sei denn, du verweist mich des Landes.«

»Manchmal hast du einen Starrsinn wie ein hölzerner Schwengel. Bleib also, aber lege dir in der Öffentlichkeit Zurückhaltung mit Männern auf, und erwähne nie mehr die Nacht auf dem Paß. Und wenn du zu Mirjam gehst, denke daran, daß sie für mich nur böse Worte finden wird. Solltest du dich ihrer Meinung anschließen, so vergiß nicht, daß dir niemand meine Nähe aufzwingt.«

9

Die Offiziere erhoben sich. Asarhaddon hatte sie zu einer letzten Lagebesprechung in die Hauptstadt gebeten. Den Abschluß sollte eine gemeinschaftliche Tafel bilden. Asarhaddon hatte Anaxares, der mit seinem Vater gekommen war, keines Blicks gewürdigt und so den anderen deutlich gemacht, daß Anaxares bei ihm in Ungnade gefallen war. Harpagos machte ein finsteres Gesicht, sagte aber nichts. Anaxares jedoch verließ nicht zusammen mit den anderen den Raum, sondern stellte sich Asarhaddon, der ebenfalls gehen wollte, in den Weg. »Ich muß mit dir reden.«

Asarhaddon musterte ihn unbewegt. »Die Besprechung ist beendet«, bemerkte er eisig. »Aber in der nächsten Woche gebe ich eine Audienz für Bittsteller.«

Anaxares war auf zynische Bemerkungen vorbereitet, und er überhörte sie einfach. »Laß mich mit Mirjam sprechen.«

Asarhaddons Augen wurden zu Schlitzen. »Wenn ich dich nicht augenblicklich hinauswerfen lasse, dann nur um deines Vaters willen. Du hast die Dreistigkeit, mich in meinem Hause auf sie anzusprechen? Sagte ich dir nicht, daß vor der Erfüllung deiner Sehnsüchte der Feldzug nach Urartu steht? Du wirst dich gedulden müssen, Anaxares, sehr lange gedulden, bis du sie wiedersiehst.«

Anaxares reckte herausfordernd das Kinn. »Für dein Entgegenkommen bin ich dir dankbar, aber ich lasse mich von dir deswegen nicht ewig demütigen. Ich bin des Harpagos Sohn, nicht dein Pferdebursche, und ich erwarte von dir, wenn schon nicht Freundschaft, so doch die Höflichkeit, die du auch all den anderen Offizieren zuteil werden läßt.«

»Das ist dein gutes Recht«, entgegnete Asarhaddon kühl, »also sage ich es dir noch einmal sehr höflich: Du magst der Sohn eines Gottes sein, an Mirjam hast du keine Rechte, noch nicht. Wann du sie haben wirst, bestimme ich. Und nun, Anaxares, ersuche ich dich höflich, den Raum zu verlassen und den anderen in den Speisesaal zu folgen.«

Anaxares preßte wütend die Lippen zusammen. Hier im Palast zu Assur war er nur ein Untergebener, und Asarhaddon ließ ihn das mit Behagen fühlen. Ärgerlich lenkte Anaxares von seinem eigentlichen Anliegen ab. »Und heute nachmittag schickst du uns in den Tempel. Was hast du dir eigentlich bei diesem Einfall gedacht? Weshalb erniedrigst du deine Offiziere nun auch zu Schlächtern?«

Asarhaddon verzog den Mund. »Du bist der einzige, der seinen Unmut äußert, alle anderen haben begeistert zugestimmt.« Dann fügte er hinterhältig lächelnd hinzu: »Habe ich das Ritual schon erwähnt? Jeder wird seinem lebenden Opfer das Herz herausschneiden. Während du die Handlung vollziehst, empfehle ich dir, an Mirjam zu denken.«

Anaxares beherrschte nur mühsam seine Wut. »Du hast die blutige Zeremonie meinetwegen veranstaltet! Du bist –«, er konnte nicht weitersprechen, fassungslos stand er vor so viel abgrundtiefer Bosheit.

»Ich bin was? Sprich es aus!« sagte Asarhaddon verächtlich.

»Du bist nicht nur grausam, du bist auch schäbig. Was du nicht besitzen kannst, sollen andere auch nicht haben.«

Asarhaddon verschränkte gelassen die Arme. »Wer dem Adler die Beute aus den Fängen rauben will, muß schärfere Krallen haben als er, sonst wird er am Ende selbst zerfleischt.« Asarhaddon lachte grausam, denn Anaxares konnte seine Fassung kaum bewahren. »Nun mein Freund, liebst du mich noch immer, oder beginnst du schon, mich etwas zu hassen?«

»Ich muß mich daran gewöhnen«, entgegnete Anaxares bleich, »daß deine Rachsucht und Grausamkeit nun mich statt anderer treffen. Du selbst hast dich nicht geändert, wohl aber unsere Beziehung. Ich will versuchen, dich trotzdem zu verstehen, und den Haß nicht Herr über mich werden lassen und beten, daß mir das gelingt.«

»Zum Beten wirst du in Kürze vor Aschschurs Altar Gelegenheit haben«, spottete Asarhaddon, aber im Tone etwas gemildert. »Ich gebe dir jedoch einen guten Rat: unterdrücke nicht deinen Haß, so lebt es sich leichter mit ihm.«

Bevor die Offiziere wieder an ihre Standorte zurückkehrten, bat Harpagos Asarhaddon um ein Gespräch unter vier Augen. Dieser empfing den verdienstvollen General freundlich und in aller Unbefangenheit. Harpagos' Miene war düster und voller Besorgnis.

»Welch eine jammervolle Miene am Tage unseres Aufbruchs zu neuen Taten und neuen Siegen«, versuchte Asarhaddon den finsteren General aufzuheitern. »Ich sah die Raben nordwärts fliegen, sie wissen, wo ihre Tafel gedeckt ist. Und selbst die Schwalben, die im Gebälk des Tempels nisten, besingen Assyriens Triumph.«

»Ich hörte sie andere Lieder singen«, entgegnete Harpagos bitter, »Lieder der Schmach und der Schande, die über mein Haus gekommen sind.«

Asarhaddon verzog keine Miene. »Der Schmach und Schande? Das möge Aschschur verhüten, denn Harpagos' Schmach ist auch die meine. Wovon sprichst du?«

Harpagos Hand legte sich klirrend auf das Wehrgehänge. »Bei meinem Barte! Vor mir brauchst du dich nicht zu verstellen. Du weißt doch längst, weswegen ich hier bin. Allen hast du deutlich gezeigt, daß Anaxares bei dir in Ungnade gefallen ist.«

Asarhaddon streckte die Hand aus. »Glätte deine Unmutsfalten, Harpagos. Gab ich Anaxares nicht drei Heere und zeichnete ihn dadurch vor allen anderen Offizieren aus? Ließ ich ihn nicht im Kreise der edelsten Männer das heilige Opfer vollziehen? Nennst du das in Ungnade fallen?«

»Weiche nicht aus, Asarhaddon! Du und Anaxares, ihr geht euch aus dem Weg wie zwei wilde Eber, die ihre Hauer nicht aneinander wetzen wollen. Ihr wart mehr als Kampfgefährten, ihr wart Freunde. Du holtest Anaxares zu dir in den Palast, doch dann schicktest du ihn nach Ninive zurück. Anaxares begegnete mir dort störrisch, launisch, und, was den Grund eures Zerwürfnisses angeht, stumm wie ein Fisch. Also komme ich zu dir. Ich habe als sein Vater wohl das Recht zu erfahren, was vorgefallen ist.«

»Anaxares tat recht daran zu schweigen«, entgegnete Asarhaddon kühl, »denn es handelt sich um eine sehr persönliche Angelegenheit. Ja, es ist wahr, unsere Freundschaft ist zerbrochen, aber das ändert nichts daran, daß Anaxares ein untadeliger Offizier ist, dem ich mein uneingeschränktes Vertrauen entgegenbringe. Also beruhige dich, Harpagos, auf dein Ansehen fiel kein Makel.«

»Du machst mein Herz etwas leichter mit deinen Worten, dennoch – um einer Nichtigkeit willen wäre das nicht geschehen. Ich weiß, daß Anaxares dieser Freundschaft alles geopfert hätte. Jetzt schleicht er daheim umher, daß es mir das Herz bricht. Gleichwohl vermute ich die Schuld bei meinem Sohn; hat er doch eine schnelle Zunge und oft ein ungebührliches Benehmen. Wenn er gefehlt hat, so soll ihn die verdiente Strafe treffen, und wenn es unverzeihlich war, so will auch ich ihm nicht verzeihen. Er ist ein Mann und muß damit fertig werden, aber ich bitte dich, mir den Grund zu nennen, damit mein Herz Ruhe findet.«

Asarhaddon hörte mit Befriedigung, daß Anaxares unter dem Entzug seiner Freundschaft litt. Er zuckte die Achseln. »Nun, weshalb solltest du es nicht erfahren? Du könntest den Jahren nach mein Vater sein und standest dem Königshaus immer sehr nah. Anaxares und ich sind Rivalen um die Gunst einer Frau.«

Harpagos schwieg zuerst verblüfft, dann begann er herzlich zu lachen. »Es geht um eine Frau? Bei Aschschur, das erleichtert mein Herz. Und ich glaubte schon, es sei etwas Ernstes.«

»Nun«, bemerkte Asarhaddon kühl, »zufällig handelt es sich um meine Frau.«

»Um deine – um die Königin?« stieß Harpagos betroffen hervor. »Soll das heißen, Anaxares habe sich der Königin in unziemlicher Weise genähert?«

»Ich weiß nicht, wie weit er gegangen ist, Harpagos, aber –«

»Asarhaddon!« unterbrach Harpagos ihn erregt, »ich würde jeden, der mir das sagt, der unverschämten Lüge bezichtigen und ihn mit meinem Schwert zu den Schatten senden, wenn nicht du selbst es wärst, der es ausspricht. Ich kann es nicht glauben, daß Anaxares den Verstand verloren hat und deine und meine Ehre um einer törichten Leidenschaft willen in den Staub getreten haben sollte.«

»Beruhige dich, Harpagos, Anaxares hat –«

»Ich soll mich beruhigen?« fuhr Harpagos auf. »Wenn das wahr ist, daß er es gewagt hat, seine mir sattsam bekannten Abenteuer nun auch bei der Königin zu suchen, hat er den Tod verdient.«

Asarhaddon sah Harpagos nachdenklich an. »Ich kann ihn nicht richten, Harpagos, kannst du es?«

Dieser schwieg und sah zu Boden. »Nein«, sagte er schließlich rauh, »nein, wenn du es schon nicht kannst, soll ich als sein Vater härter sein? Aber er muß bestraft werden. Wenn schon nicht Blut die Schande abwäscht, so will ich ihn verbannen von meinem Hof und meinem Angesicht.«

»Und Assyrien den fähigsten Offizier nehmen? Das ist nicht in meinem Sinne.«

»Was soll ich dann tun? Soll er denn ungestraft deine und meine Ehre beflecken dürfen?«

»Er ist bereits bestraft, laß ihn in Ruhe. Dir, Harpagos, versichere ich, daß unser Verhältnis ungetrübt ist.«

»Du hast dich stets allzu weich gegen Anaxares gezeigt«,

entgegnete Harpagos unwillig, »nun erntest du die Früchte deiner Nachsicht. Statt ganze Städte leer zu morden, hättest du dein Herz an anderer Stelle verhärten sollen.«

Asarhaddon erwiderte nichts auf diesen Vorwurf. Die Generäle hatten das Recht, selbst den König zu tadeln. »Anaxares Verbrechen ist nicht so groß, wie du glaubst. Er hat sich lediglich gebückt und aufgehoben, was mir entglitten war. Ich habe die Liebe meiner Frau verloren, und Anaxares versucht nun, ihre Liebe zu gewinnen. Aber zwei gleich starke Männchen kann es im Rudel nicht geben, und der Leitwolf verjagt unerbittlich den Rivalen. So habe ich also Anaxares nach Ninive zurückgeschickt. Kein Mann erträgt den Nebenbuhler in seiner Nähe.«

»Und wie soll es weitergehen?«

»Unglücklicherweise liebe ich meine Frau. Ich habe auf sie verzichtet, und bei ihr liegt es jetzt, ob sie Anaxares' Werben nachgeben wird. Ja, ja, du magst mich zu recht einen Narren schelten, einen Mann, der das furchtbare Zeichen der Flügelsonne zu Unrecht trägt, weil er Aschschurs Gesetz nicht unerbittlich gehorchen kann. Schamasch, der Gerechte, wird dereinst auch mein Herz wiegen, und er wird es zerrissen finden von Schwäche und Zweifeln. Dann wird er sprechen: Ist das das Herz des Hohenpriesters Asarhaddon, des Königs von Assyrien, oder das eines zagenden Schwächlings, der sich die Insignien der Macht nur anmaßte? Schamasch, der Gerechte, wird wissen, was er dann zu tun hat.«

Da legte ihm Harpagos ergriffen die Hand auf die Schulter. »Asarhaddon, mein König, gewiß wird er das, und weil man ihn den Gerechten nennt, wird dein Herz aufsteigen zur Sonne. Schon beschreitest du wieder den rechten Weg, indem du Aschschur neue Untertanen zuführen willst. Schenkt er dir den Sieg, so ist auch das Recht auf deiner Seite. Nicht Schwäche, sondern Großherzigkeit bestimmt dein Verhalten. Laß uns also zusammenstehen wie Männer und das Ziel nicht aus den Augen verlieren über solchen nichtigen Dingen. Du bist Assyriens Fels und darfst nicht an dir selbst zweifeln, wie ich es auch nicht tun will.«

Fest drückte Asarhaddon die Hände seines Generals. »Du

triffst die richtigen Worte zur richtigen Stunde, Harpagos. Das mächtige Urartu wird uns in die Hände fallen, dann will ich in seine schutzlose Kehle vor Aschschurs Angesicht das Messer stoßen, und das Blut soll den Fels härten.«

Anaxares sah seinen Vater Asarhaddons Zimmer verlassen. Trotzig erhobenen Hauptes trat er beim Hohenpriester ein. »Ihr habt über mich gesprochen«, platzte er wütend heraus.

Asarhaddon wandte sich ihm gelassen zu. »Du nimmst dich sehr wichtig, Anaxares, und dein Benehmen läßt nach wie vor zu wünschen übrig.«

Dieser warf den Kopf unwillig zurück. »Natürlich habt ihr über mich gesprochen, worüber hätte mein Vater sonst mit dir reden wollen?«

»Du vergißt, daß wir vor einem Feldzug stehen«, entgegnete Asarhaddon kühl, »da mag es zwischen mir und meinem General einiges geben, was zu besprechen ist.«

»Hast du es ihm gesagt?«

Asarhaddons Augen wurden schmal. »Ich lasse mich von dir nicht ausfragen. Gemahne mich nicht wieder an meine Höflichkeit, wenn ich dir augenblicklich befehle, mein Zimmer zu verlassen, denn du läßt sie mich vergessen.«

»Es ist mir recht, reden wir nicht davon. Sprechen wir also von dem Feldzug, wie du es auch mit meinem Vater getan hast. Du gabst mir drei Heere, das kommt fast einem Oberbefehl über den gesamten Feldzug gleich.«

»Du bist dazu würdig und befähigt. Ich weiß, du wirst sie zu glänzenden Erfolgen führen und mich nicht enttäuschen.«

»Ich will meinen Vater nicht enttäuschen.«

»Das kommt auf das gleiche heraus.«

»Wen hast du zu deinem Wagenlenker bestimmt?«

»Schamschilu.«

»Du zeichnest den jungen Mann erneut vor allen aus?«

»Ich stelle meine Männer auf die Plätze, die ihren Fähigkeiten entsprechen. Und wen hast du dir ausgesucht?«

»Schum-Ukin, des Narhadad Sohn.«

»Gut gewählt. Ein vortrefflicher Mann.«

»Spare mit deinem Lob, Asarhaddon, dein zynischer Unterton verwandelt es in Tadel.«

»Du irrst dich, Anaxares, ich kann es mir gar nicht erlauben, meinen besten Offizier zu vergrämen.«

»Einst trank ich dein Lob wie süßes Quellwasser, heute ist es Galle auf meiner Zunge.«

»Einst warst du mein Falke, der mir vorausflog und mir die Beute, die er schlug, zu Füßen legte – heute behältst du sie selbst.«

»Asarhaddon!« Anaxares Ton war plötzlich bittend und weich. »War das Verhängnis nicht unvermeidbar? Hättest du Mirjam nicht ohnehin eines Tages ziehen lassen müssen? Weshalb verfolgst du mich mit deinem Haß? Ist es nicht besser, wenn du sie bei einem Mann weißt, den du schätzt und von dem sie geliebt wird?«

Asarhaddon sprang auf in wildem Zorn. »Nein!« schrie er Anaxares an, und er zitterte vor maßloser Erregung. »Hast du es immer noch nicht begriffen? Wofür hältst du mich eigentlich? Für einen Einsiedler, der mit abgeklärtem Lächeln der Welt entsagt hat? Wehe mir, daß ich so gänzlich die Beherrschung verliere, aber ich muß es dir wohl in deine tauben Ohren schreien: Ich bin ein Mann, ein Mann, verstehst du? Ich ertrage es nicht, daß du Mirjam besitzen wirst, daß du sie streicheln wirst, daß sie dir unter deinen Liebkosungen zulächelt, daß sie unter deinen Küssen seufzt und sich dir hingibt. Wenn ich nur daran denke, glaube ich, den Verstand zu verlieren und möchte dich mit meinen Händen zerfleischen!« Er lehnte sich an einen Pfeiler. »Ich sehe deine Stärke und Schönheit, deinen Mut, deine unbekümmerte Heiterkeit, und es zerfrißt mir die Eingeweide vor brennendem Schmerz, denn ich weiß, daß du mir ebenbürtig bist und Mirjam dir ihre Liebe schenken wird. Wärst du doch verachtenswerter, gemeiner und häßlicher als ein Wurm, daß mein Herz Ruhe fände!« Der Schweiß lief Asarhaddon über das Gesicht, und er hielt die Hände zu Fäusten geballt. »Geh jetzt, Anaxares, und sprich mir nie wieder von Mirjam!«

Da erst begriff Anaxares, wie sehr er Asarhaddon verwundet hatte. Blaß und wortlos, mit gesenktem Haupt verließ Anaxares Asarhaddon.

Fünftes Buch

SARDUR

1

Mehr als zehntausend Krieger hatten sich auf der Ebene vor der Hauptstadt versammelt. Als Asarhaddon seinen Streitwagen bestieg und seinen Blick auf die streng geordneten Truppen richtete, spielte ein zufriedenes Lächeln um seine Lippen. Alle diese Männer würden ihm jubelnd folgen, sie brannten auf große Heldentaten und würden ihm nicht die Lust am Sieg durch moralisches Geschwätz schmälern. Mit dieser Heeresmacht und dem Wohlwollen Aschschurs waren ihm keine Grenzen mehr gesetzt. Es gab niemanden im ganzen Erdkreis, der ihn aufhalten, ihm Einhalt gebieten konnte. Lediglich seine eigene Vernunft und Einsicht mochten ihren fast aussichtslosen Kampf gegen seinen maßlosen Hunger nach Macht und Blutvergießen führen. Ja, er wollte aus der churritischen Hauptstadt ein zweites Kuraschat machen.

Zur Hölle mit der Schwachheit der Weiber und dem Gefasel von Freundschaft!

»Ich will dein Speer sein, Aschschur«, murmelte er. »Wie er mitleidslos jeden durchbohrt, nicht danach fragend, wer es ist, sondern sein Ziel einzig nach dem Willen dessen trifft, der ihn lenkt, so laß mich deine todbringende Lanze sein, die überall, wohin du sie schickst, unbarmherzig ihr Werk tut.«

Nachdem sich die beiden Heereszüge in Ninive vereinigt hatten, brachen sie in die Nairi-Länder auf, wo Assurdan die einfallenden Skythen besiegt hatte. Sie zogen nordwärts den Tigris entlang, ließen bei Kalach die Mündung des Großen Zab hinter sich und erreichten nach einigen Wochen das Armenische Hochland, die Ausläufer der urartäischen Gebirge. Die Dörfer, durch die sie zogen, ließen sie unbehelligt, denn sie gehörten zu assyrischem Einflußbereich. Die Dorfbewohner mußten den Truppen lediglich einen Teil ihrer Vorräte überlassen.

Die Jahreszeit war gut gewählt, der Boden war trocken,

aber nicht staubig, das Klima angenehm. Der Tigris führte zwar Hochwasser, aber im assyrischen Bereich gab es genug Brücken. Asarhaddon wußte, daß die Streitwagen im Innern des Hochlandes nur sehr begrenzt eingesetzt werden konnten. Vorausgeschickte Späher sollten befahrbare Wege erkunden, während die Reiterei und die Fußtruppen möglichst rasch bis zur Hauptstadt vordringen und die in ihrer Bewegung eingeschränkten Streitwagen schützen sollten.

Auf einem Geröllfeld im Angesicht der schneebedeckten Berggipfel des Tauros-Gebirges versammelte sich das gewaltige Heer zum letztenmal gemeinsam.

Da meldeten die Wachen, die den Paß beobachteten, daß sich eine Wagenkolonne nähere, die von ungefähr hundert Mann zu Fuß begleitet werde. Auch Sänften seien darunter; es sei ein prächtiger Aufzug, wie er nur hohen Gesandten oder Prinzen zukomme, und er scheine sich in friedlicher Absicht zu nähern. Obwohl die Begleiter mit Spießen und Schwertern bewaffnet seien, müsse man schon wegen der geringen Anzahl der Männer einen Angriff ausschließen.

Als die Gesandtschaft die Zeltstadt erreicht hatte, konnten die Assyrer nicht nur das kostbare Geschmeide bewundern, welches Menschen wie Tiere, Sänften und Reisewagen zierte und das der assyrischen Prachtentfaltung nicht nachstand, sondern zu ihrem ganz besonderen Entzücken auch Frauen, die neugierig aus den Sänften lugten.

Die Abordnung wurde vor das königliche Zelt geführt, auf dem die Flügelsonne blitzte. Asarhaddon trat heraus, begleitet von einigen Offizieren. Von dem ersten Wagen sprang behend ein junger Mann und trat unbefangen auf Asarhaddon zu, den er, obwohl sich dieser in der Bekleidung von seinen Offizieren nicht unterschied, sogleich als den König und Feldherrn erkannte.

Der schlanke Churriter war in die Tracht seines Landes gekleidet: zum wollenen, bis über die Knie reichenden Rock trug er geschnürte, kniehohe Stiefel, dazu einen dunkelblauen, wollenen Umhang mit goldbestickten Borten. Eine gediegene, praktische Bekleidung, die in dem oftmals rauhen Bergklima von größerem Nutzen war als die feinen Stoffe aus Ägypten oder Tyrus. Der goldene Reif aber, der sein rabenschwarzes Kraushaar zierte, war von unschätzbarem Wert, denn er war mit riesigen Rubinen und Smaragden besetzt. Nur ein König durfte einen solchen Schmuck tragen. Ein krauser Bart, eine stark hervorspringende Nase und tiefschwarze Augen, in denen Stolz und Unerschrockenheit standen, wiesen ihn als echten Sohn seines Volkes aus. Er verneigte sich knapp vor Asarhaddon und legte mit herrischer Gebärde, die seine Begrüßung unterstreichen sollte, die Hand auf den Schwertknauf.

Asarhaddon lächelte kaum merklich und erwiderte mit leichtem Kopfnicken den Gruß. Er erkannte sofort, daß er einen ungestümen, jungen Krieger vor sich hatte, der sich nur widerwillig als friedlicher Gesandter ins feindliche Lager begab und der dem Feind lieber mit dem bloßen Schwert entgegengetreten wäre. Ein Mann, dem es sein Stolz verbot, demütig aufzutreten, doch dessen Klugheit ihm zur Demut riet.

»Ich bin Prinz Sardur, der Sohn des Rusa, welcher König ist von Urartu und aller unterworfenen Länder; dessen Ruhm im wilden Thrakien besungen wird und dessen Faust die Reitervölker des Ostens spürten.«

Geduldig und mit unbewegter Miene hörte Asarhaddon ihm zu, und der Prinz fuhr fort, die Taten seines Vaters zu rühmen und ganze Völkerscharen aufzuführen, die in Furcht vor ihm erzitterten. Als er dann aber auch noch mit seinem Großvater anfing, fürchtete Asarhaddon, daß dieser Sardur eine arg lange Ahnenreihe haben könne, und er unterbrach ihn freundlich, aber bestimmt. »Gewiß finden sich viele verdienstvolle Männer unter deinen Vorfahren, mein Prinz, und ihren Heldentaten zu lauschen, könnte uns manchen Abend versüßen, aber wir wollen doch hier nicht herumstehen und bei deinen wie meinen Kriegern den Anschein erwecken, wir seien wie Marktweiber ins Schwatzen geraten. Ich bin Asarhaddon, der Sohn des Sinacherib, der Assyrien in aller Bescheidenheit diente, und auch von meiner Person ist das zu sagen. Tritt also ein in mein Zelt, wo wir zweifellos unsere gegenseitigen Verdienste schätzen lernen werden. Um deine reichgekleideten Begleiter und die reizenden Damen in den Sänften werden sich meine Leute kümmern.«

Sardur wurde dunkelrot vor Beschämung. Beherrscht erwiderte er: »Gestatte mir, zwei unter meinen Begleitern auszuwählen, die unserem Gespräch beiwohnen sollen, so wie du ja selbst deine Offiziere um dich versammelt hast, großer Asarhaddon.«

Der machte eine weit ausholende Geste. »Umgib dich mit deinen tapferen Männern, Prinz Sardur, wie immer es dir beliebt, denn du bist mein Gast. Aber die Frauen werden sich doch wohl nicht zu den Kriegern setzen?«

Sardur warf den Kopf in den Nacken. »Kein Weib sitzt in Urartu dabei, wenn Männer verhandeln. Meine Schwester Aguschaja mit ihrem Gefolge begleitet mich nur.«

»Möge ihre Schönheit mit deiner Unerschrockenheit wetteifern«, gab Asarhaddon milde lächelnd zur Antwort. Dann gingen die Männer in das Zelt. Nachdem Sardur und Asarhaddon sich auf den Polstern niedergelassen hatten, setzten sich auch die Offiziere im Halbkreis dazu.

»Du meintest, mich verspotten zu müssen«, begann Sardur vorwurfsvoll und ohne Umschweife, »jedoch die Höflichkeit befahl mir, meinen Vater und seine Vorfahren rühmend zu erwähnen, so ist es Brauch bei uns. Nun, da wir unter uns sind, darf ich frei heraus sagen, daß es sonst nicht meine Art ist, prahlerische Worte im Munde zu führen, ich lasse lieber mein Schwert sprechen.«

»Das bezweifele ich nicht«, erwiderte Asarhaddon sanft. »Hatte ich dich unterbrochen, so geschah das, um die oftmals lästige Pflicht der Etikette abzukürzen. Aber weshalb hat dich deine Schwester zu uns begleitet und sich den Gefahren und Unbequemlichkeiten einer Reise durch die Berge unterzogen, um schließlich zu einem Kriegsheer zu stoßen, dessen Umgangston für so zarte Ohren nicht geeignet ist?«

Sardur lächelte. »Sie wollte dich sehen, mein König. Im Frauenhaus zu Tuschpa spricht man von nichts anderem als von deiner Schönheit.«

Diese freimütige Aussage ließ sogar den wortgewandten

Herrscher von Assyrien für Augenblicke verstummen, und über die schwarzbärtigen Gesichter der Offiziere ging ein Grinsen. Asarhaddon sah es und mußte selbst lächeln. »Ich gestehe, daß ich überrascht bin und befremdet zugleich, daß einem Herrscher vor allem der Ruf seiner Schönheit vorauseilt. Sind es doch gemeinhin andere Eigenschaften, die er vom Feind gerühmt wissen möchte. Natürlich ist es schmeichelhaft für mich, aber die Entfernung mag den Reiz des Unbekannten über Gebühr erhöht haben, und leicht machen umherziehende Sänger aus einem kurz aufblitzenden Tautropfen einen Edelstein.«

»Du bist zu bescheiden«, bemerkte Sardur spöttisch. »Die Frauen sangen dein Lob nicht zu Unrecht, und meine Schwester wird sich davon überzeugen können, daß die Wirklichkeit ihre Phantasie weit übertrifft.«

Das Grinsen der Offiziere wurde breiter, und Asarhaddon verzog unwillig den Mund. Seine Stimme wurde etwas schärfer. »Lieber hätte ich gewußt, was man im Männerhaus von Tuschpa spricht. Erwähnt man dort etwa lobend die Schönheit der Königin?«

»Davor seien die Götter. Es ist keinem Churriter gestattet, die Schönheit einer verheirateten Frau zu bemerken oder gar von ihr zu sprechen. Was man dort spricht, wird dir ebenso schmeicheln: man spricht von deiner Grausamkeit.«

Da blitzte es in den Augen Asarhaddons auf, und sein sanftes Lächeln wurde raubtierartig. »Wie wahr, mein Prinz, ihr Churriter seid gut unterrichtet. Und ich versichere dir, auch hier werde ich die Gerüchte noch weit übertreffen.« Asarhaddon sah den Sproß der churritischen Königsfamilie in Gedanken schon auf einem Pfahl zucken.

Sardur antwortete: »Wir sprechen davon, weil wir dich bewundern, denn dein Name verbreitet Schrecken bei deinen Feinden, und wenn du ausziehst, vertilgst du sie wie ein Feuerbrand wertloses Stroh. Grausamkeit, wenn sie zum Ziele führt, ist unabdingbar für den Herrscher. Aber glaube nicht, wir Churriter schreckten vor ihr zurück. Unsere Krieger wissen auch, wie man Pfähle so in die Leiber rammt, daß die Opfer noch tagelange Qualen erdulden, wenn sie nicht vorzeitig verdursten. Auch schälen sie ihren Gegnern nicht weniger kunstvoll die Haut herunter. Aber auch die Besonnenheit ist bei uns zu Hause. So hat mich mein Vater mit dem schwersten Gang betraut, den ein churritischer Prinz gehen kann: den der Unterwerfung. Im Land gibt es Unruhen, zudem bedrohen uns die Kimmerier aus dem Norden mit unübersehbaren Scharen. Du hast nicht nur kluge Ratgeber, sondern auch einen Gott, der dir wohlgesonnen ist, denn er ließ dich gegen deinen Feind zu einem Zeitpunkt ausziehen, da dieser geschwächt ist und dir nicht widerstehen kann. Ein Kampf würde uns vernichten. Jedoch – bedenke es wohl – noch keines Assyrers Blut ist geflossen, und so mußt auch du unsere Unterwerfung annehmen, ohne unser Blut zu vergießen, so verlangt es das göttliche und menschliche Recht aller Völker.«

Asarhaddon glaubte seinen Ohren nicht zu trauen. Er starrte sein vermeintliches Opfer wütend an. »Bei Aschschur!« stieß er schließlich hervor, »mit kühneren Worten hat noch niemand seine Unterwerfung bekundet!«

»Und soviel Unwillen sah ich noch nie auf dem Gesicht eines Herrschers, der so einen leichten Sieg errang«, gab Sardur giftig zurück.

Asarhaddon schäumte innerlich vor Zorn. Aber Sardur hatte recht. Wer immer sich Aschschur unterwarf, war ein Verbündeter. Keiner seiner Offiziere würde ihm folgen, wenn er dieses ungeschriebene Gesetz brach. Freilich, einen mächtigen Nachbarn wie Urartu ohne Schwertstreich in die Hand bekommen zu haben, war ein überwältigender Beweis für Assyriens Stärke, aber Asarhaddon hatte von einem Sieg anderer Art geträumt und Aschschur voreilig Tausende von Schlachtopfern gelobt, auf die er nun verzichten mußte.

Asarhaddon musterte den churritischen Prinzen lange und schweigend. »Ich nehme eure Unterwerfung an«, sagte er schließlich. »Aschschur ist denen gnädig, die ihm dienen wollen, aber er muß auf ein Fest verzichten, das ich in Tuschpa zu feiern gedachte. Ich wollte es mit dem Festgewand des Todes begehen, dem Freudenfeuer eurer brennenden Paläste, begleitet vom Todesgestöhn der Sterbenden und dem Wehklagen eurer Frauen. Dir aber, Sardur, will ich nicht verhehlen, daß ich beim Aufpfählen mit dir gern den Anfang gemacht hätte.«

»Merkwürdig. Das gleiche Verlangen überkommt mich, wenn ich dich ansehe«, zischte Sardur zurück.

Asarhaddon lächelte. »Wenn der Löwe brüllt, läßt auch die Hyäne ihre Stimme ertönen und glaubt, ihr Geschrei sei es, vor dem die Tiere erzittern.«

»Ich gehorche meinem Vater!« stieß Sardur haßerfüllt hervor. »Wäre ich König in Tuschpa, ich säße heute nicht als Unterhändler in deinem Zelt, und du dürftest mich nicht eine Hyäne schimpfen, denn ich hätte den Tod der Schande vorgezogen. Aber mein Vater ist alt.«

»Und weise«, ergänzte Asarhaddon. »Nicht alle seine Untertanen haben so heißes Blut wie sein Sohn. Sie ziehen das Leben vor. Dein Vater wird das Land unter assyrischer Oberhoheit verwalten, wenn ich ihn einsichtig und vernünftig finde. Doch betrachtet euch noch nicht als Verbündete, nur weil ihr Aschschurs Namen in den Mund nehmt. Ich verlange, als Eroberer in Tuschpa einzuziehen, wo ich wünsche, wie ein Sieger geehrt zu werden.«

»Es wird so geschehen«, erwiderte Sardur zähneknirschend. »Doch meinen Vater nicht als Verbündeten zu behandeln, wäre eine Schmach. Traust du uns nicht? Nicht einmal, wenn in jedem Bergnest eure Befehlshaber sitzen und jeden unserer Schritte überwachen?«

Asarhaddon schnippte verächtlich mit den Fingern. »Die Beeren vom vergangenen Jahr sättigen niemanden. Einst mag Urartus Königshaus Größe besessen haben, doch nun hat es sich in meine Hände gegeben, und ich nenne alle, die darin wohnen, meine Knechte.«

»Unterwerfen wir uns, um als deine Sklaven weiterzuleben?« brauste Sardur auf.

»Führt euch weiterhin auf wie Herren, und ihr werdet Sklaven bleiben, also benehmt euch wie Sklaven, damit ihr Herren werdet!« Asarhaddon machte eine kurze Handbewegung. »Und nun genug der Worte, Sardur. Euch bleibt das Leben, ist das nicht Wohlwollen im Übermaß? Bezähme deinen Stolz und lerne dich zu mäßigen. Unterwirf dich nicht nur mit Worten, sonst wird König Rusa keinen Nachfolger haben.«

Sardur preßte die Lippen zusammen; der stolze Churriter konnte sich nur schwer in seine neue Rolle hineinfinden. Finster musterte er die assyrischen Offiziere, die ihn unbewegt ansahen und womöglich längst nicht mehr den Prinzen, sondern einen rechtlosen Sklaven in ihm sahen. Nur einer lächelte ihm zu, als sich ihre Blicke trafen. Es war ein flüchtiges, kaum merkliches Lächeln, und doch fühlte sich Sardur berührt, und er antwortete gefaßt: »Gewiß, ich verkenne wohl noch die Stellung, die mir jetzt zugewiesen ist. Gib mir also Gelegenheit, meine Ergebenheit mit Taten zu beweisen.«

Asarhaddon sah ihn aus schmalen Augen an, erwiderte aber nichts. Kühl wies er seine Leute an, es den Gästen bequem zu machen, und beendete somit das Gespräch.

Dem Gefolge des churritischen Prinzen waren seine Unterkünfte bereits zugewiesen worden. Als man Sardur zu seinem Zelt geleitete, bemerkte er zufrieden, daß es in Umfang und Ausstattung eines Prinzen würdig war, und es besänftigte ihn, daß Asarhaddon den Sproß des Herrscherhauses von Urartu hier immerhin seinem Rang entsprechend behandelte.

Vor dem Eingang des Zeltes blieb er zögernd stehen. Allzu gern hätte er ein Wort mit dem Assyrer gewechselt, der ihm fast ermutigend zugelächelt hatte. Doch er wußte nicht, wie er das am geschicktesten beginnen sollte. Er schaute sich um, da sah er den Gesuchten in einiger Entfernung stehen. Er stand mit verschränkten Armen an einen Pfosten gelehnt und beobachtete ihn ganz offensichtlich. Als er bemerkte, daß Sardur zögernd zu ihm hinübersah, lächelte er wieder und diesmal ganz offen, als grüße er einen guten Bekannten.

Sardur überlegte kurz, warf einen Blick auf seine Begleiter und entschloß sich, zu dem jungen Offizier hinüberzugehen. Er war unsicher, wie er dem Fremden begegnen sollte. Entgegenkommen konnte man ihm als Schwäche auslegen, doch auch Hochmut war nicht angebracht. Er entschloß sich, das Lächeln zu erwidern, obwohl der andere Assyrer und zudem sicher nicht von königlichem Geblüt war. »Ich sah dich im Zelt im Kreis der Offiziere«, begann Sardur zwanglos, »verzeih mir, daß ich dich so offen anspreche. Kann es sein, daß du über die Grenzen unserer Völker hinweg eine Verwandtschaft unserer Herzen spürtest?«

Das Lächeln des Assyrers verschwand. »Welchen Grund hast du, das anzunehmen, Prinz Sardur? Ich kenne dein Herz nicht.«

»Es ist das Herz eines kühnen Kämpfers und aufrichtigen Mannes, das sage ich dir, auch wenn es unbescheiden klingt. Vielleicht hast du das vor allen anderen erkannt, weil du selbst diese Eigenschaften besitzt und sie bei anderen schätzt.«

»Zweifellos, doch versuche nicht, mir zu schmeicheln, das ist zwecklos. Was willst du von mir?«

»Vielleicht etwas Zuspruch, ein Wort, das mich aufrichtet.«

»Wie? Der stolze Sardur, der noch soeben mit trotzigen Worten dem Herrscher Assyriens die Stirn bot, sucht Trost, und das bei seinem Feind?«

»Sind wir denn Feinde? Ich wünschte, wir wären es, dann könnte ich eurem König nicht nur mit Worten trotzen, aber wir sind herabgesunken zu Handlangern Assurs, und euer König darf mich ungestraft kränken. Sag, war es denn recht, daß er mich seinen Knecht schimpfte, weil ich durch unsere Unterwerfung Leiden von meinem Volk abwenden will?«

Der Assyrer lächelte. »Ich kann dich beruhigen. Asarhaddon verachtet dich nicht, und er wird euch nicht wie Sklaven behandeln. Die Provinzen, die dem Reich angegliedert sind, können sich nicht beklagen, denn ihnen widerfährt die gleiche Gerechtigkeit wie jedem gebürtigen Assyrer. Du hast Asarhaddon widersprochen, und das ist ein Verhalten, das er im Grunde schätzt. Wenn er dich dennoch seinen Knecht nannte und auch sonst nicht sehr freundlich zu dir war, lag das daran, daß er verärgert war.«

»Verärgert? Ihm fiel Urartu in den Schoß wie ein reifer Apfel.«

»Und eben das paßte ihm nicht. Er wollte nicht Frieden bringen, sondern den Tod. Er will die Beute nicht geschenkt, er will sie mit Blut erobern.«

Sardur nickte. »Ich verstehe. Hast du mir deshalb zugelächelt?«

»Habe ich das?«

»Das war nicht zu übersehen inmitten der grimmigen Schar deiner Freunde. Wie ist dein Name und deine Herkunft?«

»Ich bin General Anaxares, des Harpagos Sohn.«

»Ich danke dir für deine freimütige Antwort, Anaxares. Denken die anderen Offiziere wie ihr König?«

»Darauf kann ich dir nicht antworten, Sardur, aber von mir darfst du wissen, daß ich die friedliche Lösung gutheiße. Ich kann mit dem Gedanken leben, daß du nicht auf einem assyrischen Pfahl enden wirst.«

Sardur lachte, daß seine schwarzen Augen blitzten. »Dich kennengelernt zu haben, versöhnt mich mit dem heutigen Tag. Gern wäre ich einem Manne wie dir in der Schlacht begegnet, denn dein Tod hätte mir Ruhm gebracht, und ehrenvoll wäre es für mich gewesen, durch deine Hand zu fallen. Da wir aber keine Gegner mehr sind, hoffe ich, daß uns zukünftig Freundschaft verbinden wird.«

»Das wird nicht ausbleiben, wenn sich Sardur als wahrhafter Freund Assyriens erweist«, erwiderte Anaxares.

2

Die churritische Gesandtschaft wurde von den Assyrern behandelt, wie es Gästen geziemt, und in den darauffolgenden Tagen, die das Heer noch verweilte, bevor es weiter nach Tuschpa zog, mischten sich die Churriter zwanglos unter die Krieger, und beide Seiten taten sich gleichermaßen hervor mit großtuerischen Reden. Doch wenngleich hier und da auch ein stolzes, heftiges Wort aufflammte, so waren die Beziehungen schon eher freundschaftlich.

Asarhaddon, noch immer nicht ganz versöhnt wegen des unblutigen Ausgangs seines Feldzugs, sah diese Annäherung nur ungern, und seine Stimmung hob sich auch nicht durch die lästige Anwesenheit der Frauen. Er konnte, wollte er seine prinzliche Erziehung nicht ganz verleugnen, nicht vermeiden, die Prinzessin mit ihrem Gefolge einmal in sein Zelt einzuladen. Er gab sich eher kühl und ging mit seiner Gabe, andere zu bezaubern, nicht gerade verschwenderisch um.

Sardur beobachtete ihn verdrossen, denn Anaxares hatte ihm bereits zu verstehen gegeben, daß seine heimliche Absicht, Urartu mit Assyrien durch eine Vermählung zu verbinden, bei Asarhaddon auf keine Gegenliebe stoßen werde. Asarhaddon war die Annäherung der beiden Männer nicht verborgen geblieben; er betrachtete Sardur nach wie vor feindlich, und es mißfiel ihm sehr, daß Anaxares sich darüber hinwegsetzte und dem churritischen Thronfolger ganz offen seine Sympathie zeigte. Asarhaddon hatte keine Möglichkeit, dies zu verhindern, und er verbarg seinen Unmut hinter Gleichgültigkeit und wartete auf eine Gelegenheit, Anaxares sein trotziges Verhalten heimzuzahlen. Er gab auch bald den Befehl zum Aufbruch, denn es drängte ihn, in Tuschpa seine Macht zu beweisen. Trotz der Unterwerfung plante er, dem churritischen Volk wenigstens die Stärke Assyriens und die Ohnmacht seines Herrscherhauses deutlich zu machen.

Tuschpa lag hingebreitet auf sanften Hügeln an einem See. Es war eine hübsche Stadt. Asarhaddon bemerkte zu seinem Ärger, daß sie kaum befestigt war; sie wäre eine leichte Beute gewesen, und er stellte sich vor, welch ein erhebender Anblick es gewesen wäre, die Hügel ringsum in Flammen zu sehen, den See rot von ihrem Widerschein. Zwar ließ das einmarschierende assyrische Heer die Bevölkerung in Furcht und Bewunderung verstummen, doch für Asarhaddon war der Einzug in die Stadt ohne Reiz. Wie köstlich war es doch seinerzeit gewesen, in Kuraschat einzuziehen mit dem Wissen, daß niemand überleben würde. Und sicher würde er heute nicht mehr darauf verfallen, in einem Tempel unbekannte Götter zu bitten, ihm die Lust am Töten zu nehmen. Doch es war müßig, darüber nachzudenken, und er mußte mit Gelassenheit und Würde seine wahren Gelüste überspielen.

Vom Palast her kamen, von Herolden begleitet, Wagen herangefahren, an der Spitze der König selbst. Seine Augen waren scharf und funkelten unternehmungslustig. Er war eine ehrfurchtgebietende Erscheinung mit breiten Schultern und ergrautem, aber vollem Haupthaar und einem stattlichen Bart.

Beide Herrscher verließen ihre Wagen und gingen aufeinander zu. Rusa hatte mit seinem Entschluß, sich zu unterwerfen, ein Massaker verhindert, und in dem Bewußtsein, das Richtige für sein Volk getan zu haben, trat er auf den Assyrer zu. Als er vor dem Sieger das Knie beugen wollte, hinderte ihn Asarhaddon großmütig daran, eine Geste, mit der er die Herzen der Umstehenden gewann. »Das Alter kniet nicht vor der Jugend, König Rusa, Herrscher über ein mächtiges Volk und ein reiches Land. Besteige deinen Wagen und laß uns gemeinsam den Rest des Weges zurücklegen.«

Rusa war von dem ruhigen, höflichen Benehmen des Assyrers angetan. Er lächelte, und es trat etwas Verschmitztes in seine Augen, als er Asarhaddon wohlgefällig musterte. »Von allen Vätern darf sich der deine glücklich preisen, dem ein solcher Sohn geboren wurde«, erwiderte er.

»Ich danke dir, König Rusa. Leider weilt mein Vater schon bei den Schatten, während du dich noch bester Gesundheit erfreust. Zudem wurde dir zur Freude ebenfalls ein Sohn geboren, der sein Vaterhaus bereits in rühmlicher Weise vertreten hat. Erlaube also, daß Asarhaddon den Rusa glücklich preist.«

Obwohl diese Worte über höfliches Geplänkel nicht hinausgingen, waren sie doch bedeutungsvoll, denn eine wortkarge Begrüßung wäre ein deutlicher Hinweis auf die verächtliche Einstellung des anderen gewesen. So merkten sie, daß sie einander achten konnten. Asarhaddon versöhnte dieser Umstand ein wenig mit dem Verzicht, den er hatte leisten müssen. Von Rusa drohte ihm keine Gefahr, jedenfalls meinte er, das annehmen zu können; seinen Sohn aber wollte er im Auge behalten.

»Obwohl du als Eroberer in meine Stadt einziehst, erlaube mir, dich und deine Krieger wie Gäste zu behandeln«, sprach Rusa. »Ich möchte euch mit einem siebentägigen Fest ehren, und du würdest mir eine große Freude bereiten, wenn du damit einverstanden wärst.«

Asarhaddon lächelte. »Meine Männer würden mich pfählen, wenn sie darauf verzichten müßten. Zur Ausgestaltung habe ich allerdings noch einige Wünsche, bei deren Erfüllung mir dein Sohn sicher behilflich sein wird.«

Sardur beeilte sich, in Gegenwart seines Vaters dem Herrscher von Assyrien seine Ergebenheit zu bekunden. Und dann zeigte es sich, daß Asarhaddons Höflichkeit niemanden vergessen lassen durfte, daß er Aschschurs Werkzeug war. Kalt lächelnd sprach er zu Sardur: »Verschaffe mir hundert Sklaven für das Opfer, Sardur. Betrachte sie als Vorleistung auf den Tribut, den ihr mir fortan schuldet.«

Sardur verneigte sich bleich vor Zorn. Doch Rusa fügte mit weiser Gelassenheit hinzu: »Ein ruhmreicher Herrscher hat starke Götter, und sie nicht zu ehren, hieße, sie zu verachten. Es ist dein Recht, Aschschur zu geben, was ihm gebührt.«

Und Asarhaddon erläuterte Sardur: »Dein Vater fand die richtigen Worte, und du, Sardur, wirst ihm sicher zustimmen. Freilich, hundert Sklaven sind ein armseliges Opfer für Aschschur, den man den Völkerschlächter nennt, doch du solltest danach streben, diesen Mangel durch eine gelungene Darbietung auszugleichen. Ich will, daß ihre brennenden Leiber den Marktplatz erhellen. Sei sorgfältig bei deinen Vorbereitungen und weise deine Leute an, die Glut bedächtig zu schüren, damit nicht etwa heftiger Rauch aufsteigt, der uns ihre schmerzverzerrten Gesichter verbirgt und die Opfer vorzeitig ersticken läßt. Laß auch die Flammen nicht hell auflodern, damit sie die Körper nicht so rasch verzehren wie ein Bündel Stroh. Du erreichst dies, indem du ihre Körper mit Öl bestreichst und am Reisig sparst. Langsam soll das Feuer seine Nahrung finden, gebändigt in seiner Kraft und doch zerstörend. Je länger die menschlichen Fackeln uns Licht spenden, desto eher wird Aschschur mir die geringe Anzahl der Opfer verzeihen.«

Das ließ selbst Rusa fassungslos verstummen. Schließlich stieß er hervor: »Wahrlich, Asarhaddon, in dir hat sich Aschschur eine Wohnstatt auf Erden geschaffen, um durch dich mit seiner Stimme zu sprechen und mit deinen Taten zu herrschen. Ich war gut beraten, mich dir und deinem Gott zu unterwerfen.«

Asarhaddon nahm diese aufrichtigen und mit Erschütterung gesprochenen Worte huldvoll entgegen.

Die Bewohner Tuschpas konnten am darauffolgenden Tag mitansehen, wie ihr Stadtgott umgestürzt und sein Standbild mit Stricken aus dem Heiligtum gezerrt wurde. Auf dem Platz vor dem Tempel wurde es in Stücke gehauen. Auf dem verwaisten Altar ließ Asarhaddon zwei gekreuzte Speere aufpflanzen, die vorerst in Ermangelung eines Götterbildes Aschschurs kriegerischen Geist verkörpern sollten. Das war die erste Demütigung, die die stolzen Churriter hinnehmen mußten.

Dann weihten hundert Sklaven Aschschurs neue Heimstätte mit ihren Qualen. Asarhaddon wurde nicht enttäuscht, denn was der churritische Prinz den Assyrern an ausgeklügelter Grausamkeit bot, entsprach durchaus deren Anforderungen. Das Geheul, das aus hundert Kehlen drang, löste auch bei dem Hartgesottensten Entsetzen aus. Selbst Sardur starrte bleich auf das, was er befohlen hatte. Wie zufällig suchte er Anaxares Blick. Dieser lächelte ihn an, und es sollte unbekümmert wirken, so als sei alles ein köstlicher Spaß, doch es geriet ihm zu einer Grimasse.

Asarhaddon wandte sich nur kurz an Urukagina und bemerkte bedauernd: »Welch ein Jammer, das Auge ermüdet rasch, will es die Qualen vollständig erfassen. Man hätte sie einzeln oder doch wenigstens in kleinen Gruppen vorführen sollen, denn so kann man die Feinheiten kaum verfolgen.«

Urukagina, den ein langes Leben als Krieger und General abgehärtet hatte, entgegnete ungerührt: »Du hast recht, Asarhaddon, und noch beklagenswerter ist es, daß das Wehgeschrei ihrer Angehörigen bei dem Gebrüll kaum zu hören ist.«

Asarhaddon nickte flüchtig, antwortete aber nicht, denn er wollte sich nicht durch unnötiges Gerede von dem Gegenstand seiner Lust ablenken lassen.

König Rusa aber sah, wie der sonst so beherrschte Assyrer seine Fassung verlor, daß ihn die Begierde schüttelte wie ein Fieber. Flüsternd wandte er sich an seinen Sohn: »Einem Ungeheuer habe ich das Reich anvertraut, beten wir zu milderen Göttern, daß sich sein wilder Hunger nicht gegen uns richten möge.«

Nach dem entsetzlichen Schauspiel begann der für Asarhaddon eher lästige Teil des Festes, für die anderen war er um so vergnüglicher. König Rusa war ein großzügiger Gastgeber. Für die Krieger gab es Wein und Frauen, soviel sie begehrten, für die Offiziere das gleiche, doch erlesener.

Wenn die Churriter den Assyrern Sklavenmädchen zum Genuß anboten, kamen sie deren Sitten und Gebräuchen entgegen, denn sie selbst hielten sich nur Knaben zum Vergnügen. Nicht nur, weil sie an ihnen mehr Geschmack fanden, sondern weil ihre Ehefrauen auf zärtliche Stunden mit einer Sklavin sehr eifersüchtig gewesen wären, aber keine etwas dabei fand, wenn ständig drei oder vier Knaben zu diesen Zwecken im Hause weilten.

Freilich, nicht alle Teilnehmer des Festes demonstrierten den fremden Eroberern so offen ihre freien Sitten. Auch König Rusa und sein Sohn wahrten den Anstand, wobei das dem ungestümen Prinzen offensichtlich schwerfiel, während seinem Vater das Alter den Verzicht erleichterte.

Sardur war von Rusa angewiesen worden, sich ausschließlich um das Wohl König Asarhaddons zu sorgen, eine Aufgabe, die ihn sehr verdroß. Denn statt dem überheblichen Assyrer unterwürfig jeden Wunsch von den Augen abzulesen, hätte er lieber Anaxares' Gesellschaft gesucht, um mit ihm als einem Gleichgesinnten zu trinken und zu plaudern. Anaxares spürte, daß Sardur seine Freundschaft suchte, und er verhielt sich dem Prinzen gegenüber nicht abweisend, wußte er doch, daß Asarhaddon diese Annäherung mit Unwillen betrachtete – ein Grund mehr für Anaxares, nun erst recht und ganz offen Sardur seine Sympathie zu bekunden.

Asarhaddon mißfiel die freizügige Art der Churriter, ihre Feste zu feiern, außerordentlich. Seine Miene hatte die gleiche Undurchdringlichkeit angenommen, wie er sie seinerzeit auf den Festen seines Bruders zur Schau getragen hatte, obwohl dessen Feiern sich gegen diese hier zahm ausnahmen. Unglücklicherweise fühlten sich die Sklavinnen, deren einzige Aufgabe es war, die Assyrer mit ihren Liebesdiensten zu verwöhnen, dazu aufgerufen, die abweisende Miene des großen Herrschers aufzuheitern.

Das Zucken seiner Lippen, das Ekel ausdrückte, und das Flackern in seinen Augen sagten Sardur mehr als Worte. Geistesgegenwärtig trat er vor Asarhaddon hin, zu dessen Füßen zwei Mädchen versuchten, seine Aufmerksamkeit auf ihre entblößten Brüste zu lenken. Sardur lächelte höflich, aber seine Augen blieben kalt. »Du bist mißgelaunt, mein König. Freilich, diese tölpelhaften Dinger können nicht wissen, wie sie dein Gefallen erregen sollen. Wie kann ich deine Unmutsfalten glätten?«

Asarhaddon zog die Augenbrauen hoch. »Nicht doch, Sardur, diese unterwürfigen Worte passen nicht zu dir, also überlasse das Kriechen und Schmeicheln den Höflingen. Doch wenn du dich schon um mich bekümmerst, dann sorge dafür, daß ich derartige Belästigungen nicht ertragen muß.«

Sardurs Augen flammten auf. »Ich tue den Willen meines Vaters und bemühe mich, es dir recht zu machen. Ich denke, daß ich dich bereits auf dem Marktplatz sehr zufriedengestellt habe.«

»Das hast du«, erwiderte Asarhaddon unbewegt.

»Ich will mir nicht schmeicheln, aber du warst begeistert. Jetzt allerdings drückt deine Miene Mißfallen aus, und das ist eine Herausforderung für mich, denn was würde man von uns denken, wenn es hieße, der assyrische König habe sich auf dem Fest gelangweilt, das ihm zu Ehren gegeben wurde?«

»Was ich empfinde, ist unerträglicher als Langeweile. Aber eure Bräuche gehen mich nichts an.«

»Du möchtest wohl, daß man die Mädchen nicht nur von ihren Kleidern, sondern auch von ihrer schönen Haut befreit?«

Die Mädchen schrien entsetzt auf, Asarhaddon lachte.

»Wie abscheulich, Sardur! Nein, nein, keine Grausamkeiten; ich glaube, an dem hübschen Feuerchen haben nur zwei ihre Freude gehabt, Aschschur und ich. Meine Männer hingegen – sieh dich doch um! Inmitten dieser fleischlichen Freuden willst du die Mädchen schinden lassen? Ich fürchte, damit gewinnst du heute nicht die Herzen der Assyrer.«

»Ich hatte deine Kurzweil im Sinn, nicht die deiner Offiziere«, gab Sardur geschmeidig zurück. Er verscheuchte die Sklavinnen mit einer kurzen Handbewegung.

»Danke, aber ich hatte bereits mein Vergnügen.«

»Und hier gibt es nichts, was deine Laune bessert? Zögere nicht, auch ausgefallene Wünsche zu äußern.«

»Euer Treiben ist mir ausgefallen genug. Willst du mich zu den anderen hinab in den Schmutz zerren?«

Sardur war aufrichtig bestürzt. »Ich verstehe dich nicht. Wo siehst du Schmutz? Selbst deine Offiziere –«

»– huren mit fremden Weibern, ja. Ich sehe es. Und ich muß es dulden. Aber ich muß nicht begeistert sein.«

»Dann kann ich nur annehmen, daß du, wie wir, Knaben vorziehst, ihre Vorzüge aber deinem Rang gemäß lieber hinter verschlossenen Türen genießt.«

Asarhaddon verzog angeekelt den Mund. »Auch die Vorzüge von Knaben sind mir unbekannt, Sardur, und ich lege keinen Wert darauf, sie kennenzulernen. Dennoch gebe ich dir recht, daß ich, suchte ich derartige Abwechslungen, mich ihnen im verborgenen hingeben würde; jedenfalls sah ich in Assyrien nur Hunde sich öffentlich paaren.«

»Das war deutlich, mein König. Aber du wirst dich doch nicht ausschließlich an blutigen Darbietungen erfreuen?«

»Vielleicht doch. Wozu willst du meine geheimsten Wünsche kennenlernen, Sardur? Es schickt sich nicht, einen anderen derart auszufragen.«

»Ich frage nicht aus Neugier, sondern ich bin bestrebt, dir auf diesem Fest zu bieten, was dich erfreut.«

»Ein brennendes Tuschpa.«

»Gewiß. Ich meinerseits träume von einem verwüsteten Assur. Aber stellen wir doch unsere tiefsten Wünsche etwas zurück. Besinnen wir uns auf das Gemeinsame.«

»Das wäre?«

»Unser gemeinsamer Feind, die Kimmerier. Zieh gegen sie zu Felde, vernichte das Ungeziefer!«

»Um dir den Rücken freizuhalten!«

»Ich gebe zu, ein Sieg über die Kimmerier wäre auch unser Vorteil, aber ich würde ihn nicht ausnutzen, um dich zu hintergehen.«

»Das versuche auch niemals, Sardur, denn solltest du heimlich an Widerstand denken, würde ich nicht zögern, ganz Urartu leer zu morden. Die Kimmerier hatte ich ohnehin im Auge. Ich werde diese Plage von der Erde tilgen.«

»Gestatte uns, dir dabei Waffenhilfe zu leisten. Wir haben hier mit diesen Völkern mehr Erfahrung als ihr im Zweistromland und könnten die Steppenreiter in unseren Bergen fangen wie die Ratten.«

»Wenn sie so dumm sind, in diese Falle zu gehen.«

»Gierig genug, um so dumm zu sein. Kurduman, der Kimmerierfürst, hat sich zwar zum Herrscher aller Stämme jenseits des Kura-Flusses erklärt, aber nur in Kriegszeiten ist er ihr oberster Herr. Sonst leben jene Völker in einem losen Verband recht verstreut in den Weiten des unendlichen Grasmeeres, und ihre jungen Krieger wissen oftmals von unseren Ländern nicht mehr, als daß ihnen reiche Beute winkt. Sie verlassen sich auf ihre Schnelligkeit und Stärke. Wo Reichtümer locken, sind sie blind gegen Gefahren, und daß sie einer Kriegslist zum Opfer fallen könnten, erwägen sie in ihrer Überheblichkeit gar nicht. Es sind ungebildete Rohlinge, grausam, aber beschränkt und dumpf, Schlachtvieh, Asarhaddon, für deinen Gott.«

Dieser lächelte. »Ja, Sardur, du scheinst sie besser zu kennen als ich. Ich gebe zu, daß ich selbst noch keinerlei Berührung mit diesen Völkern hatte, und ich will mich deiner erfahrenen Krieger und der Vorteile, die euer bergiges Land bietet, gern bedienen.«

Sardur war mit der Antwort zufrieden. Asarhaddon würde bald erkennen, daß er keinen Sklaven, sondern einen fähigen Herrscher vor sich hatte. Sardurs Züge entspannten sich, seine Haltung wurde ungezwungener, und er bemühte sich, den Spott in seiner Stimme zu unterdrücken. »Ich habe Teiche im Garten«, bemerkte er leise, »sie sind den Augen Neugieriger durch dichtes, hohes Gebüsch verborgen. Die Nacht ist warm, und der Mond scheint hell. An ihren Ufern läßt sich manche angenehme Stunde verbringen.«

Asarhaddon sah überrascht und mißtrauisch auf. »Was für eine seltsame Schwärmerei aus deinem Munde, Churriter! Was willst du damit sagen?«

Sardur lachte. »Ach, ich vergaß zu erwähnen, daß ich dort eine Muränenart züchte, Fische, die dir gefallen werden. Der Geruch von Blut macht sie wild, und bei Mondschein kommen sie gern an die Oberfläche. Jetzt ist ihre Fütterungszeit, Asarhaddon.«

Dieser lächelte verstehend. »Ich nehme an, daß sie Sklavenfleisch bevorzugen?«

»So ist es. Wollen wir mit den beiden Mädchen zu den Teichen gehen?«

»Deine Fische speisen sehr erlesen; verstehen sie denn etwas von schönen Frauen?«

»Ich fürchte, nein«, lächelte Sardur, »aber von zartem Fleisch.«

»Diese nächtliche Fütterung hat zweifellos ihre Reize«, gab Asarhaddon zu, »aber ich sagte es bereits: keine Grausamkeiten heute abend.«

Sardur seufzte. »Ich hätte die beiden auch ungern geopfert, aber ich weiß dich nicht anders zu unterhalten.«

Asarhaddon lehnte sich zurück. »Du hast eine undankbare Aufgabe auf diesem Fest, Sardur. Ich war die längste Zeit meines Lebens Priester, und ich liebe meine Frau, genügt dir das als Antwort?«

Sardur hüstelte. »Verzeih mir, aber jeder Churriter würde über diese Antwort in ein schallendes Gelächter ausbrechen. Ich selbst bin zu höflich, dies ebenfalls zu tun.«

Asarhaddon ließ seinen Blick durch den Festsaal schweifen und musterte dann Sardur anzüglich. »Zwischen Assyrern und Churritern bestehen gewaltige Unterschiede.« Er machte eine vielsagende Handbewegung. Sardurs Augen wurden schwarz, und eine zornige Röte stieg ihm bis unter seinen krausen Haaransatz an der Stirn. »Deine Teiche sind allerdings eine Besichtigung wert. Ich werde mich ihrer ein anderes Mal erinnern.« Sein Lächeln gefror plötzlich, denn Anaxares war zu ihnen getreten.

»Ihr unterhaltet euch gut«, bemerkte er und ließ seine Augen rasch zwischen den beiden hin und her wandern.

»Sardur möchte mich mit schönen Mädchen verkuppeln«, erwiderte Asarhaddon spöttisch, »dabei hält er das Juwel seines Hauses verborgen. Er bietet uns Sklavinnen an, während Aguschaja, die Tochter König Rusas, sich wohl einsam in ihrem Gemach grämt und vergebens von der starken Brust eines Assyrers träumt, denn die Männer ihres Volkes liegen lieber bei schlanken Knaben.«

»Soll ich meine Schwester, die hochgeboren ist, den schamlosen Blicken der Männer aussetzen?« fragte Sardur entsetzt. »Sie ist nicht zu den niedrigen Diensten der Lust bestimmt, sondern soll einmal an der Seite eines Mannes von edler Geburt ein hochgeachtetes Leben als Herrin führen.«

»Nichts anderes hatte ich im Sinn«, erwiderte Asarhaddon mit einem Seitenblick auf Anaxares. Er breitete die Arme aus, als wolle er die beiden Männer umfassen. »Seid ihr nicht Freunde? Ich sehe euch oft zusammen. Du wirst es wissen, Sardur, daß ich Anaxares vor allen anderen Offizieren mein Vertrauen schenke.« Er lächelte hinterhältig. »Muß ich es erst aussprechen? Könnte es eine glücklichere Verbindung geben als die zwischen deiner Schwester und Anaxares, der nicht nur aus edlem Hause ist, sondern ein Mann, der deine Wertschätzung besitzt?«

Die beiden Männer schwiegen betroffen. Anaxares wurde dunkelrot vor Verlegenheit, denn er konnte die Schwester Sardurs schwerlich mit einer ablehnenden Haltung kränken. Sardur hingegen empfand Asarhaddons Vermittlung als Schmach, da dieser selbst Aguschaja verschmäht hatte. Asarhaddon ergötzte sich an der Sprachlosigkeit der beiden und fügte abgründig hinzu: »Du hast stille Teiche in deinen Gärten, Sardur, dort lassen sich in aller Heimlichkeit zarte Bande knüpfen.«

Anaxares bebte vor Zorn. Weshalb ihm Asarhaddon diesen üblen Streich spielte, lag auf der Hand. »Du bist nicht sehr taktvoll«, zischte er ihm zu, »da du wohl weißt, daß König Rusa dich als seinen Schwiegersohn sehen möchte.«

Asarhaddon blieb gelassen. »Ja, man trug mir diese Ehre an.« Er wandte sich an Sardur: »Du wirst nicht wollen, daß deine Schwester als ungeliebte zweite Frau ein Schattendasein in meinem Palast führt. Anaxares hingegen ist noch unbeweibt und besitzt herrliche, ausgedehnte Ländereien in Assyrien. Zudem ist er ein furchtloser Krieger, tapfer, umsichtig und klug. Er hat starke Arme und ein hübsches Gesicht, was deine Schwester wohl vor allem schätzen wird. Ich meine, daß Anaxares –«

»Genug!« Anaxares brach der Schweiß aus. »Es ist nicht recht, Sardur so hinters Licht zu führen. Ich denke, wir sollten das Spiel nicht zu weit treiben und Sardur die Wahrheit nicht länger verschweigen.«

Asarhaddon blickte finster. »Welche Wahrheit?« fragte er drohend.

Anaxares lächelte jetzt noch hinterhältiger als zuvor Asarhaddon. »Ich werde niemals eine Frau auf meine Güter heimführen können, weil ich sie nicht glücklich machen kann. Du weißt ja selbst, Asarhaddon, daß ich seit meiner frühesten Jugend Knaben vorziehe und Frauen mich völlig kalt lassen. Meine Freundschaft zu Sardur ist auch nicht von zufälliger Natur.« Er strahlte den völlig überraschten churritischen Prinzen entwaffnend an und legte ihm den Arm um die Schultern. »Komm, Sardur, laß mich deine stillen Teiche kennenlernen.« Und im Gehen fügte er höhnisch hinzu: »Gestatte, daß ich den Bruder der Schwester vorziehe.«

Anaxares zog den verwirrten Sardur mit sich fort, und Asarhaddon starrte den beiden sprachlos nach. Diese Runde hatte Anaxares gewonnen, sein eigener Hieb war ins Leere gegangen. Bevor er sich wieder fassen konnte, hörte er neben sich zwei betrunkene Churriter lachen, die den beiden ebenfalls nachsahen, und der eine rief übermütig: »Der Assyrer wird unseren Prinzen vornehmen, daß er sich vorkommen wird wie eine Getreidegarbe unter dem Dreschflegel.«

»Daß du Sardur nur nicht unterschätzt«, gab der andere

lachend zurück. »Jetzt lernt der Assyrer mal eine ganz andere Art des Pfählens kennen, und die wird ihm besser gefallen.« Sie grölten über ihren Scherz und hielten sich die Bäuche vor Lachen, bis Asarhaddon der Zorn überwältigte und
er einen schweren, goldenen Becher nach ihnen schleuderte.
Entsetzt sahen alle auf ihn. König Rusa erhob sich und eilte
herbei. »Was ist geschehen, Asarhaddon? Hat man dich etwa in meinem Haus beleidigt?«

»Das Geschwätz deiner Männer beleidigt meine Ohren«,
entgegnete Asarhaddon unwillig, dabei bebte er innerlich
vor Scham, daß er sich zu dieser Unbeherrschtheit hatte hinreißen lassen. Am meisten aber entsetzte ihn die Vorstellung,
Anaxares könne am Ende nicht nur gescherzt haben.

Rusa fand Asarhaddon verwirrt und betroffen. »Welcher
Männer? Zeige sie mir, damit ich die Nichtswürdigen an ihrer geschwätzigen Zunge aufhänge!«

Asarhaddon winkte ab. »Es ist gut. Ich hätte mich besser
in der Gewalt haben sollen.« Er lächelte verzerrt. »Offensichtlich haben deine heißblütigen Männer auch mein Blut
mehr erhitzt, als mir guttut.«

Auch Harpagos war hinzugetreten, denn er hatte wohl bemerkt, daß zuvor noch Anaxares bei Asarhaddon gestanden
hatte. »Hat sich mein Sohn etwa unziemlich verhalten? Er
verließ so plötzlich den Raum.«

»Ja«, pflichtete Rusa bei, »Anaxares verließ ihn zusammen
mit meinem Sohn. Oder war es gar Sardur, der dein Mißfallen erregt hat?«

»Nein, keiner von beiden!« erwiderte Asarhaddon scharf,
doch Harpagos erkannte, daß er log. »Laßt euch nicht abhalten, das Fest weiterhin zu genießen, auch wenn ich mich
jetzt zurückziehe. Ich hoffe, der morgige Tag wird mich in
besserer Stimmung finden, wenn die von Sardur angekündigten Reiter- und Waffenspiele stattfinden, die meinen Neigungen eher entsprechen.«

Rusa verneigte sich leicht und wünschte eine gute Nacht.
Harpagos aber sah Asarhaddon grübelnd hinterher. Als er
fort war, schickte er nach Anaxares, aber man konnte ihn
nicht finden.

Asarhaddon erhob sich von seinem Lager und trat hinaus auf die Terrasse. Unter ihm lag wie ein schimmernder Spiegel der See; die ersten Strahlen der Morgensonne schwammen auf seiner Oberfläche und verwandelten sein Wasser in ein silbernes Gespinst. Die Wiesen lagen noch im Dunst, die Luft war frisch und dufteten nach dem neuen Tag. Die niedrigen, bunt bemalten Häuser Tuschpas drängten sich auf dem terrassenförmig ansteigenden Ufer und glichen Fleckenteppichen, von fleißigen Frauen an vielen Tagen gewebt. Die Stille eines jungen Morgens wurde nur vom Gesang der Vögel unterbrochen.

Wäre die Furie des Krieges über diese Landschaft hinweggefegt, würden dort statt bunter Häuser verkohlte Trümmer ragen, und eine mitleidlose Sonne beschiene ein von Ruß und Blut getrübtes Wasser, in dem aufgedunsene Leichen trieben. Asarhaddon lächelte grimmig. Freilich, selbst er mußte gestehen, daß ihm heute ein erfreulicherer Anblick geboten wurde, denn er war nicht unempfänglich für solche Reize. »Die Sonne Urartus beschenkt mich mit ihrem Gold, die erhabene Schönheit des Sees grüßt einen erhabenen Herrscher«, murmelte er. »Auch das ist ein Tribut, der nicht zu verachten ist. Bei Aschschur! Ein solcher Morgen ist gefährlicher als der Wein Menachims, man müßte ihn verbieten.«

Er rief nach einem Sklaven. »Ich will Anaxares sehen, sofort!«

Es dauerte eine geraume Weile, bis dieser erschien. Er hatte dem Wein tüchtig zugesprochen und hätte lieber noch geschlafen. So kam er auch in einem Aufzug herein, der sich vor dem König nicht ziemte, in einem nachlässig übergeworfenen Gewand, das zerknittert und vom Wein beschmutzt war. Sein Haar hing ihm struppig ins Gesicht.

Asarhaddon sah ihn finster an. »Du hast mich lange warten lassen. Ist es deine schmucke Aufmachung, die dich so viel Zeit kostete?«

Anaxares kniff seine müden Augen zu einem Spalt zusammen, denn die Sonne blendete ihn. »Was erwartest du? Die Nacht war lang, und alle schlafen noch. Mein Kopf tut mir weh, und ich kann keinen klaren Gedanken fassen. Weshalb willst du mich um diese Zeit sprechen? Steht der Feind vor der Tür? Soll ich die Truppen versammeln? Wird mein Schwert gebraucht? Wenn nicht, dann laß mich schlafen. Was auch immer du von mir willst, es wird Zeit haben bis heute mittag.«

Asarhaddon sprang auf ihn zu, packte ihn grob am Gewand über der Brust und stieß ihn heftig gegen die Brüstung der Terrasse, daß Anaxares taumelte und sich unsanft den Kopf anstieß. »Ich sollte dich auspeitschen lassen für deine Worte und für deinen Aufzug. Erscheint so ein Offizier vor seinem Feldherrn? Derart ungebührlich magst du dich vor dem Churriter aufführen! Jetzt stehst du vor deinem König, dem du Achtung schuldest. Oder verwechselst du mich bereits mit deinen trinkfreudigen Kumpanen?«

Anaxares strich sich die Haare glatt und zupfte verlegen an seinen Ärmeln. »Es tut mir leid, ich wollte dich nicht kränken, ich bin nur müde. Natürlich höre ich dir zu. Und wenn du Wert darauf legst, gehe ich und ziehe ein frisches Gewand an.«

»Bleib! Mehr als deine schamlosen Taten kann auch dein Anblick mich nicht beleidigen.«

Da Asarhaddon ihn nicht bat, sich zu setzen, setzte sich Anaxares unaufgefordert. Er wischte sich über die Augen. »Schamlose Taten?« wiederholte er verwundert. »Was habe ich denn getan?«

»Willst du mich glauben machen, der Wein allein habe dich derart zerzaust und zerschlagen? Du warst doch von jeher ein trinkfester Krieger.«

Anaxares war der Schädel noch zu dumpf, er konnte Asarhaddon nicht begreifen und schüttelte verständnislos den Kopf. »Was willst du damit sagen? Freilich, ich vertrage einige Becher, aber der Wein, den sie hier anbauen, ist süßer und schwerer als unser Palmwein, und vielleicht habe ich auch mehr als gewöhnlich getrunken. Doch wirst du mir das wohl nicht vorhalten? Gewiß, dein Kopf ist klar, weil du kaum

Wein trinkst, doch Rusa gab das Fest nicht, um deine priesterliche Askese zu fördern, sondern wollte, daß die Männer sich vergnügen.«

»Ja, mit dem Schänden von Knaben!«

»Was habe ich damit zu tun? Churritische Sitten! Soll König Rusa seinen Männern auch noch zur Keuschheit raten? Außerdem tummelten sich auch genug hübsche Sklavenmädchen auf dem Fest.«

»Ja, Anaxares, nur sah ich dich gestern abend nicht in der Gesellschaft schöner Frauen. Wie seltsam, denn gerade du läßt doch sonst keinen Weiberschoß unbehelligt.«

Anaxares zuckte mit den Achseln. »Ich war nicht in Stimmung, wirfst du mir das vor?«

»Nicht in Stimmung? Und wo hast du die Nacht verbracht? Niemand konnte dich finden, obwohl dein Vater dich suchen ließ.«

»Bei den Göttern, bin ich ein Knabe, daß ich Rechenschaft geben muß, wo ich mich nachts aufhalte? Ich kann mich nicht mehr an jede Stunde des gestrigen Abends erinnern, aber wo werde ich gewesen sein? Irgendwo im Palast oder im Garten oder in meinem Bett.«

Asarhaddon lachte höhnisch auf. »Ja, aber nicht allein, nicht wahr? Dein Gedächtnis läßt dich wohl im Stich, weil du dich nicht erinnern willst? Hast du nicht die Nacht mit deinem neuen Liebhaber verbracht, dem churritischen Prinzen? Ist es nicht seinetwegen, daß du heute morgen vor mir erscheinst wie ein Tagedieb und nicht wie ein assyrischer Offizier?«

Anaxares starrte Asarhaddon fassungslos an. Zuerst konnte er sich diese Verdächtigung nicht erklären, doch dann fiel ihm langsam ein, was sich abgespielt hatte. Asarhaddon hielt für wahr, was er selbst halb betrunken und scherzhaft gesagt hatte. Anaxares erste Regung war Empörung über diese Unterstellung, doch dann lächelte er überlegen: Asarhaddon war beleidigt wegen eines Scherzes. »Du glaubst also, mich hätten Sardurs nachtschwarze Augen betört und ich wollte einmal die Kraft seiner Schenkel spüren? Und wenn es so wäre? Du bist mein König und gebietest über mein Schwert, aber unterhalb meines Gürtels bin ich mein eigener Herr. Befiehl mir in der Schlacht, aber nicht in meinem Bett!«

Asarhaddon wurde bleich. »Es war also kein Scherz! Du hast dich ihm hingegeben?«

Anaxares hörte Asarhaddons Stimme beben, welch eine Genugtuung! Kühl bemerkte er: »Vielleicht. Doch deine Art, mich auszufragen, klingt wie ein Verhör. Machst du mir daraus einen Vorwurf? Klagst du mich an? Dazu hast du kein Recht. Ich kenne kein Gesetz, das einem assyrischen Offizier verbietet, mit Männern zu schlafen.«

»Anaxares!« Asarhaddon war aufgesprungen, seine Lippen zitterten. Er war fassungslos und für Augenblicke sprachlos. Schließlich brachte er mühsam hervor: »Ein Gesetz, Anaxares? Du verlangst nach einem Gesetz? Die Churriter haben dich in meiner Gegenwart verspottet. Die Unterworfenen, deren Herren wir uns nennen, lachten über dich und machten ihre schmutzigen Bemerkungen, und du stehst vor mir und fragst nach einem Gesetz? Wenn es nicht deine Mannesehre ist, die du als assyrischer Offizier hochhalten mußt, was bleibt dir? Welche Achtung soll ein Churriter vor dir haben, wenn du dich von seinem Prinzen schänden läßt wie eine Hure?«

»Du schimpfst mich eine Hure, Asarhaddon? Das soll mich wohl treffen, doch ich lache nur darüber, weil dich weniger meine verlorene Mannesehre, sondern deine Eifersucht plagt. Erträgst du es so wenig, daß ich einen neuen Freund gefunden habe, nachdem du mir deine Freundschaft entzogen hast? Zerfrißt dich die Ungewißheit, ob ich wirklich mit Sardur geschlafen habe? Vortrefflich! Und eins solltest du noch wissen: Ich bin in diesen Sachen nicht so zimperlich wie du und stürze mich nicht gleich aus Scham in mein Schwert, weil ein Mann meine Blöße gesehen hat.«

Mit steinernem Gesicht hatte Asarhaddon zugehört, doch sein Blut kochte, und er meinte, es müsse seine Adern bersten lassen wie glühende Lava. Noch niemand hatte es gewagt, so mit ihm zu sprechen, denn wer hätte leichtfertig mit seinem Leben spielen wollen? Am bittersten aber war die

Wahrheit, denn Anaxares hatte recht; eine unsinnige Eifersucht hatte ihn befallen, wo es angebrachter gewesen wäre, die Sache mit Schweigen zu übergehen.

Asarhaddon spannte die Gesichtsmuskeln an und erwiderte beherrscht: »Wahrscheinlich sollte ich dein Liebesleben wirklich nicht so wichtig nehmen, eigentlich sollte ich deine ganze Person mit Nichtachtung strafen. Wenn ich dich dennoch tadle, und das im Zorn, so denke ich weniger an die Schande, die du am Ende nur dir selbst zufügst, sondern daran, daß Sardur nach wie vor unser Feind ist. Er ist ein fähiger Kopf, außerdem stolz und ehrgeizig, und er ist Rusas Sohn. Das bedeutet, daß er eines Tages über Urartu herrschen wird. Sardur ist kein Mann, der sich leichten Herzens unterwirft, und eines Tages wird er das assyrische Joch abschütteln wollen. Mit solchen Männern schließt man keine Freundschaften, nicht einmal harmlose.«

»Vielleicht verdächtigst du mich bereits, mich mit dem Feind gegen dich zu verbünden!« fauchte Anaxares ihn an.

»Nein, das tue ich nicht«, entgegnete Asarhaddon ruhig. »Du bist kein Verräter, aber zu vertrauensselig.«

»Sag doch gleich, ich sei vor Liebe blind!« rief Anaxares aufgebracht. »Du haßt Sardur doch nur deswegen, weil er dich durch seine Unterwerfung um eine Metzelei gebracht hat, die du allzu gern nachholen möchtest. Ja, er ist stolz, aber du demütigst ihn, damit er sich zu unbedachten Handlungen hinreißen läßt und du ihn doch noch auf einen Pfahl spießen kannst. Sardur aber ist klug genug zu wissen, daß er in Urartu nur herrschen wird, wenn er dir gehorcht, und das wird er tun. Sardur liebt die Assyrer nicht, aber er ist aufrichtig, und man kann ihm trauen.«

»Nun, Sardur kann sich freuen, in dir einen so eifrigen Fürsprecher gefunden zu haben. Du warst freilich schon immer den Feinden mehr zugetan, als mir lieb war; ich erinnere dich an Targaitis, den Skythen. Hast du vielleicht seinerzeit in seinem verlausten Filzzelt auch mit ihm geschlafen und gemeinsam mit ihm Flöhe zerdrückt, daß du so in Mitleid mit ihm vergingst?«

»Du wirst unsachlich«, stellte Anaxares kühl fest. »Das

wirst du immer, wenn du die Wahrheit nicht ertragen kannst.«

»Jetzt ist es genug!« erwiderte Asarhaddon schneidend. Dann fügte er hinzu: »Höre meinen Befehl: Sammle deine Männer, du wirst sofort gegen die Kimmerier ziehen. Für dich ist das Fest zu Ende.«

Anaxares Miene war bestürzt. »Sofort?«

»Ich gebe dir drei Tage für die Vorbereitungen. Es werden dir churritische Offiziere zur Seite stehen, die dich mit ihren Truppen unterstützen.«

»Und wer von unseren Leuten?«

»Dein Vater wird mit dir reiten.«

»Sonst niemand von den Heerführern?«

»Urukagina brauche ich in Tuschpa, Sinscharischkun schicke ich mit einer Garnison nach Teschebaini am Araxes.«

»Und Sardur?«

»Sardur will ich im Auge behalten, er bleibt mir in der Hauptstadt. Aber wenn du es für erforderlich hältst, mag sein Vater mit seiner Erfahrung euch begleiten.«

»Du selbst willst also ebenfalls hierbleiben?«

»Ja. Ich muß diesen Sandflöhen nicht die Ehre antun, sie mit meinem Streitwagen zu verfolgen.«

»Ich verstehe«, antwortete Anaxares bitter, »ich bin dir als Häscher genug.«

»Nein, ich unterschätze die Kimmerier keineswegs, deshalb schicke ich ihnen meinen besten Mann. Du wirst sie bis weit in die Steppe verfolgen, damit uns keiner von dem Gesindel entkommt. Frauen und Kinder erschlagt ihr, von den Männern aber versucht möglichst viele lebend zu fangen. Und komme nicht zurück, bevor du sicher bist, daß ihr sie vernichtet habt. Die Kimmerier sind schließlich keine Feldmäuse, die sich in ihre Löcher verkriechen können. Freilich – das wird eine geraume Zeit dauern, aber du hast ja genug Zeit. Und nun geh und kümmere dich um deine Truppen, während ich sehen will, welche Vorbereitungen Sardur zu den Waffenspielen getroffen hat, die heute stattfinden sollen.«

Anaxares war blaß geworden. »Asarhaddon! Müssen wir uns wirklich so trennen? Ich beklage mich nicht über den Befehl, aber ein versöhnliches Wort zum Abschied, eine Geste, an die ich mich draußen erinnern kann, wirst du doch für mich haben?«

Asarhaddon lächelte zynisch. »Ja, wenn dich da draußen einmal die Verzweiflung überkommt, dann denke daran, daß meine tägliche Bitte an Aschschur sein wird, du mögest niemals zurückkehren!«

Anaxares Augen wurden schmal. »Ich hätte es wissen müssen«, sagte er leise. Dann drehte er sich brüsk um und verließ den Raum.

4

Das Fest war zu Ende. Anaxares und Harpagos waren nach Norden aufgebrochen, um die Kimmerier zu schlagen, und in Tuschpa saß ein grimmiger Sardur, dem Asarhaddon nicht erlaubt hatte, seine Tapferkeit unter Beweis zu stellen. Sein Vater und zwei andere erfahrene Heerführer waren mit Anaxares gezogen, und der Jubel des Volkes hatte sie beim Auszug begleitet. Anaxares und Sardur hatten sich zum Abschied umarmt, während Asarhaddon kein Wort mit ihm wechselte und es vermied, ihn anzusehen. Selbst Sardur fiel das auf, und er hatte Anaxares gefragt, ob es Spannungen zwischen ihm und Asarhaddon gäbe.

»Er wünscht meinen Tod!« stieß Anaxares unbedacht hervor, doch dann biß er sich auf die Lippen. Er hatte einen Fehler begangen. Sardur durfte von dieser Zwietracht in der assyrischen Führung nichts wissen.

Sardur sah, wie Anaxares erbleichte und erriet den Grund. Er sah ihm offen in die Augen. »Ich wünsche, daß du lebst«, erwiderte er mit Wärme, »und ich weiß, daß du siegreich heimkehren wirst.«

»Vergiß es!« rief Anaxares und schwang sich auf seinen Streitwagen. Er zügelte die herrlichen Hengste, mit denen er einst Asarhaddon im Wettlauf besiegt hatte; er fuhr ohne Lenker. Ohne noch jemand von den Zurückbleibenden eines

Blickes zu würdigen, setzte er den blau funkelnden Kriegshelm auf und gab mit einer herrischen Geste der Peitsche das Zeichen zum Aufbruch.

Asarhaddons Mundwinkel zuckten leicht, als er ihm verstohlen nachsah, und er konnte nicht sagen, welches Gefühl ihn stärker beherrschte: der Schmerz um eine verlorene Freundschaft oder der ohnmächtige Zorn, diesem Mann überlassen zu müssen, was er liebte. Anaxares hatte etwas Unverzeihliches getan, er hatte Asarhaddons Gefühle bloßgelegt und verhöhnt. »Ich kann dich nicht töten, Anaxares«, murmelte Asarhaddon, »aber vielleicht findet dich der vergiftete Pfeil eines Kimmeriers und nimmt mir eine Entscheidung ab.«

Die nächsten Wochen vergingen mit Arbeit und lenkten Asarhaddon ab. Er setzte überall im Land assyrische Statthalter ein. In größeren Ortschaften und an den wichtigsten Grenzübergängen lagen assyrische Garnisonen. Urukagina blieb in Tuschpa, während Sinscharischkun die Gebiete um den Araxes besetzt hielt.

Asarhaddon fand fast überall wohlgeordnete Verhältnisse vor und mußte nur selten einen bestechlichen Richter absetzen oder einen allzu eifrigen Steuervogt belehren, daß die Einnahmen nicht in die eigenen Taschen, sondern in die königliche Kasse zu fließen hatten. Auch Auflehnung gegen den assyrischen Machtanspruch war selten, denn die Churriter waren gewohnt, die Gesetze zu achten. Asarhaddon wußte: wo Vertrauen in die Gesetze herrscht, ist Sicherheit, und unter dieser gedeiht der Wohlstand. Selbst Sardur bewunderte manchmal, mit welch kühler Selbstverständlichkeit Asarhaddon oftmals die Vorrechte der oberen Schichten mißachtete. Asarhaddon hätte es als beschämend empfunden, über schlecht verwaltete Provinzen zu herrschen, über brachliegende Felder, hungernde Bauern und dickbäuchige Beamte, marodierende Räuberbanden und Heerscharen von Bettlern.

Daß er sich nicht von menschlichen Schicksalen, sondern von Notwendigkeiten leiten ließ, war das Ergebnis seiner Menschenverachtung. Ein hoher Beamter war für ihn von ebenso geringem Wert wie der letzte Sohn eines ärmlichen

Bergbauern. »Vor meinem Thron wird jeder zum Tagelöhner«, pflegte er spöttisch zu sagen.

Wenn viele, allen voran Sardur, auch seine Überheblichkeit verdroß, so konnten seine Neider und Widersacher doch nicht umhin, seine Erfolge zu bewundern und seine außergewöhnliche Persönlichkeit anzuerkennen.

Asarhaddons Verhängnis war, daß er sich gern selbst täuschte. Aber Gefühle waren ihm eben doch nicht völlig fremd. Einige ahnten es, doch niemand sprach ihm davon. Aber Tuschpa war nicht Assur. Während die Stadt am Tigris einem grimmigen, schwer gepanzerten Krieger glich, der Zartheit und Schwachheit verachtete, kannte Tuschpa auch weibliche Züge, war bunt, heiter und verspielt, ohne so dekadent zu sein wie die phönizischen Städte. Die Churriter waren ein fleißiges, fröhliches Volk, die Menschen stolz, aufrichtig und lebenslustig.

»Du streust Asche auf dein Haupt«, hatte Anaxares gespottet, und das saß Asarhaddon im Herzen wie ein vergifteter Pfeil. Langsam breitete sich das Gift in seinem Körper aus. Und als er die eigene Herrschaft in Urartu einigermaßen gesichert glaubte, rief er eines Abends Sardur zu sich und sagte zu dem überraschten Prinzen: »Ich bin mit dem Verlauf der Dinge zufrieden, und du darfst es daher ebenfalls sein. Aus dem Norden bringen mir meine Boten erfreuliche Nachrichten, und bald werden wohl die ersten gefangenen Kimmerier in Tuschpa eintreffen. Weshalb also sollen wir länger mit Mühsal und Arbeit unser Haupt beschweren? Wir wollen ein Fest feiern.«

»Gewiß, wenn du es wünschst«, gab Sardur kühl zur Antwort. »Worauf legst du besonderen Wert, mein König?«

Asarhaddon machte eine großzügige Handbewegung. »Richte es nur aus, wie es deinem Geschmack entspricht, ich werde schon zufrieden sein.«

»Das bezweifele ich, denn unsere Vorstellungen von dem, was Vergnügen bereitet, gehen doch weit auseinander. Gewiß hast du etwas Bestimmtes im Sinn, wenn du ein Fest anordnest.«

»Vielleicht möchte ich mich meinen neuen Untertanen anpassen, damit ich ihr Wohlwollen erringe. Sorge du nur für die üblichen Genüsse, die Herz und Auge erfreuen. Hübsche Sklavinnen und wenn es denn sein muß, auch Knaben. Nein, nein, es soll kein Blut fließen, ich will ja nicht Aschschur opfern; das werde ich hoffentlich bald mit den kimmerischen Kriegsgefangenen tun können.«

Sardur verneigte sich knapp und murmelte beim Hinausgehen: »Ich will nicht der Sohn meines Vaters sein, wenn dieses Fest ohne Blutvergießen endet.«

Selbstverständlich war ein Fest nach den langen Wochen der Pflichterfüllung weder den Assyrern noch den Churritern unangenehm. Sie kamen zahlreich und fanden ihr Vergnügen, während Asarhaddon sich langweilte wie immer. Der erste Tag des großen Festes verlief kurzweilig, doch ereignislos. Sardur beobachtete Asarhaddon kopfschüttelnd, denn er hatte sich nicht geändert. Weshalb hatte der gefühlskalte Assyrer auf einem ausgelassenen Fest bestanden?

Niemand wagte sich in Asarhaddons Nähe, nur mit seinen Männern wechselte er manchmal einige Worte. Hin und wieder erhob er sich und schlenderte durch die Reihen der Gäste, und wo er vorbeikam, verstummte jäh das Lachen, griff man verlegen zur Weinschale, um seinem Blick nicht begegnen zu müssen, und die Sklavinnen schlugen schamhaft die Augen nieder. Wenn Asarhaddon sich wieder an seinen Platz begab, sprach er in Maßen dem Wein zu. Dann verweilte sein undurchdringlicher Blick mal auf diesem oder jenem, und manchmal deutete ein Zucken seiner Gesichtszüge den Widerwillen an, den er bei Ausschweifungen empfand.

Sardur wäre ihm gern ferngeblieben, aber das wäre eine grobe Unhöflichkeit gewesen. So trat er zu vorgerückter Stunde an Asarhaddon heran und fragte, ob er sich zu ihm setzen dürfe.

Asarhaddon musterte den Prinzen abschätzend. Schweigend wies er dann mit der Hand neben sich. Sardur zwang sich zur Ruhe. Er hatte den schlichten wollenen Rock mit einem eng anliegenden, lang herabfallenden Festgewand vertauscht, das eine Kostbarkeit churritischer Webkunst war. Es kleidete ihn ausnehmend gut. »Ich habe getan, was du befohlen hast«, begann er kühl das Gespräch, »aber ich stelle fest, daß du, mein König, wieder keinen Gefallen an der Geselligkeit findest.«

»Um dem abzuhelfen, schenkst du mir wohl den beglückenden Anblick deiner Gegenwart?«

Sardur überhörte den Spott. »Du trinkst nicht, du lachst nicht, du liebst nicht. Wozu also dieses Fest?«

»Das stimmt nicht ganz, mein Prinz. Ich trinke. Doch worüber soll ich lachen? Und wen soll ich lieben?«

»Sieh dich doch um! Schönere Mädchen wirst du schwerlich in Assyrien finden. Du kannst wählen unter blonden Thrakerinnen und den nachtschwarzen Gazellen vom Nil. Weshalb verschmähst du sie? Weil du hier in der Fremde einer Frau die Treue hältst, die weit fort ist?«

Asarhaddon warf herrisch den Kopf in den Nacken. »Nein Sardur, ein Mann, der sich in der Fremde nicht zeitweise der ehelichen Fesseln zu entledigen vermag, ist ein liebeskranker Narr. Aber weshalb sollte ich einer Sklavin meine Gunst schenken und sie mit meinen Liebkosungen beglücken? Den Genuß hätte sie, während ich nur der Gebende wäre, der sich am Ende auch noch beglückt seufzend vom gemeinsamen Lager erheben soll. Ich bin Asarhaddon! Ein zu kostbares Geschmeide für die Hände einer Sklavin.«

Sardur hatte mit offenem Mund zugehört. Gewiß, er kannte Männer, die sich nichts aus Frauen machten, aber eine derart selbstherrliche Erklärung hatte er noch nie gehört. Jeden anderen hätte er für größenwahnsinnig gehalten, doch bei dem unnahbaren Assyrer, in dessen Augen er nur einmal Leidenschaften hatte aufflammen sehen, klang es glaubhaft.

Da Sardur für einige Augenblicke sprachlos war, fügte Asarhaddon spöttisch hinzu: »Außerdem sehe ich dich selbst nicht in Gesellschaft, weder in weiblicher noch in männlicher. Es scheint, daß du mir an Keuschheit nacheifern willst. Gib dich zuerst selbst dem Laster hin, bevor du es mir aufschwatzen willst.«

Sardur hatte sich wieder gefaßt. »Das täte ich gern, mein König, aber es ziemt mir nicht, mein Vergnügen zu suchen, während du dich langweilst.«

Asarhaddon winkte ab. »Ach, tu, was dir Spaß macht! Ich werde sehr nachsichtig sein und dein anstößiges Treiben nicht verurteilen. Oder bist du gar enthaltsam geworden seit jenem Tag, als Anaxares dich verführen wollte?«

»Er hatte sich nur einen Scherz erlaubt, und du weißt das genau!« zischte Sardur ihn an.

»Ach! Hätte ich das wissen müssen? Die zärtlichen Wünsche meiner Offiziere sind auch mir ein Geheimnis. Es war ein Scherz, sagtest du? Wie bedauerlich. Sicher hätte es dir in seinen starken Armen gefallen.«

Obwohl sich Sardur fest vorgenommen hatte, sich durch nichts herausfordern zu lassen, stieg ihm jetzt das Blut zu Kopf, und er rief unbeherrscht: »An meinem Hof gibt es Männer, deren Aufgabe es ist, den Narren zu spielen und andere zu erheitern. Du solltest dich mit deiner Spottlust an sie wenden und mich verschonen.«

Asarhaddon bekam schmale Augen. »Haben deine Muränen eigentlich schon einmal Prinzenfleisch gekostet?« fragte er scharf.

Sardur hob trotzig den Kopf. »Es gefällt dir nicht, wenn man zurückschlägt. Bist du der einzige, der ungestraft spotten darf?«

»Allerdings«, erwiderte Asarhaddon kühl, »denn ich bin der Herrscher. Das ist das Los dessen, der sich unterwirft, Sardur. Es gelüstet mich, dich zu verspotten, und ich verspotte dich. Es gelüstet mich, dich zu peitschen, und du wirst gehorsam den Rücken entblößen und dich nicht eher wieder erheben, bevor dir das Fleisch in Fetzen von den Rippen fällt. Doch heute, Sardur –«, Asarhaddons Stimme wurde sanft, »heute ist ja ein heiteres Fest, und ich will dich vergnügt sehen. Also geh und belustige dich, ich befehle es dir!«

Sardur zitterte vor Zorn. Bevor er diese entehrenden Worte duldete, wollte er lieber sterben. Er griff zum Becher und entgegnete scheinbar gelassen: »Mein größtes Vergnügen ist es, hier mit dir zu trinken, großer Asarhaddon, so komme ich deinem Befehl nach.«

Asarhaddons Augen blitzten auf. »Gut gesprochen, Sardur. Dann lasse von jenem Wein bringen, der von der schweren Süße überreifer Trauben ist und schnell berauscht.«

»Du willst dich betrinken, Asarhaddon? Denke daran, der Wein macht keinen Unterschied zwischen Herrn und Sklaven.«

»Was soll ich tun? Nur so ertrage ich das stumpfsinnige Geschwätz, das alberne Gekicher und die unzüchtigen Bilder.«

Nach etlichen Bechern Wein zeigte sich auch bald die Wirkung. Von beiden war Sardur der Trinkfestere, und er beobachtete Asarhaddon mißtrauisch. Er hatte befürchtet, daß der Wein ihn enthemmen und zu abscheulichen Taten hinreißen würde, jedoch hier irrte Sardur. Asarhaddon waren Bedenken beim Blutvergießen schon im nüchternen Zustand fremd, so daß es nichts gab, was der Wein ihm hätte nehmen können. Asarhaddon machte der Wein heiter, unbeschwerter. Er ließ sich entgegen seiner sonstigen Gewohnheit nach jedem geleerten Becher sofort nachschenken. Sardur war es recht, denn in diesem Zustand gefiel ihm der beherrschte Assyrer weitaus besser.

»Wie geht es deiner Schwester, der reizenden Aguschaja?« fragte Asarhaddon plötzlich. »Verzehrt sie sich noch immer in Liebe zu mir?«

Sardur zuckte zusammen, doch dann entgegnete er liebenswürdig: »Zweifellos tut sie das, und wer möchte ihr das verargen? Wäre ich eine Frau, ginge es mir sicher ebenso. Aber frag sie doch selbst danach, wenn du Mut dazu hast.«

»Wie könnte ich das? Sie lebt ja hinter den hohen Mauern des Frauenhauses.«

»Gewiß, etwas anderes wäre auch nicht schicklich. Aber da du ja keine ernsthaften Absichten mit ihr hast, sollten wir von etwas anderem sprechen.«

»Bei Ischtar! Ihr verbergt eure Frauen eifriger als der Bauer sein Vieh vor dem Steuereintreiber. Ich dachte auch weniger an mich, sondern an Anaxares. Was ich seinerzeit sagte, war mir ernst. Was hieltest du von dieser Verbindung?«

Sardur sah in seinen Becher. »Ich würde sie begrüßen, aber sie wird nicht zustande kommen, denn Anaxares verschmäht sie ebenfalls.« Dann fügte Sardur ärgerlich hinzu:

»Die Edelsten dieses Landes haben um sie geworben, nur euch Assyrern ist sie nicht gut genug.«

»Sei nicht aufgebracht. Deine Schwester wird zu Recht begehrt, doch Anaxares und ich lieben eine andere Frau, so einfach ist das.« Er lachte bitter. »Und welch ein Ärgernis! Wir lieben dieselbe Frau.«

»Ach!« Sardur sah überrascht auf. »Daher euer Zerwürfnis?«

»Du wußtest nichts davon? Nun ja, jetzt kennst du auch den Grund.«

Sardur zuckte mit den Schultern. »Ich verstehe dich nicht. Wegen einer Frau so viel Haß, daß du ihm den Tod wünschst?«

»Das weißt du also auch! Anaxares war sehr leichtfertig. Nun, ich nehme nicht an, daß man in Urartu den Nebenbuhler freundlich in die Arme schließt?«

»Nein, aber bei uns gilt ein Mann mehr als eine Frau. Steht sie zwischen zwei Männern und entzweit sie, muß sie sterben.«

»Auch in Assyrien herrschen nicht die Weiber!« gab Asarhaddon unmutig zurück, »aber diese Frau ist eine Krone wert.«

»Eine wahre Freundschaft ist ein Königreich wert! Eine Frau, die von zwei Männern gleichzeitig geliebt wird, ist wie ein Gift, an dem beide zugrunde gehen. Du gabst dieses Fest, um zu vergessen, und du betrinkst dich aus demselben Grund, nicht wahr?«

»Schon möglich«, knurrte Asarhaddon.

Sardur lächelte. Zum erstenmal zeigte sich der stolze assyrische Eroberer verletzlich. Diese Offenheit nahm ihn gegen seinen Willen für Asarhaddon ein. Behutsam erwiderte er: »Mit dem Wein entfliehst du der Erinnerung nur kurze Zeit, mein König, und sein Rausch ist trügerisch. Du solltest dein Herz nachhaltiger vor quälenden Empfindungen schützen. Es gibt ja noch andere Quellen der Lebensfreude, die ohne dumpfen Schädel enden.«

»Ich weiß nicht, wovon du sprichst, Sardur, aber du wiederholst dich.« Asarhaddon hielt seinen Becher mit ausgestrecktem Arm von sich und blinzelte Sardur an. »Der wievielte Becher ist es?«

»Ich weiß es nicht, der achte?«

»Der neunte, mein Prinz. Bin ich schon so betrunken, oder habe ich es richtig verstanden? Du willst mir einen deiner Lustknaben aufschwatzen?«

»Es handelt sich um meinen Leibsklaven. Ich wäre bereit, ihn dir für eine Nacht zu überlassen.«

Asarhaddon lachte schallend und ließ seinen Arm auf den Tisch fallen, daß der Wein aus dem Becher spritzte. »Du würdest ihn mir überlassen? Wie gütig! Er ist doch dein Sklave! Weshalb also schenkst du ihn mir nicht, deinen erfahrenen Diener?«

»Das ginge zu weit. Ich verschenke nicht einen Mann, den ich schätze, um einer Laune willen.«

»Bedauerlich. Ich würde ihn gern mit meinen Erfahrungen bekannt machen«, spottete Asarhaddon. »Ob er danach allerdings noch zu gebrauchen wäre, bezweifle ich.«

»Du verträgst wirklich weniger Wein als ich annahm«, gab Sardur kühl zurück.

»Das mag stimmen«, erwiderte Asarhaddon unbekümmert, »doch auch nach dem zehnten Becher bin ich der König, und ich nehme niemals einen Sklaven, wenn ich den Gebieter bekommen kann.«

Sardur wurde blaß. »Den kannst du nicht bekommen!« rief er ärgerlich.

»Nein?« Asarhaddon musterte Sardur anzüglich von oben bis unten. »Weshalb nicht? Willst du damit sagen, daß du einen Sklaven dem Herrscher von Assyrien vorziehst? Das wäre eine arge Kränkung. Glaubst du, meine Liebeskünste stünden den seinen nach? Oder ist er um so vieles hübscher?«

»Er ist –«, Sardur machte eine ärgerliche Handbewegung. »Weshalb antworte ich dir darauf? Suche dir andere für deinen Spott.«

Doch in den dunklen Augen des sonst so kühlen Assyrers war plötzlich ein zärtlicher Schimmer, und er hörte ihn mit einer ganz neuen Stimme antworten: »Wie kannst du mein

Verlangen für Spott halten, das du selbst in mir wecktest? Ein Mann wie du sollte nicht die Vorzüge seines Sklaven schildern, wenn er sie selbst besitzt, und sich dann grausam verweigern.«

Sardur wurde abwechselnd blaß und rot, und ihm wurde heiß. Nicht auszudenken, wenn der unberechenbare Assyrer seine Worte ernst meinte. Seine Unnahbarkeit hatte sich urplötzlich in Sinnlichkeit verwandelt.

»Du bist blaß geworden, Sardur«, bemerkte Asarhaddon sanft. »Sollte dich mein Wunsch erschreckt haben? Das kann ich nicht glauben, da dir die Liebe mit Männern doch nicht fremd ist.«

Sardur gelang es mühsam, seine Fassung wiederzufinden. »Was willst du wirklich von mir?« fragte er rauh.

»Ich will mit dir schlafen.«

»Unmöglich!« entfuhr es Sardur bestürzt.

»Du weist mich zurück?«

»Ich muß es. Bei den Göttern, was du sagst, ist wahnsinnig. Wir schlafen mit unseren Sklaven, ja, aber doch nicht mit –«, Sardur versagte die Stimme, und Schweiß stand ihm auf der Stirn, »– niemals mit einem Freund oder einem Ebenbürtigen«, beendete er heiser den Satz.

Asarhaddon lächelte überlegen. »Dann darfst du getrost deine Bedenken beiseite legen, denn wir sind ja weder Freunde noch bist du mir ebenbürtig.«

Sardur schlug unbeherrscht mit der Faust auf den Tisch. »Und ich sage dir, mein Schwert hast du bekommen, meinen Thron hast du bekommen, all das gab ich dir aus freiem Willen, weil ich meinen Vater und mein Land liebe, aber meinen Körper bekommst du nicht, niemals!«

»Und wenn ich es befehle?«

»Dann mußt du mich töten lassen!«

Asarhaddon lachte. »Keine Sorge, Sardur, ich befehle wohl dem Erdkreis, aber niemals im Bett. Und noch jeder ist bislang freiwillig zu mir gekommen.«

Diese unerträgliche Überheblichkeit! Sardur starrte in seinen Becher, und seine Finger spielten unruhig an den Verzierungen.

Asarhaddon fuhr sanft fort: »Du glaubst, ich wolle dich demütigen, doch das liegt mir fern. Glaubst du wirklich, ich könnte dich ohne Empfindungen zärtlich umfangen? Das Beilager ist kein Schlachtfeld. Ich habe noch niemand umarmt, den ich nicht auch geliebt hätte.«

Sardur lachte verzerrt. »Hehre Worte aus dem Munde eines Mannes, der noch nie bei einem Mann gelegen hat. Soll ich annehmen, daß du mich liebst, weil du mit mir schlafen willst? Eher meine ich, du bist so betrunken, daß du nicht mehr weißt, was du redest.«

»Vielleicht werde ich in einer solchen Nacht lernen, dich zu lieben«, entgegnete Asarhaddon weich.

Sardur lachte höhnisch auf. »Vor nicht allzu langer Zeit noch wolltest du mich pfählen lassen und die Stadt brennen sehen.«

»Das ist wahr, doch inzwischen sind wir uns nähergekommen, denke ich.«

»Näher? Ja, deine Verachtung verbindet uns. Und ich spiele dabei die Rolle des Opfers.«

»Heute nacht hättest du Gelegenheit, deine beste Rolle zu spielen, denke darüber nach! Sollte es dir wirklich nichts bedeuten, daß ich von allen Männern und Frauen dich erwähle?«

Sardur starrte Asarhaddon mit flackerndem Blick an. Plötzlich begann er zu zittern und schleuderte den Becher vom Tisch. »Ich hasse dich!« keuchte er, doch in seinen Augen stand jetzt ein Verlangen, das ihn Lügen strafte.

Asarhaddon legte seine Hand beruhigend auf den zitternden Arm Sardurs. »Es war ein schöner Abend, und wir haben gemeinsam getrunken und unseren Spaß gehabt, nicht wahr? Begeben wir uns also zur Ruhe, aber jeder in sein eigenes Bett, denn ich muß gestehen, daß mich der Wein doch zu sehr geschwächt hat. Ich könnte dir heute nacht kein guter Liebhaber sein. Immerhin bist du durch deinen Leibsklaven sehr verwöhnt, und ich fürchte, deinen Ansprüchen in meinem Zustand nicht zu genügen. Doch das Fest geht ja morgen weiter, und ich hoffe, dich dann wieder an meiner Seite zu sehen.«

Sardur wich alles Blut aus dem Gesicht, doch er stand

langsam auf und deutete eine unsichere Verbeugung an. »Möge dein Schlaf sanft sein«, zischte er zwischen den Zähnen hindurch, dann wandte er sich ab und verließ aufrecht und ohne zu schwanken den Festsaal.

Asarhaddon sah ihm nach und wollte ihm noch ein höhnisches Wort hinterherschicken, doch es blieb ihm im Halse stecken. Ihn überfiel ein erschreckendes, lähmendes Gefühl. Er schüttelte sich, als könne er es so abwerfen, aber es blieb. Asarhaddon stellte bestürzt fest, daß der Gedanke, Sardur zu umarmen, ihm nicht zuwider war, ja, daß ihn heftig danach verlangte. In der Falle, in die er Sardur mit honigsüßen Worten gelockt hatte, saß er nun selbst gefangen. Er wischte sich über die Stirn und murmelte: »Es ist der Wein. Ich werde nie wieder etwas trinken, nie wieder. Bei Aschschur! Meine Lenden mögen verdorren, bevor ich noch einmal an so etwas denke!«

5

In den nächsten Tagen ließen sich weder Asarhaddon noch Sardur bei den Gelage blicken. Asarhaddon suchte für einige Tage Sinscharischkun in Teschebaini auf, angeblich, um sich von der Stimmung der Truppe und der Fügsamkeit der Bevölkerung zu überzeugen. Er fand alles in bester Ordnung vor und deutete an, daß man bald mit dem größten Teil des Heeres nach Assyrien zurückkehren könne.

Als Asarhaddon wieder in Tuschpa eintraf, hörte er von Urukagina, daß Sardur sich nicht in der Hauptstadt aufhalte, sondern ebenfalls abgereist sei. Asarhaddon fühlte eine beschämende Erleichterung. »Ich nehme an, er reiste mit deiner Erlaubnis, Urukagina. Und was war sein Ziel?«

»Die Gegend um den Urmia-See. Dort ist Urartus berühmtes Pferdezuchtgebiet, und es heißt, daß die besten Pferde der Welt von dort stammen.«

Asarhaddon nickte. »Ja, das ist wahr. Ich möchte die Gestüte sehr gern selbst einmal besuchen.«

»Was hindert dich, es zu tun?«

»Nichts. Allerdings – es muß ja nicht heute sein. Soll der Churriter vielleicht glauben, die Neugier triebe mich, ihm nachzureisen?«

Urukagina zuckte nur mit den Achseln. Er wunderte sich über Asarhaddon, dessen Art es sonst nicht war, Bedenken zu zeigen.

Nach zwei Wochen kehrte Sardur in bester Laune zurück. Er erwiderte die Begrüßung Asarhaddons strahlend, und beide waren sichtlich bemüht, völlig unbefangen zu wirken und so zu tun, als habe es jenen Abend nie gegeben.

»Ich hörte, du warst am Urmia-See und hast eure edlen Pferde besucht. Welch ein Jammer, daß ich dich nicht begleiten konnte, weil ich in Teschebaini zu tun hatte«, sagte Asarhaddon, und Sardur antwortete: »Auch ich habe das bedauert, aber ich konnte die Reise nicht aufschieben, die ich schon seit langem meinem Oberstallmeister angekündigt hatte. Selbstverständlich kehre ich nicht mit leeren Händen zurück.« Er klatschte, und vier Sklaven führten einen Rappen herbei, vielmehr, der Rappe schien die Männer zu führen, denn sie konnten ihn kaum bändigen.

»Welch ein herrliches Tier!« entfuhr es Asarhaddon.

»Es ist mein Geschenk für dich.«

Asarhaddon warf Sardur einen erstaunten Blick zu. »Willst du mich bestechen? Dieser Hengst ist dazu angetan, vieles zu vergessen. Sag deinen Sklaven, sie sollen ihn loslassen. Bei Aschschur! Sie würgen ihn noch zu Tode!«

»Vorsicht, in dem Pferd steckt ein Dämon. Es ist noch nie geritten worden und hat schon zwei Männer getötet.«

»Getötet?«

»Ja, den einen hat es zu Tode geschleift, dem anderen mit den Hufen den Schädel eingeschlagen.«

»Das ist ungewöhnlich. Sicher hat man es falsch behandelt. Ziemt sich das für ein edles Tier, mit Stricken herumgezerrt zu werden wie Schlachtvieh?«

»Ihm ist nicht anders beizukommen, glaube mir. Einmal in Freiheit, ist es kaum wieder zu bändigen.«

»Und du, Sardur? Hast du es noch nicht versucht?«

»Das habe ich, es wollte mich nicht einmal aufsitzen lassen, und als ich es doch endlich geschafft hatte, warf es mich ab, und ich mußte zusehen, daß ich seinen gefährlichen Hufen entkam. Keinem ist es bisher besser ergangen.« Sardur lachte. »Deshalb schenke ich es dir. Du kannst gut mit Pferden umgehen, so hörte ich, also versuche, ob du es reiten kannst.«

Asarhaddon nickte kurz. »Ich werde es reiten. Es gibt auf der ganzen Welt kein Pferd, das mich abwirft.«

Inzwischen hatten sich einige Schaulustige eingefunden, auch Urukagina war hinzugetreten. Er verschränkte die Arme über der Brust und stellte sich breitbeinig neben Sardur auf. »Du möchtest unseren König wohl gern vom Pferd fallen sehen?« lachte er dröhnend.

»Warum nicht? Aber ebenso würde es mich freuen, wenn dieser schwarze Dämon endlich seinen Herrn fände.«

Asarhaddon ging langsam auf das Pferd zu, das sich laut wiehernd aufbäumte und gegen die Stricke kämpfte. Asarhaddon näherte sich von der Seite, sah das Tier unverwandt an und begann leise mit ihm zu sprechen. Es wurde ruhiger, wandte ihm den Kopf zu. »Laßt es jetzt los!« befahl Asarhaddon.

Die Männer ließen die Stricke fallen und brachten sich schnell in Sicherheit. Der Hengst stand mit zitternden, schweißbedeckten Flanken da und scharrte mit den Vorderhufen. Asarhaddon streckte seine Hand aus, berührte die feuchten Nüstern, strich mit sanften Bewegungen über die Stirn, griff in die Mähne und klopfte beruhigend den Hals. Der Hengst hob den Kopf und wieherte laut, das Scharren seiner Hufe hörte auf. Er neigte den kraftvoll geschwungenen Hals und begann, an Asarhaddons Ärmel zu zupfen. Der ließ sich beschnuppern, streichelte ihm weiter die Flanken und war, kaum, daß die Umstehenden es gewahr wurden, plötzlich aufgesessen. Er flüsterte dem Pferd etwas zu, schmiegte sich dicht an die Mähne und gab ihm einen leichten Schenkeldruck. Da schnob der Hengst und stieß ein freudiges Wiehern aus. Und Asarhaddon konnte ihn lenken, wohin er wollte.

Sardur war fassungslos. Asarhaddon ließ das Pferd in

Trab fallen, in leichten Galopp und dann wieder in eine ruhige Gangart. Er lockte es mit schnalzenden Tönen oder leicht anfeuernden Rufen; dabei achtete er darauf, daß seine Berührungen dem Pferd stets angenehm waren. Endlich sprang er ab und führte es am lockeren Seil zu Sardur. »Es ist jetzt ruhig und wird dich reiten lassen. Versuche es.«

»Wie hast du die wilde Bestie gezähmt? Wie war dir das möglich?« fragte dieser verblüfft. »Es ist ja bei dir sanft wie ein Lamm.«

»Ja«, lachte Urukagina, »hierzulande wissen die Pferde besser als mancher Churriter, wer ihr Herr ist.«

»So scheint es«, stimmte Sardur lächelnd zu. »Wirst du mir verraten, wie du das Wunder vollbracht hast?«

»Es ist einfach. Ich ging als Freund auf ihn zu, nicht als sein Herr. Ich habe ihn nicht mit Stricken gezerrt, ihn nicht mit roher Kraft unter meine Schenkel gezwungen, nicht versucht, seinen Stolz zu brechen, sondern ich sprach mit ihm, ließ ihn meinen Geruch, meinen Körper wahrnehmen, dann zeigte ich ihm, daß ich ihn mag. Er freute sich, weil er mich tragen durfte, und ich ließ ihn wissen, daß ich es genoß, ihn zu reiten.«

»Wahrlich!« stieß Sardur hervor. »Bei Asarhaddon möchte man Pferd sein! Aber woher weißt du, wie das Pferd empfindet?«

»Es spricht zu mir. Freilich nicht mit Worten, aber das ist nicht nötig. Ein Tier fühlt genau, mit welchen Absichten man sich ihm nähert, man kann es nicht betrügen, und wenn es dich angenommen hat, so weißt du, daß du ihm vertrauen kannst.«

»Dann wünschte ich, ich wäre ein Pferd und könnte spüren, was in dir vorgeht.«

»Wärst du ein Pferd, wüßte ich das auch von dir. Aber der Mensch vermag, sein wahres Gesicht zu verbergen, deshalb traue ich dir nicht, Sardur, während ich mich diesem schwarzen Teufel jederzeit anvertrauen würde.«

Sardur stieg eine leichte Röte ins Gesicht. »Bei Menschen bist du nicht so zartfühlend.«

»Ich liebe Pferde, Menschen verachte ich.« Dann fragte

Asarhaddon freundlich: »Begleitest du mich auf einem Aus-ritt? Mit diesem herrlichen Hengst muß es ein Vergnügen sein.«

Sardur war verblüfft, aber er nahm gern an. In der Einsam-keit des Seeufers ritten sie eine Weile schweigend nebenein-ander her.

Sardur brach als erster das Schweigen. »Das Pferd sollte ei-nen Namen haben, wie willst du es nennen?«

»Wie anders als nach seinem edlen Geber, mein Prinz.«

»Das ist eine große Ehre für mich. Wahrlich, Asarhaddon, so lange bemühte ich mich vergebens, dich aufzuheitern. Nun weiß ich, daß ich das Gestüt zum Fest hätte laden sol-len.«

»Was eine Kränkung für die Pferde gewesen wäre.«

»Ein unbefangener Beobachter könnte uns jetzt für Freun-de halten, so einträchtig reiten wir hier zusammen«, bemerk-te Sardur.

»Was wieder einmal beweist, wie der Schein trügen kann.«

»Immerhin kann es dir nicht ausgesprochen lästig sein; du hast mich dazu aufgefordert.«

»Das war ich dir doch schuldig nach deinem großzügigen Geschenk.«

»Ich nehme an, eine größere Kostbarkeit hat der assyrische König nicht zu vergeben?« spottete Sardur.

»So ist es. Ich hoffe, du weißt meine Gesellschaft zu schät-zen.«

»Ich genieße sie. Besonders, seit wir uns nähergekommen sind.«

»Wir sind was?«

»Du hast es selbst gesagt an jenem Abend.« Sardur lächel-te Asarhaddon treuherzig an. »Am Abend der zehn Becher Roten.«

Asarhaddon zuckte zusammen. »Ich habe viel gesagt da-mals«, entgegnete er unwirsch.

»Ja, auch daß du mit mir schlafen wolltest«, fügte Sardur grinsend hinzu.

Asarhaddon warf ihm einen vernichtenden Blick zu. »Das war ein Scherz, ich war betrunken.«

»Findest du es sehr spaßig, den anderen heiß zu machen und dich dann zu verabschieden?«

»Du hattest mich doch entrüstet zurückgewiesen, war es nicht so?«

»Das stimmt«, räumte Sardur ein, »allerdings nur, weil ich mich gedemütigt fühlte.«

»Über meinen Antrag?« Asarhaddon lachte kurz auf. »Mein hochgeschätzter Prinz! Wenn so eine Liebesnacht jemand demütigt, dann mich! Ich wollte dich reizen an jenem Abend, sehen, wie weit ich gehen kann, bis du deine Beherrschung verlierst. Du hast dich gut gehalten.«

»Danke für das Lob. Ich kann es zurückgeben. Du warst in dem Spiel sehr überzeugend.«

»Wenn du mich besser kennen würdest, wüßtest du, wie sehr ich Liebe zwischen Männern in Wahrheit verabscheue.«

»Vielleicht täuschst du dich da selbst? Ein Mann kann dir besser geben, was du brauchst, als eine Frau, weil er nur an den Körper denken und zärtliche Gefühle beiseite lassen kann.«

Asarhaddon antwortete nicht, und sein Schweigen bestärkte Sardur in seiner Annahme. Schließlich meinte Asarhaddon rauh: »Vielleicht hatte ich an jenem Abend das Spiel zu weit getrieben, oder es war etwas im Wein, denn als du fortgingst, da –«, er zögerte und streifte Sardur mit einem flüchtigen Blick, »– da war mir, als müsse ich dir nachgehen, um –«

»– um bei mir zu liegen?«

»Ja.« Asarhaddon erschrak über dieses ja und fügte hastig hinzu: »Es war nur eine oberflächliche Regung, und schon wenige Augenblicke später wußte ich, daß es nur daran lag, daß ich zuviel getrunken hatte.«

»Du hättest nicht zögern sollen, zu kommen«, erwiderte Sardur mit Wärme. »Du hättest neue Erfahrungen gewonnen und sei es nur, um zu erkennen, daß du dich geirrt hast.«

»Wenn ich heimlich Gelüste nach Männern hegte, müßte ich diese beschämende Tatsache nicht noch ans Licht zerren.«

»Was wäre daran beschämend? Ist deine Sicht der Dinge das alleingültige Maß? Willst du mit deiner Elle die Welt ausmessen?«

Asarhaddon wurde blaß und biß sich auf die Lippen. Er hätte Sardur zum Schweigen bringen müssen, doch je länger dieser ihn bedrängte, desto heftiger stiegen die Empfindungen jenes Abends an die Oberfläche und machten ihn stumm. »Höre Sardur«, sagte er schließlich, »es ist unerheblich, was ich für dich empfinde und ob ich mir das Gefühl erlauben darf oder nicht. Möglich, daß Neugier mir geblieben ist, wie das sinnliche Spiel denn ausgegangen wäre, aber da wir beide vernünftig sind, werden wir nie versuchen, es herauszufinden, sondern beweisen, daß wir nicht Sklave, sondern Herr unserer Gefühle sind.«

»Du willst also sagen, wir sollen jenen Abend vergessen, an dem durch leichtsinnige Worte unsere Gefühle entzündet wurden? Wir sollen uns in die Augen sehen und den Feind darin erblicken? Keine zufällige Berührung, kein Lächeln darf die Leidenschaft entfachen, weil der andere ein Gegner ist?«

»Ja, Sardur. Wir sind beide in unseren Ländern berufen zu herrschen, und weder deine noch meine Männer würden Verständnis dafür aufbringen, wenn ihre Könige ihre Länder um einer zärtlichen Umarmung willen verrieten.«

»Du könntest mir den Verzicht erträglicher machen«, sagte Sardur, »wenn du mich fortan wenigstens wie einen verbündeten Freund behandeln würdest.«

Asarhaddon lächelte. »Was dich auszeichnet, sind dein Stolz, dein Ehrgeiz, deine Tapferkeit. Könntest du als König jemals vergessen, daß du nur durch Assurs Gnade herrschst?«

»Ich verstehe. Du wirst mir also nie vertrauen?«

»So ist es. Wenn du eines Tages selbst die Krone trägst, dann wirst du dem Taumel der Macht erliegen wie der Bär der Süße des Honigs. Und du wirst wie ein Tiger auf der Lauer liegen, ob Assyrien vielleicht ein Zeichen von Schwäche zeigt, um dann im geeigneten Augenblick zuzupacken. Ist es nicht so, Sardur? Deshalb hält der assyrische Löwe die Pranke auf deinem Nacken. Und solange dieser gebeugt ist, wird er nicht seine Krallen zeigen.«

6

Asarhaddon wußte, daß er einen Fehler begangen hatte, Sardur seine Gefühle einzugestehen. Damit hatte er sie sich zwangsläufig auch selbst eingestanden. Nun konnte er die Verirrung nicht mehr dem Wein anlasten, sondern mußte die Quellen in sich selbst suchen. Er mußte in die Tiefe seiner Empfindungen hinabsteigen, von denen er angenommen hatte, sie zu kennen, und feststellen, daß sie so felsenfest nicht gefügt waren.

Bei Aschschur! Sardur gegenüber will ich schon den rechten Abstand wahren, dachte er, doch wie soll ich dieses neue, unbegreifliche Verlangen in meinem Innern bekämpfen? Wie soll ich mit dieser Wahrheit vor mir selbst bestehen?

Hätte sich Asarhaddon in dieser Sache einem Mann wie Kautilya anvertrauen können, hätte dieser ihm zeigen können, wo die Ursachen lagen. Doch Asarhaddon konnte niemanden so nah an sein Inneres heranlassen. Vielleicht mußte er selbst darauf kommen, daß sogar ein Mensch wie er langsam zugrunde gehen mußte, ohne Zärtlichkeit und Wärme, ohne Zuneigung und Geborgenheit. Doch solche Überlegungen verbot er sich. Für all diese menschlichen Bedürfnisse kannte er nur ein Wort: Schwäche. Und schwach durften allenfalls die gewöhnlichen Menschen sein. Unpassende Gefühle erstickte man am besten mit Blut, so hatte es ihn Belschar-Ussur gelehrt. Asarhaddon wartete auf die gefangenen Kimmerier.

Und sie kamen. Asarhaddon sagte zu Sardur: »In deine so bewährten Hände will ich wieder das Schicksal dieser Männer legen, doch wollen wir nicht denselben Fehler begehen wie beim letztenmal, wo die Unübersichtlichkeit den Genuß schmälerte. Schon sind es fast dreihundert Gefangene, und ich erwarte noch weit mehr. Das erfordert eine überlegte und umsichtige Planung, denn es wird Wochen dauern, sie wirkungsvoll hinzurichten. Lassen wir keine Sorgfalt walten, könnte das die Sinne ermüden und abstumpfen. Also sorge für genügend Abwechslung, damit das Volk nicht murrt, sondern dankbar meinen Namen nennt.«

»Du hast recht«, erwiderte Sardur. »Ich meine, wenn wir nicht mehr als zwanzig Gefangene am Tag hinrichten, kann man das Sterben des einzelnen noch gut verfolgen, und auch die Einwohner Tuschpas werden zufrieden sein, wenn sie die verhaßten Räuber der Steppe verbluten sehen.«

Asarhaddon klopfte ihm auf die Schulter. »Vortrefflich, mein Prinz, doch vergiß nicht, deutlich zu machen, daß Aschschur es ist, der dadurch geehrt wird. Das Volk könnte sonst meinen, wir wollten nur die eigene Schaulust befriedigen.«

»Doch das liegt uns fern«, entgegnete Sardur ernsthaft.

Sie sahen sich an und brachen in ein lautes Gelächter aus. Die Bevölkerung fieberte den Hinrichtungen entgegen. Niemand, auch nicht die Frauen, wollte sich den Vorwurf des Mitleids mit den wilden Barbaren machen lassen.

Anfangs war der Platz vor dem Tempel umlagert, und um die vordersten Reihen prügelten sich Männer wie Frauen. Aber die Tage des Gemetzels wurden zu Wochen, das Sterben nahm kein Ende und wurde unerträglich. Fast jeden Tag wurden neue Gefangene durch die Straßen geführt. Bald betrachteten die Churriter sie bleich und stumm, und es wollte keine Freude mehr über die besiegten Feinde aufkommen. Der anfängliche Begeisterungstaumel war schierem Entsetzen gewichen.

So war es Asarhaddon doch noch gelungen, das Grauen nach Tuschpa zu bringen. Wer davon nicht gepackt wurde, der stumpfte ab und wurde gleichgültig. Sardur schlug daher vor, das Gemetzel für einige Tage zu unterbrechen.

Asarhaddon, der diese Wochen wie im Rausch erlebte, bedauerte jetzt, daß er befohlen hatte, keine Gefangenen unter Frauen und Kindern zu machen. Sie wären es gewesen, die den schwindenden Reiz wieder belebt hätten. Als er seine Gedanken Sardur mitteilte, wurde dieser blaß. »Du brächtest es fertig, der Bevölkerung jetzt noch gefolterte Kinder zuzumuten?«

Asarhaddons Züge verzerrten sich. »Was kümmert mich das Volk von Urartu? Du hast gute Arbeit geleistet, aber jetzt wird es banal. Weshalb bist du also betroffen, wenn ich noch einen guten Einfall habe?«

Sardur senkte den Blick. Schon lange hatte er Asarhaddon ansprechen wollen, doch er hatte gezögert, weil er keine Schwäche zeigen wollte. »Du verstehst mich falsch, Asarhaddon. Auch ich weiß durchaus das Jammern von Frauen und Kindern als Zugabe zu schätzen, aber du wirst es mir nicht verargen, wenn mich mein Volk jammert, das an der Ehrenbezeugung für deinen Gott zugrunde geht. Nicht die Kimmerier dauern mich, denen wir keine Qual ersparen sollten, aber erspare sie meinem Volk!«

»Ich verstehe dich, Sardur«, gab Asarhaddon kühl zurück, »aber du weißt auch, welche Absicht ich mit diesen Opferungen verbinde. Bei dem Wort Assyrer wird ihnen vor Furcht der Atem stocken, und so muß es sein. Die Hinrichtungen magst du einige Tage unterbrechen, aber nur, um zu verhindern, daß die Masse gegen die Leiden unempfindlich wird. Ich werde auch den letzten Kimmerier zu Tode foltern lassen und niemandem diesen Anblick ersparen. Sie werden es übertreiben, deine Churriter.«

»Ich kenne deine Absicht«, sagte Sardur ärgerlich, »aber weshalb machst du jetzt nicht ein Ende? Daß Aschschur ein schrecklicher Sieger ist, hast du längst bewiesen.«

Asarhaddon sah aufrichtige Erschütterung in den Augen des Prinzen, der bisher so kaltblütig seine wildesten Phantasien in den Dienst Assyriens gestellt hatte. Asarhaddon fühlte sich fast bewegt, seinen Bitten nachzugeben, doch im letzten Augenblick riß er sich zusammen und entgegnete rauh: »Möglich, daß ich jetzt Nachsicht üben könnte, ohne vor meinen Offizieren das Gesicht zu verlieren, aber gerade weil du es bist, der mich bittet, muß ich es ablehnen.«

Sardur wurde bleich. Langsam wurde ihm die Tragweite seiner Grausamkeiten und ihre Verkettung mit seinen Gefühlen für Asarhaddon bewußt. Er begann am ganzen Körper zu zittern und schlug die Hände vor das Gesicht. »Mein Volk wird mich hassen, mich auf ewig verfluchen!« stammelte er.

Asarhaddon zog ihm behutsam die Hände herunter und bemerkte tadelnd: »Du Narr! Nichts ist wankelmütiger als die Masse. Bin ich erst fort, kannst du alle Schuld auf mich häufen. Wende dich dann mit bewegenden Worten an sie, versprich ihnen goldene Feste, vernebele ihre Sinne mit Lustbarkeiten, begnadige ein paar kleine Diebe und verteile Zuckerwerk an die Kinder – dir wird schon etwas einfallen. Du wirst sehen, sie werden dir rasch wieder zujubeln.«

Aber Sardur hörte Asarhaddons zynische Worte nicht. Er spürte nur, wie Asarhaddon seine Hände hielt. Sie sahen sich an. Und Sardur blieb stumm.

Das Abschlachten der Gefangenen wurde unterbrochen; die Straßen Tuschpas waren menschenleer. Asarhaddon fand nichts dabei, die Zeit beschaulich mit ausgedehnten Ausritten zu verbringen und dabei die Einsamkeit des bewaldeten Seeufers zu genießen und den Flug des Silberreihers zu verfolgen, während seine Offiziere auf die Jagd gingen. Sardur schloß sich ihnen an. Daß er die Leiden seines Volkes vorübergehend für einen Händedruck Asarhaddons vergessen hatte, bestürzte ihn tief. Man erstickt das Feuer nicht, indem man Reisig nachlegt, dachte er, und den Hungrigen macht man nicht zum Verwalter der Kornspeicher.

In Tuschpa aber lag die Bevölkerung heimlich vor ihren Hausgöttern auf den Knien und flehte, die Assyrer möchten nun endlich ihr Land verlassen.

Nach neun Tagen hatte Asarhaddon genug von den einsamen Ausritten und erschien unheilverkündend wieder im Palast. Er war sehr gut aufgelegt und verblüffte seine Umgebung mit einem strahlenden Lächeln und witzigen Bemerkungen.

»Deine blendende Laune bedeutet Wehklagen bei den Gefangenen, nehme ich an«, bemerkte Sardur schnippisch.

»Gewiß!« Asarhaddons Augen flammten begehrlich auf. »Die Schonzeit ist vorüber. Wie viele Gefangene haben wir inzwischen?«

»Die Verschläge sind voll, wir mußten etliche in den Gefängnissen unterbringen. Es herrschen grauenvolle Zustände.«

Asarhaddon bekam schmale Augen. »Ihre Zahl wollte ich wissen und nicht, ob die Kimmerier vielleicht weichere Betten brauchen!«

»An die siebenhundert«, murmelte Sardur.

Asarhaddon zuckte die Achseln. »Ich hätte mehr erwartet. Allein hier in Tuschpa gedachte ich, fünftausend zu schlachten.« Er schenkte Sardurs Erschrecken keine Beachtung.

»Aus den Kampfgebieten erreichen uns keine Nachrichten mehr.«

»So? Wahrscheinlich haben sich die Schlachtfelder verlagert. Aber uns mangelt es ja nicht an Kriegsgefangenen, also lasse verlauten, daß sich die Einwohner Tuschpas morgen vor dem Tempel einzufinden haben.«

»Wie du befiehlst«, erwiderte Sardur blaß vor Zorn.

Asarhaddon musterte ihn spöttisch. »Sind dir noch einige Bereicherungen der Vorstellung eingefallen?«

»Gewiß, Asarhaddon!« zischte Sardur ihn an, »was hältst du davon, wenn wir sie zwingen, sich gegenseitig zu rösten und zu verspeisen?«

»Bei Aschschur!« lachte Asarhaddon. »Das hieße, die Folter zu übertreiben, denn wer wollte derart zähes Fleisch essen?«

Die Dunkelheit senkte sich rasch über die Stadt. Ein assyrischer Krieger trieb sein Pferd durch die stillen Gassen. Obwohl ihm niemand folgte und er sich nur noch mühsam im Sattel hielt, schien er gehetzt. Er erreichte den Palast, stolperte die Stufen hinauf. Die Palastwache trat auf ihn zu und hielt eine Fackel hoch. Sie beleuchtete ein bleiches, angstverzerrtes Gesicht. »Laßt mich zum König!« keuchte der Mann. Und als der Wächter zögerte, schrie der Assyrer: »Die Pest! Die Pest ist ausgebrochen, wir werden alle sterben, alle! Laß mich durch, du Narr!«

Entsetzt wichen die Wachen zurück. Sein Ruf: Die Pest! öffnete ihm alle Türen, bis er vor Asarhaddon stand, der mit Sardur und einigen Offizieren zusammensaß. Mißbilligend blickten sie auf den Hereinstürmenden, der jede Etikette vermissen ließ. Er warf sich vor Asarhaddon auf den Boden und rief: »Wehe mir, mein König, daß ich auserwählt bin, dir die schrecklichste aller Botschaften zu bringen! Wehe diesem Tag, an dem Aschschur sein Haupt verhüllte, und wehe dir, Asarhaddon, der du der unglücklichste Herrscher der Welt genannt werden mußt, denn höre: Bei deinen Truppen ist die Pest ausgebrochen, die Hälfte hat sie schon dahingerafft, und die Überlebenden sehnen sich danach zu sterben. Niemand deiner stolzen Krieger wird zurückkehren, denn über der Steppe liegt der Hauch des Todes.«

Lähmendes Schweigen folgte diesen Worten. Urukagina ballte unwillkürlich seine Fäuste, als könne er das Unheil einfach erschlagen. Fassungslos sahen sich die Offiziere an, schauten ratlos auf ihren König. Doch Asarhaddon war von dieser niederschmetternden Nachricht wie betäubt. Sardur faßte sich als erster: »Und die Churriter?« fragte er bebend.

Der Krieger machte eine müde Handbewegung und erwiderte tonlos: »Macht die Pest Unterschiede? Alle sah ich, bedeckt von den gräßlichen Geschwüren, mit geschwollenen Leibern und schwarzer Zunge sich im Todeskampf wälzen, nach Wasser schreien oder sich davonschleppen, um dem Pesthauch zu entfliehen, doch vergebens! Assyrer, Churriter, Kimmerier, all die Tapferen, sie wurden eine Speise der Raubvögel.«

»Alle!« wiederholte Asarhaddon dumpf, als müsse er sich die Ungeheuerlichkeit erst klarmachen. Schließlich richtete er den befehlenden Blick auf den zitternden Boten. »Du verkündest uns großes Unheil, aber nun fasse dich und sag, wer unter den Toten ist und wie weit die Pest schon vorgedrungen ist.«

»Was ich weiß, will ich dir berichten, mein König. Es starben die Heerführer Narhadad aus Kalach, Dajjanussur aus Chorsabad, Harpagos aus Ninive, Schanabuschu aus Sippar und sein Sohn Schamschilu. Es starben mehr als die Hälfte der Krieger, die übrigen wird bald das gleiche Los ereilen. Es starben König Rusa und seine beiden Heerführer sowie die meisten seiner Krieger. Die Pest wütet bei den Kimmeriern ebenso wie in den churritischen Dörfern am Araxes. Sinscharischkun hält seine Garnison in Teschebaini, niemand darf heraus oder hinein. Vor drei Wochen zeigten sich bei den Kimmeriern die ersten Anzeichen, doch wie rasch sich die Pest Tuschpa nähert, kann ich nicht sagen.«

»Vielleicht ist sie schon unter uns!« schrie ein junger Offizier und starrte den Unheilverkünder entsetzt an. »Hast du sie nicht mitgebracht von dort, Unseliger?«

Asarhaddon warf dem jungen Mann einen tödlichen Blick zu, dann sah er auf Sardur, der starren Blicks die Nachricht vom Tode seines Vaters aufgenommen hatte.

Asarhaddon wandte sich wieder an den Boten und fragte heiser: »Was weißt du von Anaxares, des Harpagos Sohn, der den Feldzug befehligte?«

»Von ihm und seinen Männern habe ich keine Kunde, denn er hatte sich nach Osten gewandt, und schon seit Wochen gibt es keine Nachricht von ihm.«

»Dann lebt er vielleicht«, murmelte Asarhaddon. Er ließ sich auf einen Stuhl fallen und stützte den Kopf in die Hände. »Welch ein Tag!« stammelte er. »Welch ein Tag! All die Tapferen, deren Namen Furcht bei ihren Feinden auslöste, alle tot, doch nicht gefallen, sondern verfault bei lebendigem Leib!«

Sardur aber stieß erschüttert hervor: »Das ist das Strafgericht des Himmels. Bei den Göttern, das ist der Fluch unserer unmenschlichen Taten!«

Asarhaddon fuhr auf, weiß im Gesicht vor Zorn. »Schweig! Wie kannst du es wagen, mir vor meinen Männern von der Strafe der Götter zu reden? Du einfältiger Tor! Götter! Es gibt keine Götter! Und niemand, weder im Himmel noch auf der Erde, hält ein Strafgericht über den Herrscher von Assyrien! Aber freilich, im Herzen sehe ich dich frohlocken über den Verlust meiner Truppen, und du glaubst nun, mit den übrigen leichtes Spiel zu haben. Täusche dich nicht, Sardur! Ich lasse mir von dir das Zepter nicht entwinden.«

»Wie kannst du angesichts des Leids, das uns alle getroffen hat, so überhebliche Worte finden?« entsetzte sich Sardur, und Urukagina sagte ernst zu Asarhaddon: »Sardur hat recht. Du als Hoherpriester solltest die Götter nicht so offen leugnen, auch wenn du nicht an sie glaubst. Ob die Pest uns als Strafe gesandt wurde oder nicht, das vermag ich nicht zu sagen, denn mit den Dingen des Himmels beschäftige ich mich nicht. Aber von dir, der du den Willen Aschschurs verkündest, erwartet man, daß du eine Erklärung dafür hast, weshalb die Assyrer mit der schwarzen Pest geschlagen wurden, obwohl wir ihm so reichliche Opfer darbrachten.«

Asarhaddon reckte sich trotzig, seine Miene wurde steinern und seine Stimme eisig. »So hört, was ich euch zu sagen habe, Männer aus Assur! Überlaßt das Volk und die dumpfen Hirne abergläubischer Narren nur mir. Jene Einfältigen, die meinen, nicht ihr starker Arm, nicht die Schärfe ihres Schwertes, sondern ein stinkender Knochen oder ein abgewetzter Stein, der ihnen um den Hals hängt, beschütze ihr Leben. Ich bin lange genug Priester, um zu wissen, wie man mit der Furcht der Menschen spielt. Hier aber, so meine ich, sind andere Männer versammelt. Offiziere, der Adel unseres Volkes! Ihr müßt euch bewußt machen, daß Aschschur nur ein Name ist für das, was Assyrien groß gemacht hat. Setzt Tapferkeit, Machtbewußtsein, Stärke und Grausamkeit an seine Stelle! Das alles verlieren wir nicht, weil die Pest uns heimgesucht hat, vielmehr wären wir verloren, wenn wir uns auf diese Eigenschaften jetzt nicht in besonderem Maße besännen. Die Pest ist grauenvoll und schont weder Freund noch Feind, aber sie ist nur eine Krankheit. Armeen können sie nicht bekämpfen, selbst die Ärzte sind machtlos, aber man kann ihre Ausbreitung verhindern, und das wird unsere erste Maßnahme sein.«

Alle murmelten Zustimmung und fühlten sich von den stolzen Worten ihres Königs etwas ermutigt. Sardur mußte zugeben, daß Asarhaddon auch jetzt das Heft in der Hand behielt, aber was er lästernd über die Götter gesagt hatte, ließ ihn frösteln. Denn obschon er nicht an Amulette oder Götterbilder glaubte, so war ihm doch von Jugend auf die Ehrfurcht vor unbekannten Mächten, die in das Schicksal der Menschen eingriffen, selbstverständlich. Wie durfte ein Sterblicher so verächtlich über die schlimmste Geißel der Menschheit reden?

Asarhaddons feindseliger Blick traf ihn. Nachdem eine derartige Schwächung der assyrischen Truppen eingetreten war, sah Asarhaddon in ihm plötzlich wieder den Gegner, den er einschüchtern mußte. Er wandte sich an den Boten und bemerkte nüchtern: »Du kommst aus dem verseuchten Gebiet. Du mußt sterben. Als assyrischer Krieger wirst du das verstehen und tapfer sein.«

Der Krieger erwiderte gefaßt: »Du sollst dich meiner nicht schämen müssen, mein König, doch ich bitte um die Gunst, von deiner Hand sterben zu dürfen.«

Asarhaddon nickte, ließ sich eine Lanze bringen und stieß sie dem Mann ungerührt durch die Brust. Alle sahen betreten zur Seite, doch Asarhaddon redete weiter: »Vom Himmel erwartet ihr Vergeltung oder Lohn, von mir, dem Hohenpriester, erwartet ihr Hilfe. Nun, die rechte Art, Hilfe zu bringen, ist, die Pest nicht nach Tuschpa hineinzulassen, nicht aber, vor Aschschur tagelang auf den Knien zu rutschen.«

7

Mit Umsicht und Kaltblütigkeit sorgte Asarhaddon in der Folge dafür, daß die Gefahren der Seuche wenigstens begrenzt blieben. Die Stadt wurde hermetisch abgeriegelt, der gleiche Befehl ging an die assyrischen Statthalter. Jedes Dorf, wo sich die Krankheit zeigte, wurde niedergebrannt.

Einige rieten Asarhaddon, auch die Gefangenen sofort hinzurichten und die Leichen alsbald zu verbrennen. Er aber lehnte überhastete Hinrichtungen ab. Hier stand für ihn mehr auf dem Spiel als das Verhindern einer Ausbreitung der Seuche. Die Glaubwürdigkeit Aschschurs und der eigenen Macht galt es zu verteidigen, und dafür warf Asarhaddon kaltblütig das Leben aller in die Waagschale. Keineswegs wollte er sich dem Verdacht aussetzen, daß er sich schuldig fühlte und plötzlich Barmherzigkeit übte, um Vergebung zu erlangen. Ebensowenig durfte er das Gerücht nähren, er habe das Vertrauen in Aschschurs Stärke nun mehr verloren und verweigere ihm daher auch die Opfer. Wollte er in dieser bedrohlichen Lage seine Macht unangefochten behalten, durfte er sich nicht vor der Herrschaft des

Schreckens beugen. Schickten die Götter den Tod, so mußte er dessen Verbündeter sein und das Grauen durch das Grauen besiegen.

So wurden die Einwohner Tuschpas wieder gezwungen, neuen Hinrichtungen beizuwohnen. Und Asarhaddon behielt recht. Indem er dem tausendfachen Tod höhnisch zulachte und ihm auf der Höhe seines Triumphes als Dreingabe die Gefangenen schenkte, gewann er durch seine Kaltblütigkeit langsam das Vertrauen seiner Männer und den Respekt der Churriter zurück, zumal seine Maßnahmen Erfolg zeigten und die Pest nicht weiter vordrang. Der Himmel verschonte Tuschpa, das war jedermann ersichtlich.

Als nach Wochen die letzten Kimmerier getötet waren und der Pest Einhalt geboten schien, war Asarhaddons Sieg vollständig. Doch seine Unerschütterlichkeit hatte ihn mehr Kraft gekostet, als er nach außen zugab. Den anderen war er der Fels, der der Brandung getrotzt hatte, doch mit dem Tod lächelnd Seite an Seite zu schreiten, ist keinem sterblichen Menschen möglich. Man kann den Tod auslachen, wie Asarhaddon es getan hatte, aber dieser grinst zurück, denn er ist kälter, furchtbarer und mächtiger. Er hatte das assyrische Heer vernichtet und viele Männer, die Asarhaddon nahegestanden hatten.

Aber vor allem war es der Gedanke an Anaxares, der ihn zerfraß und krank machte. Nun war nicht mehr der Zeitpunkt, seiner im Zorn zu gedenken. Wie Blätter vor dem Wind war sein Haß zerstoben, wie eine Sturmwolke waren seine dunklen Gefühle vorübergezogen. Und wenn Schuld ihn drückte, dann die furchtbare Gewißheit, daß er ihm den Tod gewünscht hatte, und daß dieser Wunsch sich tausendfach erfüllt hatte.

Es gab keine Nachrichten von ihm und seinen Männern; so bestand eine geringe Hoffnung, daß er noch lebte. Asarhaddon wußte, daß er sich an solch schwankendes Rohr nicht klammern durfte. Er tat es trotzdem. Die Pflicht, vor den anderen unbeugsam und stark zu bleiben, die Hilflosigkeit, seine Truppen da draußen nicht retten zu können, die Verzweiflung, den Freund in einen grausamen Tod geschickt zu haben, all das lastete so schwer auf ihm, daß er eines Tages zusammenbrach. Er vertraute sich in dieser Lage nur Urukagina an, aber auch Sardur erfuhr davon: der Mann, den Asarhaddon seine Schwäche zuletzt sehen lassen wollte. Aber er erlaubte, daß man Sardur zu ihm ließ, weil er nicht wieder den Anschein erwecken wollte, er weiche ihm aus.

Zögernd trat Sardur näher. Asarhaddon lag mit geschlossenen Augen auf einem Diwan, der auf die Terrasse geschoben war, die Arme hinter dem Kopf verschränkt. Ohne die Augen zu öffnen, sagte er: »Setz dich! Was ist dein Anliegen?«

Sardur nahm Asarhaddon gegenüber Platz. »Urukagina sagte mir, es ginge dir nicht gut.«

»Das ist richtig. Weshalb also störst du mich? Ich brauche Ruhe.«

»Ich wollte dich sehen. Es drängt mich, dir zu sagen, daß –«

Asarhaddon schlug die Augen auf und wandte leicht den Kopf. »Ja?«

»Ich glaube, wir hatten in den letzten Tagen einige Meinungsverschiedenheiten, die du zum Anlaß genommen hast, mich wieder als Feind zu betrachten.«

»Bist du das denn nicht?«

»Du weißt, daß ich dir Treue gelobt habe.«

»Gewiß, als die Assyrer noch unangefochten die Herren hier waren. Inzwischen sind meine Truppen geschwächt, das ist kein Geheimnis. Dein Vater ist tot, der Thron gehört dir. Und obgleich ich eine rätselhafte Zuneigung zu dir gefaßt habe, darf ich doch nicht unvorsichtig werden.«

»Das ist wahr, doch du hast bei all den furchtbaren Ereignissen gezeigt, daß du zu Recht Herrscher von Urartu bist. Wenn ich auch oft nicht mit deiner Handlungsweise einverstanden war, muß ich dir sagen, daß du großartig warst. Du warst der Halt, als alle verzagten.«

Obwohl Asarhaddon dieses Lob gern hörte, entgegnete er unwillig: »Auch deine Schmeicheleien werden mich nicht vergessen lassen, daß du Churriter bist.«

»Bist du so mißtrauisch geworden, daß du in aufrichtigem Lob nur Schmeichelei siehst?«

»Ich fühle mich schwach, also muß ich doppelt auf der Hut sein. Aber ich danke dir.«

»Es waren schwere Wochen für uns alle, und ich wollte dir versichern, daß du in mir einen treuen Statthalter hast. Aber ich will wiederkommen, wenn es dir besser geht.« Sardur erhob sich.

»Setz dich!« Asarhaddon bemühte sich um ein Lächeln. »Da du nun einmal hier bist, will ich offen mit dir reden. Die assyrischen Truppen werden Urartu verlassen, und du wirst den Thron deines Vaters besteigen. Vielleicht kann ich dir trauen, aber es wäre leichtfertig, es zu tun. Urukagina wird dir daher noch eine Weile zur Seite stehen. In solchen Zeiten muß das Herz schweigen.«

Sardur mißfiel das letztere, und er erwiderte kühl: »Ich beuge mich deinem Entschluß, aber ich hoffe sehr, daß Urukagina mir weitestgehend freie Hand lassen wird und meinen Thron nicht zu seinem Fußschemel erniedrigt.«

»Urukagina hat seine Anweisungen. Er wird dich in allem respektieren, sofern du dich nicht gegen Assyrien wendest.«

»Wann werdet ihr aufbrechen?«

»Alle Vorbereitungen sind getroffen. In einer Woche.«

Sardur zuckte zusammen. »So bald schon?« entfuhr es ihm, dann fügte er schnell hinzu: »Du bist noch krank und brauchst Ruhe. Warum willst du überhastet abreisen? Der Weg nach Assur ist lang und beschwerlich.«

»Sinscharischkun muß die Truppen so rasch wie möglich zurückführen, denn die Schwächung des Heeres durch die Pest wird sich auch bei weniger loyalen Nachbarn herumsprechen. Es ist jetzt wichtiger, die Grenzen zu schützen, als Urartu besetzt zu halten.«

»Wirst du mir erlauben, dich in Assur zu besuchen?«

»Ich werde meinem Verbündeten einen glanzvollen Empfang bereiten.«

»Ich käme gern als dein Freund, nicht als König von Urartu«, entgegnete Sardur unwillig.

»Wir können niemals Freunde sein, das weißt du. Wenn

wir jetzt auch wie Freunde miteinander reden, so ändert das nichts daran, daß du mir Gehorsam schuldest. Freunde aber sind sich ebenbürtig.«

Sardur stieg die Zornesröte ins Gesicht. »Manchmal glaube ich, es käme dir sehr gelegen, wenn ich mich gegen dich auflehnte!« schnaubte er.

Asarhaddon betrachtete ihn nachdenklich. »Es würde möglicherweise unsere Probleme lösen, nicht wahr, Sardur?«

»Du scheinst welche zu haben!« giftete dieser. »Bedauerst du es immer noch, daß du mich nicht pfählen lassen durftest?«

»Ich bedaure, daß ich dazu keine Lust mehr verspüre«, sagte Asarhaddon sanft. »Ich kam als Eroberer nach Urartu, und dann hast du mich erobert. Ich wollte Aschschurs Speerspitze sein, du hast sie stumpf gemacht. Einen gefährlicheren Gegner kann ich mir nicht vorstellen.«

Sardur verstummte. Er fuhr sich verlegen mit beiden Händen durch das Haar, damit er unter ihnen seine Röte verbergen konnte. »Weshalb sagst du nichts, Sardur? Du hast es doch gewußt.«

»Nein«, flüsterte er, »ich wußte nur, daß ich für dich stärker empfinde, als für mich gut ist. Rusas stolzer Sohn vergaß sein Volk unter dem Händedruck des assyrischen Eroberers.«

»Ja, schlimm für uns beide«, entgegnete Asarhaddon rauh. »Und höchste Zeit, daß wir uns trennen.«

»Was fürchtest du, Asarhaddon? Sind wir nicht durch die gleichen Gefühle miteinander verbunden?«

»Solche Gefühle sind trügerischer als ein Sumpf! Was willst du auf so schwankendem Grund erbauen? Ich liebe auch meine Frau, und heute sind wir Feinde.«

»Dann flüchte nur so schnell wie möglich in dein mauerbewehrtes Assur, wo du um dein Herz die gleiche Mauer errichten kannst!« ereiferte sich Sardur. »Halte sie fest, die Macht, und verdorre inwendig!«

»Ich gehe nicht nach Assur«, erwiderte Asarhaddon ruhig.

»Du bleibst also?« rief Sardur, neue Hoffnung schöpfend.

»Nein. Ich werde mich aufmachen und Anaxares suchen, sonst findet mein Herz keine Ruhe.«

»Aber er ist tot!« wandte Sardur heftig ein.

»Ist er es? Ich erhielt keine Nachricht von ihm. Er und seine Männer sind verschollen. Ich ließ nach ihm forschen. Unter den Pesttoten war er nicht. Vielleicht lebt er, Sardur, dann darf ich ihn in der Fremde nicht seinem Schicksal überlassen. Ist er aber tot, so gebührt seinem Leichnam ein Begräbnis in assyrischer Erde.«

»Das ist doch Wahnsinn!« rief Sardur. »Du wirst ihn nie finden! Die Steppe ist unendlich. Dort leben unsere Feinde. Dort wütet die Pest. Lege dir doch gleich einen Strick um den Hals!«

»Vielleicht werde ich getötet«, gab Asarhaddon zu, »aber das bin ich Anaxares schuldig. Wie könnte ich als strahlender Sieger nach Assur zurückkehren, während Anaxares namenlos in der Steppe vermodert?«

»Als Anaxares ging, hattest du ihm den Tod gewünscht!« stieß Sardur hervor, »und jetzt willst du unsinnig dein Leben daran geben?«

»Nicht unsinnig, Sardur. Ich war verblendet von Eifersucht. Jetzt ist die Zeit der Sühne angebrochen. Aber weder die Götter noch die Menschen richten den assyrischen Herrscher. Nur Asarhaddon kann Asarhaddon strafen.«

»Aber dann ist die Macht doch nicht das Wichtigste in deinem Leben«, erwiderte Sardur bewegt. »Ein Freund bedeutet dir mehr.«

»Es gibt Augenblicke, da ist es so«, bemerkte Asarhaddon rauh.

»Und was ist mit deinen Verpflichtungen? Kann sich ein König einfach davonstehlen aus der Herrschaft wie ein Dieb?«

»Für den Fall meines Todes hatte ich bereits Vorsorge getroffen, als ich zu diesem Feldzug aufbrach.«

Sardur sah ihn mit glänzenden Augen an. »Ich werde dich begleiten, Asarhaddon, und sei es nur, daß auch auf mich ein Abglanz deiner Größe falle. Dessen sollst du dich nicht rühmen können, den Sohn des Rusa beschämt zu haben.«

Asarhaddons Augen wurden schmal. »Nicht Rusas Sohn, sondern der Sohn eines kopfkranken Esels steht vor mir.

Was soll dein selbstloser Eifer? Du schuldest doch einem Assyrer weder Dank noch Wiedergutmachung.«

»Nicht so hochfahrend! Anaxares war auch mein Freund. Und auch meine Männer wurden ein Opfer der Seuche. Bin ich denn frei von Schuld? Ich war im sicheren Tuschpa, als sie starben. Und anders als du glaube ich an himmlische Mächte. Ich will sühnen, daß ich dir als Henker diente, während ein Mächtigerer, als wir beide es sind, die blutige Ernte einbrachte.«

»Belastet dich das so schwer?« fragte Asarhaddon verwundert. »Die Pest verschonte doch auch unsere Feinde nicht. Gewiß, der Tod ist allmächtig, aber er ist auch blind. Wo du den Zorn der Götter erblickst, sehe ich nur sinnlose Vernichtung.«

»Aber wir töteten mit offenen Augen. Darf sich ein Mensch denn vermessen, die Schrecken der Pest noch übertreffen zu wollen? Du magst anders darüber denken, doch ich schäme mich nicht, dem Himmel Ehrfurcht zu zeigen.«

Asarhaddon erhob sich und setzte sich Sardur gegenüber. Er sah ihn nachdenklich an. »Es ist vieles geschehen, seit ich den Tempel verließ, um mich der Welt zu stellen. Wo gestern noch ein Rinnsal war, braust heute ein Strom, und wo sich gestern ein Berg erhob, ist heute ein Hügel. Nichts ist beständig, wie sollte da der Mensch unwandelbar sein? Lang, einsam und gefahrvoll ist der Weg, der vor mir liegt, Sardur. Wer könnte heute sagen, was dort in ungewisser Ferne mein Herz bewegen wird?«

»Deine Worte klingen seltsam, Asarhaddon, denn ich glaubte, dein Herz trotze allen Stürmen, weil es in Blut gehärtet wurde.« Sardur seufzte. »Aber wir sind vom Ausgangspunkt abgekommen. Nimmst du mich mit?«

Asarhaddon zuckte die Achseln. »Dich an meiner Seite zu haben, ist verlockend. Einen Besseren kann ich nicht finden. Ich sollte ablehnen, aber ich erliege. So wollen wir den Göttern zwei edelmütige Männer ausliefern und sehen, ob sie ihnen gnädig sind.«

8

Mit jeweils zwei Ersatz- und zwei Packpferden waren Asarhaddon und Sardur in nordöstlicher Richtung aufgebrochen.
Sie ließen ein gefährdetes Reich zurück. In Urartu gab es
schon seit geraumer Zeit Gruppen, die sowohl den rechtmäßigen Herrscher als auch die Assyrer vertreiben wollten.
Urukagina hatte viele zuverlässige Männer verloren. Er würde keinen leichten Stand haben. Daher folgte er dem altbe-
währten Brauch der unnachgiebigen Strenge, so daß das assyrische Joch den Churritern nach Asarhaddons Fortgang
eher drückender erschien. So wünschten sich viele Asarhaddon zurück, der wenigstens nur die Feinde hatte bluten lassen.

Aber Urukagina wußte, daß nun allein auf seinen Schultern die Verantwortung für die junge Provinz ruhte. Er gehörte nicht zu den Generälen, die eine solche Lage zu ihrem
Vorteil genutzt hätten, um sich selbst das Herrscheramt an-
zueignen, was er durchaus hätte tun können. Denn wer hätte
ihm die Macht streitig gemacht, nachdem sowohl Asarhaddon wie auch der churritische Thronfolger offensichtlich in
ihren Tod ritten?

Ihr Weg führte sie anfangs durch ein menschenleeres, un-
wegsames Gebiet nördlich des Sewan-Sees, wo sie den Ge-
röllfeldern ausgetrockneter Flußbetten folgten, über steile
Pässe stiegen und tiefe Schluchten überquerten. Sie hatten
diesen Weg gewählt, weil sie den menschlichen Ansiedlun-
gen, in denen die Pest gewütet hatte, ausweichen wollten.
Sie kamen gut voran; beide waren gewohnt, sich in der
Wildnis zurechtzufinden, und die Gegend war wild- und
fischreich.

Sardur bemerkte zu seiner Überraschung und Freude, wie
unbekümmert Asarhaddon ihn als Gefährten annahm und
wie selbstverständlich er alle Unbequemlichkeiten mit ihm
teilte. Niemals wandte er sich befehlend an Sardur oder ließ
auf andere Art erkennen, daß dieser ihm eigentlich unterge-
ben war. Fast jede Geste machte deutlich, wie sehr Asarhaddon Sardurs Anwesenheit schätzte. Sardur lernte Asarhad-

don hier von einer anderen Seite kennen. Befreit von den Pflichten seines Amtes und seiner Bestimmung zeigte sich nun das Erbteil seiner Mutter. War Asarhaddon in Tuschpa zurückhaltend und gelangweilt, so gab er sich jetzt aufgeschlossen und war von einer ungewohnten Fröhlichkeit, die nichts mehr mit jener schrecklichen Freude auf dem Tempelplatz gemein hatte. Er war hier unbelastet von der Pflicht, den Menschen ein unbeugsamer Herrscher zu sein, und seine leidenschaftliche Grausamkeit fand keine Nahrung.

Abends am Feuer wurde er gesprächig und unterhielt Sardur mit Geschichten, denen er gern lauschte, und er wunderte sich, daß Asarhaddon dabei außergewöhnliche Gedanken entwickelte, die zu seinem Wesen nicht zu passen schienen.

Einmal vergrämte Asarhaddon durch seine Ungeschicklichkeit ein Wild, so daß ihr Abendessen gefährdet war. Sardur kehrte schließlich doch noch mit einem Hasen zurück, Asarhaddons Künste mit Pfeil und Bogen verspottend. Asarhaddon war keineswegs ungehalten, sondern erwiderte: »Mir wäre ganz recht geschehen, wenn ich mit knurrendem Magen hätte einschlafen müssen. Ich hoffe nur, daß du mich nun, da dir das Jagdglück hold war, nicht zusehen lassen wirst, sondern mir von deiner Beute wenigstens eine Keule läßt.«

»Das könnte wohl sein«, erwiderte Sardur lächelnd, »sofern du die Güte besitzt, den Hasen auszuweiden und zu braten, während ich dort unter dem Felsen ein Stündchen schlafen werde.«

Ohne zu zögern, machte sich Asarhaddon an die Arbeit, während ihm Sardur von seinem Schlafplatz noch zurief: »Zart möchte ich das Fleisch und außen nicht so verbrannt, also wende den Spieß recht häufig.«

»Ganz wie du befiehlst«, gab Asarhaddon lächelnd zurück. »Doch sieh dich vor, morgen schieße ich die Beute, dann werde ich mich in den Schatten legen, während du einige Stunden mit dem kapitalen Hirsch zu tun haben wirst.«

»Mit welchem Hirsch? Allenfalls schießt du einer Fasanenhenne die Schwanzfedern ab.«

»Du meinst wohl, weil du diesen altersschwachen Hasen erlegt hast, den ich mit der bloßen Hand gefangen hätte, seien deine Bogenkünste gefürchtet? Ich bin nur froh, daß mein gesundes Gebiß diesem zähen Fleisch widerstehen wird. Dir hingegen rate ich, gar nicht erst davon zu versuchen, weil dir die Zähne ausfallen werden.«

Sie zogen durch eine wilde, schöne Landschaft, durch enge Schluchten, vorbei an schroffen Wänden, überquerten reißende Flüsse und standen vor stillen, einsamen Bergseen. Ein starkes Zusammengehörigkeitsgefühl und tiefes Vertrauen zueinander entstand in der unberührten Einsamkeit, in den gemeinsam erlebten Gefahren.

Aber der wochenlange Ritt durch menschenleere Wildnis ließ Asarhaddon daran zweifeln, ob sie denn jemals eine Spur seines Freundes finden würden. Um so dankbarer empfand er die Anwesenheit des Churriters, der sich nicht nur als umsichtig und furchtlos erwies, sondern dem nichts die gute Laune verderben konnte.

Asarhaddon war aufrichtig genug, Sardur das deutlich zu zeigen. »Es gab Augenblicke, in denen ich am liebsten umgekehrt wäre«, bemerkte Asarhaddon einmal. »Gewiß, ich hätte es niemals getan, das hätte mir mein Stolz verboten, aber daß du da warst, hat es mir leicht gemacht.«

Sardur erkannte durchaus den hohen Wert eines solchen Geständnisses, und er errötete vor Freude und Stolz, aber nicht wie ein Knecht dankbar das Lob seines Herrn hört, sondern wie ein Freund, der sich von dem anderen bestätigt sieht. Ja, wenn das Wort auch niemals fiel, sie hatten Freundschaft geschlossen, der Assyrer und der Churriter, der Sieger und der Besiegte. Nur an jenes Gefühl, das sie in Tuschpa am See bewegt hatte, rührte keiner, als verbiete es sich von selbst, in dieser Lage daran zu denken.

In den letzten Tagen war das Klima kühler geworden; am Horizont türmten sich hohe Wolkenberge, und ein feuchter Wind wehte von Osten. Dann standen sie plötzlich vor einem großen Wasser, das sich schier unendlich nach Osten ausbreitete. Ein jenseitiges Ufer war nicht zu erblicken.

»Es ist kaum zu glauben, aber dieser Ozean ist ein See«, sagte Sardur. »Steppen begrenzen ihn im Norden und Westen, während sich im Süden große Bergketten anschließen, ganz ähnlich jenen, die wir durchquert haben. Aber es dauert Wochen, ihn zu umrunden. Man nennt ihn auch das Hyrkanische Meer, nach jenen wilden Völkerstämmen, die in den Bergtälern an seiner Ostseite zu Hause sind.«

Asarhaddon stieg vom Pferd und kostete von dem Wasser. Es war salzig. Sie beschlossen, nach Norden weiterzureiten, denn im Süden begannen schon bald die Ausläufer des medischen Hochlandes.

Noch am selben Tag trafen sie endlich auf Menschen. Sie fanden ein trostloses Fischerdorf mit staubbedeckten Hütten zu Füßen steil aufragender Felsen. Vor den Hütten lagen magere Hunde und ebenso magere Schweine, deren Hinterlassenschaften überall im Dorf verteilt waren und ganze Schwärme von Fliegen anlockten. Auf langen Stangen hingen Fische zum Trocknen. Am Ufer spielten schmutzige Kinder in halbvermoderten Booten.

Als Asarhaddon und Sardur langsam in das Dorf einritten, die Lippen angewidert hochgezogen wegen des Gestanks, der über der ärmlichen Ansiedlung lag, kamen die Kinder schreiend auf sie zugelaufen; ihnen folgten Frauen und Männer. Im Nu waren sie von ihnen umringt und fühlten sich einem Schwall unverständlicher Laute ausgeliefert. Doch obwohl sie kein Wort verstanden, erkannten sie, daß ihnen die Leute freundlich gesonnen waren.

»Bei Aschschur, welch ein Geschmeiß!« murmelte Asarhaddon. »Man sollte sie in ihren Hütten verbrennen, um wenigstens dem Gestank ein Ende zu bereiten.«

»Anaxares ist hier jedenfalls nicht vorbeigekommen«, bemerkte Sardur spöttisch, »sonst hätte er deinen Vorschlag sicher schon ausgeführt, und wir müßten uns nicht so lästiger Fliegen erwehren.«

Immerhin waren jetzt einige Männer zu Asarhaddon und Sardur vorgedrungen, die mit lebhaften Gesten zu verstehen gaben, daß sie ihnen folgen sollten. Asarhaddon sah Sardur an. »Ich glaube, sie bieten uns ihre Hütten an. Aschschur möge mich strafen, wenn ich eine betrete. Bringen wir sie gleich um?«

»Willst du dein Schwert beschmutzen? Wir werden ihnen zu verstehen geben, daß wir lieber im Freien nächtigen.«

Aber sie wurden zu einem geräumigen Steinhaus geführt, das einen besseren Eindruck machte und offensichtlich das Versammlungshaus war. Weder Hunde noch Schweine lagerten darin, sondern es standen dort lange Tische, an denen Asarhaddon und Sardur nach einigem Zögern Platz nahmen. Erfreulicherweise mußten die Frauen und Kinder draußen bleiben, dafür drängten sich die Männer des Dorfes neugierig herein und versuchten, alle einen Platz zu finden. Es waren freundliche, sehr einfache Leute, die offensichtlich noch nie oder sehr selten einen Fremden gesehen hatten. Die prächtigen Waffen erregten ihre größte Aufmerksamkeit. Sie betasteten sie scheu und stießen Laute der Verwunderung und Anerkennung aus. Asarhaddon machte ein finsteres Gesicht dazu, doch Sardur zeigte den Männern bereitwillig sein Schwert und seinen Dolch.

»Das sind arme, aber friedfertige Menschen«, sagte er zu Asarhaddon. »Wir scheinen für sie so etwas wie Halbgötter zu sein. Sie sind aufgeregt und plappern wie die Kinder. Lassen wir sie gewähren. Hier sitzt man doch ganz angenehm, und vielleicht tischen sie auch etwas Nahrhaftes auf.«

»Wir vergeuden hier nur unsere Zeit«, murrte Asarhaddon. »Sind wir in all den Wochen nicht auch ohne die Gastfreundschaft dieser Leute ausgekommen? Auf die Spur von Anaxares werden sie uns jedenfalls nicht bringen.«

»Wir haben überlebt«, gab Sardur zu, »was mich verwundert, wenn ich an deine Kochkünste denke. Die Frauen hier werden es schon verstehen, ein wohlschmeckendes Gericht zu bereiten.«

»Ja, und sie selbst bekommen wir wahrscheinlich als Nachtisch. Da ziehe ich einen Feldhasen, über offenem Feuer gebraten, vor.«

»Ich ebenso. Nur leider sah ich in den letzten Wochen selten einen Hasen, dafür durfte ich deine gebackenen Eidechsen und gekochten Frösche kosten.«

»Hast du denn eine andere Jagdbeute heimgebracht? Du weißt, das Jagen war deine Aufgabe, weil du nicht einmal ein Feuer anzünden konntest und schließlich den Spieß zusammen mit dem Fleisch verbrennen ließest. Ich hatte geglaubt, du seist ein besserer Bogenschütze, aber es war ein Irrtum.«

»Mein Pfeil hätte das Ziel nicht verfehlt, wenn du das Wild nicht stets vorzeitig vergrämt hättest, indem du auf den einzigen dürren Ast im Umkreis tratest oder zur falschen Zeit lautstark und heftig gestikulierend einen plötzlichen Einfall loswerden mußtest.«

»Deine Ausflüchte sind lächerlich. Wenn die Beute vorzeitig entfloh, dann nur deshalb, weil du unter der Ansammlung von Decken, Geschirr und Zaumzeug deinen Bogen und den Köcher mit Pfeilen hervorsuchen mußtest. Zum Glück hat dich währenddessen nie ein feindlicher Kimmerier überrascht.«

»Ha! Und in den wenigen Fällen, in denen du den Bogen spanntest, hast du nicht einmal getroffen. Hätte an der Stelle des Wildes ein feindlicher Krieger gestanden, wärst du seiner Rache nur entgangen, wenn er vor Lachen erstickt wäre.«

»Ersticke du nur nicht an deinen Schmähungen, mit denen du mich überhäufst, um dich nicht bedanken zu müssen, weil ich trotz deiner mageren Jagdbeute stets nachsichtig mit dir war.«

»Du warst nachsichtig mit mir? Ich übte deinetwegen Zurückhaltung. Ich –«

Sardur konnte nicht mehr. Er prustete los vor Lachen, und Asarhaddon stimmte ein. Sie lachten, bis ihnen die Tränen kamen und schlugen sich die Fäuste in die Rippen. Die Dorfbewohner aber, als sie die beiden Fremden so lachen sahen, fielen mit polterndem Gelächter ein, und das ganze Gebäude dröhnte und hallte wider von ihrer Fröhlichkeit.

Als sich alle wieder beruhigt hatten, sah Asarhaddon die Dinge gelassener und war bereit, zusammen mit den Leuten zu essen und auch die Nacht unter ihrem Dach zu verbringen. Das aufgetragene Essen stellte sich als genießbar her-

aus. Es gab Fisch in einer würzigen Soße, dazu eine ihnen
unbekannte Gemüseart, eine willkommene Abwechslung
nach dem eintönigen Fleischgenuß. Was sie für Wein hielten,
war jedoch von höchst eigenartiger Beschaffenheit. Es handelte sich um eine scharfe Flüssigkeit, die in der Kehle
brannte und einem Tränen in die Augen trieb. Sie wurde in
sehr kleinen Schalen gereicht. Asarhaddon und Sardur mußten nach den ersten Schlucken husten, was sehr zur Erheite-
rung der Anwesenden beitrug.

»Bei Aschschur! Dieser Wein muß wohl in der Hölle ausgeschenkt werden!« rief Asarhaddon und wehrte heftig ab,
als man ihm nachschenken wollte. Doch Sardur begann Gefallen daran zu finden. »Nach den ersten Tropfen, die von
ungewohnter Schärfe sind, schmeckt es immer besser«,
schwärmte er.

»Wenn die anderen nicht das gleiche trinken würden,
möchte ich meinen, sie wollten uns damit vergiften«, murrte
Asarhaddon. »Doch das haben sie vielleicht gar nicht nötig,
denn nach fünf, sechs Schalen ist man von diesem Zeug so
betrunken, daß man ihnen hilflos ausgeliefert ist.«

»Du hast recht, ich werde mich zurückhalten müssen,
aber ich werde die guten Leute bitten, uns einen Krug von
diesem wunderbaren Saft mit auf die Reise zu geben. Ich
meine, ab und zu ein Schluck davon wird uns bei Verdruß
aufheitern.«

Nachdem alle gemeinsam gegessen und getrunken hatten,
zeigte man ihnen ihre Schlafplätze. Sie fanden einen Raum
mit sauber aufgeschüttetem Stroh vor. Sie breiteten ihre Pferdedecken darüber und hatten so ein annehmbares Lager.

Sardur, der ziemlich angeheitert war, ließ sich rücklings
darauf fallen, breitete die Arme aus und rief lachend: »Ist
nicht alles hergerichtet, wie es Königen gebührt? Du mußt
zugeben, die Bewirtung und das Nachtlager sind besser, als
es zu erwarten war. Und auch ihre Frauen haben sie uns
zur Nacht nicht aufgedrängt, wie du befürchtet hattest.
Nun mußt du mit mir vorlieb nehmen.«

Sardur hatte sich bei dieser Bemerkung nichts gedacht,
aber Asarhaddon, der an der Tür stehengeblieben war und

lächelnd auf Sardur schaute, antwortete: »Das werde ich wohl müssen.«

Sardur horchte auf, dann stieg ihm eine flüchtige Röte in die Stirn. »Das habe ich nicht so gemeint«, erwiderte er verlegen.

»Vielleicht will ich es aber so auffassen«, erwiderte Asarhaddon und wandte keinen Blick von ihm.

Der richtete sich halb auf und sah Asarhaddon verwirrt an. Dann sprang er mit einem geschmeidigen Satz in die Höhe und stieß Asarhaddon ungestüm den Finger vor die Brust. »Ich warne dich, mein Freund, hier ist nicht Tuschpa. Wenn du wieder versuchst, mich heiß zu machen, werde ich dich beim Wort nehmen. Hier kannst du dich nicht auf deine Gemächer zurückziehen.«

Asarhaddon packte Sardur am Handgelenk und sah ihm in die Augen. »Nimm mich beim Wort, Churriter! Und wie fängst du es an?«

In Sardurs Augen trat jäh ein brennendes Verlangen. Zwar versuchte er, sich aus Asarhaddons Griff zu lösen, doch nachdem ihm das nicht sofort gelang, gab er rasch und bereitwillig auf. »An dir ist es, den Anfang zu machen!« stieß er heftig atmend hervor. »Überzeuge mich davon, daß du es ernst meinst.«

Asarhaddon führte die linke Hand Sardurs an seinem Körper langsam nach unten und sah ihm in die Augen. »Ich kann nicht mehr zurück.«

»Bei Chaldi, dem Gerechten, das ist wahr«, flüsterte Sardur und zitterte vor Erregung.

Asarhaddon schloß die Augen und kostete das unbekannte, neue Gefühl. »Ich habe noch nie einem Mann erlaubt, mich zu berühren«, murmelte er. »Du hast mich behext.« Dann, als sei er bereits zu weit gegangen, ließ er Sardur plötzlich los und ging einen Schritt zurück. »Wolltest du nicht einmal an der Stelle des Hengstes sein, den du mir geschenkt hast?«

Sardur warf den Kopf zurück, seine Augen flammten begehrlich auf. »Ja, Asarhaddon! Zähme mich mit der Zärtlichkeit, um die ich den Hengst beneidet habe.«

Asarhaddon wies auf die Pferdedecke. »Der Hengst war leicht zufriedenzustellen, du bist Besseres gewöhnt. Ich denke da an deinen Leibsklaven. Aber ich will mich der Herausforderung stellen, wenn es auch die erste in ihrer Art sein wird.«

Sardur stieß einen wilden Freudenschrei aus und ließ sich fallen. Mit lüsternen Blicken umfing er Asarhaddons schlanke Gestalt und entdeckte zufrieden den feuchten Schimmer in den dunklen Augen.

Asarhaddon gürtete sein Schwert ab. Dann begann er sich langsam zu entkleiden. Sardur tat es ihm nach, den lauernden Blick auf Asarhaddon gerichtet, jederzeit gewärtig, sein spöttisches Lachen zu hören und: gute Nacht Sardur, ich wünsche angenehme Träume.

Doch dazu war es zu spät. Asarhaddon wollte den Churriter unter sich spüren, ohne daran zu denken, daß er ihn eines Tages vielleicht unter sein Schwert zwingen mußte. Er sah auf den Mann, der seit Wochen an seiner Seite ritt und ihm nicht eine trübe Stunde bereitet hatte. Er betrachtete die kräftige Rundung seiner Schultern, die Wölbung der breiten Brust, die Stärke und Männlichkeit verhieß und jetzt mit heftigen Atemzügen seine Wünsche verriet.

Wünsche, an die auch nur zu denken sich Asarhaddon niemals gestattet hätte – vor jenem verhängnisvollen Abend, der alles verändert hatte. Wünsche, die seitdem aufgestiegen und wieder verdrängt worden waren, bis sie ihn fast zum Wahnsinn peinigten, wenn er nachts unter freiem Himmel neben sich Sardurs ruhige Atemzüge hörte. Und jeden Tag bröckelte ein Stück von seiner Selbstbeherrschung ab. Verzweifelt hatte er sich dagegen gewehrt. Er wollte lieber tot umfallen, ja, sich lieber selbst entmannen, bevor er dem schändlichen Verlangen nachgab, aber dann hatte das Feuerwasser der Hyrkanier ihm seine letzten Bedenken geraubt. Als Sardur sich trunken und erhitzt vor ihm auf die Decke geworfen hatte, da wußte er, daß er heute endgültig Abschied nehmen mußte von seinen priesterlichen Grundsätzen.

Jetzt stand er nackt vor Sardur und konnte es immer noch

nicht fassen, daß ein anderer Mann ihm die Besinnung raubte. Er legte sich zu ihm, und sie sahen sich eine Weile schweigend an, fiebernde Erwartung in den Augen. Dann brach der Damm. Sie umarmten sich jäh und heftig und hielten sich fest, als müßten sie sich sogleich für immer trennen. Noch nichts Sinnliches lag darin, nur stumme Zuneigung und geheime Furcht. Sie hielten sich umschlungen, um sich zu spüren und dem anderen zu sagen: Sieh, ich liefere mich dir aus.

Nur zögernd lösten sie sich voneinander. »Ich habe einen Mann umarmt und bin nicht zu Stein geworden«, murmelte Asarhaddon. »Du bist mein Feind, und mein Verlangen zwingt mich, es zu vergessen.«

»Solche Nächte sind geschaffen, um zu vergessen«, flüsterte Sardur. »Wie heiß ist deine Stirn. Nein, bewege dich nicht. Du mußt dich langsam an die Zärtlichkeit eines Mannes gewöhnen.«

Asarhaddon öffnete den Mund, wollte aufbegehren, denn es erschien ihm nicht passend, sich widerstandslos Sardurs Händen auszuliefern, doch dieser Rest von Auflehnung schmolz unter Sardurs Fingern, unter seinen wilden Küssen und dem Druck seiner warmen Haut. Bevor Asarhaddon sich zur Wehr setzen konnte, zuckten seine Lenden und widerlegten ihn. Seine Einwände verklangen in leisem Stöhnen.

Der Boden tat sich nicht unter ihm auf. Es war einfach, und es war schön, sich so hinzugeben. Und dann lag Sardur unter ihm, sich windend wie ein glänzender Fisch; seine braune Haut schimmerte wie mattes Gold. Und dort, wo sich bei der Frau verschämt ein Abhang zwischen den runden Schenkeln wölbt, reckte sich stolz seine Männlichkeit, unverhüllt fordernd, nichts verbergend. Wie von selbst strebten Lippen und Zunge danach, von der Fülle zu kosten. Das Haar fiel Asarhaddon über die Stirn und kitzelte Sardur am Bauch, streichelte seine Lenden.

Da öffnete sich die Tür, und es trat ein junger Mann herein, fast noch ein Knabe. Vielleicht war er geschickt worden, nach den Fremden zu schauen, ob es ihnen auch an nichts fehle, aber das sollte nie jemand erfahren. Asarhaddon war aufgesprungen wie ein Löwe, der den Speer des Jägers im Nacken fühlt. Er packte den Jungen mit der Linken am Gewand über der Brust und starrte den zu Tode Erschrockenen an. Nur Sekunden verharrte er, dann stieß er dem Unglücklichen die gespreizten Finger der rechten Hand in die Augen und schleuderte ihn gegen die Wand, an der er wimmernd und blutüberströmt herunterglitt. »Deine Augen werden nichts mehr sehen, was verborgen bleiben muß, du Bastard!« zischte Asarhaddon.

Sardur war aufgesprungen und beugte sich hinunter zu dem schreienden Knaben. Dann blickte er entsetzt auf Asarhaddon. »Das war unnötig und scheußlich obendrein. Wie konntest du diesen Menschen hier ihre Gastfreundschaft derart vergelten?«

»Menschen?« höhnte Asarhaddon. »Ich konnte sie von den Schweinen nicht unterscheiden.«

Sardur wurde bleich. Jäh hatte ihr Liebesspiel seinen blutigen Abschluß gefunden, bevor es recht begonnen hatte. Wie rasch schlug Asarhaddons Zärtlichkeit in Raserei um. Sardur wollte dem Knaben aufhelfen, doch Asarhaddon stieß ihn zurück. »Kein Mitleid, Sardur! Das bin ich von dir nicht gewohnt und werde es auch in Zukunft nicht dulden. Niemand hilft einem Opfer, das meine Hand schlug!«

Sardurs Lippen zuckten, und sein Blick zeigte Abscheu. Er wollte sich Asarhaddons Grausamkeit widersetzen, aber durfte er ihre Liebe ersticken um eines Knaben willen, der ihm nichts bedeutete? Er wandte sich ab, ließ sich mit finsterer Miene auf der Pferdedecke nieder und erwiderte mürrisch: »Fürwahr, eine heiße Nacht, die wir zusammen verbringen. Schnell vergißt du deine liebevollen Worte, wenn sich dir die Gelegenheit zum Blutvergießen bietet, das dich offensichtlich mehr reizt als mein Körper. Alles ist blutverschmiert, aber vielleicht hältst du das für passend, und die Umgebung regt dich zu neuen Einfällen an, wie du mich verführen kannst.«

Asarhaddon wußte, daß Sardur ernsthaft verstimmt war, aber hätte er diesen Augenzeugen davonkommen lassen dürfen? Zudem regten sich in ihm die alten Befürchtungen: Sollte er seiner beschämend sklavischen Lust auch noch Barmherzigkeit hinzufügen? Die grausame Tat erinnerte ihn wohltuend daran, daß er Asarhaddon war, und nicht Sardurs Lustknabe. Dennoch lag ihm nichts ferner, als Sardur in dieser Nacht zu verärgern.

Der würdigte ihn keines Blickes, was bedauerlich war, denn so versäumte er den Anblick einer prächtig aufgerichteten Männlichkeit. Asarhaddon schob die Zunge zwischen die Lippen, und seine Blicke folgten dem kräftigen Rücken und den Schenkeln Sardurs. Um diesen Körper in Besitz zu nehmen, würde er hundert Knaben begnadigen, und schon wollte er murmeln, es täte ihm leid, da wandte Sardur den Kopf, und Asarhaddon verschluckte die Bemerkung, als er die Begierde in Sardurs Augen sah. Er verschränkte die Arme. »Willst du nicht endlich aufhören zu schmollen wie ein Kind, das seinen Willen nicht bekommt? Du weißt, ich habe Dornen, doch bedenke, daß dir die Blüte gehört.«

Ungehalten sah Sardur auf. »Deine Hand ist voller Blut«, bemerkte er bissig.

Asarhaddon verzog spöttisch den Mund. »O gewiß, das hatte ich vergessen.« Er beugte sich zu seinem Opfer hinunter und wischte sich kaltblütig an dessen Kleidern das Blut ab. Dann hob er die Hände. »Zufrieden?«

Sardur sprang wütend auf. »Und jetzt? Sollen wir uns lieben, während der Unglückliche vor Schmerzen wimmert?«

Asarhaddons Augen flammten auf. »Ja! Warum nicht?« Und als er das Entsetzen in Sardurs Zügen sah, fügte er hinzu: »Ich will dich jetzt und hier, doch wenn du Bedenken hast, lassen wir es – für immer!«

Bei dieser Aussicht wurde Sardur sehr unbehaglich. Asarhaddon warf einen Blick auf den Knaben. »Was willst du? Er schreit nicht mehr, er ist bewußtlos.«

»Dann werde ich ihn töten, damit er nie mehr aufwachen muß«, sagte Sardur und kramte in seinen Sachen nach einem Messer.

Da überraschte Asarhaddon Sardur plötzlich mit einem Angriff, so daß dieser taumelte und auf das Stroh fiel. Asarhaddon warf sich über ihn und keuchte: »Kümmere dich nicht um die Ratte! Soll er aufwachen und jammern, na und? Du mußt es lernen, das Leiden anderer zu genießen. Wenn du bereit bist, mir dabei zu folgen, wirst du ungeahnte Wonnen erfahren und deinen unbrauchbaren Leibsklaven in die Gruben schicken!«

Da entzündete sich Sardurs Lust an dem Verlangen Asarhaddons, das Fieber verbrannte seine Einwände zu Asche. Asarhaddon, noch erhitzt von der Bluttat, bäumte sich auf und spießte Sardur, der vor Schmerz aufschrie, dann wurde er gebändigt von den starken Schenkeln, von der Kraft seines Reiters. Doch mitten im Taumel wußte Sardur, daß nun auch der Reiter selbst gezähmt war, daß er geliebt wurde von einem Mann, der die Liebe verachtet hatte. Und ihre Königreiche wurden zu einer Münze in einer Bettelschale.

Als Asarhaddon seinen schweißnassen Körper ermattet auf seinem Freund ruhen ließ, die Wangen an seinen Hals gepreßt, flüsterte er ihm zu: »Jetzt wirst du keinen Atemzug mehr tun können, ohne dich nach mir zu sehnen.«

»Warte nur, bis ich zum Gegenschlag aushole«, keuchte Sardur und küßte ihn leidenschaftlich in den Nacken. »Du wirst nach mir verlangen wie ein Fisch nach Wasser. Außerdem hast du mich mit einem kimmerischen Krieger verwechselt, dem man rücksichtslos die Lanze ins Fleisch stößt, das schreit nach Vergeltung.«

»Ich wollte mir das Vergnügen doch noch gönnen, dich am Pfahl zucken zu sehen«, lachte Asarhaddon leise.

»Dafür werde ich dich doppelt so lange leiden lassen«, versprach Sardur heiser, doch Asarhaddon gab spöttisch zurück: »Pfähle, aus dem Holz des Prahlers geschnitzt, halten sich nicht lange.«

Obwohl Asarhaddon Sardurs Männlichkeit verspottete, hätte er es doch gern vermieden, mit ihr auf solche Weise Bekanntschaft zu machen, aber Sardur kannte keine Nachsicht. Asarhaddons Ausflüchte machten auf Sardur keinen Eindruck, und er nahm sich den stolzen Hohenpriester erbarmungslos vor, ließ ihn den Schmerz und die Wollust spüren, bis er heiser fragte: »Bittest du um Gnade, Asarhaddon?«

Dieser schwieg, und Sardur frohlockte: »Du bist entkräftet, ausgelaugt, nicht wahr? Die Stimme versagt dir vor Ermattung.«

»Wenn du nicht so viel dabei reden würdest, wäre dein Bemühen erfolgreicher und ich müßte nicht meinen, eine Mücke kitzele mich mit ihrem Stachel.«

»Das sagst du nur, weil du am Ende bist, weil du hoffst, meine Kraft lasse bald nach, doch ich –« Sardur stieß plötzlich einen langen Seufzer aus und sank schwer atmend in sich zusammen.

»Ist das Gefecht schon aus?« spottete Asarhaddon. »Freilich, wer mit Worten ficht, dem steht er nicht.« Doch er war ebenso geschwächt wie Sardur und wollte nur von seiner eigenen Verlegenheit ablenken.

Gegen Morgen schliefen sie ein wie erschöpfte Krieger nach einer Schlacht. Sardur erwachte von dem Gejammer des Knaben. Er warf einen Blick auf Asarhaddon, der zu schlafen schien. Leise stand er auf, sah noch einmal nach Asarhaddon, der sich nicht rührte, und schlich zu dem Knaben. Rasch schnitt er ihm die Kehle durch und legte sich behutsam wieder neben Asarhaddon zur Ruhe. Da wandte er sich zu Sardur um und bemerkte spöttisch: »Hast du mir die Morgenmusik nicht gegönnt, Sardur?«

»Du hast nicht geschlafen?«

»Nein, dieser Bastard hat mich aufgeweckt.«

Sardur drehte sich mißmutig zur Seite. »Ja, er tat mir leid, warum auch nicht? Ihn zu blenden, war überflüssig, und daß ich mich in der Nacht so gehen ließ, war deine Schuld.«

Asarhaddon lachte gurrend. »Ich weiß. Das war meine Absicht, daß du dich ganz aufgibst. In einer solchen Nacht muß man sich ganz fallenlassen, oder man läßt es. Halbe Sachen liebe ich nicht.«

»Das hast du bewiesen. Dennoch würde ich künftig weniger blutige Nächte mit dir vorziehen.«

Sie schliefen bis zum Mittag. Niemand störte sie. Niemand hatte nach dem Knaben gesehen, der so geschrien hatte. Als sie etwas später vor die Tür traten, blieben sie überrascht auf der Schwelle stehen. Was sich hier ihren Augen bot, hatte nicht einmal Asarhaddon erwartet: Die Dorfbevölkerung lag geschlossen im großen Halbkreis vor ihnen im Staub. Ein angstvolles und beschwichtigendes Raunen ging durch die Menge, und als Asarhaddon einige Schritte nach vorn trat, riefen sie ein Wort, das Sardur verstand: Kurduman!

»Asarhaddon, sie halten dich für den Kimmerierfürsten!« stieß er hervor. »Sie glauben, du seist Kurduman.«

Asarhaddon verzog das Gesicht. »Bei Aschschur! Mit einem Kimmerier verglichen zu werden, ist wenig schmeichelhaft.«

»Nun, immerhin scheinen sie dich um seiner Grausamkeit willen für ihn zu halten, das sollte dich mit dem Vergleich versöhnen.«

Asarhaddon lächelte boshaft. »Wie wahr. Und sieh nur, wie bereitwillig sie uns ihre Köpfe zum Abschneiden hinhalten. Man braucht nur durch ihre Reihen zu gehen wie der Schnitter durch das Korn. Bei seinem Stierhaupte! Welch ein Gemetzel will mir Aschschur schenken! Komm, Sardur, worauf warten wir noch? Machen wir Kurdumans Namen die Ehre, die seinem Ruf gebührt. Wir wollen doch den guten Leuten ihren Glauben nicht nehmen, oder?«

Sardur erbleichte. »Ohne mich! Ich habe nicht den Ehrgeiz, als blutrünstiger Schlächter von meinen Enkeln verachtet zu werden.«

Asarhaddon stieß das Schwert ärgerlich zurück. Mit einer barschen Handbewegung verscheuchte er die Menge. »Ich bin zwar ein Narr, auf dich zu hören, denn was gelten mir, wenn ich töten will, die Gebote der Völker, die unter meinem Joch gehen? Aber wenn ich es recht bedenke, sind diese Kreaturen zu armselig, Aschschur als Opfer zu dienen.«

Sardur lächelte über die schwache Rechtfertigung. Langsam leerte sich der Platz, die Menschen gingen zögernd in ihre Hütten oder an ihre Arbeit zurück. Asarhaddon sah ihnen grimmig nach. »Einige von ihnen hätten wir getrost neben den Fischen zum Trocknen aufhängen können, schon um den gefürchteten Kurduman glaubwürdiger darzustellen.«

»Ich will jetzt dafür sorgen, daß sie uns die Satteltaschen

füllen«, lenkte Sardur ab. »Auch von dem vorzüglichen Getränk werde ich einige Krüge mitnehmen.«

Als Asarhaddon und Sardur das Dorf verließen, zeigten sich die Bewohner noch einmal von ihrer liebenswürdigsten Seite, brachten Eßbares und Geschenke und geleiteten die beiden mit tiefen Verbeugungen und viel Geschnatter noch ein Stück Wegs.

»Nun halten sie uns vollends für Trottel und sicher nicht mehr für blutdürstige Kimmerier«, murmelte Asarhaddon verdrossen. Sardur wehrte nachsichtig lächelnd die Geschenke ab, die in ihrer Armseligkeit rührend waren und die sie nicht gebrauchen konnten. Asarhaddon aber widerte das Verhalten der Leute an, die sich so hündisch gebärdeten. »Die Dankbarkeit dieser erbärmlichen Feiglinge scheint dich zu überwältigen«, spottete Asarhaddon, »das liegt wohl an dem scharfen Getränk, von dem sie dir reichlich mitgegeben haben.«

»Feiglinge? Was können diese armen Fischer tun, wenn Kurdumans Horden über ihr Dorf herfallen? Steig herunter vom Sockel deines Hochmuts und beurteile einfache Menschen mit einfachen Maßstäben.«

Ein kleines Mädchen lief neben Asarhaddons Pferd her und haschte nach den bunten Quasten, die von der Pferdedecke baumelten. Asarhaddon wandte sich um und heftete seinen finsteren Blick auf das spielende Kind. Doch das Mädchen zeigte keine Furcht; es strahlte über das ganze Gesicht, weil der hübsche fremde Mann es bemerkt hatte.

Sardur wollte es davonjagen, damit ihm nichts geschah, doch Asarhaddon hatte sein Messer gezogen. Sardur öffnete den Mund zu einem Schrei, doch Asarhaddon schnitt zwei der bunten Quasten ab und gab sie dem Mädchen. Dann sah er Sardur treuherzig an. »Was ist dir, mein Freund? Du scheinst mir etwas verwirrt zu sein.« Mit gespielter Entrüstung fügte er hinzu: »Abscheulicher! Du hast etwas anderes erwartet. Fresse ich denn Kinder? Die Quasten habe ich ihm geschenkt, damit Kurduman in diesen armseligen Hütten auch etwas zu rauben hat.«

9

Auf ihrem Weg nach Norden, der sie am Hyrkanischen Meer entlangführte, kamen sie noch oft durch solche Dörfer, und überall wurden sie gastfreundlich aufgenommen. Asarhaddon war von herablassender Freundlichkeit. Von Anaxares jedoch und seinen Männern fand sich keine Spur. Die Namen der Reiche Assyrien und Urartu waren den Dorfbewohnern fremd. Sie hatten außer mit den wilden Kriegern Kurdumans noch keine Berührung mit anderen Stämmen gehabt.

Es war ein heiterer Morgen, als sie von der Anhöhe das Dorf unter sich liegen sahen, ein Fischerdorf wie viele andere auch. Sie wunderten sich zwar, daß nicht das übliche Lärmen seiner Bewohner heraufdrang, doch sie meinten, der Wind trüge die Schuld daran, und sie ritten langsam den schmalen Pfad hinunter. Da schrie Sardur leise auf. Am Weg lag ein Toter. Er lag auf dem Rücken, mit schmerzverzerrtem Gesicht. Füße und Hände waren ihm abgeschlagen worden. Offensichtlich hatte man den Verstümmelten hier hilflos liegen lassen, so daß er verbluten mußte.

»Diesem Dorf haben die Kimmerier im Morgengrauen einen Besuch abgestattet«, bemerkte Asarhaddon mit einem flüchtigen Blick auf den Toten. »Aber sie scheinen schon fort zu sein. Sehen wir nach, wie es im Dorf aussieht.«

Als sie die ersten Hütten erreichten, bot sich ihnen ein furchtbarer Anblick. Der Platz war übersät mit Leichen – Männern, Frauen, Kindern. Und alle waren auf die gleiche Weise verstümmelt und danach ihrem Schicksal überlassen worden.

»Das waren keine menschlichen Wesen, das waren Bestien!« stieß Sardur angewidert hervor.

Asarhaddon zuckte die Achseln. »Die Kimmerier sind keine zahmen Kätzchen, und dies hier ist nur ein Dorf, das auf ihrem Wege lag.« Er sah sich um, und so etwas wie Anerkennung trat in seinen Blick. »Bei Aschschur! Sie hatten keine Eile und ließen den Tod sehr gemächlich durch dieses Dorf schlendern.«

Bevor Sardur etwas darauf erwidern konnte, sagte eine gutturale Stimme: »Das war eine vortreffliche Bemerkung, Fremder!« Ein junger Krieger kam auf sie zugeritten, gekleidet in bunte Felle, auf dem Haupt eine Kappe mit ledernem Nackenschutz. Bewaffnet war er mit einem Bogen und einem kurzen Wurfspeer. Zwei kostbare Messer steckten in seinem Gürtel, und vom Hals seines Pferdes hing eine Lederpeitsche. Er war allein, ritt aber furchtlos auf die beiden Fremden zu. Über hohen Backenknochen funkelten zwei leicht geschlitzte Augen, der Blick war kalt und wachsam. Er hatte die gelbliche Hautfarbe der Steppenbewohner und ein scharfgeschnittenes Gesicht, in dessen Zügen keine menschliche Regung zu wohnen schien.

Asarhaddon musterte ihn flüchtig. »Hast du das hier befohlen?«

»Gefällt es dir?« fragte der junge Krieger spöttisch.

Asarhaddon verzichtete, darauf zu antworten. »Wer bist du?«

»Meinen Namen kennt jeder an den Ufern des großen Wassers und in den unendlichen Weiten der Steppe, doch euch kenne ich nicht. An mir ist es, die Fragen zu stellen.«

Asarhaddon sah sich um. »Ich nehme an, daß du nicht allein bist, sonst würdest du kaum so kühn vor uns auftreten.«

»Das ist richtig. Meine Männer sind hier, aber nur, wenn ich es will, werdet ihr sie sehen. Wer seid ihr?«

»Mein Freund Nazarid ist Churriter und kommt aus Tuschpa, ich selbst bin Assyrer, mein Name ist Arkas. Wir sind harmlose Reisende.« Im Gesicht des jungen Kriegers regte sich nichts. »Ihr müßt tapfere Männer sein, daß ihr es wagt, ohne Geleit in mein Gebiet einzudringen.« Er machte eine schwache Handbewegung zum Dorf hin. »Sie haben Flüchtlinge vor uns versteckt und erhielten ihren Lohn.« Er sah Asarhaddon an. »Ich verbreite gern Entsetzen, weil ich es im Gesicht meiner Feinde sehen will. Du bewahrtest deine Kaltblütigkeit, ich schätze das.« Er zeigte auf Sardur. »Dein Freund ist wohl eher von sanfter Gemütsart, ich will ihn kurz belehren, daß man hier, wo man meinen Namen nur flüsternd nennt, keine Schmähungen ausstößt gegen den, der unbarmherzig sein muß.« Er griff zur Peitsche, doch Sardur hatte plötzlich selbst eine Peitsche in der Hand.

»Junger Freund«, sagte er drohend, »deinen Namen spricht man hier vielleicht nur flüsternd aus, doch wir kennen ihn nicht. Möglicherweise zeichnet dich Grausamkeit aus, doch ob man dich auch wegen deines Mutes rühmt, scheint mir zweifelhaft. Kinder zu verstümmeln ist keine Heldentat, und einem Mann mit der Peitsche zu drohen, wenn du deine Krieger hinter dir weißt, ebensowenig. Gern beweise ich dir, daß ich auch mitleidlos sein kann. Erlaubst du mir, daß ich dir ebenfalls Hände und Füße abschlage? Aber selbst so zu enden, das würde dir wohl kaum behagen, du tapferer Schlächter von wehrlosen Fischern.«

Der junge Krieger lächelte kaum merklich und steckte die Peitsche zurück. »Deine Worte gefallen mir jetzt besser, Churriter. Ich bin nicht verärgert, weil du sicher anders sprechen würdest, wenn du wüßtest, zu wem du gesprochen hast. Habt ihr schon von Kurduman gehört?«

»Du bist es selbst?« entfuhr es Sardur.

»Er ist mein Vater. Ich bin Hamoyar, sein ältester Sohn.«

»Weshalb sprichst du unsere Sprache, Kimmerier?« wandte sich Asarhaddon an ihn.

»Meine Jugend verbrachte ich in Ekbatana, wo man mich auch Aramäisch lehrte.«

»In Ekbatana? Etwa am Hofe des Astyages?«

»Ja, aber die Fragen stelle ich – Assyrer! Was führt euch beide allein in diese Gegend, weitab von euren Ländern?«

»Wir sind auf der Suche nach unserem Freund«, erwiderte Asarhaddon. »Er ist assyrischer Offizier und seit seinem letzten Kampf verschollen.«

»Ein assyrischer Offizier?« wiederholte Hamoyar kalt. Asarhaddon entging nicht das feine Aufflackern in den jettschwarzen Augen des Kimmeriers, der darum bemüht war, keine Regung zu zeigen. »Ein Feind meines Volkes so wie ihr auch.«

»Wir waren Feinde«, stimmte Asarhaddon zu, »aber seit die Pest gewütet hat, schweigen die Waffen.«

»Dein König hat viele Männer meines Volkes in Tuschpa

zu Tode foltern lassen, glaubst du, das sei vergessen?« Dabei musterte er auch Sardur scharf. Der erwiderte kaltblütig: »Hältst du uns für Henkersknechte? Was der König der Assyrer befohlen hat, kannst du uns nicht anlasten. Uns bewegt allein das Schicksal unseres Kampfgefährten, der ein tapferer Mann ist und von einem ebenso tapferen Volk, wie es die Kimmerier sind, Achtung erwarten darf.«

»Natürlich kannst du jetzt deine Männer an uns rächen«, fügte Asarhaddon hinzu, »jedoch Ruhm dürftest du dir damit nicht erwerben, denn wir zogen nicht als Krieger gegen euch.«

Hamoyar sah auf die prächtigen Schwerter der beiden und lächelte dünn. »Wie viele Kimmerier habt ihr damit schon erschlagen?«

»Viele, jedoch im ehrlichen Kampf«, log Sardur. »Auch mit dem Sohne Kurdumans würde ich mich gern messen, wenn du es wünschst.«

Hamoyar machte eine verächtliche Handbewegung. »Jene Stämme, die dem grausamen Assyrer zum Opfer fielen, sind nur entfernt mit uns verwandt, und das Schicksal der Besiegten ist der Tod. Wenn sie klaglos gestorben sind, wurden sie von den Geistern der Steppe wie Helden zu ihren Ahnen geleitet, wenn sie wie Weiber jammerten, sind ihre Namen ausgelöscht, was sollte ich also nach ihnen fragen? Euer Gefährte aber ist um solche Freunde zu beneiden, die ihr Leben für ihn wagen. Ihr sollt meine Gäste sein, denn ich weiß den Mut der Assyrer und Churriter zu schätzen. Es wäre eine Schande, wollte ich euch ebenso behandeln wie diese räudigen Fischer hier.«

Asarhaddon war sichtlich beeindruckt von dem jungen Kimmerier. »Deine Worte, Hamoyar, sind die eines edlen Mannes. Tatsächlich habe ich bis zum heutigen Tage alle Kimmerier für feige Räuber gehalten, doch dies geschah aus Unwissenheit. Nun zeigst du mir, daß ich mich geirrt habe. Es ist uns eine Ehre, deine Gastfreundschaft zu genießen.«

Der Ausdruck auf dem Gesicht des Kimmeriers war zufrieden. Er nickte kurz und wendete sein Pferd. Sie erreichten nach einem dreistündigen Ritt sein Lager, eine Ansiedlung aus Hunderten von Zelten. Saftige Wiesen breiteten sich an den Hängen im Osten aus und wurden durch ein träge fließendes Wasser begrenzt. Die Schaf- und Pferdeherden der Kimmerier weideten dort. Im Westen wuchsen harte Steppengräser, die rund um die Ansiedlung zu großen Sandflächen abgenutzt worden waren.

Alle Bewohner trugen lange Hosen aus grobem Stoff, Leder oder Fellen, die Frauen trugen darüber noch einen Rock. Ihr Haar fiel ihnen in einem ölig glänzenden Zopf über den Rücken. Unzählige Kinder tummelten sich zwischen den Zelten, dazu Hunde, Schweine und zahlreiches Federvieh. In der Luft lag der Geruch von Holzfeuer und gebratenem Hammel.

Beim Herannahen Hamoyars mit seinen Kriegern wurden Frauen, Kinder und Tiere brutal mit Lanzen aus dem Weg gejagt, um den Ankömmlingen Platz zu machen. Aus einem der Zelte kam ein junger Mann gelaufen. Er verneigte sich tief vor Hamoyar und half ihm untertänig aus dem Sattel. Dann fiel er zu Boden und küßte dem Sohne Kurdumans die Füße. Hamoyar machte eine herrische Handbewegung und gab einen schnalzenden Laut von sich. Ein weiterer Mann eilte herbei und empfing mit allen Anzeichen der Ehrfurcht Hamoyars Waffen. Nun wandte sich dieser an Asarhaddon und Sardur, die ebenfalls vom Pferd gestiegen waren, und sagte: »Das sind meine jüngeren Brüder. Wir wurden von einer Mutter geboren. Sie sind ausgezeichnete Reiter und Späher, ich bin sehr stolz auf sie. Eines Tages wird man auch ihre Namen rühmen und in Furcht aussprechen.«

Asarhaddon und Sardur warfen sich einen erstaunten Blick zu. »Wie hält er dann wohl seine Sklaven«, murmelte Sardur verdrossen. Auch Asarhaddon war befremdet, und so fragte er Hamoyar: »Verzeih, aber wir hielten diese beiden Männer für deine Sklaven. Sie näherten sich dir wie schweifwedelnde Hunde und nicht wie tapfere Krieger.«

»Meine Sklaven?« Hamoyar lachte verächtlich. »Glaubst du, ich würde Sklaven die Ehre antun, mich von ihnen bedienen zu lassen? Meine Brüder erwiesen mir nur die Achtung, die dem älteren Bruder zukommt. Es ist eine Auszeichnung, mir das Willkommen entbieten zu dürfen. Ich habe noch viele andere Brüder, Söhne, die mein Vater mit unbedeutenden Frauen gezeugt hat. Sie leben nicht in meiner Nähe, auf sie fällt nicht der Glanz meiner Person. Sie sind gewöhnliche Krieger, die mir im Kampf nachfolgen.«

Asarhaddon hob verwundert die Augenbrauen, als müsse er sich anstrengen, etwas von diesem Glanz bei Hamoyar zu entdecken. Und Sardur konnte nicht unterdrücken, zwischen den Zähnen hervorzuzischen: »Von uns als seinen Ehrengästen wird er dann wohl erwarten, daß wir ihm die Stiefel ausziehen und ihn bei Tisch bedienen.«

Asarhaddon sah ihn mißbilligend an. Er wollte nicht Hamoyars Zorn herausfordern, denn er hoffte, durch ihn etwas über Anaxares zu erfahren. Deshalb entgegnete er sanft: »So macht ihr Verhalten allerdings Sinn. Dein Volk hält wohl keine Sklaven?«

Hamoyar reckte sich stolz. »Wir haben viele Frauen, sie tun die niedrigen Arbeiten. Sklaven aber erbeuten wir auf unseren Kriegszügen ohne Zahl, sie sind unbedeutender als das Gras in der Steppe. Die stärksten unter ihnen arbeiten in unseren Zinngruben, tragen die schweren Lasten im Krieg oder dienen als lebender Schutzwall gegen heranstürmende Feinde. Die übrigen töten wir bei unseren Reiter- und Kampfspielen.« Hamoyar wies auf ein großes Rundzelt, das mit kostbaren Fellen und erbeuteten Feldzeichen behängt war. »Ich hoffe, ihr werdet lange verweilen. Tretet ein in den Schutz meines Zeltes. Die Gastfreundschaft gebietet es, euch von nun an wie meine Brüder zu behandeln.«

»Ha, ich ahnte es!« platzte Sardur heraus. Doch Hamoyar begriff und lächelte. »Sei unbesorgt, Churriter! Ich kenne auch eure Sitten. Als meine Gäste werdet ihr die gleichen Ehren und Vorzüge genießen wie ich selbst.«

Vor dem Zelt mußten Asarhaddon und Sardur ihre Waffen ablegen. Sie taten es unbesorgt, denn sie vertrauten Hamoyars Wort. Als sie eintraten, waren sie überrascht von der geschmackvollen Einrichtung. Ihre Füße versanken in Fellen; kostbar geschnitzte Truhen standen an den Wänden, auf niedrigen Tischen standen goldene Platten und Schüsseln.

Die Kissen auf dem mächtigen Diwan, der fast das ganze Rund des Zeltes einnahm, waren aus Brokat und Samt.

Hamoyar ließ sich in die weichen Polster fallen und bedeutete seinen Gästen, sich links und rechts von ihm niederzulassen, was eine besondere Auszeichnung war. Bald darauf traten auch seine beiden Brüder ein, die die Fremden aus den Augenwinkeln musterten, sonst aber bestrebt waren, keine Neugier zu zeigen.

Das Zelt füllte sich allmählich mit Hamoyars engsten Freunden, die es sich auf dem Diwan bequem machten. Niemand trug eine Waffe, auch Hamoyar nicht. Der klatschte in die Hände, und es erschienen Frauen, die Speisen und Getränke auftrugen. Es wurde auch von jener scharfen Flüssigkeit ausgeschenkt, die die Kimmerier brennendes Wasser nannten. Ohne Zurückhaltung begann als bald jeder mit dem Essen, und auch Asarhaddon und Sardur langten kräftig zu. Das fette, scharf gewürzte Hammelfleisch schmeckte köstlich. Dazu tranken sie stark gesüßten Tee mit geschmolzener Butter. Danach wurden große Schüsseln mit dicker Milch gereicht, in die dünne, geröstete Brotfladen getunkt wurden.

Die Unterhaltung der Männer wurde schnell lebhaft, aber Asarhaddon und Sardur verstanden nur wenige Brocken. Und nur wenige Kimmerier konnten sich ihnen verständlich machen. Hamoyar sprach wie alle anderen reichlich dem brennenden Wasser zu und legte sehr schnell seine würdevolle Zurückhaltung ab. Auch seine und seiner Freunde Tischmanieren ließen bald zu wünschen übrig. Mit fettigen Fingern schlug er den beiden Gästen immer wieder wohlwollend auf die Schultern, lachte dröhnend dazu und leerte zwischendurch manchen Becher, dessen Inhalt ihm über Kinn und Brust tropfte. Die abgenagten Knochen warf er quer durch das Zelt, wo sie alsbald von den Frauen aufgesammelt und hinausgetragen wurden. Die prächtigen Stoffe und Felle waren schnell beschmutzt.

Einer von Hamoyars Brüdern fegte jetzt mit einer gewaltigen Armbewegung die Schalen vom Tisch, in denen Asarhaddon und Sardur sorgfältig die Reste ihrer Mahlzeit abgelegt hatten. Dann sprang er auf den niedrigen Tisch, riß sich Hemd und Weste vom Oberleib und begann mit den Füßen zu stampfen. Die anderen klatschten und sangen mit tiefen, heiseren Stimmen dazu. Mit einem hohen Sprung beendete er seinen Tanz und trat zum vergnüglichen Abschluß seiner Darbietung der Frau, die die Essensreste aufsammelte, in ihr Hinterteil, so daß sie unter grölendem Gelächter durch das Zelt flog. Sie stieß gegen den Tisch und riß dabei eine Schale mit heißem Tee um, der Sardur auf die Oberschenkel spritzte. Sardur stieß einen leisen Fluch aus und sprang auf. Hamoyar zischte einen halblauten Befehl und wies auf die Frau. Zwei Männer packten sie und hielten ihr Gesicht in eine Schüssel mit heißer, flüssiger Butter, bis sie darin erstickte. Die Männer begleiteten ihr verzweifeltes Strampeln mit höhnischem Gelächter.

»Ihr seid Tiere!« schrie Sardur und wollte die Männer zurückreißen, doch Asarhaddon hielt ihn fest. »Misch dich nicht ein, du Narr!«

Hamoyar legte Sardur die Hand auf die Schulter. Dieser zuckte zurück wie vor einer Schlange. Er sah in das grausam lächelnde Gesicht mit den kalten Augen. »Sie ist eine kleine massagetische Hündin und hat es gewagt, meinen Gast zu beschmutzen, wie dürfte ich so etwas dulden?«

Zitternd vor Wut setzte sich Sardur wieder und dachte ergrimmt: Von deinen fettigen Fingern, die du an meinen Haaren und meinen Sachen abgewischt hast, redest du nicht, du kimmerische Ratte!

Kurze Zeit später hörte er von draußen heiseres Knurren und gieriges Gebell. Fragend sah er Hamoyar an. Der machte eine wegwerfende Handbewegung. »Die Hunde beseitigen ihren Kadaver. Ist dir nicht gut, mein Freund? Du bist blaß. Erfrische deine Kehle mit dem brennenden Wasser, das vertreibt unnötige Bedenken. Bei den Ahnen meiner Väter! Nie hätte ich geglaubt, daß ihr Churriter so empfindlich seid, wo doch in Tuschpa so viele meines Volkes zu eurer Belustigung starben. Oder hat ein böser Geist bei deiner Geburt deine Seele vertauscht?«

Sardur biß sich beschämt auf die Lippen. Er befolgte Hamoyars Rat und leerte hastig einige Schalen des berauschenden Getränks, um seinen Abscheu zu betäuben.

Hamoyar klatschte in die Hände. »Die Musikanten!«

Nun wurde mit Flöten, Tamburins und Rasseln aufgespielt, was die Anwesenden dazu veranlaßte, ihre Oberkörper zu entblößen und wilde Verrenkungen und Sprünge zu vollführen. Zwischendurch warfen sie ruckartig ihre Köpfe in den Nacken und stießen ein wolfsähnliches Geheul aus, dann wieder klatschten sie den Takt auf ihren Schenkeln mit. Schließlich dröhnte und bebte das ganze Zelt von ihrem wilden Tanz.

Sardur schlug mit seinen Fäusten auf der Tischplatte den Takt. Er war stark angetrunken. Einer der Männer riß ihn am Arm und forderte ihn auf, mitzutanzen. Sardur warf einen schnellen Blick auf Asarhaddon, der zurückgelehnt und scheinbar gleichmütig auf das Treiben blickte. Als Sardur sich erhob, schüttelte Asarhaddon unwillig den Kopf. Doch Sardur war es leid, sich auf ausgelassenen Festen zurückzuhalten, weil Asarhaddon eine saure Miene dazu machte, und folgte der Aufforderung des Kimmeriers. Etwas schwankend mischte er sich unter die Tanzenden und sah ringsumher in lachende Gesichter, die ihm aufmunternd zunickten.

Kopfschüttelnd wandte Asarhaddon sein Gesicht ab und tauchte mit ergebenem Seufzen sein Brot in die Schüssel mit dicker Milch. Doch bevor er es wieder herausziehen konnte, war Hamoyar mit einem Satz breitbeinig vor ihn auf den Tisch gesprungen und rief: »Was sitzt du hier allein, Assyrer, und vergnügst dich nicht mit uns?«

Asarhaddon wehrte ab. »Ich amüsiere mich großartig, Hamoyar, das kannst du mir glauben. Aber das Tanzen überlasse ich denen, die es verstehen. Man lehrte mich andere Dinge in meiner Jugend.«

Hamoyars schräge Augen wurden noch schmaler. Schneidend gab er zur Antwort: »Wenn Hamoyar tötet, wünscht er Beifall, und wenn er tanzt, tanzen alle mit ihm, die ihn nicht tödlich beleidigen wollen. Wie soll ich deine Weigerung also auffassen? Als absichtliche Kränkung?«

Hamoyars Aufforderung war eine unmißverständliche

Drohung, und Asarhaddon wußte, daß er mit seinem Leben spielte, wenn er ihr nicht nachkam. Er hörte das schadenfrohe Lachen Sardurs, und das Blut stieg ihm heiß ins Gesicht. Tanzen war verachtet in Assyrien, wo man Waffenklirren und blutigen Kampf liebte. Tänzer galten nicht mehr als käufliche Dirnen. Doch es war nicht der Zeitpunkt, Hamoyar über assyrische Sitten aufzuklären.

Sardur aber sah den Augenblick gekommen, Asarhaddon so manche Überheblichkeit in Tuschpa heimzuzahlen. Erhitzt und lachend taumelte er auf ihn zu und spottete mit schwerer Zunge: »Deine Zurückhaltung ist hier nicht gefragt, mein Freund. Auch deine priesterliche Erziehung und dein hohes Amt kümmern hier niemand. Statt dich auf deine Würde bedacht in die Kissen zu lehnen und saure Milch zu trinken, hättest du besser dem brennenden Wasser zugesprochen, was es dir erleichtert hätte, Hamoyars Aufforderung zum Tanz nachzukommen.«

Hamoyar sprang auf diese Worte hin vom Tisch und bog sich vor Lachen. Asarhaddons Miene verfinsterte sich unheilvoll. Er stieß Sardur heftig vor die Brust, so daß dieser in die Tanzenden zurücktaumelte. »Du betrunkener Narr! Trinkst du, um deine Worte nicht abwägen zu müssen? Hältst du deinen Spott zu diesem Zeitpunkt wirklich für angebracht?«

»Nein!« schrie Sardur zurück, »so wenig wie deine Unmenschlichkeit, die du mir ständig bewiesen hast, seit wir wieder auf Menschen gestoßen sind.«

Asarhaddons Gesicht war dunkelrot vor Zorn, und er stützte sich breit mit den Händen auf der Tischplatte ab. »Was ficht dich denn plötzlich an? Denke du lieber an die hundert verbrannten Sklaven. Wo war da dein Mitleid? Und deine Muränen, die Sklavenfleisch liebten, sind sie zahme Haustiere, mit denen man Kinder erfreut?«

»Gut, daß du das erwähnst!« giftete Sardur zurück. »Du erinnerst mich an die schmachvolle Zeit, als ich dein Äffchen sein mußte und ganz entgegen meinem Willen dein Verlangen nach Grausamkeit stillte.«

Die beiden bemerkten in der Hitze ihres Wortgefechtes

nicht, daß die Kimmerier aufgehört hatten zu tanzen und sich neugierig um die streitenden Freunde geschart hatten. Denn sie hofften, daß aus dem Streit mit Worten bald ein anderer Kampf entstand, dem sie gern zugesehen hätten. Dann trat auch Hamoyar zwischen die beiden und sagte: »Zornige Worte zwischen Freunden sind unwürdig für die Tapferen. Tretet hinaus aus dem Frieden des Zeltes. Ich will euch eure Waffen zurückgeben, und ihr könnt euren Streit mit ihnen austragen. Wie köstlich schmeckt da das hitzige Wort des Gegners, wenn es Wunde für Wunde vergolten wird.«

Asarhaddon und Sardur wichen ernüchtert zurück. Ihre Blicke trafen sich, flackerten unsicher, senkten sich beschämt. Die zornige Röte wich aus ihren Gesichtern. Hamoyar wies mit ausgestrecktem Arm auf den Ausgang des Zeltes. Dann glitt sein Blick von Sardur zu Asarhaddon. »Wirst du kämpfen?«

Asarhaddon sah die Vorfreude in den kalten Augen des Kimmeriers aufflammen. Er sah sich im Kreis um, schenkte Sardur einen warmen Blick, und ein feines Lächeln erschien auf seinen Lippen. »Nein«, sagte er, »ich werde tanzen.«

»Du bist ein Feigling!« platzte Hamoyar enttäuscht heraus.

Doch Asarhaddon erwiderte ruhig: »Darüber will ich gern einen Waffengang zwischen uns entscheiden lassen, edler Sohn des Kurduman. Doch du sollst wissen, wir Assyrer schlagen wohl gern unseren Feinden tiefe Wunden, aber niemals unseren Freunden.«

Hamoyar hob rasch die Hand. »Ja, morgen wollen wir uns messen, Arkas. Doch es kann kein Kampf auf Leben und Tod sein, weil du mein Gast bist, dem ich Schutz und Hilfe gewähren muß.«

Asarhaddon lächelte herablassend. »Dich entbinde ich von dieser Verpflichtung, Hamoyar, doch ich bin bereit, dein Leben zu schonen.«

Unbeherrscht rief Hamoyar: »Wie, du wagst es, mir derartige Kampfbedingungen zu stellen? Winsele ich vielleicht um Gnade, wenn ich besiegt werde?«

»Gewiß nicht«, beschwichtigte Asarhaddon, »ich würde

dich aus Ehrerbietung schonen, nicht aus Mitleid, was, wie ich zugebe, unverzeihlich wäre.«

Da lächelte Hamoyar wieder, der oft um eines Wortes willen, das ihm gefiel, seinen Zorn vergaß. »Da wir uns gegenseitig nicht verletzen wollen, ist es müßig, ein bloßes Scheingefecht zu führen. Ich nehme das mit dem Feigling zurück, bist du damit zufrieden?«

»Wenn du mir das Tanzen ersparst«, gab Asarhaddon lächelnd zurück.

»So sehr ist es dir zuwider?« wunderte sich Hamoyar. »Nun, ich habe wohl bemerkt, daß du dich auch beim Trinken zurückhältst, aber ich schätze es nicht, wenn meine Gäste, die mir wie Brüder sind, sich wie Fremde verhalten, die jederzeit gewärtig sein müssen, einen Dolch zwischen den Rippen zu spüren.«

»Das ist ein Mißverständnis. Wir in Assyrien –«

»Assyrien ist weit!« unterbrach ihn Hamoyar unwirsch. »Hier gilt das Gesetz der Steppe, und ich vertrete es. Man sagt bei uns, wer nicht saufen, huren und tanzen kann, steht auch im Kampf nicht seinen Mann.«

Asarhaddon wollte etwas Bissiges erwidern, doch er bezwang sich. »Dann tanze ich also«, stellte er gelassen fest. »Erlaube mir, dich und deine Freunde mit einem Tanz aus meiner Heimat bekanntzumachen. Er trägt den Namen ›Tanz der babylonischen Schildwachen‹ und wird mit dem eigenen Schwert getanzt. Der Tänzer drückt durch seine Bewegungen seine unauflösliche Einheit mit der Waffe aus. Zuerst tanzt ein Mann allein, dann schließen sich die Umstehenden an und ahmen seine Bewegungen nach. Die Schritte sind zu Beginn einfach und langsam, doch sie steigern sich im Verlauf des Tanzes zu immer mehr Wildheit. Den Höhepunkt erfährt der Tanz, wenn der Tänzer durch seine Bewegungen den eigenen Tod durch das Schwert andeutet. Das sinnbildliche Durchbohren mit der Waffe meint aber kein tragisches Ende, sondern versinnbildlicht die endgültige Vereinigung.«

Hamoyar nickte begeistert. »Die Waffe als ewige Geliebte, was könnte einem Volk von Kriegern näher sein? Aber ein solcher Tanz braucht den offenen Himmel über uns.«

Sie verließen das Zelt. Sardur drängte sich an Asarhaddons Seite und flüsterte ihm zu: »Von diesen schlummernden Gaben in dir ahnte ich bisher nichts.«

Asarhaddon zuckte die Achseln. »Man hat mir schon ärgere Bedingungen gestellt.«

Es gab Augenblicke im Leben Asarhaddons, da weckte er schlafende Geister in sich, um seinen Gegnern auch dann seine Überlegenheit zu beweisen, wenn das Schwert schweigen mußte. In Hirams Haus hatte er einst seine Zuhörer mit beredter Zunge zu fesseln gewußt; heute wollte er durch seinen Tanz die Kimmerier mitreißen. Er streifte sich das Hemd von den Schultern und trat mitten in den Kreis. Der rotgoldene Feuerschein tauchte seinen Körper in flüssige Flammen, und Sardur dachte, daß die schlitzäugigen Hammeltreiber diesen Anblick nicht wert waren. Laß ein Schwein an einer Rose riechen, und es wird sich abwenden, um im Abfallhaufen zu wühlen.

Als Asarhaddon das Schwert hob, verschmolzen Träger und Waffe zu einer Gottheit, die Blut als Tribut an ihre grausame sinnliche Schönheit forderte. Sardurs Handflächen wurden feucht, er starrte Asarhaddon an, seine Umgebung vergessend. Asarhaddon begann seinen Tanz, der vom Rausch des Tötens ebenso sprach wie vom wilden Entzücken körperlicher Vereinigung, und eins schien das andere zu beflügeln.

Die Kimmerier begriffen schnell und reihten sich ein, um an der Ekstase teilzuhaben. Zwischen ihren rasenden Leibern zischten die blanken Klingen, so daß einem Angst werden konnte, doch es floß kein Tropfen Blut. Dafür rann bald ihr Schweiß in Strömen, ihre Herzen pochten wild nach dem Takt der Trommeln, der sich von Minute zu Minute dem Höhepunkt entgegen steigerte, an dem sich die mächtigsten aller menschlichen Triebe vereinigten, Gewalt und Geschlecht. Das Schwert als Träger beider Leidenschaften auf sich selbst gerichtet, sich scheinbar damit durchbohrend und mit einem wilden Schrei zu Boden fallend, endete Asarhaddon diesen Tanz. Die Trommeln und Flöten verstummten schlagartig. Für Sekunden hörte man nur das heftige Atmen der Erschöpften.

Asarhaddon sprang als erster wieder auf, und als er die am Boden liegenden Männer sah, war ihm nicht anders, als hätte er sie alle im Kampf erschlagen. Er lachte laut auf über diesen Sieg, die Männer lachten zurück und erhoben sich ebenfalls. Sardur aber, der nach diesem Tanz nur einen Gedanken denken konnte, stieß einen Schrei aus. Denn von Asarhaddons linker Hüfte rann aus einer klaffenden Wunde Blut.

»Wer hat das getan?« schrie Sardur. Nun sahen es auch Hamoyar und die anderen Männer. Hamoyar blickte sich wild um. »Wer von euch hat das gewagt?«

Asarhaddon sah verwirrt an sich herunter; er bemerkte erst jetzt, daß er verwundet war. Plötzlich wich die hitzige Röte in seinem Gesicht einer jähen Blässe. Seine Lippen zuckten, als wolle er etwas sagen, doch er blieb stumm. Mit einer verlegenen Geste wischte er sich den Schweiß von der Stirn.

Hamoyar aber schwoll die Zornesader. »Sprecht, ihr Söhne von Läusen und Schaben, wer von euch hat die heilige Gastfreundschaft entweiht? Sprecht, oder ich lasse euch alle von wilden Pferden zerreißen!«

Da legte ihm Asarhaddon die Hand auf die Schulter und sagte: »Verdächtige nicht deine Männer, Hamoyar, ich habe es selbst getan.«

»Du selbst?« Hamoyar trat einen Schritt zurück und musterte Asarhaddon verwundert. Dann schien er zu begreifen und antwortete: »Du hast uns verschwiegen, daß bei diesem Tanz am Ende wirklich Blut fließen muß. Wir alle durchbohrten uns nur zum Schein. Nun beschämst du uns durch deine Wunde. Hast du geglaubt, wir seien zu schwächlich, Schmerzen zu ertragen? Du hättest uns die Regeln besser erläutern sollen, keinen von uns hätte das geschreckt.«

»Du irrst dich, Hamoyar. Ich allein verletzte die Regel, und ich tat es im Überschwang meiner erhitzten Gefühle, ohne es zu wollen.«

»Dann bist du von uns allen den Göttern am nächsten gewesen«, bemerkte Hamoyar und lachte. »Wir haben gegessen, wir haben getanzt, nun sollen unsere Frauen auch nicht leer ausgehen.«

Alle pflichteten ihm lautstark bei. »Zuerst sollen unsere Gäste wählen dürfen«, sprach Hamoyar. »Aber du«, sagte er, an Asarhaddon gewandt, »solltest dir zuvor deine Wunde verbinden lassen.«

Dieser winkte ab. »Um den Kratzer kümmere ich mich schon. Wir möchten jetzt die Blumen deines Gartens besichtigen.«

Sardur starrte Asarhaddon mit halboffenem Mund an, doch dieser schien es nicht zu bemerken. Hamoyar lächelte. »Ihr werdet überrascht sein. Folgt mir!«

Sie wurden in ein Frauenzelt geführt, wo sich die Schönsten auf die Nacht vorbereitet hatten, mit wenig Stoff, viel nackter Haut und verlockenden Düften. Es waren keine kimmerischen Mädchen, sondern ausnahmslos Sklavinnen. Sie rekelten sich in den Kissen und winkten den Eingetretenen mit vielsagenden Blicken.

Hamoyar machte eine weit ausholende Handbewegung. »Wählt selbst.«

Sardur schaute mit Mißfallen auf die Fülle weicher Schenkel und runder Brüste. Es beleidigte ihn, wie sich die Dirnen mit klebrigen Blicken an Asarhaddon und ihm festsaugten. Zu Sardurs Ärger schenkte Asarhaddon den grell bemalten Fratzen ein freundliches Lächeln und wandte sich seufzend an Hamoyar, als falle ihm die Wahl furchtbar schwer: »Dieses Zelt gleicht einer Schale saftiger, süßer Früchte für den ermatteten Wanderer, der nicht weiß, von welcher Frucht er zuerst kosten soll. Wählt er die dunkel glühenden Trauben, muß er dafür der Süße des Granatapfels entsagen.«

»Du mußt die Schale nicht in einer einzigen Nacht leeren«, lachte Hamoyar. Er sah auf Sardur. »Und du? Denkt man in Urartu auch so weise über Frauen?«

Dieser zuckte ärgerlich mit den Schultern. »Alle Weiber sind sich doch am Ende gleich«, murrte er und warf Asarhaddon dabei giftige Blicke zu. »Was sie oben versprechen, halten sie unten nicht.«

Asarhaddon machte ein unbeteiligtes Gesicht, und Hamoyar brach in schallendes Gelächter aus. »Oho! Wer den Wolf nicht erlegen kann, schmäht sein zähes Fleisch. Heißt das, du willst mein Geschenk für die Nacht nicht annehmen?«

»Das meinte ich nicht«, erwiderte Sardur schnell, »doch ich entscheide mich leichter als mein Freund, dem das viele Obst zu Kopf gestiegen ist.« Er zeigte auf ein Mädchen mit blauem Gewand; ebenso hätte er jede andere wählen können, sie waren ihm gleichgültig. Lustlos zog er mit ihr ab; Asarhaddon schien gefesselt von den übrigen Schönheiten und beachtete ihn nicht. schließlich wählte auch er und begab sich mit der Sklavin in sein Zelt.

Es war kurz nach Mitternacht. Sardur lag auf dem Rücken, die Arme hinter dem Kopf verschränkt und starrte nach oben. Das Mädchen neben ihm heulte. Alle Bemühungen, in Sardur den Mann zu wecken, waren vergeblich gewesen, und als es ihn beschimpfte, daß er als Mann nichts tauge, hatte es eine Maulschelle eingefangen.

Glühendes Verlangen und brennende Eifersucht hielten Sardur wach. Wie konnte sich Asarhaddon so bereitwillig eins dieser aufgeputzten Weiber aufschwatzen lassen? dachte er wütend. Gewiß, er will Hamoyar nicht verärgern, aber mußte er deshalb den Gecken spielen und verliebt tun? Er hat mich nicht einmal angesehen. Und jetzt liegt sie in seinen Armen – bei Tanaat, die Vorstellung raubt mir den Verstand! Damals sagte er mir, sein Körper sei zu schade für eine Sklavin, aber sicher will er mir so unseren Streit heimzahlen. Er weiß, daß ich Höllenqualen leide, und es freut ihn.

Sardurs Gefährtin hatte sich inzwischen in den Schlaf geheult. Da wurde hörbar die Zeltbahn zurückgeschlagen. Sardur richtete sich sofort auf. Im Eingang stand Asarhaddon. Er legte die Finger an den Mund und verschloß die Öffnung schnell wieder.

»Asarhaddon!« stieß Sardur halblaut hervor. Alles Blut schien zurückzuströmen, seine Lungen weiteten sich, er konnte wieder atmen.

»Ruhig!« flüsterte der. Er schlich auf Sardurs Lager zu, dabei streifte sein Blick die schlafende Sklavin. »Hat sie dir das Warten versüßt?« flüsterte er.

Sardurs Atem ging stoßweise, seine Hände wurden feucht. »Wo ist dein Mädchen?« keuchte er.

»Tot. Es ekelte mich an. Und wie erträgst du diese Natter in deinem Bett?«

»Ich habe sie nicht angerührt.« Sardur rückte unwillkürlich von ihr ab.

»Töte sie!« zischte Asarhaddon.

»Töten?« flüsterte Sardur. »Aber Hamoyar –«

»Für ihn sind Sklaven wie das Gras in der Steppe. Worauf wartest du? Oder willst du mich nicht?«

Sardur sah einen zuckenden Leib und ein blitzendes Schwert vor rotem Feuer, und seine Hände legten sich wie von selbst um den Hals des Mädchens. Dann stieß er den Leichnam vom Lager, und Asarhaddon legte sich zu ihm. »Immer müssen wir töten, wenn wir uns lieben wollen«, flüsterte Sardur und umarmte den heißen Körper, der sich ihm entgegendrängte.

Das Lagerfeuer brannte, die Flammen schlugen bis in den Himmel. Sardur stöhnte laut, als Asarhaddon seinen Atem seufzend verströmte. Nach einer Weile rollte er sich vorsichtig zur Seite und küßte seine ermatteten Schultern. »Weshalb hast du mich vor Hamoyar so hingehalten? Ich bin fast verrückt geworden nach deinem Tanz vor dem Feuer, und dann mußtest du den Hingerissenen spielen.«

Asarhaddon drehte sich zu Sardur und legte ihm den Arm über die Brust. »Soll Hamoyar Verdacht schöpfen? Oder soll ich ihm von meinem Keuschheitsgelübde erzählen, wo er das Wort Keuschheit noch nie vernommen hat?«

Sardur lachte leise. »Wie wahr. Ohnehin tun wir diesem Schafhirten zuviel Ehre an. Du bist sehr geduldig mit ihm, fast schon freundlich.«

»Glaubst du, ich wolle ihm schmeicheln? Aber wenn uns jemand helfen kann, Anaxares zu finden, dann der Sohn Kurdumans, der die Steppe beherrscht.«

»Das bezweifle ich. Er hat Anaxares weder gesehen noch von ihm gehört.«

»Aber er hat Verbindungen, er kann sich umhören.«

»Und weshalb sollte er das für uns tun?«

»Weshalb hat er uns wie Gäste und nicht wie Feinde behandelt?«

Sadur zuckte die Achseln. »Die Ehrbegriffe eines Kimmeriers. Aber Hamoyar ist uns darüber hinaus nichts schuldig.«

»Er ist grausam, aber man kann ihn um den Finger wickeln. Wenn wir ihn bei seiner Ehre packen, wird er uns auch wegen Anaxares helfen. Ungeduld bringt uns hier nicht weiter.«

»Ja, Hamoyar ist von dir beeindruckt, denn du hast Macht über die Menschen. Auch während deines Tanzes ging etwas von dir aus, etwas Unbegreifliches, und nahm von mir Besitz. Hättest du gesagt, Sardur, bringe mir tausend Menschenopfer, ich hätte es getan.«

Asarhaddon lächelte. »Dann muß ich öfter vor dir tanzen.«

»Du glaubst nicht an Götter und Dämonen, aber was hat da nach mir gegriffen? Und dich selbst hatte es auch in der Gewalt. Du hast dich auf dem Höhepunkt des Tanzes verletzt, als seist du dir selbst entglitten und in den Krallen eines unheimlichen Dämons.«

»Dieser Kratzer hatte doch keine Bedeutung«, wehrte Asarhaddon ab. »Der Tanz hatte mich erregt, das ist wahr. Es ist ein sinnlicher Tanz, und er peitscht die Lust an der Grausamkeit hoch.«

»Grausamkeit auch gegen sich selbst?«

»Das ist wohl so«, murmelte Asarhaddon. »Aber reden wir von etwas anderem, ja?« Seine Lippen glitten suchend auf der warmen Haut Sardurs entlang. »Oder am besten, wir reden überhaupt nicht.« Er drehte sich behaglich wie eine Katze auf den Bauch und schloß die Augen. Sardur nahm das Geschenk an.

10

Am nächsten Morgen lud Hamoyar seine beiden Gäste wieder zu einem gemeinsamen Mahle in sein Zelt. Die Spuren des Vortags waren beseitigt. Das Zelt war mit neuen Fellen ausgelegt, über den Diwan saubere Decken gebreitet.

Natürlich kam das Gespräch zuerst auf die beiden getöteten Sklavinnen. Geschickt kam Asarhaddon Hamoyars Fragen zuvor. »Das Mädchen, das du mir zur Nacht gegeben hast, ist tot«, begann er. »Ich hoffe, du wirst einer Sklavin nicht mehr Bedeutung beimessen als einem versehentlich zerdrückten Apfel.«

Hamoyars Miene blieb unbewegt. »Geschah es denn versehentlich?«

»Nicht versehentlich, aber als Mann wirst du mich verstehen. Sie war heißblütig und hielt mich hin, bis ich trunken war vor Lust, und als sie mir endlich gewährte, was ich ersehnte, da kühlten ihre Todeszuckungen meine fiebernden Sinne, während ich ihr meinen Lebensstrom schenkte.«

Hamoyar verstand, er nickte. »Glücklich, wer solche Nächte erleben darf. Und du, Nazarid? Du erschienst mir gestern abend eher lustlos als heißblütig.«

»Gewiß, und du darfst mir glauben, es ist sonst nicht meine Gewohnheit, Frauen beim Liebesakt umzubringen, aber nach dem gestrigen Tanz, der die Vereinigung mit dem Tod zeigte, waren wir wohl alle erregter als sonst.«

Hamoyar schien den beiden zu glauben und bekundete sein Verständnis. Dann verkündete er, daß er an diesem Tage seinen Gästen zu Ehren die in seinem Volk sehr beliebten Kampf- und Reiterspiele abhalten wolle. »Natürlich seid ihr nicht verpflichtet, euch zu beteiligen, aber ich würde eure Geschicklichkeit gern bewundern.«

»Dazu brauchst du uns nicht zu ermuntern«, erwiderte Asarhaddon. »Wenn auch deine Männer als die geschicktesten Reiter und die treffsichersten Bogenschützen gerühmt werden, so wollen wir doch auch unser Bestes geben.«

Auf dem Weg zu den Kampfplätzen raunte Asarhaddon Sardur zu: »Sie benutzen lebende Menschen als Ziele, also bezwinge deinen Unmut, wenn du es siehst.«

»Bezwinge du deine Enttäuschung, wenn es nicht geschieht«, gab Sardur mürrisch zurück.

»Kommt dein Vater nicht zu den Spielen?« fragte Asarhaddon Hamoyar, »oder ist er auf einem Raub- auf einem Kriegszug?«

In Hamoyars Augenschlitzen glomm es gefährlich auf, denn er hatte den Versprecher wohl bemerkt. Knapp entgegnete er: »Mein Vater wird nicht kommen.«

Auf dem Gelände schien sich das ganze Dorf versammelt zu haben. Asarhaddon und Sardur trugen Gelassenheit zur Schau. Sie ritten die unvergleichlichen Hengste aus Urmia. Verächtlich wandte sich Asarhaddon an Sardur: »Wir werden die Volksbelustiger spielen, wie es scheint, ich hasse es, wenn mir Weiber und ihre schmutzigen Bälger Beifall spenden.«

Zuerst führten einige Krieger Geschicklichkeitsübungen zu Pferd vor. Im rasenden Galopp ließen sie sich vom Pferd fallen, sprangen sogleich wieder auf oder setzten den Ritt unterhalb des Pferdebauchs fort. Sie standen aufrecht auf dem Pferderücken, ließen sich jäh fallen, wechselten behend von der linken zur rechten Flanke oder ritten rückwärts, den Schweif in den Händen haltend. Asarhaddon und Sardur nickten anerkennend.

»Beim nächsten Durchgang werdet ihr sehen, daß meine Krieger während dieser Kunststücke gleichzeitig treffsicher den Bogen zu führen wissen«, bemerkte Hamoyar stolz.

Sie zielten dabei auf bronzene Scheiben, die lose an Pfählen aufgehängt waren. Jeder Treffer gab einen hellen Klang, und nur wenige Pfeile verfehlten ihr Ziel. Sardur lobte Hamoyars Krieger, doch dieser sagte: »Das waren Knabenspiele. Nun will ich selbst antreten.«

Einer seiner Brüder führte ihm ein Pferd zu. Hamoyar schwang sich geschmeidig hinauf, zog sein blankes Krummschwert und ritt im raschen Galopp einmal um die Kampfbahn, dabei schwenkte er das Schwert und stieß das durchdringende Kampfgeheul seines Volkes aus. Plötzlich ließ er sich so tief nach rechts fallen, daß sein Krummschwert dicht über den Boden fegte; ein blutiger Kopf rollte über das Feld. Erst jetzt bemerkten Asarhaddon und Sardur, daß auf beiden Seiten der Bahn Sklaven bis an die Schultern eingegraben waren, denen Hamoyar nun, sich abwechselnd von links nach rechts werfend, treffsicher die Köpfe abschlug, ohne die Geschwindigkeit seines Pferdes zu zügeln. Der blutige

Durchgang dauerte kaum zwei Minuten, dann hatten zehn Sklaven ihre Köpfe verloren. Stolz kam er auf Asarhaddon und Sardur zugeritten. Etwas außer Atem, aber keineswegs erschöpft, rief er lachend: »Macht mir das nach, wenn ihr könnt.«

»Ein kühnes Reiterkunststück«, entgegnete Asarhaddon kühl. »Sehr blutig, aber wenig heldenhaft.«

Hamoyar lachte höhnisch und wies mit ausgestreckter Hand auf Sardur. »Für deinen Freund schon, er ist grau im Gesicht wie ungewaschene Schafwolle.« Dann sah er Asarhaddon herausfordernd an. »Geschicklichkeit, nicht Mut war bei diesem Durchgang gefragt. Mach es erst besser, bevor du spottest.«

Gelassen bestieg Asarhaddon sein Pferd und sah prüfend über das Gelände. »Wenn du so freundlich bist, die unbrauchbar gewordenen Ziele durch neue zu ersetzen, will ich dir zeigen, daß dazu jeder Knabe in Assyrien imstande ist«, sagte er hochmütig. »Aber ich will die Aufgabe mit deiner Erlaubnis etwas erschweren. Du wirst mir sicher beipflichten, daß es ungleich schwieriger sein dürfte, den Sklaven abwechselnd ein linkes und ein rechtes Ohr abzuhauen. Der Kopf ist ein Ziel, das kaum zu verfehlen ist.«

Hamoyar nickte. »Ich bin einverstanden.« Dann wandte er sich an Sardur. »Und du, Churriter, der du im Liebesrausch Frauen tötest, kannst wohl keine Männer sterben sehen?«

»Das hängt von den Männern ab«, zischte Sardur zurück.

»So? Du möchtest dich wohl gern an meinem Kopf versuchen? Wie sind denn die Gefangenen in deiner Hauptstadt gestorben? Gewiß wäre da mancher froh gewesen, nur enthauptet zu werden.«

»Das waren unsere Feinde.«

»Und diese Sklaven sind meine Feinde. Das Los der Kriegsgefangenen ist Sklaverei oder Tod; nenne mir einen Ort auf der Welt, wo du es anders erlebt hast, Churriter.«

Sardur mußte ihm die Antwort schuldig bleiben. Ärgerlich wandte er sich ab.

Inzwischen waren zehn Sklaven an denselben Stellen eingegraben worden, und Asarhaddon wiederholte das Schauspiel an den Ohren der Unglücklichen. Er erwies sich dabei Hamoyar als ebenbürtig, denn er verfehlte nicht einmal sein Ziel.

Hamoyar starrte ihn an. »Wo hast du das gelernt?« stieß er hervor.

»In Assur.« Asarhaddon sprang vom Pferd, vermied es aber, Sardur anzusehen.

»Seit wann lehrt man die Assyrer in den Kriegerschulen solche Dinge?«

»Ich war nicht in einer Kriegerschule, ich hatte meine Lehrer, und diese waren umsichtig genug, mich auch in der Kriegskunst meiner Feinde zu unterrichten.«

»In der Tat, du reitest wie ein Kimmerier.«

»Sagen wir, du reitest beinah so gut wie ein Assyrer«, gab Asarhaddon lächelnd zurück.

Da lachte Hamoyar, und neidlos erwiderte er: »Als ich euch in dem Fischerdorf begegnet bin, hielt ich euch gleich für vorzügliche Männer. Ich habe mich nicht getäuscht.« Er wandte sich an Sardur. »Was werden wir nun von dir sehen? Hattest du auch so gute Lehrer wie dein assyrischer Freund?«

»Ich wuchs mit Pferden auf, denn in Urartu finden sich die besten Pferde aller vier Weltgegenden, das weiß jedes Kind. Und eure Art zu reiten ist mir vertraut, weil seit meiner Kindheit immer wieder Reitervölker versuchten, unsere Grenzen zu überschreiten, um zu rauben und zu morden.«

Hamoyar überhörte die letzten Worte und wies auf die Bahn. »Dann zeige uns, was du kannst. Vielleicht versuchst du dich an ihren Nasen.«

»Ich beteilige mich nicht an derart widerlichen Spielen«, entgegnete Sardur voller Abscheu. Er wies auf die schreienden, blutenden Opfer, die niemand beachtete. »Gib diesen Männern einen schnellen Tod, wenn du ein Mensch bist.«

»Der Wunsch meines Gastes ist mir heilig«, sagte Hamoyar mit unbewegter Miene und gab seinen Leuten einen kurzen Befehl. »Von dir habe ich noch nichts gesehen, tapferer Churriter, aber ich hoffe, du wirst dich im nächsten Wettkampf hervortun.«

»Ich habe nicht den Ehrgeiz, aus eurem Spiel mit Menschenleben als Sieger hervorzugehen«, bemerkte Sardur kühl.

Hamoyar zuckte mit den Schultern. »Niemand zwingt dich dazu. In meinem Volk aber wirst du hinfort der feige Churriter genannt werden, selbst die Weiber werden dich verspotten.«

»Wer mich offen einen Feigling nennt, den töte ich«, brauste Sardur auf.

Hamoyar grinste. »Wie? Du allein willst alle Kimmerier töten? Das dürfte dir schwerlich gelingen.«

»Stell du dich zum Kampf, Hamoyar, dann wollen wir sehen, ob du mich zu Recht einen Feigling schimpfst.«

»Bei den Seelen meiner Väter! Hier darf nur das Blut von Sklaven fließen, nicht das meiner Gäste.«

Asarhaddon sah, daß seinem Freund die Halsschlagader schwoll. Bevor sich Sardur in seinem Zorn zu unbedachten Handlungen hinreißen ließ, versuchte Asarhaddon zu beschwichtigen: »Wenn es bei euren Spielen nur um Geschicklichkeit geht, kannst du ja auf die blutigen Zutaten verzichten, Hamoyar. Nicht jedem schmeckt derselbe Wein.«

Hamoyar bedachte ihn mit einem seltsamen Blick, dann bemerkte er kühl: »Wollte ich auf weitere Grausamkeiten verzichten, würde ich meine Männer enttäuschen, die diese Spiele vornehmlich wegen des Gemetzels lieben. Das Verhalten deines Freundes würden nicht einmal unsere Frauen verstehen.«

»Du Sohn eines Bastards!« schrie Sardur und wollte auf Hamoyar losgehen, doch Asarhaddon hielt ihn fest. »Eure Weiber sind Hyänen. Sie sollten ihre Leiber in dem vergossenen Blut baden, vielleicht, daß sie davon etwas schöner werden.«

»Bei den Seelen meiner Ahnen, jetzt bist du zu weit gegangen, Churriter!« stöhnte Hamoyar. Er zeigte seine Zähne wie ein Wolf. Dann verzerrte sich seine Miene wie unter Schmerzen zu einem krampfhaften Lächeln. »Mein Gast bist du. Unter meinem Schutz stehst du«, knirschte er. Aber Asarhaddon sah, wie die Hände des Kimmeriers zitterten.

Sardur schnaubte verächtlich. »Deinen Schutz habe ich nicht nötig, wenn du mir ehrliche Bedingungen Mann gegen Mann stellst.« Asarhaddon legte ihm die Hand auf die Schulter. »Besänftige dich. Auch mich befremdet dein Mitleid, das ich in Tuschpa nicht von dir gewohnt war.«

»Das waren andere Zeiten«, murmelte Sardur, mochte aber wegen Hamoyar nicht mehr sagen. Der ließ nun die Bogenschützen zum nächsten Wettkampf antreten. Es war das Spiel der entlaufenen Sklaven. Man gab ihnen einen Vorsprung und ließ sie um ihr Leben laufen. Bei den ausgezeichneten kimmerischen Bogenschützen war ihre Chance jedoch gering. Nur wenn einer der Krieger sich überschätzte und den Sklaven in seinem Ehrgeiz zu weit entkommen ließ, um zuletzt noch einen Meisterschuß anzubringen, verfehlte er sein Ziel.

Hamoyar hielt Sardur fragend den Bogen hin. Dieser packte ihn mit finsterer Miene. Ich werde den Mann absichtlich verfehlen und so sein Leben retten, dachte er. Aber als das Holz sich bog und er sein Opfer mit gehetzten Sprüngen davonlaufen sah, da ließ er den Pfeil von der Sehne schnellen und traf gut. Er tötete in rascher Folge drei Sklaven, und alle bewunderten seine Treffsicherheit. Auch Hamoyar, der sicher gewesen war, daß Sardur die Opfer entkommen lassen wollte, war überrascht.

Asarhaddon trat nach ihm an.

Hamoyar ging auf ihn zu. »Das war vortrefflich. Hatte schon Nazarid mich beeindruckt, so übertriffst du ihn noch. Als ich die Sklaven so weit entkommen sah, glaubte ich schon, dein Ehrgeiz sei größer als deine Kunst, und du hättest den rechten Augenblick verpaßt und müßtest beschämt aufgeben. Aber ich habe mich geirrt.«

»Ja«, fiel Sardur zornig ein, »ich ebenfalls. Wie war das damals auf der Jagd? Hast du mir den Braten nicht gegönnt?«

Asarhaddon lächelte. »Die Götter waren mir nicht gewogen, doch hier führte Aschschur meinen Arm.«

Hamoyar meinte: »Da ich euch beide nicht übertreffen werde, verzichte ich auf dieses Spiel. Wenden wir uns also gleich dem nächsten zu.«

Am Abend lud er sie in sein Zelt, aber ohne seine Brüder und Freunde. Asarhaddon und Sardur genossen entspannt ein gesittetes Mahl und ein angenehmes Gespräch. Asarhaddon nahm das zum Anlaß, auf ihr eigentliches Anliegen zu sprechen zu kommen.

»Du hast uns wirklich mit allem erfreut, was ein Mann begehrt«, begann er, »doch in unseren Herzen nistet die Unruhe gleich einem Zugvogel, der nirgends lange verweilen darf. Du weißt es, Hamoyar, daß wir nicht unterwegs sind, um Feste zu feiern und Kampfspielen beizuwohnen, sondern um unseren Freund zu finden. Deine Großzügigkeit könntest du mit einer Gefälligkeit krönen. Dir entgeht nichts, was die Steppe an Geheimnissen birgt, also bitten wir dich, Nachforschungen über ihn anzustellen. Dann wüßten wir, welche Richtung wir einschlagen müssen, oder ob unser Vorhaben vergeblich bleiben muß.«

Hamoyar lächelte dünn. Er tat einen langen Schluck aus dem Becher, wischte sich umständlich mit dem Ärmel die Lippen ab und sagte dann: »Ja, ich war großzügig, denn ich schenkte euch das Leben und nahm euch auf wie Brüder. Verdient aber hättet ihr einen langsamen, qualvollen Tod vor den Augen meines Volkes.«

Hamoyar genoß die Betroffenheit auf den Gesichtern seiner Gäste. Kalt fuhr er fort: »Glaubt ihr, ich hätte vergessen, daß die Assyrer und Churriter meine Todfeinde sind? Daß meine Männer unter entsetzlichen Martern in Tuschpa sterben mußten? Nur scheinbar ging ich gleichgültig darüber hinweg, um euch zu täuschen, denn ich kenne gegen meine Feinde weder Barmherzigkeit noch Vergebung.«

»Was trug uns dennoch deine Gastfreundschaft ein, edler Sohn des Kurduman?« fragte Asarhaddon spöttisch.

»Ich brauche euch beide für eine Aufgabe.«

»Was wäre das, was deine Krieger nicht weitaus besser für dich tun könnten als wir?«

»Hört mir zu! Mit den Massageten leben wir in jahrelanger Feindschaft, aber niemand vermag den anderen zu besiegen. Unser Vorteil ist die Weite der Steppe, die Massageten verschanzen sich in unbezwingbaren Bergfestungen und in ihrer Hauptstadt Zadrakarta. Dort hält König Kalingur meinen Vater seit einigen Wochen in seinem Burgverlies gefangen. Ich habe keine Nachricht, wie es ihm geht, aber Kalingur hält ihn mit Sicherheit am Leben. Jeder Tag kann Qualen und Demütigungen für meinen Vater bedeuten. Ihr sollt versuchen, ihn zu befreien. Da ihr meine Feinde seid, wird es euch nicht schwerfallen, das Vertrauen König Kalingurs zu erringen. Hat er euch erst gastfreundlich in seiner Burg aufgenommen, wird es euch auch gelingen, den Aufenthaltsort meines Vaters ausfindig zu machen und ihm durch eine List zur Flucht zu verhelfen.«

Asarhaddon und Sardur sahen sich an. Sardur lachte kurz auf. »Kalingur, der König der Massageten, dürfte von der gleichen freundlichen Gemütsart sein wie du, Hamoyar. Wenn unser Vorhaben mißlingt, dürfen wir deinem Vater sicher Gesellschaft leisten.«

»Außerdem haben wir keine Veranlassung, ein derart gefährliches Wagnis für dich einzugehen«, fügte Asarhaddon hinzu. »Du sagst selbst, daß wir Feinde sind. Was du von uns verlangst, tut man gewöhnlich nur für Freunde.«

»Ich erwarte eure Hilfe nicht aus Freundschaft, sondern aus Dankbarkeit. Ich schenkte euch das Leben, ich behandelte euch wie Brüder.«

Spöttisch erwiderte Asarhaddon: »Vielleicht kennen wir das Wort Dankbarkeit nicht, und du erwartest zuviel Edelmut von Männern, die du aufspießen möchtest. Du schenktest uns das Leben nur aus Berechnung, wofür schulden wir dir also Dank?«

»Vergeßt nicht, daß ich an mein Wort als Gastgeber nicht mehr gebunden bin, sobald ihr mein Dorf verlassen habt. Dann seid ihr vogelfrei.«

»Zuerst rechnest du mit unserer Dankbarkeit, dann drohst du uns. Mit Drohungen gewinnt man keine Verbündeten. Also biete mehr, wenn du uns für das gefährliche Vorhaben begeistern willst.«

»Es sei. Ich weiß vielleicht etwas über den Freund, den ihr sucht.«

Asarhaddon sprang unbeherrscht auf. »Du weißt etwas

und hast es uns bis jetzt verschwiegen?« Dann faßte er sich und setzte sich wieder. Kühl fuhr er fort: »Verzeih, daß ich mich gehenließ, aber das wäre die erste Spur von ihm. Belügst du uns auch nicht?«

Hamoyar machte ein finsteres Gesicht. »Du bezichtigst mich der Lüge, Arkas, gerade du? Wenn ich euch auch nicht liebe, so habe ich euch doch nie belogen, was man von euch nicht behaupten kann.«

»Wie meinst du das?« fragte Asarhaddon scharf.

Hamoyar lächelte überlegen. »Ich spreche von dem Märchen, das ihr mir aufgetischt habt. Es handelt von zwei schönen Sklavinnen, zu denen der Tod im Liebesrausch kam. Im Liebesrausch habt ihr euch freilich befunden, nur nicht auf den weichen Körpern meiner Sklavinnen.«

Asarhaddon wurde bleich. »Woher weißt du das?« stieß er hervor. Dabei konnte er Hamoyar nicht ansehen. Sein Blick schweifte ab, streifte flüchtig Sardur, dann die eigenen Hände, und sein Gesicht nahm eine hektische Röte an.

»Als Anführer meines Volkes sollte ich über alle Vorkommnisse in meinem Dorf unterrichtet sein, vornehmlich über das Tun und Lassen derart gefährlicher Gäste, meinst du nicht auch, Arkas?« Dann fügte er spöttisch hinzu: »Weshalb habt ihr mir nicht gesagt, daß ihr Knaben bevorzugt, ich hätte euch die Mädchen doch nicht aufgedrängt.«

Asarhaddon meinte, keine Luft zum Atmen mehr zu haben. Doch während er noch nach Worten rang, bemerkte Sardur mit schadenfrohem Lächeln: »Das hätte meinen Freund zu sehr beschämt.«

»Oh, ist das wahr? Und ich glaubte, seine jähe Röte sei auf die dreiste Lüge zurückzuführen.« Dann lachte Hamoyar plötzlich laut und rief: »Bei den Geistern der Steppe! Die Götter schickten mir zwei Männer, wie sie selten unter dem Himmel anzutreffen sind, doch beide sind absonderlich. Der eine kann kein Blut sehen, der andere schämt sich seiner Lust wie ein unberührtes Mädchen.«

»Schweig, oder ich vergesse mich!« rief Asarhaddon. »Sprechen wir hier von der Befreiung deines Vaters oder von Bettgeschichten?«

»Dann bist du also bereit dazu?« fragte Hamoyar schnell.

»Gemach. Erzähle uns zuerst, was du von unserem Freund weißt.«

»Gewiß. Es sind gut sechs Monde verstrichen, da wurde unser Lager angegriffen.« Hamoyar warf Asarhaddon einen durchdringenden Blick zu. »Von Assyrern. – Wir konnten den Angriff abwehren und erschlugen über zweihundert Krieger, denn zum Glück standen wir nicht Männern wie euch gegenüber, sondern erschöpften Kämpfern. Die Dunkelheit trennte uns, und eine Handvoll Männer entkam, darunter auch ihr Anführer. Ob es euer Freund war, kann ich natürlich nicht sagen, aber es ist zu vermuten.«

Asarhaddon schwieg eine Weile und musterte Hamoyar lange. Dann sprach er: »Ihr habt zweihundert Assyrer erschlagen? Das kann dir nicht verziehen werden. Dein Vater mag in Zadrakarta verfaulen.«

»Weshalb sprichst du so, Arkas? Es war Krieg. Sie starben im Kampf und nicht zur Belustigung auf Marktplätzen.«

Sardur pflichtete diesmal Hamoyar bei. »Er hat recht, Arkas. Und denke daran, daß wir über Anaxares auch in der Massagetischen Hauptstadt etwas erfahren könnten, denn wohin sollte er geflohen sein, wenn nicht zu Hamoyars Feinden? Weigern wir uns, wird man uns töten. Nicht, daß ich den Tod fürchte, aber unser Ziel erreichen wir so nicht.«

Asarhaddon nickte unwillig. »Gut, ich bin dazu bereit. Wir schwören, dich nicht zu hintergehen und die Befreiung deines Vaters zu versuchen. Doch damit erlischt jegliche Verpflichtung zwischen uns, und ich werde dich als meinen Feind behandeln.«

Hamoyar lächelte schwach. »Ihr schwört es? O ja, bei den Göttern, beim Himmel oder eurem Haupte, eurem Barte oder gar eurer Seele, falls ihr eine habt. Was gelten mir solche Schwüre? Woher weiß ich, was sie euch bedeuten? Ihr seid keine Kimmerier, ihr wohnt in Städten, wo man Listen und Ränke spinnt und ein aufrichtiger Mann meist Spott erntet.«

»Nun denn«, entgegnete Asarhaddon ungeduldig, »was erwartest du dann als Vertrauensbeweis von uns? Rede schnell, bevor ich zornig werde, denn ich lasse gewöhnlich eine solche Kränkung nicht ungerächt.«

»Wir werden Blutsbrüderschaft schließen, denn nur der Schwur, der mit Blut besiegelt wurde, bürgt für Treue bis in den Tod. Nur unehrenhafte Lumpen würden auch einen Blutsbruder verraten, das aber seid ihr nicht.«

Asarhaddon und Sardur starrten ihn entgeistert an. »Wie?« schrie Asarhaddon, »Blutsbrüderschaft mit dir? Hat der Schmerz um deinen Vater dich kopfkrank werden lassen, Hamoyar?«

Doch dieser antwortete ungerührt: »Was mißfällt euch daran? Daß ich Kimmerier bin? Ihr verachtet mich wohl?«

»Verachten? Weißt du nicht, daß ewiger Haß zwischen unseren Völkern steht und stehen wird? Bei Aschschur! Als ich einen Churriter umarmte, habe ich gegen ihn gefrevelt, aber mit einem Kimmerier mein Blut zu mischen, daß hieße, sein Standbild umzustürzen.«

»Was willst du?« antwortete Hamoyar scharf. »Jammere nicht, als raubte ich dir deine Seele. Bin ich nicht selbst bereit dazu? Ich hasse meine Feinde ebenso, aber mein Vater ist mir das Opfer wert. Ist euer Freund es nicht?«

Da sagte Sardur überraschend: »Ich bin bereit dazu.« Er sah Asarhaddon von der Seite an: »Und du, Abtrünniger Aschschurs? Denke an Anaxares.«

»Bei sämtlichen Dämonen der Hölle, ja!« Asarhaddon verschränkte die Arme und sah weder Hamoyar noch Sardur an.

Da sprang Hamoyar auf und rief erleichtert: »Dann soll es sofort geschehen.« Er schob eine Schale mit Wein in die Mitte, und jeder ritzte sich mit dem Messer den Unterarm. Hamoyar ließ sein Blut in die Schale rinnen, dann Asarhaddon. Als aber Sardur es ebenfalls tun wollte, hielt Asarhaddon ihn zurück. Bleich sagte er: »Du nicht, Sardur. Zwischen uns kann es keine Blutsbrüderschaft geben, du mußt es allein mit Hamoyar wiederholen.«

Sardur zog seinen Arm zurück, er zitterte. Dann sagte er tonlos: »Du hast recht.«

Hamoyar verstand das nicht, aber er bedrängte sie nicht

mit Fragen. Er trank gemeinsam mit Asarhaddon aus der Schale und wiederholte den gleichen Vorgang mit Sardur. Kaum aber hatte Sardur die Schale abgesetzt, sagte er mit kalter Stimme zu Hamoyar: »Es ist geschehen und kann nicht mehr rückgängig gemacht werden. Nun darfst du mit deinen Horden nie mehr Urartus Grenzen überschreiten.«

Hamoyar sah ihn erstaunt an. »Da irrst du dich. Meine Treue gilt dir, nicht allen Churritern.«

»Meinst du? Nicht, wenn du erfährst, daß ich Sardur bin, der Sohn König Rusas, Herrscher von Urartu. Deine Treue zu mir gilt nun dem ganzen Land.«

Hamoyar starrte ihn an wie einen Geist. Doch bevor er seiner Bestürzung Herr werden konnte, fügte Asarhaddon gelassen hinzu: »Und in mir siehst du Asarhaddon, den Sohn Sinacheribs, den König von Assyrien und Hohenpriester Aschschurs.«

Hamoyar wurde kreidebleich. »Nein!« schrie er gequält auf. Dann schlug er sich die Hände vor das Gesicht und rief: »Weh mir! Die Götter haben meinen Untergang beschlossen. Die Geister meiner Ahnen verhüllen ihr Antlitz vor mir und meiner Schande. Der Himmel verfinstert sich, mein Vater flucht mir, und mein Los wird es sein, von wilden Pferden zerrissen zu werden. Mit Blindheit schlug mich die Sohnesliebe, daß ich meine ärgsten Feinde in Frieden unter das Dach meines Zeltes treten ließ und mein Blut mit ihnen mischte.«

Sardur warf Asarhaddon einen verwunderten Blick zu. »Hättest du gedacht, daß Hamoyar so menschliche Regungen hat?«

»Nein.« Dann sagte er zu Hamoyar: »Fasse dich, reiß dich zusammen! Es ist nun einmal geschehen, aber dich trifft keine Schuld, denn du hast es nicht gewußt. Und wenn Sohnesliebe dich fehlen ließ, zeichnet dich das eher aus, als dir Schande zu bereiten.«

Hamoyar zuckte zusammen und starrte die beiden mit verzerrtem Gesicht an. Seine Augen glühten, und in seiner Brust schienen alle bösen Geister der Steppe zu wüten. »Blutsbrüder!« zischte er. »Wie oft hörte ich eure Namen und verfluchte sie; wie oft wünschte ich, daß eure Leiber zerfleischt und in ewiger Pein in der Hölle zuckten!«

»Bezwinge deinen Grimm. Denke an deinen Vater, so wie wir an unseren Freund denken«, beschwichtigte ihn Asarhaddon.

»Lieber wünschte ich meinen Vater tot als von euren Händen befreit!« fuhr Hamoyar auf.

Asarhaddon zuckte mit den Schultern. »Wie du willst. Wir lassen uns von dieser lästigen Aufgabe gern entbinden. Du aber wirst deine Blutsbrüder unbehelligt ziehen lassen müssen.«

»Ihr Söhne von Skorpionen und Schlangen! Eure Hinterlist vernichtet mich, verbrennt mich. Euch in meiner Gewalt zu haben und verschonen zu müssen, schmerzt schlimmer als glühendes Eisen.«

»Langsam, Hamoyar«, entgegnete Sardur spöttisch. »Mit so häßlichen Namen schmückt man nicht seine Blutsbrüder. Ist das eine Art? Du schuldest uns fortan nicht nur Treue, sondern auch Achtung und Liebe, wie es unter Brüdern üblich ist.«

Asarhaddon legte Hamoyar besänftigend die Hand auf die Schulter und sagte: »Ich verstehe, wie dir zumute ist, aber Blut floß zu Blut, davon entbindet nichts. Versuche also, deinen Haß zu zügeln, damit du wieder klar denken kannst und deinem Volk weiterhin der tapfere Anführer bist, als den es dich kennt.«

Anfangs schien es, als könne kein Licht mehr in Hamoyars finsteres Gemüt dringen; er starrte abwesend vor sich hin. Doch langsam glätteten sich seine Züge. Asarhaddon und Sardur beobachteten ihn aufmerksam. Nach einer langen Weile hob Hamoyar den gesenkten Kopf. »Ich will mit den Geistern Zwiesprache halten«, murmelte er. »Bitte laßt mich allein.«

Asarhaddon und Sardur verließen das Zelt. Sardur vermied es, Asarhaddon anzusehen, aber der bemerkte Sardurs Verstimmung nicht. »Was sagst du zu Hamoyar? Ihn hat es schwer getroffen, oder?«

»Zu deinem Blutsbruder?« fragte Sardur giftig.

»Oho, und zu deinem, mein Freund.«

»Ja, ich tat es gern um unseres Zieles willen, doch dann hast du mich zurückgestoßen.«

»Nicht zurückgestoßen, Sardur. So bleibst du frei für deine Entscheidungen. Als mein Blutsbruder wären dir für alle Zeiten die Hände gebunden.«

»Die Hände gebunden? Wozu, glaubst du, würde ich sie regen? Um dich zu verraten? Als mein Blutsbruder wärst du mir ebenso verpflichtet, und ich hätte keinen Grund, mich gegen dich aufzulehnen.«

»Gewiß, und auch deshalb durfte ich mein Blut nicht mit deinem mischen. Ich habe das Wohl Assyriens im Auge zu behalten und darf Urartu nicht gestatten, was ich anderswo bestrafen müßte.«

Sardur nickte finster. »So muß es wohl sein. Bei allen kimmerischen Geistern, ich lebe in ständiger Furcht, daß der Himmel aus Neid unsere Freundschaft zerstören wird.«

Da legte ihm Asarhaddon den Arm um die Schulter und flüsterte ihm zu: »Sei unbesorgt. Vergiß nicht, daß uns ein weitaus edlerer Saft als Blut verbindet.«

Bevor Sardur antworten konnte, trat Hamoyar aus dem Zelt und bat die beiden wieder herein. Drinnen sprach er: »Die Geister meiner Vorfahren trösteten mich und träufelten Balsam auf meine Wunden. Euch, meine Brüder, bitte ich um Verzeihung für die Verwünschungen, die ich gegen euch ausstieß. Ich bin stolz darauf, euer Blutsbruder zu sein, denn so sprachen meine Ahnen – ewiger Ruhm und ewiger Frieden sei ihnen beschieden – zu mir: Zwei Könige verließen ihre mächtigen Reiche, verließen Gold, Silber und alle Schätze ihrer Paläste, die Sicherheit ihrer tausend Schwerter und Lanzen und zogen in die unwirtlichen Steppenländer, unerschrocken und einzig von dem Willen beseelt, den Freund zu finden. Solche Männer schänden durch ihre Anwesenheit nicht dein Dorf; solcher Feinde möchte sich mancher rühmen, und ehrenvoll ist es, ihr Bruder geworden zu sein.«

»Deine Väter waren nicht nur ruhmbedeckt, sondern auch weise«, bemerkte Asarhaddon milde. »Wohl schickte dir der Himmel deine zwei schlimmsten Todfeinde ins Lager, aber wie du selbst erkannt hast, auch die besten Männer, und für dieses gefährliche Vorhaben braucht es die besten. So hat der Himmel für dich die richtige Entscheidung getroffen, bevor du es erkannt hattest.«

Hamoyar nickte. »Was vermag der Mensch in seiner Blindheit gegen die Weisheit der Götter? Versichere nun auch du dich ihres Segens. Nimm dir von meinen Sklaven, so viele du magst, und bringe deinem Gott das Opfer, das ihm gebührt, damit die Tat gelingen möge.«

Asarhaddon warf Sardur einen flüchtigen Blick zu und bemerkte dann: »Ich nehme den Willen für die Tat. Es ist schon genug Blut geflossen.«

»Aber nicht deinem Gott zu Ehren.«

»Nun, Hamoyar, so leicht läßt sich Aschschur nicht besänftigen. Meine Blutsbrüderschaft mit dir würden auch hundert Sklaven nicht ungeschehen machen, und so werde ich besser ohne seinen Segen nach Zadrakarta gehen. Aber wähle zwanzig Sklaven und schenke ihnen die Freiheit. Das ist ein Opfer, das ich meinem Freund Sardur bringe, der mir als Gefährte treu zur Seite steht und dessen Freundschaft ich nötiger habe als das Wohlwollen unberechenbarer Götter.«

Hamoyar sagte nur: »So soll es geschehen.« Sardur aber schossen Tränen in die Augen, und weil er sich ihrer schämte, wischte er umständlich in seinem Gesicht herum und schimpfte: »Etwas mehr Reinlichkeit stünde euch Kimmeriern gut an. Der Schmutz zieht derart die Fliegen an, daß man ihrer kaum Herr wird.« Und zu Asarhaddon sagte er: »Ich danke dir für das Geschenk. Es ist herrlicher als alle Schätze Assyriens.«

Hamoyar räusperte sich. »Ich möchte, daß ihr morgen früh reitet. Ich werde euch zwei massagetische Sklaven als Führer mitgeben, damit ihr die Stadt nicht verfehlt. Sie liegt fünf Tagesreisen von hier.« Asarhaddon und Sardur waren einverstanden. Sie erhoben sich, um sich zur Nachtruhe zu begeben.

11

Die beiden massagetischen Führer waren Brüder und aufgeweckte Burschen. Sie erzählten von ihrer Stadt, von ihrem König und benannten etliche Gasthäuser, die sie zu allererst aufsuchen wollten, obwohl sie sich über die Reihenfolge noch nicht klar waren.

Am dritten Tag gelangten sie in bergiges Gelände, das von Stunde zu Stunde wilder und unzugänglicher wurde. Die schroffen Wände ragten in wolkenverhangene Höhen, immer weiter ging es bergan. Es wurde kühler; Nebelschwaden umwehten sie. Sie begleiteten schäumende Wildwasser und umgingen tosende Wasserfälle.

Zwei Tage ritten sie durch diese gewaltigen Berge, die Geistern aller Art als Wohnort dienen mochten. Asarhaddon und Sardur begriffen jetzt, weshalb die Kimmerier den Massageten hierher nicht folgen mochten.

Am Morgen des sechsten Tages öffneten sich die Schluchten zu einem breiten, grünen Talkessel. Zerklüftete Sandsteinfelsen, die in der Morgensonne in einem zarten Goldrosa schimmerten, umgaben ihn wie einen riesigen Schutzwall. Inmitten dieses Kessels erhoben sich die Mauern von Zadrakarta. Der Anblick war so überwältigend schön, daß alle beeindruckt ihre Pferde anhielten und schauten. Langsam ritten sie in das Tal hinab, die beiden Brüder froh voran.

Sie gelangten ungehindert durch das Stadttor, denn Kaufleute und Bauern aus dem Hinterland, die ihre Waren in der Stadt verkaufen wollten, fluteten hinein und hinaus, und die Wächter am Tor vergnügten sich lieber mit Würfelspiel oder dösten in der Sonne, als ein Auge auf die Fremden zu haben. Daraus schlossen Asarhaddon und Sardur, daß sich die Massageten in ihrer Stadt sehr sicher fühlten.

Kaum befanden sie sich innerhalb der Mauern, machten sich die beiden Massageten aus dem Staub. Asarhaddon und Sardur stiegen in einem Gasthof ab, der überwiegend von wohlhabenden Kaufleuten besucht wurde. Niemand fragte sie nach dem Woher und Wohin. Dienstbeflissene Burschen kümmerten sich um ihre Pferde, sauber gekleidete Sklaven geleiteten sie auf ihr Zimmer, das einen Balkon zum Innenhof hatte. Dieser war gepflegt und mit Zierpflanzen und Springbrunnen angelegt. Nach den Entbehrungen der letzten Monate war ihnen dieser Ort sehr angenehm.

Sie speisten ausgiebig unten im Gastraum und betrachteten die anderen Gäste: reichgekleidete Kaufleute mit ihren Dienern, Krieger mit fremdartigen Gewändern und Haartrachten. Es waren massagetische Hauptleute, die hier in der Stadt ihr Vergnügen suchten. Ihre breiten Hiebschwerter lagen über den Knien, Köcher und Langbogen lehnten an den Tischen. Verächtlich sahen sie auf die unbewaffneten Gäste hinab, so wie es Krieger überall auf der Welt tun.

Asarhaddon und Sardur hatten sich etwas abseits gesetzt, um nicht aufzufallen, dafür um so besser beobachten zu können. Nach einer Weile entschlossen sie sich, zu den massagetischen Hauptleuten hinüberzugehen. »Ist es erlaubt, sich dazuzusetzen?« fragte Asarhaddon höflich und lächelte freundlich.

Ein hochgewachsener, breitschultriger Mann in mittleren Jahren musterte ihn und Sardur unter buschigen Brauen. Sein langes, schwarzes Haar trug er auf dem Hinterkopf zu einem Schopf gebunden, ein wilder Bart reichte ihm bis auf die breite, schwere Kette, die er um den Hals trug. Er sah, daß die beiden Fremden ebenfalls bewaffnet waren, und das genügte ihm. »Setzt euch! Ihr seht beide nicht aus, als trüget ihr Wehrgehänge und Bogen nur aus Kurzweil spazieren.« Er wies grinsend auf seine Gefährten. »Meine Freunde sind immer neugierig und stets durstig.«

Asarhaddon verstand und rief nach dem Wirt.

Als alle mit Wein versorgt waren, sagte der Bärtige: »Ich bin Syrtusch. Meine Freunde und ich kommen aus Beschnagar, das ist eine Festung im Norden, die gegen die Steppenreiter errichtet worden ist. Vor drei Wochen haben wir diesen Teufeln gehörig auf das Haupt geschlagen.« Er lachte aus vollem Herzen. »Ihren räudigen Fürsten Kurduman haben wir gefangennehmen können, und Schabakar, unser Kommandant, hat dafür vom König eine goldene Kette bekommen und viele schöne Worte. Na ja, die kosten ihn nicht allzu viel. Schabakar ist ein guter Kommandant, mußt du wissen, der beste, den Kalingur je gehabt hat. Dennoch –«, Syrtusch spuckte verächtlich aus, »dieser Krieg ist ein schlechter Krieg, denn von den hohlwangigen Steppenwölfen ist nichts zu holen, was eines Kriegers Herz erfreuen könnte, außer blutigen Köpfen, die gibt es umsonst. Gelobt sei da Schabakar, der uns doppelten Lohn zahlte und eine Woche Urlaub dazu gab.« Er hob seinen Becher. »Auf Schabakar!«

Seine Gefährten tranken ihm zu, und Syrtusch fuhr fort: »Und nun berichtet ihr, was euch in diese Stadt geführt hat und woher ihr kommt.«

Das taten Asarhaddon und Sardur gern, wobei sie den Massageten natürlich nur die halbe Wahrheit sagten. »Wir führen ein scharfes Schwert und einen sicheren Bogen, und wir bieten sie jedem an, der uns gut bezahlt.«

Syrtusch nickte. »Die Assyrer und Churriter gehören zu den besten Kriegern, davon haben wir schon gehört. Aber bei Kalingur werdet ihr nicht fett, und einen Namen werdet ihr euch hier auch nicht machen können. Im Westen, da liegen die Städte, die es zu erobern lohnt, ihre Mauern bergen Gold, Silber und Weiber im Überfluß, so hörte ich jedenfalls.«

»Die Welt ist groß, und überall gibt es etwas Neues zu entdecken. Warum sollen wir uns nicht einige Wochen hier umtun?« Asarhaddon lächelte harmlos und bestellte neuen Wein. »Hierher kommen wohl selten Assyrer?«

»Das kann man wohl sagen, ich selbst bin noch keinem begegnet. Hin und wieder haben wir medische Söldner, auch Hyrkanier finden sich manchmal in unseren Reihen.«

Sie schwatzten noch von diesem und von jenem, und Syrtusch bemerkte nach der fünften Runde: »Ihr seid sehr großzügig. Wenn ihr mit dem Schwert genauso austeilt, lehrt ihr eure Feinde das Laufen. Die nächste Runde geht an mich.«

»Soll uns recht sein. Trinken wir mit euch auf den Sieg über die Kimmerier. Ihr Fürst Kurduman soll ja schrecklich gewütet haben, so sagte man uns. In einigen Dörfern wollte man seinen Namen nicht einmal aussprechen. Aber jetzt dürfte sein Schreckensregiment wohl beendet sein. – Hat König Kalingur ihn hinrichten lassen?«

Syrtusch lachte. »Was glaubt ihr? Ein so edles Wild will mit Verstand verspeist werden. Ja, Kurduman war wild und grausam, und man erzählt sich, daß bei seinen Gelagen schöne Mädchen zerstückelt, gebraten und verzehrt worden sind.« Syrtusch hob die Schultern. »Ich weiß nicht, ob es wahr ist, aber daß er, wo er auftauchte, nichts Lebendiges am Leben ließ und seine Freude daran hatte, Menschen zu verstümmeln, das habe ich mit eigenen Augen gesehen. Dennoch, ein tapferer Mann ist er gewesen, und vielleicht ist es eine Schande, was Kalingur mit ihm macht. Aber das Volk ist so aufgebracht, daß er es besänftigen mußte.«

»Er hat ihn foltern lassen?«

»Ja, aber das allein würde einen Mann wie Kurduman nicht schrecken. Tag für Tag steht er, in ein Joch gefesselt, auf dem Marktplatz, wo ihn auch die Niedrigsten und Feigsten beschimpfen und bespucken dürfen. Aber niemand darf ihm etwas zuleide tun, das behält sich Schabakar vor. Alle zehn Tage kommt er herüber aus Beschnagar, um Kurduman mit eigener Hand zu foltern. Er reißt ihm dann jedesmal die kaum verheilten Wunden auf, so daß der Kimmerierfürst ein Bild des Jammers bietet. Schabakar hofft, daß er ihn auf diese Weise noch lange am Leben halten und quälen kann.«

»Nun«, meinte Asarhaddon schulterzuckend, »Kurduman dürfte kein Mitleid verdienen. Er steht also in diesem Augenblick im Joch auf dem Marktplatz?«

»Ja, ihr könnt ihn euch dort ansehen. Und er wird sicher noch eine Weile zu besichtigen sein, denn er ist sehr stark.«

Asarhaddon und Sardur erhoben sich. »Das ist ein Anblick, den wir uns nicht entgehen lassen wollen.«

Der Kimmerierfürst stand einsam mit der schweren hölzernen Last seines Jochs inmitten des bunten Treibens, aber kaum jemand beachtete noch den einst so gefürchteten Mann. Jeder kannte inzwischen das wie aus Stein gemeißelte Gesicht, das weder Mitleid noch Furcht kannte. Die in Erniedrigung und Schmerz, Haß und Verzweiflung erstarrten Züge reizten niemand mehr zum Spott, denn nie zeigte sich eine Regung in ihnen. Nur der mit eitrigen Wunden bedeckte Körper zitterte, und die Augen hatten einen unnatürlichen Glanz; der Kimmerier hatte hohes Fieber.

In einiger Entfernung saßen zwei Wachen und würfelten. Auch sie würdigten den Gefangenen keines Blickes. Nur als dieser, vom Fieber geschwächt, zusammenbrach, ketteten sie ihn fest, damit er nicht umfallen konnte.

Asarhaddon und Sardur wechselten einige neugierige Worte mit seinen Bewachern, dann stellte sich Sardur vor Kurduman hin und begann ihn lautstark zu verhöhnen. Asarhaddon aber trat dicht an Kurduman heran.

Während Asarhaddon tat, als unterstütze er Sardurs Schmähungen, flüsterte er Kurduman zu: »Kannst du mich verstehen? Dann schließe kurz die Augen, aber lasse dir nichts anmerken. Der Mann, der dich verspottet, ist mein Freund und will nur die Wachen ablenken. Wir beide sind hier, um dich zu befreien. Also hör nicht auf seine Worte, sondern auf mich!«

Kurduman schloß kurz die Augen und fragte heiser: »Wer seid ihr?«

»Das ist unwichtig. Uns schickt Hamoyar, dein Sohn.«

Da zuckte es im Gesicht des Kimmeriers, aber zischend gab er zur Antwort: »Der Fürst der Hölle schickt euch, aber nicht mein Sohn. Ihr seid keine meines Volkes.«

»Das ist richtig, aber wird sind Hamoyars Blutsbrüder. Das magst du glauben oder nicht, aber wenn ich dich so betrachte, hast du wohl keine andere Wahl, als uns zu vertrauen.«

Kurdumans Atem ging rasselnd. »Schabakar, den tausend Teufel auf ewig martern mögen, schickt euch!« stieß er keuchend hervor. »Eine neue Folter, die Kurduman durchschaut.«

»Höre!« flüsterte Asarhaddon eindringlich, »es ist hier weder Zeit noch Ort, uns zu streiten. Du bist mehr tot als lebendig, und es wäre besser, dich aus der Stadt zu bringen, bevor du deinen letzten Seufzer getan hast. Für deinen Leichnam wird Hamoyar uns wenig Dank wissen.«

»Ja«, knirschte Kurduman, »ich werde bald bei meinen Ahnen versammelt sein, doch Hamoyar wird mich tausendfach rächen. Die Flüsse werden ihren Lauf ändern müssen, weil die Leichenberge ihren Weg versperren.«

»Nicht Hamoyar, du selbst wirst dieses Werk der Rache vollenden, stolzer Kimmerierfürst. Doch wenn du es vorziehst, im Angesicht deiner Bewacher mit mir zu plaudern, bis sie Verdacht schöpfen und dir einen Knebel in den Mund stopfen, so wirst du schwerlich jemals den Speer der Vergeltung schwingen, sondern elend ersticken wie ein Fisch auf dem Trockenen.«

In diesem Augenblick sah schon einer der Wächter herüber, und Asarhaddon wandte sich scheinbar gleichmütig ab, schlenderte zum Brunnen und brachte von dort einen gefüllten Krug mit. Mißtrauisch verfolgte der Krieger Asarhaddons Treiben, doch dieser stellte sich vor Kurduman auf, tat genüßlich einen langen Zug und ließ dann vor dessen Augen das restliche Wasser langsam zu Boden fließen. Dabei sparte er nicht mit höhnischen Worten. Aus Kurdumans Brust entrang sich ein Stöhnen, seine aufgeplatzten Lippen öffneten sich, als wollten sie ein Wort formen, als wollten sie nach Wasser brüllen, und sein gemarterter Leib bäumte sich auf, daß die Kette um seine Hüften klirrte. Doch bald schlossen sich seine Lippen wieder, die Hände über seinen wundgescheuerten Gelenken ballten sich zu Fäusten.

Asarhaddon empfand plötzlich Mitleid mit diesem starken, wilden Tier, das jetzt so jämmerlich gemartert von denen zur Schau gestellt wurde, die sogar seinen Schatten gefürchtet hatten. Grausam war er, doch auch stolz und stark im eigenen Leid. Nichts konnte diesen Mann beugen, und doch hatte er sich für Sekunden vergessen, als das lebenspendende Naß vor ihm im Sand verrann.

Dem Gefühl des Mitleids nachzugeben war befremdlich für Asarhaddon, und doch konnte er nicht anders. Er ging und kam erneut mit einem gefüllten Krug zurück. Er dachte, Kurduman würde ihm das Wasser ins Gesicht speien, aber dieser schlürfte das erfrischende Naß mit der Gier eines halb Wahnsinnigen.

Als seine Bewacher es sahen, eilten sie zornig herbei, doch Asarhaddon sagte zu ihnen: »Wollt ihr euch Schabakars Zorn zuziehen? Dieser Mann hat so hohes Fieber, daß er noch heute abend sterben wird, wenn er kein Wasser bekommt und man nicht seine Wunden pflegt. Beabsichtigt Schabakar nicht, Kurduman noch wochenlang zu quälen? Tote leiden nicht mehr.«

Jetzt erst betrachteten die beiden Kurduman eingehender und mußten Asarhaddon recht geben. »Beim Barte Kalingurs!« rief der jüngere von ihnen, »Dieser kimmerische Hund verreckt vor unseren Augen, dafür wird Schabakar uns in Stücke hauen lassen. Am besten, wir bringen ihn in sein Gefängnis zurück.«

»Wartet noch eine Weile, die Sonne geht gleich unter. Im Schutz der Dunkelheit wird euch das Volk nicht mehr daran hindern.«

Asarhaddon sprach in ruhigem Ton, und sein Auftreten war von der selbstverständlichen Art dessen, der das Befehlen gewohnt ist. Und die Wachen gehorchten wie von selbst dem Fremden mit dem zwingenden Blick.

Als es dunkel geworden war, befreiten sie Kurduman von seinem Joch und schleppten ihn zu einem Hintereingang der Burg, wo sich sein Verlies befand. Asarhaddon und Sardur folgten ihnen heimlich. Unmittelbar davor, im Schatten der hohen Mauer, sprangen sie die beiden Wächter katzengleich an und schnitten ihnen lautlos die Kehlen durch. Sie schlüpften in ihre Kleider und warfen die Leichen mit Steinen beschwert in die schmutzige Brühe des Abwassergrabens, der von der Burg hinunter zum Fluß führte.

Sardur lud sich den Kimmerierfürsten auf die Schulter. Den Gefängniswärtern wußte Asarhaddon über den Verbleib der beiden anderen eine überzeugende Geschichte aufzutischen, und was Kurduman betraf, brachte er die gleichen Gründe wie zuvor und verwies auf Schabakar. »Eine Woche guter Pflege bedeuten zwei weitere Wochen Folter für diesen Hund«, bemerkte Asarhaddon grinsend: »Jedem rechten Mann würde lieber die Hand abfaulen, als diesen Lumpen zu speisen, zu tränken und zu waschen, aber wir haben uns dazu bereit erklärt, weil seine Qualen dadurch verlängert werden. Jede Wohltat, die wir ihm erweisen müssen, wird von unseren Verwünschungen begleitet. Nun aber rasch, denn er stirbt uns unter den Händen, und Schabakar wird in seinem Zorn weder uns noch euch schonen.«

Die Wärter eilten, neues Stroh aufzuschütten und frisches Wasser bereitzustellen, sie brachten Brot, Käse und Früchte. Der eine legte auch noch ein Stück Braten dazu und bemerkte höhnisch: »Möge er ihm Kraft geben für weitere Tage der Verzweiflung im Joch.«

Als sie mit Kurduman allein im Kerker waren, preßte Sardur sich die Hand vor den Mund, um nicht laut aufzulachen. Asarhaddon war nicht erst seit Kuraschat ein Meister darin, andere zu übertölpeln.

Nun kümmerten sie sich um Kurduman. Sie lösten ihm die Handfesseln, damit er selbst essen und trinken konnte. Dann kühlten sie seine Wunden und seine fiebrige Stirn mit feuchten Tüchern. Das Gesicht des Kummeriers aber blieb abweisend und finster. Asarhaddon und Sardur taten schweigend ihre Arbeit, weil sie Kurduman Zeit geben wollten, sich zu sammeln.

Als er gesättigt war und seine Wunden verbunden, bemerkte Asarhaddon: »Ist es jetzt nicht an der Zeit, deine finstere Miene aufzuhellen und ein Wort des Dankes auszusprechen?«

»Des Dankes?« zischte Kurduman. »Woher weiß ich denn, daß ihr nicht wirklich Schabakars Männer seid und meine Leiden nur verlängern wollt?«

»Du solltest deinen Verstand vom Starrsinn befreien und der Einsicht die Tür öffnen. Wir kennen Schabakar überhaupt nicht, auch König Kalingur haben wir noch nie gesehen. Aber bei deinem Sohn waren wir zwei Tage zu Gast in seinem Dorf am Atrakon.«

»Weshalb?«

»Weil Hamoyar uns seine Gastfreundschaft angeboten hat.«

»Euch? Seid ihr nicht Männer aus dem Westen? Babylonier oder Phönizier?«

»Wir sind nicht deine Freunde, aber wir haben mit deinem Sohn unser Blut gemischt, und so nahm er uns die Verpflichtung ab, dich zu befreien. Das tat dein Sohn für dich, weil er dich liebt und verehrt.«

»Also es sei, ich will euch glauben.« Kurduman musterte Asarhaddon von oben bis unten, dann sprach er: »Du hast mir Wasser gegeben, und keine Berechnung war in deinen Augen, sondern Mitgefühl. Dennoch verhärtete ich mein Herz gegen dich. Doch jetzt will ich dir vertrauen, dir und deinem Freund.«

»Das magst du auch unbesorgt tun. Sage uns vor allem, wann Schabakar dich wieder aufsuchen wird.«

»In acht Tagen.«

»Bis dahin müssen wir die Stadt verlassen haben. Ich hoffe, daß du dich soweit erholen kannst, um reiten zu können. Wie schaffen wir dich am besten hinaus?«

»Das ist nicht schwer. Die Massageten fühlen sich sehr sicher und untersuchen kaum die Wagen, die hinein- und hinausfahren.« Dann fügte Kurduman heftig hinzu: »Und Schabakar? Ich muß ihn haben, muß ihn lebendig haben!«

»Um ihn wirst du dich kümmern, wenn du zusammen mit deinem Sohn zu einem Rachefeldzug gegen diese Stadt aufbrechen wirst. Laß uns erst an deine Befreiung denken, die Vergeltung kann warten.«

»Warten?« schrie Kurduman. »Jede Minute, die ich auf diese Rache warten muß, wird mir zur Qual.«

»Ich verstehe dich gut, großer Fürst, aber übe dich in Geduld. Das ist eine Pflanze mit bitteren Wurzeln, aber überaus süßen Früchten.«

Kurduman schwieg. Nach einer Weile sagte er: »Wer seid ihr? Wenn ich dereinst zu meinen Vätern gehe, will ich vor ihnen die Namen der Männer aussprechen, die mein Leben retteten und mir inmitten einer Stadt voller Haß Gutes erwiesen. Die Geister meiner Väter werden dann euer Leben begleiten und beschützen.«

Asarhaddon und Sardur wechselten einen Blick. Sardur lächelte schadenfroh. »Sagen wir es ihm. Wenn Kurduman stolzer ist als sein Sohn, wird er es ablehnen, sich von uns befreien zu lassen, und wir können uns um unsere eigenen Geschäfte kümmern.« Wenn es nach ihm gegangen wäre, hätte Kurduman schon heute zu seinen Ahnen wandern dürfen.

»Wir sind deine Todfeinde, Kurduman, und wären wir nicht Blutsbrüder deines Sohnes, so wären wir nicht hier, um dir zu helfen«, sagte Asarhaddon.

»Du machst mich begierig nach der Wahrheit. Ich habe viele Feinde, doch wissen möchte ich schon, welche von ihnen sich nun unerwartet als meine Freunde erweisen.«

Da gaben Asarhaddon und Sardur ihre Herkunft preis. Kurduman lachte rauh. »Das ist ein schlechter Scherz!«

»Gewiß«, erwiderte Asarhaddon lächelnd, »wir scherzen gern. Denk dir, wir haben uns in unseren Hauptstädten gelangweilt, und eines Tages beschlossen wir: machen wir uns doch mit Kurduman einen Spaß. Er steht nicht weit von hier auf dem Marktplatz von Zadrakarta im Joch, und es geht ihm gar nicht gut.«

Kurduman konnte zwar über Asarhaddons Worte nicht lachen, doch war er beherrschter als sein Sohn. »Ja, ich spüre, daß ihr es seid«, sagte er leise. Dann vergrub er den Kopf in den Händen. Er murmelte unverständliche Dinge, Sardur aber lächelte hämisch.

Als Kurduman seinen Kopf wieder hob, flüsterte er mühsam wie unter großer Anstrengung: »Ich bitte dich, töte mich. Liefere mich nicht der Schande aus, dir dankbar sein zu müssen. Sage meinem Sohn, du hättest mich nicht mehr lebend angetroffen.«

Ruhig entgegnete Asarhaddon: »Das werde ich keinesfalls tun. Nicht nur, weil ich mein Versprechen halten muß, sondern weil es keine vernünftige Bitte ist. Willst du denn niemals die süßen Wonnen der Rache kosten? Du mußt mir nicht dankbar sein, du darfst mich schmähen so viel du magst, selbst die Schatten der Unterwelt magst du anrufen, mich zu verfluchen. Wir bleiben Feinde, Kurduman, das mag dich versöhnen.«

Da blitzten die Augen des Kimmerierfürsten hell auf. »Du verstehst einen Mann wie mich!« stieß er heiser hervor.

»Wohlan! Ich nehme mein Leben aus deiner Hand entgegen.«

Sie sahen noch einmal nach den Verbänden des Kimmeriers und erneuerten die feuchten Tücher an seinen Waden, die das Fieber senken sollten. Sie versprachen, am nächsten Tag wiederzukommen, und verließen den Kerker.

12

Sechs Tage betreuten sie, von den Wärtern ermuntert, den Kimmerierfürsten, und Kurduman erholte sich bemerkenswert schnell. Das Fieber war gewichen, und von Tag zu Tag entwickelte er größeren Appetit. Er drängte zum Aufbruch, denn Schabakar konnte täglich eintreffen, um die Folter fortzusetzen. Sardur besorgte einen Ochsenkarren und belud ihn mit Säcken und Krügen. Am Morgen des siebten Tages fesselten sie Kurduman und verließen mit ihm den Kerker. Als sie am Gefängnistor an den Wachen vorbeikamen, bemerkte Asarhaddon: »Seht nur, was das Wohlleben aus dem räudigen Hund gemacht hat. Er ist wieder stark wie ein Büfel, und seine Wunden haben sich fast geschlossen. Welch ein Fest wird es Schabakar sein, sie ihm wieder aufzureißen. Und er wird zur allgemeinen Belustigung wieder im Joch winseln, irrsinnig vor Durst und von Fieberschauern geschüttelt. Mögen alle Kimmerier so endlosen Qualen entgegensehen.«

Fast scheu betrachteten die Männer den wieder erstarkten Fürsten, und einer von ihnen sagte: »Wahrhaftig! Der Teufel ist nicht totzukriegen.« Dann sah er Asarhaddon nachdenklich an. »Wie sehr mußt du ihn hassen! Du hast wohl Verwandte durch die Kimmerier verloren? So rachsüchtig und von unerbittlicher Grausamkeit fand ich nur Schabakar selbst.«

Asarhaddon senkte seine Stimme zu einem vertraulichen Flüstern. »Ich kann nicht darüber sprechen, sie haben meine Frau – du verstehst schon.«

»Was schwatzt ihr da?« unterbrach Sardur ungeduldig. »Soll das schmutzige Grinsen in seiner Fratze uns noch länger beleidigen? Rasch, schaffen wir ihn ins Joch, damit es ihm vergeht. Lange genug genoß er nun die Gastfreundschaft in Kalingurs vornehmsten Gästezimmern.«

In einer Nebenstraße wartete schon der beladene Wagen. Kurduman versteckte sich unter Hirsesäcken, Sardur trieb die beiden Ochsen an, die den Wagen zogen, und Asarhaddon setzte sich hinten auf den Wagen, um sie nach rückwärts zu sichern. Unter ihren groben Gewändern trugen sie Dolch und Schwert. So fuhren sie langsam zum Stadttor, wo bereits reger Verkehr herrschte. Asarhaddon und Sardur waren zuversichtlich. Schon meinten sie, die Flucht sei gelungen, und fast beschämte es sie, wie leicht es glückte. Da traten plötzlich aus dem Schatten der Mauer zwei lanzenbewehrte Krieger und faßten die Ochsen am Nasenriemen. »Halt! Herunter vom Wagen, wir müssen ihn durchsuchen.«

Asarhaddon sprang herab, die Hand am Gürtel. Sardur wollte gerade empört gegen den Befehl aufbegehren, als ihm das Blut aus dem Gesicht wich, denn neben den Kriegern standen die beiden Brüder aus Hamoyars Dorf, die sie nach Zadrakarta geführt hatten.

Asarhaddon erblickte sie ebenfalls, und seine Hand fuhr blitzschnell zum Schwert, aber es war zu spät. Auf seine Brust richteten sich zwei Lanzen. Einer der Brüder streckte seine Hand gegen Asarhaddon aus und schrie: »Ja, das sind die Männer aus Hamoyars Lager. Es sind kimmerische Spione!«

Als Beweis wurde Kurduman unter den Hirsesäcken hervorgezogen. Die Krieger fesselten Asarhaddon und Sardur die Hände auf dem Rücken. Vor die beiden stellten sich die beiden massagetischen Brüder und spuckten sie an. Sardur fragte sie bleich: »Weshalb habt ihr das getan, uns verraten? Habt ihr nicht durch uns eure Freiheit erhalten?«

»Wie eifrig ihr euch an Hamoyars Spielen beteiligt habt, das haben wir nicht vergessen. Ihr habt dort unsere Brüder getötet.« Der eine sah Asarhaddon haßerfüllt an. »Es war ein großer Spaß, den eingegrabenen Männern die Ohren abzuschlagen, nicht wahr?«

Asarhaddon wandte sich voller Verachtung ab. »Hier kläfft ein Köter. Weshalb jaulst du nicht den Mond an?«

Sein Bruder zog ihn fort. »Laß ihn! Er ist jetzt Schabakars Haß ausgeliefert, er ist ein Verlorener. Schade nur um seinen Freund. Er war menschlicher.«

»Ach was! Auch er hat die Fliehenden mit Pfeilen erschossen. Sie verdienen beide einen langsamen Tod.«

Während Kurduman zurück in sein Verlies gebracht wurde, trieb man Asarhaddon und Sardur gefesselt durch die ganze Stadt, und der Vorfall verbreitete sich wie ein Lauffeuer. Die Wege und Gassen waren gesäumt von schreienden, geifernden Menschen, die wüste Beschimpfungen und Drohungen gegen sie ausstießen.

Das Hohngeschrei der Menge war schmerzhaft, doch schmerzhafter noch die Niederlage. Es war zu leicht gewesen, sie hatten sich zu sicher gefühlt. Das bezahlten sie jetzt mit Schmach und Erniedrigung.

Die bewaffneten Begleiter schlugen nicht den Weg zum Gefängnis ein, sondern wandten sich nach Norden, wo die Häuser allmählich zurückwichen und der Weg in einen Geröllpfad überging, der aus der Stadt hinausführte. Nach der zweiten Wegbiegung ging es leicht bergan, und hinter dem Hügel sah man hinab auf ein eingezäuntes Gelände, das unter einer gelblichen Staubwolke in flirrender Hitze lag. Es war ein Steinbruch, in dem das Baumaterial für die Häuser und die Straßenpflasterung Zadrakartas gewonnen wurde. Hier arbeiteten nur Verbrecher und Kriegsgefangene.

Staubbedeckte, halbnackte Männer wankten keuchend einen geröllbedeckten Abhang hinauf, die Fesseln an ihren Füßen klirrten, scheuerten die Fußgelenke wund. Sie trugen mit Sand oder Steinen gefüllte Körbe, die sie zu einem Sammelplatz brachten und dort ausleerten. Andere bearbeiteten die grob herausgehauenen Blöcke mit Meißeln zu Bausteinen, andere wieder mischten Sand und Geröll mit Wasser und Lehm zu einer geschmeidigen Masse. Sie standen bis zu den Knien im Morast und stampften den Erdbrei, bis er gut durchgemischt war. Er wurde dann in Formen gefüllt und an der Sonne zu Ziegeln getrocknet. Am Rande des Steinbruchs befand sich ein mit Stroh bedeckter Platz, wo sich die Pfähle reihten, an die die Arbeiter nachts zum Schlafen angekettet wurden. Schutz gegen die Witterung gab es nicht.

Als dem Verwalter die Gefangenen gebracht wurden und er den Grund für ihre Verhaftung erfuhr, huschte ein verzerrtes Lächeln über sein Gesicht. Lange und genüßlich musterte er die beiden.

»Wir haben nach Schabakar geschickt«, sagten die Krieger. »Behalte sie bei dir, Girhayan, bis er nach Zadrakarta kommt. Er wird sie verhören wollen. In der Zwischenzeit sollen sie sich durchaus etwas nützlich machen.«

»Da habt ihr recht«, grinste Girhayan. »Bei mir sind sie gut aufgehoben, das wißt ihr ja. Beklagen muß sich hier niemand. Sonne, frische Luft und Bewegung, das wird ihnen guttun.« Er befahl seinen Haussklaven, die Krieger Kalingurs zu bewirten. Als er mit Asarhaddon und Sardur allein war, stellte er sich breitbeinig mit verschränkten Armen vor sie hin und bemerkte höhnisch: »Welch hübsches Spielzeug ist mir da vom Himmel gefallen! Kimmerische Spione seid ihr also? Nur weiter so, ihr Läusefresser! Verkrüppelte Kiefern beugt man nicht, und niemand beachtet den grauen Sperling, doch mit Wonne zieht man dem Löwen das gleißende Fell über die Ohren und hängt es sich über die Schultern.«

Asarhaddon und Sardur hörten mit steinerner Miene zu. Girhayan rief nach seinen Sklaven und befahl, den beiden zusätzlich Fußfesseln anzulegen. »Macht sie eng. Von nun an werden sie kleine Schritte tun.«

Als sie an Händen und Füßen gefesselt vor ihm standen, nahm Girhayan eine lange Lederpeitsche und sagte böse lächelnd: »Bevor ich euch an die Arbeit schicke, sollt ihr mein herzliches Willkommen spüren. Ich versichere euch, daß ihr vor Dankbarkeit den Boden küssen werdet, wenn ihr meine Liebkosungen erfahrt.« Er betrachtete noch einmal Asarhaddon und Sardur genau, dann holte er aus, und die lange Lederschnur wickelte sich um Sardurs Beine und riß ihn zu Boden, so daß er mit dem Gesicht auf den Boden fiel und sein Mund den Staub küßte. Girhayan schlug Sardur, bis seine Kleider sich blutig färbten. Lange schaute Asarhaddon unbewegt zu, doch als Girhayan dann auf Sardur zuging und ihm brutal in die Rippen trat, schrie Asarhaddon ihn an: »Du elende, mißgestaltete Kreatur! Schabakar wird dir die Haut in Streifen abziehen, wenn er erfährt, wer wir sind. Lasse deine Wut an mir aus, denn ich war es, der Kurduman befreite.«

Girhayan wandte sich langsam um, und seine Stimme troff vor Hohn, als er sagte: »Habe ich richtig gehört? Ich habe einen armen, unschuldigen Mann geschlagen? Wie weh mir das tut. Es ist immer wieder rührend zu sehen, wenn sich Freunde beistehen. Mich jedoch belegtest du soeben mit weniger liebenswürdigen Worten, und das kränkt mich sehr, wo ich euch doch soviel Sorgfalt widme. Ich glaube, du brauchst eine bessere Belehrung als dein Freund, um deine unfreundliche Meinung über mich zu ändern.«

Girhayan ging zurück zum Haus und kam mit einem starken Knüppel zurück. Er schlug ihn Asarhaddon mit einem so kräftigen Hieb in die Kniekehlen, daß dieser mit einem dumpfen Laut zusammenbrach. Dann trafen ihn weitere gezielte Schläge, drei auf den Rücken, zwei auf die Beine, und nur, weil ein gefährliches Knacken zu hören war, tauschte Girhayan den Knüppel wieder mit der Peitsche. Asarhaddon knirschte vor Schmerz mit den Zähnen. Girhayan aber schlug so lange zu, bis Asarhaddon regungslos und blutüberströmt da lag.

Sardur verfolgte in ohnmächtigem Grimm, wie Girhayan Asarhaddon fast zu Tode prügelte, aber er war durch die Fesseln kaum in der Lage, sich zu rühren. In heißem Zorn biß er sich die Lippen blutig.

Girhayan beugte sich über Asarhaddon, hob seinen Kopf an den Haaren hoch und sah, daß er die Besinnung verloren hatte. Da wurde ihm bewußt, daß er in seiner Wut zu weit gegangen war, denn diese Gefangenen waren für Schabakar bestimmt. Wenn sie vorzeitig starben, würde der wenig Verständnis dafür aufbringen. Girhayan befahl mürrisch, die beiden fortzuschaffen und an ihren Schlafstellen anzuketten. Er sah ihnen schulterzuckend nach. Im Steinbruch konnte schnell gestorben werden, das würde er Schabakar schon klarmachen.

Asarhaddon hatte schnell das Bewußtsein wiedererlangt. Er bemühte sich, seine Gedanken auf etwas Sinnvolles zu lenken: wie man am besten entfliehen konnte, was er Schabakar sagen wollte, wie er sich an Girhayan rächen könnte, wie er Anaxares finden und dann mit dem Freund und einem assyrischen Heer zurückkehren und alle Massageten töten würde, ja alle Menschen, die ihm auf diesem Feldzug begegneten. Aber der Schmerz erstickte sein Denken. Er hatte das Gefühl, sein Körper hinge in ehernen Fesseln, die sich in sein Fleisch bohrten. Jede Bewegung wurde zur Qual, und die Qual machte sich zur Beherrscherin seines Körpers und seiner Seele. Sie überschwemmte ihn mit immer neuen Wellen, und außerhalb dieses Schmerzes gab es nichts.

Als Asarhaddon begriff, daß er mit klarem Denken seiner Schmerzen nicht Herr werden würde, versuchte er es auf andere Art. Er bäumte sich nicht mehr gegen die Schmerzen auf, sondern gab sich ihnen hin, nahm sie an. Dabei versuchte er, sie zu erleben und zu betrachten wie ein Außenstehender. Das grausame Bohren und Hämmern in seinem Fleisch, das seine Würde auszulöschen drohte, ging in ein Brennen über, bis er meinte, sein ganzer Körper stehe in Flammen. Wie Brandungswogen überschäumten ihn Hitzeschauer, glitt flüssiges Silber durch seine Adern, das in seinem Gehirn in einem Funkenregen zerstieb. Dann wieder rasten die stechenden Schmerzen durch seinen Körper wie blutgierige Hornissen.

Asarhaddon glaubte, er rase im Fieber, doch plötzlich stöhnte er in jähem Erkennen auf. Er genoß mit Lust die eigenen Schmerzen! Werde ich wahnsinnig? dachte er. Bin ich es immer gewesen, oder verdunkelt die Qual meinen Verstand? Hat mein Geist in den zwölf Jahren im Tempel derart Schaden gelitten, daß ich unheilbar verloren war, ohne es zu wissen? War ich nichts weiter als ein Besessener auf Assyriens Thron?

Er zwang sich, ruhiger zu werden. Er hob den Kopf und erblickte Sardur, der mit dem Rücken an seinen Pfahl gelehnt saß und zu ihm herübersah. Asarhaddon versuchte ein Lächeln, es geriet zur Grimasse. Er wollte sich aufrichten, aber als er sein linkes Bein anziehen wollte, um sich auf sein Knie zu stützen, durchfuhr ihn jäh ein so furchtbarer Schmerz, daß er aufschrie. Es war gebrochen. Er betastete seine Rippen. Das offene Fleisch brannte höllisch, aber sie schienen noch heil zu sein.

Sardur bemerkte zu seiner Freude, daß Asarhaddon wieder zu sich gekommen war. »Den Göttern sei Dank, du lebst!« rief er hinüber. »Wie fühlst du dich?«

Asarhaddon wollte auflachen, aber es kam nur ein heiseres Röcheln heraus. »Ausgezeichnet«, krächzte er, »und du?«

»Die Schmerzen sind zu ertragen, aber dich hat er arg zugerichtet. Dieser Bastard! Wenn wir doch –«

Ein Stiefel fuhr ihm in den Rücken. »Maul halten, sonst reißen wir dir die Zunge heraus!«

Sardur verstummte. Er wußte, daß Asarhaddon Girhayans Zorn und damit die furchtbaren Schläge bewußt auf sich gelenkt hatte. Sardur wünschte, er hätte es nicht getan, denn der Schmerz um den Freund und die Ohnmacht, nichts für ihn tun zu können, ließen ihn verzweifeln.

Irgendwann in der Nacht schlief er ein. Asarhaddon aber blieb wach, die Nacht wurde ihm zur Hölle, und er wünschte nur noch zu sterben. Erst am Morgen schlief er vor Erschöpfung ein.

Die Gefangenen wurden geweckt und bekamen zu essen. Brot und Suppe mit Fleisch. Sardur aß langsam und mit Bedacht und fühlte, daß ihn das Essen kräftigte. Wollte er etwas unternehmen, mußte er stark sein. Er beschloß, sich vorerst zu fügen, um den Aufsehern keinen Grund zu weiteren Strafen zu geben.

Nach dem Essen ging er mit den anderen zur Arbeit hinaus. Um Asarhaddon hatte sich niemand gekümmert. Als die Sonne höher stieg, war er hilflos ihren sengenden Strahlen ausgeliefert, und Fliegen begannen ihn zu umschwärmen. Da humpelte ein alter Sklave aus dem Hause Girhayans herbei, sah sich scheu um und breitete mitleidig eine Decke über den zerschlagenen Körper. Er hatte den schönen Fremden bewundert, und nun, da er ihn so gedemütigt und mißhandelt dort liegen sah, erbarmte ihn der Anblick, denn in seiner Einfalt meinte er, daß Schönheit auch ein gutes Herz bedeute.

Als die Arbeiter am Abend an ihre Schlafstellen zurückkehrten, wollte Sardur gleich nach Asarhaddon sehen, aber er wurde fortgestoßen und an seinen Platz gekettet. Asarhaddon war bei Bewußtsein, aber nicht fähig, sich aufzurichten. Schon die kleinste Bewegung schmerzte, hinzu kam ein unerträglicher Durst. Er hatte nach dem Wasserjungen gerufen, doch dieser war nicht gekommen. Als das Abendessen ausgeteilt wurde, bekam Asarhaddon nichts, weil er nicht gearbeitet hatte.

Sardur rief nach dem Wasserjungen und bat ihn, Asarhaddon zu trinken zu geben. »Nimm auch mein Essen mit und gib es ihm«, flüsterte er.

Der Knabe schüttelte den Kopf. »Das ist verboten.«

Sardur lächelte ihn verheißungsvoll an. »So ein schöner Knabe wie du sollte seine Jugend nicht im Steinbruch verbringen. Hat dein Herr denn keinen Blick für soviel Liebreiz?«

Der Knabe wurde dunkelrot. »Ich muß weiter«, murmelte er, doch Sardur fuhr fort: »Höre, du furchtsamer Knabe, wenn du tust, worum ich dich bat, will ich dir heute nacht etwas zeigen, wovon du in deinen einsamen Nächten bisher nur zu träumen wagtest. Oder erlaubt dir dein Herr, den verbotenen Wünschen nachzugehen, welche die Jugend heiß bedrängen?«

»Für dergleichen bin ich nicht zu haben«, stieß der Knabe verlegen hervor. »Laß mich, ich darf nicht mit den Gefangenen reden.« Er sah sich scheu um, doch es war kein Aufseher in der Nähe.

»Du bist wohl noch unberührt, daß du so sprichst«, bemerkte Sardur spöttisch, »Bist du ein Mädchen, oder willst du einmal ein Mann werden?«

Der Knabe stand unschlüssig, doch das Lächeln des gutaussehenden Fremden gewann ihn. Er nahm den gefüllten Napf und das Brot und trug beides hinüber zu Asarhaddon. »Das bringe ich dir von deinem Freund«, flüsterte er.

Asarhaddon hob schwach den Kopf. »Gib mir zuerst zu trinken.«

Der Knabe stützte ihn, damit er seinen Oberkörper etwas aufrichten konnte, um den Becher an den Mund zu führen. Dann gab er ihm den Napf und den Löffel in die Hand. »Du siehst schlimm aus. Wirst du allein essen können?«

Asarhaddon nickte.

Der Knabe blickte sich ständig um. Dann füllte er Asarhaddon noch einen Krug mit Wasser. »Für die Nacht«, sagte er leise. »Mehr kann ich nicht für dich tun.«

Asarhaddon lächelte verzerrt. »Weshalb solltest du auch? Bist du denn meine Amme?«

»Dein Freund bat mich darum. Er ist ein freundlicher Mensch.«

»Gewiß, aber bringe mir nicht mehr das Essen und sage meinem Freund, den flügellahmen Adler soll man nicht mehr füttern.«

Nach einer guten Stunde, als der Knabe alle versorgt hatte, huschte er noch einmal zu Sardur und wiederholte ihm Asarhaddons Worte. »Ich glaube«, fügte er hinzu, »sein Bein ist gebrochen. Das ist sein Tod, denn so kann er nicht arbeiten.«

Sardur erschrak, denn nun war es unmöglich, an eine Flucht zu denken. Und Schabakar? Es war wohl besser, Asarhaddon starb, bevor er eintraf. Doch was für ein schändlicher Tod! Vor Hamoyar und Kurduman hatten sie versagt, um am Ende wie streunende Hunde erschlagen zu werden.

Sardur nickte dem Knaben freundlich zu, doch er hätte keine Kraft gehabt, sein Versprechen bei dem Knaben einzulösen. Doch dieser erinnerte ihn nicht daran. Er ließ seine Hand nur für Augenblicke auf Sardurs Arm ruhen, dann verschwand er in der Dunkelheit.

Am nächsten Morgen sah Girhayan nach Asarhaddon. Wütend zog er ihm die Decke weg und stieß den Krug um. »Steh auf!«

Asarhaddon versuchte, gelassen zu bleiben. »Ich kann nicht aufstehen, mein linkes Bein ist gebrochen.«

»Ist es das?« höhnte Girhayan. Er trat mit dem Fuß dagegen, und der Schmerz war so grausam, daß Asarhaddon einen Schrei nicht unterdrücken konnte. »Gebrochen also«, stellte Girhayan genüßlich fest. »Und du glaubst, wir werden einen so nutzlosen Krüppel durchfüttern? Decken, Wasser, Suppe, Brot! Wer hat dich so verwöhnt, he? Hier bekommt nur zu essen, wer arbeitet. Kannst du arbeiten? Nein!« Er winkte seinen Aufsehern. »Dieser Mann hier wollte Kurduman aus der Stadt bringen, damit er zurückkehren und eure Familien abschlachten kann. Und nun möchte er sich in unserem warmen Stroh einen gemütlichen Lebensabend machen. Findet ihr, daß ich das dulden darf?«

Die Aufseher lachten. »Nein!« rief einer von ihnen. »Solche Hunde sollen verrecken. Darf ich ihn aufspießen?«

Girhayan schüttelte den Kopf. »Das wäre ein zu leichter Tod. Packt ihn und werft ihn in den Morast hinter den Lehmgruben, dort mag er langsam verfaulen.«

Als Sardur das hörte, brüllte er wie ein Stier und rüttelte an seinem Pfahl. »Du häßliche Kröte! Laß ihn in Ruhe! Töte mich, ich habe Kurduman befreit, ich allein bin der Schuldige, hört du? Foltere mich, aber verschone ihn!«

Girhayan ging langsam zu Sardur hinüber. Er sah auf ihn herab. »Du winselst wie ein Säugling am Spieß. Geht dir sein Ende so nah? Wohlan! Dann begleite ihn beim Sterben. An einen Pfahl gekettet sollst du seine letzten Zuckungen sehen, bis er zu schwach ist, seinen Kopf zu heben, und im Schlamm erstickt. Du selbst aber wirst an deinem Pfahl verhungern und verdursten und ebenso verfaulen wie er.«

»Es ist also aus«, murmelte Sardur. »Mögen die Götter uns einen schnellen Tod schenken.«

Hinter den Lehmgruben schloß sich ein morastiges Gelände an, das als Abtritt und als Sammelstätte für den Unrat genutzt wurde und ständig von Scharen krächzender Raben und Krähen umlagert war. Dorthin schleppten die Aufseher Asarhaddon. Trotz seines kläglichen Zustands fesselten sie ihn an Händen und Füßen und überließen ihn seinem

Schicksal. Neben ihm rammten sie einen Pfahl in die Erde und banden Sardur daran fest. Mit höhnischen Worten und etlichen Fußtritten verabschiedeten sie sich von den beiden.

Asarhaddon lag auf dem Bauch. Mühsam wälzte er sich auf die rechte Seite. »Sardur«, stöhnte er, »laß uns jetzt wie Männer sterben. Eins sollst du aber wissen: es ist schön, daß du bei mir bist.«

»Wir sterben hier nicht wie Männer, sondern wie Ratten!« stieß Sardur erbittert hervor. »Wer würde auch schon unsere Klagen hören außer den Aasvögeln.«

Asarhaddon schwieg.

»Hast du große Schmerzen?« fragte Sardur.

»Sie sind zu ertragen«, log Asarhaddon, obwohl er das Gefühl hatte, sein Bein werde mit eisernen Haken zerfleischt, und die Wunden auf seinem Rücken brannten, als würden sie mit kochendem Öl übergossen. Dann stieg die Sonne hoch, und dann kamen Fieber und Durst. Sein Körper zitterte, während seine Wunden kochten. Im Fieberwahn verlor er jegliche Kontrolle über sich und brüllte vor Schmerzen. Der unerträgliche Durst trieb ihn dazu, den fauligen Schlamm auszusaugen.

Sardur wand sich in seinen Fesseln, doch er erreichte nur, daß die Lederriemen sein Fleisch zerschnitten. Er stieß Verwünschungen aus, drohte den Massageten fürchterliche Rache an, die er niemals würde vollstrecken können; schließlich schluchzte er in ohnmächtiger Verzweiflung, bis er erschöpft zusammensank und in einen Halbschlaf hinüberdämmerte.

Am nächsten Morgen traf Schabakar, der Festungskommandant aus Beschnagar, im Steinbruch ein. Girhayan verbeugte sich so tief, daß er fast den Boden küßte. »Erhabener Schabakar, Sohn der Tapferkeit, Licht unserer Augen, Zierde von Zadrakarta, siegreicher Held über Kurduman, den Sendboten der Hölle.«

Schabakar winkte ab. »Nenne mich Herr, das genügt. Ich höre, daß zwei Männer dem Kimmerierfürsten zur Flucht verhelfen wollten? Wo sind sie?«

»Sie sind hier, Herr, aber es sind wilde Männer. Zürne mir

nicht, großer Schabakar, ich mußte sie hart bestrafen. Sie haben unsere Aufseher angegriffen und gebärdeten sich auch sonst wie tausend Teufel.«

»Was hast du mit ihnen gemacht. Sind sie tot?«

»Sie leben vielleicht noch, aber sie dürften ohne Bewußtsein sein. Sie faulen unter der Sonne in den Abfallgruben.«

»So zu enden, haben sie verdient. Aber ich hätte sie doch gern verhört. Sieh nach ihnen und bring sie zu mir, falls sie noch leben.«

Schabakar trat in das Haus Girhayans, um sich kurz zu erfrischen. Als er heraustrat, hatte man die beiden Gefangenen herbeigebracht. Sie lagen bewußtlos im Staub. Er trat an Sardur heran und stieß ihn leicht mit dem Fuß an. Sardur gab ein Stöhnen von sich. »Ja, dieser lebt noch«, bemerkte Schabakar ungerührt. »Und dieser hier?« Dabei drehte er Asarhaddon mit dem Stiefel halb zur Seite. »Ihr Götter!« stieß Schabakar halblaut aus, als er den von Schlamm und Blut überkrusteten Körper betrachtete, »der ist schlimmer verreckt als ein Vieh.«

Er wandte sich an Girhayan. »Er ist tot. Überlaß seinen Körper den Krähen. Den anderen werde ich verhören. Mach ihn etwas munterer.«

Da drang ein gurgelndes Geräusch aus der Brust Asarhaddons. Schabakar wandte sich um. »Er lebt also doch noch, der Unglückselige! Was hat er gesagt, Girhayan, konntest du es verstehen?«

»Nein, Herr, er stöhnte nur vor Schmerzen.«

»So? Nun, ein Verhör steht er nicht mehr durch. Schaff ihn wieder in die Gruben. Mögen die Krähen ihn lebendig zerhacken.«

Schabakar wandte sich ab und wollte in Girhayans Haus zurückgehen, da brach ein Schrei aus Asarhaddon hervor, wie ihn ein weidwundes Tier in höchster Todesangst ausstößt, und er formte einen Namen: »Anaxares!«

Schabakar fuhr herum und starrte auf den Gefangenen. »Woher kennt er meinen Namen?« stammelte er.

»Deinen Namen, Herr?« wunderte sich Girhayan. »Er nannte nicht deinen Namen.«

Doch Schabakar hörte nicht auf ihn. »Wer sind diese Männer?« stieß er heiser hervor.

»Kimmerische Spione, Herr.«

Schabakar überlegte einige Sekunden. »Wahrscheinlich sind es Männer, die mir damals nach meiner Niederlage am Atrakon bis nach Zadrakarta gefolgt sind. Verräter, die Hamoyar mit Gold bezahlt hat.«

Da röchelte Asarhaddon mit letzter Kraft. »Ich bin Asarhaddon, erkennst du mich denn nicht?«

Schabakar, der wirklich Anaxares war, überlief es kalt. Sein Gesicht wurde aschfahl, und seine Lippen zitterten. Er taumelte zurück und stieß abwehrend die Hände aus. »Das ist Kurdumans Werk! O ja, er versteht sich auf Zauberei und Geisterwesen. Alle Kimmerier können es. Fort mit diesem Mann! Aus ihm spricht ein böser Geist, der mich verwirren will, fort mit ihm!«

Girhayan und seine Männer sahen verständnislos auf Schabakar, während Asarhaddon von einem verzweifelten Schluchzen geschüttelt wurde.

Da hob Sardur den Kopf und sah sich verwirrt um. Er erkannte durch das Flirren des Sonnenlichts nur Schemen, dann hörte er Asarhaddon schluchzen. Er wollte zu ihm kriechen, da hörte er Anaxares Stimme: »Ha! Nun ist vollends bewiesen, daß alles teuflisches Blendwerk ist. Sieht dieser nicht aus wie Prinz Sardur, der Sohn König Rusas, den ich gut kenne? Ich durchschaue deinen Dämonenzauber, Kurduman! Gleich zwei Freunde gaukelst du mir vor, aber Asarhaddon und Sardur haben sich gehaßt, wußtest du das nicht?« Er kicherte. »Du siehst, du kannst mich nicht täuschen.«

Doch als die Aufseher die beiden rasch fortbringen wollten, weil ihnen der Kommandant unheimlich wurde, kniete Anaxares bei den beiden nieder und wehrte ab. »Nein, nein, noch nicht. Laßt mich das Hexenwerk genauer betrachten.«

Er sah Sardur abwesend an, der ihn ebenfalls anstarrte, als sei Anaxares ein leibhaftiger Dämon. »Sardur?« murmelte Anaxares und tastete vorsichtig über sein Haar, sein Gesicht. »Geisterwerk, Teufelsspuk«, flüsterte er.

Da schossen Sardur Tränen in die Augen. »Ich bin Sardur, weshalb glaubst du das nicht?«

»Weil –«, Anaxares wußte nicht sofort zu antworten. »Es kann eben nicht sein, es ist unmöglich. – Gebt mir Wasser und ein Tuch!« befahl er dann. Seine Hände zitterten. Er begann jetzt, Asarhaddon vorsichtig das Gesicht von Blut und Schlamm zu säubern. Und als darunter wieder menschliche Züge zum Vorschein kamen, schrie Anaxares auf. Dann stammelte er: »Du bist doch in Assur! Du sitzt in deinem Palast und freust dich deines Sieges. Und du glaubst, ich sei tot, das hast du dir doch gewünscht? Erträgt es dein böser Geist nicht, daß ich noch lebe? Zürnst du mir deswegen und suchst mich heim in Gestalt eines Dämons?« Doch während er hastig seine Worte herausstieß, tupfte er ihm zärtlich das Blut von der Stirn.

»Gib mir zu trinken«, stöhnte Asarhaddon, »und schweig still von Geistern und Dämonen. Wahrlich, lieber wäre ich im Schlamm erstickt, als dein abergläubisches Gefasel zu ertragen. Muß ich denn wirklich erleben, daß mein bester Offizier an böse Geister glaubt? Derartige Lächerlichkeiten habe ich nicht einmal im Fieberwahn von mir gegeben.«

Da wußte Anaxares, daß er keinem Trugbild aufgesessen war, denn diese Gespräche waren ihm allzu vertraut. Schluchzend warf er sich über ihn, während Asarhaddon halb erstickt keuchte: »Du Narr! Das tut mir weh! Achte auf mein Bein, du Tölpel! Und heule nicht wie ein Kind, dem die Mutter gestorben ist.« Doch während er so sprach, rannen ihm selbst die Tränen herab. Sardur weinte und Girhayan und seine Männer waren ratlos. Doch dann dämmerte Girhayan schnell, daß ihm etwas Furchtbares drohte, und er machte sich aus dem Staub.

Anaxares umarmte jetzt auch Sardur, und sie heulten wie bezahlte Klageweiber auf einem Begräbnis. Schließlich raffte sich Anaxares auf und befahl, Asarhaddon und Sardur sofort in Girhayans Haus zu bringen. Dort schrie er nach einem Wundarzt und kümmerte sich dann selbst um seine Freunde. Sardur erholte sich einigermaßen rasch, doch Asarhaddon, den das Wiedersehen die letzten Kräfte gekostet hatte, war in einen totenähnlichen Schlaf gefallen. Als Anaxares das Ausmaß seiner Verletzungen sah, brach er weinend an Sardurs Schulter zusammen. »Wie konnte das geschehen? Weshalb habe ich nichts erfahren? Er wird sterben, und ich bin schuld, Sardur!«

Dieser stützte ihn und bat ihn sanft, sich zu setzen. »Beruhige dich, es ist ja letztendlich alles gutgegangen. Wegen Asarhaddon bin ich zuversichtlich. Er hat eine starke Natur und wird es überstehen.«

»Verzeih mir, daß ich euch nicht erkennen wollte, aber mein Verstand sträubte sich dagegen. Ihr wart wie Gestalten aus einer anderen Welt. Wie kommt ihr beide hierher?«

»Und ich kann es noch nicht fassen, daß du dich hinter dem vielgerühmten und gefürchteten Schabakar verbirgst. Als ich am Pfahl hing und Asarhaddons Schreie hörte, glaubte ich, den Verstand zu verlieren. Ich hatte keine Hoffnung mehr, doch dann geschah das Wunder, das uns rettete. Wir werden uns viel zu erzählen haben.«

»Ja, es ist, als hätten wirklich die Götter ihre Hände im Spiel. Daß ich Schabakar bin, ist freilich kein Wunder, sondern leicht zu erklären. Vielmehr ist es ein Wunder, daß ich euch hier an diesem abgelegenen Ort begegne. Ich hatte mit meinem vergangenen Leben abgeschlossen und mein Schwert in den Dienst Kalingurs gestellt, denn ich kam nach Zadrakarta als ein gebrochener Mann. Doch nun drängt mein Leben wieder zum Licht.«

Sardur zog Anaxares bewegt an sich, und sie spürten die Kraft, die ihnen diese Umarmung gab. Als sie sich voneinander lösten, lächelte Anaxares verlegen und wischte sich die Tränen ab. »Meine nur nicht, ich würde bei jeder Gelegenheit heulen wie ein Weib.«

»Heute braucht sich niemand von uns seiner Tränen zu schämen«, erwiderte Sardur sanft.

Anaxares nickte und entgegnete versonnen: »Ich sah sogar Asarhaddon weinen, und ich glaubte, der Hohepriester des Aschschur habe keine Tränen.«

»Erinnere ihn bloß nicht daran«, gab Sardur lächelnd zur Antwort, »das würde ihn verdrießen.«

»Du hast recht«, lachte Anaxares, jetzt schon recht aufgeräumt. Dann sah er Sardur nachdenklich an. »Sage mir, mein Prinz, was ist eigentlich geschehen? Du scheinst dich gut mit Asarhaddon zu verstehen. Ich erinnere mich noch sehr gut, daß Asarhaddon unsere Freundschaft mißbilligte, weil er dir mißtraute. Und du selbst hast ihn ebensowenig geschätzt, weil er von dir verlangte, daß du dich wie ein Sklave unterwirfst.«

Sardur stieg eine leichte Röte in die Stirn. »Ja, so ist es gewesen, doch wir sind längst gute Freunde geworden. Es ist manches geschehen, seit du fort warst.«

»Es freut mich, daß kein Haß und Mißtrauen mehr zwischen euch ist. Ich habe nie vergessen, daß du, Sardur, mir zum Abschied eine gesunde Rückkehr wünschtest, während Asarhaddon –«, Anaxares zögerte verbittert, dann fuhr er fort: »Um einer Frau willen hat er mich gehaßt, und nun ist er hier. Hat er mir denn auch verziehen?«

»Du Narr! Deinetwegen sind wir ja aufgebrochen, denn Asarhaddon wollte nicht ohne dich nach Assur zurückgehen. Er liebt dich und hat Reich und Thron im Stich gelassen, hat alles aufgegeben, um dich zu suchen.«

Anaxares nahm Sardurs Hand. »Welch ein Geschenk machst du mir mit deinen Worten. Bei den Göttern, nie hätte ich geglaubt, daß ich ihm so viel bedeute. Seine Liebe und Freundschaft waren wohl tiefer, als er selbst ahnte.«

Anaxares sah Sardur in die Augen. »Und du, mein Prinz, weswegen bist du hier?«

Sardur lachte verlegen. »Sind wir nicht auch Freunde, mein General?« Dann fügte er ernst hinzu: »Ich bin nicht mehr Kronprinz. Mein Vater ist tot.«

»Ist er gefallen? Das tut mir leid.«

»Nein, nicht gefallen. Hast du denn nichts von der Pest gehört?« Und Sardur berichtete ihm in kurzen Worten, was sich ereignet hatte, auch vom Tode Harpagos. »Ja«, schloß er, »ein günstiges Schicksal verschlug dich mit deinen Truppen nach Osten, sonst wäre es dir nicht besser ergangen.«

»Das sind schlimme Nachrichten«, erwiderte Anaxares betroffen. »Und ich dachte, unsere Krieger feierten rauschende

Siegesfeste und wären längst glücklich in die Heimat zurückgekehrt, während ich wie ein Besessener die unendliche Steppe durchquerte, um ganz nach Asarhaddons Befehl auch den letzten Kimmerier zu töten.« Er schlug sich gegen die Stirn. »Welch ein Irrsinn, welch ein Hirngespinst! Man kann sie nicht alle töten, und als ich es merkte, war es längst zu spät. Ich verlor fast alle meine Männer. Die letzten in einem Kampf am Atrakon, wo mich ein Knabe besiegte. Hamoyar, einer der Söhne Kurdumans. Er tötete nahezu alle meine Männer. Mit fünf Gefährten konnte ich mich retten, aber was war das für eine Rettung! Es war die schmachvolle Flucht vor einem kimmerischen Knaben.« Anaxares warf einen Blick auf Asarhaddon, doch dieser schlief fest. »Ich schämte mich meines Namens und meiner Herkunft«, fuhr Anaxares fort, »und so nannte ich mich Schabakar und gab mich als medischer Offizier aus. Kalingur nahm mich freundlich auf und übertrug mir ein Kommando gegen die Kimmerier, das ich nur allzu gern annahm.«

»Weswegen bist du nicht über Medien nach Assyrien zurückgekehrt?« fragte Sardur.

»Ich wollte nie mehr zurück.« Anaxares zögerte. »Ich hätte es nicht ertragen, Asarhaddon als Geschlagener unter die Augen zu treten und lebend. Er sollte glauben, ich sei tot.«

Sardur nickte. »Das verstehe ich. Und dann? Dann kam dein Sieg über Kurduman, nicht wahr?«

Anaxares nickte matt. »Ja, am Ende war mir noch dieser Triumph beschieden. Seitdem verehrt mich das Volk der Massageten wie einen Gott. Aber dieser Sieg richtete mich nicht mehr auf. Ich lebte unter Fremden, und ihre Verehrung bedeutete mir nichts.«

»Und Kurduman?« fragte Sardur vorsichtig. »Du sollst ihn in regelmäßigen Abständen eigenhändig gefoltert haben, stimmt das?«

Anaxares verzog den Mund. »Ja, ich gebe zu, ich bot keinen rühmlichen Anblick als Folterknecht, aber auf Kurduman richtete sich all mein Haß. An ihm ließ ich aus, daß ich keine Zukunft mehr hatte.«

Sardur schwieg. Er wollte Anaxares nicht vorzeitig von

den Ereignissen um Hamoyar und Kurduman erzählen, das hätte ihn in diesem Augenblick vollends verwirrt.

Da fragte Anaxares: »Weshalb hat man euch eigentlich verhaftet und in den Steinbruch bringen lassen? Die Geschichte von Kurdumans Befreiung war doch sicherlich nur vorgeschoben?«

»Nicht ganz«, wich Sardur aus, »aber davon soll dir besser Asarhaddon erzählen, denn es hat sich Unglaubliches zugetragen, und du wirst, wenn du alles gehört hast, feststellen, daß es in deiner bisher so festgefügten Welt weder Freund noch Feind gibt.«

»Du sprichst in Rätseln und machst mich neugierig.«

Sardur lächelte. »Hab noch ein wenig Geduld, bis es Asarhaddon bessergeht.«

»Ihr kommt natürlich in mein Haus nach Beschnagar. Dort wird Asarhaddon die besten Ärzte und die beste Pflege erhalten. Vorher aber will ich mich um Girhayan kümmern. Ich ziehe ihm mit eigener Hand die Haut ab!«

»Da helfe ich dir, aber warte noch damit, bis Asarhaddon erwacht. Er würde es uns nie verzeihen, wenn wir ihm das vorenthielten.«

»Willst du deinen König verdursten lassen?« kam es da heiser aus Asarhaddons Richtung. »Bei Aschschur, ihr sitzt da und schwatzt und nennt euch meine Freunde, während ich hier meinen eigenen Speichel schlucken muß.«

Anaxares stürzte herbei und hielt Asarhaddon vorsichtig den Wasserkrug an die Lippen. »Du bist wach? Ich hatte es nicht bemerkt. Wie geht es dir?«

»Wie soll es mir gehen, nachdem man mir die Knochen zerschlagen und das Fleisch von den Rippen gepeitscht hat«, stöhnte Asarhaddon. »Der Kehrichthaufen, auf den man mich dann bettete, war auch keine königliche Lagerstatt.«

Anaxares aber wurde abwechselnd blaß und rot und konnte nur stottern: »Das wird gerächt werden. Ich werde Girhayan –«

»Was wirst du?« unterbrach ihn Asarhaddon spöttisch. »Hast du mich in deiner Freundlichkeit nicht selbst dort vermodern lassen wollen?«

»Ich – ich dachte, ich wollte doch –«

Da drückte Asarhaddon lächelnd seine Hand. »Genug, Anaxares! Laß dich anschauen, laß mich den ersehnten Anblick kosten. Wenn du auch inzwischen ein Anhänger rasselschwingender Schamanen geworden bist, so freue ich mich doch, daß ich dich endlich gefunden habe.«

»So hast du mir also verziehen?« fragte Anaxares bewegt. »Wir sind wieder die alten Freunde?«

»Was bleibt mir übrig?« seufzte Asarhaddon. »Schließt nicht auch der Vater seinen ungeratenen Sohn in die Arme, wenn er ihn nach langer Zeit wiedersieht, obwohl der Prügel schon bereit lag? Schabakar! Hättest du dich deines Namens nicht geschämt, wir könnten längst gemeinsam auf dem Heimweg sein.«

»Das ist wahr«, seufzte Anaxares, »aber den Göttern hat es gefallen, ein Verwirrspiel mit uns zu treiben.«

»Wir haben sie bezwungen. Bei Aschschur, wie drängt es mich jetzt, Assur wiederzusehen, doch ich fürchte, daß ich noch eine Weile die Gastfreundschaft der Massageten in Anspruch nehmen muß. Wo ist Girhayan, dieser Unglückselige?«

»Er hat sich davongemacht, aber ich lasse ihn bereits suchen. Seine Aufseher und Sklaven haben wir. Was befiehlst du ihretwegen?«

Sardur ballte die Faust und rief: »Was es auch sei, laß es mich tun, Asarhaddon!«

Der lächelte schwach. »Lieber nicht, Sardur, Foltern ist eine Arbeit für verrohte Gemüter.«

Anaxares grinste. »Und Sardur ist so zart besaitet; ist nicht langsames Rösten seine Spezialität?«

Sardur streckte beschwörend die Hand aus. »Ja, und diesmal werde ich es so machen, daß selbst du mich um Gnade für sie bitten wirst.«

Anaxares prustete los. »Diesen Tag möchte ich erleben.«

Asarhaddon schüttelte leicht den Kopf. »Ich will nur Girhayan. Seinen Sklaven soll nichts geschehen.«

»Warum nicht?« fauchte Sardur.

»Einer von ihnen breitete eine Decke über mich, als ich

wund und von Fliegen umschwärmt im Stroh lag. Ich war zu schwach, um ihm zu danken.«

»Du überraschst mich«, bemerkte Sardur. »Dankbarkeit gegen Sklaven? Das war sonst nicht deine Art.«

»Girhayans Sklaven können wir laufen lassen«, meinte Anaxares, »aber Kurduman und seinen Sohn werde ich nicht vergessen. Die Niederlage am Atrakon soll mir sein Vater noch mit tausend Schmerzen bezahlen, und Hamoyar selbst werde ich mit Hilfe meiner massagetischen Truppen vernichten. Das muß noch vor unserer Rückkehr nach Assyrien geschehen, und ich wäre glücklich, wenn du mir dabei zur Seite stehen wolltest, Sardur.« Er sah Asarhaddon an. »Es schmerzt mich, bei diesem Feldzug auf dich verzichten zu müssen, doch dein Bein wird dir sicher noch etliche Wochen zu schaffen machen.«

Asarhaddon blickte forschend zu Sardur hinüber, doch dieser zuckte mit den Schultern. Da sagte er: »Offensichtlich ist dir nicht bekannt, Anaxares, daß Sardur und ich wegen Kurduman festgenommen worden sind.« Und er erzählte ihm die ganze Geschichte.

Anaxares hatte mit wachsendem Erstaunen zugehört, dann starrte er Sardur an. »Sag, hast du vielleicht diese Wunder vollbracht?«

Sardur lachte. »Ich? Bei den Göttern, ich wollte, es wäre so!«

»Wenn es sich so verhält«, stieß Anaxares hervor, »was soll dann werden? Wenn ich dich richtig verstanden habe, Asarhaddon, soll ich nicht nur auf meine Rache verzichten, sondern auch noch zusehen, wie ihr eurem Wort getreu Kurduman aus der Stadt bringt.«

»Das wäre zu begrüßen«, bemerkte Asarhaddon kühl.

»Aber das ist unmöglich! Das kann ich nicht tun. Ich habe Kalingur Treue gelobt und kann seinem Todfeind nicht beistehen.«

»Jetzt gehört dein Schwert wieder mir, Anaxares. Ich habe die älteren Rechte und fordere deine Treue wie zuvor.«

»Wie kann ich denn zwei Herren dienen? Natürlich gehorche ich deinen Befehlen, aber entbindet mich das von meiner

Treue zu Kalingur? Auf meine Rache verzichte ich, aber Kurduman zu befreien, das bedeutet wieder Krieg. Es bedeutet, daß er die Massageten angreifen wird, die ich bisher beschützt habe, die mir vertrauen. Gib mir einen Rat, wie ich mich verhalten soll.«

Asarhaddon nickte. »Ich gebe zu, daß die Lage verzwickt ist. Laßt uns also darüber beraten, was wir tun können, um alle Beteiligten zufriedenzustellen.«

»Alle?« wiederholte Sardur. »Das dürfte unmöglich sein.«

»Daher müssen wir auch ungewöhnliche Maßnahmen erwägen. Bauen wir einmal nicht auf die Macht des Schwertes. Denn es scheint mir geboten, klug zu sein und den Frieden zu wählen.«

»Den Frieden zwischen wem?« fragte Anaxares.

»Zwischen Kurduman und Kalingur.«

»Eher versöhnst du Hund und Katze!«

»Ganz abwegig ist mein Vorschlag nicht. Zwar kenne ich Kalingur nicht, es wird also deine Aufgabe sein, ihn von der Weisheit meines Ratschlusses zu überzeugen. Was Kurduman angeht, bin ich zuversichtlich, daß er darauf eingehen wird.«

»Unter welchen Bedingungen?«

»Das laß ihn mit Kalingur aushandeln. Ob dem Frieden Dauer beschieden sein wird, ist fraglich, aber nicht mehr unsere Sache. Deine Ehre bleibt unangetastet, darauf kommt es doch an.«

»Ja, darauf kommt es an«, murmelte Anaxares. »Ein guter Weg, wenn er beschritten wird. Ist Aschschur tot?«

»Aschschur ist eine Idee, und von dieser wird Assyrien getragen. Nein, Anaxares, ein Dummkopf bin ich nicht, und was für meine Freunde gilt, gilt nicht für die Welt. Dennoch hast du recht, ich begebe mich auf gefährliche Pfade, und es ist an der Zeit, daß ich wieder Assurs Luft atme.«

»Das wird geschehen, sobald du wieder reiten kannst. Bis dahin werde ich dich in meinem Haus in Beschnagar verwöhnen.«

Kurduman befand sich in einem guten körperlichen Zustand. Seine Wunden heilten, Fieber hatte er längst nicht mehr, und weiteren Mißhandlungen war er nicht ausgesetzt gewesen. Dennoch gab er sich über sein Schicksal keinen trügerischen Hoffnungen hin. Als Anaxares bei ihm eintrat, begrüßte ihn Kurduman höhnisch: »Willkommen, Schabakar, du hast dich verspätet. Ich habe dich bereits vermißt, dich und deine liebevolle Behandlung.«

Anaxares verschränkte die Arme und betrachtete Kurduman finster. »Du hast dich prächtig erholt, wie ich sehe. Mit Betrübnis erfuhr ich von deinem Fluchtversuch. So wolltest du also unsere liebevolle Beziehung beenden, Kurduman? Du hättest es mir sagen sollen, daß dir das Gasthaus und die Bedienung nicht zusagen, dann hätte ich für Abhilfe gesorgt.«

Kurduman knirschte vor Wut mit den Zähnen, denn nun konnte Schabakar noch geraume Zeit seinen Hohn genußvoll über ihn ausschütten. »Du hast die eisernen Haken vergessen«, zischte er. »Oder liebt Schabakar die Abwechslung?«

»Das könnte schon sein«, bemerkte Anaxares gelassen. »Vielleicht berät mich der edle Kimmerierfürst? Ich will mich gern seiner Erfahrung auf diesem Gebiet bedienen.«

»Ja, ich weiß um die Freuden, die es bereitet, den Feind qualvoll sterben zu sehen. Foltere mich langsam zu Tode, aber fessele mich nicht mehr in das Joch, wo ich dem Pöbel ausgeliefert bin. Ich habe eine derart schändliche Behandlung nicht verdient.«

»Beruhige dich. Ich bin weder gekommen, um dich zu foltern noch dich wieder ins Joch zu spannen. Ich will mit dir reden und dir einen Vorschlag machen, wie du dein Leben und deine Freiheit wiedererlangen kannst.«

»Du, Schabakar? Nun, unlängst mußte ich mir bereits die Mär anhören, mein Sohn habe mit den Herrschern von Assyrien und Urartu Blutsbrüderschaft geschlossen, damit sie mich aus meinem Kerker befreien. Ich Narr glaubte ihnen, weil man in einer verzweifelten Lage auch nach einem dürren Ast greift. Sie halfen mir und betreuten mich wie Brüder, und ich verlor mein Mißtrauen und begann, sie in mein Herz zu schließen, obwohl es meine Feinde waren. Zum Schein führte man sie gefesselt hinweg, doch mir war klar, daß es deine Männer waren, Schabakar. Es waren doch deine Männer, oder?«

»Nein, Kurduman, es sind nicht meine Männer. Asarhaddon hat dir die Wahrheit gesagt über sich und deinen Sohn. Ich aber heiße nicht Schabakar, sondern Anaxares, und ich bin Assyrer wie Asarhaddon, der mein König und mein Freund ist.«

»Dann war es heimtückischer eingefädelt als ich glaubte!« stieß Kurduman bitter hervor. »Alles geschah aus Berechnung, alles war nur Schein. Er blendete mich durch seine Großherzigkeit und bot sein Herz meinem Schwert dar. Ich hätte nur zustoßen müssen und habe es nicht getan. Verflucht sei mein blindes Vertrauen!«

»Wenn du mit Wehklagen aufhören würdest, könnte ich dir sagen, warum ich heute hier bin«, bemerkte Anaxares kühl. Nachdem er ihn über die wahren Zusammenhänge aufgeklärt hatte, glomm in Kurdumans Augen immer noch das Mißtrauen, aber er schwieg und hörte weiter zu.

»Asarhaddon unterbreitet dir einen Vorschlag, und er wäre selbst gekommen, wenn er nicht mit gebrochenen Gliedern an das Lager gefesselt wäre.«

»Wer hat das getan?«

»Girhayan, der Verwalter im Steinbruch. Ja, Kurduman, nicht zum Schein hat man sie festgenommen, sondern man hat sie jenem Unmenschen ausgeliefert, der sie fast getötet hätte. Du siehst also, daß du in ihrer Schuld stehst, denn das haben sie deinetwegen gewagt und erlitten.«

»Was ist das für ein Vorschlag, von dem du sprichst«, murmelte Kurduman.

»Du schließt mit Kalingur Frieden, und ehrlos soll derjenige sein, der ihn bricht.«

»Mit Kalingur?« fuhr Kurduman auf. »Er hat unzählige meiner Männer in seinem Steinbruch zu Tode geschunden und außerdem –«

»– und außerdem ist Hamoyar mit den Massageten auch nicht menschlicher verfahren«, unterbrach ihn Anaxares ungeduldig. »Wenn du hier Blut gegen Blut aufrechnen willst, dann werde ich dir nicht helfen können, und auch Asarhaddon und Sardur haben einem Starrsinnigen gegenüber, für den sie bereits genug geblutet haben, keine Verpflichtungen mehr.«

»Ich will mich bedenken«, brummte Kurduman.

»Tu das. Ich werde inzwischen mit Kalingur sprechen und ihn überreden, dich zu empfangen.«

»Das sollte er tun?«

»Wenn zwei mächtige Herrscher ihn selbst darum bitten und ich mich ihrer Bitte anschließe, dürfte er sich kaum verweigern.«

»Und du hältst einen solchen Frieden nicht für unehrenhaft? Du könntest einen Mann wie mich dann noch achten?«

»Weit mehr als jetzt.«

»Und mein Sohn?«

»Wie könnte Hamoyar gegen seine Blutsbrüder sein?«

»Das ist wahr. Doch das Wort Frieden will mir nicht über die Lippen, und daß mir von Kalingur und dir Gnade erwiesen werden soll, nicht in den Sinn.«

»Vielleicht haben deine gütigen Ahnen ihre Hand im Spiel«, bemerkte Anaxares ironisch.

Kurduman räusperte sich ärgerlich. »Also sag Kalingur, daß ich zu Friedensverhandlungen bereit bin.«

14

Asarhaddon und Sardur befanden sich seit fünf Wochen in Beschnagar. Asarhaddon war auf dem Wege der Besserung, nur sein Bein würde wohl noch Wochen brauchen, bis er damit reiten konnte. Er durfte auch in anderer Hinsicht zuversichtlich sein. Zwischen Kurduman und Kalingur war es zu einer Übereinkunft gekommen, die für beide Teile annehmbar war. Kurduman hatte daraufhin die Stadt verlassen dürfen. Girhayan war von Anaxares aufgespürt und nach Beschnagar gebracht worden. Er und Sardur folterten ihn eigenhändig, und sein Gebrüll hallte so schaurig durch die Räume, daß die Menschen, die es hörten, sich die Ohren zuhielten. Sardur hatte noch vorgeschlagen, auch nach den beiden verräterischen Brüdern zu suchen, aber Asarhaddon hatte großmütig abgewinkt. »Soll ich vielleicht jeder Laus nachspüren, die mich einst gezwickt hat?«

In Beschnagar verbrachten die drei Freunde eine unbeschwerte Zeit, obwohl Asarhaddon sich noch schonen mußte. Seine Gedanken aber eilten schon der Heimat entgegen, einer Zukunft, die Licht und Schatten barg. Nach Urartu war nichts mehr wie früher. Von Sardur mußte er Abschied nehmen, und Anaxares würde Mirjam nach Ninive holen. Und mit ihr an seiner Seite hatte er dann kaum noch Veranlassung, Asarhaddon in Assur aufzusuchen. Er erkannte bestürzt, daß er erschreckend einsam sein würde.

Sardur bedrückten ähnliche Sorgen. Wenn er an die bevorstehende Trennung dachte, hatte er das Gefühl, als sollte ihm mit Asarhaddon die Hälfte seines Körpers abgetrennt werden, und Sardur meinte, er könne so nicht leben.

Den Dritten in ihrer Gemeinschaft, Anaxares, beunruhigte der Gedanke an Mirjam. Weder er noch Asarhaddon erwähnten ihren Namen, aber Anaxares befürchtete, daß in Asarhaddon erneut Eifersucht aufflammen würde oder, was noch schlimmer wäre, daß Mirjam nach all dieser Zeit wieder zu Asarhaddon finden könne.

So trug jeder von ihnen eine Last mit sich herum, die nicht dadurch kleiner wurde, daß niemand von ihr sprach. Anaxares entschloß sich als erster, mit Asarhaddon ein offenes Wort zu reden. Er nahm die Gelegenheit wahr, mit ihm allein zu sprechen, als Sardur sich mit einigen Männern auf die Jagd begeben hatte.

»Sardur wird wohl einige Tage ausbleiben, aber du wirst ihn bald wieder begleiten können«, tröstete ihn Anaxares.

»Ich würde meine wiedergewonnenen Kräfte keinem Handwerk widmen, das ebenso gut von meinen Dienern oder Sklaven ausgeübt werden kann.«

»Ach! Ich höre zum erstenmal, daß das edle Weidwerk eine Sklavenbeschäftigung ist.«

»Ich bevorzugte schon immer ein edleres Wild«, gab Asarhaddon verächtlich zur Antwort. »Können das scheue Reh und der furchtsame Hase würdige Gegner sein?«

»Veranlassen dich vielleicht andere Gründe, nicht auf die Jagd zu gehen?« fragte Anaxares vorsichtig.

»Andere? Welche?«

»Weil du den Bogen nicht sicher genug beherrschst, um den flüchtigen Bock oder den flinken Hasen zu erlegen?«

Asarhaddon lachte kurz auf. »Das hat dir wohl Sardur erzählt?«

»Ja. Er beklagte sich, daß er in deiner Gesellschaft sogar von Grassuppe und anderen ungenießbaren Dingen leben mußte, weil die fetten Braten im weiten Umkreis sich vor deinen Pfeilen so sicher fühlen konnten wie ein Kind im Mutterschoß. Das verwundert mich, denn die Meder vor Kuraschat hast du scharenweise mit deinen Pfeilen getötet.«

»Geschwätz! Die Gegend war nicht wildreich, und außerdem war die Jagd Sardurs Aufgabe. Und überhaupt – was geht es dich an, wie viele Hasen ich damals schoß? Das ist doch völlig unerheblich!«

»Weshalb ereiferst du dich? Natürlich ist es unerheblich.« Anaxares lächelte treuherzig. »Eigentlich wollte ich mit dir über etwas anderes reden.«

»Das ist mir recht«, antwortete Asarhaddon, »und worüber?«

»Über Mirjam.«

Asarhaddon wurde blaß. »Über Mirjam?« wiederholte er leise. Dann zuckte er mit den Schultern. »Was gibt es da zu bereden? Sagte ich nicht, daß sie nach dem Feldzug dir gehört?«

»Ja. Aber hat sich nicht einiges zwischen uns geändert?«

»Willst du sie nicht mehr?«

»Davon kann keine Rede sein«, stotterte Anaxares, »ich dachte nur daran –«

»– daß wir wieder Freunde sind? Um so unbeschwerter

wirst du dein Glück genießen können – falls Mirjam dir folgen will.«

»Und es werden nicht die alten Wunden in dir aufbrechen, wenn du sie wiedersiehst? Du wirst sie ohne Groll ziehen lassen?«

»Das werde ich. Ich gab dir mein Wort und halte es gern.«

»Liebst du sie denn nicht mehr?«

»Das zählt nicht. Sie und ich, wir gehören nicht zusammen, so wie Feuer und Eis sich niemals verbinden können. Ich hatte kein Recht, sie an mich zu fesseln, und nun habe ich Gelegenheit, meine Fehler wiedergutzumachen.«

Anaxares atmete erleichtert auf. Nach kurzem Zögern fragte er: »Was hat dich verändert, Asarhaddon?«

»Hätte ich meinen besten Freund vergessen sollen wie einen Namenlosen?«

»Du hast mehr getan, als dein Leben zu wagen, du hast all deine Überzeugungen geopfert. Feinde machtest du zu Verbündeten und Blutsbrüdern. Du stiftetest einen Frieden, obwohl du den Krieg liebst. Du zeigtest dich nachsichtig, wo du in blutiger Rache hättest schwelgen können. Ich kenne dich aus Kuraschat. Jener Mann bist du nicht mehr.«

Asarhaddon sah Anaxares unwillig an. »Was war so ausgezeichnet an jenem Mann, daß ich ihm mein Leben lang nacheifern müßte? Wir haben uns damals beide nicht mit Ruhm bedeckt. Aber daß ich alle erschlagen ließ, bereue ich nicht, und auch künftig könnte es manches Kuraschat geben, wenn man meinen Zorn herausfordert.«

»Den Zorn brauchte es damals nicht, wenn du töten wolltest. Es genügte doch, daß Aschschur Opfer brauchte.«

»Es gibt eine Zeit, die Aschschur gehört, und eine Zeit, die gehört – ihm nicht«, wich Asarhaddon aus.

»Und wem gehört sie jetzt?«

»Dir und Sardur.«

»Sardur. Deine Freundschaft mit dem Churriter überrascht mich noch mehr als deine Treue zu mir.«

»Ich ritt mit ihm wochenlang Seite an Seite. Sardur erwies sich als ein treuer und umsichtiger Gefährte, den ich von Tag zu Tag mehr schätzen lernte.«

»Ja, Sardur ist ein prächtiger Freund, aber in Tuschpa hast du mich getadelt, als ich gut von ihm sprach.«

»Damals war es gefährlich, in ihm den Freund zu sehen.«

»Und heute? Mißtraust du ihm nicht mehr?«

»Als Freund traue ich ihm so wie dir, als König von Urartu nicht weiter als einen Steinwurf.«

»Du glaubst, er wird sich gegen dich auflehnen?«

»Ich befürchte es.«

»Und dennoch bleibt er dein Freund?«

»Sardur und ich wissen, daß wir diese Dinge trennen müssen, aber bevor Sardur und ich wieder zu Feinden werden, muß er schon eine große Schuld auf sich laden, denn ich liebe ihn mehr als du.«

»Mehr als ich?« rief Anaxares aufgebracht. »Wie kannst du das behaupten?«

»Wir werden bald nach Assur zurückkehren. Wird dich dann die Trennung von ihm belasten?«

Anaxares sah Asarhaddon verwundert an. »Nein, nicht, wenn wir in Freundschaft auseinandergehen und ich den Frieden gesichert weiß. Und du wirst ihn doch sicherlich einmal nach Assur einladen?«

»Möglich, aber das kann ein Jahr dauern.«

Anaxares zuckte die Schultern. »Abschiednehmen schmerzt immer, aber man kann sich auf das Wiedersehen freuen.«

»Aber bei Mirjam würde ein Jahr dir sehr lang werden, nicht wahr? Und ich soll dieses Jahr der Trennung unbeschwert und heiter verbringen?«

»Der Trennung von wem?« fragte Anaxares verwirrt.

»Von Sardur natürlich. Sprechen wir nicht von ihm?«

»Von Sardur? Aber das kannst du doch mit Mirjam nicht vergleichen!«

»Du liebst sie mehr als Sardur, nicht wahr?«

»Ja – ich meine, auf andere Weise. Die Frau, die man liebt, möchte man täglich um sich haben, mit Mirjam verbindet mich mehr als nur Freundschaft.«

»Nun, und ich liebe Sardur mehr als Mirjam; Freundschaft, wie ich sie verstehe, verband uns nicht, konnte uns nie verbinden, denn zwischen Mann und Frau kann es ein solches Band nicht geben.«

»Du liebst ihn mehr als Mirjam?« wiederholte Anaxares betroffen. »Das glaube ich nicht.« Er war sehr blaß, und in seine Augen stahl sich ein häßlicher Funke der Eifersucht.

Asarhaddon seufzte. »Wozu soll ich es dir länger verheimlichen? Es ist besser, du erfährst es von mir, bevor du es von anderer Seite hörst: Ich schlafe mit Sardur.«

»Was?« Anaxares fiel das Brot in die Soße zurück. »Was tust du?« Dann grinste er unsicher. »Du machst einen Scherz.«

»Nein.«

»Hat Sardur dir etwa einen unsittlichen Antrag gemacht?«

»Nein, ich habe ihn dazu aufgefordert.«

»Aufgefordert? Mit dir ins Bett zu gehen? Lächerlich! Erzähle deine Märchen anderen!«

»Frage Sardur selbst«, erwiderte Asarhaddon ungerührt.

»Ihr habt euch abgesprochen, es mir heimzuzahlen. Du würdest dich einem Mann nicht einmal in Gedanken nähern.«

»Du mußt wohl erst zusehen, wie wir es treiben, damit du mir glaubst? Ja, es ist unvorstellbar. Noch heute kann ich kaum fassen, daß es dazu kam.«

»Du schwörst mir bei Aschschur, daß du mit Sardur ein Liebesverhältnis hast?« fragte Anaxares leise.

Asarhaddon sah ihn unbewegt an. »Ja.«

Anaxares schluckte, stocherte in seinem Essen und wußte nicht, was er sagen sollte.

Asarhaddon atmete tief durch. »Wir sind Freunde, und wir lieben uns. Wenn ich in seinen Armen liege, ist Assyrien mir eine Fessel, Aschschur ein Ärgernis, die Macht lästig. Du wirst verstehen, daß mir an einem Krieg mit Urartu keinesfalls gelegen sein kann.«

Anaxares nickte mit starrer Miene. »Jetzt verbindet dich mit einem Churriter mehr als mit mir«, gab er leise zur Antwort.

»Sardur erhält von mir nur das, was du Mirjam gibst. Wir beide können uns das nicht geben, also teilen wir es mit anderen. Als Freunde seid ihr mir gleich wert, doch du wirst mir noch zur Seite stehen, wenn Sardur mich vielleicht wieder als Feind betrachten wird.«

Anaxares ergriff beschämt die Hand Asarhaddons und erwiderte: »Verzeih mir. Ich bin froh, daß es Sardur ist.«

»Und nicht Mirjam«, spottete Asarhaddon.

Anaxares wurde rot. »Ja.«

»Ich bin erleichtert, daß du es jetzt weißt. Die Trennung von Sardur wird mir sehr schwer fallen, und du hättest dann wohl selbst bemerkt, wie ich zu ihm stehe.« Asarhaddon schwieg und seine Lippen zitterten etwas. Plötzlich lächelte er und sagte: »Sage Sardur, ich hätte die Beute stets absichtlich verfehlt. Wer den Silberreiher sah, wenn er sich vom See erhebt und die Wassertropfen sich im Fluge von seinem schimmernden Gefieder wie Perlen lösen, der wünscht nicht, mit Blut zu röten, was zur Anbetung erschaffen wurde.«

15

Mit fortschreitender Genesung Asarhaddons rückte der Abschied immer näher. Anaxares hatte das Kommando über die Festung Beschnagar wieder an Kalingur zurückgegeben. Dieser hatte es sich nicht nehmen lassen, die beiden großen Herrscher, denen in seinem Land so übel mitgespielt worden war, in Beschnagar aufzusuchen und sie um Vergebung zu bitten.

Dann ließ er die drei Freunde von einer Eskorte bis an die Landesgrenze im Süden begleiten. Jenseits eines kleinen Flüßchens lag schon Medien. Asarhaddon wollte die Gelegenheit nutzen, in Ekbatana ein Gespräch mit Assurdan zu führen, mit dem er sich gern versöhnt hätte. Bis dort wollte sie auch Sardur noch begleiten, um dann von Ekbatana nach Norden über das Zagrosgebirge Urartu zu erreichen.

Asarhaddon hatte noch Schmerzen beim Reiten, aber er ließ sich nichts anmerken, sondern tat, als sei er völlig genesen. Fünf Monate hatte er in Beschnagar verbracht, und das schien ihm mehr als angemessen. Fünf Tage ritten sie durch die große Salzwüste im Innern Mediens, und noch einmal wurde ihnen der Weg beschwerlich und lang. Doch dann kam grünes Land, und Asarhaddon kam die hügelige Landschaft sehr vertraut vor.

Inmitten dieser waldreichen, sanften Hügel lag das stolze, mauernbewehrte Ekbatana, seit jenem schicksalhaften Sieg assyrischer Besitz. Sie ritten den schmalen, ausgetretenen Pfad entlang, der aus dem Wald herausführte, bis sie an die Tore gelangten, die Asarhaddon seinerzeit verschlossen geblieben waren. Jetzt waren sie weit geöffnet, und Asarhaddon genoß neben medischen Kriegern den vertrauten Anblick assyrisch behelmter Wachen. Mehr noch genoß er ihre Verblüffung, als er ihnen befahl, Assurdan zu melden, daß sein Bruder, der König, mit General Anaxares eingetroffen sei. Gemächlich ritten sie durch die Stadt zum Palast und fühlten sich beinah schon zu Hause. Nur Sardur beschlich ein seltsames Gefühl des Ausgestoßenseins, der Feindlichkeit auf assyrischem Boden. Er konnte es sich nicht erklären, denn es gab keine Veranlassung dazu. Vielleicht bedrückte ihn auch nur der Umstand, daß sie sich in dieser Stadt trennen mußten.

Asarhaddon hatte das offensichtlich vergessen, denn er war blendend gelaunt und dachte daran, wie er als Bittsteller denselben Weg geritten war. Auch damals war Anaxares an seiner Seite gewesen. Heute kam er als unumschränkter Herrscher und freute sich an dem regen Leben in der Stadt, die unter Assurdans Hand vortrefflich zu gedeihen schien. Daß er ihn nach langer Zeit wiedersehen würde, ließ sein Herz schneller schlagen. Er kam diesmal nicht mit blutbefleckten Händen, und Assurdan hatte keine Veranlassung, ihm weiterhin zu grollen.

Über die Stufen des Palastes eilten ihnen hohe medische Würdenträger entgegen, auch assyrische Beamte, und versuchten einen ungelenken Kniefall. Ihre kostbaren Gewänder raschelten und wurden mit Staub besudelt, und darunter zitterte mancher vor Angst, denn die Ankunft ihres Herrschers konnte nichts Gutes bedeuten.

Asarhaddon bemerkte, daß die assyrischen Höflinge hier im fernen, reichen Ekbatana sich bereits dem Wohlleben ergeben hatten, davon zeugten ihr Leibesumfang und die überladen verzierten Gewänder. Asarhaddon lächelte mild und erlaubte ihnen, sich zu erheben. Er und seine Gefährten saßen ab und stiegen langsam die Stufen empor. Weit öffneten sich die bronzebeschlagenen Tore, und sie traten in die Kühle der Vorhalle. Dort kam ein hochgewachsener, schlanker Mann in einem schlichten Gewand auf sie zu. Seine Züge waren edel geschnitten, aber ernst und abweisend. Sardur wußte sofort, daß es Asarhaddons Bruder sein mußte, denn er hatte die gleichen dunklen Augen.

Asarhaddon war sehr bewegt, doch Assurdan gab sich kühl. Er hieß die drei mit höflichen Worten willkommen, aber nur Sardur erhielt ein Lächeln von ihm. »Ein überraschender Besuch«, sagte Assurdan, »Aber für Überraschungen warst du ja von jeher gut. Du warst ein Jahr lang verschollen, nicht einmal in Assur kannte man deinen Aufenthaltsort. Nun erscheinst du plötzlich an meinem Hof, ist das eine neue Taktik?«

»Ich habe schlimme Zeiten hinter mir«, entgegnete Asarhaddon ruhig. Er spürte die Ablehnung Assurdans, aber er konnte auch nicht erwarten, daß dieser ihm um den Hals fiel. »Wir sind auf dem Weg nach Assur, und ich konnte Medien nicht durchqueren, ohne dich zu sehen.«

Assurdan verzog keine Miene. »Du machst einen erschöpften Eindruck, auch scheinst du mir beim Gehen etwas dein Bein nachzuziehen. Bist du in der Schlacht verwundet worden?«

»Nein, aber willst du uns nicht in deine Gemächer bitten?«

Assurdan wies stumm in die Richtung und ging voran. Etwas betreten ließen Anaxares und Sardur sich in den Kissen nieder. Doch Asarhaddon blieb weiterhin unbekümmert. So verlief die Unterhaltung vorerst ohne Zwischenfälle. Assurdan erfuhr, was sich in Urartu und danach ereignet hatte, und häufig sah man eine Bewegung in seinem Gesicht, die über höfliche Anteilnahme weit hinausging.

Es entstand eine Unterbrechung, als die Speisen aufgetragen wurden; dann schilderte Assurdan seinerseits, was sich unter seiner Regentschaft ereignet hatte, und er schloß mit den Worten: »Ich lasse Kuraschat wieder aufbauen. Ich hoffe, du hast nichts dagegen.«

»Durchaus nicht«, bemerkte Asarhaddon liebenswürdig und setzte dabei eine so treuherzige Miene auf, als wäre dort nie etwas geschehen. »Assyriens Provinzen sollen mit ihren blühenden Städten und großartigen Bauwerken das Mutterland und seinen Herrscher verherrlichen.«

»Gewiß«, gab Assurdan zur Antwort, »allerdings fehlt es dem neuen Kuraschat an einem so eindrucksvollen Bauwerk, wie es der Tempel zu Assur ist. Ich hielt es für überflüssig, denn ein aus Stein erbauter Tempel nimmt sich dürftig aus vor einem heiligen Hügel aus dreißigtausend Erschlagenen.«

Anaxares handelte geistesgegenwärtig. Noch bevor Asarhaddon auf die offene Herausforderung antworten konnte, stand er auf und sagte: »Assurdan, du erlaubst, daß Sardur und ich uns jetzt zurückziehen. Sicher bieten die Palastanlagen genug wohltuende Zerstreuung, derer wir nach der beschwerlichen Reise wohl bedürfen. Du wirst mit Asarhaddon allein sein wollen, und wir wollen nicht belauschen, was sich zwei Brüder nach so langer Trennung sagen möchten.«

Asarhaddon warf ihm einen dankbaren Blick zu. Hatte er vor Anaxares auch keine Scheu, so wollte er vor Sardur den alten Streit mit seinem Bruder doch nicht ausbreiten.

Als die beiden den Raum verlassen hatten, bemühte sich Assurdan nicht mehr um Höflichkeit. Sofort zischte er Asarhaddon zu: »Ja, mir ist es recht, daß wir allein sind, und nun sprich! Weshalb bist du hier? Was willst du von mir? Ich tue meine Pflicht und diene hier Assyrien, das auch meine Heimat ist und das ich liebe. Aber dich zu sehen, heißt mit Galle gemischten Wein trinken.«

Asarhaddon lehnte sich zurück und sah Assurdan ernst an. »Deine Worte sind bitter wie einst, und daß du mir Kuraschat noch nicht verziehen hast, hast du deutlich gemacht. Weshalb bin ich hier? Ich will, daß wir uns wieder die Hand reichen. Glaubst du immer noch, daß ich dich nur mit schönen Worten blenden will? Habe ich nicht mit meinen Feinden Freundschaft geschlossen? Habe ich nicht die Kimmerier und Massageten miteinander versöhnt? Wie oft habe ich mich schon von Aschschur abgewandt um eines Zieles willen, das mir höher erschien. Weshalb verhärtest du dein Herz auch weiterhin gegen mich? Weil ich dir Assyriens Thron geraubt habe? Oder ist es immer noch Kuraschat? Wenn es so ist, ich bin bereit, dich um Verzeihung zu bitten, daß ich eigenmächtig die Vernichtung Kuraschats befohlen habe, obwohl du der Herrscher warst. Ich bitte dich um Verzeihung für das, was ich den Kindern des Astyages angetan habe.«

In Assurdans Gesicht zuckte es. Daß Asarhaddon diesen Schritt tat, überraschte und bewegte ihn sehr. Aber Assurdan war nicht mehr der zerbrechlich wirkende Knabe. Er hatte nicht mehr das Verlangen, Asarhaddons brüderliche Liebe um jeden Preis zu gewinnen. Daher erwiderte er kühl: »Ja, du scheinst dich verändert zu haben, denn ich habe Dinge erfahren, die vor Jahren undenkbar gewesen wären. Ich freue mich darüber und glaube dir, daß du aufrichtig eine Versöhnung zwischen uns anstrebst. Was die Kinder des Astyages angeht, so mußt du schon den Vater selbst um Verzeihung bitten. Daran würde ich auch erkennen, wie aufrichtig dein Bemühen ist. Dir aber als ein Bruder wieder die Hand zu reichen, bedeutet mehr. Noch stehe ich zu meinem Wort. Und mein Wort lautete: Ich werde dich töten, wie du unbarmherzig andere getötet hast in meinem Namen. Das wiegt schwer und kann nur zurückgenommen werden, wenn ich nie wieder Veranlassung bekomme, es zu wiederholen.«

Asarhaddon nickte gelassen. »Ich habe gehofft, daß du mir entgegenkommst. Vor Astyages kann ich mich allerdings nicht demütigen. Was erwartest du außerdem von mir?«

»Nun, zuerst will ich dir sagen, was ich von deinen großen Taten halte. Gegen Urartu zogst du aus wie zu einem Raubzug, und nicht aus Menschlichkeit hast du Tuschpa verschont, sondern König Rusa hat sich dir unterworfen, und man meldete mir, daß dich dieser unblutige Sieg sehr verdrossen hat. Verdrehe also nicht die Wahrheit und gib dich nicht barmherzig, wo du nur gezwungen warst, Schonung zu üben. Um doch noch in den rechten Genuß zu kommen, verbranntest du hundert Sklaven. Hundert Menschen, Asarhaddon, die ohne Schuld waren, die leben wollten wie du, die glücklich sein wollten wie du. Als die Pest grausamen Tod säte, beeiltest du dich, sie an Grausamkeit noch zu übertreffen, und scheutest dich nicht, so vielen Toten noch die kimmerischen Kriegsgefangenen hinterherzuschicken, nachdem sie abscheulich gemartert wurden.«

Assurdans Stimme hatte sich in einen immer vorwurfsvolleren Ton hineingesteigert. Asarhaddon öffnete beschwichtigend die Handflächen und erwiderte: »Ich kann es nur wiederholen: als ich gegen Urartu zog, hatte ich Vernichtung im Sinn, denn mein Herz war schwer wegen Mirjam und Anaxares, wovon du vielleicht gehört haben wirst. Wäre ich damals vor dich getreten mit dem Wunsch zur Versöhnung, hättest du mich zu Recht abgewiesen, aber heute bedaure ich, daß diese Dinge zu meinem Vergnügen geschahen.« Er räusperte sich kurz, um über diese eingestreute Lüge hinwegzukommen. »Diese unnötigen Massaker und Foltern werden ein Ende haben, das schwöre ich dir bei meiner Ehre. Du weißt, daß ich meine Schwüre halte. Ich werde sie halten, wenn du bereit bist, das Vergangene zu vergessen und mir wieder ein Bruder zu sein, denn das ist es, was ich mir wünsche.«

Assurdan tat einen tiefen Atemzug, denn daß Asarhaddon einen solchen Schwur tun wollte, erfüllte ihn mit großer Freude und Wärme. Dennoch konnte er nicht an diesen ungeheuerlichen Wandel glauben, und er erwiderte beherrscht: »Verarge es mir nicht, wenn ich eine Bedingung an unsere Versöhnung knüpfen muß. Eine Bedingung, die dir nicht schwerfallen wird, wenn du es mit deinem Versprechen ernst meinst: Entsage ganz den Menschenopfern und ehre unsere Götter wie andere Völker auch. Erkenne, daß die heiligen Opfer in Wahrheit Verbrechen sind.«

Asarhaddon wurde bleich. »Das kann ich nicht tun!« stieß er schwer atmend hervor. »Du verlangst, daß ich mir selbst den Dolch ins Herz stoße. Ich als Hoherpriester soll verkünden, daß alles, was ich bisher für Assyrien, für Aschschur tat, verbrecherisch war? Soll ich dem Volk weismachen, Aschschur gebe sich zukünftig mit dem Geruch verbrannten Harzes zufrieden? Selbst wenn mich das Töten mit Abscheu erfüllen würde, dürften die Menschenopfer nicht aufgegeben werden.«

»Wenn es so ist«, entgegnete Assurdan leise, »dann bist du in alle Ewigkeit verdammt, du und Assyrien mit dir. Ihr seid verdammt, allezeit den Tod zu bringen. Du hast mir den Thron genommen, doch glaube mir, Asarhaddon, jenen Tag bedaure ich nicht. Erst seit ich hier in Ekbatana lebe, bin ich wirklich glücklich und zufrieden. Früher habe ich mich um deine Zuneigung bemüht, heute bin ich froh, weitab von Assur und deiner Person zu leben, und daß du mir hier in Medien so freie Hand läßt, dafür bin ich dir dankbar. Du gehst für deine Freunde durch Schnee und Eis und durchquerst glühende Wüsten, doch eins hast du nie begriffen: daß die Macht vor dem Menschen, den man liebt, fallen muß. Du läßt dich foltern und töten für deine Freunde, aber wenn sie nur einen Fingerbreit Menschlichkeit von dir fordern, verlangen sie zuviel von dir. Kann Assyrien nur durch Grausamkeit überleben, dann verdient es zu fallen. Kannst du die Menschenopfer nicht lassen, verdienst du meine Freundschaft nicht.«

Asarhaddon wußte jetzt: sein Besuch war vergebens, seine Bemühungen gescheitert, seine Bitten umsonst. Er hatte sich erniedrigt und nichts erreicht.

Während er noch, von finsteren Gedanken begleitet, nach einer Antwort suchte, stürmte ein Mann herein. Befremdet sah Asarhaddon auf und betrachtete den schwarzbärtigen, ungebetenen Besucher mit einem unwilligen Blick. Er war ein Meder und ganz offensichtlich mit Assurdan so vertraut, daß er ungerufen und unangemeldet erscheinen durfte. Als er Asarhaddon erblickte, erstarrte er und stand wie gebannt. Seine schwarzen Augen füllten sich mit Haß, und er öffnete den Mund wie zu einem Schrei. Dann drehte er sich ohne Gruß und Ehrerbietung vor seinem König um und verließ den Raum.

Asarhaddon blickte fragend auf Assurdan. »Wer war denn dieser ungehobelte Mensch? Bei Aschschur, er sah mich an, als wolle er mich auf der Stelle zerreißen. Bin ich ihm nicht schon einmal begegnet?«

»Allerdings«, erwiderte Assurdan kalt. »Das war Deiokes, der Sohn des Astyages. Er stand neben mir, als du nach deinem Sieg über Kuraschat vor mich tratest.«

»Ja, ich erinnere mich. Schon damals war mir der dreiste Meder ein Ärgernis. Offensichtlich glaubt er, mich auch heute behandeln zu dürfen, als sei ich nur geduldet in deinem Palast und nicht sein König. Unterworfene küssen den Staub zu meinen Füßen, sag das deinem Freund!« Asarhaddon lächelte verzerrt und fügte höhnisch hinzu: »Er ist doch dein Freund, nicht wahr?«

»Ja«, erwiderte Assurdan kurz.

Asarhaddon sah, wie es im Gesicht seines Bruders zuckte. »Auch einer, der sein Leben nur meiner großen Güte verdankt«, bemerkte er verächtlich. »Ich sollte ihn hinrichten lassen. Allein sein Benehmen verlangt es. Und wer weiß, wie oft ihr zusammensitzt und gemeinsam über meinen Tod beratschlagt. Sicherlich war er es, der dich so verändert hat, daß du unmäßige Forderungen an mich richtest und mir kaltherzig die Freundschaft verweigerst.«

»Du weißt, daß das nicht wahr ist«, sagte Assurdan bebend. Er war blaß geworden. »Deiokes haßt dich, das ist wahr, aber Mordpläne oder umstürzlerische Gedanken würde ich bei ihm nicht dulden, und er weiß das. Wir sprechen nicht über dich. Und wenn du ihm auch Bruder und Schwester getötet hast, so droht dir von ihm keine Gefahr, weil er –«

»Weil er bald tot sein wird«, beendete Asarhaddon brutal den Satz. »Nein!« schrie Assurdan, »weil er seinen Haß um meinetwillen unterdrückt. Asarhaddon, ich beschwöre dich –«

»Beschwöre mich nicht bei meiner brüderlichen Liebe oder ähnlichen Gefühlen, die du ohnehin nicht bei mir vermutest«, erwiderte Asarhaddon grob. »Ich habe schon verstanden. Dieser Meder liegt dir weit mehr am Herzen als ich, und weshalb? Wahrscheinlich teilt er dein Bett. Er nutzt deine Veranlagung aus, um sich zum geeigneten Zeitpunkt an mir zu rächen. Ihn leben zu lassen, hieße, mir eine Natter im Rücken zu züchten.«

Asarhaddon hatte nicht wirklich die Absicht, Deiokes zu töten, aber ungestraft ließ er sich nicht zurückweisen. Assurdan hat sich von mir unabhängig gemacht. An sich begrüßenswert, doch er beginnt mich dabei zu unterschätzen. Ich bettelte um Verzeihung, und er nahm sie nicht an. Ich muß ihn daran erinnern, daß dies in Assyrien immer noch verhängnisvoll ist.

»Ich verbürge mich für Deiokes«, warf Assurdan schnell ein. »Wenn du in Ekbatana Verrat fürchtest, nimm mich gefangen.«

»Nun, im Gegensatz zu dir weiß ich zwischen Bruder und Feind zu unterscheiden. Aber ich will dir entgegenkommen, denn ich nehme an, daß er dein Liebhaber ist.«

Assurdan zuckte die Achseln. »Vielleicht schlafe ich mit Deiokes! Was weiß denn deine verhärtete Seele von Liebe? Konntest du doch nicht einmal die Frau halten, die du vorgabst zu lieben.«

Asarhaddon wurde blaß vor Zorn. Er wollte schon heftig werden, doch dann besann er sich und erwiderte überaus liebenswürdig: »Du verstehst mich falsch. Ich habe durchaus Verständnis für eure zärtliche Verbindung. Daher meine ich auch, es ist nicht angebracht, ihn roh zu pfählen oder zu schinden. Man sollte ihn mit einem langsam wirkenden Mittel vergiften, dann kannst du die reizvollen Windungen seiner Nacktheit im Todeskampf noch einmal ohne Beeinträchtigung genießen.«

Assurdan starrte ihn mit halb offenem Mund an. Dann erhob er sich, stützte seinen vorgebeugten Körper mit den Händen ab und näherte sich dem Gesicht seines Bruders. Als er ihn fast berührte, zischte er ihm zu: »Du schamloser Mensch! Du bist so voll mit abgrundtiefer Bosheit wie zuvor. Ich gebe dir einen guten Rat: Gehe zurück nach Assur, stelle dich nackt vor den blutbesudelten Altar deines Gottes und befriedige dich selbst vor seinem erhabenen Standbild. Auf diese Weise würdigst du deine innige Verbindung mit ihm am besten!« Nach diesen Worten ließ Assurdan sich zurückfallen und begann zu lachen.

Asarhaddon wich alles Blut aus dem Gesicht. Eine derart ungeheuerliche Beleidigung hatte er noch nie hinnehmen müssen. Er zitterte am ganzen Leib und starrte seinem lachenden Bruder ins Gesicht. Dann stieß er einen wilden Schrei aus, sprang auf, zog sein Schwert und hieb es derart stark auf den Tisch aus Akazienholz, daß dieser in zwei Stücke zerbarst.

Entsetzt wich Assurdan zurück. Asarhaddon stand keuchend vor ihm, das Schwert in der Hand, im Blick eine irrsinnige Wut. »So wie dieser Tisch niemals mehr zusammengefügt werden kann, so getrennt werden unsere Herzen voneinander sein bis zum Tode!« stieß er wild hervor, dann drehte er sich um und verließ mit großen, schnellen Schritten den Raum. Assurdan starrte ihm nach.

Asarhaddon schäumte vor Zorn. Er hastete mit bloßem Schwert durch die Gänge des Palastes und schrie nach Anaxares. Jedermann floh vor ihm. An einer Treppe traten ihm Anaxares und Sardur entgegen. Noch bevor einer von ihnen etwas sagen konnte, herrschte Asarhaddon sie an: »Wo muß ich euch noch suchen?« Dann, an Anaxares gewandt: »War es dir nicht möglich, in der Nähe zu bleiben, falls dein König dich braucht? Unter welchem Weiberrock hast du gesteckt?«

Sardur berührte den Aufgebrachten am Arm. »Beruhige dich doch. Weshalb beschimpfst du Anaxares grundlos? Was ist denn geschehen?«

Doch Anaxares blieb gelassen. »Laß nur, ich kann es mir denken. Das Versöhnungsgespräch mit Assurdan ist wohl ins Gegenteil umgeschlagen? Das habe ich vorausgesehen.« Er lächelte. »Asarhaddon ist jetzt in der Stimmung, ganz Ekbatana abzuschlachten, habe ich recht?«

»So ist es, bei Aschschur! Assurdan hat mich –«, Asarhaddon versagte die Stimme, und Sardur bemerkte aufmunternd: »Du solltest aber nicht mit uns den Anfang machen, sondern dein Schwert fortstecken. Wahrlich, du fährst damit so wild durch die Luft, als wolltest du unsichtbare Geister erschlagen.«

Anaxares stieß Sardur an und schüttelte unwillig den Kopf. »Es scheint mir nicht die Zeit für Späße zu sein, ich sehe Blut in seinen Augen.«

»Wahrhaftig!« schnaubte Asarhaddon und stieß Sardur den ausgestreckten Finger vor die Brust. »Du wirst es auch noch lernen, wann man mich nicht reizen darf.« Dann schlug er sich mit der Hand an die Stirn. »Ich tausendfach mit Torheit geschlagener Narr! Was trieb mich nach Ekbatana, was ließ mich vor meinen Bruder treten und vor ihm winseln? Meine Schwäche, meine verfluchte Schwäche. Seit Tuschpa hat sie mich nicht mehr losgelassen und saugt mir das Mark aus den Knochen. Doch das ist nun vorbei! Jedermann soll erfahren, daß der Hohepriester Asarhaddon wieder zurückgekehrt ist, und zuerst sollen es die medischen Hunde in Ekbatana erfahren. Ich werde ihren Prinzen vor aller Augen zerstückeln und von den Geiern fressen lassen!«

»Deiokes?« fragte Anaxares verwundert.

»Du sagst es. Und Assurdan wird bei seiner Hinrichtung auf dem vordersten Platz sitzen.«

Anaxares schüttelte bedenklich den Kopf. »Du handelst jetzt im Zorn und somit ungerecht. Hat sich Deiokes eines Verbrechens schuldig gemacht? Er ist kein Sklave, den du jederzeit zu deinem Vergnügen schlachten kannst, und du schuldest ihm Achtung vor seiner hohen Geburt.«

Sardur nickte beifällig, doch Asarhaddon zog finster die Brauen zusammen. »So, meinst du? Du kommst dir wohl sehr klug vor, mich so auf meine Pflichten hinzuweisen. Was ich dem Gesetz schulde, das weiß ich selbst, und auch im Zorn werde ich es nicht mißachten. Deiokes aber richte ich aus meiner Machtvollkommenheit als Hoherpriester. Als höchster Diener Aschschurs habe ich das Recht, jeden meiner Untertanen, sei er nun Bettler oder Fürst, ihm zu opfern, wenn ich es für notwendig halte. Dazu braucht es nur meinen Befehl. Und der ist unabänderlich. Deiokes wird auf dem Marktplatz von Ekbatana sterben, wo man ihn zwischen vier Pferde binden wird, die seinen Körper auseinanderreißen. Nach diesen Pferden will ich alsbald suchen lassen, denn es sollen die lahmsten Gäule sein, die man im Umkreis findet, damit sich seine Glieder nur schwer von seinem Körper trennen. Sollte Assurdan dieser Anblick betrüben, werde ich ihm den gleichen Ratschlag geben, mit dem er mich verabschiedete.«

»Was für einen Ratschlag?« fragte Anaxares, doch Asarhaddon überhörte die Frage, während Sardur ihn betroffen fragte: »Was hat dein Bruder mit dem medischen Prinzen zu schaffen? Ist er sein Freund?«

»Er ist es«, erwiderte Asarhaddon grimmig. »Weshalb?«

»Dann ist es abscheulich, was du tun willst. Der Streit zwischen dir und deinem Bruder geht mich nichts an, aber man rächt sich nicht, indem man den anderen zwingt, den Tod des Freundes mitanzusehen. Das ist deiner unwürdig.«

»Ach ja? Hier scheint man über meine Würde gut Bescheid zu wissen. Ich danke, Sardur, der guten Ratschläge habe ich nun genug genossen. Versuche nicht, mich umzustimmen, es ist vergebens.«

»Asarhaddon! Muß ich dich erinnern, wie tief es schmerzt, den Freund leiden zu sehen? Du kannst das doch nicht vergessen haben!«

»Ich will es aber vergessen, hörst du? Ich will nie wieder daran erinnert werden. Ich gehöre Aschschur und sonst niemandem!«

»Asarhaddon, es ist unser letzter Tag. Willst du, daß ich eine solche Erinnerung an dich mit nach Tuschpa nehme?«

»Was könnte passender sein?« gab Asarhaddon brutal zurück. »Wenn du dir dieses Bild im Herzen bewahrst, wird es dich von unbedachten Handlungen abhalten.«

»Asarhaddon!« Anaxares trat zwischen die beiden und versuchte, Sardur zu beruhigen, dessen Blick schwarz vor Trauer und Zorn wurde. »Er meint es nicht so, glaube mir, ich kenne ihn genau. Hinter den harten Worten will er seinen eigenen Trennungsschmerz verbergen.«

Doch Sardur wandte sich ab und verließ die beiden ohne ein Wort.

Anaxares sah ihm nach, dann wandte er sich kopfschüttelnd an Asarhaddon: »Wieder einmal hast du es geschafft, einen guten Freund zu verletzen.«

Asarhaddon zuckte die Achseln. »Was hast du erwartet? Einen tränenreichen Abschied?«

»Weshalb belügst du dich selbst? In deinen Augen stehen keine Tränen, aber im Herzen weinst du sie. Und nun hast du dich auch noch um eure letzte gemeinsame Nacht gebracht.«

»Das ist wahrscheinlich besser so«, murmelte Asarhaddon und wußte doch, daß er in der Nacht kein Auge schließen würde. »Wir reden morgen weiter«, schloß er mürrisch.

»Ja, überschlafe die Sache mit Deiokes noch einmal«, riet Anaxares freundschaftlich. »Assurdan ist dein Bruder, und was auch immer er gesagt haben mag, du wirst es herausgefordert haben.«

»Assurdan will nicht länger mein Bruder sein«, erwiderte Asarhaddon scharf, »also habe auch ich keine Veranlassung, ihm brüderlich zu begegnen. Er sagte, ich verdiene seine Freundschaft nicht.«

»War es das, was dich so erzürnte?«

Asarhaddon wich mit dem Blick aus. »Nein, aber ich bin es leid, bevormundet zu werden. Es ist an der Zeit, Assyrien zu zeigen, daß der Nachfolger Belschar-Ussurs wieder im Lande ist. Assurdan wird das erfahren und du auch. Wenn ich deinen Rat brauche, werde ich dich fragen.«

6

Am nächsten Morgen erwartete Asarhaddon seine Freunde zum gemeinsamen Mahl, bevor er darangehen wollte, seine Absichten für diesen Tag zu verkünden. Anaxares erschien verspätet, Sardur gar nicht. Asarhaddon zog die Augenbrauen hoch. »Ich schätze es nicht, wenn man mich warten läßt. Wo ist Sardur? Er wird doch nicht immer noch beleidigt sein?«

Asarhaddon sah Anaxares dabei nicht an, und so bemerkte er auch nicht, daß dieser sehr blaß war. Als er nicht sofort antwortete, blickte Asarhaddon ungeduldig auf. Er machte schmale Augen. »Was ist geschehen, rede!«

»Sardur wird nicht kommen«, murmelte Anaxares gepreßt.

»Weshalb nicht?« fragte Asarhaddon schneidend.

»Er hat Ekbatana verlassen.«

»Verlassen?« schrie Asarhaddon. »Wann?«

»Vor ungefähr drei Stunden.«

Asarhaddon sprang auf und schüttelte Anaxares. »Weshalb weiß ich nichts davon?«

»Er wollte nicht, daß ich dich wecke«, antwortete er widerstrebend und wich Asarhaddons Blick aus.

»Er war also bei dir?«

»Ja, er hat sich von mir verabschiedet. Von dir wollte er nicht Abschied nehmen. Er sagte –«, Anaxares zögerte.

»Was sagte er?« fragte Asarhaddon bebend.

»Er sagte, ein derart wortloser Abschied sei wohl auch in deinem Sinne, weil du ohnehin alles vergessen möchtest. Und er fügte hinzu, daß man sich am besten nie wiedersehen solle.«

»Er ist also fort«, murmelte Asarhaddon, während er sich langsam wieder hinsetzte. Abwesend sah er an Anaxares vorbei. Dann lachte er bitter. »Es ist allein meine Schuld. Also Asarhaddon, trage es wie ein Mann!« Er machte eine wegwischende Handbewegung. »Ich werde ihn vergessen. Laß mich allein, Anaxares.«

Am späten Nachmittag war Asarhaddon zu einem Entschluß gekommen. Ich muß Sardur vergessen, dachte er, die Erinnerung an ihn auslöschen, als hätte es ihn nie gegeben. Wenn ich an ihn denke, bin ich wie gelähmt. Grimmig lächelte er vor sich hin. Assyrien braucht wieder eine starke Hand. Er ließ Assurdan und Deiokes rufen.

Assurdan wirkte gefaßt. Deiokes trat furchtlos ein, haßerfüllt und mit trotzig erhobenem Haupt. Während Asarhaddon seinem Bruder mit unbewegter Miene andeutete, ihm gegenüber Platz zu nehmen, wandte er sich kalt an Deiokes: »Ist das die Haltung, in der du vor deinen König treten darfst? In den Staub, Meder!«

Deiokes warf Assurdan einen fragenden Blick zu, dieser nickte unmerklich. Dennoch wollte Deiokes der Aufforderung nicht sofort nachkommen. Asarhaddon gab den Wachen einen Wink. Mit einem unterdrückten Schmerzensschrei sank Deiokes in die Knie. Er starrte Asarhaddon wütend an, doch dieser fuhr ihn an: »Du Kröte! Mit welchem Recht verspritzen deine Blicke Gift? Ich hätte dich schon lange zertreten können wie einen Wurm, und nur meiner Gnade verdankst du dein armseliges Leben. Wer von meinen Untertanen sich erfrecht, mir dreist in die Augen zu starren, dem brenne ich sie mit dem glühenden Eisen aus. Erweise mir also den gleichen Respekt wie alle meine Untertanen. Und falls du in Ekbatana noch nicht belehrt worden bist, auf welche Art das zu geschehen hat, so will ich dich unterweisen: Du legst dich flach auf den Boden und läßt dein Gesicht so lange im Schmutz liegen, bis ich dir erlaube, es aufzuheben. Hast du alles verstanden, oder möchtest du mit den Foltereisen Bekanntschaft machen?«

Deiokes tat zähneknirschend, was ihm befohlen war. Assurdan atmete schwer und zitterte vor Wut. Aber er beherrschte sich.

Asarhaddon betrachtete den im Staube liegenden Meder eine geraume Weile und lächelte Assurdan verzerrt an. »In dieser Stellung gefällt mir dein Freund. Nun hat er endlich Benehmen gelernt. Gestern wußte er noch nicht, wer sein Herr ist.«

Assurdan lief dunkelrot an. Aber er sagte sich, daß ein falsches Wort Deiokes mehr schaden als nützen würde. Deshalb schwieg er weiterhin.

»Steh auf, Prinz Deiokes«, sagte Asarhaddon jetzt sehr sanft.

Mit einem Sprung stand er wieder auf den Beinen. »Du verstehst es, einen Wehrlosen zu demütigen!« zischte er.

Asarhaddon stieß einen Laut aus, der Befremdung ausdrücken sollte. »Wie? Hatte ich dir etwa erlaubt zu sprechen? Gemach, auch deiner Zunge will ich gedenken. Oder kennt man im Palast zu Ekbatana nicht den eisernen Haken? Aber darauf kommen wir später. Weshalb habe ich dich rufen lassen, mein Prinz? Ich will es dir sagen, Deiokes. Weil ich ein mitfühlender Mensch bin. Ich fühle mit deinem unmenschlichen Haß, den du jahrelang in deiner Brust genährt hast. Mich töten zu können, das würde dir doch die größten Wonnen bereiten, nicht wahr?«

Deiokes wurde bleich, sagte aber nichts.

»Du bleibst stumm?« höhnte Asarhaddon. »Jetzt, wo ich dir zu sprechen erlaube, antwortest du nicht? Die Dankbarkeit scheint dich zu überwältigen. Ja, ich habe dir Bruder und Schwester getötet. Ich war im Siegestaumel und im Blutrausch, und so fanden sie ihr Ende. Soll ich jetzt sagen, daß ich es bereue? Was hättest du davon? Die Qual der Besiegten schmeckt süß, da vergißt man leicht, was man der Menschlichkeit schuldet.« Asarhaddon leckte sich über die Lippen. »Soll ich dir schildern, wie sie starben? Wie der Körper deiner kleinen Schwester unter mir vor Entsetzen hart und kalt wurde wie Stein, als sie ihren Bruder wimmern hörte?«

»Nein!« rief Deiokes erstickt, und Assurdan schrie: »Willst du deine grauenvollen Taten zweimal genießen, du Bestie?«

Asarhaddon lächelte. »Haß macht stark, und ich schätze einen starken Gegner. Ich fordere dich zum Zweikampf, Prinz Deiokes. Nimmst du an?«

Ungläubig flogen dessen Blicke von Assurdan zu Asarhaddon und wieder zurück. »Zum Zweikampf?« rief er. »Unter welchen Bedingungen?«

»Unter ehrenvollen Bedingungen, oder glaubst du, ich liebe erschlichene Siege? Du darfst die Waffen wählen und den Schauplatz. Wenn du mich besiegst, darfst du mich töten, ohne etwas befürchten zu müssen. Der Kampf wird vor Zeugen ausgetragen, die du benennst.«

»Dennoch!« schnaubte Deiokes, »eine List steckt dahinter. Weshalb bringst du dein Leben in Gefahr, wenn du mich einfacher töten könntest?«

»Ich bin bereit, was zwischen uns steht, so zu bereinigen, wie es Männern geziemt. Das ist ein großes Entgegenkommen von mir, denn zweifellos könnte ich dich hinrichten lassen. Dein offen zur Schau getragener Haß ist Grund genug. Muß ich einen solchen Feind im Rücken dulden? Aber du bist der Freund meines Bruders, und er soll mir nicht nachsagen, ich hätte dich aus Rachsucht getötet.«

Deiokes' Augen flammten auf. »Wenn es so ist, dann wollen wir keine Zeit verlieren! Ich wähle die Lanze und das Schwert. Ausgetragen werden soll unser Kampf auf dem Versammlungsplatz.« Asarhaddon hob die Hand. »Gut. Eins vergaß ich allerdings hinzuzufügen. Im Falle meines Sieges unterwirfst du dich meinem Urteilsspruch. Du bist dann bereit, dich auf dem Marktplatz von Ekbatana vierteilen zu lassen.«

»Ich habe es gewußt!« zischte Assurdan. »Dein Entgegenkommen ist blanker Hohn. Auf diese Weise kannst du Deiokes grausam töten und erweckst gleichzeitig den Anschein, er habe seinen Tod selbst verschuldet.«

»Das ist nicht wahr. Deiokes hat die Wahl. Er stellt sich mir zum Zweikampf und rächt seine Geschwister, oder er lebt als Feigling weiter.«

Auch Deiokes wandte sich vorwurfsvoll an Assurdan: »Glaubst du, ich sei ein Schwächling, der es mit deinem Bruder nicht aufzunehmen wagt? Gibst du mich so schnell verloren?«

»O du Narr!« rief Assurdan. »Ich kenne Asarhaddon besser als du. Durchschaust du nicht sein hinterhältiges Spiel? Erst reizt er dich bis zur Weißglut, daß du dich in blindem Eifer dem Waffengang stellst, dann demütigt er dich öffentlich durch deine Niederlage, schlürft den süßen Wein des Sieges und krönt ihn durch deinen furchtbaren Tod. Das alles nennt er dann Verherrlichung seines Namens. Deiokes, ich beschwöre dich, nimm den Zweikampf nicht an! Niemand besiegt Asarhaddon, und er weiß es.«

Deiokes' Schwerthand legte sich klirrend an die Hüfte. »Ist er denn unverwundbar, dein Bruder? Das Waffenglück ist wandelbar, und der Haß wird mir zusätzliche Kraft verleihen.«

Asarhaddon lächelte zufrieden über diese Worte. Assurdan aber schlug die Hände vor das Gesicht und rief: »Unglückseliger! Du läufst mit offenen Augen in deinen Tod.«

Asarhaddon streckte gebieterisch die Hand aus. »Du solltest deinem Freund Mut zusprechen, statt zu jammern. Im Waffengang beweist der Mann, wer er ist, nicht im Bett.«

Der Zeitpunkt des Zweikampfes wurde auf die frühen Nachmittagsstunden festgesetzt. Als Anaxares davon erfuhr, leuchteten seine Augen auf. »Du hast den ehrenvollsten Weg gewählt. Assurdan kann dir keinen Vorwurf daraus machen, wenn Deiokes zwischen den Pferden stirbt. Ha, das wird ein Kampf nach meinem Herzen! Schade, daß Sardur ihn nicht sehen kann.«

Asarhaddon zog unwillig die Augenbrauen zusammen. »Du tätest mir einen Gefallen, wenn du seinen Namen nicht mehr erwähnst.«

»So empfindlich? Ich dachte, du liebst ihn.«

»Ja, aber nun ist er fort, und ich will nicht mehr als nötig an ihn erinnert werden.«

Anaxares zuckte mit den Schultern. »Du wirst ihn niemals vergessen können, auch wenn ich seinen Namen verschweige, aber wie du willst.«

Der Zweikampf fand vor den Zeugen statt, die Deiokes benannt hatte. Beide Kämpfer trugen den einfachen medischen Rock, der bis zu den Knien reichte, darunter lange Beinkleider. Im Gürtel steckten Schwert und Dolch, in der Rechten wogen sie die kurze Wurflanze, mit der Linken schützten sie sich durch einen Rundschild. Deiokes trug eine eng anliegende Lederkappe mit Nackenschutz, während Asarhaddon den assyrischen Kriegshelm trug. Sie näherten sich auf Wurflänge und umkreisten sich einige Male wie hungrige Raubtiere.

Asarhaddon forderte seinen Gegner mit höhnischen Worten heraus, doch Deiokes antwortete nicht. Genau beobachtete er Asarhaddon, um eine Schwäche in seinem Verhalten zu erkennen. Als Asarhaddon Deiokes mit seinem Spott nicht zu einem vorschnellen Wurf verleiten konnte, tat er ihm diesen Gefallen und gab sich eine Blöße. Eine scheinbare Unachtsamkeit nur, und Deiokes' Speer flog durch die Luft. Es war ein kraftvoller und gut gezielter Wurf, doch er kam für Asarhaddon nicht unvorbereitet; hatte er den Meder doch absichtlich aus der Deckung locken wollen, damit dieser seine Waffe verlor. Asarhaddon fing die Lanze mit seinem Schild auf. Immerhin durchbohrte diese die Schildwand, so daß Asarhaddon sie nicht einfach abschütteln konnte. Er warf den Schild fort und holte seinerseits zu einem Wurf aus. Deiokes duckte sich hinter seinem Schild und zog sein Schwert. Asarhaddons Speer flog weit über seinen Kopf hinweg und bohrte sich in den Sand des Kampfplatzes. Deiokes lachte höhnisch über diesen vermeintlich schlechten Wurf und drang unter lautem Geschrei mit hoch erhobenem Schwert auf Asarhaddon ein, der ebenfalls seine Waffe gezogen hatte und Deiokes geschickt auswich, so daß dieser ins Leere lief. Deiokes war siegesgewiß. Asarhaddon hatte nicht nur seinen Speer, er hatte auch seinen Schild verloren. Der Einfältige! Er konnte nicht ahnen, daß Asarhaddon mit ihm nur ein grausames Spiel trieb. Er hatte seinen Speer absichtlich verschossen, denn die Niederlage sollte Deiokes überraschend und unbarmherzig treffen.

Deiokes deckte Asarhaddon mit kurzen schnellen Schlägen ein; Asarhaddon lachte anerkennend. Er wich zurück, und Deiokes setzte mit einem wilden Freudenschrei nach. Asarhaddon ließ sich zurückweichend von ihm quer über den Kampfplatz treiben, scheinbar verzweifelt bemüht, die dicht fallenden Hiebe abzuwehren. Jetzt war es an Deiokes, ihn höhnisch zu beschimpfen. Grausame Mordlust funkelte in seinen Augen, denn er hielt sich schon für den Sieger und merkte nicht, daß Asarhaddon ihn geführt hatte wie an einem Nasenring. In seinem Überschwang gab er sich reichlich oft Blößen, die Asarhaddon hätte nutzen können, wenn er gewollt hätte, aber dann wäre der Spaß zu schnell zu Ende gewesen. Als Asarhaddon Deiokes dorthin gelockt hatte, wo noch seine Lanze im Boden steckte, traf er ihn so überraschend am Handgelenk, daß sein Schwert davonflog. Deiokes starrte verblüfft seiner Waffe hinterher, und Asarhaddon riß die Lanze an sich. Nun stand der Meder waffenlos dem Assyrer gegenüber, der in seiner Linken das Schwert, in der Rechten den Speer hielt und spöttisch lächelte. »Weswegen läßt du denn dein Schwert fallen, du tapferer Krieger? Sehnst du dich derart nach den vier Pferden, daß du vorzeitig den Kampf abbrichst?« Er warf ihm das Schwert vor die Füße. »Eine Chance gebe ich dir noch, Meder. Nutze sie!«

Deiokes hob zitternd vor Wut das Schwert auf, doch seine Siegesgewißheit war verflogen. Unsicher geworden, wagte er es nicht, in die Reichweite der Lanze zu kommen, konnte daher auch selbst keinen Schlag anbringen. »Verteidige dich, du Feigling!« rief Asarhaddon und stützte sich gelangweilt auf seinen Speer. Da stürmte Deiokes, die Todesgefahr verachtend, auf ihn zu, deckte sich gut hinter seinem Schild und wollte wenigstens im Kampf sterben. Doch Asarhaddon zielte auf seinen Schild, durchbohrte ihn, und Deiokes mußte ihn fallenlassen. Nun trieb Asarhaddon ihn kämpfend zurück, bis Deiokes langsam die Kräfte verließen. Das nutzte Asarhaddon, um die Lanze wieder aus dem Schild zu ziehen. Er stieß ein lautes Siegesgeschrei aus, denn er war jetzt nicht weiter gewillt, Deiokes zu schonen. Unbarmherzig schleuderte er die Lanze, sie durchbohrte Deiokes Oberschenkel und ließ ihn vor Schmerz taumeln. Asarhaddon stieß ihn zu Boden und riß ihm brutal den Speer aus der Wunde, daß es Deiokes schwarz vor Augen wurde. »Du Narr!« rief er dem Stöhnenden zu, »du hattest nie eine Chance gegen mich. Folge nun deinen Geschwistern in den Tod, die Rosse warten schon auf dich.«

Deiokes knirschte erbittert mit den Zähnen und versuchte den Schmerz zu unterdrücken. Der Assyrer sollte ihn nicht um Gnade winseln hören. Assurdan aber stieß einen Schrei aus und eilte auf den Kampfplatz. Asarhaddon verstellte ihm finster den Weg. Assurdan starrte ihn bleich und mit offenem Mund an. »Laß mich noch einmal mit ihm allein«, bat er mit versagender Stimme, doch Asarhaddon schüttelte den Kopf. »Nein«, sagte er hart, »deine Absicht steht dir im Gesicht geschrieben, du willst ihm das Vierteilen ersparen. Doch statt hier vor aller Augen herzbewegenden Abschied zu nehmen, solltest du lieber nach seinem Vater schicken lassen, damit sein Herz noch etwas Freude im Alter hat.«

»Assyrischer Hund!« stöhnte Deiokes, »möge die Erde dich verschlingen, möge der Himmel auf dich niederfallen und dich erdrücken. Verflucht sollst du sein in Ewigkeit, und niemals möge dein Geist Ruhe finden, sondern die Qualen der tiefsten Hölle erleiden bis zum Ende aller Tage!«

»Rufe nur die Qualen der Hölle auf mich herab«, spottete Asarhaddon, »sie kümmern mich wenig. Denke du lieber an die irdischen Qualen, die dir jetzt bevorstehen.«

Dann befahl er, Deiokes auf den Marktplatz zu schaffen, wo die Hinrichtung stattfinden sollte. Zu Assurdan, der bleich war wie der Tod, sagte er: »Auch du wirst dich unverzüglich dort einfinden, denn meine Nachsicht mit dir ist vorbei. Habe ich vergebens um deine Freundschaft gebuhlt, so will ich jetzt gleichmütig deinen Haß ertragen. Und wenn dich zukünftig die Erinnerungen an deinen Freund quälen, dann denke daran, wie vermessen es war, meine ausgestreckte Hand zurückzuweisen.«

»Auch du hast einen Freund«, erwiderte Assurdan leise, »und Anaxares sagte mir, daß du um ihn geweint hast. Offensichtlich ging der Churriter im Zorn. Ich hoffe, daß er genug Kraft finden wird, sich eines Tages gegen dich zu wenden. Dann möge dir die Freundschaft zur Hölle werden und die Verzweiflung in deinen Eingeweiden brennen wie glühendes Erz.«

Betroffen, aber nach außen beherrscht, wandte sich Asarhaddon jäh ab und verließ mit Anaxares den Platz. »Kein Wort gegen meine Entscheidung!« zischte er.

»Habe ich etwas gesagt? Du hast großartig mit Deiokes gespielt und gewonnen. Jetzt holst du dir den Preis.«

»Gewiß, aber es fällt mir trotz allem schwer, Assurdan weh zu tun.«

»Warum tust du es dann?«

»Weil ich mein Gesicht wahren muß vor ihm und vor mir selbst. Wie oft soll ich mein Herz noch verzärteln und mich zu unrühmlicher Schwäche verleiten lassen? Mirjam, Sardur, Assurdan – alles Menschen, die mir nicht folgen können, also muß ich sie mir aus dem Sinn schlagen. Deiokes' Tod soll mir die Bitterkeit darüber versüßen.«

Deiokes' Sterben währte lange. Der Schweiß rann ihm in glänzenden Strömen über die heraustretenden Muskeln, aus

dem dunkelrot angelaufenen Gesicht quollen die Augen hervor, und Asarhaddons Blick hing wie gebannt an seiner
Qual. Sein stoßweiser Atem begleitete Deiokes' furchtbare
Schreie, und das Funkeln in seinen Augen sprach von einem
großen Sieg über die ihn lähmende Schwäche. Und wie er
dort stand und auf den vor Schmerzen halb Wahnsinnigen
hinabsah, war ihm, als wüchse er in den Himmel, werde
langsam zu Stein, bis er selbst Aschschurs Standbild war,
der Gott, den kein anderes Gefühl bewegte als die Lust am
Töten.

Sechstes Buch

URARTU

1

Die Rückkehr Asarhaddons nach Assur gestaltete sich zu einem beispiellosen Triumphzug. Schon weit vor den Toren der Stadt war die Straße mit Teppichen bedeckt, an den Seiten standen jubelnde Menschen und schwangen grüne Zweige. Die höchsten Würdenträger, Offiziere und Priester hatten ihre Abordnungen geschickt. Sinscharischkun fuhr mit einem goldenen Prunkwagen vor, den Asarhaddon zusammen mit Anaxares bestieg. Golddurchwirkte Umhänge legte man ihnen um die Schultern, und Zargo, der den Priestern voranschritt, überreichte Asarhaddon die Flügelsonne. Als er sich den Reif auf das Haupt setzte, verstummten alle in ehrfürchtigem Schweigen. Wo Asarhaddon vorüberfuhr, warfen sich die Menschen zu Boden. Wenn sie sich wieder erhoben, riefen sie die Götter an und dankten ihnen für die siegreiche Heimkehr ihres Königs.

»Das Volk liebt dich, Asarhaddon«, bemerkte Anaxares lächelnd. »Es begrüßt dich ja wie einen verlorenen Sohn.«

Asarhaddon lächelte spöttisch. »Es liebt mich? Du Narr, es fürchtet mich. Daß sich alle hier versammelt haben, ist sicher Zargos Werk.«

Er wandte sich an seinen vogelgesichtigen Diener, der prächtig gewandet wie ein Pfau und berstend vor Stolz zu seiner Linken ritt. »So ist es doch gewesen, mein unentbehrlicher Freund?«

Zargo warf den Kopf in den Nacken. »Wessen Herz nicht trunken ist vor Freude über deine Rückkehr, Herr, verdient es nicht, die Sonne zu schauen.«

Was dieser Tag ihm bescherte, nahm Asarhaddon begierig in sich auf. Die siebenstufige Zikkurat, die bunten Ziegel an den Außenwänden des Palastes waren ihm vertraut. Ihn begleiteten die steinernen Reliefs, deren Figuren von Assyriens Herrschern erzählten, ihn begrüßten die geflügelten Stiere am Eingang.

Vor dem Tempel stieg er von seinem Prunkwagen herab. Er opferte als Dank für seine glückliche Heimkehr mit eigener Hand einen Knaben, denn an einem solchen Tag mußte unschuldiges Blut fließen. Asarhaddon betrachtete das ausströmende Leben und freute sich an den Zuckungen, die immer schwächer wurden. Wie weit entfernt waren jetzt Tuschpa und Zadrakarta, und wie nah war ihm Aschschur.

Zargo brachte ihm Wasser, und er wusch sich das Blut von den Händen. Dann bestieg er wieder den goldenen Wagen und lenkte ihn durch die Pforten des Palastes in den großen Innenhof, dessen Mauern farbige Mosaikbilder schmückten. Asarhaddon sprang hinab und fragte den Haushofmeister, der ihn demütig kniend begrüßte, in herrischem Ton: »Wo ist die Königin? Wo ist mein Sohn? Weshalb sind sie nicht herbeigeeilt, um mich zu begrüßen?«

»Deine Gemahlin, die Königin, erwartet dich mit dem Kronprinzen im blauen Saal.«

Der blaue Saal hatte seinen Namen nach der Bemalung seiner Decken und Wände. Das Gewölbe zeigte einen gestirnten Nachthimmel, der untere Teil stellte das Meer dar, bevölkert von allerlei Getier. Asarhaddon hatte diesen Saal nie gemocht und bereits erwogen, ihn mit Heldengestalten aus der assyrischen Geschichte neu ausmalen zu lassen.

Asarhaddon glaubte sich geschützt durch das vergossene Blut, doch als er zu Mirjam eintrat, wurde seine Festigkeit zu Wasser. Die Brust verengte sich ihm, und sein Blick wurde dunkel vor Schmerz, diese Frau hergeben zu müssen.

Mirjam erhob sich zu seiner Begrüßung und schenkte ihm unerwartet ein warmes Lächeln. »Willkommen in deinem Haus. Die Götter mögen deine Rückkehr segnen, Asarhaddon.«

Er erstarrte. Das Gefühl der Beengung verstärkte sich. Weshalb begegnete ihm Mirjam nicht genauso unnahbar wie seinerzeit? Weshalb machte sie ihm den Verzicht so schwer? Sein Blick irrte von ihrer verführerischen Weiblichkeit ab zu dem hübschen Knaben, der gehorsam im Hintergrund stehengeblieben war und ihn mit ernstem Blick musterte. Sein Nachfolger, ein Kind noch, bald ein Jüngling, dann ein

Mann; die Zeit verflog rasch. Er blickte wieder auf Mirjam. »Du entbietest mir ein freundliches Willkommen, dafür danke ich dir.« Seine Stimme klang belegt. »Ich hatte dich kühler erwartet, und ich muß sagen, das hätte ich auch besser ertragen. Deine schimmernden Lippen sind Verheißung, und in den Augen hast du den feuchten Glanz sehnsüchtiger Erwartung.«

»Ich habe dich erwartet, Asarhaddon. Willst du mich nicht umarmen?«

Asarhaddon wich betroffen einen Schritt zurück. »Hast du denn alles vergessen?« murmelte er.

»Vergessen? Nein. Aber ich bin ruhiger geworden. Es hieß, du und Anaxares, ihr wäret in den östlichen Steppen umgekommen. Als man mir diese Nachricht brachte, glaubte ich sterben zu müssen. Auch hatte ich gehört, es habe keine Schlacht stattgefunden, und Kriegsgefangene seien nicht gemacht worden. Da hegte ich die Hoffnung, daß du auf die Blutopfer verzichtet hättest und es für uns beide einen neuen Anfang geben kann.«

Asarhaddon hatte das Gefühl, der Boden schwanke unter seinen Füßen. Er machte einige unsichere Schritte auf Mirjam zu, wollte ihr so vieles sagen und gleichzeitig alles verschweigen. »Als ich ging, hast du dich mir verweigert, und heute –«, er beendete den Satz nicht und zog die Frau, die er liebte, leidenschaftlich zu sich heran und erstickte sie fast mit seinen Küssen. »Nur einmal noch aus diesem Kelch trinken dürfen, bevor er für mich auf immer versiegt!« stöhnte er und wollte sie gleich besitzen, doch Mirjam wehrte ab und rief: »Nicht hier, Asarhaddon! Zügele dein Verlangen vor dem Kind!«

Ihr Sträuben brachte Asarhaddon zur Besinnung. Was er umarmen wollte, gehörte ihm nicht mehr. Mirjams Hoffnungen würden jäh vor der Wirklichkeit vergehen. Ein letztes Mal legte er ihr Haupt an seine Brust und fühlte ihren Körper. Dann stieß er sie grob von sich und bemerkte rauh: »Laß uns das Spiel also beenden, obwohl ich einräume, daß ich es gern noch weiter gespielt hätte. Aber es wäre nicht recht von mir, dein Vertrauen zu mißbrauchen.«

»Es gibt eine andere Frau!« stieß Mirjam entsetzt hervor.

»Du Närrin! Ich bin noch derselbe Mann, dem du dich verweigertest. Sieh her!« Asarhaddon streckte seine Hände aus. »Sie sind noch warm vom Blut eines Knaben, den ich soeben vor den Stufen des Tempels geschlachtet habe. Er war nur wenig älter als unser Sohn. Erwache aus deinem Traum, Asarhaddon könne sanftmütig zurückkehren!«

Kreidebleich wich Mirjam vor ihm zurück, dann lief sie zu ihrem Sohn und umarmte ihn, als wolle sie ihn vor seinem Vater schützen. Doch Sargon löste sich unwillig von ihr und bemerkte mit kindlichem Stolz: »Laß mich Mutter, ich fürchte mich nicht vor ihm.«

Asarhaddon warf ihm einen scharfen Blick zu, dem Sargon trotzig standhielt. Asarhaddon lächelte kaum merklich und wandte sich besänftigend an Mirjam: »Glaube mir, der Schmerz, den ich dir soeben zufügen mußte, quält mich mehr als dich. Aber soll ich dich wieder belügen, so wie seinerzeit in Kadesch?«

Mirjam drückte ihren Sohn an sich und weinte. Sargon aber schalt Asarhaddon mit heller, kindlicher Stimme: »Meine Mutter hat niemals geweint. Du hast sie dazu gebracht. Ich mag dich nicht.«

»Auch ich sehe sie lieber lachen«, entgegnete Asarhaddon weich, »aber du bist noch zu jung, um es zu verstehen.«

Mirjam gab Sargon einen leichten Stoß. »Geh hin zu deinem Vater und begrüße ihn, wie es sich geziemt«, sagte sie beherrscht.

Sargon ging langsam auf seinen Vater zu, die Lippen zusammengepreßt. Er verneigte sich vor ihm und sagte gehorsam: »Ich freue mich, daß du wohlbehalten zurückgekehrt bist, mein Vater.«

»Und ich freue mich, den zukünftigen Herrscher von Assyrien zu sehen«, entgegnete Asarhaddon. Er versuchte nicht, sich seinem Sohn zärtlich zu nähern.

Sargon wies auf das Schwert an Asarhaddons Gürtel. »Hast du damit den Knaben getötet?«

Mirjam schrie auf. »Sargon!«

Doch Asarhaddon entgegnete ungerührt: »Nein, mit dem

Schwert töte ich meine Feinde auf dem Schlachtfeld. Ich tötete ihn mit einem Opfermesser.«

»Warum mußte er sterben? Sind Kinder denn auch deine Feinde?«

»Er starb für Aschschur, der Assyrien beschützt. So wie du täglich Speise zu dir nehmen mußt, um zu wachsen und einmal ein Mann zu werden, braucht Aschschur das Blut der Opfer, um stark zu bleiben.«

»Ich will aber nicht, daß er das Blut von Kindern bekommt, weil es meine Mutter traurig macht. Von Wildschweinbraten und Buchweizengrütze mit Honig wird man auch sehr stark.«

Asarhaddon mußte lächeln. »Das stimmt. Deine Arme werden stark davon, aber nicht dein Herz. Wer Assyrien beherrschen will, darf sich nie vom Jammern und Wehklagen der Schwachen erweichen lassen. Du bist noch ein Knabe und darfst dich von Tränen rühren lassen. Ich bin der König und darf es nicht. Deshalb töte ich, um die Schwäche nicht in mein Herz zu lassen, und ich muß es unablässig tun, denn die Versuchung, schwach zu werden, hört niemals auf.«

Mirjam fuhr auf. »Was erzählst du dem unschuldigen Kind für schändliche Dinge? Schämst du dich nicht, die Lust am Töten schon so früh in seine kindliche Seele pflanzen zu wollen?«

Asarhaddon machte eine unwillige Handbewegung. »Geh, Mirjam! Ich möchte mit meinem Sohn allein sprechen. Es ist an der Zeit, daß er von Männern und nicht von Weibern erzogen wird. Geh in den Vorhof, dort wartet Anaxares auf dich. Du wirst ihn doch sicher auch begrüßen wollen?«

Mirjam wurde dunkelrot. Sie zögerte und sah Asarhaddon unsagbar traurig an. Er hatte sich nicht verändert. Sie warf noch einen besorgten Blick auf Sargon.

»Geh nur, ich habe keine Angst«, ermutigte sie ihr Sohn.

»Weil du die Gefahr nicht kennst«, murmelte sie und verließ den Saal.

Asarhaddon betrachtete nachdenklich seinen Sohn. Welchen Weg sollte er ihm weisen? Sein Blick fiel auf einen am Boden kauernden Sklaven. Sargon wandte sich des öfteren an ihn. Asarhaddon lächelte unmerklich. Stets der Lehren Belschar-Ussurs gedenkend, wie unliebsame Gefühle am besten zu verdrängen seien, fragte er Sargon lauernd: »Wer ist das?«

»Eschnunna, mein Leibsklave. Er begleitet mich überallhin. Meine Mutter hat es so bestimmt.«

»Du brauchst ihn nicht mehr. Von heute gelten wieder meine Anweisungen im Palast. Ich werde dir bessere Begleiter zur Seite geben.«

»Aber er ist –«

Eine kurze Handbewegung Asarhaddons ließ Sargon verstummen. »Bis heute hast du unter dem Rock deiner Mutter gesteckt und dich am Kleiderzipfel deiner Sklaven festgeklammert. Das ziemt sich von nun an nicht mehr für dich, den künftigen Herrscher Assyriens. Du wirst dir fortan deinen Vater zum Vorbild nehmen, denn wenn du ihm nacheiferst, wirst du an deiner großen Aufgabe nicht scheitern. Meine nicht, weil du ein Prinz bist, fielen dir Macht und Größe von allein zu. Deinem Onkel wurde das Zepter entrissen, und auch dir könnte es nicht anders ergehen, wenn auch weiterhin Weiber und Sklaven das Regiment über dein Herz führten. Also laß sehen, ob du der Sohn deines Vaters bist.« Asarhaddon reichte ihm seinen Dolch. »Töte ihn. Ich will sehen, wie du ihn triffst.«

Sargon zuckte kurz zusammen, aber er erwies sich als wahrer Sohn Asarhaddons, denn seine Beherrschung war mustergültig. »Das werde ich nicht tun«, gab er mit klarer Stimme zur Antwort.

Asarhaddon verzog amüsiert die Lippen. »Warum nicht? Reizt es dich nicht, den Kitzel des Tötens zu erleben? Willst du nicht aus dem Füllhorn der Macht über Leben und Tod schöpfen? Willst du Wasser statt Wein trinken?«

»Du verwirrst mich. Von diesen Dingen verstehe ich nichts. Aber Eschnunna ist mir lieb wie ein Bruder.«

»Das, mein Sohn, ist das Verhängnis. Schütze dein Herz künftig vor solchen Gefühlen, denn Sklaven sind nicht die Stütze des Throns. Erwirb dir heute mein Wohlwollen und zeige mir, daß du die kindliche Schwäche abstreifst wie einen alten Mantel. Oder schätzt du seine Zuneigung höher als die deines Vaters?«

»Gewiß nicht, doch wirst du nicht wollen, daß ich mich selbst verachte. Zeige mir einen Verräter, einen Mörder, einen Feind Assyriens, und ich werde nicht zögern, ihm die Kehle durchzuschneiden. Doch einen Menschen, den man liebt, aus Mutwillen zu töten, wäre schändlich.«

Bevor Asarhaddon darauf antworten konnte, fiel Eschnunna Sargon zu Füßen und rief: »Mein Prinz, weißt du denn nicht, daß niemand auf Erden es wagt, deinem Vater den Gehorsam zu verweigern? Töte mich, bevor sein Zorn dich noch ärger trifft. Du kannst mich nicht retten vor seinem Befehl.«

Asarhaddon lachte höhnisch und sagte zu seinem Sohn: »Welch herzbewegende Worte! Ich nehme an, daß dich die Rührung nun vollends von der Ausführung meines Befehls abhalten wird.« Er streckte gebieterisch die Hand aus. »Gib mir also den Dolch zurück und lerne, wie dein Vater tötet.«

Sargon stellte sich mit abwehrend ausgebreiteten Armen vor den zitternden Sklaven und blitzte seinen Vater zornig an. »Töte zuerst mich!« rief er halb tapfer, halb trotzig.

»Die Fliege will den Bären vom Honig verjagen«, spottete Asarhaddon.

»Willst du, daß ich dich hasse?« schrie Sargon verzweifelt.

»Auch ich habe meinen Vater gehaßt, und doch hat er einen Mann aus mir gemacht.« Dann fuhr Asarhaddon etwas gemäßigter fort: »Willst du denn nicht stark sein wie ich, dem der Erdkreis gehorcht, oder willst du schwach sein, ein Gespött deiner Gegner, ein Raub deiner Feinde?«

»Stark will ich werden so wie du. Doch ich will meine Stärke nutzen, den Schwachen zu helfen und den Unterdrückten.«

Asarhaddon machte eine wegwerfende Handbewegung, steckte aber den Dolch zurück in seinen Gürtel. »Knabenträume! Den Satz hat dir wohl deine Mutter beigebracht? Nein, deine Schuld ist es nicht, wenn du einem Sohn Asarhaddons so wenig gleichst, sondern ich habe es versäumt, deine Erziehung rechtzeitig in die Hand zu nehmen.« Er warf einen verächtlichen Blick auf den Sklaven. »Dieser Elende dort, auf den bereits mein Blick fiel, mag also weiterleben, weil du es willst, Sargon. Aber für dein Zartgefühl weiß ich schon den passenden Lehrer.«

Sargon, dem wegen seines Erfolgs die Röte des Stolzes ins Gesicht gestiegen war, unterbrach seinen Vater: »Ich habe gute Lehrer, und alle rühmen meinen Fleiß und meine Klugheit.«

Asarhaddon nickte. »Nichts anderes habe ich erwartet. Doch klug ist auch der Hofschreiber. Du hast heute Mut gezeigt, das gefällt mir. Und du kannst dich beherrschen. Lerne von nun an, auch deinem Herzen zu befehlen. Ein König hat weder Brüder noch Freunde, er traut nur sich selbst und verschwendet seine Liebe nicht an Unwürdige. Ich habe keine Zeit, dich das zu lehren, doch mein alter Freund Zargo wird dich rasch von den Folgen der Verzärtelung durch deine Mutter befreien. Du wirst durch die gleiche Schule gehen wie ich. Zwei oder drei Jahre, die du als Tempelschüler verbringst, werden dich schon umstimmen. Dann wirst du lachen, wenn andere schreien, und du wirst lieber töten als lieben. Und so gefällt es mir, so will ich dich haben.«

»Ich soll in den Tempel gehen?« fragte Sargon entsetzt.

»Ja, wovor fürchtest du dich? Der Tempel ist kein Schlachthaus, wie dir sicher deine Mutter erzählt hat, sondern der Ort, wo die Wurzeln unseres Volkes und seiner Geschichte zu finden sind. Dort wird das Geheimnis um Assyriens Stärke bewahrt und weitergegeben. Die Priester sind die Hüter der Weisheit und Mittler zwischen den Göttern und den Menschen. Wenn dort Blut fließt, so nur zu Ehren jener Gottheit, die unser Land seit Menschengedenken beschützt. Doch von Schwächlingen wendet sie sich verachtungsvoll ab und zieht ihre schützende Hand zurück. Aschschur ist ein grausamer Gott, so grausam wie das Leben selbst, wo das Starke das Schwache vernichtet. Oder sahst du je einen Wolf das Lamm verschonen? Ließ sich je ein Löwe vom träumerischen Blick der schlanken Gazelle erweichen? Doch wenn er sich an Fleisch und Blut gesättigt hat, ist er friedfertig. So neigt sich auch Aschschur nur demjenigen huldvoll zu, der es versteht, seinen Hunger nach Opfern zu stillen.«

Sargon war blaß geworden. »Muß ich ihm denn auch die opfern, die ich liebe?« fragte er erschüttert und sehr leise.

Asarhaddon zögerte kurz, dann legte er ihm beide Hände auf die Schultern. »Aschschur verbietet dir zu lieben.«

»Aber Vater!« Sargon schossen Tränen in die Augen. »Darf ich denn nicht meine Mutter, darf ich dich nicht lieben, wenn ich König werden will?«

»Verstehe mich recht, mein Sohn. Von dieser Liebe spreche ich nicht. Auch sollst du Assyrien lieben mit ganzer Seele und ganzem Herzen.«

»Aber ich liebe so vieles, Vater, so viele Menschen sind mir nah. Sie alle zu verstoßen auf dem Weg zur Macht, welch ein freudloses Dasein wäre das.«

»Es ist der Preis, den du zahlen mußt. Andere Freuden werden dich entschädigen.«

Sargon stampfte mit dem Fuß auf. »Die will ich nicht kennenlernen. Und überhaupt, einem so grausamen Gott werde ich nicht dienen. Ins Gesicht lachen werde ich ihm und die Standbilder anderer Götter im Tempel aufstellen, die ihn verjagen werden.«

Asarhaddon lächelte spöttisch. »Welche Götter? Den medischen Dagon etwa oder den churritischen Chaldi? Wo waren sie, als Aschschurs Stärke sie zermalmte und niederwarf? Oder willst du den babylonischen Marduk an seine Stelle setzen? Babylon ist eine Provinz von Kaufleuten, Magiern und Schwätzern geworden, über die Marduk nun gebietet. Mag er sie ewig beherrschen, aber der Himmel verhüte, daß er Assyriens Tempel erobere.«

Sargon spürte, daß er mit Worten gegen seinen Vater nichts ausrichten konnte. Er senkte den Blick. Asarhaddon war zufrieden. »Noch eins, Sargon, bevor ich dir erlaube, dich zu entfernen. Es ist besser, du sagst deiner Mutter nichts vom Tempel, das würde nur unnötig ihr Herz beschweren.«

Sargon verneigte sich wortlos und sehr blaß. Bevor er ging, streifte er seinen Vater mit einem kurzen, erwartungsvollen Blick. Er hoffte auf ein kleines Zeichen väterlicher Zuneigung, ein aufmunterndes Lächeln, eine flüchtige Umarmung, doch es blieb aus. Unnahbar wie ein Fremder und unerreichbar in seiner Größe stand Asarhaddon und ließ seinen Sohn gehen. Er hatte dessen Blick, der um etwas Zärtlichkeit bat, wohl bemerkt, doch er verhärtete sein Herz, weil er wieder fürchtete, schwach zu werden.

Als Sargon gegangen war, murmelte Asarhaddon: »Du bist der junge Trieb am Stamme der Sargoniden, du mußt grünen und wachsen, denn wehe dem Herrscherhaus, wenn du verdorrst. Der Stamm wird keine weiteren Zweige mehr hervorbringen.«

2

Es war kühl in der Opferhalle des Tempels, die Asarhaddon und Zargo langsam durchschritten. Vor dem Altar blieb Asarhaddon stehen und legte seine Hand auf den Stein. Zargos Miene drückte Zufriedenheit aus. »Aus dieser Quelle fließt Assyriens Stärke«, sprach Asarhaddon. Er wandte sich an Zargo. »Der Empfang, den du mir bereitet hast, hat mir gefallen. Ich bin zufrieden mit dir.«

Zargo verbarg nur mühsam seinen Stolz über Asarhaddons Worte. Der fuhr fort: »Vieles blieb ungetan in meiner Abwesenheit. Manches harrt der Vollendung, anderes will begonnen werden. Mein Vertrauen in deine Ergebenheit und deine Fähigkeiten will ich dir heute mit einer ganz besonderen Aufgabe beweisen. Du sollst meinen Sohn erziehen im Geiste Aschschurs, so daß er fähig wird, einst Assyrien zu beherrschen. Führe ihn, wie Belschar-Ussur mich geführt hat, doch gehe etwas behutsamer mit ihm um, denn sein Herz gleicht noch einer zarten Pflanze. Ich will, daß ein Mann aus ihm wird, aber nicht, daß sein Verstand sich verwirrt und seine Seele krank wird, verstehst du?«

Zargo wurde abwechselnd blaß und rot. »Dein Sohn, Herr? Aber er ist noch zu jung für das, was ihn hier erwartet.

Du warst bereits ein Mann, als du in den Tempel eintratest.«

»Ich sagte es schon, sei geduldig mit ihm und führe ihn Schritt für Schritt an die Wahrheit heran. Belschar-Ussur ließ mir nicht einmal Zeit zum Atmen. So unvorsichtig darfst du natürlich nicht vorgehen. Aber er war schon allzu lange dem Einfluß seiner Mutter ausgesetzt, und ich fürchte, ich darf mit der strengen Erziehung nicht länger warten. In fünf Monaten vollendet er sein zwölftes Lebensjahr, das scheint mir der richtige Zeitpunkt zu sein, ihn zu dir zu bringen. Ganz Assur soll darauf schauen, und der Höhepunkt soll ein außergewöhnliches Opfer sein, denn für meinen Sohn sollen nicht nur bunte Girlanden gewunden werden. Alle sollen es erfahren: hier schickt sich Asarhaddons Sohn an, der Welt sein Siegel aufzudrücken. Zwölf Knaben im Alter von zwölf Jahren werden an jenem Tag ihr Leben lassen, das halte ich für angemessen und seiner hohen Abkunft für würdig.«

»Wie immer ist es mir, als spräche Aschschur selbst aus dir«, rief Zargo begeistert aus. »Nach dieser Ehrung wird er seine kindliche Schwäche abtun, denn nur Göttern wird so geopfert.«

Asarhaddon ließ sich von Zargos Begeisterung anstecken; seine Miene verzerrte sich, und heiser stieß er hervor: »Mögen deine Worte Widerhall finden in seinem Herzen.«

Am Nachmittag befahl er Mirjam zu sich. Als sie bei ihm eintrat, forschte er in ihrem Gesicht, ob Sargon vielleicht geplaudert hätte, doch dies schien nicht der Fall zu sein. Mirjam wirkte gelassen, fast heiter. Obwohl das Asarhaddon befremdete, kam es ihm sehr gelegen, denn er wollte keine Feindschaft beim Abschied. Andererseits sollte die Trennung beiden leichtfallen. Asarhaddon war daher von freundlicher Zurückhaltung, jedoch ohne verletzende Kühle. »Ich bat dich ein letztes Mal zu mir, um dich zu fragen, wie du dich entschieden hast.« Sein Lächeln war weicher als beabsichtigt.

»Für Anaxares«, erwiderte Mirjam kaum hörbar.

»Das freut mich«, bemerkte Asarhaddon aufrichtig. »Doch dir scheint es kaum über die Lippen zu wollen.«

»Ich hoffe, bei ihm zur Ruhe zu kommen und ihn eines Tages so zu lieben, wie er mich liebt. Aber noch ist alles verwirrend für mich. Mein Verstand sagt mir, daß unsere Trennung der einzig richtige Weg ist, und doch gehe ich nicht leichten Herzens. Dann ist da Sargon. Ich weiß, daß andere Pflichten auf ihn warten. Wenn der Weg zum Thron nur nicht so blutig sein müßte, und wenn du ihm dabei erlauben könntest, menschlich zu bleiben.«

»Es gibt in meinem Leben Augenblicke, in denen ich alles verfluche, was mich zu dem gemacht hat, der ich bin«, erwiderte Asarhaddon sanft. »Dies ist ein solcher Augenblick. Wenn ich in Kadesch geblieben wäre, hätte Sargon Syriens bester Pferdezüchter werden können. Doch das sind Träume. Wenn wir uns solchen Träumen hingeben, wird das Erwachen um so schmerzlicher sein. Was Sargon angeht, so kann ich dir nicht viel Tröstliches sagen, ich würde dich sonst belügen. Aber wenn du nach Ninive gehst, möchte ich, daß wir als Freunde scheiden. Glaubst du, daß dir das möglich wäre, Mirjam?« Mirjam war in dieser Stunde nur allzu gern bereit dazu. »Als Freunde, sagtest du? Nun, das läßt mich hoffen, dir zukünftig näher zu stehen als bisher.«

»Als bisher?« wiederholte Asarhaddon irritiert. »Was meinst du damit?«

»Ich war deine Frau, und du hast mich geliebt. Aber was du für deine Freunde getan hast, hast du für mich nicht getan.«

»Ich verstehe dich nicht, erkläre dich näher.«

»Anaxares und ich haben eine lange Nacht hinter uns, die Anaxares genutzt hat, mir viel zu erzählen. Er fand warme Worte für dich, und ich erfuhr Dinge, die dich in einem anderen Licht erscheinen lassen. Dort in der Fremde hat sich manches ereignet, das mich hoffen läßt, du könntest deinem grausamen Gott eines Tages abschwören. Weshalb habe ich diese Züge an dir in Assur nie kennengelernt? Weshalb hast du dich mir nur von deiner schwärzesten Seite gezeigt?«

»Ich weiß nicht, was Anaxares dir erzählt hat, Mirjam. Ich habe für ihn zeitweilig Macht und Thron aufgegeben und mein Leben gewagt, um ihn zu finden, das ist wahr. Das gleiche hätte ich für dich getan, aber dein Leben war nicht in Gefahr, ich wußte dich wohl behütet hier.«

»Und deine Vergangenheit in Urartu? Holt sie dich nicht ein? Denkst du nicht mehr an diesen Churriter?«

Asarhaddon wurde blaß. »An Sardur?« murmelte er.

»Ja, der churritische Prinz, der nunmehr den Thron Urartus bestiegen hat.«

»Davon weißt du also auch.« Asarhaddons Blässe wich einer jähen Röte, und er konnte Mirjam nicht mehr in die Augen sehen. Er spielte nervös an seinem Armreif und fand offensichtlich nicht die Worte für eine passende Erwiderung.

Mirjam bemerkte seine Verlegenheit, und sie berührte sie warm. »Du mußt dich doch mir gegenüber nicht rechtfertigen«, sagte Mirjam lachend.

»Bei meiner Seele, ich fürchte deinen Spott, denn wahrlich, die Beziehung zu Sardur war mein größter Fehler.«

»Bist du sicher? Ich glaube das nicht.«

»Was auch immer geschehen ist«, meinte Asarhaddon unwillig, »es handelt sich um eine Beziehung, die vorüber ist.«

»Das mußt du am besten wissen. Anaxares glaubt jedoch, deine Gefühle für ihn seien tiefer, als du es wahr haben willst.«

»Anaxares ist geschwätzig wie ein altes Kräuterweib, sag ihm das!«

»Aber du liebst ihn doch noch, diesen Sardur?« fragte Mirjam beharrlich.

»Ich liebe dich«, wich Asarhaddon aus, »und mit diesem Bekenntnis möchte ich dich nach Ninive entlassen.«

Mirjam erhob sich. »Wir bleiben Freunde, Asarhaddon, wenn du dich stets als Freund erweist.«

»Soweit die Umstände es mir erlauben. Leb wohl, Mirjam.«

3

Es hatte sich in Assur herumgesprochen, daß der zwölfte Geburtstag des Kronprinzen zu einem glanzvollen Ereignis werden sollte. König Asarhaddon wollte ein dreitägiges Fest geben. Das hatte es seit seiner Thronbesteigung noch nicht gegeben. Im Palast selbst sprach man auch schon offen über den Höhepunkt dieser Feier: die Opferung von zwölf Knaben. Sargon gab sich gelassen, als handele es sich um einen alltäglichen Vorgang. Er hatte das Gespräch mit seinem Vater nicht vergessen und schnell gelernt. Er war klug genug, den Gleichgültigen zu spielen.

Zargos vogelgesichtige Miene glättete sich vor Erstaunen, als der Prinz plötzlich vor ihm stand und ihn mit seinen großen, dunklen Augen musterte. »Bist du Zargo?«

Dieser raffte verlegen sein langes Gewand und beugte sich etwas vor. »Der junge Herr hier im Tempel? Welche Ehre. Ja, ich bin es. Wie bist du hereingekommen?«

»Durch die Tür. Hätte man mich denn aufhalten sollen? Das würde niemand wagen.«

»Ganz recht«, stimmte Zargo rasch zu, »du gehst, wohin du willst, alle Türen Assyriens stehen dir offen, mein Prinz. Aber weiß denn dein Vater –«

»– daß ich hier bin? Natürlich. Es ist doch sein Wille, daß ich hier lerne, Aschschur zu dienen. Und du bist der Mann, der mich das lehren soll.«

»Gewiß, doch die Zeit ist noch nicht gekommen. Zuerst mußt du in einer heiligen Zeremonie die Weihe erhalten, was, wie du wohl weißt, erst zu deinem Geburtstag geschehen soll.«

»Du meinst das Blutopfer? Deshalb bin ich hier. Verzeihst du mir meine Ungeduld und zeigst mir die Kinder schon heute? Ich möchte mich an ihrer Todesangst weiden.«

Zargo starrte entgeistert auf den Prinzen. »Eine zarte Pflanze«, murmelte er. »Kennt Asarhaddon seinen eigenen Sohn nicht?«

»Was sagtest du?«

»Oh, ich stimme dir zu. In deinem Alter darf man noch Ungeduld zeigen. Wenn du weiter gehst auf diesem Weg, wirst du vielleicht eines Tages den großen Meister überflügeln.«

»Meinen Vater?«

»Nein, ich spreche von dem Lehrer deines Vaters. Komm!

Zuerst zeige ich dir den Altar und Aschschurs Standbild. Danach führe ich dich hinunter zu den Opfern.«

Im Altarraum hielt sich Sargon soweit wie möglich im Schatten der Pfeiler auf, jedenfalls vermied er es, in das Licht der Fackeln zu treten, sonst hätte Zargo sein Zittern bemerkt. Wenn Zargo ihn etwas fragte, antwortete er gepreßt mit ja und nein. Zargo fiel das nicht auf. Er war überglücklich, dem Sohne Asarhaddons sein Reich zeigen zu dürfen. Seine wortreichen Schilderungen gingen an Sargons Ohr vorüber wie einförmiges Rauschen. Zargo sprach ohnehin nur von furchtbaren Dingen, die er nicht hören wollte.

»Ich fühle es, mein Prinz, du bist überwältigt. Jetzt führe ich dich hinunter.«

»Ja, gehn wir«, würgte Sargon mühsam hervor, doch auf dem Weg in den Kerker gewann er seine Fassung wieder. Zargo brachte ihn zu den Gemächern, in denen die Kinder untergebracht waren. Sie durften sich unterhalten, essen und schlafen, wann sie wollten. Es standen Schalen mit Zuckerwerk, Gebäck und Früchten bereit.

Sargon hatte düstere, feuchte Kammern erwartet, in denen gefesselte, halbverhungerte Kinder ihn anstarren würden. Er war fast erleichtert und auch verwundert. Doch als er nähertrat, sah er, daß ihre Seelen schon beim Sterben waren. Die Mutigsten starrten Zargo und Sargon mit zusammengepreßten Lippen trotzig entgegen, andere verbargen sich zitternd hinter Stühlen und Tischen, einige weinten leise.

Zargo kicherte. Gern hätte er sich an ihren jungen Körpern versucht, doch Asarhaddon hatte seit jeher die Vergewaltigung von Gefangenen unter schwerste Strafe gestellt. »Werft euch in den Staub, ihr zarten Hühnchen, denn der göttliche Sohn unseres Herrschers ist erschienen, um sich einen Vorgeschmack auf euer Sterben zu verschaffen.«

Alle warfen sich zitternd zu Boden, nur einer von ihnen wagte es, den Kopf zu heben und den Prinzen heimlich zu mustern. Zargo bemerkte es. »He, du kannst es wohl kaum erwarten, daß man dir deine neugierigen Augen aussticht? Oder meinst du, bis dahin sei noch Zeit? Ich weiß, daß der

Prinz die Tat sogleich an dir vollenden möchte, so ist es doch mein Prinz?«

Sargon würgte es, und beinah hätte er seine Beherrschung verloren. Aber er erwiderte kühl: »Du durchschaust mich, als sei ich aus Spinnweben, Zargo. Aber das Opfer muß unversehrt sein am Tage meines Triumphes, also will ich meine Ungeduld noch zügeln. Doch laß mich einige Zeit mit ihnen allein. Ich will mit ihnen plaudern, mit ihnen lachen, als sei ich einer der Ihren, und dabei den wohligen Schauer genießen, daß sie für mich leiden werden.«

Selbst Zargo stutzte, als er diesen Wunsch des Prinzen vernahm. »Von deiner sanften Mutter hast du nicht viel geerbt«, murmelte er irritiert. »Die Befürchtungen deines Vaters waren ganz unbegründet.«

Als Zargo gegangen war, stieß Sargon einen erleichterten Seufzer aus. Fast wäre die Verstellung über seine Kraft gegangen. Dann winkte er dem Jungen, der ihn bereits verstohlen angesehen hatte. »Du, wie heißt du? Steh auf und komm her zu mir!«

Zögernd kam der Knabe näher und starrte Sargon haßerfüllt an. Doch als Sklave an Gehorsam gewohnt, antwortete er: »Ich bin Rachman.«

»Wohlan, Rachman, du scheinst mir von allen der Tapferste zu sein, also ernenne ich dich zum Anführer. Sag den anderen, sie sollen sich erheben, und sag ihnen, sie sollen sich nicht fürchten.«

»Steht auf!« sagte Rachman rauh zu seinen Mitgefangenen. Dann blieb er in erwartungsvoller Haltung vor Sargon stehen, der ihn anlächelte. Doch Rachman mißtraute diesem Lächeln.

»Ich mußte den Priester täuschen«, sagte Sargon, »doch in Wahrheit bin ich hier, um euch zu befreien.«

»Zu befreien?« wiederholte Rachman ungläubig. »Bist du denn nicht der Sohn Asarhaddons?«

»Ich bin es, aber ich will euch nicht sterben sehen.«

»Das mag glauben, wer will. Unser Schicksal ist doch längst beschlossen.«

»Glaubt nicht meinen Worten, sondern meinen Taten.

Aber wir müssen uns eilen. Es gilt, den Vorsprung bei eurer Flucht zu nutzen.«

»Eine Flucht, ersonnen zu deiner Belustigung, nehme ich an.«

»Du hast keine Wahl, als mir zu vertrauen, Rachman.«

»Das ist wahr. Gut, wie spielen also mit. Und auf welche Weise sollen wir hier herauskommen? Alle Ausgänge sind von Wachen besetzt.«

»Sie sind eingeweiht und gehorchen meinen Befehlen. Die Ausgänge führen in den Garten. Dort warten meine Sklaven, alles vertrauenswürdige Männer, die bereit sind, ihr Leben für mich zu geben. Sie warten mit Wagen auf euch. Man wird sie wegen ihrer Kleidung für Sklavenhändler halten, und ihr werdet ungehindert bis an das Nordtor kommen. Dort werden sie ein Schreiben mit dem königlichen Siegel vorweisen, so daß man euch die Tore öffnen wird. Ich habe alles bedacht.«

»Und wohin wird man uns bringen? Gibt es einen Ort auf der Welt, an dem wir sicher sein können vor den Häschern des Königs?«

»Es gibt diesen Ort. Die Männer, die euch hinbringen, werden bei euch bleiben, damit sie nicht unter der Folter verhört werden können.«

»Aber dein Vater – er wird rasen vor Wut.«

»Er wird rasen, und er wird sich auch wieder beruhigen.«

»Weshalb tust du das für uns? Wir sind doch nur Sklaven, deren Leben für dich weniger als Spreu bedeutet.«

»Meine Mutter lehrte mich anderes. Doch wir haben keine Zeit zum Schwatzen, kommt!«

Die Flucht gelang und blieb unentdeckt bis zum nächsten Morgen. Dann benachrichtigten die Wachen Zargo, daß die Knaben aus dem Kerker verschwunden seien. Zargo durchfuhr die Wahrheit wie ein Schlag, und er wurde weiß vor Wut. Seine erste Regung war, die Wachen erschlagen zu lassen, doch dann besann er sich. Asarhaddon würde sie verhören wollen.

Fahrig raffte er sein Gewand und erhob sich taumelnd. »Sucht diese verfluchten Bälger!« krächzte er. »Eine Spur von ihnen wird sich ja wohl finden. Sicher sind sie zum Nordtor hinaus. Worauf wartet ihr? Bringt sie mir wieder! O ich Elender, wie soll ich das dem König beibringen?«

Asarhaddon war erstaunt, als man ihm meldete, daß Zargo ihn im Palast sprechen wolle. Der kroch mehr herein als er ging. Und schon vernahm er Asarhaddons Spott: »Aber Zargo, bist du es wirklich, oder bist du schon tot und erscheinst mir aus dem Grabe? Du bist ja so weiß wie ein Leichentuch.«

»Herr, meine Beine versagen mir den Dienst vor Furcht. Ich weiß nicht, wie ich es geschafft habe, dennoch bis zu dir zu kommen. Ich bitte dich daher, rechne mir meinen Mut bei der Bemessung meiner Strafe an.«

»Wenn du dein jämmerliches Auftreten als Mut bezeichnest, ist das mehr als unverschämt, und wenn du dich bei Vorreden aufhalten willst und nicht augenblicklich zur Sache kommst, lasse ich dich an deinen Füßen aufhängen, bis du verfaulst.«

»Die Kinder sind fort!«

»Welche Kinder? Doch nicht die zwölf Knaben, die für das Opfer bestimmt waren?«

»Eben jene«, flüsterte Zargo.

»Du willst mich zum Narren halten, was heißt fort? Es ist doch unmöglich, aus dem Tempel zu entfliehen.«

»Gewiß, sie sind auch nicht wirklich geflohen, sie sind mehr hinausgeführt worden.«

»Du spielst auf unerträgliche Weise mit meiner Geduld!« drohte Asarhaddon.

Da berichtete Zargo stockend, was sich zugetragen hatte und wie er von Sargon hinters Licht geführt worden war. Als er geendet hatte, entstand eine tödliche Stille. Zargo schlotterte vor Angst. Da erschütterte ein dröhnendes Gelächter den Raum. Zargo starrte entgeistert auf Asarhaddon, den er noch nie so gesehen hatte. Er stand dort, schlug sich auf die Schenkel, und Tränen liefen ihm über das Gesicht. Es dauerte eine Weile, bis er sich beruhigt hatte. »Bei meinen Ahnen!« stieß er noch nach Luft ringend hervor, »das ist der köstlichste Streich, von dem ich je gehört habe. Ich selbst hätte es nicht besser machen können.«

Zargo seufzte erleichtert. Asarhaddon hörte es und wies mit dem Finger auf ihn. »Das ist kein Grund für dich aufzuatmen, denn du hast bei diesem Spiel die Rolle des Esels gespielt. Wenn diese Flucht im Lande bekannt wird, ist das eine nicht auszulöschende Schande für uns. Also rasch, mach dich auf und bringe mir die Flüchtigen, wenn du auf Gnade hoffen willst.«

»Ich konnte ihre Spur bereits bis zum Nordtor verfolgen«, erwiderte Zargo eifrig.

»Ich will keine Einzelheiten, ich will die Knaben. Wo sind Sargons Helfer?«

»Auch entflohen.«

»Bleibt nur Sargon. Ich werde ihn schon zum Sprechen bringen.«

»Willst du ihn foltern lassen?« fragte Zargo bleich.

»Sei kein Narr! Mir stehen andere Mittel zur Verfügung. Sargon hat einen Leibsklaven, den er sehr schätzt. Wenn er ihn schreien hört –«

»Tu es nicht!« entfuhr es Zargo. »Ich werde die Kinder auch ohne deinen Sohn finden, ich verspreche es!«

»Zweifellos, wenn dir dein Leben lieb ist, aber weshalb soll ich seinen Sklaven nicht foltern lassen? Hatte ich dich da mißverstanden?«

Zargo knetete verlegen seine Hände im Schoß. »Es ist nicht wegen des Sklaven, ich dachte nur, der Prinz möchte vielleicht krank davon werden.«

»Aber Zargo! Du bringst ja mein Weltbild ins Wanken. Menschliche Empfindungen in deiner Brust? Das macht mich mißtrauisch. Weshalb sorgst du dich um die Seele meines Sohnes? Wirst du etwa weich? Dann habe ich den falschen Lehrer für ihn ausgesucht. Aber ich ahne schon, was dich bewegt. Ich warne dich, nicht einmal in Gedanken darfst du es wagen, dich seiner Schönheit zu nähern, von deinen schmutzigen Händen ganz zu schweigen.«

»O nein, Herr, das sei fern von mir«, beteuerte Zargo, »lieber hacke ich mir die Hand ab.«

»Das dürfte nicht der passende Körperteil sein«, erwiderte Asarhaddon giftig.

Zargo schwieg betreten. Und Asarhaddon fuhr fort: »Geh jetzt und kümmere dich um die Angelegenheit. Findest du die Kinder nicht bis zum Fest, lasse ich dich öffentlich entmannen, und das ist keine leere Drohung.«

»Ja, Herr, ja.« Zargo atmete auf, vorerst davongekommen zu sein.

Aber Zargos Bemühungen blieben erfolglos. Sargon hatte nicht nur die Flucht bestens durchdacht, sondern auch den Aufenthaltsort sorgfältig gewählt. So sorgfältig, daß weder Zargos noch Asarhaddons Männer eine Spur fanden.

Es hätte wohl letztlich wirklich das Ende von Zargos Manneskraft bedeutet, wenn nicht von einer ganz anderen Seite unvermutet Licht in das Dunkel um das Verschwinden der Kinder gedrungen wäre. Anaxares tauchte plötzlich in Assur und im Palast auf.

Asarhaddon wußte nicht, ob er sich über diesen unerwarteten Besuch freuen sollte. Anaxares wirkte zerfahren, nicht so selbstsicher wie sonst, Asarhaddon befürchtete eine schlimme Nachricht, doch er versuchte, seinem Freund scherzhaft entgegenzukommen, um ihm das Sprechen zu erleichtern. »Es müssen Dinge von großer Tragweite sein, die dich schon nach so kurzer Zeit aus den weichen Armen deiner Frau treiben. Du siehst auch etwas mitgenommen aus.«

Anaxares ging unruhig auf und ab. »Die Kinder, die du suchst, sind bei mir«, sagte er unvermittelt, ohne Asarhaddon anzusehen.

Der sprang auf. »Was? Das sagst du mir erst jetzt? Weißt du nicht, daß wir sie seit Wochen suchen? Hast du sie mitgebracht?«

»Nein, sie sind noch in Ninive.«

»Was tun sie dort? Sie gehören dem Tempel, sie gehören Aschschur, und du gibst ihnen wochenlang Unterkunft und Verpflegung, während hier der halbe Hof und die Priester damit beschäftigt sind, sie zu finden. Und dann kommst du daher, nur um es mir mitzuteilen? Und die Gehilfen meines Sohnes, diese Elenden! Sie sind wohl auch bei dir untergekrochen? Oder hast du sie aufgespießt, wie es ihnen gebührt?«

»Beruhige dich. Ich habe sie ja nicht entführt, das war der tolldreiste Streich deines Knaben. Ich konnte sie nicht mitbringen, und du wirst wissen, weshalb. Mirjam war entsetzt, sie war außer sich. Wie hätte ich die Sklaven töten und die Kinder mit Gewalt von dort fortführen können?«

»Das nenne ich klug eingefädelt von Sargon!« schnaubte Asarhaddon. »Klüger noch, als ich bisher annahm. Hinter den unüberwindlichen Festungsmauern seiner Mutter versteckt er die Opfer. Und du läßt dich von Mirjam weich machen und willst noch um Schonung bitten? Nun, ich kann dir deswegen nicht zürnen. Aber das sage ich dir: Ich habe mich in meinen Entschlüssen von Mirjam nicht beeinflussen lassen, solange sie meine Frau war, und ich werde erst recht nicht wankend, jetzt, wo sie bei dir in Ninive weilt. Sie glaubt wohl, ich würde dir nichts abschlagen, weil du mein Freund bist. Nun, um unserer Freundschaft willen bedauere ich es, aber ich muß darauf bestehen, daß die Kinder sofort nach Assur gebracht werden.«

Anaxares schlug sich verzweifelt mit der Faust gegen die Stirn. »Asarhaddon, ich bin Assyrer. Ich weiß, was die Kinder dir und dem Tempel bedeuten. Und wenn ich auch nur ungern das Blut von Kindern vergieße, so würde ich sie doch mit eigener Hand töten, wenn du es mir befiehlst. Aber Mirjam – wenn du die Kinder von dort fortbringen und für deinen Sohn opfern läßt, wird Mirjam sterben.«

»Sterben?« wiederholte Asarhaddon betroffen. »Weshalb denn?«

»Seit dem Tage, als die Kinder uns gebracht wurden, ist sie nicht mehr dieselbe. Und sie sagte mir, sie werde daran zerbrechen und sterben, so wie deine Mutter gestorben sei.«

Asarhaddon stieß einen Fluch aus und begann, im Zimmer auf und ab zu gehen. Dabei murmelte er unverständliche Worte. Schließlich setzte er sich wieder und starrte auf einen Fleck, seine Backenknochen mahlten, und an den Schläfen traten die Adern hervor. Anaxares wartete beklommen. Asarhaddon ließ sich viel Zeit, bis er schließlich aufblickte und sagte: »An Mirjams Tod will ich nicht schuld sein, also werde ich den Kindern das Leben schenken. Aber ich möchte dich hier nie wieder als Mirjams Fürsprecher sehen. Ich weiß, es ist nicht leicht für dich, aber du mußt auch mich verstehen. Daß ich mich in einer so wichtigen Entscheidung von Gefühlen leiten lasse und den Entschluß rückgängig mache, ist unverzeihlich und darf niemals ruchbar werden.«

»Glaube mir, ich weiß es als Kostbarkeit zu schätzen«, erwiderte Anaxares bewegt.

»Die Kinder werden leben, aber nach Assur müssen sie dennoch. Das Fest muß stattfinden, ich muß mein Gesicht und das des Tempels wahren. Das Opfer der Zwölf wird stattfinden, doch sie werden nur einen gleichnishaften Tod sterben. Sargon wird das Schwert halten, unter dem sie hindurchschreiten werden.«

»Ich weiß nicht, ob ich Mirjam davon überzeugen kann.«

»Ich gebe mein Wort, daß ihnen nichts geschieht, und daran wird sie wohl nicht zweifeln?«

»Die Kinder sind völlig verängstigt. Bereits das Ritual wird Mirjam nicht gefallen, und was wird in ihnen vorgehen, wenn sie wieder nach Assur zurück müssen?«

»Ich lehne es ab, mich mit derart lächerlichen Bedenken abzugeben!« rief Asarhaddon ärgerlich. »Das ginge wohl zu weit, daß ich auch noch Rücksicht auf ihre zarten Empfindungen nähme. Mirjam muß sich mit diesem Vorschlag abfinden, der sehr großzügig ist.«

4

Es waren noch sechs Tage bis zum Fest. Asarhaddon wollte sich gerade zur Ruhe begeben, als Symon in der Tür stand. Asarhaddon wandte sich erstaunt zu ihm um. »Du, Symon? Welch seltener Besuch zu ungewohnter Stunde!«

»Darf ich hereinkommen?«

»Ist es denn so wichtig?«

»Tagsüber bist du zu beschäftigt.«

»Also komm herein. Was hast du auf dem Herzen?« Asarhaddon wies flüchtig auf einen Sessel. »Setz dich. Trinkst du einen Becher Wein mit mir?«

»Sehr gern«, erwiderte Symon erfreut.

Asarhaddon schenkte ein und reichte ihm den Becher. Er lächelte ihm zu. »Worauf trinken wir? Wähle du den Trinkspruch!«

»Immer bist du so freundlich zu mir«, murmelte Symon errötend. »Trinken wir auf Mirjam und Anaxares.«

Asarhaddon hob seinen Becher. »Zwei Menschen, denen ich stets in Liebe verbunden sein werde. Sie mögen glücklich werden!«

Nachdem beide getrunken hatten, fuhr Asarhaddon fort: »So, und nun zu dir, Symon.«

»Wird Mirjam zur Feier nach Assur kommen?«

Über Asarhaddons Gesicht ging ein Schatten. »Ich weiß es nicht, aber ich hoffe es, ich habe beide geladen. Bist du gekommen, um mich das zu fragen?«

Symon errötete. »Wenn Mirjam kommt, werde ich sie vielleicht zurück nach Ninive begleiten.«

»Ja, tu das. Wovon hängt das ab?«

»Von dir.«

»Verbiete ich es dir etwa?«

»Vielleicht willst du, daß ich bleibe?«

»Kaum. Ich habe dich damals nicht aus Kadesch gerufen und sehe heute keinen Grund, dich hier festzuhalten. Du hast mich nicht gestört, aber wenn du zu deiner Schwester gehen willst, weshalb sollte ich dich daran hindern wollen?«

»Ich habe von Mirjam etwas erfahren, das deine Meinung vielleicht geändert hat, obwohl du nicht der Mann bist, der so etwas zugibt.«

»Wovon bei allen Dämonen sprichst du?«

»Von Sardur, dem Churriter.«

Asarhaddons Miene versteinerte. »Du weißt es also!« zischte er. »Nun, es gefällt mir nicht, aber ich kann es nicht ändern.« Dann stieg ihm jäh die Zornesröte ins Gesicht, und er stieß Symon heftig den Finger vor die Brust. »Ich verstehe! jetzt machst du dir ebenfalls Hoffnungen!«

Symon wich Asarhaddons Blick nicht aus. »Ja.«

Asarhaddon lachte kurz auf. »Wie? Du hast tatsächlich darauf gehofft, daß ich nachts an deine Tür klopfe? Reitet dich der Irrsinn?«

Symon blieb gelassen. »Deine helle Empörung bei Menachim, deine Zerknirschung, den Schwur vielleicht brechen zu müssen, alles Heuchelei. Als ich das mit dem Churriter erfuhr, war ich wie vor den Kopf geschlagen, aber dann sagte ich mir, du wirst deine Gründe gehabt haben.«

»Danke, daß du so nachsichtig mit mir bist«, gab Asarhaddon sarkastisch zur Antwort. »Oder muß ich mich vor dir rechtfertigen?«

»Weshalb bist du nicht zu mir gekommen? Reitest du immer noch im Sattel des Hochmuts?«

»Weil ich nicht in dein Bett steige?«

»Was hast du gegen mich? Daß ich ein Mann bin, dürfte inzwischen kein Hindernis mehr für dich sein.«

»Du wirst unverschämt! Muß ich mich deshalb in jeden hübschen Hintern vergucken?«

»Ich bin nicht jeder, Asarhaddon. Damals auf der Paßhöhe hast du es noch bedauert, daß ich keine Frau bin. Du magst mich, ich weiß es.«

»Ja, aber nicht im Bett. Ich will eine solche Beziehung nie wieder eingehen, weder mit dir noch mit anderen.«

»Nie wieder? Mirjam ist fort, Sardur ist weit. So bleibt dir nichts als ein leeres Herz und ein leeres Bett, das willst du auf ewig ertragen?«

»Du gehst zu weit! Du glaubst, ich sei einsam und verzweifelt und willst nun schamlos meine Lage ausnutzen. Du irrst dich, Symon. Nimm deine unglückselige Leidenschaft, deine unerfüllte Liebe, pack sie ein und nimm sie mit nach Ninive! Ich habe ganz andere Sorgen als mich zu nächtlicher Stunde einer Liebe zu erwehren, die ich nicht begehre.«

»Welche Sorgen? Ich sage dir, deine einzige Sorge ist es, daß dieser Churriter jetzt nicht hier ist, daß dein Bett Nacht für Nacht leer bleibt und es auch weiterhin bleiben wird!«

Asarhaddons Augen flammten auf. »Und wenn es so wäre, du wirst es nicht sein, der seine Stelle einnimmt. Und weshalb nicht? Weil ich den König von Urartu nicht eintausche gegen einen Mann, der Menachim einst den Hintern geleckt hat, und nun verschwinde!«

Symon saß wie erstarrt. »Das also ist es«, murmelte er, »du verzeihst mir Menachim nicht.«

»Menachim und alle anderen, die dich noch hatten. Du mußtest doch jedem Mann zu Willen sein. Und du warst es gern. Ich rühre keine Huren an, weder weibliche noch männliche. Gute Nacht.«

Symon erhob sich wie ein Schlafwandler und verließ den Raum. Asarhaddon sah ihm wütend hinterher und dann auf sein Bett. »Bei allen Dämonen der Finsternis!« zischte er, »weshalb mußt du so recht haben?«

5

Seit Asarhaddons Thronbesteigung hatte Assur keine großen Feste mehr erlebt. Alle wußten, der neue Herrscher, der einst Hoherpriester gewesen war, liebt das ausgelassene Treiben nicht und verachtet die Klänge von Flöten und Zimbeln. Nun wollte Asarhaddon an drei Tagen Assyriens Hauptstadt in einen Festsaal verwandeln. Die vornehmsten Familien aus allen Teilen des Reiches waren geladen und herbeigeströmt. Die Menschen schlugen vor den Toren Assurs ihre Zelte auf, denn die Stadt konnte die Menschen nicht alle fassen, und die Gastwirte schütteten noch mehr Wasser zum Wein als sonst und scheffelten das Silber in Krügen. Selbst die Dirnen aus den berüchtigten Schenken am Fluß wagten sich in die Stadt, ohne verjagt zu werden. Die Bordellwirte vermieteten sogar ihre eigenen Töchter an die Fremden und häuften das Gold in den Truhen. Für drei Tage war aus Assur ein Babylon geworden.

Die Plätze vor dem Palast und dem Tempel waren mit Blumen und grünen Zweigen geschmückt, und an langen Tischen saßen die geladenen Gäste und tafelten die erlesensten Genüsse aus den entferntesten Weltgegenden. Für die Unterhaltung sorgten Gaukler, Tänzer und Musikanten. Die schönsten Sklavinnen bedienten die Gäste und waren bereit, ihnen jederzeit Gesellschaft zu leisten. Viele waren zum erstenmal in Assur und hatten Asarhaddon noch niemals zu Gesicht bekommen. Sie waren neugierig auf diesen König, von dem es hieß, daß seine Erscheinung den Glanz der Sonne verdunkle, und er den Aufenthalt in Folterkammern dem im Schlafzimmer vorzog.

Asarhaddon begrüßte seine Gäste im Festsaal seiner Väter, von dessen Wänden der schwertgewaltige Sinacherib unter grimmigen Brauen herunterblickte. Die Tänzer verharrten, das Reden und Lachen verstummte, kein Becher klirrte mehr, als er, begleitet von seinem Sohn, eintrat. Er hatte ein langes, leuchtend blaues Festgewand angelegt, gesäumt von silbernen Stickereien und gerafft von einem Gürtel mit silberner Schnalle in Form einer strahlenden Sonne. Seine Augen über den schmalen, hohen Wangenknochen funkelten wie die Edelsteine seines Stirnreifs, der die im Nacken geflochtenen Haare zusammenhielt. Von den Schläfen herab fielen Perlgehänge bis auf die Schultern, und sie klirrten leise, wenn er den Kopf bewegte.

Asarhaddon hatte zum Fest seines Sohnes geladen und fügte zur makellosen Schönheit den Charme eines vollendeten Gastgebers. Er sparte bei den Männern nicht mit anerkennenden Worten und bei den Frauen nicht mit Komplimenten. Mancher Schönen schenkte er ein verheißungsvolles Lächeln, manchen Scherz wechselte er mit alten Kampfgefährten.

Asarhaddon schien es zu genießen, im Mittelpunkt der Bewunderung zu stehen, während Sargon, dessen Fest es war, alles sehr langweilig fand. Die Frauen waren entzückt von ihm und riefen ihn mit allerlei Kosenamen, versuchten auch, seine Wangen zu tätscheln oder strichen ihm über das Haar. Die Männer dagegen wurden nicht müde, von seinen künftigen Pflichten zu reden und ihm seinen Vater als Vorbild hinzustellen. Einige, vom Wein schon früh berauscht, hielten auch mit zweideutigen Scherzen nicht zurück, die gemeinhin nur unter erwachsenen Männern üblich waren. Sargon war ein gehorsamer Sohn und tat geduldig, was man von ihm erwartete. Pflichtschuldig errötete er, nickte mit ernster Miene oder lächelte lieb. Doch zwischendurch fragte er immer wieder, ob seine Mutter schon gekommen sei.

Es war schon spät, als der Wagen des Generals Anaxares aus Ninive vor dem Palast hielt. Anaxares half seiner bezaubernden Frau aus dem Wagen, und sie wurden von prächtig gekleideten Sklaven in den Festsaal geleitet. Anaxares bebte vor Glück und Stolz, denn zum erstenmal betrat er den Palast mit Mirjam als Frau an seiner Seite. Es hatte großer Überredungskunst bedurft, sie zum Erscheinen auf dem Fest zu bewegen, und letztendlich hatte Mirjam ihre Bedenken nur um ihres Sohnes willen zurückgestellt.

Einer der Sklaven hatte es dem Prinzen zugeflüstert, und Sargon kam ihr schon im Hof entgegengelaufen. Heftig drückte Mirjam seinen Kopf an die Brust und war den Tränen nahe. Sargon aber tröstete sie. »Jetzt, wo du da bist, ist doch alles gut.«

»Alles gut?« wiederholte sie und sah ihn lange an. Dann lächelte sie plötzlich. »Ja, vielleicht. Assur ist mir heute ganz fremd erschienen, kaum konnte sich Anaxares mit dem Wagen einen Weg durch die Feiernden bahnen. Und erst der Palast! Soviel Frohsinn, Lieder und Lachen in diesen Mauern. Selbst das düstere Bollwerk des Tempels verbirgt sich gänzlich hinter Blumen.«

Sargon lachte verschmitzt. »Die schwarzen Mauern lehren mich nicht mehr das Fürchten, seit ich sie öffnen konnte. War das nicht ein fabelhafter Einfall von mir?«

»Wie geht es den Kindern?« fragte Mirjam besorgt.

Anaxares räusperte sich. »Es wird ihnen sicher an nichts fehlen, nachdem Asarhaddon sein Wort gegeben hat.« Er lächelte Sargon an. »In dir erwächst deinem Vater ein starker Gegner. Könige, Feldherren, Fürsten beugen sich vor ihm, doch er wurde von einem Knaben besiegt.«

»Ich habe nur seinen kaltherzigen Priester überlistet«, erwiderte Sargon unbekümmert.

»Ja, aber dann hast du deinem Vater Fesseln angelegt«, bemerkte Anaxares mit einem Seitenblick auf Mirjam.

Man führte sie an ihre Plätze, die an der Seite des Königs

auf sie warteten. Es erhob sich ein Gemurmel und Geraune, als sie durch die Reihen der Gäste schritten. Viele kannten Mirjam als Königin, nun schritt sie an der Seite des Generals, der, was die meisten wußten, Asarhaddons bester Freund war. Aber mehr noch erregte Mirjams Schönheit Aufsehen. Sie war in einem lichtblauen Kleid erschienen, das unter dem Busen von einer diamantenen Spange gerafft wurde. Ihr Haar hing aufgelöst in weichen Wellen bis tief in den Rücken hinab. Ihre Ohrgehänge waren schimmernde Perlen, und eine taubeneigroße Perle hing zwischen ihren Brüsten. Ihre Erscheinung war so atemberaubend, daß die männlichen Gäste den Anstand vergaßen und sie immer wieder anstarrten, bis sie von ihren Frauen recht ärgerlich ermahnt wurden.

Als Mirjam und Anaxares Platz nahmen, war Asarhaddon nicht anwesend. Sargon flüsterte seiner Mutter etwas ins Ohr, und sie nickte lächelnd. Daraufhin verschwand Sargon. Als Anaxares sie fragend ansah, sagte sie: »Er wollte wissen, ob er zur Nordmauer gehen dürfe, dort treffen sich seine Freunde.«

»Und das ist ein Grund zum Flüstern?«

»Es sind Sklavenkinder, und Asarhaddon verbietet ihm den Umgang mit ihnen.«

»Und du unterläufst seinen Befehl«, bemerkte Anaxares lächelnd.

»Welchen Befehl?« fragte da eine sanfte Stimme. Asarhaddon war unbemerkt hinzugetreten und lächelte Mirjam so unbefangen an wie ein Hirte seine Schäferin. »Vor so viel Schönheit verstummt jeder Befehl, denn sie ist es, die hier gebietet.«

Asarhaddons plötzliches Erscheinen und seine Liebenswürdigkeit verwirrten Mirjam für Sekunden, so daß sie Asarhaddon nur ansehen konnte, während Anaxares unwillig entgegnete: »Als die Blume noch in deinem Garten blühte, achtetest du ihren Duft gering. Deine Artigkeit kann Mirjam erwidern. Zweifellos bist du der schönste Mann auf diesem Fest, und du weißt es.«

Asarhaddons Miene blieb unverändert freundlich. »Ein

unverdientes Lob, es sei denn, du zollst es meinem Schneider.« Er sah sich um. »Wo ist Sargon?«

»Bei seinen Freunden«, antwortete Mirjam bestimmt. Dennoch konnte sie nicht verhindern, daß eine leichte Röte ihr in die Wangen stieg, was Asarhaddon mit Genugtuung, Anaxares mit Unwillen bemerkte.

»Er ist also an der Nordmauer«, stellte Asarhaddon immer noch lächelnd fest, »dort, wo der Fluß und die Ratten das Ziegelwerk unterhöhlt haben.«

»Solche Plätze bevorzugen Jungen bei ihren Spielen«, bemerkte Anaxares.

»Gewiß, die Gassenjungen aus dem Gasthausviertel sind dort zu finden und die unzähligen Sprößlinge meiner Sklaven.«

»Und es wachsen die prachtvollsten Wasserlilien an dieser Stelle«, warf Mirjam ein.

Asarhaddon ließ sich neben Mirjam nieder. »Vor diesem Einwand müssen meine Bedenken natürlich verstummen.« Er schenkte ihren halbvollen Becher nach. Wie zufällig berührte er dabei Mirjams Arm.

»Ich freue mich, daß du gekommen bist«, sagte er mit Wärme und hielt für Sekunden ihren unsteten Blick gefangen. »Das gilt natürlich auch für dich, mein Freund«, wandte er sich an Anaxares, der Asarhaddons Liebenswürdigkeit mit Mißtrauen verfolgte.

Eine Schar weißgekleideter, blumenbekränzter Mädchen tanzte, sich an den Händen haltend, durch den Saal. Sie forderten alle Frauen auf, sich ihnen anzuschließen. Gern beteiligte sich auch Mirjam an dem Reigen, wozu sie besonders Symon, der hinzugekommen war, herzlich ermunterte. Asarhaddon hingegen war verschwunden, und niemand wußte genau zu sagen, seit wann man ihn vermißte. Die tanzende Schar bewegte sich singend und lachend durch alle Räume und schließlich hinaus in die Gärten. Hier löste sich das Band auf, und kleinere Gruppen, die sich wieder neue Tänzerinnen wählten, huschten durch Bäume und Büsche und vergnügten sich unter dem silbernen Schein des Mondes. Selbstvergessen ließ Mirjam sich treiben, drehte sich mit ihnen und wirbelte lachend durch die Zweige, bis sie sich erschöpft niederfallen ließ.

Der wilde Tanz und der Wein zeigten Wirkung, und Mirjam blieb eine Weile am Boden liegen. Als sie, noch etwas benommen, den Kopf hob, war sie allein. Eine ungewöhnliche Stille umgab sie, so, als sei sie dem Festtrubel sehr fern. Verwundert richtete sie sich auf und bemühte sich zu erkennen, wo sie war. Das Mondlicht beleuchtete den Ort soweit, daß Mirjam Einzelheiten erkennen konnte: die silbrige Oberfläche eines kleinen Teiches und die bleichen Konturen einer Grotte aus Alabaster. Neugierig trat sie näher, denn dieser Teil des Gartens war ihr fremd. Da schimmerte das Licht einer Fackel ihr entgegen; aus dem Dunkel trat ein Mann, und im Schein des Feuers sah sie, daß sie Asarhaddon gegenüberstand.

Sein überraschendes Erscheinen an diesem verwunschenen Ort ließ sie fassungslos erstarren. Seine betörende Ausstrahlung, unzählige Male von ihr als trügerischer Schein verflucht, verfehlte nicht ihre Wirkung. In Asarhaddons Augen stand offen das heiße Verlangen, das ihn hierher geführt hatte, und Mirjam war es, als seien es Schlingen, die er nach ihrem vom Tanzen erhitzten Körper ausgeworfen hatte.

Er kam näher, Mirjam hörte das leise Klirren der Perlgehänge, das feine Knistern seines silberbestickten Gewandes. Entsetzt fühlte sie sich schwach werden, fühlte, wie ihr Wunsch nach seiner Umarmung sie überwältigte. Sie wich einen Schritt zurück und stieß einen kleinen Schrei aus. »Nein, Asarhaddon, nein, das kannst du nicht wollen, du machst uns alle unglücklich.«

»Ich bin unglücklich«, hörte sie Asarhaddon antworten, und seine Stimme war samten wie das Dunkel der Nacht. Er wies auf eine Bank in der Grotte. »Bitte setz dich zu mir, Mirjam.« Als sie zögerte, fragte er leise: »Nicht einmal das willst du tun? Erträgst du meine Nähe so wenig?«

Mirjam setzte sich vorsichtig auf den äußersten Rand. Asarhaddon bemerkte das heftige Heben und Senken ihres Busens. Behutsam ließ er die Fackel in einen Ring an der Wand gleiten und griff nach ihrer Hand. »Du zitterst ja. Wovor fürchtest du dich?« Er setzte sich neben sie und zog sie zärtlich an sich, und Mirjam wehrte sich nicht. »Mirjam, Geliebte, laß mich die wenigen Stunden, welche die Nacht uns noch vergönnt, von den tausend Wonnen kosten, die du zu vergeben hast. Schenke mir die Erfüllung, die ich ersehne, seit du Assur verlassen hast.«

»Das ist unmöglich, und du weißt es«, flüsterte sie.

»Unmöglich? Aber ich verlange nicht viel, nur einmal noch mit dir zusammen sein, bevor du für immer gehst.«

»Asarhaddon, was redest du? Ich bin bereits gegangen, es ist doch längst zu spät.«

»Was sind schon fünf Monate gegen fünf Jahre? Du hast doch Anaxares nie so geliebt wie du mich liebtest, damals in Kadesch. Vergiß ihn nur noch dieses eine Mal, Mirjam. Er wird nichts bemerken, denn ich habe ihm ein betäubendes Kraut in den Wein mischen lassen, das ihn traumlos schlafen lassen wird. Ich habe dich von den Mädchen hierher locken lassen, denn in den Tempelgärten sind wir ungestört.«

»Du hast alles geplant?« rief Mirjam entsetzt und versuchte, sich ihm zu entwinden.

Asarhaddon ließ sie überraschend bereitwillig los und erwiderte kühl: »Ja, für eine Nacht mit dir täte ich noch viel mehr. Bei allen Göttern, weißt du denn nicht, wie viel Selbstbeherrschung es mich kostet, vor allen den vollendeten Gastgeber zu spielen? Zuzusehen, wie andere Zärtlichkeiten austauschen und zu wissen, daß für mich alles vorbei ist? Zuerst der Abschied von Sardur, dann von dir – glaube mir, ich bin am Ende, ich habe nicht mehr die Kraft, mit einem Lächeln darüber hinwegzugehen.«

»Ja, es ist schlimm, die zu verlieren, die man liebt«, sagte Mirjam, »Aber diese Nacht würde doch gar nichts ändern.«

»Nein, aber vernünftige Überlegungen kühlen nicht das Brennen in meinen Adern. Komm, was soll das ewige Zaudern? Du willst es doch auch. Soll ich mich vor dir auf die Knie werfen und um Liebe betteln?« Er nahm ihr Gesicht in seine Hände und flüsterte: »Du weißt, niemals habe ich mich erniedrigt und um die Gewährung von Zärtlichkeiten gewinselt wie ein Hund. Aber ich brauche es in dieser Nacht, und ich brauche dich, nicht irgendeine Sklavin, die nur Ekel in mir aufsteigen läßt.«

»Bitte, Asarhaddon, bedränge mich nicht weiter, ich würde am Ende schwach werden. Wenn du auch Anaxares betrügen kannst, ich kann es nicht. Wie soll ich ihm danach wieder in die Augen sehen können? Ich erwarte ein Kind von ihm.«

Asarhaddon wich betroffen zurück. »Ein Kind von Anaxares?« murmelte er. »Wie endgültig ist das!«

»Was hast du erwartet, Asarhaddon? Daß wir keusch zusammenleben?«

Er starrte sie mit flackernden Blicken an. Mirjam versuchte, seine Enttäuschung zu mildern. »Asarhaddon, wir können uns küssen zum Abschied, doch dabei sollten wir es belassen.« Sie legte ihm sacht die Hand auf den Arm. Doch Asarhaddon stieß sie zurück. »Rühr mich nicht an, und versprich mir keine Küsse!« zischte er. »Ich bin aus Fleisch und Blut und ich sollte augenblicklich an dir vollenden, was meine Lenden mir befehlen, aber mit Gewalt will ich dich nicht, also geh, bevor ich mich ganz vergesse und über dich herfalle wie ein betrunkener Söldner.«

»Ich gehe nicht, ich habe Angst«, flüsterte sie. »Angst, dich in diesem Zustand allein zu lassen.«

»Geh!« schrie Asarhaddon unbeherrscht.

»Ich will ja gehen, doch lasse nicht andere deine Enttäuschung entgelten.«

»Andere! Stets fragst du zuerst nach den anderen!« Asarhaddon stand auf und musterte Mirjam mit verzerrten Zügen. Er nahm die Fackel aus dem Ring und sagte kalt: »Ich werde dafür sorgen, daß man dich unversehrt zurückbringt.« Dann verschwand er wortlos im Dunkel der Grotte.

6

Am Abend nahm das Fest seinen Fortgang. Sargon beehrte die Gäste nicht mit seiner Anwesenheit. Er blieb nach der Zeremonie vor dem Tempel unauffindbar, und nur Mirjam wußte, daß er seine Zeit mit einem neuen, verbotenen Freund verbrachte. Sie selbst war darum bemüht, Fröhlichkeit zu vermitteln, was ihr um so leichter fiel, als Asarhaddon sich nicht blicken ließ. Seine Abwesenheit gestattete es auch Anaxares und Symon, sich frei von jeglicher Beklemmung zu fühlen und das Fest zu genießen. Obwohl sie sich alle ihre Gedanken machten, weshalb er nicht erschien, erwähnte doch niemand seinen Namen, als sei sein Fernbleiben ganz natürlich.

Zu später Stunde aber kam er, und sein plötzliches Erscheinen fiel lähmend auf die Ausgelassenheit der Gäste, denn es war offensichtlich, daß er betrunken war. Niemand hatte ihn je so gesehen. Leicht schwankend ging er durch den Saal, und jeder machte ihm erschrocken Platz, während die Sklaven sich hinter den Tischen verkrochen. Von allen Anwesenden ahnte Mirjam allein den Grund. »Ich fürchte, das Fest ist zu Ende«, murmelte sie und bemerkte entsetzt, daß Asarhaddon geradewegs auf sie zukam. »Was siehst du mich an mit den Augen eines verwundeten Rehs?« stieß er mit schwerer Stimme hervor und gab dem Diener, der unter dem Tisch kauerte, einen Tritt. »Schaffe Wein herbei, du Wanze, bevor ich dich zertrete!«

Er wandte sich um. »Weshalb ist es so still hier? Weshalb höre ich kein Lachen mehr, und weshalb sind die Musikanten verstummt? Habe ich zu einer Trauerfeier geladen? Heraus mit euren Trommeln und Flöten, sonst lasse ich auf meine Weise aufspielen! – Ach, die Assyrer verstehen es nicht, sich auf rechte Weise zu vergnügen«, wandte er sich dann achselzuckend an Anaxares und schlug ihm laut lachend die Hand auf die Schulter. »Die Kimmerier verstehen es besser. Du erinnerst dich doch an unseren Freund Hamoyar? Da herrschten rauhe Sitten, aber es fehlte nicht an Begeisterung. Er brachte mich sogar dazu, daß ich vor ihm tanzte. Was, das glaubst du nicht?« Asarhaddon kicherte vergnügt und hielt sich am Tisch fest. »Soll ich dir zeigen, wie ich damals getanzt habe? Oder will einer von euch es vielleicht versuchen?«

Sein Blick wanderte von Anaxares zu Mirjam und dann zu Symon, er sah in abweisende Mienen. Anaxares zeigte am wenigsten Verständnis für Asarhaddons Verhalten und zischte ihm zu: »Was soll das? Wen willst du mit deinem Auftritt beeindrucken? Trinkst du, weil du den Dingen im nüchternen Zustand nicht gewachsen bist?«

Asarhaddon wollte Anaxares am Gewand fassen, doch er taumelte und fing sich im letzten Augenblick. »Ausflüchte, weil du nicht tanzen kannst«, brummte er. Er griff zum gefüllten Krug und setzte ihn an. Als er ihn absetzte, war er leer. »Macht Platz dem Herrscher!« rief er und fegte einige Becher und Teller vom Tisch. »Ich tanze für euch den Tanz der babylonischen Schildwachen.«

Anaxares sprang mit einem geschmeidigen Satz über den Tisch und gab Asarhaddon einen Stoß, daß dieser rücklings auf einen Diwan fiel. »Bleib da liegen und schlaf deinen Rausch aus!« schrie er. »Du machst dich zum Gespött, merkst du das nicht?«

Behender, als man es ihm in diesem Zustand zutrauen konnte, sprang Asarhaddon wieder auf die Beine. »Ganz recht!« schrie er zurück, »zum Gespött. Ich führe nur fort, was ich letzte Nacht begonnen habe, als ich mich vor deiner Frau zum Narren machte.« Wild sah er sich im Saal um. »Ich mache mich zum Gespött, aber ist hier jemand, der darüber lachen möchte?« Totenstille folgte seinen Worten. »Du siehst«, bemerkte er höhnisch, »niemand findet das zum Lachen, und dich will ich nun lehren, mich vor allen niederzuwerfen.« Er entriß einer Wache die Lanze und schleuderte sie auf Anaxares. Sie verfehlte dessen Kopf nur um Haaresbreite und blieb zitternd in einem hölzernen Pfeiler stecken. »Hätte ich treffen wollen, wärst du jetzt tot. Noch bin ich Herr meiner Sinne.«

Anaxares starrte auf den Speer und dann auf Mirjam. »Was ist vorgefallen?« stieß er schwer atmend hervor. »Was hat sich in der letzten Nacht zwischen euch ereignet, wovon ich nichts weiß?«

Mirjam sprang auf. »Laß uns gehen! Hier ist weder Zeit noch Ort, das zu erörtern.«

»Ja, du hast recht, gehn wir!« schnaubte Anaxares. »Ich habe wenig Lust, mit einem Wahnsinnigen zu feiern.«

»Ihr geht, wenn ich es befehle!« sagte Asarhaddon eisig und vertrat ihnen den Weg. Dann lächelte er plötzlich. »Setzt euch doch wieder, ich werde auch nicht tanzen, das verspreche ich. Schließlich gibt es hier am Tisch noch andere, die mein heißes Blut abkühlen können.« Er lächelte Symon zu. »Ist für mich noch ein Platz an deiner Seite, schönster Jüngling unter Assurs Sonne? Dein liliengleicher Körper soll mich über den Verlust deiner Schwester hinwegtrösten.«

Asarhaddon ließ sich neben den entsetzten Syrer fallen und legte ihm den Arm um die Schultern. »Sei nicht so spröde, erst unlängst hast du um meine Zärtlichkeiten gebettelt. Ja, auch ich lag vor deiner Schwester auf den Knien, aber sie hat mich nicht erhört, weißt du? Ich hingegen besitze ein gütiges Herz und kann die, welche mich lieben, nicht zurückstoßen. Willst du mich nicht küssen? Hier küssen sich doch alle. Soll ich als einziger leer ausgehen?«

Anaxares riß Asarhaddon zurück. »Laß ihn los! Siehst du nicht, wie du Symon verletzt? Was hat er dir getan? Nimm deinen Speer und triff diesmal, wenn du Mut hast.«

Asarhaddon wehrte Anaxares ab wie eine lästige Fliege. »Bist du Symons Hüter, oder willst du dich selbst an ihm versuchen? Vielleicht reicht es dir nicht, die Schwester zu besitzen?«

»Gebt mir ein Schwert, ich bringe ihn um!« schrie Anaxares, doch seine Freunde waren herbeigeeilt und hielten ihn fest. Sie zwangen ihn mit sanfter Gewalt, sich wieder zu setzen und rieten ihm, Ruhe zu bewahren.

»Er beleidigt mich und meine Frau vor allen Gästen«, stöhnte Anaxares.

»Er ist betrunken. Achte nicht auf ihn, morgen hat er alles vergessen.«

»Bitte, laß uns gehen«, flehte Mirjam und legte Asarhaddon die Hand auf den Arm. »Was du uns heute antust, tust du dir nur selbst an.«

Asarhaddon sah sie wie hinter einem Nebel, denn sein Blick war nicht mehr klar, seit er den Krug geleert hatte. »Ja, geht nur, ich amüsiere mich auch ohne euch vortrefflich.« Er

lächelte verzerrt und hielt Symon, der sich erleichtert ebenfalls erheben wollte, am Ärmel fest. »Du nicht, du bleibst.
Mit wem soll ich denn feiern, wenn meine besten Freunde
mich verlassen?«

7

Die Sonne stand schon hoch am Himmel, als Asarhaddon
am nächsten Tag erwachte. Er fand sich angekleidet auf seinem Lager; durch einen Spalt der Vorhänge traf ihn die Sonne und ließ ihn blinzeln. Er betastete seinen Kopf und stöhnte auf. Als er sich träge umwandte, um nach einer Schale
Wasser zu greifen, die stets frisch gefüllt bereitstand, erblickte er Symon, der ihm gegenüber auf der Kante des Bettes saß
und ihn mißmutig betrachtete. Asarhaddon versuchte, sich
zu erheben, dabei hatte er das Gefühl, sein Schädel müsse
ihm bersten. »Symon, was machst du denn hier?« fragte er
und hielt sich stöhnend die Stirn. Er nahm einen Schluck
Wasser.

»Du selbst hast mich doch heute nacht hierhergeschleift,
obwohl ich das Fest verlassen wollte«, rief Symon ärgerlich.

Asarhaddon streckte die Hand aus. »Sprich doch leise, bei
Aschschur! Es hausen tausend Dämonen in meinem Kopf.«

»Ist das ein Wunder? Du warst sinnlos betrunken. Sogar
schlafen wolltest du mit mir.«

»Tatsächlich?« Asarhaddon nahm einen weiteren Schluck
und sah Symon über den Rand der Schale an. »Und habe ich
es getan? Ich erinnere mich an nichts, vielleicht hilfst du meinem Gedächtnis etwas nach.«

»Du warst gar nicht mehr fähig dazu. Du hast nur unverständliche Worte gelallt und dich auf dein Bett fallen lassen,
wo du sofort eingeschlafen bist.«

»Ja, das soll vorkommen«, bemerkte Asarhaddon und legte sich seufzend wieder hin.

»Willst du noch mehr wissen? Du hast dich abscheulich
aufgeführt, deine Gäste und deine Freunde beleidigt und

Anaxares mit dem Speer bedroht. Er und Mirjam sind abgereist. Schließlich versuchtest du, die Sklaven in deiner Nähe abzuschlachten, zum Glück warst du bereits zu betrunken, um auch nur einen zu treffen. Du hast einen peinlichen Anblick geboten und deine Würde als Hoherpriester und König mit Füßen getreten.«

Asarhaddon machte eine träge Handbewegung. »Der Wein fließt für Könige und Bettler gleichermaßen. Auch mir sollte es vergönnt sein, für einige Stunden zu vergessen und meinen Schmerz im Wein zu ertränken.«

»Man wird es dir nachsehen«, räumte Symon ein, »aber Mirjam und Anaxares werden dir dein Benehmen so schnell nicht verzeihen.«

»Sollen sie grollen im fernen Ninive. Die Blitze des Wetterleuchtens töten nicht, und ein Unwetter zieht rasch vorüber. – Zieh doch die Vorhänge auf und lege mir kalte Tücher auf die Stirn.«

»Ich?« fragte Symon entgeistert.

»Ja, ja, ich will jetzt keine Sklaven um mich haben.«

»Wo sind Tücher?« stammelte Symon verwirrt.

Asarhaddon sah sich um, aber er wußte es auch nicht. Symon war hingegangen und hatte die Vorhänge geöffnet. »Ruhe dich auf der Terrasse aus, die frische Luft wird dir guttun«, meinte er belegt.

»Nein, die Sonne blendet mich. Komm her, tauche einfach deine Hände in das kalte Wasser und kühle mir die Stirn.«

Symon starrte Asarhaddon an. »Bist du sicher, daß ich das tun soll?«

»Habe ich mich undeutlich ausgedrückt?«

Symon kam zögernd näher, seine Kehle war ihm plötzlich wie zugeschnürt. Dann kniete er schnell an Asarhaddons Bett nieder, hielt seine Hand in den Krug und legte sie ihm auf die Stirn. Doch in seinem Eifer riß er den Krug um, und der Inhalt durchnäßte beider Gewänder.

Asarhaddon fuhr hoch. »So kühl wollte ich es nicht«, lachte er, »du übertreibst deine Fürsorge.«

»Tut mir leid«, murmelte Symon.

»Nun müssen wir wohl die Kleider wechseln.«

»Dann gehe ich lieber«, sagte Symon schnell.

»Weshalb? Bleib hier. Wir haben uns doch schon nackt gesehen – auf dem Paß, erinnerst du dich?«

»Ich darf das nicht erwähnen, jetzt erwähnst du es«, erwiderte Symon dunkelrot.

Asarhaddon erhob sich und trat dicht an Symon heran. »Der Stoff klebt an meiner Haut, befreie mich davon; meine saumseligen Sklaven schlafen sicher noch.«

Symon wich einen Schritt zurück. Er war plötzlich sehr blaß, denn er sah ein belustigtes Funkeln in Asarhaddons Augen, das er nicht zu deuten wagte. »Das möchte ich nicht«, brachte er mühsam hervor. »Dein Körper erregt mich, das weißt du, und mit deinem Ansinnen willst du mich wieder bloßstellen, wie du es auch auf dem Fest getan hast.«

»Das Fest – ja.« Asarhaddon fuhr sich mit der Zungenspitze über die Oberlippe und sah Symon unverwandt an. »Alle amüsierten sich, nur ich ging leer aus.«

Symon wurde der Mund trocken. Asarhaddon stand so dicht vor ihm, daß er seine Wärme spürte; hinter seinen Blicken lauerte etwas Fremdes. »Du warst selbst daran schuld«, murmelte er und wünschte sich gleichzeitig, seine Hände auf die glatte, heiße Haut legen zu dürfen, und ihn überkam die irrwitzige Vorstellung, Asarhaddon könne seine Hände ebenfalls nach ihm ausstrecken, um verbotene Stellen seines Körpers zu ergründen.

»Selbst schuld?« wiederholte Asarhaddon, nahm Symons Hände in seine und zog sie zu sich heran. Er führte sie am Stoff seines Gewandes entlang bis zu der durchnäßten Stelle. »Vielleicht hast du recht«, sagte er mit dunkler Stimme, und sie erinnerte Symon daran, wie sie im Schneesturm ihre Glieder aneinander gewärmt hatten. »Ich benahm mich wie ein stelzender, hüpfender Kranich, der die Aufmerksamkeit des Weibchens erringen will, und während er noch selbstvergessen herumstakt, fliegt es mit einem anderen davon.« Er lachte leise und führte Symons Hände tiefer, so daß er seine Härte spüren mußte. »Zieh mich aus!« rief Asarhaddon heiser.

Symon zitterten die Knie; jetzt, wo ihm die Frucht geboten wurde, wagte er es nicht, nach ihr zu greifen.

»Komm schon, was zögerst du?« Asarhaddon legte ihm die Hände auf das Gesäß und glitt dann langsam über seine Lenden hinauf. »Du bist auch ganz naß, es ist nicht gut, so feuchte Kleider zu tragen.«

»Nein«, würgte Symon hervor.

Sie streiften sich gegenseitig die Gewänder von den Schultern, lösten die Gürtelschnallen und ließen sie zu Boden gleiten. »Mach es mir, wie du es mit Menachim gemacht hast.«

Symon zuckte zusammen. »Nein, ich will nicht«, flüsterte er, doch sein Blick wanderte gegen seinen Willen zu dem befehlend herausragenden Zepter, vor dem er niederkniete, und das er jetzt mit seinen Lippen umfing.

Asarhaddon stöhnte auf und bemerkte: »Ich sehe, daß meine Argumente dich überzeugen.« Er vergrub seine Hände in den dichten, schwarzen Haaren Symons, zog seinen Kopf ganz zu sich heran und ließ ihn gewähren, bis seine Lust überzufliegen drohte. »Genug, laß noch Öl auf der Lampe, sonst erlischt sie.«

Symon erhob sich wie ein Träumender. Seine Knie gehorchten ihm nicht mehr, er taumelte wie von selbst auf das Lager, wo er sich auf den Bauch legte.

»Wie einfallslos«, tadelte ihn Asarhaddon sanft. »Das hätte Menachim gelangweilt, und auch ich bin anspruchsvoller. Ich erwarte ausgefallene Spielarten, solche, die man nur von so erfahrenen Dienern der Liebe bekommen kann, wie du es einer bist.«

»Ausgefallen?« stammelte Symon. »Ich verstehe dich nicht.«

»Nun, Menachim war kein Kostverächter, nicht wahr?«

»Seine Wünsche waren schmutzig«, erwiderte Symon leise, »das ziemt sich nicht für dich.«

»Nein?« Asarhaddon legte sich neben den heißen Körper und strich über seine Schenkel, die sich wie von selbst öffneten, um der Hand den Weg zu erleichtern. Symon schloß die Augen. Er wagte kaum zu atmen.

»Erzähle mir doch mehr von Menachims Gewohnheiten, die mir nicht ziemen«, gurrte Asarhaddon, »ich bin unerfahren und will gern von seinem Meisterschüler lernen.«

»Bitte!« stöhnte Symon schwach, »laß doch den Spott, ich –«

Asarhaddon zog ihn lachend herum und über sich, so daß Symon rittlings auf seinem Bauch zu sitzen kam. Asarhaddon funkelte ihn an. »Ja, so ist es besser! Ich will dir dabei in die Augen sehen. Nur unerfahrene Dummköpfe paaren sich wie das Vieh und nutzen nicht die Reize, die diese Stellung bietet. Und nun schenke mir deinen Samen, schenk ihn mir!«

Symon bemerkte halb entsetzt, halb trunken vor Wollust, wie sich seine Feuchtigkeit auf den Körper unter sich entlud, dann wurde er selbst durchbohrt.

Da vergaß er alle Bedenken und alle Zurückhaltung, die er meinte, Asarhaddon zu schulden, und er wand sich keuchend auf dem stoßenden Fleisch, Asarhaddon den Anblick seiner schönen, geschmeidigen Glieder bietend. Er erlebte alles wie im Fieber, dann hörte er Asarhaddons gedehnten, erlösenden Schrei. Symon legte sich auf ihn und hielt ihn fest umschlungen wie einen kostbaren Vogel, der nicht fortfliegen soll.

Asarhaddon atmete kurz und flach. Es war geschehen; nun hatte er den Palast zu Assur ebenfalls befleckt mit dieser neuartigen, erregenden Lust am männlichen Körper. Sie war besitzergreifend und gefährlich, und sie war unbeschreiblich schön. Die klebrige Nässe zwischen ihren Körpern erregte ihn, und es überschwemmte ihn eine Flut beschämend unsittlicher Bilder, die er als Hoherpriester nicht einmal denken durfte und gerade deshalb seine Begierden anschwellen ließen. Symons Schultern lagen warm und fest auf seiner Brust, seine Schenkel waren hart und glatt wie Kieselstein; er roch leicht nach frischem Schweiß und Sperma. Er küßte ihn sanft unter dem rechten Ohr, dann biß er ihm in den Hals. »Du bist schön wie die Frau, die ich verlor«, flüsterte er.

»Und hoffentlich ebenso gut wie der Churriter«, gab Symon übermütig zurück. Er schwebte auf goldenen Teppichen durch die unendliche Weite lichtblauer Hallen; es war Asarhaddons Reich, in das dieser ihn entführt hatte.

»Du mußt mir heute alles sein, Sardur und Mirjam«, gab Asarhaddon zurück. Er überlegte, was Menachim in seiner Schamlosigkeit von Symon verlangt haben könnte. Was sei-

ne Phantasie ihm eingab, hätte ein ganzes Heer roher Krieger erröten lassen. Er wollte Menachim nicht nacheifern,
aber er genoß es, diesen bereitwilligen Körper jetzt auf sich
zu spüren, gerade weil er solchen kühnen Spielen unterworfen gewesen war. Das waren verbotene, unzüchtige Gedanken, und Asarhaddon wußte es. Welche fest verschlossenen
Türen haben sich in mir geöffnet, und warum? Weil ich mich
verlassen fühlte, ist mir jetzt sogar ein Lustknabe recht. Aber
Symon schmiegte sich so zärtlich an ihn, daß er sich in Gedanken verbesserte. Nein, das ist Symon nicht mehr.

»War es das, wovon du geträumt hast?« fragte er ihn sanft.
Symon nickte nur und bedeckte seine Brust mit Küssen.
»Ich habe dich nicht warten lassen, um dich zu quälen.«
»Ich weiß.«
Asarhaddon wollte noch etwas hinzufügen, aber er biß
sich auf die Zunge. Heute wollte er nicht, daß etwas ihre
Stimmung trübte. Er drehte sich auf die Seite und erlaubte
sich einen der kleinen unzüchtigen Genüsse: »Gib mir von
dir, Symon«, flüsterte er, »ich will dich schmecken.«
Symon wechselte geschickt die Lage, und danach war es
unumgänglich, daß sein Mund sich dort befand, wo er ebenfalls nichts anderes tun konnte, als nach derselben Speise zu
verlangen. Die Umgebung bot der Zunge außerdem noch
andere Möglichkeiten gründlicher Untersuchung, so daß sie
sich nicht langweilen mußte. Niemand mußte sich bei diesem Spiel langweilen, und schamhafte Bedenken, soweit sie
sich noch irgendwo festgesetzt hatten, verflüchtigten sich
wie Spreu vor dem Wind.

8

Nun gehörten die frohen Klänge rauschender Feste der Vergangenheit an, und der graue Alltag hatte Assur wieder. Es
war, als hätte die Stadt nur widerwillig ein Festkleid überge-
streift, so wie ein Krieger sein Kettenhemd gegen ein Gewand aus Byssus tauscht an dem Tage, da ihm die Braut zu-

geführt wird. Befreit von Blumen und Tand reckten sich die stolzen Mauern wieder in den Himmel, vor den Toren des Palastes hallte der eintönige Schritt der Wachen. Kein Kinderlachen ertönte mehr am Füße der zerfallenen Nordmauer, nur Fische spielten um die im seichten Wasser liegenden Steinbrocken.

Es war Herbst, und ein goldenes Licht lag über dem Strom, der in majestätischer Breite ruhig dahinfloß.

Asarhaddon trat hinaus in den kühlen Abend und lehnte sich an die steinerne Brüstung, um die Ruhe zu genießen und die Geschehnisse des Tages noch einmal an sich vorüberziehen zu lassen. Allzu lange war er dem Mutterland ferngeblieben. Assyrien brauchte jetzt Festigkeit und eine starke Hand, die alles zusammenhielt. Später vielleicht, dachte er, in drei oder vier Jahren, wenn Sargon ein Jüngling ist, werde ich selbst ihn den Gebrauch der Waffen und Streitrösser lehren und ihm einen Feldzug schenken, in dem er sich als Mann beweisen kann und Ruhm erwirbt.

Asarhaddon sah seinen Sohn in Gedanken bereits auf vierspännigem Wagen dem Feind entgegenfahren, vermeinte, den Schlachtenlärm zu hören und das Zischen der Lanzen. Aus diesem Traum riß ihn eine ihm wohlbekannte Stimme: »Störe ich, Asarhaddon?«

»Allerdings. Ich möchte allein sein.«

»Jeden Abend bist du allein.«

»Weil es mir so gefällt. Weshalb bist du nicht deiner Schwester nach Ninive gefolgt?«

»Nach dem, was zwischen uns war?«

Asarhaddon tat einen abgrundtiefen Seufzer. »Ich hatte nie die Absicht, daraus eine ständige Liebschaft werden zu lassen. Einmal habe ich mich betrunken, einmal wollte ich vergessen. Ich brauche dich nicht mehr.«

Symon stellte sich neben ihn, daß sich ihre Arme streiften, und überhörte Asarhaddons harte Worte. »Reizt dich nicht ein solcher Abend? Spürst du kein Verlangen in dir aufsteigen?«

»Es ist nicht mehr die Zeit für Spiele. Damals – das war nach dem Fest und eine Ausnahme, finde dich damit ab.«

»Hast du dich damit abgefunden, nie wieder zu lieben?«
fragte Symon leise. Kühn ergriff er Asarhaddons Handgelenk. »Ich wünschte, dein Rock wäre naß«, flüsterte er.

Asarhaddon verzog den Mund. »Hast du dir vorgenommen, mich zu verführen?«

»Vielleicht wartest du darauf?« Symons Augen schimmerten feucht.

Asarhaddon lächelte nachsichtig. Er mochte den hübschen Syrer, der ihm nun statt Mirjam geblieben war, und es wäre gelogen, wollte er behaupten, daß ihm das sinnliche Zwischenspiel damals mißfallen hätte. Aber Asarhaddon wollte im Palast solche Beziehungen nicht pflegen. Er legte Symon den Arm um die Schultern und sagte weich: »Obwohl ich versuche, dich mit kränkenden Worten von mir fernzuhalten, damit ich nicht erneut schwach werde, reizt mich doch das Feuer deiner Augen und das Ebenmaß deines Körpers. Oft überfällt auch mich in der Nacht ein brennendes Verlangen, wie es keinem Mann fremd ist, doch ich darf ihm nicht leichtfertig nachgeben, weil es unberechenbare Gefahren für mich birgt. Allein aus diesem Grund versuche ich, meiner Begierden Herr zu werden und nicht nach dir zu rufen, obwohl keine Nacht vergeht, in der ich nicht mit mir selbst ringe.«

Symon zitterten die Knie von diesem Geständnis. »Dir drohen Gefahren von meiner Seite, Asarhaddon? Das ist doch lächerlich.«

»Glaubst du? Einst stieß mir eine Frau ein glühendes Eisen durch die Hüfte, das mich beinah zum Krüppel gemacht hätte. Und auch sie liebte mich mehr als ihr Leben.«

»Weshalb hat sie das getan?« fragte Symon bleich.

»Sie überraschte mich dabei, als ich Gefangene zu Tode folterte«, erwiderte Asarhaddon kaltblütig.

»Das sagst du doch nur, um mich abzuschrecken«, widersprach Symon. »Ich bin schon seit geraumer Zeit in Assur, aber du opferst nicht im Tempel, und auch hier im Palast sehe ich dich nicht mit blutigen Händen umherlaufen.«

Asarhaddon lächelte kalt. »Das stimmt. Ich übertrug Zargo diese Pflicht und habe andere Aufgaben übernommen, aber ich würde nicht zögern, dich dabei zu prüfen.«

»Was meinst du damit?« fragte Symon leise.

Asarhaddon zog ihn zu sich heran, so daß Symon meinte, über dem Boden zu schweben. »Bist du bereit, mit mir zusammen Aschschur zu opfern?«

Symon erschauerte. »Zu töten?« flüsterte er.

»Flößt dir diese Vorstellung Schrecken ein?« Asarhaddon stieß ihn jäh von sich. »Dann geh! Belästige andere, die von sanfterer Gemütsart sind.«

Symon stand betreten da und sah die Kälte in den Augen des Mannes, den er liebte. »Wenn – wenn ich es täte«, stieß er halb krächzend hervor, »würde mich das zu deinem Geliebten machen?«

Asarhaddon musterte ihn spöttisch. Symon konnte nicht einmal eine Maus töten, aber er würde vielleicht endlich begreifen und zu seiner Schwester nach Ninive gehen. Asarhaddon konnte ein Verhältnis mit Symon nicht gebrauchen; es würde sich unweigerlich im Palast herumsprechen, und nicht einmal er konnte dann verhindern, daß heimlich über den großen Asarhaddon gespottet wurde. Er meinte das Flüstern zu hören: Sein bester Freund nahm ihm seine Frau, da hielt er sich an den Bruder.

»Gewiß, Symon, wenn du gewillt bist, die Augen weit zu öffnen, um der Wahrheit ins Gesicht zu sehen, dann wirst du jede Nacht mein Lager teilen. Aber es ist schwer. Schon jetzt zitterst du wie ein nacktes Vögelchen, und ich kann das verstehen. Mancher hartgesottene Krieger würde dabei zusammenbrechen. Also überlege es dir gut, ob du mich nicht lieber verlassen und zu Mirjam gehen willst. Du ersparst uns die Vorstellung und den Opfern einen qualvollen Tod.«

»Ich ertrage es nicht, dich zu verlieren, Asarhaddon! Nie durfte ich hoffen, einmal in deinen Armen zu liegen, jetzt gebe ich alles darum.«

»Du stehst es nicht durch, Symon, niemals!«

»Ich werde es ertragen, was auch immer du tun wirst.«

Asarhaddon schüttelte den Kopf. »Ich kann dich also nicht umstimmen. Dann wird es geschehen. Dennoch solltest du es in dieser Nacht noch einmal überschlafen. Bist du morgen immer noch dazu bereit, so werde ich Zargo befehlen, zwei kräftige Gefangene auszusuchen.« Er beobachtete, wie Symon jetzt schon weiß wie Schnee war. »Immer, wenn du glaubst, es nicht mehr ertragen zu können, denke daran, daß ich dich noch in derselben Nacht umarmen werde. Geh jetzt schlafen.«

Er sah Symon nachdenklich hinterher, als der die Terrasse verließ.

9

Die finsteren, feuchten Gewölbe tief unten im Tempel hatte Asarhaddon nie mehr betreten wollen; er hatte sie versiegeln lassen. Nur einmal hatte er seinen Befehl widerrufen, aber das mit einer unheimlichen Vision bezahlt. Nun überlegte er, ob er bereit war, die Vergangenheit noch einmal zurückzuholen und vor den Augen eines Menschen, der ihm nahestand, seine Begierden freizulassen wie schwarze Höllenhunde, die aus der Unterwelt heraufstürmen. Symon würde ihn sehr bald unter Tränen anflehen, von der Folter abzulassen, doch es würde unmöglich sein. Asarhaddon wußte, daß ihn nichts mehr aufhalten konnte, sobald ihn der Rausch erfaßt hatte.

Symon war nicht so unvorbereitet wie seinerzeit Anaita, als er neben Asarhaddon in die feuchte Finsternis hinunterstieg, die nur schemenhaft durch den Schein der Fackeln erhellt wurde. Manchmal huschten Ratten vorüber. Als Symon eine über den Fuß lief und er leise aufschrie, bemerkte Asarhaddon spöttisch: »Oh, meine treuen Gehilfen. Ihre Art zu töten ist unnachahmlich. Sie lieben es, sich an lebendigem, zuckendem Fleisch zu mästen. Aber man darf sie nicht in Scharen auf die Opfer loslassen. An einem gesunden Mann fressen sich zwei Ratten tagelang satt.«

»Hör auf!« schrie Symon.

»Wie du willst. Ich wollte dich nur einstimmen auf das, was dich erwartet.«

»Doch nicht etwa Ratten?«

»Das wäre ein lang entbehrter Genuß, aber es erfordert doch zu sehr unsere Geduld. Schließlich wollen wir in dieser ungesunden Luft nicht Tage verweilen.« Asarhaddon grinste Symon an, der nur noch taumelnd an seiner Seite ging. »Es steht dir natürlich frei, den Tempel augenblicklich zu verlassen. Du ersparst dir das Grauen und den Männern ein entsetzliches Ende.«

Symon lehnte sich gegen die kalte Wand. Durch den Dunst der Fackel sah er Asarhaddons Lächeln, und es erschien ihm wie eine verzerrte Fratze. »Du siehst hier unten so anders aus«, stammelte er, »so fremd, so unheimlich. Bitte berühre mich, damit ich weiß, daß du noch der Mann bist, den ich liebe.«

Asarhaddon griff Symon in den Nacken und zog ihn etwas zu sich heran. »Ich bin derselbe und bin es doch nicht, spürst du das?«

»Ja«, flüsterte Symon.

»Willst du von dem dir verborgenen Manne noch mehr erfahren oder diesen Ort verlassen?«

»Nein. Ich weiß jetzt, daß ich dich ganz kennenlernen muß, gleichgültig, wohin mich diese Erkenntnis führen wird.«

Asarhaddon stieß plötzlich die Tür hinter Symon auf, so daß dieser fast in die dunkle Zelle stolperte. »Wir sind da.«

Symon leuchtete zitternd in den dunklen Raum hinein. An der Wand hockten zwei Männer, die den Kopf wegen der ungewohnten Helligkeit zur Seite drehten. Symon schätzte ihr Alter auf Mitte Zwanzig. Sie trugen keine Fesseln, machten aber keinen Versuch aufzustehen. Symon wandte sich zu Asarhaddon um, der in der Tür stehengeblieben war. Stumm starrte er in die kalten, schönen Züge. »Sieh keine Menschen in ihnen«, beantwortete Asarhaddon brutal die stumme Anklage in Symons Blick. »Es sind Gegenstände, die wir nach unserem Belieben umformen werden, weil uns ihre jetzige Gestalt nicht zusagt.« Er wies in eine Ecke. »Geh, es liegen Fackeln dort. Bring sie mir, ich will sie anzünden, damit wir in ihrem Licht die Erfolge unserer Arbeit gut beobachten können.«

Symon wollte sich im Dunkel verkriechen, er wollte schreiend hinauslaufen, er wollte sich vor die Opfer werfen und um ihr Leben bitten. Aber er tat nichts von alledem. Er reichte Asarhaddon die Fackeln, und dieser steckte zwei in die Tür und zwei weitere an die Wände. Symon konnte jetzt die beiden Männer gut erkennen, doch nun fiel sein Blick auf die Foltereisen und Marterinstrumente, und er stieß ein entsetztes Gurgeln aus.

»Hilf mir, den einen auf dem Rost festzubinden«, sagte Asarhaddon kalt, »und denke daran, daß du es für mich tust.« Er riß einen der Gefangenen hoch und stieß ihn in die Richtung, wo das Gestell stand. Taumelnd ließ es der Mann mit sich geschehen, er war halb betäubt vor Angst. »Fessele ihm die Beine!« herrschte Asarhaddon Symon an, »ich will ihm die Arme binden.«

Symon stand wie gelähmt. »Das kann ich nicht tun«, hörte er sich flüstern.

»Nein? Dann vergiß mich augenblicklich!« zischte Asarhaddon. »Wer hier unten meine Leidenschaft nicht teilt, dem wird sie auch im Bett nicht zuteil.«

Der Gefangene begann vor Angst zu wimmern. Symon fing den flehenden Blick des Mannes auf, und seine Beine drohten ihm wegzuknicken. Asarhaddon hatte dem Mann inzwischen die Hände am Rost festgebunden und stieß Symon fort. »Ich tue es allein«, sagte er verächtlich, »aber sieh genau hin!«

Als der Mann sich kaum noch bewegen konnte, stieß er ihm kurz die brennende Fackel in das Gesicht und bemerkte zynisch: »Jetzt ist er nicht mehr so menschenähnlich, vielleicht hilft dir das, dein Mitgefühl zu überwinden.«

Der fürchterliche Schrei des Gemarterten vermischte sich mit dem hellen Aufschrei Symons. Er brach schneller zusammen, als er selbst gedacht hatte. »Schick mich nach Ninive, aber mach diesem Wahnsinn ein Ende!« flehte er.

»Ja, du wirst gehen, aber verschonen werde ich die Gefangenen nicht, nun, da es beginnt, Spaß zu machen.« Asarhaddon lachte sein entsetzliches Lachen und griff zu einer abgeflachten Zange. »Damit löst man die Haut vom Fleisch. In den Wunden zischt das Feuer, wie wenn Wasser auf heiße Steine fällt.«

»Nein!« Symon packte wie von Sinnen das nächste Eisen, doch Asarhaddon entwand es ihm leicht. »Wie? Wolltest du mich damit angreifen?«

»Ich – ich wollte dir nichts tun«, schluchzte Symon, »aber ich ertrage es nicht, wenn du dem Mann noch mehr Schmerzen zufügst.«

»Was willst du dagegen tun? Du Einfältiger! Ist das Spiel erst soweit gediehen, kenne ich kein Erbarmen, auch nicht mit dir. Geh, verlasse den Tempel und verlasse Assur, denn dir ist es nicht gegönnt, meinen Wein zu trinken.«

Symon warf das Eisen klirrend fort und hastete hinaus, während Asarhaddon unbekümmert sein Werk fortsetzte. Als er in den Palast zurückkehrte, nahm er ein Bad und ruhte sich in seinen Gemächern aus, als sei er von einem Gastmahl zurückgekehrt. Er war zufrieden mit sich und seinem Werk. Aber er war noch erhitzt und verspürte ein heftiges Verlangen nach dem samtenen Körper Symons, den zu umarmen ihn gerade deswegen reizte, weil er noch im Entsetzen befangen war. Ein letztes Mal, bevor er ihn nach Ninive schicken mußte, das war annehmbar.

Aber als er in Symons Schlafgemach trat, wich er entsetzt einige Schritte zurück. Alles war voller Blut, und Symon lag mit durchschnittener Kehle auf dem Bett. Er lag dort mit ausgebreiteten Armen, als wolle er Asarhaddon noch im Tode empfangen. Seine Augen waren geschlossen, der Mund halb geöffnet, als habe er noch den Namen des Mannes ausgesprochen, den er liebte und den man nicht lieben durfte.

Asarhaddon war schweißgebadet. Er setzte sich neben Symon und hob mit zärtlicher Gebärde sein Haupt, küßte ihm die Stirn und die Augen und murmelte: »Ist es Mirjam, die ich in dir noch einmal verliere?« Doch als er den kalten Körper zum letztenmal an sich zog, schien sich Symons Gesicht aufzulösen, und aus blutigen Nebeln starrte ihn ein anderes verzerrtes Gesicht an. Asarhaddon ließ Symon zurück auf das Bett fallen und taumelte zurück. »Nein!« schrie er gellend, und das Echo brach sich an den Wänden des großen

Raums. Asarhaddon ließ sich auf das Bett neben den Leichnam fallen und starrte vor sich hin. Er wagte es nicht mehr, Symon ins Gesicht zu blicken. »Ich habe es immer gewußt«, murmelte er, »du bist es gewesen, stets du, Sardur. Habe ich wirklich Mirjam begehrt an der Grotte oder ihren Bruder? Symon war ein Mann, und damals auf dem Paß lag er nackt an meiner Seite, doch ich bin kalt geblieben.« Asarhaddon ballte die Fäuste. »Verfluchter Churriter! Du hast mir dir Seele geraubt, so daß ich Symon ansah wie eine Frau. Nur dich begehrte ich in ihm. Was habe ich mit eurer Knabenliebe zu schaffen, die du wie Gift in mein Herz geträufelt hast! Wie eine Frau sehnte ich mich nach deiner Stärke, du hast mich zum Weib erniedrigt, und nun bin ich zum Mörder geworden.« Er streifte Symon mit einem flüchtigen Blick. »Ja«, flüsterte er, »ich bin schuld an deinem Tod, es ist, als hätte ich dir das Messer selbst in die Kehle gestoßen.«

Taumelnd erhob er sich. Plötzlich sah er die gefolterten Opfer mit den Augen Symons. Der Ekel vor der eigenen Tat schien ihn zu ersticken. Er lief auf die Terrasse und starrte auf das Wasser unter sich. »Weshalb tu ich solche Dinge?« stöhnte er, doch er kannte die Antwort gut: Der Hohepriester des Aschschur hat ein Herz aus Stein und eine Seele aus Feuer, das um so heller auflodert, desto furchtbarer seine Taten sind.

Asarhaddon schloß die Augen. Er hörte ein entsetzliches Lachen, das wie berstender Felsen klang. Aschschurs Standbild bebte, von seinem Haupte gingen Flammen aus; er hatte das Antlitz Belschar-Ussurs und er lachte wie klirrendes Eis. Über Asarhaddon lachte er, den Hohenpriester, den er zwischen zwei Fingern seiner steinernen Faust gepackt hielt. Asarhaddon sah, daß er über einem Abgrund hing. Unter ihm prasselte ein Feuermeer, und darin wanden sich Leiber wie geschmolzenes Blei. »Alles, was weich ist, zerschmilzt in der Glut!« hörte er ihn höhnisch rufen, »alles, was so weich ist wie dein Herz, du Schande der Priesterschaft!« Und Asarhaddon stürzte hinab, stürzte in die Glut und hörte, wie das schreckliche Lachen ihm folgte, als solle es nie mehr enden.

Als er wieder zur Besinnung kam, merkte er, daß er selbst

es war, der so wahnsinnig lachte. Obwohl es ein warmer Nachmittag war, fröstelte Asarhaddon. Er ging hinein und betrachtete Symon. Er setzte sich an seine Seite und hob den schönen, bleichen Körper hoch wie eine Feder.

Er trug ihn an das Ende seines Gemachs und legte ihn behutsam auf einen Diwan. Dann breitete er eine kostbare Decke über ihn und küßte ihn zum Abschied auf den Mund. »Ich habe auch dich geliebt, aber ich bin verdammt, ohne Liebe zu leben. Ich wurde der Menschheit zum Fluche geboren, deshalb wollte ich dich fortschicken. Jetzt bist du für immer gegangen, und mir bleiben die Schatten der Erinnerung. Anaita, Mirjam, Assurdan, Sardur, alle sind für mich verloren.« Er hielt Symons Hand und verstummte. Die Schatten zogen an ihm vorüber, glückliche Augenblicke seines Lebens, und es war nicht eine Erinnerung an Blut und Gewalt darunter. Schließlich erhob er sich und rief nach der Wache. »Schickt Boten nach Ninive zum General Anaxares. Sagt ihm, der Bruder seiner Frau sei tot, und sagt ihm, daß ich beide hier erwarte.«

10

Anaxares kam in einem raschen Dreitagesritt, aber er kam allein. Asarhaddon erwartete den Freund auf der Terrasse, aber er wandte sich nicht um, als er ihn eintreten hörte. Er sah auf den Strom hinaus. »Ich danke dir, daß du so schnell gekommen bist, Anaxares.«

Seine Stimme war warm und sanft, doch Anaxares schien es nicht zu bemerken. Er ging nicht hinaus zu Asarhaddon, sondern setzte sich an einen kleinen Tisch an der Wand. »Ich ritt, so schnell ich konnte«, erwiderte er kalt, »doch bin ich nicht gern gekommen. Assur ist mir seit dem letzten Fest verleidet, und wäre es nicht wegen Symon –« er zögerte, und Asarhaddon wandte sich um. »Ist Mirjam denn nicht hier?«

Die Sonne stand hinter Asarhaddon, und sein Gesicht lag im Schatten. »Mirjam betritt Assur nie mehr«, zischte Anaxares, »und auf deine süßen Worte kann sie verzichten. Sie gibt dir die Schuld am Tode ihres Bruders – oder hast du etwa nichts damit zu tun?«

Auch Anaxares ist gegen mich, dachte Asarhaddon bitter. Er trat aus dem Schatten und ging auf ihn zu. Der Hohepriester war ernst und blaß, und in seinen Augen stand aufrichtiger Schmerz. Anaxares bemerkte es, aber er fuhr verächtlich fort: »Täusche deine Sklaven oder deine Priester mit deinem heuchlerischen Blick, oder meinst du, ich ginge dir in die Falle wie der tölpelhafte Argistis? Sage mir, wie Symon starb, dann übergib mir seinen Leichnam, damit ich ihn von Mirjam in Ninive bestatten lassen kann.«

Für einen Augenblick glaubte Asarhaddon, sich an Anaxares Brust ausweinen zu müssen wie ein Kind bei der Mutter. Aber die ein Leben lang geübte Selbstbeherrschung half ihm, kalt zu erwidern: »Symon starb durch eigene Hand, und mein Herz ist schwer von Trauer darüber. Jeder, der das für Heuchelei hält und mich verspottet, ist mein Feind.«

»Du trauerst also wirklich um ihn?« fragte Anaxares kühl. »Nun, ich will es dir glauben, du hast dir für deine Freunde stets etwas Mitgefühl bewahrt. Weswegen hat er sich getötet?«

Asarhaddon hatte nicht vor, Anaxares die volle Wahrheit zu sagen. »Du weißt – und Mirjam wird es dir bestätigen –, daß Symon mich liebte, wie man –«

»Ja, ja, Symon trieb es nur mit Männern, das weiß jeder«, unterbrach ihn Anaxares ungeduldig, »und daß er sich auf dein Bett Hoffnungen machte, auch. Bei den Göttern, ich bin es leid, daß du aus geschlechtlichen Neigungen ein Problem machst, als ginge es um den Fortbestand des Reiches. Hast du ihn etwa im Bett so enttäuscht, daß er sich aus Gram das Leben nahm?«

»Für deinen Zynismus sollte ich dich peitschen lassen«, zischte Asarhaddon, »aber ich bin nicht in Stimmung.« Dann streckte er besänftigend die Hand aus. »Laß es mich erklären. Sage Mirjam – sage ihr, daß alles meine Schuld ist. Bei meiner Seele, sie wird mich mehr hassen als je zuvor. Ach Anaxares!« Asarhaddon umfaßte seine Handgelenke und zog ihn zu sich herüber. »Ich habe ihn auf dem Gewissen, und Mirjam wird um ihn weinen. Ich wollte es nicht, das schwöre ich.«

Bestürzt wollte sich Anaxares ihm entwinden, aber dann ließ er die Berührung geschehen. Blaß fragte er: »Also du hast es selbst getan?«

»Bei Aschschur, nein! Ich wollte ihn nach Ninive schicken, das brach ihm das Herz.«

Anaxares fühlte sich unbehaglich. Asarhaddon war ein glänzender Schauspieler, aber heute schien er nicht zu spielen. Dennoch sagte er Anaxares zurückhaltend: »Das glaube ich nicht. Was ist noch vorgefallen? Was verschweigst du mir?«

»Ich war mit ihm zusammen«, sagte Asarhaddon tonlos. »Wir liebten uns, und danach wollte ich ihn nicht mehr. Oder nein, das ist nicht wahr. Ich wollte ihn, aber ich fürchtete mich, verstehst du? Fürchtete mich vor einer erneuten Enttäuschung, denn wenn ich mich hingebe, bin ich verloren. Ich fürchtete mich vor den zischelnden Zungen im Palast. Symon wurde das Opfer meiner Feigheit. Geh nach Ninive! befahl ich ihm, doch er wollte ohne mich nicht leben. Ich wußte es, aber ich ging darüber hinweg. Und jetzt kommst auch du zu mir im Zorn, und ich ertrage es nicht. Mirjam wird mir nicht verzeihen, aber du kannst es, weil wir Freunde sind – wir sind es doch noch, oder?«

Plötzlich wußte Anaxares, daß Asarhaddon wahrhaftig erschüttert war. Er stand auf und umarmte ihn gerührt. »Ich habe dir ewige Freundschaft geschworen, und ich verzeihe dir alles, jetzt, wo du darum bittest.«

Asarhaddon gab die unvermittelte Geste einen Stich durch den Magen, und er erwiderte die Umarmung nur flüchtig. Dennoch war er erleichtert und drückte Anaxares dankbar die Hände. »Ich schäme mich vor dir meines Schmerzes nicht, noch meiner Bitte um Verzeihung. Niemand außer dir darf den Herrscher so sehen, aber dir darf ich mich in meiner Schwäche anvertrauen.«

»Ich habe dir mißtraut«, sagte Anaxares bewegt. »Vergib mir. Ich wollte nicht sehen, daß dein Schmerz aufrichtig ist.

Aber du bist sehr verändert. Hast du Symon denn so sehr geliebt?«

»Ich hatte ihn sehr gern, und er war ein guter Mensch. Aber das ist es nicht allein. Anaxares, alles, was ich tat, seit ich wieder in Assur bin, scheint überschattet zu sein von einem Nebel, den ein Zauberer mir auf Herz und Hirn gelegt hat. Bei Aschschur! Dieser Churriter hat mich verhext wie ein chaldäischer Magier. Mir ist, als sei ich damals auf dem Fest in Tuschpa seinem Hexenwerk erlegen, als ich dem Prinzen zum erstenmal mit klopfendem Herzen nachstarrte.«

Anaxares klopfte ihm beruhigend auf die Schulter. »Das ist normal, du hast Liebeskummer, das ist alles.«

»Vielleicht, aber das Gefühl ist mir so fremd, daß ich mich nicht dagegen wehren kann. Es macht mich schwach und krank, und das darf nicht geschehen.«

»Das mögen die Götter auch verhüten«, warf Anaxares erschrocken ein. »Weshalb lädst du Sardur nicht nach Assur ein? Du tust, als wäret ihr verfeindet.«

Asarhaddon sah Anaxares unwillig an. »Hast du mich nicht verstanden? Ich muß mich lösen von dieser Fessel, sie nicht noch enger machen.«

»Wie willst du das erreichen? Willst du ihn etwa beseitigen?«

»Sprich nicht so!« rief Asarhaddon bleich, »das will ich nicht. Nein, ich muß ihn aus eigener Kraft vergessen, und heute will ich den ersten Schritt dazu tun.« Er sah Anaxares ernst an. »Ich habe Schuld auf mich geladen, die um so schwerer wiegt, weil die Opfer meine Freunde waren, und ich mich nicht meiner Stärke besann, sondern einer verfluchten Schwäche nachgab, die mir das Mark aus den Knochen saugt. Bei Aschschur, ich wünschte, ich wäre Sardur nie begegnet. Alles, was ich unternehme, um die Erinnerung an ihn zu betäuben, wendet sich gegen mich.«

Er ist doch ein Mensch wie wir alle, dachte Anaxares bewegt, und ich liebe ihn, ob er nun in Kuraschat metzelt oder zerknirscht und aufgewühlt vor mir sitzt. »Dein Gewissen und deine Liebe zu Sardur sind Gefühle, die du ertragen mußt wie ein Mann, und ich weiß, daß sie vorübergehen werden, wenn die Trauer um Symon sich gelegt hat. Aber wenn ich dir irgendwie helfen kann, so scheue dich nicht, es mir zu sagen.«

»Ja, du kannst mir helfen«, erwiderte Asarhaddon rauh. »Hilf mir, indem du jetzt für mich stark bist, denn du sollst etwas für mich tun, was ich nur von dir verlangen kann.«

»Alles, was du willst, mein Freund«, sagte Anaxares warm.

»Du sollst mich auspeitschen auf Aschschurs Altar, bis mein Blut über diesen verwünschten Stein fliegt. Es soll vergossen werden wie das Blut Symons und der Menschen, die ich –«, er zögerte, denn Anaxares starrte ihn fassungslos an. »Ich bin nicht irrsinnig«, beruhigte ihn Asarhaddon, »ich will nur Strafe für meine Taten erleiden wie jeder Mensch. Und wer straft den Herrscher und Hohenpriester? Niemand würde das wagen. So muß ich mir selbst das Urteil sprechen.«

»Aber muß es denn stets Blutvergießen sein?« ereiferte sich Anaxares. »Es gibt sicher andere Wege, deine Schuld zu sühnen.«

»Ich selbst strafe mit Schmerzen und kenne keine bessere Sühne.«

»Ich kann dich aber nicht schlagen, wie man einen Hund schlägt. Sklaven peitscht man so.«

»Soll ich mich denn von Folterknechten peitschen lassen?«

»Wenn du darauf beharrst, werde ich es tun«, seufzte Anaxares. »Ich hoffe nur, du fühlst dich hinterher wirklich besser.«

»Laß uns gleich gehen, mein Freund, sonst besinnst du dich wieder.«

Anaxares kannte den Altarraum, aber er war nicht oft da gewesen. Obwohl er als Assyrer mit den Menschenopfern kein Mitleid hatte, liebte er diesen düsteren Ort nicht.

Asarhaddon entblößte ohne große Umstände seinen Oberkörper und reichte Anaxares gelassen eine Peitsche. Anaxares wußte nicht, daß Asarhaddon schon einmal auf dem Stein gelegen hatte, bereit zu einem grausamen Tod. Er sah entsetzt auf die Peitsche. Sie hatte sieben geflochtene Schnüre und spitze Metallstücke an ihren Enden. Anaxares wußte, man benutzte sie nur, um Todesurteile zu vollstrecken, niemals für eine einfache Prügelstrafe, denn sie riß tiefe Wunden. »Damit schlage ich dich nicht«, stammelte er, »du wirst daran sterben.«

»Mach dich nicht lächerlich! Von einigen Schlägen sterbe ich nicht. Wollte ich nur gestreichelt werden, hätte ich mich anderer Mittel bedient.« Asarhaddon kniete vor dem Stein nieder, und Anaxares sah auf seinem entblößten Rücken die verblaßten Narben, die noch aus Zadrakarta stammten. Girhayan, dieser entmenschte Aufseher, hat ihn so geschlagen, durchfuhr es Anaxares, und heute soll ich dasselbe tun. Aber Asarhaddon wird mich verachten, wenn ich zögere. Er schlug zu, doch sein Schlag war kraftlos, und Asarhaddon höhnte: »Du schlägst mich wie ein altes, zahnloses Weib, das keinen dürren Stecken mehr heben kann.«

»Also gut!« knirschte Anaxares, »du willst es nicht anders. Gib mir Bescheid, wenn ich aufhören soll.« Dann schlug er mit aller Kraft zu, und sofort zeichneten sich mehrere blutige Striemen auf dem Rücken ab. Asarhaddon zuckte zusammen, dann kam der nächste Schlag, und der dritte und vierte ließen das Blut bereits fließen. Und Asarhaddon schrie: »Ja, schlage mich, bis du mir diese wahnsinnige Liebe aus der Seele geprügelt hast.«

»Dann muß ich dich totschlagen!« schrie Anaxares.

»Nur die Haut ist aufgeplatzt, sei nicht so zimperlich!« stieß Asarhaddon heiser hervor, doch dann stöhnte er laut und wieder und wieder. Anaxares schlug zu wie ein Besessener, dabei liefen ihm die Tränen herunter. Das Stöhnen machte ihn wahnsinnig. »Schrei doch, Asarhaddon, das wird dich erleichtern, aber dein Stöhnen kann ich nicht –«, Anaxares hielt jäh inne und wurde totenblaß. Dann schleuderte er die Peitsche mit einem Fluch von sich. Erschüttert mußte er feststellen, daß Asarhaddon keineswegs vor Schmerzen stöhnte, sondern wie im Liebesrausch. »Schluß mit dem Irrsinn!« keuchte Anaxares. »Du genießt die Schmerzen, als triebest du Wollust, dazu gebe ich mich nicht her.«

Asarhaddon fiel in sich zusammen, gekrümmt und blutüberströmt lag er vor dem Altar seines Gottes. Er antwortete
nicht. Entsetzt beugte sich Anaxares über ihn. »Bei Aschschur! Du brauchst jetzt einen Arzt.«

»Nein«, flüsterte Asarhaddon, »bist du von Sinnen? Niemand darf mich so sehen. Laß mich hier liegen.«

Asarhaddon schwankte zwischen Bewußtsein und Ohnmacht und konnte nicht mehr mit klaren Sinnen verfolgen,
was mit ihm geschah. Aber als er wieder zu sich kam, fand
er sich im Bett liegend in seinem Schlafgemach im Tempel,
und es standen zwei Männer bei ihm, die ihn besorgt betrachteten.

»Bei allen Dämonen! Was tust du hier, Zargo?« fuhr Asarhaddon auf.

»Er half mir, dich zu verbinden und ins Bett zu legen«,
entgegnete Anaxares trocken. »Und nach dem, was Zargo
mir berichtet hat, brauchst du dich vor ihm nicht zu schämen, er kennt das schon alles.«

Asarhaddon preßte die Lippen aufeinander. »Geht es dir
nun besser, mein Freund?« fragte Anaxares milde.

Asarhaddon spürte die zärtliche Zuneigung, und sie bedeutete ihm mehr als sein Leben. Er war dankbar für diese
Freundschaft, die ihm Wärme schenkte und ihn glücklich
machte, ohne ihn zu belasten. Er wandte sich an Zargo: »Laß
die Gewölbe zumauern. Die Folterkammern sollen für immer der Vergangenheit angehören.«

»Und wenn dich der Befehl abermals reuen sollte?« fragte
Zargo mutig.

»Dann wirst du mich hinauswerfen lassen.«

»Gewiß«, seufzte Zargo, »das wird einfach sein.«

11

Urukagina, seit zwei Jahren assyrischer Statthalter in Tuschpa, saß zurückgelehnt in einem schön geschnitzten Stuhl,
während er seine Füße respektlos auf dem Tisch vor sich

ausstreckte. Er spielte mit seinem Dolch und sah die beiden Männer, die sich mit ihm zusammen im Zimmer befanden, geringschätzig an. »Menuar, du alte Krähe, was haben eure Priester aus Vogelkot und Schafsdärmen gelesen? Was weissagten sie eurem König aus dem Flug von Fledermäusen und Eulen?«

Der Angesprochene war ein hagerer Mann mit langen, grauen Haaren und glattrasiertem Gesicht. Sein Blick war wachsam und scharf, seine Stimme kraftvoll, als er antwortete: »Sie kündigten uns einen Besucher mit schlechten Manieren an.«

Urukagina lachte und stieß absichtlich mit dem Fuß gegen eine Tonfigur, die auf dem Tisch stand; sie fiel hinunter und zerbrach. »Ich bitte vielmals um Vergebung, ihr edlen Herren«, spottete er. Dann kniff er die Augen zu einem Spalt zusammen. Scharf fragte er: »Weissagten sie nicht vielmehr, daß dein Kopf bald auf einer Stange aufgepflanzt vor den Palasttoren stehen wird?«

»Besser, er steht dort, als sich vor dir zu beugen, Assyrer!« entgegnete Menuar verächtlich.

»Hört, hört!« lachte Urukagina. Dann wandte er sich an den anderen Mann, der mit verschränkten Armen im Hintergrund stand und Urukagina finster betrachtete. »Was sagst du dazu, Sardur? Wollen sich die Churriter nicht mehr vor ihren Herren beugen?«

»Du schuldest mir ein Silberstück für die Figur«, erwiderte Sardur kühl. »Im übrigen bist du hier nicht in deinem Feldlager, sondern in meinem Palast. Also reiße den Mund nicht auf wie bei deinen Soldaten, es möchten dir sonst Motten hineinfliegen.«

»Du tust dir mächtig etwas darauf zugute, daß du mit unserem König befreundet warst«, gab Urukagina grimmig zurück, »aber darauf würde ich mich nicht verlassen, wenn es um Verrat geht.«

In Sardurs Miene regte sich nichts. »Für den Tisch schuldest du mir außerdem zehn Silberstücke, denn deine Stiefel haben ihn zerkratzt, und ich werde ihn entfernen müssen. Eigentlich schuldest du mir für dein ungehöriges Auftreten sogar dein Leben, aber da du es aus Unwissenheit tust, verzeihe ich dir. Schließlich bist du Assyrer.«

Dunkelrot vor Zorn sprang Urukagina auf. »So spricht niemand mit mir. Ich warne dich, Sardur, dafür hole ich mir eines Tages deinen Kopf.«

»Sag, was du sagen willst, und dann verschwinde, bevor ich dich hinauswerfen lasse!« zischte Sardur.

»Also gut, höre! Die jährlichen Tributzahlungen sind fällig, aber aus drei Gauen kamen meine Männer mit leeren Händen zurück, ihnen wurde der Tribut verweigert. Was hast du dazu zu sagen, König Sardur?«

»Das kann nicht sein«, erwiderte Sardur. »Es gibt keine derartigen Anweisungen. Wer ist es, der den Tribut nicht entrichten will?«

Bevor Urukagina antworten konnte, warf Menuar ein: »Herr, es sind deine nördlichen Provinzen, und andere werden folgen. Es ist allerdings nicht wahr, daß sie den Assyrern den gesamten Tribut verweigerten; sie wollten nur keine Sklaven für den Tempel in Assur liefern. Sie boten den Männern Urukaginas Ersatz dafür an.«

»Du siehst«, rief Urukagina erbost, während er mit dem Finger auf Menuar wies, »dein Schakal von einem Ratgeber hat seine Hand im Spiel. Ja, sie verweigerten uns die Sklaven und boten dafür Weizen und Honig. Hast du schon einmal Weizengarben gesehen, die in Bergwerken und Silberminen arbeiten? Oder kannst du dir vorstellen, daß die Priester den Altar unseres großen Aschschur mit Honig vollschmieren?«

»Ich werde der Sache nachgehen und dir Bescheid geben«, erwiderte Sardur kühl.

»Ja, aber du solltest dich eilen, denn noch in dieser Woche müssen die Transporte abgehen. Man schätzt es nicht in Assur, wenn sich die Lieferungen unterworfener Länder verspäten. Außerdem solltest du Ratgebern wie Menuar nicht weiterhin dein Ohr leihen, ihr Rat könnte todbringend sein.«

»Wenn ich einen neuen Ratgeber brauche, werde ich mich an dich wenden, edler Urukagina, doch bis jetzt bin ich mit Menuar zufrieden. Deine Gegenwart ermüdet mich, also geh! Die Tribute werden pünktlich entrichtet.«

»Das hoffe ich, und denke daran, ich werde die Sklaven selbst in Augenschein nehmen.« Polternd wandte sich Urukagina zum Gehen, da vertrat ihm Sardur lächelnd den Weg und streckte die Hand aus. »Du schuldest mir noch elf Silberstücke, hast du das vergessen?«

Urukagina sah in das spöttische Grinsen Menuars. Seine Hand fuhr klirrend ans Wehrgehänge. »Hole sie dir, Sardur!«

»Du verwechselst mich«, entgegnete Sardur kalt, »ich bin der König und kein betrunkener Söldner, der sich um seine Spielschulden prügelt.«

Urukagina warf ihm einen durchbohrenden Blick zu. Dann riß er seinen Beutel heraus und warf Sardur das Silber vor die Füße. Gelassen bückte dieser sich und hob es auf.

Als Urukagina gegangen war, fragte Sardur: »Was ist wahr an dem, was der General sagte?«

Menuar seufzte. »Alles. Die Gaufürsten wollen ihren Untertanen nicht länger die Söhne rauben, damit sie für einen grausamen Gott wie Vieh geschlachtet werden.«

Sardur nickte. »Gewiß, doch haben sie auch genug Wagen, Berittene und Fußvolk, um sich gegen die Assyrer zu verteidigen, wenn diese sich ihre Sklaven mit Gewalt holen?«

Menuar sah seinen König nachdenklich an. »Zwei Jahre ist es nun her, daß dein Vater dieses Land Assyrien in die Hände gab. Oh, es war eine weise Entscheidung«, fügte er rasch hinzu, als er sah, wie Sardurs Miene finster wurde. »Eine weise Entscheidung – damals. Du hast dich deswegen fast mit ihm überworfen, weißt du es noch? Lieber sterbe ich unter assyrischen Schwertern, als ihnen auch nur einen Fußbreit Landes freiwillig zu überlassen.«

Sardur stieg eine leichte Röte in die Stirn. »Ich war hitzig und brannte auf meinen ersten Kampf«, entgegnete er unwillig. »Heute weiß ich, daß mein Vater recht hatte, und seit ich König bin, muß auch ich die Geschicke des Reiches abwägen und darf mich nicht von Kriegsruhm blenden lassen.«

»Sagtest du König, mein Herr und Gebieter?« spottete Menuar. »Gewiß, du trägst königliche Gewänder und darfst deinem Stand gemäß auf die Jagd gehen oder dir sonstwie mit hochgeborenen Vergnügungen die Zeit totschlagen. Um dein Reich aber darfst du dich nur kümmern, soweit es Urukagina dir gestattet.«

»Was willst du damit andeuten? Soll ich die Assyrer aus dem Land jagen? Das bedeutet Krieg.«

»Die Freiheit ist kein zahmer Rabe, der in dein Haus geflogen kommt und sich dir auf die Schulter setzt.«

»Aber ich habe dem König von Assyrien –«

»Was hast du, Herr? Ihm Treue geschworen?« unterbrach Menuar ihn aufgebracht. »Du schuldest ihm nichts, denn Rusa hatte sich unterworfen, nicht du. Jeder Unterdrückte hat das Recht, sich von seinen Fesseln zu befreien. Du aber hast nicht nur das Recht, sondern die Pflicht dazu, mein König.«

Sardur machte eine ärgerliche Handbewegung. »Ich kenne meine Pflichten, und nichts liegt mir mehr am Herzen, als Urartu zurückzugewinnen. Aber bisher ist es keinem Volk gelungen, sich gegen Assyrien aufzulehnen. Ich möchte ebenfalls, daß Urukagina aus Tuschpa verschwindet, aber ich möchte die Stadt nicht in Rauch und Trümmern sehen.«

»Die Zeiten haben sich zu unseren Gunsten geändert. Urartu ist heute nicht so schwach wie damals. Die Verräter im Innern sind zum Schweigen gebracht, die Kimmerier werden nicht mehr angreifen. Und wir sind trotz des grausamen Aderlasses durch die Pest immer noch imstande, genügend Truppen aufzustellen.«

»Aber wir haben den Feind im Land, und er wird uns daran hindern, Soldaten anzuwerben, sie zu bewaffnen und auszubilden.«

»Dann laß es heimlich geschehen. Schicke unsere Krieger zu König Gyges. Willst du ihm nicht deine Schwester vermählen? Der Lyderkönig ist ein starker Verbündeter. Mit neuen Truppen und seiner Hilfe werden wir bald stark genug sein, Assyrien zu trotzen.«

»Dennoch, das würde Krieg bedeuten, und ein Krieg wäre für das Volk grausamer zu ertragen als das assyrische Joch«, beharrte Sardur.

Menuar verzog das Gesicht. »Du bist ein Mann von Mut und Weitblick, mein König, du bist ehrgeizig und stolz. Was also läßt dich stets neue Einwände gegen eine Auseinandersetzung mit Assyrien finden?«

Als Menuar sah, daß Sardur erbleichte, winkte er ab. »Du brauchst es mir nicht zu sagen, es ist deine Freundschaft zu Asarhaddon, dem Menschenschlächter und Mordbrenner.«

Sardur biß sich auf die Lippen und schwieg. Menuar aber fuhr fort: »Stellst du diese Freundschaft wirklich über dein Volk? Läßt du zu, daß Urukagina sich hier in seinem Namen aufführt, als sei er König von Urartu? Kannst du es mit deinem Gewissen vereinbaren, deinem fernen Freund Jahr für Jahr neue Schlachtopfer zu schicken? Was für ein Mensch ist das! Ich habe die hundert Sklaven nicht vergessen, die er vor dem Chaldi-Tempel verbrennen ließ, und du?«

»Nein, natürlich nicht«, murmelte Sardur. Er zuckte hilflos mit den Schultern. »Du hast recht, Menuar, aber ich habe den assyrischen König auch als einen anderen Menschen kennengelernt.«

»Mag sein«, gab Menuar zu, »niemand ist ja ausschließlich schlecht, aber darum geht es nicht. Er ist unser Unterdrücker, und eure Freundschaft scheint recht einseitig zu sein. Aber vielleicht tu ich deinem Freund unrecht, und wir haben ihm bisher noch keine Gelegenheit gegeben, uns mit Wohltaten zu überhäufen. Wohlan, mein König, prüfe, was seine Freundschaft wert ist. Es muß nicht gleich zum Krieg kommen. Der Tag der Vermählung deiner Schwester ist nicht mehr fern, und du kannst den König von Assyrien ganz einfach zu der Hochzeitsfeier laden. Bei dieser Gelegenheit läßt es sich gut plaudern und dem finsteren Herrscher vielleicht eher ein Zugeständnis entlocken.«

Asarhaddon in Tuschpa! Sardur fühlte, daß er rot wurde. In warmen Wellen durchflutete die Freude seinen Körper. Ihn wiedersehen, mit ihm zusammensitzen bei einem Becher Wein, oder vielleicht gar ein Ausritt am Seeufer. In gemeinsamen Erinnerungen schwelgen und – nein! Weiter wollte er nicht denken. Bewegt legte er Menuar die Hand auf den

Arm. »Das ist ein guter Rat, mein Freund. Ja, das will ich sofort veranlassen. Ich bin sicher, daß ich mit ihm in Güte vieles klären kann, was uns blutige Auseinandersetzungen erspart.«

12

Wochen gingen ins Land. Wieder einmal war Anaxares auf dem Wege nach Assur, doch diesmal frohgestimmt und heiter. Er pfiff ein altes Kriegslied vor sich hin, und es störte ihn nicht, daß es grauenerregend falsch klang.

Anaxares war einer der wenigen, die zu jeder Zeit Zutritt zum Palast und zum König hatten. Man sagte ihm, daß sich Asarhaddon in seinem Arbeitsraum befinde. Mit raschen Schritten stürmte Anaxares hinein und breitete lachend die Arme aus. »Da bin ich wieder, freust du dich, mich zu sehen?«

Asarhaddons Augen leuchteten auf, als er Anaxares erblickte. Er stand auf und sagte lächelnd: »Was für eine angenehme Überraschung. Du weißt, ich freue mich stets über deinen Besuch.« Sie umarmten sich herzlich, und Asarhaddon wies auf einen Stuhl. »Setz dich, mein Freund. Du bist ja strahlender Laune, so, als sei dir unterwegs die Glücksgöttin begegnet.«

»Ja, ich habe Grund zur Freude, aber sag mir zuerst, wie es dir geht?«

»Meinst du meinen Rücken?«

»Ihn und deinen Liebeskummer.«

»Ich habe mich von beidem prächtig erholt.«

»Also hast du alles überwunden? Kein Nebel mehr? Keine schlaflosen Nächte?«

»So ist es.«

»Und macht es dir wieder Spaß, das Blutvergießen?«

Asarhaddon lachte. »Laß deinen Spott! Berichte mir lieber von den freudigen Ereignissen, die sich zweifellos bei dir zugetragen haben.«

»Boten aus Tuschpa waren in Ninive. Stell dir vor, Aguschaja wird mit König Gyges von Lydien vermählt, und wir beide sind als Hochzeitsgäste willkommen.«

Asarhaddon sah zur Seite. »Das weiß ich längst«, bemerkte er rauh. »Vor zwei Wochen verließ die churritische Gesandtschaft meinen Hof.«

»Ah, du wußtest es? Schade, ich wollte dich damit überraschen. Wann reiten wir? Oh, ich freue mich, Tuschpa und Sardur wiederzusehen.«

»Schön, aber allein, denn ich werde nicht mitkommen.«

»Das kann nicht dein Ernst sein! Warum nicht? Du wirst Sardur wiedersehen. Asarhaddon, leugne nicht, daß sich dein Herz immer noch nach ihm sehnt.«

»Ich leugne es nicht, aber es ist nicht die Zeit für frohe Feste. Vielleicht weißt du nicht, daß man uns diesmal den Tribut an Sklaven verweigert hat. Die Churriter kamen mit fadenscheinigen Ausreden und überbrachten mir gleichzeitig Sardurs Einladung zur Hochzeit. Ein weiteres Ärgernis, denn Lydien ist ein starker Verbündeter und könnte uns im Falle eines Krieges erhebliche Sorgen bereiten. Du wirst verstehen, daß ich mich in Zeiten der Gefahr für das Reich nicht in Vergnügungen stürzen kann, die Sardur für seine Sache nutzen würde. Daß er keine Sklaven schickte, ist das erste Zeichen seiner Auflehnung, und mit Gyges an seiner Seite glaubt er sich auch stark genug, sie durchzusetzen. Es wäre Assyrien wenig dienlich, unter solchen Voraussetzungen mit Sardur ins Bett zu gehen, und dazu würde es am Ende kommen, denn ich bin auch nur ein Mensch.«

Anaxares' Strahlen verschwand, um seinen Mund lag ein bitterer Zug. »Das habe ich nicht gewußt. Ich hoffe nur, daß es nicht wirklich zum Krieg kommt.«

»Ich ebenfalls. Deshalb überging ich die Verweigerung auch mit Schweigen, so als hätte mich die Lieferung an Weizen und Honig besänftigt. Es paßt gut in meine Pläne, daß du nach Tuschpa gehst. Wer wäre besser geeignet, um herauszufinden, was sich dort gegen uns zusammenbraut? Nach deiner Rückkehr werde ich wissen, was zu tun ist.«

»Du hast mir alle Freude an Tuschpa verdorben«, erwiderte Anaxares bleich. »Ich soll also dorthin als dein Späher gehen und vor Sardur den fröhlichen Hochzeitsgast spielen? Sardur ist auch mein Freund, und Hinterlist finde ich abscheulich.«

»Ich finde Verrat abscheulich«, entgegnete Asarhaddon scharf, »und ich fürchte, das ist es, was Sardur gegen mich plant. Vergiß nicht, in Stunden der Bedrohung bist du zuerst Assyrer.«

»Gewiß.« Anaxares senkte den Kopf. »Und was soll ich Sardur sagen? Er wird enttäuscht sein, wenn ich allein komme.«

»Überbringe ihm meine Grüße und besten Wünsche und sage, mich hielten wichtige Aufgaben in Assur fest. Drücke ihm mein Bedauern darüber aus.«

»Heuchlerische, leere Worte«, murrte Anaxares. »Glaubst du, Sardur durchschaut dich nicht?«

»Es liegt an dir und deiner Liebenswürdigkeit, sein Mißtrauen zu zerstreuen. Sollte er aber gewarnt sein, ist es auch nicht zu ändern.« Unvermittelt stand Asarhaddon auf und schlug Anaxares freundschaftlich auf die Schulter. »Vielleicht sehe ich ja Schatten, wo keine sind. Du nimmst meine Träume mit nach Tuschpa. Komm, hänge nicht trüben Gedanken nach, laß uns ausreiten; wir sind lange nicht an den Flußwiesen gewesen.«

13

Der Festsaal im Palast zu Tuschpa wimmelte von Menschen. König Gyges war doppelt so alt wie Sardurs Schwester und etwas beleibt, aber seine Erscheinung war eindrucksvoll. Er trug einen gestutzten Bart und lange, schwarze Locken. Eine goldene Kette und eine wunderschön gearbeitete goldene Gürtelschnalle waren sein Schmuck. Beides skythische Beutestücke, wie er stolz erzählte. Er wurde von seinem zwanzigjährigen Sohn Alyattes begleitet, den Aguschaja mit begehrlicheren Augen ansah als den Vater, und Alyattes erwiderte ganz offen ihre vielsagenden Blicke.

Gyges hatte seinen Platz an der Hochzeitstafel zur Rechten des Königs Sardur, an seiner Seite saß die Braut, neben ihr sein Sohn Alyattes. Die Ehrenplätze zur Linken Sardurs für den König von Assyrien und seinen General Anaxares waren frei, es folgte der Vertraute Sardurs, Menuar, und neben ihm hatte Urukagina seinen Platz. Diese Nachbarschaft verdroß beide, aber ihr Stand erlaubte es nicht, ihnen weiter entfernte Plätze zuzuweisen.

Sardur war bleich und nervös und folgte der Unterhaltung bei Tisch nur mit Mühe. Hin und wieder wechselte er Blicke mit Menuar, der seinem König beruhigend zunickte. Urukagina widmete sich im Gespräch nur seinen Männern und beachtete weder den König noch seine Gäste.

Schließlich winkte Sardur Menuar zu sich heran. »Setz dich zu mir – die Assyrer, die ich zum Feste lud, werden wohl nicht kommen.«

Menuar leistete dieser Aufforderung Folge und sprach besänftigend: »Es ist ein weiter Weg, und es gibt viele unerwartete Hindernisse, die einen Reisenden aufhalten können.«

»Du willst mich beruhigen, aber ich weiß es, sie werden nicht kommen.«

Als seien seine Worte der Zauberschlüssel gewesen, trat im selben Augenblick der Zeremonienmeister ein und meldete die Ankunft des Generals Anaxares. Sardur erhob sich mit einer solchen Heftigkeit, daß Urukagina spottete: »Ich wünschte, die Assyrer würden in diesem Lande stets mit solchem Eifer erwartet.«

Doch Sardur überhörte es und lief dem Angekündigten entgegen. Vor allen Augen umarmten sie sich und schienen sich nicht wieder loslassen zu wollen, so daß sich Urukagina erneut zu spöttischen Bemerkungen veranlaßt fühlte. Auch die Churriter waren befremdet über diese stürmische Begrüßung eines ihrer Unterdrücker.

»Anaxares, mein Freund! Ich fürchtete schon, ihr würdet nicht kommen.« Sardurs Augen irrten suchend umher, als er

Anaxares' Antwort auf seine schweifenden Blicke hörte: »Er ist nicht gekommen, Sardur, ich bin allein.«

Der Glanz in Sardurs Augen erlosch, seine Arme fielen schwer von Anaxares herab. »Weshalb nicht?« fragte er erstickt.

Anaxares sah seinen Schmerz und spürte ihn, als sei er sein eigener. »Asarhaddon – er bedauert es sehr«, stammelte er und verfluchte seine Rolle in diesem heuchlerischen Spiel. »Er entbietet dir seinen Gruß und seine besten Wünsche.«

Sardur starrte Anaxares fassungslos an. »Ist das alles? Hat er keine andere Botschaft für mich?«

»Sardur – ich –« Anaxares starrte betreten zu Boden. »Ich habe dir nichts anderes von Asarhaddon zu sagen, aber ich weiß, daß er dich immer noch liebt.«

Sardur konnte nicht antworten, der Hals war ihm wie zugeschnürt. Neben der Enttäuschung stiegen Zorn und Haß in ihm auf. Schließlich räusperte er sich und sagte rauh: »Wir unterhalten uns später darüber, komm mit an die Tafel, damit ich dich meinen Gästen vorstelle.«

Anaxares verneigte sich in geziemender Würde vor König Gyges, machte Aguschaja ein freundliches Kompliment und nickte auch Alyattes kurz zu. Er begrüßte den alten Waffengefährten Urukagina mit einer scherzhaften Bemerkung und nahm dann seinen Platz neben Sardur ein.

Dessen Miene war steinern. Er beteiligte sich kaum noch an den Gesprächen und ließ es an höflicher Aufmerksamkeit für König Gyges fehlen. Doch dieser hatte glücklicherweise nur Augen für seine hübsche Braut, und auch die übrigen Gäste langten unbekümmert zu und beachteten den Unmut Sardurs kaum. Nur Anaxares wollte kein Bissen munden, und der Wein schmeckte ihm bitter.

Nach dem Essen gelang es Anaxares, Sardur zur Seite zu nehmen und ihn wenigstens zum Trinken zu überreden. »Der Wein sollte mir Vergessen schenken, aber er verstärkt nur die Erinnerungen«, sagte Sardur bitter. »So tranken Asarhaddon und ich an jenem Abend und leerten Becher um Becher, bis er –«, Sardur verstummte, und Anaxares bat ihn: »Laß uns von etwas anderem sprechen. Asarhaddon und immer wieder Asarhaddon! Bin nicht auch ich dein Gast? Ich bin zu einer Hochzeitsfeier geladen und nicht zu einem Begräbnis, und ich möchte mit einem alten Freund zusammen feiern.«

»Gib dir keine Mühe, mich aufzuheitern«, entgegnete Sardur grob. »Was liegt dir schon an mir? Sicher bist du nur hier, weil Asarhaddon es so wollte. Du wärst doch lieber daheim geblieben bei deiner hübschen Frau.«

»Das wäre ich allerdings, um so mehr, da sie ein Kind erwartet«, entgegnete Anaxares unwillig. »Wenn ich dennoch kam, so nur deinetwegen, und wenn du an meiner Aufrichtigkeit zweifelst, beleidigst du mich.«

»Schon gut, vergiß es! Ich bin ungerecht in meinem Schmerz.« Er winkte einer Sklavin. »Bring uns einen neuen Krug.«

Der Krug war schwer, und als sie nachschenkte, verschüttete sie etwas Wein, der Anaxares das Gewand beschmutzte. Sardurs schwarze Augen flammten zornig auf. »Hackt ihr die ungeschickten Hände ab!« schrie er.

Anaxares berührte ihn erschreckt am Arm. »Was soll diese Grausamkeit? Es ist doch nichts Schlimmes geschehen. Nimm den Befehl zurück!«

»Seit wann bist du zart besaitet, Anaxares?« fauchte Sardur ihn an.

»Du Narr! Was geht mich deine Sklavin an? Doch diese Unbeherrschtheit fällt auf dich selbst zurück. Du strafst Unschuldige, weil du den Schuldigen nicht zur Rechenschaft ziehen kannst.«

»Na und? Darin ist doch Asarhaddon ebenfalls ein Meister«, sagte Sardur trotzig.

»Gewiß. Doch solltest gerade du ihm nicht in seinen Fehlern nacheifern.«

Sardur bereute bereits seinen voreiligen Befehl, aber er schwieg. Da stand Anaxares auf und sagte lächelnd zu dem Mann, der die entsetzte Sklavin fortführen wollte: »Laß sie los, du siehst ja, der König läßt Gnade walten. Als Buße soll sie zusammen mit den gewöhnlichen Waschfrauen mein Gewand morgen am Fluß waschen.«

»Du bist gütig, Herr«, hauchte sie, »obwohl du Assyrer bist.« Fragend blickte sie auf den König. Sardur entließ sie mit einer mürrischen Handbewegung.

Anaxares räusperte sich. »Nun wollen wir aber dem Wein zusprechen wie rechte Männer, oder?«

»Das kommt nicht wieder vor«, murmelte Sardur.

Nach einigen Bechern löste der Wein beiden die Zunge. Sardur beklagte sich bitter über Urukagina, und Anaxares sprach über Asarhaddon. Sardur wurde nicht müde, ihm zuzuhören. »Weißt du, weshalb er nicht kam? Soll ich dir die Wahrheit sagen?« Anaxares sprach bereits mit schwerer Zunge und legte Sardur den Arm um die Schultern. »Du sollst es erfahren. Er hat Angst vor dir, ja Angst.« Er starrte Sardur mit leicht glasigen Augen an. »Das glaubst du nicht, was? Aber er – er hat es mir gestanden.«

»Du bist ja betrunken«, wehrte Sardur ab, der es selbst bereits war. »Erzähle mir mehr davon, was sagte er?«

Anaxares kicherte. »Er glaubte, du würdest ihn verführen und dann, na du weißt ja, daß die Geschicke des Reiches oft im Bett verhandelt werden.«

Diese Aussage ernüchterte Sardur etwas. »So ist das also! Glaubt Asarhaddon, ich hätte ihn betrügen und seine Freundschaft ausnutzen wollen? Bin ich eine bezahlte Hure, die dem Gegner im Bett seine Geheimnisse entlockt?«

»Ich weiß es nicht, er wittert überall Verrat, und deinen fürchtet er am allermeisten. Weshalb hast du ihm auch die Sklaven verweigert, seine Lieblingskinder, ohne die er seinem Gott nicht dienen kann.«

Sardur lachte und trank Anaxares zu. »Trink, wir wollen nicht mehr darüber reden. Möchtest du dir für die Nacht eine meiner Sklavinnen aussuchen?«

»Such du mir eine aus«, lallte Anaxares, »ich vertraue deinem guten Geschmack. Aber vielleicht hat sie nicht viel von mir heute nacht.« Anaxares gluckste und Sardur lachte. Irgendwann verließen sie Arm in Arm schwankend den Saal.

Düstere Überlegungen gingen Sardur durch den Kopf, als er am nächsten Morgen erwachte. Gyges! Gestern habe ich ihn vernachlässigt, weil Asarhaddon nicht zu dem Fest gekommen ist. Mit Anaxares habe ich getrunken statt mit ihm. Was wird Menuar von mir denken, daß ich dem Assyrer mehr Aufmerksamkeit schenkte als meinem Schwager und Verbündeten?

»Sind König Gyges und meine Schwester schon aufgestanden?« fragte er die Wachen.

»Ja, Herr, sie sind in der kleinen Halle und speisen.«

Sardur ging hinunter. Dort saßen Gyges, Alyattes und seine Schwester sowie einige seiner Höflinge beim Frühmahl. Sardur begrüßte alle freundlich, und einer seiner Männer machte ihm Platz an der Tafel. Es kamen keine sehr ernsten Gespräche auf, denn es ziemte sich nicht, in Gegenwart einer Frau von Politik zu sprechen. Aguschaja kicherte manchmal anscheinend grundlos vor sich hin. Der strenge Blick ihres Bruders hielt sie nicht davon ab, und Sardur bemerkte mit Befremden, daß Aguschaja es plötzlich an Gehorsam fehlen ließ. Als das Mahl beendet war, wandte sich Sardur an seinen Schwager: »Gyges, erlaubst du mir, kurz mit meiner Schwester unter vier Augen zu sprechen? Ich würde ihr gern einige brüderliche Worte mit auf den Weg geben.«

Gyges küßte sie auf die Wange. »Geh nur, mein Liebes, aber laß mich nicht zu lange warten.«

Allein mit Aguschaja fuhr Sardur die Überraschte zornig an: »Du schamloses Weib! Schon gestern abend konnte ich dich beobachten, wie du ganz offen mit Prinz Alyattes liebevolle Blicke tauschtest, während du neben deinem Gemahl saßest. Gyges hat es nicht bemerkt, denn noch ist er blind vor Liebe zu dir. Aber andere merken es. Ich warne dich! Beschmutze nicht die Ehre unseres Hauses!«

Aguschaja war bleich geworden, doch gleichzeitig stieg Trotz in ihr auf: »Jahrelang habe ich wie in einem Gefängnis gelebt, während du dich vergnügen konntest wann und mit wem du wolltest. Nun vermählst du mich mit einem Manne, der mein Vater sein könnte. Mißgönnst du mir den Anblick seines Sohnes? Denn mehr als Blicke und ein paar Worte gab es nicht zwischen uns. Suchst du dir nicht auch die Jüngsten und Schönsten unter deinen Sklaven aus?«

»Wie sprichst du mit deinem Bruder, und wie unverfroren

beschönigst du deine Verfehlungen? Ich bin ein Mann und frei in meinen Entscheidungen, du als Frau hast nicht die gleichen Rechte, und das weißt du. Eine Frau darf nur einem Mann gehören, denn so ist ihr Wesen beschaffen. Jede Frau, die nicht so denkt, ist eine Dirne.«

Aguschajas Augen loderten auf in schwarzem Zorn. »Du bist überheblich und selbstgerecht! Du hast von allen Churritern das geringste Recht, mich zu tadeln, denn die ärgste Verfehlung, das schlimmste Verbrechen hast du begangen. Du, der König von Urartu! Man erzählt es sich im Palast und in den Straßen von Tuschpa: Du hast mit Asarhaddon geschlafen wie mit einer Hure, und mit ihm hast du dein Volk betrogen. Die Treue eines Königs gehört seinem Land, aber du hast sie mit unserem Ausbeuter und Unterdrücker gebrochen. Und weil du von dieser verbrecherischen Liebe nicht lassen kannst, stöhnt Urartu nach wie vor unter assyrischem Joch.«

Sardur war unter ihren Worten zusammengezuckt wie unter Peitschenhieben. Jeder hatte getroffen und schmerzte grausam. »Du wagst es –« stieß er erstickt hervor, doch er konnte nicht weitersprechen. Bleich und zitternd lehnte er sich an die Wand. Aguschaja, seine kleine Schwester, der er Zeit seines Lebens sowenig Beachtung geschenkt hatte wie seinen Stiefeln, weil sie nur eine Frau war, sie stand jetzt groß und furchtbar vor ihm wie ein Racheengel, als sei ein Kind durch Zauberhand plötzlich zu einem Riesen geworden.

Sie kehrten zur Tafel zurück, und Sardurs Miene war ernst. »Ich möchte mit dir sprechen, Gyges, es ist wichtig.«

Gyges sah auf Aguschaja, die sehr bleich war. »Was ist dir widerfahren, Liebes?«

»Nichts, mein Gemahl. Es ist nichts. Mein Bruder möchte dich in einer Angelegenheit sprechen, so glaube ich, die euer Bündnis betrifft.«

»Ach!« Gyges sah erstaunt auf. »Natürlich. Alyattes, unterhalte meine Frau in meiner Abwesenheit, damit sie sich nicht langweilt.«

Sardur ging mit Gyges in sein Arbeitszimmer. Sie hatten

ein langes, ernstes Gespräch. Dann befahl Sardur den Oberbefehlshaber der churritischen Truppen zu sich. Er konnte das tun, ohne Aufsehen zu erregen, denn er war wie viele andere Churriter Gast auf dem Fest. »Wie viele Männer kannst du innerhalb von drei Tagen bewaffnet und heimlich nach Tuschpa hineinschmuggeln, Telepinus?«

»Innerhalb von drei Tagen? Nicht viele, Herr, etwa zweihundert.«

»Schaffe mir fünfhundert herbei! Ich will die Assyrer aus dem Land jagen. Wie viele Männer hat Urukagina hier in Tuschpa unter Waffen?«

Die Augen des Generals leuchteten. »Es geht gegen die Assyrer? Endlich! Die Götter seien gelobt. Unter Waffen sagtest du, Herr? Er hat über tausend Männer hier, aber unter Waffen sind derzeit höchstens hundert, denn die übrigen feiern die Hochzeit deiner Schwester.«

Sardur lächelte grausam. »Ja, das mögen sie auch weiterhin tun. An genügend Wein soll es ihnen nicht mangeln. Höre, Telepinus! Bringe so viele Männer in die Stadt wie du kannst. Dann erschlagen wir alle Assyrer, und ich werde dafür sorgen, daß die Assyrer keine Schwerter haben werden, wenn diese Stunde gekommen ist. Schicke auch Boten in alle Dörfer und Städte. Mein Befehl an alle Gaufürsten und Statthalter lautet: Tötet die Assyrer, wo ihr sie findet!« Sardur lächelte Gyges zu. »Mit deiner Hilfe, Schwager, werden wir dann, wenn der Feind nicht mehr im Lande ist, den Assyrern trotzen, und ich werde den Herrschertitel in Urartu endlich zu Recht tragen.«

Als die Hochzeitsgäste sich am Abend nach und nach wieder im großen Festsaal einfanden, erschien auch Anaxares und fand Sardur in einem angeregten Gespräch mit seinen assyrischen und lydischen Gästen. Er schien die gestrige Enttäuschung überwunden zu haben, denn er lachte oft und versuchte offensichtlich, allen ein guter Gastgeber zu sein.

Erleichtert gesellte sich Anaxares zu ihnen und lächelte Sardur aufmunternd zu. Als er Anaxares erblickte, ging ein kurzes Zucken über sein Gesicht. »Setz dich zu uns, mein Freund«, sagte er belegt.

»Ich komme wohl in eine lustige Runde?« Anaxares setzte sich; sofort wurde ihm ein Becher zugeschoben. Auf dem Tisch standen reichlich Schalen mit Fleisch, Brot und Früchten. Anaxares griff diesmal freudig und mit großem Appetit zu. Der Abend verlief unbeschwert, und als die ersten Schläfrigen zu Bett gingen, sagte Anaxares scherzend: »Heute nacht möchte ich nicht allein bleiben, ich habe mich beim Wein deshalb sehr zurückgehalten. Und morgen, Sardur, morgen reiten wir aus, ja?«

»Herzlich gern. Wir sollten es im Morgengrauen tun, dann ist der See am schönsten.«

Die Morgenröte hatte den Himmel rosa überhaucht, über den Wiesen und dem See lag noch feiner, weißer Nebel. Die Luft war klar und frisch, und der Waldboden duftete nach feuchter Erde. Er verschluckte die Tritte der Pferde, so als dürfe kein Geräusch die Stille des grünen Tempels entweihen. Nur die Vögel veranstalteten ein ohrenbetäubendes Spektakel, sie schienen überall zu sein: in den Wipfeln, im Unterholz und im Röhricht des Sees. Dann und wann stieg ein Reiher auf und durchschnitt den Nebel wie ein geisterhaftes Geschöpf aus fremden Welten.

»Sieh, Anaxares, ein Reiher und da noch einer. Wollen wir jagen gehen?«

Anaxares schüttelte lächelnd den Kopf. »Nein, Asarhaddon liebt die Jagd nicht, und ich glaube, ich verstehe ihn.«

»Es ist seltsam, daß ein Mann wie er die Jagd scheut«, bemerkte Sardur.

»Ja, Asarhaddon ist ein Mann, der seine Geheimnisse hat. Oh, verzeih mir, Sardur, ich wollte nicht wieder von ihm sprechen.«

»Es macht nichts. Hier erinnert mich jeder Baum, jeder Stein an ihn.«

»Wir hätten nicht herkommen sollen; die Erinnerung belastet dein Gemüt unnötig. Gestern abend hattest du deine Fröhlichkeit wiedergefunden.«

Sardur lächelte dünn. »Ich nehme heute und an diesem Ort Abschied von der Illusion, eine Liebe wie die zwischen

Asarhaddon und mir könne ewig dauern. Dabei war es nichts als eine Zufallsfreundschaft, die auseinanderbrechen mußte, als jeder wieder seinen eigenen Weg ging.«

Anaxares schwieg, und sie ritten eine Weile stumm nebeneinander her. »Ich habe mit Urukagina gesprochen«, sagte Anaxares plötzlich. »Er will deinen Kopf.«

»Und ich seinen«, gab Sardur grimmig zurück.

»Urukagina tut nichts ohne Asarhaddons Befehl.«

»Wer kennt schon seine Absichten?«

»Sardur«, sagte Anaxares jetzt ernst und eindringlich, »niemand will einen Krieg, auch Asarhaddon nicht.«

»Weshalb zieht er dann nicht seine Truppen zurück und läßt Urukagina friedlich auf assyrischer Erde sterben? Weshalb verzichtet er nicht auf Urartu und überläßt mir mein angestammtes Reich?«

»Du weißt, das kann er nicht tun. Würde Assyrien freiwillig auf Teile des Reiches verzichten, wäre das eine Aufforderung an die anderen Völker, sich zu erheben.«

»Ja, ja, du hast recht«, gab Sardur ungeduldig zurück. »Es ist unser Verhängnis, ein unentwirrbarer Knoten. Ich fürchte, nur ein Schwert kann ihn entzweischlagen.«

»Ein Schwert? Was hast du vor, Sardur? Sag es mir offen. Ich will dich nicht aushorchen, nur als dein Freund und Vermittler das Schlimmste verhüten.«

»Was wäre denn das Schlimmste?«

»Natürlich ein Krieg. Sardur, ich bin dein Freund und werde es immer bleiben, aber ich werde Asarhaddons Befehlen gehorchen, wie immer sie lauten mögen.«

»Sei unbesorgt, ich will auch keinen Krieg, wie ihr beide. Es ist ausschließlich Urukagina, der mit dem Schwerte rasselt.«

»Und die Sklaven, die du Assyrien schuldest?«

Sardur zuckte mit den Schultern. »Jedermann hier weiß, welches Los die Sklaven in Assur erwartet. Wir Churriter verabscheuen Menschenopfer, und ich hoffte, daß Asarhaddon meine Handlungsweise verstehen würde.«

»Ausgerechnet in dieser Sache erwartest du sein Verständnis? Er ist der Hohepriester.«

»Und mein Freund. Mag er sich Sklaven von den Phönizi-
ern gegen gutes Silber kaufen, das wir ihm auch liefern. Im
übrigen habe ich außer den guten Wünschen nichts von ihm
gehört; offensichtlich hat er sich mit dem Erhaltenen zufrie-
dengegeben.«

»Und Gyges?« fragte Anaxares scharf. »Es gibt viele Könige und Prinzen in Asarhaddons Reich. Weshalb hast du
Aguschaja nach Lydien vermählt?«

»Das werdet ihr mir wohl kaum ernsthaft zum Vorwurf
machen können. Schließlich habt ihr beide meine Schwester
nicht haben wollen.«

Anaxares errötete. »Ja, das war ein großer Fehler von
Asarhaddon. Statt der Frau wählte er den Mann. Die Götter
mögen verhüten, daß ihr deswegen zu Feinden werdet.«

»Und was, wenn ich ihm nicht länger untertan sein will?
Wenn ich als gleichberechtigter Herrscher sein Freund sein
wollte?«

»Willst du das, Sardur?« fragte Anaxares bleich.

»Ich will es, aber –«, Sardur lächelte entwaffnend, »ich bin
einsichtig genug, meine Schwäche zu erkennen. Augenblicklich sieht es so aus, daß Asarhaddon mich meidet. Da kann
nicht einmal mehr von Freundschaft gesprochen werden.«
Er zuckte die Schultern. »Vorbei, nicht wahr? Ich bin Asarhaddon dankbar, daß er mich auf diese Weise lehrt, daß uns
beiden kein Getändel ziemt.«

»Ich will nicht von Asarhaddon sprechen, nur von mir«,
erwiderte Anaxares. »Kein Mann außer Asarhaddon steht
mir näher als du, Sardur. Nur meine Pflicht, die ich ihm als
General schulde, verbindet mich enger mit ihm als mit dir.
Möge sie nie zwischen uns stehen.«

»Meine Freundschaft zu dir wird ewig dauern«, versprach
Sardur und reichte ihm die Hand. »Was auch geschieht.«

14

Das glanzvolle Fest dauerte an, und Sardur verstand es, die Lust seiner Gäste am Feiern mit stets neuen Darbietungen wachzuhalten. Selbst zu Urukagina setzte er sich und sagte mit schwerer Zunge: »Urukagina, alter assyrischer Griesgram. Weshalb willst du meinen Kopf, he? Hast du jemals so lustig gefeiert wie bei mir? Wenn du auch nicht mein Freund bist, so will ich dir doch nichts nachtragen. Ich weiß schon, du kannst es nicht verwinden, daß ich euch den Blutzoll nicht entrichtet habe.« Er schlug ihm vertraulich auf die Schulter. »Das will ich wiedergutmachen an dir. Ich habe Wein aus dem fernen Jatnan bringen lassen und hoffe, daß du einen Versöhnungstrunk nicht ausschlägst.«

»Aus Jatnan?« wiederholte Urukagina überrascht. »Bei Aschschur, der wird auch in Assur nur selten ausgeschenkt. Man gibt drei Sklaven für einen Schlauch, so hörte ich.«

»Er ist dunkel und süß und übertrifft noch die Weine Babyloniens«, versicherte Sardur und lächelte.

»Dann laß mich gleich von ihm kosten, aber schenke ihn nicht an die gewöhnlichen Krieger aus, er ist zu kostbar.«

»Und sehr stark. Du solltest nicht mehr als einen Becher davon trinken«, ermahnte Sardur ihn listig.

Doch Urukagina winkte prahlerisch ab. »Mich fällen doch nicht ein paar Tropfen, ich bin ein trinkfester Krieger. Also, nur herbei mit der Köstlichkeit!«

Sardur sorgte dafür, daß ausgewählt schöne Sklavinnen den Wein ausschenkten und das Vergnügen nicht auf den Wein beschränkt blieb. Niemand merkte, daß Sardur den Betrunkenen nur spielte. Es fiel auch niemand auf, daß König Gyges und Aguschaja längst das Fest verlassen hatten, zusammen mit den meisten lydischen Gästen. Auch den assyrischen Kriegern, die im Garten oder auf den Straßen feierten, ließ Sardur ausschenken, und sie priesen seine Großzügigkeit.

Sardur kam auf Anaxares zugetorkelt. »Berichte Asarhaddon, wie ich seine Männer verwöhnt habe, ja?«

Anaxares nickte lachend. »Den edlen Tropfen würde er

selbst nicht verschmähen. Weshalb hast du ihn bis heute im Keller gelassen?«

Sardur ließ seinen Blick zufrieden durch den großen Saal schweifen und bemerkte lächelnd: »Das Beste soll man bis zum Schluß aufheben.«

»Du solltest auch König Gyges davon anbieten. Wo ist er eigentlich?«

»Er wird sich mit meiner Schwester zurückgezogen haben, was verständlich ist.«

»Sicher, aber ich vermisse auch sein Gefolge.«

»Vielleicht lieben die Lyder keine betrunkenen Assyrer.« Sardur hob den Kopf. Am Eingang war jetzt Telepinus erschienen und schwenkte einen Becher Wein. Ihm folgten einige augenscheinlich angetrunkene Churriter. Sie stolperten über ihre langen Festgewänder und entschuldigten sich lachend bei den Assyrern, denen sie fast in die Arme fielen. Sardurs Augen blitzten auf, und er hob als Zeichen seinerseits den Becher. Da zogen die Churriter plötzlich unter ihren Gewändern Schwerter hervor und drangen auf die überraschten Assyrer ein. Ein Aufschrei ging durch den Saal. Verwirrt starrten die Assyrer auf die Erschlagenen; dann erhoben sie sich taumelnd und wollten sich auf die Churriter stürzen. Doch plötzlich erwies sich jeder eben noch wackere churritische Trinkgenosse als durchaus nüchtern und wehrhaft. Die Assyrer sahen sich umringt von bewaffneten Kriegern, die unter ihren Festgewändern Kettenhemden und Lederharnische trugen.

Telepinus riß die Tore auf, und von draußen stürmten weitere churritische Krieger herein, bereits mit blutigen Schwertern. Obwohl die Assyrer in der Überzahl waren und der Rausch des dunklen Zypernweins angesichts der Gefahr rasch verflog, obgleich sie sich verbissen mit allem wehrten, was ihnen unter die Hände kam, mit schweren Krügen, mit Tischen und Stühlen, sie wurden einer nach dem anderen abgestochen wie Schafe.

Es war ein grauenvolles Gemetzel, und Anaxares starrte fassungslos auf das Abschlachten seiner Landsleute. Bleich und zitternd vor Zorn sah er den höhnischen Triumph auf dem Gesicht Sardurs. »Du Verräter!« keuchte er, »weshalb tust du mir das an?« Wild sah er sich nach einer Waffe um, doch da richteten sich zwei Lanzen auf ihn. »Verhalte dich ruhig, Anaxares«, sagte Sardur kalt, »du wirst der einzige Assyrer in Tuschpa sein, der diesen Abend überlebt.«

»Nein!« schrie Anaxares, »laß mich mit ihnen kämpfen und sterben. Bei Aschschur, laß mich nicht hilflos zusehen, tu mir diese Schande nicht an!«

»Das kann ich nicht zulassen«, erwiderte Sardur, »denn du bist nicht nur mein Freund, sondern auch mein Gast.«

»Dein Gast? Und deine anderen Gäste läßt du abstechen wie das Vieh?«

»Welche Gäste?« fragte Sardur scharf. »Die Assyrer waren nicht meine Gäste. Ich habe sie nicht geladen. Sie kamen und gingen, wann sie wollten. Sie nahmen sich unsere Frauen und raubten uns aus. Sie aßen meinen Braten, tranken meinen Wein und schliefen mit meinen Sklavinnen, doch sie waren unerwünschte Hochzeitsgäste. Nun schmecken sie churritische Schwerter, dieser Nachtisch möge ihnen wohl bekommen.«

»Du willst mein Freund sein?« stammelte Anaxares. »Du hinderst mich daran, meinen Gefährten beizustehen?«

»Ich bin dein Freund, so wie ich es dir am See schwor, doch so wie du Assyrien dienst, diene ich Urartu, und ich tue heute nur meine Pflicht, wie du die deine tun wirst, wenn du deine Truppen gegen mich führen wirst.«

»Meine Truppen? Du willst mich gehen lassen? Du willst eine solche Geisel aus der Hand geben?«

»Ich wiederhole es, Anaxares. Ich habe dich als Hochzeitsgast geladen und werde dich als Gast verabschieden. Ich bin kein Meuchelmörder. Sollten wir uns aber in der Schlacht begegnen, so werde ich nicht zögern, dich zu töten, falls mir der Sieg vergönnt ist.«

»Der Sieg?« wiederholte Anaxares hohnlachend. »Du hast den assyrischen Adler herausgefordert, und das ist das Ende deiner Herrschaft und der Untergang Tuschpas.«

»Wir wissen nicht, du stolzer, sieggewohnter Assyrer, wem die Götter gnädig sein werden. Ihre Gunst ist wandelbar. Doch sollte ich fallen, dann sterbe ich doch nicht unrühmlich und nehme viele meiner Feinde mit ins Grab.«

»Wie lange hast du diesen Verrat schon geplant?« fragte Anaxares erstickt. »Sollte auch Asarhaddon sich sorglos in deinen Palast begeben, um seine Männer sterben zu sehen?«

»Nein, ich faßte den Plan erst nach deiner Ankunft. Aber halten wir keine müßigen Reden. Was heute geschieht, ist unvermeidlich. Im Morgengrauen wirst du reiten.«

»Ich komme wieder«, zischte Anaxares. »Dafür wird Asarhaddon Tuschpa zerstören und seine Bevölkerung nach langen, grausamen Martern Aschschur opfern.«

»Möge er an seinem Blutdurst ersticken, er und Assyrien!«

Anaxares öffnete den Mund wie zu einer Erwiderung, aber die Stimme versagte ihm. Sardur machte eine Handbewegung. »Führt ihn ab!« Er wandte sich um und verfolgte mit Genugtuung das fortdauernde Gemetzel und freute sich am Geschrei der Sterbenden. Urukagina aber ließ er in Fesseln legen und vor sich bringen.

»Churritischer Hund!« schrie dieser ihn an. »Wehrlose kannst du erschlagen. Vom Wein berauschte Männer läßt du niedermetzeln. Welch eine Heldentat! Deine schändliche Hinterlist wird dir vergolten werden. Wehe Anaxares, der dir vertraut hat.«

»Wo Schmeißfliegen sich versammeln, erschlägt man sie, bevor sie erneut ausschwärmen. Vor dir brauche ich mein Heldentum nicht zu beweisen. Erweise du dich besser morgen als Held, wenn die Schergen ihres Amtes walten.«

»Ich fürchte den Pfahl nicht, fürchte du Asarhaddons Rache.«

»Der Pfahl ist zu schade für dich, ich lasse dich lebendig häuten wie einen Ochsen, daß dein Leib zappeln wird wie ein großer, blutiger Fisch.«

Urukagina erbleichte, aber er behielt die Fassung. Sardur fuhr höhnisch fort: »Ich werde deine Haut Asarhaddon zum Geschenk machen, großer General. Wenn du so zurückkehrst, entbiete ihm meinen Gruß. Daran magst du sehen, wie sehr ich Asarhaddons Rache fürchte.«

Anaxares benötigte mehrere Wochen für seinen schweren Heimritt. Als er die ersten assyrischen Befestigungen erreichte, sandte er Eilboten nach Assur. Gleichzeitig gab er den Befehl, die Befestigungen auszubauen und die Besatzungen zu verstärken. Nachdem er die assyrische Nordgrenze einigermaßen gesichert glaubte, setzte er seinen Ritt nach Assur fort, ohne in Ninive eine kurze Rast einzulegen. Mirjam ließ er gerade eine kurze Nachricht zukommen.

Als Anaxares in Assur eintraf, sah er bereits an den vielen reich gekleideten Sklaven, die die Straßen bevölkerten, an den prunkvollen Wagen und Sänften sowie den zahlreichen Standarten, daß sich aus allen Teilen des Reiches Fürsten und hohe Offiziere in der Stadt aufhielten. Asarhaddon kam ihm auf den Stufen des Palastes entgegen. Sie umarmten sich. »Aschschur sei gepriesen, daß du lebend zurückgekehrt bist, mein Freund.«

»Ich bin es, aber Urartu ist verloren. Du wirst es neu erobern müssen.«

»Komm herein. Berichte mir von dieser Wahnsinnstat, denn wahrlich, der Irrsinn muß Sardur geritten haben. Er hat über sich und Urartu das Todesurteil gesprochen.«

Anaxares versuchte, das Geschehen ruhig und ohne Gefühlsregung wiederzugeben. Aber es gelang ihm nicht immer. »Als ich Tuschpa verließ, bot sich mir der Anblick meiner gepfählten Gefährten. Sardur hatte es so eingerichtet, daß ich an ihnen vorüberreiten mußte. Ich glaubte an der Schande zu ersticken, daß ich allein mein Leben behalten hatte, und ich hätte vor Schmerz schreien mögen, als sie mich beim Namen riefen, und ich ihnen nicht helfen konnte.«

»Ein gelehriger Schüler, dieser Churriter!« stieß Asarhaddon bitter lachend hervor. »Mit anmaßenden und zynischen Worten ließ er mir Urukaginas Haut als Geschenk überreichen. Aber der Rabe, der den Kormoran nachäfft, ertrinkt im Wasser.«

»Was willst du jetzt tun? Ich kann es nicht erwarten, die

Demütigung, die mir Sardur bereitet hat, in Blut zu ersticken.«

»Sei unbesorgt. Gegen meine Vergeltung wird sich Kuraschat wie ein harmloses Scharmützel ausnehmen, aber es gilt, besonnen zu handeln. Man muß den Löwen erst erlegen, bevor man ihm sein Fell abzieht. Urartu ist kein hilfloser Säugling, den wir nur aufzuspießen brauchen, und wenn wir, getrieben von Rachelust, voreilig handeln, könnte es sein, daß bald wir am churritischen Spieß zappeln. Gemeinsam wollen wir mit den Fürsten des Landes beraten, wie dieser gefährliche Gegner zu bezwingen ist. Bei Aschschur und bei meiner Seele! Das war ein kühner Streich von Sardur, und ich selbst hätte es nicht anders gemacht, wenn ich an seiner Stelle gewesen wäre. Er hat schnell und unbarmherzig zugeschlagen. Habe ich ihn unterschätzt, Anaxares?«

»Früher hörtest du es mit Unwillen, wenn man die Kühnheit des Feindes vor dir pries«, sagte Anaxares unmutig. »Lobe Sardur nur weiter, und ich räume ihm gern meinen Platz ein.«

»Ich bin nur zufrieden darüber, daß ich nicht einem Unwürdigen meine Freundschaft und Liebe geschenkt habe. Sardur erweist sich als ein Mann von Umsicht, Mut und Entschlossenheit.« Asarhaddons Augen glänzten. »Möge er sich ebenso mannhaft im Ertragen seines Schicksals erweisen, wenn ich Tuschpa in den Erdboden stampfen werde.«

Anaxares warf ihm einen schrägen Blick zu. »Gewiß«, murmelte er. »Wann werden die Fürsten zusammenkommen?«

»Heute abend. – Anaxares!« Asarhaddon drückte ihm bewegt die Hände. »Laß dich nicht täuschen. Ich denke mit ebenso großem Haß an Sardur wie du.«

»Ich weiß nicht, ob ich mit Haß an ihn denke«, murmelte Anaxares und stand auf. »Ich will mich vor der großen Beratung ein wenig ausruhen, um mich zu sammeln. Meine Gefühle gleichen einem großen Scherbenhaufen, und ich weiß noch nicht, wie ich sie wieder zusammenfügen soll.«

»Ja, tu das. Auch ich benötige jetzt Kraft und Besonnenheit. Deshalb werde ich in den Tempel gehen, um Aschschur darum zu bitten.«

Zargo war überrascht, als er beim zufälligen Betreten des Altarraumes Asarhaddon einsam vor dem Altar knien sah. Er wagte es nicht, ihn in seiner Versenkung zu stören, mochte aber aus Neugier auch nicht die Halle verlassen. So blieb er im Schatten der Säulen stehen und beobachtete Asarhaddon. Zargo hörte ihn nicht sprechen, seine Zwiesprache mit dem Gott war stumm. Als er kurz den Kopf hob, machte sich Zargo durch ein Räuspern bemerkbar und trat näher.

Asarhaddon erhob sich und sah ihn ernst an: »Selten habe ich mit größerer Gewißheit als heute verspürt, daß Aschschur, daß alle Götter, deren Namen ich kenne und die wir anbeten, weniger sind als ein Hauch. Wir Menschen sind allein, und diese unbarmherzige Gewißheit ließ mein Herz zu Eis werden.«

Zargo breitete anklagend die Arme aus. »Wie kannst du erwarten, Aschschurs Stimme zu hören, wo ich doch sehe, daß du dich seiner Allmacht ohne Opfer näherst.«

»Ich vergieße das Blut der Gefangenen, wie eine Waschfrau ihren Zuber leert«, entgegnete Asarhaddon achselzuckend. »Ich kam hierher, um in dieser dunklen Stunde, die das Reich getroffen hat, ein ehernes Herz zu erbitten.«

»Du bittest um etwas, das du längst besitzt, Herr. Was könnte dein Herz noch wankend machen nach diesem schändlichen Verrat der Churriter? Was ließe dich zögern, die Tempelstufen mit ihren blutigen Häuten zu bedecken und den Verräter selbst an eisernen Haken darüberzuschleifen bis zu diesem Altar, wo der Duft seines verbrannten Fleisches Aschschur ergötzen wird?«

»Was ließ dich damals zögern, mit mir das gleiche zu tun, Zargo?«

»Herr, wie kannst du das vergleichen? Ich liebe und verehre dich, und dein heiliges Amt macht dich unantastbar. Du bist doch kein abscheulicher Verräter.«

»Dann nimm einmal an, ich hätte Assyrien verraten, mich heimlich mit seinen Feinden zusammengetan und geplant, es zu vernichten. Würdest du es dann tun?«

»Nein«, flüsterte Zargo entsetzt. »Ich würde dich lieben noch in der Sekunde, da du mich in den Staub trittst.«

»Nun«, erwiderte Asarhaddon verächtlich, »so weit würde ich mich nicht erniedrigen, aber dennoch magst du ahnen, was mich bewegt. Und kein Gott kann mir helfen. Belschar-Ussur aber würde mich heute höhnisch belehren, daß Freundschaft und Liebe Aschschur ein Greuel sind und ich die Qualen verdiene, die aus dieser Mißachtung entstehen.«

»Du liebst den König von Urartu?« stieß Zargo entsetzt hervor.

Asarhaddons Züge verzerrten sich, sein Blick wanderte hinauf zum unerbittlichen Antlitz Aschschurs. »Ich hasse ihn wie die Schwärze der Unterwelt, und mein Zorn soll ihn ersticken wie glühende Asche! Er hat mir nicht nur meine Männer erschlagen, sondern hält das Herz des Hohenpriesters und mächtigsten Mannes der Welt in ehernen Klauen und droht es zu zerreißen. Zu Staub soll sein Andenken zerfallen, sein Name sei ausgelöscht, seine Hauptstadt diene wilden Tieren zum Aufenthalt. Wahnsinn ergreife seine Bewohner, so daß sie sich gegenseitig zerfleischen mögen!«

Aufstöhnend brach Asarhaddon über dem Stein zusammen. Seine Arme streckten sich nach Aschschur aus, krallenartig griffen seine Hände nach ihm. »Dieser Fluch möge auf mich zurückfallen und Assyrien zerstören, wenn ich Erbarmen zeige!« keuchte er.

Am Abend während der Beratung mit seinen Statthaltern und Offizieren gab sich Asarhaddon wieder kühl und überlegen. Er begrüßte sie freundlich und hörte sich der Reihe nach ihre Vorschläge an. Die Söhne altgedienter und längst gefallener Offiziere waren herangewachsen und fieberten Heldentaten entgegen. Es war den Älteren unter ihnen vorbehalten, den Eifer zu dämpfen. Vornehmlich von der stets unruhigen Westgrenze und den Elamitern im Süden kamen warnende Stimmen. Hadad, der Statthalter von Susa, bemerkte: »Urtaku, der Sohn des gestürzten Humbanhaltasch, wartet schon lange auf eine Gelegenheit, Susa wieder in seine Hand zu bekommen. Das churritische Beispiel wird ihn dazu ermuntern, fürchte ich. Ich kann daher keine Truppen für Urartu entbehren, eher bräuchte ich noch Verstärkung.«

»Das ist bei mir nicht anders«, fiel der grobschlächtige Belibni ein, der verhaßte und grausame Statthalter von Samaria. »Ich habe Jahr für Jahr alle Mühe, mit den hebräischen Wirrköpfen fertigzuwerden, spukt ihnen doch ärger als anderen Völkern ihr Gott im Kopfe herum, der sie zum Widerstand aufstachelt. Dazu bedient er sich kluger Köpfe aus dem Volke, die ich gar nicht so schnell abschlagen lassen kann wie sie wieder nachwachsen. Obwohl sie die Phönizier wegen ihres Götzendienstes verachten, scheuen sie sich nicht, über die offenen Häfen geheime Verbindungen mit anderen Herrschern zu knüpfen, und das nur mit dem einen Ziel, sich gegen ihren rechtmäßigen Herrn, Assyrien, zu erheben.«

Ähnlich besorgt äußerten sich die Vertreter aller äußeren Provinzen. Asarhaddon konnte sich nur auf einen Verbündeten verlassen, auf Medien. Assurdan selbst war nicht gekommen, aber er hatte einen verdienten General geschickt. Nachdem Asarhaddon alle Bedenken und Vorwände angehört und abgewogen hatte, kam er zu dem Schluß, daß ihm gegen Urartu nur die Heere Assurs, Ninives und Babylons sowie ein Aufgebot aus Ekbatana zur Verfügung standen, wenn er nicht die Sicherheit des Reiches gefährden wollte. Eine ansehnliche Heeresmacht, aber nicht genug, um es gleichzeitig mit Urartu und Lydien aufzunehmen.

Natürlich verwarfen etliche unter ihnen solche Bedenken, aber Asarhaddon meinte: »Selbst der siegesgewohnte Löwe holt sich leicht ein blutiges Maul, wenn er sich sorglos vor die Hufe der Wildesel wagt, statt mit Bedacht ein schwaches Tier von der Herde zu locken. Seien wir also klug und setzen erst dann zum tödlichen Stoß an, wenn die Beute allein und wehrlos ist. Die lydischen Truppen sind ausgeruht und gut gerüstet. Hinzu kommt, daß wir ihre Zahl nicht kennen. Unsere erste Aufgabe wird es daher sein, aus Lydien einen ungefährlichen Gegner zu machen.«

»Was tut es denn, ob wir uns nun zuerst gegen Urartu oder gegen Lydien wenden?« murrte ein junger Mann. »Wen wir auch zuerst angreifen, der andere wird unterdessen unsere Blöße nutzen.«

»Junger Freund, auch die Stärke darf sich manchmal mit

List schmücken. Weshalb müssen es Assyrer sein, die die Lyder bedrängen? Haben wir nicht prächtige Verbündete?«

»Die möchte ich kennenlernen, die Assyrien zur Hilfe eilen, wenn es in Gefahr ist«, brummte Anaxares.

Asarhaddon lächelte überlegen. »Der kimmerische Fürst Kurduman schuldet mir noch einen Gefallen, und sein Sohn Hamoyar ist mir ebenfalls verpflichtet. Ich selbst werde die beiden um Hilfe bitten. Ich werde sie in Ekbatana treffen, das ist unauffällig, denn jeder wird denken, ich besuchte nur meinen Bruder.«

16

Während in Assyrien die Kriegsvorbereitungen getroffen wurden, reiste Asarhaddon nach Ekbatana. Assurdan trat ihm gefaßter gegenüber, als Asarhaddon es erwartet hatte. Beide versuchten kühl, aber sachlich die Bedrohung aus Urartu zu erörtern und zu beraten. Jedoch die Vergangenheit und die Umstände waren zu mächtig, als daß sie den unbeteiligten Gesprächston auf Dauer beibehalten konnten.

»Stehe mir nur als Bruder zur Seite«, sagte Asarhaddon. »Was auch zwischen uns steht, wir sind eines Blutes, und vielleicht erlebe ich den Tag noch, an dem wir uns wieder versöhnen werden.«

»Den Weg dorthin wirst du mit spitzen Steinen pflastern«, entgegnete Assurdan bitter. »Es ist viel, was ich verzeihen soll. Nach Kuraschat kam Deiokes.«

»Ich habe ihn nicht ermordet noch ihm den Zweikampf aufgezwungen. Er fiel seinem Haß und seinem Ehrgeiz zum Opfer. Doch deinetwegen tut es mir leid, und ich hoffe, daß die Zeit deinen Schmerz etwas gemildert hat.«

»Deiokes stand mir nahe«, murmelte Assurdan, »aber es war nicht so, daß wir das Lager geteilt hätten. In Wahrheit schlafe ich nur mit meinen Sklaven, denn so töricht bin ich nicht, mich einem Manne wie Deiokes, der eines Tages mein Feind hätte werden können, so vollständig auszuliefern.«

Asarhaddon wurde sehr blaß und suchte Assurdans Blick auszuweichen. »Das war umsichtig von dir«, erwiderte er belegt.

»Ja«, fuhr Assurdan unbefangen fort, »ich habe stets meine Pflichten als Herrscher und die Freuden der Liebe auseinandergehalten. Aber was erzähle ich dir davon? Du kennst doch von jeher nur die Freuden, die die Macht schenkt, und kannst über die Gefahren der Liebe nur verächtlich lachen.«

»So ist es«, bemerkte Asarhaddon rauh und fügte, um das Thema zu wechseln, rasch hinzu: »Hoffentlich befinden sich Hamoyar und Kurduman bei guter Gesundheit und treffen bald hier ein.«

Etwas irritiert sah Assurdan seinen Bruder an. Aber er ging darauf ein und antwortete lächelnd: »Deine Beziehungen sind so ungewöhnlich wie du selbst. Bei den kimmerischen Räubern hast du Freunde, und den Churriter, der auf mich einen vortrefflichen Eindruck gemacht hat, willst du vernichten. Zwar, Anaxares meinte damals, du hättest Tränen vergossen, als er Ekbatana plötzlich verließ, aber das habe ich niemals geglaubt.«

»Daran hast du recht getan«, erwiderte Asarhaddon so kühl wie möglich, »weshalb sollte ich um einen Churriter weinen? Ich schätzte ihn, das ist richtig, doch nun hat er sich meinen unerbittlichen Haß zugezogen. Aber was schwatzen wir von Sardur, dessen Namen bald niemand mehr nennen und dessen Körper zu Staub zerfallen wird, während sein Volk so gedemütigt am Boden liegt, daß der Erhabenste unter ihnen zu gering sein wird, einem assyrischen Tagelöhner die Schuhbänder zu lösen.«

Hamoyar traf ohne seinen Vater, aber mit einer ansehnlichen Schar kimmerischer Krieger drei Wochen später in Ekbatana ein. Lärmend ließen sie sich dort nieder, wo es ihnen gerade gefiel, doch den Palast mieden sie, weil sie den offenen Himmel über sich spüren wollten.

Hamoyar, das lange Haar in mehrere Zöpfe gebunden und in bunte Felle gekleidet, am Gürtel zwei Dolche, stapfte unbekümmert durch die langen Gänge des Palastes, schreckte vornehm gekleidete, würdevolle Palastbeamte aus ihrer Ruhe und verscheuchte mit barschen Handbewegungen ihm entgegentretende, spießbewehrte Wachen. »Aus dem Weg, ihr läusezerfressenen Kriecher, ihr gichtkranken Zwerge! Mein Blutsbruder will mich sehen, und ich rate euch, mich rasch zu ihm zu bringen, wenn die Dolche in meinem Gürtel bleiben sollen. Asarhaddon erwartet mich, und er wird euch wie Fliegen zerquetschen, wenn er von eurer Saumseligkeit erfährt.«

Asarhaddon hatte den Lärm schon vernommen und war dem ungestümen Kimmerier entgegengegangen, was gewöhnlich weit unter seiner Würde war. Doch er konnte sich denken, daß Hamoyar nichts für Hofetikette übrig hatte. Als dieser Asarhaddon erblickte, ging er strahlend auf ihn zu und schlug ihm begeistert auf die Schulter, so daß die Umstehenden betreten zur Seite blickten. »Asarhaddon, Bruder! Du hast nach mir geschickt, und ich sattelte meine schnellsten Pferde, um dich zu sehen.«

Asarhaddon überging die respektlose Begrüßung gelassen. Er erwiderte freundlich Hamoyars Schulterschlag, dankte ihm und erkundigte sich nach seinen Gefährten.

»Sie fühlen sich unbehaglich in steinernen Gebäuden, wo weder Sonne noch frische Luft sind. Schicke ihnen nur einige fette Hammel hinaus und etliche Schläuche von deinem besten Wein, und sie werden zufrieden sein. Ich selbst bin in solchen Mauern aufgewachsen, und es stört mich nicht, wenn wir uns in deine Gemächer zurückziehen, um dort die wichtigen Dinge zu beraten, wie es zwei Herrschern zukommt.«

Asarhaddon lächelte spöttisch. »Es mangelt dir nicht an Selbstvertrauen, wie ich sehe. Ich hoffe, ich enttäusche dich nicht allzusehr, wenn du in meinen Gemächern keinen Hammel am Spieß vorfindest.«

Hamoyar lachte. »Ich schätze auch die verfeinerte Küche von Königen. Was dir mundet, Asarhaddon, werde ich nicht verschmähen.«

Nachdem sie ausgiebig gespeist hatten, wobei Hamoyar allerbeste Manieren zeigte, fragte er rundheraus: »Was kann ich für dich tun? Du sollst schon im voraus wissen, daß es mir eine Ehre sein wird, dir zu helfen und daß ich weder meine Männer noch mein eigenes Leben dabei schonen werde.«

Hamoyars großspuriges, aber ehrliches Auftreten erinnerte Asarhaddon gegen seinen Willen an seinen Aufenthalt bei den Kimmeriern und die Zeit mit Sardur. Freiheit, Abenteuer, Freundschaft und Liebe. Es war eine herrliche Zeit gewesen. Asarhaddon räusperte sich ärgerlich, um die Erinnerung zu verscheuchen. »Du wirst schon von dem reichen Lydien gehört haben«, begann er harmlos. »Gyges heißt sein König, und man spricht viel von seiner prächtigen Hauptstadt Sardes und den Schätzen seines Palastes. Das wäre eine Beute so recht nach dem Herzen eines jeden Kimmeriers, möchte ich meinen.«

»Gewiß, Lydien ist eine prall gefüllte Honigwabe, doch der Bienen sind allzu viele. Auch hängt sie zu hoch für einen Kimmerier. Sardes liegt genauso zwischen steilen Bergen wie das widerspenstige Zadrakarta, das wir nie einnehmen konnten. Weshalb versuchst du dich nicht selbst an dieser Beute?«

»Es liegt zu weit im Westen. Jene Länder sind schwer zu erobern, aber noch schwerer zu verwalten.«

»Und doch strebt Aschschur die Weltherrschaft an«, entgegnete Hamoyar listig. »Wie dürftest du ihm Lydien verweigern?«

Asarhaddon verzog das Gesicht. »Die Weltherrschaft kann nicht unter der Regierung eines einzigen Königs errungen werden. Wenn ich meinen Nachkommen nichts mehr zu unterwerfen übriglasse, züchte ich verweichlichte Enkel heran. Aber die Wahrheit ist: Ich möchte, daß Lydien in Bedrängnis gerät, denn Gyges ist inzwischen mit Sardur verschwägert und verbündet. Sardur hingegen hat mir allein in Tuschpa über tausend Männer erschlagen und im übrigen Land noch weitaus mehr. Urartu ist vorübergehend wieder in seiner Hand. Du wirst verstehen, daß ich diesen Verrat vergelten und die verlorene Provinz zurückerobern muß. Mit meinen geschwächten Truppen jedoch möchte ich nicht gleichzeitig gegen Gyges' Krieger kämpfen müssen. Sorge du also dafür, daß deine Scharen Lydien bedrängen, wie sie es einst in Urartu taten, damit Gyges Sardur in einem Krieg nicht beistehen kann.«

Hamoyar pfiff durch die Zähne. »Das sind mir unbekannte Neuigkeiten. Eure zärtliche Freundschaft ist dann wohl vorbei?«

»Ja. Vergiß, was sich damals in deinem Dorf zugetragen hat. Sardur ist augenblicklich mein ärgster Feind, dem mein schwärzester Haß gilt.«

Hamoyar nickte bedächtig. »Gewiß, du magst so reden, doch mir ist er ein Blutsbruder und unverletzlich, hast du das vergessen?«

»Ich bitte dich ja nicht, Urartu anzugreifen.«

»Dennoch soll ich etwas tun, das zu seiner Niederlage beiträgt. Bei meinen Ahnen, dein Wunsch bringt mich in schwere Bedrängnis.«

»Du kannst mir also nicht helfen? Zeigen dir deine Ahnen denn keinen Ausweg?«

»Ich fürchte, nein. Beim verfilzten Haupthaar eines verlogenen Schamanen, ich muß nachdenken.«

»Wie ich mich entsinne, wart ihr beide euch nie besonders zugetan.«

»Sehr wahr, doch darum geht es nicht. Das Blut ist heilig.«

»Aber er hat mich verraten, deinen Blutsbruder. Mußt du nicht meinen Schimpf rächen?«

»Aus der Sicht eines Kimmeriers hat er sich von einem drückenden Joch befreit.«

»Betrachte Sardurs Verrat meinetwegen als einen Freiheitskampf, mir aber wirst du nicht verübeln, daß ich es als Diebstahl meines Eigentums ansehe. Wenn du mir zum Sieg verhilfst, kann ein langes Blutvergießen vermieden werden.«

»Ich dachte, Aschschur kann es nicht blutig genug zugehen?«

»Ich spreche von der assyrischen Seite.«

»Ach so«, bemerkte Hamoyar ironisch.

»Da du so schlauer Bemerkungen fähig bist, wird dir sicher auch eine Lösung einfallen, deine Ahnen etwas hinters Licht zu führen«, erwiderte Asarhaddon bissig.

Hamoyar lächelte. »Wenn mich ein Blutsbruder um Hilfe bittet, muß ich sie ihm gewähren, und wenn es schwierig ist, muß ich auf eine List oder einen anderen Ausweg sinnen, soviel Schläue erwartet man von mir auch in der jenseitigen Welt. Ich darf meinen Schwur nicht brechen, aber ich kann mich mit den Häuptlingen befreundeter Stämme zusammensetzen und ihnen Lydien schmackhaft machen. Natürlich können die Kaschkäer und Willuschäer die Lydier nicht besiegen, aber sie können ihre Kampfkraft schwächen.«

»Nichts anderes wünsche ich mir«, antwortete Asarhaddon aufatmend und bedachte Hamoyar mit einem vertrauenerweckenden Lächeln. »Nun stehe ich in deiner Schuld, aber ich hoffe, daß auch ich bald die Gelegenheit haben werde, sie zu begleichen.«

Mit diesen Verabredungen war die Vorbereitung des Feldzugs abgeschlossen, und das Heer unter der Führung des Generals Anaxares zog gegen Urartu. Asarhaddon blieb in Assur.

17

Der unselige Krieg sollte achtzehn Monate dauern und beiden Seiten schwere Verluste zufügen. Die Nachrichten vom Kriegsschauplatz waren meist unerfreulich. Anaxares konnte die Churriter nicht so schnell in die Knie zwingen, wie Asarhaddon gehofft hatte. Zwar war seine Saat aufgegangen, und Gyges hatte Sardur nicht seine gesamte Streitmacht zur Hilfe schicken können, aber doch ein beträchtliches Aufgebot. Es zeigte sich, daß die Assyrer hier auf durchaus ebenbürtige Gegner stießen.

Nach monatelangen, verlustreichen Schlachten in den Bergen Urartus war Anaxares schließlich bis zur Hauptstadt vorgedrungen und belagerte sie. Die schöne Stadt am See war inzwischen gut befestigt und wurde zäh verteidigt. Anaxares war gleich in den ersten Belagerungstagen verwundet worden und lag mit Rippenbrüchen untätig in seinem Zelt. Mehrmals hatte er Sardur eine Botschaft zukommen lassen, er möge sich ergeben, dann könne ihm eine vergleichsweise milde Behandlung zugesichert werden, soweit es die notwendige Vergeltung erlaube. Sardur aber hatte antworten lassen, sein Vater habe sich einmal Assyrien ergeben, diesen Fehler werde er selbst nicht wiederholen.

Im dritten Monat der Belagerung gelang der Einbruch in die Stadt. Die Kämpfe setzten sich in den Straßen Tuschpas fort. Kein Churriter wollte den grausamen Assyrern lebend in die Hände fallen. Selbst die Frauen bewaffneten und wehrten sich.

Anaxares, der wieder einigermaßen auf den Beinen war, kämpfte sich mit einer Handvoll Männer zum Palast durch, um den die letzte Schlacht geschlagen wurde. »Bringt mir König Sardur, aber bringt ihn mir lebend!« befahl er. Als man Sardur diesen Befehl hinterbrachte, stürzte er mit erhobenem Schwert durch die Gänge, alles niedermachend, was sich ihm in den Weg stellte. »Anaxares, wo bist du? Stell dich zum Kampf!«

Dann trafen sie aufeinander. Anaxares war noch geschwächt, aber Sardur war selbst verwundet. In seinem linken Oberschenkel klaffte ein tiefer Riß. Blutverschmiert und erschöpft waren beide, doch Anaxares gewann schnell die Oberhand. Sardur blieb nur noch ein ehrenvoller Tod.

»Ergib dich!« keuchte Anaxares, »ich will dich nicht töten. Wenn auch dein Schicksal beschlossen ist, meine Hand soll es nicht sein, die den tödlichen Streich führt.«

»Was erwartet mich denn?« fragte Sardur höhnisch. »Der Pfahl? Oder ein anderes Marterwerkzeug? Komm, weiche mir nicht aus! Noch habe ich Kraft in meinen Armen, und vielleicht wirst du dein Leben noch vor mir aushauchen müssen.«

Anaxares wich Sardurs schnellem Hieb mit Mühe aus. Assyrische Krieger stürmten heran. »Nehmt ihn gefangen! Er muß leben für den Triumph Asarhaddons!« rief Anaxares.

Sardur stieß einen hellen, wütenden Schrei aus und drang auf den neuen Feind ein. Doch er erlag der Übermacht. Die Krieger entwanden ihm die Waffe und zwangen ihn auf die

Knie. »Sei barmherzig und gib mir den Tod, den ein Krieger ersehnt!« bat Sardur: »Liefere mich nicht der Schande aus.«

Anaxares sah auf ihn hinab. »Du flehst umsonst«, sagte er kalt, »ich habe meine Befehle. Sage deinen Leuten, sie sollen sich ergeben, ihr Widerstand ist sinnlos geworden.«

»Daß dich die Unterwelt verschlingen möge, dich und Asarhaddon!« zischte Sardur, dann wurde er fortgezerrt.

Anaxares richtete sich mit seinen Offizieren in den schönsten Gemächern des Palastes ein. Dann ließ er die gefangenen churritischen Offiziere und Sardur in Ketten vorführen. Als ersten rief er den General Telepinus zu sich. Dieser war so schwer verwundet, daß er sich kaum noch auf den Beinen halten konnte. Anaxares wies auf ihn. »An dich erinnere ich mich, du führtest die Mörder in den Saal, als meine Gefährten betrunken waren. Urukagina mußte jenen Tag mit einem grausamen Tod bezahlen. Das wird dir heute vergolten.« Und er befahl, ihm gleich und vor aller Augen die Haut abzuziehen.

Telepinus entfuhr ein Gurgeln, denn selbst die härtesten Krieger fürchteten diesen Tod. Sardur aber schrie: »Vortrefflich! Es ehrt dich, Anaxares, daß du Asarhaddon nun auch an Abscheulichkeit in nichts nachstehst. Siehst du nicht, daß Telepinus bereits im Sterben liegt?«

»Dann werden seine Leiden kurz sein«, bemerkte Anaxares zynisch. Sardur aber rief: »Warum wählst du nicht mich? Welch ein schändliches Ende hat mir Asarhaddon zugedacht, daß ich es nicht einmal wert bin, Urukaginas Schicksal zu erleiden?«

»Du wirst sterben, aber im Tempel zu Assur.« Anaxares gab seinen Männern einen Wink. »Beginnt!«

Sie warfen Telepinus zu Boden und rissen ihm die Kleider vom Leib. Regungslos betrachtete Anaxares das zuckende Opfer, aber er war totenbleich. Er wartete nicht, bis Telepinus tot war, sondern verließ den Raum. Beim Hinausgehen gab er den leisen Befehl, Telepinus rasch zu töten. Er begab sich in einen anderen Saal. Man brachte Sardur zu ihm, er wurde ohne Fesseln vorgeführt. Anaxares musterte ihn schweigend und ohne sichtbare Regung. Die Wunde am Oberschenkel hatte aufgehört zu bluten; Sardur mußte erhebliche Schmerzen haben, dennoch stand er erhobenen Hauptes und gerade wie ein Baum. Anaxares hätte ihn gekränkt, wenn er ihm angeboten hätte, sich zu setzen.

»Weshalb willst du mich allein sprechen? Habe ich dir nicht gefallen, als wir in Ketten vorgeführt wurden? Oder hast du das blutige Schauspiel nicht so recht genießen können? Willst du mich nun unter vier Augen demütigen? Das wird dir nicht gelingen. Ich stehe als Besiegter vor dir, aber das ist nur ein Los, das die Götter zuteilen. Ich habe mir nichts vorzuwerfen.«

Anaxares ging nicht darauf ein. »Als wir uns zuletzt sahen, war ich Hochzeitsgast in diesen Mauern«, sagte er. »Ich erinnere mich deutlich an das Ende jener Feier, sehr deutlich, Sardur. Und an den nächsten Morgen, ja, an ihn besonders. Ich habe alle Männer gekannt, und sie riefen meinen Namen, als ich davonritt; sie schrien nach mir in ihrer Qual; Männer, die in Medien an meiner Seite gekämpft hatten –« Anaxares fürchtete, daß seine Stimme brechen würde, und er machte eine kleine Pause.

Sardur schnaubte verächtlich. »Wozu erzählst du mir das? Wer mit derartiger Grausamkeit gegen andere Völker vorgeht, der sollte es auch mannhaft ertragen, wenn ihm mit gleicher Münze vergolten wird.«

Jetzt, da Anaxares mit Sardur allein war, hätte er sich gern zu seinen wahren Gefühlen bekannt, die er vor seinen Männern nicht offenbaren durfte. »Wir waren Freunde«, sagte er eindringlich.

»Wir waren es?« wiederholte Sardur höhnisch. »Sind wir es nicht noch immer? Wir gaben uns doch ein Versprechen am See, weißt du es nicht mehr?«

»Du hast die Verworfenheit, mich daran zu erinnern?« fragte Anaxares bleich.

»Ja, Anaxares«, erwiderte Sardur kalt, »wir wollten Freunde bleiben, allen äußeren Umständen zum Trotz. Ich tat meine Pflicht und befreite mein Land von seinen Unterdrückern, doch in deinen Augen war es Verrat. Du hast mich bekämpft, das nanntest du Gehorsam. Hat denn der Unterdrückte nicht das Recht, sich aufzulehnen?«

»Sich gegen Assyrien aufzulehnen, ist Vermessenheit, ist Wahnsinn. Dein Hochmut hat dich vernichtet, denn du glaubtest, Asarhaddon ebenbürtig zu sein und meintest, der Hohepriester des Aschschur, vor den die Welt zittert, habe dich zu behandeln wie einen Gleichgestellten. Wenn er durch die Straßen Assurs reitet, verbergen sich die Menschen in ihren Häusern, damit ihr unwerter Schatten nicht auf ihn falle. Ohne seine Erlaubnis erhebt sich niemand in seiner Umgebung aus dem Staub oder wagt es, ihn anzuschauen. So tun es seine Sklaven, und so tun es die Gesandten fremder Herrscher. Sie breiten den Reichtum ihrer Länder als Tribut vor ihm aus und bitten demütig darum, daß er gnädig auf ihre armseligen Gaben blicken möge. Von diesem Gipfel unermeßlicher Macht aus bot er dir seine Hand, und mehr noch, das Beilager. Doch du leitetest daraus das Recht ab, seine unbewaffneten Krieger abzuschlachten. Auch der Schoß einer Dirne empfängt zuweilen königlichen Samen, aber sie bleibt dennoch, was sie ist.«

Sardurs Züge verzerrten sich. »Solche Worte gibt der Haß dir ein, Anaxares. Du weißt, daß es anders war, ganz anders. Aber weshalb verschwenden wir unseren Atem? Mach diesem unwürdigen Wortgeplänkel endlich ein Ende.«

»Der Haß, Sardur? Ich wollte, ich könnte dich hassen, dann fiele mir leichter, dir zu sagen, was dich und deine Leute erwartet.«

»Mach es kurz!« sagte Sardur verächtlich. »Jedem Churriter ist der Tod lieber als die Gunst eines Assyrers.«

Anaxares Augen wurden schmal. »Wie du willst. Also höre: Niemand wird deine Niederlage überleben. Der Befehl lautet, alle grausam sterben zu lassen.«

Sardur wurde blaß, aber beherrscht erwiderte er: »Das ist das Los der Besiegten. Wir werden sterben, aber für unsere Freiheit.«

»Ihr werdet sterben für nichts«, entgegnete Anaxares verächtlich. »Für einen Haufen Trümmer und Staub, denn das wird von deiner glanzvollen Stadt bleiben.«

»Tuschpa!« flüsterte Sardur und konnte seine Erschütterung kaum verbergen. »Weshalb die Stadt?« fragte er erstickt. »Strafe die, die mir folgten, nicht Unschuldige.«

»Vor Aschschur gibt es keine Unschuldigen«, erwiderte Anaxares brutal. »Abtrünnige straft er grausam.«

»Aschschur?« höhnte Sardur. »Oh, wir wissen beide, daß es nicht Aschschur ist.«

»Es ist Asarhaddon. Sein Wille ist Aschschurs Wille.«

»Waren das wirklich seine Worte? Lautete so sein Befehl?« murmelte Sardur.

»Ja, und ich muß ihn ausführen.«

Sardur trat zwei kurze Schritte auf Anaxares zu. »Nein, das darfst du nicht tun. Ich ließ Krieger töten, und auch von uns winselt niemand um Gnade. Aber verschone die Stadt, Anaxares! Lasse nicht den Ort in Flammen aufgehen, wo Asarhaddon und ich einmal glücklich waren. Weißt du nicht, wie sehr er den See geliebt hat?«

Anaxares machte eine barsche Handbewegung. »Ich weiß es, aber nichts soll bleiben nach seinem Willen, was ihn an dich erinnert. Zu Asche soll werden, was er geliebt hat.« Etwas weicher fügte er hinzu: »Glaube nicht, daß es mir Freude macht. Ich würde dich ehrenvoll sterben lassen und niemals eine lebensfrohe Stadt dem Untergang weihen. Aber ich muß Asarhaddon gehorchen, und du weißt es.«

Aus seiner Beschämung hob Sardur den Kopf und sah Anaxares durchbohrend an: »Dann verweigere ihm den Befehl!«

»Den Befehl verweigern?« wiederholte Anaxares fassungslos. »Das ist unmöglich!«

»Nein?« Sardur lachte bitter. »So spricht ein Sklave, aber nicht Asarhaddons bester Freund. Hast du wirklich niemals eine Entscheidung Asarhaddons in Frage gestellt? Tust du immer alles, was er befiehlt?«

»Nicht als sein Freund, aber als sein General.«

»Als sein Freund?« Sardur lachte höhnisch. »Ein edler Freund, der dich als Henker auf den Richtplatz schickt und dir Dinge zu tun befiehlt, die Asarhaddon selbst nicht vollstrecken könnte, wenn er mir dabei in die Augen sehen müßte. Freilich, leicht ist es, fern in Assur Blutbefehle zu erteilen, wo man die Tränen des Freundes nicht sehen muß. Sei aufrichtig, Anaxares, wäre er kaltblütig genug, meine Bitte abzuschlagen?«

Anaxares preßte die Lippen aufeinander. Er erinnerte sich an die groteske Situation: er stand mit einer blutigen Peitsche vor Asarhaddon und hörte ihn schreien. Schreie der Lust und Verzweiflung nach der unerfüllbaren Liebe zu Sardur. Und nun wollte Asarhaddon wieder einmal der Welt ein blutiges Zeichen geben, aber er wollte nicht der Henker sein. Dafür hatte er seinen General. Doch dieser General hatte ebenfalls Gefühle.

»Weshalb antwortest du nicht?« unterbrach Sardur seine Gedanken.

Anaxares versuchte kühl zu bleiben, aber jäh überwältigte ihn die alte Zuneigung, und entgegen aller Vernunft umarmte er Sardur und sprach: »Die Vergeltung an deinen Leuten darf ich nicht mildern, doch Tuschpa werde ich verschonen. Ich werde mich für diesen Ungehorsam vor Asarhaddon verantworten.«

Heftig erwiderte Sardur die Umarmung, und Freudentränen liefen ihm über das Gesicht. »Das werde ich dir nie vergessen, Anaxares. Mein Freund! Dieser Sieg gehört uns beiden ganz allein, verstehst du? Inmitten des Gemetzels sind wir Freunde geblieben. Keine von der Art, die gemeinsam jagen, fischen und Feste feiern, das ist uns nicht vergönnt. Aber Freunde, die aneinander stets in Liebe denken.«

18

Auch in Assur atmete man auf, als der schwere Feldzug zu Ende war. Assyrien hatte bittere Verluste zu verschmerzen, und dem Reich war keine neue Provinz zugeführt, nur eine verlorene zurückgeholt worden. Die Bevölkerung sparte nicht mit wüsten Schmähungen und Steinwürfen, als die gefangenen Churriter, in Käfige gesperrt, im Triumphzug durch die Stadt geführt wurden. Nachdem sie so zwei Tage an der Stadtmauer hängen mußten, dem Pöbel ausgeliefert, wurden sie im Tempel untergebracht. Alle bis auf Sardur; er mußte in seinem Käfig bleiben, der in den Tempelgärten aufgehängt wurde.

Asarhaddon empfing Anaxares vor allen anderen zu einem persönlichen Gespräch. Er war etwas kühler als sonst, wenn Anaxares nach langer Abwesenheit und ausgestandenen Gefahren zu ihm zurückkehrte. Sie umarmten sich flüchtig.

»Du siehst blaß aus«, bemerkte Anaxares, »als seist du übernächtigt.«

»Schon möglich. Die Nachrichten aus Urartu waren meiner Nachtruhe nicht gerade förderlich. Aber nun scheint ja alles ausgestanden. Mein Dank, den ich allen noch aussprechen werde, gilt dir jetzt schon. Ich will nicht viele Worte machen. Du hast deine Pflicht erfüllt, und ich habe es nicht anders erwartet. Daß du nicht nur mein Freund, sondern auch mein fähigster Mann bist, brauche ich wohl nicht zu wiederholen. Also berichte kurz das Wichtigste.«

»Gewiß. Allen voran sind es zwei Dinge, die du zuerst erfahren solltest. Sardur lebt und befindet sich in Assur.«

Asarhaddon schien darauf vorbereitet zu sein und verzog keine Miene. »Ist den Verrätern geschehen, wie ich es befohlen habe?«

»Ja, aber ich habe das Kommando abgegeben und in Sinscharischkuns Hände gelegt. Ich hoffe, du wirst dafür Verständnis haben.«

»Und das zweite?«

»Bevor du es von anderen erfährst: Ich habe deinen Befehl, Tuschpa zu zerstören, nicht ausgeführt. Wenn du –«

Asarhaddon bedeutete ihm mit einer kurzen Handbewegung, zu schweigen. »Keine Rechtfertigungen! Was haben die Offiziere dazu gesagt?«

»Ich konnte sie besänftigen, denn ich –«

»Schon gut! Du hast richtig entschieden«, antwortete Asarhaddon zu Anaxares größter Verwunderung. »Ich war voreilig in meinem Zorn. Tuschpa ist eine reiche und schöne

Stadt. Jetzt gehört sie wieder Assyrien. Weshalb sollten wir unser Eigentum zerstören? Wenn du auch gegen meinen Befehl gehandelt hast, so stehst du mir doch so nah, daß ich dir das Recht auf eigene Entscheidungen einräume.«

»Du verblüffst mich.«

»Fahre mit deinem Bericht fort«, verlangte Asarhaddon.

Als Anaxares geendet hatte, fügte er hinzu: »Ich habe erfahren, daß ich eine Tochter habe. Ich möchte, wenn du mich entbehren kannst, so schnell wie möglich nach Ninive zurück.«

»Ich kann deine Ungeduld verstehen, Anaxares, aber ich wünsche, daß du in Assur bleibst, bis alles vorüber ist. Ich gedenke, eine prachtvolle Siegesfeier auszurichten, deren Krönung die Opferung der Gefangenen sein wird. Aus allen Reichen habe ich dazu Gäste geladen, damit der Triumph Assyriens bis an die vier Weltgrenzen getragen wird. Selbst Hamoyar, der ja in gewisser Weise auch zum Sieg beigetragen hat, wird kommen. Du mußt dich einen weiteren Monat gedulden.«

Die Vorbereitungen zu dem Opferfest nahmen Asarhaddon vorübergehend wieder als Hoherpriester in Anspruch. Der Sieg über das verräterische Urartu war ein Ereignis allerhöchsten Ranges, dem er selbst durch seine Gegenwart eine heilige Bedeutung verleihen mußte. Man erwartete auch, daß er mit eigener Hand das königlichste Opfer darbringen werde: den abtrünnigen Herrscher von Urartu selbst.

Asarhaddon hatte seit Tagen den Tempel nicht mehr verlassen. Er entzog sich der Welt, um ganz mit dem Willen seines Gottes zu verschmelzen. Zwei Tage trennten ihn noch von dem Tag, an dem er an der Spitze der Schirkus vor den Altar treten und Aschschurs Begehren erfüllen würde. So war Asarhaddon einigermaßen überrascht, daß Anaxares ihn an diesem ungewohnten Ort aufsuchte.

Asarhaddon trug sein langes Priestergewand und einen schmalen Stirnreif mit der Flügelsonne. Anaxares liebte diesen Aufzug nicht, er machte Asarhaddon unnahbar und entrückte ihn in eine andere Welt. »Was willst du hier?« fragte er abweisend und musterte Anaxares ungehalten.

»Ich störe dich nur ungern in deinem Reich«, erwiderte Anaxares und sah sich flüchtig in dem Raum um, dessen erlesene Ausstattung seinerzeit schon Anaita beeindruckt hatte. Sein einfaches, wollenes Hemd, der knielange Rock aus Ziegenleder und die kurzen Soldatenstiefel aus Ochsenhaut fügten sich nur schlecht in das Bild.

»Sicher wird es wichtig sein«, bemerkte Asarhaddon kühl, »also, worum geht es?«

»Ich war bei Sardur.« Anaxares sah Asarhaddon scharf an. Dieser zuckte merklich zusammen, dann wurde sein Blick finster. »Dazu hattest du kein Recht! Niemand darf sich dem Gefangenen nähern, nun, da er Aschschur gehört. Was wolltest du dort?«

»Ich wollte Abschied nehmen von einem Freund.« Asarhaddon warf Anaxares einen unheilvollen Blick zu. »Wenn es dich dazu trieb – weshalb kommst du her und erzählst es mir?«

»Du und Sardur, ihr seid euch nicht einmal begegnet, seit er in Assur ist. Weichst du ihm aus?«

»Ich werde ihm begegnen, wenn es an der Zeit ist: in zwei Tagen, wenn sich sein Schicksal vollenden wird.«

»Ist es wahr, was die Priester sagen? Ihm wird die Haut abgezogen, und du selbst wirst es tun?«

Asarhaddon wurde blaß, und seine Hand zitterte etwas, als er tat, als müsse er sein Gewand glattstreichen. Er zögerte merklich mit der Antwort, denn es bereitete ihm Mühe, seiner Stimme einen unbeteiligten Klang zu geben. »So erwartet man es von mir. Der König von Urartu darf nur von meiner Hand sterben. Allerdings –«, Asarhaddons Mundwinkel zuckten leicht. »Nicht einmal ich kann Sardur mit eigener Hand die Haut abziehen, obgleich ich Aschschurs Diener bin. Ich – werde mir etwas einfallen lassen müssen, damit mir das erspart bleibt.« Dann hob er die Stimme und fügte kalt hinzu: »Ich erwarte von dir, daß du mich jetzt verläßt. Ich bin nicht bereit, mit dir über Sardur zu reden.«

»Noch nicht. Ich habe dir etwas von ihm auszurichten.«

Asarhaddon wurde aschgrau im Gesicht. »Ich will es nicht hören!« stieß er heiser hervor. »Geh jetzt!«

»Nein! Du mußt es dir anhören. Der Welt zeigst du den unerbittlichen Hohenpriester, selbst mich versuchst du mit deiner Haltung zu beeindrucken, aber mich blendet die Flügelsonne nicht. Du verkriechst dich vor seinem Anblick, du verstopfst dir die Ohren, wenn du seinen Namen hörst. Das ist feige und deiner nicht würdig.«

»Also – was sagt er?« fragte Asarhaddon rauh.

»Er will dich sehen.«

»Ha! Der Wahnsinnige! Sein Begehren ist frevelhaft. Ich will ihn nicht sehen, nein!«

»Asarhaddon! Er bietet ein Bild des Jammers. Seit Wochen hockt er in dem engen Käfig, schutzlos der Hitze und Kälte ausgesetzt, halb wahnsinnig vor Durst und Schmerzen.«

»Schweig!« schrie Asarhaddon wutentbrannt, und seine Augen loderten in hellem Zorn. »Ich weiß, wie Gefangene aussehen, die tagelang im Käfig waren. Was bezweckst du mit deiner rührseligen Schilderung? Daß ich weich werde? Wenn das dein Ziel war, nun, du hast es erreicht!« Er fuhr sich heftig mit beiden Händen durch das Haar und riß sich die Flügelsonne vom Kopf. Mit einem Fluch schleuderte er sie von sich. »Weshalb gehe ich nicht zu ihm? Weshalb will ich seinen Namen nicht hören? Weshalb ziehe ich mich in den Tempel zurück? Um einen Schatten aus seiner Person zu machen. Was man von mir erwartet, das sagte ich schon. Ich versuche, mich darauf vorzubereiten, mein Herz auf Dinge zu richten, die es gefühllos machen. Das gelingt mir nicht, wenn ich Sardur gegenübertrete. Ich darf am Tage des Opfers nicht schwach sein, verstehst du das nicht?«

»Niemand versteht dich besser als ich, Asarhaddon«, erwiderte Anaxares kühl, »aber du bist es Sardur schuldig.«

»Schuldig?« murmelte Asarhaddon. »Er gehört dem Gott, weißt du, was das heißt? Er ist nur noch ein Stück Fleisch, das für Aschschur zuckt und stirbt.«

»So? Dann sieh es dir an, das zuckende Fleisch da draußen im Käfig! Ertrage den Jammer, so wie ich ihn ertragen mußte, als mich Sardur flehentlich bat, ihm einen ehrenvollen Tod zu schenken. Ich verhärtete mein Herz, weil du ihn als Opfer wolltest. Jetzt mußt du deinen Teil erfüllen. Warum kommt er nicht? Warum will er mich nicht sehen? Er fragte immer nur das eine, und sein Blick ging an mir vorbei. Nur ein Stein bliebe gefühllos vor der letzten Bitte eines Freundes, der besiegt und gedemütigt einem grausamen Tod entgegensieht. Ich versprach ihm, daß du kommen wirst.« Anaxares sah Asarhaddon eindringlich an. »Du wirst doch kommen?«

»Ja«, erwiderte Asarhaddon tonlos und ging an Anaxares vorbei wie ein Schlafwandelnder. »Warte hier auf mich.«

Er ging hinaus in den Garten; den Weg, der ihn zu dem Ort führte, den er sogar in Gedanken mied. Es war ein kleiner Platz, mit Steinplatten gepflastert und von einer hüfthohen Mauer umgeben. Den Eingang flankierten zwei geflügelte Löwen. Zwei Priester bewachten ihn. Innerhalb der Mauer befand sich ein Becken, in das frisches Wasser sprudelte. Zweimal am Tag schöpften sie daraus und gaben Sardur zu trinken. Tagsüber, wenn die Sonne erbarmungslos auf die heißen Steine brannte, bekam er nichts. Dann wurde der Anblick des Wassers ihm zur Qual. Er hatte versucht, nicht hinzusehen, doch allein das sanfte Murmeln genügte, um ihn unsäglich zu peinigen.

Die beiden Priester, die ihn bewachten, hatten steinerne Herzen wie die beiden Löwen; sie zu erweichen, ein aussichtsloses Unterfangen. Aber es waren Menschen, und Sardur hätte alles getan für einen Schluck Wasser. Zuerst hatte er sie angefleht, dann hatte er sich, von Zeit zu Zeit im Dämmerzustand wimmernd, in eine Ecke gehockt und dumpf vor sich hingestarrt. Dann war Anaxares gekommen. Wie ein wildes Tier war Sardur aufgesprungen, hatte sich an die Stäbe seines Käfigs gepreßt und nach Wasser geschrien. Als Anaxares es ihm gegen den heftigen Widerstand der Priester gereicht hatte, war Sardur weinend zusammengebrochen, und Anaxares hatte stumm und fassungslos davorgestanden. Obwohl er schon so viele Opfer assyrischer Grausamkeit gesehen hatte, stand er bestürzt vor dem Bild, das sein einst so stolzer Freund jetzt bot.

Nachdem Sardur wieder etwas zu Kräften gekommen war, hatte er langsam den Kopf gehoben, ohne sich die Mühe zu machen, seine Tränen fortzuwischen. »Du bist hier? Weshalb ist er nicht gekommen? Wie lange will er sich noch vor mir verbergen?« Anaxares erschrak über die heisere, dumpfe Stimme. »Was hat er vor? Will er mich hier verfaulen lassen? Vielleicht will er das. Mitleid will ich nicht. Gnade will ich nicht. Linderung meiner Leiden erflehe ich nicht. Aber ich möchte ihn sehen. Geh zu ihm, sag ihm, daß ich auf ihn warte, bitte, Anaxares!«

»Er durfte dich nicht so erniedrigen!« stammelte Anaxares und war selbst den Tränen nahe. »Ich verspreche dir, Asarhaddon wird kommen.«

Und nun war er da. Er stand in seinem nachtblauen, goldbestickten Gewand zwischen den geflügelten Löwen, das Haar nach Art der Priester im Nacken zu einem Knoten gebunden. Der kalte Hauch göttlicher Macht ging von ihm aus. Er war der Herr des Tempels und des Erdkreises, er war der Todesengel, und seine Schönheit umgab ihn wie das Licht des Mondes, das nicht wärmt. Er verscheuchte die beiden Priester mit einer Handbewegung. Dann kam er näher an den Käfig heran, und sein Blick war von der Gefühllosigkeit eines Reptils, das weiß, daß ihm seine Beute nicht mehr entrinnen kann. Sardurs Augen hingegen waren die eines hungrigen Hundes, und als sie Asarhaddon erblickten, weiteten sie sich und bekamen den Glanz von geschliffenem Obsidian.

Wie lange sie sich in die Augen sahen, wußten sie nicht. Es war ein Augenblick, in dem die Zeit stillzustehen schien. »Du wolltest mich sehen?« brach Asarhaddon als erster das Schweigen. Seine Stimme war klirrender Frost. »Nun, hier bin ich. Also sprich, was hast du mir zu sagen?«

Sardur antwortete nicht. Er hielt die Gitterstäbe umklammert und starrte Asarhaddon an wie eine wunderbare Erscheinung. Seine aufgesprungenen Lippen waren leicht geöffnet und lächelten; er hatte Asarhaddon offenbar nicht gehört.

»Rede endlich, Churriter!« rief Asarhaddon, sichtlich seine Fassung verlierend.

Sardur zuckte leicht zusammen. »Reden? Was sind Worte?« Seine Stimme war rauh, aber sanft, fast abwesend.

»Wenn du mir nichts zu sagen hast, weshalb hast du nach mir geschickt?« fragte Asarhaddon scharf.

»Weil ich dich noch einmal sehen wollte.«

»Du hast mich gesehen! Ist das alles? Dann kann ich wohl wieder gehen!«

»Nein, bleib noch! Willst du mir nur diesen kurzen Augenblick gönnen? Tag um Tag habe ich auf dich gewartet, immer vergebens. Scheutest du dich, den Scherbenhaufen zu schauen, der einst ein prachtvoller Krug war, aus dem du gern getrunken hast?«

Asarhaddon wurde bleich. »Hättest du ihn nicht selbst zerbrochen, gäbe es heute keine Scherben«, erwiderte er dumpf.

»Wer kann heute sagen, wer ihn wirklich zerbrach«, sagte Sardur weich. »Aber fürchte nichts, ich will nicht über das Geschehene rechten. Ich will mir aus dem Meer der Leiden, die du mir zugedacht hast, nur einige Minuten des Vergessens stehlen, nur einige Augenblicke des Glücks.« Er lächelte. »Wie schön du bist in dem Kleide Aschschurs, in dem Gewand des Todes. Unter dem fließenden, weichen Stoff ahne ich deine nackten Glieder.«

Asarhaddon schwankte und mußte sich an der Mauer festhalten. »Hör auf, schweig!« rief er heiser. »Du lästerst den Hohenpriester!«

»Schön bist du«, fuhr Sardur lächelnd fort, »schön und von eisigem Glanz wie der Schnee auf den Gipfeln des Libanon. Doch im Innern glühst du wie eine Schmiedeesse, und vor wehmütiger Erinnerung schmilzt dein Herz und wird zermalmt vom Hammer deiner Verzweiflung. Umsonst klammerst du dich an den Stein, denn wer innerlich zerbrochen ist, den stützen Mauern vergebens.«

»Sardur!« Er schrie den geliebten, verfluchten Namen hinaus. »Bei meiner Seele, wir sind verloren. Wir sind beide verdammt. Als mein Gast bist du nie nach Assur gekommen, wo ich dir ein weiches Lager bereitet hätte. Nun ist der Schandkäfig dein Obdach, und der Altar Aschschurs wird dein Totenbett sein.«

»Wann ist es soweit?« fragte Sardur leise. »Sag es mir, ich fürchte den Tag nicht.«

»In zwei Tagen, wenn Neumond ist.« Asarhaddon verstummte. Die gräßliche Todesart verschwieg er.

»Dann sehe ich dich wieder, so bald schon. Für mich ein Freudentag, an dem meine Qualen in diesem Käfig enden und dein Blick auf mir ruhen wird.«

Asarhaddon wurde von Sardurs Sanftmut bis zur Unerträglichkeit gepeinigt. »Nur mein Blick, du einfältiger, blinder Narr? Mein Opfermesser wird dir die Haut vom Leib schälen, bis du vor wahnsinnigen Schmerzen heulen wirst. Begreifst du nicht, daß ich dein Henker sein werde? Weshalb findest du Worte für mich wie für einen zärtlichen Liebhaber?«

Sardurs Augen weiteten sich vor Entsetzen. »Du mußt es selbst tun?« Erschüttert fügte er hinzu: »Das ist grauenvoller, als ich dachte.« Asarhaddon gewann etwas von seiner Kaltblütigkeit zurück. »Ich denke, daß dich diese Enthüllung wieder zur Vernunft bringt. Also preise nicht meine Schönheit, sondern fluche mir.«

»Du hast mich mißverstanden«, sagte Sardur betroffen. »Gewiß, ich werde schreckliche Schmerzen haben, und ich wünschte, mein Tod könnte leichter sein. Grauenvoll aber muß es für dich sein, denn du mußt weiterleben mit der Erinnerung, während mich endlich der Tod erlösen wird.«

Asarhaddon wurde rasend vor Wut, weil Sardur recht hatte, und er zischte: »Welch eine Anmaßung! Glaubst du, der Hohepriester kennt Reue? Wer bist du schon? Ein Mann, den ich in völliger Verirrung meiner Gefühle umarmt habe. Töricht war ich und blind. Ein Wurm bist du, der sich aufbäumte, weil er getreten wurde. Ich hätte dich gleich zerquetschen sollen. Deine blutigen Zuckungen werden mir mehr Genuß verschaffen als dein Körper es je vermochte.«

»Sagst du das, um dein zitterndes Herz zu beruhigen?« spottete Sardur. »Oder weshalb trittst du dem Löwen noch in die Rippen, wenn er im Sterben liegt?«

»Mit dem Löwen bezeichnest du dich wohl selbst, Sardur?« bemerkte Asarhaddon bissig. »Dabei sehe ich nur einen verendenden Schakal vor mir.«

»Da magst du recht haben«, entgegnete Sardur schwach.

»Aus mir ist ein Schakal, ein Wurm geworden. Deine unmenschliche Behandlung hat mich dazu gemacht. Ich bin weder ein Schwächling noch ein Feigling, aber die Schmerzen zerstören mich, der Durst zerfrißt mich, ich kann nicht mehr denken, nicht mehr sitzen und liegen. Ich weiß manchmal nicht mehr, wo ich mich befinde. Ich hocke wimmernd in der Ecke wie ein wundes Tier und wünsche mir den Tod. Ich will mich weder beklagen noch etwas bereuen. Du sollst nur ermessen können, was ein Mensch wirklich fühlt, wenn er dieser Marter ausgesetzt ist, denn was du in Zadrakarta gelitten hast, scheinst du schnell vergessen zu haben.«

»Ich darf mir kein Erbarmen erlauben«, erwiderte Asarhaddon tonlos, doch seine Züge waren weich geworden, und seine Augen straften seine Worte Lügen.

»Ich weiß. Sicher mußt du jetzt gehen, bevor du zu schwach wirst, um mich weiter zu schmähen, sondern dir Tränen kommen.« Sardur lächelte. »Es war ein Scherz. Aber ehe du gehst, bitte ich dich um einen Krug Wasser. Oder läßt deine Henkerseele eine solche menschliche Geste nicht zu?«

Schweigend schöpfte Asarhaddon aus dem Becken und reichte den Krug durch die Gitterstäbe hinauf. Sardur berührte seine Hände und hielt sie fest. Asarhaddon entzog sie ihm nicht. Eine Weile verharrten sie so.

»Wie kannst du mich töten, wenn du mich nicht einmal dürsten lassen kannst?« flüsterte Sardur, und Asarhaddon erwiderte erstickt: »Aschschur möge mich verdammen, ich kann es nicht. Wehe mir, daß ich auf Anaxares hörte und zu dir kam. Ich wußte, eine Begegnung mit dir würde mich zerbrechen.«

»Weshalb sprichst du so, Asarhaddon? Liebst du mich denn noch wie einst in dem hyrkanischen Dorf und wie in Hamoyars Lager? Liebst du mich, wie du mich liebtest im Steinbruch in Zadrakarta, wo man dich fast zu Tode prügelte? Oder wie in Beschnagar, wo deine Augen glänzten, wenn ich bei dir saß? Liebst du mich noch so, Asarhaddon?«

»Bei Aschschur, ja, ich liebe dich so und noch weitaus mehr.«

Sardur wurde totenblaß. »Ihr Götter, ihr gerechten Götter! Was soll dann aus uns werden?«

»Ich weiß es nicht«, flüsterte Asarhaddon. »Vielleicht bleibt die Zeit stehen, vielleicht geschieht ein Wunder.«

»Du bist dieses Wunder, Asarhaddon. Aus meinem Käfig sehe ich Blumen sprießen, und der Altar wird mir zum Eingang in eine bessere Welt. Ich fürchte nichts mehr, seit ich weiß, daß ich deine Liebe nie verloren habe.«

Anaxares stand betroffen auf, als Asarhaddon wieder zu ihm zurückkam, bleich wie der Tod und mit einem nach innen gerichteten Blick, der nichts wahrzunehmen schien. Er blieb vor Anaxares stehen, starrte ihn an und ließ sich dann wortlos auf einen Stuhl fallen. Anaxares wagte nicht, ihn zu fragen, was sich zugetragen hatte.

Asarhaddon streifte ihn mit einem verlorenen Blick. »Weshalb mußtest du mich zu Sardur schicken?«

»Willst du mir nicht sagen, was vorgefallen ist?« fragte Anaxares behutsam.

»Vorgefallen? Nichts! Zwei Männer sahen sich an und berührten sich an den Händen. Sie sprachen von ihrer Liebe, und daneben stand der Tod. Der Tod lachte über die beiden Männer, der eine im Käfig gefangen, der andere in seiner Verzweiflung.«

Anaxares verstand, aber er war unfähig, Asarhaddon ein tröstliches Wort zu sagen. Schließlich antwortete er ungehalten: »Du bist keinem Gehorsam schuldig, also lasse Sardur frei und gehen, wohin er mag.«

»Hat dich der Verstand verlassen, daß du so redest?« brauste Asarhaddon auf. »Wie sollte ich das rechtfertigen vor den Priestern, den Kriegern, dem Volk?«

»Du bist wortgewandt und lenkst die Menschen nach deinem Willen wie fügsame Ochsen vor dem Pflug. Es wird dir schon etwas einfallen, womit du sie erneut täuschen kannst, so wie du stets alle geblendet und getäuscht hast mit deiner priesterlichen Unnahbarkeit und den blutigen Opfern.«

»Das habe ich getan, denn einer muß die Zügel fest in der Hand halten, aber dies ist anders. Sardur ist der Hauptschuldige. Ihn zu verschonen, hieße alle Grundsätze preiszugeben, unter denen Assyrien groß geworden ist. Sollte mich aber eine göttliche Eingebung doch Worte zu seiner Rettung finden lassen, ja, könnte ich alle davon überzeugen, daß sein Tod nicht notwendig sei, so wäre es doch vergebens, denn Sardur selbst würde dieser Rettung niemals zustimmen. Oder glaubst du, er ließe seine Männer im Stich, die doch der gleiche grausame Tod erwartet, und spazierte fröhlich und hocherhobenen Hauptes aus Assur hinaus?«

»Dann mußt du die churritischen Krieger auch verschonen. Es wird kein Siegesfest und keine Opfer geben.«

»Unmöglich! Selbst, wenn ich auf Vergeltung verzichten wollte, so würde niemand dafür Verständnis haben. Es wurden bereits murrende Stimmen laut, daß du Tuschpa verschont hast und ich dich dafür nicht zur Rechenschaft gezogen habe. Würde ich Aschschur die Opfer verweigern und die Gefangenen nach Hause schicken, so könnte ich gleich mit ihnen das Land verlassen, denn weder als Hoherpriester noch als König würde man mich fortan gelten lassen. Der wahre Grund meiner Schwäche würde allzubald offenbar, und man würde einen solchen Mann an der Spitze Assyriens genausowenig dulden wie meinen Bruder. Aber dir müßte ich das eigentlich nicht erzählen.«

»Du hast recht. Es scheint keinen Ausweg zu geben. Du mußt Sardur töten.«

Aber daß Anaxares ihm beipflichtete, brachte Asarhaddon erst recht auf. Er packte Anaxares an den Armen und schüttelte ihn heftig. »Sprich es nicht aus! Bei meiner Seele, ich weiß nicht, was ich tun soll. Hilf mir, Anaxares, du bist der einzige Freund, den ich habe. Mir selbst löscht die Verzweiflung jeden Gedanken aus, ich bin wie gelähmt, du mußt mir helfen!«

Anaxares erwiderte tonlos: »Ich kann es nicht. Sardur ist auch mein Freund, und ich würde nicht zögern, ihn selbst zu befreien, wenn ich dir nicht –«, er unterbrach sich und schlug sich an die Stirn. »Ha! Ich sehe einen Ausweg, Asarhaddon!«

»Zögere nicht, rede!« rief Asarhaddon erregt.

»Es gibt eine Möglichkeit, Sardurs Leben zu retten, ohne

daß du dein Gesicht verlierst, allerdings müßte das gegen seinen Willen geschehen. Daher muß er mit Gewalt befreit werden, und natürlich nicht von einem Assyrer. Du wirst tun, als seist du außer dir vor Zorn über seine Flucht.«

»Und wer soll es tun?«

»Hamoyar, sein Blutsbruder. Ich werde mit ihm sprechen. Hamoyar wird erfreut sein, die heimliche Schuld Sardur gegenüber abtragen zu können.«

Asarhaddons Augen leuchteten auf. »Gewiß wird er das. Anaxares, dein Einfall ist kostbarer als alle Schätze Urartus, die du mir zu Füßen gelegt hast. Rasch, eile dich, geh zu ihm! Es muß noch in dieser Nacht geschehen!«

»Sardur wird dir wenig Dank wissen«, gab Anaxares noch zu bedenken. »Er wird sich mit Händen und Füßen wehren und deinen Namen verfluchen, weil er nicht das Schicksal seiner Krieger teilen darf, sondern die Schmach einer feigen Flucht auf sich laden muß.«

Asarhaddon winkte ab. »Mag er mir fluchen, wenn er nur lebt. Hamoyar soll ihn bis an die lydische Grenze bringen, von dort kann er Sardes erreichen und am Hofe seines Schwagers leben. Ich werde ihn ohnehin niemals wiedersehen.«

Hamoyar war es in der Stadt zu eng gewesen; er und seine Männer feierten vor den Toren Assurs. Dort saßen sie wie in ihrer Heimat vor ihren Zelten an großen Feuern, tranken, lachten und tanzten. Als der hochgewachsene Assyrer in ihren Kreis trat, verstummte ihr Lachen. Mißtrauisch musterten sie Anaxares, manche Hand glitt verstohlen zum Dolch.

Hamoyar aber erkannte ihn und sprang auf. Er ging rasch auf ihn zu und hielt ihn am Arm fest, damit er sich nicht ohne weiteres dem Feuer näherte. Der Blick aus den jettschwarzen, schmalen Augen des Kimmeriers war kühl und abweisend. »Was suchst du hier, Anaxares? Oder besser Schabakar!«

Anaxares war etwas betroffen über die unfreundliche Begrüßung. »Schabakar ist tot«, erwiderte er ruhig. »Die Zeiten sind vorbei.«

»Für dich vielleicht. Mein Vater aber hat sich nie wieder von deinen Foltern erholt; er ist nicht mehr der starke Krieger von einst.«

»Hat er nie seine Feinde gefoltert?«

»Er ging jedenfalls später nicht zu ihren Söhnen, um mit ihnen zu feiern.«

»Ich will nicht mit dir feiern. Ich komme im Auftrag Asarhaddons.«

Sofort erhellte sich Hamoyars Miene. »Ah, das ist freilich etwas anderes.« Er wandte sich an seine Männer am Feuer. »Holt einen goldenen Sessel und legt edle Felle darauf. Wir haben einen Ehrengast.«

Anaxares winkte ab. »Ich möchte ungestört mit dir sprechen.«

»Dann komm in mein Zelt. Wir sitzen dann später beim Feuer zusammen.«

»Was feiert ihr?« fragte Anaxares, als er Hamoyar in das Zelt folgte.

»Natürlich den Sieg Asarhaddons, meines Blutsbruders. Weshalb kam er nicht selbst?«

Anaxares unterdrückte eine unhöfliche Bemerkung. »Die Angelegenheit erlaubt es nicht, sie muß vor seinen Männern geheim bleiben.«

»Ein geheimer Auftrag also?« Hamoyar reichte Anaxares den Weinschlauch. »Laß uns darauf zuerst trinken wie rechte Männer.«

Anaxares lächelte. »Du scheinst davon schon reichlich genossen zu haben.«

»Ja«, lachte Hamoyar und ließ sich den Wein in den Hals laufen, »ich feiere Asarhaddons Sieg und trinke, um zu vergessen, daß mein anderer Blutsbruder wie ein Schaf auf Aschschurs Altar geschlachtet werden soll.«

»Dann wird dich freuen, was ich dir zu sagen habe: Du sollst Sardur heimlich aus Assur herausbringen.«

»Ha! Das ist ein schlechter Scherz! Er befindet sich in den Tempelgärten, so hörte ich. Dem Priestergesindel – Asarhaddon möge mir verzeihen – entreißen ihn nicht sämtliche Dämonen der Hölle.«

»Es sei denn, es geschähe mit der Zustimmung Asarhaddons.«

»Wie? Er will Sardur nicht töten?« Hamoyar lachte auf.

»Er liebt ihn also immer noch, den zartbesaiteten Churriter.« Er nickte vor sich hin. »Ich kann mir gut vorstellen, daß seine Lage unter diesen Umständen nicht beneidenswert ist. Schon damals erkannte ich, daß die beiden eine große Torheit begingen, sich in Liebeshändel zu verstricken wie zwischen Mann und Frau. Zwei Männer, die beide als Herrscher Verantwortung für ein großes Reich trugen – das stört die Harmonie der Weltordnung.«

»Mit dem Schöpfer dieser Weltordnung hältst du wohl regelmäßig Palaver am Feuer ab, daß du so gut Bescheid weißt«, erwiderte Anaxares ärgerlich.

»Ich sage nur, was jeder Kimmerier weiß. Aber ich wollte nicht unhöflich sein. Weiß Sardur schon davon?«

»Nein, er ahnt nichts. Er wird nicht mit dir gehen wollen. Es wird notwendig sein, Sardur zu fesseln und zu knebeln.«

Hamoyar blickte finster. »Das ist freilich ein unrühmlicher Abgang für ihn, wenig ehrenvoll für den König von Urartu und für ihn als Mann eine Schande.«

»Ich mußte ähnliches in Tuschpa erleben«, bemerkte Anaxares achselzuckend. »Es ist hart, aber die Zeit heilt auch diese Wunden. Sardur hatte mir nicht vergönnt, mit meinen Gefährten zu kämpfen und zu sterben, doch heute – ich gestehe, daß ich immer noch gern lebe.«

Hamoyar lachte laut. »Du bist aufrichtig, aber so ist der Mensch. Ja, laß uns das Leben genießen und auch das Töten, denn irgendwann trifft es uns alle. – Wohin soll ich Sardur bringen?«

»An die lydische Grenze.«

Hamoyar nickte. »Und wann?«

»Heute nacht.«

»Du hast mein Wort. Doch jetzt komm noch etwas ans Feuer, lausche unseren Gesängen und sieh unseren Tänzen zu.«

Die Befreiung gelang. Sardur freilich tobte, schrie und stieß Verwünschungen gegen Hamoyar und Asarhaddon aus, doch daran hinderte ihn rasch ein Knebel. Kaltblütig ließ es Asarhaddon zu, daß die Priester, die die Kimmerier aufhalten wollten, von Hamoyar getötet wurden. Andere

Zeugen berichteten aufgebracht, daß die hinterhältigen Kimmerier die Gastfreundschaft schändlich mißbraucht hätten, um den ärgsten Feind Assyriens zu befreien. Asarhaddon schäumte vor Wut und befahl, den Flüchtigen nachzujagen, in die falsche Richtung, wie sich versteht.

Das Siegesfest fand statt, ohne daß auf Asarhaddon auch nur der Schatten eines Verdachts fiel. Anaxares aber begab sich endlich nach Ninive zu seiner Familie.

19

Eines Tages erschien in Assur eine ägyptische Abordnung; sie wurde von Asarhaddon in der üblichen Weise empfangen, ihrem Führer gab er eine persönliche Audienz. Die hagere, ehrfurchtgebietende Gestalt des Ägypters war in ein langes, weißes Gewand gekleidet. Ein schwerer Kragen, gefügt aus goldgefaßten, glücksbringenden Edelsteinen, bedeckte Schultern und Brust. Der von der ägyptischen Sonne dunkelbraun gebeizte, kahle Schädel schien wie aus Stein gemeißelt. Der Ägypter hatte ein halbes Menschenalter schon überschritten; aus seinem energischen Mund und dem willensstarken Kinn sprachen Machtbewußtsein, aus seinen alterslosen Augen das Wissen um alles Vergängliche.

Während Asarhaddon seinen stolzen Gast musterte, kam ihm unverhofft die dunkle, ehrwürdige Gestalt Kautilyas in den Sinn. Auch der Ägypter strahlte etwas von jener Ruhe und Gelassenheit aus.

»Großer Asarhaddon«, begann der Ägypter, »Beherrscher der vier Weltgegenden, geliebt von Aschschur, gefürchtet von deinen Feinden, von deinen Freunden geachtet, von deinem Volk verehrt. Ein langes, ruhmvolles Leben sei dir beschieden. Ich bin der Oberpriester des Horus, des falkenäugigen Gottes, der in die Vergangenheit und in die Zukunft schaut. Er breitet seine Flügel schattenspendend über die Untertanen des Pharao, des Herrschers, der war und der sein wird. Sein Diener bin ich, Chasechem.«

»Du bist willkommen in Assur, Chasechem. Richtest du dein Anliegen an den Hohenpriester oder an den König?«

»An den König, obwohl uns durch die Götter, deren höchste Diener wir beide sind, ein Geist verbindet. Ich bin selbst zu dir gekommen, edler Asarhaddon, woraus du unschwer erkennen wirst, daß mein Anliegen von großer Tragweite für Ägypten ist. Meine Sendung ist geheim, und würden gewisse Kreise in Ägypten von unserem Gespräch erfahren, wäre das mein Tod.«

»Wer schickt dich? Die Priesterschaft?«

»Die Sorge um Ägypten schickt mich, die Götter selbst drängten mich auf diesen Weg.«

Asarhaddon nickte ernsthaft. »So, die Götter waren es also selbst.« Aber seine Stimme hatte einen unverkennbar spöttischen Klang.

»Spotte nicht über Göttliches, weil du selbst gottlos bist«, erwiderte Chasechem ruhig. »Man weiß in meinen Kreisen wohl, daß du den Himmel verachtest, obwohl das Opferblut bis nach Memphis spritzt. Aber Grausamkeit und Blut freuen die Götter nicht. Der Hohepriester des Aschschur ist daher listig genug, mit solchen abschreckenden Ritualen seine eigene Person zu verherrlichen.«

»Du hast Mut, Chasechem, aber bisweilen ist Furchtlosigkeit auch mit Torheit gleichzusetzen. Nur schlecht trägt man dem Löwen ein Anliegen vor, wenn man ihn zuvor mit dem Speer kitzelt.«

»Wer, wenn nicht ein anderer Löwe, dürfte es wohl wagen, einem Löwen mit einer Bitte zu nahen? Einem Feldhasen würde er kaum Gehör schenken.«

»Du hast Glück, ich schätze Männer wie dich, sofern es sich nicht am Ende herausstellt, daß sie sich nur mit einem Löwenfell behängt haben. Reden wir also offen miteinander und lassen die Götter aus dem Spiel. Was erbittest du vom König der Assyrer? Aber versäume nicht, darauf hinzuweisen, welche Vorteile Assyrien bei der Sache hat.«

»Würde es dir gefallen, mächtiger Asarhaddon, der Kette deiner blühenden Provinzen die prächtigste aller Perlen hinzuzufügen? Möchtest du Pharao genannt werden?«

Chasechem hatte seine Frage mit großer Feierlichkeit vorgetragen, doch Asarhaddon bemerkte gelassen: »Willst du damit andeuten, der Name Pharao habe einen helleren Glanz als der Titel König von Assyrien? Ich füge Perlen zu meinem Reich nach meinem Gutdünken, und strebte ich nach der Doppelkrone Ägyptens, so wäre Pharao ein Name, der nichts anderes bedeutete als Knecht Asarhaddons.«

Chasechems Augen funkelten zornig, aber er gab beherrscht zur Antwort: »Strahlte nicht deine Sonne unter allen Königen am hellsten, so wäre ich nicht zu dir gekommen. Doch wirst du bei all deiner Größe zugeben, daß die Pharaonen bereits in goldenen Palästen wohnten, als die Assyrer noch als Ziegenhirten ihre rauhen Berge durchstreiften.«

»Das leugne ich nicht. Du bist also gekommen, um mir den Thron Ägyptens anzubieten?« Asarhaddon lachte kurz. »Ich wußte nicht, daß er so wohlfeil zu haben ist.«

»Wohlfeil ist er nicht, sonst wäre meine Bitte auch bei jedem Wüstenhäuptling gut aufgehoben. Aber höre mich an, dann entscheide: Der Äthiopier Taharka ist derzeit Pharao in Ägypten.« Chasechem spreizte die fünf Finger seiner rechten Hand zum Zeichen seines Abscheus. »Er residiert in Napata, wo er seine Sippe um sich geschart hat und in großer Zahl Bauwerke errichten ließ, die an den alten Glanz Ägyptens erinnern sollen. Ja, er hat sogar begonnen, für sich eine Pyramide errichten zu lassen, ganz, als sei er den uralten Pharaonen ebenbürtig. Eine Gotteslästerung, die nicht einmal der große Ramses begangen hat.«

»Du scheinst deinen König nicht zu lieben«, unterbrach Asarhaddon. »Hat er sich denn des Thrones zu Unrecht bemächtigt?«

»Er hat ihn von seinem Vater erworben, jedoch das Recht auf ihn verwirkt.«

»Es befremdet mich zu hören, daß ein Priester seinem durch rechtmäßige Thronfolge eingesetzten König das Recht zu regieren absprechen kann. Sage mir, auf welche Weise kann es ein göttlicher Pharao verwirken?«

»Wer erwählt denn den Pharao?« fragte Chasechem herausfordernd. »Der Vater oder die Götter? Jeder Handwerker, jeder Kaufmann, jeder Beamte kann bei entsprechender Befähigung die Nachfolge seines Vaters antreten, doch der Pharao herrscht aus göttlichem Recht. Aus welchem Grunde sonst könnte er die Macht über ganz Ägypten beanspruchen, das Recht über Leben und Tod seiner Untertanen? Taharka aber hat die Götter verachtet, die Priester nicht gefragt. Ohne den Segen Amuns, die Gnade des Horus, den Odem Ras ist er nichts als ein Emporkömmling, der sich den Mantel des vergangenen Glanzes umhängt und sich mit dem ehrwürdigen Namen Pharao schmückt wie ein Sperling mit den Federn des Falken.«

»Wir wollten doch die Götter nicht erwähnen, Chasechem. Aber sprich es offen aus, daß Taharka die vermögenden, einflußreichen Priester gern mundtot machen und enteignen würde. Freilich, auch ich würde mir in meine Herrschaft von keinem Priester hineinreden lassen.«

»Du kennst die ägyptischen Verhältnisse nicht, Asarhaddon«, entgegnete Chasechem unwillig. »Seit Jahrtausenden sind dort die Priester das Glied zwischen Pharao und dem Volk. Der Pharao steht wohl an der Spitze, doch seine Person symbolisiert lediglich den Abglanz Gottes, die wahrhaft Handelnden sind wir. Keine Entscheidung eines Pharao in der Vergangenheit hatte Bestand, wenn die Priester nicht ihren Segen gaben. So ist es immer gewesen, und so muß es bleiben zum Wohle Ägyptens.«

»Was erwartest du also von mir?«

»Stürze Taharka! Fege seine korrupte Sippschaft aus dem Land! Setze dir die Krone von Ober- und Unterägypten aufs Haupt und ziehe Gewinn aus seinen Reichtümern. Aber lasse den Priestern ihren Besitz, ihre alten Rechte, laß Ägypten seine Götter. Gib uns den Schutz deines starken Armes, aber laß Ägypten gedeihen wie in alten Zeiten.«

»Welch eine kühne, welch eine gefährliche Bitte! Haltet ihr mich für einen eitlen Gecken, der sich mit der Doppelkrone vor den übrigen Völkern brüstet, sich dreht und wendet und sagt: Seht her, wie gut steht mir der ägyptische Kopfputz? Sieh dich vor, Chasechem, und lade nicht den Wolf zum Mahle der Gänse.«

»Die Doppelkrone ist keine bloße Zierde für einen Herrscher, sondern ein Wahrzeichen der Macht, und auch du weißt das, Asarhaddon. Es wäre selbst deinem Ansehen noch förderlich, wenn du sie erringen könntest. Sie zu verschmähen, wäre mehr als Hochmut, es wäre Dummheit.«

»Du gibst mir einen Vorgeschmack darauf, wie die Priester in Ägypten mit ihrem König zu sprechen pflegen«, erwiderte Asarhaddon spöttisch. »Ihr handelt, ich schweige dazu? Oder gar: Ich handele, und ihr schweigt? Was dann noch ärger für mich wäre.«

»Du bist Assyrer und würdest die ägyptischen Priester niemals verstehen, und wir erwarten das auch nicht von dir. Deshalb können wir uns gütlich einigen. Für dich der Thron, für uns das Volk.«

»Das ist ein Handel, den ich allzu teuer erkaufen müßte. Wenn ich Taharka verjage, kostet mich das viele meiner Männer. Ich habe gerade einen empfindlichen Aderlaß hinter mir, den Krieg mit Urartu. Du wirst verstehen, daß ich kriegsmüde geworden bin, oder sagen wir, Assyrien braucht ein wenig Erholung. Sollte es mich aber einmal gelüsten, Ägypten zu erobern, so teile ich meine Beute nicht mit euch.«

»Du brauchst nicht viele Männer, um Pharao zu werden. Es gibt noch andere Kreise in Ägypten, die mit Taharkas Herrschaft unzufrieden sind. Da ist Necho von Sais, ein libyscher Stammeshäuptling. Taharka besteuert seine Untertanen unrechtmäßig, denn seit Generationen war das Deltagebiet von Abgaben frei, weil sich dort ehemalige griechische Söldner ihre Besitztümer geschaffen haben. Von einem neuen Herrscher würde er Steuerfreiheit erwarten, die du ihm, ohne dein Gesicht zu verlieren, gewähren könntest. Dafür schickt er dir seine Machimoi, alles hervorragend ausgebildete Kämpfer. Ein assyrischer Heerbann, nach und nach ins Land eingeschleust, könnte zusammen mit diesen siegreich gegen Taharka sein, denn der Angriff käme überraschend und aus dem eigenen Land. Zuvor aber solltest du einige vertrauenswürdige Männer nach Ägypten schicken, möglichst als Kaufleute verkleidet, die in Taharkas näherer Umgebung seine Schwächen ausspähen, den richtigen Zeitpunkt und den günstigsten Ort zum Losschlagen ermitteln. Unser Einfluß würde deinen Männern alle Tore öffnen.«

»Wenn ich dich richtig verstehe, ist euch ein assyrischer Fremdling lieber auf Ägyptens Thron als Taharka?«

»Wir brauchen eine starke Hand, die uns für lange Zeit Sicherheit verheißt. Taharka benutzt seine Stellung nur dazu, das Land auszurauben und Reichtümer anzuhäufen. Du hast den Ruf eines grausamen Herrschers, aber ich weiß auch, daß deine eroberten Provinzen sich des Friedens und Wohlstands erfreuen, weil du nicht nur zu töten, sondern auch zu schützen und zu erhalten weißt.«

Asarhaddon zog die Augenbrauen in die Höhe. »Wie schmeichelhaft. Nun, Kundschafter nach Ägypten zu senden, wäre wohl kein Wagnis. Dieser Libyer – strebt er vielleicht selbst nach der Pharaonenwürde?«

»Wohl kaum. Und wenn – wer würde sie dir, wenn du sie fest in der Hand hältst, noch entreißen können?«

»Das käme darauf an, auf welcher Seite die dritte Kraft im Lande steht. Ich will über deinen Vorschlag nachdenken. Vielleicht schicke ich dir einige Assyrer. Sei bis dahin mein Gast.«

Chasechem und seine Begleiter blieben zwei Wochen in Assur. Während dieser Zeit gelang es Chasechem, Asarhaddon immer mehr für seine Sache zu erwärmen. Sie schieden in gutem Einvernehmen, und Asarhaddon versprach, daß Chasechem von ihm hören werde.

Kaum hatten die Priester die Stadt verlassen, ließ Asarhaddon nach Anaxares schicken. Verdrießlich erschien er nach einigen Tagen im Palast. »Vielleicht denkst du daran«, bemerkte er murrend, »daß ich inzwischen eine Tochter habe. Auch Mirjam muß glauben, bereits verwitwet zu sein. Hinzu kommt, daß die Güter die feste Hand eines Herrn brauchen. Ich denke, die Schlachten sind vorbei, weshalb darf ich also nicht die Freuden meines Heims einmal ungetrübt genießen?«

»Du übertreibst maßlos«, erwiderte Asarhaddon lächelnd und offensichtlich in bester Laune. »Es ist ein Jahr verstrichen, seit du zum letztenmal in Assur warst. Natürlich hast du als mein Freund nicht nur deine Kriegspflicht zu erfüllen, sondern mußt mir hin und wieder zur Seite stehen, wenn ich einen Mann brauche, dem ich mehr als mir selbst vertrauen kann.«

»Leere Schmeicheleien! Du hast gute Ratgeber in Hülle und Fülle.«

»Und Freunde?«

»Nun –«, Anaxares räusperte sich. »Du schaffst dir keine.«

»Wer tausend Freunde hat, hat keinen. Wiegt deine Freundschaft nicht tausend Ergebenheitsschwüre auf?«

»Sag schon, wozu du mich mißbrauchen willst, bevor der Honig dir aus dem Munde läuft. Du bist gut gelaunt, das bedeutet für andere nichts Gutes.«

»Ich muß mich wundern, welch rabenschwarzen Abgrund du in meinem Herzen vermutest. Es ist etwas Erfreuliches.«

»Hoffentlich kann ich mich mit dir freuen.«

»Wir reisen nach Ägypten.«

»Wir beide? Wozu?«

Asarhaddon berichtete kurz von seinem Zusammentreffen mit dem Ägypter. »Die vertrauenswürdigen Männer, die ich ihm schicken will, sind natürlich wir beide, denn wer wäre besser geeignet –«

»Unsinn!« unterbrach Anaxares ihn. »Wenn du meinst, daß Chasechems Vorschlag Aussicht auf Erfolg hat, dann schicke Artaschijas oder Chorussan. Außerdem – das kann eine Reise von einigen Monaten werden. Nein, ich will Mirjam nicht schon wieder so lange allein lassen.«

»Ach was!« Asarhaddon lehnte sich behaglich in seinem Sitz zurück und verschränkte die Hände hinter dem Kopf. »Natürlich könnte ich Chorussan oder Artaschijas damit betrauen, aber es reizt mich, die Aufgabe selbst zu übernehmen. Ich will das alte, geheimnisvolle Ägypten besuchen, verstehst du? Und ich denke, wir beide werden eine Menge Kurzweil dort haben.«

»Kurzweil?« wiederholte Anaxares befremdet. »Schickt sich das für den König von Assyrien, die Welt aus Vergnügen zu bereisen und Kurzweil im Sinn zu haben?«

»Ha! Du gönnst mir nach den schweren Zeiten, die hinter uns liegen, nicht das geringste. Während du dich in Mirjams weichen Armen von ihnen erholtest, durfte ich mich gleich nach deinem Fortgehen in aufreibende Arbeit stürzen. Aber wie du willst. Ich werde auf jeden Fall reisen. Wenn du bleiben willst, suche ich mir einen anderen Gefährten.«

»Nein, nein!« wehrte Anaxares schnell ab. »Wenn du schon darauf bestehst, so komme ich natürlich mit. Ich könnte es mir nie verzeihen, wenn dir unterwegs etwas zustieße.«

»Ich danke dir für deine Besorgnis, denn wahrlich, ohne dich wäre ich wie ein geknicktes Rohr im Winde. Also eile dich, ich möchte in zwei Wochen aufbrechen.«

Siebtes Buch

ÄGYPTEN

1

Chasechem war überrascht, als er feststellen mußte, daß die assyrischen Kundschafter der König selbst und einer seiner Generäle waren. Fast hätte er Asarhaddon in seiner Verkleidung als schlichter Händler nicht erkannt. »Du hättest deinen Kaftan noch etwas ausstopfen müssen«, bemerkte er lächelnd. »Kaufleute sind wohlbeleibt. Aber ohne Scherz: Es ist gefährlich für euch beide in Memphis. Wenn Taharkas Leute erfahren, wer bei mir abgestiegen ist und aus welchem Grund, ist euer Leben kein Kupferstück mehr wert.«

Asarhaddon konnte Chasechem beruhigen und versäumte auch nicht hinzuzufügen, daß ihn zu seiner Reise nicht nur die Pflicht getrieben habe. Chasechem brachte die beiden standesgemäß in einem Gebäude unter, das zur Tempelanlage der Amun-Priester gehörte. Die ersten Tage verbrachten sie mit Ausflügen in das Land und auf dem Nil. Anaxares fiel auf, daß die ägyptischen Mädchen von besonderer Feingliedrigkeit und Schönheit waren, dabei viel freier in ihrem Benehmen und ihren Sitten. Sie verwendeten reichlich Farben und Schminke, um ihre natürliche Schönheit noch reizvoller zu machen und den Männern zu gefallen, ohne daß jemand daran Anstoß genommen hätte. In Assyrien hätten sich nur Dirnen so auf der Straße gezeigt.

Anaxares bemerkte auch, daß ihre Kleider den Busen manchmal unbedeckt ließen oder von schamloser Durchsichtigkeit waren. Er versuchte, nicht hinzusehen, doch immer wieder glitt sein Blick zur Seite, und er fragte sich, wie die Ägypter daneben so ruhig ihrem Tagwerk nachgehen konnten. Asarhaddon hingegen sah sich bereits mit den Augen des zukünftigen Herrschers um.

Eines Abends hatte sich Anaxares unter fadenscheinigen Ausreden, in denen von kühler Nachtluft, reineren Gedanken und innerer Sammlung die Rede war, zu einem nächtlichen Ausflug aufgemacht. Chasechem warnte Anaxares noch vor unbedachten Äußerungen und Handlungen, wobei er Andeutungen über gewisse Häuser machte, was Anaxares entrüstet zurückwies. Chasechem lächelte weise, Asarhaddon lachte spöttisch. »Wehe den wohlerzogenen Töchtern vornehmer Ägypter in dieser Nacht! Sie können nicht wissen, daß sich ein assyrischer Lüstling in ihrer Stadt aufhält und ihre Väter besser beraten wären, sie einzusperren, bis die Hitze vorüber ist.«

Nachdem Anaxares hell empört über soviel unbegründetes Mißtrauen das Haus verlassen hatte, sagte Asarhaddon zu Chasechem: »Während Anaxares offensichtlich nur weiblicher Schönheit seine Aufmerksamkeit geschenkt hat, habe ich mich etwas weiter umgesehen. Ich bin sehr beeindruckt von euren Bauwerken und Skulpturen und muß gestehen, daß die ägyptischen Baumeister uns weit überlegen sind. Ich glaubte bisher, mein Palast zu Assur sei unvergleichlich, aber gegen eure Baukunst ist das alles plump und unansehnlich.«

»Es steckt etwas von der ägyptischen Seele in unseren Steinen«, erwiderte Chasechem, »so wie auch die assyrische Seele sich in den Mauern Assurs widerspiegelt.«

»Das ist wahr. Assyrien hatte nie genug Muße, sich mit so viel Hingabe dem Kunsthandwerk zu widmen, und auch mir erschienen andere Dinge stets vordringlicher.«

»Gewiß, friedliche Völker zu erobern und zu unterdrücken.«

»Ich unterdrücke niemanden, der es nicht auch duldet.«

»O ja, du verteidigst das Recht des Stärkeren. Zu dieser Auffassung paßt dein blutiger Gott, da haben Schönheit und Kunstfertigkeit keinen Platz.«

Asarhaddon lachte. »Wer weiß! Vielleicht lasse ich mir auch eine Pyramide errichten oder mich in einer Kolossalstatue verewigen.«

»Du glaubst doch nicht an ein Leben nach dem Tode, wozu brauchst du ein Grabmal, das dem Zeitenlauf trotzt? Du bist ein Zyniker und Zweifler. Doch der Mensch soll gottesfürchtig und demütig sein, weil er ein Wurm ist vor der Ewigkeit.«

»Ich beuge mich vor der Ewigkeit, nicht vor menschengemachten Göttern.«

»Haben die Menschen auch das Leben erschaffen?«

»Ich gebe zu, eine Schöpfung hat stattgefunden, aber sie wurde sich selbst überlassen. Jedes Wesen ist mit allem Notwendigen ausgestattet, darum ist es töricht, von den Göttern zu erflehen, was man sich selbst verschaffen kann. Starke Menschen suchen Hilfe in sich selbst. Zerbrechen sie aber, so war ihre Zeit gekommen, wie auch der stärkste Balken eines Hauses einmal morsch wird und durch einen neuen ersetzt werden muß. Verehren denn die Tiere ihren Schöpfer?«

»Wie kannst du von unvernünftigen Wesen Gottesfurcht erwarten?« bemerkte Chasechem ärgerlich.

»Du darfst die Wesen nicht gering achten, die sich, so wie sie sind, selbst genügen. Ein Tier verbringt jedenfalls nicht sein Leben damit, ein Nichts zu verehren.«

»Dann haben sich die Priester seit Jahrtausenden geirrt, und nur der große Asarhaddon kennt die Wahrheit?«

»Daß ich im Besitz der Wahrheit bin, habe ich nicht behauptet, aber auch ein Irrtum wird dadurch nicht besser, daß er Jahrtausende hindurch gepflegt wird.«

»Aber wie kann die Welt bestehen ohne die göttliche Gerechtigkeit?«

»Wo erblickst du Gerechtigkeit? Das Starke siegt in der Welt, nicht das Gerechte.«

»Dann wäre die Welt ein Schlachthaus.«

»Das ist sie doch – oder?«

»Selbst ein Mann wie du schätzt manchmal den Frieden.«

»Gewiß, wenn er mir Vorteile bringt.« Asarhaddon lachte. »Die Götter müssen die Welt wohl hassen, denn sie haben sie mir geschenkt.«

Chasechem musterte Asarhaddon nachdenklich. »Ja, du bist stark, aber auch du bist nur ein Mensch und mußt irgendwo an deine Grenzen stoßen.«

»Grenzen sind da, um überwunden zu werden, das zeichnet den Menschen aus. Den Göttern sind keine Grenzen gesetzt, das macht sie träge und schwächlich. Die Götter verhängen das Schicksal, aber der Mensch bewährt sich darin.«

»So schätzt du das Unvollkommene höher als das Voll-
kommene?«

»Ja, denn nur das Unvollkommene kann sich noch entwickeln. Selbst Freundschaft und Liebe gäbe es nicht mehr
in einer vollkommenen Welt. Jeder wäre jedermanns
Freund, jeder liebte den anderen mit gleicher Inbrunst.
Schmeckt das Brot dem Satten? Nur Entbehrung weiß Erfüllung zu schätzen. Vollkommenheit aber ist der Tod.«

Chasechem nickte. »Du beschreibst das Schicksal Ägyptens. Es hielt sich für vollkommen und erstarrte in Unbeweg-
lichkeit. Dann kamen junge, lebendige Völker, und der un-
bewegliche Koloß fiel in ihre Hände. – Fürchtest du den
Tod?«

»Ich lebe gern, aber ihn zu fürchten, wäre töricht.«

»Tut Asarhaddon nie etwas Törichtes?«

»Oft genug. Auch ich bin nicht vollkommen.«

»Weshalb schätzt du Grausamkeit höher als Erbarmen?«

»Weil sie meine einzige Waffe gegen das Erbarmen ist.«

»Erbarmen bekämpfst du also? Du hältst es für Schwäche,
nicht wahr?«

Asarhaddon zögerte. »Nicht mehr«, erwiderte er leise. »Ich
habe erfahren, daß Liebe stärker ist als Haß, und daß Erbarmen die Grausamkeit tötet, aber mich wurde Unbarmherzigkeit gelehrt, und ich spiele das Instrument, das ich beherrsche.«

»Der beste Lehrmeister ist das Leben. Weshalb solltest du
nicht lernen, auf vielen Instrumenten zu spielen?«

Asarhaddon lächelte. »Einiges habe ich dazu gelernt. Aber
hier in Ägypten wollte ich nicht den Göttern ihre Geheimnisse entreißen, sondern Taharka den Thron.«

2

Am folgenden Tag besprach Chasechem mit Asarhaddon
und Anaxares die nächsten Schritte. Das Gespräch fand aus
Rücksichtnahme auf Anaxares am späten Nachmittag statt,

denn er war von seiner nächtlichen inneren Einkehr erst heimgekommen, als die Sonne schon hoch am Himmel stand, sichtlich arg gebeutelt von den hehren Gedanken, denen er unter dem klaren Sternenhimmel Ägyptens nachgehangen hatte.

»Um den Palast Taharkas betreten zu können, ohne Verdacht zu erregen, muß sich eure Ankunft und eure Absicht erst einmal in Memphis herumgesprochen haben«, begann Chasechem, »eure Absicht nämlich, dem Pharao und seinen Palastdienern, seinen Frauen und seinen Beamten eure Waren zum Kauf anzubieten. Um entsprechende Beziehungen anzuknüpfen, solltet ihr, wie es so außerordentlich reichen Kaufleuten geziemt, das Haus zum Goldenen Skarabäus aufsuchen. Dort verkehren alle, die Geld und Einfluß haben. Es hat einen hervorragenden Ruf.«

»Einen Ruf als was?« unterbrach Asarhaddon mißtrauisch.

»Nun, eigentlich ist es ein Gasthaus, aber es ist mehr. Einem Manne wird alles geboten, was er begehrt, Unterhaltung, Musik, Tanz, gutes Essen und guter Wein.«

»Und käufliche Dirnen, wie?«

»Gewiß, sie gehören zur Unterhaltung, aber sei sicher, es sind die schönsten Mädchen, die du je gesehen hast. Ich selbst kann euch aus verständlichen Gründen natürlich nicht begleiten, aber –«

»Weshalb sagst du nicht, daß du ein Bordell meinst, Chasechem?« unterbrach Asarhaddon scharf. »Über die Schwelle eines solchen Hauses setze ich meinen Fuß nicht.«

Anaxares seufzte abgrundtief. Chasechem aber entgegnete: »Es ist keineswegs ein gewöhnliches Bordell, du kannst es unbesorgt betreten. Ich sagte schon, selbst der Adel Ägyptens ist dort Stammgast. Der Besitzer ist Amenachet, ein illegitimer Sohn Taharkas – verstehst du jetzt, von welcher Bedeutung euer Besuch dort sein kann?«

»Der Adel Ägyptens unterscheidet sich unterhalb des Gürtels wohl kaum von einem Lastenträger oder Wasserverkäufer, und eine Dirne, die goldene Gewänder trägt, wird dadurch nicht ehrbarer. Wenn der Sohn Taharkas es für angemessen hält, auf diese Weise sein Brot zu verdienen, so ist das seine Sache. Aber der König von Assyrien bezahlt nicht für solche Dienste noch nimmt er sie in Anspruch.«

Axanares stieß Asarhaddon lachend an. »Auch du unterscheidest dich in gewissen Dingen nicht von einem Wasserverkäufer, außerdem bist du ein Händler aus dem fernen Assur, der dem Pharao seine Waren anbieten möchte, und kein König. Wolltest du deine Mannesehre nicht beschmutzen, wolltest du wie ein Herrscher geehrt werden, so hättest du in Assur bleiben müssen und doch besser Chorussan geschickt, der gegen einen Besuch im Goldenen Skarabäus sicher nichts einzuwenden gehabt hätte. Aber du wolltest selbst Ägyptens Geheimnisse entschleiern.«

»Dein Freund hat recht«, sagte Chasechem, »du hast dich bewußt deiner Königswürde entledigt, als du beschlossen hast, in der Verkleidung eines Kaufmanns unsere Sache selbst auszuspähen. Außerdem bist du nicht gezwungen, mit einem der Mädchen zu schlafen.«

»Das stimmt«, fiel Anaxares ein, »und damit wir nicht unangenehm auffallen, will ich die lästige Pflicht gern auf mich nehmen.«

»Ich wundere mich, daß du in einem Land wie Ägypten, das doch so viele neue Reize bietet, wieder nur hinter Weiberröcken her bist, zumal du in Ninive eine Frau hast, deren Schönheit die der Ägypterinnen übertreffen dürfte.«

»Wie wahr! Doch Ninive ist weit, und es ist meiner Gesundheit abträglich, wenn ich so lange Enthaltsamkeit übe.«

»Wahrlich, du siehst mitgenommen aus«, spottete Asarhaddon, »doch sicher nicht, weil du letzte Nacht so enthaltsam warst.«

So stritten sie noch eine Weile über die Sittsamkeit und die Keuschheit im besonderen und über den Wert gewisser Häuser, bis Asarhaddon sich schließlich bereit erklärte, zum Wohle der ägyptischen Priesterschaft wie auch Assyriens dieses schwere Opfer zu bringen. Chasechem bemerkte noch: »Der äthiopische Bastard Amenachet gilt als schönster Mann in Memphis, wenn nicht gar in Ägypten. Er ist eitel und selbstgefällig und provoziert mit seiner überheblichen Art gern Gäste, die er nicht mag. Bewahrt daher Gelassenheit.«

Anaxares warf Asarhaddon einen raschen, bedeutungsvollen Blick zu, den dieser aber nicht beachtete, sondern schulterzuckend erwiderte: »Was kümmert es den Falken, wenn ein Sperling sich aufplustert!«

Nicht jeder war im Goldenen Skarabäus erwünscht, das bemerkten Asarhaddon und Anaxares, als sie sich dem Hause näherten und eine Weile die ein und aus gehenden Gäste beobachteten. Einige waren den ebenholzschwarzen Wächtern offensichtlich bekannt, sie wurden ungehindert durchgelassen. Andere mußten wohl reichlichen Tribut an die Nubier zahlen, um zu den Auserwählten zu gehören. Bei einigen genügte das Vorweisen eines Siegels oder eines Papyrus.

Ein Empfehlungsschreiben von Chasechem hatten sie aus guten Gründen nicht dabei, so mußten sie darauf vertrauen, daß die schwarzen Wächter sie dennoch für würdig hielten, das vornehme Haus zu betreten. »Aschschur möge mich mit Aussatz strafen, wenn ich mich zuerst wie ein Stück Vieh mustern lasse und obendrein noch diese Bordellwächter besteche«, zischte Asarhaddon und wollte den Rückzug antreten.

Anaxares stieß ihn an. »Nur Mut, mein Freund, deinem vertrauenerweckenden Lächeln kann doch niemand widerstehen.«

Zu ihrer Überraschung wurden sie nur nach ihren Namen gefragt und dann unbehelligt eingelassen. Während Anaxares sich heimlich umsah, ob man ihnen nicht doch mit Spießen folgte, schritt Asarhaddon mit kühler Miene vorüber, als sei er täglicher Gast in diesem Hause.

Die halbdunklen Räume öffneten sich zu einem mit schlanken Säulen umstandenen Innenhof, und das hereinfallende Sonnenlicht wurde mehrfach durch geschliffene Bergkristalle gebrochen, die in den Wänden eingelassen waren. Es war, als gaukelten tausend bunte Schmetterlinge durch die Räume. Golddurchwirkte Vorhänge und künstlich geschaffene, steinerne Grotten bildeten zusätzlich verschwiegene Nischen. Der Innenhof war ein üppiger Palmengarten, wo kleine und große Wasserbecken, die vom Nilwasser gespeist wurden, zur Kühlung einluden. Gutgewachsene, fürstlich gekleidete Sklaven geleiteten Asarhaddon und Anaxares an einen freien Platz, wo sie sich auf bequemen Liegen ausstrecken konnten. Andere Sklaven brachten Wasser zum Waschen der Hände. Auf einem flachen Tisch lagen kandierte Früchte und Gebäck bereit. Man fragte, was sie zu speisen wünschten und welcher Wein dazu gereicht werden solle.

Der Sklave sprach in gebrochenem, aber gut verständlichem Aramäisch, einer Sprache, die fast überall verstanden wurde. Anaxares lauschte verwundert der Aufzählung der Speisen, unter denen man hier wählen konnte, und war verwirrt über die verschiedenen Zubereitungsarten. So erwähnte der Sklave allein acht Arten, eine Ente zu füllen, während Anaxares die köstlichen Beilagen nicht einmal alle dem Namen nach kannte. Ihm lief das Wasser im Mund zusammen, aber er wollte sich nicht die Blöße geben, daß er von den meisten Speisen noch nie etwas gehört hatte. Er fragte Asarhaddon gelassen, was er denn zu speisen wünsche, doch dieser hatte seine Aufmerksamkeit nicht so sehr dem geschwätzigen Sklaven, sondern den übrigen Gästen gewidmet, und antwortete kühl: »Ich vertraue deinem vortrefflichen Geschmack, mein Freund, und wähle dasselbe wie du.«

Nachdem sie sich für geschmorte Wachteln in scharfer, grüner Soße entschieden und auch den Wein nicht vergessen hatten, versicherte der Sklave, sie hätten eine ausgezeichnete Wahl getroffen, und eilte davon. Es dauerte nicht lange, und es standen zwei Mädchen vor ihnen. Anaxares stockte fast der Atem, als er sie sah. Ihre vollendet geformten Körper bedeckte ein so hauchdünnes Gespinst, daß es einem Nichts glich; goldene Ketten und Spangen klirrten an den schlanken Gelenken, die langen, schwarzen Haare und die nackte, braune Haut waren mit Goldstaub gepudert, so daß sie glänzenden Statuen glichen. Das Erregendste an ihnen aber waren ihre geheimnisvollen nilgrünen Augen, die sie mit schwarzen Strichen bis zu den Schläfen verlängert hatten. Zwischen den leicht geöffneten Lippen, die sie mit Henna gefärbt hatten, so daß sie blutrot leuchteten, schimmerten weiße, makellose Zähne. Sie sprachen sehr schlechtes Aramäisch, aber es war unschwer zu verstehen, daß sie ihnen Gesellschaft leisten wollten. Während Anaxares mit strahlendem Lächeln neben sich auf die Liege wies, fertigte Asarhaddon das andere Mädchen, das sich anschickte, neben ihm Platz zu nehmen, mit kurzen Worten ab.

»Soll ich später wiederkommen?« wisperte es.

»Nein!« erwiderte er schroff.

Sofort zog es sich zurück. Anaxares wechselte ins Akkadische, das nur gebildete Assyrer verstanden, und bemerkte: »Das war vielleicht nicht klug gehandelt. Von den außergewöhnlichen Reizen dieser Mädchen einmal abgesehen, du erregst nur unnötigen Verdacht mit deiner Zurückhaltung.«

Damit hatte Anaxares recht. Nachdem sie gespeist hatten, trat ein junger Mann an sie heran. Das zuvorkommende Lächeln seiner ausdrucksvoll geschnittenen Lippen schien wie festgefroren. Große dunkle Augen beherrschten sein Gesicht und konnten eine gefährliche Glut nicht verbergen, obwohl seine Haltung eher Zurückhaltung und Stolz bewies. Er war dunkelhäutiger als ein Ägypter; seinen herrlich gewachsenen Körper wußte er geschickt zur Geltung zu bringen. Er trug den knielangen ägyptischen Rock; ein kostbarer Gürtel betonte die schmalen Hüften. Der Oberkörper war bis auf eine breite Halskette nackt. »Ich bin Amenachet, der Besitzer dieses Hauses. Ich heiße euch willkommen. Mögen die Götter euren Aufenthalt segnen und eure Erwartungen und Wünsche sich erfüllen.« Er sprach fließend und beinah akzentfrei. Obwohl seine Begrüßung beiden gegolten hatte, ließ er seinen Blick unverwandt auf Asarhaddon ruhen.

Anaxares wandte sich nach einem kurzen Kopfnicken wieder mit zärtlichem Lächeln seiner Gefährtin zu und überließ Asarhaddon das weitere Gespräch. Dieser musterte Amenachet flüchtig und antwortete freundlich: »Wir danken dir für dein Willkommen, Amenachet. Das Essen ist vorzüglich, der Wein ist es auch. Du führst ein prachtvolles Haus.«

»Die Zufriedenheit meiner Gäste ist mein höchster Lohn. Du hast es vorgezogen, allein zu bleiben? Ich hoffe doch, daß es nicht daran lag, daß dir meine Lotosblüten nicht gefallen haben?«

»Bei Isis, nein, sie sind reizend, aber ich möchte den Zauber deines Hauses erst ganz auf mich wirken lassen, bevor ich mich entscheide.«

Amenachet verstärkte sein Lächeln. »Ich verstehe. Darf ich den leeren Platz an deiner Seite für einige Minuten ausfüllen? Ihr seid heute zum erstenmal hier, und ich erfahre gern etwas über meine Gäste.« Ohne die Antwort Asarhaddons abzuwarten, ließ er sich nieder, griff unbekümmert zu einem Stück Honigkuchen und fuhr fort: »Ich hörte, ihr seid assyrische Kaufleute. Zu uns kommen selten Assyrer, um Handel zu treiben. Seid ihr zum erstenmal in Memphis? Wo seid ihr untergekommen? Bei einem Freund oder in einem Gasthof?«

»Bei einem Freund«, erwiderte Asarhaddon ruhig. »Verzeih mir, aber ihr Ägypter seid recht neugierig.«

»Keineswegs, ich nehme nur Anteil an euch. Wäret ihr in einem der Gasthöfe abgestiegen, so hätte ich euch besser untergebracht, denn auch die besten genügen meist nicht den Ansprüchen vornehmer Gäste.«

Asarhaddon dachte an die Aufgabe, die sie in Memphis hatten, und erwiderte seufzend: »Wir sind durchaus nicht so vornehm, sondern einfache Händler. Wenn wir auch durch unseren Fleiß zu einigem Reichtum gekommen sind, so rümpft doch mancher königliche Beamte die Nase über uns und läßt uns zusammen mit Gauklern und Bittstellern vor der Tür warten.«

»Wenn das stimmt, müssen sie sehr töricht sein. Ich würde einen Mann wie dich niemals vor der Tür stehen lassen.«

Asarhaddon überhörte den sinnlichen Unterton. »Auch deine Wächter achten sehr genau darauf, wer dein Haus betritt, und lassen nicht jeden ein.«

»Haben sie euch den Eintritt verwehrt?« fragte Amenachet spöttisch.

»Nein, ich gestehe, daß ich überrascht war, denn wir hatten sie weder mit Gold bestochen noch eine Empfehlung bei uns.«

»Du selbst bist die Empfehlung. Meine Wächter haben ein geschultes Auge. Natürlich muß ich auf den guten Ruf meines Hauses achten und kann nicht jeden Tagedieb hereinlassen. Wer hat euch mein Haus empfohlen? Die Götter mögen ihm ein langes Leben schenken.«

»Unser Freund, bei dem wir wohnen«, entgegnete Asarhaddon etwas unwillig.

»Und wer ist euer Freund? Ich kenne jeden einflußreichen Mann in Memphis.«

»Möglich, aber ich lasse mich nicht gern ausfragen.«

Amenachet lächelte überlegen. »Ist es ein Kaufmann? Sicher nicht, so sicher wie auch ihr keine Kaufleute seid.« Er streckte die Hand aus. »Sag nichts! Meine Menschenkenntnis ist noch besser als die meiner Diener. Beruhige dich, ich will euch euer Geheimnis nicht entreißen. Hier geben viele vor, etwas anderes zu sein als sie scheinen, und nennen sie Namen, dann darfst du gewiß sein, daß sie falsch sind. Dein unbekannter Freund wird schon wissen, weshalb er dir den Goldenen Skarabäus empfohlen hat, denn bei mir verkehren – bescheiden gesagt – die Besten Ägyptens. Angeblich kommen die meisten wegen meiner Mädchen, aber viele nutzen den Ort und die Gelegenheit, ihre Geschäfte hier zu tätigen, und einige davon sollten besser nicht ans Tageslicht kommen.«

Asarhaddon ärgerte es, daß der Ägypter ihn durchschaut hatte, aber er gab sich weiterhin den Anschein von Gleichmut. »Es kränkt mich, daß du mich zu den Männern zählst, die unredliche Dinge im Sinn haben. Da kann ich dir nur versichern, daß du dich irrst. Wir sind Kaufleute aus Harran und beabsichtigen, mit unserer Ware stromaufwärts zu fahren, denn dort, so hörten wir, können wir sie gut absetzen.«

»Stromaufwärts liegt Napata«, erwiderte Asarhaddon lauernd. »Dort residiert der große Pharao.«

»Der dein Vater ist, nicht wahr?«

»Du weißt es also?« Amenachet zuckte mit den Schultern. »Ich bin nur einer seiner Bastarde.«

»Daß du nicht der Thronfolger bist, dachte ich mir«, grinste Asarhaddon, »denn sonst würdest du kaum dieses Haus führen.«

»Wer weiß, vielleicht bin ich so mächtiger als mein Vater«, bemerkte Amenachet dunkel. Dann fragte er belustigt: »Ihr wollt also eure Waren in Napata verkaufen?«

»Ja, wir —«

»Ich weiß schon«, lächelte Amenachet, »ihr wollt Zutritt zum Palast. Welche Art von Waren führt ihr denn mit euch? Dolche und Schwerter, Zedernhölzer oder kostbaren Goldschmuck? Natürlich sind alle diese Dinge nicht zu besichtigen, völlig unzugänglich aufbewahrt, nicht wahr?«

»Was sollten wir wohl sonst in Napata, wenn nicht Handel treiben?« fragte Asarhaddon vorsichtig.

»Das weiß ich nicht. Jedenfalls seid ihr kampfgewohnte, scharfäugige Männer und keine Krämerseelen. Was ihr in Napata wollt – nun, in den Palast gelangen, Beziehungen zu einflußreichen Personen knüpfen, wer weiß. Was es auch sei, ich bin der Mann, der euch dabei helfen kann.«

»Das würdest du tun? Du kennst uns doch überhaupt nicht. Was, wenn wir nun vorhätten, den Pharao zu ermorden?«

»Dann würde es ein großes, feierliches Begräbnis geben«, entgegnete Amenachet kühl.

»Du magst ihn nicht besonders?«

Amenachet machte eine wegwerfende Handbewegung. »Ist er mir jemals ein Vater gewesen? Meine Mutter hat er verstoßen, als ihre Reize ihn nicht mehr fesselten. Als ich alt genug war, bin ich bei ihm erschienen und habe meine Rechte eingefordert. Er hat mir Gold gegeben und gesagt, ich solle ihm nie wieder unter die Augen treten. Nun, daran habe ich mich gehalten. Aber meinen Namen soll er nicht vergessen. Ich kaufte dieses prächtige Haus, das damals noch der Wohnsitz eines hohen Beamten war, und machte ein Freudenhaus daraus, was meinen Vater gewaltig verdrießt und mich freut. Ich nannte es Goldener Skarabäus, weil der Skarabäus dem Pharao heilig ist, obwohl es sich doch nur um einen Mistkäfer handelt.«

»Auf welche Weise könntest du uns denn beim Verkauf unserer Waren helfen?« fragte Asarhaddon unbeirrt.

»Ich kenne die wichtigsten Männer am Hof und weiß, in welcher Reihenfolge man sie bestechen muß. Ich versichere dir, bei einer ausreichend hohen Summe verkaufst du im Palast Scherben als Krüge und ein geflicktes Tuch als Festgewand. Aber auch viele anderen Türen stehen euch dann offen.«

»Und wie hoch ist dein Preis, Amenachet?«

»Weißt du das wirklich nicht, Assyrer? Ich will dich.« Und Amenachet legte seine Hand besitzergreifend auf Asarhaddons Schenkel. »War ich denn nicht deutlich genug?«

Sanft, aber bestimmt schob Asarhaddon die Hand fort. »Deutlich genug schon, aber ich fürchte, du bist mir zu kostspielig. Ich kann einen hübschen Pharaonenbastard nicht bezahlen.«

»Man bezahlt mich nicht«, entgegnete Amenachet stolz, »aber man weist mich auch nicht ab. Ich suche mir die Gäste aus, mit denen ich schlafen will, doch nie für Gold, sondern zu meinem Vergnügen.«

Asarhaddon verzog keine Miene. »Wahrlich, es schmeichelt mir, daß du mich auserwählt hast, Amenachet, aber mit deiner Gunst ist es wie mit Schuhen – sie passen nicht jedem.«

Amenachet lachte spöttisch. »Willst du mir weismachen, daß du diese Art der Liebe nicht schätzt und noch nie gekostet hast? Die kleine Tanis, die du fortgeschickt hast, ist keine gewöhnliche Straßendirne. Ich kenne Männer edler Abkunft, die auf der Stelle ihretwegen die eigene Ehefrau verstießen. Du hast sie kaum eines Blickes gewürdigt, und da du kein Einsiedler bist, der sich von Heuschrecken ernährt und sein Werkzeug nur noch zum Wasserlassen benutzt, ist offensichtlich, wo deine Vorlieben zu finden sind. Außerdem neigen fast alle schönen Männer dazu, den Löffel verkehrt herum zu halten.«

»Ach!« bemerkte Asarhaddon spöttisch, »das ist wohl eine ägyptische Lebensweisheit, die ich selbst noch nicht bestätigt fand.«

»Es liegt auf der Hand«, erwiderte Amenachet freundlich. »Ein Mann, der zu der großen Tugend, ein Mann zu sein, noch den Vorzug der Schönheit fügt, hat es nicht nötig, sich vor einer Frau im Liebesrausch zu erniedrigen, sich lächerlich zu machen, bis sie ihn erhört. Er wird sich im Bewußtsein seines Wertes dem starken Geschlecht zuneigen.«

Asarhaddon unterdrückte ein amüsiertes Lächeln. »Du magst keine Frauen, wie?«

Amenachet machte eine gelangweilte Geste. »Sie sind fade, findest du nicht auch?«

»Du verwechselt meine vorübergehende Stimmung mit Abneigung. Das Mädchen – Tanis war sein Name? – gefiel mir ausnehmend gut, doch mich beschäftigen derzeit so viele Dinge, die eine Frau langweilen würden. Ich hätte die liebliche Tanis nur gekränkt, wenn ich ihr dadurch nicht die gebührende Aufmerksamkeit hätte schenken können.«

In Amenachets Augen begannen böse Flämmchen zu tanzen. »Weißt du, Assyrer, du beginnst mich zornig zu machen. Noch keiner hat Amenachet abgewiesen, denn ich verschwende meine Beredsamkeit nicht an Weiberknechte. Ich habe mich darin noch nie geirrt, und du wirst einen anderen Grund haben, mich zurückzuweisen. Du solltest ihn mir sagen, bevor ich es als üble Kränkung auffasse.«

Asarhaddon sah flüchtig zu Anaxares hinüber, aber der ließ sich offenbar gerade in die Grundbegriffe der ägyptischen Sprache einweisen, was mit sehr viel Kichern und eindeutigen Handgriffen verbunden war. Asarhaddon, der seine Gelassenheit nur bewahrte, weil er an sein Vorhaben dachte, sah finster auf das Turteln der beiden. Welch ein Freund, dachte er ergrimmt, der mich zuerst überredet, ein Bordell aufzusuchen, und der mich dann nicht nur einer lästigen Dirne, sondern einem überheblichen und dazu noch männerliebenden Gockel ausliefert.

Er sah Amenachet schräg von der Seite an. Nein, Chasechem hatte nicht übertrieben, Amenachet war gefährlich schön, dazu von edlem Geblüt, aber dennoch! Er war ein Bordellwirt, der überheblich seine Wahl treffen wollte. Das machte es Asarhaddon unerträglich, auf sein Angebot einzugehen, obwohl er längst gelernt hatte, Männerschönheit zu schätzen. Die Beziehungen des Ägypters allerdings konnten wertvoll sein. Asarhaddon zwang sich zu einem versöhnlichen Lächeln. »Dein überraschend offenes Angebot verwirrt mich etwas. Kaum hatte unser Gespräch begonnen, fand ich mich ausgefragt, durchschaut und begehrt. Gewähre mir Bedenkzeit, Amenachet, damit ich sowohl über dein Angebot wie über den Preis nachdenken kann. Ohnehin ist hier für beides nicht der richtige Ort. Heimliche Geschäfte und Liebesspiele sollten im verborgenen stattfinden.«

»Aus dir spricht die Weisheit Amuns«, lächelte Amenachet. »Ihr kommt also wieder?«

»Gewiß.«

Amenachet erhob sich, seine Augen funkelten. »Das hoffe ich sehr.«

»Sei unbesorgt. Einen Mann wie dich werde ich nicht warten lassen, doch etwas mehr Bescheidenheit dürfte dir schon anstehen, da ich genau wie du auch meine Ansprüche habe.«

Als Amenachet sich zurückgezogen hatte, störte Asarhaddon seinen tändelnden Freund etwas unsanft und sagte ärgerlich: »Es ist an der Zeit, daß du mit deiner ägyptischen Katze zum Ziel kommst, denn ich beabsichtige, alsbald dieses gastliche Haus zu verlassen.«

Anaxares sah sich um. »Oh, ist der edle Prinz schon gegangen? Du hättest ihn noch ein wenig mit deinem Charme fesseln sollen, denn es behagt mir nicht, jetzt in unsere priesterliche Herberge zurückzukehren und dem griesgrämigen Chasechem statt meiner Meritamun ins Gesicht zu sehen.«

Meritamun begriff rasch, daß ihr Gefährte aufgefordert wurde zu gehen, und sofort machte sie ihm deutlich, daß er bei ihr bleiben solle. Sie zerrte Anaxares am Ärmel und überfiel ihn mit Küssen und Umarmungen. Anaxares lachte.

»Du vergißt, daß wir eine Aufgabe hier haben«, bemerkte Asarhaddon gereizt. »Ich habe einiges mit dir zu bereden.«

»Und du vergißt, daß wir die Reise aus Kurzweil unternommen haben«, gab Anaxares unbekümmert zurück und ließ sich gern von den sanften Händen fortziehen. »Vielleicht verstehst du darunter etwas anderes als ich, aber Hinrichtungen werden hier schwerlich dargeboten. Gedulde dich noch ein Stündchen, vertreibe dir die Zeit mit Amenachet. Vielleicht ist er nicht nur schön, sondern auch mit Klugheit gesegnet.«

»Pack dich!« rief Asarhaddon, aber er lächelte nachsichtig

und bestellte sich noch einen Wein, bei dem er geduldig wartete, bis Anaxares zurückkehrte. Sie traten zu Fuß den Heimweg an. Anaxares schwärmte vom milden ägyptischen Klima, und Asarhaddon hörte geduldig zu. »Gewiß, mein Freund, das Klima ist mild, die Frauen sind unvergleichlich, alles an Ägypten ist wunderbar. Einmal wird es mir gehören, und deshalb sind wir hier. Doch durch Schwärmereien werden wir Taharka nicht von seinem Thron holen. Amenachet hat uns hier seine Hilfe angeboten.«

»Wie?« fragte Anaxares entsetzt, »du hast ihm unsere Absicht verraten?«

»Bin ich närrisch? Er weiß nichts. Allerdings nimmt er uns die Kaufleute nicht ab. Amenachet ist klug, vielleicht sogar gefährlich. Er behauptet, seinen Vater zu hassen, aber vielleicht war das nur ein Vorwand, mich zur Geschwätzigkeit zu verleiten. Wir werden Chasechem fragen, was wir von Amenachets Entgegenkommen zu halten haben.«

»Uneigennützig wird er uns nicht helfen wollen«, meinte Anaxares schulterzuckend. »Sein Preis wird hoch sein.«

»Ja, höher als du glaubst, unbezahlbar. Aber vielleicht kann ich ihn hinhalten und doch die erwünschten Auskünfte bekommen.«

»Aber Chasechem wird uns doch jede geforderte Summe – ah, ich verstehe schon.« Anaxares lächelte spöttisch. »Dein makelloser Körper ist wieder einmal gefragt.« Er hob bedauernd die Schultern. »Große Ziele erfordern große Opfer. Aber so groß dürfte es inzwischen doch nicht mehr sein, oder?«

»Was glaubst du eigentlich, wer ich bin?« ereiferte sich Asarhaddon. »Amenachets Lustknabe? Weil ich mit Sardur geschlafen habe, glaubst du wohl, ich liefe von nun an jedem kräftigen Schenkelpaar hinterher, so wie du den jungen Mädchen. Das eindeutige Angebot Amenachets war schamlos genug, und geböte es nicht die Klugheit anders, hätte ich ihm seine Gelüste schon ausgetrieben. Es ist geradezu unverständlich, weshalb mir immer wieder solche Männer über den Weg laufen und mich völlig grundlos zu ihresgleichen zählen.«

»Hättest du die Henne nicht zurückgewiesen, hätte sich der Hahn nicht aufgedrängt.«

»Ich ging nicht wegen der Unzucht in den Goldenen Skarabäus.«

»Das kann Amenachet doch nicht wissen.«

»Nein, aber dieser Frechling machte sich nicht einmal die Mühe, um mich zu werben. Er fordert mich ein, als sei ich sein Eigentum, und scheute sich nicht, noch versteckt zu drohen.«

»Das trifft dich«, erwiderte Anaxares schadenfroh grinsend, »aber Amenachet hat offensichtlich großen Einfluß in Memphis. Und er konnte schließlich nicht wissen, wem er da so unsittliche Anträge machte.«

»Das ist wahr. Nun, ich will sehen, wie ich ihn überlisten kann. Es wird allerdings nicht leicht sein, schließlich ist er der schönste Mann Ägyptens.«

»Er war es, bis du gekommen bist«, bemerkte Anaxares milde.

3

Am nächsten Tag besuchten sie den Goldenen Skarabäus erst am späten Abend. Sie hatten ägyptische Gewänder angelegt, um sich Klima und Landessitte besser anzupassen. Anaxares sah wohlgefällig an sich herunter. »Eine kleidsame Tracht, die sogar mich schmückt. Was wird meine Meritamun für Augen machen!« Er betrachtete lächelnd Asarhaddon. »Und was für ein Geschenk machst du heute Amenachet!«

»Laß deine unpassenden Bemerkungen! Ich wäre dir dankbar, wenn du auch einmal meine inneren Werte lobend erwähnen würdest.«

Bereits am Eingang kam ihnen Amenachet strahlend entgegen. »Meine Freunde! Ich glaubte schon, der Abend würde langweilig und einsam verrinnen, und nun seid ihr doch gekommen.«

Anaxares sah unverhüllte Leidenschaft in Amenachets Augen aufflammen, als er Asarhaddon ansah, und er spürte, welche Gefahr dieser Mann bedeuten konnte, wenn er nicht bekam, was er wollte. Amenachet sagte zu ihm: »Meritamun wartet schon auf dich. Oh, ich mußte sie trösten und ihr versichern, daß du wiederkommen würdest, Und nun kommt ihr als Ägypter. Prächtig!«

»Meritamun muß mir nur noch eure Sprache besser beibringen«, meinte Anaxares.

»Du bist zweifellos ihr bester Schüler«, erwiderte Amenachet ironisch.

»Was stehen wir hier schwatzend an der Tür?« fragte Asarhaddon ungeduldig, »wir sind hungrig und durstig.«

»Ich hoffe, auch auf mich«, gurrte Amenachet.

Asarhaddon warf ihm einen verächtlichen Blick zu und ging an ihm vorbei. Der betäubende Geruch verbrannten Weihrauchs legte sich ihm auf die Sinne. Eine leise, einschläfernde Musik kam von irgendwoher. Es waren viele Gäste anwesend, sie unterhielten sich gedämpft, manchmal hörte man ein schrilles Frauenlachen. Asarhaddon und Anaxares wurden dieselben Plätze wie am Vortag angewiesen. Amenachet beugte sich flüchtig zu Asarhaddon hinab. »Heute nacht«, flüsterte er, »und glaube nicht, daß du mich hinhalten kannst.«

»Bringe uns eine Ente, gefüllt mit frischen Feigen«, entgegnete Asarhaddon gelassen.

»Mein Diener kommt sofort.«

Anaxares sah Amenachet nach. »Du wirst es schwer haben, ihn ohne Gegenleistung auszuhorchen.«

»Schweig und verdirb mir nicht den Appetit! Sieh, dort kommt deine hübsche Meritamun.« Asarhaddon steckte sich eine Dattel in den Mund und lächelte ihr zu. Anaxares zog das errötende Mädchen auf sein Lager. »Hier ist dein Platz, schönes Kind. Wie? Du wechselst die Farbe? Können Männerblicke dich denn noch verlegen machen? Achte nicht auf meinen Freund, sein Lächeln galt dem Herrn des Hauses.«

Ihm flog ein Dattelkern an den Kopf.

Das Essen wurde aufgetragen. Meritamun und Anaxares

steckten sich gegenseitig die besten Bissen in den Mund. Asarhaddon trank dem Mädchen zu, das ihm verstohlene Blicke zuwarf. »Soll ich meine Schwester holen?« zwitscherte es.

»Nicht nötig«, grinste Anaxares. »Er ist heute nacht bereits vergeben.«

Am Eingang entstand Bewegung. Ein offensichtlich ranghoher Beamter hatte das Haus betreten; ihm folgte ein Schwarm von Leibwächtern und Bediensteten. Asarhaddon sah, wie Amenachet auf den neuen Gast zueilte, ihm vertraut die Hand auf die Schulter legte und ihn freundlich begrüßte. Dann verschwanden sie hinter einem Vorhang. Nach einer Weile kam Amenachet auf Asarhaddon zu und ließ sich zwanglos neben ihm nieder. »War die Ente gut?«

»Vorzüglich. Wer war der vornehme Ägypter, den du vorhin so eilfertig begrüßt hast?«

Amenachet lächelte. »Ein Freund meines Vaters.«

»Ach! Seine Freunde sind auch deine Freunde? Ich glaubte —«

»Ich lebe von meinen Gästen und nicht von meinen Vorurteilen.«

»Steht er dem Throne sehr nah?«

»Ich wahre das Geheimnis aller meiner Gäste, wie ich das eure wahre, aber sei unbesorgt, denn für euch hat er keine Bedeutung.«

»Und für dich, Amenachet? Ihr beide schient mir sehr vertraut.«

»Wie sich Männer vertraut sind, die bereits manche Nacht beieinander gelegen haben. Er ist nicht so spröde wie du, Assyrer.«

»Langsam! So zurückhaltend wie du mit deinen Auskünften bist, bin ich in dieser Sache.«

»Folge mir in mein Gemach, dort soll deine Neugier gestillt werden. Komm, was zauderst du noch?«

»Vielleicht habe ich es mir überlegt und kann auf deine Hilfe verzichten?«

Amenachets Augen wurden schwarz, sein Atem ging schneller. »Du willst mich zum Narren halten«, zischte er.

»Wer es je gewagt hat, sich Amenachet zu widersetzen, hat es bitter bereut. Ich kann dir die Türen zum Palast öffnen, aber ebensogut kann ich dich vernichten.«

Asarhaddon neigte sich leicht vor und legte Amenachet die Hand auf die Schulter. »Beruhige dich. Zeige dich beherrscht und beweise, daß du ein Mann bist. Du kennst mich nicht. Drohe mir nicht voreilig, vielleicht ist mein Freund in Memphis mächtiger als du.«

Amenachet zuckte zusammen, sein fiebriger Blick glitt rasch hin und her. »Mächtiger?« stieß er heiser lachend hervor. »Weshalb ebnet er euch dann nicht selbst alle Wege und schickt euch zu mir? Ist es ein Maschwesch, ein libyscher Spitzel? Oder ein Machimos, ein Söldner Nechos?«

»Necho? Wer ist das?« fragte Asarhaddon harmlos.

Amenachet machte eine abfällige Handbewegung. »Ein libyscher Hauptmann, der Pharao werden möchte. Ein Eselstreiber, dem der Stallmist noch am Saum klebt. Seine Danaer und Achäer sind zwar schöne, stattliche Burschen, aber ungehobelt, ohne Manieren, verstehst du? Doch was schwatzen wir von Necho und seinem Söldnerhaufen? Reden wir von euren Plänen, und tun wir das in meinem Gemach.«

Asarhaddon seufzte, weil ihm keine Ausflüchte mehr einfielen, und nahm noch einen kräftigen Schluck. »Also gut, geh voraus.«

Anaxares befaßte sich eifrig mit seiner schönen Gefährtin und tat, als bemerke er nicht, daß Asarhaddon mit Amenachet aufstand und ihm folgte. Verstohlen sah er den beiden hinterher. »Bei Aschschur«, murmelte er, »ich möchte nur wissen, was er vorhat. Hoffentlich tut er nichts Unbedachtes.«

Es vergingen fast zwei Stunden, bis Asarhaddon zurückkam. Er schlenderte mit gleichgültiger Miene durch den Saal und wollte seinen Platz bei Anaxares wieder einnehmen, doch dieser trat ihm plötzlich in den Weg und zog ihn am Arm in eine Nische. »Wie ist es ausgegangen?« flüsterte er.

»Zu unserer Zufriedenheit, denke ich«, sagte Asarhaddon kühl, »ich habe erfahren, was ich wollte. Weshalb nimmst du mich so heimlich beiseite? Ist etwas geschehen?«

»Du mußt auf der Stelle den Goldenen Skarabäus verlassen! Erinnerst du dich an den vornehmen Ägypter, der vor einigen Stunden das Haus betreten hat?«

»Gewiß. Kennen wir ihn?«

»Behalte jetzt bitte die Fassung! Es ist – Sardur!«

»Sardur?« wiederholte Asarhaddon entgeistert. »Das ist doch völlig unmöglich. Bist du ganz sicher?«

»So sicher, wie ich dich jetzt sehe.«

Asarhaddon packte Anaxares an den Schultern, seine Augen glühten. »Wenn er es ist! Ich muß ihn sehen, ich muß ihn sprechen!«

»Du wirst nichts dergleichen tun«, zischte Anaxares. »Wenn er dich erkennt, ist dein Traum von Ägypten ausgeträumt, und es dürfte uns nur unter Schwierigkeiten gelingen, Ägypten unbehelligt zu verlassen.«

»Aber sehen muß ich ihn. Ich kann doch nicht gehen, ohne –«

»Beim Stierhaupt deines blutbesudelten Götzen!« fauchte Anaxares, »du solltest jetzt selbst deine Amenachet empfohlene Beherrschung üben. Sardur ist in Memphis, weshalb, wissen wir nicht, aber er wird sich schon nicht über Nacht in Luft auflösen. Geh jetzt! Du wirst ihm noch begegnen, dafür werde ich schon sorgen. Aber laß mich die Sache in die Hand nehmen.«

Asarhaddon legte ihm dankbar die Hand auf die Schulter. Anaxares fühlte, wie sie zitterte. »Verzeih mir, ich habe mich wirklich gehen lassen. Du hast recht, wir dürfen uns hier nicht begegnen. Hat er dich gesehen?«

»Nein, aber ich werde ihn ansprechen. Ich allein errege keinen Verdacht.« Er gab Asarhaddon einen freundschaftlichen Stoß. »Überlaß nur alles mir. Wo ist eigentlich Amenachet? War es denn wenigstens schön?«

Asarhaddon drohte ihm mit der Faust. Anaxares lachte und durchquerte dann mit raschen Schritten den Saal. Als er den Vorhang beiseite schieben wollte, hinter dem Sardur mit seinen Männern saß, trat ihm ein breitschultriger Hüne entgegen und vertrat ihm den Weg. »Wohin willst du?«

»Ich will zu deinem Herrn.«

»Mein Herr ist für niemand zu sprechen, scher dich fort!«

»Für mich schon, du unhöflicher Klotz. Ich rate dir, augenblicklich den Weg freizugeben, sonst wirst du von mir Faust und von deinem Herrn die Peitsche schmecken.«

Anaxares Auftreten verfehlte nicht seine Wirkung. Anaxares sah, wie der grobschlächtige Ägypter verlegen vor Sardur trat und kaum wagte, ihn zu belästigen. Er ging hinein und rief: »Guten Abend, Sardur!«

Der fuhr herum, als habe ihn ein Skorpion gestochen. Als er Anaxares erblickte, wurde er aschgrau im Gesicht. »Anaxares!« stieß er betroffen hervor, »bist du es selbst oder dein Geist?«

Sardurs Begleiter schauten verwundert auf den Eindringling. Anaxares sah in die Runde und bemerkte amüsiert: »Ich bin aus Fleisch und Blut. Aber du bist bei deinen ägyptischen Freunden wohl nicht unter deinem churritischen Namen bekannt?«

Sardur sprang auf. »Gerechter Himmel! Was tust du in Memphis?«

»In Memphis und im Goldenen Skarabäus, Sardur! Das, was alle hier tun, ich suche mein Vergnügen. Du bist überrascht, mich zu sehen, aber ich habe dich ebensowenig hier erwartet. Was tust du in Memphis?«

Sardur ließ seine Blicke unruhig wandern. »Bist du allein hier?«

»Ich hatte eine süße Gefährtin, die ich vorübergehend verlassen habe, um mit einem Freund Wiedersehen zu feiern. Ich würde dich gern allein sprechen, ist das möglich?«

»Natürlich, komm mit, ich habe ein Zimmer hier.«

»Ein Zimmer im Goldenen Skarabäus?«

»Ich wohne nicht in Memphis. Wenn ich in der Stadt bin, übernachte ich hier.«

Anaxares folgte Sardur in sein Gemach. Als sie allein waren, sah Anaxares Sardur fragend an. »Wollen wir uns denn nicht umarmen, wie es unter Freunden üblich ist?«

»Meine Freude über unser Wiedersehen ist sehr zwiespältig«, murmelte Sardur.

»He, alter Freund! Ist das der Ort und die Zeit, ein griesgrämiges Gesicht zu machen? Ich freue mich unbändig, daß ich dich getroffen habe. Komm an meine Brust!«

»Ich freue mich auch, aber lassen wir die Umarmungen, ja? Es ist nicht ratsam, daß wir uns allzu nahe kommen. Sag mir, was du in Memphis tust.«

Anaxares zuckte mit den Schultern und ließ sich in einen Sessel fallen. »Ich weiß nicht, weshalb du so zurückhaltend bist. Hier ist Ägypten, und ich bin kein General, der feindliche Truppen gegen dich führt, nur ein Mann, nur ein Freund, Sardur, verstehst du? Oder willst du Vergangenes aufrühren? Du weißt sehr gut, daß alles so geschehen mußte, wie es geschah.«

»Für dich hat sich nichts geändert, Anaxares«, sagte Sardur bitter, »ich aber lebe jetzt in Sardes bei meinem Schwager.«

»Aber du lebst«, fiel Anaxares ein, »und du siehst gut aus, unverschämt gut. Ach, diese freizügige ägyptische Kleidung, die jeden halbnackt herumlaufen läßt, macht uns alle unwiderstehlich. Als ich dich zum letztenmal sah – ich meine, du hast alles gut überstanden.«

»Ja. Körperliche Beschwerden habe ich nicht. Meinen Männern ist es schlechter ergangen. Man hat ihr Fleisch wahrscheinlich den Hunden vorgeworfen.«

»Also das ist es, du kannst es nicht vergessen! Habe ich sie vor Aschschurs Altar gezerrt, wie?«

»Ich mache dir keine Vorwürfe, aber du bist Assyrer. Nicht die Vergangenheit läßt mich zurückhaltend sein, denn du hast dich als Freund erwiesen, sondern die Zukunft.«

»Was willst du damit sagen?«

»Der Tag wird kommen, an dem ich Vergeltung üben muß. Dann werden wir wieder zu Feinden, Anaxares. Also weshalb unsere Gefühle überfließen lassen? Das würde unnötig unsere Herzen beschweren.«

»Du denkst an Rache?« fragte Anxares betroffen. »Aber das ist doch Wahnsinn! Du konntest nichts gegen Assyrien ausrichten, als du noch König von Urartu warst, und jetzt?«

»Jetzt bin ich ein Niemand, denkst du. Du hast recht. Ich esse das Gnadenbrot am Hofe König Gyges. Ich bin dort nur geduldet; ein König ohne Thron, ohne Land. Es ist ein Leben ohne Hoffnung, es sei denn, ich weihe es der Rache und dem einzigen Ziel, das zu erreichen sich lohnt: Urartu!«

»Du glaubst wirklich, du könntest es zurückerobern?« fragte Anaxares mitfühlend. »Was für einem Trugbild jagst du nach? Komm zu mir nach Ninive, dort bist du willkommen, nicht nur geduldet; dort genießen wir beide das Leben und denken nicht mehr an Krieg und Feindschaft.«

»Du meinst es gut, Anaxares, aber du sprichst mit einem Mann, der zu herrschen geboren wurde. Meine Vorväter waren Könige, und nur der Thron Urartus ist mein rechtmäßiger Platz.«

»Und wie willst du ihn erringen?«

»Soll ich das vor einem assyrischen General ausbreiten?«

»Bist du deshalb in Ägypten? Suchst du hier Bundesgenossen? Amenachet sagte, du seist ein Freund seines Vaters. Du trittst mit einer ägyptischen Leibwache auf. Was hat das zu bedeuten?«

»Von mir erfährst du nichts. Aber wenn wir schon beim Ausfragen sind, was für Pläne verfolgst du in Ägypten?«

»Pläne? Du irrst dich. Ich habe einen Freund besucht, einen alten Kampfgefährten aus Medien, der hier mit einer Ägypterin verheiratet ist. Willst du uns nicht besuchen?«

»Wie heißt er? Wo wohnt er?«

»Er heißt Melesias und wohnt in der Schmiedegasse«, log Anaxares. »Weißt du, wo das ist?«

»Ist das nicht in der Nähe des Amun-Tempels?«

»Ganz recht. Wirst du kommen? Bitte, Sardur, du kannst mir das nicht abschlagen. Wir sitzen dann zusammen und –«

»Und plaudern von alten Zeiten?« unterbrach Sardur grimmig. »Von sehr alten«, erwiderte Anaxares sanft. »Es ist ja nicht so, daß ich dich nicht verstünde, aber –«

»Du verstehst nur die Hälfte!« unterbrach ihn Sardur aufgebracht. »Mein Leben, weißt du, was das ist? Eine einzige Schmach! Ich habe meine Männer in den Tod getrieben, und Rechtens wäre es gewesen, wenn ich vor allen dafür gebüßt hätte. Doch er – er schenkte mir das Leben. Was für ein schändliches Geschenk!« Sardurs Stimme ging in ein

Schluchzen über, und Anaxares berührte sanft seine Hand. »Asarhaddon hätte nicht mehr leben können, Sardur, du mußt es ihm verzeihen.«

»Muß ich das? Nun, es ist unerheblich, ob ich ihm verzeihe. Wichtig ist allein, daß ich die Schmach, die er mir angetan hat, tilge, indem ich ihm Urartu wieder entreiße. – Wie geht es ihm?«

»Es geht ihm – gut.«

»Das dachte ich mir, er hat ja den Krieg nicht verloren.«

»Sardur! Sein Amt befahl ihm, dich mit eigener Hand zu schinden!«

»Ich weiß, er hat es mir gesagt.«

»Er war verzweifelt, er wußte keinen Ausweg mehr.«

»Doch dann kam er auf den unübertrefflichen Einfall mit Hamoyar. Weshalb ist ihm für meine Männer nichts Ähnliches eingefallen?«

»Er hat dich geliebt, nicht deine Männer. Tadele seine Schwäche, aber du liebst ihn doch auch, oder?«

»Ja, wir lieben uns, an diesem Wahnsinn krankt unser Leben. Diese Liebe kann nur mit dem Tod des anderen erlöschen, und Asarhaddon weiß das. So war es nicht nur schändlich, es war auch töricht, mich fliehen zu lassen, denn er hat dafür gesorgt, daß unser Kampf nie aufhört.«

Anaxares seufzte. »Ja, es ist ein Verhängnis. Laß uns nicht mehr davon reden, weder von der Vergangenheit noch von der Zukunft. Blicken wir auf die Gegenwart.« Anaxares lächelte. »Daß wir uns im Goldenen Skarabäus getroffen haben, muß doch seinen Sinn haben. Nicht gerade ein passender Ort für verzweifelte Gemüter, Sardur. Ich bin erstaunt.«

»Weshalb? Ich lebe, also muß ich atmen, muß ich essen, also vergnüge ich mich. Für mein Vorhaben muß ich stark sein. Ich habe keine Veranlassung, mir Asche aufs Haupt zu streuen.«

»Ich kann dir nur beipflichten«, rief Anaxares, erleichtert darüber, daß sich endlich die Gelegenheit bot, das Thema zu wechseln. »Wie gefallen dir die Mädchen hier? Oh, ich vergaß –«

»Du brauchst dich nicht zu entschuldigen. Ich schlafe auch mit Frauen.«

»Aber doch sicher nicht, wenn ein Mann wie Amenachet in der Nähe ist?«

»Amenachet?« Sardur lächelte. »Eine Raubkatze, die gezähmt werden will.«

»Du hast deine Erfahrungen mit ihm?«

»Gelegentlich, ja.«

»Und ist er ein guter Liebhaber?«

»Aber Anaxares! Willst du vielleicht auf unser Ufer wechseln?« Dieser errötete.

»Bestimmt nicht. Ich frage nur, um dich auf andere Gedanken zu bringen. – Wollen wir nicht gehen?«

»Wohin?«

»In das Haus meines Freundes.«

»Jetzt? Mitten in der Nacht? Er wird schon schlafen.«

»Es ist ein großes Haus, wir werden ihn nicht stören.«

»Die Straßen sind um diese Zeit unsicher.«

»Wir beide müssen doch keine Räuber fürchten.«

Sardur lächelte. »Nein, das müssen wir nicht.«

»Ach, ich wünschte, uns überfielen einige Strolche, dann würden wir es ihnen zeigen. Seite an Seite, Sardur, nicht gegeneinander, wäre das nicht wunderbar?«

»Vielleicht.« Sardur sah Anaxares an. »Bei meiner Seele! Die Welt dreht sich wie eine Töpferscheibe, sagen die Ägypter, und sie haben recht. Ja, gehen wir.«

Schweigend gingen sie durch die dunklen Gassen. Von irgendwoher ertönte leises Lachen und aufgeregtes Flüstern. Eilige Schritte verhallten in der Nacht, Eisen klirrte, eine Wache schritt vorüber.

Anaxares atmete tief ein. »Die Stadt schläft nicht«, sagte er.

»Nachts ist Ägypten am schönsten, wußtest du das nicht?«

»Dabei beten sie hier die Sonne an. Wo bleiben eigentlich unsere Räuber?«

»Sie liegen wohl in den Armen einer schönen Frau und vergeuden solche Nächte nicht mit Überfällen.«

»Wir sind da.«

Sardur schaute zu den mächtigen Fassaden hoch, die

schwarz in den sternübersäten Himmel ragten. Der Sklave am Tor leuchtete mit einer Fackel und führte sie hinein. Sie betraten den Vorraum, der von Öllampen erhellt wurde. Sardur betrachtete verwundert die Wandgemälde, den säulengeschmückten Gang, der zu den hinteren Räumen führte, und die steinernen Sphinxen in den Nischen. »Der Oberpriester des Amun-Re von Memphis kann nicht prächtiger wohnen«, staunte Sardur.

Anaxares war ein wenig unbehaglich zumute. Er hatte Sardur mit einer Lüge hierhergelockt. Verlegen räusperte er sich. »Gehen wir doch in den Innenhof, dort können wir noch ein wenig plaudern; bald wird es hell, dann sollten wir einige Stunden schlafen.«

Sardur nickte. Anaxares fragte den Sklaven, der sie begleitet hatte: »Schläft mein Freund?«

»Ja, Herr, er hat sich bereits zur Ruhe begeben.«

Anaxares atmete erleichtert auf. Er wollte jetzt gern mit Sardur allein und unbeschwert zusammen sein. Sie traten hinaus in den Palmengarten, der zu jedem vornehmen Haus gehörte, und unterhielten sich bis zum Morgen. Als der neue Tag anbrach, führte Anaxares Sardur in ein Gästezimmer und ging zufrieden schlafen. Es war ihm gelungen, Sardur zum Lachen zu bringen wie in alten Zeiten.

4

Ihm waren nur wenige Stunden Schlaf vergönnt, denn er wurde bald durch ein heftiges Rütteln geweckt. Asarhaddon stand angekleidet an seinem Bett und schalt ihn einen Langschläfer. Anaxares blinzelte ihn an und grinste müde; wußte er doch allzu gut, was Asarhaddon an sein Bett trieb.

»Nun, was ist mit Sardur?« fragte Asarhaddon ungeduldig. »Hast du mit ihm gesprochen? Rede!«

»Langsam, du hast mich mitten aus einem schönen Traum gerissen, ich muß erst einmal mit der ernüchternden Wirklichkeit deiner Anwesenheit fertigwerden.«

»Ich lasse dich gleich ein Bad im Nil nehmen, wenn du nicht sofort aufstehst und berichtest.«

»Nur Geduld, du siehst, ich bin schon dabei. Hast du auch so einen wunderbaren Traum gehabt?«

»Ja, ich fütterte die Krokodile mit dir, und mein Traum wird wahr, wenn du mich weiter hinhältst.«

»Welch ein garstiger Traum! Ich dachte, du träumst von Amenachet.« Anaxares sprang nach dieser Bemerkung blitzschnell aus dem Bett und brachte sich in Sicherheit.

Asarhaddon lachte. »Ja, ihn verspeisten die Krokodile zum Nachtisch. Doch nun laß die Scherze! Du bist gut aufgelegt, also war das Zusammentreffen mit Sardur erfreulich, habe ich recht? Rede endlich!«

»Es war halbwegs erfreulich. Und du mußt mir ewig dankbar sein. Sardur ist hier.«

»Hier im Haus?« fragte Asarhaddon freudig erregt.

»Ja, er schläft im Gästezimmer. Aber geh noch nicht zu ihm! Er weiß nichts von deiner Anwesenheit und glaubt, ich sei hier bei einem früheren Kampfgefährten aus Medien zu Gast. Asarhaddon – Sardur wird dir nicht um den Hals fallen. Er ist immer noch dein Feind, deshalb müssen wir vorher über ihn sprechen.«

Asarhaddon nickte. »Sicher – er zürnt mir wegen der Flucht, die ich ihm aufzwang. Ich werde ihn seinen Zorn hinausschreien lassen und ihn dann besänftigen.«

Anaxares schüttelte den Kopf. »Damit ist es nicht getan. Er hat mir verraten, daß er in seinem Leben nur noch ein Ziel kennt: den Thron von Urartu. Er wird alles tun, um ihn wiederzuerlangen. Er hat schon zu Taharka Beziehungen geknüpft.«

»Welcher Art?« fragte Asarhaddon bleich. »Was sind seine genauen Pläne?«

»Die hat er mir aus guten Gründen nicht verraten, aber ich hatte nicht den Eindruck, daß er nur einem Wolkengebilde nachjagte, sondern bereits eine gründliche Strategie entwickelt hat. Taharka spielt dabei eine wichtige Rolle. Außerdem verfügt er wieder über Lydiens ganze Armee; Gyges hat die Steppenhorden von seinen Grenzen vertrieben. Gyges und Taharka, eine nicht ungefährliche Zange im Westen.«

»Bei Aschschur, das ist wahr! Wir müssen wissen, was er plant, um ihm zuvorzukommen.«

Anaxares sah Asarhaddon achselzuckend an. »Sardurs Komplott gegen Assyrien aufzudecken, überlasse ich dir. Gemeinhin verhört man dazu den Mann unter der Folter.«

»Welch weiser Rat! Zwicke du ihn doch mit glühenden Zangen!«

»Ich? O nein, ich bin sein Freund.«

»Und was bin ich?«

»Sein Freund und sein Geliebter, doch nebenbei bist du der König. Deine Sache ist es, hier eine Entscheidung zu treffen. Ja«, fuhr Anaxares ernst fort, »du mußt dich endgültig entscheiden, auf welche Weise du diese unselige Feindschaft oder diese unselige Liebe aus der Welt schaffen willst.«

Asarhaddon nickte nachdenklich. »Das werde ich wohl müssen. Wenn Sardur seine feindliche Haltung nicht ändert und zu erkennen gibt, daß er seine gegen mich gerichteten Ziele auch weiter verfolgen will, darf er dieses Haus nicht mehr lebend verlassen.«

Anaxares schrie leise auf. »Asarhaddon!« Dann murmelte er: »Nein, du tust es nicht, eher gibst du dir selbst den Tod.«

»Ich liebe Sardur«, sagte Asarhaddon belegt, »aber wenn ich wählen muß zwischen ihm und Assyrien – ließe ich ihn gehen, er würde mich kaltblütig Taharka ausliefern.«

»Schon möglich«, antwortete Anaxares bedrückt, »ich kann dir diesmal keinen Rat geben.«

»Welchen Rat?« kam es da schneidend von der Tür. »Welcher Rat kommt von deiner falschen Zunge, du elender Heuchler und Betrüger?«

Anaxares zuckte zusammen und streckte bittend und abwehrend die Hand aus. »Sardur – verzeih mir.« Er war totenblaß geworden, so überrascht zu werden.

»Laß uns allein«, murmelte Asarhaddon und starrte auf Sardur wie ein Gefangener, der nach langer Dunkelhaft das Licht erblickt. Sardur spürte das Verlangen in diesem Blick, und seine haßverzerrten Züge glätteten sich, seine Lippen zuckten vor mühsamer Beherrschung, und er schlug befangen für einen Augenblick die Augen nieder. Dann aber richtete er sie wieder auf Asarhaddon. »Du bist in Memphis! Beim Schlund der Hölle, welcher von Taharkas Männern hat assyrisches Gold genommen? Wer ist der Verräter?«

»Wovon sprichst du, Sardur?« fragte Asarhaddon sanft. »Dies ist das Haus Chasechems, dessen Gast ich bin. Glaube mir, als Anaxares mir im Goldenen Skarabäus –«

»Du warst dort?« entfuhr es Sardur.

»Ja – auf Anraten Chasechems.«

»Nun, was geht es mich an? Sprich nur weiter!«

»Ich wollte nur sagen, daß ich ebenso überrascht war, dich hier zu treffen, wie du jetzt. Glaube mir, es ist ein Zufall.«

»Ein Zufall?« wiederholte Sardur höhnisch. »Doch wohl eher Anaxares' betrügerische Absicht.«

»Er mußte dich täuschen, du wärst sonst wohl kaum gekommen. Verzeihe ihm.«

»Daß ich jedermann verzeihen soll, hörte ich in den letzten Stunden häufiger. Während ihr beide die Welt aufteilt, nicke ich freundlich dazu und übe mich in selbstloser Vergebung.«

»Deine Rede ist hitzig und anklagend, Sardur. In Assur hörte ich ganz andere Töne von dir. Ist es möglich, daß deine Gefühle sich so geändert haben?«

»Damals glaubte ich sterben zu müssen«, sagte Sardur leise, »also durfte ich von ihnen sprechen, doch dann hast du mich hintergangen.«

»Das gebe ich zu, und ich bedauere es nicht. Du stehst vor mir so stark und schön wie damals in unserer ersten Nacht. Das Schicksal hat bei dir keine Spuren hinterlassen.«

»Beurteile mich nicht nach dem äußeren Schein«, entgegnete Sardur hart, »inwendig sind meine Wunden noch nicht vernarbt.«

»Und doch muß es eine Bestimmung sein, daß wir uns hier in Ägypten begegnen«, erwiderte Asarhaddon bewegt.

»Freilich, wenn es deinen Zielen dient, glaubst du plötzlich an göttliche Fügung«, höhnte Sardur.

»Welchen Zielen? Wenn du von einer Versöhnung zwischen uns sprichst, so hast du recht. Oder willst du das, was geschehen ist, ewig widerkäuen wie das unvernünftige Vieh?«

»Wie gern reichte ich dir die Hand«, bemerkte Sardur bitter, »doch der flügellahm geschossene Habicht bittet nicht mehr um die Gnade des Jägers. Nur mit dem Zepter Urartus in der linken Hand würde ich dir meine rechte geben.«

»Dein Stolz beherrscht dich, und du läßt zu, daß er dir dein Leben verbittert.«

»Und dich macht die Machtgier hoffärtig und blind.«

»Was ich besitze, habe ich mir erstritten. Ich habe gesiegt, du hast verloren. Ein weiser Mann fügt sich in das Unabänderliche und zürnt nicht ewig.«

»Ich bin nicht weise, ich bin töricht. Ich Nichtswürdiger werde von der Sonne deiner Gnade beschienen und könnte behaglich im Lichte deiner Zuneigung sitzen, statt dessen will ich nur meine bedeutungslose Ehre wiederherstellen. Ich bin ein Narr, Asarhaddon, also laß mich gehen!«

»Ich lasse dich nicht fort.«

»Bin ich dein Gefangener?«

»Nein, ich bitte dich zu bleiben.«

Sardurs Augen wurden zu Schlitzen. »Ich bleibe, wenn du mir sagst, weshalb du in Memphis bist, aber mache mir nicht weis, daß du mit Chasechem einen priesterlichen Gedankenaustausch pflegst.«

»Ich bin hier, um Taharka zu stürzen«, erwiderte Asarhaddon mit brutaler Offenheit.

Sardur riß die Augen weit auf. »Du – du streckst deine Hand nach Ägypten aus?«

»Warum nicht? Wenn es mir wie eine reife Frucht in den Schoß fällt?«

»Ägypten – eine reife Frucht?« lachte Sardur. »Wie kommst du darauf? Das Gegenteil ist wahr. Taharka und Gyges haben gegen Assyrien bereits ein Bündnis geschlossen, und sie warten nur noch auf einen Gast aus Susa, der das Netz um Assyrien dann auch von Süden her zuzieht. Humbanhaltasch ist auf dem Wege nach Napata.«

»Das ist unmöglich!« stammelte Asarhaddon und lehnte sich an einen Pfeiler.

»Unmöglich? Ich sage dir, in einigen Wochen stehen die Heere an deinen Grenzen, und ich bin es, der das Bündnis der drei geschmiedet hat.«

»Dann ist es also wahr, was Anaxares mir erzählt hat!« stieß Asarhaddon zornbebend hervor. »Elender! Ich sollte dich sogleich –« Asarhaddon vollendete seinen Satz nicht, sondern ballte nur die Fäuste. »Geh! Hinaus mit dir! Betrachte dich als meinen Gefangenen. Ich werde über dich und deine ungeheuerliche Enthüllung nachdenken.«

Sardur verzog keine Miene. Er drehte sich um und ging wortlos davon.

Asarhaddon starrte ihm hinterher. Er sah auf die Tür, durch die Sardur hinausgegangen war, hinaus und fort, wie in Ekbatana. Asarhaddon wollte dieses Bild aus seinen Gedanken vertreiben, wollte seinen Kopf frei machen für tatkräftige, schnelle Entschlüsse, die jetzt erforderlich waren, nachdem Sardur ihm die Bedrohung offenbart hatte, doch er konnte nur einen Gedanken fassen: Ich möchte, daß Sardur bei mir ist, ich möchte ihn sehen, seine Stimme hören, ihn berühren.

Anaxares trat ein und sah den abwesenden Ausdruck auf Asarhaddons Gesicht. »Ich sah Sardur hinausgehen – das war ein kurzes Gespräch.«

Asarhaddon zuckte leicht zusammen, dann sagte er gefaßt: »Geh und gib den Wachen Befehl! Sardur darf das Haus nicht verlassen.«

»Das habe ich bereits gestern veranlaßt«, erwiderte Anaxares. »Was hast du erfahren?«

Asarhaddon lächelte abwesend. »Wie immer warst du umsichtiger als ich. Aber ich bin befangen und unentschlossen in dieser Sache und brauche deine Hilfe. Es ist schlimmer als wir annahmen.« Dann schilderte er Anaxares in kurzen Worten, was er von Sardur gehört hatte.

»Bei den Göttern!« rief Anaxares aus, »und wir sind hier im Feindesland, weit fort von Assur. Du hieltest die Reise für unbedenklich und die assyrischen Grenzen für sicher.«

»Ich habe mich geirrt. Meine Gegner weiß ich stets einzuschätzen, doch ein Freund kann mich leicht täuschen.«

»Wir müssen diese schlimme Wende sofort mit Chasechem besprechen, und Sardur –«

»Ja, Anaxares, was machen wir mit Sardur?«

Anaxares breitete hilflos die Arme aus. »Es ist deine Aufgabe, hier eine Lösung zu finden. Ich weiß nur, daß die Sache keinen Aufschub duldet.«

Asarhaddon antwortete nicht, und sie schwiegen beide eine lange Zeit. Dann sagte Asarhaddon knapp: »Ich werde die unmittelbare Bedrohung Assyriens abwenden.«

»Sprich nicht so geheimnisvoll, was hast du vor?«

»Frage nicht, gedulde dich bis morgen, und überlaß alles mir.«

5

Fast übergangslos wich hier der Tag der Nacht. Sardur saß im Palmengarten und warf kleine Steinchen in den Fischteich; hinter den Bäumen standen zwei Wächter und beobachteten ihn. Asarhaddon trat hinaus zu ihm; eine Handbewegung von ihm verscheuchte die Wache. Er räusperte sich. Sardur drehte sich um. Er öffnete den Mund, als wollte er etwas sagen, doch dann wandte er sich wieder ab und fuhr fort, Steinchen ins Wasser zu werfen. Asarhaddon schlenderte an seiner Bank vorbei, stellte sich an den Rand des Teiches und schaute ihm eine Weile zu. Keiner sprach ein Wort.

»Der Nachthimmel Ägyptens ist ein schwarzer Kristall, und seine Sterne schimmern wie die Augen meines Geliebten«, bemerkte Asarhaddon plötzlich, als spräche er mit sich selbst.

Sardur zuckte zusammen und warf Asarhaddon einen schnellen Blick zu, doch dieser hatte sich abgewandt und entledigte sich seines Obergewandes, das er sorgfältig zusammenfaltete und neben Sardur auf die Bank legte. »So würde vielleicht heute nacht ein verliebtes Mädchen zu seinem ägyptischen Freund sprechen«, fuhr Asarhaddon sanft fort, »meinst du nicht auch?«

»Was tust du?« fragte Sardur heiser und fuhr sich über die trockenen Lippen.

Asarhaddon sah Sardur unschuldig an. »Findest du nicht, daß es drückend heiß ist? Ich verschaffe mir ein wenig Abkühlung, und du solltest es auch tun.« Er machte eine wirkungsvolle Pause und bemerkte zufrieden, daß Sardur den Blick nicht von seinem Körper wenden konnte. »Ich werde heute nacht auf dem Dach schlafen«, fuhr Asarhaddon beiläufig fort. »Dort ist es angenehmer. Ich glaube, ganz Memphis schläft in solchen Nächten auf den Dächern.« Er lächelte treuherzig bei seinen Worten und legte mit einer nachdrücklichen Geste seinen Dolch auf das Gewand. Seine Bewegungen waren sinnlich herausfordernd und gleichzeitig unbeteiligt, fast gleichgültig. Ohne sich umzusehen, ob Sardur ihm folgte, ging er zur Treppe, die hinauf führte. Er hörte ihn schwer atmen. Als Asarhaddon die ersten Stufen genommen hatte, rief Sardur: »Was soll das alles? Willst du mich verführen?«

Asarhaddon drehte sich um und hob erstaunt die Augenbrauen. »Könnte ich das denn, Sardur?«

Sardur trieb es die Röte ins Gesicht. Er wollte wütend antworten, doch seine Stimme gehorchte ihm nicht. Dort oben mit Asarhaddon! Das wäre so schön, daß ich schreien möchte. Seinen warmen Körper nur noch einmal spüren und dann sterben, weil das Leben ohne ihn nichts ist. – Er wartet auf mich, doch wie stolz steht er da! Er sollte mir zu Füßen liegen, wenn er mich begehrt!

Eine Welle wütenden Stolzes brandete in ihm auf. »Geh allein schlafen!« zischte er. »Eine warme Sternennacht und deine nackten Schultern sollen mich wohl vergessen machen, was uns unerbittlich trennt. Der Feind steht bald vor deinen Toren, ob du mich hier festhältst oder nicht.«

Asarhaddon kam die wenigen Stufen wieder herunter. Wäre Sardur nicht so verwirrt gewesen, hätte er in Asarhaddons dunklen Augen lesen können, daß der stolze Sieger von Urartu ihm längst zu Füßen lag, seine Liebe erbettelnd. Aber der heiße, verzehrende Blick richtete sich auf einen Blinden. »Gibt es wirklich etwas, das uns trennen muß?« fragte er sanft.

Seine ruhige, warme Stimme machte Sardur rasend. »Ich bin es leid, mich zu wiederholen. Ja, ich lebe durch deine Gnade, aber ich wollte sie nicht, diese schändliche Gnade, ich wollte es nicht, dein feiges Mitleid. Glaubst du, daß ich dir für meine Rettung zum Dank die Füße küssen werde?«

»Die Füße?« wiederholte Asarhaddon ironisch. »Keineswegs, etwas weiter oben möchte ich schon geküßt werden.«

»Du hast manches gelernt in den ägyptischen Freudenhäusern«, gab Sardur boshaft zurück. »Mit deinen dreisten Anspielungen könntest du dir in den Gassen manches Kupferstück verdienen.«

»Wieviel zahlst du mir?« fragte Asarhaddon ungerührt.

Sardur packte den Dolch, der neben ihm lag. »Ich zahle mit Eisen, Assyrer! Das ist die Münze, mit der ich Feindesschuld begleiche.«

»Tötest du Unbewaffnete, Churriter?« Asarhaddon rollte das R nachdrücklich und dehnte das I spöttisch in die Länge.

Sardurs Lippen zuckten. »Zwischen uns steht der Tod. Und du wirst es sein, der mich töten muß, Asarhaddon. Denn wenn du mich gehen läßt, kommst du nicht lebend aus Ägypten hinaus.«

»Das ist wahr«, gab Asarhaddon zu und sah Sardur ernst an. Dann änderte er die Tonlage seiner Stimme. Kalt fuhr er fort: »Ja, Sardur, es ist deine letzte Nacht. Entscheide selbst, wo du sie verbringen möchtest: vergraben in deinen Haß, sinnlos grübelnd, mich und die Welt verfluchend, oder eingetaucht in den Mantel der Nacht Ägyptens und die Wärme meines Körpers.«

»Die letzte Nacht?« flüsterte Sardun. »Dann willst du mich also – du willst mich dort oben töten.«

»Ja. Du läßt mir keine andere Wahl, Sardur. Du möchtest doch, daß ich dich töte, weil sonst du mich töten müßtest? Du Heuchler! Mich schimpfst du einen Feigling, aber du wagst den tödlichen Streich ebensowenig zu führen. Stets richtest du es so ein, daß das Amt des Henkers mir zufällt.«

»Wie meinst du das?« stammelte Sardur.

»Du berichtetest mir ganz offen von deinem Plan mit Taharka und Gyges. Weshalb? Du wußtest, daß ich dich daraufhin stumm machen muß. Du hast mich absichtlich in diese Gasse ohne Ausweg getrieben.«

»Ja, wahrscheinlich wollte ich das«, erwiderte Sardur dumpf und senkte den Blick. Asarhaddon berührte seinen Arm und nahm ihm den Dolch aus der Hand, den Sardur ihm widerstandslos überließ. »Wir sind am Ende unseres Weges angelangt, mein Freund. Willst du nicht die letzten Schritte mit mir hinaufgehen?«

Sardur sah auf den Dolch in Asarhaddons Hand. »Wann wirst du es tun?«

»In einem Augenblick, in dem du nichts außer meiner Liebe spüren wirst.«

»Das ist ein schöner Tod.«

»Ja.«

»Der Tod macht mich frei, dich wieder zu umarmen, aber du darfst nicht noch einmal versagen.«

»Ein Versagen kann ich mir diesmal nicht erlauben, es wäre zu verhängnisvoll.«

»Es ist wirklich sehr heiß, erstickend heiß.«

»Zieh dein ägyptisches Gewand aus, deine Nacktheit schmückt dich prächtiger als Lapislazuli und Gold.«

Irgendwie lösten sich die Stoffe, die Ketten fielen klirrend zu Boden. Kühle Hände strichen beruhigend über heiße Haut, traumwandelnd erstiegen die Füße die steile Treppe, und oben streifte ihre nackten Körper ein leichter Wind. Er trug ihnen die flüsternden Geräusche der Stadt zu, die nicht schlief, denn in Memphis schliefen um diese Zeit nur Kinder und Greise.

Ihre Liebe war voller Heftigkeit und Ungeduld. Dann folgte die Stille, das ruhige Atmen, das langsame Begreifen ihres Glücks, das Schweigen.

Jetzt müßte er es tun, dachte Sardur, jetzt, wo Worte zu armselig sind, meine Gefühle zu beschreiben. Er sah den glitzernden Himmel und davor den Schatten Asarhaddons. Wenn er sich bewegte, glänzte es silbern auf seiner schweißnassen Haut. Seine Lenden waren heiß und lebendig und hatten ihm von ihrer Fülle und Kraft geschenkt. Das sollte nun vorbei sein, zu Ende. Kalt und tot mit gebrochenen Augen sah er sich daliegen, statt der Gegenwart Asarhaddons erwartete ihn ewige Dunkelheit. Entsetzen stieg in ihm hoch, würgte ihn. Jetzt sterben müssen? Oh, es war schön zu leben, gerade jetzt. Sein Herz begann vor Scham zu rasen, Asarhaddon könne ihm die Todesfurcht anmerken.

Er spürte dessen Hand an seinen Schenkeln, suchend, sich scheinbar verirrend, neckend und zärtlich. Doch Sardur gefror zu Eis. Jetzt will er mich ablenken, doch seine andere Hand hält schon den Dolch umklammert. Sardur schämte sich seiner Feigheit, und seine Augen füllten sich mit Tränen. Er wandte den Kopf zur Seite. Die Nacht verbarg seine Schande, aber Asarhaddon wunderte sich, daß sein Spiel keinen Erfolg hatte. »Hattest du nur einen Pfeil im Köcher heute?« flüsterte er und beugte sich über Sardur, doch dieser wandte sich ab, um Asarhaddon seine Tränen nicht schmecken zu lassen. Arglos fuhr Asarhaddon fort, ihn zu necken. »Ich bin für einen neuen Gang gerüstet, aber dein Speer scheint in allzu vielen heißen Schlachten stumpf geworden zu sein.«

Es war sonst nicht Sardurs Art, auf solche Herausforderungen stumm zu bleiben, und besorgt fragte Asarhaddon: »Sardur, was ist mit dir?«

Sardur kauerte sich zusammen, als fröstele ihn. Asarhaddons Zärtlichkeit traf ihn grausam und erschien ihm absurd.

»Du zitterst ja, Sardur, was hast du? Bist du krank? Hast du Fieber?«

»Tu es jetzt und tu es schnell«, flüsterte er.

Asarhaddon strich Sardur mit seinen Lippen über das Ohr. »Soll ich dich jetzt töten?«

»Ja.«

»Wende dich doch nicht ab. Zittere nicht. Ich liebe dich.« Er küßte ihn sanft und spürte die feuchten Wangen. »Warum weinst du denn?«

Die Anteilnahme war mehr, als Sardur ertragen konnte. Er schluchzte laut und schrie dann verzweifelt: »Asarhaddon! Quäle mich nicht mit deiner Zärtlichkeit, deiner Nachsicht. Ich will nicht sterben, nicht in dieser Nacht. Ich will leben, weil du lebst. Weh mir, nun habe ich es ausgesprochen. Verachte mich nicht, ich bin kein Feigling, aber in deinen Armen zu sterben ist grausamer als auf dem Pfahl.«

»Sei kein Narr! Dachtest du wirklich, ich würde dich töten, nachdem ich dich endlich wiedergefunden habe?«

Betroffen rückte Sardur von ihm ab. »Du wolltest mich also nur hierher locken, meinen Widerstand brechen, dich mit mir vergnügen, obwohl wir Todfeinde sind! Du gemeiner, hinterlistiger –«

Weiter kam er nicht, denn Asarhaddon hielt ihm lachend den Mund zu. »Du Unentschlossener! Willst du nun sterben oder leben?« Doch Sardur machte sich zornig los. »Ich will nicht sterben. Und wenn du mich nicht töten willst, so laß mich gehen! Schenkst du mir erneut das Leben, so werde ich meinem Weg folgen, und der führt zu Taharka.«

»Sardur«, sagte Asarhaddon weich, »soeben noch wolltest du mit mir und an meiner Seite leben. Weshalb wirfst du das, was du haben kannst, von dir?«

»Ich lag neben dir wie ein Kind, das dich bei der Hand faßt und mit dir zu den Sternen hinaufsieht. Aber wir sind keine Kinder. Der Traum ist aus, die Sterne verblassen, und deine Liebe erweist sich als selbstsüchtiges Verlangen. Du bist König von Assyrien, Babylonien, Medien, Judäa, Syrien, Elam – ha! und von Urartu, und du willst es bald auch in Ägypten sein! Sicher habe ich noch einige Länder vergessen. Und diesem nimmersatten, stolzen König fehlt nur noch ein Edelstein in seiner Krone: der Gefährte aus alten, gemeinsamen Tagen, mit dem die Zeit so angenehm verging. Und auch im Bett ist er noch zu gebrauchen. Natürlich, da gab es einige Meinungsverschiedenheiten, aber die sind ja nun ausgeräumt, weil wir uns geliebt haben, nicht wahr? Aber eins vergißt du: Seit meiner Niederlage bin ich ein Nichts, ein geduldeter Schatten am Hofe meines Schwagers. Ich bin besiegt, gedemütigt, geschlagen. Ja, ich liebe dich, aber ich bin kein Hund, der dir winselnd die Füße leckt, weil du ihm ein paar Brocken zuwirfst. Um mich selbst achten zu können, muß ich gegen dich kämpfen.«

Sardur atmete schwer, Asarhaddon aber antwortete: »Wenn du wirklich zu Taharka gehst, fängt alles von vorne an: Krieg, Sieger, Besiegte und zwei Männer, die sich zu sehr lieben, um sich zu vernichten. Wozu das alles?«

»Du fürchtest den Kampf? Das ist neu.«

»Ja, ich fürchte den Kampf mit dir.«

»Ich will nicht deinen Thron, ich will nicht dein Leben, ich will nur, was mir zusteht, ich will Urartu.«

Asarhaddon lachte leise. Er rückte unbemerkt näher an Sardur heran. Der achtete nicht darauf. Doch jäh fühlte er sich gepackt, auf den Rücken geworfen, seine Arme mit stählernem Griff am Boden gehalten. Der Angriff war so überraschend gekommen, daß er sich weder wehren noch befreien konnte. Seine Schenkel wurden auseinandergezwungen, und Asarhaddon nahm ihn mit Gewalt, schnell und rücksichtslos und lange. Sardur schrie nicht. Geschändete Frauen mochten das tun. Er biß sich auf die Lippen und keuchte unter der Anstrengung, Asarhaddon abzuschütteln, aber es gelang ihm nicht.

Auch diesen letzten Sieg will er, dachte Sardur. Und er will, daß ich ihn dafür so hasse, daß ich ihn töte. Dann fühlte er den erschöpften Körper Asarhaddons auf sich wie eine schwere Last. Er versäumte es, ihn von sich zu stoßen. Asarhaddon aber rollte sich zur Seite, packte den Dolch und legte ihn Sardur in die Hand. »Ich habe dir Gewalt angetan, also räche die Schmach, Sardur.«

Der umklammerte den Griff und lachte bitter. »Willst du jetzt, daß wir die Rollen tauschen?«

»Du läßt dich ungestraft schänden?«

»Schänden? Es hat mir Spaß gemacht.« Asarhaddon hörte Sardur lachen, hörte, wie die Waffe irgendwo auf den Steinplatten aufschlug. Er fiel in dieses Lachen ein und zog Sardur zu sich heran. »Mir auch.« Sie hielten sich umschlungen und lachten immer lauter, weil sie beide so töricht waren, sich gleichzeitig hassen und lieben zu wollen. »Ich kenne auf der ganzen Welt nur einen Mann«, sagte Asarhaddon warm, »der es verdient, in Urartu zu herrschen. Du bist dieser Mann, Sardur. Nimm Urartu zurück aus meiner Hand und den Thron, der dir von deiner Geburt her zusteht und um den wir beide so viel gelitten haben.«

Sardur schrie leise auf. »Was hast du eben gesagt? Du verzichtest freiwillig auf einen Teil deiner Macht? Du willst mir Urartu kampflos überlassen?«

»Was bleibt mir anderes übrig?«

Da schlug Sardur ihm mit einem jubelnden Aufschrei die Fäuste in die Rippen. »Du hinterhältiger Mensch! Wenn das nur ein Scherz sein soll, bringe ich dich wirklich um.«

»Du tust es bereits. Ah, das tut weh!«

»Du hast mehr als Prügel verdient.«

»Wenn du meinst, ich kann auch austeilen.«

Jäh waren sie in einen übermütigen Ringkampf verwickelt und machten dabei einen solchen Lärm, daß Anaxares aufwachte und hinaufstieg. Am Horizont kündete ein blauer Streifen schon den nahenden Morgen an. Als Asarhaddon ihn bemerkte, machte er eine ärgerliche Handbewegung. »Willst du wohl verschwinden! Ich habe ja gar nichts an!«

Anaxares und Sardur lachten dröhnend, während Asarhaddon sich eine Decke um die Hüften schlang. Anaxares riß sie ihm herunter und rief: »Ha, das ist ungerecht! Laß mich auch einmal wahre Männerschönheit betrachten.«

Asarhaddon schlug ihm die Decke um die Ohren, Anaxares hielt sie fest und zog ihn mit ihr so heftig zu sich heran, daß er stürzte. Anaxares warf sich auf ihn und schlang ihm die Decke fest um den Kopf. Dann schlug er ihm mit der flachen Hand auf seinen verlängerten Rücken und rief lachend: »Welch ein königlicher Hintern!«

Was Asarhaddon darauf antwortete, konnte man nur ahnen, denn unter der Decke war lediglich ein ersticktes Murmeln zu vernehmen. Als er sich von ihr befreien konnte, stürzte er sich auf Anaxares, was Sardur nicht untätig mitansehen konnte. Unversehens waren alle drei in eine Prügelei verwickelt, die ein vierter Zeuge kopfschüttelnd betrachtete. Chasechem hatte schon viel in seinem Leben gesehen, aber auf dem Dach seines ehrwürdigen Hauses drei gestandene Männer zu erleben, die sich balgten wie Gassenjungen, von denen der eine mit Gewißheit der König von Assyrien und der andere sein General war, das war neu. Selbst für das uralte Ägypten.

Recht beschämt räumten sie das Feld, als sie sich bei ihrer Balgerei ertappt sahen, aber heimlich hatte jeder von ihnen einen zufriedenen Ausdruck im Gesicht. Chasechem starrte die drei an und erwartete offensichtlich eine Erklärung. Asarhaddon zuckte verlegen lächelnd die Schultern. »Wir schliefen oben wegen der Hitze, Chasechem, und da begannen sich Anaxares und Sardur um ihre Plätze zu streiten. Als ich schlichten wollte –«

»Ist er Sardur?« unterbrach Chasechem und wies auf den Churriter.

»Ja, wir lernten ihn im Goldenen Skarabäus kennen und baten ihn, unser Gast zu sein. Verzeih uns, Chasechem, aber wir möchten gern noch ein wenig schlafen, da unsere Nachtruhe nur kurz war.« Asarhaddon wartete seine Antwort nicht ab, sondern entfernte sich mit seinen Freunden. In seinem Zimmer fielen sich alle drei lachend um den Hals, und Anaxares rief, nach Atem ringend: »Nun verrate mir aber auf der Stelle, Asarhaddon, welches Wunder sich bei euch dort oben ereignet hat. Daß ihr wieder versöhnt seid, sehe ich wohl, aber deine körperlichen Reize und dein Charme allein werden Sardur wohl kaum umgestimmt haben.«

Asarhaddon wies auf Sardur und sagte feierlich: »Du siehst vor dir den König von Urartu, der niemand untertan ist außer seinem Gewissen.«

Anaxares blieb der Mund offenstehen, und wie er mit seiner ungläubigen Miene so dastand, gab er eine recht komische Figur ab, die Sardur so zum Lachen reizte, daß er gar nicht mehr aufhören konnte. Anaxares meinte ärgerlich: »Du magst das lustig finden, doch ich kann nicht darüber lachen. Wieviel Leid wäre uns allen erspart geblieben, wenn diese Entscheidung eher getroffen worden wäre.«

»Du hast recht«, räumte Asarhaddon ein, »aber die Zeit war noch nicht reif dafür. Alles, was geschah, mußte geschehen, damit es zu dieser Entscheidung kommen konnte.«

»Und die Meinung der Offiziere und der Priester über die Verringerung des assyrischen Machtbereichs, all das ist plötzlich bedeutungslos geworden?«

»Ich tausche Ägypten gegen Urartu und den Verlust an Macht gegen eine Freundschaft, die ich höher schätze; das aber ist eine Erkenntnis, die erst gewonnen werden wollte.«

Anaxares sah von einem zum anderen. »Ich kann es noch nicht fassen, wir sind wieder Freunde, richtige Freunde, die ihre Gefühle nicht bezähmen oder voreinander verstecken müssen. Wir müssen uns nie mehr bekämpfen – ihr Götter, das muß gefeiert werden!« Er schlug mit der flachen Hand auf den Tisch. »Und ich weiß auch schon wo: im Goldenen Skarabäus.«

»Vortrefflich!« stimmte Sardur begeistert zu, »dort feiern wir unsere Versöhnung.«

»Und unseren Sieg über Taharka«, fügte Anaxares hinzu.

Über Sardurs Gesicht flog ein Schatten. »Er wird sich mit der geänderten Lage abfinden müssen.«

»Wenn er an meinen Streitwagen gebunden durch Napata geschleift wird«, fügte Asarhaddon grausam lächelnd hinzu.

Sardur warf ihm einen mißbilligenden Blick zu. »Darüber sprechen wir noch.«

»Dann laßt uns jetzt zu Bett gehen«, meinte Anaxares, »damit wir am Abend bei unserem gemeinsamen Freund Amenachet feiern können. Bei Aschschur, welch ein Spaß! Wir feiern Taharkas Niederlage bei seinem Sohn.«

»Ich halte den Goldenen Skarabäus für einen völlig ungeeigneten Ort, etwas zu feiern«, bemerkte Asarhaddon scharf. »Vergeßt nicht, daß es sich um ein Bordell handelt, das wir zwar aus taktischen Gründen aufgesucht haben, wozu aber nunmehr keine Veranlassung mehr besteht.«

Anaxares wies spöttisch lachend mit dem Finger auf Asarhaddon. »Ja, weil du von Amenachet bereits alles erfahren hast, was du wissen wolltest.«

»Du hast mit Amenachet verhandelt?« fragte Sardur erstaunt.

»Verhandelt?« rief Anaxares und hielt sich den Bauch; dabei krümmte er sich so weit nach vorn, daß man sein Gesicht nicht erkennen konnte, das dunkelrot angelaufen war, weil er vor Lachen fast platzte.

»Ich glaube, du fühlst dich nicht ganz wohl, mein

Freund«, bemerkte Asarhaddon kühl, »du solltest dein Bett aufsuchen, bevor du erstickst, oder soll ich nachhelfen?«

»Ich gehe schon«, prustete Anaxares, wandte sich aber beim Verlassen des Zimmers noch einmal um. »Sardur! Paß nur auf, daß er dich bei seinen Verhandlungen nicht zu sehr beutelt.«

Der Krug kam zu spät geflogen und zerschellte an der zugeschlagenen Tür.

6

Auch gegen Asarhaddons heftige Einwände wurde die Wiedergeburt ihrer Freundschaft im Goldenen Skarabäus gefeiert. Vorher hatten sie Chasechem die neue Lage auseinandergesetzt, und dieser war nicht nur höchst überrascht, sondern ebenso zufrieden mit der günstigen Entwicklung der Dinge. Er riet aber Amenachet gegenüber zur Vorsicht, damit Taharka nicht etwa vorzeitig von der für ihn unglücklichen Wende erfahren könnte.

Der schöne Ägypter verriet mit keine Miene, wie überrascht er war, den Churriter in Gesellschaft der beiden Assyrer zu sehen. Kannte er doch sehr gut Sardurs wahren Rang und seine Absichten in Ägypten. »Neue Freunde, Sardur?« fragte er liebenswürdig und neigte leicht das Haupt vor dem hohen Gast; dabei warf er aus den Augenwinkeln einen Blick auf Asarhaddon.

»Nein, alte Freunde«, bemerkte Sardur freundlich.

»Wie freue ich mich, das zu hören«, lächelte Amenachet und neigte nun auch vor Anaxares und Asarhaddon den Kopf zur flüchtigen Begrüßung. »Deine Freunde sind ja auch mir keine Unbekannten mehr. Du kommst ohne Leibwache?«

»Bin ich nicht mehr sicher in deinem Haus?«

»Ich dachte an deine hohe Abkunft. Kein Ägypter von Rang verzichtet auf eine standesgemäße Begleitung, wenn er ausgeht.«

»Du kannst mir glauben, daß ich mich durchaus in einer solchen Begleitung befinde. Führe uns an einen Platz, wo wir ungestört sind, und bringe uns vom Besten, denn es gibt etwas zu feiern. Aber halte uns deine Mädchen vom Leib.«

»Ha!« rief Anaxares und sah Sardur wütend an. »Was sind das für Manieren? Du hast freilich ausgesorgt an diesem Abend, aber ich habe wenig Lust, mich ausschließlich an euren Tändeleien zu ergötzen.«

»Mäßige dich, Anaxares«, sagte Asarhaddon tadelnd. »Wenn dies auch ein Haus der Sinnesfreuden ist, so sind wir doch nicht um der Ausschweifungen willen hier, sondern um in angenehmer Gesellschaft zu essen, zu trinken und angeregte Gespräche zu führen, wie es unter Freunden üblich ist. Was soll eine Frau dabei, die zudem kaum unsere Sprache spricht?«

Doch Anaxares murrte: »Sauertöpfische Reden kann ich mir auch bei Chasechem anhören.«

»Wie schmeichelhaft für uns«, bemerkte Sardur bissig, »daß du eine ägyptische Hure einem Gespräch unter Freunden vorziehst.«

Je lauter im Verlaufe des Abends seine Freunde wurden, desto stiller wurde Asarhaddon. Er schloß für einige Augenblicke die Augen; vor ihm formte sich ein längst vergessenes Bild: Eljakir, der einarmige Krieger.

Weshalb muß ich jetzt an ihn denken? ging es ihm durch den Kopf. Und dann wußte er es: Eljakir war glücklich gewesen, und als es ihm die Brust sprengen wollte, teilte er sein Glück mit anderen; mit einem sterbenden Sklaven und einem alten Feind. So mehrte Eljakir sein Glück, dachte Asarhaddon, während ich ein halbes Menschenleben verstreichen lassen mußte, um es zu erreichen. Er beugte sich zu seinen Freunden hinüber: »Glaubt ihr an innere Stimmen?«

»An was?« fragte Sardur verdutzt, und Anaxares antwortete lachend: »Ja, sie sagen mir, daß ich sofort aufhören muß zu trinken, aber zum Glück höre ich schlecht.«

»Hast du denn eine Stimme gehört, Asarhaddon?« fragte Sardur grinsend. »Ich hörte nur den Koch aus der Küche keifen, der seinem Sklaven wohl eine verbrannte Hasenkeule an den Kopf geworfen hat.«

»Ihr seid ja betrunken, alle beide.«

»Wir – betrunken?« lallte Sardur. »Hast du das gehört, Anaxares?«

»Ja, das ist beleidigend. Wir sind so nüchtern wie zwei Jungfrauen vor der Hochzeitsnacht.«

»Der einzige, der hier betrunken ist, bist du!« rief Sardur und stieß Asarhaddon den Finger vor die Brust. »Du hörst schließlich Stimmen und nicht wir.«

Asarhaddon griff nach Sardurs Hand und sah ihn mit glänzenden Augen an. »Ja Sardur, und sie wecken ein merkwürdiges Verlangen in mir.«

»Weshalb sagst du das nicht gleich?« fragte Sardur gutgelaunt. »Dafür mußt du doch keine inneren Stimmen bemühen. Komm, ich habe ein Zimmer hier.«

»Du hast mich falsch verstanden, Sardur, das meine ich nicht. Ich möchte hinausgehen und schreien. So laut schreien, daß es die ganze Welt hört.«

Sardur lächelte verunsichert. »Schreien? Weshalb denn?«

»Um das Glück freizulassen, das wild an meine Rippen pocht. Es gebärdet sich wie ein gefangenes Tier.«

»Ja«, flüsterte Sardur überwältigt, »wenn du das meinst, auch ich könnte schreien vor Glück und die Welt in meine Arme schließen.«

»He, ihr Turteltauben! Die Welt ist noch nicht um euch versunken, ich bin auch noch da«, meldete sich Anaxares knurrend.

»Gewiß, mein Freund«, sprach Asarhaddon besänftigend und legte ihm die Hand auf den Arm. »Ach, ich bin in der Stimmung, der Welt den ewigen Frieden zu verkünden.«

Beide starrten ihn überrascht an. »Den ewigen Frieden?« platzte Anaxares heraus. »Ich soll mich wohl bereits auf mein Altenteil zurückziehen?«

»Und Ägypten fliegt dir als weiße Taube in den Mund, wie?« lachte Sardur.

Asarhaddon lächelte. »Seid unbesorgt, ich bin kein Narr, aber ich habe das Bedürfnis, mein Glück mit der Welt zu teilen.«

»Eine seltene Anwandlung, die man nutzen sollte«, bemerkte Anaxares spöttisch. »Doch ich kenne dich, das geht rasch vorbei.«

»Bevor du dich als Friedensfürst übernimmst, solltest du bescheiden anfangen und einen Schwur tun, den Menschenopfern zu entsagen«, fügte Sardur ebenso spöttisch hinzu.

Asarhaddon sah schräg von einem zum anderen. »Wenn ihr mich verspotten könnt, seid ihr euch von jeher einig gewesen, ihr Schandflecke aufrichtiger Freundschaft. Doch ich will euch das Lästermaul schon stopfen. Ich schwöre bei meinem Leben und meiner Ehre, daß die Menschenopfer für immer der Vergangenheit angehören.«

Betroffen sah Anaxares ihn an. »Asarhaddon! Ein Schwur ist kein Scherz. Besinne dich! Nicht einmal du solltest leichtfertig schwören, wenn du auch den Zorn der Götter nicht fürchtest. Assyrien steht und fällt mit Aschschur und seinen Opfern.«

»Seit wann verteidigst du diesen scheußlichen Brauch?« fuhr Sardur ihn an.

»Ich verteidige gar nichts. Ginge es nach mir, könnte Aschschur von nun an mit Milchsuppe gefüttert werden. Aber Asarhaddon wird als Hoherpriester doch selbst nicht müde zu wiederholen, daß –«

»Darf der unbedeutende Hohepriester auch einmal etwas sagen?« unterbrach ihn Asarhaddon milde. »Ein Schwur ist mir heilig, und er gilt in Memphis so gut wie in Assur. Ich werde der Welt beweisen, daß ich auch ohne Aschschurs Hilfe mein Reich beherrschen, zusammenhalten und vergrößern kann.«

»Nicht einmal du kannst ohne Götter herrschen!« stieß Anaxares bleich hervor. »Wenn du das tust, raubst du Assyrien die Seele.«

»Sei unbesorgt, ich lasse jedem seinen Gott, und auch Aschschur will ich nicht stürzen. Ich will ihn weiterhin verehren als den Gott, der Assyrien groß gemacht hat, doch nun, da es auf dem Höhepunkt seiner Macht steht, sollten die blutigen Götter des Krieges abtreten. Die Zeit ist reif dafür.«

Begeistert drückte ihm Sardur die Hände. »Das ist die wunderbarste Rede, die du je gehalten hast.«

Anaxares mißtraute noch Asarhaddons Wandlung. »Auch ich würde gern an eine neue Zeit glauben, in der Blutvergießen geächtet statt geachtet wäre«, sagte er zurückhaltend, »aber ich kenne dich, Asarhaddon. Dir selbst wird sie fehlen, die blutige Verherrlichung deiner Macht. Du bist nicht geschaffen, in Güte zu regieren.«

»Du meinst, in Schwäche«, entgegnete Asarhaddon, »doch ich gedenke keineswegs, mir das Zepter entwinden zu lassen. Mein gerechter Zorn wird auch weiterhin die treffen, die sich gegen mich stellen.«

»Und Taharka? Willst du ihn allein mit deinem bezaubernden Lächeln dazu bewegen, dir den Pharaonenthron zu überlassen?«

»Mein Lächeln hat schon viel bewirkt«, sagte Asarhaddon gelassen. »Taharka habe ich nicht vergessen, und meine Pläne sind bereits fertig.«

»Hoffentlich vertragen sie sich mit deiner plötzlichen Menschenfreundlichkeit.«

»Spotte doch nicht«, bat Sardur Anaxares. »Weshalb gibst du ihm nicht die Gelegenheit, seine Worte zu beweisen? Vielleicht hat er sich wirklich geändert.«

»Ich kenne Asarhaddon besser als du. Weil er dich liebt, meint er nun, alle beglücken zu müssen, doch hat ihn nur die Luft von Memphis trunken gemacht. Nur gut, daß ich meinen Verstand noch beisammen habe, denn obwohl mich unsere Aussöhnung genauso freut, werde ich nicht gleich mein Schwert in den Nil werfen.«

»Mir wird Ägypten ohne einen Schwertstreich zufallen«, lächelte Asarhaddon. Er sah sich nach Amenachet um und entdeckte ihn auch gleich, da er schon den ganzen Abend wie eine Katze um sie herumschlich und nicht aus den Augen ließ. Er winkte ihn heran, und beflissen eilte der Ägypter herbei. »Können wir uns irgendwo ungestört unterhalten?« fragte Asarhaddon.

Amenachets Züge wurden von einer freudigen Röte überzogen, was ihm sehr gut stand. »Du kennst den Weg«, erwiderte er gedämpft, »es ist ja nicht das erstemal, daß wir uns in jenem Zimmer treffen, nicht wahr?«

Asarhaddon verzog keine Miene. »Du sagst es, also gehen wir.« Er wandte sich an seine Freunde. »Laßt euch den Abend nicht lang werden, ich bin bald zurück.«

Sie starrten ihm hinterher, dann sahen sie sich an. Beide dachten dasselbe. Anaxares murmelte etwas Unverständliches, und Sardur wußte nicht, wie ihm geschah. »Glaubst du, daß er mit ihm schläft?« fragte er belegt.

»Weiß ich es?« brummte Anaxares. »Seit wir in Ägypten sind, ist Asarhaddon nicht mehr der alte. Es würde mich nicht wundern, wenn ihn sein Glück heute abend noch an anderer Stelle zwickt und hinaus will.«

Sardur wurde dunkelrot. »Aber mit Amenachet? Das wäre mehr als dreist und für mich eine Kränkung.«

»Das wäre es«, stimmte Anaxares zu und hob seinen Becher. »Komm, trink weiter! Ich verwette meinen Harnisch und mein Kettenhemd, daß Asarhaddon weder Männer noch Frauen eines Blickes würdigt, seit er dich wiedergetroffen hat. Mit Amenachet will er sicher über Taharka sprechen.«

Asarhaddon schloß langsam die Tür hinter sich und betrachtete mit einem rätselhaften Blick den braunhäutigen, geschmeidigen Ägypter, dem dieser mit einem herausfordernden Lächeln begegnete, während er seinen Oberkörper ungezwungen entblößte. Im Schein der Öllampe brachte das Spiel von Licht und Schatten seinen Körper gebührend zur Geltung. Selbst bei Asarhaddon verfehlte dieser Anblick nicht seine Wirkung. Er fuhr sich rasch mit der Zunge über die trockenen Lippen und seufzte: »Nur schwer widersteht man deinen Reizen, Amenachet. Dennoch, spare dir deine Verführungskünste, denn zum Liebesspiel bin ich nicht gekommen.«

Amenachet streckte sich lässig auf einem Diwan aus und entblößte die Zähne wie eine Raubkatze. »Du scherzt, mein ebenso schöner Freund. Du willst mich hinhalten, um so das Vorspiel zu verlängern und unsere Erregung zu steigern. Bei Amun, du bist anders als alle Männer, die ich bisher traf.

Vor dir fühle ich, daß meine Schönheit verblaßt. Komm her, zögere unsere Vereinigung nicht qualvoll lange hinaus.«

»Steh auf!« erwiderte Asarhaddon ungehalten, »ich habe ernsthaft mit dir zu reden.«

Amenachet bemerkte sofort den scharfen Ton und sah Asarhaddon forschend an. »Was hast du mir zu sagen?«

»Ich möchte, daß du mir einen Dienst erweist.«

»Erneut? Habe ich dir nicht gesagt, wie du in Napata sogar bis zum Pharao vordringen kannst?«

»Gewiß, doch diese Hilfe ist inzwischen nutzlos für mich.«

»Ich verstehe«, bemerkte Amenachet scharfsinnig, »du brauchst mich nicht mehr. Es ist der Churriter, es ist Sardur. Er geht ja bei meinem Vater ein und aus.«

»Ja, der Zufall wollte es, daß ich ihm begegnete, und so habe ich meine Pläne geändert.«

Amenachet lachte spöttisch auf. »Dann willst du deine Krämerware nicht mehr in Napata verkaufen? Nun, mir hättest du deine Eselsladungen ohnehin nicht aufschwatzen können. Aber weißt du auch, was Sardur von meinem Vater will?«

»Es ist mir bekannt.«

»Wie, du weißt es und nennst ihn deinen Freund? Du bist doch Assyrer.«

»Sardur hat die Seiten gewechselt, wußtest du das nicht?«

»Nein!« stieß Amenachet sichtlich bestürzt hervor. »Heißt das, er will meinen Vater verraten?«

»Würde dich das betrüben?«

Amenachet schüttelte ärgerlich den Kopf. »Was geht hier vor? Welcher Art sind deine Beziehungen zu Sardur, und was willst du von mir?«

»Deine Unterstützung. Ich bin in Ägypten, um deinen Vater zu stürzen. Daß ich Sardur hier traf, erleichtert mir mein Vorhaben wesentlich.«

»Ha! Du planst einen Aufstand? Wer bist du?«

Asarhaddon lächelte. »Das verrate ich dir später. Reden wir von dem Dienst, den du mir erweisen sollst.«

»Gegen meinen eigenen Vater?«

»Er hat dich wie einen räudigen Hund davongejagt.«

Amenachet machte eine abwehrende Handbewegung. »Schon gut, sprich! Was erwartest du von mir?«

»Daß du zu ihm gehst und ihm meine Botschaft übermittelst.«

Amenachet lachte. »Der Pharao wird nicht geruhen, mir sein Ohr zu leihen. Was sollte ich ihm denn ausrichten?«

»Sage ihm, daß er das Land verlassen soll, wenn er sein Leben retten will, denn ich begehre die Doppelkrone Ägyptens.«

Asarhaddon machte eine kleine Pause, um Amenachet Gelegenheit zu geben, seine Worte zu verarbeiten. »Ist das alles?« fragte der ironisch. »Ich sehe meinen Vater schon vor Angst von den Zinnen springen. Doch weiter. Was ist der Preis für meine Dienste?«

»Der Preis? Ich schenke dir dein Leben, wenn ich Ägypten erobere und alle Anhänger Taharkas, die nicht geflohen sind, um sie den Krokodilen vorwerfen zu lassen.«

»Verzeih mir, daß ich deine Großmut nicht genug würdigen kann, aber das scheint mir als Preis zu gering, da doch das Gelingen deines Vorhabens noch aussteht.«

Asarhaddon lächelte. »Ich habe auch nur gescherzt. Wähle selbst deinen Preis, aber wiederhole dich nicht. Ich kann es nicht mehr sein.«

»Weshalb nicht? Hat es dir etwa mißfallen? Das kann ich nicht glauben, wenn ich bedenke, wie sehr du mir auch in meinen kühnsten Wünschen entgegengekommen bist.«

Asarhaddon konnte nicht verhindern, daß ihn bei Amenachets offenherzigem Bekenntnis eine Glutwelle überlief. »Ich habe nichts vergessen«, erwiderte er heiser, »aber alles hat sich verändert.«

»Habe ich mich verändert?« fragte Amenachet herausfordernd und entblößte selbstbewußt seine Männlichkeit.

Asarhaddon wandte den Blick ab. »Ich will dich nicht kränken mit meiner Zurückhaltung, aber unser Gespräch erfordert kühles Blut. Also bedecke dich wieder. Ich habe dir heute mehr zu bieten. Welches Amt erscheint dir erstrebenswert am Hofe deines Vaters?«

»Wie? Verleihst du bereits Ämter?« lachte Amenachet und

schob die Falten seines Rockes zusammen. »Nun, nachdem du dir selbst ja den Thron vorbehalten hast, möchte ich gern oberster Siegelbewahrer sein.«

»Du bist es bereits, Amenachet.«

Amenachet neigte sich tief vor Asarhaddon. »Ich danke dir, o Pharao. Da die Ämter nun verteilt sind, können wir jetzt in aller gebietenden Zurückhaltung der Wollust pflegen?«

»Als Siegelbewahrer solltest du mehr an das Wohl Ägyptens als an das deines unersättlichen Leibes denken, du Sohn eines hitzigen Wildesels.«

»Ich sperre meine Eselsohren auf.«

»Höre,. Amenachet! Es geht um dein Land, das bald einen neuen Herrscher haben wird. Ich könnte es mit Heeresmacht erobern und ein Blutbad unter der Bevölkerung anrichten, doch wenn dein Vater und seine Ratgeber klug sind, wird sich der Machtwechsel vollziehen, als würfe ein Knabe einen Ball dem nächsten zu. Sage Taharka, Sardur, der Churriter, ist wieder alleiniger Herr in Tuschpa. Somit ist sein Bündnis mit ihm nichtig, denn zwischen Urartu und Assyrien ist Frieden. Gyges, der Lyder, der Sardur zur Hilfe geeilt wäre, hat keine Veranlassung mehr dazu, vielmehr wird er künftig ein Verbündeter Assyriens sein. In Ägypten ist die Priesterschaft des Amun und des Horus, vor allem Chasechem, auf meiner Seite. Dazu können wir auf die Hilfe des Necho von Sais zählen, der noch nie ein Freund deines Vaters war. Du siehst, Taharka ist von Feinden umgeben, die ihn von außen und auch im Innern bedrohen. Lediglich Humbanhaltasch, der elende Elamiter, ist auf dem Wege zu ihm, doch auch dieser wird rasch umkehren, wenn er um die neue Lage der Dinge weiß. Ich vergaß noch hinzuzufügen, daß Assyrien selbst mit seiner gewaltigen Streitmacht gegen Ägypten steht, die ich selbst befehlige, ich, Asarhaddon, der König von Assyrien.«

»Du bist der große Asarhaddon?« stieß Amenachet bestürzt hervor. »Bei Osiris, dann ist Ägypten verloren! Im Nil wird Blut statt Wasser fließen.«

»Es sei denn, dein Vater erweist sich als vernünftiger Mann.«

Amenachet stand der Schweiß auf der Stirn. »Ich war sehr unverschämt zu dir. Wirst du mich auch verschonen?«

»Geh und erfülle den Auftrag, den ich dir gab, dann besitzt du mein Wohlwollen, erhabener Siegelbewahrer des Pharao.«

»Heißt das, du willst mich wirklich zu einem deiner höchsten Beamten ernennen?« fragte Amenachet und wurde blaß.

»Du bist klug und königlichen Geblüts. Ich werde es mit dir versuchen. Sollte sich deine Unfähigkeit herausstellen, kann ich dich jederzeit absetzen.«

»Und weshalb schickst du mich nach Napata? Diese Botschaft könntest du doch leicht einem deiner eigenen Männer anvertrauen, vielleicht deinem Freund Anaxares.«

»Er wird dich begleiten. Dich aber schicke ich zu deinem Vater, um dir den Triumph zu verschaffen, ihm seine Niederlage zu verkünden. Oder reizt dich das nicht?«

Da grinste Amenachet. »Das ist abscheulich – aber es gefällt mir. Aus welchem Grund verhilfst du mir zur Rache? Könnte es sein, daß ich dein Herz doch verwundet habe?«

»Ich habe ein Herz für Bastarde«, bemerkte Asarhaddon mit hintergründigem Lächeln.

»Du kannst dich auf mich verlassen. – Asarhaddon, ich habe mich läppisch benommen, dennoch! Müssen wir auf den bekömmlichen Nachtisch verzichten? Der König von Assyrien ist auch ein Mann.«

»Der nur mit einem das Lager teilt, mit Sardur. Damit mußt du dich abfinden, auch wenn es schmerzt.«

»Oh, ich liebe ihn auch, den feurigen Churriter. Wenn es nur das ist – in meinem Haus habe ich Badezimmer, wo wir uns alle drei vergnügen können.«

»Du bist ein schamloser Mensch, Amenachet.«

Dieser lachte. »Scham ist so lästig beim Amüsieren, und das Leben ist kurz. Ich weiß, daß Sardur von dem Einfall begeistert sein wird.«

»Er vielleicht«, räumte Asarhaddon unwillig ein, »aber nicht jeder.«

Amenachet warf ihm einen feurigen Blick zu. »Küssen wir uns zum Abschied? Damit brichst du noch keinen Treueschwur.« Er trat dicht an Asarhaddon heran, daß dieser den Duft seiner Haut spürte. Ganz Ägypten ist eine Hure, dachte Asarhaddon, als er Amenachet an sich zog.

Asarhaddon kehrte zu seinen Freunden zurück und setzte sich zu ihnen, als sei nichts geschehen. »Ich hoffe, ihr habt euch in meiner Abwesenheit gut unterhalten«, bemerkte er freundlich.

»Dir ist die Zeit bestimmt nicht lang geworden«, giftete Sardur.

»Du wirst es nicht glauben«, erwiderte Asarhaddon sanft, »aber ich habe nicht mit Amenachet geschlafen.«

Sardurs Lächeln war verkniffen. »Dann erzählst du uns vielleicht, zu welchem geheimen Zweck ihr beieinander gesessen habt.«

Asarhaddon berichtete.

»Weshalb muß ausgerechnet Amenachet mich nach Napata begleiten?« fragte Anaxares.

»Du würdest natürlich lieber Meritamun mitnehmen. Ich fürchte allerdings, daß meine Botschaft Taharka dann sehr verspätet erreichen würde. Bei Amenachet besteht wohl beiderseits keine derartige Gefahr. Ich hingegen werde mich um Humbanhaltasch kümmern, um diese elende elamitische Ratte!«

»Hast du es gehört, Sardur?« bemerkte Anaxares. »Er sagte Ratte.«

»Ich habe es gehört, Anaxares, das klingt wenig menschenfreundlich.«

»Was wollt ihr? Ich gebe Taharka und seinem Hofstaat die Gelegenheit, zu fliehen und ihr erbärmliches Leben zu retten, weil ich Blutvergießen vermeiden will. Ich tue es, weil ich Ägypten liebe.«

»Hast du es gehört, Anaxares?« bemerkte Sardur. »Er sagt Ägypten und meint Amenachet.«

»Ich habe es gehört, Sardur, du hast einen Rivalen.«

»Das ist lächerlich, und du weißt es, Sardur. Wenn ich Ägypten liebe, dann nur deinetwegen.«

»Kann man das glauben?« fragte Sardur an Anaxares gewandt.

»Keineswegs! Traue ihm nicht, bevor er nicht wieder die Luft Assurs geatmet hat.«

Alle drei lachten und sprachen noch einmal dem Wein zu, bevor sie gegen Morgen den Goldenen Skarabäus verließen. Diesmal wartete eine Sänfte auf sie, und Asarhaddon war erleichtert, daß er seine beiden torkelnden Freunde nicht stützen mußte.

Bevor Anaxares und Amenachet nach Napata aufbrachen, schlug Asarhaddon Anaxares vor, den letzten Tag in Chasechems Haus in angenehmer Gesellschaft zu verbringen, bevor die Pflicht ihn wieder rufe. »Lade dir doch Meritamun ein, es wird ihr gefallen und dir ebenso, nehme ich an.«

Anaxares glaubte, sich verhört zu haben. »Du leistest der Unzucht Vorschub? Das erstaunt mich.«

»Aber Anaxares, habe ich dir jemals deine harmlosen Vergnügen mißgönnt? Genieße einen Tag mit der schönen Ägypterin, ich will mit Sardur den Isis-Tempel aufsuchen und den Booten auf dem Nil zuschauen.«

Sardur nickte dazu. »So ist es, Anaxares. Nutze Asarhaddons Anerbieten, wir lassen dich gern allein, damit ihr wirklich ungestört seid.«

Anaxares sah mißtrauisch von einem zum anderen. »So, ihr wollt also in den Isis-Tempel gehen, um mir zärtliche Stunden zu ermöglichen? Nun, das soll mir recht sein, ich will also nach Meritamun schicken lassen. Aber mit den Teufeln in der Hölle will ich tanzen, wenn ihr in den Isis-Tempel möchtet.«

Sardur übte einen unschuldigen Augenaufschlag. »Nun, du hast recht, wenn es nach mir ginge, würden wir Ibisse jagen, aber du weißt ja, wie schlecht Asarhaddon schießt. Also besuchen wir die ägyptischen Tempel, wie es einem Hohenpriester ansteht.«

»Sardur hat recht«, pflichtete Asarhaddon harmlos lächelnd bei, »und wir haben dabei nur dein Wohl im Auge.«

Beim Hinausgehen murmelte Sardur: »Hoffentlich haben Amenachets Badezimmer auch die richtige Temperatur.«

7

Durch die Schlucht im Süden von Napata fegte ein heißer
Wind; er wirbelte den roten Sand an den steilen Felswänden
hoch und ließ die Männer der kleinen Streitmacht, die in
langgezogener Formation durch die Schlucht ritt, ihre Tücher fester vor das Gesicht ziehen. Es mochten etwa dreihundert Reiter sein; sie waren mit Speeren und Bogen bewaffnet
und trugen lederne Helme und Brustpanzer, unter denen sie
bei der ägyptischen Sonne arg schwitzten. Ihre Gesichter waren, soweit man das erkennen konnte, vom Sand gegerbt
und abgespannt. Sie hatten einen fünftägigen Ritt durch die
Wüste hinter sich. Ihr Anführer, ein breitschultriger, bärtiger
Mann, trug einen spitzen Helm und um die Handgelenke
goldene Armspangen. Er lenkte als einziger einen zweispän-
nigen Streitwagen und fluchte hin und wieder über den
schlechten Weg. Die Augen kniff er zu einem Spalt zusammen und spähte nach vorn. Weit konnte er nicht sehen, denn
die Felswände versperrten ihm die Sicht.

»Eine höllische Gegend«, schimpfte Humbanhaltasch.
»Den Göttern sei Dank, daß wir nun bald am Ziel sind. Hinter dieser Schlucht muß sich das grüne Land öffnen, dann
sehen wir endlich das blaue Wasser des lebenspendenden
Nils.«

Seine Worte hatte er an einen jungen Mann gerichtet, der
neben ihm herritt. Es war Urschuwan, sein Jüngster, der ihm
von seinen drei Söhnen der liebste war. »Ja, Vater, leben-
spendend und unserem geschundenen Volk eine neue Zuflucht.«

»Dessen können wir erst sicher sein, wenn wir zusammen
mit Taharka und den Lydern die Assyrer das Laufen gelehrt
haben. Ha! Wie werde ich tanzen auf Assurs Trümmern!«

»Und ich werde den Triumphgesang anstimmen auf den
geborstenen Mauern des verhaßten Tempels, der das Blut
unserer Brüder getrunken hat.«

»Gewiß, wenn es nur schon so weit wäre! Ah, diese verfluchte Schlucht nimmt kein Ende!«

Humbanhaltasch fühlte sich völlig sicher, sonst hätte er

diesen gefährlichen Engpaß nicht gewählt, um nach Napata zu kommen. Aber wie hätte er ahnen können, daß Taharka verängstigt im Kreise seiner hilflosen Ratgeber in seinem Palast saß und an Flucht dachte. Zweimal hatte er die Unglücksboten einkerkern lassen, zweimal hatte er sie wieder freigelassen, und er hatte sie bedroht und angefleht. Ein drittes Mal wagte er es nicht, sie einsperren zu lassen, und sie durften sich frei bewegen.

Amenachet nutzte die Zeit, erhobenen Hauptes durch den Palast zu stolzieren, als habe er bereits das Amt des obersten Siegelbewahrers inne. Die Horus-Priester, die ihn und Anaxares begleitet hatten, saßen würdevoll im Hintergrund auf der Terrasse, wo Taharka mit seinen Männern die neue Lage besprach. Hin und wieder blinzelten sie unmerklich den weißgekleideten Amun-Priestern zu, die hinter dem Pharao standen und pflichtschuldigst besorgte Mienen aufsetzten.

Der stolze Assyrer, der Taharka nahegelegt hatte, die Warnung seines Königs ernst zu nehmen, saß auf der marmornen Brüstung und strich lächelnd über das Schwert, das quer über seinen Knien lag. Die hübsche Sklavin, die Wein brachte, bedachte er mit einem Augenzwinkern, worauf die Schöne errötete und verlegen auf die Priester sah, die sie aber nicht beachteten. Sie reichte Anaxares einen Becher und flüsterte kokett: »Ich gehöre dem Pharao, aber lieber würde ich dir gehören, Fremdling aus Assyrien.«

»Das dürfte schneller der Fall sein als du glaubst«, lächelte Anaxares zurück. »Könnte ich als dein Herr denn zufrieden mit dir sein?«

»Ich kann kochen und weben und weiß geschickt, Blumen zu stecken.«

»Lobenswerte Fähigkeiten, aber kannst du auch küssen?«

»Zu jeder Tageszeit, aber nachts am besten.«

»Du weißt, wo mein Zimmer ist?«

»Ich weiß es, aber Schwerter mag ich nicht.« Sie sah auf die breite Waffe über seinen Knien.

»Ich würde es nur ziehen, um dich zu beschützen, schönste Tochter des Nils.«

Eine Bewegung beim Pharao unterbrach ihr Gespräch. Einer der Priester trat auf Anaxares zu. »Der Pharao möchte dich sprechen.«

Der dunkelhäutige Äthiopier hatte seine Herrschaftsinsignien abgelegt, seine schwarzen Augen sahen finster auf den Assyrer. Noch ehe er das Wort an ihn richten konnte, trat Amenachet auf die Terrasse. Er verzog spöttisch den hübschen Mund und stellte sich selbstbewußt neben seinen Vater. »Deine Tage in Napata sind gezählt«, zischte er ihm zu, »doch mein Stern wird aufgehen, strahlend wie Re im Westen.«

»Schweig, du Bastard! Ich weiche der Gewalt, nicht einem weibischen Maulhelden, der allenfalls ein Freudenhaus regieren kann.«

»Du hast Glück, Vater, daß Asarhaddon großmütig ist und Napatas Straßen nicht mit euren Häuten pflastern läßt, wie es die Assyrer sonst tun.«

»Wie hast du seine Gunst errungen?« fragte Taharka giftig. »Hast du ihm den –«

»Schweig, Taharka!« unterbrach Anaxares den Pharao unwillig und trat vor. »Ich will jetzt deine Entscheidung hören.«

»Ich sagte es bereits«, antwortete Taharka finster, »ich weiche der Gewalt und dem Verrat des Churriters.«

»Nenne meinen Freund nicht Verräter, Pharao, die Freundespflicht gebot ihm, so zu handeln.«

Taharka zuckte ärgerlich mit den Schultern. »Wer darf mich begleiten?«

»Jeder, der kein Krieger ist.«

»Also auch nicht meine Leibwache?«

»Fünf Männer gestatte ich dir auszuwählen, die übrigen werden dem ägyptischen Heer eingegliedert, das künftig unter assyrischem Befehl stehen wird.«

Taharka nickte. »Ich gehe ohne Bedingungen.«

Etwa um die gleiche Zeit hatten die Elamiter unter ihrem Führer Humbanhaltasch fast den Ausgang der Schlucht erreicht. Da versperrten ihnen plötzlich ägyptische Streitwagen und Reiter den Weg. Humbanhaltasch glaubte zunächst, es sei eine Abordnung Taharkas, aber als die Wagen näherkamen, sah er, daß die Fremden Speere in den Händen hielten, die auf ihn und seine Männer gerichtet waren.

»Was soll das?« rief Urschuwan erschrocken. »Feindliche Ägypter?«

Humbanhaltasch erkannte, daß die beiden Männer im vordersten Wagen ägyptische Offiziersuniformen trugen: den blauen Kriegshelm und über der Brust die goldenen Schwingen des Falken, die sich in der Mitte kreuzten. Als er sich auf Rufweite genähert hatte, rief der hochgewachsene Krieger, der die Zügel hielt: »Halte ein auf deinem Weg, Humbanhaltasch, und ergib dich mit deinen Männern! Hier steht Asarhaddon, der König von Assyrien, und fordert dein Blut.«

Humbanhaltasch erstarrte. »Ist das ein Wüstenspuk, der mich da narrt?« murmelte er. »Das kann doch nicht möglich sein, oder ist der Assyrer mit den Dämonen der Hölle im Bunde?« Bevor er aber etwas erwidern konnte, hörte er hinter sich das Geräusch von eiligen Pferdehufen. Er blickte sich um und sah, wie seine Reiter in einer rötlichen Staubwolke verschwanden. Der Name Asarhaddon hatte genügt, sie in panische Angst zu versetzen.

Das laute, höhnische Lachen des Assyrers folgte ihnen. »Flieht nur vor dem Wolf, ihr Hasen, am anderen Ausgang warten schon die Füchse.«

»Das ist das Ende!« schrie Urschuwan verzweifelt und starrte auf den herannahenden Feind.

Asarhaddon, in dessen Wagen Sardur als Schildträger stand, fuhr Humbanhaltasch entgegen, der alleingelassen mit seinem Sohn auf ihn wartete. »Steig vom Wagen herab!« herrschte Asarhaddon ihn an. Humbanhaltasch folgte zähneknirschend seinem Befehl, auch Urschuwan stieg zitternd vom Pferd.

Asarhaddon sah auf beide hinab und ließ den Speer langsam sinken. »Bei Aschschur!« stieß er höhnisch hervor, »so eilig sah ich noch nie Elamiter die Rosse wenden. Nicht einmal meine Bogenschützen, die in den Felsen sitzen, hätte ich gebraucht.«

»Es sind Feiglinge«, knirschte Humbanhaltasch, »aber

mein Sohn und ich sind nicht geflohen. Mach ein Ende mit uns.«

Unversehens bohrte sich Asarhaddons Speer tief in seine Lenden. Aufstöhnend sank er nieder. Sein Sohn beugte sich aufschreiend über ihn.

Asarhaddon sprang vom Wagen und stieß ihn zurück. Dann riß er Humbanhaltasch den Speer aus der Wunde und zog den halb Bewußtlosen durch den Sand hinter seinen Wagen.

»Was hast du vor?« fragte Sardur und stieg ebenfalls vom Wagen.

»Ich schleife ihn zu Tode, und dann kommt sein Sohn an die Reihe«, gab Asarhaddon kalt zur Antwort.

Sardur sah auf den jungen Urschuwan, der vor Angst wie gelähmt schien, und dann auf Asarhaddon. »Ist das der Mann, der der Welt den Frieden schenken wollte?« fragte er sanft.

»Verräter kann ich nicht am Leben lassen«, erwiderte er ärgerlich. »Es ist das dritte Mal, daß Humbanhaltasch sich gegen mich erhoben hat, nun ist sein Maß voll.«

Sardur warf einen Blick auf Humbanhaltasch: »Er ist ja fast schon tot, wozu willst du ihn noch schleifen?«

»Du hast recht«, zischte Asarhaddon und gab dem gekrümmten Körper einen Tritt, daß er auf dem leicht abschüssigen Weg einige Meter weit rollte und vor einem Felsbrocken liegenblieb. »Halten wir uns an seinen Sohn!« Asarhaddons begehrlicher Blick fiel auf Urschuwan. »In den Staub mit dir!«

»Ist nicht genug Blut geflossen, Asarhaddon? Vergißt du so schnell deine Schwüre?«

»Habe ich geschworen, Aufwiegler, Umstürzler und ähnliches Gesindel zu schonen?« schnaubte Asarhaddon.

»Nein, aber du wolltest dein Glück mit der Welt teilen, doch wie ich sehe, besteht es schon wieder darin, Menschen grausam zu töten.«

»Dieser Elamiter hat den Tod verdient. Soll ich mir Feinde im Rücken züchten?«

»Auch ich hatte den Tod nach assyrischem Gesetz verdient«, entgegnete Sardur milde. »Überwinde dich, und gib dem jungen Elamiter die Hand, so erwirbst du vielleicht einen Freund.« Nach diesen Worten ging Sardur zu dem bewußtlosen Humbanhaltasch und gab ihm den Todesstoß.

Asarhaddon machte eine ärgerliche Handbewegung. »Also pack dich, Urschuwan! Reite den Feiglingen hinterher und preise die Götter, daß Ägypten mich sanftmütig gemacht hat.«

Urschuwan fragte nicht lange, sondern saß auf und sprengte davon. Sardur sah ihm hinterher. »Was geschieht mit den Elamitern?« fragte er.

Asarhaddon lächelte vergnügt. »Nechos Machimoi haben Befehl, sie gefangenzunehmen, zu blenden und danach in die Kupfergruben zu schicken.«

»Du abscheulicher Mensch! Und du willst dich geändert haben?«

Asarhaddon schwang sich auf den Wagen und nahm die Zügel in die Hand. »Auch Güte sollte man nicht übertreiben«, lachte er. »Bedenke, daß ich weder Ägypter noch Elamiter auf Aschschurs Altar schlachten werde.«

In Napata herrschte bereits Aufbruchstimmung unter den Anhängern Taharkas, als die Krieger Nechos einritten und den Palast besetzten. Sie verkrochen sich und schauten furchtsam auf den Assyrer, der mit weit ausholenden Schritten durch die Halle ging. »Das ist Asarhaddon, der grausame Assyrerkönig«, flüsterten sie.

Sardur wollte Taharka nicht mehr begegnen; er ritt zu den Unterkünften der Krieger und fragte den Hauptmann, auf welchem Weg die gefangenen Elamiter zurückgebracht werden sollten.

»Sie werden die Straße nach Norden nehmen.«

»Nach Norden?« wunderte sich Sardur. »Die Kupferbergwerke liegen doch östlich von hier.«

»Davon weiß ich nichts. Der Befehl lautet, sie nach Sais zu bringen.«

»Was bei allen Göttern sollen sie in Sais? Wer hat das befohlen?«

Der Hauptmann sah Sardur fast mitleidig an. Kannte der

König von Urartu nicht die Befehle seines eigenen Freundes? »König Asarhaddon hat es so befohlen«, gab er zurück. »Die Elamiter sollen sich unter Necho im Delta ansiedeln.«

»Ach!« Sardur starrte den Hauptmann kurz verblüfft an, dann grinste er, wandte sein Pferd und sprengte zum Palast zurück.

Auf der weiträumigen Terrasse über dem felsigen Ufer des Nils saßen der neue Herrscher von Ägypten, Anaxares und Sardur und genossen die milde Luft des Abends und ihren Sieg. Von fern hörte man Musik und Lachen, die Krieger Nechos feierten in der Stadt. Es war ein leichter und fast unblutiger Sieg gewesen, was Asarhaddon keineswegs zu verdrießen schien. »Ich weiß«, sagte er bewegt, »daß die Tage in Ägypten zu den schönsten meines Lebens zählen werden.«

»Bist du sicher?« spottete Sardur. »Du hast doch hier bis auf das Humbanhaltaschs kein Blut geschmeckt. Oder hast du dir noch eine blutige Überraschung zur Krönungsfeier aufgehoben?«

Sardur traf ein vorwurfsvoller Blick. »Ein ausgetretener Stiefel hat mehr Empfindungen als du, der du nur zu spotten weißt, wenn ich bewegt bin.«

»Und dein Herz ist nicht aufrichtiger als das eines Fuchses, der die Gänse zum Mahl lud. Wie war das mit den Elamitern? Sie sollten geblendet und in die Kupferbergwerke geschickt werden?«

Asarhaddon sah ihn an mit dem unschuldigen Blick eines Kindes. »Die Elamiter? O freilich, ich nahm den Befehl zurück und gestattete ihnen, sich unter Necho anzusiedeln. Es geschah in einem Anfall geistiger Verwirrung, das muß ich zugeben.«

»Möge sie dir lange erhalten bleiben.«

»Aber den Prinzen wollte ich nicht verschonen«, verteidigte sich Asarhaddon, »den hast du mir entrissen.«

»Laß Asarhaddon nur wieder in Assur sein, wo es keinen Goldenen Skarabäus und keinen Isis-Tempel gibt«, warf Anaxares spöttisch ein, »dann wird er sich schon wieder auf seine alten Tugenden besinnen.«

Bei der Erwähnung des Isis-Tempels sah sich Asarhaddon schuldbewußt um, ob sie allein waren, dann erwiderte er ungehalten: »Amenachet ist ein Ärgernis; ich hätte ihn töten sollen, statt ihn zum Siegelbewahrer zu machen.«

Anaxares sah Sardur erstaunt an. »Hatte ich Amenachet erwähnt? Was hat er mit dem Isis-Tempel zu tun?«

Der zuckte grinsend die Schultern. »Ich weiß es nicht, Asarhaddon scheint bereits die Götter und Menschen Ägyptens zu verwechseln, das heiße Wüstenklima macht ihm zu schaffen.«

»Ist das wahr?« fragte Anaxares besorgt. »Die ägyptischen Ärzte haben einen guten Ruf.«

»Keine Sorge, Anaxares«, entgegnete Asarhaddon grimmig, »für dich habe ich schon die rechte Medizin gefunden. Du sollst ihn alle Tage sehen, den erhabenen Siegelbewahrer des Pharao, und auch die ägyptischen Mädchen sollen dir erhalten bleiben. Schade, daß du sie nur von ferne betrachten kannst, wenn Mirjam bei dir ist.«

»Worauf willst du hinaus?«

Asarhaddon wandte sich an Sardur. »Meinst du, daß ihm die Doppelkrone stehen wird?«

Anaxares sprang auf. »Scherzt du?«

»Keineswegs, mein Freund. Schon lange hat mir mißfallen, daß du dich in Friedenszeiten mehr um deine Ackerfurchen kümmerst als um Assyrien. Ich mache dich zum Statthalter von Ägypten.«

Anaxares stieg eine freudige Röte in die Stirn, und vor Verlegenheit konnte er kein Wort hervorbringen.

»Fasse dich!« bemerkte Sardur und schlug ihm auf die Schulter. »Asarhaddon wird eben alt, und Assyriens Bürde drückt ihn in letzter Zeit gewaltig. Daher beginnt er, sein Reich zu verteilen. Auch ich habe ja ein Stück abbekommen.«

»Das habe ich doch nicht verdient«, stotterte Anaxares. »Ich bin ein Mann des Schwertes, aber –«

»Keine falsche Bescheidenheit«, lächelte Asarhaddon. »Ich habe schon unfähigere Herrscher als dich gesehen.«

Sardur grinste, aber Anaxares war immer noch wie vor

den Kopf geschlagen. »Dann werden wir uns selten sehen«, murmelte er.

»Ein Grund mehr für mich, das schöne Ägypten häufiger zu besuchen.«

»Wobei du dich nicht im Zimmer irren solltest«, giftete Sardur. »Die Türen des Pharao tragen zwei goldene Skarabäen, die des Siegelbewahrers zwei goldene Papyrusstauden.«

»Wenn du mir nicht traust, kannst du mich ja begleiten. Und außerdem hoffe ich, dich häufiger in Assur zu sehen.«

»Danke, diese Gastfreundschaft habe ich erst unlängst genossen. Bemühe du dich lieber nach Tuschpa.«

Asarhaddon sah etwas betreten zur Seite. »Nun – diesmal würde ich dir ein besseres Zimmer anbieten.«

Anaxares breitete lachend die Arme aus. »Freunde! Streitet euch nicht, heute, wo die flüchtige Glücksgöttin bei uns zu Gast ist. Ich werde ein Fest ausrichten, und an diesem Tage soll es in ganz Ägypten nicht einen Unglücklichen geben, das schwöre ich. Ich erlasse eine allgemeine Amnestie.«

Asarhaddon räusperte sich. »Vielleicht habe ich mit dir doch nicht die richtige Wahl getroffen.«

»Dennoch weiß ich noch einen Unglücklichen«, rief Sardur. »Amenachet wird Asarhaddons Abreise nicht verschmerzen können, denn weit und breit ist kein Ersatz für ihn zu erblicken, und er wird an gebrochenem Herzen sterben.«

»Ich bestehe darauf, daß Sardur während des Festes einen Knebel trägt«, brummte Asarhaddon.

»Und dich sollte man an eine Säule fesseln, falls Amenachet aufreizend vorbeischlendert.«

»Der Siegelbewahrer des Pharao schreitet, er schlendert nicht.«

Die heiligen Ibisse flatterten, aufgeschreckt durch das laute Gelächter, aus dem Schilf in die warme, ägyptische Nacht hinaus.

Achtes Buch

ASYAGES

1

Das assyrische Weltreich lebte in Frieden; es war ein Frieden, der den Völkern durch das Schwert aufgezwungen worden war, aber er ermöglichte ein Leben ohne Furcht vor Brandschatzungen und Plünderungen, Mord und Vergewaltigung. Und es hielt sich das hartnäckige Gerücht, daß schon seit zwei Jahren im Tempel zu Assur keine Menschenopfer mehr dargebracht worden seien. Einigen war aufgefallen, daß das Ende der Opfer gleichzeitig mit der Abtrennung Urartus von Assyrien eingetreten war. Der Krieg zwischen Assyrien und Urartu vor gut drei Jahren war der letzte große Feldzug gewesen, und Assyrien war siegreich daraus hervorgegangen. Doch jetzt gehörte Urartu nicht mehr zum assyrischen Weltreich, ohne daß ein Kampf stattgefunden hatte.

Schlief Aschschur? Würde er nunmehr ewig schlafen? Der große, gefürchtete König Asarhaddon regierte nach wie vor in seinem Zedernholzpalast, und sein Name war den Völkern eine ständige Drohung. Solange der grausame Hohepriester das Zepter hielt, wagte niemand, sich gegen Assur zu erheben.

Im Ostflügel des Palastes erklang helles Gelächter. Zwei junge Männer saßen bei einem Brettspiel und vergaßen die Welt dabei. Eifrig warfen sie die stabartigen Figuren über den Tisch, wobei ihnen unversehens eine entglitt und über den spiegelblanken Boden rollte. Sie blieb vor den Füßen des soeben Eingetretenen liegen. Das Gelächter verstummte schlagartig. Asarhaddon bückte sich und hob die Figur auf; er selbst hatte dieses Spiel aus Ägypten mitgebracht. Er sah auf die beiden Knaben, die auf der Stufe zum Mann standen: sein siebzehnjähriger Sohn Sargon und dessen gleichaltriger Freund Rachman.

Rachman war blaß geworden, denn er wußte, daß Asarhaddon die Freundschaft seines Sohnes mit ihm nicht billigte. Außerdem war er es gewesen, der den Spielstein vor die Füße des Königs hatte rollen lassen.

Asarhaddon trat an den Tisch, steckte die Figur in eines der Löcher auf dem Holzbrett und musterte Rachman mit einem merkwürdigen Glitzern in den Augen. »Was tust du in den Gemächern meines Sohnes, Namenloser?«

Sargon winkte Rachman zu schweigen und entgegnete gelassen: »Du weißt sehr gut, daß sein Name Rachman ist, und er ist hier, weil er mein Freund ist.«

»Er ist hier, weil du ihn Aschschur entrissen hast. Ein Sklave, dessen Herkunft niemand kennt und auf den Aschschur ein Anrecht hat.«

»Aschschur? Ein toter Gott, der auf nichts mehr Anrecht hat, Vater. Oder weshalb durfte ich vor zwei Jahren den Tempel verlassen?«

»Nicht, um vor deinem Vater vorwitzige Reden zu führen. Der Müßiggang tut dir nicht gut.«

»Ich wollte nicht unehrerbietig sein, ich halte nur zu meinen Freunden, das habe ich von dir gelernt.«

»Es wäre dir dienlicher, nicht so sehr von meinen Schwächen, sondern von meinen Stärken zu lernen. Du brauchst eine Aufgabe. Apaliddin, der Statthalter von Babylon, ist alt geworden und hat um Unterstützung gebeten. Du wirst zu ihm ziehen und dich in der Herrschaft über eine so große Stadt erproben.«

Sargon zog ein enttäuschtes Gesicht. »Das ist Schreibstubenarbeit, kein ehrenvolles Amt für den Kronprinzen.«

Asarhaddon lächelte spöttisch. »Hört, hört! Das Küken ist der Glucke gerade entwischt und will schon über den Hühnerhof gebieten. Als ich dir riet, das Töten zu lernen, jammertest du und faseltest viel von Zuneigung, Menschlichkeit und was der erhebenden Dinge mehr sind. Heute pflügen die Krieger ihre Felder, und auf dem Altar Aschschurs liegen Spinnweben. Nirgendwo in meinem Reich wird der Ruf nach einem Schwert laut. Daher solltest du dich in die Geheimnisse von Steuerlisten, Baugenehmigungen, Ackeraufteilungen und Abwasserkanälen vertiefen.«

Asarhaddon machte eine eindrucksvolle Pause, in der er

das Mißfallen auf dem Gesicht seines Sohnes studierte. »Nimm auch deinen unentbehrlichen Freund mit, denn es juckt mich in den Fingern, ihm den Hals abzuschneiden.«

Sargon wurde dunkelrot vor Zorn, Rachman immer bleicher. »Laß uns gehen!« sagte Sargon, »wir spielen morgen weiter.«

»Man entfernt sich nicht, ohne den König um Erlaubnis zu fragen«, entgegnete Asarhaddon streng. Dann setzte er sich zu den beiden an den Tisch und sagte: »Ihr müßt ja nicht sofort nach Babylon aufbrechen. Das Spiel können wir noch beenden. Wo stehst du, Sargon? Darf ich deine Figuren übernehmen? Ich will doch sehen, ob ich gegen Rachman eine Chance habe.«

Er lächelte dem armen Jungen aufmunternd zu, und Sargon begriff, daß sein Vater sich wieder einmal auf Kosten anderer einen Scherz erlaubt hatte. Er ärgerte sich, daß er es nicht gemerkt hatte, und setzte sich mürrisch daneben. »Ich hoffe, daß Rachman gewinnt«, bemerkte er grimmig.

»Unmöglich – oder schlägt ein Sklave den König?« Asarhaddon setzte eine verbissene Miene auf, als strenge er sich an, Rachman aus dem Feld zu schlagen, und beging doch einen Fehler nach dem anderen. Jedesmal fluchte er leise, und Rachman lächelte. Sargon räusperte sich, denn er wußte, daß sein Vater Rachman absichtlich gewinnen ließ. Am Ende hatte Rachman alle Figuren gewonnen, und Asarhaddon machte ein betretenes Gesicht. »Sicher hast du gemogelt, Rachman, denn mich hat bisher noch niemand geschlagen.«

Sargon wies mit dem Finger auf seinen Vater. »Den Verlierer bei diesem Spiel nennt man Blinder König, so dürfen wir dich jetzt rufen.«

»Das ist mir recht, doch diesen Ehrentitel soll alsbald einer von euch tragen.« Asarhaddon beeilte sich, die Figuren wieder in das Holzbrett zu stecken. »Fangen wir an!«

Nachdem sie einige Minuten gespielt hatten, trat die Wache herein und meldete einen Boten aus Ekbatana. Er überbrachte eine Einladung Assurdans. Asarhaddon war freudig überrascht und belohnte den Boten großzügig.

Sargon wollte wissen, ob er ihn begleiten dürfe, doch

Asarhaddon verneinte. »Für Vergnügungsreisen bleibt dir noch Zeit genug. Du gehst nach Babylon, und ich will nur Gutes über deine Regentschaft hören. Sobald ich aus Ekbatana zurück bin, werde ich mich danach erkundigen.«

Eine Woche später waren Sargon und Rachman bereits auf dem Weg nach Babylon, und zwei Tage später wollte Asarhaddon abreisen. Kurz vorher aber stürzte Zargo völlig aufgelöst zu ihm herein, allen Respekt außer acht lassend. In seiner jammernden Tonart rief er: »Herr, es ist etwas Schreckliches passiert, du darfst diese Reise nicht antreten, ich flehe dich an!« Und während er so sprach, rang er verzweifelt die Hände.

Asarhaddon hielt Zargos Auftritt für ein etwas ausgefallenes Mittel, sich nach langer Zeit wieder bei ihm ins Gedächtnis zu rufen. Ärgerlich sagte er daher: »Daß ich dir nicht deine Pfründe raubte, als ich die Opfer für Aschschur untersagte, gibt dir noch nicht das Recht, mich unangemeldet zu überfallen. Lesen sich die Schirkus jetzt in ihrem Müßiggang aus der Hand, um eifrig nach Unheil auszuspähen, das mir droht, weil ich Aschschurs Altar nicht mehr mit Blut tränke?«

»Würde ich es wagen, dich im Palast zu stören, wenn nicht ein großes Unheil geschehen wäre? Komm mit in den Tempel und sieh selbst, Herr.«

»Sag, worum es sich handelt! Ich habe wenig Lust, diesen Ort nach so langer Zeit wieder aufzusuchen.«

»Bitte, Herr, du mußt es mit eigenen Augen sehen, sonst wirst du mir nicht glauben.«

»Ich glaube euch Priestern ohnehin nichts, ich bin schließlich mein Leben lang selbst einer gewesen. Also gut, ich folge dir, aber ich warne dich. Solltest du mich mit angeblich übersinnlichen Dingen hinters Licht führen wollen, kannst du dir schmeicheln, das letzte Opfer Aschschurs gewesen zu sein.«

Als Asarhaddon den Altarraum betrat, sah er es sofort, und er wurde weiß wie eine Wand. Ein handbreiter Riß ging durch den massigen Kopf des Gottes, setzte sich in den Schultern fort und verlor sich in der Mitte des Körpers. Aschschur hatte sich gespalten.

Zargo wies auf den geborstenen Gott und schrie: »Du

siehst nun selbst, welch ein furchtbares Zeichen Aschschur dir setzt. So wie dieser Stein zerbrach, so wirst du zerbrechen, Herr. Es bedeutet deinen Tod.«

Asarhaddon hatte sich etwas gefaßt. »Unsinn!« murmelte er, »manchmal bebt die Erde, dann bekommen die Mauern Risse. Die Steinmetzen sollen die Statue wieder instandsetzen, wenn es möglich ist.«

»Die Mauern des Tempels sind unbeschädigt, Herr. Weshalb willst du das Zeichen nicht erkennen? Aschschur hat sich gespalten, um dich zu warnen.«

»Zu warnen? Wovor? Wenn ich sterben muß, trifft mich das Verhängnis aller Menschen. Ich biete mich dem Tod an, wenn er mich will.«

»Es steht doch allein in deiner Macht, dem frühen Tod zu entgehen. Du weißt, wie Aschschur zu besänftigen ist.«

»Ich habe geschworen, Zargo. Der Schwur Asarhaddons ist ein Fels.«

»Auch wenn er sich gegen Aschschur richtet?«

»Geschwätz! Es ist Priestergeschwätz, was du von dir gibst. Wie kann Aschschur sein Standbild spalten, wenn er doch nur eine Erfindung ist, wie wir beide wissen.«

»Auch ich habe das all die Jahre geglaubt, Herr, doch jetzt zieht Furcht in mein Herz, die Furcht um dein Leben, das du fortwerfen willst wie einen alten Umhang. Ich spüre, daß hier eine göttliche Macht sich dir zu erkennen geben will.«

»Ein geborstener Stein ist ein geborstener Stein und keine göttliche Botschaft. Wollte ich mich ihr ängstlich unterwerfen, so hieße das, meinen Verstand zu leugnen.«

Zargo fuhr fort zu jammern, obwohl er jetzt wußte, daß er Asarhaddon nicht umstimmen könnte. Heimlich plante er jedoch, während seiner Abwesenheit einige Sklaven zu schlachten.

Aber auch Asarhaddons Gelassenheit war nur vorgetäuscht. Ihn hatte die jähe Zerstörung des Standbilds getroffen. Doch er wollte lieber aufrecht in den Tod gehen, als sich vor göttlichen Zeichen zu neigen.

Beruhigend sagte er im Gehen zu Zargo: »Mein Bruder

lädt mich zu einem Fest, nicht zu einer Schlacht. Ich könnte auch in Assur über einen Stein stolpern und so unglücklich stürzen, daß ich mir das Genick breche.«

2

Am nächsten Tag brach Asarhaddon wie geplant auf, und er ritt allein, sich lediglich auf seine gute Schwerthand verlassend, denn er sagte sich, daß, wenn sein Tod denn wirklich beschlossen sei, ein ganzes Heer ihn auch nicht würde retten können.

In Ekbatana deutete nichts auf eine Gewalttat hin. Im Gegenteil, es erwartete ihn eine überaus freudige Überraschung. Assurdan ließ ihm ein Versöhnungsfest ausrichten, er reichte ihm wieder die Hand als Bruder und nahm den Schwur zurück, ihn zu töten. »Nun, da du über zwei Jahre lang endlich durch Taten bewiesen hast, daß dir an einer Aussöhnung liegt, will ich nicht länger zögern, die alte Feindschaft zu begraben. Es begann mit Urartu, das du ohne Gewalt zurückgegeben hast; ohne Blutvergießen gelang es dir, Ägypten zu erobern, und du schenktest dem Reich bis heute einen glücklichen Frieden. Doch daß du dich selbst verleugnet und auf die Menschenopfer verzichtet hast, war deine beste Tat. Ich bin heute wieder stolz darauf, dein Bruder zu sein, Asarhaddon.«

»Nun bin ich endlich am Ziel«, antwortete Asarhaddon freudig. »Unser Zerwürfnis hat mich schwer belastet, und nachdem ich Frieden nicht nur mit Sardur, sondern inzwischen auch mit Mirjam gemacht habe, warst du immer noch ein Stachel in meinem Fleisch. Ich war nie ein großer Freund von Festen, aber an dieses will ich mich stets mit großer Dankbarkeit erinnern.«

Asarhaddon machte seine Worte wahr und legte seine Überheblichkeit ab, was ihm allerdings nur gelang, indem er sie in Wein ertränkte. Assurdan war überrascht, wie fröhlich und ausgelassen sein finsterer Bruder sich gebärden konnte.

Dennoch hätte Asarhaddon sich beim Trinken mehr Mäßigung auferlegen sollen, denn Assurdans Verwunderung stieg noch, als er sah, wie Asarhaddon den gutgewachsenen Sklaven wohlgefällig hinterhersah. Scherzhaft drohend hob er den Finger. »Asarhaddon, deine Blicke folgen hungrig meinen Dienern. Ich will nicht hoffen, daß du sie in Gedanken schlachtest.«

»Aber Assurdan, du weißt doch, daß ich keine derartigen Gelüste mehr habe. Ich bewundere ihre ausgesuchte Schönheit; offensichtlich läßt du von den entferntesten Sklavenmärkten die Auslese in dein Haus bringen.«

»Ja, ich umgebe mich gern mit gutaussehenden Männern. Hätte ich auch an Sklavinnen denken sollen? Ich glaubte, sie seien dir nur lästig.«

»Du hast recht«, seufzte Asarhaddon, und Assurdan sah ihn erstaunt an. »Hast du vielleicht doch einen besonderen Wunsch?« fragte er nachdrücklich.

»Ja, ich wünschte, Sardur wäre jetzt bei mir.«

»Der Churriter? Nicht Anaxares?«

»Ja, ja, Sardur. Oder wenigstens Amenachet, denn wenn auch für den Tag gesorgt ist, so kann die Nacht doch lang werden.«

»Seit wann sorgst du dich um die Nacht, Asarhaddon? Bisher glaubte ich, daß ein tiefer, süßer Schlaf dich in Träumen wiegt. Und wer ist Amenachet?«

»Ein Mann, der die Zierde deines Hauses wäre, aber sein hohes Amt am Hofe macht ihn für Ägypten unentbehrlich. Wirklich, er war der schönste Mann, den meine Augen je erblickt haben.«

»Willst du mich foppen? Wenn du es darauf anlegst, sperre ich dich heute nacht mit einer nackten, häßlichen Vettel zusammen und riegele die Tür ab.«

»Dich foppen? Wie käme ich dazu? Ach ja, du weißt es noch nicht, ich sprach von meinen Liebhabern.« Asarhaddon lachte in sich hinein, der Wein tat seine Wirkung, und er achtete nicht mehr sonderlich auf seine Worte. »Natürlich ist mir Sardur lieber, er konnte so gut –« Asarhaddon unterbrach sich kichernd und machte eine träge, abwehrende Handbewegung. »Nein, nein, das gehört sich nicht, so etwas auszuplaudern, auch wenn der Wein mich geschwätzig macht.«

Assurdan glaubte kein Wort von dem, was Asarhaddon sagte, und meinte spöttisch: »Sardur würde sich dagegen verwahren, wenn er wüßte, welche Gerüchte du über ihn in die Welt setzt.«

»Gerüchte? Es ist die Wahrheit!« bekräftigte Asarhaddon lautstark und schlug mit der Faust auf den Tisch. »Sardur und ich, wir schlafen zusammen.«

»Man dreht sich bereits nach dir um«, sagte Assurdan milde, »du solltest leiser sprechen, wenn du deine seltsamen Einfälle zum besten gibst, man könnte es dir sonst vielleicht noch glauben, was dich sicher beschämen würde, wenn du wieder nüchtern bist.«

Asarhaddon lachte laut. »In ganz Assyrien hat es sich mittlerweile herumgesprochen, du bist wohl der einzige, der ahnungslos ist. Weshalb glaubst du, habe ich Sardur Urartu zurückgegeben? Nur aus Freundschaft?«

»Asarhaddon!« rief Assurdan außer sich, »schwöre, daß du die Wahrheit sagst und mich nicht verspottest.«

»Ich schwöre!« beteuerte Asarhaddon feierlich und hob beide Handflächen hoch. »Bei wem willst du, daß ich den Schwur bekräftige? Bei Aschschur? Bei meiner Seele?«

»Beim Leben deines Sohnes«, erwiderte Assurdan ernst.

»Oho, du traust weder einem toten Gott noch meiner finsteren Seele, wie ich sehe. So sei es! Beim Leben meines Sohnes schwöre ich dir, daß Sardur mein Geliebter ist.«

»Du Heuchler! Du elender Heuchler!«

»Das war ich, Assurdan, das war ich, ich gestehe es. Aber auch für mich war das alles neu, und vor dir schäme ich mich am meisten.«

»Dazu hast du allen Grund«, zischte Assurdan. »Ich hielt dich stets für einen – für einen –«

»Für einen richtigen Mann, wolltest du sagen?«

»Nein – ich –«

»Bist du mir jetzt sehr gram?« fragte Asarhaddon lächelnd.

»Gram? Nein, wie könnte ich, aber ich kann es nicht fassen.«

Asarhaddon lachte. »Komm, trinken wir auf Sardur und

auf alle hübschen Knaben dieser Welt! Trinken wir auf Anaxares und Mirjam und auf alle schönen Frauen dieser Welt! Trinken wir auf dieses schöne Leben!«

»Und darauf, daß sich alle Menschen dessen recht lange erfreuen mögen!« setzte Assurdan freudig hinzu. Er sah Asarhaddon lange an.

»Jetzt habe ich die Gewißheit, daß du nicht mehr der Mann bist, den ich gehaßt habe. Kaum noch ein Hauch blieb von dem unnahbaren, grausamen Hohenpriester.«

Obwohl Asarhaddon betrunken war, glomm ein Licht in seinen Augen auf. »Ich bezahle dafür Assurdan, das kannst du mir glauben.«

Nach dreiwöchigem Aufenthalt in Ekbatana trat Asarhaddon zufrieden die Heimreise an. Er ritt denselben Weg zurück, den er gekommen war; eine Straße, wie es viele in seinem Reich gab. Sie war gut ausgebaut, folgte, soweit es möglich war, den Flußläufen, und wo sie ins karge Landesinnere abwich, waren Brunnen für Mensch und Vieh vorhanden. Gasthäuser in Abständen von einem Tagesritt boten den Reisenden Schutz zur Nacht. Dort konnte man frische Pferde bekommen oder Schäden an seinem Wagen beheben lassen.

Der Gasthof, in dem er am ersten Abend abstieg, wurde gut geführt; der Wirt schenkte unverdünnten Wein aus und betrog nicht bei der Rechnung. Die Bedienung war aufmerksam, die Ställe sauber und frisches Stroh aufgeschüttet. Asarhaddon setzte sich in der Dämmerstunde mit dem Wirt auf die Bank vor dem Haus und erfuhr, daß er das Gasthaus vor zwei Jahren als Lohn für seine Tapferkeit in der Schlacht gegen Urartu erhalten hatte.

»Du erweist dich der Belohnung als würdig«, bemerkte Asarhaddon lobend, »die Aufmerksamkeit, die du dem Feind geschenkt hast, erweist du nun dem Gast.«

»Ja, man steigt gern bei mir ab«, sagte der Wirt, »denn die Arbeit macht mir Freude. Wie viel schöner ist es, den Fremden mit einem Krug Wein zu begrüßen als mit dem Schwert. Möge uns der Frieden nur lange erhalten bleiben, den uns unser erhabener Herrscher – lang möge er leben – endlich beschert hat.«

Asarhaddon nickte. »Gewiß, das hoffen wir alle.«

»Du kommst doch aus Assur, sag, ist es denn wahr, was man sich erzählt: der König selbst, der Hohepriester Aschschurs, soll den Gott des Krieges gestürzt haben?«

»Ja.«

Das Gesicht des Wirtes rötete sich vor Freude. »Dann ist es also wahr! Die scheußlichen Menschenopfer haben ein Ende; die Völker können aufatmen, daß diese Geißel von ihnen genommen worden ist.«

»So sehr bewegt dich das?« wunderte sich Asarhaddon. »Du selbst warst doch nie davon betroffen, oder?«

»Dem Himmel sei Dank, nein, aber welch ein Verbrechen, mit Schmerzen und Tod den Gott zu preisen und das Schlachten zu feiern wie eine Hochzeit.«

Der Wirt achtete nicht darauf, daß sich Asarhaddons Gesicht verfinsterte. »Du solltest deine Worte vorsichtiger wählen. Die Zeit der Opfer ist noch nicht lange vorüber, und der König selbst wäre vielleicht nicht erfreut, daß du seine früheren Taten verbrecherisch nennst.«

Als Asarhaddon sich zum Schlafen niederlegte, überdachte er noch einmal die Worte des Wirtes, und es fröstelte ihn plötzlich. Vor sich glaubte er, das gespaltene Haupt des zürnenden Aschschur zu sehen.

Am nächsten Tag wollte er frühzeitig aufbrechen, denn in der kühlen Morgenluft ritt es sich am besten. Da sprengten einige Reiter in den Hof. In ihrem Anführer erkannte Asarhaddon den Hauptmann der medischen Palastwache in Ekbatana. Er stieg vom Pferd, fiel vor Asarhaddon in den Staub und verharrte demütig in dieser Stellung, bis er die Erlaubnis zum Reden bekam. Der Wirt scheuchte sein Gesinde ins Haus und starrte entsetzt auf Asarhaddon; dann beeilte er sich, es dem medischen Hauptmann nachzutun. Asarhaddon aber achtete nicht auf ihn und sagte beunruhigt: »Erhebe dich, Rhagaistan, und sprich!«

Rhagaistan machte mit den Händen das Zeichen der Trauer und erwiderte: »Ein großes Unglück ist geschehen, Herr. Man hat versucht, deinen Bruder zu vergiften. Er lebt, aber sein Zustand gibt Anlaß zur Besorgnis.«

Asarhaddon erstarrte. »Wer hat das getan?« stieß er zornig hervor. »Wer begeht ein so wahnwitziges Verbrechen?«

»Wir wissen es noch nicht, Herr. Wirst du uns zurück nach Ekbatana begleiten?«

»Mein Pferd!« schrie Asarhaddon. Der jüngste Sohn des Wirtes führte es im Laufschritt heran. In seiner Aufregung vergaß er den Respekt und reichte Asarhaddon wortlos mit weit aufgerissenen Augen die Zügel. Asarhaddons Hand zuckte wie von selbst zum Gürtel. Sollte dieser Knabe das erste Opfer sein, das die Schreckensnachricht mit seinem Leben bezahlte? Er fuhr dem Knaben mit der Hand durchs Haar und zwang sich zu einem Lächeln. »Du warst aufmerksam, Bursche. Mache deinem Vater auch weiterhin Freude.« Dann saß er auf und sprengte aus dem Hof, die Männer folgten ihm.

Wilder Zorn packte ihn, daß auf den Mann, der stets nach Menschlichkeit gestrebt hatte, ein Mordanschlag verübt worden war. Von Aschschur habe ich mich abgewandt, mein Herz den Friedfertigen geöffnet, mein Ohr Schwätzern geliehen. Das Opfermesser legte ich fort, bis der grausame Gott der Schlachten sich selbst zerstörte. Freudig und dankbar nahm ich die Früchte meines Handelns entgegen und sonnte mich in der Liebe und Zuneigung meiner Freunde und Gefährten. Trügerische Wonnen! Sie vergehen wie Nebel in der Sonne. Bestand hat allein Macht, die auf Blut und Gewalt gegründet ist.

Während Asarhaddon so finsteren Gedanken nachhing, gelangten sie in einen einsamen Hohlweg. Rhagaistan ritt zu Asarhaddon und sprach ihn mit belanglosen Worten an. Als Asarhaddon sich ihm, ungehalten über die Störung, zuwandte, erhielt er plötzlich einen schweren Schlag auf den Kopf und sank bewußtlos vom Pferd. Als er nach einigen Minuten wieder zu sich kam, fand er sich gefesselt und an einen Felsen gelehnt sitzen. Vor ihm stand Rhagaistan und lächelte ihn spöttisch an. »Bist du aufgewacht, mein Herr und König? Die Hitze hat dir wohl arg zugesetzt, daß du bewußtlos vom Pferd gefallen bist?«

Asarhaddon wollte aufspringen, aber eine Speerspitze vor seiner Brust hinderte ihn daran. Verächtlich warf er den

Kopf in den Nacken. »Welcher tapfere Krieger hat mir diesen heimtückischen Schlag versetzt? Warst du es selbst, Rhagaistan, der diese Heldentat vollbrachte?«

»Für ehrenvolle Zweikämpfe ist nicht die Zeit«, erwiderte Rhagaistan finster. »Ich befolge nur die Befehle meines Herrn.«

»Deines Herrn? Du Verräter! Ich allein bin dein Herr, dein Auftraggeber jedoch ist ein feiger Meuchelmörder, der seine Gegner durch Gift umbringt oder sie durch Schläge aus dem Hinterhalt kampfunfähig macht.«

»Deinem Bruder ist nichts geschehen, ich habe dich belogen.«

»Eine Falle also«, knirschte Asarhaddon. »Dann sprich, wer schickt dich? Ist es etwa Assurdan selbst? Hat er die Versöhnung nur geheuchelt?«

Rhagaistan lächelte spöttisch. »Wahrlich, dein brüderliches Vertrauen ist gering. Nein. Assurdan habe ich gern und willig gedient, aber meine Treue gilt einem anderen, und sein Name sei dir ewiger Fluch: es ist König Astyages.«

»Astyages?« schrie Asarhaddon. »Ha! Dieser Unglückselige lebt noch? Eine Giftschlange, die ich vergaß zu zertreten.«

»An deren Gift du nunmehr sterben wirst«, ergänzte Rhagaistan kalt.

»Was ließ Astyages nach so langer Zeit aus seinem Loch kommen?« höhnte Asarhaddon. »Fallen ihm die Zähne langsam aus, daß er nicht mehr zubeißen kann?«

»Warte nur, bis du sie in deinem Fleisch fühlst, dann wird dir der Hohn schon vergehen.«

»Wohin bringst du mich?«

»Auf seine Fluchtburg in den Bergen. Nur wenige kennen den Weg dorthin. Du und Astyages, ihr werdet ungestört sein bei eurem herzergreifenden Wiedersehen.«

3

Astyages war alt und grau geworden, aber seine Gestalt war ungebeugt, und seine Augen wach und voller Haß. Als er

Asarhaddon erblickte, glitt ein zufriedenes Lächeln über sein Gesicht. »Willkommen in meinem Hause, Asarhaddon, Eroberer von Medien und Mörder meiner Kinder.«

Der stand hochaufgerichtet vor dem Mann, dem er alles genommen, dessen Leben er zerstört hatte aus Mordlust und Machtgier. »Ich bin hier, weil du mir deine wackeren Helden als Eskorte geschickt hast«, antwortete Asarhaddon verächtlich. »Du solltest sie für ihre Tapferkeit auszeichnen.«

»Da wir gerade von Tapferkeit sprechen«, bemerkte Astyages kalt und ging langsam um Asarhaddon herum, sich an seiner Hilflosigkeit berauschend, »eine deiner heldenhaftesten Taten war ja wohl die Schändung eines sechzehnjährigen Mädchens. Hast du dafür eine goldene Kette erhalten?«

Asarhaddon schoß das Blut in den Kopf, Astyages hatte seinen spitzesten Pfeil zuerst abgeschossen, und er traf schmerzhaft und tief. Dennoch verriet nichts seine Betroffenheit. »Tat ich das?« fragte er schulterzuckend. »Nun, das ist jetzt viele Jahre her, ich kann mich nicht an jede Kleinigkeit erinnern.«

»Du hast das bewußtlose Kind getötet«, fuhr Astyages unerbittlich fort, »ihren Bruder verbranntest du hilflos an einem Pfahl. Das war deine zweite Heldentat, du tapferster aller Männer.«

»Ich habe viele getötet in meinem Leben, Zahllose, wie die Sandkörner in der Wüste, Astyages. Wie sollte ich mich an jeden einzelnen erinnern? Hatten wir nicht Krieg damals?«

»Du verworfener Mensch! In all den Jahren hast du nichts bereut!«

»Hast du das gehofft?« fragte Asarhaddon verächtlich. »Hast du deswegen so lange gezögert, mich auf deine Burg einzuladen?«

»Ich bin kein Menschenschlächter so wie du. Mein Schmerz hatte mich überwältigt, doch die Rache wollte ich dem Himmel überlassen. Einmal, dessen war ich sicher, würde dich Scheusal der Blitz der Vergeltung treffen; jedoch deine Macht wuchs, der Altar in Assur dampfte von Menschenblut. Ich vertraute auf die göttliche Gerechtigkeit, doch sie blieb aus. Statt dessen erreichte dein Name beinahe göttlichen Glanz. Auf dem Gipfel deines Ruhmes werden sie dich zerschmettern, glaubte ich. Ich erhoffte es in dem Krieg mit Urartu, doch vergebens.«

Astyages machte eine Pause, und Asarhaddon warf ein: »Jetzt, wo die Fackeln an Aschschurs Altar erloschen sind, hast du die Rache selbst in die Hand genommen?«

Astyages nickte grimmig. »Das war dein gelungenster Plan. Als dein riesiges Reich gefestigt war und du Überdruß am maßlosen Töten empfandest, stürztest du im Wahne deiner Allmacht selbst den Gott, der dich groß gemacht hat und setztest dich selbst an seine Stelle. Aus eigener Machtvollkommenheit wolltest du fortan herrschen. Das brachte dir das, wonach du hungertest: die Vergebung deines Bruders. Da wußte ich, daß ich selbst handeln mußte, denn deine Feinde begannen dich zu lieben. Sie waren bereit zu vergessen, doch ich nicht. Niemals kann ich das.«

»Du hast mich«, sagte Asarhaddon kalt, »also vollende deine jämmerliche Rache. Mach es kurz und verkünde, was du mir zugedacht hast, bevor uns vom Schwatzen die Zungen eintrocknen.«

Astyages lachte höhnisch. »Weshalb soll ich es kurz machen? Ich habe alle Zeit der Welt. Laß mich auskosten, daß du gefesselt vor mir stehst, meinen schlimmsten Phantasien ausgeliefert. Laß es mich so genießen, wie du es genießen würdest. Das würdest du doch – oder?«

»Allerdings.«

»Und was würdest du tun an meiner Stelle?«

Asarhaddon lächelte herablassend. »Ich soll mir wohl selbst das Urteil sprechen?«

»Hast du den Mut dazu?«

»Ich würde dich sterben lassen, so wie deine Kinder gestorben sind.«

»Vortrefflich und zweifellos gerecht, doch besitzt du drei Leben?«

»Finde selbst heraus, wie viele Leben ich besitze, Astyages, wenn du mich foltern läßt.«

Astyages musterte seinen stolzen Gegner. »Man sagt, du

verachtest den Schmerz und den Tod, weil du mit dämonischen Kräften der Finsternis im Bunde bist. Doch bist du auch erhaben über die Demütigung, stolzer Assyrer? Vergiß nicht, was du meiner Tochter angetan hast, bevor sie durch deinen Dolch starb.«

»Ich tat ihr einen Gefallen«, bemerkte Asarhaddon zynisch.

»Gewiß, und da ich kein undankbarer Mensch bin, will ich mich gern erkenntlich zeigen und dir den gleichen Gefallen erweisen. Und ich will nicht kleinlich sein, sondern großzügig austeilen. In meiner Burg befinden sich etwa hundert Krieger; ihre übereifrige Dankbarkeit würdest du kaum überleben.«

Asarhaddon wurde weiß wie eine Wand. »Das tust du nicht!« stieß er entsetzt hervor.

Astyages funkelte ihn triumphierend an. »Angst fegt jetzt die Überheblichkeit aus deinen Zügen hinweg; unbeschreiblich herrliche Angst, die meine Seele wie Honig schlürft. Weshalb sollte ich davor zurückschrecken, dich hundertfach schänden zu lassen? Dir stehen siebzehn Jahre Haß gegenüber.«

»Nicht einmal dein Haß rechtfertigt eine solche erniedrigende Strafe!« rief Asarhaddon erregt. »Du bist königlichen Geblüts wie ich; die Schande würde auf dich selbst zurückfallen.«

Astyages' Augen glänzten. »Der Angstschweiß auf deiner Stirn rechtfertigt alles, großer Asarhaddon. Glaubst du, ich frage noch danach, was mich erniedrigt? Auch meine Tochter war königlichen Geblüts; hat dich das damals abgehalten von deiner abscheulichen Tat?«

Asarhaddon schlug die Augen nieder. »Was ich ihr angetan habe, bereute ich bereits, als ich ihr Zimmer verließ, denn mehr noch als deine Tochter hatte ich mich selbst erniedrigt. Diese Unbeherrschtheit hat mich mein Leben lang verfolgt.«

»Du bereust?« schrie Astyages und sah Asarhaddon mit schmalen Augen an. »Und die unzähligen grausamen Morde, bereust du die auch?«

Asarhaddons Gestalt straffte sich. Er schüttelte den Kopf

und lächelte dünn. »Nicht einen, Astyages. Ich bereue lediglich, daß ich mich in den letzten Jahren zurückgehalten habe.«

»Du Ungeheuer!« Astyages riß einen Dolch aus dem Gürtel. »Diesen kalten Blick, der deine Feinde lähmt, werde ich vernichten. Ich werde dir die Augen ausstechen. Dann werde ich dich endlich schreien hören und zusehen, wie du blind herumstolperst, du leuchtende Fackel Assyriens.«

Er hob das Messer, um zuzustoßen. Asarhaddon blieb kaltblütig und wich nicht einen Fußbreit zurück. Der furchtlose Blick aus den schwarzen Augen seines schönen Gegners traf Astyages unvermutet mit solcher Kraft, daß er die Hand sinken ließ.

»Du vermagst es nicht einmal, deinen Gegner zu blenden«, bemerkte Asarhaddon höhnisch. »Du Tor! Rache muß süß schmecken, sonst sollte man sie lassen.«

Astyages glitt mit den Fingerspitzen über die Haut an Asarhaddons Armen. »Bist du aus Fleisch und Blut?« murmelte er, »oder ein leibhaftiger Dämon, wie die Leute sagen?«

»Stoß zu, dann erfährst du es!«

Astyages wich zurück. Etwas, das er nicht benennen konnte, ging von Asarhaddons Nähe aus, er konnte die Waffe nicht gegen ihn erheben. Asarhaddon hatte dafür nur Verachtung. »Rhagaistan war nicht so zartfühlend wie du; sein Schlag war kräftig, wenn er mich auch von hinten traf. Rufe nach ihm, vielleicht, daß er vollendet, was dein Hasenherz scheut.«

»Wie stark ist dein Dämon, daß er meine Hand lähmt?« stammelte Astyages. »Aber es genügt, wenn ich dich dem Henker übergebe, damit du den verdienten Tod erleidest und meine Kinder gerächt sind.«

»Ohne mich zu foltern?« fragte Asarhaddon aufrichtig erstaunt. Es schien ihm unbegreiflich, daß ein Mann wie Astyages darauf verzichten wollte.

»Ein Mann von königlichem Geblüt sollte nichts tun, was ihn erniedrigt«, erwiderte Astyages kühl.

»Wie armselig«, spottete Asarhaddon. »Du wartest siebzehn Jahre auf die Ernte, und wenn der Weizen steht, begnügst du dich mit dem Ausraufen einiger Ähren. Weißt du nicht, daß es süß es, den Gegner mit ausgesuchten Qualen langsam in den Wahnsinn zu treiben?«

»Süß ist es, zu leben«, zischte Astyages. »Denke daran, daß du von allem Abschied nehmen mußt, was dir teuer ist auf dieser Welt, und es ist viel, was du zurücklassen mußt.«

Da verstummte Asarhaddon. Jäh wurde ihm bewußt, was es wirklich hieß, sterben zu müssen. Lähmend legte sich ihm der Gedanke aufs Hirn: ich werde diese Burg nicht mehr verlassen; keinen der Menschen, die mir nahestehen, werde ich je wiedersehen, auch nicht meinen Sohn, den ich nach Babylon geschickt habe. Was wird aus Assyrien? Werden die Völker nach meinem Tod darüber herfallen und es in Stücke reißen? Mit allen habe ich Frieden geschlossen, warum kommt der Tod jetzt, gerade jetzt?

Als hätte Astyages seine Gedanken gelesen, bemerkte er kalt: »Du achtest den Tod gering, wenn er schnell kommt, aber er wird dir dennoch bitter werden. Ich lasse dich vierteilen, so wie mein Sohn Deiokes starb, und während dir die Glieder ausgerissen werden, bleibt dir noch genug Zeit, darüber nachzudenken, wie grausam es ist, auf dem Gipfel des Ruhms sterben zu müssen. Keine Totenfeier wird stattfinden dir zu Ehren, kein Freund deinen verstümmelten Leichnam zum Abschied grüßen. Nur die Hunde und Fliegen werden mir dankbar sein für dein unrühmliches Ende, wenn deine Gliedmaßen an die Tore dieser Burg genagelt werden, wie es bei Gevierteilten Brauch ist.«

Äußerlich blieb Asarhaddon gelassen, als hätte Astyages ihm soeben einen gemeinsamen Ausritt vorgeschlagen, aber innerlich begann ihn eisige Furcht zu würgen. Er hätte schreien mögen wie damals Sardur, als sie auf dem Dach beieinanderlagen: Ich will nicht sterben, nicht jetzt, wo das Leben mir im Überfluß zueilt. Wo ich selbst mit Assurdan Frieden schließen durfte, wo ich die Art von Glück, die sonst nur gewöhnliche Sterbliche kennen, endlich ohne Reue und ohne Bitternis genießen durfte.

Aber Astyages war weit davon entfernt, solche Gedanken in dem stolzen Assyrer zu vermuten. »Hältst du meinen Urteilsspruch für angemessen?« fragte er kalt.

Asarhaddons Lippen zuckten. Er dachte an Deiokes, an seinen sich in unsagbarer Qual dehnenden Leib. Wie hatte er den Anblick genossen! »Dein Sohn litt über eine Stunde, bis der Tod ihn erlöste«, erwiderte Asarhaddon gelassen, »also denke ich, daß er angemessen ist.«

»Dann soll er sogleich vollstreckt werden.« Astyages rief nach den Wachen. »Führt den Assyrer in den Hof und haltet die Pferde bereit.«

Asarhaddon fühlte sich gepackt und vorwärts gestoßen. Rhagaistan stand in der Tür, und ihre Blicke begegneten sich. Rhagaistan schlug die Augen nieder. »Ein grausames Ende«, murmelte er, »aber du hast kein Mitleid verdient, König Asarhaddon.«

»Es war leicht, mich in diese Falle zu locken«, zischte Asarhaddon. »Aber wehe diesem Land! Alles, was Atem hat, wird ermordet werden, weil ihr euren König mordet.«

»Nein, Asarhaddon«, sagte Astyages kopfschüttelnd, »kein Rächer wird aufstehen für deinen Tod, nur ein Aufatmen wird durch die Völker gehen, denen du einen Frieden gegeben hast, der mit Blut gedüngt war. Glaubst du denn, die letzten zwei Jahre werden die Menschen alle deine unmenschlichen Taten vergessen lassen? Und wer, glaubst du, wird Aschschurs Namen wiederaufrichten? Dein Bruder? Niemals! Dein Sohn? Er verabscheut Grausamkeiten wie seine Mutter. Mit dir, Asarhaddon, stirbt die Geißel der Menschheit, du selbst nimmst deinen teuflischen Gott mit ins Grab.«

Da lachte Asarhaddon gellend, so daß die Männer ihn erschrocken ansahen. Selbst als Gefangener flößte er ihnen noch Grauen ein. »Glaubt das nur, ihr Narren! Seid ihr Träumer oder kennt ihr die Welt nicht? Nicht einer, Hunderte werden für mich aufstehen, um mit Mordlust in den Augen die Schwachen dieser Welt zu versklaven. Aber sie werden euch eine ärgere Plage sein als ich, denn sie werden nur ihre Grausamkeit und ihren Machthunger mitbringen, nicht aber meine Stärke, die den Unterworfenen, die mir dienten, Gerechtigkeit, Sicherheit und Wohlstand brachte. Ich konnte ein verheerendes Feuer sein, aber meine Flamme war gezähmt und spendete Licht und Wärme wie ein Herdfeuer. Fortan jedoch seid ihr dem entfesselten Feuersturm ausgeliefert.«

Rhagaistan war bleich geworden und warf einen raschen Blick auf Astyages. »Diese Worte erscheinen mir vernünftig, Herr.«

Auch Astyages war blaß geworden. »Mag die Vernichtung über uns hereinbrechen«, murmelte er, »nichts wird deinen Tod aufhalten – die Stunde der Vergeltung, für die ich gelebt habe.«

Asarhaddon wurde die Stufen in den Hof hinuntergeführt. Er sah den Platz, wo sein Leben enden sollte. Unruhig scharrend warteten vier starke Hengste an der Mauer. Das Sterben ist ein schwerer Gang, dachte er bitter. Ihm war die Todesart vertraut; in Gedanken glaubte er bereits das gräßliche Knirschen der Gelenke zu hören, das Reißen der Sehnen, daneben die anfeuernden Rufe der Pferdeknechte und das Schreien des Opfers.

Wie ein schwarzer Vogel mit riesigen Schwingen kam die Todesangst heran, würgte ihn mit eisernen Krallen und lähmte seine Sinne mit dem heiseren Verkündigungsschrei ewiger Dunkelheit. Wer hatte die düsteren Worte ausgesprochen, die ihm plötzlich durch den Kopf gingen: Du wirst die junge Brut des Falken zerstören, und dieser wird dir dafür die Flügel ausreißen. Wer war es, wer? Jemand hatte es gesagt, aber Asarhaddon konnte sich nicht erinnern.

»Hast du noch einen letzten Wunsch?« fragte ihn Astyages.

Asarhaddon fuhr wie aus schweren Träumen hoch und starrte ihn an. »Einen letzten Wunsch?« wiederholte er abwesend. »Ja, ich würde meine Freunde gern zum Abschied umarmen, aber ich sehe sie nicht.«

»Ganz recht, du stirbst unter Feinden.«

Asarhaddon sah ihn ernst an. »Du rächst deine Kinder, das hätte ich auch getan. Ich gehe ohne Haß, Astyages.«

Der wandte sich unwillig ab und gab das Zeichen. Seine Männer umwanden Asarhaddons Hand- und Fußgelenke mit Stricken und warfen ihn zu Boden. Jeweils ein Ende befestigten sie an den Sattelgurten der Pferde. »Sollen wir ihn lange leiden lassen, Herr?«

Astyages sah hinab auf seinen schönen, stolzen Gegner, der nun mit gespreizten Armen und Beinen gefesselt im Staub lag und auf den Schmerz wartete. »Nein, macht es kurz!«

Asarhaddon sah, wie Rhagaistan sich abwandte und in die Burg zurückkehrte. Er sah über sich ein Stück blauen Himmel, begrenzt durch hohe Mauern. Es ist das Letzte im Leben, was ich sehe, dachte er. Wie wird der Tod zu mir kommen? Wie werde ich den Schmerz ertragen? Werde ich mannhaft schweigen können oder schreien müssen? Sie reißen dich auseinander wie einen alten Gewandfetzen. Was wird bleiben von dem Tempel der Freuden, wie Menachim einst deinen Leib genannt hatte? Eine Speise für die Raubvögel, ein Versammmlungsort für Aasfliegen.

Ein Befehl gellte durch die Stille, ein Ruck fuhr durch seinen Körper; die stählerne Klammer der Todesfurcht zersprang wie ein tönerner Krug; der Schmerz kam zu ihm wie ein Freund aus alten Tagen, als er noch die Flügelsonne des Hohenpriesters getragen hatte, und Asarhaddon ergab sich mit Wollust der Qual und dem nahenden Tod.

Dann zerriß ein furchtbarer Schrei die Stille. Rhagaistan in der Halle sprang auf. Es war ein Schrei, wie er ihn noch nie gehört hatte: ein Schrei, geboren aus höchster Qual und höchster Lust. In Ewigkeit schien er nicht enden zu wollen, doch als er plötzlich abbrach, war die Stille um so grauenvoller. »Er ist tot«, murmelte der Meder, »wer mag ermessen, was dieser Mensch in seinen letzten Sekunden gefühlt hat.«

Astyages trat mit schnellen Schritten und hartem Gesicht ein. »Was bist du so bleich, Rhagaistan?« fuhr er ihn zornig an. »Hast du Mitleid mit ihm?«

»Er war trotz allem ein großer Mann.«

Astyages winkte ab. »Beruhige dich, er ist nicht tot.«

»Nicht? Du wolltest es kurz machen mit ihm.«

»Ich hatte nicht vor, ihn zu töten. Ich gab mein Wort, und ich halte es.«

Rhagaistan starrte ihn verständnislos an. »Dein Wort? Wem? Ich verstehe das nicht.«

»Du wirst es bald verstehen.«

Als Asarhaddon die Augen aufschlug, fand er sich auf einem harten Lager, über sich sah er nacktes Felsgestein wie in einem Kellergewölbe. Furchtbare Schmerzen in den Gelenken hinderten ihn am klaren Denken und machten es ihm unmöglich, sich zu bewegen. Neben seinem Lager stand Astyages und sah finster auf ihn herab. »Willkommen in der Hölle, Asarhaddon«, empfing er den Erwachten sarkastisch. »Daß ich des Teufels Kerkermeister bin, hast du wohl nicht erwartet?«

»Nein«, antwortete Asarhaddon schwach. »Wo bin ich wirklich?«

»In meinem Burgverlies.«

»Weshalb lebe ich noch?«

»Kannst du dir das nicht denken?«

Asarhaddon verzog gequält das Gesicht. »Eine schlimmere Folter also, als ich glaubte«, flüsterte er. »Du hast mich zum Narren gehalten. Ich soll hier lebendig verfaulen, wie? Ich bewundere deine Bosheit.«

Astyages lächelte, »dein Dämon hat dich verlassen, du liegst vor mir wie ein abgeholzter Baum. Hast du Schmerzen?«

Asarhaddon antwortete nicht, und Astyages riß ihm brutal den rechten Arm hoch. Asarhaddon schrie gellend, und Astyages stellte zufrieden fest: »Ja, du hast Schmerzen.«

»Genug!« ließ sich da eine dunkle, befehlende Stimme vernehmen. »Quäle ihn nicht länger!«

Asarhaddon wandte erschöpft den Kopf und starrte auf den hochgewachsenen, weißhaarigen Mann, der eben eingetreten war. Seine Augen weiteten sich ungläubig. »Du bist es?« stieß er heiser hervor, »du bist hier auf Astyages' Burg, Kautilya?«

»Ja, und ich freue mich, daß du mich gleich erkannt hast. Dein Blick ist also noch ungetrübt trotz der Folter.«

Asarhaddon wollte höhnisch auflachen, doch nur ein heiseres Krächzen kam aus seiner Brust. »Du, Kautilya, im Bunde mit Folterknechten? Du als Mitvollstrecker der Rache eines alten, verbitterten Mannes? Haben dich deine Götter verlassen? Wie waren doch ihre Namen? Liebe und Barmherzigkeit?«

»Ich hörte, du habest deinen Gott ebenfalls verlassen?« bemerkte Kautilya lächelnd. Dann fuhr er sanft fort: »Nein, ich halte meinen Göttern die Treue, zumal sie mir endlich den ersehnten Sieg schenkten, den Sieg über dein Herz, Asarhaddon. Mein alter Freund Astyages hätte diesen Sieg fast zunichte gemacht, denn er wollte blutige Rache. Es hat mich große Überredungskunst gekostet, ihn davon abzubringen. Freilich, gänzlich wollte er nicht darauf verzichten, und so ließ er dich Schmerzen und Todesangst spüren. Ich war nicht erfreut darüber, aber er gab mir sein Wort, dich nicht zu töten, und so ließ ich ihn gewähren.«

»Du hast zugelassen, daß er einen Krüppel aus mir machte!« schäumte Asarhaddon. »Was bedeutet mir so ein Leben? Aber freilich, ich beginne zu verstehen. Das Rad meines Lebens hat sich einmal gedreht. Nun hast du mich wieder da, wo du mich am Anfang hattest: gelähmt, hilflos deinen Bedingungen ausgeliefert. Ist es das, was du wolltest? Ist das dein Sieg, Kautilya?«

»Was für abscheuliche Absichten unterstellst du mir Asarhaddon? Kennst du mich so wenig? Ich will, daß du lebst, um dem Reich den Frieden zu erhalten, den du ihm geschenkt hast. Du brauchst meine Belehrungen nicht mehr, und keine neuen Bedingungen. Deine Gelenke sind geschwollen und schmerzen, aber in einigen Tagen wirst du wieder aufstehen können.«

»Ich glaube dir nicht«, zischte Asarhaddon. »Sie rissen mich fast auseinander, die Schmerzen waren unerträglich.«

»Nicht nur die Assyrer verstehen sich auf das Vierteilen, fürchte ich«, erwiderte Kautilya. »Der Schmerz war wohl berechnet, der körperliche Schaden gering. Du solltest selbst am besten wissen, wie ein solches Ergebnis zu erreichen ist.«

»Du meinst, ich werde als gesunder Mann nach Assur zurückkehren?« fragte Asarhaddon mißtrauisch.

»Ja. Eine Bedingung muß ich dir allerdings stellen, doch du wirst sie leicht erfüllen können.«

»Sprich nur! Fahre nur fort, dem König von Assyrien Bedingungen zu stellen!«

»Du mußt auf deine Rache an Astyages verzichten.«

Asarhaddon verzog den Mund. »Ist das wirklich alles? Ich habe ihm bereits verziehen.«

»Das ist wunderbar. Was sonst soll ich dir mit auf den Weg geben, Asarhaddon, der du doch in den letzten Jahren bewiesen hast, daß du auch ohne Aschschur herrschen kannst, weil dir die Stärke aus einer anderen Quelle zufloß: aus der Achtung und Liebe deiner Freunde.«

»Meiner Freunde. Ich werde sie also wiedersehen?« Ein Lächeln verschönte jetzt seine schmerzverzerrten Züge und machte sie weich.

»Ja, und du wirst deinem großen Namen die Ehrenbezeichnung Fürst des Friedens hinzufügen können, denn deine Freunde sind die Beschützer deiner Grenzen. Im Westen hält Anaxares das Zepter, Lydien im Norden ist dein Verbündeter, Urartu wird von deinem liebsten Freund gehalten, ja, selbst bei den wilden Horden der Kimmerier hast du einen Blutsbruder, der dich vor Überfällen aus der weiten Steppe schützt. Hier im Osten sitzt dein Bruder, mit dem du wieder ausgesöhnt bist. Freue dich, Asarhaddon, denn welchem Herrscher wurde je solche Macht gegeben und gleichzeitig so treue Bundesgenossen?«

Asarhaddon schüttelte schwach den Kopf. »Nein, Kautilya, meine Zeit ist vorbei. Den Acker des Friedens mögen andere bestellen, die dazu berufen sind. Siehst du, schon begann ich zu bereuen, daß ich die Menschenopfer untersagt hatte; schon wurden mir die Tage lang und der Frieden lästig. Mir war, als sei ich ein Wolf, der Rüben fressen muß. Und nun hast du mich vor einem grausamen Tod bewahrt. Wieder stehe ich in deiner Schuld. Wie kann ich mich da Herr der Welt nennen, wenn ich meine Entscheidungen an deinen hohen Erwartungen messen muß? Ich werde nie wieder der gefürchtete Hohepriester sein und ebensowenig ein gütiger Landesvater. Den Wolf macht man nicht zum Hütehund. Laß mich die Bühne, auf der ich Gott war, als ein Mensch verlassen.«

»Was bedeutet das? Was hast du vor?«

»Ich werde das Zepter der Herrschaft über Assyrien an meinen Bruder zurückgeben, der es für meinen Sohn bewahren soll, bis dieser reif und verständig genug ist, die Nachfolge anzutreten. Sargon ist jung und hat ein freundliches Wesen. Unter ihm kann ein langer Frieden gedeihen.«

Kautilyas dunkle Augen strahlten vor Freude. »Mein Sieg ist größer als ich annahm, Asarhaddon. Selbst Astyages, so hoffe ich, werden deine edle Haltung und dein Machtverzicht zur Milde bewegen, so daß er auch seine Enttäuschung leichter überwindet.«

»Nein, Kautilya«, widersprach der hart, »keine noch so goldenen Worte hätten mich bewogen, auf meine Rache zu verzichten. Ich tat es nur deinetwegen.«

»Ich weiß, Astyages, deine Kinder bringt dir niemand zurück, aber Asarhaddons Tod ebensowenig. Rache ist eine schöne Frucht, aber beim Hineinbeißen schmeckt sie sauer.«

4

Vier Monate waren seit jenem denkwürdigen Ereignis verstrichen. Unangemeldet trat ein Mann in das Privatgemach des Königs von Urartu. Sardur fuhr zornig herum. »Wer wagt es –« er erstarrte mitten im Satz. »Asarhaddon!«

»Gewiß, wer sonst?« Asarhaddon stand lachend im Zimmer. »Du Treuloser! Seit Ägypten haben wir uns nicht gesehen. Wie viele Leibsklaven trösten dich, daß du mich offensichtlich vergessen hast?«

»Asarhaddon – es gab so viel zu tun nach all den schweren Jahren«, stotterte Sardur. »Aber ich habe ständig an dich gedacht.«

»Mag sein, aber was habe ich davon?« Sie fielen sich in die Arme. »Ah, drücke mich nicht so fest, meine linke Schulter schmerzt noch immer«, stöhnte Asarhaddon.

»Du bist wohl vom Pferd gefallen?« spottete Sardur.

»Das nicht«, seufzte Asarhaddon, »aber Pferde waren auch beteiligt.«

»Weshalb hast du deine Ankunft nicht angekündigt? Ich hätte dir ein Fest gegeben.«

»Ich wollte dich überraschen, und von Festen halte ich nicht viel, das weißt du ja. Ich ziehe es vor, mit dir an den See zu reiten. Ich möchte sehen, ob die Silberreiher noch über das Schilf rauschen und ob die alten Bäume noch stehen.«

»Es ist alles noch so wie damals«, erwiderte Sardur bewegt, »obwohl es um ein Haar anders gekommen wäre.«

»Ich weiß. Dank sei Anaxares, der es besonnen verhindert hat.«

»Hast du Nachricht aus Ägypten? Wie geht es ihm?«

»Besser als uns beiden. Er überläßt alles Unangenehme Amenachet und genießt das milde Klima.«

»Weswegen bist du wirklich gekommen, Asarhaddon? Ist etwas geschehen? Ich denke, es ist überall ruhig.«

»Ja, das ist es. Ich wollte dich nur wiedersehen.«

»Wie schmeichelhaft, leider kann ich es nicht glauben.«

»Vielleicht will ich auch mehr als dich nur ansehen«, bemerkte Asarhaddon vielsagend lächelnd.

»Dann hast du einen weiten Weg für eine Nacht auf dich genommen.«

»Es muß ja nicht bei einer Nacht bleiben.«

»Wie lange wirst du denn bleiben können?«

»Bis du mich des Landes verweist.«

Sardur lachte. »Dann mußt du für immer bleiben.«

»Vielleicht will ich das. Vielleicht will ich mich nie wieder von dir trennen müssen.«

»Ach ja«, seufzte Sardur, »herrlich wäre das, jeden Tag mit der Gewißheit zu erwachen, dich an meiner Seite zu finden, doch leider hast du nebenbei noch ein kleines Weltreich zu beherrschen, und ich fürchte, diese Nebensächlichkeit wird dich bald wieder von mir fortführen.«

»Und wenn ich dir nun sage, daß ich nicht mehr König von Assyrien bin?«

»Du hast schon bessere Scherze gemacht.«

»Bessere Scherze vielleicht, aber das ist die Wahrheit.«

»Ach ja? Dann bist du eben betrunken.«

»Ich trinke selten, das weißt du.«

»Was soll dann das Geschwätz? Hast du statt dessen vielleicht ein Freudenhaus eröffnet wie Amenachet?«

»Ich fürchte, dazu fehlt mir wirklich die Begabung. Sardur, es ist kein Scherz. Ich habe der Macht entsagt und sie wieder in Assurdans Hände gegeben. Er wird sie für meinen Sohn bewahren, und in einigen Jahren wird Sargon den Thron Assyriens besteigen.«

»Asarhaddon! Was sagst du da?« schrie Sardur. »Hast du den Verstand verloren? Wenn das wahr ist – weshalb hast du es getan? Warum?«

Asarhaddon legte Sardur lächelnd die Hand auf die Schulter. »Ich werde es dir erklären – später. Laß uns jetzt an den See reiten.«

Asarhaddons Blicke glitten hinauf zu den dichtbelaubten Kronen der alten Eichen und Buchen, wanderten über den silbernen Spiegel des Sees, folgten dem Flug der Wasservögel und blieben dann zärtlich auf dem Freund ruhen, der neben ihm ritt. »Davon habe ich geträumt, als ich meine letzten Minuten nahe wähnte. Ich habe nicht hoffen dürfen, dieses Glück noch einmal zu erleben, hier mit dir Seite an Seite den Weg zu reiten, der mir die schönsten Erinnerungen schenkt.«

»Was macht dich so weich?« fragte Sardur verwundert. »Was redest du von deinen letzten Minuten? Asarhaddon, es ist etwas Schreckliches geschehen, nicht wahr?«

»Ich war vor einigen Monaten in Medien. Assurdan wollte sich mit mir versöhnen. Auf dem Heimweg fiel ich einem alten Feind in die Hände. Er wollte mich vierteilen, wie ich seinen Sohn vierteilen ließ.«

»Den Freund deines Bruders?«

»Ja, du erinnerst dich an ihn? Du hattest Ekbatana verlassen, bevor es geschah. Astyages wollte seine Rache, und er hätte sein Vorhaben ausgeführt, wenn mich nicht ein alter Freund gerettet hätte. Ein Freund, der stets ganz anderen Göttern diente als ich, verstehst du? Liebe und Barmherzigkeit! In deren Namen sollte ich fortan herrschen. Bei allen assyrischen Dämonen und beim gespaltenen Haupte des Aschschur! Das wäre zu viel für einen Mann, den man die Geißel der Menschheit nannte. Nein, wenn ich wie ein Weib herrschen soll, dann will ich den Thron nicht. Frei will ich leben nach meinem Begehren, frei für meine Entscheidungen, frei für meine Begierden. Dem assyrischen Adler stutzt man nicht die Flügel.«

Erschüttert hatte Sardur zugehört. »Bei den Göttern! Wie nah warst du dem Tode, und ich wußte es nicht. Wo ist dieser Astyages jetzt, dieser medische Hund?«

»Laß ihn, ich versprach, auf Rache zu verzichten.«

»Du vielleicht, aber ich nicht. Ich werde ihn selbst vierteilen.«

»Nein, ich will nicht, daß du ihm nachstellst. Diesen Mann kannst du nicht mehr bestrafen, er hat im Leben genug gelitten.«

»Du erstaunst mich. Dein barmherziger Freund hat dich tiefer beeindruckt, als du zugeben willst.«

Asarhaddon winkte ab. »Vergiß es! Das ist Vergangenheit. Ich blicke in die Zukunft.«

»Und was siehst du?«

»Ich sehe uns beide in die Westländer reiten, zwei freie Männer, die sich in der Welt umsehen, Sardur. Ich sehe uns zusammen reiten wie damals am Hyrkanischen Meer und wie in Zadrakarta.«

»Asarhaddon! Du machst mir das Herz schwer mit diesen Erinnerungen, und ich würde dir auf der Stelle in eine so verlockende Zukunft folgen, aber mich hält die Pflicht hier, das weißt du.«

»Hast du keine tüchtigen Minister? Oder hältst du dich für unentbehrlich? Du siehst, nicht einmal ich bin es für Assyrien. Triff die Wahl zwischen Pflicht und Freundschaft, aber bedenke wohl, was du aufgibst, wenn du Tuschpa wählst. Ich liebe dich mehr als Assyrien.«

»Und ich liebe dich mehr als Urartu«, erwiderte Sardur zärtlich.

»Dann wirst du mit mir reiten?«

»Wohin du willst, denn wie ich dich kenne, würdest du dich sonst in deiner Uneinsichtigkeit allein in die Gefahren stürzen, die draußen auf dich lauern. Das hätte Anaxares nicht geduldet, und auch ich werde es nicht erlauben. Schließlich brauchst du einen guten Schützen, um unterwegs nicht zu verhungern, und einen guten Koch.«

»Gnade! Mein Einfall, dich mitzunehmen, war wohl doch nicht der klügste. Rechtzeitig hast du mich an deine verbrannten Hasenkeulen erinnert; ich werde wohl doch besser allein reiten, es sei denn, ich darf die Mahlzeiten zubereiten.«

»Kannst du wirklich so grausam sein und einem alten Freund das antun? Denkst du nicht mehr an die Brühe, die du als Muschelsuppe bezeichnet hast, obwohl sich nur Schnecken und Regenwürmer darin befanden?«

»Hättest du sie denn gegessen, wenn ich dich zu Regenwürmern geladen hätte? Es gab ja weit und breit keine Muscheln.«

Sardur lachte. »Ich merke schon, es stehen mir arge Zeiten bevor. Nun, ich wäre schon zufrieden, wenn uns nicht ähnliche Überraschungen begegneten wie in unserer ersten Nacht.«

»Du meinst diesen neugierigen Bastard?«

»Ja, ganz recht. Ich hoffe doch, daß du diese Unarten abgelegt hast. Das ist doch vorbei – oder?«

Asarhaddon starrte auf den Waldboden. »Nein, es wird nie vorbei sein«, murmelte er. »Das Gift ist in mir, und ich werde es nicht loswerden, solange ich lebe. Aber es ist schwächer geworden, und ich werde dem Verlangen nicht nachgeben, das schwöre ich dir. Ich werde nicht töten, außer in Notwehr, bist du damit zufrieden?«

Sardur lächelte. »Jetzt bist du mir beinahe schon zu zahm. Ich liebte dich zuweilen gerade wegen deiner ungezähmten Grausamkeit.«

Asarhaddon lachte sein Raubtierlachen. »Gib mir einen Wink, wenn du dich ihrer bedienen willst.«

Sardur zügelte sein Pferd. »Was für ein schöner Platz dort unter den Bäumen. Laß uns absteigen und rasten.«

»Und uns lieben«, ergänzte Asarhaddon sanft, »das hattest du doch im Sinn, oder?«

Sardur grinste. »Ganz recht, wenn ich dir das nach deinem Abenteuer mit den Pferden noch zumuten darf.«

»Ich erwähnte lediglich die Schmerzen in der linken Schulter«, brummte Asarhaddon, »ansonsten wirst du dich nicht beklagen müssen.«

Sie legten sich ins Gras und umarmten sich. Und als es vorüber war, lagen sie nebeneinander und schauten in das Blätterdach der Bäume. »Man könnte meinen, die Behandlung bei Astyages habe deine Lenden eher gekräftigt als geschwächt«, sagte Sardur scherzhaft.

»Eine Behandlung, die ich dir gern weiterempfehle.«

»Wie? Habe ich sie etwa nötig? Sag mir lieber, wohin uns der erste Ritt führen soll?«

Asarhaddon räusperte sich und sah Sardur unschuldig an. »Nun, vielleicht nach Ägypten?«

»Wegen Anaxares?«

»Das auch.«

»Du Lüstling!«

»Was soll ich tun? Ich sehne mich Tag und Nacht nach Amenachet.«

»Ich bringe dich um!«

Asarhaddon sprang lachend auf. »Ich liebe ihn.«

»Ich ertränke dich im See!«

Asarhaddon lief ans Ufer. »Er ist ein so schöner Mann.«

»Warte nur, ich erwürge dich!«

Asarhaddon sprang ins Wasser, schwamm hinaus auf den See, Sardur folgte ihm mit kräftigen Schwimmstößen. Asarhaddon winkte ihm zu. »Er küßt zehnmal besser als du.«

»Ich schicke dich zu den Fischen!«

Über den See hallten ihre übermütigen Rufe; sie schwammen weit hinaus, bis sie hinter schwimmenden Schilfinseln verschwanden. Ein einsamer Wanderer, der zufällig vorbeigekommen wäre, hätte nur ihr fernes Lachen gehört und am Ufer zwei herrliche, schwarze Hengste gesehen, die von Zeit zu Zeit ihre schlanken Hälse hoben und ungeduldig wieherten, als könnten sie es nicht abwarten, mit ihren Reitern in ein großes, unbekanntes Abenteuer aufzubrechen.

5

Asarhaddon und Sardur sind niemals zurückgekehrt, und niemand erfuhr je etwas über ihr Schicksal in der Fremde. Die einen sagten, Aschschurs Fluch habe sie vernichtet, die anderen wollten wissen, daß die beiden ein fernes Königreich im Westen erreicht hatten und dort zu hohen Ehren gekommen seien.

Anaxares aber war im dritten Jahr nach ihrem Aufbruch ein Päckchen überreicht worden, das einen langen Weg hinter sich haben mußte. Es enthielt einen zerbrochenen Stirnreif mit einer geflügelten Sonne und ein zerbrochenes Schwert. Am Knauf erkannte Anaxares, daß es Sardur gehört hatte.

Er starrte auf die gebrochenen Symbole der Macht; da entdeckte er auf der Schwertklinge zwei eingeritzte Worte: »In Freundschaft« stand dort, und Anaxares glaubte eine Todesbotschaft in den Händen zu halten. Drei Tage lief er verdüstert durch den Palast. Dann reiste er nach Assur.

Ein hochgewachsener, schöner Jüngling empfing ihn freundlich in den Gemächern Asarhaddons. Anaxares starrte ihn an, seine Lippen bewegten sich, aber er brachte keinen Ton heraus. Dunkle Augen sahen ihn an, vertraut und doch rätselhaft fremd. »Ich bin Sargon, sein Sohn«, sagte der schöne Knabe mit Wärme, »und du bist General Anaxares, sein bester Freund. Sei mir willkommen, so wie du meinem Vater willkommen warst.«

»Er ist tot!« schluchzte Anaxares und reichte ihm mit einer verzweifelten Geste die Bruchstücke. »Sieh her, das hat man mir geschickt. Ich bin gekommen, um es dir zu geben.«

»Das beweist keinesfalls, daß sie tot sind«, tröstete Sargon den verzweifelten General. »Ich bitte dich, setze dich zu mir und erzähle mir von meinem rätselhaften Vater. Erzähle mir von dem Mann, dessen Schatten auf mir liegt; erzähle mir von Asarhaddon!«

Eine faszinierende Reise durch archaische Welten und versunkene Reiche

576 Seiten. Geb.

Zu den wenigen Überlebenden des Untergangs von Atlantis gehören König Avallach und seine Familie. Im rauhen Sumpfgebiet des südwestlichen Englands finden sie eine neue Heimat. Dort begegnet Charis, die weise und schöne Prinzessin, dem geheimnisvollen jungen Barden Taliesin, einem Abkommen der magischen Anderswelt. Die beiden werden ein Paar und Eltern des großen Zauberers Merlin. Doch eine Frau mißgönnt ihnen ihr Glück...

Eine ebenso neue wie einfallsreiche Neufassung des Sagenkreises um König Artus.

PIPER

Tariq Ali

Ein lebendiger, ungemein fesselnder historischer Roman
voller Wunder, Romantik und Abenteuer.

»Das farbige Porträt der ersten multikulturellen
Gesellschaft in Europa.«
ZEITmagazin

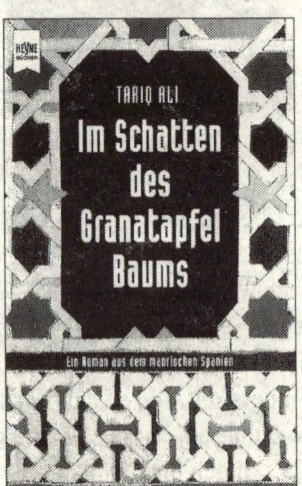

01/9405

Wilhelm Heyne Verlag
München